100% 합격을 위한
해커스금융의 특별 혜택

하루 10분 개념완성 자료집 [PDF]

QP94F9G4FAKKQ

해커스금융 사이트(fn.Hackers.com) 접속 후 로그인 ▶ 우측 상단의 [교재] 클릭 ▶
좌측의 [무료 자료 다운로드] 클릭 ▶ 본 교재 우측의 개념완성 자료집 [다운로드] 클릭 ▶
위 쿠폰번호 입력 후 이용

▲ 무료자료 다운로드 바로가기

이론정리+문제풀이 무료 특강

해커스금융 사이트(fn.Hackers.com) 접속 후 로그인 ▶ 우측 상단의 [무료강의] 클릭 ▶
과목별 무료강의 중 [금융투자자격증] 클릭하여 이용

* 본 교재 강의 중 일부 회차에 한해 무료 제공됩니다.

▲ 무료강의 바로가기

무료 바로 채점 및 성적 분석 서비스

해커스금융 사이트(fn.Hackers.com) 접속 후 로그인 ▶ 우측 상단의 [교재] 클릭 ▶
좌측의 [바로채점/성적분석 서비스] 클릭 ▶ 본 교재 우측의 [채점하기] 클릭하여 이용

▲ 바로 채점 & 성적 분석 서비스 바로가기

무료 시험후기/합격수기

해커스금융 사이트(fn.Hackers.com) 접속 후 로그인 ▶ 상단 메뉴의 [금융투자] 클릭 ▶
좌측의 [학습게시판 → 시험후기/합격수기] 클릭하여 이용

▲ 합격수기 바로가기

20% 할인쿠폰

핵심개념+적중문제풀이 동영상강의

R462F150C296I842

해커스금융 사이트(fn.Hackers.com) 접속 후 로그인 ▶ 우측 상단의 [마이클래스] 클릭 ▶
좌측의 [결제관리 → My 쿠폰 확인] 클릭 ▶ 위 쿠폰번호 입력 후 이용

* 유효기간: 2026년 12월 31일까지(등록 후 7일간 사용 가능, 1회에 한해 등록 가능)
* 해커스 투자자산운용사 최종핵심문제풀이 강의에만 적용 가능(이벤트 강의 적용 불가)
* 이 외 쿠폰 관련 문의는 해커스금융 고객센터(02-537-5000)로 연락 바랍니다.

합격의 기준, 해커스금융 fn.Hackers.com

해커스금융 단기 합격생이 말하는
투자자산운용사 합격의 비밀!

해커스금융과 함께하면
다음 합격의 주인공은 바로 여러분입니다.

16일 만에 합격!
이*욱 합격생

단기 합격이 가능한 강의!

2주 만에 합격했다는 후기를 보고 저도 충분히 가능할 것 같다고 생각해 강의를 신청했습니다. **흐름을 잡아주는 강의와 해커스금융의 커리큘럼 덕분에 단기간 합격**이 가능했습니다.

3주 만에 합격!
문*지 합격생

문제집 덕분에 효율적으로 공부!

처음에 기본서 없이 공부를 시작할 때는 불안감도 있었으나, 해커스 문제집에 있는 핵심 내용을 빠짐없이 풀다 보니 **핵심만 있었다는 것을 시험장에서 확실히 체감**했습니다.

비전공자 합격!
조*유 합격생

이해도를 높이고 개념을 잡아주는 강의!

해커스 교수님들이 출제 빈도나 학습 중요도를 고려하여 강의하시기 때문에 '매 강의가 시험 출제 파트다!'라는 생각으로 집중해서 들었고, 학습 내용이 이해가 되면서 **자연스럽게 공부에 재미를 붙이게 되었습니다.**

합격의 기준, **해커스금융 fn.Hackers.com**

더 많은 합격수기가 궁금하다면? ▶

해커스 투자자산운용사 한권합격

핵심개념+적중문제

1권

이 책의 저자

백 영

학력
한양대학교 상대 졸업

경력
현 | 해커스금융 온라인 및 오프라인 전임교수
　　　블랙골드투자 이사
전 | 하나은행 PB, 삼성증권 PB

자격증
USCPA, 증권투자상담사, 펀드투자상담사,
파생상품투자상담사, 투자자산운용사, 생보 및 손보대리점,
공인중개사, 은행텔러, 자산관리사(은행FP),
변액보험판매관리사, CKLU, 한국재무설계사(AFPK)

송현남

학력
고려대학교 경영학 박사(Finance)

경력
현 | 해커스금융 온라인 및 오프라인 전임교수
　　　해커스잡 공기업 회계학/재무관리 전임교수
전 | 광운대학교 재무설계 담당 교수

자격증
국제공인재무설계사(CFP), 한국재무설계사(AFPK),
증권투자상담사, 펀드투자상담사, 투자자산운용사

민영기

학력
동국대학교 일반대학원 졸업(박사, 북한화폐경제전공)

경력
현 | 해커스금융 온라인 및 오프라인 전임교수
　　　금융투자협회 등록교수
　　　한국생산성본부 등록교수
　　　동국대학교 일반대학원 외래교수
　　　성공회대학교 연구교수
전 | 상명대학교 리스크관리·보험학과 외래교수
　　　세종대학교 산업대학원, 도시부동산대학원 외래교수

자격증
파생상품투자상담사, 증권투자상담사, 펀드투자상담사,
외환전문역 I 종, 한국재무설계사(AFPK), 공인중개사

조중식

학력
홍익대학교 경영학과 졸업
연세대학교 법무대학원 졸업(법학석사, 조세법 전공)

경력
현 | 해커스금융 온라인 및 오프라인 전임교수
　　　가현택스 세무그룹 대표세무사
　　　고양시 시민감사관
전 | 한국세무사고시회 부회장
　　　한국조세연구포럼 기획이사
　　　명지전문대학 세무회계과 겸임교수

자격증
세무사, 국제공인재무설계사(CFP), 펀드투자상담사

투자자산운용사도 역시
해커스

fn.Hackers.com
금융·자격증 전문 교육기관 해커스금융

방대한 학습량과 높은 난도… 합격의 열쇠는?

합격의 비법을 제대로 담은 교재로 학습하는 것!

타 교재는 실전 대비를 위한 문제를 충분히 수록하지 않았거나, 합격을 좌우하는 계산문제를 쉽게 해결할 방법이 없거나, 핵심 내용만 빠르게 정리할 수 있는 학습자료가 부족하여 제대로 시험을 준비하기엔 턱없이 부족했습니다.

「해커스 투자자산운용사 한권합격 핵심개념+적중문제」는

❶ **시험에 꼭 나오는 핵심 개념을 정리하고, 출제가능성이 높은 예상문제를 수록**하여, 단기간에 효과적인 실전 대비가 가능합니다.

❷ **실전모의고사 3회분을 수록**하여 시험 전 자신의 실력을 최종 점검하고 실전 감각을 극대화할 수 있습니다.

❸ **필수암기공식**을 통해 합격을 좌우하는 계산문제를 쉽게 해결할 수 있습니다.

❹ **하루 10분 개념완성 자료집(PDF)**으로 핵심 내용만 빠르게 정리할 수 있습니다.

투자자산운용사 합격도 역시 해커스입니다!

「해커스 투자자산운용사 한권합격 핵심개념+적중문제」는 금융 분야에서 여러 차례 베스트셀러를 달성하며 쌓아온 해커스만의 합격 노하우와 철저한 출제경향 분석 결과를 담은 교재입니다.

「해커스 투자자산운용사 한권합격 핵심개념+적중문제」와 함께 투자자산운용사 시험을 준비하는 수험생 모두가 합격의 기쁨을 느끼고 더 큰 목표를 향해 한걸음 더 나아갈 수 있기를 바랍니다.

목차

1권 | 1·2과목

투자자산운용사 학습방법 6   투자자산운용사 자격시험 안내 10   학습플랜 12

제1과목 | 금융상품 및 세제

제1장	세제관련 법규 및 세무전략	20
제2장	금융상품	78
제3장	부동산관련 상품	122

제2과목 | 투자운용 및 전략 II / 투자분석

제1장	대안투자운용 및 투자전략	158
제2장	해외증권투자운용 및 투자전략	196
제3장	투자분석기법 – 기본적 분석	224
제4장	투자분석기법 – 기술적 분석	254
제5장	투자분석기법 – 산업분석	284
제6장	리스크 관리	306

2권 | 3과목

학습플랜 340

제3과목 | 직무윤리 및 법규/ 투자운용 및 전략 I 등

제1장	직무윤리	348
제2장	자본시장과 금융투자업에 관한 법률	376
제3장	금융위원회 규정	430
제4장	한국금융투자협회 규정	460
제5장	주식투자운용 및 투자전략	482
제6장	채권투자운용 및 투자전략	524
제7장	파생상품투자운용 및 투자전략	564
제8장	투자운용결과분석	602
제9장	거시경제	630
제10장	분산투자기법	660

[부록]
핵심공식과 응용문제로 계산문제 완전 정복!
필수암기공식 696

[책속의 책]
제1회 적중 실전모의고사	2
제2회 적중 실전모의고사	20
제3회 적중 실전모의고사	40
정답 및 해설	58

시험에 자주 나오는 개념만 모아놓은
하루 10분 개념완성 자료집 (PDF)
(fn.Hackers.com)

핵심만 콕콕 짚은
명품 동영상 강의
(fn.Hackers.com)

투자자산운용사 학습방법

01 최근 출제경향을 파악하여 전략적으로 학습한다!

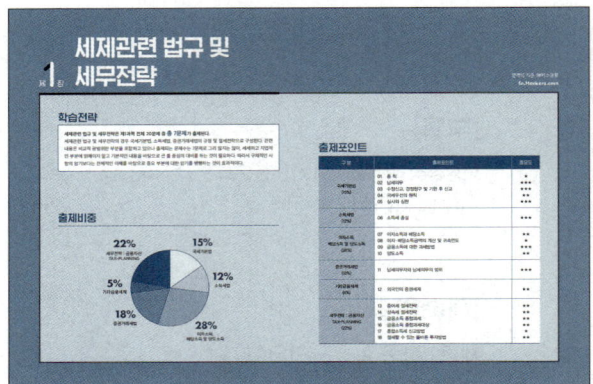

학습전략 · 출제비중 · 출제포인트
효율적인 학습을 위한 학습전략과 출제예상 비중 및 출제포인트를 수록하였습니다. 출제포인트에서는 출제포인트별 중요도를 제시하여 중점적으로 학습해야 하는 부분을 알기 쉽도록 하였습니다.

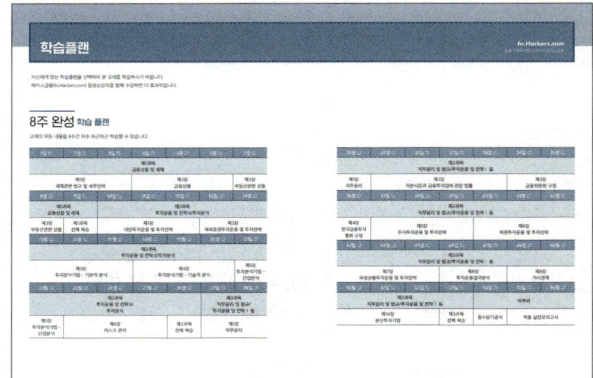

학습플랜
학습자의 상황에 따라 적합한 학습플랜을 선택할 수 있도록 2주/4주/6주/8주 학습플랜을 수록하였습니다.

02 상세한 해설로 핵심개념을 확실하게 이해한다!

① 법인이 합병한 경우 합병법인은 피합병법인에게 부과되거나 납부할 국세, 가산세와 체납처분비를 납세할 의무를 진다.
② 상속이 개시된 때에 상속인은 피상속인에게 부과되거나 납부할 국세, 가산세와 체납처분비 전액에 대한 납세의무를 부담한다.
③ 법인의 재산으로 국세 등을 충당하고 부족한 금액이 있는 경우 해당 국세의 징수 당시 법인의 과점주주가 제2차 납세의무를 진다.
④ 사업의 양수인은 그 사업을 양도한 자가 부담해야 할 국세 등에 대하여 해당 국세의 확정시기와 상관없이 납부의무를 진다.

용어 알아두기
과점주주 주주 또는 유한책임사원 1명과 그의 특수관계인 중 시행령에서 정하는 자로서 소유주식 또는 출자액 합계가 해당 법인의 발행주식총수 또는 출자총액의 50%를 초과하면서 그에 관한 권리를 실질적으로 행사하는 자이다.

TIP ② 상속인은 상속받은 재산을 한도로 피상속인의 납세의무를 승계한다.
③ 해당 국세의 납세의무 성립일 현재의 무한책임사원과 과점주주가 제2차 납세의무를 진다.
④ 사업양수인은 양수한 사업과 관련하여 양도일 이전에 확정된 사업양도인의 국세 등에 대한 제2차 납세의무를 부담한다.

용어 알아두기
생소한 용어를 자세히 설명하여 관련 지식이 없는 학습자도 쉽게 학습할 수 있습니다.

TIP
문제를 풀어본 후 명확한 풀이를 통해 오답포인트를 파악할 수 있습니다.

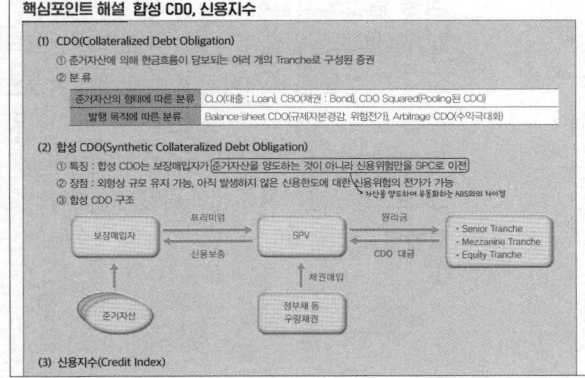

핵심포인트 해설
반드시 알아야 할 핵심 개념을 이해하기 쉽게 정리하여 해설만으로도 핵심 개념을 확실히 정리할 수 있습니다.

투자자산운용사 학습방법

03 출제예상문제와 실전모의고사로 실전까지 확실하게 대비한다!

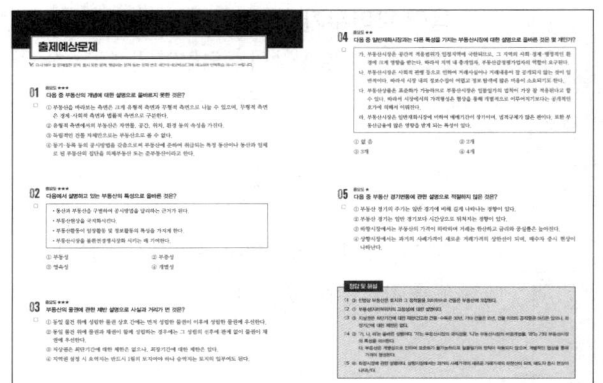

출제예상문제

문제에 중요도(★~★★★)를 표시하여 중요한 내용부터 우선으로 학습할 수 있도록 하였습니다. 또한 번호 아래의 체크박스(□)를 활용하여 한 번에 이해하기 어려운 문제는 체크한 후 반복하여 학습할 수 있습니다.

적중 실전모의고사

실제 시험과 동일한 구성 및 난이도의 실전모의고사 3회분을 통해 시험 전 최종 마무리 학습을 하고 실전 감각을 키울 수 있습니다. 또한 정답 및 해설에 있는 '바로 채점 및 성적 분석 서비스' QR코드를 스캔하여 자신의 취약점을 파악하고 보완할 수 있습니다.

04 시험에 꼭 나오는 것만 모아 확실하게 마무리한다!

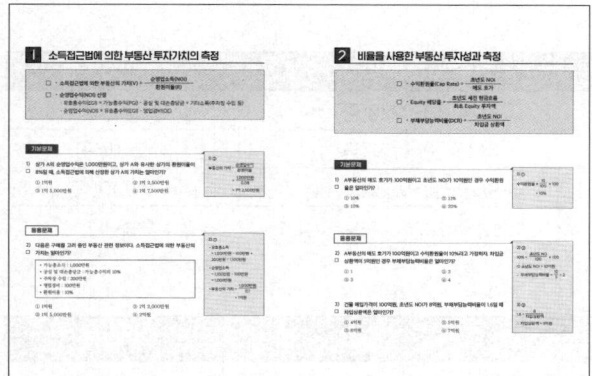

필수암기공식
출제가능성이 높은 공식을 암기하고 관련 기본문제와 응용문제를 함께 풀어보며 계산문제에 매우 효율적으로 대비할 수 있습니다. 시험 직전까지 활용하면 계산문제를 보다 빠르고 정확하게 풀 수 있습니다.

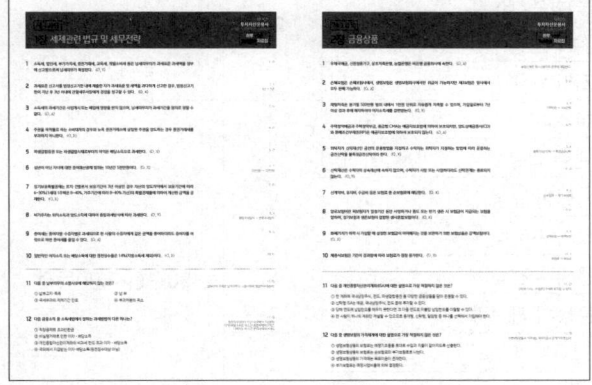

하루 10분 개념완성 자료집 [PDF]
해커스금융(fn.Hackers.com)에서 제공하는 자료를 시험 직전 수시로 꺼내보며 최종점검용으로 활용할 수 있습니다. 또한 본 교재와 함께 학습하면 시험에 보다 확실하게 대비할 수 있습니다.

투자자산운용사 자격시험 안내

▎투자자산운용사(Certified Investment Manager)란?

집합투자재산, 신탁재산 또는 투자일임재산을 운용하는 업무를 수행하는 자를 말합니다.

▎자격시험 안내

■ 시험일정

회차	시험일	시험시간	원서접수일	합격자발표
제41회	4/20(일)	10:00~12:00	3/24(월)~3/28(금)	5/1(목)
제42회	7/20(일)	10:00~12:00	6/23(월)~6/27(금)	7/31(목)
제43회	10/19(일)	10:00~12:00	9/22(월)~9/26(금)	10/30(목)

* 자세한 시험일정은 '금융투자협회 자격시험센터(license.kofia.or.kr)'에서도 확인할 수 있으며, 주관처 상황에 따라 변경될 수 있습니다.

■ 시험과목 및 문항수, 배점

시험과목		세부과목명	문항수	배점	과락기준
제1과목	금융상품 및 세제	세제관련 법규/세무전략	7	20	8문항 미만 득점
		금융상품	8		
		부동산관련 상품	5		
제2과목	투자운용 및 전략II	대안투자운용/투자전략	5	30	12문항 미만 득점
		해외증권투자운용/투자전략	5		
	투자분석	투자분석기법	12		
		리스크관리	8		
제3과목	직무윤리 및 법규	직무윤리	5	50	20문항 미만 득점
		자본시장 관련 법규	11		
		한국금융투자협회 규정	3		
	투자운용 및 전략I	주식투자운용/투자전략	6		
		채권투자운용/투자전략	6		
		파생상품투자운용/투자전략	6		
		투자운용결과분석	4		
	거시경제 및 분산투자	거시경제	4		
		분산투자기법	5		
합계			100	100	

* 종전의 일임투자자산운용사(금융자산관리사)의 자격요건을 갖춘 자는 제1, 3과목 면제
** 종전의 집합투자자산운용사의 자격요건을 갖춘 자는 제2, 3과목 면제

■ 시험 정보

시험주관처	금융투자협회
원서접수처	금융투자협회 자격시험센터(license.kofia.or.kr)에서 온라인 접수만 가능
시험시간	120분
응시자격	제한 없음
문제형식	객관식 4지선다형
합격기준	응시과목별 정답비율이 40% 이상인 자 중에서, 응시과목의 전체 정답비율이 70%(70문항) 이상인 자

* 자세한 시험 정보는 '금융투자협회 자격시험센터(license.kofia.or.kr)'에서도 확인할 수 있으며, 주관처 상황에 따라 변경될 수 있습니다.

▍학습자가 가장 궁금해 하는 질문 BEST 4

Q 투자자산운용사 시험의 난이도는 어떤가요?

A 전체적인 난이도는 '중상'이라고 볼 수 있습니다.
투자자산운용사 시험은 출제문항 수 대비 학습할 범위가 상당히 넓은 편입니다. 최근에는 폭 넓은 이해가 필요한 문제들이 점차 증가하는 경향을 보이고 있습니다. 그럼에도 이해해야 할 부분과 암기해야 할 부분을 잘 구분하여 학습하고, 특히 헷갈리는 부분이나 어려운 부분을 체크해두고 반복하여 학습한다면 충분히 합격할 수 있습니다.

Q 투자자산운용사 시험에 합격하기 위해서는 얼마 동안 공부해야 할까요?

A 관련 지식이 있는 학습자라면 4주 정도, 관련 지식이 부족한 학습자라면 8주 정도 공부하면 충분히 합격할 수 있습니다.
「해커스 투자자산운용사 한권합격 핵심개념+적중문제」는 본문의 모든 문제에 중요도(★~★★★)를 표시하여, 중요한 내용을 파악하고 중요도가 높은 내용부터 먼저 학습할 수 있습니다. 따라서 중요도가 높은 내용 위주로 학습한다면 단기간에 시험 준비를 마칠 수 있습니다.

Q 꼭 최신 교재로 시험 준비를 해야 하나요?

A 최신개정판으로 학습하는 것이 가장 정확합니다.
최근 출제경향을 반영한 문제로 학습하는 것이 가장 효과적입니다.

Q 계산문제가 많이 나오나요? 어떻게 공부해야 하나요?

A 계산문제는 약 15문제(15%) 정도 출제됩니다.
암기할 공식이 많고, 응용문제들이 출제되는 최신 경향에 따라 많은 학습자들이 계산문제를 어려워하고 포기하기도 합니다. 하지만 교재 내에 수록된 '필수암기공식'으로 시험에 자주 나오는 공식들을 정리하고 관련 응용문제까지 한 번에 연습한다면 쉽고 확실하게 계산문제에 대비할 수 있습니다.

학습플랜

자신에게 맞는 학습플랜을 선택하여 본 교재를 학습하시기 바랍니다.
해커스금융(fn.Hackers.com) 동영상강의를 함께 수강하면 더 효과적입니다.

8주 완성 학습 플랜

교재의 모든 내용을 8주간 아주 차근차근 학습할 수 있습니다.

1일 ☐	2일 ☐	3일 ☐	4일 ☐	5일 ☐	6일 ☐	7일 ☐
제1과목 금융상품 및 세제							
제1장 세제관련 법규 및 세무전략			제2장 금융상품			제3장 부동산관련 상품

8일 ☐	9일 ☐	10일 ☐	11일 ☐	12일 ☐	13일 ☐	14일 ☐
제1과목 금융상품 및 세제 || 제2과목 투자운용 및 전략 II/투자분석					
제3장 부동산관련 상품	제1과목 전체 복습	제1장 대안투자운용 및 투자전략			제2장 해외증권투자운용 및 투자전략	

15일 ☐	16일 ☐	17일 ☐	18일 ☐	19일 ☐	20일 ☐	21일 ☐
제2과목 투자운용 및 전략 II/투자분석							
제3장 투자분석기법 - 기본적 분석			제4장 투자분석기법 - 기술적 분석			제5장 투자분석기법 - 산업분석

22일 ☐	23일 ☐	24일 ☐	25일 ☐	26일 ☐	27일 ☐	28일 ☐
제2과목 투자운용 및 전략 II/ 투자분석					제3과목 직무윤리 및 법규/ 투자운용 및 전략 I 등		
제5장 투자분석기법 - 산업분석	제6장 리스크 관리			제2과목 전체 복습	제1장 직무윤리	

29일 ☐	30일 ☐	31일 ☐	32일 ☐	33일 ☐	34일 ☐	35일 ☐
제3과목 직무윤리 및 법규/투자운용 및 전략Ⅰ 등							
제1장 직무윤리	제2장 자본시장과 금융투자업에 관한 법률				제3장 금융위원회 규정	
36일 ☐	37일 ☐	38일 ☐	39일 ☐	40일 ☐	41일 ☐	42일 ☐
제3과목 직무윤리 및 법규/투자운용 및 전략Ⅰ 등						
제4장 한국금융투자 협회 규정	제5장 주식투자운용 및 투자전략			제6장 채권투자운용 및 투자전략		
43일 ☐	44일 ☐	45일 ☐	46일 ☐	47일 ☐	48일 ☐	49일 ☐
제3과목 직무윤리 및 법규/투자운용 및 전략Ⅰ 등						
제7장 파생상품투자운용 및 투자전략			제8장 투자운용결과분석		제9장 거시경제	
50일 ☐	51일 ☐	52일 ☐	53일 ☐	54일 ☐	55일 ☐	56일 ☐
제3과목 직무윤리 및 법규/투자운용 및 전략Ⅰ 등				마무리		
제10장 분산투자기법			제3과목 전체 복습	필수암기공식	적중 실전모의고사	

학습플랜

6주 완성 학습 플랜

교재의 모든 내용을 6주간 차근차근 학습할 수 있습니다.

1일 □	2일 □	3일 □	4일 □	5일 □	6일 □	7일 □
제1과목 금융상품 및 세제						제2과목 투자운용 및 전략 II/투자분석
제1장 세제관련 법규 및 세무전략		제2장 금융상품		제3장 부동산관련 상품	제1과목 전체 복습	제1장 대안투자운용 및 투자전략

8일 □	9일 □	10일 □	11일 □	12일 □	13일 □	14일 □
제2과목 투자운용 및 전략 II/투자분석						
제1장 대안투자운용 및 투자전략	제2장 해외증권투자운용 및 투자전략		제3장 투자분석기법 - 기본적 분석		제4장 투자분석기법 - 기술적 분석	

15일 □	16일 □	17일 □	18일 □	19일 □	20일 □	21일 □
제2과목 투자운용 및 전략 II/투자분석					제3과목 직무윤리 및 법규/ 투자운용 및 전략 I 등	
제5장 투자분석기법 - 산업분석		제6장 리스크 관리		제2과목 전체 복습	제1장 직무윤리	

22일 ☐	23일 ☐	24일 ☐	25일 ☐	26일 ☐	27일 ☐	28일 ☐
제3과목 직무윤리 및 법규/투자운용 및 전략 I 등						
제2장 자본시장과 금융투자업에 관한 법률		제3장 금융위원회 규정			제4장 한국금융투자 협회 규정	제5장 주식투자운용 및 투자전략
29일 ☐	30일 ☐	31일 ☐	32일 ☐	33일 ☐	34일 ☐	35일 ☐
제3과목 직무윤리 및 법규/투자운용 및 전략 I 등						
제5장 주식투자운용 및 투자전략	제6장 채권투자운용 및 투자전략		제7장 파생상품투자운용 및 투자전략		제8장 투자운용결과 분석	제9장 거시경제
36일 ☐	37일 ☐	38일 ☐	39일 ☐	40일 ☐	41일 ☐	42일 ☐
제3과목 직무윤리 및 법규/투자운용 및 전략 I 등				마무리		
제9장 거시경제	제10장 분산투자기법		제3과목 전체 복습	필수암기공식	적중 실전모의고사	

학습플랜

4주 완성 학습 플랜

교재에 수록된 문제 중 중요도가 높은 별 3개(★★★), 별 2개(★★) 문제를 중심으로 4주 만에 시험 준비를 마칠 수 있습니다.

1일 □	2일 □	3일 □	4일 □	5일 □	6일 □	7일 □
제1과목 금융상품 및 세제				제2과목 투자운용 및 전략 II/투자분석		
제1장 세제관련 법규 및 세무전략		제2장 금융상품	제3장 부동산관련 상품	제1장 대안투자운용 및 투자전략		제2장 해외증권투자운용 및 투자전략
8일 □	9일 □	10일 □	11일 □	12일 □	13일 □	14일 □
제2과목 투자운용 및 전략 II/투자분석					제3과목 직무윤리 및 법규/ 투자운용 및 전략 I 등	
제3장 투자분석기법 - 기본적 분석	제4장 투자분석기법 - 기술적 분석	제5장 투자분석기법 - 산업분석	제6장 리스크 관리		제1장 직무윤리	제2장 자본시장과 금융투자업에 관한 법률
15일 □	16일 □	17일 □	18일 □	19일 □	20일 □	21일 □
제3과목 직무윤리 및 법규/투자운용 및 전략 I 등						
제2장 자본시장과 금융투자업에 관한 법률	제3장 금융위원회 규정	제4장 한국금융투자 협회 규정	제5장 주식투자운용 및 투자전략		제6장 채권투자운용 및 투자전략	
22일 □	23일 □	24일 □	25일 □	26일 □	27일 □	28일 □
제3과목 직무윤리 및 법규/투자운용 및 전략 I 등				마무리		
제7장 파생상품투자운용 및 투자전략	제8장 투자운용결과 분석	제9장 거시경제	제10장 분산투자기법	필수암기공식	적중 실전모의고사	

2주 완성 학습 플랜

교재에 수록된 문제 중 중요도가 가장 높은 별 3개(★★★) 문제를 중심으로 2주 만에 시험 준비를 마칠 수 있습니다.
전공자 또는 다른 금융자격증 취득 경험이 있는 학습자에게 추천합니다.

1일 ☐	2일 ☐	3일 ☐	4일 ☐	5일 ☐	6일 ☐	7일 ☐
제1과목 금융상품 및 세제			제2과목 투자운용 및 전략 II / 투자분석			
제1장 세제관련 법규 및 세무전략	제2장 금융상품	제3장 부동산관련 상품	제1장 대안투자운용 및 투자전략 제2장 해외증권투자운용 및 투자전략	제3장 투자분석기법 - 기본적 분석 제4장 투자분석기법 - 기술적 분석	제4장 투자분석기법 - 기술적 분석 제5장 투자분석기법 - 산업분석	제6장 리스크 관리

8일 ☐	9일 ☐	10일 ☐	11일 ☐	12일 ☐	13일 ☐	14일 ☐
제3과목 직무윤리 및 법규 / 투자운용 및 전략 I 등						마무리
제1장 직무윤리 제2장 자본시장과 금융투자업에 관한 법률	제3장 금융위원회 규정 제4장 한국금융투자협회 규정	제5장 주식투자운용 및 투자전략 제6장 채권투자운용 및 투자전략	제6장 채권투자운용 및 투자전략 제7장 파생상품투자운용 및 투자전략	제8장 투자운용결과분석 제9장 거시경제	제10장 분산투자기법	필수암기공식 적중 실전모의고사

금융·자격증 전문 교육기관 해커스금융

fn.Hackers.com

제 1 과목
금융상품 및 세제

총 20문항

- **제1장** 세제관련 법규 및 세무전략 (7문항)
- **제2장** 금융상품 (8문항)
- **제3장** 부동산관련 상품 (5문항)

제1장 세제관련 법규 및 세무전략

학습전략

세제관련 법규 및 세무전략은 제1과목 전체 20문제 중 **총 7문제**가 출제된다.

세제관련 법규 및 세무전략의 경우 국세기본법, 소득세법, 증권거래세법의 규정 및 절세전략으로 구성된다. 관련 내용은 비교적 광범위한 부분을 포함하고 있으나 출제되는 문제수는 7문제로 그리 많지는 않아, 세세하고 지엽적인 부분에 얽매이지 말고 기본적인 내용을 바탕으로 큰 틀 중심의 대비를 하는 것이 필요하다. 따라서 구체적인 사항의 암기보다는 전체적인 이해를 바탕으로 중요 부분에 대한 암기를 병행하는 것이 효과적이다.

출제비중

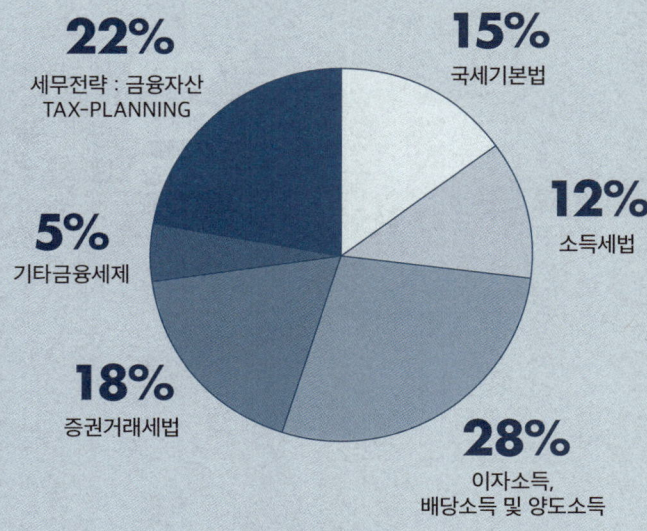

- 22% 세무전략 : 금융자산 TAX-PLANNING
- 15% 국세기본법
- 12% 소득세법
- 28% 이자소득, 배당소득 및 양도소득
- 18% 증권거래세법
- 5% 기타금융세제

출제포인트

구분	출제포인트	중요도
국세기본법 (15%)	01 총 칙 02 납세의무 03 수정신고, 경정청구 및 기한 후 신고 04 국세우선의 원칙 05 심사와 심판	★ ★★★ ★★★ ★★ ★★★
소득세법 (12%)	06 소득세 총설	★★★
이자소득, 배당소득 및 양도소득 (28%)	07 이자소득과 배당소득 08 이자·배당소득금액의 계산 및 귀속연도 09 금융소득에 대한 과세방법 10 양도소득	★★ ★ ★★★ ★★
증권거래세법 (18%)	11 납세의무자와 납세의무의 범위	★★★
기타금융세제 (5%)	12 외국인의 증권세제	★★
세무전략 : 금융자산 TAX-PLANNING (22%)	13 증여세 절세전략 14 상속세 절세전략 15 금융소득 종합과세 16 금융소득 종합과세대상 17 종합소득세 신고방법 18 절세할 수 있는 올바른 투자방법	★★ ★★ ★★ ★★ ★ ★★

다음 중 국세기본법상의 규정에 대한 설명으로 적절하지 않은 것은?

① 우편으로 서류를 제출하는 경우에는 통신날짜 도장이 찍힌 날에 신고가 된 것으로 본다.
② 서류의 송달을 우편으로 할 때에는 등기우편에 의하여야 한다.
③ 세법에 규정하는 기한이 공휴일·토요일이거나 근로자의 날에 해당하는 때에는 그 전날을 기한으로 한다.
④ 서류의 주요 내용을 공고하여 송달하는 공시송달의 경우에는 공고한 날로부터 14일이 경과함으로써 서류가 송달된 것으로 본다.

♀ TIP 세법에 규정하는 기한이 공휴일·토요일이거나 근로자의 날에 해당하는 때에는 그 다음 날을 기한으로 한다.

핵심포인트 해설 기간과 기한 및 서류의 송달

(1) 기간과 기한
세법의 기간계산은 원칙적으로 민법의 일반원칙에 따르나 기한에 대하여는 다음과 같은 특례를 인정함
① 세법에 규정하는 기한이 공휴일·토요일이거나 근로자의 날에 해당하는 때에는 그 다음 날을 기한으로 함
② 우편으로 서류를 제출하는 경우에는 통신날짜 도장이 찍힌 날에 신고가 된 것으로 봄 → 전날(×)
③ 국세정보통신망이 장애로 가동이 정지된 경우 그 장애가 복구되어 신고 또는 납부를 할 수 있게 된 날의 다음 날을 기한으로 함

(2) 서류의 송달
① 교부송달 : 당해 행정기관의 소속공무원이 송달장소에서 송달받을 자에게 서류를 교부
② 우편송달 : 서류의 송달을 우편으로 할 때에는 등기우편에 의함 → 일반우편(×)
③ 전자송달 : 정보통신망을 이용한 송달은 서류의 송달을 받아야 할 자가 신청하는 경우에 한함
④ 공시송달 : 다음의 경우에는 서류의 주요 내용을 공고한 날로부터 14일이 경과함으로써 서류가 송달된 것으로 봄
  ㉠ 송달장소가 국외에 있고 송달이 곤란한 때
  ㉡ 송달장소가 분명하지 아니한 때
  ㉢ 등기송달 또는 2회 이상 교부송달하였으나 수취인 부재로 확인되어 납부기한 내에 송달이 곤란한 때

정답 ③

납세의무 ★★★

다음 중 각 세목별 납세의무의 성립시기로 적절하지 않은 것은?

① 부가가치세 : 과세기간이 끝나는 때
② 인지세 : 과세문서에 인지를 첨부하는 때
③ 증권거래세 : 매매거래가 확정되는 때
④ 종합부동산세 : 과세기준일

♥ TIP 인지세는 과세문서를 작성하는 때에 납세의무가 성립하고 동시에 확정된다.

핵심포인트 해설 납세의무의 성립과 확정

(1) 납세의무의 성립
  ① 각 세법이 규정하고 있는 과세요건이 충족될 때 성립
  ② 각 세목별 납세의무의 성립시기
    ㉠ 소득세, 법인세, 부가가치세 : 과세기간이 끝나는 때
    ㉡ 상속세 : 상속이 개시되는 때
    ㉢ 증여세 : 증여에 의해 재산을 취득하는 때
    ㉣ 인지세 : 과세문서를 작성하는 때 → 인지를 첨부하는 때 (×)
    ㉤ 증권거래세 : 매매거래가 확정되는 때
    ㉥ 종합부동산세 : 과세기준일
    ㉦ 원천징수하는 소득세·법인세 : 소득금액·수입금액을 지급하는 때

(2) 납세의무의 확정
  과세요건의 충족으로 성립한 추상적 납세의무를 구체적 납세의무로 확정하는 절차로 신고에 의한 확정, 부과에 의한 확정 및 납세의무가 성립하는 때에 특별한 절차 없이 확정되는 자동확정으로 구분
  ① 신고확정 : 소득세, 법인세, 부가가치세, 증권거래세, 교육세, 개별소비세 등 대부분의 세목
  ② 부과확정 : 상속세, 증여세 등
  ③ 자동확정 : 인지세, 원천징수하는 소득세 및 법인세, 납세조합이 징수하는 소득세, 중간예납하는 법인세

정답 ②

납세의무 ★★★

다음 중 납부의무의 소멸과 관련된 설명으로 가장 적절하지 않은 것은?

① 국세·가산세 또는 체납처분비를 납부할 의무는 해당 세금을 납부하거나 환급할 국세에 충당하는 경우는 물론 부과가 취소된 경우에도 소멸된다.
② 국세부과의 제척기간이 끝나면 국가가 국세를 더 이상 부과할 수 없으므로 납세의무가 소멸된다.
③ 5억원 이상 국세채권의 국세징수권은 국가가 징수권을 행사할 수 있는 날로부터 10년간 행사하지 않으면 소멸시효가 완성되고 이로 인해 납세의무도 소멸된다.
④ 국세부과의 제척기간 또는 국세징수권의 소멸시효는 납부고지·독촉 등의 사유를 통해 해당 기간이나 시효의 진행이 중단될 수 있다.

> **+용어 알아두기**
> **충 당** 국세환급금을 납부할 국세 등과 상계시키는 것이다.
> **국세부과의 제척기간** 국가가 납세의무자에게 국세를 부과할 수 있는 법정기간이다.

♥ **TIP** 국세징수권의 소멸시효는 납부고지·독촉·교부청구 및 압류의 사유로 인해 시효가 중단되나 국세부과의 제척기간은 중단되지 않는다.

핵심포인트 해설 납부의무의 소멸

(1) 납부의무의 소멸사유 → 결손처분은 소멸사유가 아님
납부·충당·부과처분의 취소, 국세부과의 제척기간 만료, 국세징수권 소멸시효의 완성

(2) 국세부과의 제척기간(기간의 진행에 있어 중단이 적용되지 않음)

구 분	일반조세	상속·증여세
사기 등 부정행위로 국세를 포탈 또는 환급받는 경우(가산세 포함)	10년	15년
법정기한 내에 과세표준신고서를 제출하지 아니한 경우	7년 (역외거래는 10년)	
국제거래가 수반되는 부정행위	15년	
법정신고기한까지 상속·증여세 과세표준을 신고했으나 허위, 누락신고한 경우	-	
부정행위로 상속·증여세를 포탈한 경우로서 상속인이 명의이전 없이 재산가액 50억원 초과분을 취득하는 경우 등	-	안 날부터 1년
기타의 경우	5년	10년

참고 부담부증여로 인한 양도소득세 부과제척기간은 증여세와 동일함

(3) 국세징수권의 소멸시효
① 일반적인 소멸시효 : 5년(5억원 이상 국세채권의 경우 10년)
② 소멸시효의 중단 : 납부고지, 독촉, 교부청구, 압류

정답 ④

납세의무 ★★★

다음 중 보충적 납세의무와 관련된 국세기본법 규정에 대한 설명으로 가장 적절한 것은?

① 법인이 합병한 경우 합병법인은 피합병법인에게 부과되거나 납부할 국세, 가산세와 체납처분비를 납세할 의무를 진다.
② 상속이 개시된 때에 상속인은 피상속인에게 부과되거나 납부할 국세, 가산세와 체납처분비 전액에 대한 납세의무를 부담한다.
③ 법인의 재산으로 국세 등을 충당하고 부족한 금액이 있는 경우 해당 국세의 징수 당시 법인의 과점주주가 제2차 납세의무를 진다.
④ 사업의 양수인은 그 사업을 양도한 자가 부담해야 할 국세 등에 대하여 해당 국세의 확정시기와 상관없이 납부의무를 진다.

+용어 알아두기
과점주주 주주 또는 유한책임사원 1명과 그의 특수관계인 중 시행령에서 정하는 자로서 소유주식 또는 출자액 합계가 해당 법인의 발행주식총수 또는 출자총액의 50%를 초과하면서 그에 관한 권리를 실질적으로 행사하는 자이다.

♀ TIP ② 상속인은 상속받은 재산을 한도로 피상속인의 납세의무를 승계한다.
③ 해당 국세의 납세의무 성립일 현재의 무한책임사원과 과점주주가 제2차 납세의무를 진다.
④ 사업양수인은 양수한 사업과 관련하여 양도일 이전에 확정된 사업양도인의 국세 등에 대한 제2차 납세의무를 부담한다.

핵심포인트 해설   납세의무의 확장

(1) 납세의무의 승계

합병법인	법인이 합병한 경우 합병법인은 피합병법인에 부과되거나 납부할 국세, 가산세와 체납처분비를 납세할 의무를 짐
상속인	상속이 개시된 때에 상속인은 피상속인에게 부과되거나 납부할 국세, 가산세와 체납처분비를 상속받은 재산을 한도로 납부할 의무를 짐

(2) 제2차 납세의무
납세의무자의 재산으로 체납처분을 하여도 체납세액에 미달하는 경우 납세의무자와 일정한 관계에 있는 자가 그 부족세액을 부담하게 하는 제도

청산인 등	청산인과 잔여재산을 분배받은 자는 그 해산법인의 국세 등에 대하여 제2차 납세의무를 짐
출자자	법인(상장법인 제외)의 재산으로 국세 등을 충당하고 부족한 금액은 납세의무 성립일 현재의 무한책임사원과 과점주주가 제2차 납세의무를 짐
법 인	국세의 납부기한 만료일 현재 법인의 무한책임사원과 과점주주가 당사자의 재산으로 국세 등을 충당한 후에도 부족한 금액은 무한책임사원과 과점주주의 소유주식 또는 출자지분의 매각이 어려운 경우 당해 법인이 제2차 납세의무를 짐
사업양수인	양도양수한 사업과 관련하여 양도일 이전에 확정된 국세 등은 사업양수인이 제2차 납세의무를 짐

정답 ①

수정신고, 경정청구 및 기한 후 신고 ★★★

당초의 과세표준과 세액의 신고내용 중 오류나 정정 사유가 있을 경우 이를 정정하는 절차로서 세법상 규정되어 있는 제도에 대한 설명으로 적절하지 않은 것은?

① 관할세무서장이 당해 국세의 과세표준과 세액을 결정 또는 경정하여 통지하기 전이어도 제척기간이 경과하면 수정신고서를 제출할 수 없다.
② 법정신고기한까지 과세표준신고서를 제출하지 아니한 경우에는 기한 후 신고를 할 수 있다.
③ 수정신고는 법정신고기한 경과 후 2년 이내에 하는 경우에만 가산세 감면의 혜택을 받을 수 있다.
④ 경정청구는 법정신고기한 경과 후 3년 이내에 청구해야 한다.

♀ TIP 경정청구는 법정신고기한 경과 후 5년 이내에 청구해야 한다.

핵심포인트 해설 수정신고, 경정청구 및 기한 후 신고

(1) 수정신고
  ① 대상자 : 과세표준신고서를 법정신고기한까지 제출한 자가 과소신고 또는 초과환급신고한 경우
  ② 기한 : 관할세무서장이 과세표준과 세액을 결정·경정하여 통지하기 전으로서 제척기간 경과 전까지
  ③ 효과 : 법정신고기한 경과 후 2년 이내에 수정신고서 제출 시 그 경과기간에 따라 과소신고 가산세 일부 경감

(2) 경정청구
  ① 대상자 : 과세표준신고서를 법정신고기한 내에 제출한 자가 과대신고 또는 과소환급신고한 경우
  ② 기한 : 법정신고기한 경과 후 5년 이내

(3) 기한 후 신고
  ① 대상자 : 법정신고기한까지 과세표준신고서를 제출하지 아니한 자 → 제출한 자는 기한 후 신고 불가
  ② 기한 : 관할세무서장이 해당 국세의 과세표준 및 세액을 결정하여 통지하기 전까지
  ③ 효과 : 법정신고기한 경과 후 6개월 이내에 기한 후 신고서 제출 시 무신고 가산세 일부 경감

정답 ④

국세우선의 원칙 ★★

다음 중 채권이 국세채권과 경합될 때 항상 국세채권에 우선하는 채권이 아닌 것은?

① 전세권·질권 또는 저당권에 의하여 담보되는 채권
② 우선변제임차보증금
③ 강제집행, 경매 또는 파산절차에 든 비용
④ 선집행 지방세의 체납처분비

TIP 피담보채권(전세권·질권 또는 저당권에 의하여 담보되는 채권)의 경우 국세의 법정기일 전에 담보가 설정된 경우에 한하여 국세채권에 우선한다.

핵심포인트 해설 국세우선의 원칙

(1) 국세우선권
국세채권(국세·가산세, 체납처분비 및 지방세)과 일반채권이 경합하는 경우 국세채권의 공익성이 감안되어 채권자 평등원칙이 배제되고 국세채권이 기타 채권에 우선하여 변제되는 제도

(2) 예외(국세우선권이 배제되는 채권의 범위)
① 선집행 지방세와 공과금의 체납처분금액에서 국세징수 시 그 지방세와 공과금의 체납처분비 또는 강제징수비
② 강제집행, 경매 또는 파산절차에 든 비용
③ 법정기일 전에 설정된 전세권·질권 또는 저당권에 의하여 담보되는 채권(다만, 그 재산에 대해 부과된 국세와 체납처분비는 제외) → 국세의 법정기일 전에 설정된 채권은 국세에 우선함
④ 우선변제임차보증금
⑤ 우선변제임금채권

정답 ①

07
심사와 심판 ★★★

다음 중 국세에 관한 불복제도로서 심사와 심판에 대한 설명으로 가장 적절한 것은?

① 심사청구 또는 심판청구를 제기하기 위해서는 반드시 이의신청을 거쳐야 한다.
② 납세자의 선택에 따라 심사청구와 심판청구를 중복하여 제기할 수 있다.
③ 심사청구 또는 심판청구의 절차를 거치지 아니하고는 취소소송을 제기할 수 없다.
④ 이의신청·심사청구·심판청구는 처분청의 처분을 안 날로부터 30일 이내에 제기하여야 한다.

TIP
① 이의신청은 임의적 절차로 선택이 가능하다.
② 심사청구와 심판청구는 청구인의 선택에 따라 그중 하나를 선택하여야 한다.
④ 이의신청·심사청구·심판청구는 처분청의 처분을 안 날로부터 90일 이내에 제기하여야 한다.

핵심포인트 해설 심사와 심판

(1) 심사와 심판(조세불복제도)
① 행정심판전치주의 : 행정소송을 통한 사법적 구제에 앞서 행정청 자체에 대한 시정요구인 이의신청, 심사청구, 심판청구 구제도를 두어 본 절차를 거치지 아니하고는 소송을 제기할 수 없도록 하고 있음
② 심사청구와 심판청구 중 하나를 선택하여 제기하여야 하며, 이의신청은 심사청구 또는 심판청구의 전 단계로서 그 절차를 생략할 수 있음 (심사청구와 심판청구에만 해당)
③ 이의신청, 심사청구, 심판청구는 처분청의 처분을 안 날로부터 90일 이내에 제기하여야 함

(2) 조세불복절차

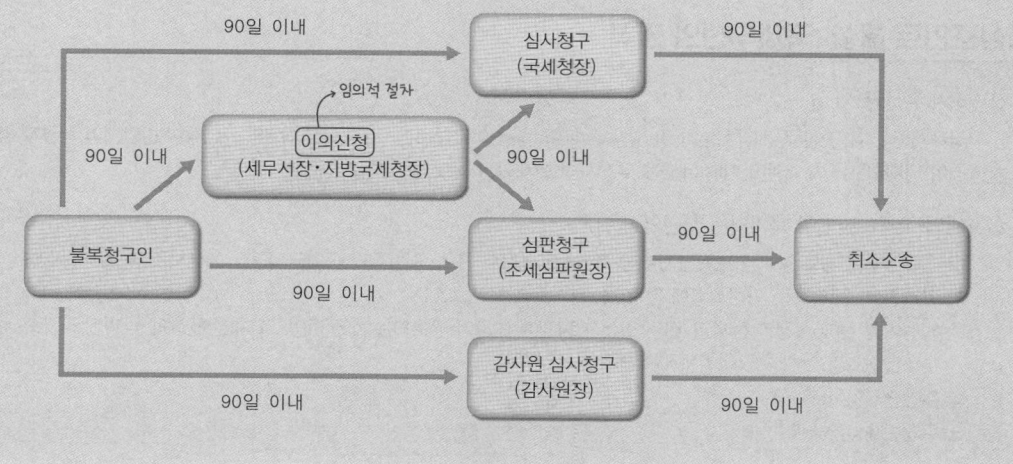

정답 ③

08

소득세 총설 ★★★

다음 중 우리나라 소득세 제도의 특징으로 적절하지 않은 것은?

① 원칙적으로 종합과세제도를 채택하고 있으나 일정 소득에 대하여는 합산대상에서 제외하고 별도로 과세하는 분류과세제도를 취하고 있다.
② 소득원천설의 입장에 따라 구체적으로 열거한 소득만을 과세대상으로 하는 열거주의 과세원칙에 의하지만 순자산증가설도 일부 수용하고 있다.
③ 납세의무자의 신고에 의하여 조세채권이 확정되는 신고납세제도에 의한다.
④ 소득을 종합하는 인적단위로서 개인단위주의 과세가 이루어지고 있으며 그 예외는 인정되지 않고 있다.

♀ TIP 현행 소득세법은 원칙적으로 개인단위주의에 따라 과세하나 예외적으로 공동사업합산과세제도가 적용될 수 있다.

핵심포인트 해설 우리나라 소득세 제도의 특징

(1) 종합과세제도 원칙
① 이자소득, 배당소득, 사업소득, 근로소득, 연금소득, 기타소득을 인별로 종합하여 과세
② 퇴직소득과 양도소득은 다른 소득과 합산하지 않고 각각 별도로 과세
③ 일정 소득은 기간별로 합산하지 않고 그 소득이 지급될 때 원천징수로 과세를 종결하는 분리과세제도 활용

(2) 열거주의 과세방법 채택(소득원천설)
구체적으로 열거한 소득만을 과세대상으로 하고 그렇지 않은 경우에는 과세대상에서 제외

(3) 신고납세제도
납세의무자가 다음 연도 5월 1일부터 5월 31일까지 과세표준확정신고를 함으로써 소득세의 납세의무가 확정

(4) 개인단위주의
① 원칙 : 개인을 과세단위로 하여 소득세를 과세하는 개인단위주의
② 예외 : 가족구성원 중 2인 이상의 공동사업으로서 손익분배비율을 허위로 정하는 등의 경우 특수관계인의 소득을 합산하여 손익분배비율이 큰 가족구성원에게 과세(공동사업합산과세)

(5) 누진과세, 원천별 차별과세 및 소득공제제도
부담능력에 따른 과세와 소득 재분배기능이 강조됨에 따라 초과누진세율제도 및 인적공제제도 등을 두고 있음

(6) 주소지 과세제도
소득발생지에 불구하고 주소지를 납세지로 함

정답 ④

09

소득세 총설 ★★★

다음 중 소득세법상의 납세의무자에 대한 설명으로 적절하지 않은 것은?

① 소득세의 납세의무자는 원칙적으로 자연인이며 이는 거주자와 비거주자로 구분된다.
② 법인격 없는 단체 중 법인으로 보는 단체 이외의 단체는 이를 거주자로 보아 소득세법을 적용한다.
③ 거주자란 대한민국 국적을 가진 자 중 국내에 주소를 두거나 183일 이상 거소를 둔 개인을 말한다.
④ 1거주자로 보는 단체의 경우 해당 단체는 그 구성원과 독립된 소득세 납세의무자로 본다.

📍**TIP** 거주자와 비거주자의 구분은 국적과 무관하다.

핵심포인트 해설   소득세법상의 납세의무자

(1) 납세의무자의 구분 (국적과 무관)
   ① 거주자 : 국내에 주소를 두거나 183일 이상 거소를 둔 개인
   ② 비거주자 : 거주자가 아닌 개인

(2) 주소 여부의 판정

주소를 가진 것으로 보는 경우	• 계속하여 183일 이상 국내에 거주할 것을 통상 필요로 하는 직업을 가진 때 • 국내에 생계를 같이하는 가족이 있고, 그 직업 및 자산상태에 비추어 계속하여 183일 이상 국내에 거주할 것으로 인정되는 때 • 외국 항해 선박 또는 항공기의 승무원으로서 통상 체재하는 장소가 국내인 경우 • 국외에서 근무하는 공무원 • 내국법인의 해외현지법인(내국법인이 100% 출자) 등에 파견된 임직원
국내에 주소가 없는 것으로 보는 경우	• 국외에 거주 또는 근무하는 자가 외국국적을 가졌거나 외국법령에 의하여 그 외국의 영주권을 얻은 자로서 국내에 생계를 같이하는 가족이 없고, 그 직업 및 자산상태에 비추어 다시 입국하여 국내에 거주하리라고 인정되지 않는 때

(3) 법인격 없는 단체 등에 대한 납세의무

1거주자로 보는 경우	대표자 또는 관리인이 선임되어 있으나 이익의 분배방법 및 비율이 정해져 있지 않은 단체는 1거주자로 보며, 당해 단체는 그 구성원과 독립된 소득세 납세의무자가 됨
공동사업으로 보는 경우	1거주자로 보는 법인격 없는 단체 이외의 단체는 공동사업을 경영하는 것으로 보며, 이 경우 공동사업자별로 지분 또는 손익분배의 비율에 따라 소득금액을 분배하고 그 분배된 소득금액에 따라 각각 소득세 납세의무를 지게 됨

정답 ③

10

소득세 총설 ★★★

다음 중 소득세법상 원천징수와 과세기간에 대한 설명으로 적절하지 않은 것은?

① 완납적 원천징수대상 소득은 별도의 정산을 위한 확정신고의무가 없다.
② 예납적 원천징수대상 소득은 원칙적으로 확정신고 의무가 있는 종합과세대상 소득이다.
③ 거주자가 사망한 경우의 과세기간은 1월 1일부터 사망일까지이다.
④ 거주자가 사업을 폐업한 경우의 과세기간은 1월 1일부터 폐업일까지이다.

> **용어 알아두기**
> 원천징수 소득을 지급하는 자가 그 지급받는 자(납세의무자)의 조세를 차감한 잔액만 지급하고 그 원천징수세액을 정부에 납부하는 제도이다.

♀ TIP 소득세의 과세기간은 사망과 출국하는 경우에만 예외가 인정되며, 사업개시나 폐업에 의해 영향을 받지 않는다.

핵심포인트 해설 원천징수 및 과세기간

(1) 원천징수
① 세원의 일실을 최소화하고 납세편의를 도모하기 위함이며, 소득세법에서는 원천징수제도를 광범위하게 활용하고 있음
② 원천징수제도의 유형

완납적 원천징수	원천징수로써 과세를 종결하고 납세의무자는 별도의 정산을 위한 확정신고의무를 지지 아니함 (분리과세)
예납적 원천징수	원천징수대상이 된 소득을 과세표준에 포함하여 세액을 계산한 후 당해 원천징수된 세액은 기납부세액으로 공제받음으로써 소득세 납세의무를 확정할 때 이를 정산하는 방식(종합과세)

③ 원천징수세액의 납부 : 국내에서 거주자나 비거주자에게 일정한 소득을 지급하는 자는 그 거주자나 비거주자에 대한 소득세를 원천징수하여 다음 달 10일까지 정부에 납부하여야 함

(2) 과세기간
① 원칙 : 1월 1일부터 12월 31일까지
② 거주자가 사망한 경우 : 1월 1일부터 사망일까지
③ 거주자가 출국하는 경우
  ㉠ 1월 1일부터 출국일까지
  ㉡ 출국이라 함은 주소 또는 거소의 국외 이전으로 인하여 비거주자가 되는 경우를 말함
④ 소득세의 과세기간은 법인세와는 달리 사업개시나 폐업에 영향을 받지 않으며, 과세기간을 임의로 설정하는 것도 허용되지 않음
  → 폐업하는 경우에도 폐업한 사업장 이외의 소득은 얼마든지 발생 가능함

정답 ④

11 이자소득과 배당소득 ★★

다음 중 소득세법상 이자소득 또는 배당소득의 범위에 포함되는 것으로만 적절하게 나열된 것은?

> 가. 대금업자의 대여금에 대한 이자수익
> 나. 채권 또는 증권의 환매조건부 매매차익
> 다. 비영업대금의 이익
> 라. 일정 요건을 갖춘 집합투자기구로부터의 이익
> 마. 피보험자 사망으로 인해 받는 보험금
> 바. 법인세법에 의해 배당으로 처분된 금액

① 가, 나, 다, 라 ② 가, 라, 마, 바
③ 나, 다, 라, 바 ④ 다, 라, 마, 바

♀ TIP 대금업자의 대여금에 대한 이자수익은 이자소득이 아닌 사업소득으로 분류되며, 피보험자의 사망으로 인해 받는 보험금은 과세제외소득이다.

핵심포인트 해설 이자소득과 배당소득의 종류

(1) 이자소득
① 채권 또는 증권의 이자와 할인액 → 비영업대금의 이익으로 분류됨
  ㉠ 각종 채권뿐 아니라 다른 사람에게 양도가 가능한 증권으로서 금융기관이 발행한 예금증권(CD), 기업어음, 표지어음 등 선이자채권 등은 포함하고 상업어음은 제외함
  ㉡ 채권 등을 중도매도하는 경우 상환기간 중 발생한 보유기간의 이자상당액도 이자소득에 포함
② 국내 또는 국외에서 받는 예금·적금(부금·예탁금과 우편대체 포함)의 이자
③ 채권 또는 증권의 환매조건부 매매차익
④ 저축성 보험의 보험차익(일정 요건을 충족하는 보험차익과 피보험자의 사망·질병·부상 등 신체상의 상해 및 자산의 멸실·손괴로 인해 받는 보험금은 과세 제외)
⑤ 직장공제회 초과반환금
⑥ 비영업대금의 이익, 유사 이자소득 및 파생결합상품의 이익

(2) 배당소득
① 이익배당, 의제배당, 외국법인으로부터의 배당
② 법인으로 보는 단체로부터 받는 배당 또는 분배금
③ 국내 또는 국외에서 받은 대통령령으로 정하는 집합투자기구로부터의 이익
  : 집합투자기구 이외의 신탁의 이익은 재산권에서 발생하는 소득의 내용별로 구분하여 과세함
④ 인정배당 : 법인세법에 의하여 배당으로 처분된 금액
⑤ 수익분배의 성격이 있는 것(유사 배당소득)
⑥ 파생결합상품의 이익 : 배당소득을 발생시키는 행위와 파생상품이 일정 요건에 따라 결합된 해당 파생상품의 이익

정답 ③

12

이자소득 또는 배당소득에 대한 설명으로 적절하지 않은 것은?

① 이자소득은 필요경비가 인정되지 않으므로 해당 과세기간의 총수입금액과 이자소득금액은 항상 일치한다.
② 배당소득은 이자소득과 마찬가지로 필요경비가 인정되지 않으므로 총수입금액과 배당소득금액은 항상 일치한다.
③ 이자소득과 배당소득 중 비과세 또는 분리과세 대상 소득은 종합소득금액에 합산하지 않는다.
④ 일정한 배당소득에 대하여는 별도의 배당세액공제가 적용될 수 있다.

♀ TIP 이중과세 조정대상이 되는 배당소득의 경우에는 총수입금액에 귀속법인세를 가산한 금액이 배당소득금액이 된다.

핵심포인트 해설 이자소득금액과 배당소득금액의 계산방법

(1) 이자소득금액
① 이자소득금액은 해당 과세기간의 총수입금액으로 하며, 필요경비가 인정되지 않음
② 비과세 및 분리과세 이자소득은 종합소득금액에 합산되지 않음

(2) 배당소득금액
① 배당소득금액은 당해 연도의 총수입금액으로 하며, 필요경비가 인정되지 않음
② 비과세 및 분리과세 배당소득은 종합소득금액에 합산되지 않음 ← 금융소득 종합과세가 적용되는 경우에도 종합소득금액에 합산되지 않음
③ 이중과세의 조정 : 법인세와 이중과세 조정대상이 되는 배당소득의 경우에는 총수입금액에 귀속법인세를 가산한 금액을 배당소득금액으로 하며, 당해 귀속법인세는 배당세액공제 적용

정답 ②

13

금융소득에 대한 과세방법 ★★★

다음 중 금융소득의 과세방법에 대한 설명으로 가장 적절하지 않은 것은?

① 이자·배당소득의 총 합계금액이 2천만원을 초과하면 금융소득 종합과세가 적용된다.
② 무조건 분리과세대상 배당소득은 그 금액의 크기와 상관없이 종합과세대상에서 제외된다.
③ 종합과세 판정대상 금액이 2천만원 이하인 경우 원천징수 대상이 아닌 소득은 종합과세되는데 이때의 세율은 원천징수가 되었을 경우를 가정하여 14%를 적용한다.
④ 외국법인이 발행한 채권·증권에서 발생하는 이자·배당소득이 국내에서 그 지급을 대리하는 자가 있어 원천징수가 된 경우에는 금액의 크기에 따라 분리과세 될 수 있다.

♀ TIP 기준금액(2천만원) 초과 여부 판단 시, 비과세 및 분리과세 이자소득과 배당소득은 제외하고 판단한다.

핵심포인트 해설 금융소득의 종합과세와 분리과세

(1) 무조건 분리과세
종합소득과세표준에 합산하지 않고 당해 소득을 지급하는 자가 그 거주자에 대한 소득세를 원천징수하여 납부함으로써 과세가 종결됨

(2) 조건부 종합과세
① 무조건 분리과세대상 이외의 이자·배당소득(귀속법인세 제외)의 합계금액이 2,000만원 이하인 경우 그 소득금액은 종합소득과세표준의 계산에 있어서 이를 합산하지 않음 → 2,000만원 미만 (×)
② 그 이자·배당소득이 2,000만원을 초과하는 경우에는 다른 종합소득금액과 합산하여 과세함 → 2,000만원 이상 (×)

(3) 무조건 종합과세
① 무조건 분리과세대상 이외의 이자·배당소득(귀속법인세 제외)의 합계금액이 2,000만원 이하인 경우에도 국외에서 지급받는 이자·배당소득으로서 원천징수대상이 아닌 것은 종합과세함
② 외국법인이 발행한 채권·증권에서 발생하는 이자·배당소득에 더해서 국내에서 그 지급을 대리하거나 위임·위탁받은 자가 있는 경우에는 그 이자·배당소득은 원천징수되는 소득이므로 조건부 종합과세소득에 해당함

(4) 이자·배당소득에 대한 과세방법

구 분	과세방법	원천징수세율
무조건 분리과세소득	분리과세	각 종류별 분리과세세율
조건부 종합과세	무조건 분리과세소득 외의 이자·배당소득(귀속법인세 제외)의 합계액이 • 2,000만원 이하인 경우 ⇨ 분리과세 • 2,000만원 초과하는 경우 ⇨ 종합과세	14%(비영업대금의 이익은 25%)
무조건 종합과세	2,000만원 이하인 경우에도 원천징수대상이 아닌 이자·배당소득은 종합과세	−

정답 ①

14

금융소득에 대한 과세방법 ★★★

다음 중 무조건 분리과세대상소득과 그 원천징수세율로 가장 적절한 것은?

① 공익신탁의 이익 : 9%
② 비영업대금의 이익 : 25%
③ 1거주자로 보는 단체의 이자·배당소득 : 14%
④ 직장공제회 초과반환금 : 14%

+용어 알아두기

비영업대금의 이익 대금업을 영위하지 않는 자가 여유자금을 사업적 목적 없이 일시적으로 대여하고 받는 이자이다.
직장공제회 동일 직장이나 직종에 종사하는 근로자들의 생활안정, 복리증진 또는 상호부조 등을 목적으로 구성된 공제회·공제조합 및 이와 유사한 단체이다.

TIP ① 공익신탁의 이익은 비과세대상이며, 원천징수세율도 존재하지 않는다.
② 비영업대금의 이익은 무조건 분리과세대상소득이 아니다.
④ 직장공제회 초과반환금은 기본세율로 원천징수한다.

핵심포인트 해설 무조건 분리과세대상 금융소득의 범위 및 원천징수세율

무조건 분리과세대상소득의 범위	원천징수세율
직장공제회 초과반환금	기본세율
비실명거래로 인한 이자·배당소득	45%, 90%
법원에 납부한 경매보증금 및 경락대금에서 발생하는 이자소득	14%
1거주자로 보는 단체의 이자·배당소득	14%
개인종합자산관리계좌의 비과세 한도 초과 이자·배당소득	9%

정답 ③

15 금융소득에 대한 과세방법 ★★★

다음 중 금융소득이 종합과세되는 경우 세액계산 특례에 대한 설명으로 가장 적절한 것은?

① 종합과세 판정대상 금액이 2천만원을 초과하면 종합과세되는 금융소득 전액에 대해 기본세율이 적용된다.
② 법에서 정한 요건을 충족하여 금융소득 종합과세가 적용되더라도 금융소득 2천만원까지는 분리과세되고 2천만원 초과분만 종합과세된다.
③ 금융소득 종합과세가 적용되면 금융소득 2천만원을 분기점으로 세부담이 급격히 증가한다.
④ 금융소득이 종합과세되면 분리과세되는 경우보다 세부담이 작아질 수는 없으므로 종합과세 시 금융소득에 대한 실질적인 최저세율은 14%(비영업대금의 이익은 25%)가 된다.

♥ TIP
① 금융소득 종합과세가 적용되더라도 2천만원 초과분에 대해서만 기본세율이 적용되고, 2천만원까지는 14%의 세율이 적용된다.
② 금융소득 종합과세가 적용되면 금융소득 2천만원 이하분과 초과분 전체가 종합과세된다.
③ 금융소득 2천만원을 분기점으로 세부담이 급격하게 늘어나는 것을 방지하기 위해 2천만원 초과분에 대해서만 기본세율이 적용된다.

핵심포인트 해설 금융소득에 대한 종합과세 시 세액계산의 특례

(1) 금융소득 종합과세 시의 산출세액

> 금융소득 종합과세 시의 산출세액 = MAX(ⓐ, ⓑ)
> ⓐ 일반산출세액 : (종합소득 과세표준 - 2천만원) × 기본세율 + 2천만원 × 14%
> ⓑ 비교산출세액 : (종합소득 과세표준 - 금융소득금액) × 기본세율 + 금융소득총수입금액 × 14%(비영업대금의 이익은 25%)

(2) 일반산출세액의 의미
① 종합과세 금융소득 전액에 대해 기본세율을 적용하면 2천만원을 분기점으로 세부담이 급격히 늘어나는 문제 발생
② 이러한 문제를 방지하고 분리과세되는 경우와의 형평을 기하기 위해 종합과세되는 금융소득 중 2천만원까지는 14%의 세율 적용
③ 종합과세되는 금융소득 2천만원 초과분에 대해서는 다른 소득과 합산하여 기본세율을 적용함
④ 금융소득이 종합과세되면 금융소득 2천만원 초과분뿐만 아니라 2천만원까지 포함하여 전액이 종합과세됨

(3) 비교산출세액의 의미
① 종합과세의 최저세율은 6%이므로 종합과세가 오히려 분리과세(14%, 비영업대금의 이익은 25%)되는 경우보다 세금이 줄어드는 경우가 발생할 수 있음
② 금융소득 종합과세가 적용될 경우 분리과세되는 경우보다 세부담이 줄어드는 것을 방지하기 위한 장치
③ 금융소득에 대한 소득세 최저세율은 14%(비영업대금의 이익은 25%)가 된다는 의미로 결국 분리과세되었을 경우의 세액을 종합소득 산출세액의 최저한으로 함

정답 ④

16

금융소득에 대한 과세방법 ★★★

다음 중 배당소득의 과세방법에 대한 설명으로 적절하지 않은 것은?

① 법인의 이익을 주주에게 배당할 경우 법인세와 소득세가 이중과세되는 문제가 발생함에 따라 이를 조정하는 제도를 두고 있다.
② 배당소득 총수입금액에 귀속법인세를 가산하여 배당소득금액을 계산하고, 그 가산한 귀속법인세는 종합소득산출세액에서 배당세액공제로 공제된다.
③ Imputation방법은 법인세와 소득세의 이중과세를 조정하기 위한 제도이므로 법인세가 과세되지 않은 이익을 배당하는 경우에는 적용될 여지가 없다.
④ 배당소득에 대한 이중과세의 조정은 금융소득 종합과세 적용 여부와 상관없이 해당 요건을 충족하는 배당소득에 대하여 적용하게 된다.

TIP 법인세와 소득세가 이중과세되는 경우라도 금융소득 종합과세 대상자가 되어 당해 배당소득이 종합소득과세표준에 포함되는 경우에만 이중과세의 조정이 이루어진다.

핵심포인트 해설 배당소득에 대한 이중과세의 조정

(1) 배당소득 이중과세의 조정 개요
① 이중과세 개요 : 법인원천소득에 대하여는 법인단계에서 법인세가 부과되고, 그 세후소득이 주주에게 귀속되는 단계에서 다시 소득세가 부과되는 현상
② 이중과세의 조정방법 : Imputation방법(법인세주주귀속법) 적용

(2) 조정대상 배당소득의 요건
① 내국법인으로부터 받은 배당소득일 것
② 법인세가 과세된 소득에서 지급되는 것일 것   → 조정대상 배당소득이 총합소득과세표준에 포함되지 않거나, 종합소득과세표준에 포함되는 배당소득 중 2,000만원 이하 분은 이중과세 조정대상이 아님
③ 종합소득과세표준에 포함된 배당소득금액으로서 2,000만원을 초과하는 배당소득일 것

(3) 이중과세 제외대상 배당소득
① 자기주식소각이익을 자본전입하는 경우 → 소각 당시 시가가 취득가액을 초과하거나 소각일로부터 2년 이내에 자본전입하는 경우에 한함
② 토지의 재평가적립금(1% 세율적용분)을 자본전입하는 경우의 의제배당
③ 법인세법상 소득공제 적용대상 투자회사 등으로부터 받는 배당소득
④ 집합투자기구로부터의 이익
⑤ 출자공동사업자에 대한 배당소득

(4) 종합과세되는 금융소득의 구성순서
이자소득 ⇨ 본래 Gross-up 대상이 아닌 배당소득 ⇨ 본래 Gross-up 대상인 배당소득

(5) 이중과세의 조정방법
① 배당소득 총수입금액에 귀속법인세(총수입금액의 10%(2023. 12. 31.까지 지급받은 소득분은 11%))를 가산한 금액을 배당소득금액으로 함
② 거주자의 종합소득금액에 조정대상 배당소득금액이 합산되어 있는 경우에는 귀속법인세를 종합소득산출세액에서 공제하되, 일반산출세액에서 비교산출세액을 차감한 금액을 공제한도로 함

정답 ④

17

> 양도소득 ★★

다음 중 양도소득세 과세대상 자산으로만 나열된 것이 아닌 것은?

① 미등기 부동산임차권, 비상장법인의 주식, 토지와 건물
② 특정시설물의 이용권, 사업용 고정자산과 함께 양도하는 영업권, 비상장법인의 주식
③ 대주주가 양도하는 주권상장법인의 주식, 지상권, 부동산을 취득할 수 있는 권리
④ 사업용 고정자산과 함께 양도하는 영업권, 토지와 건물, 전세권

⁺용어 알아두기
부동산임차권 임차료를 지급하고 목적물을 사용·수익하는 임대차계약에서의 임차인의 권리이다.

♥TIP 부동산임차권은 등기된 경우에만 양도소득세 과세대상이 된다.

핵심포인트 해설 양도소득세 과세대상 자산의 범위

(1) 토지와 건물
(2) 부동산에 관한 권리 : 부동산을 취득할 수 있는 권리, 지상권, 전세권과 등기된 부동산임차권
  → 부동산임차권은 등기된 것만 과세대상
(3) 주식 및 출자지분
  ① 주권상장법인과 코스닥(코넥스)상장법인의 주식 : 대주주 양도분 및 장외거래분에 한함
  ② 비상장법인 : 원칙적으로 모두 과세하지만, 아래에 해당하는 경우에는 과세 제외
    ㉠ 소액주주가 다자간 매매체결회사를 통해서 양도하는 벤처기업의 주식
    ㉡ 소액주주가 한국금융투자협회가 행하는 장외매매거래(K-OTC)에 의해 양도하는 중소·중견기업의 주식
  ③ 대주주의 범위

구 분	지분율(직전 사업연도 종료일 또는 양도일 현재)	시가총액(직전 사업연도 종료일 현재)
주권상장법인	1% 이상	50억원 이상
코스닥상장법인	2% 이상	
코넥스, 비상장법인	4% 이상	

  ④ 주식 및 출자지분의 양도소득세율

비중소기업	대주주가 1년 미만 보유한 주식	30%
	대주주가 1년 이상 보유한 주식	20%(과세표준 3억원 초과분은 25%)
	대주주가 아닌 자가 보유한 주식	20%
중소기업	대주주가 보유한 주식	20%(과세표준 3억원 초과분은 25%)
	대주주가 아닌 자가 보유한 주식	10%

(4) 기타 자산
  ① 특정시설물의 이용권
  ② 사업용 고정자산(토지, 건물 및 부동산에 관한 권리)과 함께 양도하는 영업권
    → 영업권의 단독 양도는 기타소득으로 과세
  ③ 특정주식(A) : 과점주주가 소유하는 부동산 과다보유법인의 주식
  ④ 특정주식(B) : 특수업종을 영위하는 부동산 과다보유법인의 주식

정답 ①

18

양도소득 ★★

다음 중 양도소득세에서 양도의 개념에 대한 설명으로 가장 적절한 것은?

① 소득세법상 양도라 함은 반대급부를 수반하는 유상이전뿐만 아니라 무상이전도 포함한다.
② 부담부증여에 있어서 수증자가 증여자의 채무를 인수한다고 하여 양도소득세가 과세되는 것은 아니다.
③ 매도·교환·현물출자는 양도로 보지만 대물변제나 공용수용은 양도로 보지 않는다.
④ 소득세법은 등기나 등록과 상관없이 사실상 자산의 이전이 있으면 양도로 본다.

+ 용어 알아두기
현물출자 회사의 설립이나 신주발행 시에 동산, 부동산, 채권, 유가증권, 특허권 등 금전 이외의 재산으로 하는 출자이다.
대물변제 현금거래에 의해 발생한 채무를 채무자가 현금이 아닌 부동산, 유가증권 등 물건으로 갚는 행위이다.

♀ TIP 소득세법상 양도는 반대급부가 수반되는 유상이전만을 말하므로 사실상 반대급부가 존재하는 부담부증여 시의 채무승계분, 매도, 교환, 현물출자, 대물변제, 공용수용 모두 양도소득세가 과세된다.

핵심포인트 해설 양도의 개념

(1) 의의
양도란 자산에 대한 등기 또는 등록에 관계없이 매도·교환·현물출자 등으로 인하여 자산이 유상으로 사실상 이전되는 것을 말함

(2) 자산의 유상이전
① 양도는 유상 및 무상을 불문하나 소득세법상 양도라 함은 반대급부를 수반하는 유상이전만을 말하며, 무상이전은 제외됨
② 증여나 상속 등에 의하여 자산이 이전되더라도 증여자 또는 피상속인에게 양도소득세를 과세하지 않고 당해 자산을 취득하는 수증자 또는 상속인에게 증여세나 상속세를 과세하게 됨
③ 유상이전의 형태는 매도·교환·현물출자는 물론이고 대물변제나 공용수용 등도 포함
④ 부담부증여
  ㉠ 부담부증여에 있어서도 수증자가 증여자의 채무를 인수하는 경우에는 증여가액 중 그 채무액에 상당하는 부분은 실질적 대가관계에 있으므로 양도로 봄
  ㉡ 다만, 배우자 또는 직계존비속 간의 부담부증여에 대해서는 국가 및 지방자치단체의 채무 등 객관적으로 인정되는 것을 제외하고는 채무인수가 없는 것으로 추정하므로, 이와 같이 채무액이 증여세 과세가액 계산 시 공제되지 않는 경우는 양도로 보지 않음

(3) 자산의 사실상 이전
① 민법에서는 '등기'를 물권변동의 성립요건으로 하고 있으나(형식주의), 소득세법은 등기·등록을 하지 않더라도 사실상 이전이 있으면 '양도'로 보도록 하고 있음(실질주의)
② 실질주의에 입각하여 소득세법은 취득·양도시기를 원칙적으로 당해 자산의 대금을 청산한 날로 하고 있음

정답 ④

19

양도소득 ★★

다음 중 양도소득세 과세표준의 계산에 대한 설명으로 가장 적절한 것은?

① 자산의 실지거래가액을 확인할 수 없는 경우에는 매매사례가액, 감정가액, 환산가액을 순차로 적용하여 취득가액을 산정하지만 양도가액을 기준시가로 한 경우에는 취득가액도 실지거래가액이 아닌 기준시가를 적용한다.
② 장기보유특별공제는 보유기간이 3년 이상인 양도소득세 과세대상 자산에 대해 적용한다.
③ 같은 해에 주식과 부동산을 양도하는 경우 양도소득기본공제는 두 자산에 대해 총 250만원이 공제된다.
④ 미등기 양도자산의 경우 장기보유특별공제는 적용이 불가능하나 양도소득기본공제는 적용이 가능하다.

♥ TIP
② 3년 이상 보유한 토지, 건물에 적용한다.
③ 주식과 부동산 각각 250만원씩 총 500만원이 적용된다.
④ 미등기 양도자산은 장기보유특별공제와 양도소득기본공제 모두 적용이 불가능하다.

핵심포인트 해설 양도소득세 과세표준의 계산

계산과정		내용
	총수입금액	• 양도가액 : 실지거래가액, 실지거래가액 확인 불가 시 매매사례가액 ⇨ 감정가액 ⇨ 환산가액 ⇨ 기준시가를 순차로 적용
(−)	필요경비	• 취득가액 　• 원칙 : 실지거래가액 　• 실지거래가액을 확인할 수 없는 경우 　　: 매매사례가액 ⇨ 감정가액 ⇨ 환산가액을 순차로 적용, 양도가액을 기준시가에 따라 산정 시 취득가액도 기준시가 적용
		• 기타필요경비 　• 자본적 지출액 　• 기타필요경비 : 증권거래세, 신고서 작성비용, 인지대 등
(=)	양도차익	• 양도자산별로 계산
(−)	장기보유특별공제	• 3년 이상 보유한 토지·건물 • 보유기간에 따라 6~30%(1세대 1주택은 8~40%, 거주기간에 따라 8~40% 가산)의 특별공제율에 의해 계산된 금액을 공제
(=)	양도소득금액	
(−)	양도소득기본공제	• 각 호의 자산별 각각 연 250만원 공제 　· 제1호 : 토지·건물 및 부동산에 관한 권리, 기타자산 　· 제2호 : 주식 및 출자지분 　· 제3호 : 파생상품 등
(=)	양도소득과세표준	

정답 ①

20

납세의무자와 납세의무의 범위 ★★★

다음 중 증권거래세에 대한 설명으로 가장 적절하지 않은 것은?

① 증권거래세는 상장법인의 주권을 유상양도하는 경우에 과세되므로 비상장법인의 주권양도는 과세대상이 아니다.
② 자본시장법상의 금융투자업자를 통하여 주권 등을 양도하는 경우에는 해당 금융투자업자가 납세의무자이다.
③ 국가 또는 지방자치단체가 주권 등을 양도하는 경우에는 증권거래세를 부과하지 않는다.
④ 국내사업장이 없는 비거주자 또는 외국법인이 주권 등을 금융투자업자를 통하지 않고 양도하는 경우에는 당해 주권의 양수인이 납세의무자이다.

TIP 상법 또는 특별법에 의하여 설립된 법인의 주권을 양도하는 경우에는 상장 여부와 상관없이 증권거래세 납세의무가 있다.

핵심포인트 해설 증권거래세의 과세대상과 납세의무자

(1) 과세대상
① 상법 또는 특별법에 따라 설립된 법인의 주권 양도 : 상장 여부와 상관없이 증권거래세 납세의무가 있음
② 외국법인이 발행한 주권으로 자본시장법에 의한 한국거래소의 유가증권시장이나 코스닥시장, 코넥스시장에 상장된 주권의 양도
③ 외국증권시장(뉴욕증권거래소, 전미증권업협회중개시장, 동경증권거래소, 런던증권거래소, 도이치증권거래소, 자본시장법에 의한 외국거래소)에 상장된 주권의 양도나 동 외국증권시장에 주권을 상장하기 위해 인수인에게 주권을 양도하는 경우 및 자본시장법에 따라 채무인수를 한 한국거래소가 주권을 양도하는 경우에는 증권거래세를 부과하지 않음

(2) 납세의무자
① 장내 또는 금융투자협회를 통한 장외거래(K-OTC)에서 양도되는 주권을 계좌 간 대체로 매매결제하는 경우
   : 해당 대체결제를 하는 회사(한국예탁결제원)
② 위 ① 이외에 자본시장법상의 금융투자업자를 통하여 주권 등을 양도하는 경우 : 해당 금융투자업자
③ 위 ①, ② 이외에 주권 등을 양도하는 경우 : 당해 양도자
④ 단, 국내 사업장을 가지고 있지 않은 비거주자(외국법인 포함)가 주권 등을 금융투자업자를 통하지 않고 양도하는 경우
   : 당해 주권의 양수인

(3) 비과세양도
① 국가 또는 지방자치단체가 주권 등을 양도하는 경우
② 자본시장법에 따라 주권을 매출하는 경우(발행매출)
③ 주권을 목적물로 하는 소비대차의 경우

정답 ①

납세의무자와 납세의무의 범위 ★★★

다음 중 비상장법인의 주식을 보유하고 있는 개인이 당해 주식을 타인에게 직접 2025년 4월 19일에 양도했을 경우 적용되는 증권거래세 세율과 신고·납부 기한으로 적절한 것은?

① 0.20%, 5월 10일
② 0.43%, 8월 31일
③ 0.35%, 5월 10일
④ 0.35%, 8월 31일

♥TIP 비상장법인의 주식을 양도하면 양도가액의 0.35%에 해당하는 증권거래세를 양도일이 속하는 반기의 말일부터 2개월 이내에 신고 및 납부하여야 한다.

핵심포인트 해설 증권거래세 세율과 신고 및 납부

(1) 증권거래세 세율

구 분	세 율
유가증권시장에서 양도되는 주권	0.0%
코스닥시장에서 양도되는 주권, 금융투자협회를 통하여 양도되는 주권(K-OTC)	0.15%
코넥스시장에서 양도되는 주권	0.10%
상기 외 주권(비상장주권 등)	0.35%

* 유가증권시장에서 양도되는 주권에 대해서는 농어촌특별세 0.15% 부과

(2) 거래징수
증권거래세의 경우 증권거래세의 납세의무자 중 대체결제회사와 금융투자업자 및 비거주자로부터 주권을 양수하는 자는 주권을 양도하는 자의 증권거래세를 거래징수해야 함

(3) 신고 및 납부
① 한국예탁결제원 및 금융투자업자 : 다음 달 10일까지 → 부동산 양도의 경우 양도일이 속한 달의 말일부터 2개월
② 그 밖의 납세의무자 : 양도일이 속하는 반기의 말일부터 2개월 이내

정답 ④

22

외국인의 증권세제 ★★

다음 중 비거주자에 대한 과세를 설명한 것으로 적절하지 않은 것은?

① 비거주자에 대하여는 소득세법 또는 법인세법상 과세소득 중 국내원천소득만을 과세대상으로 하고 있다.
② 비거주자는 퇴직소득과 양도소득에 대하여 거주자와 달리 다른 소득과 합산하는 종합과세방식에 따라 과세한다.
③ 비거주자에게 국내사업장이나 부동산임대사업소득이 없는 경우에는 국내원천소득에 대하여 분리과세로 과세를 종결한다.
④ 비거주자에 대한 원천징수세율이 조세조약상의 제한세율보다 높은 경우에는 조세조약상의 제한세율로 원천징수한다.

> **+ 용어 알아두기**
> **조세조약** 국제 간의 거래에 있어서 동일한 과세물건에 대하여 동종의 조세를 중복하여 과세하게 되는 국제적 이중과세를 방지하기 위하여 국가 간에 체결한 이중과세방지조약이다.

♀ TIP 비거주자의 퇴직소득과 양도소득은 거주자와 동일하게 분류과세한다.

핵심포인트 해설 비거주자에 대한 과세방법

(1) 비거주자의 국내원천소득 범위
이자소득, 배당소득, 부동산·부동산상의 권리 등의 임대·양도소득, 선박·항공기 임대소득, 국내사업소득, 인적용역소득, 근로소득, 퇴직소득, 양도소득, 사용료소득, 유가증권 양도소득, 기타소득

(2) 비거주자의 국내원천소득 과세방법
① 국내사업장이나 부동산임대사업소득이 있는 경우 : 종합과세
② 국내사업장이나 부동산임대사업소득이 없는 경우 : 분리과세
③ 퇴직소득·양도소득 : 분류과세

(3) 원천징수
① 원천징수세율

구 분	원천징수세율
이자소득·배당소득·사용료소득·기타소득	20%(채권은 14%)
선박임대소득·사업소득	2%
인적용역소득	20%
유가증권 양도소득	10% 또는 20%

② 조세조약상 제한세율
제한세율이란 조세조약이 국내법상의 적용최고세율을 제한한 것으로 우리나라와 조세조약이 체결된 국가의 거주자 등이 국내에서 이자소득·배당소득 및 사용료소득 등 투자소득이 있는 경우에는 조세조약상 제한세율이 적용됨

정답 ②

외국인의 증권세제 ★★

다음 중 비거주자의 유가증권 양도소득의 과세방법에 대한 설명으로 적절하지 않은 것은?

① 국내사업장이 있는 비거주자가 주식·출자지분 외의 유가증권을 양도함으로써 생기는 소득 중 이자소득 이외의 소득은 유가증권 양도소득 과세대상이 된다.
② 국내사업장이 없는 비거주자가 주식·출자지분 외의 유가증권을 내국법인·거주자·외국법인의 국내사업장에 양도함으로써 생기는 소득 중 이자소득 이외의 소득은 유가증권 양도소득 과세대상이 된다.
③ 비거주자가 장내파생상품을 통해 얻은 소득은 과세대상 국내원천소득으로 본다.
④ 비거주자의 유가증권 양도소득에 대해서는 원칙적으로 양도가액의 10%를 원천징수한다.

♀ TIP 비거주자의 장내파생상품을 통한 소득은 과세대상 국내원천소득으로 보지 않는다.

핵심포인트 해설 비거주자의 유가증권 양도소득의 과세

(1) 과세대상
① 다음 이외의 내국법인의 주식 또는 출자지분
  ㉠ 특정주식·특정시설물이용권주식·부동산과다주식
  ㉡ 5년 내 25% 미만 소유주가 거래소를 통하여 양도하는 주식
② 국내사업장이 있는 비거주자가 주식·출자지분 외의 유가증권을 양도함으로써 생기는 소득 중 이자소득 이외의 소득
③ 국내사업장이 없는 비거주자가 주식·출자지분 외의 유가증권을 내국법인·거주자·외국법인의 국내사업장에 양도함으로써 생기는 소득 중 이자소득 이외의 소득
  참고 단, 장내파생상품을 통한 소득과 위험회피목적 거래의 장외파생상품을 통한 소득은 과세대상 국내원천소득으로 보지 아니함

(2) 비거주자의 유가증권 양도소득 원천징수세율
① 원칙 : 양도가액의 10%
② 취득가액이 확인되는 경우 : 다음 중 작은 금액
  ㉠ 양도가액의 10%
  ㉡ 양도차익의 20% → 양도가액 − 취득가액 − 기타필요경비

정답 ③

24

증여세 절세전략 ★★

다음 중 증여세 절세전략으로 적절하지 않은 것은?

① 자녀에게 직접 증여하는 경우에는 자녀가 어릴 때부터 증여하는 것이 절세 측면에서 유리하다.
② 증여재산공제 범위 내에서 증여하는 경우에는 증여세가 과세되지 않으므로 신고하지 않는 것이 바람직하다.
③ 자산을 장기 보유해야 할 필요가 있는 경우일지라도 자산가치가 저평가되어 있는 상황이면 해당 자산의 증여를 적극적으로 고려해 볼 만하다.
④ 증여세는 증여자별·수증자별로 과세되므로 한 사람의 수증자에게 같은 금액을 증여하더라도 여러 사람이 증여하면 증여세를 줄일 수 있다.

♀ TIP 증여재산공제 범위 내에서 증여하더라도 증여세 신고를 하는 것이 바람직하다.

핵심포인트 해설 증여세 절세전략

(1) 증여세는 증여자별·수증자별로 과세됨을 이용함
증여세는 증여자별·수증자별로 과세되므로 한 사람의 수증자에게 같은 금액을 증여하더라도 증여자를 여럿으로 하면 증여세를 줄일 수 있음

(2) 자녀가 어릴 때 분할하여 증여하는 것이 유리함
자녀에게 직접 증여하는 경우 10년 단위로 증여재산공제를 활용하여 어릴 때부터 증여하는 것이 유리함

(3) 증여재산공제 범위라서 증여세를 내지 않더라도 신고하는 것이 바람직함
증여세를 내지 않아도 되는 증여재산공제 범위 내의 증여라도 증여세 신고를 하는 것이 미래의 정당한 자금원 확보 측면에서 유리함

(4) 레버리지를 활용한 증여전략
자녀에게 증여를 목적으로 재산을 분할하여 증여하는 경우 특히 큰 금액이 아닌 경우에는 기대수익률이 높은 자산을 증여하는 것이 바람직함

(5) 저평가 재산의 증여
어떤 자산을 장기보유해야 할 필요가 있지만 자산가치가 저평가되어 있는 상황이라면 해당 자산의 증여를 적극 고려해볼 수 있음

정답 ②

상속세 절세전략 ★★

다음 중 상속세를 절세하기 위한 세무전략으로 가장 적절하지 않은 것은?

① 상속세 절세를 위해서는 사전에 미리 상속인들에게 증여하는 전략이 매우 중요하다.
② 상속이 개시된 후에는 현실적으로 상속세를 절세할 수 있는 대안이 없다.
③ 피상속인은 재산이 별로 없고 피상속인의 배우자는 재산이 많은 경우 피상속인의 배우자가 피상속인에게 증여함으로써 피상속인의 상속세 절세효과를 기대할 수 있다.
④ 상속개시 후에는 상속재산의 분할을 어떻게 할 것인가에 대한 협의를 적절히 함으로써 다음 상속에 대비한 절세전략이 수립될 수 있다.

> **⁺용어 알아두기**
> **상 속** 재산상 권리의무 또는 지위를 사망 후에 법률이나 본인의 최종 의사에 따라 특정인에게 포괄승계하는 것을 말하며, 여기서 사망한 자를 피상속인, 사망한 자의 지위를 승계하는 자를 상속인이라고 한다.

♥ TIP 피상속인은 재산이 별로 없고 피상속인의 배우자는 재산이 많은 경우 피상속인의 배우자가 피상속인에게 증여함으로써 배우자의 상속재산에 대한 상속세 절세효과를 기대할 수 있다.

핵심포인트 해설 상속세 절세전략

(1) 사전 절세전략
① 미리 상속인들에게 장기적인 계획하에 증여하는 증여세 절세전략 활용
② 상속개시가 임박한 경우 : 피상속인은 재산이 별로 없고 피상속인의 배우자는 재산이 많은 경우 피상속인의 배우자가 피상속인에게 증여함으로써 배우자의 상속재산에 대한 절세효과를 기대할 수 있음

(2) 사망 후
① 상속개시 후에는 상속세를 절감할 수 있는 현실적인 대안은 원칙적으로 없음
② 다만, 재차 상속 시 상속세를 절세하기 위해 상속재산을 상속인 간에 합리적으로 분배하는 것이 바람직하며, 경우에 따라서는 상속인 중 일부의 상속포기나 상속인 간의 지분배분 절차가 필요함

정답 ③

26

> 금융소득 종합과세 ★★

금융소득이 있는 자의 종합소득세 신고방법과 관련된 다음 설명 중 적절하지 않은 것은? (단, 금융소득은 모두 조건부 종합과세대상 금융소득으로 가정함)

① 금융소득 3,000만원이 있고 기타소득금액이 200만원인 자는 반드시 종합소득세 신고를 해야 한다.
② 금융소득 1,500만원이 있고 기타소득금액이 200만원인 자는 반드시 종합소득세 신고를 해야 한다.
③ 근로소득이 있는 자가 금융소득 1,500만원이 있는 경우에는 종합소득세 신고를 할 필요가 없다.
④ 사업소득이 있는 자는 금융소득이 얼마 있는지와 상관없이 무조건 종합소득세 신고를 해야 한다.

┌ 용어 알아두기
선택적 분리과세 기타소득금액이 300만원 이하인 경우에 당해 기타소득은 분리과세를 선택할 수 있다.

♥ TIP 기타소득금액이 300만원 이하인 경우에는 분리과세를 선택할 수 있으므로 기타소득에 대해 분리과세를 선택하면 금융소득도 종합과세 기준금액 미만이므로 종합소득세 신고의무가 없다.

핵심포인트 해설 금융소득이 있는 자의 종합소득세 신고

(1) 소득내역에 따른 종합소득세 신고납부의무

금융소득	금융소득 이외 소득	종합소득세 신고납부 여부
2,000만원 이하	근로소득	• 신고납부의무 없음 • 금융소득은 종합과세 대상이 아니고 근로소득은 연말정산으로 종결
	사업·기타소득	• 신고납부의무 있음 • 금융소득은 종합과세 대상이 아니지만 다른 소득은 종합소득세 신고대상이므로 신고의무 있음
	소득이 없는 경우	• 신고납부의무 없음 • 금융소득은 종합과세 대상이 아니므로 타 소득이 없으면 신고납부의무는 당연히 없음
2,000만원 초과	무 관	• 신고납부의무 있음 • 금융소득이 종합과세 대상에 해당하므로 타 소득의 존재 및 크기와 무관하게 신고납부의무가 있고, 타 소득이 있는 경우 금융소득과 타 소득을 합산하여 종합소득세 신고를 해야 함

(2) 기타소득이 있는 경우의 판단

기타소득금액의 크기	선택적 분리과세 여부	종합소득세 신고납부 여부 판단
300만원 이하	분리과세 선택	기타소득은 없는 것으로 간주하여 위 (1)의 기준에 따라 판단
	종합과세 선택	
300만원 초과	분리과세 선택 불가 (무조건 종합과세)	위 (1)의 기준대로 판단(금융소득 이외에 기타소득이 있는 경우)

정답 ②

금융소득 종합과세 ★★

다음 중 금융소득 종합과세제도에 대한 설명으로 가장 적절하지 않은 것은?

① 조건부 종합과세대상 금융소득이 개인별로 연간 2,000만원을 초과하면 금융소득 종합과세를 적용받게 된다.
② 금융소득이 종합과세가 되면 금융소득금액에 대해 종합소득세율이 적용되므로 최저세율인 6% 적용여부에 따라 이미 원천징수된 세금의 환급이 발생할 수 있다.
③ 금융소득이 종합과세가 되면 원천징수세율과 종합소득세율의 차이에 해당하는 금액을 추가로 납부하게 될 수 있다.
④ 금융소득이 종합과세가 되더라도 금융소득에 대해 추가로 부담하는 세금만 더 납부하면 되므로 금융소득에 대하여 세금을 이중으로 부담하게 되지는 않는다.

♀ TIP 금융소득 종합과세의 경우 종합소득세 최저세율이 적용되더라도 산출세액 계산 시 비교과세 제도가 적용됨에 따라 금융소득에 대한 실질적인 최저세율은 14%(비영업대금의 이익은 25%)가 되고 이에 따라 원천징수된 세액의 환급은 발생할 수 없다.

핵심포인트 해설 금융소득 종합과세

(1) 금융소득 종합과세제도 개요
① 금융소득이 기준금액(2,000만원)을 초과하는 경우에는 기준금액까지는 원천징수세율(14%)을 적용하고 기준금액을 초과하는 금액은 다른 종합소득금액과 합산하여 누진세율인 종합소득세율을 적용
② 금융소득에 대하여 금융기관에서 이자를 지급할 때 미리 징수하는 원천징수세율과 나중에 다른 종합소득과 합산하여 적용되는 종합소득세율을 비교하여 종합소득세율이 크면 세금부담이 많아지므로 종합소득세 신고 시 종합소득세율과 원천징수세율의 차이에 해당하는 금액을 추가로 납부해야 함

(2) 금융소득 종합과세제도하의 종합소득세 신고대상자
① 금융소득 이외에 사업소득이 있거나 기타소득(연간 기타소득금액 300만원 초과)이 있는 경우에는 종합소득세 신고를 해야 함
   → 총수입금액이 아니라 총수입금액에서 필요경비를 차감한 금액 기준임
② 사업소득 또는 기타소득이 있는 경우에도 금융소득이 연간 2,000만원을 넘지 않으면 금융소득은 종합소득세 신고 대상에서 제외
③ 근로소득만 있는 경우 원칙적으로 종합소득 신고대상자가 아니지만 근로소득만 있는 경우에도 금융소득이 기준금액(2,000만원)을 초과하면 반드시 종합소득세 신고를 해야 함

(3) 금융소득 종합과세로 인한 이중과세 여부
금융소득이 기준금액(2,000만원)을 초과하여 종합과세되는 금융소득이 있는 경우에도 종합과세로 인해 금융소득에 대해 추가로 부담해야 하는 세금만 더 납부하면 되므로, 금융소득에 대하여 세금을 이중으로 부담하는 경우는 발생하지 않음

정답 ②

28 금융소득 종합과세대상 ★★

다음 중 금융소득 종합과세 여부를 판단하기 위한 기준금액 산정에 포함될 수 있는 것은?

① 저축성보험의 보험차익
② 공익신탁의 이익
③ 개인종합자산관리계좌에서 발생하는 이자·배당
④ 노인·장애인 등의 비과세종합저축의 이자·배당

TIP 비과세 및 분리과세대상 이자·배당소득은 금융소득 종합과세 여부를 판단하기 위한 기준금액 산정에 포함되지 않는다. 다만, 저축성보험의 보험차익은 계약유지기간이 10년 이상이고 보험료가 1억원 이하인 경우 비과세대상이 되어 기준금액 산정에서 제외될 수 있다.

핵심포인트 해설 비과세 및 분리과세 금융소득

① 비과세 또는 분리과세대상 이자·배당소득은 금융소득 종합과세 여부를 판단하기 위한 기준금액 산정에 포함되지 않음

구 분	금융소득	세 율
비과세 금융소득	신탁업법에 따른 공익신탁의 이익	비과세
	계약기간 10년 이상이고 보험료가 1억원 이하인 장기저축성보험의 보험차익	
	농어가목돈마련저축의 이자	
	노인·장애인 등의 비과세종합저축의 이자·배당(1인당 5천만원 이하에 한함)	
	농협 등의 조합에 대한 예탁금(1인당 3천만원 이하에 한함)의 이자·배당	
	일정 요건을 충족하는 개인종합자산관리계좌에서 발생하는 이자·배당	
분리과세 금융소득	보유기간 3년 이상인 만기 10년 이상의 장기채권 이자 중 분리과세 신청분 (2017. 12. 31. 이전 발행된 채권에 한함)	30%
	직장공제회 초과반환금	기본세율
	비실명거래로 인한 이자·배당	15%, 45%, 90%
	법원에 납부한 경매보증금, 경락대금 등에서 발생하는 이자	14%
	법인으로 보는 단체 외의 단체 중 수익을 구성원에게 배분하지 아니하는 단체(1거주자로 보는 단체)로서 단체명을 표기하여 금융거래를 하는 단체가 금융기관으로부터 받는 이자·배당	14%
	개인종합자산관리계좌의 이자·배당 중 비과세 한도초과분	9%
	영농·영어조합법인으로부터 받는 배당소득 중 소득세가 면제되지 않는 배당소득	5%

② **비열거소득**: 채권양도차익, 주식양도차익(주권상장법인 및 코스닥상장법인의 소액주주분에 한함)
→ 소득세법은 열거된 항목에 대해서 소득세를 과세하며, 열거되지 않은 비열거소득에 대해서는 과세하지 않음

정답 ①

금융소득 종합과세대상 ★★

다음 중 금융소득 종합과세의 판단과 관련된 설명으로 적절하지 않은 것은?

① 만기 10년 이상인 채권을 3년 이상 보유한 경우 당해 채권의 이자는 금융소득 종합과세 기준금액에 포함하여 판단하지만 분리과세를 신청하게 되면 기준금액에서 제외된다.
② 자녀명의로 저축을 하면 그 저축에서 발생하는 이자는 기준금액 초과여부 판단 시 개인별로 계산하지만 당해 저축에 대해 자금출처조사대상이 되어 증여세 과세문제가 발생할 수 있다.
③ 하나의 거주자로 보는 단체의 경우에는 일반 거주자와 마찬가지로 금융소득이 기준금액을 초과하게 되면 종합과세대상이 된다.
④ 채권을 만기 전에 매매하는 경우 표면이자에 해당하는 금액은 기준금액에 포함되나 실질적인 양도차익은 기준금액에 포함되지 않는다.

◉ **TIP** 하나의 거주자로 보는 단체의 경우에는 일반 거주자와 달리 기준금액 초과 여부와 상관없이 분리과세가 된다.

핵심포인트 해설 금융소득 종합과세 기준금액 초과 여부의 판단

(1) 만기가 10년 이상이고 보유기간이 3년 이상인 채권
① 분리과세 미신청 시 14%로 원천징수가 되고 기준금액에 포함
② 분리과세 신청 시 30%로 원천징수가 되고 기준금액에 포함되지 않음
  ⇨ 종합소득세 한계세율을 고려하여 분리과세 선택 여부 결정
③ 2018년 이후 발행되는 채권에 대해서는 장기채권 이자소득 분리과세제도가 폐지됨

(2) 배우자 또는 자녀명의의 저축
① 저축의 명의자별로 각각 기준금액 초과 여부 판단
② 배우자 또는 미성년자인 자녀가 금융자산을 많이 보유한 경우 자금출처조사대상이 될 수 있는데 해당 계좌(배우자 또는 미성년자 명의의 계좌)의 실질내용에 따라 처리가 달라짐
  ㉠ 해당 계좌가 차명계좌로 간주되는 경우 : 소득세 고율 추징
  ㉡ 해당 계좌가 배우자, 미성년자녀의 계좌로 인정되는 경우 : 증여세가 부과될 수 있음

(3) 채권이나 주식의 양도차익
① 상장법인 소액주주의 장내거래
  ㉠ 양도차익만 비과세되고 비상장주식의 양도차익은 양도소득세 과세
  ㉡ 금융소득 종합과세와 관련하여 세금부담을 줄이기 위해서는 상장법인주식에 투자해야 하며, 이 경우에도 배당소득은 금융소득 종합과세대상이 될 수 있다는 점을 고려해야 함
② 채권을 만기 전에 매매하는 경우 매매당사자가 보유한 기간 동안의 표면이자는 금융소득 종합과세대상이 되므로 표면이자를 제외한 실질적인 양도차익만이 비과세됨

(4) 임의단체에 대한 판단
① 법령에 의한 주무관청의 인·허가를 받은 단체는 당연법인으로 의제되고 법인세가 과세됨
② 당연법인으로 의제되지 않는 경우에는 세무서에서 법인으로 보는 단체로 승인받을 시 비영리법인에 해당함
③ 법인으로 보는 단체로 승인받기 어려우면 거주자로 보아야 하는데 이익을 구성원에게 분배하는 방법이 정해져 있지 않다면 단체를 하나의 거주자로 보고 소득세를 과세하며 이 경우 기준금액 초과 여부에 불구하고 분리과세 선택 가능
④ 하나의 거주자로 판단하기 어려운 경우에는 이익분배 규정이 있는 것으로 보아야 하므로 공동사업자로 보고 각각의 구성원에게 거주자로서 소득세가 과세됨

정답 ③

금융소득 종합과세대상 ★★

다음 중 법인격 없는 단체의 납세의무에 대한 설명으로 가장 적절하지 않은 것은?

① 법인격 없는 단체 중 당연법인으로 의제되는 단체는 법인세 납세의무가 부여된다.
② 법인격 없는 단체가 당연법인으로 의제되는 단체에 해당하지 아니하면 거주자로 보아 소득세 납세의무자가 된다.
③ 거주자로 보는 법인격 없는 단체는 이익을 구성원에게 분배하는 방법이 정해져 있지 않은 경우에는 당해 단체를 하나의 거주자로 본다.
④ 공동사업자로 보는 법인격 없는 단체의 금융소득은 2천만원 초과여부와 상관없이 각 공동사업자별로 배분된 금액에 따라 금융소득 종합과세 여부가 결정된다.

♀TIP 당연법인으로 의제되지 않는 법인격 없는 단체는 세무서에 법인으로 승인해줄 것을 신청하여 승인을 얻으면 법인세 납세의무자가 될 수 있다.

핵심포인트 해설 임의단체의 납세의무

(1) 법인격 없는 단체의 납세의무

각종의 동창회, 장학회, 동호회 등 법률상 법인격이 없는 임의단체에 대한 납세의무는 다음의 기준에 따라 판단함

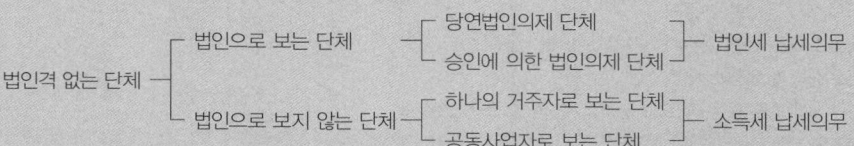

(2) 법인으로 보는 단체 : 법인세 납세의무자

구 분	요 건
당연법인의제 단체	다음 중 어느 하나에 해당하는 단체 • 법령에 의해 주무관청으로부터 인·허가를 받은 단체 • 공익을 목적으로 출연된 기본재산이 있는 재단인 단체
신청에 따른 승인에 의해 법인으로 의제되는 단체	다음 요건을 모두 충족하는 단체 • 단체의 조직과 운영에 관한 규칙을 갖고 대표자를 선임할 것 • 단체 자신의 계산과 명의로 수익과 재산을 독립적으로 소유·관리할 것 • 단체의 수익을 구성원에게 분배하지 않을 것

(3) 거주자(개인)로 보는 단체(법인으로 보는 단체 이외의 모든 단체) : 소득세 납세의무자

구 분	소득세 과세방법
단체의 이익을 구성원에게 분배하는 방법이 정해져 있지 않음	하나의 거주자로 보아 단체에 소득세 과세(금융소득의 경우 2,000만원 초과 여부에 불구하고 분리과세 선택 가능)
단체의 이익을 구성원에게 분배하는 방법이 정해져 있음	공동사업자로 보아 각각의 구성원에게 소득세 과세

정답 ②

종합소득세 신고방법 ★

다음 중 종합소득세 신고와 관련한 설명으로 가장 적절하지 않은 것은?

① 종합소득세의 신고와 납부는 소득이 발생한 연도의 다음 해 5월 1일부터 5월 31일까지 해야 한다.
② 원칙적으로 종합소득세는 신고하는 자의 사업장이 아닌 주소지 관할세무서에 신고하면 된다.
③ 종합소득세 신고와 납부를 법정신고납부기한까지 하지 않은 경우에는 무신고가산세와 납부불성실가산세가 모두 부과된다.
④ 종합소득금액이 있는 사람은 원칙적으로 모두 종합소득세 신고를 하여야 하지만 사업소득 등에서 결손이 발생했거나 소득금액이 없는 경우에는 납부할 세금이 없으므로 신고하지 않아도 무방하다.

📍 **TIP** 사업소득 등에서 결손이 발생했거나 소득금액이 없는 경우에도 신고는 반드시 해야 한다.

핵심포인트 해설 종합소득세의 신고

(1) 종합소득 신고대상자
종합소득금액이 있는 사람은 원칙적으로 모두 종합소득세 신고를 하여야 하며, 사업소득 등에서 결손이 발생했거나 소득금액이 없는 경우에도 신고하여야 하나 다음의 경우에는 신고하지 않아도 됨
① 근로소득만 있는 거주자
② 퇴직소득만 있는 거주자
③ 근로소득과 퇴직소득만 있는 거주자
④ ①~③에 해당하는 자로서 분리과세대상소득만 있는 자
⑤ 분리과세대상소득만 있는 자

(2) 신고 및 납부기한
종합소득세 신고와 납부는 소득이 있던 당해 연도의 다음 해 5월 1일부터 5월 31일까지 해야 함

(3) 신고 및 납부처
① 신고 : 원칙적으로 종합소득세를 신고하는 자의 주소지 관할세무서에 신고하면 됨
② 납부처 : 납부는 주소지 관할세무서, 한국은행, 체신관서(우체국)에 하면 됨

(4) 제출서류
① 사업소득이 있는 경우 관련 장부, 증빙서류, 재무상태표, 손익계산서와 부속서류, 합계잔액시산표, 세무사 등의 조정계산서(일정 규모 이하의 사업자의 경우 간편장부소득금액계산서)
② 복식부기의무자가 위의 서류를 제출하지 않으면 종합소득 과세표준 확정신고를 하지 않은 것으로 봄
③ 사업소득 등에서 필요경비를 계상할 때에는 그 명세서

(5) 무신고 시 불이익
① 무신고가산세 : 신고기한 내에 과세표준신고서를 제출하지 않은 경우
② 과소신고가산세 : 법정신고기한까지 신고하였으나 과소신고한 경우
③ 납부불성실가산세 : 법정신고납부기한까지 신고한 세액을 납부하지 않은 경우

정답 ④

32 절세할 수 있는 올바른 투자방법 ★★

다음 중 종합소득세를 절세하기 위한 전략으로 적절하지 않은 것은?

① 금융소득 종합과세대상자의 경우 금융소득의 누락을 방지하기 위해 주거래 금융기관을 정해 금융자산에 대한 조언이나 관리를 받는 것이 필요하다.
② 투자하고자 하는 금액의 일부를 비과세 금융상품을 활용하여 비과세 한도까지 먼저 가입하게 되면 절세에 유리할 수 있다.
③ 투자규모가 클 경우 투자금액을 분할하여 만기를 다르게 하면 금융소득 종합과세로 인한 세부담 증가를 회피할 수 있다.
④ 금융소득 이외의 소득이 많을 경우 장기채권이나 장기저축성보험을 활용하면 절세가 가능할 수 있는데 두 가지 상품 모두 10년간 유지해야 종합소득세가 절세될 수 있다는 점을 고려해야 한다.

♀ TIP 10년 이상의 장기채권은 3년 이상 유지하면 분리과세 선택을 통해 절세를 할 수 있다.

핵심포인트 해설 절세를 위한 투자방법

투자방법	효 과
여러 군데 금융기관을 이용하고 있는 경우에는 고객의 재산에 대하여 전반적인 관리를 해줄 수 있는 금융기관으로 거래 금융기관을 줄이는 방법	금융소득 내역을 일일이 파악해야 하는 번거로움을 줄이고 금융소득의 일부를 누락하여 세금상의 불이익이 발생하는 경우도 방지할 수 있음
투자하고자 하는 금액의 일부를 먼저 세금을 전혀 부담하지 않는 비과세 금융상품에 가입한도까지 투자하는 방법	주식양도차익, 채권양도차익, 장기저축성보험의 보험차익 등 비과세소득을 활용하면 세부담을 적게함과 동시에 금융소득 종합과세대상에서도 제외될 수 있음
투자규모를 고려하여 금융소득이 종합과세대상 여부를 판단하는 기준금액 2,000만원을 초과하지 않도록 금융상품을 구성하는 방법	투자규모가 클 경우 투자액을 분할하여 금융상품에 분산 가입하고 만기를 다르게 하여 매년 만기 시 발생하는 이자소득을 기준금액 이하로 하게 되면 금융소득 종합과세대상자에서 제외될 수 있음

정답 ④

출제예상문제

☑ 다시 봐야 할 문제(틀린 문제, 풀지 못한 문제, 헷갈리는 문제 등)는 문제 번호 하단의 네모박스(□)에 체크하여 반복학습 하시기 바랍니다.

01 중요도 ★

다음 중 세목의 과세주체가 나머지 셋과 다른 하나는?

① 인지세
② 부가가치세
③ 취득세
④ 종합부동산세

02 중요도 ★

다음 중 국세기본법상 기간과 기한에 대한 설명으로 적절하지 않은 것은?

① 세법의 기간계산은 원칙적으로 세법에 관련 규정을 두어 다른 법률의 적용을 배제하고 있다.
② 우편으로 서류를 제출하는 경우에는 통신날짜 도장이 찍힌 날에 신고가 된 것으로 본다.
③ 세법에 규정하는 기한이 공휴일·토요일이거나 근로자의 날에 해당하는 때에는 그 다음 날을 기한으로 한다.
④ 국세정보통신망이 장애로 가동이 정지된 경우 그 장애가 복구되어 신고 또는 납부할 수 있게 된 날의 다음 날을 기한으로 한다.

03 중요도 ★

다음 중 국세기본법상 정당한 서류의 송달방법에 해당하지 않는 것은?

① 서류를 송달받을 자가 직접 세무관서에서 받아가도록 하는 관서송달
② 송달받아야 하는 자가 신청하는 경우 정보통신망을 이용하는 전자송달
③ 서류의 주요 내용을 공고한 날로부터 14일이 경과함으로써 송달의 효력이 발생하는 공시송달
④ 소속 공무원이 송달장소에서 송달받을 자에게 서류를 교부하는 교부송달

04 중요도 ★★★

다음 중 납세의무의 성립시기로 적절하지 않은 것은?

① 부가가치세 : 과세기간이 끝나는 때
② 증여세 : 증여계약일
③ 증권거래세 : 매매거래가 확정되는 때
④ 종합부동산세 : 과세기준일

05 중요도 ★★
다음 중 국세기본법과 관련된 설명으로 적절하지 않은 것은?

① 국세기본법상의 송달방법 중 하나인 공시송달은 서류의 주요 내용을 공고한 날로부터 14일이 경과하면 송달의 효력이 발생한다.
② 납세의무는 과세요건이 충족될 때 성립하는데 성립한 납세의무는 추상적 납세의무이며 확정절차를 거치면 구체적 납세의무가 된다.
③ 법인의 체납세액에 대하여 제2차 납세의무를 지는 과점주주는 발행주식의 50% 이상을 보유한 주주이다.
④ 국세기본법상 경정청구는 법정신고기한 경과 후 5년 이내에만 청구가 가능하다.

06 중요도 ★★★
다음 중 납부의무의 소멸사유에 해당하는 것들로만 적절하게 나열된 것은?

가. 결손처분	나. 국세부과의 제척기간 만료
다. 국세징수권의 소멸시효 완성	

① 가, 나
② 가, 다
③ 나, 다
④ 가, 나, 다

정답 및 해설

01 ③ 인지세, 부가가치세, 종합부동산세는 국세이며 취득세는 지방세이다.
02 ① 세법의 기간계산은 원칙적으로 민법의 일반원칙에 따르나 기한에 대하여 특례규정을 두고 있다.
03 ① 국세기본법상 정당한 서류의 송달방법에는 교부송달, 우편송달, 전자송달, 공시송달이 있다.
04 ② 증여세는 증여에 의해 재산을 취득하는 때(증여일)에 납세의무가 성립한다.
05 ③ 제2차 납세의무를 지는 과점주주는 발행주식의 50%를 초과하여 보유한 주주이다.
06 ③ 납세의무의 소멸사유는 납부·충당·부과처분의 취소, 국세부과의 제척기간 만료, 국세징수권의 소멸시효 완성이 있다.

07 중요도 ★★★
다음 중 납세의무의 확정방식이 서로 동일한 세목으로 묶인 것은?

① 법인세, 증여세
② 부가가치세, 증권거래세
③ 인지세, 상속세
④ 증권거래세, 인지세

08 중요도 ★★★
다음 중 납세의무의 성립, 확정 및 소멸에 대한 설명으로 적절하지 않은 것은?

① 인지세는 과세문서를 작성한 때에 납세의무가 성립하며 신고서 제출 시에 납세의무가 확정된다.
② 상속세와 증여세는 정부가 과세표준과 세액을 결정함으로써 확정된다.
③ 납부나 충당 또는 부과취소도 납부의무의 소멸 사유가 된다.
④ 5년의 소멸시효가 완성되면 납세의무가 소멸하는데, 5억원 이상의 국세채권은 10년의 소멸시효가 적용된다.

09 중요도 ★★★
다음 중 제2차 납세의무에 대한 설명으로 적절하지 않은 것은?

① 청산인과 잔여재산을 분배받은 자는 그 해산법인의 국세 등에 대하여 제2차 납세의무를 진다.
② 양도·양수한 사업과 관련하여 양도일 이전에 확정된 국세 등은 사업양수인이 제2차 납세의무를 진다.
③ 법인의 재산으로 국세 등을 충당하고 부족한 금액은 납세의무 확정일 현재의 무한책임사원과 과점주주가 제2차 납세의무를 진다.
④ 과점주주란 주주 또는 유한책임사원 1명과 그의 특수관계인 중 그들의 소유주식 또는 출자액의 합계가 해당 법인의 발행주식 총수 또는 출자총액의 100분의 50을 초과하면서 그에 관한 권리를 실질적으로 행사하는 자들을 말한다.

10 중요도 ★★★
다음 중 수정신고와 경정청구 및 기한 후 신고에 대한 설명으로 적절하지 않은 것은?

① 수정신고는 과세표준 및 세액을 미달하게 신고한 경우에 할 수 있다.
② 경정청구는 과세표준 및 세액을 과다하게 신고한 경우에 할 수 있다.
③ 기한 후 신고는 과세표준신고서를 제출하지 아니한 자만 할 수 있다.
④ 수정신고와 경정청구 및 기한 후 신고를 하는 경우에는 모두 가산세가 부과된다.

11 중요도 ★★★
다음 중 국세기본법상의 규정에 대한 설명으로 가장 적절한 것은?

① 수정신고와 경정청구는 관할 세무서장이 국세의 과세표준과 세액을 결정 또는 경정하여 통지하기 전까지 할 수 있다.
② 국세징수권의 소멸시효는 국가가 권리를 행사할 수 있는 때로부터 5년간 행사하지 않으면 소멸하며 이 기간은 모든 국세채권에 대해 동일하게 적용된다.
③ 법인이 합병한 경우에 합병법인은 피합병법인에게 부과되거나 납부할 국세, 가산세와 체납처분비를 납세할 의무를 무제한으로 진다.
④ 국세채권과 일반채권이 경합된 경우에는 채권자평등의 원칙에 따라 우선권이 부여된다.

12 중요도 ★★★
다음 중 국세에 대한 불복청구제도의 흐름으로 적절하지 않은 것은?

① 심판청구 ⇨ 행정소송
② 이의신청 ⇨ 심사청구 ⇨ 행정소송
③ 이의신청 ⇨ 심판청구 ⇨ 행정소송
④ 이의신청 ⇨ 감사원 심사청구 ⇨ 행정소송

정답 및 해설

07 ② 부가가치세, 증권거래세는 납세의무자가 과세표준과 세액을 정부에 신고함으로써 확정된다.

참고 납세의무의 확정
- 부과확정 : 상속세, 증여세 등
- 자동확정 : 인지세, 원천징수하는 소득세 및 법인세, 납세조합이 징수하는 소득세, 중간예납하는 법인세
- 신고확정 : 소득세, 법인세, 부가가치세, 증권거래세, 교육세, 개별소비세 등 기타 대부분의 조세

08 ① 인지세는 과세문서를 작성한 때에 납세의무의 성립과 동시에 납세의무가 확정된다.
09 ③ 법인의 재산으로 국세 등을 충당하고 부족한 금액은 납세의무 성립일 현재의 무한책임사원과 과점주주가 제2차 납세의무를 진다.
10 ④ 경정청구를 하는 경우에는 가산세가 부과되지 않는다.
11 ③ 합병법인이 피합병법인의 납세의무를 별도의 한도 없이 전액 승계한다.
  ① 경정청구는 법정신고기한 경과 후 5년 이내에 청구가 가능하다.
  ② 국세징수권의 소멸시효는 일반적으로 5년이지만 5억원 이상의 국세채권에 대한 국세징수권의 소멸시효는 10년이다.
  ④ 국세채권과 일반채권이 경합된 경우에는 원칙적으로 채권자평등의 원칙이 배제되고 국세채권이 기타채권에 우선한다.
12 ④ 이의신청을 제기한 후에는 심사청구 또는 심판청구는 제기할 수 있으나 감사원 심사청구는 제기할 수 없다.

13 중요도 ★★
다음 중 국세기본법상 국세우선의 원칙에 대한 내용으로 적절하지 않은 것은?

① 국세의 법정기일 전에 담보가 설정된 피담보채권에 대해서는 국세우선권이 배제된다.
② 국세의 법정기일 전에 담보가 설정된 채권이라고 할지라도 그 재산에 대해 부과된 국세와 체납처분비에 우선할 수는 없다.
③ 강제집행 및 파산절차에 든 비용은 국세에 우선하여 변제된다.
④ 임차보증금과 임금채권은 그 금액의 크기와 상관없이 전체 금액이 국세에 우선하여 변제된다.

14 중요도 ★★
다음 중 국세기본법상의 규정에 대한 설명으로 적절하지 않은 것은?

① 과세표준수정신고서를 법정신고기한 경과 후 2년 이내에 제출하면 과소신고 가산세를 일부 감면받을 수 있다.
② 법정신고기한이 경과하기 전까지 과세표준신고서를 제출하지 않은 경우에는 신고가 불가능하므로 관할세무서장의 결정통지서(납세고지서)를 수령하여 세금을 납부해야 한다.
③ 강제집행, 경매, 파산절차에 든 비용은 국세우선권이 배제된다.
④ 이의신청을 제기하여 기각된 경우라도 심사청구 또는 심판청구를 거치지 않으면 행정소송을 제기할 수 없다.

15 중요도 ★★
다음 중 국세기본법상 조세불복제도에 대한 설명으로 적절하지 않은 것은?

① 납세자가 위법 또는 부당한 처분을 받은 경우에는 심사와 심판 등의 조세불복제도를 활용할 수 있으나 필요한 처분을 받지 못하여 이익을 침해당한 경우에는 심사와 심판 등을 청구할 수 없다.
② 이의신청은 처분청에 재고를 요구하는 것으로서 청구인의 선택에 따라 생략할 수 있다.
③ 이의신청, 심사청구, 심판청구는 모두 처분청의 처분을 안 날로부터 90일 이내에 제기해야 한다.
④ 심사청구나 심판청구를 거치지 않고서는 취소소송을 제기할 수 없다.

16 중요도 ★★
다음 중 국세기본법상의 규정에 대한 설명으로 적절하지 않은 것은?

① 경정청구는 과세표준신고서를 법정신고기한 내에 제출한 자가 법정신고기한 경과 후 5년 이내에 할 수 있다.
② 법인이 납세의무를 이행하지 못할 경우 현재 법인의 무한책임사원과 과점주주가 제2차 납세의무를 부담하지만 과점주주가 납세의무를 이행하지 못할 경우 법인이 제2차 납세의무를 부담하지는 않는다.
③ 법인이 합병한 경우 합병법인은 피합병법인에게 부과되거나 납부할 국세 및 강제징수비를 납세할 의무를 진다.
④ 심사청구는 국세청에는 물론 감사원에도 제기가 가능하지만 심판청구는 조세심판원에만 제기가 가능하다.

17 중요도 ★★★
다음 중 국세기본법상 조세불복제도에 대한 설명으로 적절하지 않은 것은?

① 이의신청은 청구인의 선택에 따라 제기 여부를 결정할 수 있는 임의적 절차이다.
② 심사청구와 심판청구는 중복하여 제기할 수 없다.
③ 감사원 심사청구와 심판청구는 중복하여 제기할 수 없다.
④ 취소소송을 제기하기 위해서는 반드시 이의신청·심사청구 및 심판청구를 제기해야 한다.

18 중요도 ★★★
다음 중 국세기본법상 규정에 대한 설명으로 적절하지 않은 것은?

① 국세채권과 일반채권이 경합하는 경우에는 일반적으로 국세채권의 우선권이 인정된다.
② 심사청구 또는 심판청구는 처분청의 처분을 안 날로부터 90일 이내에 해야 한다.
③ 상속세 또는 증여세를 법정신고기한까지 신고했으나 허위·누락신고한 경우에는 15년의 제척기간이 적용된다.
④ 상속이 개시된 때에 상속인은 피상속인에게 부과되거나 납부할 국세 등을 제한 없이 승계하게 된다.

정답 및 해설

13 ④ 임차보증금과 임금채권의 경우 우선변제대상에 한하여 국세에 우선하여 변제된다.
14 ② 법정신고기한이 경과하기 전까지 과세표준신고서를 제출하지 않은 경우에는 관할세무서장이 과세표준과 세액을 결정하여 통지하기 전까지 기한 후 신고를 할 수 있다.
15 ① 납세자가 위법 또는 부당한 처분을 받은 경우는 물론 필요한 처분을 받지 못하여 이익을 침해당한 경우에도 심사와 심판 등의 조세불복제도를 통해 권리구제를 받을 수 있다.
16 ② 법인이 납세의무를 이행하지 못할 경우 현재 법인의 무한책임사원과 과점주주가 제2차 납세의무를 부담하고 법인의 무한책임사원과 과점주주가 납세의무를 이행하지 못할 경우 당해 법인이 제2차 납세의무를 지게 된다.
17 ④ 심사청구와 심판청구는 취소소송의 전제조건이지만 이의신청은 임의적 절차이므로 취소소송의 전제조건이 되지 않는다.
18 ④ 상속인은 피상속인에게 부과되거나 납부할 국세 등을 상속으로 인하여 얻은 재산을 한도로 승계하게 된다.

19 중요도 ★★★
다음 중 우리나라 소득세 제도의 특징을 나타낸 것으로 적절하지 않은 것은?

① 소득원천설
② 포괄주의
③ 신고납세제도
④ 개인단위주의

20 중요도 ★★★
다음 중 우리나라의 소득세 제도와 관련된 설명으로 가장 적절한 것은?

① 과세기간을 임의로 설정하는 것을 허용하고 있지 않으므로 사망 또는 폐업에 의해 과세기간이 달라지지 않는다.
② 일정한 소득은 기간별로 합산하지 않고 그 소득이 지급될 때 소득세를 원천징수함으로써 과세를 종결하는 분류과세 제도를 두고 있다.
③ 소득이 발생한 지역에서 과세하기 때문에 사업장소재지를 납세지로 한다.
④ 소득세는 소득의 크기가 중요한 과세요건이지만 부담능력에 따른 차별과세 및 소득재분배 기능을 고려한 다양한 제도도 함께 두고 있다.

21 중요도 ★★
다음 중 소득세법과 관련된 설명으로 적절하지 않은 것은?

① 대표자 또는 관리인이 선임되어 있으나 이익의 분배방법 및 비율이 정해져 있지 않은 단체는 공동사업을 영위하는 것으로 본다.
② 소득세법에서는 과세대상 소득의 범위를 원칙적으로 소득원천설에 의거하여 규정하고 있다.
③ 소득세법에서는 원칙적으로 부부 또는 일정한 가족의 소득을 합산하지 않고 개인을 기준으로 과세한다.
④ 소득세의 과세기간은 거주자의 사망 또는 출국을 제외하고는 예외가 인정되지 않는다.

22 중요도 ★★★
다음 중 소득세법상 납세의무자에 대한 설명으로 적절하지 않은 것은?

① 거주자란 국적과 상관없이 국내에 주소를 두거나 183일 이상 거소를 둔 자를 말한다.
② 국외에서 근무하는 공무원은 국내에 거주하는 것이 아니지만 거주자로 본다.
③ 1거주자로 보는 법인격 없는 단체의 경우에는 그 구성원과 독립된 소득세 납세의무자가 된다.
④ 1거주자로 보는 단체가 금융기관으로부터 받은 이자소득 및 배당소득은 종합과세대상이 된다.

23 중요도 ★★★
다음 중 우리나라 소득세법상의 규정에 대한 설명으로 적절하지 않은 것은?

① 분리과세대상 소득은 완납적 원천징수에 해당한다.
② 연금소득과 기타소득은 금액의 크기에 따라 분리과세 여부가 달라질 수 있다.
③ 예납적 원천징수대상은 원천징수로 과세가 종결되지 않고 종합과세대상이 된다.
④ 소득세를 원천징수한 자는 그 원천징수세액을 그 원천징수일로부터 10일 이내에 납부해야 한다.

24 중요도 ★
다음 중 소득세법상의 각종 규정에 대한 설명으로 적절하지 않은 것은?

① 소득세는 소득의 크기가 같다면 같은 세부담을 하도록 규정되어 있다.
② 소득세는 소득이 발생한 지역과 상관없이 주소지에서 과세를 하고 있다.
③ 법인으로 보지 않는 법인격 없는 단체는 거주자로 보아 소득세를 과세한다.
④ 원천징수된 세액은 종합소득세 계산 시 기납부된 세액으로 공제되는데 이는 예납적 원천징수에 해당한다.

정답 및 해설

19 ② 법인세는 포괄주의에 입각하여 과세하나 소득세는 원칙적으로 열거주의에 의하며 예외적으로 포괄주의의 입장도 일부 수용하고 있다.
20 ④ ① 사망, 출국하는 경우 과세기간의 예외가 적용된다.
　　② 분리과세 제도에 대한 설명이다.
　　③ 소득 발생지에 불구하고 주소지를 납세지로 한다.
21 ① 대표자 또는 관리인이 선임되어 있으나 이익의 분배방법 및 비율이 정해져 있지 않은 단체는 1거주자로 본다.
22 ④ 1거주자로 보는 단체가 금융기관으로부터 받은 이자소득 및 배당소득은 분리과세하며, 과세표준을 계산함에 있어서 인적공제를 적용하지 않는다.
23 ④ 소득세를 원천징수한 자는 그 원천징수세액을 다음 달 10일까지 납부해야 한다.
24 ① 소득세는 소득의 크기가 같다고 하더라도 담세력이 다를 수 있으므로 소득공제제도 등을 통해 담세력에 따른 과세를 하고 있다.

25 중요도 ★★★
다음 소득의 종류 중 나머지 셋과 과세방식이 다른 하나는?

① 퇴직소득
② 사업소득
③ 연금소득
④ 기타소득

26 중요도 ★★
다음 중 이자소득에 해당하지 않는 것은?

① 채권 또는 증권의 환매조건부 매매차익
② 직장공제회 초과반환금
③ 대금업자의 금전대여로 인한 이자
④ 채권의 중도매도 시 보유기간 이자상당액

27 중요도 ★★
다음 중 소득세법상 이자소득과 배당소득에 대한 설명으로 적절하지 않은 것은?

① 예금 또는 적금의 이자는 국내에서 지급받는 것은 물론 국외에서 지급받는 이자도 이자소득에 해당한다.
② 이자소득을 발생시키는 거래 또는 행위와 파생상품이 결합된 경우 해당 파생상품의 이익은 이자소득에 해당한다.
③ 집합투자기구로부터의 이익은 배당소득으로 과세하고 집합투자기구 이외의 신탁의 이익은 이자소득으로 과세한다.
④ 형식적으로는 배당이 아니라도 사실상 회사의 이익이 주주 등에게 귀속되는 경우에는 이를 배당으로 간주한다.

28 중요도 ★★
다음 중 이자소득 및 배당소득에 대한 설명으로 적절하지 않은 것은?

① 이자소득과 배당소득은 필요경비가 인정되지 않는다.
② 비과세 및 분리과세대상이 되는 소득은 종합소득금액에 합산하지 않는다.
③ 국내에서 개인이 수령하는 이자소득과 배당소득은 모두 원천징수대상이 된다.
④ 이중과세 조정대상이 되는 배당소득은 종합과세 여부와 상관없이 이중과세가 조정된다.

29 다음 중 금융소득에 대한 설명으로 적절하지 않은 것은?

① 채권을 중도매도하는 경우 보유기간의 이자상당액은 이자소득으로 과세된다.
② 대출금에 대한 이자비용은 이자소득에서 차감되는 필요경비로 보지 않는다.
③ 조건부 종합과세대상 금융소득이 2,000만원 이하인 경우 해당 금융소득은 원천징수로써 납세의무가 종결된다.
④ 집합투자기구로부터의 이익은 금융소득 합계액이 2,000만원을 초과하는 경우 그 초과분에 대하여만 이중과세가 조정된다.

30 다음 중 소득세법상 집합투자기구에 대한 설명으로 가장 적절한 것은?

① 이익의 원천과 무관하게 배당소득으로 분류하는 집합투자기구에는 보험회사의 특별계정도 포함된다.
② 집합투자기구로부터의 이익에는 상장된 주식 또는 채권의 거래나 평가로 인한 이익도 포함된다.
③ 집합투자기구로부터의 이익에는 상장된 주식을 대상으로 하는 장내파생상품의 거래나 평가로 인한 이익도 포함된다.
④ 집합투자증권을 계좌 간 이체, 계좌의 명의변경, 집합투자증권의 실물양도의 방법으로 거래하여 발생하는 이익도 집합투자기구로부터의 이익에 해당한다.

정답 및 해설

25 ① 이자소득·배당소득·사업소득·근로소득·연금소득·기타소득은 종합과세하고, 퇴직소득·양도소득은 각각 별도로 분류과세한다.
26 ③ 대금업자의 이자소득은 사업소득으로 분류한다.
27 ③ 집합투자기구 이외의 신탁의 이익은 재산권에서 발생하는 소득의 내용별로 소득을 구분하여 과세한다.
28 ④ 종합과세 대상이 아니거나 종합과세 대상이 되더라도 기준금액(2,000만원) 이하에 해당하는 배당소득은 이중과세 조정이 이루어지지 않는다.
29 ④ 집합투자기구로부터의 이익은 이중과세 조정대상이 아니다.
30 ④ ① 보험회사의 특별계정은 제외된다.
   ② 채권의 거래나 평가로 인해 발생한 손익은 포함하나 상장된 주식의 거래 또는 평가로 인한 이익은 제외한다.
   ③ 상장된 주식을 대상으로 하는 장내파생상품의 거래나 평가로 인한 이익은 제외된다.

31
중요도 ★
다음 중 소득세법상 이자소득 또는 배당소득의 수입시기(귀속연도)에 대한 설명으로 적절하지 않은 것은?

① 저축성보험의 보험차익 : 보험금·환급금의 지급일
② 무기명 채권의 이자 : 실제 이자를 지급받는 날
③ 비영업대금의 이익 : 실제 이자를 지급받는 날
④ 잉여금 처분으로 인한 배당 : 잉여금처분 결의일

32
중요도 ★★★
다음 중 금융소득 원천징수세율이 나머지 셋과 다른 하나는?

① 현금배당
② 비영업대금의 이익
③ 1거주자로 보는 단체의 이자 또는 배당소득
④ 법원에 납부한 경매보증금 및 경락대금에서 발생하는 이자소득

33
중요도 ★★★
다음 중 금융소득의 과세방법에 대한 설명으로 적절하지 않은 것은?

① 종합소득금액에 합산하여 과세되는 금융소득금액이 2,000만원을 초과하는 경우에는 금융소득금액 전액을 종합소득세 기본세율로 과세한다.
② 무조건 분리과세대상 금융소득은 그 금액이 아무리 크더라도 종합과세되지 않는다.
③ 국외에서 지급받은 이자 또는 배당소득으로서 원천징수대상이 아닌 것은 금액의 크기와 상관없이 항상 종합과세된다.
④ 금융소득 종합과세 기준이 되는 기준금액(2천만원) 초과 여부는 조건부 종합과세대상 금융소득과 무조건 종합과세대상 금융소득을 합산하여 판단한다.

34
중요도 ★
다음 중 금융소득 종합과세에 대한 설명으로 적절하지 않은 것은?

① 상장주식을 대주주가 장내에서 거래하면 당해 매매차익은 금융소득 종합과세대상이 된다.
② 채권의 매매차익은 금액이 아무리 커도 금융소득 종합과세대상에 포함되지 않는다.
③ 금융소득 종합과세대상의 기준금액 초과 여부는 귀속법인세를 가산하기 전 금액으로 판단한다.
④ 외국법인으로부터 받은 배당소득은 금액에 상관없이 금융소득 종합과세대상이 될 수 있으나 Gross-Up 대상이 되지는 않는다.

35 중요도 ★★★
다음 중 금융소득 종합과세 시 세액계산특례의 내용에 대한 설명으로 적절하지 않은 것은?

① 금융소득이 종합과세되는 경우라도 기준금액까지는 세부담이 증가하지 않는다.
② 금융소득이 종합과세가 적용되는 경우 분리과세되는 경우보다 세부담이 작아질 수는 없다.
③ 종합과세되는 금융소득은 일반적인 종합소득세율에 불구하고 실질적인 최저세율은 14%가 된다.
④ 금융소득 종합과세의 적용으로 인하여 금융소득 2,000만원을 분기점으로 세부담이 급격히 상승할 수 있다.

36 중요도 ★★
다음 중 거주자의 소득이 보기와 같을 경우 종합과세대상 금융소득금액을 계산하면?

- 직장공제회 초과반환금 : 300만원
- 은행 정기예금이자 : 1,000만원
- 국외에서 받은 이자소득 : 500만원
- 비영업대금의 이익 : 500만원

① 없음
② 500만원
③ 2,000만원
④ 2,300만원

정답 및 해설

31 ③ 비영업대금의 이익의 수입시기는 약정에 의한 이자지급일이다.
32 ② 비영업대금의 이익은 25%로 원천징수하며, 현금배당, 1거주자로 보는 단체의 이자 또는 배당소득, 법원에 납부한 경매보증금 및 경락대금에서 발생하는 이자소득은 모두 14%의 원천징수세율이 적용된다.
33 ① 종합과세되는 금융소득금액이 2,000만원을 초과하는 경우에는 2,000만원 이하분은 원천징수세율(14%)로 과세하며, 2,000만원 초과분은 종합소득세 기본세율로 과세한다.
34 ① 상장주식을 대주주가 장내에서 거래하는 경우 양도소득세 과세대상이 되므로 금융소득 종합과세와는 관련이 없다.
35 ④ 금융소득 종합과세가 적용되는 경우 금융소득 2,000만원을 기준으로 세부담이 급격히 늘어나는 것을 방지하기 위해 금융소득 2,000만원까지는 원천징수세율이 적용된다.
36 ② • 종합과세 여부 판단대상 금액 : 은행 정기예금이자(1,000만원) + 국외 이자소득(500만원) + 비영업대금의 이익(500만원) = 2,000만원
• 기준금액 초과여부 : 기준금액이 2,000만원 이하이므로 무조건 종합과세대상(국외 이자소득)만 종합과세 된다.
참고 직장공제회 초과반환금은 무조건 분리과세대상

37 중요도 ★★★
다음 중 배당소득에 대한 이중과세를 조정하기 위한 요건으로 적절하지 않은 것은?

① 현금으로 지급되는 배당소득일 것
② 내국법인으로부터 받은 배당소득일 것
③ 법인세가 과세된 소득에서 지급되는 배당소득일 것
④ 종합과세되면서 2,000만원을 초과하는 배당소득일 것

38 중요도 ★★★
다음 중 항상 이중과세 조정대상이 되지 않는 배당소득인 것은?

① 현금배당
② 합병평가차익의 자본전입으로 인한 의제배당
③ 집합투자기구로부터의 이익
④ 주식배당

39 중요도 ★★★
다음 중 종합과세되는 금융소득의 구성순서로 적절한 것은?

| 가. 이자소득 |
| 나. 본래 Gross-up 대상이 아닌 배당소득 |
| 다. 본래 Gross-up 대상인 배당소득 |

① 가 ⇨ 나 ⇨ 다 ② 가 ⇨ 다 ⇨ 나
③ 나 ⇨ 가 ⇨ 다 ④ 다 ⇨ 나 ⇨ 가

40 중요도 ★★★
다음 중 배당세액공제에 대한 설명으로 적절하지 않은 것은?

① 배당소득의 이중과세 조정을 위한 제도이다.
② 원칙적으로 귀속법인세로 가산된 금액을 배당세액공제한다.
③ 배당세액공제 한도가 있기 때문에 귀속법인세 전액이 세액공제되지 않을 수도 있다.
④ 배당세액공제는 금융소득 종합과세 대상자가 아니더라도 지급받은 배당소득에 대해 적용받을 수 있다.

41 다음 중 금융소득과 양도소득의 과세방법에 대한 설명으로 적절하지 않은 것은?

중요도 ★

① 국외에서 지급되는 이자·배당소득은 본래 원천징수대상이 되지는 않지만 국내에서 그 지급을 대리하거나 위임받은 자가 원천징수할 수 있다.
② 사업용 고정자산과 함께 영업권을 양도하는 경우에는 양도소득세 과세대상이 된다.
③ 1세대 1주택의 양도로 인하여 발생하는 소득은 양도소득세 비과세대상이나 고가주택을 양도하는 경우에는 비과세가 적용되지 않는다.
④ 종합소득세 최저세율은 6%이지만 원천징수세율은 14%이므로 금융소득 종합과세를 통해 종합소득세율이 적용되어 세금환급이 발생할 수 있다.

42 다음 중 양도소득세 과세대상 자산에 해당하지 않는 것은?

중요도 ★★

① 토지와 건물
② 미등기 지상권
③ 미등기 부동산임차권
④ 특정시설물의 이용권

정답 및 해설

37 ① 배당이 현금배당인지 주식배당인지 등의 여부는 이중과세 조정에 영향을 주지 않는다.
38 ③ 집합투자기구로부터의 이익, 자기주식소각이익·토지 재평가적립금(1% 세율적용분)의 자본전입으로 인한 의제배당, 법인세법상 각종 투자회사로부터의 배당 등에 대하여는 이중과세 조정을 하지 않는다.
39 ① 가능하면 Gross-up 대상 금융소득이 2,000만원 초과분에 포함되도록 하기 위하여 종합과세되는 금융소득은 '이자소득 ⇨ 본래 Gross-up 대상이 아닌 배당소득 ⇨ 본래 Gross-up 대상인 배당소득'의 순서로 구성되는 것으로 본다.
40 ④ 배당세액공제는 금융소득이 종합과세되어 배당소득이 종합소득 과세표준에 합산과세되는 경우에 이중과세 조정을 위한 과정에서 공제된다.
41 ④ 종합소득세 최저세율이 6%이기 때문에 금융소득이 종합과세되면서 원천징수세율(14%)보다 낮은 종합소득세율(6%)이 적용되어 세금이 환급되는 상황을 방지하기 위해 비교산출세액을 계산하여 이와 비교하는 방식으로 과세가 이루어진다. 결국 종합과세대상이 되는 금융소득에 대한 최저세율은 14%가 된다.
42 ③ 지상권과 전세권은 등기 여부와 상관없이 양도소득세 과세대상이 되지만 부동산임차권은 등기된 것만 양도소득세 과세대상이 된다.

43 중요도 ★★
다음의 주식 1주를 양도하는 경우 나머지 셋과 다른 세율이 적용되는 주식은? (단, 보유지분율, 상장 또는 비상장 여부, 보유기간 등이 모두 동일하다고 가정함)

① 제조업을 영위하면서 총자산 중 재고자산의 비율이 90%인 법인이 발행한 주식
② 리조트 사업을 영위하면서 부동산이 전체 자산의 85%인 법인이 발행한 주식
③ 소프트웨어개발업을 영위하면서 무형자산의 비중이 85%에 해당하는 법인이 발행한 주식
④ 도매업을 영위하면서 부동산이 전체 자산의 90%인 법인이 발행한 주식

44 중요도 ★★
다음 중 주식을 양도하는 경우 양도차익에 대한 양도소득세 납세의무가 없는 주식에 해당하는 것은?

① 상장법인 대주주가 양도하는 주식
② 상장법인 소액주주가 양도하는 주식
③ 비상장법인 대주주가 양도하는 주식
④ 비상장법인 소액주주가 양도하는 주식

45 중요도 ★★
대주주 여부의 판정에 대한 다음 표에 들어갈 내용으로 적절한 것은?

구 분	지분율 기준	시가총액 기준
주권상장법인	가	나
코스닥상장법인	다	라

① 가 - 2% 이상
② 나 - 50억원 이상
③ 다 - 4% 이상
④ 라 - 10억원 이상

46 중요도 ★
다음 중 금융세제에 대한 설명으로 적절하지 않은 것은?

① 증권거래세는 주권의 양도가액에서 필요경비를 차감한 가액을 과세표준으로 한다.
② 주권을 목적물로 하는 소비대차의 경우에는 증권거래세가 부과되지 않는다.
③ 비거주자가 유가증권을 양도한 경우 취득가액이 확인되지 아니하면 양도가액의 10%를 원천징수한다.
④ 유가증권시장 상장주식의 소액주주가 주식시장을 통하여 주식을 양도한 경우에는 양도소득세와 증권거래세를 스스로 신고납부하지 않아도 문제되지 않는다.

47 중요도 ★★
다음 중 양도소득세에 대한 설명으로 적절하지 않은 것은?

① 소득세법상 양도소득세 과세대상이 되는 양도란 반대급부를 수반하는 유상이전만을 말한다.
② 소득세법에서는 등기 또는 등록을 하지 않더라도 사실상 자산이 이전되면 양도로 본다.
③ 영업권 또는 점포임차권을 양도하는 경우에는 양도소득세가 과세된다.
④ 부동산을 취득할 수 있는 권리인 분양권 등도 양도소득세 과세대상이 된다.

48 중요도 ★★
다음 중 양도소득세가 비과세되는 경우에 해당하지 않는 것은?

① 고가주택이 아닌 1세대 1주택의 양도로 인해 발생하는 소득
② 파산선고에 의한 처분으로 인해 발생하는 소득
③ 강제 수용에 따라 매각함으로 인해 발생하는 소득
④ 농지의 교환 또는 분합으로 인해 발생하는 소득

정답 및 해설

43 ② 체육시설업 또는 휴양시설관련업 등을 영위하면서 부동산 비율이 80% 이상인 법인이 발행한 주식은 일반 주식과 달리 기타자산(B)으로 분류되어 주식에 적용되는 세율이 아닌 일반적인 부동산 등에 적용되는 기본세율로 과세된다.

44 ② 비상장법인의 주식은 대주주 여부와 상관없이 양도소득세 과세대상이 되고 상장법인의 주식은 대주주가 양도하는 경우에만 양도소득세 과세대상이 된다.

45 ②

구 분	지분율 기준	시가총액 기준
주권상장법인	1% 이상	50억원 이상
코스닥상장법인	2% 이상	

46 ① 증권거래세는 주권의 양도가액을 과세표준으로 하며 상장주식의 소액주주가 주식을 양도한 경우에는 증권거래세를 부담해야 하지만 스스로 신고납부하지 않고 대체결제를 하는 회사가 거래징수하는 방식으로 납부가 이루어진다.

47 ③ 사업용 고정자산과 함께 양도하는 영업권은 양도소득세 과세대상이지만, 영업권만을 단독 양도하거나 점포임차권을 함께 양도하는 경우에는 기타소득으로 과세된다.

48 ③ 보유 부동산이 보상 지역에 소재하여 강제로 수용당하는 경우에도 양도소득세 비과세는 적용되지 않는다.

49 중요도 ★★
다음 중 양도소득에 대한 설명으로 적절하지 않은 것은?

① 부동산의 경우 단기보유하면 세율 부분에서 불이익이 발생할 수 있다.
② 부동산 과다보유법인의 주식은 일반적인 주식과 과세방식에서 차이를 보이고 있다.
③ 부담부증여 시 수증자가 인수한 채무부담 부분은 사실상 유상양도로 보아 증여자에게 양도소득세를 과세한다.
④ 취득 당시 실지거래가액을 확인할 수 없는 경우에는 매매사례가액, 감정가액, 환산가액, 기준시가 중 큰 금액을 취득가액으로 적용한다.

50 중요도 ★★
다음 중 주식을 양도하는 경우에는 양도소득세 계산상 적용되지 않으나 부동산을 양도하는 경우에는 적용되는 항목에 해당하는 것은?

① 장기보유특별공제의 적용
② 양도소득기본공제의 적용
③ 취득가액의 추계방식 적용
④ 기타 필요경비의 차감

51 중요도 ★★
다음 중 미등기 양도자산의 경우에 적용되는 양도소득세 계산상의 불이익이 아닌 것은?

① 장기보유특별공제의 미적용
② 양도소득기본공제의 미적용
③ 높은 세율의 적용
④ 기타 필요경비의 불인정

52 중요도 ★★
다음 중 양도소득세에 대한 설명으로 적절하지 않은 것은?

① 양도가액과 취득가액은 원칙적으로 실지거래가액에 의한다.
② 장기보유특별공제는 3년 이상 보유한 토지와 건물이 그 적용대상이다.
③ 자산의 양도가액을 기준시가에 따라 산정한 경우 취득가액은 매매사례가액, 감정가액, 환산가액, 기준시가를 순차적으로 적용한다.
④ 미등기 양도자산은 장기보유특별공제와 양도소득기본공제를 모두 적용받을 수 없다.

53 중요도 ★★★
주식을 유상양도한 경우 양도소득세 납세의무와 관련된 설명으로 적절하지 않은 것은?

① 유가증권시장 상장주식 보유자의 직전 사업연도 말 지분율이 0.8%, 시가총액이 49억원이었는데 양도일 현재 시가총액만 53억원으로 증가한 경우에는 양도소득세 납세의무가 없다.
② 비상장주식 보유자의 직전 사업연도 말 지분율이 3%였으나 양도일 현재의 지분율이 5%로 증가했다면 양도소득세 납세의무가 있다.
③ 코스닥시장 상장주식 보유자의 직전 사업연도 말 지분율이 1.5%, 시가총액이 55억원이었는데 이후 주가가 하락하여 양도일 현재 시가총액이 49억원인 경우 양도소득세 납세의무가 있다.
④ 부동산이 자산의 80% 이상인 골프장 운영 중소기업의 소액주주가 주식을 1년 이상 보유하고 양도한 경우에는 10%의 양도소득세율이 적용된다.

54 중요도 ★★★
다음 중 증권거래세에 대한 설명으로 적절하지 않은 것은?

① 증권거래세는 주권 또는 지분의 유상양도에 대해 부과한다.
② 증권거래세는 거래유형에도 불구하고 항상 양도자가 납세의무자가 된다.
③ 증권거래세는 주권의 양도가액을 과세표준으로 한다.
④ 주권을 목적물로 하는 소비대차의 경우에는 증권거래세를 부과하지 않는다.

정답 및 해설

49 ④ 취득 당시 실지거래가액을 확인할 수 없는 경우에는 매매사례가액, 감정가액, 환산가액을 순차로 적용하여 취득가액을 산정하며, 양도가액을 기준시가로 산정한 경우에는 취득가액도 기준시가로 한다.
50 ① 장기보유특별공제는 토지나 건물을 양도하는 경우에만 적용된다.
51 ④ 미등기 양도자산의 경우 장기보유특별공제 및 양도소득기본공제가 적용되지 않고 70%의 높은 세율이 적용된다.
52 ③ 자산의 양도가액을 실지거래가액으로 한 경우 자산의 취득가액을 확인할 수 없으면 매매사례가액, 감정가액, 환산가액을 순차적으로 적용하나 양도가액을 기준시가로 한 경우에는 취득가액도 기준시가에 의한다.
53 ④ 골프장, 스키장 등 체육시설업, 휴양시설관련업과 부동산업 등을 영위하면서 당해 법인의 자산총액 중 부동산 등의 비율이 80% 이상인 법인의 주식(특정주식(B))은 일반 주식과 달리 기타자산으로 분류되어 부동산과 동일한 세율(기본세율)이 적용된다.
54 ② 증권거래세의 납세의무자는 거래유형에 따라 대체결제를 하는 회사(한국예탁결제원), 금융투자업자, 양도자가 될 수 있다.

55 중요도 ★★★
다음 중 주식의 양도와 관련된 과세문제에 대한 설명으로 적절하지 않은 것은?

① 주식을 유상양도하면 시세차익이 발생되는 경우에 한해 양도소득세와 증권거래세의 실질적인 세부담이 발생한다.
② 일반 비상장주식을 양도하는 경우에는 양도소득세와 증권거래세의 신고·납부기한이 동일하다.
③ 중소기업의 주식 보유 시 보유기간의 길이는 양도소득세와 증권거래세의 크기에 영향을 미치지 않는다.
④ 주식을 양도한 후 법정신고기한 내에 신고하지 않는 경우에는 양도소득세와 증권거래세 모두 가산세의 불이익이 있다.

56 중요도 ★★★
다음 중 2025년도 중 양도한 주식에 대한 해당 세율로 적절하지 않은 것은? (단, 각 상황 모두 과세대상에 해당한다고 가정함)

① 코스닥상장된 중소기업 주식을 6개월 보유 후 코스닥시장에서 양도하는 경우 증권거래세 세율 : 0.15%
② 상장 중소기업 주식을 대주주가 10개월 보유 후 양도하는 경우 양도소득세 세율 : 10%
③ 비상장 대기업 주식을 8개월 보유 후 양도하는 경우 증권거래세 세율 : 0.35%
④ 상장 대기업 주식을 대주주가 1년 6개월 보유 후 양도하는 경우 양도소득세 세율 : 20%

57 중요도 ★★
다음 중 비거주자에 대한 과세방법을 설명한 것으로 적절하지 않은 것은?

① 비거주자는 국내원천소득에 대해서만 납세의무를 진다.
② 비거주자의 국내사업장이나 부동산임대소득이 있는 경우에는 원칙적으로 종합과세한다.
③ 비거주자에게 국내원천소득을 지급하는 자는 원천징수세율과 조세조약상 제한세율 중 높은 세율로 원천징수한다.
④ 소득세법상 국내원천소득에 대한 과세방법이 정해져 있더라도 조세조약에 별도의 규정이 있는 경우에는 조세조약의 내용에 따른다.

58 중요도 ★★
다음 중 비거주자의 유가증권 양도소득의 과세와 관련된 설명으로 적절하지 않은 것은?

① 비거주자의 장내파생상품을 통한 소득도 과세대상 국내원천소득으로 본다.
② 비거주자의 유가증권 양도소득에 대하여는 원칙적으로 양도가액의 10%를 원천징수한다.
③ 비거주자가 유가증권 양도 시 취득가액이 확인되는 경우에는 양도차익의 20%를 원천징수할 수 있다.
④ 파생금융상품에서 생기는 소득은 거래 유형과 관계 없이 소득의 발생원천에 따라 이자소득, 배당소득 등으로 파악하여야 한다.

59 중요도 ★★
다음 중 상속세와 증여세의 절세전략에 대한 설명으로 적절하지 않은 것은?

① 한 명이 증여하는 것보다는 분산증여 시 증여세 부담을 줄일 수 있다.
② 피상속인의 사망 후에는 상속세의 절세 대안이 원칙적으로 없으므로 사전증여를 최대한 활용해야 한다.
③ 증여는 자녀가 어릴 때부터 하는 것이 좋고 증여를 한 후에는 증여세 세부담 발생 여부와 상관없이 증여세를 신고하는 것이 유리하다.
④ 향후 수익이 발생할 수 있는 자산을 증여하는 경우에는 증여 후 발생하는 수익에 대하여 증여세가 추가과세 될 수 있으므로 이에 대한 고려가 반드시 필요하다.

60 중요도 ★★
다음 중 상속세와 증여세의 절세전략에 대한 설명으로 적절하지 않은 것은?

① 비실명채권을 이용한 전략도 유용한 방법이 될 수 있지만 현재는 활용할 수 있는 대안이 아니다.
② 증여는 10년 단위로 증여하는 경우에 증여재산공제를 최대한 활용할 수 있다.
③ 한 명의 증여자가 여러 명에게 증여하는 것은 절세에 도움이 되나, 한 명의 수증자에게 여러 명이 증여하는 것은 절세효과를 얻을 수 없다.
④ 장기보유 해야 하는 자산의 경우 자산가치가 낮은 시점에 증여를 고려하는 것이 유리하다.

정답 및 해설

55 ① 양도소득세는 시세차익이 발생하지 않으면 실질적인 세부담이 없으나 증권거래세는 양도가액이 과세표준이므로 시세차익 발생 여부와 상관없이 세부담이 발생한다.
56 ② 중소기업 주식을 대주주가 양도하는 경우 또는 대기업 주식을 대주주가 1년 이상 보유하고 양도하는 경우의 양도소득세 세율은 20%(과세표준 3억원 초과분은 25%)가 적용된다.
57 ③ 비거주자에게 국내원천소득을 지급하는 자는 원천징수세율과 조세조약상 제한세율 중 낮은 세율로 원천징수한다.
58 ① 비거주자의 장내파생상품을 통한 소득은 과세대상 국내원천소득으로 보지 아니한다.
59 ④ 증여 후 발생하는 수익에 대하여는 증여세가 과세되지 않으므로 향후 수익이 발생할 수 있는 재산을 증여하면 그 효과가 더 크다.
60 ③ 한 명의 수증자에게 여러 명이 증여하는 경우에도 증여세 절세효과를 얻을 수 있다.

61 중요도 ★★
다음 중 수입금액의 크기에 따라 종합과세 여부가 결정되는 소득으로 적절한 것은?

① 장기주택마련저축의 이자
② 법원에 납부한 경매보증금에서 발생하는 이자소득
③ 보유기간 1년인 장기채권의 이자
④ 보장성보험의 보험차익

62 중요도 ★★
다음 중 금융재산을 활용한 절세전략에 대한 설명으로 가장 적절하지 않은 것은?

① 배우자 명의로 저축을 할 경우 금융소득이 분산되므로 소득세 부담을 줄일 수 있다.
② 배우자 명의의 저축이 차명계좌로 간주될 경우 증여세 부담이 발생할 수 있다.
③ 채권을 만기 전에 매매하는 경우 매매당사자가 보유한 기간 동안의 표면이자는 금융소득 종합과세대상이 된다.
④ 상장법인의 주식에 투자하는 경우 매매차익은 과세를 피할 수 있으나 배당금을 수령하면 소득세 부담을 피할 수 없다.

63 중요도 ★
다음 중 금융소득 종합과세에 대한 설명으로 적절하지 않은 것은?

① 외국법인으로부터 받은 금융소득이 국내에서 원천징수되지 않았다면 연간 금융소득 합계액이 2,000만원 이하이더라도 종합과세 대상이 된다.
② 금융소득이 종합과세되더라도 종합과세 기준금액까지는 세부담이 증가하지 않도록 되어있다.
③ 금융소득이 종합과세되는 경우 분리과세되는 경우보다 세부담이 줄어드는 상황이 발생할 수 있으므로 이러한 상황을 활용하는 것도 절세의 방법이다.
④ 종합과세되는 금융소득 중 어떤 소득이 2,000만원을 구성하는지에 대한 판단 시에 Gross-Up 대상 금융소득이 최대한 2,000만원 초과분에 포함되도록 하고 있다.

64 중요도 ★★
다음 중 금융소득 종합과세에 대한 설명으로 가장 적절하지 않은 것은?

① 장기채권을 보유한 경우 분리과세 신청요건을 충족하여 분리과세 신청을 하면 종합과세 되는 경우와 비교할 때 항상 절세효과가 나타난다.
② 자녀 명의 금융소득은 부모의 금융소득과 합산되지 않지만 증여세 과세대상이 될 수 있음을 고려해야 한다.
③ 상장법인의 주식에 투자하는 경우 배당소득은 금융소득 종합과세대상이 되지만 양도차익에 대해서는 소액주주인 경우 과세되지 않는다.
④ 채권을 만기 전에 매매하는 경우에는 보유기간에 대한 이자상당액은 금융소득 종합과세대상이 되지만 매매차익은 과세대상에서 제외된다.

65 중요도 ★
다음 중 금융세제와 관련된 설명으로 적절하지 않은 것은?

① 주권을 무상으로 증여하는 경우 증권거래세가 과세되지 않는다.
② 유가증권시장 상장주식과 코스닥시장 상장주식의 증권거래세 세율은 0.15%로 동일하다.
③ 비거주자가 국내사업장이나 부동산임대사업소득이 없는 경우 당해 비거주자의 소득은 분리과세 된다.
④ 조세조약상 제한세율이 국내세법상 원천징수세율보다 낮은 경우에는 제한세율로 원천징수한다.

66 중요도 ★★
다음 중 금융소득 관련 절세전략에 대한 설명으로 가장 거리가 먼 것은?

① 금융소득 종합과세 기준금액 초과 여부는 개인을 기준으로 합산하여 판단한다.
② 금융소득 종합과세 기준금액이 2,000만원을 초과하는 경우에는 2,000만원 초과부분에 대하여만 세부담 증가가 발생한다.
③ 만기 10년 이상의 장기채권 또는 장기보험은 절세 요건을 충족하는 경우에 동일한 형태의 절세효과를 가져다준다.
④ 연간 금융소득을 줄이기 위해 배우자 명의로 금융상품을 가입하는 방법도 고려해 볼 수 있으나 이 경우 증여세 과세문제도 함께 고려해야 한다.

정답 및 해설

61 ③ 장기채권의 이자는 보유기간이 3년을 넘지 않으면 조건부 종합과세대상 금융소득이므로 타 금융소득과 합산하여 기준금액 초과여부에 따라 종합과세 여부가 달라진다.
62 ② 배우자 명의의 저축이 차명계좌로 간주되면 종합(금융)소득세가 추징될 수 있고 차명계좌로 간주되지 않으면 증여세 과세문제가 발생할 수 있다.
63 ③ 금융소득이 종합과세되는 경우 분리과세되는 경우보다 세부담이 줄어드는 상황이 발생하는 것을 방지하기 위해 비교과세제도를 취하고 있다.
64 ① 장기채권의 분리과세 신청요건이 충족된 경우 다른 소득의 크기가 일정 수준 이하인 경우에만 분리과세를 통한 절세가 가능하다.
65 ② 유가증권시장 상장주식의 증권거래세율은 0.00%(단, 농어촌특별세 0.15%가 부과됨)이고, 코스닥시장 상장주식의 증권거래세율은 0.15%이다.
66 ③ 장기채권은 30%의 분리과세혜택이 부여되나 장기보험은 비과세혜택을 누릴 수 있다.

67 중요도 ★★
다음 중 반드시 종합소득세 신고를 해야 하는 사람은?

① 근로소득과 퇴직소득이 있는 자
② 근로소득과 분리과세 기타소득이 있는 자
③ 퇴직소득과 분리과세 배당소득이 있는 자
④ 결손이 발생한 사업소득만 있는 자

68 중요도 ★★
다음 중 금융소득 종합과세와 종합소득세 신고에 대한 설명으로 적절하지 않은 것은?

① 만기를 달리하는 여러 가지 금융자산에 분산투자하면 금융소득 종합과세를 피할 수 있다.
② 분리과세대상 금융소득은 그 금액이 아무리 크더라도 종합과세대상이 되지 않으며 종합과세 기준금액(2,000만원) 초과 여부 판단 시에도 포함하지 않는다.
③ 조건부 종합과세 금융소득이 2,000만원을 넘더라도 다른 소득이 전혀 없으면 종합소득세 신고를 하지 않아도 된다.
④ 사업소득 등이 있는 경우 결손이 발생했거나 소득금액이 없는 경우에도 종합소득세 신고를 해야 한다.

69 중요도 ★★
다음 중 종합소득세 신고에 대한 설명으로 적절하지 않은 것은?

① 종합소득세 신고와 납부를 모두 하지 않은 경우에는 무신고가산세와 납부불성실가산세 중 큰 금액이 납부할 세액에 가산된다.
② 종합소득세는 신고하는 자의 사업장이 아닌 주소지 관할세무서에 신고하면 된다.
③ 종합소득세를 무신고한 경우와 과소신고한 경우의 가산세율은 다르다.
④ 사업소득이 있는 복식부기의무자가 관련 장부, 증빙서류, 재무제표, 조정계산서 등의 서류를 제출하지 않으면 신고를 했어도 무신고로 간주된다.

70 중요도 ★
다음 중 우리나라의 금융투자세제 및 세무전략에 대한 설명으로 적절하지 않은 것은?

① 개인의 소득은 개인별 또는 기간별로 분산하는 경우에 절세효과를 누릴 수 있다.
② 모든 금융소득이 종합과세대상이 되는 것은 아니지만 전혀 세금을 부담하지 않는 금융소득은 존재하지 않으므로 금융상품 가입 시 세부담의 크기를 고려해야 한다.
③ 종합소득세는 법정신고·납부기한까지 신고는 물론 납부까지 이행해야 하며, 두 가지를 모두 이행하지 않을 경우에는 신고불성실가산세와 납부불성실가산세가 모두 부과된다.
④ 우리나라 국적을 가진 경우라도 비거주자에 해당하면 국외에서 발생한 소득은 우리나라에서는 과세되지 않는다.

71 중요도 ★★
다음 중 종합소득세 절세를 위한 투자방법으로 적절하지 않은 것은?

① 하나의 금융기관에 저축이 집중되어 있는 경우보다 여러 금융기관으로 분산하여 가입하는 것이 절세차원에서 유리하다.
② 비과세나 분리과세 상품을 활용하면 금융소득 종합과세대상에서 제외될 수 있다.
③ 이자소득이 발생하는 금융상품의 경우 이자지급시기를 분산시키는 것이 절세차원에서 유리하다.
④ 10년 이상 장기채권은 반드시 10년을 보유해야 절세를 위한 목적달성이 가능한 것은 아니지만, 10년 이상 장기보험은 반드시 10년 이상 보유해야 절세의 효과를 누릴 수 있다.

정답 및 해설

67 ④ 근로소득만 있는 자, 퇴직소득만 있는 자, 분리과세대상 소득만 있는 자는 종합소득세 신고의무가 없으며, 앞의 신고 의무 없는 소득이 함께 있는 경우에도 종합소득세 신고의무가 없다. 한편, 사업소득이 있는 자의 경우 결손이 발생하여 소득금액이 없는 경우에도 반드시 신고를 해야 한다.
68 ③ 금융소득 종합과세대상자가 되면 다른 소득의 유무와 상관없이 종합소득세 신고를 해야 한다.
69 ① 종합소득세 신고와 납부를 모두 하지 않은 경우에는 무신고가산세와 납부불성실가산세가 모두 납부할 세액에 가산된다.
70 ② 비과세 금융소득은 어떠한 세금도 전혀 부담하지 않는 금융소득이다.
71 ① 하나의 주거래 금융기관으로 집중하여 금융자산에 가입하는 것이 조언이나 관리를 받을 수 있는 점에서 유리하며, 여러 금융기관에 분산예치하였다고 절세가 되는 것은 아니다.

제2장 금융상품

학습전략

금융상품은 제1과목 전체 20문제 중 **총 8문제**가 출제된다.

금융상품의 경우 출제 문제수에 비하여 방대한 지면과 다방면의 내용을 학습하여야 하는 특성을 가지고 있다. 은행상품·보험상품·펀드상품을 주된 학습 포인트로 삼고, 중심이 되는 내용을 위주로 반복 학습하되 본인의 특성을 고려하여 자신 있는 분야는 세부적인 내용까지 정리할 수 있도록 학습하여야 한다.

출제비중

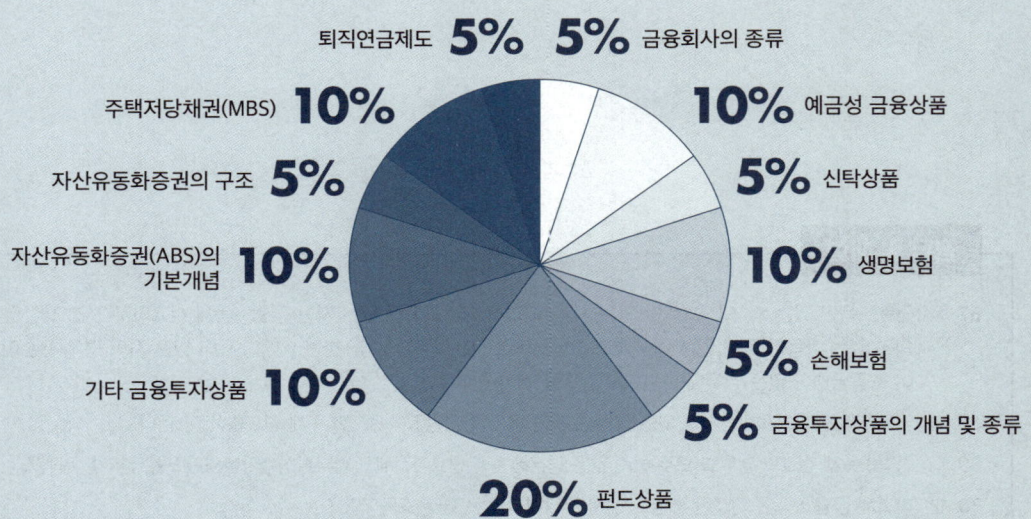

- 퇴직연금제도 5%
- 금융회사의 종류 5%
- 주택저당채권(MBS) 10%
- 예금성 금융상품 10%
- 자산유동화증권의 구조 5%
- 신탁상품 5%
- 자산유동화증권(ABS)의 기본개념 10%
- 생명보험 10%
- 손해보험 5%
- 기타 금융투자상품 10%
- 금융투자상품의 개념 및 종류 5%
- 펀드상품 20%

출제포인트

구 분	출제포인트	중요도
금융회사의 종류(5%)	01 우리나라의 금융회사	★★
예금성 금융상품(10%)	02 입출금식 및 목돈마련상품 03 목돈운용상품	★★★ ★★
신탁상품(5%)	04 신탁상품	★★★
생명보험(10%)	05 생명보험의 개념 06 생명보험상품	★★★ ★★★
손해보험(5%)	07 손해보험상품	★★
금융투자상품의 개념 및 종류(5%)	08 금융투자상품의 개념 및 종류	★★★
펀드상품(20%)	09 집합투자기구의 개념 10 집합투자기구의 종류 11 집합투자증권의 환매, 평가	★★ ★★★ ★★★
기타 금융투자상품(10%)	12 주가지수연계증권(ELS) 13 주식워런트증권(ELW) 14 환매조건부채권(RP) 매매 15 증권사 CMA	★★★ ★★ ★ ★★
자산유동화증권(ABS)의 기본개념(10%)	16 자산유동화증권(ABS)의 기본개념	★★★
자산유동화증권의 구조(5%)	17 발행과 관련한 다양한 주체	★★
주택저당채권(MBS)(10%)	18 저당대출시장 19 역모기지	★★ ★★
퇴직연금제도(5%)	20 우리나라의 노후보장체계와 퇴직연금의 역할	★★

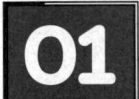

우리나라의 금융회사 ★★

다음 중 우리나라의 비은행 금융회사로 올바르지 않은 것은?

① 상호저축은행
② 새마을금고
③ 우체국예금
④ 농협은행

♀ TIP 농협은행은 은행(특수은행)에 속한다.

핵심포인트 해설 우리나라의 금융회사

(1) 우리나라의 금융회사

은 행	• 일반은행 : 시중은행, 지방은행, 외국은행 국내지점 등 은행법에 의해 설립된 금융회사 • 특수은행 : 산업은행, 수출입은행, 중소기업은행, 농·수협은행 등 은행법이 아닌 특별법에 의해 설립되어 은행업을 영위하는 금융회사
비은행 금융회사	• 상호저축은행, 신용협동기구(신용협동조합, 새마을금고, 농업협동조합, 수산업협동조합 및 산림조합의 상호금융), 우체국예금
보험회사	• 생명보험회사, 손해보험회사, 제3보험회사, 우체국보험
금융보조기관	• 한국거래소, 한국예탁결제원, 예금보험공사, 금융결제원, 신용보증기금, 기술보증기금, 신용정보회사, 자금중개회사 등
기타 금융회사	• 여신전문금융회사, 벤처캐피탈회사, 증권금융회사 및 금융지주회사, 전자금융업자, 퇴직연금사업자 등

(2) 일반은행의 업무
① 고유업무 : 예·적금 수입, 유가증권 또는 채무증서 발행 등으로 조달한 자금을 대출하는 업무, 내·외국환업무
② 부수업무 : 은행 업무를 영위하는 데 수반되는 업무(지급보증, 어음인수, 상호부금, 팩토링, 지급대행 등)
③ 겸영업무
  ㉠ 일부 겸영업무는 금융위원회의 인허가 또는 등록이 필요함
  ㉡ 인허가 등이 필요한 업무 : 유가증권의 인수·매출 및 모집·매출 주선, 환매조건부채권매매, 집합투자업, 투자자문업, 투자매매업, 투자중개업, 신탁업, 방카슈랑스, 신용카드업
  ㉢ 인허가 등을 필요로 하지 않는 기타 업무 : 타 법령에서 은행이 운용할 수 있도록 한 업무, 기업인수·합병의 중개·주선 또는 대리업무, 증권의 투자, 무역어음의 매출 업무 등

(3) 정보의 비대칭성
① 역선택 : 관찰불가능한 차입자의 상환능력, 상환의사로 인해 양질의 차입자를 선별하는 것이 곤란
② 도덕적 해이 : 차입자가 실패 확률이 높지만 성공할 경우 수익이 높은 위험자산에 자금을 운용함으로써 결과적으로 부채상환 가능성을 낮추는 행동

정답 ④

입출금식 및 목돈마련상품 ★★★

다음 중 은행의 예금상품에 대한 설명으로 올바르지 못한 것은?

① 저축예금은 실명의 개인만 가입이 가능하다.
② 시장금리의 변동에 따라 이자율이 변동하는 MMDA는 통상 3개월마다 잔액에 금리를 적용해 이자를 가산해 준다.
③ MMDA는 예치금액에 따라 금리를 차등 적용한다.
④ 정기적금의 가입대상은 제한이 없으며 금리는 금융기관이 자율적으로 정한다.

♥ TIP MMDA는 매일의 잔액에 대해 금리를 적용하여 이자를 가산한다.

핵심포인트 해설   입출금식 및 목돈마련상품

(1) 입출금식상품

저축예금	• 보통예금처럼 예치금액, 예치기간 등에 아무런 제한이 없고 입출금이 빈번한 자금을 운용하기에 적합한 예금 • 가입대상 : 실명의 개인
MMDA	• Money Market Deposit Account(시장금리부 수시입출금식 예금) • 가입대상 : 제한 없음 • 이자계산 : 매일 잔액에 금리를 적용해 이자 가산 예치금액별로 차등금리 지급 (예치기간별 ×) • 자산운용사의 MMF, 종합금융회사의 CMA와 경쟁대상인 상품

(2) 목돈마련상품

정기적금	• 일정한 기간 후에 일정 금액을 지급할 것을 미리 약정하고 매월 특정일에 일정액을 적립하여 만기에 원금과 이자를 지급하는 대표적인 적립식 예금 • 가입대상 : 제한 없음 • 금리 : 금융기관별 자율화

(3) 예금계약의 성격
소비임치계약 : 일반적인 임치계약과 달리 은행은 보관된 금전을 자유로이 사용 가능함

정답 ②

입출금식 및 목돈마련상품 ★★★

다음 중 재형저축에 관한 설명으로 올바르지 못한 것은?

① 7년 이상 가입 시 비과세 혜택을 받을 수 있다.
② 소득공제 혜택이 있다.
③ 분기별 300만원 범위 내에서 1만원 단위로 자유롭게 저축할 수 있다.
④ 만기 후에 발생하는 이자는 일반과세된다.

◉ TIP 재형저축은 소득공제 혜택은 없으며 가입일로 7년 이상 경과 후 만기해지 시 이자소득 비과세 혜택이 있다.

핵심포인트 해설 재형저축

(1) 의의
　① 서민의 재산형성을 돕기 위한 적립식 장기저축상품으로 조세특례제한법에 의하여 계약기간 중 발생한 이자에 대한 소득세를 부과하지 않는 상품
　　　　　　　　　　　　　　　　　　　　　　　　　　　　　　　재형저축은 일정요건을 갖추었을 때 소득세를 부과하지
　　　　　　　　　　　　　　　　　　　　　　　　　　　　　　　않는 상품이지 소득공제를 목적으로 하는 상품은 아님
　② 3년간 고정금리, 이후 1년 단위 변동

(2) 가입 대상
　총급여액 5,000만원 이하인 근로소득자 또는 종합소득금액 3,500만원 이하의 자영업자(개인사업자)

(3) 계약 기간
　최소 7년~최대 10년

(4) 적립 방법
　분기 300만원 범위 내에서 1만원 단위로 자유롭게 저축(전 금융기관 통합한도)

(5) 세금 우대
　① 가입일로부터 7년 이상 경과 후 만기해지 시 이자소득세(14%) 면제(단, 농특세 1.4%는 부과함)
　② 만기 후 이자는 일반과세됨(이자소득세 14% + 지방소득세 1.4%)
　③ 계약기간 만료 전 해지 시 이자소득 비과세 혜택을 받을 수 없음

정답 ②

04

입출금식 및 목돈마련상품 ★★★

다음 중 주택청약 관련 금융상품에 대한 설명으로 가장 올바르지 못한 것은?

① 주택청약저축은 계약기간이 1년으로 청약당첨 시까지 만기가 자동 연장된다.
② 주택청약부금은 일정 기간 부금 납입 시 가입기간과 저축금액에 따라 일정 금액을 대출해 주는 상품이다.
③ 주택청약저축과 주택청약부금은 주택청약 종합저축으로 통합되며 신규가입이 중단되었지만, 이전 가입을 유지하고 있다면 기존과 동일한 방식으로 주택청약이 가능하다.
④ 주택청약 종합저축은 주택청약저축과 같이 소득공제가 가능하다.

📍**TIP** 주택청약저축은 별도로 계약기간을 두고 있지 않고, 입주자로 선정되는 날까지를 계약기간으로 한다.

핵심포인트 해설 주택청약 관련 금융상품

주택청약저축 →예금자보호 (x)	• 매월 일정액을 일정 기간 불입하면, 국민주택(민간건설 중형국민주택 포함) 또는 공공기관이 공급하는 전용면적 85m² 이하의 주택분양 또는 임대 시 청약권이 주어지는 적립식 상품 • 가입대상 : 무주택 세대주(단, 19세 미만 단독세대주는 제외) • 계약기간 : 입주자로 선정되는 날까지 • 소득공제 및 비과세 혜택
주택청약부금 →예금자보호 (o)	• 일정 기간 부금을 납입하면 가입기간과 저축금액에 따라 만기 또는 중도에 일정 금액을 대출해 주는 적립식 상품 • 가입 대상 : 주택 건설지역에 거주하는 만 19세 이상의 개인(단독세대주가 아닌 세대주인 경우에는 만 19세 미만도 가능)
주택청약 종합저축 →예금자보호 (x)	• 기존 주택청약저축·부금·예금을 하나로 통합한 종합저축통장(2015년 9월부터는 주택청약 종합저축만 가입 가능) • 주택청약관련 저축이 주택청약 종합저축으로 통합되며 주택청약저축·부금·예금의 신규가입이 중단되었지만, 통합 이전에 가입한 주택청약저축·부금·예금을 유지하고 있다면 기존과 동일한 방식으로 유형에 맞춰 주택청약이 가능함 • 가입대상 : 1인 1계좌(주택소유무관, 기존 청약저축·예금의 전환가입은 허용되지 않음) • 소득공제 : 총급여 7천만원 이하 근로소득자에 한해 연간 납입금액(최고한도 300만원)의 40%(120만원) 한도 내 금액

정답 ①

입출금식 및 목돈마련상품 ★★★

다음 중 비과세 종합저축에 관한 설명으로 올바르지 못한 것은?

① 적격자의 상품가입 시 이자소득 또는 배당소득에 대하여 과세를 하지 아니한다.
② 기존의 세금우대종합저축을 해지하지 않았다고 한다면, 그만큼 가입한도가 차감된다.
③ 만기일 이후에 발생하는 이자에 대해서도 비과세된다.
④ 양도성예금증서로는 비과세 종합저축의 가입이 불가능하다.

♥ TIP 만기 이후에 발생하는 이자소득 또는 배당소득은 비과세가 적용되지 않는다.

핵심포인트 해설 비과세 종합저축

(1) 의의
① 기존 비과세 생계형저축이 폐지되고 조세특례제한법에 따라 도입된 상품(2015년 1월 1일부터 시행되고 있음)
② 1인당 저축원금 5,000만원까지 이자소득 또는 배당소득에 대한 소득세를 부과하지 아니함
③ 기존의 비과세 생계형저축 및 세금우대종합저축을 해지 또는 해약하지 아니한 경우에는 한도에서 차감함
④ 계약기간의 만료일 이후 발생하는 이자소득 또는 배당소득에 대해서는 비과세를 적용하지 아니함

(2) 가입 대상자
① 만 65세 이상인 거주자
② 장애인, 독립유공자, 상이자, 기초수급자, 5·18민주화운동부상자 등

(3) 대상 상품
① 원칙 : 각 금융회사가 취급하는 모든 예금 등
② 예외 : 다음 상품과 각 취급 금융회사가 별도로 정하는 예금 등은 제외함
  ㉠ 증서로 발행되고 유통이 가능한 예금 : CD, 표지어음, 무기명정기예금 등
  ㉡ 어음·수표 등에 의해 지급이 가능한 예금 : 당좌예금, 가계당좌예금 등
  ㉢ 조세특례제한법 등에 따라 기 취급중인 비과세예금 등
  ㉣ 외화예금

(4) 표시 방법
통장의 표지·내지 또는 거래내역서 등에 비과세 종합저축이라는 문구를 표시하여야 함

정답 ③

06 목돈운용상품 ★★

다음 중 목돈운용상품에 대한 올바른 설명으로 모두 묶인 것은?

> 가. 정기예금은 저축성이 강한 기한부 예금으로, 은행의 입장에서 예치기간 내 지급청구에 응해야 하는 부담이 적어 자금을 장기간 안정적으로 운용할 수 있다.
> 나. 주가지수연동 정기예금(ELD)은 주가지수의 성과에 따라서 수익률이 달라지나, 예금자보호대상에 포함되는 금융상품이다.
> 다. 양도성예금증서는 만기 전에 중도해지가 불가능하다.
> 라. 환매조건부채권(RP)은 대부분의 예금과 마찬가지로 예금자보호대상에 속하는 금융상품이다.

① 가, 나, 다
② 가, 나, 라
③ 가, 다, 라
④ 나, 다, 라

♀ TIP 환매조건부채권(RP)은 예금자보호대상에 속하는 금융상품이 아니다.

핵심포인트 해설 정기성 상품 및 시장실세금리 상품

정기예금	• 예치기간을 미리 정하여 일정 금액을 예치하고 기간 만료 전에는 원칙적으로 지급청구를 할 수 없도록 되어 있는 저축성이 가장 강한 기한부 예금
주가지수연동 정기예금 (ELD)	• 주가지수 상승률에 연동하여 사전에 약정한 금리를 지급하는 정기예금의 일종 • 단, ELD는 예금자보호에 해당되고, 원금보장형이라는 특성이 있음 → ELD, ELS, ELF 등은 같은 구조를 가지고 있지만 ELD는 기초자산이 예금임
양도성예금증서 (CD)	• 정기예금에 양도성을 부여한 것으로 무기명식, 할인식으로 발행 • 가입기간 : 30일 이상 제한 없음(최장만기는 제한이 없고, 최단만기만 제한) • 만기 전 중도해지 불가능(단, 현금화를 위해서 양도가 가능함)
환매조건부채권 (RP) → 예금자보호대상이 아님	• 일정기간 경과 후에 사전에 정한 매매가격으로 다시 매수·매도할 것을 조건으로 하는 채권매매 방식 • 30일 이내 중도환매 시 당초 약정금리보다 낮은 금리를 적용
표지어음	• 은행이 할인하여 보유하고 있는 상업어음, 매출채권 등을 분할하거나 통합하여 은행을 지급인으로 하여 새롭게 발행하는 어음 • 이자지급 : 할인식으로 지급하며, 만기 후에는 이자를 지급하지 않음 • 기명식어음으로 만기 전 중도해지가 불가능하나, 배서에 의한 양도가 가능함 • 가입기간 : 원어음의 최장만기일 범위 내 • 만기 후의 경과기간에 대해서는 별도의 이자지급이 없음

정답 ①

07

신탁상품 ★★★

다음 중 신탁상품에 대한 설명으로 가장 올바른 것은?

① 신탁재산은 수탁자의 상속재산에 속한다.
② 수탁자는 신탁재산의 실질 귀속자이다.
③ 위탁자는 수익자의 지위를 겸할 수 없다.
④ 수탁자가 사망하더라도 신탁관계는 종료되지 않는다.

TIP ① 신탁재산은 수탁자의 상속재산에 속하지 않는다.
② 수탁자는 신탁재산의 법률상·형식상 귀속자이며, 수익자가 신탁재산의 실질 귀속자이다.
③ 위탁자는 수익자의 지위를 겸할 수 있다.

핵심포인트 해설 신탁상품의 특징

위탁자	• 위탁자가 재산권을 수탁자에게 이전 또는 처분함 • 위탁자는 수탁자에 대해 지시할 수 있으나, 스스로 신탁재산상의 권리를 행사할 수 없음 • 위탁자는 수익자의 지위를 겸할 수 있음
수탁자	• 수탁자는 위탁자로부터 이전 받은 재산권의 명의인이 됨 • 수탁자는 신탁재산에 대하여 대외적으로 유일한 관리·처분권자가 됨 • 신탁재산을 관리·처분한 결과로 생긴 제3자와의 권리의무는 신탁재산의 관리기관인 수탁자에 귀속하고, 위탁자 또는 수익자에게 직접 귀속하지 않음 • 수탁자는 그 임무의 수행과 권리의 행사를 신탁목적에 따라 수익자를 위해 행하여야 함 • 신탁재산은 법률상·형식상 수탁자에 귀속되어 있으나, 수탁자의 고유재산 및 위탁자의 고유재산으로부터 독립되어 있음 • 신탁재산은 수탁자의 상속재산·파산재단에 속하지 않음 • 수탁자가 사망 또는 사임하더라도 신탁관계는 종료되지 않음 • 수탁자는 수익자 및 위탁자의 지위를 동시에 겸할 수 없음
수익자	• 신탁재산은 경제상·실질상 수익자에 귀속되어 있음

정답 ④

08

생명보험의 개념 ★★★

다음에서 설명하는 생명보험의 구성원리와 가장 관계가 깊은 것은?

> • 보험가입자가 납입하는 보험료 총액과 보험회사가 지급하는 보험금 및 경비의 총액이 동일한 금액이 되도록 정하는 원칙이다.
> • 보험계약의 입장에서 전체 가입자를 대상으로 이러한 원칙이 적용되므로, 가입자 개인의 입장에서 보면 납입보험료 총액과 보험금 등의 수령액은 같지 않을 수 있다.

① 수지상등의 원칙
② 대수의 법칙
③ 사망률과 생명표
④ 신의성실의 원칙

♀ TIP 생명보험의 구성원리 중 수지상등의 원칙을 의미한다.

핵심포인트 해설 생명보험의 기본 개념

(1) 의의
① 사람의 건강이나 생명과 관련하여 우발적으로 발생하는 위험에 경제적으로 대응하기 위한 상품
② 보험자가 보험계약자 또는 제3자에게 보험금을 지급할 것을 약정하고, 보험계약자가 보험자에게 보험료를 지급할 것을 약정하는 보험
③ 정액보험(손해의 크기에 관계없이 사고 발생 시 일정 금액 지급)

(2) 생명보험의 구성 원리

대수의 법칙	• 어떤 사건의 관찰 횟수를 늘려 가면 일정한 발생확률이 나오고, 관찰대상이 많으면 많을수록 확률의 정확도가 커지게 되는 법칙
수지상등의 원칙	• 보험가입자가 납입하는 보험료 총액과 보험회사가 지급하는 보험금 및 경비의 총액이 동일한 금액이 되도록 정하는 원칙 • 보험계약의 입장에서 전체 가입자를 대상으로 이러한 원칙을 적용하므로, 가입자 개인의 입장에서 보면 납입보험료 총액과 보험금 등의 수령액이 같은 경우는 드묾
사망률과 생명표	• 대수의 법칙에 기반하여 사람의 연령별 생사잔존상태(생존자수, 사망자수, 생존율, 평균여명)를 나타낸 표 • 종류 : 국민생명표, 경험생명표(우리나라는 현재 제9회 경험생명표를 사용하고 있음)

(3) 생명보험의 필요성
핵가족화와 자기책임주의, 재해와 성인병의 증가, 노후에 대한 불안의 증대, 사회보장제도의 보완기능, 국가경제발전에 기여

정답 ①

생명보험상품 ★★★

다음 중 생명보험 상품에 대한 설명으로 가장 올바르지 못한 것은?

① 생사혼합보험이란 피보험자가 일정 기간 동안 사망하거나 중도 또는 만기 생존 시 보험금이 지급되는 보험을 말하며 양로보험이라고도 한다.
② 연생보험은 단생보험에 대비되는 용어로 2인 이상을 피보험자로 하는 보험을 말한다.
③ 체증식보험이란 기간이 경과함에 따라 보험료가 점점 증가하는 보험으로 물가지수연동보험 등을 예로 들 수 있으며 보통 소비자물가지수(CPI) 등에 연동하여 보험료가 증가한다.
④ 피보험자의 건강상태, 직업위험 등을 고려하여 통상의 표준체보다 사망발생 위험도가 낮은 사람의 보험료를 할인해 주는 보험을 우량체보험이라고 한다.

♥TIP 체증식보험이란 기간이 경과함에 따라 보험금이 점점 증가하는 보험이다.

핵심포인트 해설 생명보험 상품의 분류 및 특징

(1) 분류 기준

보험 사고	사망보험(정기·종신), 생존보험, 양로보험(생사혼합보험)
보험금 정액유무	정액보험, 부정액보험(체증식보험, 체감식보험, 감액보험, 변액보험)
피보험자수	단생보험, 연생보험, 단체취급보험, 단체보험
보험 기간	기간만기보험, 세만기보험
보험료 납입기간	일시납, 단기납, 전기납, 종신납
보험료 납입방법	연납, 월납, 일부일시납
진단 유무	유진단보험, 무진단보험
피보험자 건강상태	표준체보험, 표준미달체보험, 우량체보험
계약자 배당	유배당보험, 무배당보험

(2) 특징
① 생명보험 상품은 미래지향적임
② 효용의 인식지점이 장래임
③ 효용의 수혜대상이 타인임
④ 예정기초율(예정사망률, 예정이율, 예정사업비율 등)에 의해 가격이 결정됨
⑤ 보험료는 순보험료와 부가보험료로 구성됨
⑥ 생명보험상품의 가격에는 목표이윤이 존재하지 않음

정답 ③

10

손해보험상품 ★★

다음 중 주요 손해보험상품과 그 내용이 올바르게 연결된 것은?

가. 적하보험 나. 배상책임보험
다. 상해보험 라. 도난보험

ㄱ. 선박에 입은 손해로 인해 선박에 적재된 화물에 입은 손해를 보상하는 보험
ㄴ. 보험에 가입한 동산이 지정된 장소 내에서 보관되어 있는 동안 불법침입자나 절도 또는 강도가 훔쳐가거나 파손, 훼손 등으로 입은 손해를 보상하는 보험
ㄷ. 급격하고 우연한 외래의 사고로 피보험자의 신체에 입은 손해를 보상하는 보험
ㄹ. 일상생활이나 사업활동 중 과실로 타인의 신체나 재물에 끼친 손해에 대해 법률상의 손해배상 책임으로 발생하는 피보험자의 손해를 보상하는 보험

① 가 - ㄱ, 나 - ㄷ, 다 - ㄴ, 라 - ㄹ
② 가 - ㄱ, 나 - ㄹ, 다 - ㄷ, 라 - ㄴ
③ 가 - ㄴ, 나 - ㄹ, 다 - ㄷ, 라 - ㄱ
④ 가 - ㄹ, 나 - ㄱ, 다 - ㄷ, 라 - ㄴ

♀ TIP ㄱ. 적하보험, ㄴ. 도난보험, ㄷ. 상해보험, ㄹ. 배상책임보험

핵심포인트 해설 손해보험의 종류

화재보험	우연한 화재사고로 인하여 발생할 우려가 있는 피보험자의 재산상의 손해에 의하여 생길 손해를 보상하기 위한 보험으로 주택화재보험과 일반화재보험으로 구분됨
해상보험	적하보험, 선박보험, 운임(운송)보험, 선주배상책임보험 등
특종보험	화재보험, 해상보험, 보증보험 등을 제외한 보험을 통칭하는 보험 • 배상책임보험 : 일상생활이나 영업활동 중 사고로 인하여 타인의 인명, 재산 등에 피해를 입혔을 때 법률상의 배상책임을 부담함으로써 발생하게 되는 손해를 보상 • 도난보험 : 보험에 가입한 동산이 지정된 장소 내에서 보관되어 있는 동안 불법침입자나 절도 또는 강도가 훔쳐가거나 파손, 훼손 등으로 입은 손해를 보상 • 레저종합보험 : 레저활동 기간에 발생할 수 있는 상해손해, 용품손해 등 각종 위험을 포괄 담보 • 컨틴전시보험 : 전통적인 손해보험에서 보상하지 않는 위험을 담보하는 보험으로 날씨, 온도, 경기결과, 행사 등을 전제로 예정된 사건이 현실화되었을 때 발생하는 금전적인 손실을 보상
장기손해보험	손해보험에서 보험기간이 3년 이상인 보험(일반손해보험의 보험기간은 통상 1년)으로 보험사고 발생 시 보험금을 지급 받을 수 있는 일반손해보험의 장점과 만기 시 만기환급금을 지급받을 수 있는 저축기능이 가미된 보험

정답 ②

11

> 손해보험상품 ★★

다음 중 자동차보험에 관한 설명으로 올바르지 못한 것은?

① 자동차보험은 가입이 의무화된 책임보험과 임의가입이 가능한 임의보험으로 구분된다.
② 자기신체사고란 피보험자가 피보험자동차를 소유·사용·관리하는 동안에 생긴 피보험자동차가 파손되거나 도난당하여 입은 손해를 보상하는 담보종목을 말한다.
③ 비사업용 자동차의 경우 대인배상 I 과 대물배상(2,000만원 이상)을 의무적으로 가입해야 한다.
④ 피해자가 직접 가해자의 보험회사에 보험금을 청구할 수도 있다.

♀ TIP 피보험자가 피보험자동차를 소유·사용·관리하는 동안에 생긴 피보험자동차가 파손되거나 도난당하여 입은 손해를 보상하는 것을 자기차량손해라고 한다.

핵심포인트 해설 자동차보험

(1) 자동자보험 계약의 성립 및 책임기간
① 보험계약의 성립 : 보험회사는 보험료 전액 또는 제1회 분할 보험료를 받은 날로부터 30일 이내에 승낙 또는 거절의 통지를 해야 하며, 통지가 없으면 승낙한 것으로 간주함
② 청약철회 : 개인이면서 비사업용인 보험계약자는 제1회 보험료 등을 지급하지 않은 경우에는 청약을 한 날로부터, 지급한 경우에는 지급한 날로부터 15일 이내에 보험계약의 청약철회가 가능(가입이 강제되는 의무보험은 청약철회 불가)
③ 보험기간 : 일반적으로 보험증권에 기재된 보험기간의 첫날 24시부터 마지막 날 24시까지(자동차보험에 처음으로 가입하는 자동차 및 의무보험은 보험료를 받은 때부터 마지막 날 24시까지)

(2) 담보종목

대인배상 I · II	타인을 죽게 하거나 다치게 하여 법률상 손해배상책임을 짐으로써 입은 손해를 보상(단, 대인배상 I 은 자동차 손해배상보장법에 의한 손해배상책임에 한하여 보상)
대물배상	타인의 재물을 없애거나 훼손한 때에 법률상 손해배상책임을 짐으로써 입은 손해를 보상
자기신체사고(자손)	피보험자가 피보험자동차를 소유·사용·관리하는 동안에 생긴 피보험자동차의 사고로 인해 피보험자가 죽거나 다친 손해를 보상
자기차량손해(자차)	피보험자가 피보험자동차를 소유·사용·관리하는 동안에 생긴 피보험자동차가 파손되거나 도난당하여 입은 손해를 보상
무보험자동차에 의한 상해	피보험자가 무보험자동차에 의하여 생긴 사고로 죽거나 다친 때 그 손해에 배상의무자가 있는 경우에 보상

(3) 의무보험
① 비사업용 자동차 : 대인배상 I + 대물배상(2천만원 이상)
② 사업용 자동차 : 대인배상 I + 대인배상 II(1억원 이상) + 대물배상(2천만원 이상)

정답 ②

12

다음 중 장기손해보험에 대한 설명으로 올바르지 못한 것은?

① 보험사고 발생 시 보험금을, 만기 시 만기환급금을 지급받을 수 있는 위험보장과 저축기능을 모두 가진 보험이다.
② 일반손해보험은 소멸성으로 만기환급금이 없는 반면, 장기손해보험은 만기 또는 중도해지 시 환급금이 발생한다.
③ 일반손해보험과 장기손해보험 모두 1회 사고로 보험금이 보험가입금액의 80% 미만인 경우에는 여러 번의 사고가 발생해도 사고 이전의 보험가입금액으로 자동 복원된다.
④ 일반손해보험은 일반적으로 계약 체결 시 보험료 전액을 납부하는 반면, 장기손해보험은 다양한 납입방법을 선택할 수 있다.

TIP 장기손해보험은 자동복원제도가 있는 반면, 일반손해보험은 자동복원제도가 없어 분손 발생으로 인한 보험료 지급 시 잔여기간 동안 보험가입금액에서 지급된 보험금을 공제한 금액을 잔존보험가입금액으로 한다.

핵심포인트 해설 장기손해보험

(1) 장기손해보험의 정의

보험사고가 발생하여 손해를 입었을 경우, 보험금을 지급받을 수 있는 일반손해보험의 장점과 만기 시 만기환급금을 지급받을 수 있도록 위험보장과 저축기능을 가미한 보험

(2) 장기손해보험의 특징

보험기간	통상 3년 이상
운용	저축보험료(위험·부가보험료 미포함)는 특별계정으로 운용
환급금 지급제도	저축보험료가 분리되어 만기 또는 중도해지 시 환급금이 발생
자동복원제도	1회 사고로 보험금이 보험가입금액의 80% 미만인 경우, 여러 번의 사고가 발생해도 사고 이전의 보험가입금액으로 감액 없이 자동 복원됨
보험료 납입방법 및 주기	계약자의 편의에 따라 다양한 납입방법 및 주기의 선택이 가능함

(3) 장기손해보험의 보험료

순보험료	• 위험보험료 : 사고 발생 시 보험금 지급의 재원이 되는 보험료로, 예정위험율에 따라 정해짐 • 저축보험료 : 중도해지 시 해지환급금의 재원이 되고, 보험사고 없이 보험기간이 만료되었을 시 만기환급금의 재원이 되는 보험료로, 예정이율로 부리하여 책임준비금으로 적립
부가보험료	• 신계약비 : 보험회사가 신계약을 모집하는 데 필요한 제경비로, 일반적으로 계약 초년도에만 적용 • 유지비 : 보험계약의 유지·관리에 필요한 제경비(점포유지비, 인건비 등) • 수금비 : 계속보험료 수금에 필요한 제경비로서 2회 이후 계속보험료 수금비용의 재원이 됨

정답 ③

금융투자상품의 개념 및 종류 ★★★

다음 중 금융투자상품에 대한 설명으로 올바르지 못한 것은?

① 추가지급의무 요건은 원본 초과 손실 가능성이 없어야 한다는 의미로 증권과 파생상품을 구분하는 데 중요한 기준이 된다.
② 기초자산이나 기초자산의 가격·이자율·지표·단위 또는 이를 기초로 하는 지수 등에 의하여 산출된 금전 등을 장래의 특정시점에 인도할 것을 약정하는 계약을 선도계약이라고 한다.
③ 장내파생상품은 국내뿐만 아니라 해외 파생상품시장에서 거래되는 파생상품을 포함한다.
④ 파생결합증권은 자본시장법상 파생상품으로 분류된다.

♀ TIP 파생결합증권은 자본시장법상 증권으로 분류된다.

핵심포인트 해설 금융투자상품

(1) 투자성 개념
이익을 얻거나 손실을 회피할 목적으로 현재 또는 장래의 특정 시점에 금전, 그 밖의 재산적 가치가 있는 것을 지급하기로 약정함으로써 취득하는 권리로서, 그 권리를 취득하기 위하여 지급하였거나 지급하여야 할 금전 등의 총액이 그 권리로부터 회수하였거나 회수할 수 있는 금전 등의 총액을 초과하게 될 위험

(2) 금융투자상품 유형

의 의	• 원본손실 가능성(투자성)을 부담하면서 이익을 얻거나 손실을 회피할 목적으로 거래상대방에게 현재 또는 장래의 특정 시점에 금전 등을 이전하기로 약정함으로써 갖게 되는 권리
증 권	• 원본초과손실 가능성이 없는 금융투자상품 • 종류 : 채무증권, 지분증권, 수익증권, 투자계약증권, 파생결합증권, 증권예탁증권 등
파생상품	• 원본초과손실 가능성이 있는 금융투자상품 • 시장의 형태에 따른 구분 : 장내 / 장외 파생상품 → 주가지수선물·옵션, 국채·CD금리·달러·금선물 등 → 선도거래, 스왑 등 • 계약의 형태(위험배분형태)에 따른 구분 : 선도형 / 옵션형 파생상품 → 선도계약, 스왑, 선물계약 등

정답 ④

14

집합투자기구의 개념 ★★

다음 중 집합투자기구에 대한 설명으로 올바르지 못한 것은?

① 집합투자란 2인 이상의 투자자로부터 모은 금전 등으로 투자대상 자산을 취득·처분·그 밖의 방법으로 운용하고 그 결과를 투자자에게 배분하는 것을 말한다.
② 투자신탁이란 집합투자업자인 위탁자가 신탁업자에게 신탁한 재산을 신탁업자로 하여금 집합투자업자의 지시에 따라 투자·운영하게 하는 집합투자기구를 말한다.
③ 집합투자기구 중 투자회사의 종류에는 투자회사, 투자유한회사, 투자합자회사, 투자합명회사가 있다.
④ 사모집합투자기구는 집합투자증권을 사모로만 발행해야 하며, 일반투자자의 총수가 49인을 초과하면 안 된다.

♥TIP 투자합명회사는 자본시장법상 집합투자기구로 인정하고 있지 않다.

핵심포인트 해설 집합투자기구의 개념

(1) 집합투자의 정의
　　2인 이상의 투자자로부터 모은 금전 등을 투자자로부터 일상적인 운용지시를 받지 않으면서 재산적인 가치가 있는 투자대상 자산을 취득·처분·그 밖의 방법으로 운용하고, 그 결과를 투자자 또는 기금관리주체에게 배분하여 귀속시키는 것

(2) 집합투자기구의 개요
　　① 집합투자기구는 펀드, 집합투자증권은 수익증권, 투자회사는 뮤추얼펀드로 분류
　　② 펀드를 운용하는 자산운용사는 집합투자업 인가를 받은 집합투자업자
　　③ 펀드를 판매하는 판매업자는 집합투자증권의 매매중개업 인가를 받은 투자매매·중개업자

(3) 집합투자기구의 구성형태
　　① 투자신탁 : 집합투자업자인 위탁자가 신탁업자에게 신탁한 재산을 신탁업자로 하여금 집합투자업자의 지시에 따라 투자·운영하게 하는 집합투자기구
　　② 투자회사 : 투자회사, 투자유한회사, 투자합자회사
　　③ 투자조합 : 투자조합, 투자익명조합

(4) 기타 용어 정의
　　① 사모집합투자기구 : 집합투자증권을 사모로만 발행하고 일반투자자의 총수가 49인 이하인 집합투자기구
　　② 집합투자증권 : 집합투자기구에 대한 출자지분이 표시된 증권 → 투자신탁은 수익권
　　③ 집합투자총회 : 집합투자기구의 투자자 전원으로 구성된 의사결정기관 → 수익자총회, 주주총회, 사원총회, 조합원총회, 익명조합원총회

정답 ③

15　집합투자기구의 종류 ★★★

자본시장법상 집합투자기구(펀드)에 대한 설명으로 가장 올바르지 못한 것은?

① 집합투자재산의 50%를 초과하여 증권에 투자하는 펀드를 증권펀드라고 한다.
② 특별자산이란 증권과 부동산을 제외한 투자대상자산을 말한다.
③ 집합투자재산의 50%를 초과하여 파생상품 등에 투자하는 펀드를 파생상품펀드라고 한다.
④ 혼합자산펀드는 자본시장법상 운용방법의 측면에서 가장 유연한 형태의 펀드라고 할 수 있다.

♥ TIP 자본시장법에서는 파생상품펀드를 별도의 펀드로 인정하지 않고 있다.

핵심포인트 해설　집합투자기구(펀드)의 종류

(1) 투자대상에 따른 집합투자기구(펀드)의 종류

구 분	증권펀드	부동산펀드	특별자산펀드	혼합자산펀드	단기금융펀드(MMF)
증 권	○	○	○	○	○
파생상품	○	○	○	○	×
부동산	○	○	○	○	×
실물자산	○	○	○	○	×
특별자산	○	○	○	○	×

(2) 집합투자기구(펀드)의 종류

증권집합투자기구	• 집합투자재산의 50%를 초과하여 증권에 투자하는 집합투자기구 • 증권펀드의 투자대상이 아닌 증권(대통령령으로 정하는 증권) 　· 부동산, 부동산 관련 권리, 특별자산 등을 50% 이상 투자하는 수익증권·유동화증권 등 　· 부동산투자회사법에 따른 부동산투자회사가 발행한 주식 　· 선박투자회사법에 따른 선박투자회사가 발행한 주식 　· SOC법에 따른 법인이 발행한 주식과 채권 및 이에 투자 또는 대출하는 것을 목적으로 하는 법인의 지분증권 　· 부동산투자목적회사가 발행한 지분증권 등
부동산집합투자기구	• 집합투자재산의 50%를 초과하여 부동산에 투자하는 집합투자기구
특별자산집합투자기구	• 집합투자재산의 50%를 초과하여 특별자산(증권, 부동산 제외)에 투자하는 집합투자기구
혼합자산집합투자기구	• 주된 투자대상 및 최저투자한도 등에 제한이 없어 어떠한 자산이든지 투자비율의 제한 없이 투자가 가능한 집합투자기구
단기금융집합투자기구	• 집합투자재산의 전부를 단기금융상품에 투자하는 집합투자기구

정답 ③

16 집합투자기구의 종류 ★★★

다음 중 단기금융집합투자기구(MMF)에 대한 설명으로 가장 올바른 것은?

① 양도성예금증서의 경우 단기금융상품이므로, 만기에 제한 없이 투자가 가능하다.
② 3년물로 발행된 국채의 경우 MMF에서는 투자가 불가능하다.
③ 채무증권에 투자할 경우, 신용등급이 최상위등급인 채무증권에만 투자가 가능하다.
④ 개인의 펀드재산 잔존 가중평균 만기는 75일 이내이어야 한다.

♀ TIP
① 양도성예금증서는 남은 만기가 6개월 이내인 경우 투자가 가능하다.
② 증권의 만기가 아니라 남은 만기로 판단하며, 국채의 경우 남은 만기가 5년 이내일 경우 투자가 가능하다.
③ 채무증권은 신용등급이 최상위등급 또는 최상위등급의 차하위등급 이내인 경우에는 투자가 가능하다.

핵심포인트 해설 단기금융집합투자기구(MMF)

의 의	• 집합투자재산의 전부를 대통령령으로 정하는 단기금융상품에 투자하는 집합투자기구로서 대통령령으로 정하는 방법으로 운용되는 집합투자기구
투자가능 단기금융상품	• 원화로 표시된 자산으로서 　• 남은 만기가 6개월 이내인 양도성예금증서 　• 남은 만기가 5년 이내인 국채증권, 남은 만기가 1년 이내인 지방채증권, 특수채증권, 사채권 및 기업어음 (단, 환매조건부채권(RP) 매수의 경우 남은 만기의 제한을 받지 않음) 　• 남은 만기가 1년 이내인 어음(단, 기업어음증권은 제외함) 　• 금융기관에 대한 30일 이내의 단기대출 　• 만기가 6개월 이내인 금융기관 또는 「우체국예금·보험에 관한 법률」에 따른 체신관서에의 예치 　• 다른 MMF의 집합투자증권 　• 단기사채 • 외화 가입국가, 싱가포르, 홍콩, 중화인민공화국의 통화로 표시된 위 원화로 표시된 자산에 준하는 것으로서 금융위원회가 정하여 고시하는 금융상품
운용방법	• 증권을 대여하거나 차입하는 방법으로 운용하지 않을 것 • 남은 만기가 1년 이상인 국채증권에 집합투자재산의 5% 이내로 운용할 것 • RP 매도는 펀드보유 증권총액의 5% 이내일 것 • 펀드재산의 잔존 가중평균 만기가 개인 75일, 법인(집합투자규약에 장부가격으로 평가하지 않음을 명시한 경우) 120일, 그 외 60일 이내일 것 • 개인용 원화 MMF는 3,000억원(외화 1,500억원) 미만, 법인용 원화 MMF는 5,000억원(외화 2,500억원) 미만인 경우 추가 설정·설립 및 운용업무 수탁 금지 • 채무증권 　• 신용평가등급이 최상위등급 또는 최상위등급의 차하위등급(← 차상위등급과 동일한 의미) 이내일 것 　• 최상위등급은 5%, 최상위등급의 차하위등급은 2%를 초과하여 동일인이 발행한 채무증권에 투자 금지 (단, 국채, 정부보증채, 지방채, 특수채는 제외함) • 집합투자업자는 위험관리기준을 정하고 내부통제제도를 갖추어야 함

정답 ④

17

집합투자기구의 종류 ★★★

다음 중 집합투자기구(펀드)에 대한 설명으로 올바르지 못한 것은?

① 펀드자산총액의 20%를 초과하여 시장성 없는 자산에 투자하는 펀드는 환매금지형으로 설정하여야 한다.
② 환매금지형으로 설정·설립된 펀드는 기준가격을 매일 게시할 의무가 없다.
③ 전환형펀드에 가입한 후 다른 펀드로 전환신청을 하는 경우 환매수수료는 투자자가 부담한다.
④ 모자형펀드는 모펀드와 자펀드가 반드시 동일 집합투자업자에 의하여 운용될 것을 요구한다.

♥ TIP 전환형펀드에서 전환신청 시 환매수수료는 부과되지 않는다.

핵심포인트 해설 특수한 형태의 집합투자기구(펀드)

환매금지형 집합투자기구	• 존속기간을 정한 펀드에 대해서만 환매금지형으로 설정·설립이 가능
	• 환매금지형으로 설정·설립하여야 하는 경우
	  · 부동산펀드, 특별자산펀드, 혼합자산펀드
	  · 펀드자산총액의 20%를 초과하여 시장성 없는 자산에 투자하는 펀드
	• 최초 발행한 날부터 90일 이내 상장하여야 함
	• 기준가격 산정·공고·게시 의무가 면제됨 → 판매보수, 판매수수료, 환매수수료를 제외한 기타 비용은 차등 금지

종류형 집합투자기구	• 판매보수, 판매수수료, 환매수수료의 차이로 인하여 여러 종류의 집합투자증권을 발행 • 특정 종류의 투자자에게 이해관계가 있는 경우 해당 종류의 투자자만으로 집합투자자총회 개최 가능 • 여러 종류의 집합투자증권 간에 전환하는 경우 투자자에게 환매수수료 부과 금지
전환형 집합투자기구	• 각 집합투자기구의 투자자가 소유한 집합투자증권을 다른 집합투자기구의 집합투자증권으로 전환할 수 있는 권리를 투자자에게 부여하는 구조의 펀드 • 전환하는 펀드 간 법적 형태가 동일하여야 함 예) 투자신탁에서 투자회사로는 전환불가 등 • 전환을 청구한 투자자에게 환매수수료 부과 금지
모자형 집합투자기구	• 자펀드에서 모펀드가 발행하는 집합투자증권을 취득하는 구조를 가진 펀드 • 모자형펀드의 설립 요건 : 자펀드는 모펀드 외에 다른 펀드 투자 금지, 모펀드는 자펀드 외에 다른 펀드에 대한 투자허용 금지, 모펀드와 자펀드는 동일한 집합투자업자일 것
상장지수 집합투자기구 (ETF)	• 인덱스펀드를 증권시장에 상장하여 주식처럼 매매가 가능하도록 만든 펀드 • ETF의 설립 요건 : 요건을 갖춘 지수의 변화에 연동해 운용하는 것을 목표로 할 것, 수익증권 또는 투자회사 주식의 환매가 허용될 것, 설정일 또는 설립일로부터 30일 이내에 증권시장에 상장할 것 • 상장폐지 사유 : 추적오차율이 10%를 초과하여 3개월간 지속 시, 추적지수의 산정·이용 불가 시 • 운용제한 완화 : 동일종목증권 30%, 동일법인 발행 지분증권 총수 20%까지 투자 가능

정답 ③

18 집합투자증권의 환매, 평가 ★★★

다음 중 집합투자기구(펀드)에 대한 설명으로 올바른 것은?

① 펀드의 자산은 원칙적으로 시가평가를 하나, 편입자산의 신뢰할만한 시가가 없는 경우에는 장부가평가를 한다.
② 환매는 원칙적으로 미래가격을 적용하나, MMF는 일정한 경우에 당일 환매를 할 수 있다.
③ 환매수수료는 조기 환매에 따른 벌과성 수수료로 집합투자업자에게 귀속된다.
④ 펀드의 매입과 매도(환매) 시의 기준가격 차이(상승)분이 과세대상이 된다.

♀TIP ① 편입자산의 신뢰할만한 시가가 없는 경우에는 평가위원회를 통하여 공정가평가를 해야 한다.
③ 환매수수료는 펀드재산에 귀속된다.
④ 기준가격 차이(상승)분이 과세대상이 되는 것이 아니라, 과표기준가격 차이(상승)분이 과세대상(과세표준)이 된다.

핵심포인트 해설 집합투자증권의 환매

환매절차		• 원칙 : 판매회사 • 예외 : 집합투자업자 ⇨ 신탁업자
환매방법	지급일	• 원칙 : 15일 이내 • 예외 : 시장성 없는 자산 10% 초과, 외화자산 50% 초과 투자한 펀드의 경우 15일 초과 가능
	지급방법	• 원칙 : 금전 • 예외 : 투자자 전원 동의 시 펀드재산으로 지급
	환매방법	• 원칙 : 환매청구 또는 환매에 응할 것을 요구받은 자는 집합투자증권을 자기의 계산으로 취득 등을 할 수 없음 • 예외 : MMF의 경우 펀드별 Max[판매규모 5%, 100억원] 범위에서 자기매수를 허용함
	환매가격	• 원칙 : 미래가격 적용 • 예외 : 미래가격 미적용 ⇨ 사전약정에 따른 당일 환매, 외국환평형기금·연기금의 당일 환매
	환매수수료	• 투자자가 부담, 펀드재산에 귀속

정답 ②

19

집합투자증권의 환매, 평가 ★★★

다음 중 집합투자재산의 기준 가격 산정에 대한 설명으로 가장 거리가 먼 것은?

① 집합투자재산의 기준 가격은 통상 1,000좌 단위로 표시하며, 집합투자증권의 거래 단위당 순자산가치이다.
② 집합투자업자 또는 투자회사 등은 산정된 기준 가격을 매일 공고 또는 게시해야 한다.
③ 기준 가격이 과세기준 가격보다 크다면 주식 등 매매손실 또는 평가손실이 발생한다.
④ 집합투자업자 또는 투자회사 등은 기준 가격을 변경한 때에 금융위원회가 정하여 고시하는 바에 따라 그 사실을 금융위원회에 보고해야 한다.

♀ TIP 기준 가격이 과세기준 가격보다 크다면 주식 등 매매이익 또는 평가이익이 발생하며, 기준 가격이 과세기준 가격보다 작다면 주식 등 매매손실 또는 평가손실이 발생한다.

핵심포인트 해설 집합투자증권의 평가와 기준 가격 산정

평 가	신뢰할 만한 시가가 있는 경우	• 원칙 : 증권시장에서 거래된 최종 시가 • 장내파생상품이 거래되는 파생상품시장에서 공표하는 가격이 있는 경우 : 집합투자재산을 시가로 평가
	신뢰할 만한 시가가 없는 경우	• 공정가액
기준 가격 산정	정 의	• 집합투자증권의 매매 또는 집합투자증권의 추가 발행 시 필요한 추가 신탁금 산정의 기준이 되는 가격이자 집합투자증권의 거래 단위당 순자산가치 • 통상 1,000좌 단위로 표시함
	산정방법	• 공고일 전일의 대차대조표상에 계상된 자산총액에서 부채총액과 준비금을 공제한 금액을 공고일 전일의 수익증권 총좌수 또는 투자회사의 발행주식 총수로 나누어 산정함
	과세기준 가격	• 주식 등 매매, 평가손익이 없는 경우 : 기준 가격 = 과세기준 가격 • 주식 등 매매, 평가손익이 (+)인 경우 : 기준 가격 > 과세기준 가격 • 주식 등 매매, 평가손익이 (−)인 경우 : 기준 가격 < 과세기준 가격
	기준 가격 공고 및 게시	• 집합투자업자 또는 투자회사 등은 산정된 기준 가격을 매일 공고·게시하여야 함 • 매일 공고·게시가 곤란한 경우 해당 집합투자규약에서 기준 가격의 공고·게시 주기를 15일 이내의 범위에서 별도로 정할 수 있음

정답 ③

20 주가지수연계증권(ELS) ★★★

다음 중 주가지수연계증권(ELS)에 대한 설명으로 사실과 다른 것은?

① ELS는 자본시장법상 파생결합증권의 한 종류라고 할 수 있다.
② ELS는 조기상환이 있으므로, 투자자의 요청에 의한 중도상환(중도환매)은 불가능하다.
③ ELS의 발행방식은 공모보다 사모의 비중이 높으며, 원금비보장형 상품이 많은 편이다.
④ 미리 정한 하락폭 이하로 주가가 하락하지만 않으면 사전에 약정한 수익률을 지급하며 동 수준 이하로 하락하면 원금손실이 발생하는 구조를 Reverse Convertible형이라고 한다.

◆ TIP 투자자의 요청에 의한 중도상환(중도환매)이 가능하다. 단, 투자자는 중도상환수수료를 부담하여야 한다.

핵심포인트 해설 주가지수연계증권(ELS)

(1) 의의
자본시장법상 파생결합증권의 한 종류로 주가지수 및 특정 주식의 움직임에 연계하여 사전에 정해진 조건에 따라 조기 및 만기상환율이 결정되는 만기가 있는 증권

(2) 수익구조
① Knock-out형 : 투자기간 중 사전에 정해둔 주가수준에 도달하면 확정된 수익으로 조기상환되며, 그 외의 경우에는 만기 시 주가에 따라 수익이 정해지는 구조
② Bull Spread형 : 만기시점의 주가수준에 비례하여 손익을 얻되 최대 수익 및 손실이 제한되는 구조
③ Digital형 : 만기 시 주가가 일정 수준을 상회하는지 여부(상승률과는 무관)에 따라 사전에 정한 두 가지 수익 중 한 가지를 지급하는 구조
④ Reverse Convertible형 : 미리 정한 하락폭 이하로 주가가 하락하지만 않으면 사전에 약정한 수익률을 지급하며 동 수준 이하로 하락하면 원금손실이 발생하는 구조
⑤ Step-down형 : 기초자산 가격이 대폭 하락하여 Knock-in이 발생하지 않은 상황에서, 3~6개월마다 주가가 일정 수준 이상인 경우 특정 약정수익률로 자동 조기상환되는 구조

(3) 관련 용어
① 낙아웃배리어 : 주로 원금보장형 ELS에서 상승수익률을 지급하는 한계가격 (기초자산 가격이 일정 수준에 도달 시 기존의 수익구조가 사라지는 것)
② 낙인배리어 : 주로 원금비보장형 ELS에서 원금손실이 발생할 수 있는 한계가격 (기초자산 가격이 일정 수준에 도달 시 새로운 수익구조가 생기는 것)
③ 더미수익 : ELS가 조기상환되지 않고 만기까지 보유했을 때 투자기간 중 낙인을 터치한 적이 없으면 만기에 지급되는 보너스 수익
④ 리베이트 : 낙아웃 ELS에서 사전에 정한 낙아웃배리어를 초과하여 상승한 경우에 지급되는 고정수익률
⑤ 참여율 : 기초자산의 가격상승률 또는 하락률에 대하여 수익이 어떤 비율로 참여하는가 하는 비율
⑥ 조기상환 또는 자동조기상환 : 조건 달성 시 의무적으로 자동지급되는 자동조기상환 조건을 의미함
⑦ 중도상환(중도환매) : 투자자의 요청에 의하여 중도에 상환(환매)하는 절차로 중도상환수수료가 공제됨

정답 ②

21

주식워런트증권(ELW) ★★

다음 중 주식워런트증권에 대한 설명으로 사실과 다른 것은?

① 주식워런트증권 투자 시 일반주식과는 달리 자본이익 이외에 추가적인 수익이 없다.
② 선물이나 옵션 등과 마찬가지로 헤지 기능으로 활용할 수 있다.
③ 기초자산의 가격변동성 증가는 콜 워런트의 가치상승을 가져온다.
④ 기초자산의 가격변동성 증가는 풋 워런트의 가치하락을 가져온다.

TIP 기초자산의 가격변동성 증가는 콜 워런트와 풋 워런트의 가치를 모두 상승시킨다. 좀 더 유리한 방향으로 변동할 가능성 증가에 따른 프리미엄이 증가하기 때문이다.

핵심포인트 해설 주식워런트증권(ELW)

(1) 의 의
특정 대상물을 사전에 정한 미래의 시기에 미리 정한 가격으로 사거나 팔 수 있는 권리를 갖는 증권

(2) 경제적 기능
다양한 투자수단 제공, 보유주식의 활용도 제고, 증권시장의 가격효율성 증대

(3) 특 징
레버리지효과, 한정된 투자위험, 위험헤지 기능, 시장상황과 무관한 새로운 투자수단, 높은 유동성

(4) 위 험
상품의 복잡성, 높은 투자위험, 자본이득 외에 소득이 없음, 주주가 아니며 회사와 직접 관련이 없음
→ 의결권, 배당청구권과 같은 주주로서의 권리 행사 (×)

(5) 가격 구조
① 주식워런트증권 가격 = 행사가치(내재가치, 본질가치) + 시간가치
　㉠ 행사가치 : 콜 = Max[(기초자산가격 − 행사가격), 0], 풋 = Max[(행사가격 − 기초자산가격), 0]
　㉡ 시간가치 : 미래 가격변동성에 대한 프리미엄
② 가격결정 요인

구 분	자산가격	행사가격	잔존만기	가격변동성	이자율	배 당
콜 가격	+	−	+	+	+	−
풋 가격	−	+	+	+	−	+

참고 요인과 가격이 같은 방향으로 움직이면 (+), 다른 방향으로 움직이면 (−)

정답 ④

22

> 환매조건부채권(RP) 매매 ★

다음 중 금융상품에 대한 설명으로 올바르지 못한 것은?

① RP 매매 시 정하는 약정 전 이율이란, 중도해지 시에 적용받게 되는 이율을 말한다.
② RP 매매는 금융기관만 거래가 가능하며 일반고객은 거래가 불가능하다.
③ 펀드형 랩이란 펀드로 포트폴리오를 구성하는 방식을 말한다.
④ 랩어카운트는 고객과의 이익상충 가능성을 낮춰 주는 긍정적인 면이 있다.

TIP 기관 간 RP는 금융기관만 거래가 가능하나, 대고객 RP는 일반고객도 거래가 가능하다.

핵심포인트 해설 환매조건부채권(RP) 매매 및 랩어카운트

(1) 환매조건부채권(RP) 매매

의 의	• 채권을 일정 기간 후에 일정 가액으로 환매수할 것을 조건으로 매도(조건부 채권매도)하는 거래 • 채권을 일정 기간 후에 일정 가액으로 환매도할 것을 조건으로 매수(조건부 채권매수)하는 거래
기능과 효과	• 투자자 측면 : 우량한 단기자금 운용수단 • 증권회사 측면 : 자체자금조달 능력 향상, 증권회사 활성화 기여
구조와 운용	• 기관 간 조건부채권매매, 대고객 조건부채권매매 • 매매단위 : 1만원 이상 제한 없음(일반적으로 100만원 이상으로, 회사별 자율 결정) • 약정기간 : 1일 이상(은행은 15일 이상이어야 함) • 가입 당시 정하는 조건 : 투자원금, 약정기간, 이자율, 약정 전 이율(중도해지 시), 약정 후 이율(만기일 이후)
매매 체계	• 환매조건부채권 매도 : 신규 시 '조매도', 만기 시 '환매수'라 하며, 이 거래를 RP라 함 • 환매조건부채권 매수 : 신규 시 '조매수', 만기 시 '환매도'라 하며, 이 거래를 역RP라 함

(2) 랩어카운트(Wrap Account)

의 의		• 증권회사가 고객에게 포트폴리오를 추천하는 종합자산관리계좌
종 류		• 펀드형 랩 : 펀드로 포트폴리오를 구성하는 방식 • 컨설턴트 랩 : 개별주식 등으로 포트폴리오를 구성하는 방식 • 자문사 연계형 랩 : 외부의 투자자문사를 통하여 포트폴리오를 구성하는 방식
장단점	증권회사	• 장점 : 안정적인 수익기반 확보 가능, 이익상충이 적음, 영업사원의 독립성 약화, 자산기준의 운용수료 수입 가능 • 단점 : 수수료총액 감소 가능, 시스템 구축비용 증대
	영업직원	• 장점 : 이익상충이 적음 • 단점 : 회사로부터 독립성 약화, 수익감소 가능
	고 객	• 장점 : 이익상충이 적음, 다양한 서비스 가능 • 단점 : 주가 하락 시 상대적 수수료 증가, 불필요한 서비스 대가 지불

정답 ②

23

> 증권사 CMA ★★

다음 중 CMA에 대한 설명으로 올바르지 못한 것은?

① 국내 증권사에서 판매하는 CMA 상품은 통장에 돈이 입금되면 별도의 매수 절차 없이 자동으로 특정 CMA 상품에 투자되는 편의성을 가지고 있다.
② MMW형 CMA는 일일정산 방식을 사용하므로 익일 원리금의 재투자를 통한 복리효과를 기대할 수 있고, 보수과세 효과가 발생하여 세전 수익률과 세후 환산 수익률이 일치하지 않을 수 있다.
③ MMF형 CMA는 예금자보호 대상은 아니지만, 운용실적에 따라 수익이 달라지는 구조로 확정금리가 아닌 실적배당을 원하는 고객에게 적합한 상품이다.
④ RP형 CMA는 환매조건부채권(RP)에 투자하는 상품으로, 주로 수익률이 높은 장기채에 투자하여 안정성이 떨어진다는 단점이 있다.

♥ TIP RP형 CMA는 국가나 지자체 등에서 발행한 우량 채권 위주로 투자하여 안정성이 높다.

핵심포인트 해설 CMA

(1) 개념
① 입출금이 자유롭고 고객예탁금계좌와 연계해 주식·채권·펀드 매입자금으로 이체하거나, 급여·카드결제·공과금·입출금 서비스 등을 이용할 수 있어, 편의성을 추구할 수 있음
② 국내 증권사에서 판매하는 CMA 상품은 돈이 입금되면 별도의 매수 절차 없이 특정 CMA에 자동투자되는 상품으로 운용되어 고수익을 추구할 수 있음

(2) 유형별 특징

MMF형	• MMF에 투자하는 수시입출금 가능 상품 • 국공채나 금리가 높은 만기 1년 미만의 기업어음, CD 등 단기금융상품에 투자하여 운용성과에 따라 실적을 배당 • 예금자보호 대상이 아님
RP형	• RP에 투자하는 단기 약정수익 상품 • 국가, 지방자치단체, 은행 등의 우량한 채권에 투자하여 안정성이 높고 은행의 보통예금보다 높은 수익을 제공 • 예금자보호 대상이 아님
MMW형	• 랩어카운트 형태로 고객이 자산을 증권사에 맡기면, 증권사는 우량한 금융회사의 예금·채권·발행어음 등의 단기 상품에 투자하는 실적배당형 상품 • 일일정산을 통해 익일 원리금을 재투자하는 복리 효과가 있어, 예치 기간이 길수록 유리함 • 예금자보호 대상이 아님

정답 ④

24

자산유동화증권(ABS)의 기본개념 ★★★

다음 중 자산유동화증권의 특징으로 적절하지 않은 것은?

① 자산보유자의 신용도보다 기초자산의 신용도가 더 중요한 고려요소이다.
② 일반적으로 자산유동화증권의 신용도는 자산보유자의 신용도를 넘지 못한다.
③ 지분이전증권은 유동화중개기관에서 일종의 주식형태로 발행하는 증권을 말한다.
④ 발행자는 상대적으로 낮은 비용의 조달이 가능한 특성이 있다.

♀ TIP 자산유동화증권은 기초자산의 신용도에 기초하고, 신용보강 등을 통하여 발행되므로 일반적으로 자산보유자의 신용도보다 높을 수 있다.

핵심포인트 해설 자산유동화증권(ABS)

정 의	• 기업이나 금융기관이 보유하고 있는 자산을 표준화, 집합화하여 이를 바탕으로 증권을 발행하고 기초자산의 현금흐름을 이용하여 증권을 상환하는 것	
특 징	• 자산보유자의 신용도와 분리, 자산자체의 신용도로 발행 • 신용도는 기초자산의 신용도와 신용보강 등에 의해 결정 • 일반적으로 다계층증권(Tranche)이 발행됨 • 일반적으로 자산보유자보다 높은 신용도로 증권 발행 • 유동화자산의 특징 · 자산의 집합이 가능하고, 동질성을 지니는 자산 · 매매가 가능하고 자산보유자의 파산 시 분리될 수 있는 자산 · 자산의 현금흐름에 대한 예측이 가능하고 자산의 신용도에 대한 분석이 가능한 자산	
종 류	• 현금수취방식에 따른 분류 지분이전증권	
	지분이전증권 (Pass-Through Security)	· 유동화자산을 중개기관에 매각하고, 중개기관에서는 일종의 주식형태로 증권을 발행하는 방식 · 자산보유자 : 자산에서 해당 유동화자산이 제외(부외화) · 발행자 : 금융위험을 투자자에게 전가
	원리금이체채권 (Pay-Through Bond)	· 유동화자산을 중개기관에 매각하고, 중개기관에서는 상환우선순위가 다른 채권을 발행하는 방식
도입 의의	• 발행자 입장 · 낮은 비용의 조달이 가능(자산보유자의 신용등급보다 높은 증권 발행) · 유동화를 통한 자산의 부외화 ⇨ 자기자본 관리 강화 · 자금 조달수단의 다양화, 유동화 추진과정에서 다양한 리스크 점검 • 투자자 입장 · 투자자의 선호에 부응하는 다양한 상품 제공 · 높은 신용도를 지닌 증권에 투자기회 확대, 동일 신용등급 대비 상대적으로 높은 수익획득 가능	
신용보강방법	• 유동화된 자산의 현금흐름에 기반을 둔 것은 내부신용보강, 그 외의 것은 외부신용보강 · 내부신용보강방법 : 후순위증권 발행, 초과스프레드, 예치금 적립 등 · 외부신용보강방법 : 신용도 높은 외부기관의 신용공여, 보증 등	

정답 ②

25. 발행과 관련한 다양한 주체 ★★

다음 중 자산유동화증권의 주체에 대한 설명으로 올바르지 못한 것은?

① 유동화전문회사는 유동화증권 발행을 원활히 하고, 자산보유자로부터 자산을 분리하기 위해 설립하는 특수목적유한회사를 말한다.
② 자산관리자가 본연의 자산관리업무를 수행하지 못할 때에 대신하여 업무를 수행하는 기관을 예비자산관리자라고 한다.
③ 기초자산과 그로부터 발생하는 현금흐름의 관리와 보수에 책임을 지는 기관으로 실질적인 자산유동화의 수혜자는 자산관리자이다.
④ 신용보강기관은 발행할 증권의 전반적인 신용위험을 경감시키는 업무를 담당하는 기관이다.

TIP 실질적인 자산유동화의 수혜자는 유동화대상자산을 보유하고 있는 자산보유자이다.

핵심포인트 해설 자산유동화증권의 주체 및 부채담보부연계증권

(1) 자산유동화증권 발행과 관련한 주체

자산보유자	유동화대상자산을 보유한 기관으로 실질적인 자산유동화의 수혜자
자산관리자	기초자산과 그로부터 발생하는 현금흐름의 관리와 보수에 책임을 지는 기관
업무수탁자	유동화전문회사의 업무를 대행하는 기관
유동화전문회사	유동화증권 발행을 원활히 하고 자산보유자로부터 자산을 분리하기 위해 설립하는 특수목적유한회사
신용보강기관	발행할 증권의 전반적인 신용위험을 경감시키는 업무를 담당하는 기관(국내의 경우 주로 은행 또는 금융투자업자가 담당)
수탁기관	혼합위험을 통제하고 자산관리자의 업무수행을 감시하며, 지불대행 및 제반 통제업무를 담당하는 기관
예비자산관리자	자산관리자가 본연의 자산관리업무를 수행하지 못할 때에 대신하여 업무를 수행하는 기관

(2) 부채담보부연계증권(CDO : Collateralized Debt Obligation)
① CLO : 유동화자산이 금융기관 대출인 경우
② CBO : 유동화자산이 회사채인 경우
③ 기타 CDO : 유동화자산이 기타 구조화된 채권인 경우

정답 ③

26

저당대출시장 ★★

다음 중 저당대출과 저당대출증권에 대한 설명으로 가장 거리가 먼 것은?

① 원리금 균등상환 고정금리부 대출은 매월 상환될수록 상환액 중 이자부분은 점차 증가하고 원금부분은 점차 감소한다.
② 저당대출증권은 조기상환에 의해 수익이 변동된다.
③ 저당대출원리금이체증권은 지분·채권 혼합형의 저당대출증권이다.
④ 주택저당증권은 채권상환과정에서 자산관리수수료 등과 같은 각종 수수료가 발생된다.

♦ **TIP** 원리금 균등상환 고정금리부 대출은 매월 상환될수록 상환액 중 이자부분은 점차 감소하고 원금부분은 점차 증가한다.

핵심포인트 해설   저당대출(Mortgage)

정 의	• 저당금융을 통칭하는 용어로 신용대출과 대비되는 부동산담보대출을 의미하기도 함
참여자	• Mortgage Originator : 최초의 대출기관 예 은행, 할부금융사, 생명보험회사 등 • Mortgage Servicer : 대출 후 사후관리를 수행하는 기관 • Mortgage Insurer : 차주의 채무불이행 시 채무상환을 보증하는 기관
특 성	• 대출만기가 장기이고, 금리리스크 및 유동성리스크에 노출될 가능성이 큼 • 통상 원리금이 동시에 월 단위로 상환되는 할부상환 형태로 현금흐름이 안정적 • 신용평가, 감정평가 등 많은 사무처리과정이 필요한 노동집약적 금융상품임 • 높은 회수비용, 채무불이행 관련 비용 등으로 인하여 담보가 있음에도 불구하고 대출금리가 무위험이자율보다 높음
종 류	• 원리금 균등상환 고정금리부 대출 : 매월 동일한 원리금 상환, 매월 상환액 중 이자부분은 점차 감소하고 원금부분이 점차 증가함 • 변동금리부 대출 : 대출금리가 기준금리에 연동되어 변동, 기준금리에 Spread 가산 • Balloon Mortgage : Rollover 형태로 미래 특정일에 대출금리를 재약정하여 기존 대출금을 상환하고 새롭게 대출을 일으키는 재대출 형태의 대출 • Two-Step Mortgage : 만기 전 일정 시점에 금리를 조정(재대출은 아니고 금리만 조정) • 지분증가형 대출 : 월 상환액이 증가, 최초 상환액은 원리금균등방식과 동일 • 체증식 대출 : 월 상환액이 초기에는 원리금균등상환방식보다 낮으나 점차 증가하는 대출. 초기에는 월 상환액이 이자지급에 충분하지 않기 때문에 Negative Amortization이 발생 • Tiered Payment Mortgage : 이자상환 부족분이 Buydown 계정으로부터 충당되므로 Negative Amortization이 발생하지 않음 → 대출 시 차주로부터 적립 받는 계정으로 대출금리 하락 효과

정답 ①

27

> 역모기지 ★★

다음 중 역모기지(Reverse Mortgage)에 대한 설명으로 가장 거리가 먼 것은?

① 대출자는 중도상환의무를 부담하지 않고 연금을 수령할 수 있다.
② 금융기관의 파산 가능성 및 과세 문제와 관련된 위험은 금융기관과 관련된 위험이다.
③ 금융기관은 대출자에게 종신 시점까지 상환청구권을 행사할 수 없다.
④ 역모기지를 통한 대출금액은 미래의 특정 시점에 예상되는 주택가치에 근거한다.

♀ TIP 금융기관의 파산 가능성 및 과세 문제와 관련된 위험은 대출자와 관련된 위험이다.

핵심포인트 해설 역모기지(RM : Reverse Mortgage)

정 의	• 본인 명의의 주택에 대해 담보 및 대출계약을 체결한 뒤 일정 금액을 연금의 형태로 수령하는 금융기법
특 징	• 역모기지계약이 체결될 경우 금융기관은 종신 시점까지 상환청구권을 행사할 수 없으며, 대출자는 중도 상환의무를 부담하지 않고 연금을 수령함 • 주택소유권을 기초로 대출계약이 성립되므로 미래의 특정 시점에 예상되는 주택가치에 근거하여 대출 금액이 결정됨
장 점	• 대출자의 자산 포트폴리오 구성을 다양화하고 유동성 증가를 통해 소비를 증가시킬 수 있음 • 주거안정을 도모할 수 있게 함 • 대출상환 시점에 담보대상 주택이 시장에서 매각되기 때문에 시장의 거래량이 늘고 부동산 시장의 정보 효율성을 제고하는 기능을 기대할 수 있음
단 점	• 역모기지의 위험이 단기에 그칠 경우 대출 시점에 발생한 거래비용에 대응하는 편익을 얻지 못할 가능성이 있음 • 역모기지 이용을 통해 수령한 금액이 연금으로 규정될 경우 더 높은 한계세율을 적용받을 가능성이 있음
위 험	금융기관 관련 위험	• 장수위험 : 대출자가 계약 당시 예상수명보다 더 오래 살게 되어 총대출 금액이 주택 가격을 초과할 확률이 높아질 경우 발생하는 위험으로, 역선택 문제가 발생할 수 있음 *장수할 확률이 높아질수록 역모기지 수요가 증가* • 이자율 위험 : 대출 시 적용하는 이자율이 고정이자율인지, 변동이자율인지에 따라 다르게 나타남 · 고정이자율인 경우 : 대출 시점에서 자산의 현재가치를 산정할 수 있으나, 시장이자율 변동에 따라 자산가치가 변동하는 위험이 존재함 · 변동이자율인 경우 : 대출 시점에서 자산가치 산정 어려움으로 인해 불확실성이 존재하게 됨 • 일반주택 가격평가 위험 : 담보대상 주택의 가격 상승률 예측과 미래가치 예측에 대한 어려움으로 인해 발생하는 위험 • 특정 주택 가격평가 위험 : 담보대상 주택의 미래 예상 가격의 확률분포 중 손실이 발생할 수 있는 확률 • 비용위험 : 역모기지 시장 형성과정에서 발생하는 마케팅 비용 및 규제 관련 비용, 효과적인 전략을 선택하는 과정에서 발생하는 시행착오 비용을 의미함
	대출자 관련 위험	• 거래 금융기관의 파산 가능 위험 : 역모기지 계약이 유효한 기간 중 거래 금융기관이 파산할 경우 연금수령에 불리한 영향을 미치게 됨 • 과세 문제 관련 위험 : 주택 매매로 인한 차액 발생 시 그 성격을 자본이득으로 파악할지 여부에 대한 문제가 발생할 수 있음

정답 ②

28. 우리나라의 노후보장체계와 퇴직연금의 역할 ★★

다음 중 우리나라의 퇴직연금제도에 대한 설명으로 거리가 먼 것은?

① DB형 제도에서는 일시금의 계산이 사실상 종전의 퇴직금제도와 동일하다고 할 수 있다.
② 근로자의 입장에서는 퇴직연금제도의 도입으로 퇴직금의 수급권이 강화되는 이점이 있다.
③ DC형은 적립금이 근로자의 책임과 권한 아래 운용되므로 DB형에 비해 투자규제가 완화된다.
④ DB형 제도에서는 채권혼합형 펀드에 적립금의 100%까지 투자가 가능하다.

♀ TIP DC형은 적립금이 근로자의 책임과 권한 아래 운용되므로 DB형에 비해 투자규제가 강화된다.

핵심포인트 해설 　우리나라의 퇴직연금제도

정 의	• 기업이 사전에 퇴직연금사업자에게 퇴직금에 해당하는 금액을 적립하고, 근로자는 퇴직 시 퇴직연금사업자로부터 퇴직금을 일시금이나 연금으로 수령하는 제도
유 형	• 확정급여형(DB형) : 근로자가 수령할 퇴직금 수준이 사전에 확정되어 있는 제도(현행 퇴직금 금액과 일시금이 동일함) • 확정기여형(DC형) : 기업이 부담할 부담금 수준이 사전에 확정되어 있는 제도(연간 임금총액의 $\frac{1}{12}$ 이상) • 개인형퇴직연금제도(IRP) : 근로자가 이직 시 퇴직연금제도에서 수령한 퇴직금 또는 근로자 추가납입금에 대해서 과세유예를 받으면서 계속 적립·운용한 후 노후자금으로 활용할 수 있는 제도
도입효과	• 사용자 측면 : 재무구조의 개선과 법인세 절감효과, 노무 관련 업무처리의 사외위탁 효과, 노사 간의 상호 신뢰 증진, 다양한 인사제도 도입과 탄력적인 조직개편이 용이 • 근로자 측면 : 퇴직금 수급권 강화, 안정적인 노후생활자금 보장, 개별별 맞춤 노후설계 가능, 금융환경 변화에 대한 이해와 활용능력 제고

운 용	• 확정급여형(DB형)
	· 원리금 비보장자산 총투자한도 : 적립금의 70%
	· 원리금 비보장자산이라도 MMF, 채권형펀드, 채권혼합형 펀드 등과 같이 투자위험을 낮춘 운용방법인 경우 적립금의 100%까지 투자 가능
	· 2021년 2월부터 확정급여형(DB) 퇴직연금을 운영하는 300인 이상 사업장은 적립금운용위원회 구성 및 적립금운용계획서 작성이 의무화됨
	
	  ｜ 적립금
	  ｜ 운용위원회 ｜ 퇴직연금 업무를 담당하는 임원을 위원장으로 하여 5~7명 이내로 구성, 최소적립금 이상을 적립하지 못할 시 ① 근로자를 대표하는 사람, ② 퇴직연금제도 관련 업무 부서장, ③ 퇴직연금자산운용 관련 전문가를 각각 1명 이상 포함
	  ｜ 적립금
	  ｜ 운용계획서 ｜ 적립금 운용목적 및 목표수익률, 적립금 운용방법(자산배분정책, 투자가능상품 포함), 운용성과에 대한 평가 등이 포함되어야 함
	
	• 확정기여형(DC형)
	· 근로자의 책임과 권한 아래 운용되므로 확정급여형에 비해 투자규제 강화(주식, 전환사채, 후순위채권, 사모 펀드 등 일부 고위험자산에 대한 투자 금지)
	· 퇴직연금사업자는 매 반기 1회 이상 원리금보장상품을 포함한 위험과 수익구조가 서로 다른 세 가지 이상의 적립금 운용방법을 제시해야 함

정답 ③

출제예상문제

☑ 다시 봐야 할 문제(틀린 문제, 풀지 못한 문제, 헷갈리는 문제 등)는 문제 번호 하단의 네모박스(□)에 체크하여 반복학습 하시기 바랍니다.

01 중요도 ★★★
다음 열거한 은행 중에서 나머지 셋과 성격이 다른 하나는?

① 지방은행　　　　　　　② 외국은행 국내지점
③ 시중은행　　　　　　　④ 중소기업은행

02 중요도 ★★★
다음 중 금융상품의 구분에 관한 설명으로 옳은 것은?

① 금융상품은 속성에 따라 예금성·투자성·보장성·대출성으로 구분할 수 있으며, 대출성 금융상품은 금융소비자 입장에서 계약상 채권에 해당된다.
② 금융상품은 원본초과손실 가능성에 따라 금융투자상품과 비금융투자상품으로 구분할 수 있다.
③ 금융투자상품은 원본손실 가능성에 따라 증권과 파생상품으로 구분할 수 있다.
④ 파생상품은 거래소 시장에서의 거래 여부에 따라 장내파생상품과 장외파생상품으로 구분할 수 있다.

03 중요도 ★★★
다음 중 예금상품에 대한 설명으로 사실과 다른 것은?

① 예금계약은 소비임치계약에 해당한다.
② 재형저축의 기본이율은 3년간 고정금리가 적용되고 이후에는 1년 단위로 변동된다.
③ MMDA는 통상 예치기간별로 차등금리를 적용한다.
④ 주택청약부금은 예금자보호 대상에 해당하는 금융상품이다.

04 중요도 ★★
다음 중 예금자보호가 되는 금융상품에 해당하는 것은?

① CD　　　　　　　　　② RP
③ 종금형 CMA　　　　　④ 주택청약저축

05 중요도 ★★★
다음 중 재형저축펀드와 소득공제 장기펀드에 대한 설명으로 거리가 먼 것은?

① 재형저축펀드는 서민의 재산형성을 위한 적립식 장기저축상품으로, 일반형의 가입대상자는 총급여액 5,000만원 이하인 근로소득자 또는 종합소득금액 3,500만원 이하의 개인사업자이다.

② 재형저축펀드의 납입 한도는 연간 1,200만원(분기 300만원)이고, 소득공제 장기펀드의 납입 한도는 연간 600만원(분기 한도 없음)이다.

③ 재형저축펀드는 이자·배당소득세에 대해 비과세 혜택을 주는 반면, 소득공제 장기펀드는 납입액의 일정 비율에 대해 소득공제 혜택을 준다.

④ 재형저축펀드는 가입 이후 소득이 증가하면 비과세 혜택을 받지 못하지만, 소득공제 장기펀드는 가입 이후 소득이 증가하더라도 세제혜택을 받을 수 있다.

06 중요도 ★★★
비과세 종합저축에 대한 설명으로 올바르지 못한 것은?

① 기존 비과세 생계형저축이 폐지되고 조세특례제한법에 따라 도입된 상품이다.

② 일정한 요건을 갖춘 거주자 1인당 3,000만원까지 이자소득 또는 배당소득에 대하여 소득세를 부과하지 않는다.

③ 전 금융기관을 통하여 중복 가입은 가능하나, 한도는 합산하여 계산한다.

④ 계약기간의 만료일 이후 발생하는 이자소득 또는 배당소득에 대해서는 비과세를 적용하지 않는다.

정답 및 해설

01 ④ 중소기업은행은 특수은행으로 분류하고 지방은행, 외국은행 국내지점, 시중은행은 일반은행에 해당한다.

02 ④ ① 대출성 금융상품은 금융소비자 입장에서 계약상 채무에 해당하며, 예금성·투자성·보장성 금융상품은 금융소비자 입장에서 계약상 채권에 해당한다.
② 금융상품은 원본손실 가능성에 따라 금융투자상품과 비금융투자상품으로 구분할 수 있다.
③ 금융투자상품은 원본초과손실 가능성에 따라 증권과 파생상품으로 구분할 수 있다.

03 ③ MMDA는 일반예금과는 달리 예치기간이 아닌 예치금액별로 차등금리를 적용한다.

04 ③ 종금형 CMA는 예금자보호가 되는 금융상품이다.

05 ④ 재형저축펀드는 가입 이후 소득이 증가해도 만기 때까지 비과세 혜택이 유지되지만, 소득공제 장기펀드는 가입 이후 총급여가 8,000만원을 초과한다면 세제혜택을 받을 수 없다. (단, 이후 다시 총급여가 8,000만원 이하로 하락한다면 세제혜택 가능)

06 ② 일정한 요건을 갖춘 거주자 1인당 5,000만원까지 이자소득 또는 배당소득에 대하여 소득세를 부과하지 않는다.

07 중요도 ★★★
다음 중 주가지수연동형 상품에 대한 설명으로 올바르지 못한 것은?

① 주가연계증권(ELS)과 주가연계펀드(ELF)는 중도해지·환매가 가능하지만, 원금 손실이 발생할 위험이 있다.
② 주가연계증권(ELS)의 수익상환방법은 원금보존추구형과 원금비보장형을 선택할 수 있는 반면, 주가연계예금(ELD)과 주가연계펀드(ELF)는 원금 100% 보장형 이상만 선택이 가능하다.
③ 주가연계예금(ELD)은 주가지수 상승률과 연동하여 사전에 약정한 금리를 지급하는 형태로, 주가지수가 하락하더라도 원금지급은 보장된다.
④ 주가연계예금(ELD)은 예금자보호법상 한도 내로 예금자보호의 혜택을 받을 수 있는 반면, 주가연계증권(ELS)과 주가연계펀드(ELF)는 예금자보호를 받을 수 없다.

08 중요도 ★★★
주택청약 종합저축에 대한 설명으로 가장 거리가 먼 것은?

① 가입 후 2년이 지나면 1순위가 되지만, 만 19세 미만의 가입자는 1순위가 되더라도 청약을 할 수 없다.
② 주택청약관련 저축이 주택청약 종합저축으로 통합되며 기존에 가입했던 주택청약저축·부금·예금으로는 더 이상 주택청약이 불가능하다.
③ 연령과 주택소유 여부에 관계없이 1인 1계좌만 가입이 가능하다.
④ 기존 주택청약저축이나 주택청약예금의 가입자들은 주택청약 종합저축으로의 전환가입이 허용되지 않는다.

09 중요도 ★★★
다음 중 신탁상품에 대한 설명으로 올바르지 못한 것은?

① 신탁재산을 관리 및 처분한 결과로 생긴 제3자와의 권리와 의무는 위탁자에게 직접 귀속된다.
② 신탁재산은 수탁자의 상속재산으로부터 독립되어 있으며, 수탁자가 사망하더라도 신탁관계가 종료되지 않는다.
③ 불특정금전신탁과 달리 특정금전신탁은 위탁자가 금전의 운용 방법을 지정한다.
④ 위탁자는 유언으로 신탁을 설정할 수 있다.

10 중요도 ★★★
다음 중 금전신탁에 대한 설명으로 올바르지 못한 것은?

① 금전신탁은 신탁 해지 시 신탁재산의 원본과 수익을 금전의 형태로 교부하여야 한다.
② 특정금전신탁에서 발생하는 유가증권 매매차익에 대해서는 비과세하고, 유가증권의 이자에 대해서는 이자소득세, 주식배당금에 대해서는 배당소득세로 각각 과세한다.
③ 신탁업자가 수탁한 금전을 공동으로 운용하는지, 건별로 구분하여 운용하는지에 따라 합동운용신탁과 단독운용신탁으로 구분된다.
④ 신탁업자의 신탁재산 운용 방법 지정 여부에 따라 불특정금전신탁과 특정금전신탁으로 구분된다.

11 중요도 ★
다음 금융기관 중에서 예금보험공사의 예금보험 가입기관에 해당하지 않는 것은?

① 은 행
② 새마을금고
③ 증권회사
④ 보험회사

12 중요도 ★★★
다음 중 생명보험상품에 대한 설명으로 올바르지 못한 것은?

① 생명보험상품의 보험료는 순보험료와 부가보험료로 구분되며, 순보험료는 다시 위험보험료와 저축보험료로 구분할 수 있다.
② 부가보험료는 보험과는 상관없이 부가되는 보험료로, 신계약비, 유지비 등과 같이 보험계약을 체결하고 유지하는 데 소요되는 비용을 충당하기 위한 보험료이다.
③ 순보험료는 예정사망률와 예정이율, 부가보험료는 예정사업비율에 의해 결정된다.
④ 생명보험상품의 가격 책정 시, 목표이윤에 맞는 가격과 비용을 설정해야 한다.

정답 및 해설

07 ② 주가연계증권(ELS)과 주가연계펀드(ELF)의 수익상환방법은 원금보존추구형과 원금비보장형을 선택할 수 있는 반면, 주가연계예금(ELD)은 원금 100% 보장형 이상만 선택이 가능하다.
08 ② 주택청약관련 저축이 주택청약 종합저축으로 통합되며 주택청약저축·부금·예금의 신규가입이 중단되었지만, 통합 이전에 가입한 주택청약저축·부금·예금을 유지하고 있다면 기존과 동일한 방식으로 유형에 맞춰 주택청약이 가능하다.
09 ① 신탁재산을 관리 및 처분한 결과로 생긴 제3자와의 권리와 의무는 수탁자에게 귀속되며, 위탁자 또는 수익자에게 직접 귀속하지 않는다.
10 ④ 위탁자의 신탁재산 운용 방법 지정 여부에 따라 불특정금전신탁과 특정금전신탁으로 구분된다.
11 ② 새마을금고는 예금보험공사의 예금보험 가입기관이 아니며, 자체적으로 중앙회를 통하여 예금보호를 해주고 있다.
12 ④ 생명보험상품의 가격에는 목표이윤이 존재하지 않는다.

13 중요도 ★★★
가입 시부터 일정 기간 내에 보장사고가 발생했을 경우 보험금을 감액하는 방식으로, 보험회사의 역선택을 방지하기에 가장 적합한 보험상품은?

① 체증식보험　　　　　　　　　② 체감식보험
③ 감액보험　　　　　　　　　　④ 변액보험

14 중요도 ★★
다음의 설명과 부합되는 보험용어로 올바른 것은?

- 피보험자의 건강상태, 직업위험 등에 의하여 통상보다 사망발생 위험도가 낮은 사람을 가입시키는 것을 말한다.
- 우리나라에서는 비흡연자 할인특약이 최초로 도입되어 판매된 적이 있었다.

① 감액보험　　　　　　　　　　② 우량체보험
③ 무진단보험　　　　　　　　　④ 연생보험

15 중요도 ★
다음 중 장기손해보험의 특징과 거리가 먼 것은?

① 보험기간이 통상 3년 이상
② 보험계약 만기 시에 무사고 환급금 지급
③ 보험료 납입방법이 다양함
④ 80% 미만의 일부 손해 발생 시 보험가입금액 미복원

16 중요도 ★★
다음 중 자동차보험에 관한 설명으로 올바르지 못한 것은?

① 대인배상Ⅰ은 법에 의해 가입이 강제된 의무보험이다.
② 피보험자 자신 또는 가족의 신체에 피해를 입은 경우 보상하는 것을 자기신체사고라고 한다.
③ 대인배상Ⅱ는 타인에게 신체상 피해를 입힌 경우에 대인배상Ⅰ과는 별개로 보험금이 책정된다.
④ 무보험자동차에 의해 생긴 사고로 기명피보험자와 그 부모, 배우자, 자녀와 가족이 죽거나 다쳤을 때 등을 보상하는 것을 무보험자동차에 의한 상해라고 한다.

17 중요도 ★★★
다음 중 자본시장법의 내용에 대한 설명으로 사실과 다른 것은?

① 투자자를 일반투자자와 전문투자자로 구분하며, 전문투자자가 아닌 자는 일반투자자로 정의한다.
② 금융투자업을 투자매매업, 투자중개업, 집합투자업, 신탁업, 투자일임업, 투자자문업 6가지로 정의하고 있다.
③ 원본초과손실 가능성이 없는 금융투자상품을 증권이라 하며, 대표적인 예는 은행의 예금이다.
④ 증권과 파생상품의 구분 기준은 원본초과손실 가능성의 존재 여부이다.

18 중요도 ★★
다음 중 자본시장법상 증권집합투자기구의 투자대상인 증권에 해당하는 것은?

① 부동산투자회사법에 따른 부동산투자회사가 발행한 주식
② 은행 또는 금융지주회사가 발행한 주식
③ 선박투자회사법에 따른 선박투자회사가 발행한 주식
④ 부동산투자목적회사가 발행한 지분증권

정답 및 해설

13 ③ 감액보험에 대한 설명이다. 감액보험은 가입 시부터 일정 기간 내에 보장사고가 발생했을 경우 보험금을 감액하는 방식으로, 초기에 보험가입자의 질병·사망, 보험가입자의 건강진단 기피 등으로 인한 보험회사의 역선택을 방지할 수 있다.
14 ② 우량체보험에 대한 설명이다.
15 ④ 장기손해보험은 80% 미만의 일부 손해 발생 시 보험가입금액이 자동복원된다.
16 ③ 대인배상Ⅱ는 대인배상Ⅰ을 초과하는 손해를 보상하는 보험이다.
17 ③ 예금은 비금융투자상품이다. 금융투자상품은 채무증권, 지분증권, 수익증권, 투자계약증권, 파생결합증권, 증권예탁증권 등을 말한다.
18 ② 은행 또는 금융지주회사가 발행한 주식은 투자대상에 제한을 받지 않는다.

19 중요도 ★★
다음 중 단기금융집합투자기구(MMF)에서 투자가 가능한 자산과 가장 거리가 먼 것은?

① 남은 만기가 6개월 이내인 양도성 예금증서
② 금융기관에 대한 30일 이내의 단기대출
③ 남은 만기가 10년 이내인 국채증권
④ 다른 MMF의 집합투자증권

20 중요도 ★★★
다음 중 단기금융집합투자기구(MMF)의 운용방법으로 거리가 먼 것은?

① 증권을 대여하는 것은 가능하나 차입하는 방법은 불가능하다.
② 개인용 원화 MMF는 3,000억원 미만, 법인용 원화 MMF는 5,000억원 미만인 경우 추가 설정·설립이 금지된다.
③ 개인 펀드재산의 잔존 가중평균 만기가 75일 이내이어야 한다.
④ 채무증권의 경우 최상위등급은 펀드자산 총액의 5/100, 최상위등급의 차하위등급은 펀드자산 총액의 2/100를 초과하여 동일인이 발행한 채무증권에 투자가 금지된다.

21 중요도 ★★
다음 중 환매금지형 집합투자기구(펀드)에 대한 설명으로 올바르지 못한 것은?

① 존속기간을 정한 펀드에 대해서만 환매금지형으로 설정·설립이 가능하다.
② 펀드자산 총액의 10%를 초과하여 시장성 없는 자산에 투자하는 펀드는 환매금지형으로 설정·설립하여야 한다.
③ 이익분배금의 범위 내에서 집합투자증권을 추가로 발행하는 경우에는 환매금지형펀드의 추가 발행이 가능하다.
④ 최초 발행한 날부터 90일 이내에 상장하여야 한다.

22 중요도 ★★
다음 중 모자형 집합투자기구의 요건에 대한 설명으로 올바르지 못한 것은?

① 자펀드는 모펀드 외 다른 펀드에 투자 금지
② 모펀드는 자펀드 외 다른 펀드에 대한 투자허용 금지
③ 모펀드와 자펀드는 동일한 집합투자업자일 것
④ 모펀드와 자펀드는 주식시장에 설정일로부터 90일 이내에 상장될 것

23 중요도 ★★★
다음 중 집합투자기구에 대한 설명으로 올바르지 못한 것은?

① 투자신탁의 투자자의 지위는 출자지분이 표시된 지분증권의 소유자이다.
② 신탁업자는 집합투자재산의 평가가 공정한지 판단 및 확인하여야 한다.
③ 집합투자증권을 환매할 경우 환매청구를 하는 해당 투자자가 환매수수료를 부담한다.
④ 집합투자재산의 기준 가격이 과세기준 가격보다 클 경우 평가이익이 발생한다.

24 중요도 ★★★
다음 중 기준가격 적용일자를 잘못 설명하고 있는 것은?

① 주식 50% 이상 펀드의 15시 이후 매입요청 : T + 2일
② 주식 50% 미만 펀드의 17시 이전 환매요청 : T + 1일
③ 채권형 펀드의 17시 이후 환매요청 : T + 3일
④ MMF의 17시 이전 환매요청 : T + 1일

정답 및 해설

19 ③ 국채증권은 남은 만기가 5년 이내인 경우에 투자가 가능하다.
20 ① 증권을 차입하는 방법뿐만 아니라 증권을 대여하는 방법으로의 운용도 금지된다.
21 ② 펀드자산 총액의 20%를 초과하여 시장성 없는 자산에 투자하는 펀드는 환매금지형으로 설정·설립하여야 한다. 10%를 초과하여 시장성 없는 자산에 투자하는 펀드는 15일을 초과하여 환매할 수 있는 예외 사유이다.
22 ④ 모자형 집합투자기구는 상장을 요건으로 하지 않는다.
23 ① 투자신탁의 투자자의 지위는 수익권이 표시된 수익증권의 소유자이다.
24 ② 주식 50% 미만 펀드의 17시 이전 환매요청의 경우 'T+2일' 기준가를 적용하며 'T+3일'에 환매대금이 지급된다.

25 다음 중 ELS와 관련된 용어의 설명으로 올바른 것은?
중요도 ★★★

① 리베이트 : ELS가 조기상환되지 않고 만기까지 보유했을 때 투자기간 중 낙인을 터치한 적이 없으면 만기에 지급되는 보너스 수익
② 더미수익 : 낙아웃 ELS에서 사전에 정한 낙아웃배리어를 초과하여 상승한 경우에 지급되는 고정수익률
③ 참여율 : 기초자산의 가격상승률 또는 가격하락률에 대하여 수익이 어떤 비율로 참여하는가 하는 비율
④ 낙인배리어 : 주로 원금보장형 ELS에서 상승수익률을 지급하는 한계가격

26 다음 중 ELS의 수익구조와 이에 대한 설명이 올바르게 기술된 것은?
중요도 ★★★

① Knock-Out형 : 만기시점의 주가수준에 비례하여 손익을 얻되 최대 수익 및 손실이 일정 수준으로 제한되는 구조
② Bull Spread형 : 미리 정한 하락폭 이하로 주가가 하락하지만 않으면 사전에 약정한 수익률을 지급하며, 동 수준 이하로 하락하면 원금손실이 발생하는 구조
③ Digital형 : 만기 시 주가가 일정 수준을 상회하는지 여부(상승률과는 무관)에 따라 사전에 정한 두 가지 수익 중 한 가지를 지급하는 구조
④ Reverse Convertible형 : 투자기간 중 사전에 정해둔 주가수준에 도달하면 확정된 수익으로 조기상환 되며, 그 외의 경우에는 만기 시 주가에 따라 수익이 정해지는 구조

27 주식워런트증권(ELW)에 대한 설명으로 가장 적절한 것은?
중요도 ★★

① 시간가치는 만기까지 잔존기간 동안 기초자산 가격의 변동성에 따라 얻게 될 기대가치로, 만기에 근접할수록 커진다.
② 콜 워런트의 행사가치는 '권리행사 가격 – 기초자산 가격'으로 정의할 수 있다.
③ 내가격 상태란 권리행사로 인하여 수익을 얻을 수 있는 영역에 있는 상태를 말한다.
④ 콜 워런트는 기초자산 가격이 낮아질수록, 풋 워런트는 기초자산 가격이 높아질수록 주식워런트증권(ELW)의 가격이 상승한다.

28
중요도 ★
다음 중 환매조건부채권(RP) 매매에 대한 설명으로 올바르지 못한 것은?

① 환매조건부채권(RP) 매매는 일종의 채권 장외거래의 형태라고 할 수 있다.
② 투자자 측면에서는 우량한 단기자금 운용수단을 제공한다는 장점이 있다.
③ 매매단위는 통상 1만원 이상으로 제한이 없다.
④ 환매조건부채권(RP) 매도는 신규 시 조매수, 만기 시 환매도라 하며 이 거래를 역RP라고 한다.

29
중요도 ★★★
다음 중 자산유동화증권(ABS)에 대한 설명으로 올바르지 못한 것은?

① 현금수취방식에 있어서 유동화자산을 중개기관에 매각하고, 중개기관에서는 상환우선순위가 다른 채권을 발행하는 방식을 지분이전증권 방식이라고 한다.
② 발행자 입장에서는 자산유동화증권을 통하여 자산의 부외화, 낮은 비용의 자금조달, 유동화 추진과정에서 다양한 리스크 점검 등의 장점을 가진다.
③ 투자자 입장에서는 자산유동화증권을 통하여 높은 신용도를 지닌 증권에 투자기회 확대, 동일 신용등급 대비 상대적으로 높은 수익 획득가능 등의 장점을 가진다.
④ 자산유동화증권의 내부신용보강 방법으로 후순위증권 발행, 초과스프레드, 예치금 적립 등이 사용된다.

정답 및 해설

25 ③ ① 더미수익, ② 리베이트, ④ 낙아웃배리어
26 ③ ① Bull Spread형, ② Reverse Convertible형, ④ Knock-Out형
27 ③ ① 시간가치는 만기까지 잔존기간 동안 얻게 될 이익과 위험에 대한 기대가치이므로, 만기에 근접할수록 감소한다.
　　② 콜 워런트의 행사가치는 '기초자산 가격 − 권리행사 가격'으로 정의할 수 있다.
　　④ 콜 워런트 ↔ 풋 워런트
28 ④ 환매조건부채권(RP) 매도는 신규 시 조매도, 만기 시 환매수라 하며 이 거래를 RP라고 한다.
29 ① 유동화자산을 중개기관에 매각하고, 중개기관에서는 상환우선순위가 다른 채권을 발행하는 방식을 원리금이체채권 방식이라고 한다.

30 중요도 ★★
다음 중 자산유동화증권(ABS)에 대한 설명으로 올바른 것은 모두 몇 개인가?

> 가. 유동화가 이루어지는 자산은 서로 상이한 자산들로 구성되어야 한다.
> 나. 자산유동화증권이 투자자에게 주는 가장 큰 이득은 투자자의 선호에 부응하는 상품을 만들 수 있다는 점이다.
> 다. 자산유동화증권이 자산보유자에게 주는 이득은 상환청구권을 제공한다는 점이다.
> 라. 자산유동화증권은 자산보유자에게 유동화를 통해 자산의 부외화의 효과를 거둘 수 있는 장점이 있다.

① 1개 ② 2개
③ 3개 ④ 4개

31 중요도 ★★
다음 중 자산유동화증권의 참여자에 대한 설명으로 올바르게 연결된 것은?

| 가. 자산보유자 | 나. 자산관리자 |
| 다. 수탁기관 | 라. 업무수탁자 |

ㄱ. 유동화대상자산을 보유한 기관으로 실질적인 자산유동화의 수혜자
ㄴ. 기초자산과 그로부터 발생하는 현금흐름의 관리와 보수에 책임을 지는 기관
ㄷ. 혼합위험을 통제하고 자산관리자의 업무수행을 감시하며, 지불대행 및 제반 통제업무를 담당하는 기관
ㄹ. 유동화전문회사의 업무를 대행하는 기관

① 가 - ㄱ, 나 - ㄴ, 다 - ㄷ, 라 - ㄹ
② 가 - ㄱ, 나 - ㄷ, 다 - ㄴ, 라 - ㄹ
③ 가 - ㄴ, 나 - ㄱ, 다 - ㄹ, 라 - ㄷ
④ 가 - ㄴ, 나 - ㄷ, 다 - ㄹ, 라 - ㄱ

32 중요도 ★★★
다음 중 저당대출의 종류에 대한 설명으로 올바르지 못한 것은?

① 매월 동일한 원리금 상환, 매월 상환액 중 이자부분은 점차 감소하고 원금부분이 점차 증가하는 대출은 원리금균등상환 고정금리부 대출이다.
② Rollover 형태로 미래 특정일에 대출금리를 재약정하여 기존 대출금을 상환하고 새롭게 대출을 일으키는 재대출 형태의 대출은 Balloon Mortgage이다.
③ 만기 전 일정시점에 금리를 조정하는 대출은 Two-Step Mortgage이다.
④ 이자상환 부족분이 Buydown 계정으로부터 충당되므로 Negative Amortization이 발생하지 않는 특성을 가지는 대출은 지분증가형 대출이다.

정답 및 해설

30 ② '나, 라'는 올바른 설명이다.
　　가. 유동화가 이루어지는 자산은 특성상 서로 동질성을 지닌 자산들로 구성되어야 한다.
　　다. 자산보유자에게는 상환청구권이 없다.
31 ① 가. 자산보유자 : 유동화대상자산을 보유한 기관으로 실질적인 자산유동화의 수혜자
　　나. 자산관리자 : 기초자산과 그로부터 발생하는 현금흐름의 관리와 보수에 책임을 지는 기관
　　다. 수탁기관 : 혼합위험을 통제하고 자산관리자의 업무수행을 감시하며, 지불대행 및 제반 통제업무를 담당하는 기관
　　라. 업무수탁자 : 유동화전문회사의 업무를 대행하는 기관
32 ④ 이자상환 부족분이 Buydown 계정으로부터 충당되므로 Negative Amortization이 발생하지 않는 특성을 가지는 대출은 Tiered Payment Mortgage이다.

33 다음 중 역모기지에 대한 설명으로 올바른 것으로만 묶인 것은? 중요도 ★★

> 가. 대출신청자의 미래 상환능력 또는 신청 시점까지의 신용기록이 중요한 요소로 작용한다.
> 나. 역모기지를 통해 대출자의 주거안정을 도모할 수 있다.
> 다. 역모기지를 통해 수령한 금액이 연금으로 분류된다면 더 높은 세율규제를 적용 받을 수 있다.
> 라. 금융기관이 상환청구권을 행사할 경우 대출자는 중도상환 할 의무가 있다.

① 가, 다
② 나, 다
③ 가, 나, 라
④ 나, 다, 라

34 다음 중 퇴직연금제도에 대한 설명으로 올바르지 못한 것은? 중요도 ★★★

① 확정급여형제도는 사용자가 납부하여야 될 부담금의 수준이 운용결과에 따라 변동된다.
② 확정기여형제도는 운용결과에 따라 퇴직급여가 변동되지는 않는다.
③ 사용자는 퇴직연금제도의 도입으로 법인세 절감효과를 기대할 수 있다.
④ 확정기여형제도에서 퇴직연금사업자는 매 반기 1회 이상 원리금보장상품을 포함한 위험과 수익구조가 서로 다른 세 가지 이상의 적립금 운용방법을 제시해야 한다.

35 다음 중 근로자 입장에서 퇴직연금제도 도입의 장점이라고 할 수 없는 것은? 중요도 ★★

① 퇴직금 수급권 강화
② 안정적인 노후생활자금 보장
③ 금융환경 변화에 대한 이해와 활용능력 제고기회 부여
④ 재무구조의 개선효과

36 중요도 ★★
다음 중 퇴직연금제도에 대한 설명으로 올바르지 못한 것은?

① 확정급여형 퇴직연금은 기업이 부담할 부담금 수준이 사전에 확정된다.
② 확정급여형과 확정기여형 중 어느 것이 유리한 지는 임금상승률과 운용수익률에 따라 다르다.
③ 확정기여형은 근로자 개인 계좌에 퇴직금이 전액 적립되므로 기업이 도산해도 수급권이 보장된다.
④ 확정급여형 퇴직연금에 가입한 자는 개인형 IRP를 통해 추가적인 납입이 가능하다.

정답 및 해설

33 ② '나, 다'는 올바른 설명이다.
　　가. 미래 특정 시점의 예상 주택가치가 중요한 요소로 작용한다.
　　라. 금융기관은 종신 시점까지 상환청구권을 행사할 수 없다.
34 ② 확정기여형제도는 적립금의 운용결과에 따라 퇴직급여가 변동된다.
35 ④ 재무구조의 개선효과는 사용자(기업)의 측면에서 기대할 수 있는 효과이다.
36 ① 확정급여형 퇴직연금은 근로자가 수령할 퇴직금 수준이 사전에 확정된다.

제 3 장 부동산관련 상품

학습전략

부동산관련 상품은 제1과목 전체 20문제 중 총 5문제가 출제된다.
부동산관련 상품의 경우 전반적으로 부동산 고유의 영역(부동산학, 법률관계 등)과 금융상품으로서의 영역(PF, 부동산투자회사 등)으로 나뉜다. 포트폴리오 이론 등은 투자파트에 더 자세하게 기술되어 있기 때문에 부동산관련 상품의 학습에서는 연결관계만 고려하여도 될 것이다. 법률관계 내용은 전공자가 아닌 이상 너무 깊게 학습하는 것은 효율성을 해칠 수도 있음을 유의하며 학습한다.

출제비중

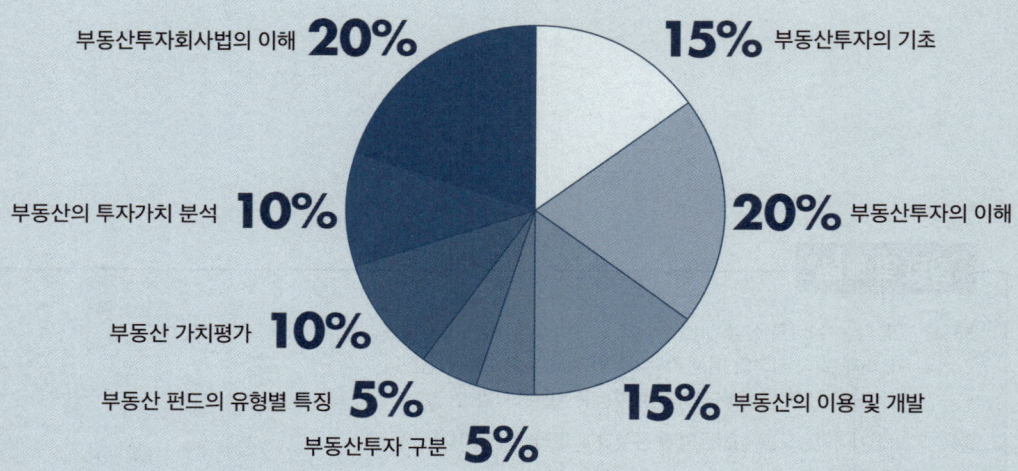

- 부동산투자회사법의 이해 20%
- 부동산투자의 기초 15%
- 부동산의 투자가치 분석 10%
- 부동산투자의 이해 20%
- 부동산 가치평가 10%
- 부동산의 이용 및 개발 15%
- 부동산 펀드의 유형별 특징 5%
- 부동산투자 구분 5%

출제포인트

구 분	출제포인트	중요도
부동산투자의 기초 (15%)	01 부동산의 개념과 특성 02 부동산의 법률적 측면 03 부동산의 경제적 측면	★★★ ★★ ★★
부동산투자의 이해 (20%)	04 부동산투자결정과정 05 부동산투자 개요	★★★ ★★
부동산의 이용 및 개발 (15%)	06 부동산의 이용에 대한 규제 07 부동산개발	★ ★
부동산투자 구분 (5%)	08 부동산투자 구분	★
부동산 펀드의 유형별 특징 (5%)	09 프로젝트 파이낸싱	★★
부동산 가치평가 (10%)	10 부동산 가치평가의 개요 11 부동산 감정평가 3방식	★★ ★★★
부동산의 투자가치 분석 (10%)	12 투자대상 부동산의 현금흐름	★★★
부동산투자회사법의 이해 (20%)	13 현행 부동산투자회사법의 주요 내용	★★★

부동산의 개념과 특성 ★★★

다음 중 부동산 특성의 성격이 나머지 셋과 다른 하나는?

① 지리적 위치의 고정성
② 비동질성
③ 용도의 다양성
④ 재생산의 불가성

♥ TIP 지리적 위치의 고정성은 부동성을, 비동질성은 개별성을, 재생산의 불가성은 부증성을 의미한다. 부동성, 개별성, 부증성은 부동산의 자연적 특성에 해당하나 용도의 다양성은 부동산의 인문적 특성에 해당한다.

핵심포인트 해설 부동산의 의의와 특성 및 법률적 측면

(1) 부동산의 의의와 특성

의 의	• 토지 및 그 정착물(민법 제99조)
자연적 특성	• 부동성 : 지리적 위치의 고정성(국지화, 임장활동, 불완전경쟁시장화) • 영속성 : 소모·마멸의 대상이 되지 않음 단, 건물은 배제 → 부동산의 특성을 논할 때 특별한 언급이 없으면 '부동산 = 토지'로 생각함 • 부증성 : 재생산이 불가함(완전비탄력적 공급곡선) • 개별성 : 일물일가의 법칙이 비적용, 개별분석이 필요함(비동질성)
인문적 특성	• 용도의 다양성 : 다용도, 최유효이용의 원칙 → 경합되는 용도 중에서 가장 많은 수익을 올릴 수 있는 이용을 추구 • 합병·분할의 가능성 : 합병하여 사용하거나 분할하여 사용이 가능함 • 사회적·경제적·행정적 위치의 가변성 → 지리적 위치의 고정성과 비교

(2) 부동산의 법률적 측면

물권의 본질	• 지배성, 배타성, 절대성
물권의 효력	• 우선적 효력 · 동일 물건 위에 성립한 물권 상호 간에는 시간순서에 따름 · 동일 물건 위에 성립한 물권과 채권 간에는 성립의 선후에 관계 없이 물권이 우선함 • 물권적 청구권 : 물권적 반환청구권, 물권적 방해제거청구권, 물권적 방해예방청구권
소유권과 제한물권	• 부동산소유권 : 법률의 범위 내에서 자유로이 사용·수익·처분할 수 있는 권리 • 제한물권 · 일정한 목적을 위하여 타인의 물건을 제한적(부분·일시적)으로 지배하는 물권으로 등기능력이 있는 권리 · 종류 : 용익물권(지상권·지역권·전세권), 담보물권(유치권·질권·저당권)

정답 ③

부동산의 법률적 측면 ★★

다음 중 제한물권에 해당하지 않는 것은 모두 몇 개인가?

가. 전세권 나. 점유권
다. 소유권 라. 저당권

① 1개 ② 2개 ③ 3개 ④ 4개

♀ TIP 점유권과 소유권은 제한물권에 해당하지 않고, 전세권과 저당권은 제한물권에 해당한다.

핵심포인트 해설 제한물권

(1) 지상권
① 타인의 토지 위에 건물 기타의 공작물이나 수목 등을 소유하기 위하여 그 토지를 사용할 수 있는 물권
② 지상권과 토지임대차계약의 비교

지상권(물권)	임차권(채권)
배타성	임대인에 대한 청구권
제3자에 대한 대항력 있음	제3자에 대한 대항력 없음
양도·담보 가능	양도·전대 시 임대인의 동의 필요
최단기간 제한(물건별 규정), 최장기간 제한 없음	최단기간 제한 없음, 최장기간 제한(20년)

(2) 지역권
① 일정한 목적을 위하여 타인의 토지를 자기 토지의 편익에 이용하는 권리
② 토지소유자뿐만 아니라, 지상권·전세권·임차권을 취득한 자도 지역권 설정이 가능함
③ 요역지의 소유권이 이전되거나 다른 권리의 목적이 되는 경우, 지역권도 이전되거나 다른 권리의 목적이 됨

(3) 전세권 ← 전세금을 우선변제 받을 수 있는 담보물권으로 우리나라 특유의 제도임
① 전세금을 지급하고 타인의 부동산을 점유하여 그 용도에 따라 사용·수익하는 물권
② 성립 : 전세권설정자와 전세권자 간의 설정계약과 전세금의 수수 및 등기
③ 원칙적으로 전세권설정자의 동의 없이 양도·임대·전전세 등을 할 수 있음
④ 전세권 위에 저당권을 설정할 수 있음

(4) 유치권
① 타인의 물건이나 유가증권을 점유한 자가 그 물건이나 유가증권에 관하여 생긴 채권이 변제기에 있는 경우, 그 채권을 변제받을 때까지 그 물건이나 유가증권을 유치할 수 있는 권리
② 법정담보물권이며, 점유로써 공시되므로 별도의 등기가 필요하지 않음

(5) 저당권
채무자·제3자가 채권의 담보로 제공한 부동산을 담보제공자의 사용·수익에 맡겨 두면서 채무의 변제가 없는 경우에 그 부동산의 가격으로부터 다른 채권자보다 우선하여 변제를 받을 수 있는 권리

정답 ②

부동산의 법률적 측면 ★★

다음 중 부동산 등기의 효력으로 보기 어려운 것은?

① 물권변동적 효력
② 공신적 효력
③ 순위확정적 효력
④ 점유적 효력

> **⁺용어 알아두기**
> **물권변동** 물권의 발생·변경·소멸을 통틀어서 일컫는 말이다.

📍**TIP** 우리나라의 경우 등기의 공신력은 인정되지 않고 공시력(권리존재 추정력, 점유적 효력 등)만 인정된다. 공신력이란 어떤 부동산 등기를 신뢰하여 거래한 자가 있는 경우, 비록 그 등기가 진실한 권리관계에 합치되지 않는 것이더라도 그 자의 신뢰가 보호되는 등기의 효력을 말한다.

핵심포인트 해설 부동산 소유권의 공시제도

부동산 등기	• 등기관이 부동산 등기법령이 정하는 절차에 따라 등기부에 부동산의 표시 및 부동산에 관한 권리관계를 기재하는 것 또는 그 기재 자체
등기의 대상	• 부동산 등기법에 따른 소유권, 지상권, 지역권, 전세권, 저당권, 권리질권, 부동산임차권, 환매권 등 • 기타 특별법에 따른 입목, 공장재단, 광업재단, 선박 등에 대한 소유권, 저당권 등
(본)등기의 효력	• 물권변동적 효력, 순위확정적 효력, 형식적 확정력, 대항적 효력, 권리존재 추정력, 점유적 효력 등
가등기	• 의의 : 실체법상 요건이 불비한 때 권리의 설정, 이전, 변경, 소멸의 청구권을 보전하기 위한 등기 • 효력 : 본등기 전에는 청구권보전적 효력, 본등기 후에는 순위보전적 효력

정답 ②

04

부동산의 경제적 측면 ★★

다음 중 부동산 경기변동의 특징으로 거리가 먼 것은?

① 일반 경기변동에 비해 순환주기가 길다.
② 일반 경기변동에 비해 저점이 깊고 정점이 높다.
③ 부동산 경기는 일반 경기에 선행하는 경향이 있다.
④ 주거용 부동산의 경기는 일반 경기에 역순환을 보이는 경향이 있다.

♀ TIP 부동산 경기는 일반 경기에 후행하는 경향이 있다.

핵심포인트 해설   부동산 시장과 부동산 경기

(1) 부동산 시장
  ① 의의 : 부동산 권리의 교환, 가격결정, 배분 및 수급의 조절이 일어나는 추상적인 기구
  ② 특 성
    ㉠ 시장의 국지성 : 부동산의 지리적 위치의 고정성으로 인해 공간적 적용범위가 일정 지역에 국한됨
                  ⇨ 지역에 따라 다른 가격이 형성됨
    ㉡ 거래의 비공개성 : 부동산의 개별성, 행정적 규제, 사회적 관행 등으로 거래사실 등을 외부에 공개하기 꺼리는 관행
                존재 ⇨ 정보수집이 어렵고, 정보탐색 비용이 높음
    ㉢ 부동산 상품의 비표준화성 : 부동산의 개별성으로 인해 일물일가의 법칙이 적용되지 않음
    ㉣ 시장의 비조직성 : 일반시장과 달리 도매상·소매상 등의 조직화가 곤란
    ㉤ 수요공급의 비조절성 : 일반재화와 달리 공급 증가가 어려움 ⇨ 부동산 공급이 비탄력적
    ㉥ 일반시장에 비해 매매기간이 장기적이고 과다한 법적규제와 부동산금융에 의한 영향이 큼

(2) 부동산 경기
  ① 부동산 경기순환 : 회복시장, 상향시장, 후퇴시장, 하향시장, 안정시장(부동산 경기의 특수국면)
  ② 부동산 경기의 특성
    ㉠ 일반 경기변동에 비해 순환주기가 긺
    ㉡ 일반 경기변동에 비해 저점이 깊고, 정점이 높으며, 일반경기보다 후행하는 경향이 있음
    ㉢ 상업·공업용 부동산은 일반경기변동과 대체로 일치하지만, 주거용 부동산은 역순환을 보이는 경향이 있음
  ③ 부동산 경기의 측정지표 : 건축의 양, 부동산의 가격변동, 부동산의 거래량

정답 ③

제3장 부동산관련 상품

부동산투자결정과정 ★★★

다음 중 부동산 투자의 다양한 타당성 분석 방법에 대한 설명으로 가장 올바른 것은?

① 간편법이란 개략적으로 간편하게 타당성을 분석할 수 있으면서 화폐의 시간가치개념을 적용하는 우수한 기법이다.
② 자기자본수익률을 활용하여 타당성을 분석할 경우 세금을 고려하여 측정한다.
③ 순현재가치(NPV)법과 내부수익률(IRR)법은 모두 화폐의 시간가치개념을 적용하여 평가하므로 양자의 결과는 항상 같다.
④ 수익성지수(PI)법은 순현재가치(NPV)법이 투자규모의 차이를 고려하지 못한다는 단점을 보완하는 기법이라고 할 수 있다.

♀TIP ① 간편법은 순소득승수, 투자이율, 자기자본수익률 등을 활용하며 화폐의 시간가치개념(미래의 현금흐름을 할인)은 적용하지 않는다.
② 자기자본수익률의 산정 시 세전현금흐름을 대상으로 한다.
③ 순현재가치(NPV)법과 내부수익률(IRR)법은 화폐의 시간가치개념을 적용하나, 결과가 다를 수 있다.

핵심포인트 해설 투자의 타당성 분석

(1) 의의
투자결정과정에서 산정한 현금흐름을 이용하여 투자결정을 위한 판단기준에 의하여 비교·분석하는 과정

(2) 간편법
① 개략적으로 간편하게 산정할 수 있으나, 미래의 현금흐름을 할인하지 않아 다른 방법에 의해 계산된 비율과 직접 비교하기엔 한계가 있음

② 순소득승수 = $\dfrac{총투자액}{순운용소득}$ (자본회수기간을 의미하기도 함), 투자이율 = $\dfrac{순운용소득}{총투자액}$ (순소득승수의 역수), 자기자본수익률 = $\dfrac{세전현금흐름}{자기자본투자액}$

(3) 현금흐름할인법
화폐의 시간가치개념(미래의 현금흐름을 할인)을 적용

순현재가치(NPV)	• NPV = 현금유입의 현재가치 − 현금유출의 현재가치 • NPV가 0 이상인 투자안을 채택하며, 상호배타적인 투자들의 경우 NPV가 큰 순서로 채택함
내부수익률(IRR)	• IRR = NPV를 0으로 만드는 할인율(현금유입 현재가치와 현금유출 현재가치를 일치시키는 할인율) • IRR이 요구수익률 이상이면 채택하며, 복수의 투자안의 경우 IRR이 큰 순서로 채택함
수익성지수(PI)	• PI = $\dfrac{부동산\ 투자\ 수입의\ 현재가치}{부동산\ 투자액}$ = $\dfrac{편익}{비용}$ • PI가 1 이상이면 채택하며, 복수의 투자안의 경우 PI가 큰 순서로 채택함 • PI는 NPV가 투자규모의 차이를 고려하지 못한다는 단점을 보완할 수 있는 투자 결정기준이 됨

(4) 전통적 감정평가법
거래사례비교법(비교방식), 수익환원법(수익방식), 원가법(비용방식)을 통하여 투자대상 부동산의 정상가격을 산출하고 이를 투자액과 비교하여 의사결정을 함

정답 ④

06

> 부동산투자 개요 ★★

다음 중 부동산에 관한 제반사항을 확인하는 서류로 가장 적절하게 연결된 것은?

가. 공법상의 이용제한	ㄱ. 지적공부
나. 지목, 면적, 소유자, 경계 등에 관한 사항	ㄴ. 등기사항전부증명서
다. 준공일자, 사용검사일, 용도변경내역 등	ㄷ. 건축물대장
라. 소유권, 제한물권 등	ㄹ. 토지이용계획 확인서

① 가 - ㄱ, 나 - ㄴ, 다 - ㄷ, 라 - ㄹ
② 가 - ㄴ, 나 - ㄷ, 다 - ㄹ, 라 - ㄱ
③ 가 - ㄹ, 나 - ㄱ, 다 - ㄷ, 라 - ㄴ
④ 가 - ㄹ, 나 - ㄴ, 다 - ㄱ, 라 - ㄷ

♀ TIP 공법상의 이용제한은 토지이용계획 확인서를, 지목, 면적, 소유자, 경계 등에 관한 사항은 각종 지적공부를, 준공일자, 사용검사일, 용도변경내역 등은 건축물대장을, 소유권, 제한물권 등은 등기사항전부증명서를 통하여 알 수 있다.

핵심포인트 해설 부동산의 조사·확인

> 공법상의 제한사항은 토지이용계획 확인서를, 권리에 관한 사항은 등기사항전부증명서를, 물리적 특성에 관한 사항은 지적공부나 대장을 확인

(1) 의의
면적, 지목 등과 소유권, 제한물권의 상태, 공법상 이용제한 등은 관련 공부에 의하여 확인하고, 소재지와 실제 면적, 현실 지목 등은 현장답사를 통하여 확인함

(2) 부동산현황 확인 관련 서류

토지이용계획 확인서	• 구청, 시청, 읍사무소, 온라인(정부24) 등에서 발급 • 대상자의 지번, 용도지역, 해당 토지의 위치·경계 등 확인 • 공법상의 이용제한 확인(국토의 계획 및 이용에 관한 사항, 군사시설·농지·산림 등에 관한 사항, 도로저촉여부 등과 같은 도시계획상 저촉여부 등)
지적공부	• 종류 : 토지대장, 임야대장, 지적도, 임야도, 경계점좌표등록부 • 시·군·구청, 읍·면·동사무소, 온라인(정부24) 등에서 발급 • 지목, 면적, 소유자, 경계 등 확인
건축물대장	• 종류 : 일반건축물대장, 집합건축물대장 • 시·군·구청, 읍·면·동사무소, 온라인(정부24) 등에서 발급 • 건축허가연월일, 사용승인일, 건축주, 구조, 용도, 건축물면적, 소유자 등 확인
등기사항전부증명서	• 구성 : 표제부, 갑구, 을구 · 표제부 : 지번, 지목, 면적 · 갑구 : 소유권에 관한 사항(소유권, 가등기, 가압류, 가처분, 경매신청기입등기 등) · 을구 : 소유권에 대한 제한물권, 기타의 권리(저당권, 지상권, 전세권 등)
등기권리증(등기필증)	• 등기완료의 증명서로 진정한 등기권리자의 확인 및 허위등기의 예방을 위한 서류 • 분실·멸실 시에 재교부되지 않음 • 부득이하게 등기권리증 없이 등기를 할 경우, 등기의무자가 등기소에 출석하여 확인조서 작성 후 신청 가능

정답 ③

제3장 부동산관련 상품 **129**

부동산투자 개요 ★★

다음 중 부동산의 가격에 대한 기술로 올바르지 못한 것은?

① 시가표준액은 양도소득세 등 국세의 부과를 위한 기준이 되는 평가가격을 말한다.
② 개별공시지가는 공시지가를 기준으로 한 비준표에 따른 가격배율을 곱하여 시·군·구청장이 결정, 고시하는 개별토지의 단위면적당 가격을 말한다.
③ 부동산가격은 효용, 상대적 희소성, 유효수요가 결합하여 발생한다.
④ 사회적 요인, 경제적 요인, 행정적 요인은 일반 경제사회에 있어서 부동산가격수준에 영향을 미치는 요인이다.

♀ TIP 양도소득세 등 국세의 부과를 위한 기준이 되는 평가가격은 기준시가이다.

핵심포인트 해설   부동산가격의 결정

(1) 분류

시장가격	• 부동산 거래현장에서 매도·매수호가에 의해 정해지는 가액
세법상 과세표준가액	• 기준시가 : 양도소득세와 상속세·증여세 등 국세의 부과를 위한 평가액 • 시가표준액 : 취득세·재산세 등 지방세의 부과를 위한 평가액 • 감정평가액 : 한국감정원 등에 소속된 감정평가사가 조사·평가한 가액

(2) 공시지가
  ① 의의 : 국토교통부장관이 조사·평가하여 매년 1월 1일 공시한 표준지의 단위면적당 가격
  ② 개별공시지가 : 공시지가를 기준으로 한 비준표에 따른 가격배율을 곱하여 시·군·구청장이 결정·고시하는 개별토지의 단위면적당 가격

(3) 부동산가격에 영향을 주는 요인
  ① 부동산가격은 가격발생의 3요소인 효용, 상대적 희소성, 유효수요가 결합하여 발생
  ② 부동산가격 발생의 3요소에 영향을 미치는 요인
    ㉠ 일반적 요인 : 사회적 요인, 경제적 요인, 행정적 요인
    ㉡ 지역요인 : 일반적 요인이 부동성으로 인하여 지역적인 범위로 축소된 것
    ㉢ 개별요인

토지의 개별요인	위치·면적·지세·지반·깊이·형상 등
건물의 개별요인	면적·높이·구조·재질·시공 등

정답 ①

08

부동산의 이용에 대한 규제 ★

다음 중 토지이용계획에 대한 설명으로 사실과 다른 것은?

① 국토계획은 국토종합계획, 도종합계획, 시군종합계획, 지역계획 및 부문별계획으로 이루어진다.
② 도시기본계획은 특별시·광역시·시 또는 군의 관할구역에 관하여 기본적인 공간구조와 구체적인 계획을 수립하고 있다.
③ 도시관리계획은 국토종합계획에 위배되게 수립하여서는 안 된다.
④ 현재 관리지역은 보전·생산·계획 관리지역으로 세분하여 관리되고 있다.

♀ TIP 도시기본계획은 특별시·광역시·시 또는 군의 관할구역에 관하여 기본적인 공간구조와 장기발전방향을 제시하며, 도시관리계획수립의 지침이 되는 계획이라고 할 수 있다. 구체적인 계획은 도시관리계획에서 수립하게 된다.

핵심포인트 해설 토지이용계획

(1) 토지이용계획

의 의	• 일반적으로 일정 면적의 이용만을 대상으로 하며, 장래 어떤 시기에 실현하여야 할 목표로서 구상되는 마스터플랜의 기능을 가짐 • 단, 그 자체가 건축제한의 법적 구속력을 가지지 않음
국토계획	• 국토가 지향하여야 할 발전방향을 설정하고 이를 달성하기 위한 계획 • 구성 : 국토종합계획, 도종합계획, 시군종합계획, 지역계획 및 부문별계획
광역도시계획	• 국토교통부장관이 지정한 광역계획권의 장기발전방향을 제시하는 계획
도시계획	• 특별시·광역시·시 또는 군의 관할구역에 대하여 수립하는 공간구조와 발전방향에 대한 계획으로 도시기본계획과 도시관리계획으로 구분됨 · 도시기본계획 : 특별시·광역시·시 또는 군의 관할구역에 관하여 기본적인 공간구조와 장기발전방향을 제시하는 종합계획으로 도시관리계획수립의 지침이 되는 계획 · 도시관리계획 : 특별시·광역시·시 또는 군의 개발·정비 및 보전을 위하여 수립하는 토지이용 등에 관한 구체적인 계획
기 타	• 군사에 관한 계획 • 수도권정비계획 • 지역개발계획 • 기타 특별법상의 계획

(2) 국토의 계획 및 이용에 관한 법률(2003년 시행)
① 도시지역에는 도시계획법을, 비도시지역에는 국토이용관리법을 이원화하여 적용·운용함으로 난개발문제가 발생하게 됨에 따라 두 법을 통합하여 제정하게 됨
② 종전 5개 용도지역(도시·준도시·농림·준농림·자연환경보전지역)에서 4개 용도지역(도시·관리·농림·자연환경보전지역)으로 축소
③ 관리지역을 보전·생산·계획 관리지역으로 세분

정답 ②

부동산의 이용에 대한 규제 ★

측량·수로조사 및 지적에 관한 법률상 필지의 용도에 대한 설명으로 올바르지 못한 것은?

① 물을 상시적으로 직접 이용하여 벼 등의 식물을 주로 재배하는 토지를 답이라고 한다.
② 고속도로 안의 휴게소 부지는 도로에 속한다.
③ 과수원이란 사과 등의 과수류를 집단적으로 재배하는 토지와 그에 접속된 부속시설물의 부지를 말하며 이를 관리하기 위한 주거용 건축물의 부지를 포함한다.
④ 자연의 유수가 있거나 있을 것으로 예상되는 소규모 수로부지를 구거라고 한다.

♥ TIP 주거용 건축물의 부지는 포함하지 않는다. 과수원 안의 주거용 건축물의 대지는 대로 본다.

핵심포인트 해설 주요 지목

(1) 주요 지목

전	물을 상시적으로 이용하지 아니하고 곡물 등의 식물을 주로 재배하는 토지
답	물을 상시적으로 직접 이용하여 벼 등의 식물을 주로 재배하는 토지
대	영구적 건축물 중 주거 등과 박물관 등의 문화시설과 이에 접속된 정원 등과 관계법령에 의하여 택지조성공사가 준공된 토지
과수원	사과 등의 과수류를 집단적으로 재배하는 토지와 그에 접속된 부속시설물의 부지 (단, 주거용 건축물의 부지는 대로 함)
목장용지	축산업·낙농업을 위하여 초지를 조성한 토지, 축사 등의 부지 및 이에 접속된 부속시설물의 부지 (단, 주거용 건축물의 부지는 대로 함) → 한 필지에 용도가 경합할 때에는 주용도에 따라 지목을 지정하나 과수원·목장용지·묘지는 이러한 원칙에 대하여 예외임
도로	일반공중의 교통운수를 위하여 보행 또는 차량운행에 필요한 일정 설비 또는 형태를 갖추어 이용하는 토지로 고속도로 안의 휴게소 부지 등은 포함 (단, 아파트·공장 등 단일 용도의 일정한 단지 안에 설치된 통로 등은 제외)
하천	자연의 유수가 있거나 있을 것으로 예상되는 토지
구거	인공적인 수로·둑 및 부속부지, 자연의 유수가 있거나 있을 것으로 예상되는 소규모 수로부지
유지	물이 고이거나 상시적으로 물을 저장하고 있는 댐·저수지 등의 배수가 잘 되지 않는 토지
묘지	사람의 시체나 유골이 매장된 토지 및 이에 접속된 부속시설물의 부지 (단, 묘지 관리를 위한 건축물의 부지는 대로 함)

(2) 용도지역·지구·구역

그 용도에 따라 토지의 이용 및 건축물의 용도·건폐율·용적률·높이 등을 제한함으로써 토지를 경제적·효율적으로 이용하고 공공복리의 증진을 도모하기 위한 제도

용도지역	전국의 토지에 대하여 중복되지 않도록 지정(지정이 없는 토지가 있을 수는 있음)하며 도시지역, 관리지역, 농림지역, 자연환경보전지역으로 구분하고 있음
용도지구	용도지역을 보완하기 위하여 국지적으로 지정되며, 중복지정도 가능함
용도구역	도시의 무질서한 확산 방지 등을 목적으로 용도지역·지구와는 관계없이 독자적으로 지정

정답 ③

10

> 부동산의 이용에 대한 규제 ★

다음 중 도시지역에 해당하지 않는 곳은 어디인가?

① 관리지역 ② 공업지역
③ 상업지역 ④ 녹지지역

📍 **TIP** 도시지역은 주거지역, 상업지역, 공업지역, 녹지지역으로 분류된다.

핵심포인트 해설 용도지역 · 지구 · 구역에 따른 행위제한

(1) 도시지역과 관리지역의 세분

도시지역	• 주거지역 : 전용(1·2종), 일반(1·2·3종), 준주거지역 • 상업지역 : 중심, 일반, 근린, 유통상업지역 • 공업지역 : 전용, 일반, 준공업지역 • 녹지지역 : 보전, 생산, 자연녹지지역
관리지역	• 보전관리지역 : 자연환경보호 등을 위하여 보전이 필요하나 자연환경보전지역으로 지정하기가 곤란한 지역 • 생산관리지역 : 농업·임업 등을 위하여 관리가 필요하나, 농림지역으로 지정하기가 곤란한 지역 • 계획관리지역 : 도시지역으로의 편입이 예상되는 지역 등

(2) 건폐율과 용적률 → 건폐율은 토지이용의 평면적 규제, 용적률은 토지이용의 입체적 규제

① 건폐율 = $\dfrac{건축면적}{대지면적}$ ⇒ 대지면적에 대한 건축면적(대지에 2 이상의 건축물이 있는 경우에는 이들 건축면적의 합계)의 비율

② 용적률 = $\dfrac{건축물의\ 지상층연면적\ 합계}{대지면적}$ ⇒ 대지면적에 대한 건축물의 지상층 연면적(대지에 2 이상의 건축물이 있는 경우에는 이들 연면적의 합계)의 비율

(3) 국토의 계획 및 이용에 관한 법률에 따른 용도지역별 건폐율과 용적률의 상한

용도지역		건폐율	용적률
도시지역	주거지역	70%	500%
	상업지역	90%	1,500%
	공업지역	70%	400%
	녹지지역	20%	100%
관리지역	보전관리지역	20%	80%
	생산관리지역	20%	80%
	계획관리지역	40%	100%
농림지역		20%	80%
자연환경보전지역		20%	80%

정답 ①

11 부동산개발 ★

다음에서 설명하는 부동산개발사업방식과 가장 가까운 것은?

- 토지소유자와 개발업자가 공동으로 건물 등을 건설하는 방식
- 지주가 토지의 일부 또는 전부를 제공하고, 개발업자는 토지를 개발하여 건축물을 건설한 후 양자가 토지와 건축물을 공유 또는 구분소유하는 방식
- 토지소유자는 부동산의 개발 노하우를 가지고 있지 않아도 가능한 방식

① 자력개발방식 ② 등가교환방식
③ 사업수탁방식 ④ 차지개발방식

⁺용어 알아두기
구분소유 수인(數人)이 1동의 건물을 분할하거나 구분하여 각각 그 일부에 대하여 소유권을 가지는 것이다.

♀TIP 부동산개발사업방식 중 등가교환방식에 대한 설명이다.

핵심포인트 해설 부동산개발의 과정 및 개발사업방식의 유형

(1) 부동산개발의 과정
구상단계 ⇨ 예비적 타당성 분석의 단계 ⇨ 부지모색과 확보단계 ⇨ 타당성 분석의 단계 ⇨ 금융단계 ⇨ 건설단계 ⇨ 마케팅단계

(2) 개발사업방식의 유형

	자체사업(지주자력개발)	도급방식으로 토지제공, 개발비제공을 모두 사업자가 부담하는 방식
지주공동사업	등가교환방식	지주가 토지의 일부 또는 전부를 제공하고 개발업자는 토지를 개발하여 건축물을 건설한 후 양자가 토지와 건축물을 공유 또는 구분소유하는 방식
	합동개발방식	지주는 토지를 제공하고 개발업자는 개발비를 부담하여 사업시행 후 분양 또는 임대를 통해 발생한 수익을 투자비율에 따라 배분하는 방식
	사업수탁방식	개발업자 등이 일체의 업무를 수탁받아 건물을 완공한 후 일괄임대 받음으로써 사실상 사업수지를 보증하는 방식
	토지신탁방식	지주가 보유토지를 부동산신탁회사에 위탁하고 신탁회사는 필요자금의 조달, 건설, 분양, 임대를 하고 그 수익의 일부를 수익자인 지주에게 반환하는 방식(임대형 토지신탁, 처분형 토지신탁)
	차지개발방식	개발업자가 지주로부터 토지의 이용권을 설정받아 개발하고 건축물을 건설하여 양도 또는 임대하여 지주에게 임차료를 지불하고, 차지권 기한 도래 시 토지를 지주에게 반환하고 건물은 일정 금액으로 지주에게 양도하는 방식
투자형 부동산개발사업		시설임차조건부 개발분양방식, 시설지분 개발분양방식, 주주모집방식

정답 ②

12 부동산투자 구분 ★

다음 중 부동산투자 방식의 비교설명으로 올바르지 못한 것은?

① 세제효과, 안정성 등으로 보았을 때 간접투자보다 직접투자가 안정성 및 수익성에서 유리하다.
② 간접투자 시장이 확대될 경우 공모펀드시장이 활성화될 것으로 예상된다.
③ 부동산 시장의 상승기에는 Equity와 Debt 투자 중 Equity 투자에 집중되는 경향이 있다.
④ 물건확보 경쟁과열, 거래의 복잡성 등 부동산 투자의 특성에 의하여 사모투자가 국내시장의 주를 이루어 왔다.

♀ TIP 세제효과, 운용전문성, 상품의 다양성, 높은 안정성 등으로 인하여 직접투자보다 간접투자가 안정성 및 수익성에서 유리하다.

핵심포인트 해설 부동산투자 구분

(1) 부동산투자 방식별 비교

직접투자 vs 간접투자	• 세제효과, 운용전문성, 상품의 다양성, 높은 안정성 등으로 인하여 직접투자보다 간접투자가 안정성 및 수익성에서 유리함
공모 vs 사모	• 사모투자가 국내시장의 주를 이루어 왔으나, 최근 공모형 부동산펀드의 설정이 늘어나는 추세 • 간접투자 시장이 확대될 경우 공모펀드시장 활성화가 예상됨 • 투자물건의 특성 및 투자자금 성격에 따라 공모·사모 선택 가능
Equity vs Debt	• 투자자성향·기대수익·투자기간 등에 따라 투자가 결정됨 • 부동산 시장의 상승기에는 Equity 투자에, 하락기에는 Debt 투자에 집중되는 경향이 있음

(2) 부동산펀드와 부동산투자회사(REITs)의 비교

구 분	부동산펀드	부동산투자회사(REITs)
설 립	금융감독원 등록	국토교통부의 영업인가
법적 성격	계 약	주식회사
최소 자본금	제한 없음	50억원(자기관리형 리츠 : 70억원)
자산운용	부동산 개발·대출·실물매입 및 운용, 부동산 등에 50%를 초과하여 투자	부동산 개발·실물매입 및 운용, 부동산에 70% 이상 투자
투자기간	실물 부동산 매입 시 1년 이상 보유	
자금대여	순자산 100% 이내	금 지
법인세	과세 대상이 아님	자기관리형 : 과세 위탁관리형·CR REITs : 면제

정답 ①

프로젝트 파이낸싱 ★★

다음 중 저당제도와 담보신탁제도에 대한 설명이 올바르게 연결된 것은?

> 가. 신탁회사에서 직접 공매하는 방법으로 채권을 실행한다.
> 나. 채권기관에서 담보물을 관리한다.
> 다. 신규임대차 및 후순위권리설정을 배제할 수 없다.
> 라. 등록세, 교육세, 채권 매입비가 면제된다.

① 저당제도 - 가, 나 / 담보신탁제도 - 가, 나
② 저당제도 - 가, 다 / 담보신탁제도 - 나, 라
③ 저당제도 - 나, 다 / 담보신탁제도 - 가, 라
④ 저당제도 - 나, 라 / 담보신탁제도 - 가, 다

📍 TIP 저당제도는 채권기관에서 담보물을 관리하고, 신규임대차 및 후순위권리설정을 배제할 수 없다. 담보신탁제도는 신탁회사에서 직접 공매하는 방법으로 채권을 실행하고, 등록세, 교육세, 채권 매입비가 면제된다.

핵심포인트 해설 대출형(PF) 펀드

(1) 프로젝트 파이낸싱(Project Financing) 개요
① 미래에 발생하는 현금흐름을 담보로 개발사업에 필요한 자금을 조달하는 방식
② 장점 : 비소구 금융을 통한 담보의 한정, 부외금융 효과, 현금흐름에 기초한 여신, 이해당사자 간의 위험 배분
③ 단점 : 복잡한 계약 및 금융절차, 상대적 높은 비용, 이해당사자 간의 조정이 어려움

(2) PF의 물적 담보 확보 수단의 저당제도와 담보신탁제도

구 분	저당제도	담보신탁제도
담보설정방식	(근)저당권 설정	신탁설정
담보물 관리	채권기관에서 관리	신탁회사가 직접 관리
소요경비	등록세, 교육세, 채권 매입비	신탁보수
채권실행방법	법원경매	신탁회사 직접 공매
소요기간	장기간 소요	단기간 소요
환가 가액	저가 처분	상대적 고가 처분 (일반공개시장에서 공매)
신규임대차 및 후순위권리설정	배제 불가	배제 가능 (담보가치 유지에 유리)

정답 ③

14

부동산 가치평가의 개요 ★★

토지이용의 극대화에 따라 부동산의 가치가 다양한 의미를 가진다는 것을 의미하며, 부동산 가치추계의 원칙 중 가장 중추적인 기능을 담당하는 원칙으로 올바른 것은?

① 예측의 원칙
② 수요공급의 원칙
③ 최유효이용의 원칙
④ 외부성의 원칙

♀ TIP 부동산 가치추계의 원칙 중 최유효이용의 원칙(HABU : Highest And Best Use)에 대한 설명이다.

핵심포인트 해설 부동산 가치평가

가치와 가격	• 가격 : 특정부동산에 대한 교환의 대가로 매수자와 매도자 간에 실제 지불, 수수된 금액으로 과거를 전제로 논의됨 • 가치 : 장래 기대되는 편익을 현재가치로 환원한 값으로 미래를 전제로 논의됨 • 시장가치 : 감정평가의 대상이 되는 토지 등이 통상적인 시장에서 충분한 기간 동안 거래를 위해 공개된 후 그 대상물건의 내용에 정통한 당사자 사이에 신중하고 자발적인 거래가 있을 경우 성립될 가능성이 가장 높다고 인정되는 대상물건의 가액
최유효이용	• 토지이용의 극대화에 따라 부동산의 가치가 다양한 의미를 가진다는 것을 말함 • 법적타당성, 물리적타당성, 재무적타당성, 최대수익창출을 갖추어야 함
부동산 가치분석 과정	• 가치형성요인 분석 ⇨ 가치추계원칙 고려 ⇨ 가치추계방법 적용 ⇨ 시산가치조정 ⇨ 가치결론
가치발생요인	→ 부동산은 가치발생요인이 모두 갖추어졌을 때 가치가 발생(유무의 문제)하고, 가치형성요인에 의하여 구체적인 가치(고저의 문제)가 정해짐 • 효용성 : 부동산을 사용하고 수익함으로써 얻을 수 있는 사용가치성 • 상대적 희소성 : 부동산의 양이 한정되어 있기 때문에 가치가 발생함 • 유효수요 : 부동산을 수요하려는 욕구와 이를 구매할 수 있는 능력을 갖춘 수요
가치형성요인	• 일반요인 : 사회적 요인, 경제적 요인, 행정적 요인 • 지역요인 : 일반적 요인(부동성으로 인하여 지역적인 범위로 축소된 것), 자연적 요인 • 개별요인 : 토지(위치·면적·지세·지질·깊이·형상 등), 건물(면적·높이·구조·재질·시공 등)
유사지역과 동일수급권	• 유사지역 : 인근지역의 특성과 유사한 지역 • 동일수급권 : 인근지역과 유사지역, 그리고 그 주변의 용도지역을 포함한 광범위한 지역
가치추계원칙	• 예측의 원칙, 수요공급의 원칙, 최유효이용의 원칙, 외부성의 원칙

정답 ③

15

부동산 감정평가 3방식 ★★★

부동산 감정평가의 3방식에 대한 설명으로 올바르지 못한 것은?

① 재조달원가는 직접법이나 간접법을 사용하여 대상부동산의 생산(조달)시점의 원가를 산정한다.
② 거래사례에 특수한 사정(연고자나 특수관계인과의 거래 등)이 관련되어 있다면 거래사례로 선택하지 않는 것이 바람직하나, 선택하였다면 사정보정을 통하여 정상가격으로 보정이 가능해야 한다.
③ 환원이율을 구하는 방법은 시장추출법, 요소구성법, 투자결합법 등이 존재한다.
④ 수익환원법은 논리적이고 이론적이나 주거용, 교육용, 공공용 등의 비수익성 부동산에 대해서는 적용이 곤란하다는 단점이 있다.

TIP 재조달원가는 대상부동산의 생산시점이 아닌 가격시점을 기준으로 하여 산정한다.

핵심포인트 해설 부동산 감정평가 3방식

(1) 부동산 감정평가 3방식

거래사례비교법 (비교방식)	• 정의 : 대상부동산과 동일·유사한 부동산의 거래사례와 비교하여 대상부동산의 가격을 산정하는 방법 • 산식 = 사례가격(단가) × 사정보정 × 시점수정 × 지역요인보정 × 개별요인보정 × 면적 • 사례의 선택기준 : 위치의 유사성, 물적 유사성, 시점수정의 가능성, 사정보정의 가능성
원가법 (원가방식)	• 정의 : 대상물건의 재조달원가에 감가수정을 하여 대상물건의 가액을 산정하는 방법 • 산식 = 토지가치 + 건물가치 ← 재조달원가 - 감가수정액 · 재조달원가 : 가격시점에 신축하는 데 드는 비용(직접법, 간접법) · 감가수정액 : 물리적 요인, 기능적 요인, 경제적 요인, 법률적 요인(정액법, 정률법)
수익환원법 (수익방식)	• 정의 : 대상물건이 미래에 산출할 것으로 기대되는 순수익 또는 미래현금흐름을 환원 또는 할인하여 대상물건의 가액을 산정하는 방법 • 산식 = $\frac{순이익}{환원이율}$ ← 환원이율을 구하는 방법 : 시장추출법, 요소구성법, 투자결합법

(2) 장단점

구 분	거래사례비교법(비교방식)	원가법(원가방식)	수익환원법(수익방식)
장 점	• 현실적이고 실증적 • 이해하기 쉽고 간편함	• 재생산이 가능한 물건에 적합 • 비시장성, 비수익성 부동산평가 및 조성지 등 평가에 적합	• 수익성 부동산에 적합 • 논리적이고 이론적
단 점	• 매매가 잘 이루어지지 않는 부동산에 적용 곤란 • 극단적인 호·불황기에는 적용하기 곤란	• 재생산이 불가능한 자산(토지 등)에 적용 불가	• 주거용 등 비수익성 부동산에 부적합

정답 ①

16

> 투자대상 부동산의 현금흐름 ★★★

부동산의 투자가치 분석에 대한 설명으로 가장 올바르지 못한 것은?

① 가능총소득(PGI)의 산정 시 공실부분을 차감하여 실질적으로 임대가 되는 면적에 대한 수익을 산정한다.
② 영업경비는 대상부동산과 관련된 전기 및 수도료, 청소비 등을 말하며 자본적 지출과 비현금성 지출인 감가상각비는 포함되지 않는다.
③ 산정된 분석대상부동산의 투자가치는 시장가치와 비교하여 투자가치가 시장가치 이상이면 투자의 의사결정을 내리게 될 것이다.
④ Cash on Cash 수익률은 단순하게 순현금흐름을 자기자본으로 나눈 값이며, 내부수익률과는 달리 화폐의 시간가치는 고려하지 않는다.

＋용어 알아두기
자본적 지출 고정자산에 관한 지출 중에서 고정자산의 가치를 증가시키고 또한 가용연수를 증가시키는 지출이다.

♀ TIP 공실과 대손충당금(회수불능) 부분은 가능총소득(PGI)에서 차감하여 유효총소득(EGI)으로 산정하므로, 가능총소득은 공실과 관계없이 임대가 가능한 면적이라면 모두 수익의 산정에 포함하여야 한다.

핵심포인트 해설 부동산의 투자가치 분석

① 투자가치와 시장가치를 비교하여 투자의사결정을 하는 것
② 투자가치는 투자로 인하여 발생할 미래현금을 적절한 할인율로 할인한 현재가치
③ 부동산투자에 의한 현금흐름

영업상의 현금흐름(보유 기간)	매각현금흐름
가능총소득(PGI) → 이론적으로 임대가 가능한 최대면적이라고 이해하여야 함(공실, 대손충당금은 추후에 고려되기 때문)	매도가격
− 공실 및 대손충당금	− 매도경비
+ 기타소득(주차장 수입 등)	= 순매도액
= 유효총소득(EGI)	− 미상환 대출잔액
− 영업경비(OE) → 자본적 지출, 감가상각비는 제외	= 세전 매각현금흐름
= 순영업소득(NOI)	− 자본이득세(양도소득세)
− 부채서비스액(저당지불액 : DS)	= 세후 매각현금흐름
= 세전 영업현금흐름(BTCF)	
− 소득세(법인세)	
= 세후 영업현금흐름(ATCF)	

참고 가능총소득(PGI) = 면적당 임대료 × 임대가능면적

④ 수익률
  ㉠ 내부수익률 : NPV가 0이 될 때의 할인율(화폐의 시간가치를 고려함)
  ㉡ Cash on Cash 수익률(CoC) : 해당 기의 순현금흐름을 자기자본으로 나눈 것(화폐의 시간가치를 고려하지 않음)

정답 ①

제3장 부동산관련 상품 **139**

17

> 현행 부동산투자회사법의 주요 내용 ★★★

다음 중 부동산투자회사에 대한 설명으로 올바르지 못한 것은?

① 부동산투자회사법에서는 자기관리부동산투자회사, 위탁관리부동산투자회사, 기업구조조정부동산투자회사 3가지 형태를 인정하고 있다.
② 자기관리부동산투자회사를 설립하기 위해서는 위탁관리부동산투자회사 및 기업구조조정부동산투자회사보다 더 많은 자본금이 필요하다.
③ 부동산투자회사의 영업인가는 부동산투자회사의 종류별로 국토교통부장관에게 받아야 한다.
④ 위탁관리부동산투자회사는 본점 외의 지점과 직원을 고용 또는 상근임원을 채용할 수 있다.

TIP 위탁관리부동산투자회사는 본점 외의 지점을 두거나 직원을 고용 또는 상근임원을 채용할 수 없다.

핵심포인트 해설 부동산투자회사의 이해

정 의	• 자산을 부동산에 투자하여 운용하는 것을 주된 목적으로 설립된 회사
종 류	• 자기관리부동산투자회사 : 자산운용 전문인력을 포함한 임직원을 상근으로 두고 자산의 투자·운용을 수행하는 회사 • 위탁관리부동산투자회사 : 자산의 투자·운용을 자산관리회사에 위탁하는 회사 • 기업구조조정부동산투자회사 : 기업구조조정부동산을 대상으로 투자하며 자산의 투자·운용을 자산관리회사에 위탁하는 회사
설 립	• 발기설립 → 현물출자 (×) • 자본금 : 자기관리부동산투자회사(5억원 이상), 위탁관리부동산투자회사·기업구조조정부동산투자회사(3억원 이상)
영업인가·등록	• 부동산투자회사의 종류별로 국토교통부장관의 영업인가를 받거나 국토교통부장관에게 등록 • 영업인가·등록 후 6개월 이후 최저자본금 ·자기관리부동산투자회사 : 70억원 이상 ·위탁관리부동산투자회사·기업구조조정부동산투자회사 : 50억원 이상 • 위탁관리부동산투자회사 및 기업구조조정 부동산투자회사는 본점 외의 지점을 둘 수 없고, 직원을 고용하거나 상근임원을 둘 수 없음
업무위탁	• 자기관리부동산투자회사 : 영업인가 시에는 3인 이상, 영업인가를 받은 후 6개월 경과 시에는 5인 이상의 자산운용 전문인력을 두어야 함 • 위탁관리부동산투자회사 ·자산의 투자·운용업무(자산관리회사), 증권발행·일반사무(사무관리회사), 판매(판매회사)에 각각 위탁함 ·자산관리회사 설립요건 : 자본금 70억원 이상, 자산운용 전문인력 5인 이상, 자산관리회사와 투자자 간 또는 특정 투자자 사이의 이해상충 방지를 위한 체계와 전산설비, 기타 물적 설비

정답 ④

18 현행 부동산투자회사법의 주요 내용 ★★★

부동산투자회사의 자산운용 및 규제에 대한 설명으로 올바르지 못한 것은?

① 국내에 소재하고 있는 주택을 취득한 경우에는 1년 이내에 처분이 불가능하다.
② 부동산개발사업으로 조성하거나 설치한 토지 또는 건축물을 분양하는 경우에는 취득기간에 관계없이 처분이 가능하다.
③ 부동산투자회사는 최저자본금준비기간이 지난 후에는 총자산의 80% 이상을 부동산으로 구성하여야 한다.
④ 부동산투자회사는 원칙적으로 다른 회사의 의결권 있는 주식의 10%를 초과하여 취득하지 못한다.

TIP 총자산의 80% 이상을 부동산 또는 부동산관련증권 및 현금으로 구성해야 한다. 단, 총자산의 70% 이상을 부동산으로 구성하여야 한다.

핵심포인트 해설 부동산투자회사의 자산운용 및 규제

① 부동산 취득 후 일정 기간 내 처분금지
  ㉠ 국내소재의 주택 : 1년 내 처분금지
  ㉡ 국내소재의 주택 이외 부동산 : 1년 내 처분금지
  ㉢ 국외소재의 부동산은 정관에서 정하는 기간 내 처분금지
    예외 부동산개발사업으로 분양하거나 부동산투자회사가 합병·분할·해산 등을 하는 경우
② 나대지를 매입하여 개발사업 시행 이전에 처분금지
    예외 관련 법령의 개정으로 사업수행이 곤란하거나, 부동산투자회사가 합병·분할·해산 등을 하는 경우
③ 부동산을 취득하거나 처분할 경우 자기관리 부동산 투자회사 또는 자산관리회사는 실사보고서 작성 : 부동산 현황, 거래가격·비용, 관련 재무자료, 수익에 영향을 미치는 요소, 소유 및 권리사항 등이 포함되어야 함
④ 최저자본금준비기간이 끝난 후, 매 분기말 현재 총자산의 80% 이상은 부동산 또는 부동산관련증권 및 현금으로 구성하여야 함(총자산의 70% 이상은 부동산)
⑤ 사업계획서를 작성하여 부동산투자자문회사의 평가를 거쳐 부동산 개발산업 투자 1개월 전에 국토부장관에 제출해야 함
⑥ 원칙적으로 다른 회사의 의결권 있는 주식을 10% 초과 취득금지
    예외 합병, 영업전부의 양수, 권리행사, SOC법에 따른 법인의 주식, 다른 부동산투자회사의 주식 등
⑦ 부동산투자회사는 원칙적으로 동일인이 발행한 증권을 5% 초과 취득금지
    예외 국채, 지방채 등의 증권
⑧ 해당 연도 이익배당한도의 90% 이상을 주주에게 배당(이익준비금은 적립하지 않음)
⑨ 차입금 및 사채발행은 자기자본의 2배를 초과할 수 없음
⑩ 부동산투자회사법 또는 다른 법령에 따른 경우를 제외하고는 다른 업무를 할 수 없음
⑪ 상근임원은 다른 회사의 상근임직원이 되거나 다른 사업을 할 수 없음
⑫ 임직원은 이익보장, 내부자거래, 주주의 이익을 침해하는 행위 등을 할 수 없음

정답 ③

19

> 현행 부동산투자회사법의 주요 내용 ★★★

다음 중 기업구조조정 부동산 투자회사에 적용되는 특례규정과 관련된 설명으로 올바르지 못한 것은?

① 영업인가를 받은 날부터 2년 이내 발행하는 주식 총수의 30% 이상을 일반청약에 제공하지 않아도 된다.
② 부동산의 취득 후 일정 기간 내 처분을 금지하는 규정은 적용이 배제되나, 나대지를 매입하여 개발사업시행 이전에 처분을 금지하는 규정은 적용된다.
③ 최저자본금준비기간이 끝난 후, 매 분기 말 현재 총자산의 80% 이상을 부동산 또는 부동산관련증권 및 현금으로 구성하여야 한다는 규정의 적용이 배제된다.
④ 기업구조조정 부동산 투자회사는 총자산의 100분의 70 이상을 채무상환을 위해 매각하는 부동산, 재무구조개선 약정 이행을 위해 매각하는 부동산 등으로 구성해야 한다.

⁺용어 알아두기
나대지 건축물이 없는 토지로 공적 부담은 있으나 사적 부담이 없는 토지이다.

♀TIP 기업구조조정 부동산 투자회사는 부동산의 취득 후 일정 기간 내 처분금지 규정 및 건축물이나 그 밖의 공작물이 없는 토지를 매입하여 개발사업시행 이전에 처분금지 규정 모두 적용이 배제된다.

핵심포인트 해설 기업구조조정 부동산 투자회사에 관한 특례

① 부동산투자회사법에서 정한 부동산투자회사의 요건을 갖추고, 총자산의 100분의 70 이상을 일정한 부동산으로 구성하여야 함
  참고 '일정한 부동산'은 기업이 채무를 상환하기 위하여 매각하는 부동산, 재무구조개선 약정을 체결 후 해당 약정의 이행을 위해 매각하는 부동산, 회생절차에 따라 매각하는 부동산, 기타 기업구조조정을 지원하기 위하여 금융위원회가 인정하는 부동산을 말함
② 부동산투자회사법의 적용이 배제되는 규정(특례규정)
  ㉠ 영업인가를 받은 날부터 2년 이내 발행하는 주식 총수의 30% 이상을 일반청약에 제공하여야 하는 규정
  ㉡ 부동산의 취득 후 일정 기간 내 처분을 금지하는 규정
  ㉢ 건축물이나 그 밖의 공작물이 없는 토지를 매입하여 개발사업 시행 이전에 처분을 금지하는 규정
  ㉣ 최저자본금준비기간이 끝난 후, 매 분기 말 현재 총자산의 80% 이상을 부동산 또는 부동산관련증권 및 현금으로 구성해야 한다는 규정

정답 ②

fn.Hackers.com

출제예상문제

☑ 다시 봐야 할 문제(틀린 문제, 풀지 못한 문제, 헷갈리는 문제 등)는 문제 번호 하단의 네모박스(□)에 체크하여 반복학습 하시기 바랍니다.

01 중요도 ★★★
다음 중 부동산의 개념에 대한 설명으로 올바르지 못한 것은?

① 부동산을 바라보는 측면은 크게 유형적 측면과 무형적 측면으로 나눌 수 있으며, 무형적 측면은 경제·사회적 측면과 법률적 측면으로 구분한다.
② 유형적 측면에서의 부동산은 자연물, 공간, 위치, 환경 등의 속성을 가진다.
③ 독립적인 건물 자체만으로는 부동산으로 볼 수 없다.
④ 등기·등록 등의 공시방법을 갖춤으로써 부동산에 준하여 취급되는 특정 동산이나 동산과 일체로 된 부동산의 집단을 의제부동산 또는 준부동산이라고 한다.

02 중요도 ★★★
다음에서 설명하고 있는 부동산의 특성으로 올바른 것은?

- 동산과 부동산을 구별하여 공시방법을 달리하는 근거가 된다.
- 부동산현상을 국지화시킨다.
- 부동산활동이 임장활동 및 정보활동의 특성을 가지게 한다.
- 부동산시장을 불완전경쟁시장화 시키는 데 기여한다.

① 부동성 ② 부증성
③ 영속성 ④ 개별성

03 중요도 ★★★
부동산의 물권에 관한 제반 설명으로 사실과 거리가 먼 것은?

① 동일 물건 위에 성립한 물권 상호 간에는 먼저 성립한 물권이 이후에 성립한 물권에 우선한다.
② 동일 물건 위에 물권과 채권이 함께 성립하는 경우에는 그 성립의 선후에 관계 없이 물권이 채권에 우선한다.
③ 지상권은 최단기간에 대한 제한은 없으나, 최장기간에 대한 제한은 있다.
④ 지역권 설정 시 요역지는 반드시 1필의 토지여야 하나 승역지는 토지의 일부여도 된다.

04 중요도 ★★
다음 중 일반재화시장과는 다른 특성을 가지는 부동산시장에 대한 설명으로 올바른 것은 몇 개인가?

> 가. 부동산시장은 공간적 적용범위가 일정지역에 국한되므로, 그 지역의 사회·경제·행정적인 환경에 크게 영향을 받는다. 따라서 지역 내 중개업자, 부동산감정평가업자의 역할이 요구된다.
> 나. 부동산시장은 사회적 관행 등으로 인하여 거래사실이나 거래내용이 잘 공개되지 않는 것이 일반적이다. 따라서 시장 내의 정보수집이 어렵고 정보 탐색에 많은 비용이 소요되기도 한다.
> 다. 부동산상품은 표준화가 가능하므로 부동산시장은 일물일가의 법칙이 가장 잘 적용된다고 할 수 있다. 따라서 시장에서의 가격형성은 협상을 통해 개별적으로 이루어지기보다는 공개적인 호가에 의해서 이뤄진다.
> 라. 부동산시장은 일반재화시장에 비하여 매매기간이 장기이며, 법적규제가 많은 편이다. 또한 부동산금융에 많은 영향을 받게 되는 특성이 있다.

① 없음
② 2개
③ 3개
④ 4개

05 중요도 ★
다음 중 부동산 경기변동에 관한 설명으로 적절하지 않은 것은?

① 부동산 경기의 주기는 일반 경기에 비해 길게 나타나는 경향이 있다.
② 부동산 경기는 일반 경기보다 시간상으로 뒤처지는 경향이 있다.
③ 하향시장에서는 부동산의 가격이 하락하며 거래는 한산하고 금리와 공실률은 높아진다.
④ 상향시장에서는 과거의 사례가격이 새로운 거래가격의 상한선이 되며, 매수자 중시 현상이 나타난다.

정답 및 해설

01 ③ 민법상 부동산은 토지와 그 정착물을 의미하므로 건물은 부동산에 포함된다.
02 ① 부동성(지리적위치의 고정성)에 대한 설명이다.
03 ③ 지상권은 최단기간에 대한 제한(견고한 건물·수목은 30년, 기타 건물은 15년, 건물 이외의 공작물은 5년)은 있으나, 최장기간에 대한 제한은 없다.
04 ③ '가, 나, 라'는 올바른 설명이다. '가'는 부동산시장의 국지성을, '나'는 부동산시장의 비공개성을, '라'는 기타 부동산시장의 특성을 의미한다.
　　다. 부동산은 개별성으로 인하여 표준화가 불가능하므로 일물일가의 법칙이 적용되지 않으며, 개별적인 협상을 통해 가격이 형성된다.
05 ④ 하향시장에 관한 설명이다. 상향시장에서는 과거의 사례가격이 새로운 거래가격의 하한선이 되며, 매도자 중시 현상이 나타난다.

06 중요도 ★
다음 중 부동산투자 시 제약조건에 대한 설명에서 ( ) 안에 들어갈 용어로 가장 적합한 것은?

> ( )란/이란 어떤 자산을 공정한 가격으로 받고 신속하게 처분할 수 있는가를 의미한다. 부동산은 다른 투자자산에 비하여 상대적으로 ( )이/가 낮다는 단점이 있다. 따라서 부동산투자자들은 어느 정도 긴급하게 자금을 회수할 필요가 있는지를 충분하게 고려하여 투자의사결정을 하여야 한다.

① 투자기간
② 유동성
③ 투자규모
④ 세 금

07 중요도 ★★★
부동산투자 시 예상되는 현금흐름의 예측 및 분석에 대한 설명으로 올바르지 못한 것은?

① 납세 전 현금흐름(BTCF)을 산정하기 위해서는 순영업소득(NOI)에서 영업경비(OE)를 차감하여야 한다.
② 대출비율(LTV)이 높다면 부동산의 담보여력이 낮다고 판단할 수 있다.
③ 부채상환비율(DCR)은 부채를 상환하는 데 드는 금액의 몇 배를 부동산으로부터 소득으로 벌어들이는가를 측정하는 지표이다.
④ 부동산의 매도로 인한 현금흐름을 분석할 때에는 매도비용 및 미상환 저당대출의 잔고와 양도소득세를 고려하여야 한다.

08 중요도 ★★★
다음 중 부동산투자의 타당성 분석에 대한 설명으로 올바르지 못한 것은?

① 투자이율은 순소득승수의 역수로 투자이율이 높은 투자안을 채택하면 된다.
② 순현재가치법을 통하여 투자안을 분석할 경우 순현재가치가 0보다 크거나 같은 투자안을 채택하면 된다.
③ 내부수익률이 요구수익률보다 크거나 같다면 그 투자안은 채택되어야 하며, 여러 개의 투자안들이 있는 경우 내부수익률이 큰 순서대로 결정하면 된다.
④ 수익성지수법은 수익성지수가 1보다 큰 투자안을 채택하면 되나, 순현재가치법과 비교한다면 투자규모의 차이를 충분히 고려하지 못한다는 단점이 있다.

09
중요도 ★★★

등기사항전부증명서를 통한 권리관계 파악 시 (　　) 안에 들어갈 용어를 순서대로 나열한 것은?

> 지상권, 지역권, 전세권 등과 제한물권을 확인하기 위해서는 등기사항전부증명서상의 (　　)를 먼저 확인해야 하며, 소유권 및 소유권에 대한 변동사항을 확인하기 위해서는 등기사항전부증명서상의 (　　)를 검토해야 한다. 등기사항전부증명서상의 (　　)를 통해서는 부동산의 상황 즉, 지번·지목·면적 등에 대해서 파악할 수 있다.

① 표제부, 갑구, 을구
② 갑구, 표제부, 을구
③ 을구, 갑구, 표제부
④ 을구, 표제부, 갑구

10
중요도 ★★

다음 중 부동산의 가격에 대한 설명으로 가장 올바른 것은?

① 시장가격은 부동산 거래현장에서 매도·매수 호가에 의해 정해지는 가액을 말한다.
② 시가표준액이란 양도소득세 등의 국세부과를 위한 평가액을 말한다.
③ 기준시가란 취득세·등록세 등의 지방세부과를 위한 평가액을 말한다.
④ 개별공시지가란 국토교통부장관이 조사·평가하여 매년 1월 1일 공시한 표준지의 단위면적당 (㎡) 가격을 말한다.

정답 및 해설

06 ② 부동산투자 시에 고려하여야 하는 제약조건 중 유동성에 대한 설명이다.

07 ① 순영업소득(NOI)은 유효총소득(EGI)에서 영업경비(OE)를 차감한 것이다. 순영업소득에서 부채상환액(DS)을 차감하면 납세 전 현금흐름(BTCF)이 된다.

08 ④ 수익성지수법은 '순현재가치법이 투자규모의 차이를 충분히 고려하지 못한다'는 단점을 보완할 수 있는 특성을 가진다. 만약, 100원의 순현재가치를 가지는 두 가지의 투자안이 있을 경우 순현재가치법으로만 본다면 두 가지는 무차별할 것이다.

09 ③ 표제부는 부동산의 상황에 대한 내용을, 갑구는 소유권에 관한 내용을, 을구는 소유권 이외의 권리관계에 관한 내용을 포함하고 있다.

10 ① ② 기준시가란 양도소득세 등의 국세부과를 위한 평가액을 말한다.
③ 시가표준액이란 취득세·등록세 등의 지방세부과를 위한 평가액을 말한다.
④ 공시지가에 대한 설명이다. 개별공시지가란 공시지가를 기준으로 비준표상의 가격배율을 곱하여 시·군·구청장이 결정·고시하는 개별토지의 단위면적당 가격을 말한다.

11 중요도 ★
다음 중 토지이용계획에 대한 설명으로 올바르지 못한 것은?

① 도시계획은 도시기본계획과 도시관리계획으로 구분된다.
② 도시지역과 비도시지역의 차별화된 개발을 위하여 각각 도시계획법과 국토이용관리법으로 이원화하였다.
③ 도시계획은 국토종합계획에 반하지 않게 수립되어야 한다.
④ 토지이용계획은 마스터플랜으로서의 기능을 가지지만, 그 자체가 건축제한의 법적 구속력을 가지지 않는다.

12 중요도 ★★★
다음 중 지목에 대한 설명으로 가장 올바른 것은?

① 물건 등을 보관 또는 저장하기 위하여 독립적으로 설치된 보관시설물의 부지와 이에 접속된 부속시설물의 부지를 대라고 한다.
② 사람의 시체나 유골이 매장된 토지 및 이에 접속된 부속시설물의 부지를 묘지라 하며, 묘지의 관리를 위한 건축물의 부지도 묘지에 포함한다.
③ 자연의 유수가 있거나 있을 것으로 예상되는 토지를 구거라고 한다.
④ 갈대밭, 실외에 물건을 쌓아두는 곳, 흙을 파내는 곳, 변전소, 송신소 및 다른 지목에 속하지 않는 토지를 잡종지라고 한다.

13 중요도 ★★★
다음 중 용도지역·지구·구역에 대한 설명으로 올바르지 않은 것은?

① 용도지역은 전국의 토지에 대하여 지정하며, 중복지정이 가능하다.
② 용도지구는 용도지역을 보완하기 위하여 국지적으로 지정되며, 중복지정이 가능하다.
③ 용도구역은 도시의 무질서한 확산·시가화를 방지하고 개발행위를 유보·제한하거나 수자원의 보호·육성을 위하여 이미 지정된 용도지역이나 지구와는 관계없이 독자적으로 지정된다.
④ 관리지역은 보전관리지역, 생산관리지역, 계획관리지역으로 세분하고 있다.

14 다음 중 용도지역에서의 행위제한에 대한 설명으로 사실과 다른 것은?

① 건폐율은 대지면적에 대한 건축면적의 비율을 의미한다.
② 용적률은 대지면적에 대한 건축물의 연면적의 비율을 의미한다.
③ 용도지역·지구 안의 도시계획시설에 대하여는 용도지구 안의 행위제한에 관한 규정을 적용하지 않는다.
④ 자연환경보호 등을 위하여 보전이 필요하나 자연환경보전지역으로 지정하기가 곤란한 지역은 보전관리지역으로 지정한다.

15 다음 중 특별시장·광역시장·시장 또는 군수의 허가를 받아야 하는 개발행위로 모두 묶인 것은?

가. 건축물의 건축 또는 공작물의 설치
나. 녹지지역·관리지역 또는 자연환경보전지역에 물건을 1개월 이상 쌓아놓는 행위
다. 토지의 형질변경
라. 재해복구 및 재난수습을 위한 응급조치

① 가, 나　　　② 나, 라　　　③ 가, 나, 다　　　④ 나, 다, 라

정답 및 해설

11　② 기존 도시지역과 비도시지역이 각각 도시계획법과 국토이용관리법으로 분리되어 난개발의 문제를 야기시켜 국토의 계획 및 이용에 관한 법으로 통합하였다.
12　④ ① 창고용지에 대한 설명이다.
　　　② 묘지의 관리를 위한 건축물의 부지는 대로 한다.
　　　③ 하천에 대한 설명이다.
13　① 용도지역은 중복지정이 불가능하다.
14　② 용적률은 대지면적에 대한 건축물의 지상층 연면적의 비율을 의미한다. 연면적은 원래 지하층을 포함하는 개념이나 용적률의 계산 시에는 지상층만을 고려하여 산정한다.
15　③ '가, 나, 다'는 허가대상에 해당한다.
　　　참고 허가를 받아야 하는 사항과 받지 않아도 되는 사항

허가를 받아야 하는 사항	허가를 받지 않아도 되는 사항
• 건축물의 건축 또는 공작물의 설치　• 토지의 형질변경 • 토석채취　　　　　　　　　　　　• 토지분할 • 녹지지역·관리지역 또는 자연환경보전지역에 물건을 1개월 이상 쌓아놓는 행위	• 재해복구 및 재난수습을 위한 응급조치 • 신고에 의해 설치 가능한 건축물의 증축·개축 또는 재축과 이에 필요한 범위 안에서의 토지의 형질변경 • 기타 허가를 받지 않아도 되는 경미한 행위

16 중요도 ★★
다음 중 건축에 대한 설명으로 올바르지 못한 것은?

① 신축은 건축물이 없는 대지에 새롭게 건축물을 축조하는 것이며, 증축은 기존 건축물이 있는 대지 안에서 건축물의 건축·연면적 또는 층수·높이를 증가시키는 것이다.
② 부속건축물만 있는 대지에 새롭게 주된 건축물을 축조하는 것은 증축에 해당한다.
③ 개축은 기존 건축물의 전부 또는 일부를 철거하고 그 대지 안에서 이전과 동일한 규모의 건물을 다시 축조하는 것이다.
④ 재축은 재해로 인해 건축물의 전부 또는 일부가 멸실된 경우 그 대지 안에서 이전과 동일한 규모의 건물을 다시 축조하는 것이다.

17 중요도 ★★
다음 중 건축허가·신고 및 제한에 대한 설명으로 올바르지 못한 것은?

① 21층 이상의 건축물 등 대통령령이 정하는 용도 및 규모의 건축물을 특별시 또는 광역시에 건축하고자 하는 경우, 특별시장 또는 광역시장의 허가를 받아야 한다.
② 바닥면적의 합계가 85㎡ 이내인 증축·개축·재축은 신고로써 허가를 갈음한다.
③ 건축물이 있는 대지는 용도지역별 대지의 분할제한 범위 내에서 당해 지방자치단체의 조례가 정하는 면적에 미달하게 분할할 수 없다.
④ 용도지역별 대지의 분할제한 범위는 주거·기타·상업·공업지역이 150㎡로 동일하다.

18 중요도 ★★★
다음 중 PF 사업의 물적 담보 확보 수단인 저당제도에 대한 설명으로 올바른 것은?

① 신탁설정을 통해 담보를 설정한다.
② 채권의 실행이 비교적 단기간 안에 끝날 수 있다.
③ 법원의 경매를 통해 채권을 실행한다.
④ 후순위권리설정의 배제가 가능해 담보가치 유지에 유리하다.

19 중요도 ★★★
다음 중 부동산펀드와 부동산투자회사에 대한 설명으로 올바르지 못한 것은?

① 부동산펀드는 펀드 재산의 50%를 초과하여 부동산 등에 투자하는 펀드로, 최소 자본금에는 제한이 없다.
② 부동산투자회사는 회사 재산의 70% 이상을 부동산에 투자하는 간접투자기구로, 최소 자본금은 50억원(자기관리형은 70억원) 이상으로 한다.
③ 부동산펀드는 금융감독원의 관리·감독을 받는 반면, 부동산투자회사는 국토교통부의 관리·감독을 받는다.
④ 부동산펀드의 자금차입은 자기자본을 기준으로 하는 반면, 부동산투자회사의 자금차입은 순자산을 기준으로 한다.

정답 및 해설

16 ② 부속건축물만 있는 대지에 새롭게 주된 건축물을 축조하는 것은 신축에 해당한다.
참고 증축에 해당하는 행위
- 기존 건축물이 있는 대지에 담장을 축조하는 행위
- 동일대지 내의 별동 건축물의 건축행위
- 1개 층의 건물을 나누어 2개 층으로 만드는 행위

17 ④ 용도지역별 대지의 분할제한 범위는 주거·기타지역은 60m², 상업·공업지역은 150m², 녹지지역은 200m²이다.

18 ③ 저당제도는 법원의 경매를 통해 채권을 실행한다.
참고 저당제도와 담보신탁제도의 비교

구 분	저당제도	담보신탁제도
담보설정방식	(근)저당권 설정	신탁설정
담보물 관리	채권기관에서 관리	신탁회사가 직접 관리
소요경비	등록세, 교육세, 채권 매입비	신탁보수
채권실행방법	법원경매	신탁회사 직접 공매
소요기간	장기간 소요	단기간 소요
환가 가액	저가 처분	상대적 고가 처분 (일반공개시장에서 공매)
신규임대차 및 후순위권리설정	배제 불가	배제 가능 (담보가치 유지에 유리)

19 ④ 부동산펀드의 자금차입은 순자산을 기준으로 2배 이내(전문투자자형 사모펀드는 4배 이내)까지, 부동산투자회사의 자금차입은 자기자본을 기준으로 2배 이내(주총 특별결의 시 10배)까지 가능하다.

20 중요도 ★★
다음 중 부동산 포트폴리오에 대한 설명으로 가장 올바른 것은?

① 부동산 포트폴리오의 전체수익률은 개별 부동산수익률을 가중평균한 값이다.
② 부동산 포트폴리오의 전체위험은 개별 부동산위험을 가중평균한 값이다.
③ 분산투자를 통하여 부동산 포트폴리오의 체계적 위험을 줄일 수 있다.
④ 부동산은 주식, 채권 등과 높은 상관관계를 가지므로 분산투자효과가 뛰어나다.

21 중요도 ★★★
다음 중 부동산 가치평가에 대한 설명으로 올바르지 못한 것은?

① 가격은 과거를 전제로 논의되는 개념이라고 한다면, 가치는 미래를 전제로 논의되는 개념이다.
② 시장가치란 감정평가의 대상이 되는 토지 등이 통상적인 시장에서 충분한 기간 동안 거래를 위해 공개된 후 그 대상물건의 내용에 정통한 당사자 사이에 신중하고 자발적인 거래가 있을 경우 성립될 가능성이 가장 높다고 인정되는 대상물건의 가액을 말한다.
③ 일반 경제·사회적 수준에서 모든 용도 및 지역의 부동산가격에 영향을 미치는 요인을 말하는 일반요인은 지역요인 및 개별요인과 함께 부동산 가치의 발생요인에 해당한다.
④ 동일수급권이란 인근지역과 유사지역 그리고 그 주변의 용도지역을 포함한 광범위한 지역을 말한다.

22 중요도 ★★
다음에서 설명하고 있는 부동산 가치추계원칙과 가장 가까운 것은?

- 대상부동산의 가치가 주변 환경에 의하여 영향을 받는다는 원칙이다.
- 해당 요인이 대상부동산의 가치에 긍정적인 효과를 미칠 때 외부경제, 부정적인 효과를 미칠 때 외부불경제라고 한다.

① 예측의 원칙　　　　　　　　② 수요공급의 원칙
③ 최유효이용의 원칙　　　　　④ 외부성의 원칙

23 중요도 ★★★

다음 중 원가법(원가방식)에 대한 설명으로 올바르지 못한 것은?

① 건물, 기계장치, 토지 등 재생산이 가능한 물건 등에 널리 적용할 수 있다.
② 기술이 진보할수록 재조달원가나 감가상각액의 파악이 곤란하다.
③ 대상물건의 재조달원가에 감가수정을 하여 대상물건의 가액을 산정하는 감정평가방법이다.
④ 시장성과 수익성이 반영되지 못한다.

24 중요도 ★★★

어느 부동산의 총수익이 35억원이고, 총비용이 10억원이다. 수익환원법을 통해 계산한 부동산의 수익가격으로 가장 적절한 것은? (단, 환원이율은 5%라고 가정함)

① 400억원 ② 500억원
③ 600억원 ④ 700억원

정답 및 해설

20 ① ② 부동산 포트폴리오의 전체위험은 개별 부동산위험을 가중평균한 값에 공분산을 추가적으로 고려하여야 한다.
　　③ 분산투자를 통하여 부동산 포트폴리오의 비체계적 위험을 줄일 수 있다.
　　④ 부동산은 주식, 채권 등과 낮은 상관관계를 가지므로 분산투자효과가 뛰어나다.
21 ③ 일반요인은 지역요인 및 개별요인과 함께 부동산 가치의 형성요인에 해당된다.
22 ④ 외부성의 원칙에 대한 설명이다.
23 ① 토지와 같이 재생산이 불가능한 자산에는 원가법을 적용할 수 없다.
24 ② 수익환원법을 통해 계산한 부동산의 수익가격 = (총수익 − 총비용)/환원이율
　　　　　　　　　　　　　　　　　　　　　　= (35억원 − 10억원)/5%
　　　　　　　　　　　　　　　　　　　　　　= 500억원

25 중요도 ★★
다음 중 부동산 개발사업의 경제성 분석에 대한 설명으로 올바르지 못한 것은?

① 시행사와 시공사의 사업수행능력과 자금운용능력을 분석해야 한다.
② 공급요인의 분석 시에는 인구통계, 고용, 금리, 실물동향, 시장참여자의 기대 등에 대해서도 분석해야 한다.
③ 주거지의 입지분석 시 거주자의 직업, 직장, 계층 등의 사회적 환경상황 및 조망 경관 등의 자연적 환경상황 등을 분석해야 한다.
④ 개발사업의 지출항목에는 대상물건 구입비, 공사비, 사업비, 제세공과금, 기타예비비 등이 해당한다.

26 중요도 ★★
다음 중 ( ) 안에 들어갈 숫자를 순서대로 바르게 나열한 것은?

> 자산관리회사를 설립하려는 자는 자본금이 ( )억원 이상이고, 자산운용 전문인력을 ( )인 이상 확보하여야 하며, 자산관리회사와 투자자 간, 특정 투자자와 다른 투자자 간의 이해상충을 방지하기 위한 체계와 전산설비, 기타 물적 설비를 갖추어야 한다.

① 70, 3
② 70, 5
③ 50, 3
④ 50, 5

27 중요도 ★★★
다음 중 부동산투자회사에서 처분제한이 적용되지 않는 투자자산은?

① 취득한 지 6개월인 국내소재 주택
② 취득한 지 2년인 국내소재 주택 이외의 부동산
③ 취득한 지 1년인 나대지(개발사업시행 이전)
④ 취득한 후 정관에서 정하는 기간을 넘지 않은 국외소재의 부동산

28 다음 중 부동산투자회사에 대한 설명으로 올바르지 못한 것은?

중요도 ★★

① 부동산투자회사는 최저자본금준비기간이 끝난 후에는 매 분기말 현재 총자산의 80% 이상은 부동산 또는 부동산관련증권 및 현금으로 구성하여야 한다.
② 부동산투자회사는 발기설립의 방법으로 해야 하며, 현물출자에 의한 설립은 불가능하다.
③ 부동산투자회사가 자산의 투자 또는 운용업무를 하고자 할 때에는 부동산투자회사의 종류별로 국토교통부장관의 영업인가를 받거나 국토교통부장관에게 등록하여야 한다.
④ 기업구조조정부동산투자회사는 건축물이나 그 밖의 공작물이 없는 토지는 해당 토지에 대한 부동산개발사업을 시행한 후가 아니면 그 토지를 처분하여서는 안 된다.

정답 및 해설

25 ② 인구통계, 고용, 금리, 실물동향, 시장참여자의 기대 등은 수요요인에 대한 분석이다.
26 ② 자산관리회사를 설립하기 위해서는 자본금이 70억원 이상이고, 자산운용 전문인력을 5인 이상 확보하여야 한다.
27 ② 국내소재 주택 이외의 부동산은 취득한 지 1년 이내가 처분금지의 대상이 된다.
28 ④ '건축물이나 그 밖의 공작물이 없는 토지는 해당 토지에 대한 부동산개발사업을 시행한 후가 아니면 그 토지를 처분하여서는 아니 된다'는 규정은 기업구조조정부동산투자회사에는 적용되지 않는다.

금융·자격증 전문 교육기관 해커스금융
fn.Hackers.com

제 **2** 과목

투자운용 및 전략 II/ 투자분석

총 30문항

제1장 대안투자운용 및 투자전략 5문항
제2장 해외증권투자운용 및 투자전략 5문항
제3장 투자분석기법 - 기본적 분석 3~4문항
제4장 투자분석기법 - 기술적 분석 4~5문항
제5장 투자분석기법 - 산업분석 3~4문항
제6장 리스크 관리 8문항

제1장 대안투자운용 및 투자전략

학습전략

대안투자운용 및 투자전략은 제2과목 전체 30문제 중 총 5문제가 출제된다.

대안투자운용 및 투자전략의 경우 대안투자의 정의 및 5가지 대안투자 즉 부동산, PEF, 헤지펀드, 특별자산펀드 및 신용파생상품(Credit Structure)에 대한 기초개념을 정리해야 한다. 대안투자와 전통투자의 차이, 헤지펀드와 공모펀드의 차이, PEF의 구조 및 운용제한에 대해 학습해야 한다. 헤지펀드 전략별 유형, 신용파생상품의 거래구조 및 특징에 대해서는 시험에 자주 출제되니 충분한 학습이 요구된다.

출제비중

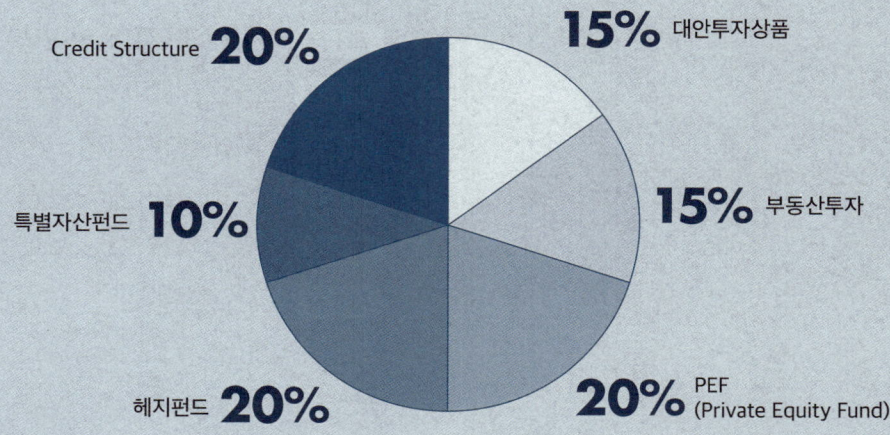

- Credit Structure 20%
- 특별자산펀드 10%
- 헤지펀드 20%
- 대안투자상품 15%
- 부동산투자 15%
- PEF (Private Equity Fund) 20%

출제포인트

구 분	출제포인트	중요도
대안투자상품 (15%)	01 대안투자상품의 개요	★★★
부동산투자 (15%)	02 부동산금융 03 부동산 개발금융 04 부동산펀드	★★ ★★ ★★★
PEF (Private Equity Fund) (20%)	05 PEF의 개념 06 PEF의 운용 07 Private Equity 투자	★★★ ★★★ ★★★
헤지펀드 (20%)	08 헤지펀드의 개요 09 Long/Short Equity 10 합병차익거래 11 전환증권차익거래 12 채권차익거래	★★★ ★★ ★★ ★★ ★★
특별자산펀드 (10%)	13 특별자산펀드의 개요	★★★
Credit Structure (20%)	14 Credit Derivatives의 종류와 구조 15 CDO의 이해	★★★ ★★★

대안투자상품의 개요 ★★★

다음 중 대안투자상품에 대한 설명으로 적절하지 않은 것은?

① 대부분 새로운 자산과 거래전략으로 과거 성과자료를 이용하거나, 벤치마크 대비 수익률을 추구하는 전략을 구사한다.
② 최근 동조화 현상으로 인해 상관관계가 높아지는 형태가 나타나기 때문에 새로운 근본적 변화에 대응하는 투자전략 및 포트폴리오 전략을 세워야 한다.
③ 최근 대안투자상품은 환금성이 높아지고, 투자자들의 인식이 높아져 기존의 기관투자자에서 일반투자자로 범위가 확대되고 있다.
④ 대안투자는 기존의 매수 중심 투자전략과는 다른 차입·공매도 등을 주로 이용하기 때문에 위험관리가 중요한 이슈가 된다.

♀ TIP 새로운 자산과 새로운 거래전략으로 과거 성과자료를 적용하기 힘들고, 벤치마크를 추적하기 힘들기 때문에 대부분 절대 수익률을 추구하는 전략을 구사한다.

핵심포인트 해설 대안투자상품의 개요 및 특징

(1) 대안투자상품의 개념
① 대안투자상품은 부동산, 인프라, PEF, 헤지펀드 등에 투자하는 상품으로 전통적 상품군과 낮은 상관관계를 가지고 있어 효율적인 포트폴리오 구성이 가능함
② 대안투자상품 : 부동산, Private Equity, 헤지펀드, 인프라, Commodity

(2) 대안투자상품의 특징 → 전통적 상품군과 차이점 중요함
① 전통적 투자상품군과 낮은 상관관계로 전통투자와 포트폴리오를 구성하면 효율적 포트폴리오 가능함 ← 손글씨를 중심으로 학습할 것
② 최근 낮은 상관관계에서 벗어나 차츰 동조화 및 상관관계가 높아지는 새로운 형태가 나타남
③ 대안투자에서 거래하는 자산은 대부분 장외시장에서 거래되기 때문에 환금성이 낮음
④ 환매금지기간이 있고 투자 기간이 장기간임
⑤ 대안투자는 기존의 투자전략인 매수중심 거래방식과 달리 차입, 공매도 및 파생상품 활용이 높아 위험관리가 중요함
⑥ 규제가 많으며, 대부분 새로운 자산과 새로운 거래전략이기 때문에 과거 성과자료 이용이 제한됨
⑦ 전통투자에 비해 운용자의 스킬이 중시되고 이 때문에 보수율은 높으며 성공보수가 함께 징구됨
⑧ 최근 환금성이 높아지며 투자자의 인식 개선으로 일반투자자들도 참여함

정답 ①

02

부동산금융 ★★

다음 중 부동산투자에 대한 설명으로 올바르지 못한 것은?

① ABS는 자산을 담보로 증권화하는 것으로, 자산을 소유자와 분리하여 유동화전문회사에 양도하고 유동화전문회사는 이를 담보로 ABS증권을 발행한다.
② MBS는 ABS의 일종이며, MBS는 ABS와 달리 주택저당채권을 전문적으로 유동화하는 기관이 있다.
③ REITs는 다수의 투자자로부터 자금을 모아 부동산 및 관련 사업에 투자한 후 투자자에게 배당을 통해 이익을 분배하는 회사로, 자본시장법에 근거하여 설립된다.
④ 부동산투자의 수익률 평가 방법 중 현금흐름 예측을 통한 측정 방법에는 순현재가치법, 수익성지수법, 내부수익률법이 있고 비율을 통한 방법에는 단위면적당 가격, Equity 배당률, 부채부담능력 비율, 수익환원율법 등이 있다.

♡ TIP 리츠는 부동산투자회사법에 근거하여 설립된 회사로서, 자본시장법에 의해 설립되는 부동산펀드와는 구분된다.

핵심포인트 해설 부동산금융

(1) 부동산금융
① 자산담보부증권(ABS : Asset Backed Securities)
 ㉠ 금융회사나 기업이 보유 중인 자산을 유동화전문회사에 양도하고 이를 담보로 발행한 증권
 ㉡ 자산보유자는 조기에 현금흐름을 창출시켜 유동성 위험을 회피할 수 있으며, 투자자는 다양한 포트폴리오를 구성할 수 있어 분산투자가 가능
② 주택저당증권(MBS : Mortgage Backed Securities)
 ㉠ ABS의 일종으로 주택저당채권을 전문으로 하는 유동화 중개기관이 있다는 것이 ABS와의 차이
 ㉡ 자산보유자는 채권과 담보권을 유동화 중개기관에 매각하고, 유동화 중개기관은 이를 담보로 MBS 발행
③ 리츠(REITs : Real Estate Investment Trusts)
 ㉠ 다수의 투자자로부터 자금을 모아 부동산 및 부동산 관련 사업에 투자한 후 투자수익을 투자자에게 배당 형식으로 분배하는 회사로 부동산투자회사법에 근거하여 설립
 ㉡ REITs의 지분은 증권시장에 상장되므로 유동성이 확보되고, 일반투자자들도 소액 투자가 가능

(2) 부동산 투자분석
① 비율을 사용한 투자성과 측정 : 단위면적당 가격, 수익환원율, Equity 배당률, 부채 부담능력 비율
② 현금흐름 예측에 의한 투자성과 측정 : 순현재가치, 수익성지수, 내부수익률, 조정된 내부수익률

정답 ③

부동산 개발금융 ★★

다음 중 부동산 개발금융에 대한 설명으로 올바르지 못한 것은?

① 프로젝트 금융(PF)이란 사업자와 법적으로 독립된 프로젝트로부터 발생하는 미래 현금흐름을 상환재원으로 자금을 조달하는 금융기법을 말한다.
② 프로젝트 금융은 기존의 대출과는 달리 출자자나 차주에 대하여 상환청구권을 가지지 않는 대신 미래현금흐름에 원리금 회수의 대부분을 의존하게 된다.
③ 시행사는 토지를 매입하고 사업의 주체가 되는 업체를 말하며, 사업을 진행하는 주체로서 전반적인 위험을 부담하고, 선순위 청구권자로서 가장 높은 수익을 취하게 된다.
④ 에스크로 계좌는 개발사업의 참여자 전원의 동의가 있을 경우에만 자금이 인출되며, 공과금, 필수경비, 대출원리금, 공사비, 사업이익 순으로 출금된다.

♀ TIP 시행사는 전반적인 위험을 부담하고 개발사업에서 발생하는 수익에 대해 가장 늦은 후순위에 해당하는 청구권을 가지게 되며 가장 높은 수익을 취하게 된다.

핵심포인트 해설 부동산 개발금융

(1) 부동산 개발금융(PF : Project Financing)
① 사업자와 법적으로 독립된 프로젝트로부터 발생하는 미래현금흐름을 상환재원으로 자금을 조달하는 금융기법
② 출자자나 차주에 대하여 상환청구권을 가지지 않는 대신 미래현금흐름에 원리금 회수의 대부분을 의존

(2) PF의 기본구조

시행사	• 토지를 매입하고 사업의 주체가 되어 시행하는 업체로, 낮은 신용등급으로 인해 대출이 어려움 • 전반적인 위험을 부담하며, 후순위 청구권자로 분양이 잘될 경우 가장 높은 수익을 취함 • 사업에서 발생하는 수익에 대해 가장 후순위 청구권을 가짐
시공사	• 부동산을 건축하는 역할로 완공책임이 있으며, 필요에 따라 공급받은 자금에 부분 보증을 함
대주단 또는 부동산펀드	• 부동산 개발금융에서 자금공급 역할, 재무적 조언자 및 자산관리자, 에스크로 계좌 관리 업무 수행
에스크로 계좌	• 부동산 개발사업 수익금 관리계좌로, 참여자 전원의 동의가 있을 경우에만 출금 • 출금 순서는 제세공과금, 필수경비, 대출원리금, 공사비, 사업이익의 순으로 출금

(3) PF 관련 주요 위험의 종류
토지확보위험, 사업위험, 인허가위험, 시공위험, 분양성검토, 대출금상환재원

정답 ③

부동산펀드 ★★★

다음 중 부동산펀드에 대한 설명으로 올바르지 못한 것은?

① 자본시장법에 의해 50%를 초과하여 부동산 및 부동산 관련 자산에 투자하는 펀드를 말한다.
② 부동산투자회사는 부동산투자회사법에서 정한 부동산투자회사 요건을 갖추고 총자산의 70% 이상을 부동산에 투자해야 한다.
③ REITs의 종류는 자기관리형, 위탁관리형, 기업구조조정형으로 구분된다.
④ 자본시장법상 부동산펀드는 폐쇄형으로만 설정해야 하나, 부동산 투자회사법상 REITs는 개방형으로 설정이 가능하다.

♀ TIP 부동산펀드 및 REITs는 모두 환매가 불가능한 폐쇄형으로만 설정이 가능하다.

핵심포인트 해설 부동산펀드

(1) 자본시장법에 의한 부동산펀드
① 펀드의 재산을 50% 초과하여 부동산 및 부동산 관련 자산에 투자 [폐쇄형] → 환매 불가능
② 부동산펀드는 투자신탁과 투자회사 형태가 모두 가능하나, 투자회사형의 경우 REITs와 구분하기 위해 [펀드 자산의 70% 이하]만 부동산에 투자 가능 → 부동산펀드의 회사형

(2) 부동산투자회사법에 의한 REITs(부동산투자회사)
① REITs의 종류는 자기관리형, 위탁관리형, 기업구조조정형으로 구분되며, 폐쇄형으로만 설정 가능
② REITs 자산의 [70% 이상을 부동산에 투자] → 회사법상 부동산투자회사

(3) 부동산펀드와 부동산투자회사의 구분

종 류	부동산펀드(투자신탁)	부동산투자회사(REITs)
근거법	• 자본시장과 금융투자업에 관한 법률	• 부동산투자회사법
최소자본금	• 제한 없음	• 50억원(자기관리형 70억원)
자산운용	• 부동산 개발, 대출, 매입, 운용 • 부동산 등에 50% 초과 투자	• 부동산 개발, 매입, 운용 • 부동산 등에 70% 이상 투자
투자기간	1년 이상	
자금대여	• 순자산의 100% 이내	• 금 지

정답 ④

05 | PEF의 개념 ★★★

다음 중 PEF에 대한 설명으로 올바르지 못한 것은?

① 소수의 투자자로부터 자금을 모집하여, 공개시장이 아닌 곳에서 투자대상을 물색하며, 일반적으로 장외매각을 통해 자금을 회수하는 펀드이다.
② PEF는 일반적으로 limited partnership으로 운용되는데 이는 운용자인 무한책임사원이 PEF에 직접 투자하는 것을 금지함으로써 본인-대리인 문제를 해결하는 수단이 된다.
③ Capital Call은 무한책임사원의 출자 요청을 말하며, 이는 당장 투자에 쓰이지 않는 불필요한 자금으로 펀드 수익률이 낮아지는 것을 막아준다.
④ 특정 수로 임명된 핵심인력은 명시된 기간 내에 회사를 그만둘 수 없으며, 핵심인력이 PEF를 운영하지 못하게 될 경우 유한책임사원은 펀드에서 탈퇴할 수 있도록 partnership agreement를 체결할 수 있다.

♀ TIP limited partnership은 운용자인 무한책임사원이 PEF에 직접 투자 가능하게 함으로써 본인-대리인 문제를 해결하는 수단이 된다.

핵심포인트 해설 PEF의 개념

(1) PEF(Private Equity Fund)의 개념과 종류
① 소수의 투자자들로부터 자금을 모집, 공개시장이 아닌 곳에서 투자대상 물색, 장외매각을 통해 자금을 회수
② 투자 대상에 따른 PEF 분류
  ㉠ 기업 인수·합병 전문 Buyout Fund
  ㉡ 벤처캐피탈

Seed Capital	회사 설립 전 연구 개발 등에 투자
Start-up and Early Stage	회사 설립 초기단계의 벤처기업에 투자
Mezzanine	IPO 전 단계에 있는 벤처기업의 CB 등에 투자

  ㉢ 부실채권 및 담보 부동산에 투자하여 수익을 내는 Vulture Fund

(2) PEF의 법적 형태
① PEF는 일반적으로 무한책임사원과 유한책임사원으로 구성
② 무한책임사원은 펀드 설립하고 투자, 운영하며 사후손실보상 등 최종 책임 부담(PEF 전문 운용사, 은행계 자회사)
③ 유한책임사원은 PEF에 투자한 범위 안에서만 책임(연기금, 은행, 보험)
④ PEF의 limited partnership은 운용자인 무한책임사원도 PEF에 직접 투자함으로써 본인-대리인 문제를 해결하게 함

(3) 주요 용어
① Capital Commitment : 유한책임사원이 투자액 전액을 납입하는 대신 투자하고자 하는 금액에 대해 약속함
② Capital Call : 무한책임사원의 출자 요청을 말하며, 요청이 있을 시 유한책임사원의 자금 납입이 이루어짐
③ Reinvestment(재투자) : PEF는 잔존기간이 얼마 남지 않은 상황에서만 자금을 회수하기 때문에 재투자하지 않음
④ Coinvestment(공동투자) : 유한책임사원이 PEF에 투자한 금액 이외에 투자 가치가 높다고 판단될 경우 기존의 투자자금과 별개로 자금을 투자 대상 기업에 추가 투자하는 것을 의미
⑤ Key Man Clause(핵심인력조항) : 특정 수로 임명된 핵심인력은 명시된 기간 내에 퇴사 불가

정답 ②

06

PEF의 운용 ★★★

다음 중 PEF 사원에 대한 설명으로 올바르지 못한 것은?

① 사원의 구성은 100인 이하로 이 중 50인 이상이 일반투자자이어야 한다.
② 유한책임사원은 무한책임사원의 동의를 통해 지분을 양도할 수 있으나, 무한책임사원은 사원 전원 동의에 의해서만 지분의 양도가 가능하다.
③ 유한책임사원은 무한책임사원을 감시, 감독할 수 있는 전문성과 위험감수능력을 보유한 기관투자자와 이에 준하는 자로 한정한다.
④ 업무집행사원은 6개월에 1회 이상 PEF의 재무제표 등을 유한책임사원에게 제공해야 한다.

♀ TIP 사원의 구성은 100인 이하로 법으로 정한 연고자, 전문가 외에는 50인 이상의 일반투자자에 대하여 청약권유가 금지되어 있다.

핵심포인트 해설 PEF의 법적규제

(1) PEF 설립요건
① 신문, 잡지, 방송 등을 통한 광고를 금지하고 100인 이하의 투자자로부터 자금을 모집
② 법으로 정한 연고자, 전문가 외에는 50인 이상의 일반투자자에 대하여 청약권유 금지
③ 설립등기일로부터 2주 이내에 금융위원회에 등록

(2) PEF 사원의 구분

무한책임사원의 운용행위를 감시·감독할 수 있는 전문성과 위험감수능력을 보유한 기관투자자와 이에 준하는 자로 한정

구 분	무한책임사원	유한책임사원
사원의 역할	업무를 집행할 권리와 의무	업무집행, 대표행위 금지
등기·등록	등기·등록대상	등기·등록사항 제외
지분 양도	사원 전원의 동의 필요	무한책임사원의 동의 필요

(3) 무한책임사원의 상법상 합자회사 규정 특례(예외조항)
① 일반회사는 무한책임사원이 될 수 없도록 한 상법규정 배제(즉, 회사가 PEF 무한책임사원이 될 수 있음)
② 무한책임사원은 노무 또는 신용 출자 금지(출자 시 금전 또는 시장성 있는 유가증권만 가능)
③ 상법상 합자회사에 대한 무한책임사원의 경업금지 의무 배제(즉, 무한책임사원의 경업 가능)
④ 무한책임사원의 임의퇴사권을 인정하지 않음 → 투자금지를 의미하는 것이 아님

(4) 업무집행사원 관련 규정
① 무한책임사원 중 PEF 운영자 역할을 수행하는 업무집행사원 선정(1인 또는 수인 가능)
② 업무집행사원의 도덕적 해이 방지 및 대리인 문제 해결을 위한 여러 법적 장치(금지행위)
  ㉠ PEF와 거래, 일정한 이익의 보장을 조건으로 사원 권유, PEF의 자산내역을 동의 없이 타인에게 공개
  ㉡ PEF에 관한 정보를 고유재산 운용에 이용하는 행위, PEF의 본질적 업무를 제3자에게 양도하는 행위
  ㉢ 운용과 업무집행사원을 구분하지 않는 행위, 전문인력이 아닌 자가 PEF의 업무를 하도록 하는 행위
③ 6개월에 1회 이상 PEF의 재무제표 등을 유한책임사원에게 제공해야 함

정답 ①

다음 중 PEF의 자산운용에 대한 설명으로 올바르지 못한 것은?

① 경영참여를 목적으로 한 경우 10% 이상 다른 회사 지분 취득 후 나머지는 재무적 투자가 가능하며, 순자산의 400%까지 레버리지 이용이 가능하다.
② 대기업 집단에 속하게 되는 PEF는 타 회사를 계열사로 편입한 경우 5년 이내에 타 회사 지분을 매각해야 한다.
③ 무한책임사원이 비금융주력자인 경우에도 유한책임사원이 PEF에 10% 초과 투자한다면 단순 투자자임을 감안하여 은행에 투자가 가능하다.
④ 은행 또는 금융지주회사가 발행한 주식총수의 4% 이상 취득 시 무한·유한책임사원 내역을 공개해야 한다.

TIP 무한책임사원이 비금융주력자(산업자본)인 경우 PEF에 대한 지분 비율에 관계없이 은행 소유가 금지된다.

핵심포인트 해설 PEF의 자산운용

(1) 사모펀드 체계 개편과 PEF
기존의 '전문투자형 사모집합투자기구'와 PEF에 해당하는 '경영참여형 사모집합투자기구'를 투자자의 범위에 따라 '일반 사모집합투자기구'와 기관 전용 사모집합투자기구로 개편 → 진입이 용이함

(2) 자산운용방법
① 경영참여 목적 위주의 투자운용을 할 필요가 없으며, 10% 이상 다른 회사 지분 취득 후 나머지 재무적 투자 가능
② 순자산의 400%까지 레버리지 사용 가능
③ 금융기관이 무한책임사원인 PEF는 종전의 운용규제 적용
④ 다른 PEF와의 공동 투자 방법(4개의 PEF가 10% 투자 시 각 2.5% 투자) : 지분증권 또는 주권 관련 사채 공동 취득·처분, 상호 양도·양수 및 집합투자재산의 운용에 대한 의결권

(3) 자산운용제한
① 대기업 집단에 속하게 되는 PEF는 타 회사를 계열사로 편입한 경우 5년 이내에 타 회사 지분 매각
② 계열사 지분 취득 금지 및 금융회사가 동일 PEF에 출자 시 총액의 30% 초과 출자 금지
③ 은행 또는 금융지주회사가 발행한 주식총수의 4% 이상 취득 시 무한·유한책임사원 내역 공개

(4) PEF의 은행 소유 관련
① 무한책임사원이 비금융주력자(산업자본)인 경우 PEF에 대한 지분 비율에 관계없이 은행 소유 금지
② 유한책임사원이 비금융주력자인 경우 PEF에 10% 초과 투자 시, 그 PEF를 비금융주력자로 간주

(5) 지주회사 규정 적용 10년 유예
① PEF에 대한 지주회사 규정 10년 배제 이유는 PEF가 지주회사가 될 경우 지주회사 규정으로 인해 사실상 PEF의 활동이 불가능하기 때문
② 지주회사 규정 적용 유예는 PEF가 분산투자를 통해 이익을 극대화하게 하기 위함

정답 ③

08

Private Equity 투자 ★★★

Private Equity 투자에 대한 설명으로 가장 거리가 먼 것은?

① Private Equity 투자는 Outright Buyout, Joint Venture, Joint Acquisition 형태로 구조화할 수 있다.
② 시장가치보다 자산가치가 크며, 자사주 규모가 크고, 배당이 많으며, 모자간 지분구조가 단순한 기업이 선호된다.
③ 투자회수 방법에는 매각, 상장, 유상감자 및 배당, PEF 자체상장 등이 있다.
④ PEF의 자금조달은 금융기관으로부터 차입하는 선순위 채권이 50~60%를 차지한다.

♀ TIP PEF 투자대상에는 저PER, 저PBR, 저PCR 등 저평가 기업, 자산가치가 시장가치보다 큰 기업, 유보율이 높고 배당을 최소화하는 기업 등이 있다.

핵심포인트 해설 Private Equity 투자

(1) 인수 대상 기업 선정
① 경기변동에 영향을 덜 받는 기업
② 안정된 성장과 수익의 창출이 기대되는 기업
③ 부실기업, 구조조정 또는 지배구조 변경을 통해 기업가치 상승이 기대되는 기업
④ 기업 부동산 매입

(2) PEF 투자 대상 선정기준
① 경영진의 역량이 부족한 기업, 업계 리더가 될 수 있는 가치요소를 갖고 있는 기업
② 저PER, 저PBR, 저PCR 등 저평가 기업, 자산가치가 시장가치보다 큰 기업, 유보율이 높고 배당을 최소화하는 기업
③ 모자간 지분구조가 단순하며, 자사주 보유 규모가 큰 기업
④ 장기투자에 안정적이며, 증권시장 상황 변화에 따른 변동성이 크지 않은 기업

(3) 구조화와 PEF 설립 : Private Equity 투자는 Outright Buyout, Joint Venture, Joint Acquisition으로 구분

Outright Buyout	원보유자가 기업 혹은 사업부를 특수목적회사를 통해서 매각 후 원보유자는 핵심사업에 집중
Joint Venture	원보유자가 기업 혹은 사업부를 매각 후 지분투자함으로써 매각한 사업부에서 발생하는 이익을 공유
Joint Acquisition	원보유자가 전략적 투자자를 이용하여 기업 혹은 사업부를 매각하는 방식

(4) 자금조달
① 선순위 채권을 통해 조달 — 금융기관 등을 통해 조달하며 외부조달자금의 50~60% 정도 차지
② 후순위 채권(고수익 채권, 전환사채, 신주인수권부 사채) 발행 — 일반적으로 Junk Bond 성격이며, 외부조달자금의 30~35% 정도 차지
③ 추가자본출자(선순위, 후순위 채권자 등이 추가적으로 참여) — 외부조달자금의 10~15% 정도 차지

(5) 투자회수(Exit)
① 매각 : 일반기업 또는 다른 PEF에 매각
② 상장 : 기업공개를 통한 일반투자자들에게 매각
③ 유상감자 및 배당 : 기업의 수명 단축, 장기 성장성 저해 등 부작용 초래
④ PEF 자체 상장 : 대규모 차입이 어려운 경우

정답 ②

제1장 대안투자운용 및 투자전략

헤지펀드의 개요 ★★★

다음 중 헤지펀드에 대한 설명으로 올바른 것은?

① 통상적인 집합투자기구에 부과되는 차입의 규제를 받지 않으며, 파생상품 투자 및 공매도가 가능하나 투기 목적으로는 제한된다.
② 기초자산을 보유해야만 거래가 가능하며, 파생상품 또한 적극적으로 활용할 수 있다.
③ 고수익을 추구하기보다는 자본 보존과 꾸준한 수익률을 추구하며, 일반적으로 벤치마크가 무위험이자율인 절대 수익률을 추구한다.
④ 다양한 리스크 또는 복잡한 구조의 상품에 투자하기 때문에 투자 시간이 장기이며, 일반적으로 폐쇄형이기 때문에 정기적 펀드 매각이 불가능하다.

TIP 투기 목적의 공매도, 파생상품의 활용이 가능하며, 공매도가 가능하기 때문에 기초자산을 보유하지 않은 상태에서도 거래가 가능하고, 정기적인 펀드 매각이 인정된다.

핵심포인트 해설 헤지펀드의 정의 및 특징

(1) 정의 → 헤지펀드는 법적으로 정확한 정의를 내리기 어려움
① 통상적으로 집합투자기구에 부과되는 차입 규제를 받지 않아 높은 수준의 차입 활용 가능
→ 대안투자상품의 일반적 특성과 다름에 주의
② 운용보수와 성과보수 부과
③ 분기, 반기 또는 연별로 정기적 펀드의 매각이 인정
④ 헤지펀드 운용자 자신이 고액의 자기 자금 투자 가능
⑤ 투기목적 파생상품 활용 및 공매도 가능
⑥ 다양한 리스크 또는 복잡한 구조의 상품에 투자

(2) 주요 특징
① 적극적으로 운용되는 사모펀드
② 저위험/고수익을 위해 공매도, 레버리지, 파생상품 등 다양한 투자수단 활용
③ 높은 성과보수 부과 : 최우수 운용인력 유인
④ 절대 수익 추구(벤치마크는 무위험이자율)
⑤ 고수익보다는 자본 보존과 꾸준한 수익률 추구 → 대안투자상품의 일반적 특성과 다름에 주의
⑥ 규제가 적은 반면 투명성은 낮음
⑦ 설정과 환매가 비교적 자유롭지 못함
⑧ 제한된 수의 적격투자자에게 허용되며, 합자회사 형태가 많음
⑨ 헤지펀드가 일반적인 투자포트폴리오에 편입되면 낮은 상관관계로 위험이 감소

정답 ③

10 헤지펀드의 개요 ★★★

다음 중 헤지펀드 운용전략에 대한 설명으로 올바르지 못한 것은?

① 차익거래전략은 공매도와 차입을 사용하며, 전환사채차익거래, 채권차익거래, 주식시장 중립형 전략 등이 있다.
② 주식시장 중립형 전략은 동일 규모의 롱 포지션과 숏 포지션을 통해 베타를 중립화시키는 전략으로 강세시장에서는 좋은 성과를 내는 반면 약세시장에서는 좋지 못한 성과가 발생할 수 있다.
③ 주식의 롱숏 전략은 롱 포지션과 숏 포지션의 배분비율에 따라 차익거래전략이 될 수도, 방향성 전략이 될 수도 있다.
④ 부실채권투자는 재무적 어려움을 겪는 기업에 대한 정보 불균형을 이용하는 전략으로 수동적 헤지펀드는 부실채권을 매입 후 보유하나, 적극적 헤지펀드는 기업의 의사결정에 영향력을 행사하기도 한다.

♀ TIP 주식시장 중립형은 강세시장과 약세시장 모두에서 좋은 성과를 낸다.

핵심포인트 해설 헤지펀드의 운용전략 (1)

→ 전략의 종류 구분 중심으로 학습

(1) 차익거래 전략
① 정의 : 시장의 비효율성 및 가격 불일치에 기초한 차익거래와 시장 변동성에 중립화하는 투자전략
② 종 류
 ㉠ 전환사채차익거래 : 전환사채와 주가 간의 가격 불일치 발생 시 기초주식의 가격변동에 상관없이 극대화된 이익을 취함
 ㉡ 채권차익거래 : 채권 등 금융상품 간 가격차이가 수렴하는 과정에서 수익을 추구
 ㉢ 주식시장 중립형 : 동일 규모의 롱과 숏 포지션을 통해 베타를 중립화 시킴으로써 시장 움직임과 상관없이 절대 수익 추구
  배당이익   공매도로 발생한 현금에 대한 이자

(2) Event Driven 전략
① 정의 : 위험을 적극적으로 취하고, 상황에 따라 공매도 및 차입을 사용하며, 기업상황에 영향이 큰 사건을 예측하고 이에 따라 발생하는 가격변동을 이용하여 수익을 창출하는 방법
② 종 류
 ㉠ 부실채권투자 : 재무적 곤경에 처한 기업의 정보 불균형으로 부실채권의 가치가 저평가되는 경향을 이용
 ㉡ 위험차익/합병차익거래 : 위험차익거래는 기업인수를 시도하는 기업의 주식을 공매도, 매수대상 기업의 주식을 매입, 합병차익거래는 시장중립포지션을 유지하는 방법

정답 ②

제1장 대안투자운용 및 투자전략

11

> 헤지펀드의 개요 ★★★

다음에서 설명하는 전략으로 가장 적절한 것은?

> 위험을 적극적으로 취하고, 상황에 따라 차입과 공매도를 사용하며, 시장의 위험을 헤지하여 수익을 극대화하기보다는 증권이나 시장의 방향성에 따라서 매매기회를 포착하는 기법

① 전환사채 차익거래
② 주식시장 중립형
③ 부실채권투자
④ 글로벌 매크로

TIP 방향성 전략에는 주식의 롱숏, 글로벌 매크로, 이머징마켓 헤지펀드, 선물거래 등이 있다.

핵심포인트 해설 헤지펀드의 운용전략 (2)

(1) 방향성 전략
　① 정의 : 차입과 공매도를 이용하여 시장 위험을 헤지한 종목 선택으로 수익을 극대화하기보다는 증권이나 시장의 방향성에 따라서 매매 기회를 포착하는 기법
　② 종류
　　㉠ 주식의 롱숏 : 가격 상승이 기대되는 종목에 롱, 하락이 기대되는 종목에 숏 포지션을 취한 후 시장의 변동성을 축소시킴으로써 이익을 추구
　　㉡ 글로벌 매크로 : 헤지를 하지 않고 경제 추세나 특정한 사건에 영향을 받는 시장 방향을 예측하여 투자하며, 다른 전략에 비해 차입을 많이 사용하고, 수익률과 위험이 큼
　　㉢ 이머징마켓 헤지펀드 : 신흥시장이 선진국 시장보다 비효율적이고 낮은 유동성을 이용한 전략으로 공매도보다는 매수중심 전략을 사용

(2) 펀드 오브 헤지펀드 전략
　① 정의 : 특정 헤지펀드에 투자하는 것이 아닌 15~30개 헤지펀드의 포트폴리오에 투자
　② 특징
　　㉠ 분산투자 효과가 크며, 자산을 선택하기보다는 운용자를 선택하여 투자
　　㉡ 수수료가 이중으로 부과되고, 하위펀드 운용자를 통제할 수 없음

정답 ④

12

Long/Short Equity ★★

다음 중 Long/Short Equity 전략에 대한 설명으로 올바르지 못한 것은?

① 매도포지션의 경우 주식 시장이 상승할 때 개별주식은 더 낮게 상승하고, 하락할 때 더 크게 하락해야 한다.
② 비정상적으로 확대된 두 자산의 가격 차이가 정상 수준으로 복귀하는 것을 노리는 전략은 수렴형이다.
③ 발산형은 기본적 분석에 근거하여 매매진입 판단을 하는 반면, 수렴형은 계량적 정보를 이용하는 경우가 대부분이다.
④ 일시적인 비정상적 차이에서 발생하는 수렴형이 발산형에 비해 단위 회전당 수익률이 높은 편이다.

TIP 일시적 비정상적 차이에서 발생하는 수렴형에 비해 발산형이 단위 회전당 수익률은 높은 편이다.

핵심포인트 해설 Long/Short Equity (1)

(1) Long/Short Equity 전략의 개념
① 시장중립형 전략은 매수와 매도, 레버리지를 동시에 사용하는 전략으로, 시장의 상승과 하락에 모두 투자하여 시장 위험으로부터 중립적 포지션을 구축
② 롱 포지션에서 개별주식은 주식시장 상승 시 더 상승하고, 주식시장 하락 시 덜 하락해야 함
③ 숏 포지션에서 개별주식은 주식시장 상승 시 덜 상승하고, 주식시장 하락 시 더 하락해야 함
④ Long/Short 전략의 관건은 주식시장의 상승보다 더 많이 상승하는 주식을 선택하여 매수하는 것과 주식시장의 하락보다 더 많이 하락하는 주식을 선택하여 매도하는 것임

(2) 발산형과 수렴형 롱숏 전략
① 발산형 : 두 자산 간의 가격차가 일시적 혹은 구조적으로 확대되는 것을 노리는 전략
  ㉠ 매매진입 판단 시 기본적 분석 사용
  ㉡ 매매당 수익률이 높음
② 수렴형 : 비정상적으로 확대된 두 자산 가격의 차이가 정상 수준으로 복귀하는 것을 노리는 전략
  ㉠ 매매진입 판단 시 계량적 정보를 이용
  ㉡ 회전률이 높음

정답 ④

13  Long/Short Equity ★★

다음 중 Long/Short Equity 전략에 대한 설명으로 거리가 먼 것은?

① 잘 구성된 Long/Short 포트폴리오는 구조적 위험과 시장위험이 발생하지 않는다.
② Net Market Exposure는 시장위험에 얼마만큼 노출되어 있는지에 대한 정도를 보여주는 지표로 포트폴리오 성과가 주식시장에 의존하는 정도를 말한다.
③ Long/Short Ratio는 Long Position과 Short Position의 균형을 보여주는 지표로 헤지펀드 매니저의 주식선택능력을 보여준다.
④ Long/Short Ratio가 높을 경우 레버리지를 이용하여 성과를 극대화할 수 있다.

TIP Long/Short Ratio가 낮을 경우 레버리지를 이용하여 성과를 극대화할 수 있다.

핵심포인트 해설 Long/Short Equity (2)

(1) 시장중립전략(Market Neutral Strategy)
① 동일한 금액의 Long Position과 Short Position을 보유하는 전략
② 잘 구성된 Long/Short 포트폴리오는 구조적 위험과 시장위험이 발생하지 않고, 수익은 이자수익과 Long/Short 스프레드 합으로 구성
③ 주식의 선택이 Long/Short 전략에서 가장 중요

(2) Net Market Exposure
시장위험에 얼마만큼 노출되어 있는지에 대한 정도를 보여주는 지표로, 포트폴리오 성과가 주식시장에 의존하는 정도를 말함

$$\text{Net Market Exposure} = \frac{\text{Long Exposure} - \text{Short Exposure}}{\text{Capital}}$$

(3) Long/Short Ratio
Long Position과 Short Position의 균형을 보여주는 지표로 헤지펀드 매니저의 주식선택능력을 보여줌

$$\text{Long/Short Ratio} = \frac{\text{Long Exposure}}{\text{Short Exposure}}$$

(4) Gross Exposure
① 레버리지를 나타내는 지표
② Long/Short Ratio가 낮을 경우 레버리지를 이용하여 성과를 극대화할 수 있음

$$\text{Gross Exposure} = \frac{\text{Long Exposure} + \text{Short Exposure}}{\text{Long Exposure} - \text{Short Exposure}}$$

정답 ④

14

합병차익거래 ★★

합병차익거래에 대한 설명으로 적절하지 않은 것은?

① 합병차익거래는 발표된 정보에만 집중하고, 미공개 정보에 투자하지 않는다.
② 일반적으로 피인수기업의 주식을 매수하고, 인수기업의 주식을 매도하는 포지션을 취한다.
③ Cash Merger는 피인수합병회사의 주식을 사거나, 피인수합병회사의 주식가격을 기초자산으로 하는 옵션에 투자하는 전략으로 주식가격 변동위험에 노출된다.
④ Stock Swap Merger에서 주식 교환비율이 인수기업 0.8주와 피인수기업 1주, 인수기업의 주가가 10,000원, 피인수기업의 주가가 6,000원이라면 Gross Spread는 2,000원이다.

♀ TIP Cash Merger는 주식가격 변동위험에는 노출되지 않고, Event Risk에만 노출된다.

핵심포인트 해설 합병차익거래

(1) 개념
① 발표된 M&A, 공개매수, 자본의 재구성, 분사(Spin-off) 등과 관련된 주식을 사고파는 이벤트 투자형 차익거래전략
② 포지션 : 일반적으로 피인수합병기업의 주식 매입 + 인수기업의 주식 매도
③ 합병차익거래는 발표되지 않은 추측 정보에 투자하지 않고, 발표된 정보에만 집중

(2) 유형
① Cash Merger
  ㉠ 피인수기업의 주식을 매입하거나, 피인수합병회사 주식가격을 기초자산으로 하는 옵션에 투자
  ㉡ 주식가격 변동에 영향을 받지 않고, Event Risk에만 노출됨
② Stock Swap Merger
  ㉠ 피인수기업의 주식 매입 + 인수기업의 주식 매도
  ㉡ 교환비율에 의해서 Long/Short Ratio 결정
  ㉢ Gross Spread

> Gross Spread = Merger가 완료된 후 기업가치(= 인수기업의 주가 × 교환비율) − 피인수기업의 주가

정답 ③

제1장 대안투자운용 및 투자전략

15

전환증권차익거래 ★★

다음 중 전환증권차익거래에 대한 설명으로 올바르지 못한 것은?

① 전환사채차익거래에서는 변동성과 Convexity는 크고, 배당률과 전환프리미엄은 낮은 전환사채를 선호한다.
② 전환사채의 가격이 1,000원, 전환가격이 100원, 전환사채의 Delta가 0.5라면 델타 중립 포지션을 구축하기 위해 매도해야 할 주식 수는 5개이다.
③ Balanced Convertible은 전환사채 2단위 매수와 기초주식 1단위 매도를 통해 좌우대칭형 구조를 만든다.
④ Gamma Trading에서 Convexity가 크면 기초주식 가격의 움직임에 따른 헤지비율의 오차가 커져, 감마를 이용한 투자 시 손실 가능성이 커진다.

+용어 알아두기

내재변동성 미래 특정 시점까지 시장이 생각하는 변동성의 기댓값을 말하며, 이 값이 큰 옵션일수록 고평가되어질 가능성이 있다.

♥ **TIP** Convexity가 크면 기초주식 가격의 움직임에 따른 헤지비율의 오차가 커져, 감마를 이용하여 수익을 얻을 기회가 커진다.

핵심포인트 해설 전환증권차익거래

(1) 개념
① 정의 : 전환사채 매수(저평가) + 기초자산 주식 매도(고평가) + 이자율 및 신용위험 헤지
② 선호되는 전환사채 → 저평가되거나 유동성 확보가 쉬운 증권
   ㉠ 기초자산의 변동성이 크고 Convexity가 큰 전환사채
   ㉡ 유동성이 높고 기초주식을 쉽게 빌릴 수 있는 전환사채
   ㉢ 낮은 Conversion Premium(전환프리미엄)을 가진 전환사채
   ㉣ 배당이 없거나 낮은 배당률을 갖는 기초자산의 전환사채
   ㉤ 낮은 Implied Volatility(내재변동성)로 발행된 전환사채

(2) 종류
① Cash-flow Arbitrage : 주식을 매도하여 발생한 현금흐름으로 전환사채를 매수하는 거래
② Volatility Trading
   ㉠ Delta Hedging : 옵션 델타의 변동에 따라 계속해서 기초주식 매도비율을 조정하여 델타를 0으로 만들어 헤지하는 전략
   ㉡ 델타 중립 포지션 : 기초자산인 주식의 변동성을 매수한 포지션으로 주식가격의 상승·하락과 무관하게 움직이기만 → 변동성 발생 시 이익 한다면 이익 발생
   ㉢ Balanced Convertible : 전환사채 2개 매수와 주식 1개 매도로 구축, 이때 전환사채의 델타가 0.5일 경우 좌우 대칭구조로 위험 중립포지션(델타중립과 같음)
③ Gamma Trading : 델타의 변화에 따른 기초주식 매매를 통해 추가적인 이익을 얻는 전략
   ㉠ 감마가 작은 경우 델타 변동성이 작기 때문에 매매를 자주 안 함
   ㉡ 감마가 큰 경우 델타 변동성이 크기 때문에 매매를 자주 함
   ㉢ Convexity가 크면 기초주식 가격의 움직임에 따른 헤지비율의 오차가 커져, 감마를 이용하여 수익을 얻을 기회가 커짐

정답 ④

16

채권차익거래 ★★

다음 중 채권차익거래에 대한 설명으로 올바르지 못한 것은?

① Issuance Driven Arbitrage는 스프레드가 감소할 때 이익이 발생한다.
② Yield Curve Steepener는 수익률 곡선의 기울기가 작아질 것이 예상될 때 사용하는 전략이고, Yield Curve Flattener는 수익률 곡선의 기울기가 커질 것이 예상될 때 사용하는 전략이다.
③ Hump형은 중기채를 매수하고 단기채와 장기채는 매도, Trough는 중기채를 매도하고 단기채와 장기채를 매수한다.
④ Break-even Inflation Trades는 이자율 위험 제거 후 인플레이션 관련 위험만 수익화하는 전략이다.

⁺용어 알아두기
Off-the-run 발행한 지 오래되어 유동성이 낮은 채권
On-the-run 발행한 지 얼마 되지 않아 유동성이 높은 채권

◉ TIP Yield Curve Steepener는 수익률 곡선의 기울기가 커질 것이 예상될 때 사용하는 전략이고, Yield Curve Flattener는 수익률 곡선의 기울기가 작아질 것이 예상될 때 사용하는 전략이다.

핵심포인트 해설   채권차익거래

(1) Issuance Driven Arbitrage(Snap Trade)
  ① Off-the-run채권이 On-the-run채권에 비해 유동성이 떨어져 할인되어 거래되는 현상을 이용
  ② On-the-run채권은 매수 + Off-the-run채권은 매도(스프레드가 감소할 때 이익)

(2) Yield Curve Arbitrage → 수익률의 움직임을 가격 움직임으로 변화해서 가격 상승(수익률 하락) 시 매수, 가격 하락(수익률 상승) 시 매도
  ① Yield Curve Flattener는 수익률 곡선의 기울기가 작아질(flat) 것이 예상될 때 사용하는 전략
    ㉠ 단기채 매도 + 장기채 매수   → 기울기가 평평해짐
    ㉡ 내재변동성에 대한 매수 포지션
  ② Yield Curve Steepener는 수익률 곡선의 기울기가 커질(steep) 것이 예상될 때 사용하는 전략
    ㉠ 단기채 매수 + 장기채 매도   → 기울기가 가팔라짐
    ㉡ 내재변동성에 대한 매도 포지션
  ③ Yield Curve Butterfly는 수익률 곡선이 부드러운(smooth) 모습을 보여야 하는 속성에 착안한 전략으로 3개의 다른 만기를 가진 채권으로 구성   → 굴곡진 그래프가 직선으로 변경됨
    ㉠ Hump(낙타등) : 중기채 매수 + 단기채, 장기채 매도
    ㉡ Trough(계곡모양) : 중기채 매도 + 단기채, 장기채 매수

(3) Carry Trade
  낮은 금리로 자본을 조달하여 높은 금리에 투자하는 전략

(4) Break-even Inflation Trades(이자율 위험 제거 후 인플레이션 관련 위험만 수익화)
  ① 인플레이션 예상 시 : 물가연동채권 매수 + 동일만기 국공채 매도
  ② 디플레이션 예상 시 : 물가연동채권 매도 + 동일만기 국공채 매수

정답 ②

17

특별자산펀드의 개요 ★★★

다음 중 특별자산펀드에 대한 설명으로 올바르지 못한 것은?

① 물가상승 시 가격이 동반상승하여 인플레이션 헤징 효과가 있다.
② 인플레이션 헤징 효과로 인해 전통적 투자대상과 결합 시 효율적 포트폴리오 구성이 가능하다.
③ 실물자산은 주식이나 채권과는 다르게 순자산 가치로 평가되지 않기 때문에 이자율에 의한 할인율이 매우 중요한 영향을 준다.
④ 실물자산의 가치는 글로벌 시장의 지역적 불균형보다는 글로벌 시장의 수요와 공급의 불균형에 의해 결정된다.

TIP 실물자산은 주식이나 채권 등 자본자산과는 다르게 순자산 가치로 평가하지 않기 때문에 이자율은 그 영향이 적다.

핵심포인트 해설   특별자산펀드의 개요 및 투자 유형

(1) 개 요
① 특별자산펀드는 인플레이션 헤징 효과가 있는 실물자산을 투자대상으로 함
② 인플레이션 헤징 효과로 인해 전통적 투자대상과 결합 시 효율적 포트폴리오 구성 가능
③ 자본자산(주식, 채권 등)은 기대현금흐름과 할인율이 중요 요소이나, 실물자산은 이자율(할인율)의 영향을 적게 받음
④ 실물자산시장은 모두 달러로 표시되며, 가치는 글로벌 시장의 지역적 불균형보다는 글로벌 시장의 수요와 공급의 불균형에 의해 결정
⑤ 실물자산에 직접 투자하는 상품보다는 관련된 선물 등 파생상품시장에 투자

(2) 투자 유형
① 실물자산에 직접투자
② 천연자원 기업 : 실물자산 매매로 수익을 창출하는 기업의 증권에 투자하며 이는 일반적으로 해당 실물자산의 가격움직임에 낮은 베타를 보유
③ Commodity Futures Contracts : 투명한 거래, 표준화된 거래, 유동성 확보, 레버리지 이용 등 장점
④ Commodity Swap and Commodity Forward Contracts : 사적인 계약, 공개시장 밖에서 거래

정답 ③

18 | Credit Derivatives의 종류와 구조 ★★★

다음 중 Credit Default Swap(CDS)에 대한 설명으로 올바르지 못한 것은?

① 보장매입자는 준거자산의 위험을 이전하는 대가로 프리미엄을 지급하며, 보장매도자는 위험을 인수한 대신 프리미엄을 수취한다.
② CDS는 보장매입자와 보장매도자 간에 신용위험만을 전가시키는 금융상품이다.
③ 보장매도자 입장에서는 신용위험을 전가했다는 사실을 차주가 알 수 없기 때문에 고객사와 우호 관계를 유지할 수 있다.
④ 가장 간단한 형태를 지니고 있기 때문에 다른 신용파생상품을 구성하는 데 가장 많이 사용된다.

♥ TIP 보장매입자 입장에서는 신용위험을 전가했다는 사실을 차주가 알 수 없기 때문에 고객사와 우호 관계를 유지할 수 있다.

핵심포인트 해설 Credit Structure와 신용부도스왑(CDS)

(1) 용어 정리
① 보장매입자 : 준거자산의 신용위험 등을 이전하고 프리미엄을 지급하는 자
② 보장매도자 : 보장매입자로부터 신용위험을 인수, 신용사건 발생 시 손실을 보전, 프리미엄을 수취하는 자
③ 준거자산 : 보장매입자가 보유한 자산으로 신용위험이 포함된 모든 자산
④ 총수익매도자 : TRS에서 사용하는 용어로 준거자산에서 발생하는 총수익을 이전하는 자
⑤ 총수익매입자 : TRS에서 사용하는 용어로 총수익매도자로부터 신용위험과 시장위험을 인수하는 자

(2) 신용부도스왑(CDS : Credit Default Swap)
① 가장 보편화된 형태의 신용파생상품으로 준거자산의 신용위험을 분리하여 보장매입자가 매도자에게 이전하고 보장매도자는 그 대가로 프리미엄을 지급받는 금융상품
② 보장매입자 : 신용위험을 전가한 사실을 차주가 알 수 없기 때문에 고객사와의 우호 관계 유지 가능
③ 보장매도자 : 초기 투자비용 없이 높은 수익률과 신용위험 노출 다변화를 동시에 달성 가능
④ 거래 구조가 단순하여 다른 신용파생상품을 구성하는 데 가장 많이 사용

(3) CDS의 구조

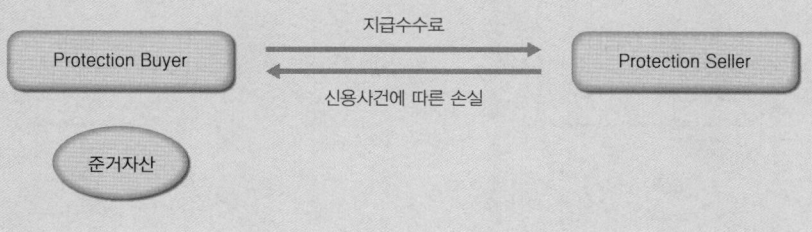

정답 ③

19

Credit Derivatives의 종류와 구조 ★★★

다음 중 TRS(Total Return Swap)에 대한 설명으로 올바르지 못한 것은?

① 총수익매도자는 준거자산의 모든 현금흐름을 총수익매입자에게 지급하고, 총수익매입자는 시장 기준금리에 TRS Spread를 가산한 금리를 지급하는 계약이다.
② 만기일의 준거자산의 가치보다 최초계약일의 준거자산의 가치가 작을 경우 총수익매도자는 그 차이만큼을 총수익매입자에게 지급해야 한다.
③ 총수익매도자 입장에서는 신용위험과 시장위험을 동시에 헤지할 수 있으며, 이때 투표권과 경영권이 이전되는 점은 유의해야 한다.
④ 총수익매입자는 현금지출 없이 자산을 매입한 것과 동일한 현금흐름을 얻을 수 있다는 장점이 있다.

♀ TIP 총수익매도자 입장에서는 신용위험과 시장위험을 동시에 헤지할 수 있으며, 투표권과 경영권이 이전되지 않는 장점이 있다.

핵심포인트 해설 총수익률스왑(TRS : Total Return Swap)

(1) 정의
  신용위험뿐만 아니라 시장 위험도 거래상대방에게 전가시키는 신용파생상품

(2) 특징
  ① 기존 자산보유자는 총수익매도자로서 준거자산의 모든 현금흐름을 총수익매입자에게 지급
  ② 주기적으로 현금흐름 발생(CDS는 신용사건 발생 시에만 현금흐름 발생)
  ③ 총수입매입자는 시장 기준금리에 TRS Spread를 가산한 금리를 지급
  ④ [만기일의 준거자산의 가치 > 최초의 준거자산의 가치] : 총수익매도자는 그 차액 지급
  ⑤ [만기일의 준거자산의 가치 < 최초의 준거자산의 가치] : 총수익매입자는 그 차액 지급

(3) 장점
  ① 총수익매도자 : 준거자산에 대한 신용위험과 시장위험에 대한 노출을 한 번에 헤지 가능하며, 이때 위험과 현금흐름은 이전되지만 투표권 및 경영권 등은 이전되지 않음
  ② 총수익매입자 : 자산매입을 위한 현금지출 없이 자산매입과 동일한 현금흐름을 얻을 수 있음

(4) TRS의 구조

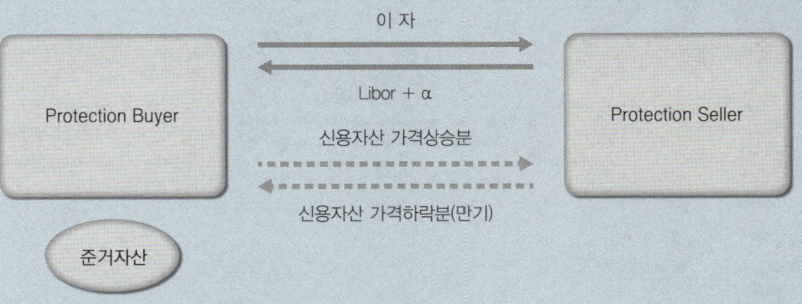

정답 ③

Credit Derivatives의 종류와 구조 ★★★

다음 중 신용파생상품에 대한 설명으로 올바르지 못한 것은?

① 가장 보편화된 상품은 FTD(first-to-default)로 첫 번째 신용사건에 대해서만 보장하고, 손실보전 후 계약은 종료된다.
② 신용스프레드 콜옵션은 만기일 신용스프레드에서 행사스프레드를 차감한 값을 지급받을 권리를 갖는 옵션이다.
③ 보장매도자는 첫 번째 위험만을 보장하기 때문에 최대 손실은 제한적이고 첫 번째 위험만을 보장하기 때문에 CDS보다 낮은 프리미엄을 수취한다.
④ 신용스프레드 옵션은 연속적으로 발생하는 준거자산의 신용변화에 따라 옵션의 만기일마다 현금흐름이 결정된다.

♀TIP 보장매도자는 첫 번째 위험만을 보장하기 때문에 최대 손실은 제한적이나, 여러 개의 준거자산의 위험을 전가하기 때문에 CDS보다 높은 프리미엄을 수취한다.

핵심포인트 해설 신용스프레드 옵션과 Basket Default Swap

(1) 신용스프레드 옵션
① 일반 주식 옵션과 유사한 형태로 신용스프레드를 일정 행사가격에 사거나 팔 수 있는 권리가 부여된 계약
② 콜옵션 : 만기일에 신용스프레드가 사전에 명시된 수준을 초과하는 금액을 지급받는 옵션(풋은 반대) → (만기일 신용스프레드 - 행사스프레드)
③ 신용스프레드 옵션은 연속적으로 발생하는 준거자산의 신용변화에 따라 옵션의 만기일마다 현금흐름이 결정

(2) Basket Default Swap
① 일반적인 CDS와 동일하지만 다수의 준거자산으로 구성된 'Basket' 또는 포트폴리오를 발행
② 가장 보편화된 상품은 FTD(first-to-default) 형태로 첫 번째 손실에 대한 보상 후 계약 종료
③ 보장매입자는 각 자산에 대해 따로 CDS 계약을 맺는 것보다 더욱 저렴한 비용으로 위험 전가
④ 보장매도자는 첫 번째 부도에 대한 책임만 있기 때문에 손실금액은 제한적이며 더 높은 프리미엄 획득
⑤ 계약에 따라 몇 번째 부도에 대해 보장이 주어질 것인가를 결정할 수 있는 Nth-to-default로 변형도 가능

정답 ③

21

Credit Derivatives의 종류와 구조 ★★★

다음 중 CLN(Credit Linked Notes)에 대한 설명으로 올바르지 못한 것은?

① 일반채권에 CDS를 결합한 상품으로 보장매입자는 준거자산의 신용위험을 CLN 발행자에게 전가한다.
② CLN 발행자는 투자자로부터 수령한 CLN의 대금을 신용등급이 높은 자산에 투자하여 이로부터 발생하는 현금흐름을 이용하여 투자자에게 이자와 원금을 지급하고 신용사건에 대한 손실도 보전한다.
③ CLN의 경우 증권화되어 있기 때문에 상대적으로 신용사건에 대한 전문적인 지식이 덜 필요하다.
④ CLN 발행자는 위험을 제거한 형태의 채권을 발행하여 투자자에게 판매하기 때문에 CLN 투자자는 CDS 위험을 추가적으로 감수할 필요가 없다.

♀ TIP CLN 투자에서 보장매도자인 CLN 발행자는 보장매입자로서 CDS 위험을 투자자에게 전가한다.

핵심포인트 해설 신용연계증권(CLN : Credit Linked Notes)

(1) 특징
① 일반채권에 CDS를 결합한 상품(CLN = 일반채권 + CDS)
② 보장매입자는 준거자산의 신용위험을 CLN 발행자(보장매도자)에게 전가
③ CLN 발행자는 이를 채권형태로 발행하여 투자자들에게 위험을 전가
④ CLN 발행자는 투자자로부터 수령한 대금을 신용등급이 매우 높은 담보자산에 투자
⑤ 증권화되어 있기 때문에 상대적으로 신용사건에 대한 전문적인 지식이 덜 필요
⑥ 준거자산이 다양화됨으로써 투자자들의 다양한 투자성향에 부합하는 상품설계 가능

(2) 거래 구조

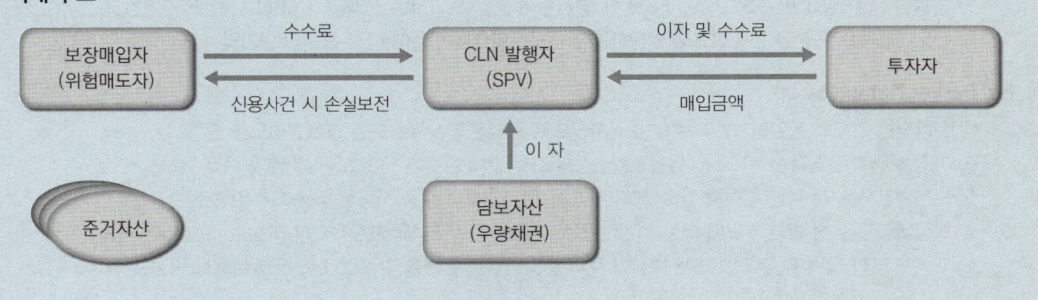

정답 ④

22 | Credit Derivatives의 종류와 구조 ★★★

다음 중 신용파생상품에 대한 설명으로 잘못된 것은?

① 합성 CDO는 CDO의 특수한 형태로 보장매입자가 준거자산을 SPC로 양도하여 유동화하는 방식이다.
② 합성 CDO는 아직 발생하지 않은 신용한도에 대한 신용위험을 전가할 수 있다.
③ 신용지수는 일반 신용상품보다 유동성이 높고, 적은 자본으로 쉽게 투자할 수 있다.
④ 신용지수는 신용파생상품의 가격결정의 벤치마크를 제공하고, 다양한 포트폴리오의 구성을 가능하게 해준다.

♀TIP 합성 CDO는 보장매입자가 준거자산을 양도하지 않고 내재된 신용위험만을 SPC에 전가하는 상품이다.

핵심포인트 해설 합성 CDO, 신용지수

(1) CDO(Collateralized Debt Obligation)
① 준거자산에 의해 현금흐름이 담보되는 여러 개의 Tranche로 구성된 증권
② 분류

준거자산의 형태에 따른 분류	CLO(대출 : Loan), CBO(채권 : Bond), CDO Squared(Pooling된 CDO)
발행 목적에 따른 분류	Balance-sheet CDO(규제자본경감, 위험전가), Arbitrage CDO(수익극대화)

(2) 합성 CDO(Synthetic Collateralized Debt Obligation)
① 특징 : 합성 CDO는 보장매입자가 준거자산을 양도하는 것이 아니라 신용위험만을 SPC로 이전
② 장점 : 외형상 규모 유지 가능, 아직 발생하지 않은 신용한도에 대한 신용위험의 전가가 가능
  → 자산을 양도하여 유동화하는 ABS와의 차이점
③ 합성 CDO 구조

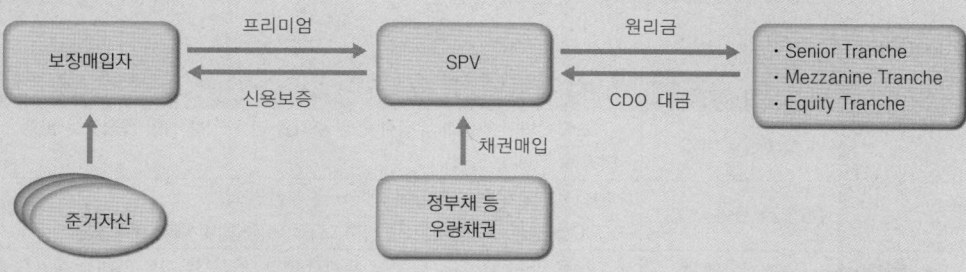

(3) 신용지수(Credit Index)
① 주요 기업 또는 변동성이 높은 기업을 모아 각각의 CDS 스프레드를 가중평균하여 지수를 고시
② 일반 신용파생상품보다 더 높은 유동성 확보
③ 적은 자본으로 원하는 자산에 쉽게 투자 가능
④ 신용파생상품의 가격결정 벤치마크 역할, 다양한 포트폴리오 구성에 도움

정답 ①

23

CDO의 이해 ★★★

다음 중 CDO에 대한 설명으로 올바르지 못한 것은?

① CDO는 개별적인 신용위험보다는 포트폴리오의 위험을 주로 다룬다.
② Static CDO는 포트폴리오의 운용 없이 만기까지 보유하는 CDO이다.
③ CDO는 위험전이 방법에 따라 Arbitrage와 Balance Sheet CDO로 구분된다.
④ Synthetic CDO는 CDS를 활용하여 위험을 전가하는 Unfunded 형태로 발행되는 것이 일반적이다.

TIP CDO는 위험전이 방법에 따라 Cash Flow와 Synthetic CDO로 구분된다.

핵심포인트 해설 CDO의 개요

(1) CDO(Collateralized Debt Obligation)의 개요
① 개별채권이나 대출을 담보로 여러 종류의 새로운 채권을 발행
② 개별적인 신용위험보다는 포트폴리오 위험을 다룸
③ 일반적으로 Senior-Mezzanine-Equity 세 부분으로 구성

(2) CDO의 구분

기준	명칭	특징
발행목적	Arbitrage CDO	• 기초자산의 수익률과 유동화 증권 수익률 간 차익을 취할 목적으로 발행 • 수익률 극대화 목적
	Balance Sheet CDO	• 위험전가를 목적으로 발행, 재무비율 개선 효과 • CDO를 통한 위험의 전가로 최저 요구자본 충족 및 대출 여력 확충
위험전이 방법	Cash Flow CDO	• 자산을 양도하여 SPV를 구성, 트랜치 매각 대금으로 자본조달(Funded CDO)
	Synthetic CDO	• CDS를 활용하여 위험 전가(Unfunded CDO)
CDO 기초자산 운용	Static CDO	• 포트폴리오의 운용 없이 만기까지 보유
	Dynamic CDO	• 지정된 운용자에 의해 자산이 운용되는 CDO
	Hybrid CDO	• Ram-up 기간과 자산으로부터 선지급이 있는 경우 자산을 운용 혹은 대체하는 Hybrid Structure

정답 ③

24

CDO의 이해 ★★★

다음 중 CDO에 대한 설명으로 거리가 먼 것은?

① Equity 트랜치는 높은 레버리지에 노출된 만큼 CDO 트랜치 중 가장 높은 수익을 얻는다.
② CDO의 신용등급 평가요소에는 자산의 질, 기대 신용손실, 신용보강, 거래구조, 자산운용 매니저, 법적위험, 거래감시 등이 있다.
③ Mezzanine 트랜치는 비슷한 신용등급의 회사채나 ABS에 비해 높은 수익이 지급되나, 잔여이익 참여권은 없는 것이 일반적이다.
④ Super Senior 트랜치 투자 시 투자자는 높은 신용등급으로 안정적인 수익을 얻을 수 있다.

> **용어 알아두기**
> Mark-to-market 자산가치를 시가로 평가해 자산가치 하락 시 손실폭이 커지면서 금융회사가 대출자산을 축소시킬 위험이다.

♥ TIP Super Senior 트랜치는 신용평가 기관에서 신용평가를 하지 않기 때문에 투자자는 신용등급 없이 투자하게 된다.

핵심포인트 해설 CDO의 이해

(1) CDO의 신용등급 평가요소
자산의 질, 기대 신용손실, 신용보강, 거래구조, 자산운용 매니저, 법적위험, 거래감시

(2) CDO 투자

구 분	정의 및 특징
Super Senior	• 기존 보유위험을 헤지할 수 있는 분산투자 도구로 인식 • 신용평가 기관에서는 Super Senior 트랜치에 대한 신용평가를 하지 않기 때문에 투자자는 신용등급 없이 투자
Senior (저위험, 저수익)	• 높은 신용등급의 트랜치로 분산된 포트폴리오에 대한 투자와 구조적인 신용보강 • 실제 손실이 발생하기는 어려우나 Mark-to-market 위험이 존재 • 비슷한 신용등급의 채권에 비해 높은 수익을 얻을 수 있으며, 분산화 이익도 얻음
Mezzanine	• 두 번째 손실을 입는 트랜치로 Senior와 Equity의 중간에 위치 • 비슷한 신용등급의 회사채나 ABS에 비해 높은 수익, 잔여이익 참여권은 없음 • 자산의 성과에 민감하며, 포트폴리오 분산 정도와 부도상관관계에 대한 노출이 큼
Equity (고위험, 고수익)	• CDO의 Equity 트랜치는 높은 레버리지 노출, Call Option을 사용하여 거래에서 나옴 • Synthetic CDO의 Equity 트랜치는 Call Option이 없음

정답 ④

출제예상문제

☑ 다시 봐야 할 문제(틀린 문제, 풀지 못한 문제, 헷갈리는 문제 등)는 문제 번호 하단의 네모박스(□)에 체크하여 반복학습 하시기 바랍니다.

01 중요도 ★★
다음 중 대안투자의 특징으로 올바르지 못한 것은?

① 최근 동조화 및 상관관계가 높아지는 새로운 형태가 나타나기 때문에 과거와 동일한 투자방식에서 벗어나 새로운 전략을 취해야 한다.
② 차입과 공매도 및 파생상품 등 레버리지를 이용하는 거래전략 때문에 규제가 많고 투자자들은 기관투자가 혹은 거액 자산가로 구성된다.
③ 대부분 새로운 자산과 새로운 거래전략이기 때문에 과거 성과자료를 통한 분석이 가장 효율적이다.
④ 높은 전문성이 요구되기 때문에 펀드매니저 등 전문 인력을 확충하기 위한 높은 성과보수가 존재한다.

02 중요도 ★★
다음 중 기존의 대안투자상품의 특징으로 올바르지 못한 것은?

① 폐쇄성   ② 낮은 환금성
③ 높은 레버리지   ④ 높은 투명성

03 중요도 ★★★
다음 중 부동산금융에 대한 설명으로 올바르지 못한 것은?

① ABS는 기업이 보유한 자산을 유동화전문회사에 양도한 후 자산을 담보로 증권을 발행하는 금융기법이다.
② ABS에서 자산보유자는 조기에 현금흐름을 창출시켜 유동성 위험을 피할 수 있다.
③ MBS와 ABS의 가장 큰 차이점은 주택저당채권을 전문으로 유동화하는 기관의 유무이다.
④ 리츠는 투자 기간이 장기간이기 때문에 유동성이 낮아 일반투자자들의 접근이 어렵다.

04 중요도 ★★
다음 중 비율을 사용한 부동산 투자성과 측정방법이 아닌 것은?

① 수익환원율 ② 단위면적당 가격
③ 부채 부담능력 ④ 수익성지수

05 중요도 ★★
다음 중 미래현금흐름의 현가를 최초 현금 투입과 일치시키는 할인율을 의미하는 것은?

① 순현재가치 ② 수익성지수
③ 내부수익률 ④ 수익환원율

06 중요도 ★★
다음 중 PF에 대한 설명으로 올바르지 못한 것은?

① 시행사는 전반적인 위험을 부담하며, 이에 따라 가장 높은 수익률을 얻는다.
② 시공사는 사업진행 시 필요에 따라 공급받은 자금에 대해서 일정 부분 보증을 제공하기도 한다.
③ 대주단 또는 부동산펀드는 부동산 개발금융에서 자금 공급 및 에스크로 계좌 관리업무를 한다.
④ 에스크로 계좌 출금순서는 제세공과금, 대출원리금, 사업이익, 공사비, 필수경비 순서이다.

정답 및 해설

01 ③ 대부분 새로운 자산과 새로운 거래전략이기 때문에 과거 성과자료의 이용이 제한적이다.
02 ④ 기존의 대안투자상품은 폐쇄성, 낮은 투명성, 낮은 환금성, 높은 레버리지 등이 특징이다.
03 ④ 리츠는 상장을 통해 유동성이 확보된다.
04 ④ 수익성지수는 현금흐름 예측에 의한 투자성과 측정방법이다.
05 ③ 내부수익률에 대한 설명이다.
06 ④ 에스크로 계좌의 출금순서는 제세공과금, 필수경비, 대출원리금, 공사비, 사업이익의 순이다.

07 중요도 ★★★
다음 빈칸에 들어갈 용어로 가장 올바른 것은?

(가)은/는 부동산 개발사업 수익금 관리 계좌로, 부동산 개발사업의 (나)의 동의가 있을 경우에만 자금이 인출된다.

	가	나
①	부동산금융	참여자 전원
②	에스크로 계좌	시행사
③	부동산금융	시행사
④	에스크로 계좌	참여자 전원

08 중요도 ★★★
다음 중 부동산펀드에 대한 설명으로 올바르지 못한 것은?

① 리츠는 부동산투자회사법에 의해 발기 설립된다.
② 부동산펀드는 폐쇄형으로 설정되는 것이 일반적이다.
③ 리츠의 종류에는 자기관리형, 위탁관리형, 기업구조조정형이 있으며, 언제든지 환매가 가능한 형태로 설정된다.
④ 리츠는 다수의 투자자로부터 자금을 모아 부동산 및 관련 사업에 투자한 후 배당을 통해 이익을 분배한다.

09 중요도 ★★★
다음 빈칸에 들어갈 용어로 가장 적절한 것은?

부동산펀드 중 신탁형은 펀드의 재산을 부동산 및 부동산 관련 자산에 (가) 투자 가능하고, 리츠는 (나) 투자 가능하다.

	가	나
①	50% 이하	70% 이하
②	50% 초과	70% 이상
③	50% 이하	70% 이상
④	50% 초과	70% 이하

10 중요도 ★★★
다음 빈칸에 들어갈 내용으로 가장 적절한 것은?

> PEF는 (가)인 이하의 투자자로부터 자금을 모집하는 것으로 하며, 이 중 법으로 정한 연고자, 전문가 외에는 (나)인 이상의 일반투자자에 대하여 사모펀드 청약을 권유할 수 없다.

	가	나
①	100	100
②	50	50
③	100	50
④	50	100

11 중요도 ★★★
다음 중 PEF의 설립 및 사원의 역할에 대한 설명으로 올바르지 못한 것은?

① 사적 신뢰를 기초로 한 펀드임을 감안하여 신문, 잡지, 방송 등을 통한 광고는 금지되며 일반투자자를 대상으로 모집을 할 수 없다.

② 등기사항, 업무집행사원에 관한 사항, PEF의 운용 관련 사항 등 금융위원회 등록사항을 정하고 설립등기일로부터 2주 이내 금융위원회에 등록해야 한다.

③ 최소 1인 이상의 무한책임사원과 1인 이상의 유한책임사원으로 구성된 합자회사 형태로 설립해야 한다.

④ 은행 또는 은행 지주회사가 발행한 주식 총수의 4% 이상 취득한 때에는 무한·유한책임사원 내역을 공개해야 한다.

정답 및 해설

07 ④ (에스크로 계좌)는 부동산 개발사업 수익금 관리 계좌로, 부동산 개발사업의 (참여자 전원)의 동의가 있을 경우에만 자금이 인출된다.

08 ③ 리츠의 종류는 자기관리, 위탁관리, 기업구조조정형으로 구분하며 폐쇄형으로 설정된다.

09 ② 부동산펀드는 펀드의 재산을 부동산 및 부동산 관련 자산에 (50% 초과) 투자 가능하고, 리츠는 (70% 이상) 투자 가능하다.

10 ③ PEF는 (100)인 이하의 투자자로부터 자금을 모집하는 것으로 하며, 이 중 법으로 정한 연고자, 전문가 외에는 (50)인 이상의 일반투자자에 대하여 사모펀드 청약을 권유할 수 없다.

11 ① 100인 이하의 투자자로부터 자금을 모집해야 하며, 법으로 정한 연고자, 전문가 외 50인 이상의 일반투자자에 대한 청약 권유가 금지될 뿐 일반투자자에 대한 모집은 가능하다.

12 중요도 ★★★
다음 중 무한책임사원의 상법상 합자회사 규정 특례에 대한 설명으로 올바르지 못한 것은?

① 일반회사도 무한책임사원이 될 수 있다.
② 무한책임사원은 노무 또는 신용 출자가 금지된다.
③ 상법상 합자회사에 대한 무한책임사원의 경업이 가능하다.
④ 무한책임사원의 임의퇴사권이 인정된다.

13 중요도 ★★
다음 중 PEF 운용에 대한 설명으로 올바르지 못한 것은?

① 자산의 일부만으로 다른 회사 지분을 10% 이상 취득하는 등 경영 참여 목적으로 운용하고 나머지 펀드 자산은 재무적 투자에 활용 가능하다.
② 대기업 집단에 속하게 되는 PEF는 타 회사를 계열사로 편입한 경우 5년 이내에 타 회사 지분을 매각해야 하며, 은행지주사가 발행한 주식을 4% 이상 보유 시 무한책임사원의 내역을 금융위원회에 보고해야 한다.
③ PEF에 대한 지주회사 규정 적용을 10년 유예하여 PEF가 분산투자를 통해 이익을 극대화할 수 있도록 했다.
④ 순자산의 최대 400%까지 적극적으로 레버리지를 활용할 수도 있다.

14 중요도 ★★
다음 중 PEF 투자대상 기업 중 선호되지 않는 기업은?

① 부실기업
② 저PER, 저PBR 기업
③ 배당성향이 큰 기업
④ 자사주 규모가 큰 기업

15 중요도 ★★★
다음의 PEF 투자 회수 방법 중 기업의 수명 단축 및 장기 성장성 저해 등 부작용을 초래하는 전략에 해당하는 것은?

① 매 각
② 상 장
③ 유상감자
④ PEF 상장

16 중요도 ★★★
다음 중 헤지펀드의 특징에 대한 설명으로 올바르지 못한 것은?

① 높은 레버리지
② 낮은 규제
③ 고수익 추구
④ 낮은 투명성

17 중요도 ★★
다음에서 설명하는 헤지펀드 운용전략에 해당하는 것은?

> 시장의 비효율성에 입각하여 가격 불일치에 기초한 전략으로 시장 전체의 움직임에 대한 노출을 회피함으로써 시장 변동성에 중립화하는 전략

① 전환사채 차익거래 전략
② Event Driven 전략
③ 방향성 전략
④ 펀드 오브 헤지펀드 전략

정답 및 해설

12 ④ 무한책임사원의 임의퇴사권이 인정되지 않는다.
13 ② 은행지주사가 발행한 주식 4% 이상 보유 시 유한. 무한책임사원의 내역을 금융위원회에 보고해야 한다.
14 ③ 내부유보율이 높으며 배당을 최소화하는 기업이 선호된다.
15 ③ 기업의 수명 단축 및 장기 성장성 저해 등 부작용을 초래하는 PEF 투자 회수 전략은 유상감자 및 배당이다.
16 ③ 고수익을 추구하기보다는 자본 보존과 꾸준한 수익률을 추구한다.
17 ① 전환사채 차익거래 전략에 대한 설명이다.

18 중요도 ★★
다음 빈칸에 들어갈 내용으로 가장 올바른 것은?

> 시장 중립형 전략은 매수와 매도, 레버리지를 동시에 사용하는 전략으로, 매수 포지션에서 개별 주식은 주식시장 상승 시 더 (가)하고, 주식시장 하락 시 더 (나)해야 한다. 반면, 매도 포지션에서는 주식시장 상승 시 더 (다)하고, 주식시장 하락 시 더 (라)해야 한다.

	가	나	다	라
①	크게 상승	낮게 하락	낮게 상승	크게 하락
②	낮게 상승	크게 상승	크게 하락	낮게 하락
③	크게 하락	낮게 상승	낮게 하락	크게 상승
④	낮게 하락	크게 하락	크게 상승	낮게 상승

19 중요도 ★
다음 중 발산형 전략의 특징으로 올바르지 못한 것은?

① 매매진입 판단 시 기본적 분석을 사용한다.
② 운용자의 의사 결정에 따라 청산이 결정되기 때문에 목표수익률이 임의적이다.
③ 진입 후 구조적 변화에 따른 차익이 발생했을 때만 청산되기 때문에 단위 회전당 수익률이 높다.
④ 수시로 신호를 관찰하고 매매에 진입해 기계적으로 청산하기 때문에 회전률이 높다.

20 중요도 ★★★
다음 보기에 들어갈 내용으로 가장 올바른 것은?

> Long 포지션이 60억이고, Short 포지션이 30억일 때 Net Market Exposure는 (가)이고 Long/Short Ratio는 (나)이며, Gross Exposure는 (다)이다.

	가	나	다
①	59.6%	2	3
②	33.3%	3	2
③	33.3%	2	3
④	59.6%	3	3

21 중요도 ★
다음 중 합병차익거래에 대한 설명으로 올바르지 못한 것은?

① 합병차익거래는 Event Driven 전략의 일종이다.
② 일반적으로 피인수합병기업의 주식 매입과 인수기업의 주식 매도 포지션을 취한다.
③ 합병차익거래는 Event Driven 전략이기 때문에 발표 전 정보를 통해 초과수익을 추구한다.
④ Stock Swap Merger는 교환비율에 의해서 Long/Short 비율이 결정된다.

22 중요도 ★★
인수기업과 피인수기업의 교환비율이 0.8 : 1이고, 인수기업의 주가는 10,000원, 피인수기업의 주가는 5,000원이라면 이때의 Gross Spread로 올바른 것은?

① 1,000원　　　　　　② 2,000원
③ 3,000원　　　　　　④ 4,000원

정답 및 해설

18 ① 매수 포지션에서 개별 주식은 주식시장 상승 시 더 (크게 상승)하고, 주식시장 하락 시 더 (낮게 하락)해야 한다. 반면, 매도 포지션에서는 주식시장 상승 시 더 (낮게 상승)하고, 주식시장 하락 시 더 (크게 하락)해야 한다.

19 ④ 매매당 수익률은 발산형이 높지만, 회전률은 수렴형이 높다.

20 ③ Long 포지션이 60억이고, Short 포지션이 30억일 때 Net Market Exposure는 (60 − 30)/90 = (33.3%)이고 Long/Short Ratio는 60/30 = (2)이며, Gross Exposure는 (60 + 30)/(60 − 30) = (3)이다.

21 ③ 합병차익거래는 추측정보에 투자하지 않고 발표된 정보에만 집중한다.

22 ③ 0.8 × 10,000원 − 5,000원 = 3,000원

23 중요도 ★★★
다음 중 전환증권차익거래에서 선호되는 전환증권의 특징으로 올바르지 못한 것은?

① 기초자산의 변동성이 큰 전환증권
② Convexity가 높은 전환증권
③ 낮은 전환프리미엄을 갖는 전환증권
④ 배당률이 높고 낮은 내재변동성을 갖는 전환증권

24 중요도 ★★
다음 중 채권차익거래에 대한 설명으로 올바르지 못한 것은?

① Yield Curve Flattener는 수익률 곡선의 기울기가 작아질 것이 예상될 때 사용하는 전략으로, 단기채는 매도하고 장기채는 매수하는 내재변동성에 대한 매도 포지션이다.
② Yield Curve Steepener는 수익률 곡선의 기울기가 커질 것이 예상될 때 사용하는 전략으로, 단기채는 매수하고 장기채는 매도한다.
③ Yield Curve Butterfly 전략은 3개의 만기가 다른 채권으로 구성하는데 그 중 Hump는 중기채를 매수하고 단기채와 장기채를 매도한다.
④ Trough는 중기채를 매도하고 단기채와 장기채를 매수한다.

25 중요도 ★★
다음 중 특별자산펀드에 대한 특징으로 올바르지 못한 것은?

① 인플레이션 헤지
② 전통적 투자대상과 낮은 상관관계
③ 이자율과 높은 상관관계
④ 수요와 공급의 불균형에 의한 가격결정

26 중요도 ★
다음 중 헤지펀드 전략의 종류 중 방향성 전략에 해당하지 않는 것은?

① 주식의 롱숏전략 ② 글로벌 매크로전략
③ 합병차익거래 ④ 선물거래전략

27 중요도 ★★★
다음 중 CDS에 대한 설명으로 올바르지 못한 것은?

① CDS는 신용위험만을 전가한다.
② 보장매도자와 보장매입자는 주기적으로 현금흐름을 교환한다.
③ CDS는 가장 보편적인 신용파생상품으로 다른 신용파생상품을 구성하는 데 가장 많이 사용된다.
④ 보장매도자는 초기투자비용 없이 높은 수익률을 달성할 수 있다.

28 중요도 ★★★
다음 중 총수익률스왑(TRS)에 대한 설명으로 올바르지 못한 것은?

① TRS를 통해 총수익매도자는 신용위험과 시장위험을 동시에 헤지할 수 있다.
② 총수입매입자는 시장 기준금리에 TRS Spread를 가산한 금리를 지급한다.
③ 만기일의 준거자산의 가치가 최초 준거자산의 가치보다 작다면 총수익매도자는 그 차액을 지급한다.
④ 총수익매도자와 매입자 사이에 정기적인 현금흐름이 발생한다.

정답 및 해설

23 ④ 배당이 없거나 낮은 배당률을 갖는 전환증권이 선호된다.
24 ① Yield Curve Flattener는 수익률 곡선의 기울기가 작아질 것이 예상될 때 사용하는 전략으로, 단기채는 매도하고 장기채는 매수하는 내재변동성에 대한 매수 포지션이다.
25 ③ 실물자산은 기대현금흐름 및 이자율의 영향과 상관관계가 없다.
26 ③ 헤지펀드의 전략 중 방향성 전략에는 주식의 롱숏전략, 글로벌 매크로전략, 이머징마켓 헤지펀드전략, 선물거래전략 등이 있다. 합병차익거래, 부실채권투자는 상환의존형(Event Driven) 전략에 해당하고, 주식시장 중립형, 채권차익거래, 전환사채차익거래는 차익거래 전략에 해당한다.
27 ② CDS에서는 신용사건이 발생해야만 보장매입자와 매도자 사이에 현금흐름이 발생한다.
28 ③ 만기일의 준거자산의 가치가 최초 준거자산의 가치보다 작다면 총수익매입자는 그 차액을 지급한다.

29 다음 중 Basket Default Swap에 대한 설명으로 올바르지 못한 것은? 중요도 ★★

① 여러 개의 CDS 계약을 하나의 포트폴리오로 구성하여 거래하는 방식이다.
② 가장 보편화된 상품은 FTD 형태로 여러 준거자산들 중 첫 번째 부도에 대해서만 보장하고 나머지는 보장하지 않는다.
③ 보장매도자 입장에서는 첫 번째 부도에 대해서만 책임이 존재하기 때문에 최대 손실금액이 제한적이다.
④ 보장매입자 입장에서는 여러 준거자산을 보장받는 것이기 때문에 높은 프리미엄을 지급해야 한다는 점에서 불리하다.

30 다음 중 CLN에 대한 설명으로 올바르지 못한 것은? 중요도 ★★

① 일반 채권에 CDS를 결합한 상품으로 신용사건에 대한 수준 높은 지식이 필요하다.
② 보장매입자가 준거자산의 신용위험을 CLN 발행자에게 전가한다.
③ 준거자산이 다양화되므로 투자자들의 다양한 투자성향에 맞는 상품을 개발할 수 있다.
④ CLN 발행자는 신용위험을 투자자에게 전가한다.

31 다음 중 CDO 투자에 대한 설명으로 올바르지 못한 것은? 중요도 ★★★

① 준거자산에 의해 현금흐름이 담보되는 여러 개의 Tranche로 구성된 증권이다.
② 아직 발생하지 않은 신용한도에 대한 신용위험의 전가가 가능하다.
③ 준거자산의 형태에 따라 Balance Sheet CDO, Arbitrage CDO로 구분된다.
④ 신용지수는 신용파생상품에 벤치마크 역할을 하며 다양한 포트폴리오 구성에 도움을 준다.

32 다음 중 CDO의 신용등급 평가요소에 해당하지 않는 것은? 중요도 ★★

① 발행사의 재무건전성　　　② 자산의 질, 신용보강
③ 자산운용 매니저, 법적 위험　　　④ 거래 감시

33
중요도 ★★★
다음에서 설명하는 CDO로 가장 올바른 것은?

> 기초자산의 수익률과 유동화 증권 수익률 간의 차이에서 발생하는 차익을 취할 목적으로 발행되는 CDO이다.

① Static CDO
② Synthetic CDO
③ Arbitrage CDO
④ Balance Sheet CDO

34
중요도 ★★★
다음 중 CDO의 Tranche에 대한 설명으로 올바르지 못한 것은?

① Super Senior는 신용평가사에서 신용평가를 하지 않기 때문에 투자자는 신용등급 없이 투자해야 한다.
② Senior는 높은 신용등급의 트랜치로 분산된 포트폴리오에 대한 투자와 구조적인 신용보강을 하는 특징을 갖는다.
③ Mezzanine은 비슷한 신용등급의 회사채나 ABS에 비해 낮은 수익이 지급되는 반면, 잔여이익에 대한 참여권이 보장된다.
④ Equity는 가장 높은 레버리지에 노출되며 보통 투자자는 Call Option을 이용하여 거래에서 빠져나온다.

정답 및 해설

29 ④ 보장매입자는 각 자산에 대해 개별 CDS를 계약하는 것보다 상대적으로 적은 프리미엄을 지급하며 위험을 이전할 수 있기 때문에 유리한 계약이라고 할 수 있다.
30 ① 일반 채권에 CDS를 결합한 상품으로 신용사건에 대한 전문적인 지식이 덜 필요하다.
31 ③ 발행 목적에 따라 Balance Sheet CDO, Arbitrage CDO로 구분된다.
32 ① CDO 신용등급 평가요소에는 자산의 질, 기대신용손실, 신용보강, 자산운용 매니저, 법적 위험, 거래 감시 등이 있다.
33 ③ Arbitrage CDO에 대한 설명이다.
34 ③ Mezzanine은 비슷한 신용등급의 회사채나 ABS에 비해 높은 수익이 보장되는 반면, 잔여이익에 대한 참여권은 보장되지 않는다.

제 2 장 해외증권투자운용 및 투자전략

학습전략

해외증권투자운용 및 투자전략은 제2과목 전체 30문제 중 총 **5문제**가 출제된다.
해외증권투자운용 및 투자전략의 경우 해외투자에 따른 분산투자효과, 환위험과 수익률 간의 상관관계 및 국제증권시장의 통합화 및 동조화, 국제포트폴리오 자산배분 및 성과평가에 대해 폭넓은 이해 위주의 학습이 요구된다. 예탁증서(DR)의 종류 및 복수상장의 효과를 이해하고, 유로채와 외국채를 구분하는 문제가 반복적으로 출제되므로 이에 대한 대비가 필요하다.

출제비중

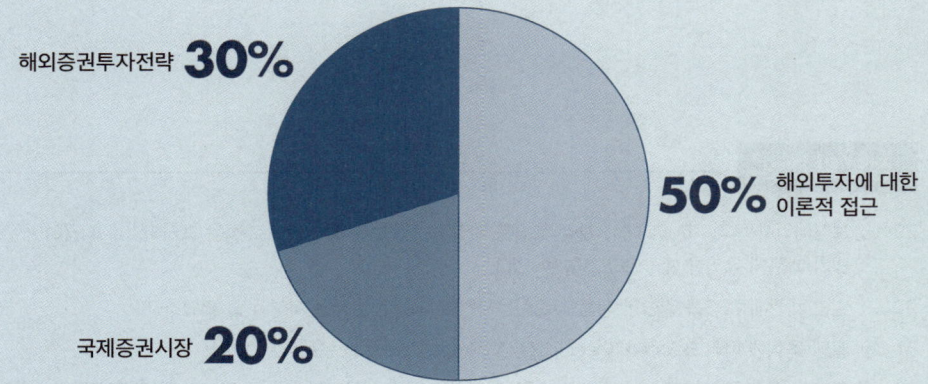

- 해외증권투자전략 30%
- 해외투자에 대한 이론적 접근 50%
- 국제증권시장 20%

합격의 기준, 해커스금융
fn.Hackers.com

출제포인트

구 분	출제포인트	중요도
해외투자에 대한 이론적 접근 (50%)	01 해외투자의 동기 및 효과 02 해외투자와 환위험 03 세계증권시장의 통합과 국제분산투자	★★★ ★★★ ★★
국제증권시장 (20%)	04 국제주식시장 05 국제채권시장	★★ ★★
해외증권투자전략 (30%)	06 해외투자전략 07 해외투자포트폴리오의 구축 08 해외투자의 환위험관리	★★ ★★★ ★★★

해외투자의 동기 및 효과 ★★★

다음 중 국제분산투자에 대한 설명으로 올바르지 못한 것은?

① 위험은 완전 제거할 수 없는 체계적 위험과 분산투자로 제거할 수 있는 비체계적 위험으로 구분된다.
② 개별주식과 시장 간의 상관관계가 높을수록 체계적 위험은 작아진다.
③ 국제분산투자는 국내분산투자만으로는 제거할 수 없는 체계적 위험을 추가적으로 분산시켜 효율적 투자기회선을 좌상향으로 이동시킨다.
④ 국가 간의 상호 의존성이 높을수록 국제분산투자의 효과는 작아진다.

♀ TIP 개별주식과 시장 간의 상관관계가 높을수록 체계적 위험은 커진다.

핵심포인트 해설 국내분산투자와 국제분산투자

(1) 분산투자이론
　① 개별 자산의 총위험 = 비체계적 위험(분산 가능한 위험) + 체계적 위험(분산 불가능한 위험)
　② 두 자산 사이에 상관관계가 높을수록 체계적 위험은 큼

(2) 국내분산투자의 한계
　① 포트폴리오에 포함되는 증권의 수가 증가하면 분산투자효과는 체감적으로 증가
　② 시장 공통의 요인으로 인하여 더 이상 분산할 수 없는 위험은 존재(체계적 위험)
　③ 국내투자에서 더 이상 분산할 수 없는 체계적 위험을 국제분산투자를 통해 추가 분산 가능

(3) 국제분산투자의 효과
　① 국제분산투자를 통해 체계적 위험을 추가로 분산
　② 효율적 투자기회선을 좌상향 이동 → 위험은 낮추고 수익은 올림
　③ 국제분산투자를 통해서도 제거할 수 없는 체계적 위험은 여전히 존재

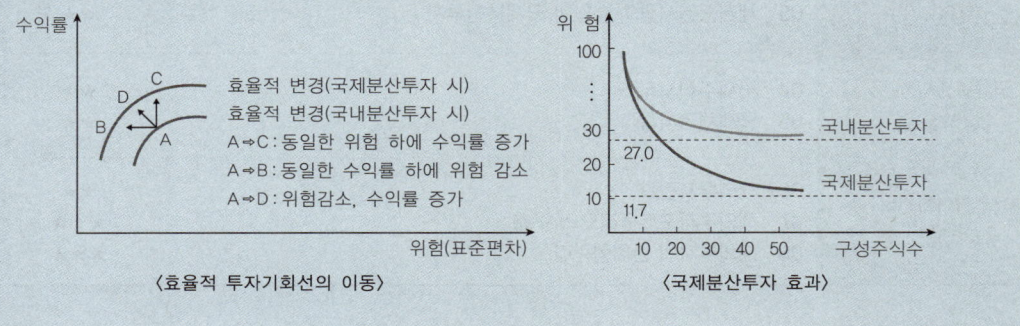

정답 ②

02

해외투자의 동기 및 효과 ★★★

다음 중 국제분산투자에 대한 설명으로 올바르지 못한 것은?

① 국가 간 상관관계분석은 과거 자료를 이용한 실증 분석이기 때문에 자료의 기간을 적절하게 설정하는 것이 중요하다.
② 환헤지는 국제투자 수익률에 매우 중요한 역할을 하고 있으나 상관관계 분석 시 효과가 크지 않기 때문에 주가 간의 상관성만 고려하면 된다.
③ 거시경제의 충격은 주가의 움직임에 영향을 주기 때문에 거시경제 분석이 중요하다.
④ 최근 미국을 중심으로 한 주식시장 간의 높은 상관관계가 나타나고 있다.

♀ TIP 환헤지는 장기적으로는 무의미할 수 있으나 단기적으로는 주가의 움직임을 능가할 정도로 변동성이 높기 때문에 중요한 분석 대상이 된다.

핵심포인트 해설 국가 간 상관관계 분석

(1) 국제분산투자 효과 결정 요인
① 국제 주가지수를 벤치마크로 각국의 주식시장 간의 상관관계 파악
② 상관관계 분석은 과거 자료를 이용한 실증적 분석이기 때문에 기간 설정에 주의
  ⇨ 측정기간이 길수록 신뢰 상승하나 지나치게 길 경우 구조적 변화로 인한 오류 가능

(2) 국제투자의 수익률과 위험에 중요 구성요소인 환율변동 → 투자기간이 길어질수록 효과는 약해짐
① 장기적으로 환헤지를 한 경우와 하지 않은 경우에 차이가 없다는 것은 장기적인 국제분산투자에서는 환위험의 비중이 크지 않음을 의미
② 단기적으로는 환율변동은 주가변동을 능가할 정도로 변동성이 클 수 있음

(3) 국가 간의 상관관계
① 확대된 무역과 자본의 흐름이 경기나 금리와 같은 거시경제의 충격을 빠른 속도로 전파
② 미국을 중심으로 각국 주식시장 간의 상관관계가 높아지는 동조화 현상 → 국제분산투자 효과가 낮아짐

정답 ②

> 해외투자의 동기 및 효과 ★★★

다음 중 국제주가지수에 대한 설명으로 올바르지 못한 것은?

① MSCI지수는 시가총액방식이 아닌 유동주식방식으로 산출된다.
② MSCI지수는 주가가 상승한다면 원화가치와 무관하게 상승한다.
③ 우리나라는 MSCI지수에서는 신흥시장지수에, FTSE지수에서는 선진시장지수에 포함되어 있다.
④ 우리나라가 WGB지수에 편입하지 않은 이유는 투기자금의 유입으로 국내 변동성 리스크가 커질 수 있기 때문이다.

⁺용어 알아두기
시가총액방식 지수 유통되지 않는 주식까지 합쳐 계산해 실제 영향력을 반영하지 못한다.
유동주식방식 지수 실제로 유통되기 어려운 주식을 제외한 실제 유동주식을 기준으로 계산한다.

◉ TIP MSCI지수는 달러환산지수로 원화가치가 하락하면 주가가 상승하여도 하락할 수 있다.

핵심포인트 해설 국제주가지수

(1) 의의
① 시장에 상장된 모든 주식 또는 대표주식의 가격을 가중평균한 지수
② 시장 전체의 평균적 성과와 변화를 측정하는 데 이용
③ 상대적 성과를 측정하는 벤치마크로 이용

(2) 종류
① MSCI(Morgan Stanley Capital International)지수
  ㉠ 미국 모건스탠리 증권의 캐피털 인터내셔널이 작성하여 발표
  ㉡ 미국계 펀드 벤치마크로 사용, 유동주식방식으로 산출
  ㉢ 우리나라는 신흥시장지수, 아시아지수, 극동지수에 포함
  ㉣ 주가가 상승해도 원화가치 하락 시 지수는 하락 가능성 있음(달러로 환산한 주가지수이므로)
② FTSE(Financial Times Stock Exchange)지수
  ㉠ 영국의 파이낸셜타임스와 런던거래소가 공동으로 설립한 FTSE인터내셔널에서 발표
  ㉡ 유럽계 자금의 투자 벤치마크 역할
  ㉢ 우리나라는 선진시장(Developed Market)으로 분류
③ WGB(World Government Bond)지수
  ㉠ 씨티 그룹이 관리하는 주요 23개국 국채로 구성한 투자지수
  ㉡ 세계 주요 기관투자자들의 투자지표
  ㉢ 한국정부가 편입하지 않은 이유는 투기자금이 추가로 편입되어 변동성 리스크가 커질 수 있기 때문

정답 ②

04

> 해외투자의 동기 및 효과 ★★★

다음 중 체계적 위험으로 본 국제분산투자에 대한 설명으로 올바르지 못한 것은?

① 분산이 잘 된 포트폴리오를 보유한 투자자라면 총위험보다는 체계적 위험으로 투자대안을 판단한다.
② 한국주식과 한국시장의 체계적 위험이 한국주식과 미국시장의 체계적 위험보다 크다.
③ 미국투자자가 한국시장에 투자 시 한국투자자가 한국시장에 투자하는 것보다 체계적 위험이 낮기 때문에 초과 수익을 얻을 수 있다.
④ 국제주식시장이 통합되면 국제투자를 통해 초과수익을 얻을 수 있다.

TIP 국제주식시장이 통합된다면 체계적 위험이 동일하기 때문에 초과수익의 기회는 사라진다.

핵심포인트 해설 체계적 위험으로 본 국제분산투자

(1) 체계적 위험으로 본 국제분산투자
① 잘 분산된 포트폴리오를 가진 투자자는 총위험보다는 체계적 위험으로 평가
② 투자를 통해 지게 되는 위험에 대한 요구수익률은 체계적 위험에 대한 보상
③ 국내분산투자와 국제분산투자 시 체계적 위험 측정
  ㉠ 국내분산투자 : 자국 주식과 자국 시장포트폴리오 간의 상관관계로 체계적 위험 측정
  ㉡ 국제분산투자 : 해외 주식과 자국 시장포트폴리오 간의 상관관계로 체계적 위험 측정

(2) 국제분산투자와 체계적 위험(베타)
① 한국투자자가 한국주식에 투자 시 균형수익률(A)
  ㉠ 균형수익률 = $R_F^K + (R_M^K - R_F^K) \times$ 베타$_K$ → 감당하는 위험이 높아짐
  ㉡ 베타$_K$: 한국주식과 한국시장 간의 [높은 상관관계로 미국투자자의 베타보다 높음]
  ㉢ 따라서 한국투자자가 한국주식에 투자 시 높은 베타로 요구수익률도 높음
② 미국투자자가 한국주식에 투자 시 균형수익률(B)
  ㉠ 균형수익률 = $R_F^{US} + (R_M^{US} - R_F^{US}) \times$ 베타$_K^{US}$ → 감당하는 위험이 낮아짐
  ㉡ 베타$_K^{US}$: 한국주식과 미국시장 간의 [낮은 상관관계로 한국투자자의 베타보다 낮음]
  ㉢ 따라서 미국투자자가 한국주식에 투자 시 낮은 베타로 요구수익률도 낮음
③ [결론] : 한국주식에서 얻는 기대수익이 동일한 경우 상대적으로 낮은 요구수익률을 필요로 하는 미국투자자는 초과수익을 얻는 것과 마찬가지의 효과로 국제투자가 유인됨
④ 국제주식시장과 초과수익
  ㉠ 국제주식시장이 분리된 경우 : 체계적 위험 감소로 초과수익 가능성 존재
  ㉡ 국제주식시장이 통합된 경우 : 체계적 위험이 동일하므로 초과수익 가능성은 존재하지 않음
  ↳ 국제분산투자는 낮은 위험으로 동일한 수익을 얻음

정답 ④

해외투자와 환위험 ★★★

다음 중 해외투자와 환위험에 대한 설명으로 올바르지 못한 것은?

① 국제투자 수익률이 본국의 통화로 표시될 때에는 투자수익률과 환율 변동률의 영향을 받는다.
② 국제투자 시 주식에서 얻는 수익이 없더라도 통화 가치가 상승하면 양의 투자수익률을 얻을 수 있다.
③ 주식의 가격과 투자대상국의 통화가치가 음의 상관관계를 가지면 전체 투자위험은 감소한다.
④ 국제경쟁력 논리는 통화가치와 주가를 양(+)의 상관관계로 보는 반면, 국제투자 논리는 음(-)의 상관관계로 본다.

♥ TIP 국제경쟁력 논리는 통화가치와 주가를 음(-)의 상관관계로 보는 반면, 국제투자 논리는 양(+)의 상관관계로 본다.

핵심포인트 해설   환율변동과 해외투자의 수익률 및 위험

(1) 해외투자의 수익률
 ① 자국통화표시 수익률 = (1 + 외화표시수익률) × (1 + 환율변동률) − 1
 ② 자국통화표시 수익률 ≒ 외화표시수익률 + 환율변동률
 ③ 위 수식에 의하면 해외주식 투자수익률이 없더라도 통화가치 상승으로 이익을 얻을 수 있기 때문에 국제투자자라면 투자대상국의 주식가치뿐만 아니라 통화가치에 대한 전망도 필요

(2) 해외주식에 투자한 경우의 위험(주식과 환율변동 위험 결합모형)
 주식의 가격과 투자대상국의 통화가치가 음의 상관관계를 가지면 공분산이 음의 값을 가지게 되므로 전체 투자위험은 감소

$$Var(R_{id}) = Var(R_{if} + e) = Var(R_{if}) + Var(e) + 2Cov(R_{if}, e)$$

    $Var(R_{if})$: i국 통화로 표시된 투자수익률의 분산
    $Var(e)$: 두 나라 통화 간의 환율변동률의 분산
    $Cov(R_{if}, e)$: i국 통화로 표시된 투자수익률과 환율변동률 간의 공분산

(3) 주가와 환율 간의 상관관계(공분산) → 투자와 통화가치 간 상관관계 중요
 ① 국제투자 논리
  ㉠ 통화가치 상승(금리상승) ⇨ 기대수익 증가 ⇨ 투자자금 유입 ⇨ 주가 상승
  ㉡ 주가와 통화가치는 양(+)의 상관관계
  ㉢ 최근 국제투자 증가로 국제투자 논리가 강함
 ② 국제경쟁력 논리
  ㉠ 통화가치 상승 ⇨ 기업경쟁력 하락 ⇨ 주가 하락
  ㉡ 주가와 통화가치는 음(-)의 상관관계

정답 ④

06

해외투자와 환위험 ★★★

다음 중 환위험 헤징 전략에 대한 설명으로 올바르지 못한 것은?

① 현물자산을 기초자산으로 하는 파생상품에 투자 시 증거금제도로 인해 환노출을 최소화할 수 있다.
② 해외주식에 투자한 투자자는 본국의 통화를 미리 매도해 두는 방식으로 환위험을 헤지할 수 있다.
③ 투자대상국 통화가치와 해당 기업 주가 간의 음(−)의 상관관계를 이용한 헤지를 내재적 헤지라 한다.
④ 국제투자펀드의 경우 환위험을 위험으로 보지 않고 수익의 기회로 간주하여 수익률 제고를 위해 활용한다.

TIP 해외주식에 투자한 투자자는 본국의 통화를 미리 매입해 두는 방식으로 환위험을 헤지할 수 있다.

핵심포인트 해설 환위험 헤징 전략

(1) 환위험 헤징 전략
① 파생상품을 이용한 헤지 →헤지방법 중요   →손글씨를 중심으로 학습할 것
  ㉠ 선물환 : 가장 비중이 큰 장외거래로 해외주식투자 시 본국 통화를 매입하는 방식으로 헤지
  ㉡ 통화파생상품 : 투자대상국 통화 매도 + 자국통화 매수, 유동성이 낮아 이용 불가
  ㉢ 현물을 기초자산으로 하는 파생상품 : 환율변동위험 최소화
  ㉣ 롤링헤지 이용 : 두 시장 간 비효율성이 존재한다면 이익/손실이 발생할 가능성 존재
② 통화구성의 분산
  ㉠ 장기적으로 정치적 위험 분산
  ㉡ 금리위험 헤지
  ㉢ 환율은 금리의 영향을 많이 받기 때문에 통화가치 상승은 채권수익률 이외의 추가 수익률 제공
③ 기타의 환위험 헤징 방식
  ㉠ 포트폴리오 내의 모든 현금 내지 현금성자산을 자국통화표시로 보유
  ㉡ 미 달러화에 연동된 환율 제도를 갖추고 있는 국가에 대한 투자는 환노출이 없는 투자
  ㉢ 내재적 헤지(Implicit Hedge)
    • 자국통화표시 자산을 많이 보유한 외국기업의 주식에 투자
    • 투자대상국 통화가치와 해당 기업 주가 간의 음(−)의 상관관계를 이용

(2) 국제투자펀드의 환위험 헤징 전략
① 환위험 헤지를 거의 하지 않거나 환율이 한 방향으로 크게 변동할 것으로 예상되는 경우 부분적으로 환위험 헤지
② 환율변동을 위험요인으로 보기보다는 오히려 수익의 원천으로 보고 수익률 제고를 위해 활용

정답 ②

세계증권시장의 통합과 국제분산투자 ★★

다음 중 국제주식시장의 동조화 현상에 대한 설명으로 올바르지 못한 것은?

① 통합된 금융시장에서는 분산투자 효과 및 초과수익의 기회가 없기 때문에 국제투자는 무의미하다.
② 국가 간 통화차이와 환율변동은 국제자본시장 분리에 가장 큰 영향을 준다.
③ 동조화 현상은 통합화 없이도 발생 가능하며, 구조적으로 정착되어 가는 추세이다.
④ 동조화 현상은 국가 간 상관관계를 높여 국제분산투자 효과를 감소시킨다.

♀ TIP 통합된 금융시장에서 국제투자를 하지 않는 것은 비효율적인 포트폴리오를 갖는 것을 의미한다.

핵심포인트 해설 세계증권시장의 통합과 국제분산투자

(1) 자본자유화와 국제자본시장 통합
① 국제자본이동의 자유화는 차익거래를 발생시켜 금융시장이 통합됨
② 통합된 금융시장에서는 국제분산투자 효과와 초과수익의 기회가 사라짐
③ 통합된 금융시장에서는 국제투자를 하지 않으면 비효율적 포트폴리오를 갖게 된다는 것을 의미함

(2) 국제자본시장의 분리와 통합
① 통합을 불완전하게 하는 요인 : 통화의 차이, 환위험, 금융제도의 차이, 거래비용, 정치적 위험
② 통화차이와 환율변동은 국제자본시장 분리에 가장 큰 영향을 줌

(3) 자본시장 동조화와 통합화
① 각국 주식시장의 주가가 서로 비슷한 움직임을 보이는 현상(Synchronization)
② 경기변동의 전염효과(Contagion Effect)는 상당한 시차를 두고 진행, 동조화는 빠르고 거의 동시에 발생
③ 국가 간 상관관계를 높여 국제분산투자 효과를 감소
④ 동조화 현상을 통합화의 진전으로 해석하는 경우가 있으나, 통합화 없이도 동조화 가능
⑤ 동조화 현상이 자본시장의 통합화를 의미하는 것은 아님
⑥ 동조화는 일시적 현상이 아닌 구조적으로 정착되어가는 추세

(4) 주식시장 간 선후행 관계
① 미국 주식시장의 주가 움직임이 다른 나라의 주가 움직임보다 하루 선행
② 미국 주식시장의 선행 정보를 통한 초과수익의 기회는 주식시장의 통합과 한국 시장의 효율성에 따라 다름

정답 ①

08

국제주식시장 ★★

다음 중 해외주식발행에 대한 설명으로 올바르지 못한 것은?

① 외국 주식을 미국 증시에 상장하여 거래되도록 하기 위한 제도적 장치는 ADR이다.
② 미국 시장과 유럽 시장에 동시에 주식을 상장하여 거래하면 GDR 형태가 된다.
③ 미국 투자자들의 관심이 높아 미국 증권사가 발행 및 상장비용을 부담하면 Sponsored DR이 된다.
④ 복수상장의 효과는 자금조달의 가용성이 높아져 한계자본비용을 느리게 상승하게 한다.

TIP 미국 투자자들의 관심이 높아 미국 증권사가 발행 및 상장비용을 부담하면 Unsponsored DR이 된다.

핵심포인트 해설 해외주식발행의 의의

(1) 해외주식발행의 의의
   ① 복수상장 : 국내거래소와 해외거래소에 함께 상장
   ② 상장방식 : 예탁증서(DR : Depositary Receipt)의 형태로 상장, 직수입상장
   ③ DR 상장 : 해외주식의 표시통화를 거래소 국가 표시 통화로 전환(편리함과 유동성 유지)
   ④ DR의 종류
      ㉠ ADR(American Depositary Receipt) : 외국 주식을 미국 증시에 상장
      ㉡ EDR(Euro Depositary Receipt) : 미국 이외의 거래소에 상장
      ㉢ GDR(Global Depositary Receipt) : 미국과 미국 이외의 거래소에 상장
   ⑤ DR의 발행비용 부담
      ㉠ Sponsored DR : 해당 기업이 상장되기를 원하여 발행 및 상장비용을 부담
      ㉡ Unsponsored DR : 미국 투자자들의 관심이 높아 미국 증권사가 발행 및 상장비용을 부담

(2) 원주상장   (직상장은 어느 곳에도 상장한 적 없는 기업만 가능(비상장회사))
   ① DR의 형태를 취하지 않고 원주를 그대로 상장하는 형태
   ② 주식의 표시 통화도 현지 통화나 본국의 통화를 그대로 사용

(3) 복수상장의 효과
   ① 기업의 투명성을 높이고 가치를 인정받아 주가 상승
   ② 자본조달 효과 및 자본조달비용 절감효과
   ③ 기업의 자금조달의 가용성을 높여 한계자본비용이 느리게 상승

정답 ③

국제채권시장 ★★

다음 중 국제채권시장에 대한 설명으로 올바르지 못한 것은?

① 외국채는 채권 발행지 국가의 규제로 차입비용이 높은 것이 일반적이다.
② 유로채는 주로 공모방식으로 발행되지만, 최근 사모방식 발행이 증가하는 추세이다.
③ 실제로 발행되지 않은 채권을 사전에 판매하는 시장을 회색시장(Grey Market)이라 하며 이는 시장의 반응을 알아볼 수 있는 기회가 된다.
④ 유로채의 발행이 외국채보다 압도적으로 많기 때문에 신용평가가 필수적으로 선행되어야 한다.

TIP 유로채의 발행에 있어서 신용평가가 필수적인 것은 아니다.

핵심포인트 해설 국제채권시장

(1) 국제채권의 종류 — 발행국가 통화와 채권 표시 통화 일치
  ① 외국채 : 채권 표시 통화의 본국에서 발행하는 채권으로 발행지 국가의 규제로 차입비용 증가
  ② 유로채 : 채권 표시 통화 본국 이외의 국가에서 발행하는 채권으로 규제가 적어 외국채보다 선호
       — 발행국가 통화와 채권 표시 통화 다름

(2) 국제채권시장의 참가자
  ① 차입자 : 국제자본시장에서 자금을 조달하는 역할
  ② 투자자 : 대부분 기관투자가, 중앙은행, 다국적기업 및 금융기관
  ③ 중개금융기관 : 발행시장과 유통시장에서 참여자들을 연결하는 등 시장형성기능

(3) 유로채의 발행시장과 유통시장
  ① 발행시장
    ㉠ 공모형식의 발행이 대부분이나 최근 사모형식의 발행이 증가
    ㉡ 유로채 발행에 있어서 신용평가가 필수적인 것은 아님
    ㉢ 주로 Bought Deal 방식(= 총액인수방식)으로 거래
    ㉣ 회색시장(Grey Market) : 실제 발행되지 않은 증권이 인수단의 형성에 의해 사전에 판매되는 시장
  ② 유통시장
    ㉠ 시장규모가 크고 유동성이 높음
    ㉡ AIBD(Association of International Bond Dealers)는 거래절차 및 거래자의 행위 통제
    ㉢ 유로채의 유통은 실물 채권의 이동 없이 장부 결제만 함

정답 ④

10

국제채권시장 ★★

다음 중 외국채와 유로채에 대한 설명으로 올바르지 못한 것은?

① 달러화 채권을 미국 이외의 국가에서 발행하면 유로채이다.
② 외국채는 현지 투자자 보호를 위해 많은 규제가 있으나, 최근 규제를 완화하는 추세이다.
③ 유로채는 역외 금융 중심지에서 비거주자에 의해 발행되는 것이 일반적이다.
④ 외국채에서의 이익은 원천징수를 하지 않으나 유로채에서의 이익은 원천징수 및 종합소득과세 대상 소득에 포함된다.

♀ TIP 유로채에서의 이익은 원천징수하지 않으나 외국채에서의 이익은 원천징수 및 종합소득과세 대상 소득에 포함된다.

핵심포인트 해설 외국채와 유로채

(1) 외국채와 유로채의 특징

① 외국채 → 규제가 많음
  ㉠ 현지 투자자 보호를 위한 엄격한 규제
  ㉡ 신용등급평가가 필수적이며 신용등급이 낮거나 규모가 작은 경우 자금조달비용이 높아짐
  ㉢ 투자자의 종합소득과세 대상 소득에 가산
  ㉣ 최근 점차적으로 국제채권 발행업무 유치의 소득유발효과를 인식하고 규제 완화 및 원천세 비과세

② 유로채 → 규제 없고, 혜택이 많음
  ㉠ 시장질서를 유지하기 위한 업자의 자율적 규제 이외에는 당국에 의한 별다른 규제가 사실상 없음
  ㉡ 역외 금융 중심지에서 비거주자에 의해 발행되는 것이 일반적
  ㉢ 공시나 신용등급평가 등 의무규정이 없으며 참가자 합의에 따라 자유롭게 선택 및 원천세 비과세

(2) 외국채와 유로채의 별칭

구 분	외국채	유로채
미국 달러	양키본드	–
영국 파운드	불독본드	–
일본 엔화	사무라이본드	–
중국 위안화	판다본드	딤섬본드
한국 원화	아리랑본드	–

정답 ④

11

해외투자전략 ★★

다음 중 해외증권투자에 대한 설명으로 올바르지 못한 것은?

① T-Bill은 1년 이하의 단기채로 주로 할인채 형식으로 발행된다.
② 브라질 채권은 금리가 높고, 이자소득이 비과세되기 때문에 단기채 중심의 투자가 수익률이 높다.
③ 딤섬본드는 신용등급이 높은 회사채로 채권수익률이 낮다.
④ 해외증권투자는 각 증권시장 상호 간의 상관관계가 낮은 증권들을 많이 편입할수록 위험이 낮아진다.

♀ TIP 브라질 채권은 토빈세(6%)로 인해 단기채권은 실익이 크지 않다.

핵심포인트 해설 해외투자전략

(1) 해외분산투자
  ① 여러 나라 증권에 분산투자하여 최고 운용 수익률을 올리고 리스크는 경감시키는 자산운용 방법
  ② 해외분산투자 효과는 각 증권시장 상호 간의 상관관계가 낮은 증권을 많이 편입할수록 커짐
  ③ 환율변동은 투자수익에 절대적인 영향을 미치므로 반드시 참조

(2) 해외주식투자
  ① 직접투자 : 정보 습득 및 세금문제 고려
  ② 간접투자 : ETF, 펀드, Fund of Fund 등 절세효과가 크나 거래 수수료 발생에 주의

(3) 해외채권투자
  ① 미국국채

구 분	만 기	내 용
T-Bill	1년 이하	이자가 없는 할인발행(할인채), 최저거래단위 1만불
T-Note	10년 이하	6개월 이표채
T-Bond	10년 이상(30년)	

  ② 브라질국채
    ㉠ 금리가 높고, 이자소득 비과세됨
    ㉡ 주로 6년 이상 장기채(토빈세로 인해 단기채는 실익이 크지 않음)
    ㉢ 원화와 헤알화 사이 헤지가 되지 않는 것이 일반적(장기투자 시 환위험은 어느 정도 헤지됨)
  ③ 딤섬본드
    ㉠ 홍콩에서 발행되는 위안화표시 채권
    ㉡ 주로 신용등급이 높은 회사채로 채권수익률이 낮음
    ㉢ 만기 2~3년의 단기채가 많아 매매차익보다는 만기보유전략 선호(회사채 신용도 중요)

정답 ②

12 해외투자포트폴리오의 구축 ★★★

다음 중 해외투자포트폴리오의 구축에 대한 설명으로 올바르지 못한 것은?

① 공격적 투자전략에서는 가격 예측에 따른 포트폴리오의 구성 비중을 결정하는 자산배분이 가장 중요한 의사결정사항이 된다.
② 공격적 투자전략은 예측 및 전망을 사용하여 초과수익을 추구하며 이는 시장이 비효율적이라는 증거이다.
③ 방어적 투자전략에서 벤치마크를 완벽히 모방하더라도 벤치마크보다 낮은 수익률을 보이는 이유는 종목선택에 실패했기 때문이다.
④ 일반적으로 국내 투자에서는 적극적인 투자전략이 소극적인 투자전략보다 나은 결과를 가져오는 경우가 거의 없다.

TIP 방어적 투자전략에서 벤치마크를 완벽히 모방하더라도 벤치마크보다 낮은 수익률을 보이는 이유는 거래비용, 투자비중, 세금 때문이다.

핵심포인트 해설 공격적 투자전략과 방어적 투자전략

(1) 적극적(공격적) 전략
① 예측과 전망을 적극적으로 활용
② 목표수익률은 벤치마크보다 높게 설정
③ 시장의 비효율성이 존재한다면 초과수익을 얻을 수 있다는 믿음
④ 해외투자에서는 공격적 투자전략이 큰 비중을 차지하며 높은 수익을 얻음 ⇨ 국제자본시장 분리 의미
⑤ 해외투자에서 국가 비중이 우선시 되었으나, 최근 산업비중 및 기업 선택도 중요해짐

(2) 소극적(방어적) 전략
① 주관적 판단 및 예측을 회피
② 벤치마크와의 격차를 최소화하는 전략 사용
③ 시장이 효율적이라면 어떤 예측도 초과수익을 낼 수 없다는 믿음
④ 목표수익률은 벤치마크 수익률로 설정
⑤ 벤치마크와 유사한 포트폴리오의 실제 투자수익률이 벤치마크 수익률보다 항상 낮게 나오는 이유는 다음과 같음

벤치마크	실제 투자
• 거래비용 없음 • 항상 100% 투자 • 세금 없음	• 거래비용 발생(완전모방 시 매우 커짐) • 항상 100% 투자 아님 • 세금 발생

→ 이러한 이유로 벤치마크보다 수익률 낮아짐

정답 ③

해외투자포트폴리오의 구축 ★★★

다음 중 해외포트폴리오 자산배분에 대한 설명으로 올바르지 못한 것은?

① 환율, 물가 등의 변화를 분석하고 예측하여 투자 비중을 결정하는 방식을 하향식 접근법이라 한다.
② 세계경제를 완전히 통합되지 않았다고 보는 경우 하향식 접근법의 사용이 바람직하다.
③ 거시경제의 괴리를 초과수익의 기회로 보는 것은 상향식 접근법이다.
④ 산업 및 기업의 분석을 중요시하는 접근방식에서는 세계경제를 통합되었다고 인식한다.

♀ TIP 거시경제의 괴리를 초과수익의 기회로 보는 것은 하향식 접근법이다.

핵심포인트 해설 해외포트폴리오의 자산배분

(1) 하향식 접근방식(Top-Down Approach)
① 각국 거시경제 변수 분석을 통한 국가 ⇨ 산업 ⇨ 기업 비중 결정
② 거시경제지표(환율, 물가 등)의 변화를 예측하고 낙관적인 전망의 국가 비중 증가
③ 거시경제 괴리가 발생하면 초과수익의 기회로 인식
④ 국가분석과 거시경제 분석이 중심 ⇨ 세계경제를 완전히 통합되지 않았다고 인식

시작이 중요!
하향식은 거시경제 중요,
상향식은 미시경제 중요

(2) 상향식 접근방식(Bottom-Up Approach)
① 기업과 산업 분석을 통하여 개별 주식 ⇨ 국가 비중 결정
② 산업 및 기업 분석이 연구의 중심
③ 각국 경제의 통합이 진전되어 세계경제를 글로벌화된 산업의 집합으로 인식
④ 실제 투자에 있어서 주식 파생상품을 적극적으로 활용

정답 ③

14 해외투자포트폴리오의 구축 ★★★

다음 중 주식파생상품을 이용한 해외증권투자에 대한 설명으로 올바르지 못한 것은?

① 주식파생상품은 현물시장보다 유동성이 높기 때문에 낮은 거래비용으로 포지션 변경이 가능하다.
② 투자대상국 주가지수에 대한 선물 시장이 개설된 경우 주가지수 선물 매입은 지수 투자와 동일 효과를 낼 수 있다.
③ 주식파생상품의 투자는 초기 투하 자본이 적기 때문에 상대적인 위험도가 적은 편이다.
④ 주가지수선물의 매입과 나머지 투자자금의 정기예금 투자 비중 조절로 포트폴리오 보험과 같은 투자전략도 구사할 수 있다.

> **TIP** 주식파생상품의 투자는 초기 투하 자본이 적기 때문에 수익률 변동이 증폭되는 레버리지 효과가 크다.

핵심포인트 해설 | 주식파생상품의 활용

※ 주식파생상품 이용 시의 장점
① 주식파생상품은 현물시장보다 유동성이 높기 때문에 낮은 거래비용으로 포지션 변경 가능
② 투자대상국 주가지수에 대한 선물 시장이 개설된 경우 주가지수 선물 매입은 지수 투자와 동일 효과
③ 주가지수선물을 이용하면 이미 잘 구성된 포트폴리오에 투자하는 것과 같기 때문에 노력과 거래비용 절감
④ 주식파생상품의 투자는 초기 투하 자본이 적기 때문에 수익률 변동에 대한 레버리지 효과가 큼
⑤ 주가지수선물과 정기예금 투자로 포트폴리오 보험 전략 수립 가능
⑥ 콜옵션 매입은 주가하락 위험에 대한 보호와 주가상승 시 현물에 투자한 것과 동일한 결과 얻음
⑦ 주가지수옵션이 있는 경우 주가지수매입과 정기예금 투자로 합성 주식상품 구축 가능

정답 ③

15 해외투자의 환위험관리 ★★★

다음 중 해외투자의 환위험관리에 대한 설명으로 올바르지 못한 것은?

① 환위험관리 전략은 투자대상의 위험과는 별도로 줄이거나 제거할 수 있으며 추가적인 수익의 기회로 인식된다면 적극적 노출도 가능하다.
② 장기 헤지는 적당한 파생상품을 얻기 어려우며, 헤지 수단을 얻더라도 비용이 높고 유동성이 낮아 탄력적 헤지 전략을 사용하기 어렵다.
③ 롤링 헤지의 경우 유동성이 높은 헤지 수단을 얻을 수 있다는 장점이 있는 반면 헤지 이후 기간에 환위험에 노출되어 헤지 효과가 낮아질 수 있다.
④ 주가와 통화가치 간의 상관관계에 의해 환노출을 낮추는 헤지 방식을 내재적 헤지라 하며, 국내 투자자의 경우 적극적으로 활용하면 별도의 헤지 비용 없이 환위험을 헤지할 수 있다.

♀TIP 내재적 헤지의 경우 통화가치가 주가에 영향을 주는 달러화가 아니면 헤지 효과를 기대하기 어렵다.

핵심포인트 해설 환위험관리 전략

(1) 환위험관리 전략
 ① 환위험관리 전략은 투자대상의 위험과는 별도로 줄이거나 없앨 수 있으며, 적극적 노출도 가능
 ② 환위험관리의 가이드라인
   ㉠ 적극적인 태도 : 허용 위험한도를 높게 설정하고, 유리하다고 판단되는 경우 환위험에 노출
   ㉡ 소극적인 태도 : 허용 위험한도를 낮게 설정하고, 예측에 관계없이 환노출 헤지
 ③ 환노출 헤지 방법
   ㉠ 통화파생상품 이용
   ㉡ 주식파생 또는 금리파생상품을 이용하여 노출 최소화
   ㉢ 투자대상 증권과 환율 간의 상관관계를 이용한 내재적 헤지(미국 투자자 이외에는 효과 없음)
   ㉣ 통화의 분산
   ㉤ 헤지하지 않음
 ④ 투자기간을 고려한 헤지 기간의 설정
   ㉠ 투자기간의 전체를 일시에 헤지하는 방식은 파생상품을 찾기 힘들며, 비용이 높고 유동성이 낮음
   ㉡ 헤지 기간을 짧게 하면 투자기간이 끝날 때까지 여러 번 헤지의 의사결정 반복

(2) 롤링 헤지(Rolling Hedge)
 ① 짧은 헤지기간을 연결해서 전체 투자기간을 헤지하는 것
 ② 장 점
   ㉠ 유동성 높은 헤지 수단을 얻을 수 있음
   ㉡ 향후 시장의 변화에 보다 탄력적으로 대처
 ③ 단점 : 이후 각 헤지기간 동안 환위험에 노출되어 헤지 효과가 낮음

정답 ④

fn.Hackers.com

출제예상문제

☑ 다시 봐야 할 문제(틀린 문제, 풀지 못한 문제, 헷갈리는 문제 등)는 문제 번호 하단의 네모박스(□)에 체크하여 반복학습 하시기 바랍니다.

01 중요도 ★★★
다음 중 분산투자 이론에 대한 설명으로 올바르지 못한 것은?

① 개별주식의 위험은 분산 가능한 위험과 분산 불가능한 위험으로 구분되며 이때 분산 가능한 위험은 국제분산투자를 통해서만 추가적으로 제거할 수 있다.
② 비체계적 위험의 종류에는 경영전략, 사업의 사양화 등 기업 또는 산업만의 특유 요인들이 포함된다.
③ 체계적 위험은 분산 불가능한 위험으로 국가 내 모든 기업에 공통영향을 주는 요인이기 때문에 국내분산투자로는 위험을 낮추는 것이 불가능하다.
④ 개별증권과 시장 전체의 움직임 간의 상관관계가 높을수록 체계적 위험은 크다.

02 중요도 ★★
다음 중 국제분산투자 효과에 대한 설명으로 올바르지 못한 것은?

① 상관관계가 낮을수록 분산투자 효과는 커진다.
② 시장 공통 요인에 의해 영향을 받는 위험은 분산투자를 통해 완전히 제거할 수 없다.
③ 비체계적 위험의 존재는 분산투자 효과의 한계를 의미한다.
④ 국내투자에서 더 이상 분산할 수 없는 위험은 국제분산투자를 통해 추가적으로 낮출 수 있다.

03 중요도 ★★
다음 중 국제분산투자 효과에 대한 설명으로 올바르지 못한 것은?

① 국제분산투자를 통해 효율적 투자기회선을 좌상향으로 이동시킬 수 있다.
② 국가 간 상관관계가 낮을수록 국제분산투자 효과는 높아진다.
③ 국제분산투자를 통해서도 완전히 제거할 수 없는 위험은 항상 존재한다.
④ 국가 간 상호 의존성이 낮을수록 상관관계는 높아져 국제분산투자 효과는 극대화된다.

04 중요도 ★★★
다음 빈칸에 들어갈 말로 가장 올바른 것은?

> 상관관계 추정 시 환위험을 헤지한 것과 헤지하지 않은 경우 상관관계의 차이가 없다는 것은 장기적 국제분산투자에서는 환위험의 비중이 (가)는 것을 의미하나, 단기적인 투자에서는 환위험에 대한 효과가 (나) 나타난다.

	가	나
①	크다	크게
②	작다	크게
③	작다	작게
④	크다	작게

05 중요도 ★★
다음 중 국제주가지수에 대한 설명으로 올바르지 못한 것은?

① MSCI지수는 미국계 펀드 운용이 사용하는 주요 기준지표로 유동주식수 방식으로 산출한다.
② FTSE지수는 유럽계 자금의 벤치마크 역할을 하며 우리나라는 선진시장으로 분류되어 있다.
③ 주가지수는 상대적 성과를 평가할 때 기준이 되는 벤치마크 역할을 한다.
④ 국제주가지수는 국내투자 시에도 평가의 기준역할을 하는 주요한 지표이다.

정답 및 해설

01 ① 국제분산투자를 통해서는 체계적 위험을 더 낮출 수 있다.
02 ③ 체계적 위험의 존재는 분산투자 효과의 한계를 의미한다.
03 ④ 국가 간 상호 의존성이 낮을수록 상관관계는 낮아져 국제분산투자 효과는 극대화된다.
04 ② 환위험의 효과는 장기적일수록 작으며, 단기적일수록 커질 수 있다.
05 ④ 국제주가지수는 국제투자 시 주된 벤치마크로 활용된다.

06 중요도 ★
다음 중 체계적 위험으로 본 국제분산투자에 대한 설명으로 올바르지 못한 것은?

① 잘 분산된 포트폴리오는 총위험보다 체계적 위험으로 평가하는 것이 바람직하다.
② 투자를 통해 얻는 요구수익률은 총위험에 대한 보상이다.
③ 국제 주식시장이 분리된 경우 초과수익의 가능성은 존재한다.
④ 동일한 주식이라 하더라도 투자자의 요구수익률이 다르면 초과수익은 존재한다.

07 중요도 ★★★
다음 빈칸에 들어갈 말로 가장 올바르게 연결된 것은?

> 한국 투자자가 국내 주식에 투자할 때의 요구수익률은 미국 투자자가 한국 주식에 투자할 때의 요구수익률보다 (가), 따라서 미국 투자자가 국내 투자 시 요구되는 수익률은 상대적으로 (나) 때문에 미국 투자자는 초과수익을 얻는 것과 마찬가지이므로 국제투자가 유인된다.

	가	나
①	높고	낮기
②	낮고	높기
③	높고	높기
④	낮고	낮기

08 중요도 ★★
다음 중 국제분산투자에 대한 설명으로 올바르지 못한 것은?

① 국제 주식시장이 분리된 경우 체계적 위험 감소로 초과수익 가능성이 존재한다.
② 국제 주식시장이 통합된 경우 체계적 위험이 동일하기 때문에 초과이익의 가능성은 존재하지 않는다.
③ 각국 주식시장 간의 상관계수가 낮으면 분산투자 효과는 커진다.
④ 금융시장이 불안해지면 일시적으로 분산투자 효과는 극대화된다.

09 중요도 ★★★
다음 중 환율변동과 해외투자에 대한 설명으로 올바르지 못한 것은?

① 국제투자자는 투자대상국의 주식가치뿐만 아니라 통화가치에 대한 전망도 필요하다.
② 주식가격과 투자대상국의 통화가치가 양의 상관관계를 보이면 투자위험은 감소한다.
③ 본국통화로 표시한 외국주식에 대한 투자수익률은 외국통화로 표시된 투자수익률에 두 통화 간 환율변동분을 더해서 계산한다.
④ 투자대상국 통화가치의 상승은 외국인 투자 유인을 증가시킨다.

10 중요도 ★★★
다음 빈칸에 들어갈 내용으로 가장 올바르게 연결된 것은?

> 국제 투자논리는 주가와 통화가치를 (가)의 상관관계로 보고, 국제경쟁력 논리는 주가와 통화가치를 (나)의 상관관계로 본다.

	가	나
①	양	음
②	양	양
③	음	양
④	음	음

정답 및 해설

06 ② 투자를 통해 얻는 요구수익률은 체계적 위험에 대한 보상으로 평가한다.
07 ① 한국 투자자가 국내 주식에 투자할 때의 요구수익률은 미국 투자자가 한국 주식에 투자할 때의 요구수익률보다 (높고), 따라서 미국 투자자가 국내 투자 시 요구되는 수익률은 상대적으로 (낮기) 때문에 미국 투자자는 초과수익을 얻는 것과 마찬가지이므로 국제투자가 유인된다.
08 ④ 각국 금융시장이 불안해지면 동조화 현상 발생으로 분산투자 효과가 감소한다.
09 ② 주식가격과 투자대상국의 통화가치가 음의 상관관계를 보이면 투자위험은 감소한다.
10 ① 국제 투자논리는 주가와 통화가치를 (양)의 상관관계로 보고, 국제경쟁력 논리는 주가와 통화가치를 (음)의 상관관계로 본다.

11 중요도 ★★★
다음에서 설명하는 환위험 헤지방법으로 올바른 것은?

> 투자대상국 통화가치와 해당 기업 주가 간의 음의 상관관계를 이용한 헤지 전략이다.

① 선물환 헤지　　　　　　　② 통화파생상품
③ 내재적 헤지　　　　　　　④ 롤링 헤지

12 중요도 ★★★
투자자가 국제 투자를 하면서 자국통화가치 상승에 대한 위험을 피하고자 할 때 올바르지 못한 것은?

① 자국통화를 매입해주는 선물환계약을 매수한다.
② 통화구성을 분산하여 금리위험을 헤지한다.
③ 투자대상국 통화가치와 양의 상관관계를 갖는 기업의 주식에 투자한다.
④ 미 달러화에 연동된 환율 제도를 갖춘 국가에 투자한다.

13 중요도 ★★
다음 중 세계증권시장의 통합과 국제분산투자에 대한 설명으로 올바르지 못한 것은?

① 국제자본이동의 자유화는 금융시장을 통합시키는 요인이다.
② 통합된 금융시장에서는 분산투자 효과와 초과수익 기회가 사라진다.
③ 통합화가 진행되면 자본시장의 동조화 현상이 발생하기 때문에 통합화는 동조화의 선행요건이 된다.
④ 통화의 차이와 환율 변동은 국제자본시장 분리의 가장 큰 요인 중 하나이다.

14 중요도 ★★★
다음 중 동조화에 대한 설명으로 올바르지 못한 것은?

① 각국 주식시장이 긴밀한 영향을 주고받으며 주가가 서로 비슷한 움직임을 보이는 현상을 의미한다.
② 동조화 현상은 빠르고 거의 동시에 발생한다.
③ 동조화 현상은 일시적 현상이 아닌 구조적 현상으로 정착되어 가는 추세이다.
④ 동조화 현상은 곧 자본시장의 통합화를 의미하기 때문에 국제분산투자 효과는 점차적으로 사라지는 추세이다.

15 중요도 ★★★
다음 중 해외 주식 발행에 대한 설명으로 올바르지 못한 것은?

① 외국 주식을 미국 증시에 상장하기 위해서는 ADR 형태로 상장해야 한다.
② 미국 이외의 거래소에 상장하기 위해서는 GDR 형태로 상장해야 한다.
③ 복수상장은 기업의 투명성을 높이고 가치를 인정받아 주가를 상승시키는 효과가 있다.
④ 원주상장은 DR의 형태를 취하지 않고 원주를 그대로 상장하는 방식이다.

16 중요도 ★★★
다음 빈칸에 들어갈 내용으로 가장 올바른 것은?

해당 기업이 상장되기를 원하여 발행 및 상장비용을 스스로 부담하여 상장하는 것을 (가)이라고 하며, 미국 투자자들의 관심이 높아 미국 증권사가 발행 및 상장비용을 부담하는 것을 (나)이라고 한다.

	가	나
①	Sponsored DR	Unsponsored DR
②	원주상장	Sponsored DR
③	Unsponsored DR	원주상장
④	Unsponsored DR	Sponsored DR

정답 및 해설

11 ③ 내재적 헤지에 대한 설명이다.
12 ③ 투자대상국 통화가치와 음의 상관관계를 갖는 기업의 주식에 투자한다.
13 ③ 통합화 없이 동조화 현상도 가능하다.
14 ④ 동조화 현상이 곧 자본시장의 통합화를 의미하지 않는다.
15 ② 미국 이외의 거래소에 상장하기 위해서는 EDR 형태로 상장해야 한다.
16 ① 해당 기업이 상장되기를 원하여 발행 및 상장비용을 스스로 부담하여 상장하는 것을 (Sponsored DR)이라고 하며, 미국 투자자들의 관심이 높아 미국 증권사가 발행 및 상장비용을 부담하는 것을 (Unsponsored DR)이라고 한다.

17 다음 중 국제 채권시장에 대한 설명으로 올바르지 못한 것은? 중요도 ★★

① 외국채는 채권 표시통화의 본국에서 발행하는 채권으로 발행지 국가의 규제로 차입비용이 증가된다.
② 유로채는 채권 표시통화 본국 이외의 국가에서 발행하는 채권으로 신용평가 등의 규제가 적어 외국채보다 선호된다.
③ 유로채는 주로 공모방식으로 발행되나 최근 사모방식 발행도 증가하는 추세이다.
④ 유로채는 주로 잔액인수 방식으로 거래되며 회색시장(Grey Market)이 존재한다.

18 다음 중 외국채 형태로 발행해야 하는 것은? 중요도 ★★★

① 삼성전자가 미국시장에 엔화 채권 발행
② 도요타가 일본시장에 달러로 채권 발행
③ 구글이 중국시장에 위안화 채권 발행
④ 애플이 유럽시장에 달러로 채권 발행

19 다음 중 외국채와 유로채의 차이에 대한 설명으로 올바르지 못한 것은? 중요도 ★★★

① 외국채는 규제가 엄격한 반면, 유로채는 규제가 거의 없다.
② 외국채는 신용평가가 필수적이나, 유로채는 신용평가 등의 의무 규정이 없다.
③ 외국채는 자금조달비용이 낮은 반면, 유로채는 발행비용이 상대적으로 높다.
④ 외국채는 종합과세 대상 소득에 가산되는 반면, 유로채는 원천세 비과세이다.

20 다음 중 해외 증권투자에 대한 설명으로 올바르지 못한 것은? 중요도 ★★

① 해외 주식투자 시 간접투자방식은 절세효과가 큰 반면 자주 거래할 경우 거래수수료가 발행되는 점을 주의해야 한다.
② 미국 국채 중 T-Note는 10년 이하 중기채로 발행되며 이표채 방식이다.
③ 브라질 국채는 금리가 높고 이자소득이 비과세 되는 반면 환위험이 높기 때문에 환헤지를 하지 않는다면 손실이 발생할 가능성이 크다.
④ 딤섬본드는 대표적인 유로채로 신용등급이 높은 회사채가 주를 이루며 채권수익률은 낮은 편이다.

21 중요도 ★★★
다음 중 적극적 투자전략에 대한 설명으로 올바르지 못한 것은?

① 적극적 투자 방식은 예측과 전망을 적극적으로 활용한다.
② 해외투자에서 국가 비중이 우선시 되었으나, 최근 산업 및 기업의 선택도 중요해지고 있다.
③ 시장의 비효율성을 전제로 초과수익을 얻는 것을 목표로 한다.
④ 국제 자본시장에 위기가 발생하면 가격차이로 인해 초과수익을 얻을 수 있다.

22 중요도 ★★★
다음 중 소극적 투자전략에 대한 설명으로 올바르지 못한 것은?

① 주관적 판단과 예측을 회피하며 주로 시장을 따라가는 전략을 추구한다.
② 벤치마크와의 격차를 최소화하는 전략을 주로 사용한다.
③ 해외투자 시 매우 효율적인 전략일 수 있으나 국내투자 시 효율성이 떨어지는 전략이다.
④ 목표수익률은 벤치마크 수익률로 설정하며 시장을 효율적으로 바라본다.

정답 및 해설

17 ④ 유로채는 주로 총액인수 방식으로 거래되며 회색시장(Grey Market)이 존재한다.
18 ③ 외국채는 발행 기업과는 상관없이 발행지와 채권의 통화가 일치하는 경우에 발행 가능하다.
19 ③ 외국채는 발행비용이 높고, 상대적으로 유로채는 발행비용이 낮다.
20 ③ 브라질 국채는 금리가 높고 이자소득이 비과세 되며 주로 6년 이상 장기투자하기 때문에 별도로 환헤지를 하지 않더라도 환위험은 어느 정도 완화된다.
21 ④ 국제 자본시장에 위기가 발생하면 하락 동조화 현상으로 적극적(공격적) 투자전략은 무의미하다.
22 ③ 국내투자에서 대부분 소극적인 투자전략이 적극적인 투자전략보다 더 나은 결과를 가져온다.

23 중요도 ★★
다음 중 세계경제에 통합되었다고 판단할 때 올바른 접근법은?

① 상향식 접근법 ② 하향식 접근법
③ 수평식 접근법 ④ 수직식 접근법

24 중요도 ★★
다음 중 하향식 접근법에 대한 설명으로 올바르지 못한 것은?

① 거시경제 변수 분석을 통한 국가 비중 결정이 가장 우선시 된다.
② 환율 물가 등을 예측하고 낙관적 전망의 국가 비중을 증가시킨다.
③ 거시경제 괴리가 발생하면 초과수익의 기회로 인식한다.
④ 실제 투자에 있어 주식파생상품을 적극적으로 활용한다.

25 중요도 ★★
다음 중 상향식 접근법에 대한 설명으로 올바르지 못한 것은?

① 기업과 산업 분석을 통하여 개별주식의 비중을 결정한 후 국가 비중을 결정한다.
② 산업 및 기업분석이 연구의 중심이 된다.
③ 정보통신기술의 발달로 인해 상향식 접근법이 점점 중요해지고 있다.
④ 국제금융시장을 비효율적으로 인식할 경우 적합한 접근방식이다.

26 중요도 ★★
해외투자전략에 대한 설명으로 거리가 먼 것은?

① 소극적 투자전략의 목표수익률은 벤치마크의 수익률이다.
② 적극적 투자전략은 시장이 효율적이라고 가정한다.
③ 벤치마크 지수는 투자성과를 평가하고 해외투자 포트폴리오 구축 전략의 기준이 된다.
④ 적극적 투자전략은 환율과 주가를 예측하여 성과 높은 포트폴리오를 구성한다.

27 중요도 ★★
다음 중 해외증권투자를 할 때 주식파생상품을 이용하는 목적으로 올바르지 못한 것은?

① 높은 유동성　　　　　　　② 절세효과
③ 효율적 포트폴리오　　　　 ④ 레버리지 효과

28 중요도 ★★
다음 중 해외 투자의 환위험 관리 전략에 대한 설명으로 올바르지 못한 것은?

① 환위험은 투자대상의 위험과 통합하여 관리하는 것이 효과적이다.
② 환율변동은 해외투자에서 위험인 동시에 수익의 기회로 인식된다.
③ 적극적인 태도를 갖는 환위험 관리 가이드 라인은 허용 위험한도를 높이고, 유리하다고 판단되면 적극적으로 노출시킨다.
④ 소극적인 태도를 갖는 환위험 관리 방식에서는 허용한도를 낮게 설정하고, 예측에 관계없이 환노출을 헤지한다.

정답 및 해설

23 ① 각국의 경제가 통합되었다면 상향식 접근법이 올바른 전략이다.
24 ④ 주식파생상품을 적극적으로 활용하는 것은 상향식 접근법이다.
25 ④ 국제금융시장을 효율적으로 인식할 경우 적합한 접근방식이다.
26 ② 적극적 투자전략은 시장이 비효율적이라고 가정한다.
27 ② 주식파생상품 투자 목적은 높은 유동성, 낮은 거래비용, 효율적 포트폴리오, 레버리지, 포트폴리오 보험전략 등이 있다.
28 ① 환위험 관리 전략은 투자대상 위험과는 별도로 줄이거나 없앨 수 있으며, 적극적인 노출도 가능하다.

제3장 투자분석기법 - 기본적 분석

학습전략

투자분석기법은 기본적 분석, 기술적 분석, 산업분석 총 3가지로 구성되며, 제2과목 전체 30문제 중 총 12문제가 출제된다. 그중에서 기본적 분석은 **약 3~4문제** 정도 출제되는 편이다.

기본적 분석의 경우 재무제표 및 현재가치에 대한 기초지식을 바탕으로 시험에 대비해야 한다. 공분산과 상관계수의 의미 및 유가증권의 가치를 계산하는 문제가 자주 출제되며, 레버리지 등 각종 재무비율은 응용되어 문제가 출제되니 이에 대한 대비가 필요하다. PER, PBR, EVA 및 EV/EBITDA의 의미와 활용방법에 대해서도 심도 있는 학습이 요구된다.

출제비중

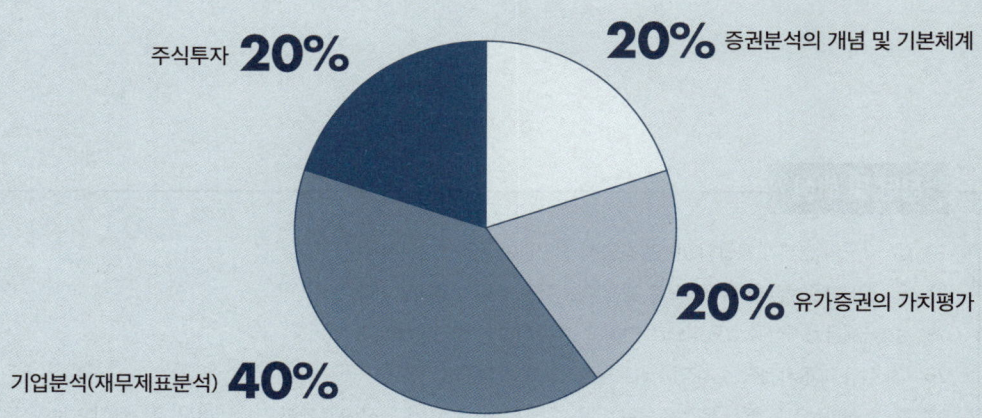

- 주식투자 20%
- 증권분석의 개념 및 기본체계 20%
- 유가증권의 가치평가 20%
- 기업분석(재무제표분석) 40%

출제포인트

구 분	출제포인트	중요도
증권분석의 개념 및 기본체계 (20%)	01 가치평가와 현금흐름 02 화폐의 시간적 가치 03 증권분석을 위한 통계 기초	★★ ★★ ★★
유가증권의 가치평가 (20%)	04 채권의 가치평가 및 만기수익률 05 우선주 및 보통주의 가치평가	★★★ ★★★
기업분석(재무제표분석) (40%)	06 활동성지표 07 보상비율 08 이익지표 09 안정성지표 10 유동성지표 11 수익성지표 12 기업분석지표 13 레버리지분석	★★ ★★★ ★★ ★★ ★★ ★★★ ★★ ★★★
주식투자 (20%)	14 주가배수 모형에 의한 기업가치분석 15 EVA모형 16 경영성과지표	★★★ ★★★ ★★

가치평가와 현금흐름 ★★

다음 중 증권분석의 개념 및 가치평가에 대한 설명으로 올바르지 못한 것은?

① 기본적 분석은 크게 재무제표에 나타나지 않는 질적분석과 계량화 가능한 양적분석으로 구분된다.
② 질적분석 방법에는 기업으로 시작해 산업, 경제 순으로 진행하는 미시방식과 경제로부터 산업 및 기업 순으로 이어지는 거시방식이 많이 사용된다.
③ 기업의 현금흐름을 추정할 때 매몰원가는 고려대상이 아니나 기회비용은 고려해야 한다.
④ 현금유출액은 손익계산서에서 추정하고, 현금유입액은 재무상태표상의 비유동자산과 유동자산 및 유동부채로 추정한다.

> **용어 알아두기**
> **매몰원가와 기회비용** 매몰원가는 과거에 이미 지출된 비용이고, 기회비용은 다른 용도로 사용할 수 있는 자원의 크기를 의미한다.

TIP 현금유입액은 손익계산서에서 추정하고, 현금유출액은 재무상태표상의 비유동자산과 유동자산 및 유동부채로 추정한다.

핵심포인트 해설   가치평가와 현금흐름

(1) 현금흐름 추정의 기본원칙
① 증분기준으로 추정(기업 전체의 현금흐름 관점)
② 세후기준으로 추정(절세효과 고려)
③ 해당 투자안의 모든 간접적 효과도 고려
④ 현금유입과 현금유출의 시점을 정확히 추정(회계상 추정과 실제 추정의 차이)
⑤ 매몰원가(Sunk Cost)는 고려의 대상이 아니나 기회비용(Opportunity Cost)은 고려해야 함

(2) 현금흐름 추정
① 현금흐름 = 세후 영업이익[= 영업이익 × (1 − 법인세율)] + 비현금비용(감가상각비)
② 현금유입액은 손익계산서에서 추정, 현금유출액은 재무상태표상의 비유동자산과 유동자산 및 유동부채로 추정
③ 자금운용 접근법은 재무상태표의 운전자본, 시설자금과 연관된 투하자본의 크기를 추출하는 방법
④ 자금조달 접근법은 재무상태표의 부채, 자기자본과 연관된 투하자본의 조달방법과 크기를 추출하는 방법

(3) 가치평가 절차
① 기업의 경제적 수명을 예측(제품 수명주기로 판단)
② 경제적 수명기간 동안 매년 예상되는 현금흐름의 크기를 추정
③ 현재가치로 할인하기 위한 할인율로서 기업의 자본비용을 추정
④ 기업의 운영기간 총 현금흐름을 기업의 자본비용으로 할인한 현재가치를 합산하여 평가

정답 ④

화폐의 시간적 가치 ★★

ABC 저축은행은 5년 만기 예금에 연이율 5%로 매월 이자를 지급하고, ABS 저축은행은 연이율 5%로 반기마다 이자를 지급할 때 다음 설명 중 올바르지 못한 것은?

① ABC 은행의 연간 유효이자율은 연 5.11%이다.
② 유효이자율은 이자지급횟수가 늘어나는 반면 기간별 이자율은 줄어든다.
③ 두 은행의 명목이자율은 같으나 유효이자율은 ABS 은행이 높다.
④ 만약 ABS 은행에 1,000만원을 저축한다면 5년 후 총 수령 금액은 12,800,845원이다.

용어 알아두기
유효이자율 이자지급횟수를 보다 많게 책정함으로써 이자율 상한을 피하는 방법으로 이자지급횟수는 늘어나는 반면 매 기간 지급하는 이자율은 감소한다.

TIP ABC 은행의 유효이자율 = $(1 + \frac{0.05}{12})^{12} - 1 = 5.11\%$, ABS 은행의 유효이자율 = $(1 + \frac{0.05}{2})^2 - 1 = 5.06\%$,
ABS 은행의 5년 후 수령액 = 1,000만원 × $(1 + \frac{0.05}{2})^{10}$ = 12,800,845원

핵심포인트 해설 화폐의 시간적 가치

(1) 이자의 개념
　　현재의 소비나 투자를 억제하는 데 따르는 보상

(2) 미래가치(FV : Future Value) : 특정 시점에 관찰되는 돈의 액수
　　① 연 1회 이자 지급 시 : $FV_n = PV \times (1 + i)^n$
　　② 연 m회 이자 지급 시 : $FV_n = PV(1 + \frac{i}{m})^{nm}$ (n = 기간, m = 이자지급횟수)
　　③ 유효이자율 = $(1 + \frac{i}{m})^m - 1$ (이자지급횟수를 증가시키는 반면 기간별 이자율은 감소함)
　　　　1년 기준 계산! '연수 × 이자지급횟수' 아님! 연수는 항상 1

(3) 현재가치(PV : Present Value)
　　① 일시불의 현재가치 : $PV_n = FV_n \times \frac{1}{(1+i)^n}$
　　② 위의 수식에서 i는 미래가치 계산 시에는 이자율, 현재가치 계산 시에는 할인율이 됨

정답 ③

증권분석을 위한 통계 기초 ★★

다음 중 증권분석을 위한 통계 기초에 대한 설명으로 올바르지 못한 것은?

① 정규분포란 확률변수의 분포가 종 모양으로 좌우가 대칭인 것을 의미한다.
② 표준편차는 평균으로부터 떨어진 거리의 제곱들의 평균을 제곱근하여 계산한다.
③ 상관계수는 두 변수 간의 방향성과 정도를 알 수 있는 지표로 공분산을 각각의 분산으로 나누어 계산한다.
④ 공분산이 0이면 두 자산의 움직임은 서로 영향을 주지 않는다는 것을 의미한다.

TIP 상관계수는 변수들 간의 방향성과 정도를 알 수 있는 지표로 공분산을 개별자산의 표준편차의 곱으로 나누어 계산한다.

핵심포인트 해설 증권분석을 위한 통계 기초

(1) **중심위치(Central Tendency)**
  ① 정의 : 자료가 어떤 값을 중심으로 분포하는가를 나타내는 대표치
  ② 종류 : 산술평균, 최빈값, 중앙값

(2) **산포경향(Degree of Dispersion)**
  ① 정의 : 자료가 중심으로부터 어느 정도 흩어져 있는가를 나타내는 지표
  ② 분산(Variation) : 평균으로부터 떨어진 거리의 제곱들의 평균
  ③ 표준편차(Standard Deviation) = $\sqrt{분산}$

(3) **정규분포(Normal Distribution)**
  ① 정규분포 : 종 모양으로 좌우가 대칭인 연속확률분포(평균과 분산에 의해 결정)
  ② 표준정규분포 : 정규분포 중 평균 = 0, 분산 = 1인 표준화된 정규분포

(4) **공분산(Covariance)**
  ① 정의 : 변수들 간의 방향성을 파악하는 지표
  ② 범위 : $-\infty <$ 공분산 $< +\infty$,
    ㉠ 0 < 공분산이면 양(+)의 상관관계
    ㉡ 0 > 공분산이면 음(−)의 상관관계
    ㉢ 0 = 공분산이면 관련 없음

(5) **상관계수(Correlation Coefficient)**
  ① 정의 : 변수들 간의 방향과 정도를 나타내는 지표로 주로 분산투자이론에서 사용됨
  ② 상관계수$_{xy} = \dfrac{공분산_{xy}}{\sigma_x \times \sigma_y}$, $-1 <$ 상관계수 $< +1$

정답 ③

채권의 가치평가 및 만기수익률 ★★★

주식회사(H)는 연 2.3% 만기가 없는 무보증 사채를 발행하였다. 액면가는 1만원이고 이자는 연 1회 지급할 때, 해당 채권의 현재가치가 8,700원이라면 만기수익률은 얼마인가?

① 2.3% ② 2.46%
③ 2.5% ④ 2.64%

TIP 만기수익률 = $\dfrac{\text{표면이율} \times \text{투자원금}}{\text{채권의 현재가치}}$ = $\dfrac{230원}{8,700원}$ = 0.0264 = 2.64%

핵심포인트 해설 유가증권의 가치평가

(1) 자산의 가치평가
① 자산의 가치는 그 자산의 수명이 다할 때까지 받게 될 것으로 예상되는 미래 기대이익의 함수
② 할인현금흐름모형 : 매 기간의 현금흐름을 요구수익률 또는 할인율로 할인한 현재가치의 합
③ 자산에 대한 요구수익률은 위험 또는 불확실성에 대한 보상으로 위험이 높을수록 요구수익률도 높아짐
→ 체계적 위험

(2) 채권의 가치평가
① 채권의 요구수익률은 지급불능 위험의 크기에 따라 다르게 나타남
② 만기가 있는 채권 = n기간 동안 매 기간 지급하는 이자 + n기간 후 상환하는 원금
③ 영구채권 : 만기가 없는 채권

$$\text{영구채권의 가치} = \dfrac{\text{표면이율} \times \text{투자금액}}{\text{요구수익률 or 시장이자율}}$$

(3) 만기수익률
① 정의 : 채권을 구입해서 만기까지 보유할 때 얻는 수익률
② 채권의 만기수익률

$$\dfrac{\text{액면이자}}{\text{채권가격}} = \dfrac{\text{액면가} \times \text{표면이율}}{\text{채권가격}}$$

정답 ④

우선주 및 보통주의 가치평가 ★★★

주식회사(H)의 주당 이익은 2,000원이고, 해당 기업은 이익의 40%를 배당으로 지급할 예정이다. 회사의 이익과 배당금은 매년 5%씩 지속적으로 성장해왔으며, 해당 기업 투자자의 요구수익률이 11%라면 해당 기업 주식의 적정가치는 얼마인가?

① 12,000원 ② 13,333원 ③ 14,000원 ④ 15,000원

TIP 주식의 가치 $= \dfrac{D_0 \times (1+g)}{k-g} = \dfrac{800(1+0.05)}{0.11-0.05} = 14{,}000$원

핵심포인트 해설   주식의 가치평가

(1) 우선주의 가치평가
  ① 만기가 없기 때문에 영구연금으로 취급
  ② 우선주 가치 $= \dfrac{D}{k}$ (D = 매 기간 우선주 배당금, k = 우선주의 요구수익률)

(2) 보통주의 가치평가(무성장모형)
  ① 가정 : 기업의 미래 배당금이 매 기간 일정하고 성장하지 않음
  ② 모형 : $\dfrac{D}{k}$

(3) 보통주의 가치평가(항상성장모형)
  ① 가 정
    ㉠ 미래 배당금이 매 기간 일정한 비율(g)로 지속성장
    ㉡ 주주들의 요구수익률 k가 배당성장률 g보다 큼
  ② 모 형

  D_1은 내년도 배당, $D_0(1+g)$는 금년 또는 기말 배당일 때 적용

  $$P = \dfrac{D_1}{k-g} = \dfrac{D_0(1+g)}{k-g} \qquad ke = \dfrac{D_1}{P_0} + g$$

  g = 배당성장률, k = 보통주 요구수익률, D_0 = 현재 배당금, D_1 = 미래 배당금

  ③ 가치평가모형 수식
    · 요구수익률 = 무위험이자율 + (시장수익률 − 무위험이자율) × 베타
    · 배당성장률 = 내부유보율 × 자기자본이익률(ROE)
    · 내부유보율 = 1 − 배당성향

(4) 고속성장모형
  고속성장 시기에는 기업의 성장률이 정상적인 수준보다 크게 나타남

정답 ③

활동성지표 ★★

주식회사(H)의 재무제표를 확인한 결과가 아래와 같을 때, 다음 중 주식회사(H)에 대한 기업분석으로 올바르지 못한 것은?

- 순매출 : 100억원
- 재고자산 : 10억원
- 총자산 : 50억원
- 비유동자산 : 20억원
- 순매출채권 : 5억원

① 주식회사(H)의 평균회수 기간은 18.25일이며 해당 지표가 전년도보다 낮아졌다면 매출이 증가하거나 또는 자산의 효율성이 증가되고 있다고 볼 수 있다.
② 주식회사(H)의 총자산 회전율은 2로 해당 지표가 점차 하락한다면 기업의 매출이 둔화되고 있음을 나타낸다.
③ 주식회사(H)의 재고자산회전율은 10으로 해당 지표가 갑자기 하락한다면 매출이 낮아지는 부실의 징후로 볼 수 있으나, 갑자기 증가한다면 기업이 효율적으로 영업을 하고 있다는 것을 의미한다.
④ 주식회사(H)의 매출채권회전율은 20으로 해당 지표가 높다는 것은 일반적으로 기업이 효율적으로 영업을 수행하고 있다고 할 수 있다.

♥TIP 재고자산회전율은 10으로 해당 지표가 갑자기 낮아지면 매출이 낮아져 부실의 징후로 볼 수 있고 갑자기 높아지는 것 또한 현금흐름에 어려움을 겪는 기업이 덤핑으로 재고를 처분할 가능성을 시사한다.

핵심포인트 해설 활동성지표

> 급격히 변화하는 경우는 대부분 부정적인 징후로 봄

종류	수식	정의	활용
재고자산 회전율	$\frac{순매출}{재고자산} = \frac{매출원가}{재고자산}$	재고자산을 판매하는 속도를 측정	• 높을수록 효율적이거나, 덤핑처분 • 낮을수록 재고자산 규모가 불충분, 매출 둔화
매출채권 회전율	$\frac{순매출}{순매출채권}$	기업이 매출액을 현금으로 전환시키는 속도를 측정	• 높을수록 효율적 대금회수, 높은 할인율 적용 • 낮을수록 느슨한 대금회수정책, 매출 둔화
평균 회수기간	$\frac{순매출채권 \times 365일}{순매출액}$	매출액을 현금으로 전환하는 속도를 측정	• 짧을수록 효율적이거나 엄격한 회수 정책 • 길수록 빈약한 매출, 느슨한 신용정책, 매출 둔화
총자산 회전율	$\frac{순매출}{총자산}$	투자한 자산에 의하여 창출되는 매출액을 측정	• 높을수록 단위당 매출액이 효율적, 또는 충분한 자산을 보유하지 않음을 나타냄 • 낮을수록 매출 둔화 및 전체적 비효율 발생

정답 ③

07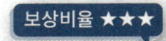

주식회사(H)는 내년도 추가적인 차입을 위해 현재 기업의 이자보상비율을 분석 중이다. 현재 기업의 적정 이자보상비율은 6일 때 다음 중 올바른 것은?

- 영업이익 : 10억원
- 부채규모 : 25억원
- 자본조달금리 : 10%

① 현재 주식회사(H)의 이자보상비율은 4로 채권자들이 잘 보호되고 있다.
② 내년도에도 적정 이자보상비율을 6으로 유지한다면 해당 기업은 8,300만원의 추가자금을 차입할 수 있는 여력이 있다.
③ 해당 기업은 매우 공격적인 경영전략을 구사하고 있다고 볼 수 있다.
④ 해당 비율이 낮을수록 채권자들은 더 잘 보호되고 있다고 볼 수 있다.

TIP ① 현재 주식회사(H)의 이자보상비율은 4로 낮은 수준을 유지하고 있으며 이는 공격적인 경영을 취하거나, 충분한 수익을 올리지 못하는 것을 의미한다. ⇐ 이자보상비율 = 영업이익/이자비용 = 10억/2.5억 = 4
② 내년도에도 적정 이자보상비율을 6으로 유지한다면 해당 기업은 추가적인 자금의 차입이 불가능하다.
④ 해당 비율이 높을수록 채권자들은 더 잘 보호되고 있다고 볼 수 있다.

핵심포인트 해설 보상비율

(1) 배당성향
보통주 주주들의 몫인 이익에서 실제로 그들에게 지불된 금액의 백분율을 측정하는 지표

아주 낮게 나타나는 경우	아주 높게 나타나는 경우
• 이익을 주주에게 지불하는 대신 투자에 사용 • 영업손실, 낮은 수익성, 급속성장 기업	• 별다른 사업계획이 없음 • 기업 성장률이 둔화되거나 부정적

(2) 이자보상비율
① 이자보상비율 = $\dfrac{\text{이자 및 법인세 차감 전 이익(또는 영업이익)}}{\text{이자비용}}$
② 기업이 창출하고 있는 이익으로 이자비용을 어느 정도 보상할 수 있는지 그 지불능력을 측정하는 지표

높은 경우	낮은 경우
• 채권자들이 더 잘 보호되며, 주주들도 안정적 • 차입을 통한 추가자금 조달 용이	• 지나치게 높은 레버리지를 이용한 공격적인 경영 • 차입한 자본에 대해서 충분한 수익을 얻지 못함

(3) 고정비용 보상비율
기업이 부담하고 있는 재무적 의무를 이행하기 위하여 기업이 가지고 있는 이익 규모의 여유가 어느 정도인가를 가늠하는 지표

높은 경우	낮은 경우
• 채권자들과 리스업자들이 잘 보호 • 주주보호 및 차입을 통한 추가자금 조달 용이 • 기업이 레버리지를 충분히 활용하지 못함	• 과다한 레버리지를 이용한 저돌적인 경영 • 차입한 부채나 리스료에 비해 충분한 수익을 얻지 못함

정답 ③

이익지표 ★★

다음 중 낮은 EPS의 원인에 대한 설명으로 올바르지 못한 것은?

① 기업이 비효율적으로 경영되고 있거나, 부채비율이 너무 낮은 경우 EPS는 낮게 나타날 수 있다.
② 연구개발비에 지나치게 투자를 행하는 경우 주당 이익이 낮게 나타날 수 있다.
③ 유상증자를 행하여 총 주식수가 증가한 경우에도 주당 이익이 감소할 수 있다.
④ 보수적인 회계원칙을 적용하는 경우 주당 이익이 낮게 나타날 수 있다.

TIP 기업이 비효율적으로 경영되고 있거나, 부채비율이 너무 높아 재무적 부담이 큰 경우 EPS는 낮게 나타날 수 있다.

핵심포인트 해설   주당 순이익(EPS : Earnings Per Shares)

$$EPS = \frac{순이익 - 우선주\ 배당금}{총\ 보통주\ 발행주식수}$$

① 기업 전체의 경영 성과를 보여주는 지표로 보통주 1주당 분배될 수 있는 이익의 크기를 나타냄
② 낮은 EPS는 기업이 이익을 충분히 내지 못하고 있음을 나타냄
③ 낮은 EPS의 원인
  ㉠ 기업의 비효율적 경영
  ㉡ 부채비율이 높아 재무부담 증가
  ㉢ 연구개발비에 지나친 투자
  ㉣ 지나치게 보수적인 회계원칙 채택
  ㉤ 기업의 수익성 하락 또는 유상증자로 인해 총 발행주식수 증가

정답 ①

안정성지표 ★★

다음 중 안정성지표에 대한 설명으로 올바르지 못한 것은?

① 안정성지표는 기업의 중장기적 채무이행능력을 나타내는 지표이다.
② 부채비율은 총부채를 총자산으로 나눈 값으로 기업의 재무레버리지의 크기를 나타낸다.
③ 부채비율이 100% 미만이면 기업들은 레버리지나 위험 측면에서 균형이 잘 잡힌 것으로 인식된다.
④ 부채-자기자본비율이 100%보다 높은 경우 기업의 위험이 높다고 판단한다.

TIP 부채비율이 50% 미만이면 기업들은 레버리지나 위험 측면에서 균형이 잘 잡힌 것으로 인식된다.

핵심포인트 해설 안정성지표

(1) 정의
기업의 중장기적 채무이행능력을 나타내는 지표

(2) 부채비율(DR : Debt Ratio)

$$부채비율 = \frac{총부채}{총자산}$$

① 총자본 중 채권자들이 제공한 자금의 비율을 측정하는 지표로 재무레버리지의 크기를 나타냄
② 일반적으로 50%를 기준으로 낮으면 안정적, 높으면 지나친 레버리지 사용
③ 낮은 부채비율은 차입금을 상환하기 위한 자산의 비율이 높기 때문에 채권자 및 주주들이 선호

(3) 부채-자기자본비율(DER : Debt-Equity Ratio)

$$부채-자기자본비율 = \frac{총부채}{자기자본}$$

① 부채는 채권으로 이자비용이 발생하고, 자기자본은 주식으로 이자비용이 없으나 성과에 대한 배당을 함
② 주주들이 출자한 자본에 대한 레버리지 효과의 크기를 나타냄
③ 일반적으로 100보다 높을수록 기업의 위험과 요구수익률은 높고, 낮을수록 기업의 위험은 낮고 안정적

(4) 부채비율과 DER의 관계
부채비율의 총자산에는 자기자본과 타인자본이 포함되는 반면, 부채-자기자본비율은 자기자본만 들어가기 때문에 총부채가 동일하다면 부채-자기자본비율은 항상 부채비율보다 큼

정답 ③

10 유동성지표 ★★

주식회사(H)의 재무정보가 아래와 같을 때 다음 중 올바르지 못한 것은?

- 현금 : 3,000원
- 유동자산 : 20,000원
- 유동부채 : 15,000원
- 재고자산 : 10,000원
- 선급금 : 5,000원
- 유가증권 : 2,000원

① 해당 기업의 현금비율은 0.33으로 총 유동부채 중 약 33%는 현금으로 지급할 수 있음을 의미한다.
② 해당 기업의 유동비율은 1.33으로 1보다 크기 때문에 쉽게 단기 부채를 상환할 수 있음을 보여준다.
③ 해당 기업의 당좌비율은 0.33으로 해당 비율의 크기만으로는 기업의 재무위기 시 현금동원 능력을 평가할 수 없다.
④ 단기부채 부담능력 평가 시에는 유동비율이나 당좌비율이 자주 쓰이지만, 현금보유능력은 현금비율을 자주 사용한다.

♥ TIP 해당 기업의 유동비율은 1.33으로 일반적인 기준인 2보다 낮기 때문에 안정적이라 할 수는 없다.
- 현금비율 = (3,000 + 2,000)/15,000 = 0.33
- 유동비율 = 20,000/15,000 = 1.33
- 당좌비율 = (20,000 − 10,000 − 5,000)/15,000 = 0.33

핵심포인트 해설 유동성지표

(1) 현금비율(CAR : Cash Ratio)

$$현금비율 = \frac{현금 + 시장성\ 유가증권}{유동부채}$$

① 단기부채를 부담할 수 있는 기업의 능력을 측정하는 지표로 기업의 현금보유 상태를 가장 잘 알려줌
② 현금비율이 너무 낮은 경우 현금부족 사태 직면, 높을 경우 보수적 경영정책

(2) 유동비율(CR : Current Ratio)

$$유동비율 = \frac{유동자산}{유동부채}$$

높을수록 단기부채를 쉽게 상환할 수 있음을 의미하며, 유동비율이 2 이상인 기업은 건전한 것으로 인식됨

(3) 당좌비율(QR : Quick Ratio)

$$당좌비율 = \frac{유동자산 - 재고자산 - 선급금}{유동부채}$$

일시적 재무위기 시 현금동원능력

정답 ②

11

> 수익성지표 ★★★

다음 중 수익성지표에 대한 설명으로 올바르지 못한 것은?

① 매출액영업이익률은 매출액 한 단위가 창출하는 영업이익에의 공헌비율을 측정하는 지표이다.
② 순이익이 일정한 상태에서 총자산이 증가한다면 ROA는 증가할 것이다.
③ 자기자본이익률은 자기자본을 얼마나 효율적으로 사용하였는가를 측정하는 지표이다.
④ 모든 정보가 동일한 상태에서 ROA가 증가한다면 ROE도 증가한다.

TIP 순이익이 일정한 상태에서 총자산이 증가한다면 ROA는 감소할 것이다.

핵심포인트 해설 수익성지표

(1) 매출액영업이익률(OPM : Operating Profit Margin)

$$OPM = \frac{영업이익}{순매출액}$$

① 기업의 영업 효율성을 측정하는 지표로 매출액 한 단위가 창출하는 영업이익의 공헌비율을 측정
② 일반적으로 높을수록 효율적인 영업을 의미하나, 지나치게 높은 경우 충분한 투자가 안 됨을 의미함

(2) 총자산이익률(ROA : Return On Assets)

$$ROA = \frac{순이익}{총자산} = \frac{순이익}{순매출액} \times \frac{순매출액}{총자산}$$

① 기업이 보유한 자산을 얼마나 효율적으로 활용하였는가를 보여주는 지표
② 높을수록 기업은 효율적 영업을 수행함을 나타내며, 투하자본수익률이나 자기자본이익률과 매우 흡사
③ 총자산이익률이 높게 나타난다면 자기자본수익률도 높게 나타남

(3) 자기자본이익률(ROE : Return On Equity)

$$ROE = \frac{순이익}{자기자본} = \frac{ROA}{자기자본비율} = \frac{ROA}{1 - \frac{총부채}{총자산}}$$

① 자기자본 총액을 얼마나 효율적으로 활용하였는가를 측정하는 지표
② 재무분석에서 가장 중요한 지표로, 높을수록 주주들의 이익이 많아진다는 의미
③ ROE 분석 시 반드시 순이익률과 재무레버리지를 함께 검토하여 어떤 요인이 ROE를 상승시키는지 확인

정답 ②

12
기업분석지표 ★★

다음 중 기업분석지표에 대한 설명으로 올바르지 못한 것은?

① 활동성지표에는 평균회수기간, 총자산회전율, 재고자산회전율 등이 포함된다.
② 안정성지표에는 부채비율, 부채–자기자본비율 등이 포함된다.
③ 수익성지표에는 매출액영업이익률, 총자산이익률, 자기자본이익률 등이 포함된다.
④ 유동성지표에는 현금비율, 유동비율, 자기자본비율 등이 있다.

♥ TIP 유동성지표에는 현금비율, 유동비율, 당좌비율이 있다.

핵심포인트 해설 기업분석지표

구 분	종 류
활동성지표	비유동자산회전율, 재고자산회전율, 매출채권회전율, 평균회수기간, 총자산회전율
보상비율	배당성향, 이자보상비율, 고정비용보상비율
이익지표	주당이익, 완전 희석 주당이익
안정성지표	부채비율, 부채–자기자본비율
유동성지표	현금비율, 유동비율, 당좌비율
수익성지표	매출액영업이익률, 총자산이익률, 자기자본이익률

정답 ④

제3장 투자분석기법 – 기본적 분석

13

레버리지분석 ★★★

다음 중 영업레버리지도에 대한 설명으로 올바르지 못한 것은?

① 영업레버리지효과는 영업활동의 정도와 관계없이 발생하는 고정 영업비용의 존재로 영업이익이 확대되는 현상을 의미한다.
② 기업이 고정비를 부담하지 않는다면 기업의 영업레버리지는 항상 0이다.
③ 판매량의 변화율이 5만큼 증가할 때 영업이익의 변화율이 10만큼 증가한다면 해당 기업의 영업레버리지도는 2이다.
④ 영업레버리지도가 3이라는 것은 매출액이 한 단위 증가할 때 영업이익이 3만큼 증가하는 것을 의미한다.

TIP 기업이 고정비를 부담하지 않는다면 해당 기업의 매출액이 증가하는 만큼 영업이익이 동일한 비율로 증가하기 때문에 영업레버리지도는 1이 된다.

핵심포인트 해설   영업레버리지분석

(1) **레버리지분석**
    기업의 비용이 변동비로만 구성된다면 매출액과 영업이익은 일정한 비율로 변화하나, 고정비의 존재로 지렛대 작용을 일으켜 기업의 손익이 확대되어 나타나는 효과를 분석하는 것

(2) **레버리지분석의 종류**
    영업레버리지분석, 재무레버리지분석, 결합레버리지분석

(3) **영업레버리지의 의미**
    ① 고정 영업비의 존재로 영업이익이 확대되어 나타나는 현상
    ② 고정비를 부담하지 않는 기업에서는 영업레버리지 효과가 발생하지 않음
    ③ 영업레버리지가 높은 기업일수록 영업레버리지 효과는 커짐

(4) **영업레버리지도(DOL : Degree of Operating Leverage)**

$$DOL = \frac{\text{영업이익의 변화율}}{\text{판매량의 변화율}} = \frac{\triangle \text{영업이익}/\text{영업이익}}{\triangle \text{판매량}/\text{판매량}}$$

정답 ②

14

> 레버리지분석 ★★★

다음 중 재무레버리지와 결합레버리지에 대한 설명으로 올바르지 못한 것은?

① 재무레버리지는 타인자본 의존도가 높을수록 커지고, 영업이익이 커질수록 낮아진다.
② 재무레버리지가 높다는 것은 해당 기업의 자기자본비용이 낮다는 것을 의미한다.
③ 영업레버리지도가 3이고 재무레버리지도가 2라면 해당 기업의 결합레버리지도는 6이다.
④ 영업고정비와 이자비용이 존재한다면 결합레버리지도는 항상 1보다 크다.

♥ TIP 재무레버리지가 높다는 것은 타인자본 의존도가 높기 때문에 주주들의 요구수익률이 증가하여 자기자본비용이 증가한다는 것을 의미한다.

핵심포인트 해설 재무레버리지와 결합레버리지

(1) 재무레버리지도(DFL : Degree of Financial Leverage)
① 기업이 조달한 총자본 중에서 타인자본이 차지하는 비율을 의미
② 재무레버리지가 크다는 것은 타인자본 의존도가 높다는 것을 의미
③ 기업이 부채를 사용하는 경우 영업이익의 변화율에 대한 주당이익의 변화율이 확대되는 현상을 재무레버리지 효과라고 함
④ 재무레버리지도는 타인자본 의존도가 높을수록 크고, 영업이익이 커질수록 낮아짐
⑤ 재무레버리지가 높은 기업은 주주들의 불안감으로 인해 자기자본비용을 상승시킴

$$\text{DFL} = \frac{\text{주당이익의 변화율}}{\text{영업이익의 변화율}} = \frac{\text{영업이익}}{\text{영업이익} - \text{이자비용}}$$

$$\text{EPS(주당이익)} = \frac{(\text{영업이익} - \text{이자비용})(1 - \text{세율})}{\text{발행총주식수}}$$

(2) 결합레버리지도(DCL : Degree of Combined Leverage)
① 매출액의 변화율에 대한 주당순이익의 변화율로, 영업레버리지 × 재무레버리지로 계산
② 영업고정비와 이자비용이 존재하면 결합레버리지는 항상 1보다 큼

$$\text{DCL} = \text{DOL} \times \text{DFL}$$

$$\text{DCL} = \frac{\text{매출액} - \text{변동비}}{\text{매출액} - \text{변동비} - \text{고정비} - \text{이자비용}}$$

정답 ②

15

주가배수 모형에 의한 기업가치분석 ★★★

다음 중 PER을 이용한 주가분석에 대한 설명으로 올바르지 못한 것은?

① 주가는 분석시점의 현재주가를 사용하고, EPS는 다음 기간의 예측 주당이익을 이용하는 것이 적절하다.
② 기업의 요구수익률이 10%, 배당성향이 60%, 자기자본이익률이 12%라면 해당 기업의 PER은 11.53이다.
③ 일반적으로 PER이 상승할수록 좋은 현상으로 받아들여지기 때문에 낮은 PER을 갖는 기업의 종목은 매도하고, 높은 PER을 갖는 종목은 매수한다.
④ 일반적으로 PER은 성장률(g)과 양(+)의 관계를 갖으며, 만약 ROE < k이면 배당성향과 양(+)의 관계를 갖는다.

♀ TIP 일반적으로 PER이 상승할수록 좋은 현상으로 받아들여지기 때문에 낮은 PER을 갖는 기업의 종목이 저평가 되어 있다고 판단하여 적극적인 매수를 하고 높은 PER을 갖는 종목은 고평가 되어 있다고 판단하여 매도한다.

핵심포인트 해설 주가이익비율(PER)

(1) 주가이익비율(PER : Price Earnings Ratio)

$$PER = \frac{1주당\ 가격}{주당이익} = \frac{시가총액}{순이익}$$

① 주당이익은 순이익을 보통주 주주들에게 모두 지급한다고 가정했을 때 1주당 분배금
② 주가이익비율은 투자자들이 기업의 이익규모에 두고 있는 가치를 측정하는 지표
③ 주가이익비율이 높을수록 변동성은 커지고 투자위험도 더 높아짐
④ 높은 PER은 기업이익의 폭발적 성장을 의미하고, 낮은 PER은 보수적이고 안정적인 기업으로 인식

(2) 주가이익비율의 활용 및 유의점

$$PER = \frac{(1-b)}{k - (b \times ROE)}$$

$(1-b) = 배당성향, (b \times ROE) = 성장률(g), k = 요구수익률$

PER은 성장률(g)과 양(+), 자본비용(k)과 음(−), ROE < k이면 배당성향과 양(+), ROE > k이면 배당성향과 음(−)의 관계

(3) 주가이익성장배율(PEGR : Price Earnings to Growth Ratio)

① PER은 성장성 지표이지 주가지표는 아니기 때문에 특정 주식의 PER이 그 기업의 성장성에 비해 높은지 낮은지 판단하기 위해 고안된 지표
② PEGR이 낮으면 이익 성장성에 비해 PER이 낮게 나온 것이므로 향후 주가상승이 가능함을 의미

정답 ③

16. 주가배수 모형에 의한 기업가치분석 ★★★

다음 중 PBR에 대한 설명으로 올바르지 못한 것은?

① PBR은 자산가치에 대한 평가뿐만 아니라 수익가치에 대한 포괄적인 정보가 반영된다는 점에서 그 유용성이 높다.
② ROE가 높아지면 PBR도 높아지나 위험이 높아지면 PBR은 낮아진다.
③ 기업의 ROE가 20%이고 PER이 10이라면 해당 기업의 PBR은 2이다.
④ ROE가 자본비용보다 크면 PBR은 1보다 크고 성장률이 높을수록 작아진다.

TIP ROE가 자본비용보다 크면 PBR은 1보다 크고 성장률이 높을수록 커진다.

핵심포인트 해설 주가순자산비율(PBR)

(1) 주가순자산비율(PBR : Price Book-value Ratio)

PBR은 자산가치에 대한 평가뿐만 아니라 수익가치에 대한 포괄적인 정보가 반영

- $PBR = \dfrac{\text{시장가치(주가)}}{\text{주당순자산}} = \dfrac{\text{순이익}}{\text{매출액}} \times \dfrac{\text{매출액}}{\text{총자산}} \times \dfrac{\text{총자산}}{\text{자기자본}} \times PER = ROE \times PER$
- $PBR = \dfrac{ROE - \text{배당성장률}}{\text{요구수익률} - \text{배당성장률}}$
- 주가 = PBR × BPS

(2) 주가순자산비율의 이해

① ROE와는 양(+)의 상관관계
② 위험과는 음(−)의 상관관계
③ ROE > 자본비용이면 PBR은 1보다 크고 성장률이 높을수록 커짐
④ ROE < 자본비용이면 PBR은 1보다 작고 성장률이 높을수록 작아짐

(3) 주가와 주당순자산이 같지 않기 때문에 PBR이 1이 안되는 이유(적용기준이 다르기 때문)

① 시간성의 차이 : 주가는 미래지향적이나 주당순자산은 과거지향적
② 집합성의 차이 : 주가는 기업을 총체적으로 반영하나 BPS는 개별자산의 합에서 부채를 차감
③ 자산·부채의 인식기준 차이 : 자산이나 부채의 장부가액은 회계 관습에 영향

(4) 토빈의 Q

$$\text{토빈의 Q} = \dfrac{\text{자본의 시장가치}}{\text{자산의 대체원가}}$$

① PBR과 유사한 개념이나 PBR의 단점인 시간성의 차이를 극복한 지표
② Q비율이 높을수록 투자수익성이 양호하고 경영이 효율적
③ Q비율이 낮을수록 적대적 M&A 대상이 될 가능성이 높음

정답 ④

주가배수 모형에 의한 기업가치분석 ★★★

다음 중 EV/EBITDA 비율에 대한 설명으로 올바르지 못한 것은?

① EV/EBITDA 비율에서 EV는 시가총액에 순차입금을 차감한 값이다.
② EBITDA는 이자 및 세금, 상각비 차감 전 이익을 의미하며 영업이익에 감가상각비, 무형자산 상각비를 더한 금액으로 계산된다.
③ EV/EBITDA 방식에 의한 가치 추정은 당기순이익을 기준으로 평가하는 PER모형의 한계점을 보완한다.
④ 상장기업의 EV가 2억, 채권자가치가 1억, 발행주식수가 10만주라면 해당 기업의 주당 가치는 1,000원이다.

TIP EV/EBITDA 비율에서 EV는 시가총액에 순차입금을 더한 값이다.

핵심포인트 해설   EV/EBITDA 비율

(1) 정의

① EV(Enterprise Value) : 영업으로 벌어들인 이익에 대한 기업가치의 비율을 기준으로 기업 전체가치를 추정하는 방식

$$EV(\text{Enterprise Value}) = 주주가치 + 채권자가치$$
$$= 주식시가총액 + (이자지급성\ 부채 - 현금\ 및\ 유가증권)$$

② EBITDA(Earnings Before Interest, Tax, Depreciation and Amortization) : 이자 및 세금, 상각비 차감 전 이익을 의미

$$EBITDA = 영업이익 + 감가상각비 + 무형자산상각비$$

③ 비상장기업의 시장가치와 유사기업의 EV/EBITDA를 통한 비교
  ㉠ 유사기업의 EV/EBITDA × 비상장기업의 EBITDA = 비상장기업의 EV 추정
  ㉡ 비상장기업의 EV − [채권자가치(이자지급성부채 − 현금 및 유가증권)] = 예상시가총액 추정
  ㉢ 예상시가총액 ÷ 공모 후 발행주식수 = 주당 가치 추정

(2) 장점 및 한계

① 당기순이익을 기준으로 평가하는 PER의 한계점 보완
② 기업의 자본구조를 감안한 평가방식
③ 단순한 추정방식
④ 분석기준이 널리 알려져 있고 회사 간 비교 가능성이 높아 공시정보로 유용성이 큼
⑤ 시가총액이 분석시점에 따라 변동하기 때문에 추정과 실제 상장 시의 시가변동을 고려해야 함

정답 ①

EVA모형 ★★★

다음 중 경제적 부가가치(EVA)에 대한 설명으로 올바르지 못한 것은?

① WACC이 10%, 영업용 투하자본이 100억, 세후 순영업이익이 7억이라면 해당 기업의 EVA는 3억이다.
② EVA가 양(+)의 값이면 해당 기업은 투자자의 기회비용을 초과한 새로운 가치를 창조했다는 것을 의미한다.
③ 손익계산서상의 당기 순이익에는 자기자본에 대한 비용은 반영되어 있지 않다.
④ EVA는 주주자본비용의 기회비용적 성격을 명확히 설정할 수 있게 해준다.

TIP 세후 순영업이익 − (WACC × 영업용투하자본) = 7억 − (10% × 100억) = −3억

핵심포인트 해설 EVA모형

(1) 경제적 부가가치(EVA : Economic Value Added)

$$EVA = 세후\ 순영업이익 - WACC \times 영업용\ 투하자본$$
$$= (투하자본이익률 - WACC) \times 영업용\ 투하자본$$
$$= 초과수익률 \times 영업용\ 투하자본$$

① 자기자본 사용에 따른 기회비용을 고려한 성과측정 수단
② EVA가 (+)이면, 현 시점에서 기회비용을 초과한 가치를 창조함을 의미
③ EVA는 세후 순영업이익에서 투하자본에 대한 자본비용을 공제한 잔여이익

(2) 가중평균자본비용(WACC : Weighted Average Cost of Capital)

$$WACC = \frac{타인자본}{타인자본 + 자기자본} \times 타인자본비용 \times (1-t) + \frac{자기자본}{타인자본 + 자기자본} \times 자기자본비용$$

① 투자자들이 제공한 투하자본에 대한 비용
② 외부차입에 의한 타인자본비용과 주주들의 자기자본비용까지 포함
③ 일반적으로 자기자본은 타인자본보다 높기 때문에 자기자본의 요구수익률이 높음

(3) EVA와 당기순이익 비교

① 영업성과를 파악하는 손익계산서상 당기순이익에는 자기자본 비용이 반영되지 않으나 EVA는 반영
② 당기순이익에 근거한 방식은 자기자본에 대한 요구수익률이 충족되지 않음에도 긍정적 평가가 나옴
③ EVA는 타인자본비용과 자기자본비용을 더한 것 이상의 이익을 실현하는 것을 기업 투자의 목표로 설정
④ 주주자본비용의 기회비용적 성격을 명확히 설정 가능

정답 ①

19

EVA모형 ★★★

다음 중 자료를 바탕으로 EVA와 기업가치를 올바르게 계산한 것은?

- 세후 영업이익 : 15억원
- 자기자본 : 50억원
- 타인자본비용 : 8%
- 자기자본비용 : 12%
- 타인자본 : 50억원

① 5억, 100억 ② 5억, 150억
③ 10억, 150억 ④ 10억, 200억

📍 TIP
- EVA = 15억 − (100억 × 0.1) = 5억원
- WACC = (12% × 0.5) + (8% × 0.5) = 10%
- 기업가치 = 100억 + 5억/0.1 = 150억원

핵심포인트 해설 EVA와 MVA의 관계

(1) 시장부가가치(MVA : Market Value Added)
 ① MVA = 시장에서 형성된 기업가치 − 주주와 채권자의 실제 투자액
 ② MVA가 양(+)이면 기업가치 창출을 의미하고, 음(−)이면 기업가치 감소를 의미

(2) EVA와 MVA의 관계
 ① 효율적 시장에서는 모든 EVA의 현재가치의 합이 MVA
 ② 위와 같다면 MVA가 주식시장의 영향을 받는 반면, 단기성과지표인 EVA는 더욱 유용한 수단이 됨
 ③ 기업가치는 미래 이익의 현재가치의 합이며, 미래이익은 자본비용과 초과이익으로 분해
 ④ 기업가치 = 영업용 투하자본 + PV(초과이익) = 영업용 투하자본 + MVA
 ⑤ 비사업 자산이 있는 경우 : 기업가치 = 영업용 투하자본 + MVA + 비사업자산가치

정답 ②

20

> 경영성과지표 ★★

다음 중 경영성과지표에 대한 설명으로 올바르지 못한 것은?

① 시장부가가치의 장점은 회계지표의 한계 극복과 전략 및 투자 결정에 유용하다는 점이다.
② 투하자본수익률은 손익계산서와 재무상태표를 모두 고려하는 반면 자본의 기회비용을 무시하는 한계점이 있다.
③ 자기자본이익률은 주주의 입장에서 수익성을 고려하지 못한다는 한계점을 갖는다.
④ 경제적 부가가치는 자본비용을 고려한 단기적 가치창출 계산에 효과적인 반면 단기적 성과에만 치중한다는 단점이 있다.

♥ TIP 자기자본이익률은 주주의 입장에서 수익성을 측정한다는 장점이 있다.

핵심포인트 해설 각종 경영성과지표 비교

구 분	정 의	장 점	단 점
시장부가가치(MVA)	미래의 경제적 이익을 자본비용으로 할인한 현가의 합	• 회계지표의 한계 극복 • 전략 및 투자결정에 유용 • 장기적 경영 가능	• 측정이 복잡
경제적 부가가치(EVA)	세후 영업이익 − 투하자본 × 자본비용	• 자본비용을 고려한 단기적 가치창출 계산	• 단기적 성과에 치중
투하자본수익률(ROIC)	세후영업이익 ÷ 투하자본	• 투하자본의 수익성 측정 • 손익계산서와 재무상태표 모두 고려	• 자본의 기회비용 무시
자기자본이익률	순이익 ÷ 자기자본	• 주주입장에서의 수익성 측정	• 영업 외 활동의 영향 포함
매출액영업이익률	영업이익 ÷ 매출액	• 이해하기 용이	• 보유자산의 활용도 무시

정답 ③

출제예상문제

☑ 다시 봐야 할 문제(틀린 문제, 풀지 못한 문제, 헷갈리는 문제 등)는 문제 번호 하단의 네모박스(□)에 체크하여 반복학습 하시기 바랍니다.

01 중요도 ★★★
다음 중 현금흐름 추정의 기본원칙에 대한 설명으로 올바르지 못한 것은?

① 세후기준으로 추정한다.
② 증분을 기준으로 추정한다.
③ 모든 간접적인 효과를 고려한다.
④ 매몰원가 및 기회비용을 고려한다.

02 중요도 ★★
다음 중 기업의 가치평가에 대한 설명으로 올바르지 못한 것은?

① 제품 수명주기 등을 사용하여 기업의 경제적 수명을 예측한다.
② 경제적 수명기간 동안 매년 예상되는 현금흐름의 크기를 추정한다.
③ 현재가치로 할인하기 위한 할인율로서 기업의 자본비용을 추정한다.
④ 자금운용 접근법은 재무상태표상 정보인 부채와 자기자본에 관한 정보를 위주로 투하자본의 조달방법과 크기를 추출하는 방법이다.

03 중요도 ★★
다음 중 연 6% 분기별 이자지급조건(복리) 정기예금의 실효 연이자율로 가장 올바른 것은?

① 6%
② 6.14%
③ 6.3%
④ 8.2%

04 중요도 ★★
다음 중 공분산에 대한 설명으로 올바르지 못한 것은?

① 공분산은 변수들 간의 방향성을 파악하는 지표이다.
② 공분산 > 0이면 양의 상관을 보인다.
③ 공분산은 −∞에서 +∞ 사이의 값을 갖는다.
④ 공분산은 방향성과 그 정도를 나타낼 수 있다.

05 중요도 ★★
다음 중 상관계수에 대한 설명으로 올바르지 못한 것은?

① -1과 1 사이의 값을 갖는다.
② 공분산을 두 자산의 표준편차로 나눠 표준화한 값이다.
③ 분산투자와 관련된 지표로 -1일 경우 분산투자 효과가 가장 크다.
④ 0은 분산투자 효과가 없음을 나타낸다.

06 중요도 ★★★
다음 중 증권의 가치평가에 대한 설명으로 올바르지 못한 것은?

① 자산에 대한 요구수익률은 위험 또는 불확실성에 대한 보상으로 위험이 높을수록 요구수익률도 높아진다.
② 채권의 요구수익률은 지급되는 이자의 크기에 따라 다르게 나타난다.
③ 만기수익률은 채권을 구입해서 만기까지 보유할 때 얻어지는 수익률이다.
④ 영구채권의 만기수익률은 '액면이자/채권가격'이다.

정답 및 해설

01 ④ 매몰비용은 고려대상이 아니고 기회비용은 고려대상이다.
02 ④ 자금조달 접근법은 재무상태표상 정보인 부채와 자기자본에 관한 정보를 위주로 투하자본의 조달방법과 크기를 추출하는 방법이다.
03 ② $(1 + \frac{6\%}{4})^4 - 1 = 6.14\%$
04 ④ 공분산은 방향성만 나타낼 뿐 그 정도를 나타낼 수는 없다.
05 ④ +1만 아니면 분산투자 효과는 존재하며 0도 분산투자 효과가 있다.
06 ② 채권의 요구수익률은 지급불능 위험의 크기에 따라 다르게 나타난다.

07 중요도 ★★
주식회사(H)의 내년도 보통주 배당금으로 주당 1,000원을 지급할 예정이라고 한다. 투자자의 요구수익률이 10%, 배당성장률이 5%라면 해당 기업의 1주당 가격은 얼마인가?

① 12,000원 ② 15,000원
③ 20,000원 ④ 25,000원

08 중요도 ★★
주식회사(H)의 현재 가격은 20,000원, 배당성장률은 5%, 내년도 예상 주당 이익은 2,000원이며 배당성향은 70%로 올해와 동일할 것으로 예상될 때 해당 기업에 투자하는 투자자의 요구수익률은?

① 10% ② 11%
③ 12% ④ 13%

09 중요도 ★★
주식회사(H)의 기업정보가 다음과 같을 때, 항상성장모형으로 구한 해당 기업 1주당 가치는 얼마인가?

- 시장수익률 : 11%
- 베타계수 : 2
- 자기자본이익률 : 10%
- 무위험 이자율 : 6%
- 내부 유보율 : 40%
- 금년도 배당금 : 1,000원

① 5,600원 ② 7,550원
③ 8,667원 ④ 10,400원

10 중요도 ★★★
다음 중 보기에서 설명하는 활동성지표로 가장 올바른 것은?

> 매출액을 현금으로 전환하는 속도를 측정하는 지표로 짧을수록 효율적이거나 엄격한 정책을 적용하고 있다는 의미이다.

① 비유동자산 회전율 ② 평균회수기간
③ 매출채권회전율 ④ 총자산회전율

11 중요도 ★★★
다음 중 활동성지표가 아닌 것은?

① 재고자산 회전율　　② 평균회수기간
③ 부채비율　　　　　　④ 비유동자산 회전율

12 중요도 ★★
주식회사(H)의 이자보상비율이 5이고 내년도 영업이익은 1억원으로 기대되며 2억원의 부채에 대한 조달비용은 5%일 때, 이전과 동일 수준으로 차입 시 추가적으로 차입 가능한 금액은 얼마인가?

① 1억　　② 2억
③ 3억　　④ 4억

정답 및 해설

07 ③ 보통주 가치 = $\dfrac{D_0 \times (1+g)}{k-g} = \dfrac{1,000}{0.10-0.05} = 20,000$원

08 ③ 보통주 가치 = $\dfrac{D_0 \times (1+g)}{k-g}$, 배당금 = 2,000원 × 70% = 1,400원

　　⇒ $20,000 = \dfrac{1,400}{x-0.05}$

　　∴ $x = 12\%$

09 ③ ・요구수익률 = 무위험이자율 + (시장수익률 − 무위험이자율) × 베타
　　　　　　　　= 6% + (11% − 6%) × 2 = 16%
　　・배당성장률 = 유보율 × ROE = 40% × 10% = 4%
　　・적정 주가 = $\dfrac{1,000(1+0.04)}{0.16-0.04} = 8,667$원

10 ② 평균회수기간에 대한 설명이다.

11 ③ 부채비율은 안정성지표이다.

12 ② $\dfrac{1억}{이자비용} = 5$

따라서 이자비용은 2,000만원까지 감당 가능하며, 현시점 이자비용은 1,000만원이므로 추가적으로 차입 가능한 금액은 2억이다. (2억 × 5% = 1,000만원)

13 중요도 ★
다음 중 낮은 EPS의 원인에 대한 설명으로 올바르지 못한 것은?

① 발행 주식수의 감소　　② 지나친 연구개발비
③ 높은 부채비율　　　　　④ 낮은 영업이익

14 중요도 ★★★
다음 중 자료를 바탕으로 해당 기업의 적정EPS를 올바르게 계산한 것은?

- 발행 총 주식 수 : 1,000만주
- 영업이익 : 100억
- 우선주 : 500만주
- 우선주 배당금 없음

① 2,000원　　② 2,200원
③ 2,500원　　④ 3,000원

15 중요도 ★★
다음 중 안정성지표에 대한 설명으로 올바르지 못한 것은?

① 부채비율은 총자본 중 채권자들이 제공한 금액의 크기를 측정하는 지표로 재무레버리지 크기를 나타낸다.
② 낮은 부채비율은 차입금 대비 자산의 비율이 높음을 의미하므로 채권자 및 주주들이 선호한다.
③ 부채–자기자본비율은 높을수록 기업의 위험은 커지고 주주들의 기대수익은 상승하며, 낮을수록 기업의 위험은 낮고 안정적이다.
④ 총부채가 동일하다면 부채–자기자본비율은 항상 부채비율보다 작다.

16 중요도 ★★
다음 중 유동성지표에 대한 설명으로 올바르지 못한 것은?

① 유동성지표의 종류에는 현금비율, 유동비율, 당좌비율 등이 있다.
② 현금비율은 단기부채를 부담할 수 있는 기업의 능력을 측정하는 지표이다.
③ 유동비율은 높을수록 단기부채를 쉽게 상환할 수 있음을 나타내며 최저 1 이상 필요하다.
④ 당좌비율은 일시적 재무위기 시 현금동원능력을 의미한다.

17 중요도 ★★★
다음 중 ROA와 ROE에 대한 설명으로 올바르지 못한 것은?

① ROE가 낮을수록 주주들의 이익이 많아진다는 의미이다.
② ROA가 높게 나타나면 ROE도 높게 나타난다.
③ ROE는 자기자본 총액을 얼마나 효율적으로 활용하였는가를 측정하는 지표로, 순이익을 자기자본으로 나눠 계산한다.
④ ROA는 기업이 보유한 자산을 얼마나 효율적으로 활용하였는가를 나타내는 지표로, 순이익을 총자산으로 나눠 계산한다.

18 중요도 ★★
주식회사(H)의 순이익은 100억, 총자산이 200억이며 이중 타인자본이 100억일 때, 해당 기업의 ROE로 올바른 것은?

① 1　　　　　　　　　　② 2
③ 3　　　　　　　　　　④ 4

19 중요도 ★★★
다음 중 기업지표 간의 연결이 서로 다른 것은?

① 평균회수기간, 총자산회전율　　② 총자산이익률, 주당이익률
③ 현금비율, 유동비율　　　　　　④ 배당성향, 이자보상비율

정답 및 해설

13 ① 발행 주식수의 감소는 EPS를 증가시키는 요인으로 유상증자로 인한 발행 주식수 증가가 EPS를 낮추는 요인이다.

14 ① $EPS = \dfrac{순이익 - 우선주\ 배당금}{보통\ 주식수} = \dfrac{100억원}{1,000만 - 500만} = 2,000원$

15 ④ 부채비율의 총자산에는 자기자본 이외의 자산 부채가 포함되는 반면 부채–자기자본비율은 자기자본만 들어가기 때문에 총부채가 동일하다면 부채–자기자본비율은 항상 부채비율보다 크다.

16 ③ 유동비율은 최저 2.0 이상 필요하다.

17 ① ROE는 자기자본에 대한 이익률로, ROE가 높을수록 주주의 이익이 많아진다는 의미이다.

18 ① $ROA = \dfrac{순이익}{총자산} = \dfrac{100억}{200억} = 0.5$, $ROE = \dfrac{ROA}{자기자본비율} = \dfrac{0.5}{50억/100억} = 1$

19 ② 총자산이익률은 수익성지표이고, 주당이익률은 이익지표이다.

20 중요도 ★★
다음 중 레버리지 분석에 대한 설명으로 올바르지 못한 것은?

① 기업의 비용이 변동비로만 구성된다면 영업이익이나 주당이익도 일정하게 변화한다.
② 고정비용의 존재로 기업의 손익이 확대되어 나타나는 효과를 분석하는 것을 레버리지 분석이라고 한다.
③ 고정비용은 기업의 영업성과가 낮게 나타날 때 발생한다.
④ 레버리지 분석의 종류에는 영업레버리지, 재무레버리지, 결합레버리지 분석이 있다.

21 중요도 ★★★
다음 중 영업레버리지 분석에 대한 설명으로 올바르지 못한 것은?

① 영업레버리지도가 5라면 매출액이 5% 증가할 때 영업이익이 1% 증가하는 것을 의미한다.
② 영업레버리지는 고정비의 비중이 영업손익에 미치는 효과를 의미한다.
③ 영업레버리지도는 영업이익의 변화율을 판매량의 변화율로 나누어 계산한다.
④ 영업레버리지는 매출액 증감에 비해 영업이익이 확대되어 나타나는 현상을 의미하며, 영업레버리지가 높은 기업일수록 그 효과는 커진다.

22 중요도 ★
다음 중 영업레버리지도가 3이고 재무레버리지도가 2일 때 결합레버리지도로 올바른 것은?

① 2
② 3
③ 5
④ 6

23 중요도 ★★
주식회사(H)의 자기자본이익률은 8%이며, 요구수익률은 15%, 주당 이익은 2,000원이고, 예정배당은 800원일 때 적정PER은 얼마인가?

① 2.3
② 2.8
③ 3.9
④ 4.5

24 중요도 ★★★
주식회사(H)의 자기자본이익률은 40%이고 적정PER은 4일 때, 주당순이익이 1,200원이라면 다음 설명 중 올바르지 못한 것은?

① 기업의 적정주가는 PER × EPS로 계산되므로 4,800원이다.
② 기업의 PBR은 ROE × PER로 계산되므로 1.6이다.
③ ROE와 PBR은 음의 상관관계이며, 위험과는 양의 상관관계이다.
④ ROE가 자본비용보다 크다면 PBR은 1보다 크고 성장률이 높아질수록 커진다.

25 중요도 ★★★
다음 중 EVA와 MVA에 대한 설명으로 올바르지 못한 것은?

① WACC가 10%, 영업용 투하자본이 50억, 투하자본이익률이 14%라면 해당 기업의 EVA는 2억이다.
② MVA는 주주자본비용의 기회비용적 성격을 명확하게 설명할 수 있다.
③ 효율적 시장에서 모든 미래 EVA의 현재가치의 합은 MVA이다.
④ MVA가 양(+)이면 기업가치 창출을 의미하고, 음(-)이면 기업가치 감소를 의미한다.

정답 및 해설

20 ③ 고정비용은 기업의 경영성과와는 무관하게 타인자본 사용으로 인해 발생한다.

21 ① · 영업레버리지도가 5라면 매출액이 5% 증가할 때 영업이익이 25% 증가하는 것을 의미한다.
　　· 영업레버리지도 = $\dfrac{\text{영업이익 변화율}}{\text{판매량 변화율}}$

22 ④ 결합레버리지도 = 영업레버리지도 × 재무레버리지도 = 3 × 2 = 6

23 ③ PER = $\dfrac{\text{배당성향}}{\text{요구수익률} - (\text{유보율} \times \text{ROE})}$, 배당성향 = $\dfrac{800원}{2,000원}$ = 40%, 유보율 = (1 - 배당성향) = 60%
　　∴ $\dfrac{0.4}{0.15 - (0.6 \times 0.08)}$ = 3.9

24 ③ ROE와 PBR은 양의 상관관계이며, 위험과는 음의 상관관계이다.

25 ② EVA는 주주자본비용의 기회비용적 성격을 명확하게 설명 가능하다.

투자분석기법 - 기술적 분석

제4장

학습전략

투자분석기법은 기본적 분석, 기술적 분석, 산업분석 총 3가지로 구성되며, 제2과목 전체 30문제 중 총 12문제가 출제된다. 그중에서 기술적 분석은 **약 4~5문제** 정도 출제되는 편이다.

기술적 분석의 경우 이해를 바탕으로 주요 내용을 암기하는 것이 필요하다. 기술적 분석과 기본적 분석의 차이와 그랜빌 투자전략, 이동평균선을 이용한 주가 분석방법에 대한 학습도 필요하다. 반전형과 지속형 패턴의 유형을 구분하여 암기하고 갭의 종류와 특징에 대해 정리하여야 한다. 지표 분석에서는 지표의 종류와 계산방법은 물론 그 의미와 매매시점을 파악하여야 한다. 엘리어트 파동이론에서는 용어에 대한 암기가 필요하다.

출제비중

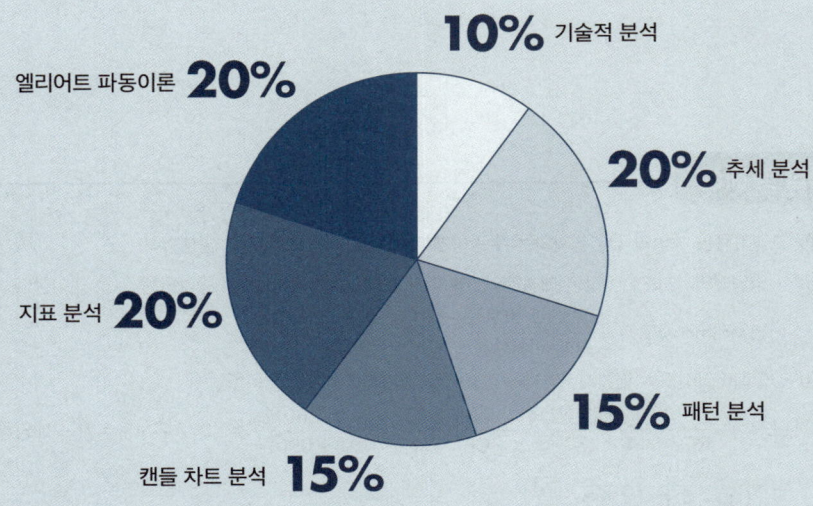

- 10% 기술적 분석
- 20% 추세 분석
- 15% 패턴 분석
- 15% 캔들 차트 분석
- 20% 지표 분석
- 20% 엘리어트 파동이론

출제포인트

구 분	출제포인트	중요도
기술적 분석 (10%)	01 기술적 분석의 이해 02 다우이론	★★ ★★★
추세 분석 (20%)	03 지지선과 저항선 04 추세선 05 이동평균선 06 그랜빌의 주가·이동평균선 07 갭, 반전일, 되돌림	★★ ★★ ★★ ★★★ ★★★
패턴 분석 (15%)	08 반전형 패턴 09 지속형 패턴	★★ ★★
캔들 차트 분석 (15%)	10 캔들 차트	★★
지표 분석 (20%)	11 추세추종형 지표 12 추세반전형 지표 13 거래량 지표	★★ ★★ ★★
엘리어트 파동이론 (20%)	14 엘리어트 파동이론	★★★

기술적 분석의 이해 ★★

다음 중 기술적 분석에 대한 설명으로 올바르지 못한 것은?

① 시장의 움직임을 예측할 수 있다고 믿는 분석 방식에는 기본적 분석, 기술적 분석이 있으며, 예측할 수 없다고 믿는 분석 방식에는 랜덤워크 방식이 있다.
② 기술적 분석은 가격을 중요시하고, 기본적 분석은 가치를 중요시하는 분석법이다.
③ 기술적 분석의 종류에는 추세선을 이용하는 추세 분석과 다양한 패턴을 통해 시장의 움직임을 예측하는 지표분석법 등이 있다.
④ 엘리어트 파동이론, 엘리뇨 현상, 주말효과, 연말효과 등은 모두 시장구조이론에 속한다.

♦ **TIP** 기술적 분석의 종류에는 추세선을 이용하는 추세 분석과 다양한 패턴을 통해 시장의 움직임을 예측하는 패턴 분석 등이 있다.

핵심포인트 해설 주식시장을 접근하는 세 가지 방법

(1) 주식시장을 접근하는 세 가지 방법   → 시장을 비효율적으로 봄

기본적 분석	기술적 분석	랜덤워크
예측 가능		예측 불가
• 기업가치 분석 중심 • 산출된 가치가 주가보다 높으면 매수	• 가치를 포함한 모든 정보는 가격에 포함 • 가격흐름을 중시	• 과거가 미래를 예측할 수 없음 • 초과수익률 존재 불가

(2) 기술적 분석의 정의
주가의 매매시점을 파악할 수 있도록 과거의 시세 흐름과 그 패턴을 이용하여 주가를 예측하는 기법

(3) 기술적 분석의 종류
① 추세 분석 : 주가의 움직임으로부터 추세선, 지지선, 저항선, 이동평균선 등을 관찰하여 매매시점을 포착하는 기법
② 패턴 분석 : 추세분석은 주가의 동적 움직임을 관찰하는 반면, 패턴분석은 정적인 관찰에 역점을 두고 전환시점을 포착
③ 지표 분석 : 주가수준이 과매도인지 과매수인지 판단해 매수, 매도시점을 판단하고자 하는 분석법
④ 시장구조이론 : 자연적 현상이나 사회적 현상으로 주가를 설명 또는 예측하는 시장접근법으로 엘리어트 파동이론, 일목균형표, 갭이론, 태양흑점이론, 엘리뇨 현상 등이 있음

정답 ③

기술적 분석의 이해 ★★

다음 중 기술적 분석에 대한 설명으로 올바르지 못한 것은?

① 기술적 분석에 의하면 주가는 지속되며 상당 기간 움직이는 경향이 있다고 본다.
② 기본적 분석으로는 계량화하기 어려운 심리적 요인을 분석하는 데 한계가 있다.
③ 기술적 분석은 변화추세나 주가패턴 등 시장이 변화하는 원인을 정확하게 분석할 수 있다.
④ 기술적 분석에 의하면 추세변화는 수요와 공급에 의해서만 발생하며 이는 도표에 의해서 추적될 수 있다고 본다.

TIP 기술적 분석은 시장이 변화하는 원인을 분석할 수 없다는 한계점이 있다.

핵심포인트 해설 기술적 분석의 기본 가정 및 장단점

(1) 기본 가정
① 증권의 시장가치는 수요와 공급에 의해서만 결정됨
② 시장의 사소한 변동을 고려하지 않는다면 주가는 추세에 따라 상당 기간 움직이는 경향이 있음
③ 추세의 변화는 수요와 공급의 변동에 의해 발생
④ 수요와 공급의 변동은 그 발생 이유에 상관없이 시장의 움직임을 나타내는 도표에 의하여 추적되며, 도표에 나타나는 주가모형은 스스로 반복하는 경향이 있음

(2) 장 점
① 계량화하기 어려운 심리적 요인은 기본적 분석만으로 평가하기 어렵기 때문에 이를 보완
② 기본적 분석으로는 매매시점을 포착하기 어려우나 기술적 분석으로 변화가능성과 변화방향 파악 가능

(3) 한 계
① 기술적 분석의 가정인 추세나 패턴의 반복은 지극히 비현실적임
② 동일한 과거 주가양상을 놓고 해석이 각기 다를 수 있음
③ 투자가치를 무시하고 시장의 변동에만 집착하기 때문에 시장이 변화하는 원인을 분석할 수가 없음

정답 ③

다우이론 ★★★

다음 중 다우이론에 대한 설명으로 올바르지 못한 것은?

① 강세1국면 매집국면은 부정적 전망으로 일반투자자들의 주식 매도가 진행되나 호전을 예측한 전문투자자들이 점차 매수를 시작하는 시기이다.
② 기술적 분석을 이용하는 주식투자자들이 가장 큰 이익을 볼 수 있는 국면은 강세2국면 마크업국면이다.
③ 약세2국면 공황국면에서는 주가의 수직하락, 거래량 급감 등이 나타나는 국면으로 이후 상당히 긴 회복 국면이나 보합상태가 이어진다.
④ 약세3국면 침체국면에서는 투매현상으로 주가의 낙폭이 점점 크게 나타난다.

♀ TIP 약세3국면 침체국면에서는 투매현상이 나타나나 시간이 경과할수록 낙폭은 점차 작아진다.

핵심포인트 해설 다우이론의 이해

(1) 다우이론
주가는 매일 주가 움직임을 말하는 단기추세, 3주~수개월의 중기추세, 1~10년에 걸쳐 나타나는 장기추세로 구분

(2) 장기추세의 진행과정

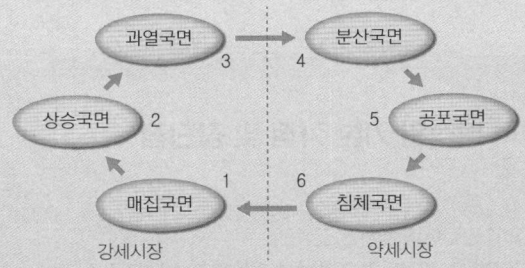

(3) 국면별 특징 → 주가와 거래량 움직임 중요

강세시장	매집국면(제1국면)	어두운 전망, 거래량 증가
	마크업국면(제2국면)	경제여건 및 기업 영업이익 호전, 일반투자자 관심 고조, 주가 상승과 거래량 증가, 기술적 분석을 이용한 주식투자자 이익 극대화
	과열국면(제3국면)	시장과열 기미, 주식투자 경험이 없는 사람도 투자 시작, 매수자 손해 가능, 신문이나 뉴스에서 주식 내용 톱뉴스
약세시장	분산국면(제1국면)	강세3국면 이후 전문투자자들의 수익실현단계, 주가 하락과 거래량 증가, 상승추세 어려움
	공황국면(제2국면)	경제 전반의 악화에 따른 일반투자자의 매도, 주가 수직하락, 거래량 급감, 이후 긴 회복이나 보합
	침체국면(제3국면)	투매양상, 주가는 하락하지만 하락폭은 작아짐, 부정적 정보 다수, 악재 소멸 전 주식시장 반전

정답 ④

다우이론 ★★★

다음 중 다우이론의 활용 및 한계점에 대한 설명으로 올바르지 못한 것은?

① 강세시장과 약세시장에서 일반투자자와 전문투자자는 서로 반대의 생각을 하는 것이 일반적이다.
② 강세시장의 제3국면과 약세시장의 제1, 2국면에서는 일반투자자는 확신, 전문투자자는 공포를 느낀다.
③ 전문가는 확신을 갖고 약세시장 제3국면에서는 매수를, 강세시장 제3국면에서는 매도를 진행한다.
④ 약세시장 제2국면에서는 점진적 매수, 제3국면에서는 매수전략이 유효한 전략이 된다.

TIP 전문가는 약세시장 제3국면에서는 확신을 갖고 매수를, 강세시장 제3국면에서는 공포심에 매도를 진행한다.

핵심포인트 해설 다우이론의 활용 및 한계

(1) 활용
① 강세시장과 약세시장에서 일반투자자와 전문투자자는 서로 반대의 생각을 함
② 강세시장의 제1, 2국면과 약세시장의 제3국면에서는 일반투자자는 공포, 전문투자자는 확신
③ 강세시장의 제3국면과 약세시장의 제1, 2국면에서는 일반투자자는 확신, 전문투자자는 공포
④ 강세시장 제2국면에서는 점진적 매도, 제3국면에서는 매도전략이 유효
⑤ 약세시장 제2국면에서는 점진적 매수, 제3국면에서는 매수전략이 유효

(2) 한계
① 주추세와 중기추세를 명확하게 구분하기 어려움
② 추세전환이 너무 늦게 확인되기 때문에 실제 투자에 도움을 주지 못함
③ 증권시장의 추세를 예측할 뿐 분산투자 및 위험에 대한 정보는 제공하지 못함

(3) 투자결정과 투자행위 → 전문가 투자전략 중요

구 분	강 세			약 세		
	제1국면	제2국면	제3국면	제1국면	제2국면	제3국면
대 중	공포심	공포심	확 신	확 신	확 신	공포심
전문가 (투자전략)	확 신	확신 (점차 매도)	공포심 (매도)	공포심	공포심 (점차 매수)	확신 (매수)

정답 ③

지지선과 저항선 ★★

다음 중 지지선과 저항선에 대한 설명으로 올바르지 못한 것은?

① 지지선이란 주가의 하락움직임을 멈추게 하는 수준이나 하락저지가 예상되는 수준을 말하고, 저항선은 주가가 추가 상승에 실패하고 하락하게 되는 수준이나 상승세 둔화가 예상되는 수준을 말한다.
② 저항선은 고점과 고점을 수평으로 이은 선이고, 지지선은 이전의 저점과 저점을 수평으로 이은 선을 말한다.
③ 저항선과 지지선은 장기간에 걸쳐 형성된 것보다 최근에 형성된 것이 더 신뢰도가 높다.
④ 지지선과 저항선을 통해 현재 주가의 최소, 최대 목표치 설정과 추세전환의 신호를 인식할 수 있다.

♥ TIP 저항선과 지지선은 장기간에 걸쳐 형성된 것과 최근에 형성된 것 모두 신뢰도가 높다.

핵심포인트 해설 지지선과 저항선

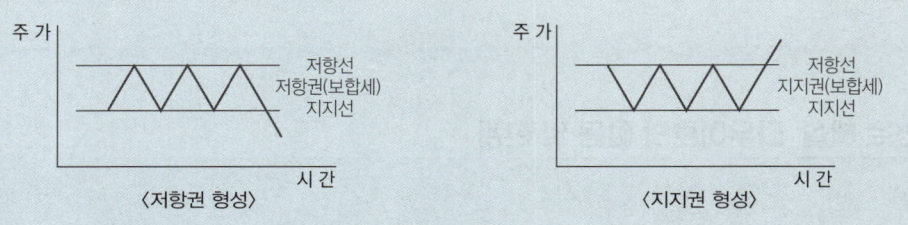

〈저항권 형성〉   〈지지권 형성〉

(1) 추세분석
① 기술적 분석의 핵심으로 '추세는 한번 형성되면 상당 기간 지속된다'는 속성을 이용한 것
② 단기적으로 방향성이 잘못됐다 하더라도 장기적인 추세를 올바르게 파악했다면 합리적 투자

(2) 지지선과 저항선
① 정 의
  ㉠ 저점과 저점을 연결한 지지선은 주가의 하락움직임을 멈추게 하거나 하락저지가 예상되는 수준
  ㉡ 고점과 고점을 연결한 저항선은 주가가 추가 상승에 실패하고 하락하거나 상승세 둔화가 예상되는 수준
② 활용 및 해석 → 상승 시 저항선 돌파, 하락 시 지지선 돌파
  ㉠ 주가가 상승추세에서 저항선을 상향 돌파하는 경우 추가상승을, 하락추세에서 지지선을 하향 돌파하는 경우 매도시점으로 해석
  ㉡ 저항선과 지지선 돌파 전후 거래량이 크게 증가한다면 저항이나 지지의 강도가 더 큼을 의미

(3) 지지선과 저항선이 중요한 의미를 가지는 이유
① 최소, 최대목표 설정과 추세의 지속 또는 반전을 알 수 있음
② 장기간에 걸쳐 형성된 것과 최근에 형성된 것이 신뢰도가 높고 의미가 큼
③ 심리적 지지선이나 저항선의 역할을 해줌

정답 ③

추세선 ★★

다음 중 추세선에 대한 설명으로 올바르지 못한 것은?

① 추세선의 신뢰도는 저점이나 고점이 여러 번 나타날수록, 추세선의 길이가 길고 기울기가 완만할수록 크다.
② 부채형 추세선의 등장은 기존의 추세가 둔화되면서 향후 추세 전환의 가능성이 커짐을 의미한다.
③ 급등락으로 인해 추세선의 기울기가 완만해지는 형태를 나타내면 추세곡선이 나타난다.
④ 일정 비율을 벗어나거나 일정 기간 동안 추세선을 벗어나면 추세전환의 신호로 여겨지는데 이때 거래량 증가가 수반되는 경우가 많다.

TIP 급등락으로 인해 추세선의 기울기가 급격해지는 형태를 나타내면 추세곡선이 나타난다.

핵심포인트 해설　추세선

(1) 개념
① 추세선이란 의미 있는 두 고점 또는 저점을 연결한 선으로 상승, 하락, 평행추세선이 있음
② 상승추세선은 저점의 위치가 계속 상승하는 것을 말하고, 하락추세선은 고점의 위치가 계속 하락하는 것을 말하며, 평행추세선은 추세가 명확하지 않고 횡보하는 것을 말함
③ 추세선의 신뢰도는 저점이나 고점이 여러 번 나타날수록, 추세선의 길이가 길고, 기울기가 완만할수록 큼

(2) 추세선의 변형
① 주가의 급등락으로 인해 추세선의 기울기가 급격해지는 형태를 나타내면 추세곡선이 나타남
② 주가가 저항선을 상향 돌파한 후 다시 되돌림 현상으로 저항선에 근접하는 경우 저항선은 지지선으로 변경
③ 저항선이 지지선으로, 지지선이 저항선으로 변경된 추세선이 중심추세선
④ 상승 하락의 반복으로 저항선의 기울기가 완만해지면서 저항선이 여러 개 생성된 것이 부채형 추세선
⑤ 부채형 추세선의 등장은 기존의 추세가 둔화되면서 향후 추세 전환의 가능성이 커짐을 의미

(3) 추세선의 전환
추세선이 저항선을 상향 돌파하는 경우 추세가 전환되며 이때 거래량이 증가됨

정답 ③

이동평균선 ★★

다음 중 이동평균선의 특징에 대한 설명으로 올바르지 못한 것은?

① 주가가 이동평균선을 돌파하는 시점이 의미 있는 매매타이밍으로 볼 수 있으며 분석기간이 길수록 이동평균선은 완만해진다.
② 주가가 이동평균선과 괴리가 지나치게 큰 경우 이동평균선으로 회귀하는 성향이 있다.
③ 주가가 20일선을 돌파할 경우에는 주추세가 반전될 가능성이 크다.
④ 상승하는 이동평균선을 주가가 하향 돌파할 경우 추세는 하락반전을, 하락하는 이동평균선을 주가가 상향 돌파할 경우 추세는 상승반전을 할 가능성이 높다.

♥ TIP 주가가 장기이동평균선(120일, 200일 이동평균선)을 돌파할 경우에는 주추세가 반전될 가능성이 크다.

핵심포인트 해설 이동평균선의 개념과 특징

(1) 개념
① 일정 기간 동안 주가평균의 진행방향을 확인하고 현재 주가 진행방향과 어떤 관계가 있는지를 분석하여 미래의 주가 동향을 미리 예측하고자 하는 지표
② 단기지표로 5일, 20일, 중기지표로 60일, 장기지표로 120일, 200일 이동평균선 사용
③ 계산이 편리하고, 계산결과에 따라 매수, 매도 신호를 객관적으로 도출할 수 있는 장점이 있는 반면, 지나가버린 과거 주가를 평균하여 미래의 주가 방향을 분석하는 데 따르는 후행성이 단점임

(2) 특징 → 이동평균선을 기준으로 주가의 움직임에 따라 달라짐
① 주가가 이동평균선을 돌파하는 시점이 의미 있는 매매타이밍
② 분석기간이 길수록 이동평균선은 완만해지며, 짧을수록 가파름
③ 주가가 이동평균선과 괴리가 지나치게 큰 경우 이동평균선으로 회귀
④ 주가가 장기이동평균선을 돌파할 경우에는 주추세가 반전될 가능성 큼
⑤ 강세국면에서 주가가 이동평균선 위에서 움직일 경우 상승세 지속
⑥ 약세국면에서 주가가 이동평균선 아래에서 움직일 경우 하락세 지속
⑦ 상승하는 이동평균선을 주가가 하향 돌파할 경우 추세는 하락반전 가능성이 높음
⑧ 하락하는 이동평균선을 주가가 상향 돌파할 경우 추세는 상승반전 가능성이 높음

정답 ③

08 이동평균선 ★★

다음 중 이동평균선을 이용한 분석 방법에 대한 설명으로 올바르지 못한 것은?

① 이격도 지표는 현주가가 과열인지 침체인지를 파악하는 중요한 척도로 사용된다.
② 방향성 분석에서 상승 추세 전환 시에는 단기선이 가장 먼저 상승하고, 하락 추세로 전환 시에는 장기선이 가장 먼저 하락한다.
③ 골든크로스는 보통 20일 이동평균선이 60일 이동평균선을 상향 돌파할 때를 의미하며 이는 매수신호이다.
④ 이동평균선의 밀집 및 수렴은 주가 변화의 중요한 신호가 될 수 있으며, 투자자들은 변동성이 확장될 때 형성되는 주가 방향성을 따르는 것이 좋다.

♥TIP 방향성 분석에서 상승추세 전환 시에는 단기선이 가장 먼저 상승하고, 하락추세로 전환 시에도 단기선이 가장 먼저 하락한다.

핵심포인트 해설 이동평균선을 이용한 분석 방법

이격도 분석	• 주가와 이동평균선의 괴리를 나타내는 지표로 주가의 과열이나 침체 정도를 파악하는 척도
방향성 분석	• 상승추세로 전환할 때 단기 ⇨ 중기 ⇨ 장기 이동평균선 순으로 상승 (상승 추세/하락 추세 모두 단기선 먼저 움직임) • 하락추세로 전환할 때 단기 ⇨ 중기 ⇨ 장기 이동평균선 순으로 하락
배열도 분석	• 정배열이란 현재주가 · 단기 · 중기 · 장기이동평균선 순으로 배열되며, 역배열은 반대 • 정배열은 상승종목, 역배열은 하락종목
지지선 분석	• 주가가 상승할 때 단기 · 중기 · 장기이동평균선을 지지하며 상승 (상승 반전/하락 반전 모두 단기선 먼저 움직임) • 하락 반전 시 단기 · 중기 · 장기이동평균선을 차례로 하향 이탈
저항선 분석	• 주가가 하락할 때 단기 · 중기 · 장기이동평균선이 저항선이 되어 주가 하락 • 상승 반전 시 이동평균선을 차례로 상향 돌파하면서 주가 상승
크로스 분석	• 골든크로스(매수 신호) : 단기이동평균선(20일선)이 장기이동평균선(60일선)을 상향 돌파 • 데드크로스(매도 신호) : 단기이동평균선이 장기이동평균선을 하향 돌파
밀집도 분석	• 투자기간이 다른 투자자들의 평균 매수가격이 유사한 수준으로 수렴하고 있음을 의미 • 이동평균선이 밀집되면 작은 변화에도 주가는 크게 변화될 가능성이 높음

정답 ②

이동평균선 ★★

다음 중 거래량 이동평균선에 대한 설명으로 올바르지 못한 것은?

① 거래량 이동평균선을 이용한 주가 예측 방법은 주가 이동평균선 분석 방법과 같이 방향성 분석, 배열도 분석, 크로스 분석 등을 사용한다.
② 일반적으로 거래량은 주가에 선행 또는 동행하며 추세와 무관하게 거래량이 증가하면 주가는 상승, 거래량이 감소하면 주가는 하락한다.
③ 일반적으로 거래량은 추세방향과 일치하며 주가에 선행하거나 동행하는 경향을 보인다.
④ 거래량 이동평균선이 정배열 상태에서는 상승추세가, 역배열 상태에서는 하락추세가 나타난다.

TIP 일반적으로 거래량은 주가에 선행 또는 동행하는 경향이 있으나, 하락추세에서의 패턴과 상승추세에서의 패턴은 다르게 나타난다.

핵심포인트 해설 거래량 이동평균선

(1) 개 념
일반적으로 거래량은 주가에 선행 또는 동행하는 경향이 있음(거래량은 추세의 방향과 일치)

(2) 분석 방법
① 주가 이동평균선의 분석 방법과 같이 방향성 분석, 배열도 분석, 크로스 분석 등을 사용함
② 상승추세 : 거래량이 증가하면서 골든크로스가 발생한 후 정배열이 나타남
③ 하락추세 : 거래량이 감소하면서 데드크로스가 발생한 후 역배열이 나타남

(3) 거래량과 주가의 연관성
① 일반적으로 거래량은 주가에 선행하는 경향을 갖으나 하락추세에서의 패턴과 상승추세에서의 패턴은 다름
② 상승추세 : 주가 상승 시 거래량 증가, 하락 시 거래량 감소
③ 하락추세 : 주가 하락 시 거래량 증가, 상승 시 거래량 감소
→ 추세와 주가 동일할 때 증가

정답 ②

10

그랜빌의 주가 · 이동평균선 ★★★

다음 중 그랜빌의 주가·이동평균선 전략에 대한 설명으로 올바른 것은?

① 이동평균선이 상승하고 있을 때 주가가 일시적으로 이동평균선 아래로 하락하는 경우 매도 신호이다.
② 주가가 하락하고 있는 이동평균선을 하향 돌파한 후 급락 시에는 매도 신호이다.
③ 이동평균선이 상승한 후 평행 또는 하락국면에서 주가가 이동평균선을 하향 돌파 시 매도 신호이다.
④ 주가가 이동평균선 아래에서 상승세를 보이다가 이동평균선을 상향 돌파하지 못하고 하락하는 경우 매수 신호이다.

TIP ① 이동평균선이 상승하고 있을 때 주가가 일시적으로 이동평균선 아래로 하락하는 경우 매입 신호이다.
② 주가가 하락하고 있는 이동평균선을 하향 돌파한 후 급락 시에는 매입 신호이다.
④ 주가가 이동평균선 아래에서 상승세를 보이다가 이동평균선을 상향 돌파하지 못하고 하락하는 경우 매도 신호이다.

핵심포인트 해설 그랜빌의 주가 · 이동평균선

(1) 매입 신호
① 이동평균선이 하락한 후 보합이나 상승국면으로 진입한 상황에서 주가가 이동평균선을 상향 돌파할 때
② 이동평균선이 상승하고 있을 때 주가가 일시적으로 이동평균선의 아래로 하락할 때
③ 주가가 이동평균선 위에서 빠르게 하락하다가 이동평균선 부근에서 지지를 받고 재차 상승할 때
④ 주가가 하락하고 있는 이동평균선을 하향 돌파한 후 급락 시에는 이동평균선까지 반등 가능성이 크므로 단기차익을 위한 매입 신호

(2) 매도 신호
① 이동평균선이 상승한 후 평행 또는 하락국면에서 주가가 이동평균선을 하향 돌파할 때
② 이동평균선이 하락하고 있을 때 주가가 일시적으로 이동평균선의 위로 상승할 때
③ 주가가 이동평균선 아래에서 상승세를 보이다가 이동평균선을 상향 돌파하지 못하고 하락하는 때
④ 주가가 상승하고 있는 이동평균선을 상향 돌파한 후 다시 급등 시 이동평균선 쪽으로 자율반락 가능성이 있으므로 매도 신호

정답 ③

11 갭, 반전일, 되돌림 ★★★

다음 중 갭에 대한 설명으로 올바르지 못한 것은?

① 보통 갭은 횡보국면에서 주로 나타나며 확인할 수 없는 정보가 확인되면 보통 채워진다.
② 급진 갭은 다우이론의 추세추종국면이나 엘리어트 파동이론의 3번 파동에서 주로 발생한다.
③ 소멸 갭이 나타나면 주가는 상승추세를 멈추고 하락추세로 반전된다고 예상할 수 있다.
④ 섬꼴 반전은 상승 소멸 갭과 하향 돌파 갭 사이에 나타나는데 주로 상승추세가 나타날 것이라는 신호로 여겨진다.

♀ TIP 섬꼴 반전은 이제까지 상승추세가 끝나고 새로운 하락추세가 시작된다는 반전 신호로 인식된다.

핵심포인트 해설 갭, 반전일, 되돌림

(1) 갭의 개념
① 급등 또는 급락으로 인하여 주가와 주가 사이에 나타나는 빈 공간으로 예상치 못한 변화가 발생할 것을 의미
② 상승추세의 갭은 강한 지지선 역할, 하락추세에서의 갭은 강한 저항선 역할

(2) 갭의 종류

보통 갭 (Common Gap)	• 횡보국면에서 주로 나타나며 기술적 의미가 모호함 • 확인할 수 없는 정보가 확인되면 갭은 통상 다시 채워짐
돌파 갭 (Break-away Gap)	• 장기 조정국면이나 횡보 후, 중요한 지지선이나 저항선 돌파 시 나타남 • 많은 거래량을 수반하며 채워지는 경우 없이 나타나는 추세변화의 신호
급진 갭 (Run-away Gap)	• 주가가 거의 일직선으로 급상승 또는 급락하는 도중에 나타남 • 다우이론의 추세추종국면이나 엘리어트 파동이론의 3번 파동에서 발생
소멸 갭 (Exhaustion Gap)	• 주가가 장기간에 걸쳐 급격한 수직상승을 지속하는 도중에 발생 • 주가 상승을 멈추고 하락으로 반전되는 경우 나타나는 갭
섬꼴 반전 (Island Reversal)	• 주가가 하락세로 반전되면서 나타나는 상승 소멸 갭과 상승세로 반전되면서 나타나는 하향 돌파 갭 사이에 나타나는 작은 섬모양의 주가를 의미 • 상승추세가 끝나고 하락추세가 시작된다는 반전 신호로 인식

(3) 반전일
대량의 거래량을 수반한 주가가 최고치 또는 최저치를 기록하면 추세 반전이 있는 바로 그 날이 반전일

(4) 되돌림
지속적 상승에 반발하여 자율 반락하는 현상을 의미

정답 ④

12

반전형 패턴 ★★

다음 중 반전형 패턴에 대한 설명으로 올바르지 못한 것은?

① 헤드 앤 숄더 패턴에서 거래량은 왼쪽 어깨가 가장 많고 주가는 머리가 가장 높다.
② 이중 천장형 패턴은 양 봉우리를 형성하는 데 걸린 시간이 장기일수록 또는 주가 움직임의 진폭이 클수록 신뢰도가 높다.
③ 원형바닥형 패턴은 거래량과 주가의 움직임이 반대로 나타나며 인기가 높고, 거래량이 활발한 주식에서는 찾아보기 어렵다.
④ 확대형 패턴은 거래량이 활발하면서 시장이 상승추세를 보이고 있을 때 나타나며 이 패턴이 나타난 후 주가는 급락하는 것이 일반적이다.

♀ TIP 원형바닥형 패턴에서는 거래량 또한 주가와 동일하게 원형바닥 패턴을 이루며 인기가 높고, 거래량이 활발한 주식에서는 찾아보기 어렵다.

핵심포인트 해설 반전형 패턴

(1) 헤드 앤 숄더

구 분	헤드 앤 숄더	역 헤드 앤 숄더
패턴의 의미	머리와 양쪽 어깨로 구성된 하락전환 패턴	하락패턴에서 상승패턴으로 전환
거래량과 주가	거래량은 왼쪽 어깨가 많고, 주가는 머리가 높음	거래량은 오른쪽 어깨가 많고, 주가는 머리가 낮음

→ 거래량은 어깨, 주가는 머리

(2) 이중형

구 분	이중 천장형(M자형)	이중 바닥형(W자형)
패턴의 의미	상승에서 하락추세로 전환 시 발생	상승 반전
거래량	거래량은 첫 번째 고점이, 주가는 두 번째 고점이 높음	첫 번째 저점은 거래량이나 주가 측면에서 두 번째 저점보다 모두 낮음
특 징	장기간, 진폭이 클수록 신뢰도 높음	상승 시 플랫폼이 형성되기도 함

(3) 선형 : 적은 등락 폭으로 장기간에 걸쳐 보합권 유지 횡보 후 거래량 급등하면서 저항선 돌파 후 주가 상승

(4) 원형 바닥형(접시형)과 천장형

구 분	원형 바닥형	원형 천장형
특 징	• 판독하기 쉬우며, 이동방향과 추세전환 시점을 정확히 가르쳐줌 • 거래량 패턴도 원형 바닥을 이룸	• 주가의 상승추세가 완만한 곡선을 그리며 하락 추세로 전환되는 패턴 • 형성기간이 선형보다 짧음

(5) 확대형(발산형, 메가폰 패턴)
① 주가의 고점들은 점점 높아지고 저점들은 점점 낮아지는 모양으로 등락폭이 확대되고 거래량이 증가
② 투자자들의 심리가 매우 불안정한 상태를 의미하며 주가의 향방을 예측하기 어려움

정답 ③

13

지속형 패턴 ★★

다음 중 지속형 패턴에 대한 설명으로 올바르지 못한 것은?

① 대칭 삼각형은 약세장에서 나타나면 큰 폭 하락을 나타내고, 강세장에서 나타나면 큰 폭 상승을 가져온다.
② 깃발형과 페넌트형은 기존의 주가 움직임에 반발하는 세력들이 등장하며 잠시 횡보하는 국면을 보이는 과정에서 나타난다.
③ 하락 쐐기형은 하락추세 이후 반등하는 과정에서 쐐기형이 만들어진 후 재차 하락하는 하락 지속 패턴이다.
④ 직사각형은 매도세력과 매수세력이 서로 균형을 이루고 있으나 거래가 활발하지 못한 경우에 나타나게 된다.

♥ TIP 하락 쐐기형은 상승추세 이후 조정 과정에서 쐐기형이 만들어진 후 재차 상승하는 상승지속 패턴이다.

핵심포인트 해설 지속형 패턴

(1) 삼각형
등락 폭이 점점 줄어들 때 나타나며 고점을 이은 추세선은 저항선으로, 저점을 이은 추세선은 지지선으로 작용

대칭 삼각형	상승 삼각형	하락 삼각형
약세장에서 급락, 강세장에서 급등	상승 지속	하락 지속

(2) 깃발형과 페넌트형
주가가 급격히 움직인 후 기존의 움직임에 반발하는 세력의 등장으로 횡보하는 국면에서 발생

(3) 쐐기형 → 쐐기형만 상승이 하락패턴, 하락이 상승패턴으로 반대
① 상승 쐐기형 : 하락추세 이후 조정 과정에서 쐐기형이 만들어진 후 재차 하락하는 하락지속 패턴
② 하락 쐐기형 : 상승추세 이후 조정 과정에서 쐐기형이 만들어진 후 재차 상승하는 상승지속 패턴

(4) 직사각형
매수·매도의 균형으로 거래가 활발하지 못한 경우 발생

(5) 다이아몬드형
① 확대형과 대칭 삼각형이 합쳐진 모양으로 주가의 큰 변동 후 나타남
② 과열 후 점차 안정되는 추세 지속형 패턴

정답 ③

14

캔들 차트 ★★

다음 캔들 차트 중 상승 신호로만 연결된 것은?

① 망치형, 먹구름형, 관통형
② 샛별형, 관통형, 역전된 망치형
③ 먹구름형, 유성형, 망치형
④ 석별형, 교수형, 유성형

> **TIP** 상승추세 캔들은 망치형, 상승 샅바형, 역전된 망치형, 상승 장악형, 관통형, 상승 잉태형, 샛별형이 있고, 하락추세 캔들은 교수형, 하락 샅바형, 유성형, 하락 장악형, 먹구름형, 하락 잉태형, 석별형, 까마귀형이 있다.

핵심포인트 해설 캔들 차트 분석

(1) 한 개의 캔들

구 분	구 조	종류 및 특징
우산형	아래 꼬리가 몸체의 2배 이상 되는 모양으로 추세 전환 신호	망치형 : 상승추세 가능성 높음
		교수형 : 과매수 상태로 하락 반전 가능성 높음
샅바형	몸통보다 꼬리가 짧음	상승 샅바형 : 하락추세에서 저점 기록 후 지속적 상승
		하락 샅바형 : 상승추세에서 고점 기록 후 지속적 하락
유성형, 역전된 망치(해머)형	위 꼬리가 몸체의 2배 이상 되는 모양	유성형 : 상승 중 위로 긴 꼬리로 하락 신호
		역전된 망치형 : 하락 중 위로 긴 꼬리로 상승 신호

(2) 두 개의 캔들

구 분	구 조	종류 및 특징
장악형	꼬리보다는 몸통의 길이를 중시	상승 장악형 : 전일보다 몸체가 큰 양선 발생(상승 신호)
		하락 장악형 : 전일보다 몸체가 큰 음선 발생(하락 신호)
먹구름형, 관통형	먹구름형 : 양선 후 음선 발생	먹구름형 : 천장권에서는 하락 신호로 인식
	관통형 : 음선 후 양선 발생	관통형 : 하락추세에서 상승 신호로 인식
잉태형	몸체가 긴 캔들과 짧은 캔들이 연속적으로 등장	하락 잉태형 : 양선 후 음선이 신뢰도가 높음(하락 신호)
		상승 잉태형 : 음선 후 양선이 신뢰도가 높음(상승 신호)

(3) 세 개 이상의 캔들

구 분	구 조	종류 및 특징
별 형	긴 캔들 출현 후 갭을 수반한 작은 몸체 캔들이 발생	샛별형 : 상승전환 신호
		석별형 : 하락전환 신호
까마귀형	긴 양선 출현 후 갭이 발생하며 음선 후 연이어 음선이 출현	천장권에서 하락전환 신호

정답 ②

15

> 캔들 차트 ★★

다음 중 사께다 전법에 대한 설명으로 올바르지 못한 것은?

① 적삼병은 상승 시작의 신호로 단기간에 양선의 몸체 3개가 연이어 형성되는 패턴으로, 바닥권에서 출현해야 의미가 있다.
② 흑삼병이 고가에서 나타날 경우 주가가 급락할 가능성이 높으며 두 번째 천장 부근에서 나타날 경우 매우 유효하다.
③ 삼산은 미국식 패턴 분석의 삼중 천장형과 같은 형태로 해당 패턴이 형성된 이후 추세는 상승하는 것이 일반적이다.
④ 삼천(三川) 미국식 패턴 분석의 삼중 바닥형과 같은 형태로 대세바닥을 형성하는 전환 패턴이다.

♥ TIP 삼산은 미국식 패턴 분석의 삼중 천장형과 같은 형태로 해당 패턴이 형성된 이후 추세는 하락하는 것이 일반적이다.

핵심포인트 해설 사께다 전법

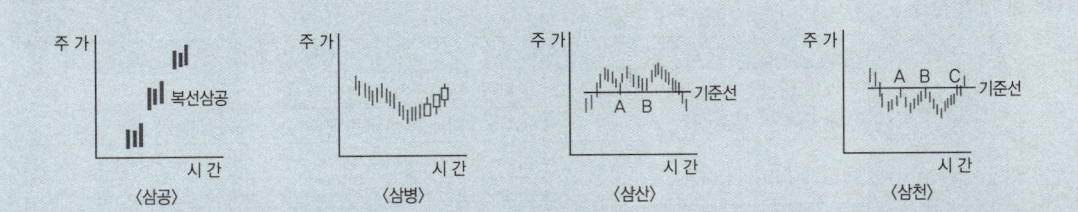

(1) 삼공(三空)
① 공(空)은 미국식 차트에서 Gap과 같은 의미
② 삼공이란 주가가 상당 기간 상승하는 데 있어 인기가 과열된 공간으로 단선3공과 복선3공이 있음

(2) 삼병(三兵)

구 분	구 조	특 징
적삼병 (赤三兵)	• 침체국면에서 단기간에 양선의 몸체 3개가 연이어 형성되는 패턴	• 바닥권에서 주가가 서서히 상승 시세로 진입하는 첫 단계 • 바닥권에서 출현해야 의미가 있음
흑삼병 (黑三兵)	• 천장권에서 음선의 몸체 3개가 겹쳐 연이어 형성되는 패턴	• 고가권에서 나타날 경우 주가가 급락가능성 높음 • 두 번째 천장 부근에서 나타날 경우 매우 유효

(3) 삼산(三山)
① 미국식 패턴 분석의 삼중 천장형과 같은 형태
② 주가 급등 후 매물 출회로 상승하지 못하는 패턴
③ 추세가 하락하는 것이 일반적

(4) 삼천(三川)
① 미국식 패턴 분석의 삼중 바닥형과 같은 형태
② 대세바닥을 형성하는 전환 패턴

정답 ③

16 추세추종형 지표 ★★

다음 중 추세추종형 지표에 대한 설명으로 올바르지 못한 것은?

① MACD는 단기지수 이동평균에서 장기지수 이동평균을 차감하여 계산한다.
② MACD가 시그널을 아래에서 위로 상향 돌파 시 매수, 하향 돌파 시 매도시점으로 인식한다.
③ MAO는 다이버전스 발생 시 중요한 추세전환 신호로 받아들인다.
④ MAO 값이 0선에 근접하다가 0선 돌파에 실패한다면 이는 하락추세 신호이다.

♥ TIP MAO 값이 0선에 근접하다가 0선 돌파에 실패한다면 이는 기존의 움직임을 그대로 유지하려는 세력에 압도됨으로 해석된다.

핵심포인트 해설 　추세추종형 지표

(1) 개 념
① 주가는 한번 형성되면 일정 기간 한 방향으로 진행된다는 특성을 고려하여 만든 지표
② 추세 전환에 다소 느리게 반응하지만 추세에 대한 중기적인 흐름 파악에 용이

(2) MACD(Moving Average Convergence & Divergence)
① 수렴과 발산 원리에 착안하여 장·단기 이동평균선의 차이가 가장 크게 벌어질 때가 매매타이밍
② MACD = 단기지수 이동평균 − 장기지수 이동평균, 시그널 = n일 MACD의 지수 이동평균
③ MACD가 시그널을 상향 돌파 시 매수, 하향 이탈 시 매도

(3) MAO(Moving Average Oscillator)
① MAO = 단기 이동평균값 − 장기 이동평균값
② 해 석
  ㉠ MAO의 값이 (+)이면 주가는 상승추세, (−)이면 하락추세
  ㉡ MAO가 (+)에서 0선을 하향 돌파하여 (−)로 전환될 때를 매도시점으로, 그 반대를 매수시점으로 인식
  ㉢ MAO가 지속적 상승 또는 하락 후 움직임이 멈춘다면, 조만간 추세 전환가능성이 높음
  ㉣ 다이버전스 발생 시 중요한 추세전환 신호
  ㉤ MAO가 0선에 접근하다가 0선 돌파를 실패했거나, 돌파는 했으나 바로 재진입하는 경우에는 기존 움직임을 그대로 유지

정답 ④

17

추세반전형 지표 ★★

다음 중 추세반전형 지표에 대한 설명으로 올바르지 못한 것은?

① %K선이 %D선을 하향 돌파하여 하락하는 경우 매도 신호이다.
② 스토캐스틱 지표에서 '추세전환의 실패'가 발생하면 이는 매도 신호이다.
③ RSI가 25%(20~30%) 수준이면서 약세장이 지속되어 하향돌파 시 이는 매수 신호이다.
④ RSI가 75%(70~80%) 수준이면서 강세장이 지속되어 상향돌파 시 이는 매도 신호이다.

TIP 스토캐스틱 지표에서 '추세전환의 실패'가 발생하면 기존 추세가 더욱 강화된다.

핵심포인트 해설 추세반전형 지표

(1) 의의
추세반전을 보다 빨리 알기 위해 만든 지표로 추세전환을 빨리 포착하지만 매매신호가 잦은 단점이 존재

(2) 종 류
① 스토캐스틱(Stochastic) : 주요선은 %K이며 %K의 이동평균선을 %D라 부름

$$\%K = \frac{금일\ 종가 - 최근\ n일\ 중\ 최저가}{최근\ n일\ 중\ 최고가 - 최근\ n일\ 중\ 최저가} \times 100$$

%D = %K의 이동평균선

㉠ 매수 신호
  • 침체권인 일정 수준(30%) 이하로 내려갔다가 다시 재상승하는 경우
  • %K선이 %D선을 상향 돌파하여 상승하는 경우
㉡ 매도 신호
  • 과열권인 일정 수준(70%) 이상으로 올라갔다가 다시 재하락하는 경우
  • %K선이 %D선을 하향 돌파하여 하락하는 경우
㉢ 추세전환의 실패가 발생하면 기존 추세가 더욱 강화됨
② 상대강도지수(RSI : Relative Strength Index)

$$RSI = \frac{14일간\ 상승폭\ 합계}{14일간\ 상승폭\ 합계 + 14일간\ 하락폭\ 합계}$$

㉠ 매수 신호 : RSI가 25%(20~30%) 수준이면서 약세장이 지속되어 하향돌파 시
㉡ 매도 신호 : RSI가 75%(70~80%) 수준이면서 강세장이 지속되어 상향돌파 시
③ ROC(Rate of Change)
㉠ 금일 주가와 n일 전 주가 사이의 차이를 나타내는 지표
㉡ 0을 상향돌파하면 매수, 0을 하향돌파하면 매도하는 전략

정답 ②

18 거래량 지표 ★★

다음 중 거래량 지표에 대한 설명으로 올바르지 못한 것은?

① OBV는 상승한 날의 거래량 누계에서 하락한 날의 거래량 누계를 차감하여 매일 누적적으로 집계, 도표화 한 것이다.
② VR의 일반적 수준은 150%로, 70% 이하면 단기적 매수시점으로 보고 450% 초과 시 단기적으로 주가의 경계신호로 본다.
③ 역시계 곡선은 주가와 거래량이 밀접한 상관성을 가지고 있다는 전제하에 만든 지표이다.
④ VR은 바닥권에서는 적용이 어렵지만 천장권을 판단하는 데 신뢰도가 매우 높은 투자지표이다.

♀ TIP VR은 천장권에서는 적용이 어렵지만 바닥권을 판단하는 데 신뢰도가 매우 높은 투자지표이다.

핵심포인트 해설 거래량 지표

(1) OBV(On Balance Volume)
① 거래량은 주가에 선행한다는 전제하에 고안한 지표로 시장이 매집단계인지 분산단계인지를 나타냄
② 상승한 날의 거래량 누계에서 하락한 날의 거래량 누계를 차감하여 매일 누적적으로 집계, 도표화 한 것
③ 심리적 요인, 자전거래, 저가주들의 대량거래, 늦은 매매신호, 단독적 추세파악의 어려움 등의 한계점

(2) VR(Volume Ratio)
① OBV의 결점을 보완하여 차이가 아닌 비율로 분석한 지표 예 VR 200%는 상승 시 거래량이 하락의 2배
② 공 식

$$VR = \frac{\text{주가 상승일의 거래량 합계} + \text{변동이 없는 날의 거래량 합계}}{\text{주가 하락일의 거래량 합계} + \text{변동이 없는 날의 거래량 합계}} \times 100$$

③ 바닥권을 판단하는 데 신뢰도가 매우 높음
④ 매매 신호 : 70% 이하 단기적 매수, 150% 보통 수준, 450% 초과 단기적 경계

(3) 역시계 곡선(주가-거래량 상관곡선)
주가와 거래량의 상관관계가 높다는 원리를 이용한 지표

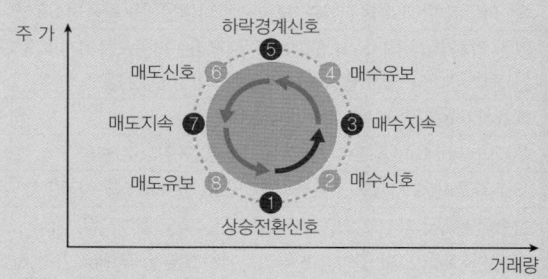

정답 ④

19

엘리어트 파동이론 ★★★

다음 중 엘리어트 파동 중 가장 강하고 가격변동이 활발하게 일어나는 파동으로, 5개 파동 중 가장 길고 이때 나타나는 갭은 돌파 갭이나 급진 갭이며 소멸 갭은 나타나지 않는 파동으로 올바른 것은?

① 1번 파동
② 3번 파동
③ A파동
④ C파동

TIP 3번 파동에 대한 설명이다.

핵심포인트 해설 엘리어트 파동이론 (1)

(1) 의의

① 엘리어트 파동 : 주가는 상승 5파와 하락 3파에 의해 끝없이 순환

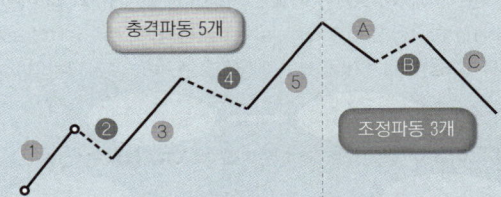

② 충격파동과 조정파동
  ㉠ 충격파동(5개 파동) : 주가의 진행방향과 같은 방향(1, 3, 5, A, C파동)
  ㉡ 조정파동(3개 파동) : 주가의 진행방향과 반대 방향(2, 4, B파동)

(2) 파동의 특징

구 분		특 징
상승파동	1번 파동	5개 파동 중 가장 짧은 파동이며, 충격파동이므로 반드시 5개 파동으로 구성
	2번 파동	1번 파동과 반대로 움직이며, 보통 2번 파동은 1번 파동을 38.2% 또는 61.8%만큼 되돌림
	3번 파동	가장 강하고 가격변동이 활발하게 일어나는 파동으로 5개 파동 중 가장 길고, 이때 나타나는 갭은 돌파 갭이나 급진 갭이며 소멸 갭은 나타나지 않음
	4번 파동	예측하기 용이한 파동
	5번 파동	추세의 막바지 파동으로 1번 파동과 동일한 길이로 형성
하락파동	A파동	새로운 추세가 시작되는 충격파동이므로 반드시 5개 파동으로 구성
	B파동	상승국면에서 가지고 있던 매입 포지션을 정리할 마지막 기회
	C파동	가격변동폭이 크며 실망감과 두려움에서 비롯된 투매로 가격 하락폭 큼

정답 ②

엘리어트 파동이론 ★★★

다음 중 엘리어트 파동의 법칙에 대한 설명으로 올바르지 못한 것은?

① 2번 파동의 저점이 1번 파동의 저점보다 반드시 높아야 한다.
② 3번 파동이 상승 파동 중 가장 짧은 파동이 될 수 없다.
③ 4번 파동의 저점이 1번 파동의 고점과 겹칠 수 없다.
④ 연장의 연장은 3번이나 5번에서 주로 발생하고, 파동의 연장은 3번에서 발생한다.

TIP 파동의 연장은 3번이나 5번에서 주로 발생하고, 연장의 연장은 3번에서 발생한다.

핵심포인트 해설 엘리어트 파동이론 (2)

(1) 엘리어트 파동의 법칙

구 분	특 징
절대불가침의 법칙	• 2번 파동의 저점이 1번 파동의 저점보다 반드시 높아야 함 • 3번 파동이 상승 파동 중 가장 짧은 파동이 될 수 없음 • 4번 파동의 저점이 1번 파동의 고점과 겹칠 수 없음
4번 파동의 법칙	• 4번 파동은 3번 파동을 38.2%만큼 되돌리는 경향이 있음
파동변화의 법칙	• 2번 파동과 4번 파동은 서로 다른 모양을 형성 • 2번 파동과 4번 파동은 복잡과 단순의 다른 구성을 보임 • 1번 파동이나 3번 파동이 연장되지 않으면 5번 파동이 연장될 가능성이 높고, 1번이나 3번 중 하나가 연장되면 5번은 연장되지 않음
파동균등의 법칙	• 3번 파동이 연장될 경우 5번 파동은 1번 파동과 같거나 1번의 61.8%를 형성
파동의 연장	• 파동의 연장은 3번이나 5번에서 주로 발생하고, 연장의 연장은 3번에서 발생

(2) 한계점
① 파동을 해석하는 사람에 따라 달라지기 때문에 융통성이 많음
② 파동이란 용어에 대한 정확한 정의가 없음

정답 ④

출제예상문제

☑ 다시 봐야 할 문제(틀린 문제, 풀지 못한 문제, 헷갈리는 문제 등)는 문제 번호 하단의 네모박스(□)에 체크하여 반복학습 하시기 바랍니다.

01 중요도 ★★★
다음 중 기술적 분석에 대한 설명으로 올바르지 못한 것은?

① 주가의 매매시점을 파악할 수 있도록 과거의 흐름과 패턴을 이용해 주가를 예측한다.
② 추세분석은 주가의 움직임은 한번 형성되면 일정 기간 지속된다는 점에 착안하여 주가를 예측한다.
③ 추세분석은 동적인 움직임을 관찰하는 반면, 패턴분석은 정적인 관찰에 역점을 두고 주가를 분석한다.
④ 시장구조이론은 기업의 가치를 분석하여 시장의 움직임을 예측하는 이론으로 대표적인 이론은 엘리어트 파동이론이다.

02 중요도 ★★
다음 중 기술적 분석에 대한 설명으로 올바르지 못한 것은?

① 증권의 시장가치는 수요와 공급에 의해서만 결정된다.
② 시장이 효율적이라면 기술적 분석은 무의미하나, 기본적 분석을 통한 초과수익은 가능하다.
③ 기술적 분석은 과거 정보를 이용하는 반면 기본적 분석은 현재 정보를 이용한다.
④ 시장의 사소한 변동을 고려하지 않는다면 주가는 추세에 따라 상당 기간 움직이는 경향이 있다.

03 중요도 ★
다음 중 기술적 분석의 장단점에 대한 설명으로 올바르지 못한 것은?

① 기술적 분석은 계량화하기 어려운 심리적 요인 등을 평가할 수 없다.
② 기술적 분석을 이용하면 장기적 추세는 아니더라도 변화 가능성과 변화 방향은 예측할 수 있다.
③ 동일한 과거 주가 양상을 놓고 서로 다른 해석을 할 수 있다.
④ 시장의 변동을 통한 투자가치 파악을 통해 시장 변화 원인을 분석할 수 없다.

04 중요도 ★★★
다음 중 다우이론에서 주가 하락과 거래량 증가가 나타나는 국면은 어느 국면인가?

① 강세시장 1국면　　② 강세시장 2국면
③ 약세시장 1국면　　④ 약세시장 3국면

05 중요도 ★★
다음 중 다우이론의 활용 및 한계에 대한 설명으로 올바르지 못한 것은?

① 전문투자자들과 일반투자자는 서로 반대의 생각을 한다.
② 전문투자자가 확신을 갖는 단계는 강세1, 2국면, 약세 3국면이다.
③ 다우이론은 증권시장의 추세를 예측할 뿐 분산투자 및 위험에 대한 정보는 제공하지 못한다.
④ 강세 2국면에서는 점진적 매수, 강세 3국면에서는 매수전략이 유효한 전략이다.

06 중요도 ★★★
다음 중 지지선과 저항선에 대한 설명으로 올바르지 못한 것은?

① 지지선이란 주가의 하락 움직임을 멈추게 하는 수준이나 하락저지가 예상되는 수준을 의미한다.
② 저항선이란 주가가 추가 상승에 실패하고 하락하게 되는 수준이나 상승세 둔화가 예상되는 수준을 의미한다.
③ 저항선과 지지선 돌파 전후 거래량이 크게 증가한다면 저항이나 지지의 강도가 더 큼을 의미한다.
④ 매도나 매수 이후 단기적으로 방향이 잘못되었다면 다시 추세분석을 통해 변화 방향을 예측해야 한다.

정답 및 해설

01 ④ 기업의 가치를 분석하는 것은 기본적 분석방법이다.
02 ② 시장이 효율적이라면 기술적, 기본적 분석은 무의미하며, 시장의 움직임을 추종하는 전략이 가장 효율적이다.
03 ① 기본적 분석은 계량화하기 어려운 심리적 요인 등을 평가할 수 없으나 기술적 분석에서는 가능하다.
04 ③ 약세 1국면에서는 주가 하락과 거래량 증가가 나타난다.
05 ④ 강세 2국면에서는 점차 매도, 약세 3국면에서는 매수전략이 유효한 전략이다.
06 ④ 매도나 매수 이후 단기적으로 방향이 잘못되었다 하더라도 장기적인 추세를 올바르게 파악했다면 합리적 투자이다.

07 중요도 ★
다음 중 추세선에 대한 설명으로 올바르지 못한 것은?

① 추세선이란 고점이나 저점 중 의미 있는 두 고점 또는 저점을 연결한 선으로 상승, 하락, 평행 추세선이 있다.
② 추세선의 신뢰도는 저점이나 고점이 여러 번 나타날수록 추세선의 길이가 길고 기울기가 가파를수록 강하다.
③ 저항선이 지지선으로, 지지선이 저항선으로 변경된 추세선을 중심추세선이라 한다.
④ 부채형 추세선의 등장은 기존의 추세가 둔화되면서 향후 추세 전환의 가능성이 커짐을 의미한다.

08 중요도 ★★
다음 중 이동평균선의 특징에 대한 설명으로 올바르지 못한 것은?

① 주가가 이동평균선을 돌파하는 시점이 의미 있는 매매타이밍이다.
② 분석기간이 길수록 이동평균선은 완만해지며, 짧을수록 가팔라진다.
③ 강세국면에서 주가가 이동평균선 위에서 움직일 경우 상승세는 지속된다.
④ 상승하는 이동평균선을 주가가 하향 돌파할 경우 추세는 상승반전 가능성이 높다.

09 중요도 ★
다음 중 이동평균선을 이용한 분석방법에 대한 설명으로 올바르지 못한 것은?

① 이격도 분석이란 현재 주가와 이동평균선의 괴리도를 나타내는 지표이다.
② 배열도 분석이란 특정 시점에서 주가와 이동평균선들의 수직적 배열상태를 나타내는 표현이다.
③ 크로스 분석에서 단기 이동평균선이 장기 이동평균선을 상향 돌파하는 경우 골든크로스, 하향 돌파하는 경우 데드크로스라고 부른다.
④ 밀집도 분석에서 이동평균선이 밀집되면 작은 모멘텀이 발생하더라도 변동성이 확대될 가능성이 적기 때문에 주가 방향성대로 매매하는 것이 좋다.

10 중요도 ★★★
다음 중 거래량 이동평균선에 대한 설명으로 올바르지 못한 것은?

① 일반적으로 거래량은 주가에 선행 또는 동행하는 경향이 있다.
② 상승추세 시 거래량 증가는 주가 상승을 의미하고, 하락추세 시 거래량 증가는 주가 하락을 의미한다.
③ 거래량 이동평균선이 정배열 상태에서는 상승추세가, 역배열 상태에서는 하락추세가 나타난다.
④ 일반적으로 거래량은 주가에 선행하기 때문에 상승, 하락추세에 상관없이 동일한 패턴을 보인다.

11 중요도 ★★
다음 중 그랜빌의 투자전략에서 매도 신호로 바르게 연결된 것은?

> 가. 이동평균선이 하락한 뒤에 보합이나 상승국면으로 진입한 상황에서 주가가 이동평균선을 상향 돌파할 때
> 나. 주가가 이동평균선 위에서 빠르게 하락하다가 이동평균선 부근에서 지지를 받고 재차 상승할 때
> 다. 이동평균선이 하락하고 있을 때 주가가 일시적으로 이동평균선의 위로 상승할 때
> 라. 주가가 상승하고 있는 이동평균선을 상향 돌파한 후 다시 급등 시 이동평균선 쪽으로 자율 반락 가능성이 있을 때

① 가, 다
② 가, 라
③ 나, 라
④ 다, 라

12 중요도 ★★
다음 중 보기에서 설명하는 갭으로 가장 올바른 것은?

> 다우이론의 추세추종국면이나 엘리어트 파동이론 3번 파동에서 주로 발생한다.

① 보통 갭
② 급진 갭
③ 소멸 갭
④ 돌파 갭

정답 및 해설

07 ② 추세선의 신뢰도는 저점이나 고점이 여러 번 나타날수록 추세선의 길이가 길고 기울기가 완만할수록 강하다.
08 ④ 상승하는 이동평균선을 주가가 하향 돌파할 경우 추세는 하락반전 가능성이 높다.
09 ④ 밀집도 분석에서 이동평균선이 밀집되면 작은 모멘텀에도 변동성이 크게 확장될 가능성이 있기 때문에 주가 방향성대로 매매하는 것이 좋다.
10 ④ 일반적으로 거래량은 주가에 선행하나 상승, 하락추세에 따라 서로 다른 패턴을 보인다.
11 ④ 가, 나는 매입 신호, 다, 라는 매도 신호이다.
12 ② 급진 갭에 대한 설명이다.

13 중요도 ★★★
다음 중 반전형 패턴에 대한 설명으로 올바른 것은?

① 발산형은 상승추세 말기에 주로 나타나며 이후 주가는 급등하는 경우가 많다.
② 역 헤드 앤 숄더형은 거래량은 오른쪽 어깨가 가장 많고 주가는 왼쪽 어깨가 가장 높다.
③ 이중 바닥형은 주가 급락으로 첫 번째 저점이 가파르게 형성되며, 거래량 측면에서는 두 번째 저점에서 반등할 때 거래량이 월등히 많다.
④ 원형 천장형은 하락추세가 완만한 곡선을 그리며 서서히 상승추세로 전환하는 패턴이다.

14 중요도 ★★
다음 중 주가 상승 신호를 나타내는 패턴으로 올바르게 연결된 것은?

① 역 헤드 앤 숄더, 다이아몬드형
② 상승 쐐기형, 이중 천장형
③ 상승 페넌트형, 원형 천장형
④ 상승 삼각형, 선형

15 중요도 ★★
다음 중 지속형 패턴으로만 연결된 것으로 올바른 것은?

① 선형, 삼각형
② 깃발형, 접시형
③ 직사각형, 원형 천장형
④ 페넌트형, 다이아몬드형

16 중요도 ★★
다음 캔들 차트 중 하락 신호로만 연결된 것은?

① 교수형, 망치형
② 관통형, 유성형
③ 샛별형, 까마귀형
④ 석별형, 먹구름형

17 중요도 ★★★
다음 중 사께다 전법에 대한 설명으로 올바르지 못한 것은?

① 적삼병은 상승시작의 신호로 단기간에 양선의 몸체 3개가 연이어 형성되는 패턴으로 천장 부근에서 출현해야 의미가 있다.
② 삼산은 주가 급등 후 매물 출회로 상승하지 못하는 경우 나타나는 패턴으로 추세가 하락하는 것이 일반적이다.
③ 삼천은 미국식 패턴의 삼중 바닥형과 같은 형태로 대세 바닥을 형성하는 전환 패턴이다.
④ 흑삼병은 고가에서 나타날 경우 주가 급락 가능성이 높으며, 두 번째 천장 부근에서 나타날 경우 그 신뢰도가 높다.

18 중요도 ★★
다음 중 보기에서 설명하는 지표로 올바른 것은?

> 이동평균선의 수렴과 발산 원리에 착안하여 단기와 장기 이동평균선의 차이가 가장 크게 벌어질 때를 매매타이밍으로 잡는다.

① 페넌트형　　　　　　　② MACD
③ MAO　　　　　　　　④ 적삼병

정답 및 해설

13　③　① 발산형은 상승추세 말기에 주로 나타나며 이후 주가는 폭락한다.
　　　　② 역 헤드 앤 숄더형은 거래량은 오른쪽 어깨가 가장 많고 주가는 머리가 가장 낮다.
　　　　④ 원형 천장형은 상승추세가 완만한 곡선을 그리며 서서히 하락추세로 전환하는 패턴이다.
14　④　상승 삼각형, 선형은 주가 상승 신호이다.
15　④　지속형 패턴에는 삼각형, 깃발형과 페넌트형, 쐐기형, 직사각형, 다이아몬드형 등이 있다.
16　④　하락 캔들 차트에는 교수형, 하락 샅바형, 유성형, 하락 장악형, 먹구름형, 하락 잉태형, 석별형, 까마귀형 등이 있다.
17　①　적삼병은 상승시작의 신호로 단기간에 양선의 몸체 3개가 연이어 형성되는 패턴으로 바닥권에서 출현해야 의미가 있다.
18　②　MACD에 대한 설명이다.

19 중요도 ★★
다음 중 ( ) 안에 들어갈 내용을 순서대로 올바르게 나열한 것은?

> 스토캐스틱 지표에서 %K선이 %D선을 상향 돌파하는 경우 ( ) 신호이고, 침체권인 30% 이하로 내려갔다가 다시 재상승하는 경우 ( ) 신호이다.

① 매수, 매도 ② 매수, 매수
③ 매도, 매도 ④ 매도, 매수

20 중요도 ★★
다음 중 추세반전형 지표에 대한 설명으로 올바르지 못한 것은?

① 추세전환의 실패가 발생하면 기존 추세가 더욱 강화된다.
② 스토캐스틱 지표에서 과열권인 70% 이상으로 올라갔다가 다시 재하락하는 경우 매도 신호이다.
③ RSI가 25% 수준이면서 약세장이 지속되어 하향 돌파 시 매도 신호이다.
④ ROC는 0을 상향 돌파하면 매수, 0을 하향 돌파하면 매도 신호이다.

21 중요도 ★★
다음 중 OBV의 한계점에 대한 설명으로 올바르지 못한 것은?

① 심리적 요인 ② 자전거래
③ 늦은 매매신호 ④ 장기추세 파악의 어려움

22 중요도 ★★
다음 엘리어트 파동 중 충격파로만 연결된 것은?

① 1, 3, B파 ② 2, 4, B파
③ 1, 3, C파 ④ A, B, C파

23 중요도 ★★★
다음 중 보기에서 설명하는 엘리어트 파동으로 가장 올바른 것은?

> 다시 상승하는 것으로 사람들이 믿기 쉬운 파동이며 상승국면에서 가지고 있던 매입 포지션을 정리할 마지막 기회이다.

① 1번 파동
② 3번 파동
③ B파동
④ C파동

24 중요도 ★★★
다음 중 엘리어트 파동이론에 대한 설명으로 올바르지 못한 것은?

① 4번 파동은 3번 파동을 38.2%만큼 되돌리는 경향이 있다.
② 3번 파동이 상승 파동 중 가장 짧은 파동이 될 수 없다.
③ 4번 파동의 저점이 1번 파동의 고점과 겹칠 수 없다.
④ 2번 파동의 저점이 4번 파동의 저점보다 반드시 높아야 한다.

정답 및 해설

19 ② 스토캐스틱 지표에서 %K선이 %D선을 상향 돌파하는 경우 (매수) 신호이고, 침체권인 30% 이하로 내려갔다가 다시 재상승하는 경우 (매수) 신호이다.
20 ③ RSI가 25% 수준이면서 약세장이 지속되어 하향 돌파 시 매수 신호이다.
21 ④ OBV의 한계점은 심리적 요인, 자전거래, 저가주들의 대량거래, 늦은 매매신호, 단독적 추세파악의 어려움 등이 있다.
22 ③ 충격파동은 1, 3, 5, A, C파동이다.
23 ③ B파동에 대한 설명이다.
24 ④ 2번 파동의 저점이 1번 파동의 저점보다 반드시 높아야 한다.

제5장 투자분석기법 - 산업분석

학습전략

투자분석기법은 기본적 분석, 기술적 분석, 산업분석 총 3가지로 구성되며, 제2과목 전체 30문제 중 총 12문제가 출제된다. 그중에서 산업분석은 **약 3~4문제** 정도 출제되는 편이다.

산업분석의 경우 정의와 산업의 분류에 대해 먼저 이해한 후 산업구조변화와 관련된 여러 이론에 대한 정리가 필요하다. 산업연관표의 가로와 세로의 구조 및 구성항목, 그리고 전방연쇄효과와 후방연쇄효과 등 산업연관표와 관련된 지표에 대한 문제가 자주 출제된다. 라이프사이클 분석의 각 단계별 특징과 Merrill Lynch사의 경기순환 분석에 대한 암기가 필요하며, 수출관련 산업성과의 평가 산식 및 그 의미를 이해하고 산업정책의 종류 및 시장경쟁강도 측정방법에 대해서도 심도 있는 학습이 필요하다.

출제비중

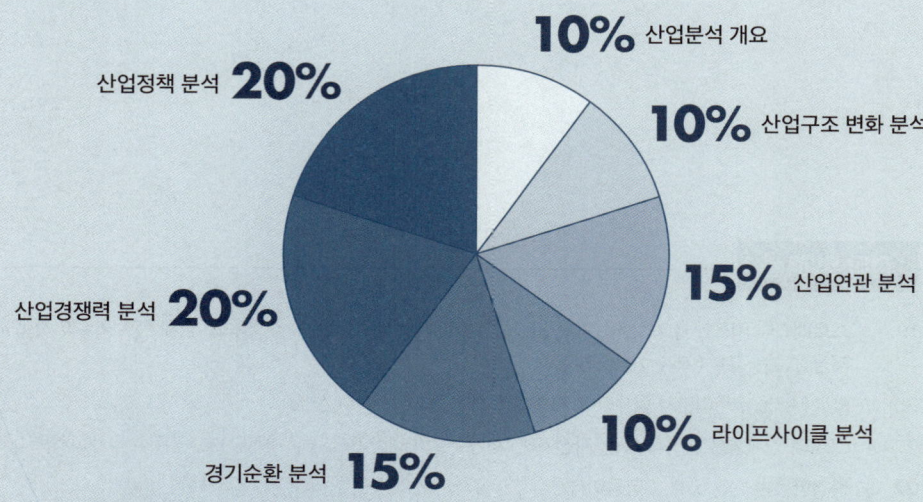

- 10% 산업분석 개요
- 10% 산업구조 변화 분석
- 15% 산업연관 분석
- 10% 라이프사이클 분석
- 15% 경기순환 분석
- 20% 산업경쟁력 분석
- 20% 산업정책 분석

출제포인트

구 분	출제포인트	중요도
산업분석 개요 (10%)	01 산업분석의 개요	★★
산업구조 변화 분석 (10%)	02 산업구조 변화의 의미 03 경제발전과 산업구조 변화	★★★ ★★
산업연관 분석 (15%)	04 산업연관 분석	★★★
라이프사이클 분석 (10%)	05 라이프사이클 분석	★★★
경기순환 분석 (15%)	06 경기순환 분석	★★★
산업경쟁력 분석 (20%)	07 산업경쟁력의 개념 08 산업경쟁력의 분석모형	★★ ★★
산업정책 분석 (20%)	09 산업정책의 개요 10 시장 경쟁강도 측정	★★ ★★★

산업분석의 개요 ★★

다음 중 산업의 정의와 분류에 대한 설명으로 올바르지 못한 것은?

① 경기변동과 상관계수가 높은 산업은 경기민감산업이다.
② 투자와 관련된 산업은 경기에 선행하는 특성을 가진다.
③ 경기변동 시차에 따른 산업 활동의 구분은 경기민감산업, 경기방어산업이다.
④ 산업활동은 영리적, 비영리적 활동을 모두 포함하나 가사활동은 제외된다.

TIP 경기변동 시차에 따른 산업 활동의 구분은 경기선행, 동행, 후행산업이다.

핵심포인트 해설 산업분석의 정의와 분류

(1) 산업분석의 의미
① 개별기업에 대한 투자분석에 중요한 참고 자료
② 특정 기업이 아닌 특정 산업 전체를 분석대상으로 함

(2) 산업의 정의와 분류
① 산업 : 유사한 성질을 갖는 산업 활동에 종사하는 생산단위의 집합
② 산업 활동 : 각 생산단위가 자원을 투입하여 재화 또는 서비스를 생산 또는 제공하는 일련의 활동으로 영리·비영리 활동 모두 포함되나 가사활동은 제외
③ 산업의 분류

구 분		내 용
경기변동과 관련된 구분	경기민감산업	• 경기의 움직임과 산업의 움직임 동일(상관관계 높음) • 내구생산재산업, 건설업
	경기방어산업	• 침체기에도 영향을 받지 않는 산업(상관관계 낮음) • 소비재, 전력, 가스산업 등
경기변동 시차에 따른 구분	경기선행산업	• 경기변동보다 빨리 변하는 산업으로 투자 관련 산업
	경기동행산업	• 경기변동과 함께 변하는 산업
	경기후행산업	• 경기변동보다 늦게 변하는 산업으로 소비 관련 산업

(3) 산업분석방법 개관
산업분석방법은 산업구조 변화에 대한 분석, 개별산업에 대한 분석, 산업정책에 대한 분석으로 구분
① 산업구조 변화에 대한 분석 : 산업구조 변화를 관찰하고 전망하는 것은 개별 산업의 성장성과 수익성을 예상하는 수단이 됨
② 개별산업에 대한 분석 : 특정 산업의 시장상황에 대한 검토나 경쟁기반 분석이 포함
③ 산업정책에 대한 분석 : 정부의 정책 방향이나 산업에 미치는 영향 분석

정답 ③

다음 경기종합지수 중 그 연결이 올바른 것은?

① 경기동행지수 – 건설기성액, 건설수주액
② 경기선행지수 – 장단기 금리차, 회사채유통수익률
③ 경기후행지수 – 상용근로자수, 비농가취업자수
④ 경기선행지수 – 종합주가지수, 금융기관유동성

♀ TIP 건설수주액은 선행지수, 회사채유통수익률은 후행지수, 비농가취업자수는 동행지수이다.

핵심포인트 해설 통계청의 경기종합지수와 한국표준산업분류

(1) 통계청의 경기종합지수

구 분	경기선행지수	경기동행지수	경기후행지수
소비·투자	• 소비자기대지수 • 기계수주액 • 건설수주액 • 자본재수입액	• 도소매판매액지수 • 내수출하지수	• 도시가계소비지출 • 소비재수입액
생산·고용	• 재고순환지표 • 구인구직비율	• 서비스업생산지수 • 광공업생산지수 • 제조업가동률지수 • 건설기성액 • 비농가취업자수	• 생산자제품재고지수 • 상용근로자수 • 이직자수
금융·무역	• 종합주가지수 • 장단기금리차 • 금융기관유동성 • 순상품교역조건	• 수입액	• 회사채유통수익률

(2) 한국표준산업분류의 기준

① 산출물의 특성 : 산출물의 물리적 구성 및 가공단계 산출물의 수요처 및 기능
② 투입물의 특성 : 원재료, 생산공정, 생산기술 및 시설
③ 생산 활동의 일반적인 결합 형태

정답 ④

산업구조 변화의 의미 ★★★

다음 중 산업 간 성장률 격차와 관련된 설명으로 올바르지 못한 것은?

① Petty 법칙에 의하면 경제가 발전할수록 산업구조는 제조업 산업의 비중이 올라간다.
② 호프만(Hoffman) 법칙에 의하면 2차 산업 내의 생산비중은 소비재 부문보다 생산재 부문이 높아진다.
③ 산업 간 성장 속도의 차이가 발생하는 원인 중 수요 요인은 소득이 증가함에 따라 수요가 다르게 나타나기 때문이다.
④ 산업 간 성장 속도의 차이가 발생하는 원인 중 공급 요인은 혁신 또는 공급능력의 차이로 인해서 사회구조의 변화가 일어난다고 본다.

♥ TIP Petty 법칙에 의하면 경제가 발전할수록 산업구조는 서비스 산업(3차 산업)의 비중이 올라간다.

핵심포인트 해설 산업 간 성장률의 격차

(1) 산업 간 성장률 격차 이론

Petty 법칙	• 경제 발전에 따라 산업구조가 1차 산업 ⇨ 2차 산업 ⇨ 3차 산업 중심으로 변화 • 소득수준의 상승에 따라 1차 산업종사자 노동력 구성비 감소, 2차, 3차 구성비는 상승
Hoffman 법칙	• 2차 산업 내에서 소비재 부문보다 생산재 부문의 생산 비중 높아짐 • 경제발전에 따라 공업부문 내에서 소비재 산업의 생산재 산업에 대한 비중이 하락 • 소득수준이 상승함에 따라 중간재 비중이 증가한다는 '생산의 우회화론'과 비슷한 논리

(2) 산업 간 성장속도의 차이를 초래하는 원인

수요 측면	각 산업에서 생산되는 제품에 대한 수요변화가 불균등(수요와 소득탄력성의 차이 존재)
공급 측면	혁신 또는 공급능력의 차이로 산업구조의 변화가 발생(혁신이 수요를 증가시킴)
산업 외 요인	각국의 경제정책, 국내외 경제여건 변화, 국가 간 경쟁관계

(3) 산업구조 변화와 관련된 주요 과제
① 최적산업구조가 장기적인 후생을 극대화할 수 있는 가장 바람직한 산업의 구성이라면 경제발전 단계 및 경쟁력 구조의 변화에 따라 달라짐
② 외환위기 이후 사회전반에 확산된 성장격차는 성장을 저해하는 양극화로 발전
③ 전통적 경제 이론에 의하면 폐쇄경제에서는 국가 개입이 불필요하나, 시장의 실패는 국가 개입의 필요성을 강조함

정답 ①

04

산업구조 변화의 의미 ★★★

다음 중 산업구조 변화에 대한 경제이론과 관련된 설명으로 올바르지 못한 것은?

① 산업 간 성장률 격차에 의한 산업구조의 변화는 수요, 공급, 정책 및 경제여건에 의해 영향을 받는데 이 중 수요의 영향이 가장 크다.
② 리카도의 비교우위론에 의하면 국가 간 생산비 차이로 인해 상대적으로 비교우위에 있는 제품을 특화하여 수출하는 것이 이익이다.
③ 헥셔-올린 모형은 생산요소를 노동과 자본으로 확대하여 생산요소의 상대적 부존도 차이가 무역패턴을 결정한다고 주장한다.
④ 제품수명주기이론은 국가의 공급능력 변화에서 기술혁신 또는 신제품개발의 중요성을 분석한다.

♀ TIP 산업 간 성장률 격차에 의한 산업구조의 변화는 수요, 공급, 정책 및 경제여건에 의해 영향을 받는데 이 중 공급의 영향이 가장 크다.

핵심포인트 해설 산업구조 변화에 대한 경제이론

(1) 산업구조 변화에 대한 경제이론 → 공급 중심 + 국가 개입
① 산업 간 성장률 격차에 의한 산업구조의 변화는 수요, 공급, 정책 및 경제여건 중 공급의 영향이 가장 큼
② 산업구조는 생산요소의 상대적 부존량과 각 산업의 생산함수에 의해 결정되는 비교우위에 의해 정해짐
③ 생산요소의 부존량은 동태적으로 변화하며, 그 노력의 정도에 의해 내생적으로 결정
④ 시장실패가 있는 상태에서 국제무역을 통한 국가 간 경쟁이 이루어지면 정부의 개입이 사회후생을 증대

(2) 전통적 국제무역이론
① 비교생산비나 요소부존도, 제품수명주기 등 국가 간 공급측면의 차이로 무역패턴 설명
② 완전경쟁시장을 가정, 서로 다른 산업 간에 이루어지는 무역패턴만을 분석대상으로 하고 있다는 점이 한계
③ 리카도의 비교우위론 : 국가 간 생산비 차이로 인해 상대적으로 낮은(비교우위) 생산비의 제품을 특화하여 수출하는 것이 이익이라는 이론
④ 헥셔-올린 모형 : 생산요소를 노동과 자본으로 확대하여 생산요소의 상대적 부존도 차이가 무역패턴을 결정한다는 이론

(3) 신무역이론
① 제품수명주기이론 : 국가의 공급능력 변화에서 기술혁신 또는 신제품개발이 갖는 중요성을 분석
② 신무역이론 : 규모의 경제, 불완전경쟁 등 시장실패를 상정하여 정부 개입의 필요성을 주장
③ 내생적 성장이론 : 경제성장은 인적자본 등 생산요소의 내생적 축적에 의해서 이루어진다고 봄

정답 ①

경제발전과 산업구조 변화 ★★

다음 중 경제발전단계별 특징에 대한 설명으로 올바르지 못한 것은?

① 성장기는 잉여 노동력이 임금상승을 억제하며 단순요소의 경쟁력만 상승하는 시기이다.
② 1차 전환기에는 잉여 노동의 해소로 인한 임금 상승이 단순요소의 경쟁력 증대를 상쇄시킨다.
③ 2차 전환기에는 단순요소 경쟁력의 하락속도가 완만해지며, 고급요소 경쟁력 상승은 가속화된다.
④ 성숙기는 안정적 성장궤도에 진입하여 단순요소 경쟁력의 하락이 멈추고 고급요소 경쟁력은 계속 상승하는 시기이다.

♥TIP 성장기는 잉여 노동력이 임금상승을 억제하며 고급·단순요소의 경쟁력이 모두 상승하는 시기이다.

핵심포인트 해설 경제발전과 산업구조 변화

(1) 산업구조 변화의 근본 원인
  ① 산업구조의 변화에서 중요한 것은 혁신을 통한 신기술 및 신제품의 개발과 생산요소의 축적 등 공급 측면
  ② 경쟁력 창출요인
    ㉠ 고부가가치산업에 중요한 고급요소와 저부가가치산업에 중요한 단순요소로 구분
    ㉡ 고급요소는 기술, 인적자원, 유통, 금융 등이고 단순요소는 천연자원, 인력 및 임금수준, 금리수준 등임

(2) 산업구조와 국제 분업
  ① 산업이 첨단, 고도산업이고 고부가가치일수록 고급요소 경쟁력이 높고 단순요소 경쟁력은 낮음
  ② 상대적으로 단순요소나 고급요소 경쟁력이 큰 국가는 비교우위를, 경쟁력이 동일한 국가끼리는 무역 발생

(3) 경제발전과 산업구조의 변화
  ① 고급요소 경쟁력은 경제가 발전하면 체증적으로 높아짐
  ② 단순요소 경쟁력은 개발 초기에는 상승하나 일정 수준에 도달하게 되면 하락

(4) 경제발전단계에 따른 고급·단순요소 경쟁력 변화
  ① 성장기 : 잉여 노동력이 임금상승을 억제하며, 단순·고급요소의 경쟁력 모두 상승
  ② 1차 전환점 : 잉여노동의 해소로 인한 임금 상승이 단순요소의 경쟁력 증대를 상쇄
  ③ 구조조정기 : 고급요소 상승이 두드러지고 단순요소 경쟁력이 빠르게 하락
  ④ 2차 전환점 : 단순요소 경쟁력의 하락속도가 완만해지며, 고급요소 경쟁력 상승은 가속화
  ⑤ 성숙기 : 단순요소 경쟁력의 하락이 멈추고 고급요소 경쟁력은 계속 상승

정답 ①

06

산업연관 분석 ★★★

다음 중 산업연관표의 구조와 주요 지표에 대한 설명으로 올바르지 못한 것은?

① 아래로 향하는 세로방향은 상품의 배분구조를 나타내고 왼쪽에서 오른쪽으로 향하는 가로방향은 산업부문의 투입구조를 나타낸다.
② 중간수요와 최종수요를 합한 것이 총수요액이며 여기서 수입을 차감한 것이 총산출액이다.
③ 산업연관표는 국민소득 통계와 유사하나 국민소득 통계에서 제외하는 중간생산물의 산업 간 거래도 포함된다는 점이 다르다.
④ 각 산업부문의 총산출액과 이에 대응되는 총투입액은 항상 일치한다.

♀ TIP 아래로 향하는 세로방향은 상품의 투입구조를 나타내고 왼쪽에서 오른쪽으로 향하는 가로방향은 산업부문의 배분구조를 나타낸다.

핵심포인트 해설 산업연관 분석의 구조와 주요 지표

(1) 산업연관 분석 개요
① 산업과 산업 간의 연관관계를 수량적으로 파악하고자 하는 분석기법
② 한 나라에서 생산되는 모든 재화와 서비스의 산업 간 거래관계를 체계적으로 기록한 산업연관표의 분석을 통해 이루어짐
③ 산업연관분석은 거시적 총량지표와 가격변수의 변동이 국민경제에 미치는 파급효과를 분석할 수 있게 함
④ 산업연관표와 국민소득 통계는 비슷하지만 국민소득 통계에서 제외된 중간생산물의 산업 간 거래도 포함되는 점에서 차이가 있음

(2) 산업연관표의 구조와 주요 지표
① 아래로 향하는 세로방향은 상품의 투입구조를 나타냄
② 왼쪽에서 오른쪽으로 향하는 가로방향은 산업부문의 배분구조를 나타냄
③ 중간수요와 최종수요를 합한 것이 총수요액이며 여기서 수입을 차감한 것이 총산출임
④ 총산출액과 이에 대응되는 총투입액은 항상 일치함

정답 ①

산업연관 분석 ★★★

다음 중 산업연관표의 분석계수에 대한 설명으로 올바르지 못한 것은?

① 고용유발계수는 어떤 산업의 최종수요가 일정 금액(보통 10억원) 증가로 각 산업에서 유발되는 고용자 수를 의미한다.
② 전방연쇄효과는 특정 산업제품에 대한 최종수요 1단위의 증가가 모든 산업의 생산에 미치는 영향을 말한다.
③ 수입유발계수는 어떤 산업의 최종수요 1단위의 증가로 인해 각 산업에서 유발되는 수입의 단위를 말한다.
④ 생산유발계수는 최종수요가 1단위 증가할 때 각 산업에서 직·간접적으로 유발되는 산출물의 단위를 나타내는 계수이다.

♀ TIP 전방연쇄효과는 모든 산업제품에 대한 최종수요 1단위 증가가 특정 산업에 미치는 영향을 말한다.

핵심포인트 해설 산업연관표의 주요 지표

(1) **세로방향 주요 지표**
  투입계수는 중간투입액과 부가가치액을 총투입액(총산출액)으로 나눈 것으로 중간투입계수와 부가가치계수로 나뉨

(2) **가로방향 주요 지표**
  ① 생산유발계수(역행렬계수, 레온티에프) : 산업 간 상호의존도를 분석하는 데 중요하게 이용되는 계수로 최종수요가 한 단위 증가할 때 유발되는 산출물의 단위를 나타내는 계수
  ② 전방연쇄효과 : 모든 산업제품에 대한 최종수요 1단위의 증가가 특정 산업에 미치는 영향 ← 차이점 확인
  ③ 후방연쇄효과 : 특정 산업제품에 대한 최종수요 1단위의 증가가 모든 산업의 생산에 미치는 영향
  ④ 수입유발계수 : 어떤 산업의 최종수요 1단위의 증가로 인해 각 산업에서 유발되는 수입의 단위
  ⑤ 고용유발계수 : 어떤 산업의 최종수요가 일정 금액(보통 10억원) 증가로 각 산업에서 유발되는 고용자 수
  ⑥ 부가가치유발계수 : 어떤 산업의 최종수요 1단위 증가로 인해 각 산업에서 유발되는 부가가치의 단위

정답 ②

라이프사이클 분석 ★★★

다음 라이프사이클 단계 중 기업이 안정적인 시장점유율을 유지하며 매출은 완만하게 증가하는 단계는 어느 단계인가?

① 도입기
② 성장기
③ 성숙기
④ 쇠퇴기

TIP 성숙기에 대한 설명이다.

핵심포인트 해설 라이프사이클의 단계별 특징 및 한계점

(1) 단계별 특징
① 도입기 : 매출증가율은 낮고, 이익은 적자 또는 저조, 적자기업의 시장이탈, 뛰어난 판매능력 필요
② 성장기 : 매출과 이익이 급증, 이익의 증가가 매출액의 증가보다 빨라 수익성 증가, 이익률은 점차 하락
③ 성숙기 : 안정적인 시장점유율, 완만한 매출증가, 이익률 하락, 원가절감, 생산관리, 연구개발비 지출 증가
④ 쇠퇴기 : 이익률 하락으로 적자기업 다수 발생, 업종다각화, 쇠퇴기 사업은 사양산업

(2) 분석 한계점
① 성장산업은 경제의 여건과 발전단계에 따라 나라별로 다르기 때문에 주식투자결정에 적용하기에는 한계
② 산업의 성장성과 수익성 분석을 통해 투자 유망산업을 고르는 데 유용하나 적정 주가 평가 등에는 한계

정답 ③

경기순환 분석 ★★★

다음 중 Merrill Lynch사의 경기순환분석에 대한 설명으로 올바르지 못한 것은?

① 강세초기국면에서는 금리에 민감한 산업과 내구소비재 산업이 좋은 투자성과를 보인다.
② 강세중기국면에서는 자본재 산업이 좋은 투자성과를 낸다.
③ 강세국면에서는 시장변화에 민감하게 움직이는 산업이 상대적으로 성과가 좋다.
④ 강세후기국면에서는 금융, 보험업 등 베타가 낮은 종목이 좋은 투자성과를 낸다.

♥ **TIP** 강세후기국면에서는 금융, 보험업 등이 좋은 성과를 내며, 베타가 낮은 종목은 약세국면에서 좋은 투자성과를 낸다.

핵심포인트 해설 경기순환 분석

(1) 의의
① 국민경제 전체의 활동이 시간의 경과에 따라 확장과 수축을 반복하며 변동하는 것을 경기순환이라 함
② 보통 주가변동은 경기변동에 6개월 정도 선행

(2) Merrill Lynch사의 경기순환 분석 → 호경기 시 베타는 크게, 불경기 시 베타는 작게
① 강세초기국면 : 금리에 민감한 산업과 내구소비재 산업이 좋은 투자성과를 냄
② 강세중기국면 : 자본재 산업이 좋은 투자성과를 냄
③ 강세후기국면 : 금융, 보험업이 좋은 투자성과를 냄
④ 강세국면에서는 베타가 큰 경기순환주식이 좋은 투자성과를 냄
⑤ 약세초기국면 : 소비재 산업이 좋은 투자성과를 냄
⑥ 약세후기국면 : 소비재 산업과 베타가 작은 주식들이 상대적으로 좋은 투자성과를 냄

정답 ④

10

산업경쟁력의 개념 ★★

다음 중 산업경쟁력에 관련된 주요 이론에 대한 설명으로 올바르지 못한 것은?

① 산업경쟁력 분석에서는 국가 차원보다는 기업 차원의 경쟁력 분석에 대한 접근이 중요한 의미를 갖는다.
② 각 국가가 경쟁력을 갖는 산업에 특화하여 이를 서로 교환함으로써 모든 국가들의 사회후생이 증가한다는 이론은 전통적 국제무역 이론이다.
③ 산업경쟁력은 승자와 패자로 구분되지 않고 국가들의 산업경쟁력 수준에 따라 시장을 분점할 수 있다는 것은 신무역이론이다.
④ M. Porter의 경쟁우위론에서 직접적 요인은 요소조건, 수요조건, 연관산업 및 지원산업, 기업 전략과 경쟁여건 등 4가지이다.

♀ TIP 산업경쟁력 분석에서는 기업 차원보다는 국가 차원에서의 접근이 중요한 의미를 갖는다.

핵심포인트 해설 산업경쟁력의 개념

→ 각 이론과 핵심 키워드 위주로 학습

(1) 산업경쟁력의 개념
① 한 국가의 특정 산업이 다른 국가와의 경쟁에서 어느 정도의 성과를 얻을 수 있느냐를 나타내는지를 의미
② 산업경쟁력 분석에서는 기업 차원보다는 국가 차원에서의 접근이 중요한 의미를 가짐
③ 대표적 이론은 국제무역이론과 경쟁우위론, 경쟁력 분석 등이 있음

(2) 전통적 국제무역이론
① 각 국가가 경쟁력을 갖는 산업에 특화하여 이를 서로 교환함으로써 모든 국가들의 사회후생 증가
② 국가의 개별 산업에서의 경쟁력 수준이 국제무역의 전제가 되며, 이러한 산업경쟁력의 차이를 국가 간의 비교우위 구조로 설명

(3) 신무역이론 및 전략적 무역정책론
① 전통적 무역이론의 비현실적 가정을 지적하고 보다 현실에 가까운 모형을 설정하여 국제무역, 산업경쟁력 원천, 효율적 무역 및 산업정책 설명
② 시장의 선점 등 전략적 행동이 산업경쟁력 확보에 중요
③ 산업경쟁력은 승자와 패자로 구분되지 않고 국가들의 산업경쟁력 수준에 따라 시장을 분점할 수 있음
④ 국가의 전략적 개입이 산업경쟁력의 확보에 중요

(4) M. Porter의 경쟁우위론
① 한 국가의 산업경쟁력은 혁신과 요소축적 등을 통해 경쟁우위를 확충함으로써 얻을 수 있음
② 산업경쟁력 결정요인은 요소조건, 수요조건, 연관산업 및 지원산업, 기업전략과 경쟁여건 등 직접요인과 정부, 우발적 요인 등 간접요인으로 구분하고 이를 종합적으로 고려하는 다이아몬드 모형으로 설명

정답 ①

11

산업경쟁력의 분석모형 ★★

다음 중 산업경쟁력 분석에 대한 설명으로 올바른 것은?

① 국가의 산업경쟁력은 산업 및 국가 차원에서 접근하는 비교우위론의 분석이 바람직하다.
② 경쟁자산의 축적은 국가경쟁력을 가질 수 있으나 곧바로 높은 산업성과를 의미하지 않는다.
③ 경쟁자산 측면에서 경쟁력이 약하나, 산업성과 측면에서 경쟁력이 강한 산업은 중기적으로 산업성과가 높아질 가능성이 크다.
④ 경쟁자산 측면에서 경쟁력이 높으나, 현재의 산업성과가 낮은 산업은 조만간 성과가 더욱 낮아질 가능성이 크다.

♥ TIP ① 국가의 산업경쟁력은 산업 및 국가 차원에서 접근하는 경쟁우위론의 분석이 바람직하다.
③ 경쟁자산 측면에서 경쟁력이 약하나, 산업성과 측면에서 경쟁력이 강한 산업은 중기적으로 높은 성과 달성이 어렵다.
④ 경쟁자산 측면에서 경쟁력이 높으나, 현재의 산업성과가 낮은 산업은 산업성과가 높아질 가능성이 크다.

핵심포인트 해설 산업경쟁력 분석모형

(1) 기본 구조
① 국가의 산업경쟁력은 산업 및 국가 차원에서 접근하는 경쟁우위론의 분석이 바람직함
② 개별산업의 경쟁력은 '경쟁자산 ⇨ 산업구조 ⇨ 산업성과'의 기본 틀과 이 과정의 효율성을 결정짓는 경제 주체로서의 정부와 기업역량

(2) 분석모형

경쟁자산	경쟁자산의 축적은 국가경쟁력을 가질 수 있으나 곧바로 높은 산업성과를 의미하지 않음(기술력, 인적자본, 수요조건, 국가경쟁력)
시장구조	수평적 분업, 협력, 기업 간 시너지, 산업의 특성, 정부의 규제와 정책 등이 산업경쟁력에 중요한 역할(정부규제, 경쟁정도)
산업성과	산업성과는 현재의 경쟁력을 나타내며 산업성장률, 생산성 향상, 수출 신장률 등으로 파악(수출실적, 해외진출, 산업성장률)
기업의 역할	주어진 경쟁자산과 시장구조하에서 어느 정도의 산업성과를 얻을 수 있느냐는 경영능력 등 기업의 경쟁력에 의해 결정(M&A, R&D투자)
정부의 역할	연구개발, 인력개발, 인프라 확충 등은 산업경쟁력에 매우 중요한 영향
대내외 산업 환경의 변화와 경쟁국의 전략	산업의 특성에 따라 받게 되는 영향의 정도 등이 다른 만큼 경쟁력 분석에서 중요한 요소 중 하나

(3) 분석방법 → 경쟁자산이 약하면 성과 낮고, 경쟁자산이 강하면 성과 커짐
① 경쟁자산 측면에서 경쟁력이 약하나 산업성과 측면에서 경쟁력이 강한 산업은 중기적으로 높은 성과 달성이 어려우나, 경쟁자산의 축적이 이루어지면 장기적으로 경쟁력이 강해질 수 있음
② 경쟁자산 측면에서 경쟁력이 강하나 현재의 산업성과가 낮은 산업은 산업성과가 높아질 가능성이 크나, 경쟁자산의 축적이 이루어지지 않는다면 장기적으로 경쟁력이 약해질 수 있음

정답 ②

12

> 산업정책의 개요 ★★

다음 중 산업정책에 대한 설명으로 올바르지 못한 것은?

① 산업정책은 총공급 관리에 초점을 맞춘 공급지향적 정책을 취한다.
② 산업정책은 생산자원의 공급과 배분에 정부가 개입함으로써 산업활동을 지원, 조정 또는 규제하여 효과가 발생하게 된다.
③ 산업정책은 경제발전이 성숙한 선진국에서 그 효율성이 증대된다.
④ 국가가 처한 경제상황 및 경제발전 단계에 따라 효율적 정책의 방향과 수단이 달라진다.

♥ **TIP** 산업정책은 역사적으로 볼 때 경제발전이 뒤떨어진 후발국에서 강조되었다.

핵심포인트 해설 산업정책의 개요 및 종류

(1) 산업정책의 의의
시장이 효율적으로 작동하지 않을 때 정부가 개입하여 이를 보전하고 자원배분의 효율성을 높이는 정책

(2) 산업정책의 특징 → 핵심 키워드 반드시 암기
① 산업정책은 공급지향적
② 산업정책은 생산자원의 공급과 배분에 정부가 개입함으로써 그 효과가 발생
③ 산업정책은 후발국에서 강조됨
④ 국가가 처한 경제상황 및 경제발전 단계에 따라 효율적 정책의 방향과 수단이 달라짐

(3) 산업정책의 종류
① 정책범위에 따른 분류
  ㉠ 일반적 정책 : 경제 내의 모든 산업들에 동등한 조건을 부여하여 무차별적이고 일반적인 효과를 줌
  ㉡ 기능별 또는 행위별 정책 : 특정 부문에 선별적은 아니지만 생산이나 판매상의 특별 행위를 지원
  ㉢ 지역별 정책 : 지역별 산업 배치의 효율성 및 지역균형발전에 역점을 둠
  ㉣ 산업별 정책 : 특정 산업을 대상으로 하는 정책
  ㉤ 기업별 정책 : 특정 기업을 대상으로 하는 정책
② 정책수단에 따른 분류
  ㉠ 유인정책 : 민간기업에 금전, 비금전적 인센티브를 부여함으로써 정부 목적에 부합하는 자발적 행동 유도
  ㉡ 규제정책 : 민간행위에 직접적인 규제로 시장 실패가 일어나면 타당성을 얻음
  ㉢ 비전 제시정책 : 정부의 정보와 분석능력을 민간에 제공함으로써 불확실성을 완화하여 효율성 증가

정답 ③

13

> 시장 경쟁강도 측정 ★★★

다음 중 시장 경쟁강도의 측정방법에 대한 설명으로 올바르지 못한 것은?

① 시장 집중률에서 집중률은 k개 값을 올리면 집중도 파악은 더욱 힘들어진다.
② 시장 집중률은 k개 이외 기업들의 점유율이 지수에 전혀 영향을 주지 못하며, k의 설정이 자의적이라는 단점이 있다.
③ 허핀달 지수가 클수록 기업규모의 불균등도가 더 크다는 것을 의미한다.
④ 시장 점유율 1, 2, 3위가 '30, 15, 15'인 A산업과, '20, 20, 20'인 B산업의 집중률 지수는 같으나 집중도는 B산업이 크다.

♀TIP 점유율 30, 15, 15인 A산업과 20, 20, 20인 B산업의 집중률 지수는 같으나, 집중도는 A산업(1,350)이 B산업(1,200)보다 크며 이는 A산업의 불균등도가 크다는 것을 의미한다.

핵심포인트 해설 시장 경쟁강도 측정방법

(1) 집중곡선과 집중률(CR : Concentration Ratio)
  ① 집중곡선 : 산업의 생산이 기업 간에 어떻게 분포되어 있는지 파악
  ② 집중률 : 시장 구조를 하나의 숫자로 요약해주는 지수로 시장점유율(매출액 기준)의 합계로 정의 (높을수록 독점)
    ㉠ CR_k는 상위 k개 기업의 시장점유율의 합계 : $CR_k = \sum_{i=1}^{k} S_i$
    ㉡ 장점 : 시장집중률 지수는 측정이 간단하고 소수 대기업의 시장점유율을 직접 표시해 줌
    ㉢ 단점 : k개 이외 기업들의 점유율이 지수에 전혀 영향을 주지 못하며, k의 설정이 자의적이고, k개 값을 올리면 집중도를 명확하게 측정할 수 없음

(2) 허핀달 지수(HHI : Herfindahl-Hirschman Index)
  ① 집중곡선상의 정보를 좀 더 완전하게 반영하기 위하여 사용되는 지수
  ② 집중률과 달리 산업 내 모든 기업의 시장점유율을 포함하므로 기업분포에 관한 정보를 정확히 내포
  ③ 산업 내 기업 수가 일정할 때 HHI가 클수록 기업규모의 불균등도가 더 커짐 (중요)
  ④ $HHI = \sum_{i=1}^{k} S_i^2$
  ⑤ HHI의 역수 = 동등기업 규모 수

정답 ④

fn.Hackers.com

출제예상문제

☑ 다시 봐야 할 문제(틀린 문제, 풀지 못한 문제, 헷갈리는 문제 등)는 문제 번호 하단의 네모박스(☐)에 체크하여 반복학습 하시기 바랍니다.

01 중요도 ★★★
다음 중 산업분석에 대한 설명으로 올바르지 못한 것은?

① 산업은 유사한 성질을 갖는 산업활동에 종사하는 생산단위의 집합을 의미한다.
② 산업활동은 자원을 투입하여 재화 또는 서비스를 생산 또는 제공하는 일련의 활동으로 영리, 비영리, 가사활동 모두를 포함한다.
③ 경기변동과 관련된 구분에는 경기민감산업과 경기방어산업이 있다.
④ 경기변동 시차에 따른 구분에는 경기선행산업, 동행산업, 후행산업이 있다.

02 중요도 ★★★
다음 중 경기민감산업에 포함되지 않는 것은?

① 내구생산재산업
② 건설업
③ 경기의 움직임과 산업의 움직임이 동일한 산업
④ 베타가 1보다 작은 산업

03 중요도 ★★
다음 중 경기선행지수가 아닌 것은?

① 건설수주액
② 종합주가지수
③ 장단기금리차
④ 회사채 유통수익률

04 중요도 ★★★
다음 중 ( ) 안에 들어갈 내용을 순서대로 올바르게 나열한 것은?

> 경제 발전에 따라 산업구조가 3차 산업화 되어 간다는 것은 (   )이고, 소비재 부문보다 생산재 부문의 생산비중이 올라간다는 것은 (   )이다.

① Petty 법칙, 절대우위론
② 신무역이론, 비교우위론
③ Hoffman 법칙, 비교우위론
④ Petty 법칙, Hoffman 법칙

05 중요도 ★★
다음 중 전통적 국제무역이론에 대한 설명으로 올바르지 못한 것은?

① 비교생산비나 요소부존도, 제품수명주기 등 국가 간 공급측면의 차이로 무역패턴을 설명하는 이론이다.
② 완전경쟁시장을 가정하고 서로 다른 산업 간에 이루어지는 무역패턴만을 분석 대상으로 한다는 점이 한계점이다.
③ 시장의 실패를 상정하여 정부가 공급에 적극적으로 개입해야 한다는 주장을 한다.
④ 국가 간 생산비 차이로 인해 상대적으로 낮은 생산비의 제품을 특화해 수출하는 것이 이익이라고 주장하는 이론이다.

06 중요도 ★
다음 중 보기에서 설명하는 경제이론으로 가장 적절한 것은?

> 생산요소를 노동과 자본으로 확대하여 생산요소의 상대적 부존도 차이가 무역패턴을 결정한다는 이론

① 비교우위론
② 헥셔-올린 모형
③ 제품수명주기이론
④ 내생적 성장이론

07 중요도 ★★
다음 중 산업구조 변화 분석에 대한 설명으로 올바르지 못한 것은?

① 산업구조의 변화에서 중요한 것은 혁신을 통한 신기술 및 신제품 개발 등 수요측면이다.
② 경제가 발전될수록 고급 생산요소는 체증적으로 상승한다.
③ 단순요소 경쟁력은 초기에는 상승하나 일정 수준에 도달하게 되면 하락한다.
④ 상대적으로 단순요소나 고급요소 경쟁력이 큰 국가들은 비교우위가 발생한다.

정답 및 해설

01 ② 산업활동은 자원을 투입하여 재화 또는 서비스를 생산 또는 제공하는 일련의 활동으로 영리, 비영리 활동을 포함하나 가사활동은 제외된다.
02 ④ 베타가 1보다 크면 민감한 산업, 1보다 작으면 방어적 산업이다.
03 ④ 회사채 유통수익률은 경기후행지수이다.
04 ④ 경제 발전에 따라 산업구조가 3차 산업화 되어 간다는 것은 (Petty 법칙)이고, 소비재 부문보다 생산재 부문의 생산 비중이 올라간다는 것은 (Hoffman 법칙)이다.
05 ③ 신무역이론에 대한 설명이다.
06 ② 헥셔-올린 모형에 대한 설명이다.
07 ① 산업구조의 변화에서 중요한 것은 혁신을 통한 신기술 및 신제품 개발 등 공급측면이다.

08 중요도 ★★
다음 중 ( ) 안에 들어갈 내용을 순서대로 올바르게 나열한 것은?

> 2차 전환점에는 단순요소 경쟁력의 ( ) 속도가 완만해지고, 고급요소 경쟁력 ( )은 가속화되며, 성숙기에는 고급요소 경쟁력이 ( )한다.

① 하락, 상승, 상승
② 하락, 하락, 상승
③ 상승, 상승, 하락
④ 하락, 상승, 하락

09 중요도 ★★★
다음 중 산업연관표의 구조에 대한 설명으로 올바르지 못한 것은?

① 아래로 향하는 세로방향은 상품의 투입구조를 나타낸다.
② 왼쪽에서 오른쪽으로 향하는 가로방향은 산업부문의 배분구조를 나타낸다.
③ 중간수요와 최종수요를 합한 것이 총수요액이며 여기서 수입을 차감한 것이 총산출액이다.
④ 총산출액과 이에 대응하는 총수요액은 항상 일치한다.

10 중요도 ★★
다음 중 산업연관표의 주요지표에 대한 설명으로 올바르지 못한 것은?

① 생산유발계수란 산업 간 상호의존도를 분석하는 데 중요하게 이용되는 계수로 최종수요 한 단위가 증가할 때 유발되는 산출물의 단위를 나타낸다.
② 후방연쇄효과란 모든 산업제품에 대한 최종수요 1단위의 증가가 특정 산업의 생산에 미치는 영향을 의미한다.
③ 수입유발계수란 어떤 산업의 최종수요 1단위의 증가로 인해 각 산업에서 유발되는 수입의 단위를 의미한다.
④ 고용유발계수란 어떤 산업의 최종수요가 일정 금액 증가로 각 산업에서 유발되는 고용자 수를 의미한다.

11 중요도 ★★★
다음 중 보기에서 설명하는 라이프사이클 단계로 올바른 것은?

> 매출과 이익이 급증하며 이익의 증가가 매출액의 증가보다 빨라 수익성이 증가되나 이익률은 점차 하락하는 단계

① 도입기
② 성장기
③ 성숙기
④ 쇠퇴기

12 중요도 ★★
다음 중 산업경쟁력 분석모형의 세 가지 기본 틀 중에서 시장구조에 포함되는 것은?

① 기술력 ② 인적자본
③ 정부규제 ④ 생산성

13 중요도 ★★★
다음 중 (　) 안에 들어갈 내용을 순서대로 올바르게 나열한 것은?

> 산업정책은 (　　)이며, 주로 (　　)에서 더욱 강조되는 경향이 있다.

① 수요지향적, 후발국 ② 수요지향적, 선진국
③ 공급지향적, 후발국 ④ 공급지향적, 선진국

14 중요도 ★★
다음 중 경기순환 분석에 대한 설명으로 올바르지 못한 것은?

① 보통 주가변동은 경기변동에 6개월 정도 선행하는 것으로 나타난다.
② 금리에 민감한 산업과 내구소비재 산업이 좋은 투자성과를 내는 단계는 강세초기단계이다.
③ 금융, 보험업이 좋은 투자성과를 내는 단계는 강세후기국면이다.
④ 소비재 산업이 좋은 투자성과를 내는 단계는 강세중기국면이다.

정답 및 해설

08 ① 2차 전환점에는 단순요소 경쟁력의 (하락) 속도가 완만해지고, 고급요소 경쟁력 (상승)은 가속화되며, 성숙기에는 고급요소 경쟁력이 (상승)한다.
09 ④ 총산출액과 이에 대응하는 총투입액은 항상 일치한다.
10 ② 후방연쇄효과란 특정 산업제품에 대한 최종수요 1단위의 증가가 모든 산업의 생산에 미치는 영향을 의미한다.
11 ② 성장기에 대한 설명이다.
12 ③ 산업경쟁력 분석모형의 세 가지 틀 중 시장구조에는 산업의 구성, 연관산업경쟁력, 경쟁정도, 정부규제, 시장지배사업자가 포함된다.
13 ③ 산업정책은 (공급지향적)이며, 주로 (후발국)에서 더욱 강조되는 경향이 있다.
14 ④ 소비재 산업이 좋은 투자성과를 내는 단계는 약세초기국면이다.

15 중요도 ★★
다음 중 베타가 작은 산업들이 좋은 투자성과를 내는 경기순환국면으로 올바른 것은?

① 강세초기국면　　　　　　　② 강세후기국면
③ 약세초기국면　　　　　　　④ 약세후기국면

16 중요도 ★★
다음 중 산업경쟁력에 대한 설명으로 올바르지 못한 것은?

① 전통적 국제무역이론에 의하면 경쟁력을 갖는 산업에 특화하여 이를 서로 교환함으로써 모든 국가들의 사회후생이 증가된다고 본다.
② 전통적 국제무역이론은 산업경쟁력의 차이를 국가 간 비교우위 구조로 설명한다.
③ 신무역이론은 시장의 선점 및 효율적인 무역을 중시하기 때문에 국가의 개입이 산업경쟁력에 중요하지 않다고 본다.
④ 포터의 경쟁우위론은 국가의 산업경쟁력이 혁신과 요소축적 등을 통해 경쟁우위를 확충함으로써 얻는다고 본다.

17 중요도 ★★
다음 중 산업경쟁력 분석모형에서 경쟁자산에 포함되지 않는 것은?

① 기술력　　　　　　　　　　② 인적자본
③ 국가경쟁력　　　　　　　　④ 정부규제

18 중요도 ★★
다음 중 (　　　) 안에 들어갈 말로 가장 올바르게 연결된 것은?

- 경쟁자산의 경쟁력이 (가), 산업성과 측면에서 경쟁력이 (나) 산업은 중기적으로 높은 성과를 달성하기 어렵다.
- 경쟁자산의 경쟁력이 (다), 산업성과 측면에서 경쟁력이 (라) 산업은 산업성과가 높아질 가능성이 크다.

	가	나	다	라
①	약하고	강 한	강하고	약 한
②	약하고	강 한	약하고	강 한
③	강하고	약 한	약하고	강 한
④	강하고	약 한	강하고	약 한

19 중요도 ★★
다음 중 산업정책 및 산업구조정책에 대한 설명으로 올바르지 못한 것은?

① 산업정책은 시장이 효율적으로 작동하지 않을 때 정부가 개입하여 이를 보전하고 자원배분의 효율성을 높이는 정책으로 공급지향적 특징이 있다.
② 국가가 처한 경제상황과 경제발전 단계에 따라 효율적 정책의 방향과 수단이 달라진다.
③ 일반정책은 경제 내의 모든 산업들에 동등한 조건을 부여하고 무차별적이고 일반적인 효과를 주는 정책을 의미한다.
④ 지역별 정책은 특정 부분에 대한 선별적 정책은 아니지만 생산이나 판매상의 특별한 행위를 지원하는 정책이다.

20 중요도 ★★★
다음 중 시장 경쟁강도 측정방법에 대한 설명으로 올바르지 못한 것은?

① 시장집중률지수에서 K값을 올리면 시장의 집중 정도를 명확하게 측정할 수 있다.
② 시장집중률지수는 간편하게 측정되며 소수 대기업의 시장점유율을 직접 표시해주기 때문에 널리 사용된다.
③ 허핀달 지수는 집중률과는 달리 산업 내 모든 기업의 시장점유율을 포함하므로 기업 분포에 관한 정보를 정확히 내포하고 있다.
④ 산업 내 기업 수가 일정할 때 허핀달 지수가 높다는 것은 기업규모의 불균형도가 높다는 것을 의미한다.

정답 및 해설

15 ④ 약세후기국면에서는 소비재 산업과 베타가 작은 주식들이 좋은 성과를 낸다.
16 ③ 신무역이론은 국가의 개입이 산업경쟁력 확보에 중요하다고 본다.
17 ④ 정부규제는 시장구조를 파악하기 위한 지표에 해당한다.
18 ① • 경쟁자산의 경쟁력이 (약하고), 산업성과 측면에서 경쟁력이 (강한) 산업은 중기적으로 높은 성과를 달성하기 어렵다.
　　 • 경쟁자산의 경쟁력이 (강하고), 산업성과 측면에서 경쟁력이 (약한) 산업은 산업성과가 높아질 가능성이 크다.
19 ④ 기능별 또는 행위별 정책은 특정 부분에 대한 선별적 정책은 아니지만 생산이나 판매상의 특별한 행위를 지원하는 정책이다.
20 ① 시장집중률지수에서 K값을 올리면 시장의 집중 정도는 더욱 불명확해진다.

제6장 리스크 관리

학습전략

리스크 관리는 제2과목 전체 30문제 중 총 8문제가 출제된다.
리스크 관리의 경우 리스크 유형에 대한 정의, 리스크 관리 실패사례 및 리스크조직에 대한 기본 지식이 출제된다. 시장리스크에 대한 출제비중이 상대적으로 높기 때문에 VaR의 개념, 개별자산 VaR 및 포트폴리오 VaR 계산, 분산효과에 따른 VaR의 감소, VaR의 유용성 및 한계에 대한 학습이 필요하다. 신용리스크는 기대손실, 신용손실분포의 특징, 부도율 측정모형 등에 대한 이해 및 계산문제에 대비하는 것이 필요하다.

출제비중

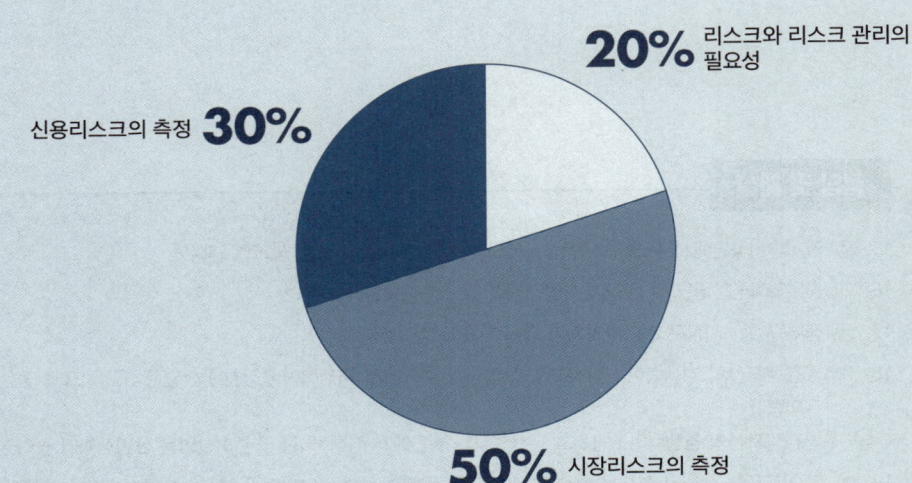

- 20% 리스크와 리스크 관리의 필요성
- 30% 신용리스크의 측정
- 50% 시장리스크의 측정

출제포인트

구 분	출제포인트	중요도
리스크와 리스크 관리의 필요성 (20%)	01 리스크의 정의 02 리스크 관리의 실패사례	★★★ ★★
시장리스크의 측정 (50%)	03 위험가치(VaR)의 개념 04 VaR의 측정방법 05 VaR의 유용성 06 VaR의 한계	★★★ ★★★ ★★★ ★★
신용리스크의 측정 (30%)	07 신용리스크의 정의 08 부도율 측정모형 09 Credit VaR과 신용리스크 관리	★★★ ★★★ ★★

01 리스크의 정의 ★★★

다음 중 리스크에 대한 설명으로 올바르지 못한 것은?

① 재무위험이란 금융시장에서의 손실 가능성과 관련된 위험으로 이자율 위험, 환위험, 주식위험, 상품가격 위험 등이 있다.
② 신용위험은 거래상대방이 약속한 금액을 지불하지 못하는 경우에 발생하는 손실에 대한 위험이다.
③ 유동성위험은 포지션을 마감하는 데 발생하는 비용에 대한 위험이다.
④ 법적위험이란 계약을 집행하지 못함으로 인해 발생하는 손실에 대한 위험이다.

♥ **TIP** 재무위험에는 시장위험, 신용위험, 유동성위험, 운영위험, 법적위험이 있다.

핵심포인트 해설 리스크

(1) 개념
미래 수익의 불확실성으로 손실가능성이라는 표현이 더 구체적임

(2) 재무위험의 종류

시장위험	시장가격 변동위험으로, 주식, 이자율, 환율, 상품가격 위험 등이 포함됨
신용위험	거래상대방의 채무 불이행 위험
유동성위험	포지션을 마감하는 데 발생하는 비용위험
운영위험	부적절한 내부시스템, 관리 실패, 잘못된 통제, 사기, 인간의 오류 등으로 발생하는 손실
법적위험	계약을 집행하지 못함으로써 발생하는 손실에 대한 위험

정답 ①

리스크 관리의 실패사례 ★★

다음 중 리스크 관리의 실패사례에 대한 설명으로 올바른 것은?

① 메탈게젤샤프트사 파산사건은 내부관리 통제제도와 감독당국의 적절한 감독의 부재로 인해 발생한 사건이다.
② 베어링은행 사건은 롤링위험으로 인해 큰 손실을 입고 파산한 사례이다.
③ 오렌지카운티 파산사건은 VaR의 유용성을 가장 잘 보여주는 리스크 관리 실패사례이다.
④ 오렌지카운티 파산사건은 과거 자료에 대한 지나친 신뢰와 선물시장의 이해 부족으로 인해 발생한 사건이다.

TIP ① 내부관리 통제제도와 감독당국의 적절한 감독의 부재로 인해 발생한 사건은 베어링은행 파산사건이다.
② 롤링위험으로 인해 큰 손실을 입고 파산한 사례는 메탈게젤샤프트사 사건이다.
④ 과거 자료에 대한 지나친 신뢰와 선물시장의 이해 부족으로 인해 발생한 사건은 메탈게젤샤프트사 사건이다.

핵심포인트 해설 | 리스크 관리의 실패사례

→ 교훈 중심으로 학습

(1) 베어링은행 파산사건
① 개요 : 파생상품 담당자는 권한 범위를 초과한 불법거래(가격변동이 없을 것으로 예상하고 숏 스트래들 포지션을 취함)로 베어링은행을 파산시킴
② 교훈
  ㉠ 내부관리 통제제도(영업부서와 후선부서업무의 격리 미비)와 감독당국의 적절한 감독의 중요성
  ㉡ 은행업무와 증권업무의 겸영으로 은행의 예금이 파생상품에 투자되는 것을 막을 제도적 장치 부족

(2) 메탈게젤샤프트사 파산사건
① 개요 : 선도 공급계약 시 Rolling Hedge의 결함을 인식하지 못해 생긴 손실로 인해 파산함
② 교훈
  ㉠ 선물시장에 대한 이해 부족(장기 현물공급에 대한 완벽한 헤지 방법은 없으며, 베이시스 리스크가 남음)
  ㉡ 과거 자료에 대한 지나친 신뢰

(3) 오렌지카운티 파산사건
① 개요 : 재정담당관이 이자율 예측에 실패하여 지방 재정을 파산시킴
② 교훈
  ㉠ 정기적인 포지션 크기 및 시장가격 공표 등 투명성 문제(정기적 시가평가를 하지 않음)
  ㉡ 리스크를 이해할 수 있는 지표의 부족(VaR을 통한 리스크 측정)

정답 ③

위험가치(VaR)의 개념 ★★★

다음 중 VaR에 대한 설명으로 올바르지 못한 것은?

① 다양하고 새로운 상품들에서 발생하는 리스크를 하나의 일관성 있는 척도로 통합한 구체적 수치이다.
② 1일 동안 VaR이 신뢰구간 95%에서 10억이라면, 이는 하루 동안 10억을 초과하여 손실이 발생할 확률은 20일에 한 번 정도 일어날 것을 의미한다.
③ VaR의 측정방법에는 델타분석법, 역사적 시뮬레이션법, 스트레스 검증법, 몬테카를로법 등이 있다.
④ 시장리스크를 측정함에 있어서 역사적 시뮬레이션법과 몬테카를로법은 완전가치 평가법이고, 스트레스 검증법과 델타분석법은 부분가치 평가법이다.

TIP 시장리스크를 측정함에 있어서 역사적 시뮬레이션법, 몬테카를로법, 스트레스 검증법은 완전가치 평가법이고, 델타분석법은 부분가치 평가법이다.

핵심포인트 해설 위험가치(Value at Risk)

(1) 개념
① 다양하고 새로운 상품들에서 발행하는 리스크를 하나의 일관성 있는 척도로 통합한 구체적 수치
② 시장이 불리한 방향으로 움직일 경우 일정 기간 동안에 발생하는 최대 손실가능액을 주어진 신뢰구간 하에서 통계적 방법을 이용하여 추정한 수치

(2) VaR 값에 대한 다양한 해석 예시

1일 동안 VaR이 신뢰구간 95%에서 10억이라면?
• 1일 동안에 10억을 초과하여 손실을 보게 될 확률이 5%임을 의미
• 하루 동안 10억을 초과하여 손실이 발생할 확률은 20일에 한 번 정도 일어날 것을 의미

(3) VaR의 측정방법

부분가치 평가법	완전가치 평가법
• 델타분석법	• 역사적 시뮬레이션법 • 스트레스 검증법 • 몬테카를로법

정답 ④

04

> VaR의 측정방법 ★★★

다음 중 델타-노말 방법에 의한 VaR의 측정방법에 대한 설명으로 올바르지 못한 것은?

① 리스크 요인이 많을수록 상관계수 추정이 어려워져 VaR 측정이 복잡해지고, 리스크 측정은 더 불확실해진다.
② 널리 알려진 J.P.Morgan의 Riskmetrics는 리스크 요인 400개를 선택하여 변동성 및 상관계수를 추정한다.
③ 리스크 요인과 상품이 일치하는 경우의 민감도는 1이고, 민감도의 경우 옵션은 델타를, 채권은 듀레이션을, 주식은 베타를 이용한다.
④ 변동성과 상관관계의 추정에는 과거의 수익률 자료가 이용되며 해당 자료의 기간 및 비중을 어떻게 하느냐에 따라 분석방법은 다양하다.

♀ TIP 리스크 요인이 많을수록 상관계수 추정이 어려워져 VaR 측정이 복잡해지지만 리스크 측정은 더 정확해진다.

핵심포인트 해설 델타-노말 분석법

(1) 포지션에 포함된 각 금융자산의 리스크 요인을 결정
 ① 다양한 리스크가 복합되어 있는 금융상품을 리스크 측정이 용이한 표준화된 상품으로 나누는 과정
 ② 리스크 요인이 많을수록 리스크 측정은 더 정확해짐
 ③ 리스크 요인이 많아질수록 상관계수 추정이 어려워 VaR의 측정이 복잡해짐

(2) 리스크 요인의 변동성 및 리스크 요인 간의 상관관계를 추정하는 과정
 ① 변동성과 상관관계의 추정에는 과거의 수익률 자료가 이용됨
 ② 과거 수익률 자료의 기간 및 비중을 어떻게 하느냐에 따라 다양한 추정방법 사용 가능
 ③ 널리 알려진 J.P.Morgan의 Riskmetrics는 리스크 요인 400개를 선택하여 변동성 및 상관계수를 추정

(3) 델타를 이용하여 포지션의 가치 변동을 추정하는 과정
 ① 리스크 측정을 위해서는 정규분포를 가정하면 리스크 요인의 변동 가능성을 확률로 표현 가능
 ② 포트폴리오 VaR은 개별 리스크 요인의 변동성과 상관계수를 델타로 조정한 후 계산된 포트폴리오의 변동성에 의해 측정
 ③ 민감도의 경우 옵션은 델타를, 채권은 듀레이션을, 주식은 베타를 이용함

정답 ①

VaR의 측정방법 ★★★

다음 중 델타-노말 방법에 의한 VaR 측정에 대한 설명으로 올바르지 못한 것은?

① 옵션의 기초 리스크 요인의 비선형 함수이므로 델타만을 이용하여 계산 시 VaR의 신뢰성이 떨어진다.
② 비선형 수익구조를 가진 상품이 포함된 경우 부정확해지기 때문에 이를 보완하기 위해 감마까지 감안하여 시장리스크를 측정해야 한다.
③ 10억을 투자한 주식이 정규분포를 하고 1일 수익률의 표준편차가 5%라면 95% 신뢰도 1일의 VaR은 0.825억이다.
④ 3년 만기 채권 100억의 1일 기준 표준편차가 0.05%이고 듀레이션이 2.1년, 시장수익률이 10%이면, 95% 신뢰도 1일의 VaR은 약 0.17억원이다.

♥ TIP 수정듀레이션 = 듀레이션/(1 + 시장수익률) = 2.1/1.1 = 1.90
∴ 95% 신뢰도 1일 VaR = 100억 × 1.65 × 0.0005 × 1.90 = 약 0.15억

핵심포인트 해설 델타-노말 방법에 의한 VaR 측정

(1) 의의
옵션의 민감도인 델타를 사용하여 리스크 요인을 측정하는 방법을 의미함(부분가치 평가법)

(2) 개별자산 VaR 측정
정규분포를 가정하며 95% 신뢰수준에서 1.65σ, 99% 신뢰수준에서 2.33σ를 사용

- 주식의 VaR = $V_{주식} \times Z\alpha \times \sigma \times \beta(베타) \times \sqrt{T}$
- 채권의 VaR = $V_{채권} \times Z\alpha \times \sigma \times MD(수정듀레이션) \times \sqrt{T}$
- 옵션의 VaR = $V_{기초자산} \times Z\alpha \times \sigma \times \Delta(델타) \times \sqrt{T}$

V_i = 위험노출금액, $Z\alpha$ = 신뢰수준에 상응하는 Z값, σ = 1일 변동성, T = VaR 추정기간
↳ 연간 변동성 (×)

(3) 델타분석법의 한계
① 델타 리스크를 제외한 모든 종류의 리스크를 고려하지 않음
② 옵션과 같은 비선형 증권의 리스크를 적절히 반영하지 못함
③ 델타중립에 가까운 포지션을 취한 경우 델타분석법에 의한 VaR은 0에 가까워짐
④ 실제로 VaR은 0이 아니기 때문에 상당한 손실이 발생 가능하며 이를 해결할 방법은 델타-감마 방법임

(4) 장단점

장 점	• 가치를 평가하는 가격모형을 요구하지 않음 • 데이터 및 소프트웨어를 사용하기 용이함
단 점	• 옵션과 같이 비선형 수익구조를 가진 상품이 포함된 경우 부정확해짐 • 단점을 보완하기 위해 감마(델타의 민감도)까지 감안하여 시장리스크 측정

정답 ④

> VaR의 측정방법 ★★★

다음 중 보기의 정보를 이용하여 두 자산 A, B에 투자한 포트폴리오의 VaR을 가장 올바르게 계산한 것은?

- 자산 A의 위험노출금액 100억, 1일 수익률의 표준편차 5%, 95% 신뢰도 1일의 VaR
- 자산 B의 위험노출금액 100억, 1일 수익률의 표준편차 7%, 99% 신뢰도 1일의 VaR
- 두 자산 간의 상관관계는 0.3

① 8.25억　　② 9.36억
③ 16.31억　　④ 20.37억

♀ TIP
- 자산 A의 VaR = 100억 × 1.65 × 5% = 약 8.25억
- 자산 B의 VaR = 100억 × 2.33 × 7% = 약 16.31억
- ∴ 두 자산의 포트폴리오 VaR = $\sqrt{8.25억^2 + 16.31억^2 + 2 \times 0.3 \times 8.25억 \times 16.31억}$ = 20.37억

핵심포인트 해설　포트폴리오 VaR 측정

(1) 포트폴리오 VaR(VaR$_P$)

$$\text{포트폴리오 VaR} = \sqrt{VaR_1^2 + VaR_2^2 + 2 \times \rho \times VaR_1 \times VaR_2}$$

(2) 상관계수에 따른 분산투자 효과

분산투자 효과는 상관계수가 1만 아니면 항상 효과가 있음

- 상관계수가 1인 경우 : $VaR_A + VaR_B$ ⇨ 분산효과 없음
- 상관계수가 0인 경우 : $\sqrt{VaR_A^2 + VaR_B^2}$ ⇨ 분산효과 있음
- 상관계수가 −1인 경우 : $VaR_A - VaR_B$ (단, $VaR_A > VaR_B$) ⇨ 분산효과 최대

정답 ④

VaR의 측정방법 ★★★

투자자 A의 95% 신뢰도 1일의 VaR은 100억원이다. 다음 설명 중 올바르지 못한 것은?

① 투자자 A가 보수적인 투자를 하기 위해서는 신뢰도를 99%로 올리면 된다.
② 투자자 A가 투자 기간을 2주일로 변경한다면 해당 VaR은 316억원이 된다.
③ 투자자 A가 신뢰도를 99%로 올린다면 해당 VaR은 약 141억원이 된다.
④ 투자자 A가 신뢰도를 99%로 올리고 투자 기간을 1개월로 변경한다면 VaR은 773억원이 된다.

TIP 변경 후 VaR = 변경 전 VaR × $\frac{\sqrt{신\ 기간}}{\sqrt{구\ 기간}}$ × $\frac{신\ 신뢰수준}{구\ 신뢰수준}$ = 100억원 × $\frac{\sqrt{22}}{\sqrt{1}}$ × $\frac{2.33}{1.65}$ = 662억원

핵심포인트 해설 VaR의 전환

신뢰도를 높일수록, 보유기간을 늘릴수록 VaR은 커지고, 보수적 위험관리

(1) 보유 기간별 VaR(= √trading days)

- 2주일의 VaR = 1일 VaR$\sqrt{10}$
- 1개월의 VaR = 1일 VaR$\sqrt{22}$
- 1년의 VaR = 1일 VaR$\sqrt{260}$

(2) VaR의 전환

- 기간 변경 시 : 변경 전 VaR × $\frac{\sqrt{신\ 기간}}{\sqrt{구\ 기간}}$
- 신뢰수준 변경 시 : 변경 전 VaR × $\frac{신\ 신뢰수준}{구\ 신뢰수준}$

정답 ④

08

VaR의 측정방법 ★★★

다음 중 역사적 시뮬레이션 방법에 대한 설명으로 올바르지 못한 것은?

① 정규분포와 같은 가정이 필요 없으며 옵션과 같은 비선형의 수익구조를 가진 상품이 포함되어도 사용 가능하다는 장점이 있다.
② 과거 일정 기간 동안의 위험요인의 변동 기준으로 현재 보유하고 있는 포지션의 가치변동분을 측정하여 VaR을 계산하는 부분가치 평가법이다.
③ 자료가 없거나 수가 작을 경우 추정이 불가능하거나 추정치의 정확도가 낮아지는 단점이 있다.
④ 개념의 이해가 쉬우며, 과거 데이터만 있으면 비교적 쉽게 VaR을 측정할 수 있다는 장점이 있다.

♀ TIP 역사적 시뮬레이션 방법은 완전가치 평가법이다.

핵심포인트 해설 역사적 시뮬레이션 방법

(1) 개 요
과거 일정 기간 동안의 위험요인의 변동을 향후에 나타날 변동으로 가정하여 현재 보유하고 있는 포지션의 가치변동분을 측정한 후 그 분포로부터 VaR을 계산하는 방법으로 완전가치 평가법으로 측정

(2) 장단점

장 점	• 개념의 이해가 쉬우며, 과거 데이터만 있으면 비교적 쉽게 VaR을 측정할 수 있음 • 모수에 대한 추정을 요구하지 않으며, 정규분포와 같은 가정이 필요 없음 • 옵션과 같은 비선형의 수익구조를 가진 상품이 포함되어도 사용 가능
단 점	• 변동성이 임의적으로 증가한 경우에 측정치가 부정확함 • 결과의 질이 표본기간의 길이에 지나치게 의존 • 자료가 없는 자산은 추정이 어려움 • 자료의 수가 작을 경우 추정치의 정확도가 낮음

정답 ②

VaR의 측정방법 ★★★

다음 중 구조화된 몬테카를로 분석법에 대한 설명으로 올바르지 못한 것은?

① 완전가치 평가법으로 추정하며 위험요인이 변동할 때 포지션의 가치변동을 측정하기 위한 가치평가 모형이 필요하다.
② 위험요인을 얻는 방법을 제외하고 역사적 시뮬레이션 방법과 동일한 방식을 사용한다.
③ 위험요인에 대한 확률 모형이 적절하다면 VaR을 측정하는 방법으로 가장 적절하다.
④ 몬테카를로 시뮬레이션 방법은 자료를 컴퓨터로 생성하기 때문에 실제 자료를 사용하는 방법들에 비해서 신뢰성이 낮다.

♀ TIP 몬테카를로 시뮬레이션 방법은 자료의 수를 컴퓨터로 무한히 생성 가능하기 때문에 신뢰성이 높다.

핵심포인트 해설 구조화된 몬테카를로 분석법

(1) 개념 및 특징
① 위험요인의 변동을 몬테카를로 시뮬레이션을 이용하여 얻은 후, 보유하고 있는 포지션의 가치변동의 분포로부터 VaR을 추정
② 완전가치 평가법으로 추정
③ 위험요인이 변동할 때 포지션의 가치변동을 측정하기 위한 가치평가 모형이 필요
④ 위험요인을 얻는 방법을 제외하고 역사적 시뮬레이션 방법과 동일

(2) 장단점
① 대부분 리스크 요인 분석은 정규분포를 가정하나 몬테카를로 방법에서는 어떠한 분포를 가정하든 분석 가능
② 몬테카를로 시뮬레이션 방법은 자료의 수를 컴퓨터로 무한히 생성 가능하기 때문에 신뢰성이 높음
③ 위험요인에 대한 확률 모형이 적절하다면 VaR을 측정하는 방법으로 가장 적절함
④ 계산비용이 많이 들며 가격모형과 기초 리스크 요인이 잘못 설정될 경우 VaR의 측정이 왜곡됨

정답 ④

10 VaR의 측정방법 ★★★

다음 중 스트레스 검증법에 대한 설명으로 올바르지 못한 것은?

① 예기치 못한 극단적인 상황이 발생했을 때만 사용할 수 있다.
② 다른 VaR 분석법의 대체방법이라기보다는 보완적인 방법이다.
③ 과거의 데이터가 없는 경우에도 사용할 수 있다.
④ 리스크 구성요소인 상관관계를 계산해내지 못한다는 큰 단점이 있다.

TIP 스트레스 검증(Stress Testing)은 극단적인 상황뿐만 아니라 가능성 있음직한 시장상황을 시나리오로 만들어서 분석할 수 있다.

핵심포인트 해설 스트레스 검증법(Stress Testing)

(1) 정의
① 포트폴리오의 주요 변수들에 큰 변화가 발생했을 때 포트폴리오의 가치가 얼마나 변할 것인지를 측정하기 위해 사용되며 시나리오 분석이라고도 함
② 예기치 못한 최악의 경우에 사용됨
③ 극단적인 상황이 아니더라도 가능성 있음직한 상황의 변화에 대한 시나리오로도 분석이 가능함
④ 다른 VaR 측정법의 대체방법이기보다는 보완적인 방법으로 사용

(2) 장단점

장점	• 과거의 데이터가 없는 경우에도 사용 가능 • 단 한 개의 리스크 요소에 주로 의존하는 경우에 적절한 분석법
단점	• 시나리오가 주관적이기 때문에 과학적으로 VaR를 계산하지 못함 • 상관관계를 계산하지 못함

정답 ①

11

VaR의 측정방법 ★★★

다음 중 VaR의 측정방법에 대한 설명으로 올바르지 못한 것은?

① 델타분석법만 가치평가 모형이 필요하다.
② 극단적 사건을 예측하는 데 가장 적합한 방법은 스트레스 검증법이다.
③ 옵션의 성격을 지닌 상품이 포함되어 있다면 델타분석법보다 역사적 시뮬레이션 방식이 더 적절한 방식이다.
④ 많은 비용을 지불할 여력이 있다면 몬테카를로 분석법이 다른 분석법의 기술적 어려움을 대체할 수 있는 방법이 된다.

TIP 델타분석법은 가치평가 모형을 요구하지 않는다.

핵심포인트 해설 | VaR 측정방법의 비교

가치평가모형, 정규분포 가정 중심으로 학습 / 모형만 정확하다면 모든 측면에서 가장 유용함

구 분	델타분석법	역사적 시뮬레이션	시나리오	
			스트레스 검증	몬테카를로
가치평가모형	× (옵션 포함 시 사용 어려움)	○	○	○
정규분포 가정 필요	○	×	×	×
극단적 사건의 측정	×	×	○	△
모델의 리스크 회피 정도	△	○	×	×
계산의 용이성	○	△	△	×
전달성	×	○	△	×
주요 단점	• 옵션 포지션 포함 시 왜곡 • 극단적 사건 발생 시 왜곡	• 극단적 사건 발생 시 왜곡 • 과거 데이터에 의존	• 정상적인 상황에서 이용 어려움	• 모델의 정확성에 지나치게 의존

정답 ①

12

VaR의 유용성 ★★★

다음 중 VaR의 유용성에 대한 설명으로 올바르지 못한 것은?

① Marginal VaR은 특정포지션을 추가하거나 제거할 때 추가적으로 증가 또는 감소하는 VaR을 의미하기 때문에 높은 것이 우월한 투자대안이다.
② VaR은 성격이 다른 상품 간의 포지션 리스크 척도가 동일해 비교 가능하며 거래한도 설정 시 총량규제보다 효율적이다.
③ VaR 이용 시 서로 다른 상품들의 위험을 비교할 수 있어서 성과측정 시 위험 대비 수익률 측정을 가능하게 해준다.
④ 총량규제방식은 상품 간의 상관관계를 고려하지 않기 때문에 포트폴리오 효과를 제한하지만 VaR 사용 시 포트폴리오 효과, 분산효과를 가져다준다.

♀ TIP Marginal VaR은 낮을수록 우월한 투자안이다.

핵심포인트 해설 VaR의 유용성

(1) 정보로서의 가치
① 기존의 회계자료가 제공하지 못한 리스크에 대한 정보를 제공
② VaR은 수치로 표시되기 때문에 현재 회사의 리스크에 대한 측정이 구체적이며 비교 가능함

(2) 거래 관련 의사결정의 효율성 제고
① 투자대상을 선정하는 과정에서 VaR에의 영향을 계산함으로써 리스크 대비 수익개념을 감안한 자산운용 가능
② Marginal VaR은 특정포지션을 추가하거나 제거할 때 추가적으로 증가 또는 감소하는 VaR을 의미하며, 이때 Marginal VaR이 작은 투자대안이 우월한 투자대안임
③ 공 식

$$\text{Marginal VaR} = \text{변경 후 VaR} - \text{변경 전 VaR}$$

(3) 한도 관리
① VaR은 성격이 다른 상품 간 포지션 리스크 척도가 동일해 비교 가능하며 거래한도 설정 시 총량규제보다 효율적임
② 총량규제방식은 상품 간의 상관관계를 고려하지 않기 때문에 포트폴리오 효과를 제한하지만 VaR 사용 시 포트폴리오 효과, 분산효과를 가져옴

(4) 위험조정성과측정(RAPM)
① VaR 이용 시 서로 다른 상품들의 위험을 비교할 수 있어서 위험 대비 수익률 측정으로 성과측정이 가능함
② 공 식

$$\text{RAROC} = \frac{\text{투자이익}}{\text{VaR}}$$

정답 ①

13

VaR의 한계 ★★

다음 중 VaR의 한계에 대한 설명으로 올바르지 못한 것은?

① 과거에 발생하지 않았던 특수한 상황이 발생하는 경우 이를 측정할 마땅한 수단이 없다.
② 설정하는 보유기간에 따라 리스크 요인의 영향이 달라져 그 값이 차이가 날 수 있다.
③ 어느 모형을 사용하느냐에 따라 그 결과 값이 서로 다르게 나타날 수 있다.
④ 역사적 자료를 이용하여 가격 정보에 접근할 수 없는 경우 잠재적 손실에 대한 계량화가 어렵다.

◉ TIP 과거에 발생하지 않았던 특수한 상황이 발생하는 경우 Stress Test를 사용하면 어느 정도 보완할 수 있다.

핵심포인트 해설 VaR의 한계

(1) **VaR의 측정이 과거의 데이터에 의존하여 추정됨**
　① VaR 추정치의 신뢰성은 과거 자료가 얼마나 안정적인가에 의존
　② 최근의 자료가 미래를 잘 설명하지 못하면 신뢰성 하락
　③ 예기치 못한 구조적 변화가 발생할 경우 큰 오차가 나타나며 이러한 경우 Stress Test 방법이 더 유용함

(2) **보유 중인 상품의 가격자료에 이용이 제한되는 경우**
　역사적 자료를 이용하여 가격 정보에 접근할 수 없는 경우 잠재적 손실에 대한 계량화가 어려움

(3) **사용하는 모형에 따라 측정치가 다름**
　① 델타분석법과 몬테카를로 방식에 의한 VaR은 다름
　② 옵션 포지션이 많은 경우에는 그 차가 더욱 커짐

(4) **설정하는 보유기간에 따라서 다름**
　① 투자기간이 상이하거나, 장기간의 보유기간을 설정 시 단기간에 무시해도 될 요인의 영향력이 커짐
　② 10일의 VaR을 단순히 1일 VaR의 $\sqrt{10}$배로 계산하여 사용할 경우 그 해석에 유의해야 함

정답 ①

14

> 신용리스크의 정의 ★★★

다음 중 신용리스크에 대한 설명으로 올바르지 못한 것은?

① 거래상대방이 계약상의 의무를 이행하지 않으려고 하거나 이행할 수 없을 때 발생한다.
② 평균과 분산 두 가지 척도를 정확히 알 수 있다면 정확한 리스크 측정이 가능하다.
③ 신용리스크는 비대칭성이 매우 강하여 한 쪽으로 두꺼우면서도 긴 꼬리를 가진 분포를 한다.
④ 신용리스크에는 법적리스크가 포함되어 있는 것이 일반적이다.

TIP 비대칭성이 강하며 한 쪽으로 두꺼우면서도 긴 꼬리를 갖기 때문에 평균과 분산 이상의 것이 필요함을 알아야 한다.

핵심포인트 해설 신용리스크의 정의

(1) 의의
거래 상대방이 계약상의 의무를 이행하지 않으려고 하거나 이행할 수 없을 때 발생

(2) 측정방법
① 전통적 측정방법 : 신용분석모형, 신용평점모형, 신경망 분석모형 등 다양한 신용평가모형
② 최근 측정방법 : 부도율 측정, 신용리스크 측정

(3) 시장리스크와 신용리스크의 차이

구 분	시장리스크	신용리스크
위험 원천	시장위험(가격변동위험)	신용위험(부도율, 신용도 하락 등)
위험 측정	시장 VaR	신용 VaR
목표 기간	단 기	장 기
손실 분포	정규 분포(대칭)	비정규 분포(두터운 꼬리, 비대칭)
리스크 측정 척도	평균, 분산	평균, 분산 이상의 것 필요
법적위험	없 음	많 음

정답 ②

15
부도율 측정모형 ★★★

주식회사(H)의 1년 후 기대 기업가치가 1,000억이고, 표준편차는 90억이다. 해당 기업의 1년 후 기업가치는 정규분포를 이루며 총자본은 2,000억, 자기자본이 1,400억일 때 부도거리로 가장 올바른 것은?

① 2.2
② 3.3
③ 4.4
④ 5.5

TIP $\dfrac{1,000 - (2,000 - 1,400)}{90} = 4.4$

핵심포인트 해설 부도율 측정모형

(1) 정의
① 주가의 옵션적 성격을 이용하여 미래 특정시점의 기업의 도산 가능성을 예측하는 모형
② 블랙-숄즈의 옵션가격결정모형을 이용한 모델로서, 미래의 자산가치가 부채를 감당할 수 없을 정도로 낮아질 때 채무불이행이 발생한다고 봄

(2) 측정
① 기대채무불이행빈도(EDF : Expected Default Frequencies)는 미래 일정시점에 기업의 자산가치가 부채가치보다 작을 확률로 기업의 채무불이행 가능성을 나타내는 지표
② 부도거리(DD) : 기업의 자산가치가 채무불이행점으로부터 떨어진 거리를 표준화하여 계산

$$부도거리(DD) = \dfrac{미래시점의\ 자산가치 - 부채가치}{표준편차}$$

(3) 이론적 EDF와 실증적 EDF
① 이론적 EDF는 DD가 표준정규분포를 따른다는 가정하에 구해진 값
② 실증적 EDF는 정규분포를 따르지 않을 가능성이 높음
③ 실증적 EDF는 방대한 자료를 바탕으로 예측력이 높음
④ 주가자료에 잡음이 많기 때문에 기존의 재무정보에 의한 예측모형보다 우월한 예측정보를 주는지는 불분명

정답 ③

16 | Credit VaR과 신용리스크 관리 ★★

다음 중 부도모형에 대한 설명으로 올바르지 못한 것은?

① EAD는 신용리스크에 노출된 금액으로 채권이나 여신은 확정되나 장외파생상품은 확정되지 않는다.
② 손실률은 '1 - 회수율'로 계산되며 은행 대출이 채권에 비해 회수율이 높고, 변제우선순위가 높을수록 회수율이 높다.
③ 회수율과 EAD의 불확실성이 없다고 가정하면 예상손실의 변동성은 부도율의 표준편차에 의해 추정될 수 있다.
④ 신용리스크 측정 시 Default 위험과 신용등급 하락위험 모두를 고려한다면 부도모형으로 측정하는 것이 바람직하다.

TIP 부도모형은 부도가 발생한 경우에만 신용손실이 발생한 것으로 간주하여 리스크를 추정하는 모형이다.

핵심포인트 해설   부도모형(Default Mode)

(1) 부도모형(Default Mode)
① 정의 : 부도가 발생한 경우에만 신용손실이 발생한 것으로 간주하여 리스크를 추정하는 모형
② 공 식

$$예상손실(EL) = EAD \times 부도율 \times LGD$$

③ 분 류

EAD (Exposure At Default)	• 신용리스크에 노출된 금액 • 채권이나 여신은 확정되나 장외파생상품은 확정되지 않음 • 미래 특정시점에 차주에게 노출될 여신의 기대가치
부도율	• 신용 상대방이 일정 기간 동안 부도가 날 확률 • 신용리스크를 측정하는 데 가장 중요한 요소
LGD (Loss Given Default)	• 부도 시 '경제적 손실'의 크기로 일반적으로 '손실률 = 1 - 회수율(Recovery Rate)'로 구함 • 회수율과 부도 발생 시 회수대상 잔액 대비 회수된 금액의 비율 • 은행대출의 경우 채권보다 회수율이 높으며, 변제순위가 높을수록 회수율이 높음

(2) 예상손실(EL : Expected Loss)의 변동성
① 회수율과 EAD의 불확실성이 없다고 가정 시 예상손실의 변동성은 부도율의 표준편차에 의해 추정
② 부도율(PD)은 베르누이분포를 가지므로 신용리스크는 아래와 같이 산출됨

$$\sigma_{EL} = EAD \times \sqrt{부도율 \times (1 - 부도율)} \times LGD$$

정답 ④

17 Credit VaR과 신용리스크 관리 ★★

다음 중 MTM모형에 대한 설명으로 올바르지 못한 것은?

① MTM모형은 신용등급 하락위험만을 고려한 모형이다.
② 한 기간 후의 가치변화에 대한 분포를 도출한 후 예상치 못한 가치변화를 VaR의 개념으로 추정한 것을 신용 VaR이라고 한다.
③ 크레딧메트릭스는 신용리스크를 VaR의 개념을 사용하여 측정하는 방법으로 보유자산의 신용등급 간의 상관관계를 고려하여 신용리스크를 측정한다.
④ 신용집중리스크란 포트폴리오가 하나의 차입자나 동일한 성격을 가진 차입자 집단에 대한 노출이 증가됨으로써 부담하는 추가적인 신용리스크를 지칭한다.

♀ TIP MTM모형은 신용등급 하락위험뿐만 아니라 부도위험까지 고려한 모형이다.

핵심포인트 해설 MTM모형

(1) MTM모형(Marking To Market Mode)
① 부도발생뿐만 아니라 신용등급의 하락에 따른 손실위험까지 신용리스크에 포함시키는 모형
② 한 기간 후의 가치변화에 대한 분포를 도출한 후 예상치 못한 가치변화를 VaR의 개념으로 추정한 것을 신용 VaR이라고 함
③ 신용 VaR은 거래상대방의 신용등급의 하락이나 상승에 따른 포트폴리오 가치변화를 평가하는 수단

(2) Credit Metrics
① 신용 VaR을 측정하는 대표적인 방법론
② 채무불이행의 경우뿐 아니라 신용등급의 변화에 따른 손실위험까지 포함
③ 보유자산의 신용등급 간의 상관관계를 고려하여 포트폴리오의 신용리스크를 측정하는 일관성 있는 방법론을 제공

(3) Credit VaR과 신용리스크 관리
① 최근 경향은 모든 신용리스크에 대한 노출을 포함하는 VaR과 시장리스크를 통합하여 관리
② 신용집중리스크 : 포트폴리오가 하나의 차입자나 동일한 성격을 가진 차입자 집단에 대한 노출이 증가됨으로써 부담하는 추가적인 신용리스크를 지칭
③ 전통적인 신용집중리스크 관리는 노출의 크기를 고정시켜 위험-수익의 관계를 측정하지 못하였으나, 신용 VaR은 각 자산의 한계 변동성을 기준으로 신용한도를 결정하므로 리스크 관리가 효율적임

정답 ①

fn.Hackers.com

출제예상문제

☑ 다시 봐야 할 문제(틀린 문제, 풀지 못한 문제, 헷갈리는 문제 등)는 문제 번호 하단의 네모박스(□)에 체크하여 반복학습 하시기 바랍니다.

01 중요도 ★
다음 중 재무위험에 대한 설명으로 올바르지 못한 것은?

① 시장위험은 가격변동위험으로 이자율위험, 환율위험 등이 있다.
② 유동성위험은 포지션을 마감하는 데 발생하는 비용위험이다.
③ 신용위험은 계약을 집행하지 못함으로 발생하는 손실에 대한 위험이다.
④ 운영위험은 부적절한 내부시스템, 관리실패 등으로 발생하는 손실이다.

02 중요도 ★★
다음 리스크 실패 사례 중 과거자료에 대한 지나친 신뢰, 일관성 있는 정책의 부족, 선물시장에 대한 이해 부족으로 발생한 사건으로 올바른 것은?

① 베어링은행 파산사건
② 메탈게젤샤프트사 파산사건
③ 오렌지카운티 파산사건
④ LTCM 파산사건

03 중요도 ★★
다음 중 VaR에 대한 설명으로 올바르지 못한 것은?

① 다양하고 새로운 상품들 사이에서 발생하는 리스크를 하나의 일관성 있는 척도로 통합한 구체적 수치이다.
② 시장이 불리한 방향으로 움직일 경우 일정 기간 동안 발생하는 최대 손실가능금액을 주어진 신뢰구간 하에서 통계적 방법으로 추정한 수치이다.
③ 1일 동안 VaR이 신뢰구간 95%에서 10억이라면 이는 하루 동안 10억 이하로 손실이 발생할 확률은 20일에 한 번 정도 일어난다는 것을 의미한다.
④ VaR 측정방법으로는 델타분석법, 역사적 시뮬레이션법, 스트레스 검증법, 몬테카를로법 등이 있다.

04 중요도 ★★
다음 중 델타-노말 방법에 대한 설명으로 올바르지 못한 것은?

① 리스크 요인이 많을수록 리스크 측정은 정확해지나 상관계수 추정이 어려워 VaR 측정이 복잡해진다.
② 변동성과 상관계수 추정에는 과거의 수익률 지표가 이용된다.
③ 리스크 측정을 위해 정규분포를 가정할 필요가 없다.
④ 포트폴리오 VaR은 개별리스크 요인의 변동성과 상관계수를 델타로 조정한 후 계산된 포트폴리오 변동성에 의해 측정된다.

05 중요도 ★★
어느 투자자가 100억을 투자할 때 해당 주식의 1일 수익률의 표준편차가 5%라면, 다음 중 95% 신뢰도 1일의 VaR로 가장 적절한 것은?

① 5.65억　　　② 7.5억
③ 8.25억　　　④ 11.65억

06 중요도 ★★
3년 만기 국채를 50억 보유한 투자자의 채권 만기수익률의 표준편차가 0.05%이고 수정듀레이션이 2.5년이라면, 다음 중 99% 신뢰도 1일의 VaR로 가장 적절한 것은?

① 0.1억　　　② 0.14억
③ 0.25억　　　④ 0.3억

정답 및 해설

01 ③ 법적위험은 계약을 집행하지 못함으로 발생하는 손실에 대한 위험이다.
02 ② 메탈게젤샤프트사 파산사건에 대한 설명이다.
03 ③ 1일 동안 VaR이 신뢰구간 95%에서 10억이라면 이는 하루 동안 10억 초과로 손실이 발생할 확률은 20일에 한 번 정도 일어난다는 것을 의미한다.
04 ③ 리스크 측정을 위해 정규분포를 가정한다.
05 ③ 100억 × 5% × 1.65 = 8.25억
06 ② 50억 × 0.05% × 2.5 × 2.33 = 약 0.14억

07 중요도 ★★★
다음 중 델타분석법에 대한 설명으로 올바르지 못한 것은?

① 델타리스크를 제외한 모든 종류의 리스크를 고려하지 않는다.
② 옵션의 기초 리스크 요인이 비선형 함수이기 때문에 델타만 이용하여 계산 시 VaR의 신뢰도가 낮아진다.
③ 스트래들 매도포지션의 경우 콜의 델타가 풋의 델타에 의해 상쇄되기 때문에 VaR은 0에 가까워진다.
④ 델타리스크를 측정하기 위해서는 가치평가 모형이 필요하다.

08 중요도 ★★
주식의 VaR이 400억, 채권의 VaR은 200억일 때, 다음 중 주식과 채권에 투자한 포트폴리오의 VaR로 가장 적절한 것은? (단, 두 자산 간의 상관관계는 0.5임)

① 610억 ② 529억
③ 420억 ④ 240억

09 중요도 ★★★
다음 중 포트폴리오 VaR이 가장 낮은 것은?

① 주식 300억, 채권 100억, 상관계수 1
② 주식 300억, 채권 100억, 상관계수 0.5
③ 주식 300억, 채권 100억, 상관계수 −1
④ 주식 300억, 채권 100억, 상관계수 0

10 중요도 ★★
주식의 VaR이 200억, 채권의 VaR은 100억이고 주식과 채권에 투자한 포트폴리오의 VaR이 300억일 때, 다음 중 해당 포트폴리오의 상관계수는 얼마인가?

① 1   ② 0
③ 0.5   ④ −1

11 중요도 ★★
자산 A의 95% 신뢰구간 1일의 VaR이 50억일 때, 다음 중 99% 신뢰구간 10일의 VaR은 얼마인가?

① 150억
② 158억
③ 165억
④ 223억

12 중요도 ★★★
다음 중 역사적 시뮬레이션 방법에 대한 설명으로 올바르지 못한 것은?

① 역사적 시뮬레이션 방법은 정규분포와 같은 가정이 필요하지 않다.
② 옵션과 같은 비선형 수익구조를 갖는 상품이 포함되면 측정이 불가능하다.
③ 자료가 없는 자산 또는 자료의 수가 적을 경우 추정치의 정확도가 낮아진다.
④ 완전가치 평가법으로 모수에 대한 추정을 요구하지 않는다.

정답 및 해설

07 ④ 가치평가 모형이 필요하지 않다는 장점이 있다.
08 ② $\sqrt{400^2 + 200^2 + 2 \times 0.5 \times 200 \times 400} = 529$억
09 ③ 포트폴리오 VaR은 상관계수가 낮을수록 낮아진다.
10 ① 위험이 전혀 줄어들지 않은 것으로 보아 두 자산 간의 상관계수는 1이다.
11 ④ 50억 $\times \frac{2.33}{1.65} \times \sqrt{10} = 223$억
12 ② 역사적 시뮬레이션 방법은 옵션과 같은 비선형 수익구조를 갖는 상품이 포함되어도 측정이 가능하다.

13 중요도 ★★★
다음 중 몬테카를로 분석법에 대한 설명으로 올바르지 못한 것은?

① 계산비용이 많이 들며 모형과 리스크 요인이 잘못 설정될 경우 VaR의 측정이 왜곡될 수 있다.
② 위험을 얻는 방법을 제외하고 역사적 시뮬레이션 방식과 동일하다.
③ 위험요인에 대한 확률모형이 적절하다면 가장 확실하게 VaR을 측정할 수 있는 방법이다.
④ 가치평가 모형이 필요하며, 정규분포를 가정한다.

14 중요도 ★★
다음 중 스트레스 검증법에 대한 설명으로 올바르지 못한 것은?

① 예기치 못한 최악의 상황에 사용된다.
② 과거의 데이터가 없는 경우에도 사용할 수 있다.
③ 극단적인 상황이 발생할 경우 다른 VaR 측정의 대체방법으로 가장 적절하다.
④ 상관관계를 계산하지 못한다는 한계점이 있다.

15 중요도 ★★★
다음 중 정규분포에 대한 가정이 반드시 필요한 분석방법으로 올바른 것은?

① 델타 분석법
② 스트레스 검증법
③ 몬테카를로 분석법
④ 역사적 시뮬레이션 분석법

16 중요도 ★★
기존 포트폴리오의 VaR이 100억, 투자대안 A의 VaR이 70억이고 A를 편입한 후의 포트폴리오의 VaR이 150억일 때, 다음 중 Marginal VaR은 얼마인가?

① 30억
② 50억
③ 80억
④ 150억

17 중요도 ★★★
다음 중 VaR의 한계에 대한 설명으로 올바르지 못한 것은?

① VaR의 측정이 과거의 데이터에 지나치게 의존적으로 추정된다.
② 보유 중인 상품의 가격자료에 이용이 제한되는 경우 측정이 불가능해진다.
③ 사용하는 모형과 설정하는 기간에 따라 측정치가 다르게 나타난다.
④ 포트폴리오 효과를 고려하지 못한 한도관리로 비효율적인 의사결정이 될 수 있다.

18 중요도 ★★
다음 중 신용리스크와 시장리스크의 차이에 대한 설명으로 올바르지 못한 것은?

① 시장리스크는 시장위험을 분석하고 신용리스크는 신용위험을 분석한다.
② 시장리스크는 목표기간이 단기인 데 반해 신용리스크는 장기이다.
③ 시장리스크는 손실의 분포가 정규분포인 데 반해 신용리스크는 비정규분포를 갖는다.
④ 시장리스크는 법적위험이 큰 반면, 신용리스크는 법적위험이 거의 없다.

정답 및 해설

13 ④ 정규분포를 가정하지 않는다.
14 ③ 스트레스 검증은 다른 측정방법의 대체보다는 보완적인 방법으로 사용된다.
15 ① 델타 분석법은 정규분포의 가정이 반드시 필요하지만, 스트레스 검증법과 몬테카를로 분석법, 역사적 시뮬레이션 분석법은 정규분포의 가정이 필요하지 않다.
16 ② Marginal VaR = 변경 후 VaR − 변경 전 VaR
  = 150억 − 100억 = 50억
17 ④ VaR은 포트폴리오 효과를 적용할 수 있는 유용성이 있다.
18 ④ 신용리스크는 법적위험이 큰 반면, 시장리스크는 법적위험이 거의 없다.

19 중요도 ★★
어느 기업의 1년 후 기대 기업가치가 100억이고 표준편차는 5억이다. 해당 기업의 부도거리가 5라고 한다면 다음 중 부채가치는 얼마인가?

① 60억
② 70억
③ 75억
④ 80억

20 중요도 ★★
다음 중 RAROC로 측정한 투자결과 중 가장 우월한 투자안으로 적절한 것은?

① 투자금액 200억, 순이익률 1%, VaR 2억
② 투자금액 200억, 순이익률 1%, VaR 4억
③ 투자금액 200억, 순이익률 1%, VaR 5억
④ 투자금액 200억, 순이익률 1%, VaR 6억

21 중요도 ★★★
기존 포트폴리오의 VaR이 50억, 투자안 A의 VaR이 40억, 한계 VaR이 30억이라면 다음 중 A를 편입한 후의 포트폴리오 VaR은 얼마인가?

① 50억
② 60억
③ 80억
④ 90억

22 중요도 ★
다음 중 부도모형에 대한 설명으로 올바르지 못한 것은?

① 부도모형은 신용손실을 Default Risk만으로 측정한다.
② 신용손실을 Default Risk뿐만 아니라 신용등급의 변화까지 고려한 모델은 MTM모델이다.
③ 신용리스크 측정 시 가장 중요한 요소는 신용리스크에 노출된 금액이다.
④ 은행대출의 경우 채권보다 회수율이 높으며, 변제순위가 높을수록 회수율이 높다.

23 중요도 ★★

신용리스크 노출금액 100억, 부도율 10%이고, 이때 회수율이 30%라면 다음 중 예상손실액은 얼마인가?

① 5억　　　　　　　　　　　② 7억
③ 10억　　　　　　　　　　 ④ 30억

24 중요도 ★★★

어느 은행의 50억 대출에 대한 예상손실이 5억이고 회수율이 50%라면, 다음 중 부도율은 얼마인가?

① 10%　　　　　　　　　　② 15%
③ 20%　　　　　　　　　　④ 25%

정답 및 해설

19　③　$\dfrac{100 - 부채가치}{5} = 5$　∴ 부채가치 = 75억

20　①　RAROC = $\dfrac{투자이익(= 투자금액 \times 순이익률)}{VaR}$ 으로, 값이 클수록 좋은 지표이다. 따라서 VaR이 가장 낮은 투자안이 가장 우월하다.

21　③　변경 후 포트폴리오 VaR = 변경 전 포트폴리오 VaR + 한계 VaR
　　　　　　　　　　　　　 = 50억 + 30억 = 80억

22　③　신용리스크 측정 시 가장 중요한 요소는 부도율이다.

23　②　100억 × 10% × (1 − 30%) = 7억

24　③　50억 × 부도율 × 50% = 5억원　∴ 부도율 = 20%

📝 **Note**

Note

2025 최신개정판

해커스
투자자산운용사
한권합격 핵심개념+적중문제

개정 13판 2쇄 발행 2025년 9월 22일
개정 13판 1쇄 발행 2025년 3월 14일

지은이	백영, 송현남, 민영기, 조중식, 해커스 금융아카데미 공편저
펴낸곳	해커스패스
펴낸이	해커스금융 출판팀
주소	서울특별시 강남구 강남대로 428 해커스금융
고객센터	02-537-5000
교재 관련 문의	publishing@hackers.com
	해커스금융 사이트(fn.Hackers.com) 교재 Q&A 게시판
동영상강의	fn.Hackers.com
ISBN	979-11-7244-516-4 (13320)
Serial Number	13-02-01

저작권자 ⓒ 2025, 백영, 송현남, 민영기, 조중식, 해커스금융
이 책의 모든 내용, 이미지, 디자인, 편집 형태는 저작권법에 의해 보호받고 있습니다.
서면에 의한 저자와 출판사의 허락 없이 내용의 일부 혹은 전부를 인용, 발췌하거나
복제, 배포할 수 없습니다.

금융자격증 1위,
해커스금융(fn.Hackers.com)

해커스금융

- 핵심 내용을 빠르고 쉽게 정리하는 **하루 10분 개념완성 자료집**
- **금융자격증 무료 특강**, 1:1 질문/답변 서비스, 시험후기/합격수기 등 다양한 금융 학습 콘텐츠
- 금융 전문 교수님의 **본 교재 인강**(교재 내 할인쿠폰 수록)
- 내 점수와 석차를 확인하는 **무료 바로 채점 및 성적 분석 서비스**

주간동아 선정 2022 올해의 교육 브랜드 파워 온·오프라인 금융자격증 부문 1위

금융자격증 1위* 해커스금융
무료 바로 채점&성적 분석 서비스

* [금융자격증 1위] 주간동아 선정 2022 올해의 교육 브랜드 파워 온·오프라인 금융자격증 부문 1위

한 눈에 보는 서비스 사용법

Step 1.
교재에 있는 모의고사를 풀고
바로 채점 서비스 확인!

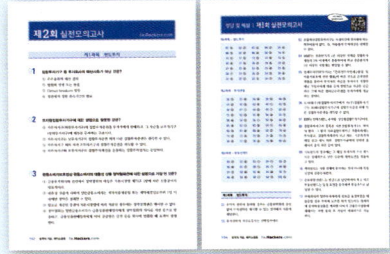

Step 2.
[교재명 입력]란에
해당 교재명 입력!

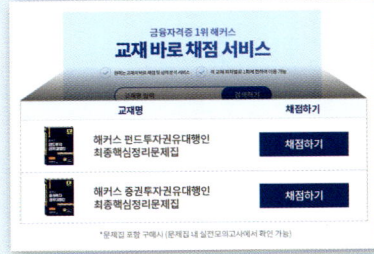

Step 3.
교재 내 표시한 정답
바로 채점 서비스에 입력!

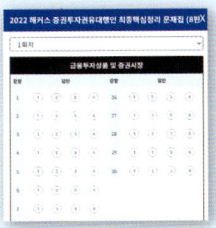

Step 4.
채점 후 나의 석차, 점수,
성적분석 결과 확인!

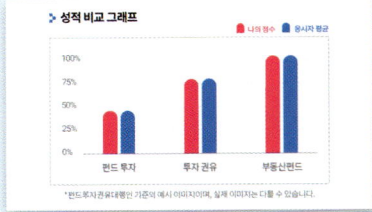

실시간 성적 분석 결과 확인

개인별 맞춤형 학습진단

실력 최종 점검 후
탄탄하게 마무리

합격의 기준, **해커스금융** fn.Hackers.com

바로 이용하기 ▶

금융자격증 1위 해커스
자격증 취득을 위해 해커스금융을 찾는 이유!

1 시험 직후 공개 무료 가답안 서비스

· 내 답안을 입력하여
실시간 자동 채점 및 합격 예측 가능

2 무료 바로 채점 및 성적 분석 서비스

· 정답/응시자 평균점수 즉시 확인
· 성적분석을 통한 보완점/학습전략 파악

3 33,000개 이상 합격 선배 수강후기

· 합격생들이 전하는 생생한 합격수기
· 단기합격과 고득점 비법 공유

4 24시간 내 답변 교수님께 1:1 질문하기

· 자유롭게 질문하고 궁금증 해결
· 교수님과 연구원이 24시간 내 답변

5 해커스금융 무료강의

· 해커스금융 인기 강의 무료 수강
· 이론/문제풀이 강의 무료 제공

주간동아 선정 2022 올해의 교육 브랜드 파워 온·오프라인 금융자격증 부문 1위

준비부터 합격까지,
끝까지 책임지는 **해커스금융**이기 때문입니다.

▲ 해커스금융

2025 기본서 개정사항 및 최근 출제경향 완벽 반영!

1위 해커스

주간동아 선정 2022 올해의 교육 브랜드 파워
온·오프라인 금융자격증 부문 1위

해커스 투자자산운용사 한권합격

백영, 송현남, 민영기, 조중식, 해커스 금융아카데미 공편저

핵심개념+적중문제

2권 3과목 + 필수암기공식

- 무료 바로 채점 및 성적 분석 서비스
- 이론정리+문제풀이 무료 특강

해커스금융 fn.Hackers.com

83개월 베스트셀러 1위*

100% 신규 문항
실전모의고사 3회분

해커스금융 | fn.Hackers.com

· 본 교재 인강(할인쿠폰 수록)   **특별제공**   · 하루 10분 개념완성 자료집

[이론정리+문제풀이 무료 특강] 해커스금융 무료강의 페이지에 등록된 강의 한정 제공
* [83개월 베스트셀러 1위] YES24 수험서 자격증 베스트셀러 투자자산운용사 분야 1위(2014년 10,12월, 2015년 1~3,5~9,11,12월, 2016년 1~12월, 2017년 1,2,4~12월, 2018년 1,2,5~12월, 2019년 1,2,5~12월, 2020년 1~7,10,11월, 2021년 1,3~5,7~10,12월, 2022년 7~12월, 2023년 1월, 2024년 4,8,11월 / 월별 베스트 기준 / 2~12판 1위 합계 통산)

100% 합격을 위한
해커스금융의 특별 혜택

하루 10분 개념완성 자료집 [PDF]

QP94F9G4FAKKQ

해커스금융 사이트(fn.Hackers.com) 접속 후 로그인 ▶ 우측 상단의 [교재] 클릭 ▶
좌측의 [무료 자료 다운로드] 클릭 ▶ 본 교재 우측의 개념완성 자료집 [다운로드] 클릭 ▶
위 쿠폰번호 입력 후 이용

무료자료 다운로드 바로가기

이론정리+문제풀이 무료 특강

해커스금융 사이트(fn.Hackers.com) 접속 후 로그인 ▶ 우측 상단의 [무료강의] 클릭 ▶
과목별 무료강의 중 [금융투자자격증] 클릭하여 이용

* 본 교재 강의 중 일부 회차에 한해 무료 제공됩니다.

무료강의 바로가기

무료 바로 채점 및 성적 분석 서비스

해커스금융 사이트(fn.Hackers.com) 접속 후 로그인 ▶ 우측 상단의 [교재] 클릭 ▶
좌측의 [바로채점/성적분석 서비스] 클릭 ▶ 본 교재 우측의 [채점하기] 클릭하여 이용

바로 채점 & 성적 분석 서비스 바로가기

무료 시험후기/합격수기

해커스금융 사이트(fn.Hackers.com) 접속 후 로그인 ▶ 상단 메뉴의 [금융투자] 클릭 ▶
좌측의 [학습게시판 → 시험후기/합격수기] 클릭하여 이용

합격수기 바로가기

20% 할인쿠폰

핵심개념+적중문제풀이 동영상강의

R462F150C296I842

해커스금융 사이트(fn.Hackers.com) 접속 후 로그인 ▶ 우측 상단의 [마이클래스] 클릭 ▶
좌측의 [결제관리 → My 쿠폰 확인] 클릭 ▶ 위 쿠폰번호 입력 후 이용

* 유효기간: 2026년 12월 31일까지(등록 후 7일간 사용 가능, 1회에 한해 등록 가능)
* 해커스 투자자산운용사 최종핵심문제풀이 강의에만 적용 가능(이벤트 강의 적용 불가)
* 이 외 쿠폰 관련 문의는 해커스금융 고객센터(02-537-5000)로 연락 바랍니다.

합격의 기준, 해커스금융 **fn.Hackers.com**

해커스금융 단기 합격생이 말하는
투자자산운용사 합격의 비밀!

해커스금융과 함께하면
다음 합격의 주인공은 바로 여러분입니다.

16일 만에 합격!
이*욱 합격생

단기 합격이 가능한 강의!

2주 만에 합격했다는 후기를 보고 저도 충분히 가능할 것 같다고 생각해 강의를 신청했습니다. **흐름을 잡아주는 강의와 해커스금융의 커리큘럼 덕분에 단기간 합격**이 가능했습니다.

3주 만에 합격!
문*지 합격생

문제집 덕분에 효율적으로 공부!

처음에 기본서 없이 공부를 시작할 때는 불안감도 있었으나, 해커스 문제집에 있는 핵심 내용을 빠짐없이 풀다 보니 **핵심만 있었다는 것을 시험장에서 확실히 체감**했습니다.

비전공자 합격!
조*유 합격생

이해도를 높이고 개념을 잡아주는 강의!

해커스 교수님들이 출제 빈도나 학습 중요도를 고려하여 강의하시기 때문에 '매 강의가 시험 출제 파트다!'라는 생각으로 집중해서 들었고, 학습 내용이 이해가 되면서 **자연스럽게 공부에 재미를 붙이게 되었습니다.**

합격의 기준, **해커스금융** fn.Hackers.com   더 많은 합격수기가 궁금하다면? ▶

해커스
투자자산운용사
한권합격 핵심개념+적중문제

2권

해커스

목차

1권 | 1·2과목

투자자산운용사 학습방법 6   투자자산운용사 자격시험 안내 10   학습플랜 12

제1과목 | 금융상품 및 세제

제1장	세제관련 법규 및 세무전략	20
제2장	금융상품	78
제3장	부동산관련 상품	122

제2과목 | 투자운용 및 전략 II / 투자분석

제1장	대안투자운용 및 투자전략	158
제2장	해외증권투자운용 및 투자전략	196
제3장	투자분석기법 – 기본적 분석	224
제4장	투자분석기법 – 기술적 분석	254
제5장	투자분석기법 – 산업분석	284
제6장	리스크 관리	306

2권 | 3과목

학습플랜 340

제3과목 | 직무윤리 및 법규/ 투자운용 및 전략 I 등

제1장	직무윤리	348
제2장	자본시장과 금융투자업에 관한 법률	376
제3장	금융위원회 규정	430
제4장	한국금융투자협회 규정	460
제5장	주식투자운용 및 투자전략	482
제6장	채권투자운용 및 투자전략	524
제7장	파생상품투자운용 및 투자전략	564
제8장	투자운용결과분석	602
제9장	거시경제	630
제10장	분산투자기법	660

[부록]
핵심공식과 응용문제로 계산문제 완전 정복!
필수암기공식 696

[책속의 책]
제1회 적중 실전모의고사	2
제2회 적중 실전모의고사	20
제3회 적중 실전모의고사	40
정답 및 해설	58

시험에 자주 나오는 개념만 모아놓은
하루 10분 개념완성 자료집 (PDF)
(fn.Hackers.com)

핵심만 콕콕 짚은
명품 동영상 강의
(fn.Hackers.com)

학습플랜

자신에게 맞는 학습플랜을 선택하여 본 교재를 학습하시기 바랍니다.
해커스금융(fn.Hackers.com) 동영상강의를 함께 수강하면 더 효과적입니다.

8주 완성 학습 플랜

교재의 모든 내용을 8주간 아주 차근차근 학습할 수 있습니다.

1일 ☐	2일 ☐	3일 ☐	4일 ☐	5일 ☐	6일 ☐	7일 ☐
제1과목 금융상품 및 세제						
제1장 세제관련 법규 및 세무전략				제2장 금융상품		제3장 부동산관련 상품
8일 ☐	9일 ☐	10일 ☐	11일 ☐	12일 ☐	13일 ☐	14일 ☐
제1과목 금융상품 및 세제		제2과목 투자운용 및 전략 II/투자분석				
제3장 부동산관련 상품	제1과목 전체 복습	제1장 대안투자운용 및 투자전략			제2장 해외증권투자운용 및 투자전략	
15일 ☐	16일 ☐	17일 ☐	18일 ☐	19일 ☐	20일 ☐	21일 ☐
제2과목 투자운용 및 전략 II/투자분석						
제3장 투자분석기법 - 기본적 분석			제4장 투자분석기법 - 기술적 분석			제5장 투자분석기법 - 산업분석
22일 ☐	23일 ☐	24일 ☐	25일 ☐	26일 ☐	27일 ☐	28일 ☐
제2과목 투자운용 및 전략 II/ 투자분석					제3과목 직무윤리 및 법규/ 투자운용 및 전략 I 등	
제5장 투자분석기법 - 산업분석	제6장 리스크 관리			제2과목 전체 복습	제1장 직무윤리	

29일 ☐	30일 ☐	31일 ☐	32일 ☐	33일 ☐	34일 ☐	35일 ☐
제3과목 직무윤리 및 법규/투자운용 및 전략 I 등							
제1장 직무윤리	제2장 자본시장과 금융투자업에 관한 법률				제3장 금융위원회 규정	
36일 ☐	37일 ☐	38일 ☐	39일 ☐	40일 ☐	41일 ☐	42일 ☐
제3과목 직무윤리 및 법규/투자운용 및 전략 I 등						
제4장 한국금융투자 협회 규정	제5장 주식투자운용 및 투자전략			제6장 채권투자운용 및 투자전략		
43일 ☐	44일 ☐	45일 ☐	46일 ☐	47일 ☐	48일 ☐	49일 ☐
제3과목 직무윤리 및 법규/투자운용 및 전략 I 등						
제7장 파생상품투자운용 및 투자전략			제8장 투자운용결과분석		제9장 거시경제	
50일 ☐	51일 ☐	52일 ☐	53일 ☐	54일 ☐	55일 ☐	56일 ☐
제3과목 직무윤리 및 법규/투자운용 및 전략 I 등				마무리		
제10장 분산투자기법			제3과목 전체 복습	필수암기공식	적중 실전모의고사	

학습플랜

6주 완성 학습 플랜

교재의 모든 내용을 6주간 차근차근 학습할 수 있습니다.

1일 ☐	2일 ☐	3일 ☐	4일 ☐	5일 ☐	6일 ☐	7일 ☐
제1과목 금융상품 및 세제						제2과목 투자운용 및 전략 II/투자분석
제1장 세제관련 법규 및 세무전략		제2장 금융상품		제3장 부동산관련 상품	제1과목 전체 복습	제1장 대안투자운용 및 투자전략

8일 ☐	9일 ☐	10일 ☐	11일 ☐	12일 ☐	13일 ☐	14일 ☐
제2과목 투자운용 및 전략 II/투자분석						
제1장 대안투자운용 및 투자전략	제2장 해외증권투자운용 및 투자전략		제3장 투자분석기법 - 기본적 분석		제4장 투자분석기법 - 기술적 분석	

15일 ☐	16일 ☐	17일 ☐	18일 ☐	19일 ☐	20일 ☐	21일 ☐
제2과목 투자운용 및 전략 II/투자분석					제3과목 직무윤리 및 법규/ 투자운용 및 전략 I 등	
제5장 투자분석기법 - 산업분석		제6장 리스크 관리		제2과목 전체 복습	제1장 직무윤리	

22일 ☐	23일 ☐	24일 ☐	25일 ☐	26일 ☐	27일 ☐	28일 ☐
제3과목 직무윤리 및 법규/투자운용 및 전략 I 등						
제2장 자본시장과 금융투자업에 관한 법률		제3장 금융위원회 규정			제4장 한국금융투자 협회 규정	제5장 주식투자운용 및 투자전략

29일 ☐	30일 ☐	31일 ☐	32일 ☐	33일 ☐	34일 ☐	35일 ☐
제3과목 직무윤리 및 법규/투자운용 및 전략 I 등						
제5장 주식투자운용 및 투자전략	제6장 채권투자운용 및 투자전략		제7장 파생상품투자운용 및 투자전략		제8장 투자운용결과 분석	제9장 거시경제

36일 ☐	37일 ☐	38일 ☐	39일 ☐	40일 ☐	41일 ☐	42일 ☐
제3과목 직무윤리 및 법규/투자운용 및 전략 I 등					마무리	
제9장 거시경제	제10장 분산투자기법		제3과목 전체 복습	필수암기공식	적중 실전모의고사	

학습플랜

4주 완성 학습 플랜

교재에 수록된 문제 중 중요도가 높은 별 3개(★★★), 별 2개(★★) 문제를 중심으로 4주 만에 시험 준비를 마칠 수 있습니다.

1일 ☐	2일 ☐	3일 ☐	4일 ☐	5일 ☐	6일 ☐	7일 ☐
제1과목 금융상품 및 세제				제2과목 투자운용 및 전략 II/투자분석		
제1장 세제관련 법규 및 세무전략		제2장 금융상품	제3장 부동산관련 상품	제1장 대안투자운용 및 투자전략		제2장 해외증권투자운용 및 투자전략

8일 ☐	9일 ☐	10일 ☐	11일 ☐	12일 ☐	13일 ☐	14일 ☐
제2과목 투자운용 및 전략 II/투자분석					제3과목 직무윤리 및 법규/ 투자운용 및 전략 I 등	
제3장 투자분석기법 - 기본적 분석	제4장 투자분석기법 - 기술적 분석	제5장 투자분석기법 - 산업분석	제6장 리스크 관리		제1장 직무윤리	제2장 자본시장과 금융투자업에 관한 법률

15일 ☐	16일 ☐	17일 ☐	18일 ☐	19일 ☐	20일 ☐	21일 ☐
제3과목 직무윤리 및 법규/투자운용 및 전략 I 등						
제2장 자본시장과 금융투자업에 관한 법률	제3장 금융위원회 규정	제4장 한국금융투자협회 규정	제5장 주식투자운용 및 투자전략		제6장 채권투자운용 및 투자전략	

22일 ☐	23일 ☐	24일 ☐	25일 ☐	26일 ☐	27일 ☐	28일 ☐
제3과목 직무윤리 및 법규/투자운용 및 전략 I 등				마무리		
제7장 파생상품투자운용 및 투자전략	제8장 투자운용결과 분석	제9장 거시경제	제10장 분산투자기법	필수암기공식	적중 실전모의고사	

# 2주 완성 학습 플랜

교재에 수록된 문제 중 중요도가 가장 높은 별 3개(★★★) 문제를 중심으로 2주 만에 시험 준비를 마칠 수 있습니다.
전공자 또는 다른 금융자격증 취득 경험이 있는 학습자에게 추천합니다.

1일 □	2일 □	3일 □	4일 □	5일 □	6일 □	7일 □
제1과목 금융상품 및 세제			제2과목 투자운용 및 전략 II/투자분석			
제1장 세제관련 법규 및 세무전략	제2장 금융상품	제3장 부동산관련 상품	제1장 대안투자운용 및 투자전략 제2장 해외증권투자운용 및 투자전략	제3장 투자분석기법 - 기본적 분석 제4장 투자분석기법 - 기술적 분석	제4장 투자분석기법 - 기술적 분석 제5장 투자분석기법 - 산업분석	제6장 리스크 관리

8일 □	9일 □	10일 □	11일 □	12일 □	13일 □	14일 □
제3과목 직무윤리 및 법규/투자운용 및 전략 I 등						마무리
제1장 직무윤리 제2장 자본시장과 금융투자업에 관한 법률	제3장 금융위원회 규제 제4장 한국금융투자 협회 규정	제5장 주식투자운용 및 투자전략 제6장 채권투자운용 및 투자전략	제6장 채권투자운용 및 투자전략 제7장 파생상품투자운용 및 투자전략	제8장 투자운용결과 분석 제9장 거시경제	제10장 분산투자기법	필수암기공식 적중 실전모의고사

금융·자격증 전문 교육기관 해커스금융

fn.Hackers.com

제3과목

직무윤리 및 법규/ 투자운용 및 전략 I 등

총 50문항

- 제1장 직무윤리 5문항
- 제2장 자본시장과 금융투자업에 관한 법률 7문항
- 제3장 금융위원회 규정 4문항
- 제4장 한국금융투자협회 규정 3문항
- 제5장 주식투자운용 및 투자전략 6문항
- 제6장 채권투자운용 및 투자전략 6문항
- 제7장 파생상품투자운용 및 투자전략 6문항
- 제8장 투자운용결과분석 4문항
- 제9장 거시경제 4문항
- 제10장 분산투자기법 5문항

제1장 직무윤리

학습전략

직무윤리는 제3과목 전체 50문제 중 **총 5문제**가 출제된다.
직무윤리의 경우 금융투자업종사자가 기본적으로 지켜야 할 윤리적인 문제를 다루고 있다. 금융투자업 직무윤리에서 고객우선의 원칙과 신의성실의 원칙 그리고 금융소비자보호 의무가 가장 중요하다. 직무윤리의 준수절차 및 위반 시의 제재에서는 내부통제기준에서 출제확률이 높다. 직무윤리는 쉬운 부분이므로 고득점을 거둘 수 있도록 대비하는 것이 좋다.

출제비중

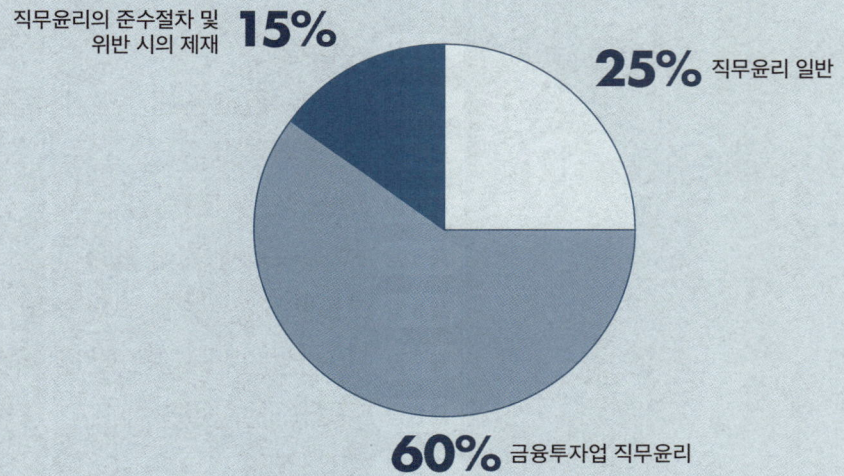

- 직무윤리의 준수절차 및 위반 시의 제재 15%
- 직무윤리 일반 25%
- 금융투자업 직무윤리 60%

출제포인트

구분	출제포인트	중요도
직무윤리 일반 (25%)	01 직무윤리에 대한 이해 02 윤리경영과 직무윤리가 강조되는 이유 03 직무윤리의 기초사상 및 국내외 동향과 　　본 교재에서의 직무윤리 04 직무윤리의 기본원칙	★★★ ★ ★ ★★
금융투자업 직무윤리 (60%)	05 이해상충의 방지 의무 06 금융소비자보호 의무 개요 07 단계별 금융소비자보호 08 설명의무 09 합리적 근거의 제공 및 적정한 표시의무와 　　허위·과장·부실표시의 금지 10 요청하지 않은 투자권유의 금지 11 상품판매 이후 단계의 소비자보호 12 본인에 대한 윤리 13 회사에 대한 윤리 14 사회 등에 대한 윤리	★★★ ★ ★★★ ★★★ ★ ★★★ ★★ ★★ ★ ★★
직무윤리의 준수절차 및 위반 시의 제재 (15%)	15 내부통제기준 16 위반행위에 대한 제재	★★ ★

직무윤리에 대한 이해 ★★★

다음 중 직무윤리와 기업윤리에 대한 설명으로 적절하지 않은 것은?

① 기업윤리는 경영전반에 걸쳐 조직원 모두에게 요구되는 윤리적 행동을 강조한다.
② 직무윤리는 추상적인 선언에 그칠 수 있는 윤리 개념을 실질적 의미를 갖도록 한다.
③ 기업윤리가 거시적인 개념이라면 직무윤리는 미시적인 개념이라 할 수 있다.
④ 직무윤리는 윤리강령, 기업윤리는 임직원 행동강령으로 그 형태가 다르게 나타난다.

♀ TIP 직무윤리는 임직원 행동강령, 기업윤리는 윤리강령의 형태로 나타난다.

핵심포인트 해설 직무윤리에 대한 이해

(1) 도덕적 딜레마와 윤리기준
   옳고 그름을 판단하기가 어려운 상황의 선택기준이 윤리기준임

(2) 법과 윤리 : 상호 불가분의 관계(법은 최소한의 윤리)
   ① 윤리 : '있어야 할 법'(동기 중시) ⇨ 개인적
   ② 법 : '있는 그대로의 법'(행위의 결과 중시) ⇨ 사회적

(3) 기업윤리 VS 직무윤리   *기업윤리와 직무윤리의 차이를 명확히 구분할 것*
   ① 기업윤리 : 조직 구성원에 전체에 요구되는 거시적 개념(윤리강령)
   ② 직무윤리 : 조직 구성원 개개인에게 요구되는 미시적 개념(임직원 행동강령)
   ③ 윤리경영 : 직무윤리를 기업의 경영방식에 도입하는 것
   ④ 직무윤리를 금융투자회사의 자율적인 내부통제활동의 하나로 준수하도록 규정

정답 ④

윤리경영과 직무윤리가 강조되는 이유 ★

다음 중 직무윤리가 강조되는 이유로 적절하지 않은 것은?

① 윤리는 경제적으로 이득이 되지는 않지만 고도의 정보 및 기술이 잘못 사용될 경우 엄청난 재난을 불러올 가능성이 있으므로 고도의 직무윤리가 요구된다.
② 직무윤리는 새로운 무형의 자본이 되고 있다.
③ 직무윤리를 준수하는 것은 금융투자업종사자들을 보호하는 안전장치로서의 역할을 한다.
④ 직무윤리는 법규와는 달리 자발성 내지 자율성이라는 장점을 지닌다.

TIP 비윤리적 기업은 시장에서 외면당하므로 윤리는 경제적으로도 이득이 된다.

핵심포인트 해설 윤리경영과 직무윤리가 강조되는 이유

(1) 윤리경쟁력의 시대
① 환경의 변화 : 고도의 정보와 시스템이 잘못 사용되면 엄청난 재난의 가능성이 있음
② 위험과 거래비용 : 직무윤리에 반하는 위험비용도 포함시켜 거래비용이 적은 쪽을 선택
③ 생산성 제고 : 윤리규범이 공공재로 투입되어 생산성 제고
④ 신종 자본 : 신용이 새로운 무형의 자본으로 인정
⑤ 인프라 구축 : 윤리는 공정하고 자유로운 경쟁의 전제조건
⑥ 사회적 비용의 감소 : 비윤리적인 행동은 더 큰 사회적 비용을 가져옴

(2) 금융투자업에서의 직무윤리
① 산업의 고유속성 : 고객의 이익을 침해할 가능성(이해상충 발생 가능성)이 높음
② 상품의 특성 : 투자성(원본손실의 위험) 내포
③ 금융소비자의 질적 변화 : 금융투자상품의 전문화, 복잡화, 다양화로 금융소비자를 보호하는 윤리적인 업무자세 필요
④ 안전장치 : 금융투자업종사자를 보호하는 안전장치로서의 역할

정답 ①

직무윤리의 기초사상 및 국내외 동향과 본 교재에서의 직무윤리 ★

다음 중 금융투자업에서의 직무윤리 적용대상에 대한 설명으로 올바른 것은?

① 금융투자업에 종사하나 전문자격증이 없는 자는 직무윤리 적용대상에서 제외된다.
② 거래가 없는 잠재적 고객에 대해서도 적용된다.
③ 금융투자상품의 매매와 관계없는 투자관리 행위는 직무윤리 적용대상에서 제외된다.
④ 직무윤리는 자율적 준수로 형사책임의 대상이 되는 경우는 드물다.

TIP ① 투자 관련 직무에 종사하는 모든 자가 직무윤리 적용대상이다.
③ 금융투자상품의 매매와 관계없는 투자관리 행위도 직무윤리 적용대상이다.
④ 직무윤리 위반은 행정제재, 민사배상책임, 형사책임 등의 타율적 규제와 제재의 대상이 된다.

핵심포인트 해설   직무윤리

(1) 사상적 배경

칼 뱅	• 금욕적 생활윤리를 통한 부의 축적은 정당함
베 버	• 프로테스탄티즘 강조 • 자본주의는 탐욕의 산물이 아니라 합리적으로 자본을 축적하여 생긴 이윤축적의 결과임

(2) 윤리경영의 국제적 환경
   한국의 부패인식지수 : 여전히 개선되고 있지 않는 상황

(3) 적용대상
   ① 투자 관련 직무에 종사하는 모든 자에게 적용됨
   ② 회사와의 고용 여부 및 보수의 유무를 불문하고 적용됨
   ③ 고객과의 거래 혹은 계약 및 보수의 존부를 불문하고 적용됨

(4) 성 격
   ① 직무윤리강령 및 직무윤리기준은 자율규제의 성격을 가짐
   ② 자율규제이지만 직무윤리 위반은 행정제재, 민사배상책임, 형사책임 등의 타율적 규제와 제재의 대상이 됨
      ⇨ 계약관계를 맺지 않은 잠재적 고객에 대해서도 직무윤리 준수

(5) 핵 심
   '자신과 상대방의 이익이 충돌할 시 상대방 이익의 입장에서 행동하라'는 것임

정답 ②

직무윤리의 기본원칙 ★★

다음 중 금융투자업종사자가 지켜야할 직무윤리의 기본원칙에 대한 설명으로 적절하지 않은 것은?

① 신의성실의 원칙은 윤리적 의무이면서 법적 의무이다.
② 신의성실의 원칙 위반은 강행법규에 대한 위반이 된다.
③ 금융투자업에서 준수해야 할 가장 중요한 직무윤리 두 가지는 '고객우선의 원칙'과 '신의성실의 원칙'이다.
④ 직무윤리가 법적 의무로 승화된 경우로 현재는 '이해상충 방지 의무'만 실시되고 있다.

♀TIP 금융소비자보호법이 시행되고 있으며 '금융소비자보호의무'도 당연히 실시되고 있다.

핵심포인트 해설 직무윤리의 기본원칙

(1) 직무윤리 2대 기본원칙
 ① 고객우선의 원칙
 ② 신의성실의 원칙

(2) 고객우선의 원칙
 ① 고객의 입장에서 생각하고 더 나은 금융서비스 제공을 위해 노력
 ② 투자자보호를 위한 정보의 비대칭 해소

(3) 신의성실의 원칙
 ① 신의성실은 직무수행에 있어서 가장 중요한 원칙
 ② 신의성실은 단순히 윤리적 의무에 그치지 않고 법적의무로 승화되어 있음
 ③ 금융투자상품의 개발 단계부터 판매 단계 및 판매 이후의 단계까지 모든 단계에 걸쳐 적용

(4) 직무윤리의 법제화
 ① 이해상충 방지 의무
 ② 금융소비자보호의무

정답 ④

이해상충의 방지 의무 ★★★

다음 중 이해상충 방지 의무에 대한 내용으로 잘못된 것은?

① 금융투자업자는 이해상충이 발생할 가능성을 낮추는 것이 곤란하다고 판단되는 경우 고객에게 정확히 알려 확인을 받은 후 거래할 수 있다.
② 과당매매 여부는 일반투자자가 부담하는 수수료의 총액으로만 판단하지 않고 투자목적 및 고객의 이해 여부 등을 종합적으로 고려하여 판단한다.
③ 금융투자업종사자는 고객이 동의한 경우를 제외하고는 고객의 거래당사자가 되거나 자기 이해관계인의 대리인이 되어서는 안 된다.
④ 고객과의 계속적인 행위뿐만 아니라 일회적인 경우에도 적용된다.

+용어 알아두기
과당매매 고객의 투자이익보다는 증권회사 또는 그 임직원의 수수료 수익을 증대시키기 위하여 고객계좌의 목적과 성격에 비추어 거래규모나 거래횟수 면에서 과도하게 매매하는 것을 말한다. 다만 투자목적, 고객의 투자스타일에 따라 과당매매의 성립이 결정되므로 매우 상대적인 개념이다.

♥ TIP 금융투자업자는 이해상충이 발생할 가능성을 낮추는 것이 곤란하다고 판단되는 경우 거래를 하여서는 안 된다.

핵심포인트 해설 이해상충의 방지 의무

(1) 기본원칙 : 금융소비자의 이익을 최우선으로 업무 수행

(2) 이해상충의 발생원인
　① 금융투자업자 내부의 문제 : 공적업무 영역에서 사적업무 영역의 정보를 이용하는 경우
　② 금융투자업자와 소비자 간의 문제 : 정보의 비대칭
　③ 법률적 문제 : 겸영 업무의 범위 확대

(3) 이해상충의 방지 체계 : 자본시장법에서 의무화
　① 이해상충 가능성이 있는 경우 투자자에게 알려야 함
　② 이해상충 가능성을 투자자보호에 문제가 없는 수준으로 낮춘 후 거래
　③ 이해상충 발생 가능성을 낮출 수 없는 경우 거래 금지

(4) 정보교류의 차단(Chinese Wall 구축)의무
　금융투자업 간에 이해상충 발생 가능성이 큰 경우 금융상품 매매정보 제공, 겸직, 공간 및 설비 공동이용행위를 금지

(5) 조사분석자료의 작성 대상 및 제공의 제한
　금융투자업자 자신이 발행하거나 관련된 대상에 대한 조사분석자료의 공표, 제공을 원칙적으로 금지

(6) 자기거래 금지
　금융투자업종사자는 고객이 동의한 경우를 제외하고 고객과 거래당사자가 되거나 자기 이해관계인의 대리인이 되어서는 안 됨

(7) 고객이익의 우선 : 고객이익(고객 간 동등) > 회사이익 > 임직원이익

정답 ①

금융소비자보호 의무 개요 ★

다음 중 금융소비자보호 총괄책임자(CCO)에 대한 설명으로 틀린 것은?

① CCO는 금융소비자보호 표준내부통제기준의 금융소비자보호 총괄기관의 장에 해당한다.
② CCO는 위험관리 기준을 제정한다.
③ CCO는 금융소비자보호 업무수행 책임자로 민원접수 및 처리를 관리·감독한다.
④ CCO는 대표이사 직속의 독립적 지위를 갖는다.

◎ TIP 위험관리 기준 제정은 CCO가 수행하는 직무에 해당하지 않는다.

핵심포인트 해설   금융소비자보호 의무 개요

(1) 주의의무
① 고객의 업무를 수행할 때 그때마다 구체적인 상황에서 전문가로서의 주의를 기울여야 함
　참고   업무가 행해진 시점의 상황을 전제로 판단하며 결과론적으로 판단하는 것은 아님
② 전문가는 일반인이나 평균인 이상의 전문가집단의 평균적으로 요구되는 수준의 주의가 요구
③ 업무 수행에 주의를 기울이는 것은 사무처리의 대가가 유상이건 무상이건 묻지 않고 요구
④ 신중한 투자자의 원칙 : 전문가로서의 주의를 기울여 업무를 수행해야 함
　예   포트폴리오 이론(분산투자)에 따라서 자산을 운용한다면 적법한 것으로 인정
⑤ 주의의무는 상품을 개발하는 단계부터 적용

(2) 금융소비자보호 내부통제
① 금융소비자 보호 업무를 내부통제 업무로 봄(금융소비자보호 내부통제체계 구축 의무화)
② 이사회 : 내부통제체계의 구축 및 운영에 관한 기본방침 수립
③ 대표이사 : 금융소비자보호 내부통제체계 구축 및 운영
④ 금융소비자보호 내부통제위원회 : 대표이사를 의장으로 하는 금융소비자보호 내부통제위원회 설치
⑤ 금융소비자보호 총괄기관 : 대표이사 직속
⑥ 금융소비자보호 총괄책임자(CCO)
　㉠ 대표이사 직속의 독립적 지위
　㉡ 금융소비자보호 총괄기관의 업무 수행
　㉢ 민원접수 및 처리

정답 ②

07

단계별 금융소비자보호 ★★★

다음 중 투자권유(Know Your Customer Rule)의 실행 순서를 맞게 나열한 것은?

> ㉠ 일반금융소비자 혹은 전문금융소비자인지 확인
> ㉡ 투자목적 및 투자경험 파악
> ㉢ 확인 내용을 지체 없이 제공
> ㉣ 금융소비자의 투자성향을 확인 받음
> ㉤ 투자권유를 원하는지 확인

① ㉠ ⇨ ㉡ ⇨ ㉤ ⇨ ㉣ ⇨ ㉢
② ㉠ ⇨ ㉤ ⇨ ㉡ ⇨ ㉣ ⇨ ㉢
③ ㉡ ⇨ ㉠ ⇨ ㉤ ⇨ ㉣ ⇨ ㉢
④ ㉤ ⇨ ㉠ ⇨ ㉡ ⇨ ㉣ ⇨ ㉢

TIP 투자권유에 앞서 금융소비자가 투자권유를 원하는지 확인한다.

핵심포인트 해설 단계별 금융소비자보호

(1) 상품 개발 단계의 금융소비자보호
   사전협의절차 : 상품 개발 부서, 상품 마케팅 부서, 금융소비자보호 업무 담당 부서 간에 사전협의가 이루어짐

(2) 상품 판매 이전 단계의 금융소비자보호
   ① 상품 판매를 위한 금융상품별 교육훈련체계를 갖추고 실행해야 함 예 펀드 전체가 아닌 펀드 상품별 교육
   ② 상품 취급을 위한 자격을 확인하고 관리해야 함

(3) 상품 판매 단계의 금융소비자보호
   ① 신의성실의무 : 고객의 이익 우선
   ② 적합성의 원칙 : 금융투자업자는 일반금융소비자에게 투자권유를 하는 경우 일반금융소비자의 투자목적, 재산상황 및 투자경험 등에 비추어 적합한 투자대상을 선정하고 권유해야 함

투자권유 실행순서 (Know Your Customer Rule)	• 투자권유를 하기에 앞서 먼저 고객이 투자권유를 원하는지 확인하여야 함(투자권유를 희망하지 않는 경우 투자권유 불가) • 일반금융소비자인지 전문금융소비자인지 확인 • 투자를 권유하기 전에 고객의 투자목적·재산상황·투자경험 등을 파악(금융소비자가 정보를 미제공 시 파생형 펀드와 같은 적정성 적용대상 상품은 가입 제한) • 정보를 파악하고 일반금융소비자로부터 서명(전자서명 포함), 기명날인, 녹취 등의 방법으로 확인 (투자성향 확인서 제공은 금융상품을 가입할 때마다 실행) • 투자자금의 성향파악 • 예금성 상품 제외

   ③ 적정성의 원칙 : 일반금융소비자에게 금융상품의 계약체결을 권유하지 않고(고객이 스스로 가입을 요청하는 경우) 해당 일반금융소비자가 투자성, 대출성 상품 등에 대해 계약체결을 원하는 경우 적용

(4) 금융상품 판매 후 절차
   ① 불완전판매 여부 확인할 수 있는 절차 마련 예 녹취
   ② 상품매매내역 및 운용내역 등 통지체계 마련

정답 ④

설명의무 ★★★

다음 중 금융투자업종사자의 설명의무에 대한 내용으로 잘못된 것은?

① 금융소비자의 투자경험과 금융투자상품의 지식수준에 따라 설명의 정도를 달리 할 수 있다.
② 금융소비자로부터 설명 내용을 이해하였음을 서명, 기명날인, 녹취 등의 방법으로 확인받아야 한다.
③ 설명의무를 이행하지 않아 발생하는 손해는 금융투자업자가 배상하여야 한다.
④ 설명의무는 전문금융소비자 및 일반금융소비자에 대해서 적용한다.

⁺용어 알아두기

기명날인 방법에 관계 없이 자기의 성명을 기재하는 것을 기명이라 하며, 인장을 찍는 것을 날인이라 한다. 자본시장법에서는 서명 또는 기명날인의 두 가지 방법 모두 행위자로서의 동일성을 나타내는 수단으로 인정하고 있다.

♀ TIP 설명의무는 전문금융소비자에 대해서는 적용하지 않고 일반금융소비자에 대해서만 적용한다.

핵심포인트 해설 설명의무

(1) 정의

금융투자업종사자는 투자와 관련된 다음 내용을 금융소비자에게 고지하고 중요한 내용에 대해서는 금융소비자가 이해할 수 있도록 설명하여야 함
① 투자대상의 선정과 포트폴리오를 구축할 때 적용되는 원칙 및 방법 등
② 개별 투자대상의 기본적인 특징과 위험성

(2) 주요 내용

① 설명의무는 전문금융소비자에 대해서는 적용하지 않고 일반금융소비자에 대해서만 적용함
② 금융소비자로부터 설명 내용을 이해하였음을 서명, 기명날인, 녹취 등의 방법으로 확인받아야 함
③ 설명의무 위반으로 인하여 발생한 손해는 금융투자업자에게 배상책임이 있음
④ 금융소비자의 투자경험과 금융투자상품 관련 지식수준 등 이해수준을 고려하여 설명의 정도를 달리할 수 있음
⑤ 설명을 하였으나 주요 손익구조 및 손실위험을 이해하지 못할 경우 투자권유를 중단하여야 함
⑥ 설명서의 수령을 거부하는 경우 등을 제외하고는 금융소비자에게 설명서를 교부하여야 함
⑦ 금융소비자가 약관에 대한 명시 및 설명이 없었다는 것을 주장하면 사업자 측에서 명시 및 설명하였음을 입증하여야 함

정답 ④

합리적 근거의 제공 및 적정한 표시의무와 허위·과장·부실표시의 금지 ★

다음 중 합리적 근거의 제공 및 적정한 표시의무에 대한 내용으로 적절하지 않은 것은?

① 투자정보를 제시할 때에는 사실과 의견을 구별하여야 한다.
② 손실부담을 약속하며 권유하였으나 고객이 그 권유에 따라 위탁하지 않은 경우에는 금지규정을 위반한 것으로 보지 않는다.
③ 중요 사실에 대한 정확한 표시의 방법은 문서에 의하건 구두 또는 이메일 등에 의하건 방법을 불문한다.
④ 중요 사실에 대해서는 모두 정확하게 표시하여야 한다.

TIP 손실부담을 약속하며 권유하였으나 고객이 그 권유에 따라 위탁하지 않은 경우에도 금지규정을 위반한 것으로 본다. 손실보전에 대한 금지규정은 강행규정이다.

핵심포인트 해설 합리적 근거의 제공 및 적정한 표시의무와 허위표시 등의 금지

(1) 합리적 근거의 제공 및 적정한 표시의무
　① 객관적 근거에 기초하여야 할 의무
　　㉠ 금융투자업종사자의 고객에 대한 투자정보 제공 및 투자권유는 그에 앞서 정밀한 조사·분석에 의한 자료에 기하여 합리적이고 충분한 근거에 기초해야 함
　　㉡ 금융소비자에게 거짓의 내용을 알리거나, 오인의 소지가 있는 내용을 알리는 행위는 부당권유행위로 보고 금지함
　② 사실과 의견의 구분 의무 : 공표된 기업실적은 사실이고, 장래의 수익예상은 의견임
　③ 중요 사실에 대한 정확한 표시의무 : 중요 사실에 대한 정확한 표시의 방법은 문서에 의하건 구두 또는 이메일 등에 의하건 방법을 불문함
　④ 투자성과보장 등에 관한 표현의 금지
　　㉠ 투자성과를 보장하는 듯한 표현의 사용은 강행규정으로 금지함
　　㉡ 사전 혹은 사후에 이익의 보전이나 손실의 보전 금지
　　㉢ 예외 : 사전에 준법감시인에게 보고한 후 손실보상 및 손해배상할 수 있음
　　　• 회사가 자신의 위법행위 여부가 불명확한 경우 사적 화해수단으로 손실을 보상함
　　　• 회사의 위법행위로 인하여 회사가 손해를 배상함
　　　• 분쟁조정 및 재판상의 화해절차에 따라 손실을 보상하거나 손해를 배상함

(2) 허위·과장·부실표시의 금지
　① 기대성과 등에 대한 허위표시 금지
　② 업무 내용 및 인적사항 등에 대한 부실표시 금지 : 투자권유대행인은 자신이 투자권유대행인이라는 사실을 투자자에게 알려야 함

정답 ②

10

> 요청하지 않은 투자권유의 금지 ★★★

다음 중 요청하지 않은 투자권유의 금지에 대한 설명으로 잘못된 것은?

① 금융투자업종사자는 고객으로부터 요청이 없으면 방문, 전화 등의 방법에 의하여 투자권유 등을 하여서는 안 된다.
② 전문금융소비자는 장외파생상품도 금융소비자의 요청이 없더라도 건전한 거래질서를 해할 우려가 없다면 권유 가능하다.
③ 투자권유를 받은 투자자가 이를 거부하는 취지의 의사를 표시하였음에도 불구하고 투자권유를 계속하는 행위는 금지한다.
④ 예외적으로 투자자가 투자권유를 거부하더라도 다른 종류의 금융투자상품에 대한 투자권유는 가능하다.

📍**TIP** 전문금융소비자라도 장외파생상품은 금융소비자가 원하는 경우에만 권유해야 한다.

핵심포인트 해설 요청하지 않은 투자권유의 금지

① 금융투자업종사자는 고객으로부터 요청이 없으면 방문, 전화 등의 방법에 의하여 투자권유 등을 하여서는 안 됨
② 다만, 고객의 요청이 없더라도 투자자보호 및 건전한 거래질서를 해할 우려가 없는 행위로서 증권과 장내파생상품의 투자권유를 하는 경우에는 금지하지 않으며 구체적인 불초청권유 금지 상품은 다음과 같음 → 장외파생상품은 금지
  ㉠ 일반금융소비자 : 고난도금융투자상품(고난도 투자일임, 금전신탁 포함), 사모펀드, 장내파생상품, 장외파생상품
  ㉡ 전문금융소비자 : 장외파생상품
③ 투자자가 투자권유를 거부하면 투자권유를 하지 말아야 하나, 다음의 경우는 예외임
  ㉠ 1개월이 지난 후에 다시 권유할 경우
  ㉡ 다른 종류의 금융투자상품을 권유할 경우

정답 ②

상품판매 이후 단계의 소비자보호 ★★

다음 금융소비자보호를 위한 제도 중 상품판매 단계가 다른 것은?

① 미스터리 쇼핑
② 고객바로알기 제도(KYC)
③ 해피콜 서비스
④ 위법계약해지권

TIP 고객바로알기 제도(KYC)는 상품판매 단계에서 적용하며, 나머지 제도는 판매 이후 적용하는 제도이다.

핵심포인트 해설   상품판매 이후 단계의 금융소비자 보호

(1) 보고 및 기록의무
   ① 고객으로부터 위임받은 업무에 대하여 그 결과를 고객에게 지체 없이 보고하고 필요한 기록 및 절차에 따라 보관해야 함
   ② 자료열람요구 : 요구받은 날로부터 6영업일 이내 열람 제공
       → 8일 (x)

(2) 정보의 누설 및 부당이용 금지
   ① 고객의 정보를 다른 사람에게 누설해서는 안 되며, 그 이용의 부당성 여부를 불문하고 고객정보를 누설하는 행위 그 자체를 금지
   ② 매매주문동향 등 직무와 관련하여 알게 된 고객정보를 자기 또는 제3자의 이익을 위하여 부당하게 이용하는 행위 금지
   ③ 신용정보법 : 금융소비자의 신용정보 보호
   ④ 개인정보보호법 : 정보 보호의 범위를 개인정보로 확대

(3) 공정성 유지의무
   ① 금융소비자를 공평하게 취급(공평이 동일이란 의미가 아닌 공정의 의미)
   ② 금융소비자의 투자목적, 지식, 경험 등에 따라서 필요한 정보를 적절하게 차별하여 제공하는 것은 가능
   ③ 동일한 성격을 가진 금융소비자군에 대하여 서비스 등이 동일하면 공정성 유지

(4) 관련 제도
   ① 판매 후 모니터링 제도(해피콜 서비스) : 판매 후 7영업일 이내 제3자가 확인
       → 9일 (x)
   ② 고객의 소리
   ③ 위법계약해지권 : 계약일로부터 5년 이내, 위법계약 사실을 안 날로부터 1년 이내
   ④ 미스터리 쇼핑
   ⑤ 법원의 소송중지, 소액분쟁사건 분쟁조정 이탈금지

정답 ②

12

본인에 대한 윤리 ★★

다음 중 금융투자협회의 '금융투자회사의 영업 및 업무에 관한 규정'에서 정한 부당한 재산상의 이익제공에 해당하지 않는 것은?

① 제조회사의 고유자금을 관리하는 직원에게 문화상품권을 제공
② 거래상대방만 참석한 여가 및 오락활동에 수반되는 비용 제공
③ 자산운용사 직원이 펀드판매 증권사 직원에게 백화점상품권 제공
④ 증권사 직원이 금융소비자에게 펀드 판매사 변경을 이유로 금전을 제공

♥TIP 사용범위가 공연·운동경기 관람, 도서·음반 구입 등 문화활동으로 한정된 상품권을 제공하는 경우는 제외한다.

핵심포인트 해설 본인에 대한 윤리

(1) 법규준수
  ① 법에 대한 무지는 변명되지 않음
  ② 법에는 자본시장법 외 인접 분야의 법령, 금융감독기관 및 협회의 규정과 사규를 포함
  ③ 법조문은 물론이고 법정신과 취지도 포함

(2) 자기혁신

(3) 품위유지
  ① 회사의 품위나 신뢰를 훼손할 수 있는 일체의 행위 금지
  ② 품위유지는 공정성 및 독립성을 유지하는 것을 포함

(4) 사적이익 추구 금지
  ① 부당한 금품수수 및 제공 금지
  ② 금융투자회사 및 임직원의 재산상 이익 제공 현황 및 적정성 결과를 매년 이사회 보고 〔대표이사 (×)〕
  ③ 직무를 이용한 사적 거래 제한 : 경조사 봉투에 회사명 및 직위를 기재하는 것과 같은 일상적인 경우는 무관

(5) 금융투자협회의 영업규정상 금품수수의 금지
  ① 경제적 가치의 크기가 일반인이 통상적으로 이해하는 수준을 초과하는 경우
  ② 재산상 이익의 제공 및 수령이 비정상적인 매매거래 등의 방법으로 이루어지는 경우
  ③ 다만, 집합투자회사나 투자권유대행인에게 사용범위가 공연이나 운동경기 관람과 같은 문화활동으로 한정된 상품권을 제공하는 경우는 제외함

(6) 수수료 및 성과보수의 제한
  ① 조사분석자료의 작성을 담당하는 자에게 기업금융업무와 연동된 성과보수를 지급하는 것은 불건전 영업행위로 금지함
  ② 다만, 투자자문업자 및 투자일임업자가 투자자로부터 예탁자산규모에 연동하여 보수를 받는 경우는 가능함
  ③ 수수료를 부과할 때 투자자를 정당한 사유 없이 차별해서는 안 됨

정답 ①

13

> 회사에 대한 윤리 ★

다음 중 회사에 대한 윤리를 올바르게 설명한 것으로만 묶인 것은?

> ㉠ 회사와의 신임관계 존부를 판단할 때 정식의 고용관계의 유무, 보수지급의 유무, 계약기간의 장단은 문제되지 않는 것이 원칙이다.
> ㉡ 대외활동 시 회사의 공식의견이 아닌 경우에는 사견임을 명백히 표현하여야 한다.
> ㉢ 임직원과 고객 간의 이메일은 회사에서 보내는 경우에만 표준내부통제기준의 적용을 받는다.
> ㉣ 회사의 재산은 매우 넓은 개념으로 동산, 부동산, 무체재산권, 영업비밀과 정보, 고객관계와 같은 유·무형이 모두 포함된다.

① ㉡, ㉣
② ㉠, ㉡, ㉢
③ ㉠, ㉡, ㉣
④ ㉠, ㉡, ㉢, ㉣

♥ TIP 임직원과 고객 간의 이메일은 사용 장소에 관계 없이 표준내부통제기준의 적용을 받는다.

핵심포인트 해설 회사에 대한 윤리

(1) 상호존중
① 임직원은 서로를 존중하고 협조 자세를 견지
② 상호존중에는 성희롱 방지도 포함하며 넓은 의미의 품위유지에도 해당하나 그 이상의 것임

(2) 공용재산의 사적 사용 및 수익금지
회사의 재산은 넓은 개념으로 동산, 부동산, 무체재산권, 영업비밀, 고객관계와 같은 유무형을 모두 포함

(3) 사용자 책임
사용자와 중간감독자는 관리에 주의를 다하여도 손해가 발생하였을 것임을 입증하지 못하는 한, 피용자의 불법행위에 대해 손해배상책임을 짐

(4) 정보관리
① 비밀정보인지 불명확한 경우 비밀정보로 관리
② 비밀정보를 제공하는 경우 준법감시인의 사전승인을 받아 필요한 최소한의 범위 내에서 제공
→ 정보제공의 경우 충분한 범위가 아닌 최소한의 범위임에 주의

(5) 대외활동
① 회사의 공식의견이 아닌 경우 사견임을 표현
② 임직원과 고객 간의 이메일은 사용장소에 관계 없이 내부통제기준 적용을 받음
③ 외부강연, 언론 접촉뿐만 아니라 회사가 운영하지 않는 온라인 커뮤니티(블로그, 인터넷 카페 등), SNS를 이용한 대외 접촉도 대외활동에 포함

정답 ③

14

사회 등에 대한 윤리 ★★

다음 중 시장질서 교란행위에 대한 규제에 대한 설명으로 잘못된 것은?

① 미공개 중요정보의 1차 수령자뿐만 아니라 이를 전달한 자 모두를 제재의 대상으로 한다.
② 시세에 부당한 영향을 주려는 목적성이 없는 경우에는 제재하지 않는다.
③ 대상 정보에는 상장증권, 장내파생상품 및 이를 기초자산으로 하는 파생상품도 포함한다.
④ 기존의 불공정거래행위에 비해 시세에 부당한 영향을 주는 행위로 규제의 대상이 확대되었다.

TIP 목적성이 없어도 시세의 급변을 초래한 경우 제재할 수 있다.

핵심포인트 해설 사회 등에 대한 윤리

(1) 시장질서 존중
   ① 시장질서 교란행위 규제
   ② 미공개 중요정보의 내부자, 준내부자, 1차 수령자 외 이를 전달한 자 모두를 제재의 대상으로 확대
   ③ 목적성이 없어도 시세에 부당한 영향을 주는 경우로 시세의 급변을 초래했다면 제재 가능 예) 프로그램 오류

(2) 주주가치 극대화

(3) 사회적 책임

정답 ②

15

내부통제기준 ★★

다음 중 내부통제기준에 대한 설명으로 올바른 것은?

① 금융투자업종사자는 직무 수행 시 관계법규 등에 위반하는지의 여부를 감사에 문의하여 그에 따라 직무를 수행하여야 한다.
② 자본시장법에서는 금융투자업자에 대하여 불가피한 경우를 제외하고는 내부통제기준을 설치하여 운영할 것을 요구하고 있다.
③ 내부통제기준에는 업무의 분장과 조직구조에 관한 사항이 포함된다.
④ 내부통제기준을 제정하거나 변경하려는 경우에는 주주총회의 결의를 거쳐야 한다.

+용어 알아두기
임 면 임명과 해임을 말한다.

♥ TIP ① 관계법규 등에 위반하는지의 여부에 대하여 의문이 있을 시 준법감시인이나 준법감시부서에 문의하여 그에 따라 직무를 수행하여야 한다.
② 자본시장법에서는 금융투자업자에 대하여 내부통제기준을 설치하여 운영할 것을 법적 의무로 요구하고 있다.
④ 내부통제기준을 제정하거나 변경하려는 경우에는 이사회의 결의를 거쳐야 한다.

핵심포인트 해설 　내부통제기준

(1) 취지 및 근거
① 내부통제는 회사의 임직원이 업무 수행 시 법규를 준수하고 조직운영의 효율성 제고 및 재무보고의 신뢰성을 확보하기 위하여 회사 내부에서 수행하는 모든 절차와 과정을 말함
② 내부통제의 하나인 준법감시(Compliance)제도는 회사의 임직원이 고객 재산의 선량한 관리자로서 최선을 다하는지, 제반 법규를 준수하고 있는지에 대하여 사전적 또는 상시적으로 통제·감독하는 장치를 말함
③ 자본시장법은 금융투자업자에 대하여 내부통제기준을 설치하여 운영할 것을 법적 의무로 요구하고 있음

(2) 내부통제기준에 포함하여야 할 사항 : 업무의 분장과 조직구조에 관한 사항 등

(3) 내부통제기준의 제정
① 금융투자업자는 내부통제기준을 제정하거나 변경하려는 경우 이사회의 결의를 거쳐야 함
② 금융투자업종사자는 직무를 수행하는 과정에서 관계법규 등에 위반하는지의 여부에 대하여 의문이 있을 시 준법감시인이나 준법감시부서에 문의하여 그에 따라 직무를 수행하여야 함

(4) 준법감시인
① 준법감시인은 내부통제기준의 준수 여부를 점검하고 내부통제기준을 위반하는 경우 이를 조사하여 감사위원회 또는 감사에게 보고하는 자임
② 이사회와 최고경영진을 포함한 회사의 업무종사자들에 대한 감시통제기능과 회사비리의 사전적 예방기능을 함

(5) 내부통제위원회 : 대표이사를 위원장으로 하는 내부통제 주요 사항 협의체

(6) 내부제보(고발)제도
① 부당행위 등을 신고할 수 있는 내부제보제도 운영
② 비밀보장, 제보자 불이익 금지, 부당 행위를 인지하고 미제보한 경우 불이익 부과

정답 ③

16 위반행위에 대한 제재 ★

다음 중 위반행위에 대한 제재를 설명한 내용으로 잘못된 것은?

① 금융투자협회는 회원 간의 건전한 영업질서 유지 및 투자자보호를 위한 자율규제업무를 담당한다.
② 준법감시인의 임면사실을 금융위원회에 보고하지 않을 경우 3,000만원 이하의 과태료 부과 대상이다.
③ 행정제재는 금융감독기구인 금융위원회, 증권선물위원회, 금융감독원 등에 의한 제재가 중심이 된다.
④ 형사처벌은 법에서 명시적으로 규정하고 있는 것에 한정하며 행위자와 법인 양자 모두를 처벌하는 양벌규정을 두는 경우가 많다.

> **+용어 알아두기**
> **양벌규정** 직접 행위를 한 자연인(고용인) 외의 법인(금융투자회사)을 처벌하는 규정을 말한다. 이를 통해 법인이 종업원에 대한 선임 및 감독상의 주의의무를 다하도록 하는 것이다.

♥ TIP 2,000만원 이하의 과태료 부과 대상이다.

핵심포인트 해설 위반행위에 대한 제재

(1) 내부통제기준 위반 시 회사에 대한 조치
① 1억원 이하의 과태료
  ㉠ 내부통제기준을 마련하지 않은 경우   ㉡ 준법감시인을 선임하지 않은 경우
  ㉢ 이사회 결의 없이 준법감시인을 임면한 경우 ㉣ 금융위원회 제재조치를 이행하지 않은 경우
② 3,000만원 이하 과태료
  ㉠ 준법감시인 보수 및 평가기준이 없는 경우 ㉡ 준법감시인이 겸직이 불가한 업무를 겸직한 경우
③ 2,000만원 이하 과태료 : 준법감시인 임면 사실을 금융위원회에 보고하지 않은 경우

(2) 직무윤리 위반에 대한 자율규제
① 금융투자협회는 회원 간의 건전한 영업질서 유지 및 투자자보호를 위한 자율규제업무를 담당
② 회원의 임직원에 대한 제재의 권고 포함

(3) 직무윤리 위반에 대한 행정제재
① 행정제재는 금융감독기구인 금융위원회, 증권선물위원회, 금융감독원 등에 의한 제재가 중심
② 자본시장법상 금융위원회의 금융투자업자의 임직원에 대한 조치권 포함

(4) 민사책임 → 민사소송은 개인 간의 다툼을 해결하는 방법임
  손해배상 : 불법행위책임은 계약관계의 존부를 불문하고 고의 또는 과실의 위법행위로 타인에게 손해를 가한 경우를 말하고, 가해자는 피해자에게 발생한 손해를 배상해야 함

(5) 형사책임 → 형사소송은 국가가 범죄라고 규정한 것에 대해 형벌을 행사하는 것으로, 국가가 적극적으로 개입하게 됨
  행위자와 법인 양자 모두를 처벌하는 양벌규정을 두는 경우가 많음

정답 ②

출제예상문제

☑ 다시 봐야 할 문제(틀린 문제, 풀지 못한 문제, 헷갈리는 문제 등)는 문제 번호 하단의 네모박스(□)에 체크하여 반복학습 하시기 바랍니다.

01 중요도 ★
다음 중 직무윤리가 강조되는 이유로 올바르지 않은 것은?
① 윤리경쟁력은 기업의 경쟁력을 평가하는 중요한 잣대가 되고 있다.
② 직무윤리를 준수하는 것은 금융투자업종사자들을 보호하는 안전장치의 역할을 한다.
③ 직무윤리는 대리인문제에 있어서 법적인 접근방식의 공백과 한계를 보충하는 역할을 한다.
④ 금융산업은 법적 규제가 강하므로 직무윤리는 법규와 함께 타율적이고 적극적인 역할을 하게 된다.

02 중요도 ★★
다음 중 직무윤리와 기업윤리에 대한 설명으로 틀린 것은?
① 직무윤리는 조직 구성원 개개인들이 지켜야 하는 윤리적 행동과 태도를 구체화한 것이다.
② 기업윤리와 직무윤리는 혼용되어 사용되기도 한다.
③ 직무윤리는 거시적인 개념이며 기업윤리는 미시적인 개념으로 보기도 한다.
④ 윤리경영은 직무윤리를 기업의 경영방식에 도입하는 것으로 간단히 정의될 수 있다.

03 중요도 ★
다음 중 직무윤리를 위반한 경우 실정법 위반행위로서 받을 수 있는 국가기관에 의한 타율적 제재를 모두 나열한 것은?

가. 행정제재	나. 민사배상책임	다. 형사책임

① 가
② 가, 나
③ 가, 다
④ 가, 나, 다

04 중요도 ★★
다음 중 신의성실의무에 대한 설명으로 틀린 것은?

① 신의성실은 직무수행에 있어서 가장 기본적인 덕목이 된다.
② 권리의 행사가 신의칙에 반하는 경우에도 권리행사로서의 법률효과는 인정된다.
③ 신의성실은 단순히 윤리적 의무에 그치지 않고 법적 의무로 승화되어 있다.
④ 민법에서는 사법의 기본원리로 신의성실의 원칙을 명시하고 있다.

05 중요도 ★★
다음 중 금융투자업종사자가 지켜야 할 신의성실 원칙의 기능에 대한 설명으로 잘못된 것은?

① 법원에서 당사자가 주장하지 않는 경우 법원은 직권으로 신의칙 위반 여부를 판단할 수 없다.
② 권리의 행사와 의무를 이행함에 있어서 행위준칙이 된다.
③ 법률관계를 해석함에 있어서 해석상의 지침이 된다.
④ 법규의 형식적 적용에 의하여 야기되는 불합리와 오류를 시정하는 역할을 한다.

정답 및 해설

01 ④ 직무윤리는 법규와는 달리 자발성이라는 장점을 지닌다.
02 ③ 직무윤리는 미시적인 개념이며 기업윤리는 거시적인 개념으로 보기도 한다.
03 ④ 직무윤리를 위반한 경우에는 단순한 자율규제가 아니라 행정제재, 민사배상책임, 형사책임 등의 타율적 규제와 제재의 대상이 된다.
04 ② 권리의 행사가 신의칙에 반하는 경우 권리의 남용이 되어 법률효과가 인정되지 않는다.
05 ① 신의칙 위반은 강행법규에 대한 위반이므로 법원에서 당사자가 주장하지 않는 경우에도 법원은 직권으로 신의칙 위반 여부를 판단할 수 있다.

06 중요도 ★★
다음은 금융투자업 직무윤리 중 어떤 의무에 대한 위반인가?

> 조사분석 담당 부서와 기업금융업무 관련 부서 간에 아무런 제재 없이 자료교환을 하였다.

① 공정성 유지의무
② 독립성 유지의무
③ 전문지식 배양의무
④ 소속 회사 등의 지도·지원의무

07 중요도 ★
금융투자업 직무윤리 중 법규 등 준수의무에 대한 설명으로 적절하지 않은 것은?

① 법규는 알고 모르고를 묻지 않고 관련 당사자에 대하여 구속력을 가진다.
② 금융투자협회의 금융투자회사 표준내부통제기준은 그 자체로서는 구속력이 없고 각 금융투자회사가 이를 모델로 하여 내부통제기준을 작성하게 된다.
③ 직무윤리의 최대한은 법규를 준수하는 것이다.
④ 법규 등 준수의무에서의 법규는 한국거래소가 만든 규정도 포함한다.

08 중요도 ★
다음 중 직무윤리기준의 절차적 규정에 해당하는 것은?

① 기본적 의무
② 고객에 대한 의무
③ 내부통제
④ 자본시장에 대한 의무

09 중요도 ★
다음 사례는 직무윤리강령 중 어떤 의무를 위반한 것인가?

> 금융투자회사에서 근무하는 A는 절친한 친구인 B와 동창회 등의 모임을 자주 가지고 있다. 최근에는 B의 알선으로 골프모임도 가지게 되었다. B는 상장사인 C백화점의 홍보담당 이사이다. B가 특별히 명시적으로 요구한 것은 아니지만 A는 C회사의 입장을 고려하여 관리하는 고객에게 C회사의 주식매수를 권하고 있다. 그렇다고 해서 C회사에 특별히 문제가 있는 것은 아니다.

① 신의성실의무
② 공정성 유지의무
③ 전문지식 배양의무
④ 법규 등 준수의무

10 중요도 ★★
다음 중 신임의무에 대한 설명으로 올바르지 않은 것은?

① 전문가로서의 신임을 얻어 업무를 수행하는 자에게는 일반인에게 요구되는 것 이상의 전문가로서의 주의의무가 요구된다.
② 신임관계에 기하여 신임을 부여받은 수임자는 위임자에 대하여 충실하고, 직업적 전문가로서 충분한 주의를 가지고 업무를 처리하여야 한다.
③ 고객에게 최선의 이익을 제공한다는 것은 적극적으로 최고의 수익률을 추구하는 것이며 수반되는 위험은 부차적인 문제이다.
④ 신임관계에 기하여 신임을 부여받은 수임자는 위임자의 이익과 경합하거나 상충되는 행동을 하여서는 안 된다.

정답 및 해설

06 ② 조사분석업무와 기업금융업무는 독립성이 중요하므로, 상호 자료교환은 준법감시부서를 통하여야 한다.
07 ③ 직무윤리의 최소한은 법규를 준수하는 것이다.
08 ③ 절차적 규정은 문제가 발생하였을 때 이를 처리하는 구체적인 방법과 절차, 제재에 관한 것으로, 직무윤리기준의 절차적 규정은 내부통제이다.
09 ② 금융투자업종사자는 투자자보호를 위해 한쪽으로 치우치지 않고 공정한 판단을 내려야 한다.
10 ③ 최선의 이익이란 단순히 최대의 수익률만을 뜻하는 것이 아니라 고객의 상황과 투자목적에 맞게 최선의 서비스를 제공하여야 한다는 것이다.

11 중요도 ★★★
다음 중 금융투자업종사자의 직무윤리에 대한 설명으로 올바르지 않은 것은?

① 고객의 이익을 위해 최선을 다했다면 설령 결과에 있어서 고객에게 이익이 생기지 않더라도 무방하다.
② 수임자는 어떤 경우에도 자신이 수익자의 거래상대방이 되어서는 안 된다.
③ 주의의무는 사무처리의 대가가 유상이든 무상이든 묻지 않고 요구된다.
④ 주의의무를 다했는가에 대한 판단은 그 업무가 행해진 시점의 상황을 전제로 판단하여야 하며, 그 후에 발생한 것을 놓고 결과론적으로 판단하여서는 안 된다.

12 중요도 ★
다음은 어떤 의무 또는 원칙에 대한 내용인가?

> 수탁자가 집중투자를 하지 않고 자산운용업계에서 받아들여지고 있는 포트폴리오 이론에 따라 자산을 운용하였다.

① 신중한 투자자의 원칙
② 충실의무
③ 이해상충의 방지 의무
④ 투자자이익 우선의 원칙

13 중요도 ★★
다음 중 충실의무와 주의의무에 대한 설명으로 잘못된 것은?

① 주의라는 것은 업무 수행 시 관련된 모든 요소에 기울여야 하는 마음가짐을 뜻한다.
② 수임자는 수익자의 이익과 경합하여서는 안 된다.
③ 전문가로서 최선의 주의를 기울여야 한다는 것은 일반인 이상의 당해 전문가집단에 평균적으로 요구되는 수준의 주의가 요구된다는 뜻이다.
④ 수임자가 행위 당시에 고객의 이익을 위해 최선을 다했다 하더라도 결과에 있어 이익이 없었다면 결국 최선의 이익을 지키지 못한 것이다.

14 중요도 ★★
다음 중 고객과 이익이 상충되는 과당매매를 판단하는 근거로 가장 적절하지 않은 것은?

① 일반투자자가 부담하는 수수료의 총액
② 일반투자자의 수익률
③ 일반투자자의 재산상태
④ 일반투자자의 거래 이해도

15 중요도 ★★
다음 중 금융투자업종사자의 설명의무에 대한 내용으로 올바른 것은?

① 금융소비자보호법상 설명의무는 일반금융소비자 및 전문금융소비자 모두에게 적용된다.
② 고객이 사업자가 설명의무를 위반하였다고 주장하면 사업자 측에서 설명의무를 다하였음을 입증하여야 한다.
③ 금융소비자는 설명에 대한 확인으로 반드시 기명날인을 하여야 한다.
④ 설명의 정도는 금융소비자의 이해수준과 무관하게 항상 일관되어야 한다.

정답 및 해설

11 ② 수익자가 원하거나 불가피한 상황에서 수익자의 이익을 위해서라면 가능하다.
12 ① 신중한 투자자의 원칙에 대한 내용이다.
13 ④ 최선의 이익이란 주어진 환경에서 실현 가능한 최대한의 이익을 추구하여야 하는 것을 말한다. 따라서 행위 당시에 고객의 이익을 위해 최선을 다했다면 결과에 있어서 고객에게 이익이 생기지 않더라도 무방하다.
14 ② 고객의 이익에 충실하였는가는 결과로만 판단하는 것이 아니므로, 수익률은 고려대상에서 가장 관계가 적다.
15 ② 입증책임은 금융기관(사업자)에 있다.
  ① 일반금융소비자에게만 적용된다.
  ③ 확인방법으로는 서명, 기명날인, 녹취, 우편, 전자우편 등이 있다.
  ④ 금융소비자의 이해수준을 고려하여 설명의 정도를 달리할 수 있다.

16 중요도 ★★
다음 중 금융소비자보호법상 설명의무에 대한 내용으로 틀린 것은?

① 금융투자회사 임직원은 금융소비자가 이해할 수 있도록 설명하고, 금융소비자가 이해하였음을 서명 등의 방법으로 확인받아야 한다.
② 금융소비자가 주요 손익구조 및 손실위험을 이해하지 못하는 경우에는 투자권유를 계속하여서는 안 된다.
③ 설명서는 예외 없이 교부하여야 한다.
④ 자본시장법상 설명의무는 일반투자자에게만 해당한다.

17 중요도 ★★
다음은 상품 판매 이후의 단계에서 실행되는 제도이다. (   ) 안에 들어갈 내용을 순서대로 올바르게 나열한 것은?

> • 해피콜 서비스는 금융소비자가 상품 가입 후 (   ) 이내에 판매직원이 아닌 제3자가 전화를 통해 불완전판매 여부를 확인하는 제도이다.
> • 위법계약해지권은 금융상품계약체결일로부터 (   ) 이내이고 위법계약 사실을 안 날로부터 1년 이내인 경우에 해지 요구가 가능하다.

① 7일, 3년
② 7영업일, 3년
③ 7일, 5년
④ 7영업일, 5년

18 중요도 ★
자본시장법상 투자성과보장 등에 관한 표현의 금지에 대한 설명으로 옳지 않은 것은?

① 투자자에게 일정한 이익을 보장할 것을 사전에 약속하거나 일정한 이익을 사후에 제공하는 행위를 금지하고 있다.
② 투자성과를 보장하는 경우에 해당하는 것인지에 대한 판단은 개별적인 사안에서 구체적으로 판단하여야 한다.
③ 손실부담을 약속하여 권유가 이루어진 경우 고객이 그 권유에 따라 위탁을 하지 않았다면 금지규정 위반이 아니다.
④ 투자자에게 손실의 전부 또는 일부를 사후에 보전하거나 혹은 사전에 보전할 것을 약속하는 행위를 엄격히 금지하고 있다.

19 중요도 ★
다음 중 금융분쟁해결에 대한 설명으로 틀린 것은?

① 회사는 홈페이지에 민원접수방 운영 등 고객의 효율적인 민원제기를 위한 시스템을 갖추어야 한다.
② 금융분쟁을 처리하는 방법 중 조정은 법원의 판결과는 달리 그 자체로서는 구속력이 없고 당사자가 이를 수락하는 경우에 한하여 효력을 갖는다.
③ 금융감독원에 설치된 금융분쟁조정위원회의 조정안을 당사자가 수락하면 당해 조정안은 민법상 화해와 동일한 효력을 갖는다.
④ 민원 및 분쟁은 다른 업무에 우선하여 신속하게 처리되어야 한다.

20 중요도 ★
회사재산과 정보의 부당한 사용 및 유출 금지 규정에 대한 설명으로 틀린 것은?

① 회사의 재산은 동산, 부동산, 무체재산권을 포함하나, 고객관계, 영업기회까지 포함하는 것은 아니다.
② 회사의 재산은 오로지 회사의 이익 그 자체만을 위하여 사용되어야 하고 이를 회사의 이익이 아닌 사적 용도로 이용하는 일체의 행위는 금지된다.
③ 비밀정보를 제공하는 경우에는 필요성에 의한 제공원칙에 부합하는 경우에 한하여 준법감시인의 사전 승인을 받아 제공하여야 한다.
④ 회사의 재산을 사적인 용도로 사용하는 행위뿐만 아니라 자신의 회사에서의 지위를 이용하여 사적 이익을 추구하는 행위도 금지된다.

정답 및 해설

16 ③ 금융소비자가 서명 또는 기명날인으로 설명서의 수령을 거부하면 교부하지 않을 수 있다.
17 ④ 해피콜 서비스는 상품 가입 후 7영업일 이내 제3자가 확인하는 제도이고, 위법계약해지권은 금융상품체결일로부터 5년 이내이고 위법계약을 안 날로부터 1년 이내인 경우에 해지가 가능한 제도이다.
18 ③ 설사 고객이 그 권유에 따라 위탁을 하지 않았더라도 금지규정을 위반한 것이다.
19 ③ 재판상 화해와 동일한 효력을 갖는다.
20 ① 회사의 재산에는 영업비밀과 정보, 고객관계, 영업기회 등과 같은 무형의 것도 포함된다.

21. 다음은 무엇에 대한 설명인가? 중요도 ★

> 회사의 임직원이 업무 수행 시 법규를 준수하고 조직운영의 효율성 제고 및 재무보고의 신뢰성을 확보하기 위하여 회사 내부에서 수행하는 모든 절차와 과정

① 준법감시제도
② 이해상충방지제도
③ 내부통제
④ 내부고발제도

22. 다음 (   ) 안에 들어갈 말을 순서대로 올바르게 나열한 것은? 중요도 ★★

> - 금융투자업자가 내부통제기준을 제정하거나 변경하려는 경우에는 (   ) 결의를 거쳐야 한다.
> - 금융투자업자가 준법감시인을 임면하고자 하는 경우에는 (   ) 결의를 거쳐야 한다.

① 주주총회, 이사회
② 주주총회, 주주총회
③ 이사회, 주주총회
④ 이사회, 이사회

23. 다음 중 내부통제에 대한 설명으로 틀린 것은? 중요도 ★★

① 금융투자업종사자는 직무를 수행하는 과정에서 관계법규 등에 위반하는지의 여부에 대하여 의문이 있을 때에는 준법감시인이나 준법감시부서 등에 문의하여 그에 따라 직무를 수행하여야 한다.
② 자본시장법에서는 금융투자업자에 대하여 내부통제기준을 설치하여 운영할 것을 권고하고 있다.
③ 내부통제의 하나인 준법감시제도는 사전적, 상시적으로 통제 및 감독하는 장치로서 의미가 있다.
④ 준법감시인의 임면 사실을 금융위원회에 보고하지 않은 경우에는 내부통제기준 위반에 대한 제재로 2천만원 이하의 과태료 부과대상이 된다.

24 중요도 ★★
다음 중 준법감시인에 대한 설명으로 적절하지 않은 것은?

① 준법감시인은 감사의 지휘를 받아 그 업무를 수행한다.
② 준법감시인은 내부통제기준의 준수 여부를 점검하고 내부통제기준을 위반하는 경우 이를 조사하여 감사위원회 또는 감사에게 보고하는 자이다.
③ 준법감시인은 대표이사와 감사(위원회)에 아무런 제한 없이 보고할 수 있다.
④ 준법감시인은 해당 금융투자업자의 핵심업무를 겸임하여서는 안 된다.

정답 및 해설

21 ③ 내부통제에 대한 설명이다.
22 ④ 두 경우 모두 이사회 결의를 거쳐야 한다.
23 ② 법적 의무로 요구하고 있다.
24 ① 준법감시인은 이사회 및 대표이사의 지휘를 받아 그 업무를 수행한다.

제2장 자본시장과 금융투자업에 관한 법률

학습전략

자본시장과 금융투자업에 관한 법률은 제3과목 전체 50문제 중 **총 7문제**가 출제된다.

자본시장법의 경우 법규파트에서 가장 많은 문항수를 차지하고 있는 부분이다. 자본시장법은 기본적인 금융정책 방향을 제시하는 법이기 때문에 꼼꼼히 학습하면 금융위원회와 한국금융투자협회의 규정을 이해하는 데에도 도움이 된다. 전반적으로 고루 출제되나 초반에 나오는 내용이 자본시장법의 기본적인 뼈대가 되는 부분이므로 특히 중요하다. 법의 취지를 전반적으로 이해하면서 자세한 규제 항목을 학습하면 암기하기 쉽다.

기존 <자본시장법> 중 금융소비자 관련 제도(신의성실의무, 적합성/적정성 원칙, 설명의무 등)가 21년 3월 시행되는 <금융소비자보호법>으로 일부 이관되었으나, 본서에서는 학습의 편의상 금융소비자 관련 제도를 자본시장법에 포함하여 설명하도록 하겠다.

출제비중

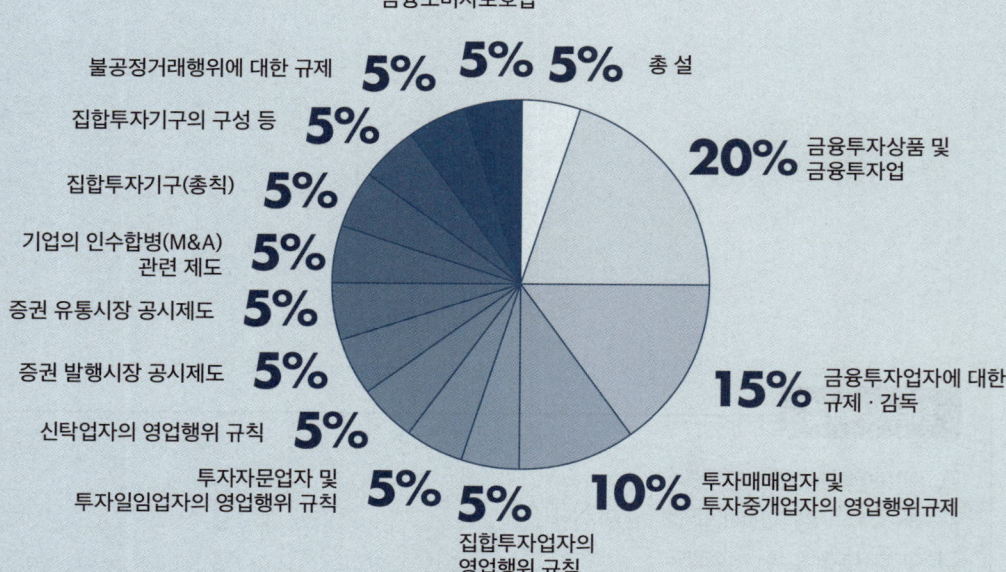

출제포인트

구 분		출제포인트	중요도
총 설 (5%)	01	자본시장법 개관	★
	02	금융투자업 감독기관 및 관계기관	★
금융투자상품 및 금융투자업 (20%)	03	금융투자상품	★★★
	04	금융투자업	★
	05	투자자	★★★
금융투자업자에 대한 규제·감독 (15%)	06	진입규제	★★★
	07	영업행위 규칙	★★
투자매매업자 및 투자중개업자의 영업행위규제 (10%)	08	매매 또는 중개업무 관련 규제	★
	09	불건전 영업행위의 금지	★★
	10	신용공여에 관한 규제	★
	11	종합금융투자사업자에 관한 특례	★
집합투자업자의 영업행위 규칙 (5%)	12	집합투자업자 행위 규칙	★★
투자자문업자 및 투자일임업자의 영업행위 규칙 (5%)	13	투자자문업자 및 투자일임업자의 영업행위 규칙	★
신탁업자의 영업행위 규칙 (5%)	14	신탁의 개념	★
증권 발행시장 공시제도 (5%)	15	증권신고서제도	★★★
증권 유통시장 공시제도 (5%)	16	유통시장 공시제도	★
기업의 인수합병(M&A) 관련 제도 (5%)	17	공개매수제도	★
	18	주식 등의 대량보유상황 보고제도(5% 보고제도)	★
집합투자기구(총칙) (5%)	19	집합투자기구의 등록	★
집합투자기구의 구성 등 (5%)	20	투자신탁	★
	21	집합투자기구의 종류 등	★
불공정거래행위에 대한 규제 (5%)	22	불공정거래행위에 대한 규제	★★
금융소비자보호법 (5%)	23	금융소비자보호법	★★★

01

자본시장법 개관 ★

다음 중 자본시장법의 제정 기본 방향에 대한 설명으로 적절하지 않은 것은?

① 투자성을 갖는 금융상품을 금융투자상품으로 정의하고 구체적으로 열거하여 규제대상을 축소하였다.
② 경제적 실질이 동일한 금융기능을 동일하게 규율하는 기능별 규율체제로 전환하였다.
③ 금융투자업 상호 간 겸영을 허용하여 종합적인 금융투자서비스 제공을 유도하였다.
④ 은행채, 집합투자증권 등에 대해서도 증권신고서제도를 적용하는 등 투자자보호제도를 선진화하였다.

TIP 투자성을 갖는 금융상품을 금융투자상품으로 포괄적으로 정의(포괄주의)하고 있다. 열거하는 것(열거주의)은 과거의 법률규제 방식이다. 세법의 경우에도 이자와 배당을 포괄적으로 정의하여 과세한다.

핵심포인트 해설 　자본시장과 금융투자업에 관한 법률의 제정 기본 방향

> 과거에 비해 자본시장법 제정 취지를 묻는 문제의 중요도는 낮아졌지만, 법의 개괄적인 제정 취지를 이해하면 금융 관련 법규를 이해하는 데 큰 도움이 됨

(1) 열거주의에서 포괄주의로 전환
 ① 금융투자상품의 개념을 추상적으로 정의하여 규제대상 금융투자상품을 포괄주의로 전환함
 ② 투자성이 있는 모든 금융상품을 금융투자상품으로 정의하고, 여기에서 투자성이란 원본손실 가능성을 의미함
 ③ 포괄주의로 전환하여 취급할 수 있는 상품의 범위를 확대함

(2) 기관별 규제에서 기능별 규율로 전환
 ① 금융기능을 금융투자업, 금융투자상품, 투자자를 기준으로 경제적 실질에 따라 분류함
 ② 경제적 실질이 동일한 금융기능을 동일하게 규율하는 기능별 규율체제로 전환함
 　예 펀드는 판매하는 금융기관이 은행이든 증권사이든 관계없이 동일하게 규율함

(3) 업무범위의 확장
 ① 6개의 금융투자업 상호 간 겸영을 허용하여 대형화를 유도함
 ② 금융투자업 : 투자매매업, 투자중개업, 집합투자업, 투자일임업, 투자자문업, 신탁업
 ③ 투자권유대행인제도를 도입함

(4) 원칙중심 투자자보호 강화
 공통 영업행위 규칙, 업자별 영업행위 규칙

정답 ①

금융투자업 감독기관 및 관계기관 ★

다음 중 금융투자업 감독기관 및 관계기관에 대한 설명으로 올바른 것은?

① 금융위원회는 6인의 위원으로 구성된 합의제 행정기관이다.
② 증권선물위원회는 기업회계의 기준에 관한 업무를 담당한다.
③ 금융감독원은 실질적으로 금융기관 검사를 실행하는 중앙행정기관이다.
④ 한국거래소 시장감시위원회는 불공정거래를 감시하기 위한 타율규제기관이다.

TIP ① 금융위원회는 9인의 위원으로 구성된다.
③ 금융감독원의 법인격은 무자본 특수법인이며, 금융위원회가 중앙행정기관이다.
④ 한국거래소 시장감시위원회는 자율규제기관이다.

핵심포인트 해설 금융투자업 감독기관 및 관계기관

(1) 금융투자업 감독기관

금융위원회	• 금융에 관한 정책 및 제도를 담당함(금융정책, 금융기관 인허가 등을 담당) • 9인의 위원으로 구성된 합의제 중앙행정기관
증권선물위원회	• 자본시장 및 기업회계와 관련된 주요 업무를 수행하기 위하여 금융위원회 내에 설치된 기구
금융감독원	• 금융위원회와 증선위의 지도를 받아 금융기관에 대한 검사 및 감독업무를 수행하는 무자본 특수법인

(2) 금융투자업 관계기관

한국거래소 시장감시위원회	• 시세조종 등 불공정거래를 감시하기 위해 자본시장법에 의해 설립된 자율규제기관
한국금융투자협회	• 회원 상호 간의 업무질서 및 금융투자업의 발전을 목적으로 설립함
한국예탁결제원	• 증권의 집중예탁과 결제업무를 위하여 설립함 • 상법상 주식회사 관련 규정을 준용함
증권금융회사	• 금융위원회의 인가를 받아 설립하는 주식회사 • 증권을 담보로 하는 대출업무, 투자자 예탁금 운용 등의 업무를 담당함
금융투자상품거래청산회사	• 금융투자업자 및 청산대상업자를 상대방으로 하여 청산대상업자가 청산대상거래를 함에 따라 발생하는 채무를 채무인수, 경개, 그 밖의 방법으로 부담하는 것을 영업으로 함 • 주청산거래대상 : 장외파생상품

(3) 법규유권해석과 비조치의견서

① 법규유권해석 : 금융법규를 유권으로 해석하는 것
② 비조치의견서 : 금융감독원장은 법령 등에 위반되지 않는다는 비조치의견서를 회신하는 경우 사후에 회신내용의 취지에 부합하지 않는 제재조치를 취하지 아니함

정답 ②

03

금융투자상품 ★★★

다음 중 자본시장법상 금융투자상품에서 제외되는 것으로만 묶인 것은?

> ㉠ 우리사주　　　　㉡ 합자조합의 출자지분　　　　㉢ 원화표시 양도성예금증서
> ㉣ 주식매수선택권　㉤ 관리형신탁의 수익권

① ㉢, ㉤
② ㉡, ㉢, ㉤
③ ㉢, ㉣, ㉤
④ ㉠, ㉡, ㉢, ㉣, ㉤

♀ TIP 주식매수선택권(스톡옵션)은 취득 시 금전 등의 지급이 없다는 점을 고려하였다.

핵심포인트 해설 금융투자상품

(1) 금융투자상품
  ① 정의 : 원본손실 가능성인 투자성을 가지는 금융상품
  ② 투자원본 산정 시 제외되는 것 : 판매수수료, 보험계약의 사업비·위험보험료
  ③ 회수금액 산정 시 포함되는 것 : 환매수수료, 중도해지수수료, 세금, 거래상대방의 채무불이행에 따른 미지급액
  ④ 금융투자상품 제외 대상 : 원화표시 양도성예금증서, 관리형신탁의 수익권, 주식매수선택권(스톡옵션)
      └ 불리한 상황에서는 선택하지 않을 수 있으므로 위험성이 제한되어 금융투자상품에서 제외됨

(2) 금융상품의 분류

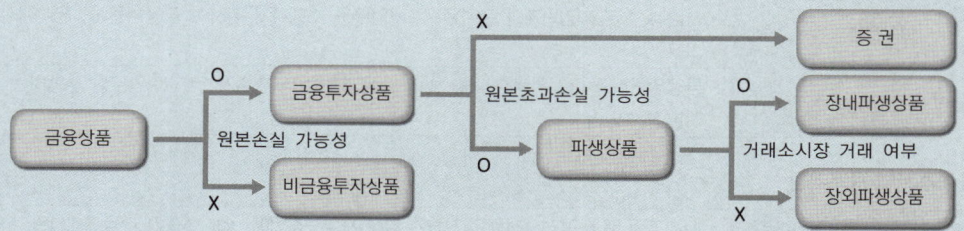

(3) 증권의 분류

채무증권(채권)	국채 및 지방채증권, 특수채증권, 사채권, 기업어음증권, 이자연계 파생결합채권 → 원금보장형 ELS라고 생각하면 이해하기 쉬움
지분증권(주식)	주권, 신주인수권이 표시된 것, 출자증권, 출자지분(합명회사의 지분, 합자회사의 무한책임사원 지분 제외)
수익증권(펀드)	신탁계약에 의한 수익권이 표시된 것
투자계약증권 (증권의 종류를 묻는 문제에서 비교적 출제비중이 높음)	투자자가 타인이 수행하는 공동사업에 금전 등을 투자하고 손익을 귀속 받는 권리가 표시된 것
파생결합증권 (파생상품이 아닌 증권의 한 종류임에 주의할 것)	기초가 되는 자산과 연계하여 미리 정해진 방법에 따라 손익이 결정되는 권리가 표시된 것
증권예탁증권(DR)	위의 5가지 증권을 예탁받은 자가 그 증권이 발행된 국가 외의 국가에서 발행한 것으로 그 예탁받은 증권에 관련된 권리가 표시된 것

정답 ③

다음 설명에 해당하는 금융투자업은 무엇인가?

> 누구의 명의로 하든지 타인의 계산으로 금융투자상품의 매매, 그 중개나 청약의 권유·청약·청약의 승낙 또는 증권의 발행 및 인수에 대한 청약의 권유·청약·청약의 승낙을 영업으로 하는 것

① 투자매매업 ② 투자중개업
③ 투자자문업 ④ 투자일임업

♥ TIP 자기의 계산의 경우 투자매매업, 타인의 계산의 경우 투자중개업에 해당한다.

핵심포인트 해설 금융투자업의 분류

(1) 금융투자업

투자매매업	• 누구의 명의로 하든지 자기의 계산으로 금융투자상품의 매매, 증권의 발행·인수 또는 그 청약의 권유·청약·청약의 승낙을 영업으로 하는 것
투자중개업	• 누구의 명의로 하든지 타인의 계산으로 금융투자상품의 매매, 그 중개나 청약의 권유·청약·청약의 승낙 또는 증권의 발행 및 인수에 대한 청약의 권유·청약·청약의 승낙을 영업으로 하는 것
집합투자업	• 집합투자를 업으로 하는 것 • 집합투자의 개념이 2인 이상의 수익자를 요건으로 하여 수익자가 1인인 사모단독펀드 설정 제한 • 적용 배제 : 투자자예탁금 예치·신탁, 종합금융회사 CMA 등
투자자문업	• 금융투자상품 등의 가치나 투자판단에 관하여 자문에 응하는 것을 영업으로 하는 것
투자일임업	• 금융투자상품 등에 대한 투자판단의 전부 또는 일부를 일임받아 금융투자상품 등을 운용하는 것을 영업으로 하는 것
신탁업	• 신탁을 영업으로 하는 것

(2) 부수업무 등

전담중개업무 (프라임 브로커)	• 투자은행업무의 활성화를 위해 주로 대형 금융투자회사에게 전담중개업무를 주된 영업으로 하도록 허용함 • 새로운 금융투자업의 종류가 아닌 부수업무로, 전문투자형 사모집합투자기구(헤지펀드)의 효율적인 업무 수행을 위해 신용공여와 담보관리 등의 업무를 담당함
온라인소액 투자중개업	• 온라인소액투자중개업자란 온라인상에서 타인의 계산으로 채무증권, 지분증권의 모집 및 중개를 영업으로 하는 투자중개업자(증권형 크라우드펀딩업자) • 5억원의 자기자본 요건 • 자기의 계산으로 중개하는 증권 취득 금지 • 인터넷 홈페이지 외 투자광고 금지

정답 ②

05

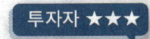

다음 중 장외파생상품을 거래하는 경우 일반투자자로 취급받는 전문투자자는?

① 주권상장법인
② 보험회사
③ 상호저축은행
④ 한국주택금융공사

♀ TIP 주권상장법인은 장외파생상품 거래 시 일반투자자로 취급한다.

핵심포인트 해설 투자자의 구분

(1) 전문투자자 → 상대적 전문투자자와 자발적 전문투자자에서 문제가 출제되는 경우가 많음

금융투자상품에 대한 전문성이나 위험감수 능력이 있는 투자자

절대적 전문투자자	• 일반투자자 대우를 받을 수 없는 전문투자자 • 국가, 금융기관, 자금운용 노하우가 있는 기관 등
상대적 전문투자자	• 의사에 따라 일반투자자 대우를 받을 수 있는 전문투자자 • 주권상장법인, 지방자치단체, 해외주권상장 국내법인 등은 장외파생상품 거래 시 별도 의사를 표시하지 않으면 일반투자자 대우를 받음

자발적 전문투자자	• 자발적으로 전문투자자 대우를 받고자 하는 자(금융위원회 확인 후 2년간 적용)
	• 100억원 이상의 금융투자상품 잔고를 보유한 법인
	• 개인 : ⓐ + ⓑ / ⓐ + ⓒ / ⓐ + ⓓ 중 어느 하나에 해당하는 경우
	   ⓐ 투자경험 : 금융투자상품 월말 평균잔고 5천만원 이상(최근 5년 중 1년 이상의 기간)
	   ⓑ 소득기준 : 직전연도 소득액 1억원 이상(혹은 배우자 소득액 포함 1.5억원 이상)
	   ⓒ 자산기준 : 순자산가액(거주 부동산, 임차보증금, 부채 제외)이 5억원 이상
	   ⓓ 전문성 : 해당 분야에서 1년 이상 종사한 자(회계사, 감평사, 변호사, 변리사, 세무사, 투자운용인력·재무위험관리사 합격자, 투자운용인력·재무위험관리사(1년 이상 금융투자업 등록))

(2) 일반투자자

금융투자상품에 대한 전문성이나 위험감수 능력이 없는 투자자

절대적 일반투자자	전문투자자가 아닌 투자자
상대적 일반투자자	일반투자자 대우를 받겠다는 의사를 가진 상대적 전문투자자

정답 ①

진입규제 ★★★

금융투자업 진입규제에 대한 설명으로 잘못된 것은?

① 인가·등록단위별로 각각의 인가·등록으로 본다.
② 금융투자업자는 업무단위를 추가하여 업무영역을 확장할 수 있다.
③ 투자매매업에는 가장 높은 자기자본요건이 요구된다.
④ 투자자문업과 투자일임업에 대해서는 등록제를 적용한다.

용어 알아두기

인가·등록 인가제는 사업계획의 타당성 요건 등을 심사하여 진입요건을 엄격하게 유지하는, 즉 통제하는 반면, 등록제는 제시한 요건을 갖추면 해당 업을 시작할 수 있어 진입이 용이하다.

TIP 인가·등록단위별로 각각의 인가·등록으로 보지 않고, 하나의 금융투자업 인가와 하나의 금융투자업 등록으로 구분한다.

핵심포인트 해설 금융투자업 진입규제

(1) 개요
① 금융기능(금융투자업(누가) + 금융투자상품(무엇을)+투자자(누구에게))을 고려하여 인가·등록단위를 세분화함
② 인가·등록단위별로 각각의 인가·등록으로 보지 않고, 하나의 금융투자업 인가와 하나의 금융투자업 등록으로 구분함
③ 금융투자업자는 업무단위를 추가하여 업무영역을 확장할 수 있음(Add-On방식)

(2) 금융투자업의 인가·등록
① 인가에 필요한 자기자본요건은 투자매매업이 가장 높고, 투자자문업과 투자일임업에 대해서는 등록제를 적용함
② 집합투자업의 경우 모든 펀드에 대한 포괄 인가단위를 두고, 하위 단위로 증권·MMF, 부동산, 특별자산펀드에 대한 인가단위를 둠
③ 이해상충방지체계를 갖추어야 함 : 적절한 내부통제기준과 정보교류 차단장치(Chinese Wall)
④ 인가·등록요건을 유지하여야 하나, 자기자본요건 및 대주주요건은 완화된 요건을 적용함
  ㉠ 자기자본요건 : 진입 시 자기자본의 70% 이상 유지함
  ㉡ 대주주요건 : 출자금 비차입 요건, 형사처벌 요건 및 부실대주주의 경제적 책임 요건만 적용함

정답 ①

영업행위 규칙 ★★

다음 중 금융투자업자의 업무위탁에 대한 설명으로 적절하지 않은 것은?

① 금융투자업의 본질적 업무를 위탁하는 경우에는 위탁받는 자가 당해 업무 수행에 필요한 인가·등록한 자이어야 한다.
② 내부통제업무는 위탁이 가능하다.
③ 외화자산 운용·보관업무는 재위탁할 수 있다.
④ 준법감시, 내부감사, 위험관리는 핵심업무에 해당하지 않으나, 의사결정 권한까지 위탁하는 경우에는 핵심업무에 포함된다.

+용어 알아두기
본질적 업무 금융투자업자의 존재 근거가 되는 업무이다. 예를 들어 투자매매업이나 투자중개업인 경우 계약의 체결이나 해지, 주문의 접수 및 집행과 같은 업무이다.

♥TIP 준법감시인 및 위험관리책임자의 업무 등 내부통제업무는 위탁이 금지된다.

핵심포인트 해설 업무위탁

(1) 규제 개요
　① 금융투자업자는 영위업무의 일부를 제3자에게 위탁할 수 있음
　② 금융투자업의 본질적 업무를 위탁하는 경우에는 위탁받는 자가 당해 업무 수행에 필요한 인가·등록한 자이어야 함
　③ 준법감시인 및 위험관리책임자의 업무 등 내부통제업무는 위탁이 금지됨

(2) 본질적 업무
　해당 업의 계약 체결에 관한 것으로 인가·등록과 직접 관련된 필수업무

(3) 재위탁의 제한
　원칙적으로 재위탁은 금지되나, 단순업무 및 외화자산 운용·보관업무는 위탁자의 동의를 받아 재위탁할 수 있음

정답 ②

08 영업행위 규칙 ★★

다음 중 금융투자회사 내부 정보교류 금지의 예외를 위한 요건으로 적절하지 않은 것은?

① 정보를 제공할 상당한 이유가 있을 것
② 제공정보가 업무상 필요 충분한 범위로 한정될 것
③ 임원 및 준법감시인의 사전 승인을 받을 것
④ 기록을 유지·관리할 것

♥TIP 제공정보가 업무상 필요 최소한의 범위로 한정되어야 한다.

핵심포인트 해설 내부 정보교류 차단장치

(1) 설치 범위
  ① 고유재산 운용업무 ⇔ 정보차단벽 ⇔ 집합투자업, 신탁업
  ② 고유재산 운용업무 ⇔ 정보차단벽 ⇔ 기업금융업무
  ③ 금융투자회사가 이해상충 우려가 없다고 판단하는 경우 차단대상 정보에서 제외 가능(예외 정보를 내부통제기준에 미리 반영하여 공시)

(2) 주요 내용
  ① 금융투자상품의 매매 정보 등과 같은 정보의 제공 금지
  ② 임직원의 겸직 금지
  ③ 사무공간 및 전산설비 공동이용 금지 등

(3) 내부 정보교류 금지의 예외를 위한 요건
  ① 정보를 제공할 상당한 이유가 있을 것
  ② 제공정보가 업무상 필요 최소한의 범위로 한정될 것
  ③ 임원 및 준법감시인의 사전 승인을 받을 것
  ④ 기록을 유지·관리할 것
  ⑤ 해당 임직원이 제공받은 정보를 업무 외의 목적으로 이용할 수 있는 업무를 담당하지 않을 것

정답 ②

영업행위 규칙 ★★

다음 금융소비자보호법상 'Know-Your-Customer-Rule' 적용 순서를 바르게 연결한 것은?

> ㉠ 해당 금융소비자가 일반금융소비자인지 전문금융소비자인지 확인
> ㉡ 해당 금융소비자가 투자권유를 원하는지 확인
> ㉢ 면담, 질문 등을 통하여 해당 금융소비자의 정보 파악
> ㉣ 금융소비자의 정보를 서명, 기명날인, 녹취 등의 방법으로 확인
> ㉤ 확인 내용을 금융소비자에게 지체 없이 제공

① ㉡ – ㉠ – ㉢ – ㉣ – ㉤
② ㉠ – ㉡ – ㉢ – ㉣ – ㉤
③ ㉢ – ㉡ – ㉠ – ㉣ – ㉤
④ ㉢ – ㉠ – ㉡ – ㉣ – ㉤

♥TIP 투자권유를 하기에 앞서 먼저 해당 금융소비자가 투자권유를 원하는지 아니면 원하지 않는지를 확인한다.

핵심포인트 해설   적합성 및 적정성 원칙

(1) **적합성 원칙**
  ① 일반금융소비자에게 투자권유를 하는 경우 투자목적, 투자경험, 자금력, 위험에 대한 태도 등에 비추어 가장 적합한 투자를 권유
  ② 'Know-Your-Customer-Rule'(고객파악 의무) 순서
    ㉠ 해당 금융소비자가 투자권유를 원하는지 원하지 않는지 확인
    ㉡ 해당 금융소비자가 일반금융소비자인지 전문금융소비자인지 확인
    ㉢ 면담, 질문 등을 통하여 해당 금융소비자의 정보 파악
    ㉣ 금융소비자의 정보를 서명, 기명날인, 녹취 등의 방법으로 확인
    ㉤ 확인 내용을 금융소비자에게 지체 없이 제공
  ③ 해당 금융상품이 적합하지 않다고 판단되면 계약체결을 권유할 수 없음(예금성 상품 제외)

(2) **적정성 원칙** → 적정성은 파생상품과 관련지어 반드시 기억할 것
  ① 일반금융소비자에게 권유 없이 해당 일반금융소비자가 투자성 상품 등에 대해 계약체결을 원하는 경우 적용
  ② 면담 등을 통하여 해당 상품이 적정하지 않다고 판단되는 경우 즉시 알리고 확인 받음
  ③ 금융소비자보호법에서는 보장성(변액보험) 상품, 투자성 상품 및 대출성 상품에 적용

정답 ①

10

영업행위 규칙 ★★

다음 중 금융소비자보호법상 부당권유에 해당하는 것은?

① 채권을 권유하였으나 투자권유를 거부한 금융소비자에게 2개월 후 주식형 펀드를 권유하였다.
② 신탁계약 상품을 권유하였으나 투자권유를 거부한 금융소비자에게 그 다음 주에 수익증권을 권유하였다.
③ 투자권유의 요청을 받지 않았으나 금융소비자에게 전화로 장외파생상품 투자를 권유하였다.
④ 파생결합증권을 권유하였으나 투자권유를 거부한 금융소비자에게 그 다음 주에 지분증권을 권유하였다.

+ 용어 알아두기
파생결합증권 기초자산의 가치변동에 따라 수익이 결정되는 증권의 한 종류로 파생상품이 결합된 증권이다. 파생결합증권의 종류에는 주가연계증권(ELS), 주가연계워런트(ELW), 파생연계증권(DLS), 신용연계증권(CLN), 재해연계증권(CAT Bond) 등이 있다.

♀ TIP 금융소비자에게 투자권유의 요청을 받지 않고 방문, 전화 등 실시간 대화의 방법을 이용하여 장외파생상품의 투자권유를 하는 행위는 부당권유에 해당하므로 금지된다.

핵심포인트 해설 설명의무 및 부당권유의 금지

(1) 설명의무
금융투자상품의 내용을 금융소비자가 이해할 수 있도록 설명하고 금융소비자가 이해하였음을 서명 등의 방법으로 확인받아야 함

(2) 부당권유의 금지행위
① 금융소비자에게 투자권유의 요청을 받지 않고 방문, 전화 등으로 장외파생상품의 투자권유를 하는 행위는 금지됨
② 투자권유를 거부한 금융소비자에게 투자권유를 하는 행위는 금지되나, 아래의 경우는 가능함
  ㉠ 1개월 경과 후 투자권유
  ㉡ 다른 종류의 금융투자상품에 대한 투자권유

정답 ③

매매 또는 중개업무 관련 규제 ★

다음 중 매매 또는 중개업무 관련 규제에 대한 설명으로 잘못된 것은?

① 투자매매업자 또는 투자중개업자는 투자자로부터 금융투자상품의 매매에 관한 청약 또는 주문을 받는 경우 사전에 그 투자자에게 자기가 투자매매업자인지 투자중개업자인지 밝혀야 한다.
② 투자매매업자 또는 투자중개업자는 금융투자상품 매매에 있어서 자신이 본인이 됨과 동시에 상대방의 투자중개업자가 될 수 없다.
③ 투자매매업자는 투자자로부터 매매수량단위 미만의 자기주식에 대하여 매도의 청약을 받은 경우 이를 증권시장 밖에서 취득할 수 있다.
④ 투자매매업자 또는 투자중개업자는 일임매매가 허용된다.

♀ TIP 투자매매업자 또는 투자중개업자는 임의매매 및 일임매매가 금지된다. 단, 투자일임업의 경우에는 일임매매가 가능하다.

핵심포인트 해설 매매 또는 중개업무 관련 규제

(1) 매매형태의 명시
투자매매업자 또는 투자중개업자는 투자자로부터 금융투자상품의 매매에 관한 청약 또는 주문을 받는 경우 사전에 그 투자자에게 자기가 투자매매업자인지 투자중개업자인지 밝혀야 함

(2) 자기계약의 금지
① 투자매매업자 또는 투자중개업자는 금융투자상품 매매에 있어서 자신이 본인이 됨과 동시에 상대방의 투자중개업자가 될 수 없음
② 다만, 투자자보호나 건전한 거래질서를 해칠 우려가 없는 경우에는 예외적으로 가능함

(3) 자기주식의 예외적 취득
투자매매업자는 투자자로부터 매매 수량단위 미만의 자기주식에 대하여 매도의 청약을 받은 경우 이를 증권시장 밖에서 취득할 수 있으며 취득일로부터 3개월 이내에 처분하여야 함

(4) 임의매매의 금지
① 매매의 청약 또는 주문을 받지 않고는 매매할 수 없음
② 투자자로부터 금융투자상품에 대한 투자판단의 전부 또는 일부를 일임받아 투자자별로 구분하여 금융투자상품을 운용하는 일임매매도 할 수 없음(단, 투자일임업의 경우에는 일임매매가 가능함)

정답 ④

12

매매 또는 중개업무 관련 규제 ★

다음 금융투자상품 매매거래 중 최선집행기준이 적용되는 거래는?

① 증권시장에 상장되지 않은 증권의 매매
② 장외파생상품의 매매
③ 상장주권의 매매
④ 수익증권의 매매

> **＋용어 알아두기**
> **최선집행** 매수주문인 경우 가장 싸게, 매도주문인 경우 가장 비싸게 거래되도록 최선을 다하는 것을 말한다. 거래가 빈번하고 시장 타이밍이 중요한 상장주권에 해당된다고 생각하면 쉽다.

📍**TIP** 상장주권은 최선집행기준이 적용된다.

핵심포인트 해설 최선집행의무

(1) 최선집행의무
투자매매업자 또는 투자중개업자는 금융투자상품의 매매에 관한 투자자의 청약 또는 주문을 처리하기 위하여 최선의 거래조건으로 집행하기 위한 기준(최선집행기준)을 만들고 공표하여야 함

(2) 최선집행기준 고려사항
① 금융투자상품의 가격, 관련 수수료, 주문 규모 및 매매체결의 가능성 등을 고려함
② 다만, 주문에 대한 고객의 별도 지시가 있는 경우에는 그에 따름

(3) 최선집행기준이 적용되지 않는 금융투자상품

대통령령으로 제외	비상장증권, 장외파생상품
총리령으로 제외 (상장증권, 장내파생상품)	채무증권, 지분증권(주권 제외), 수익증권, 투자계약증권, 파생결합증권, 증권예탁증권, 장내파생상품

정답 ③

제2장 자본시장과 금융투자업에 관한 법률 **389**

13 불건전 영업행위의 금지 ★★

다음 중 불건전 영업행위의 금지에 대한 설명으로 올바른 것은?

① 증권시장과 파생상품시장 간의 가격 차이를 이용한 차익거래도 선행매매에 해당한다.
② 일반투자자로 상품이 적합하지 않거나 65세 이상인 사람을 대상으로 금융투자상품을 판매하는 경우 판매과정을 녹취하고 숙려기간을 부여해야 한다.
③ 조사분석자료가 공표된 후 24시간이 경과하기 전에 그 대상이 된 금융투자상품을 자기의 계산으로 매매하는 것을 선행매매라 하고 금지한다.
④ 조사분석자료의 작성을 담당하는 자에 대해서는 일정한 기업금융업무와 연동된 성과보수를 지급할 수 있다.

+ 용어 알아두기
자기의 계산 자기가 보유한 금전 등으로 처리한다는 의미이다. 즉, 금융투자회사 자기의 고유재산으로 금융투자회사의 이익을 위해 증권 등을 매매하는 것을 말한다.

♀ TIP
① 증권시장과 파생상품시장 간의 가격 차이를 이용한 차익거래는 선행매매에 해당하지 않는다.
③ 스캘핑에 대한 설명이다.
④ 조사분석자료의 작성을 담당하는 자에 대해서는 일정한 기업금융업무와 연동된 성과보수를 지급할 수 없다.

핵심포인트 해설 　불건전 영업행위의 금지

(1) 불건전 영업행위 금지
　불건전 영업행위의 금지를 위반한 경우 금융투자업자 및 그 임직원은 손해배상책임과 행정조치뿐만 아니라 형사벌칙의 대상이 됨

(2) 선행매매의 금지
　① 투자자의 매수 또는 매도의 주문을 체결하기 전에 자기의 계산으로 매수 또는 매도하거나 혹은 제3자에게 매수 또는 매도를 권유하는 것을 선행매매라 하고 금지함
　② 선행매매에 해당하지 않는 경우
　　㉠ 투자자의 매매주문정보를 이용하지 않았음을 입증하는 경우
　　㉡ 증권시장과 파생상품시장 간의 가격 차이를 이용한 차익거래인 경우

(3) 조사분석자료 공표 후 매매금지
　조사분석자료가 공표된 후 24시간이 경과하기 전에 그 대상이 된 금융투자상품을 자기의 계산으로 매매하는 것을 스캘핑(Scalping)이라 하고 금지함

(4) 부적합하거나 65세 이상인 사람에게 금융투자상품을 판매 시 준수사항 → 최근 기출
　① 판매과정을 녹취하고 투자자의 요청 시 녹취 제공
　② 매매를 철회할 수 있는 기간(2영업일 이상 숙려기간) 부여 및 안내
　③ 숙려기간 후 매매 의사가 확정적임을 확인하고 청약 등을 집행

정답 ②

14

다음 중 신용공여에 관한 규제에 대한 내용으로 잘못된 것은?

① 투자매매업자는 증권의 인수일부터 3개월 이내에 투자자에게 그 증권을 매수하도록 금전의 융자나 신용공여를 할 수 없다.
② 투자매매(중개)업자는 신용공여금액의 100분의 140 이상에 상당하는 담보를 징구하여야 한다.
③ 신용공여에 관한 규제를 위반한 투자매매(중개)업자에 대해서는 형사상 제재 대상이 된다.
④ 담보로 제공된 공모 파생결합증권은 2 이상의 채권평가회사가 제공하는 가격정보를 기초로 투자매매(중개)업자가 선정한 가격으로 평가한다.

TIP 신용공여에 관한 규제를 위반한 투자매매(중개)업자에 대해서는 형사상 제재는 없고 회사 및 임직원에 대한 금융위의 행정조치의 대상이 된다.

핵심포인트 해설 신용공여에 관한 규제

(1) 신용공여
① 증권과 관련하여 금전의 융자 또는 증권 대여의 방법으로 투자자에게 신용을 공여하는 것
② 증권과 관련된 경우 예외적으로 허용(한도 : 증권사 자기자본 범위 이내)

(2) 담보의 징구
① 담보비율 : 신용공여금액의 100분의 140 이상에 상당하는 담보를 징구
② 담보인 증권의 평가
  ㉠ 청약주식 : 취득가액
  ㉡ 상장주권 : 종가
  ㉢ 상장채권, 공모 파생결합증권 : 2 이상의 채권평가회사가 제공하는 가격정보로 증권사가 선정한 가격
  ㉣ 집합투자증권 : 기준가격

(3) 제 한
투자매매업자는 증권의 인수일부터 3개월 이내에 투자자에게 그 증권을 매수하도록 금전의 융자나 신용공여를 할 수 없음

(4) 위반 시 제재
신용공여에 관한 규제를 위반한 투자매매(중개)업자에 대해서는 형사상 제재는 없고, 회사 및 임직원에 대한 금융위원회의 행정조치의 대상이 됨

정답 ③

15 종합금융투자사업자에 관한 특례 ★

다음 중 종합금융투자사업자에 대한 설명으로 적절하지 않은 것은?

① 종합금융투자사업자란 투자매매업자 또는 투자중개업자 중 금융위원회로부터 종합금융투자사업자의 지정을 받은 자를 말한다.
② 금융투자업의 새로운 유형이라 할 수 있다.
③ 한국형 헤지펀드라고 할 수 있는 전문투자형 사모집합투자기구에 대한 신용공여, 증권대차, 재산의 보관과 관리 등 헤지펀드에 대하여 투자은행업무를 종합적으로 서비스하는 것이 주된 기능이다.
④ 지정요건으로 3조원 이상의 자기자본을 갖춰야 한다.

♀TIP 새로운 유형은 아니며, 겸영업무 또는 부수업무로 볼 수 있다.

핵심포인트 해설 종합금융투자사업자에 관한 특례

(1) **종합금융투자사업자**의 의의 → 종합금융투자사업자는 대형 증권사의 새로운 영업 기반을 위해 새롭게 추가된 내용이므로, 개괄적인 내용을 잘 체크할 것
　① 종합금융투자사업자란 투자매매업자 또는 투자중개업자 중 금융위원회로부터 종합금융투자사업자의 지정을 받은 자를 말함
　② 금융투자업 6가지 외의 새로운 유형은 아니며, 겸영업무나 부수업무로 볼 수 있음
　③ 한국형 헤지펀드라고 할 수 있는 전문투자형 사모집합투자기구에 대한 신용공여, 증권대차, 재산의 보관과 관리 등 헤지펀드에 대하여 투자은행업무를 종합적으로 서비스하는 것이 주된 기능임

(2) **지정요건**
　① 상법상 주식회사이며, 3조원 이상의 자기자본을 갖출 것
　② 증권에 관한 인수업을 영위할 것

정답 ②

16 | 집합투자업자 행위 규칙 ★★

다음 중 집합투자업자의 영업행위 규칙에 대한 설명으로 잘못된 것은?

① 각 집합투자기구 자산총액의 10%를 초과하여 동일종목의 증권에 투자하는 행위를 금지한다.
② 동일종목 증권 투자 제한의 예외에서 100% 투자가 가능한 것으로는 국채와 지방채 등이 있다.
③ 전체 집합투자기구에서 동일법인 등이 발행한 지분증권 총수의 20%를 초과하여 투자하는 것은 제한된다.
④ 투자적격 등급을 받지 못한 자와 장외파생상품을 매매하는 것은 제한된다.

♥ TIP 지방채는 집합투자기구 자산총액의 30% 투자가 가능하다.

핵심포인트 해설 집합투자기구 자산운용의 제한

(1) 동일종목 증권 투자의 제한
  ① 각 집합투자기구 자산총액의 10%를 초과하여 동일종목의 증권에 투자하는 행위 금지, 집합투자기구 자산총액의 50% 이상을 동일법인 증권에 펀드 자산의 5% 이하씩 투자하는 경우 동일법인 증권에 펀드 자산의 25%까지 투자 가능
  ② 동일종목 증권 투자 제한의 예외
    ㉠ 100% 투자 가능 : 국채, 한국은행통화안정증권, 정부보증채, 부동산펀드, 특별자산펀드
    ㉡ 30% 투자 가능 : 지방채, 금융기관 채권 등

(2) 동일 지분증권 투자의 제한
  ① 전체 집합투자기구에서 동일법인 등이 발행한 지분증권 총수의 20%를 초과하여 투자하는 행위 금지
  ② 각 집합투자기구에서 동일법인 등이 발행한 지분증권 총수의 10%를 초과하여 투자하는 행위 금지

(3) 파생상품 투자의 제한
  ① 적격요건(투자적격 등급)을 갖추지 못한 자와 장외파생상품을 매매하는 행위 금지
  ② 파생상품 위험평가액이 집합투자기구 순자산의 100%를 초과하는 행위 금지

(4) 부동산 투자의 제한
  취득 후 다음의 기간 내에 처분하는 행위 금지

국내 부동산	취득 후 1년 내에 처분
국외 부동산	집합투자규약으로 정하는 기간

(5) 금전차입, 대여 제한
  ① 금전차입 특례 : 부동산 집합투자기구는 순자산의 200%(기타 집합투자기구는 부동산가액의 70%)
  ② 금전대여 특례 : 부동산 개발사업 영위 법인에 예외적 대여 가능(순자산 100% 한도)

정답 ②

17 집합투자업자 행위 규칙 ★★

다음 중 집합투자업자의 의결권 행사 및 공시에 대한 설명으로 적절하지 않은 것은?

① 자본시장법상 집합투자기구의 의결권공시대상법인은 집합투자재산 총액의 10% 이상 또는 100억원 이상을 소유하는 주식의 발행인이다.
② 집합투자업자가 주식발행인을 계열사로 편입하기 위한 경우 집합투자업자는 중립투표(Shadow Voting)를 하여야 한다.
③ 주식발행인이 집합투자업자와 계열회사의 관계에 있는 경우 집합투자업자는 중립투표를 하여야 한다.
④ 상호출자제한기업집단에 속하는 경우 집합투자업자는 주식의 15% 미만으로 의결권을 행사하여야 한다.

용어 알아두기

중립투표 펀드를 제외한 나머지 주주들이 투표한 비율대로 펀드의 투표수를 분배하는 것이다. 해당 회사에 기관투자자의 비중이 높은 경우 기관투자자가 주주총회에 참석하여 투표권을 행사할 수 없다면 참석 주주수의 미달로 주주총회가 무산되는 경우가 발생할 수 있다. 이에 이를 방지하면서 다른 주주의 투표 결과에 영향을 주지 않도록 하기 위해 중립투표를 하는 것이다.

♀ TIP 의결권공시대상법인은 집합투자재산 총액의 5% 이상 또는 100억원 이상을 소유하는 주식의 발행인이다.

핵심포인트 해설 의결권 행사 및 공시

(1) 원칙
    신탁업자 (×)
    집합투자업자는 투자자의 이익을 보호하기 위해서 집합투자재산에 속하는 주식의 의결권을 충실하게 행사하여야 함

(2) 중립투표(Shadow Voting)
    집합투자업자는 다음의 경우 중립투표를 하여야 함
    ① 집합투자업자 혹은 그 특수관계인이 주식발행인을 계열사로 편입하기 위한 경우
    ② 주식발행인이 집합투자업자와 계열회사 혹은 집합투자업자의 대주주의 관계에 있는 경우

(3) 상호출자제한기업집단에 속하는 집합투자업자인 경우
    ① 주식의 15% 미만으로 의결권을 행사하여야 함
    ② 계열회사 주식을 동일종목 투자한도(10%) 예외규정을 통해 취득한 경우 투자한도 초과분은 중립투표하여야 함

(4) 의결권공시대상법인
    각 집합투자기구 자산총액의 5% 이상 또는 100억원 이상을 소유하는 주식의 발행인

정답 ①

18

> 집합투자업자 행위 규칙 ★★

다음 중 집합투자업자의 수시공시사항이 아닌 것은?

① 투자운용인력 변경
② 환매연기 또는 환매재개의 결정 및 사유
③ 부실자산이 발생한 경우 명세 및 상각률
④ 집합투자기구의 투자대상 상위 10개 종목

♀TIP 집합투자기구의 투자대상 상위 10개 종목은 자산운용보고서 기재사항이다.

핵심포인트 해설   자산운용보고서 및 수시공시

(1) 자산운용보고서
① 집합투자업자는 자산운용보고서를 작성하여 신탁업자의 확인을 받아 3개월에 1회 이상 투자자에게 제공하여야 함
② 자산운용보고서 제공의 예외
    ㉠ 수령거부의사를 서면, 전화, 전신, 팩스, 전자우편 등의 방법으로 표시한 경우
    ㉡ MMF의 자산운용보고서를 월 1회 이상 공시하는 경우
    ㉢ 상장된 환매금지형 집합투자기구의 자산운용보고서를 3개월에 1회 이상 공시하는 경우
    ㉣ 집합투자규약에 10만원 이하의 투자자에게 제공하지 않는다는 내용을 정한 경우
③ 자산운용보고서 기재사항 : 기준가격, 손익상황, 자산별 평가액과 비율, 투자운용인력, 투자대상 상위 10개 종목 등

(2) 수시공시
집합투자업자는 다음 사항이 발생한 경우 홈페이지, 전자우편, 영업소 게시 3가지 모두의 방법으로 공시하여야 함
① 투자운용인력 변경
② 환매연기 또는 환매재개의 결정 및 사유
③ 부실자산이 발생한 경우 명세 및 상각률
④ 집합투자자총회 결의 내용 등

정답 ④

투자자문업자 및 투자일임업자의 영업행위 규칙 ★

다음 중 유사투자자문업에 대한 설명으로 잘못된 것은?

① 유사투자자문업은 불특정 다수인을 상대로 발행 또는 송신되고, 출판물 또는 방송 등을 통하여 투자자문업자 외의 자가 일정한 대가를 받고 금융투자상품에 대한 투자판단 또는 금융투자상품의 가치에 관하여 투자조언을 하는 행위를 말한다.
② 대가를 받지 않더라도 유사투자자문업의 업무에 해당하면 금융위원회에 신고하여야 하는 등 일정한 규제를 받게 된다.
③ 유사투자자문업을 영위하고자 하는 자는 금융위원회가 정한 서식에 따라 금융위원회에 신고하여야 한다.
④ 유사투자자문업자가 계약으로 정한 수수료 외의 대가를 추가로 받는 것은 금지된다.

◎ TIP 유사투자자문업의 업무에 해당하더라도 대가를 받지 않으면 유사투자자문업에 해당하지 않는다.

핵심포인트 해설 유사투자자문업

(1) 정의
① 불특정 다수인을 상대로 발행 또는 송신되고, 방송 등을 통하여 투자자문업자 외의 자가 일정한 대가를 받고 금융투자상품에 대한 투자판단 또는 금융투자상품의 가치에 관하여 투자조언을 하는 행위
② 유사투자자문업의 업무에 해당하더라도 대가를 받지 않으면 유사투자자문업에 해당하지 않음

(2) 유사투자자문업자에 대한 규제
유사투자자문업을 영위하고자 하는 자는 금융위원회가 정한 서식에 따라 금융위원회에 신고하여야 함

(3) 불건전 영업행위의 금지
① 투자자로부터 금전 등을 예탁받는 행위는 금지되나, 투자자보호 및 건전한 거래질서를 해할 우려가 없는 경우로 금융투자업을 겸영하는 경우에는 가능함
② 계약으로 정한 수수료 외의 대가를 추가로 받는 행위는 금지됨

정답 ②

20

신탁의 개념 ★

다음 중 신탁에 대한 설명으로 올바르지 않은 것은?

① 신탁이 설정되면 신탁재산은 대내외적으로 수탁자 명의이기 때문에 위탁자로부터 독립되나 이는 형식이므로 위탁자의 채권자에 의한 강제집행이 가능하다.
② 신탁재산은 수탁자 명의의 재산이나 독립된 목적재산으로 수탁자의 고유재산과는 분별관리 된다.
③ 신탁재산의 관리로 수탁자가 얻은 재산은 신탁재산에 속하며 이를 신탁재산의 물상대위성이라고 한다.
④ 신탁은 신탁계약 혹은 유언에 의해 설정된다.

> **＋용어 알아두기**
> **신탁(Trust)** 신탁은 말 그대로 믿고(信) 맡기는(託) 것으로, 위탁자와 수탁자의 재산과 독립적으로 신탁계약에 따라 수익자의 이익을 위해 운용 및 관리된다.

◉ TIP 신탁재산은 위탁자로부터 독립되며, 위탁자의 채권자에 의한 강제집행위험으로부터 자유롭다.

핵심포인트 해설 신 탁

(1) 의의
① 신탁은 위탁자의 수탁자에 대한 특별한 신임관계에 기하여 위탁자가 특정의 재산권을 이전하거나 기타의 처분을 하고 수탁자로 하여금 수익자의 이익을 위하여 또는 특정의 목적을 위하여 그 재산권을 관리·처분하게 하는 법률관계임
② 신탁의 설정방법
  ㉠ 위탁자와 수탁자 간의 신탁계약에 의한 경우
  ㉡ 위탁자의 유언에 의한 경우
  ㉢ 신탁선언에 의한 경우
③ 신탁관계의 특징
  ㉠ 신탁재산은 위탁자로부터 독립되며, 위탁자의 채권자에 의한 강제집행위험으로부터 자유로움
  ㉡ 신탁재산은 수탁자의 고유재산과는 분별관리되어 수탁자의 채권자는 신탁재산에 대해 강제집행할 수 없음
④ 신탁재산의 물상대위성 : 신탁재산의 관리, 처분, 운용, 개발, 멸실, 훼손 등의 사유로 수탁자가 얻은 재산은 신탁재산에 속함

(2) 신탁업의 인가
자본시장법은 신탁업자가 수탁 가능한 재산의 범위를 열거하고, 신탁업 인가단위를 신탁업자가 수탁할 수 있는 재산의 종류에 따라 구분함

종합신탁	금전, 증권, 금전채권, 동산, 부동산, 부동산 관련 권리, 무체재산권 수탁 가능
금전신탁	금전만 수탁 가능
재산신탁	금전을 제외한 재산만 수탁 가능
부동산신탁	동산, 부동산, 지상권 등 부동산 관련 권리만 수탁 가능

정답 ①

21

> 증권신고서제도 ★★★

다음 중 증권신고서제도에 대한 설명으로 틀린 것은?

① 모집과 매출의 50인 산정에 전문투자자는 제외된다.
② 모집과 매출의 50인 산정의 예외인 연고자에는 우리사주조합원이 포함된다.
③ 청약을 권유받는 자의 수가 50인 미만이더라도 발행일부터 1년 이내에 50인 이상의 자에게 양도될 수 있는 경우 간주모집에 해당한다.
④ 증권신고서 제출의무가 없는 경우 발행인은 재무상태에 관한 사항을 공시하지 않아도 된다.

♥ TIP 증권신고서 제출의무가 없는 경우에도 발행인은 투자자보호를 위해 재무상태에 관한 사항을 공시하여야 한다.

핵심포인트 해설 증권신고서제도

(1) 정의
증권에 관한 사항과 증권의 발행인에 관한 사항을 투자자에게 알리기 위한 제도

(2) 모집 및 매출
① 모집 : 50인 이상의 투자자에게 새로 발행되는 증권 취득의 청약을 권유하는 것
② 매출 : 50인 이상의 투자자에게 이미 발행된 증권 매도의 청약 또는 매수의 청약을 권유하는 것
③ 50인 산정의 예외 : 전문투자자 및 연고자(5% 이상 주주, 임원, 우리사주조합원 계열사 임원 등) ← 연고자에 포함
④ 간주모집 : 청약을 권유받는 자의 수가 50인 미만이더라도 발행일부터 1년 이내에 50인 이상의 자에게 양도될 수 있는 경우 모집으로 간주하고 증권신고서의 대상이 됨
⑤ 청약권유의 예외 : 단순한 광고나 안내는 청약권유에서 제외됨

(3) 증권신고서 적용면제증권
위험이 매우 낮은 증권으로, 국채, 지방채, 특수채, 3개월 이내 전자단기사채 등이 있음

(4) 소액공모
① 모집 및 매출의 경우 10억원 미만의 소액인 경우에는 증권신고서 제출의무가 없음
② 증권신고서 제출의무가 없는 경우에도 투자자보호를 위해 발행인은 재무상태에 관한 사항 등을 공시하여야 함

(5) 신고의무자
해당 증권의 발행인임

(6) 예측정보의 기재방법
예측정보라는 사실, 판단근거, 실제 결과치는 다를 수 있다는 문구가 있어야 함

정답 ④

22

증권신고서제도 ★★★

다음 중 특수한 신고서제도에 대한 설명으로 틀린 것은?

① 파생결합증권인 고난도금융투자상품도 지속적으로 발행되는 경우 일괄신고서가 가능하다.
② 일괄신고서는 실제 증권의 발행 시 추가서류의 제출만으로 증권신고서를 제출한 것과 동일한 효과를 갖도록 하여 증권의 발행을 원활하게 하는 제도이다.
③ 정정신고서가 제출된 경우 그 정정신고서가 수리된 날 당초 제출한 증권신고서가 수리된 것으로 본다.
④ 채무증권으로 당초에 제출한 신고서의 모집 및 매출가액 총액의 100분의 80 이상과 100분의 120 이하에 해당하는 금액으로 변경하는 것은 효력발생기간에 영향을 미치지 않는다.

♀TIP 파생결합증권은 일괄 신고가 가능하나 고난도금융투자상품은 일괄신고서가 불가하다.

핵심포인트 해설 증권신고서의 효력발생 및 특수한 신고서제도

(1) 증권신고서의 효력발생
효력발생의 의미는 서류의 형식과 내용에 문제가 없다는 것이며, 금융위원회가 그 증권신고서의 기재사항이 진실이라는 것이나 그 증권의 가치를 보증하는 것은 아님

(2) 특수한 신고서제도
① 일괄신고서
  ㉠ 같은 종류의 증권을 지속적으로 발행하는 경우 일괄하여 신고함 예 개방형 집합투자증권
     (파생결합증권도 가능하나 고난도금융투자상품은 불가)
  ㉡ 그 기간 중에는 모집이나 매출할 때마다 증권신고서를 제출하지 않음
② 정정신고서
  ㉠ 증권신고서의 내용을 정정하고자 하거나 정정요구를 받은 경우 제출하는 증권신고서임
  ㉡ 정정신고서가 수리된 날에 당초 제출한 증권신고서가 수리된 것으로 봄
  ㉢ 지분증권으로 당초에 제출한 신고서의 모집 및 매출할 증권수의 100분의 80 이상과 100분의 120 이하에 해당하는 증권수로 변경하는 것은 효력발생기간에 영향을 미치지 않음
  ㉣ 채무증권으로 당초에 제출한 신고서의 모집 및 매출가액 총액의 100분의 80 이상과 100분의 120 이하에 해당하는 금액으로 변경하는 것은 효력발생기간에 영향을 미치지 않음

정답 ①

제2장 자본시장과 금융투자업에 관한 법률

유통시장 공시제도 ★

다음 중 주요사항보고서 제출사유에 해당하지 않는 것은?

① 발행한 어음이 부도난 경우
② 자본증가 또는 자본감소에 대한 이사회 결의가 있는 경우
③ 상장기업이 증권시장을 통해 공시되지 않은 중요정보를 투자분석가에게 선별적으로 제공하고자 하는 경우
④ 자기주식을 취득할 것을 결의한 경우

TIP 공정공시를 해야 하는 경우에 해당한다.

핵심포인트 해설 유통시장 공시제도

(1) 정기공시

구 분	제출기한
사업보고서	사업연도 경과 후 90일 내
반기 및 분기보고서	반기 및 분기 종료 후 45일 내

참고 사업보고서 제외 : 집합투자증권과 유동화전문회사가 발행하는 출자지분

(2) 주요사항보고서

① 주요사항보고서와 수시공시 — 주요사항보고서는 공적 공시로 위반 시 형사처벌이 적용되며, 수시공시는 거래소에 의한 사적 공시로 위반 시 시장조치만 가능함
  ㉠ 공적인 규제가 필요한 항목을 종전 주요경영사항 신고 중 회사존립, 조직재편성, 자본증감 등의 사항과 특수공시사항으로 최소화하여 그 사유발생 다음 날까지 금융위원회에 주요사항보고서로 제출하여야 함
  ㉡ 그 외의 공시사항은 거래소가 운영하는 자율공시제도인 수시공시제도로 이원화함
② 주요사항보고서 제출사유
  ㉠ 어음, 수표 부도 및 당좌거래 정지
  ㉡ 영업의 전부 또는 중요한 일부 정지
  ㉢ 회생절차개시 신청
  ㉣ 상법 등에 따른 해산사유 발생
  ㉤ 자본증가·감소에 관한 이사회 결의
  ㉥ 중요한 영업 또는 자산을 양수, 양도(자산이나 매출의 10% 이상)
  ㉦ 자기주식취득 또는 처분할 것을 결의
  ㉧ 법인의 경영, 재산에 중대한 영향을 미치는 사항 발생

(3) 공정공시

상장기업이 증권시장을 통해 공시되지 않은 중요정보를 투자분석가, 기관투자자 등 특정인에게 선별적으로 제공하고자 하는 경우 모든 시장참가자들이 동 정보를 알 수 있도록 그 특정인에게 제공하기 전에 증권시장을 통해 공시하도록 하는 제도

(4) 내부자 거래 사전공시제도

① 대상자 : 이사, 감사 및 사실상 임원, 주식 10% 이상 소유 등 경영에 영향력 행사자, 연기금, 펀드 등 재무적 투자자는 제외
② 대상거래 : 주식 1% 이상 또는 50억원 이상 거래 시 30일 전 공시

정답 ③

24

공개매수제도 ★

다음 중 공개매수제도에 대한 설명으로 잘못된 것은?

① 공개매수는 증권시장 내에서 불특정 다수를 대상으로 이루어진다.
② 본인과 그 특별관계자가 보유하게 되는 주식 등의 수의 합계가 그 주식 등의 총수의 100분의 5 이상이 되는 경우 공개매수를 해야 한다.
③ 적용대상증권에는 의결권 있는 주식뿐만 아니라 그와 관계있는 전환사채권이나 신주인수권부 사채권 등도 포함된다.
④ 소각을 목적으로 하는 주식 등의 매수는 공개매수 적용이 면제된다.

TIP 공개매수는 증권시장 밖에서 불특정 다수를 대상으로 이루어진다.

핵심포인트 해설 공개매수제도

(1) 정의
증권시장 밖에서 불특정 다수를 대상으로 이루어지는 주식 등의 장외 매수에 대해 매수절차, 방법 등을 규정하고 그 내용을 공시하도록 하는 제도

(2) 공개매수의무
주식 등을 6개월 동안 증권시장 밖에서 10인 이상의 자로부터 매수 등을 하고자 하는 자는 본인과 그 특별관계자가 보유하게 되는 주식 등의 수의 합계가 그 주식 등의 총수의 100분의 5 이상이 되는 경우 공개매수하여야 함

(3) 적용대상증권
의결권 있는 주식 및 그와 관계있는 전환사채권이나 신주인수권부사채권 등

(4) 공개매수 의무자
① 특정인인 본인과 특별관계자까지 포함
② 특별관계자는 특수관계인과 공동보유자를 말함

(5) 공개매수신고서
① 공개매수를 공고를 한 자는 공개매수 공고일에 공개매수자와 공개매수의 방법 등을 기재한 신고서를 제출하여야 함
② 공개매수기간 중에는 별도 매수를 금지하고 응모한 주식 전부를 매수하는 것이 원칙임
③ 공개매수기간 중에는 응모주주는 언제든지 응모를 취소할 수 있음

정답 ①

25  주식 등의 대량보유상황 보고제도(5% 보고제도) ★

다음 중 5% 보고제도(주식 등의 대량보유상황 보고제도)의 변동보고에 해당하는 사유로 올바른 것은?

① 새로 5% 이상을 보유하게 되는 경우
② 5% 이상 보유자의 보유비율이 1% 이상 감소하는 경우
③ 보유목적을 단순투자에서 경영참가로 바꾸는 경우
④ 보유형태를 보유에서 소유로 바꾸는 경우

> **⁺용어 알아두기**
> 5% 보고제도 법규에서는 주식 등의 대량보유상황 보고제도라고 한다. 대량보유의 기준을 5%로 정했기 때문에 실무에서는 5% Rule 또는 5% 보고제도라고 한다.

♀ TIP ①은 신규보고, ③ ④는 변경보고에 해당한다.

핵심포인트 해설 주식 등의 대량보유상황 보고제도(5% 보고제도)

(1) 정의
주권상장법인의 주식 등을 발행주식총수의 5% 이상 보유하게 되는 경우와 보유지분의 변동 및 보유목적의 변경 등 M&A와 관련된 주식 등의 보유상황을 공시하도록 하는 제도

(2) 보고의무가 발생하는 경우

신규보고	새로 5% 이상을 보유하게 되는 경우
변동보고	5% 이상 보유자의 보유비율이 1% 이상 변동되는 경우
변경보고	보유목적 변경(단순투자 ⇔ 경영참가), 보유주식 관련 계약 변경, 보유형태 변경(소유 ⇔ 보유)

(3) 보고기한
보고사유발생일부터 5일(대통령령으로 정한 날 제외) 내에 보고하여야 함

(4) 보고기준일
① 상장된 경우 상장일
② 증권시장 내·외에서 주식 등을 매매하거나 취득한 경우 그 계약체결일 ← 계약결제일 (×)
③ 장외에서 주식 등을 처분한 경우 대금 받는 날과 주식 인도하는 날 중 선행일
④ 유상증자의 경우 주금납입일의 다음 날

(5) 냉각기간
보유목적을 경영권에 영향을 주기 위한 것으로 보고하는 자는 그 보고하여야 할 사유가 발생한 날부터 보고한 날 이후 5일까지 그 발행인의 주식 등을 추가로 취득하거나 보유주식 등에 대하여 그 의결권을 행사할 수 없음

정답 ②

26

집합투자기구의 등록 ★

다음 중 집합투자기구의 법적 형태에 따른 종류가 아닌 것은?

① 투자합자회사
② 투자익명조합
③ 사모투자전문회사
④ 합명회사

+용어 알아두기

경영참여형 사모집합투자기구   경영참여형 사모집합투자기구(Private Equity Fund)는 기업에 대한 경영권 참여 목적의 투자를 통해 경영에 참여하거나 사업구조, 지배구조를 개선하여 기업의 가치를 높이고 그 수익을 투자자(사원)에게 배분하는 것을 목적으로 하는 투자합자회사로, 지분증권을 사모로만 발행하는 집합투자기구이다.

♀ TIP 합명회사는 무한책임사원으로 구성되므로 집합투자기구에 적합하지 않다.

핵심포인트 해설 집합투자기구 (1)

(1) 집합투자의 정의
① 2인 이상의 투자자로부터 모은 금전 등을   ⇨ 투자의 집합성
② 투자자의 일상적인 운용지시를 받지 않으면서 운용하고 ⇨ 투자의 간접성
③ 그 결과를 투자자에게 배분하여 귀속시키는 것   ⇨ 실적배당(투자자 책임)

(2) 법적 형태에 따른 종류
투자회사, 투자합자회사, 투자합자조합, 투자익명조합, 투자유한회사, 투자유한책임회사, 사모집합투자기구(경영참여형 사모집합투자기구, 전문투자형 사모집합투자기구)

(3) 등록주체
① 법인격이 없는 투자신탁 : 집합투자업자
② 법인격이 있는 투자회사 : 집합투자기구 자체

(4) 등록요건
① 집합투자업자, 신탁업자, 투자매매·중개업자, 일반사무관리회사가 업무정지기간 중이 아닐 것
② 집합투자기구가 적법하게 설정·설립되었을 것
③ 집합투자규약이 적법하고 투자자의 이익을 명백히 침해하지 않을 것
④ 시행령으로 정하는 요건을 갖출 것
   예 자본금이나 출자금이 1억원 이상일 것

정답 ④

집합투자기구의 등록 ★

다음 중 집합투자재산의 운용 관련하여 증권, 부동산, 특별자산의 최저투자비율의 적용을 받지 않는 집합투자기구는?

① 혼합자산집합투자기구
② 특별자산집합투자기구
③ 증권집합투자기구
④ 단기금융집합투자기구

+용어 알아두기
특별자산 증권 및 부동산을 제외한 투자대상 자산이다.

♥ TIP 혼합자산집합투자기구에 대한 설명이다.

핵심포인트 해설 집합투자기구의 주된 투자대상에 따른 종류

증권집합투자기구	50%를 초과하여 증권에 투자하는 집합투자기구
부동산집합투자기구	50%를 초과하여 부동산에 투자하는 집합투자기구
특별자산집합투자기구	50%를 초과하여 특별자산에 투자하는 집합투자기구
혼합자산집합투자기구	집합투자재산의 운용과 관련하여 증권, 부동산, 특별자산의 최저투자비율의 적용을 받지 않는 집합투자기구
단기금융집합투자기구	원화표시 단기금융상품에 투자하는 집합투자기구

정답 ①

28

집합투자기구의 등록 ★

다음 중 자본시장법상 등록대상 집합투자기구가 아닌 것은?

① 사모집합투자기구
② 전환형 집합투자기구
③ 모자형 집합투자기구
④ 공모집합투자기구

TIP 사모집합투자기구의 경우 사후적으로 금융위원회에 보고의무가 있다.

핵심포인트 해설 집합투자기구 (2)

(1) 등록대상 집합투자기구
① 자본시장법상 공모집합투자기구에 적용됨
② 다만, 사모집합투자기구는 사후적으로 금융위원회에 보고해야 함

(2) 유사명칭 사용금지
① 집합투자기구가 아닌 자는 유사명칭을 사용할 수 없음
② 사모펀드는 '사모'명칭 사용 필수

(3) 집합투자증권 판매계약 또는 위탁판매계약
① 투자매매업자와 판매계약 또는 투자중개업자와 위탁판매계약 체결
② 직접판매 : 집합투자업자가 직접 집합투자증권을 판매하는 경우에는 판매계약 또는 위탁판매계약 체결을 요구하지 않음

(4) 투자회사 운영 업무
일반사무관리회사 위탁을 의무화하고 있음(투자회사 주식 발행, 회사재산의 계산, 이사회 소집 등 담당)

(5) 사모펀드
투자자 수가 100인 이하이나 일반투자자의 숫자는 49인 이하만 허용

정답 ①

29

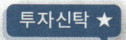

다음 중 투자신탁에 대한 설명으로 적절하지 않은 것은?

① 투자신탁을 설정하고자 하는 집합투자업자는 신탁계약서에 의하여 신탁업자와 신탁계약을 체결하여야 한다.
② 투자신탁의 종류의 변경이 투자신탁을 설정할 때부터 예정되어 있고 신탁계약서에 표시되어 있는 경우에는 사전에 수익자총회의 결의가 필요하지 않다.
③ 신탁계약을 변경한 경우에는 그 내용을 공시하여야 하며, 수익자총회의 결의를 거쳐 변경한 경우에는 수익자에게 개별 통지해야 한다.
④ 수익증권은 액면을 1,000원으로 발행하되, 기명식으로 한다.

TIP 수익증권은 무액면 기명식으로 발행한다.

핵심포인트 해설   신탁계약 및 수익증권

(1) 신탁계약의 체결
투자신탁을 설정하고자 하는 집합투자업자는 신탁계약서에 의하여 신탁업자와 신탁계약을 체결하여야 함

(2) 신탁계약의 변경
① 신탁계약을 변경하고자 하는 경우에는 신탁업자와 변경계약을 체결하여야 하며 다음의 사항을 변경하고자 하는 경우에는 수익자총회 결의를 받아야 함
  ㉠ 수수료 인상   ㉡ 신탁업자의 변경
  ㉢ 신탁계약기간의 변경   ㉣ 주된 투자대상자산의 변경 등
② 단, 투자신탁의 종류의 변경인 경우 투자신탁을 설정할 때부터 변경이 예정되어 있고 신탁계약서에 표시되어 있다면 사전에 수익자총회 결의가 필요하지 않음

(3) 신탁계약 변경 시 공시 또는 개별 수익자 통지
신탁계약을 변경한 경우에는 그 내용을 공시하여야 하며, 수익자총회의 결의를 거쳐 변경한 경우에는 수익자에게 개별 통지하여야 함

(4) 수익증권의 발행
① 집합투자업자는 수익증권의 발행가액 전액이 납입된 경우 신탁업자의 확인을 받아 예탁결제원을 명의인으로 하여 수익증권을 발행하여야 함
② 수익증권은 무액면 기명식임
③ 투자신탁의 수익권이 균등하게 분할되어 수익증권으로 표시되어야 함

정답 ④

30 투자신탁 ★

다음 중 투자신탁의 수익자총회에 대한 설명으로 적절하지 않은 것은?

① 수익자총회 소집권자는 집합투자업자와 신탁업자 또는 발행된 수익증권의 총좌수의 5% 이상을 소유한 수익자이다.
② 수익자총회는 출석한 수익자의 의결권의 과반수와 발행된 수익증권의 총좌수의 3분의 1 이상의 수로 결의한다.
③ 법에서 정한 수익자총회의 결의사항 외에 신탁계약으로 정한 수익자총회의 결의사항에 대하여는 출석한 수익자의 의결권의 과반수와 발행된 수익증권의 총좌수의 5분의 1 이상의 수로 결의 가능하다.
④ 간주의결권을 행사하려면 간주의결권 행사의 방법이 집합투자규약에 기재되어 있어야 한다.

TIP 수익자총회는 출석한 수익자의 의결권의 과반수와 발행된 수익증권의 총좌수의 4분의 1 이상의 수로 결의한다.

핵심포인트 해설 수익자총회

(1) 수익자총회 소집권자
① 원칙 : 집합투자업자
② 예외 : 신탁업자 또는 발행된 수익증권의 총좌수의 5% 이상을 소유한 수익자

(2) 수익자총회 의결정족수
① 출석한 수익자의 의결권의 과반수와 발행된 수익증권의 총좌수의 4분의 1 이상의 수로 결의함
② 법에서 정한 수익자총회의 결의사항 외에 신탁계약으로 정한 수익자총회의 결의사항에 대하여는 출석한 수익자의 의결권의 과반수와 발행된 수익증권의 총좌수의 5분의 1 이상의 수로 결의 가능함

(3) 간주의결권 행사
다음의 요건을 충족하면 수익자총회에 참석한 수익자가 소유한 수익증권의 총좌수 결의 내용에 영향을 미치지 않도록 의결권을 행사한 것으로 봄
① 수익자에게 의결권 행사에 관한 통지가 있었으나 의결권이 행사되지 않았을 것
② 간주의결권 행사의 방법이 집합투자규약에 기재되어 있을 것
③ 수익자총회에서 의결권을 행사한 수익증권의 총좌수가 발행된 수익증권의 총좌수의 10분의 1 이상일 것
④ 간주의결권 행사요건의 충족에 관한 사항과 수익자총회 결의 내용에 관한 사항을 수익자에게 통지하고 공시할 것

(4) 연기수익자총회
① 사유 : 수익자총회의 결의가 이루어지지 않은 경우
② 결의요건 : 출석한 수익자의 의결권 과반수와 수익증권 총좌수의 8분의 1 이상

정답 ②

31

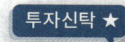

다음 중 금융위원회의 승인이 면제되는 투자신탁의 임의해지 사유에 해당하지 않는 것은?

① 해당 투자신탁의 수익증권 전부에 대한 환매의 청구를 받아 신탁계약을 해지하려는 경우
② 공모투자신탁으로서 설정한 후 1년이 되는 날에 원본액이 50억원 미만인 경우
③ 수익자가 1인일 경우
④ 수익자 전원이 동의한 경우

TIP 수익자가 1인일 경우는 법정해지 사유에 해당한다.

핵심포인트 해설 투자신탁의 해지 및 합병

(1) 임의해지
① 집합투자업자는 금융위원회의 승인을 받아야 투자신탁을 해지할 수 있으나, 수익자의 이익을 해할 우려가 없는 경우 임의해지 사유에 따라 금융위원회의 승인을 받지 않고 해지할 수 있음
② 임의해지 사유
  ㉠ 수익자 전원이 동의한 경우
  ㉡ 해당 투자신탁의 수익증권 전부에 대한 환매의 청구를 받아 신탁계약을 해지하려는 경우
  ㉢ 공모투자신탁으로서 설정한 후 1년이 되는 날에 원본액이 50억원 미만인 경우
  ㉣ 공모투자신탁을 설정하고 1년이 지난 후 1개월간 계속하여 투자신탁의 원본액이 50억원 미만인 경우

(2) 법정해지 사유
① 신탁계약에서 정한 신탁계약기간의 종료
② 수익자총회의 투자신탁 해지 결의
③ 투자신탁의 피흡수 합병
④ 투자신탁의 등록 취소
⑤ 수익자가 1인일 경우(수익자가 기금관리주체 또는 보험회사 변액보험인 경우, 설정일로부터 1개월 이내인 경우, 수익자가 1인이 된 날로부터 1개월 이내인 경우는 예외)

(3) 합병
① 집합투자업자는 그 집합투자업자가 운용하는 다른 투자신탁을 흡수하는 방법으로 투자신탁을 합병할 수 있음
② 투자신탁 합병의 효력발생시기는 존속하는 투자신탁의 집합투자업자가 금융위원회에 보고를 한 때임

정답 ③

32

집합투자기구의 종류 등 ★

다음 중 집합투자재산의 평가로 장부가평가가 가능한 경우는?

① MMF
② 해외증권시장의 주식
③ 장내파생상품
④ 증권시장에서 거래가 되는 채무증권

> **+ 용어 알아두기**
> **장부가** 장부에 기재되어 있는 자산, 부채, 자본 등의 가격이다. 자산의 장부가격은 원칙적으로 취득원가로 기록되지만, 감가상각, 재평가 등에 의하여 변동된다. 단기로 운용되는 MMF를 장부가로 평가할 수 있는 이유는 단기의 경우 시장금리가 급변하지 않는다면 시장가격과 장부가격의 괴리가 크지 않기 때문이다.

♀ TIP MMF는 장부가평가가 가능하며, 시가와 장부가의 괴리가 커지면(0.5% 이상) 필요한 조치를 취하여야 한다.

핵심포인트 해설 집합투자재산의 평가 및 이익금의 분배

(1) 집합투자재산의 평가

① 원 칙

신뢰할 만한 시가가 있는 경우 시가로 평가하며 신뢰할 만한 시가가 없는 경우 공정가액으로 평가함

시가평가	• 증권시장(해외증권시장을 포함)에서 거래된 시가로 평가함 • 파생상품시장(해외파생상품시장을 포함)에서 공표하는 가격으로 평가함
공정가액평가	• 자산의 종류별로 취득가격, 거래가격, 환율, 집합투자증권의 기준가격을 고려하여 평가함 • 채권평가회사, 회계법인, 감정평가법인 등이 평가함

② MMF 장부가평가
  ㉠ MMF는 장부가격으로 평가할 수 있음
  ㉡ 시가와 장부가의 괴리가 일정 비율을 초과하면 시가로 평가함

③ 집합투자재산 평가 확인 : 신탁업자

(2) 이익금의 분배

집합투자업자 또는 투자회사 등은 집합투자기구의 집합투자재산 운용에 따라 발생한 이익금을 투자자에게 금전 또는 새로 발행하는 집합투자증권으로 분배하여야 함

정답 ①

33

불공정거래행위에 대한 규제 ★★

다음 중 불공정거래행위에 대한 규제를 설명한 내용으로 적절하지 않은 것은?

① 내부자거래 규제의 적용대상법인은 상장법인이며 6개월 내 상장이 예정된 법인도 포함한다.
② 내부자의 단기매매차익 반환대상은 6개월 이내에 매매하여 얻은 이익이다.
③ 내부자가 미공개 중요정보를 이용한 경우에만 단기매매거래에 따른 이익을 회사에 반환한다.
④ 가격고정 및 안정조작행위는 규제대상 시세조종행위의 예외로 인정받는 경우가 있다.

♀ TIP 미공개 중요정보의 이용 여부와 관계없이 매매 이익을 회사에 반환하여야 한다.

핵심포인트 해설 불공정거래행위에 대한 규제

(1) 미공개 중요정보 이용행위의 금지
① 내부자거래 규제의 적용대상법인은 상장법인으로 6개월 내 상장이 예정된 법인을 포함함
② 규제대상자 → 내부자와 준내부자의 범위가 넓은데, 이는 실질적으로 관련된 회사의 주식을 매매하지 말라는 의미임

내부자	해당 법인 및 계열사의 임직원 등
준내부자	해당 법인에 대하여 법령에 따른 인허가의 권한을 가진 자, 해당 법인과의 계약 관련자 등
정보수령자	내부자 및 준내부자(내부자 및 준내부자에 해당하지 않게 된 날부터 1년이 경과하지 않은 자를 포함)에게 미공개 중요정보를 받은 자

③ 규제대상 : 당해 법인이 발행한 증권 및 그 증권을 기초자산으로 하는 금융투자상품 포함 예) CB, BW, PB, EB

(2) 내부자의 단기매매차익 반환제도
① 대상직원 : 해당 법인의 주요사항 보고업무, 재무, 회계, 기획, 연구개발 종사자
② 일정 범위의 내부자에 대해 미공개 중요정보의 이용 여부와 관계없이 특정 증권 등의 단기매매거래에 따른 이익(6개월 이내에 상장주식을 매매하여 얻은 이익)을 회사에 반환하도록 하여 내부자의 미공개 중요정보 이용행위를 예방하는 제도

(3) 시세조종행위의 금지
① 증권시장(파생상품시장 포함)에서 가격이나 거래동향을 인위적으로 변동시켜 부당이득을 취하는 행위를 금지함
② 규제대상 시세조종행위

위장거래	• 통정매매 : 서로 짜고 매매함 • 가장매매 : 권리 이전을 목적으로 하지 않고 거짓으로 매매함
가격고정 또는 안정조작행위	• 당연히 불가하나 다음의 경우 예외적으로 가능함 · 청약 관련 안정조작을 하는 경우 · 상장된 날로부터 일정 기간 이내에 인수계약으로 정한 기간 조성하는 매매거래(시장조성)를 하는 경우

(4) 부정거래행위 규제
자본시장법은 포괄적으로 부정거래행위를 금지함

정답 ③

금융소비자보호법 ★★★

금융소비자보호법에 따른 전문금융소비자에 설명으로 틀린 것은?

① 주권상장법인은 장외파생상품 거래 시 전문금융소비자와 같은 대우를 받겠다는 의사를 서면 통지한 경우 전문금융소비자 대우를 받는다.
② 대출성 상품의 경우 상시근로자 5인 이상 법인도 전문금융소비자이다.
③ 대부업자는 투자성 및 보장성 상품에는 일반금융소비자이다.
④ 투자권유대행인은 투자성 상품에 대해 전문금융소비자이다.

TIP 대부업자는 예금성 상품을 제외하고 투자성, 보장성, 대출성 상품에서 모두 전문금융소비자에 해당한다.

핵심포인트 해설 금융소비자보호법 체계

(1) 금융상품 구분
① 투자성 : 펀드 등 금융투자상품, 신탁상품
② 예금성 : 예금, 적금 등
③ 보장성 : 보험상품 등
④ 대출성 : 대출상품, 신용카드 등
　→ 대부성 (x)

(2) 금융상품판매업자등 구분
① 직접판매업자
② 판매대리·중개업자
③ 자문업자
　→ 일임업자 (x)

(3) 전문금융소비자 분류
① 장외파생상품 거래 : 주권상장법인, 개인전문투자자도 일반금융소비자 취급, 전문금융소비자로 인정을 받으려면 서면으로 신청
② 대부업자 : 예금성 상품을 제외하고 투자성, 보장성, 대출성 상품에서 모두 전문금융소비자
③ 상시근로자 5인 이상의 법인 : 대출성 상품의 전문금융소비자

(4) 6대 판매원칙
① 적합성 원칙 : 금융투자상품 및 변액보험에서 대출성, 대통령령으로 정하는 보장성 상품 등으로 확대 적용
② 적정성 원칙 : 파생상품 등에서 일부 대출성, 보장성 상품으로 확대(매도주식담보대출은 적정성 원칙 미적용)
③ 설명의무
④ 불공정영업행위 금지
⑤ 부당권유행위 금지　→ 최근 투자자보호 강화
　㉠ 불초청권유 금지 상품
　　• 일반금융소비자 : 고난도금융투자상품(고난도 투자일임, 금전신탁 포함), 사모펀드, 장내파생상품, 장외파생상품
　　• 전문금융소비자 : 장외파생상품
⑥ 광고규제

정답 ③

35

금융소비자보호법 ★★★

금융소비자보호법에 따른 방문판매에 대한 설명으로 적절하지 않은 것은?

① 방문판매원 등이 금융소비자에게 사전안내하고 금융소비자가 수락하면 방문판매 혹은 전화권유를 할 수 있다.
② 장외파생상품을 방문판매하기 위해 전문금융소비자에게 사전연락이 가능하다.
③ 고난도금융투자상품을 방문판매 목적으로 일반금융소비자에게 사전연락이 불가하다.
④ 전문금융소비자에게 장내파생상품을 방문판매 목적으로 사전연락이 가능하다.

♡ TIP 장외파생상품은 일반 및 전문금융소비자 구분 없이 방문판매원이 먼저 금융소비자에게 연락하여 방문판매하는 것이 금지되어 있다.

핵심포인트 해설 금융소비자보호법 주요내용

(1) 방문(전화권유)판매 규제
① 사전안내하고 금융소비자가 승낙한 경우 가능
② 사전안내가 불가한 상품
　㉠ 일반금융소비자 : 고난도금융투자상품(고난도 투자일임, 금전신탁 포함), 사모펀드, 장내파생상품, 장외파생상품
　㉡ 전문금융소비자 : 장외파생상품

(2) 자료의 기록 및 유지 관리
① 금융상품판매업자 등은 원칙적으로 10년간 업무 관련 자료 유지 관리
② 금융소비자 열람 요구 : 분쟁이나 소송을 위한 계약이나 주문자료 등은 6영업일 이내에 열람하도록 함 → 8일 (x)
　→ 금융투자업규정

(3) 청약의 철회
① 투자성 상품 중 계약 체결일(계약 서류 제공일)로부터 7일 이내
② 수수료 반환 : 수취한 보수나 수수료 반환
③ 청약철회가 가능한 투자상품
　• 고난도 금융투자상품
　• 고난도 투자일임계약 → 단순 파생결합증권 (x)
　• 고난도 금전신탁계약
　• 비금전신탁

(4) 금융분쟁의 조정 신규제도
① 소송중지제도 : 분쟁조정 신청 전·후에 소가 제기되면 법원은 조정이 있을 때까지 소송절차를 중지할 수 있음
② 소액사건 조정이탈금지제도 : 일반금융소비자가 신청한 권리가액 2천만원 이내의 소액분쟁 사건에 대하여 조정안 제시 전까지 소 제기 불가

(5) 징벌적 과징금
금융상품직접판매업자 또는 금융상품자문업자가 주요 판매원칙을 위반할 경우 위반행위로 인한 수입 등의 50%까지 과징금 부과

정답 ②

fn.Hackers.com

출제예상문제

☑ 다시 봐야 할 문제(틀린 문제, 풀지 못한 문제, 헷갈리는 문제 등)는 문제 번호 하단의 네모박스(□)에 체크하여 반복학습 하시기 바랍니다.

01 중요도 ★

다음 중 자본시장법 제정의 기본 방향에 대한 설명으로 적절하지 않은 것은?

① 자본시장법에서 투자성이란 원본손실 가능성을 의미한다.
② 경제적 실질이 동일한 금융기능을 동일하게 규율한다.
③ 6개의 금융투자업 상호 간 겸영을 제한하고자 정보교류 차단장치 등 이해상충 방지체계를 도입하였다.
④ 은행채와 집합투자증권 등에 대해서도 증권신고서제도를 적용하는 등 투자자보호제도를 선진화하였다.

02 중요도 ★

다음 중 금융투자상품거래청산회사에 대한 설명으로 틀린 것은?

① 금융투자상품거래청산회사는 금융위원회로부터 청산업 인가업무단위의 전부나 일부를 택하여 금융투자상품거래청산업인가를 받은 자를 말한다.
② 금융투자업자 외에 청산대상업자가 될 수 있는 자에는 은행 등 겸영금융투자업자가 포함된다.
③ 청산대상거래에는 장내파생상품의 거래가 포함된다.
④ 누구든지 자본시장법에 따른 금융투자상품거래청산업인가를 받지 않고는 금융투자상품거래청산업을 영위하여서는 안 된다.

03 중요도 ★★★

다음은 어떤 금융투자상품에 대한 정의인가?

> 특정 투자자가 그 투자자와 타인 간의 공동사업에 금전 등을 투자하고 주로 타인이 수행한 공동사업의 결과에 따른 손익을 귀속 받는 계약상의 권리가 표시된 것

① 투자계약증권　　　　　　　　② 수익증권
③ 지분증권　　　　　　　　　　④ 증권예탁증권

04 중요도 ★★
다음 중 증권과 파생상품을 구분하는 특징은 무엇인가?

① 원본손실 가능성
② 원본초과손실 가능성
③ 거래소시장 거래 여부
④ 투자성 여부

05 중요도 ★
자본시장법상 파생결합증권의 기초자산의 범위에 해당하는 것으로 모두 묶인 것은?

> 가. 금융투자상품
> 나. 통 화
> 다. 농산물, 광산물, 에너지에 속하는 물품
> 라. 신용위험
> 마. 자연적·환경적·경제적 현상 등에 속하는 위험으로서 합리적이고 적정한 방법에 의하여 가격, 이자율, 지표, 단위의 산출이나 평가가 가능한 것

① 가, 나, 다, 라
② 가, 나, 다, 마
③ 나, 다, 라, 마
④ 가, 나, 다, 라, 마

정답 및 해설

01 ③ 6개의 금융투자업 상호 간 겸영을 허용하여 대형화를 유도하였다.
02 ③ 청산대상거래는 장외파생상품의 거래, 증권의 장외거래 중 환매조건부매매·증권의 대차거래·채무증권의 거래 등이다.
03 ① 투자계약증권에 대한 정의이다.
04 ② 원본초과손실이 가능한 상품이 파생상품이고, 원본을 손실한도액으로 하는 상품이 증권이다.
05 ④ '가, 나, 다, 라, 마' 모두 파생결합증권의 기초자산의 범위에 해당한다.

06 중요도 ★
다음 중 자본시장법상 투자중개업의 적용배제에 해당하지 않는 것은?

① 타인의 계산으로 증권의 발행, 인수에 대한 청약의 권유를 중개하는 경우
② 투자권유대행인이 투자권유를 대행하는 경우
③ 거래소가 증권시장 및 파생상품시장을 개설·운영하는 경우
④ 협회가 장외 주식중개시장을 개설·운영하는 경우

07 중요도 ★★★
다음 중 투자자 성격이 다른 하나는?

① 신협중앙회
② 주권상장법인(장내파생상품을 거래하는 경우)
③ 최근 5년 중 1년 이상의 기간 동안 월말 평균하고 5천만원 이상의 금융투자상품을 보유했으며, 직전연도 소득 1억원 이상 또는 순자산가액(거주 부동산 제외)이 5억원 이상인 개인으로 금융위에 신고한 자
④ 상대적 전문투자자로서 일반투자자 대우를 받겠다는 의사를 금융투자업자에게 서면으로 통지한 자

08 중요도 ★★
다음 중 금융투자업 인가에 관한 설명으로 틀린 것은?

① 금융투자업 인가에는 3개월이 소요되나 예비인가를 받은 경우 1개월이 소요된다.
② 금융관계법령에 따라 임직원제재조치를 받은 사람으로서 조치의 종류별로 5년 이내의 범위에서 대통령령으로 정하는 기간이 지나지 않은 경우 임원이 될 수 없다.
③ 금융투자업자는 이해상충방지를 위한 장치를 구비하여야 한다.
④ 금융투자업자는 인가요건 유지를 위해 매 회계연도 말 기준 자기자본이 인가업무 단위별 최저자기자본의 100% 이상을 유지하여야 한다.

09 중요도 ★★
다음 금융투자업자의 영업행위 규칙 중 업무위탁에 대한 설명으로 옳지 않은 것은?

① 금융투자업의 본질적 업무를 위탁하는 경우에는 위탁받는 자가 당해 업무 수행에 필요한 인가 및 등록한 자이어야 한다.

② 위험관리책임자의 업무는 위탁이 불가하다.

③ 준법감시인 업무는 위탁이 가능하다.

④ 원칙적으로 재위탁은 금지되나, 단순업무 및 외화자산 운용·보관업무는 위탁자의 동의를 받아 재위탁할 수 있다.

10 중요도 ★
다음 중 금융투자업자의 내부 정보교류 차단장치에 대한 설명으로 틀린 것은?

① 정보교류의 차단의무를 'Chinese Wall 구축 의무'라고도 한다.

② 금융투자업자는 회사 내부의 정보교류차단뿐만이 아니라 계열회사를 포함하여 정보교류 차단 의무를 준수해야 한다.

③ 차이니즈월 설치대상 부분 및 교류차단 관련 행위 제한은 내부통제기준에 반영하여 이행 관리한다.

④ 금융투자회사가 이해상충 우려가 없다고 판단하는 경우라도 스스로 차단대상 정보에서 제외할 수 없다.

정답 및 해설

06 ① 투자중개업에 해당하는 내용으로, 투자중개업의 특징은 타인의 계산으로 금융투자상품의 매매를 중개한다는 것이다.

07 ④ ④는 일반투자자이고, ①②③은 전문투자자이다.

08 ④ 인가업무 단위별 최저 자기자본의 70% 이상을 유지하여야 한다.

09 ③ 준법감시인 및 위험관리책임자의 업무 등 내부통제업무는 위탁이 금지된다.

10 ④ 금융투자회사가 이해상충 우려가 없다고 판단하는 경우 차단대상 정보에서 제외하고 예외정보를 내부통제기준에 미리 반영하여 공시해야 한다.

11 중요도 ★★
다음 중 자본시장법상 투자권유대행인에 대한 설명으로 틀린 것은?

① 위탁한 금융투자업자를 대리하여 계약을 체결하는 것은 금지된다.
② 투자권유자문인력·투자운용인력 시험에 합격한 자 또는 보험모집에 종사하고 있는 보험설계사 등록요건을 갖춘 자로서 금융투자협회가 정한 교육을 이수한 자가 투자권유대행인이 될 수 있다.
③ 투자권유대행인이 투자자에게 다양한 상품을 권유할 수 있도록 둘 이상의 금융투자업자와 투자권유 위탁계약을 체결하는 것이 가능하다.
④ 금융투자업자는 투자권유대행인에게 투자권유를 위탁하는 경우 위탁받은 자를 금융위원회에 등록하여야 하며, 금융위원회는 등록업무를 협회에 위탁하고 있다.

12 중요도 ★
다음 중 자본시장법상 금융투자업자의 임직원의 금융투자상품 매매에 대한 설명으로 틀린 것은?

① 금융투자업자의 임직원이 자기 계산으로 매매하는 특정 금융투자상품의 범위에는 장내파생상품이 포함된다.
② 금융투자업자의 임직원은 자기 계산으로 특정 금융투자상품을 매매하는 경우 자기의 명의로 둘 이하의 투자중개업자를 통하여 매매해야 한다.
③ 금융투자업자의 임직원이 자기 계산으로 매매하는 특정 금융투자상품의 범위에서 집합투자증권은 제외된다.
④ 금융투자업자는 임직원의 금융투자상품 매매와 관련하여 불공정행위 또는 이해상충 방지를 위해 임직원이 따라야 할 적절한 기준 및 절차를 정하여야 하며, 분기별로 확인해야 한다.

13 중요도 ★
다음 중 자본시장법의 매매 또는 중개업무 관련 규제에 대한 설명으로 틀린 것은?

① 투자매매업자 또는 투자중개업자는 투자자로부터 금융투자상품의 매매에 관한 청약 또는 주문을 받는 경우 사전에 그 투자자에게 자신이 투자매매업자인지 투자중개업자인지를 밝혀야 한다.
② 투자매매업자 또는 투자중개업자는 채무증권 매매에 관한 투자자의 청약 또는 주문을 처리하기 위하여 대통령령으로 정하는 바에 따라 최선의 거래조건으로 집행하기 위한 기준을 마련하고 준수해야 한다.
③ 투자매매업자 또는 투자중개업자는 금융투자상품에 관한 같은 매매에 있어서 자신이 본인이 됨과 동시에 상대방의 투자중개업자가 될 수 없다.
④ 투자매매업자 또는 투자중개업자는 투자자나 그 대리인으로부터 금융투자상품의 매매의 청약 또는 주문을 받지 않고는 투자자로부터 예탁받은 재산으로 금융투자상품의 매매를 할 수 없다.

14 중요도 ★
다음 중 최선집행의무가 적용되는 금융투자상품 매매거래에 해당하는 것은?

① 상장주권 ② 비상장증권
③ 장외파생상품 ④ 수익증권

15 중요도 ★★
다음 중 자본시장법상 불건전 영업행위의 금지에 대한 설명으로 틀린 것은?

① 투자매매업자 또는 투자중개업자는 영업의 영위와 관련하여 투자자보호 또는 건전한 거래질서를 해칠 우려가 있는 행위를 할 수 없으며, 이를 위반한 금융투자업자 및 그 임직원은 형사벌칙은 아니나 손해배상책임과 행정조치의 대상이 된다.
② 증권시장과 파생상품시장 간의 가격 차이를 이용한 차익거래는 선행매매에 해당하지 않으므로 불건전 영업행위가 아니다.
③ 투자매매업자 또는 투자중개업자는 특정 금융투자상품의 가치에 대한 주장이나 예측을 담고 있는 자료를 투자자에게 공표함에 있어서 그 조사분석자료가 사실상 확정된 때로부터 공표 후 24시간이 경과하기 전까지 그 조사분석자료의 대상이 된 금융투자상품을 자기의 계산으로 매매할 수 없다.
④ 조사분석자료의 작성을 담당하는 자에 대해서는 일정한 기업금융업무와 연동된 성과보수를 지급할 수 없다.

정답 및 해설

11 ③ 투자권유대행인은 1사에 전속된다.
12 ② 금융투자업자의 임직원은 본인이 속한 회사에서 반드시 거래해야 할 필요는 없으나 자기의 명의로 하나의 투자중개업자를 통하여 매매해야 한다.
13 ② 채무증권 매매는 최선집행기준이 적용되지 않는다.
14 ① 상장주권은 최선집행의무대상 금융투자상품이다.
15 ① 투자매매업자 또는 투자중개업자는 불건전 영업행위로 인해 형사벌칙의 대상이 될 수 있다.

16 중요도 ★★
다음 중 자본시장법상 불건전 영업행위에 해당하지 않는 것은?

① 투자매매업자 또는 투자중개업자에게 서면으로 일반투자자와 같은 대우를 받겠다고 통지한 전문투자자의 요구를 정당한 사유 없이 동의하지 않는 행위
② MMF의 집합투자증권을 판매한 경우 그 MMF별 집합투자증권 판매규모의 5%에 상당하는 금액 또는 100억원 중 큰 금액의 범위에서 개인투자자로부터 환매청구일에 공고되는 기준가격으로 그 집합투자증권을 매수하는 행위
③ 손실보전 금지를 회피하기 위하여 장외파생상품거래, 신탁계약, 연계거래 등을 이용하는 행위
④ 채권자로서 그 권리를 담보하기 위하여 백지수표나 백지어음을 받는 행위

17 중요도 ★
자본시장법의 다자간매매체결회사에 대한 설명으로 적절하지 않은 것은?

① 대체거래시스템(ATS)이라고도 한다.
② 정규거래소 이외에 매수자와 매도자 간의 매매를 체결시켜주는 다양한 형태의 증권거래시스템을 말한다.
③ 다자간매매체결회사의 주식소유에 대해서는 일정한 경우를 제외하고 다자간매매체결회사의 의결권 있는 발행주식총수의 100분의 15를 초과하여 소유할 수 없다.
④ 다자간매매체결회사에서의 거래에 참가하는 거래참가자에는 개인투자자도 포함된다.

18 중요도 ★
다음 중 자본시장법상 신의성실의 원칙 준수의무, 선관의무, 충실의무 세 가지 전체를 요구하고 있는 금융투자업자로만 묶인 것은?

가. 투자매매업자	나. 투자중개업자
다. 집합투자업자	라. 투자자문업자
마. 투자일임업자	바. 신탁업자

① 다, 라, 마
② 다, 라, 마, 바
③ 가, 나, 다, 라, 마
④ 가, 나, 다, 라, 마, 바

19 중요도 ★

다음은 자본시장법상 집합투자업자의 자산운용 제한에 대한 규정이다. (   ) 안에 들어갈 내용을 순서대로 올바르게 나열한 것은?

> • 각 집합투자기구 자산총액의 (   )%를 초과하여 동일종목의 증권에 투자하는 행위는 금지한다.
> • 전체 집합투자기구에서 동일법인 등이 발행한 지분증권 총수의 (   )%를 초과하여 투자하는 행위는 금지한다.
> • 각 집합투자기구에서 동일법인 등이 발행한 지분증권 총수의 (   )%를 초과하여 투자하는 행위는 금지한다.

① 10, 20, 10　　　　　　　　② 10, 10, 20
③ 20, 10, 20　　　　　　　　④ 20, 10, 10

20 중요도 ★★

자본시장법상 집합투자업자의 자산운용 제한에 대한 규정 중 동일종목 증권 투자 제한의 예외로 100% 투자가 가능하지 않은 것은?

① 정부보증채　　　　　　　　② 한국은행통화안정증권
③ 지방채　　　　　　　　　　④ 부동산개발회사 발행증권(부동산펀드)

정답 및 해설

16　② 집합투자증권의 원활한 환매를 위한 경우로 불건전 영업행위에 해당하지 않는다.
17　④ 거래참가자는 매매체결대상상품에 관한 투자매매업자 또는 투자중개업자로 제한되므로 개인투자자들은 직접 거래참가자가 될 수 없고 투자중개업자를 통해야 한다.
18　② 선관의무는 고객자산을 관리하는 구체적인 위임관계에 들어간 경우에 적용되므로 투자매매업자와 투자중개업자는 적용되지 않는다. 신의성실의 원칙은 모든 금융투자업자에 대하여 적용된다.
19　① 이해상충이 발생할 우려가 높아지므로 각 집합투자기구의 10%, 전체 집합투자기구의 20%까지 운용 제한을 두고 있다.
20　③ 지방채는 30%까지 투자가 가능하다.

21 중요도 ★
다음 중 집합투자기구의 파생상품 위험평가액인 명목계약금액 산정방법에 대한 설명으로 틀린 것은?

① 선도거래는 기초자산 가격에 계약수를 곱하여 산정한다.
② 옵션매수는 기초자산 가격에 계약수와 승수 및 델타를 각각 곱한 금액으로 한다.
③ 옵션매도는 델타위험액에 추가로 델타 변화에 따른 위험액과 기초자산 변동성 변화에 따른 위험액(베가위험액)을 모두 합산한 금액으로 한다.
④ 통화스왑은 지급하기로 한 통화의 명목원금으로 한다.

22 중요도 ★
다음 중 집합투자업자 및 투자자문(일임)업자의 영업행위 규칙에 대한 설명으로 틀린 것은?

① 투자권유자문인력 또는 투자운용인력이 아닌 자가 투자자문업 또는 투자일임업을 수행하는 것은 불가하며 자동화된 전산정보처리장치를 사용하는 것도 금지된다.
② 집합투자업자는 투자자의 이익을 보호하기 위해서 집합투자재산에 속하는 주식의 의결권을 충실하게 행사하여야 한다.
③ 의결권공시대상이 되는 법인은 각 집합투자기구 자산총액의 5% 이상 또는 100억원 이상을 소유하는 주식의 발행인이다.
④ 주식발행인이 집합투자업자와 계열회사의 관계에 있는 경우 집합투자업자는 중립투표를 하여야 한다.

23 중요도 ★
다음 중 자본시장법상 투자자문업자 및 투자일임업자의 영업행위 규칙에 대한 설명으로 옳은 것은?

① 자본시장법상 투자자문업자와 투자일임업자의 일반적인 영업행위 기준으로는 선관주의의무만 있다.
② 투자자문업자가 계약으로 정한 수수료 외의 대가를 추가로 받는 행위는 금지된다.
③ 투자권유자문인력이나 투자운용인력이 아니어도 투자자문업과 투자일임업을 수행할 수 있다.
④ 유사투자자문업을 영위하고자 하는 경우 금융위원회에 신고하지 않아도 된다.

24 중요도 ★
다음 중 자본시장법상 신탁관계의 특징에 대한 설명으로 옳지 않은 것은?

① 신탁의 설정으로 수탁자에게 이전된 재산은 대내외적으로 수탁자 명의의 재산이 되므로 위탁자로부터 독립된다.
② 수탁자의 고유재산에 속하는 채무의 채권자가 신탁재산에 대해 권리를 주장하는 것은 가능하다.
③ 신탁재산의 독립성이 가장 잘 드러나는 것이 퇴직연금의 자산관리계약이다.
④ 신탁법상 신탁재산에 대하여는 강제집행 또는 경매를 할 수 없다고 규정되어 있다.

25 중요도 ★
다음은 신탁재산의 어떤 특성에 대한 설명인가?

> 신탁재산의 관리, 처분, 멸실, 운용, 개발, 훼손 등의 사유로 수탁자가 얻은 재산은 신탁재산에 속한다.

① 신탁재산의 물상대위성
② 신탁재산의 불가분성
③ 신탁재산의 부종성
④ 신탁재산의 수반성

정답 및 해설

21 ① 선도거래는 기초자산 가격에 계약수와 승수를 곱하여 산정한다.
22 ① 자동화된 전산정보처리장치(로보 어드바이저)도 투자자보호 등 요건을 갖추는 경우 가능하다.
23 ② ① 충실의무도 일반적인 영업행위 기준이다.
　　　 ③ 투자권유자문인력이나 투자운용인력이 아닌 자에게 투자자문 또는 투자일임업을 수행하게 하는 행위는 금지된다.
　　　 ④ 유사투자자문업을 영위하고자 하는 자는 금융위원회가 정하여 고시하는 서식에 따라 금융위원회에 신고하여야 한다.
24 ② 수탁자의 고유재산에 속하는 채무의 채권자가 수탁자로부터 독립된 신탁재산에 대해 권리를 주장하는 것은 불가능하다.
25 ① 신탁재산의 물상대위성에 대한 설명으로, 수익자의 이익에 충실하기 위한 특성이다.

26 중요도 ★
다음 중 신탁업자의 영업행위 규칙에 대한 설명으로 틀린 것은?

① 자본시장법은 신탁업자의 선관주의의무와 충실의무를 명시적으로 규정하고 있다.
② 연금이나 퇴직금의 지급을 목적으로 하는 신탁의 경우 손실의 보전이나 이익의 보장이 가능하다.
③ 신탁업자는 신탁재산의 운용내역이 포함된 서류 등에 대한 수익자의 열람 요구에 대해 해당 서류를 제공받은 자가 그 정보를 거래에 이용할 것이 뚜렷하게 염려되는 경우 열람을 거절할 수 있다.
④ 신탁업자는 금전신탁계약에 의한 수익권이 표시된 수익증권을 발행할 수 있으며, 발행하고자 하는 경우 금융위원회에 신고할 필요는 없다.

27 중요도 ★★★
다음 중 증권신고서를 제출하지 않아도 되는 경우는?

① 모집가액이 10억원 이상인 경우
② 매출가액이 10억원 이상인 경우
③ 모집, 매출에 해당하고 가액이 5억원인 경우
④ 6개월간의 행위를 합산하여 모집 또는 매출을 결정하는 경우에는 그 합산의 대상이 되는 모든 청약의 권유 각각의 합계액이 10억원인 경우

28 중요도 ★★
다음 중 자본시장법상 증권신고서제도에 대한 설명으로 적절하지 않은 것은?

① 발행공시제도는 투자자에게 교부되는 투자설명서와 투자자에게 제공되는 정보의 진실성을 확보하기 위한 증권신고서로 구성된다.
② 매출이라 함은 증권시장 밖에서 일정한 방법에 따라 산출한 50인 이상의 투자자에게 이미 발행된 증권 매도의 청약 또는 매수의 청약을 권유하는 것이다.
③ 청약의 권유를 받는 자의 수가 50인 미만으로서 증권의 모집에 해당하지 않는 경우도 해당 증권이 발행일부터 1년 이내에 50인 이상의 자에게 양도될 수 있는 경우로 전매기준에 해당하는 경우에는 모집으로 간주한다.
④ 광고 등의 방법으로 단순히 그 사실을 알리거나 안내하는 경우도 청약의 권유에 해당한다.

29 중요도 ★
다음 중 자본시장법상 주요사항보고제도에 대한 설명으로 틀린 것은?

① 주요사항보고서 제출사유가 발생하면 그 사유발생 다음 날까지 금융위원회에 주요사항보고서를 제출한다.
② 주요사항보고서 제출대상법인은 사업보고서 제출대상법인이다.
③ 영업활동의 전부 또는 중요한 일부가 정지되는 경우는 주요사항보고사유에 해당한다.
④ 자기주식을 취득할 것을 결의한 때는 주요사항보고사유에 해당하지 않는다.

30 중요도 ★
다음은 유통시장공시 중 어떤 유형에 대한 설명인가?

> 증권의 공정한 거래와 투자자보호를 위하여 기업의 주요 경영사항에 관한 풍문 등의 사실 여부나 당해 기업이 발행한 주권 등의 가격 또는 거래량에 현저한 변동이 있는 경우 거래소가 상장기업에 중요한 정보의 유무에 대한 답변을 요구하고 기업은 이에 응하여 공시한다.

① 조회공시 ② 자율공시
③ 공정공시 ④ 의무공시

정답 및 해설

26 ④ 수익증권발행계획서, 자금운용계획서, 신탁약관이나 신탁계약서를 첨부하여 미리 금융위원회에 신고하여야 한다.
27 ③ 10억원 미만인 소액공모는 증권신고서 제출의무가 없다.
28 ④ 인수인의 명칭과 증권의 발행금액 및 발행가액을 포함하지 않는 등 금융위원회가 정하여 고시하는 기준에 따른 단순 안내는 청약의 권유로 보지 않는다.
29 ④ 자기주식을 취득 또는 처분하는 경우는 주요사항보고사유에 해당한다.
30 ① 조회공시에 대한 설명이다.

31
다음은 자본시장법상 공개매수의무에 대한 설명이다. (   ) 안에 들어갈 내용을 순서대로 올바르게 나열한 것은?

> 주식 등을 (   )개월 동안 증권시장 밖에서 (   )인 이상의 자로부터 매수 등을 하고자 하는 자는 그 매수 등을 한 후에 본인과 그 특별관계자가 보유하게 되는 주식 등의 수의 합계가 그 주식 등의 총수의 100분의 (   ) 이상이 되는 경우에는 공개매수를 하여야 한다.

① 6, 10, 5
② 3, 10, 5
③ 6, 5, 5
④ 3, 5, 10

32
다음 중 자본시장법의 공개매수에 대한 설명으로 틀린 것은?

① 공개매수는 의결권이 없는 주식에 대해서는 의무공개매수 규정이 적용되지 않는다.
② 적용대상에는 주권뿐만 아니라 신주인수증권, 신주인수권부사채, 전환사채, 교환사채 등도 포함된다.
③ 공개매수 해당 여부를 판단하는 경우 본인 및 공동보유자와 특수관계인이 보유한 지분을 합산한다.
④ 공개매수자는 공개매수공고일 이후 언제라도 철회신고서 제출로 공개매수를 철회할 수 있다.

33
다음 중 주식 등의 대량보유상황 보고의무의 면제 사유가 아닌 것은?

① 보유주식 등의 수가 변동되지 않은 경우
② 주주가 가진 주식수에 따라 배정하는 방법으로 신주를 발행하는 경우로 그 배정된 주식만을 취득하는 경우
③ 경영참가목적에서 단순투자목적으로 보유목적이 변경된 경우
④ 자본감소로 보유주식 등의 비율이 변동된 경우

34 다음 중 의결권 대리행사 권유제도에 대한 설명으로 틀린 것은?

① 의결권 대리행사 권유제도는 원래 주주의 주주총회 대리참석의 용이성을 제고하고 주주총회의 원활한 성립을 지원하는 제도였으나 최근에는 기업지배권 경쟁을 위한 수단으로 주로 활용되고 있다.
② 상장주권의 발행인과 그 임원 외의 자가 10인 미만의 상대방에게 그 주식의 의결권 대리행사의 권유를 하는 경우는 의결권 대리행사 적용 제외에 해당한다.
③ 신탁, 그 밖의 법률관계에 의하여 타인의 명의로 주식을 소유하는 자가 그 타인에게 해당 주식의 의결권 대리행사의 권유를 하는 경우는 의결권 대리행사 적용 제외에 해당한다.
④ 국가기간산업을 영위하는 상장법인으로서 금융위원회가 지정하는 법인일지라도 의결권 대리행사 권유제도는 다른 상장법인과 다름없이 적용한다.

35 다음 중 투자신탁 수익자총회 소집권자가 될 수 없는 자는?

① 투자신탁을 설정한 집합투자업자
② 투자신탁재산을 보관·관리하는 신탁업자
③ 투자원금 대비 손실이 50% 이상인 해당 수익증권 수익자
④ 발행된 수익증권의 총좌수의 5% 이상을 소유한 수익자

정답 및 해설

31 ① 공개매수는 불특정 다수인에 대하여 위 조건을 충족하는 경우의 의결권 있는 주식 등을 증권시장 밖에서 매수하는 경우 적용한다. 즉, 5% 이상의 지분을 6개월 동안 10인 이상의 자로부터 증권시장 밖에서 매수하고자 한다면 공개적으로 매수하라는 의미이다.
32 ④ 공개매수자는 공개매수공고일 이후에는 예외적인 경우가 아니라면 공개매수를 철회할 수 없다.
33 ③ 단순투자목적과 경영참가목적 간 보유목적 변경은 변경보고사항이다.
34 ④ 국가기간산업을 영위하는 상장법인으로서 금융위원회가 지정하는 법인은 그 공공적 법인만이 그 주식의 의결권 대리행사의 권유를 할 수 있다.
35 ③ 수익자총회 소집권자는 손실 여부와는 관계없다.

36 중요도 ★
다음 중 투자신탁의 법정해지 사유에 해당하는 것은?

① 신탁계약에서 정한 신탁계약기간이 종료된 경우
② 수익자 전원이 동의한 경우
③ 해당 투자신탁의 수익증권 전부에 대한 환매의 청구를 받아 신탁계약을 해지하려는 경우
④ 공모투자신탁을 설정하고 1년이 지난 후 1개월간 계속하여 투자신탁의 원본액이 50억원 미만인 경우

37 중요도 ★★
다음 중 자본시장법상 단기금융집합투자기구(MMF)에 대한 설명으로 틀린 것은?

① MMF는 집합투자재산 전부를 원화표시 단기금융상품에 투자하는 집합투자기구이다.
② 증권을 대여하거나 차입하는 방법으로 운용하지 않는다.
③ 국채증권으로 운용하는 경우 집합투자재산의 가중평균만기기간을 규정대로 준수한다면 운용제한이 없다.
④ MMF의 운용 관련하여 CD 및 어음을 포함한 채무증권 신용등급이 상위 2개 등급이거나 보증인의 신용평가등급이 상위 2개 등급이어야 한다.

38 중요도 ★★
다음 중 자본시장법상 불공정거래행위의 규제에 대한 설명으로 옳은 것은?

① 단기매매차익의 반환 여부는 내부정보의 이용 여부에 따라 달라진다.
② 미공개정보 이용행위의 금지 적용대상증권에는 의결권과 관계 없는 증권은 포함되지 않는다.
③ 자본시장법은 부당거래행위 규제를 통해 새로운 유형의 불공정거래도 처벌할 수 있도록 포괄적으로 부당거래행위를 금지하고 있다.
④ 단기매매차익의 산정기간은 3개월이다.

정답 및 해설

36 ① ② ③ ④는 임의해지 사유에 해당한다.
37 ③ 만기가 1년 이상인 국채증권은 집합투자재산의 100분의 5 이내에서 운용하여야 한다.
38 ③ ① 내부정보의 이용 여부와는 관계없다.
② 규제대상증권은 특정 증권 등으로 당해 법인이 발행한 증권에 한정되지 않고 당해 법인과 관련한 증권을 기초자산으로 하는 금융투자상품도 포함된다.
④ 단기매매차익의 산정기간은 6개월이다.

제3장 금융위원회 규정

학습전략

금융위원회 규정은 제3과목 전체 50문제 중 총 4문제가 출제된다.

금융위원회 규정의 경우 기본적인 틀은 자본시장법에서 규정하고 조금 더 자세한 부분을 금융위원회에서 위임받아 규제하고 있다. 따라서 자본시장법의 취지를 이해하면서 금융위원회 규정을 학습하는 것이 효과적이다. 금융위원회 규정 부분에서 건전성 규제 부분이 중요도가 가장 높으므로 이 부분은 특히 꼼꼼하게 학습하여야 한다.

출제비중

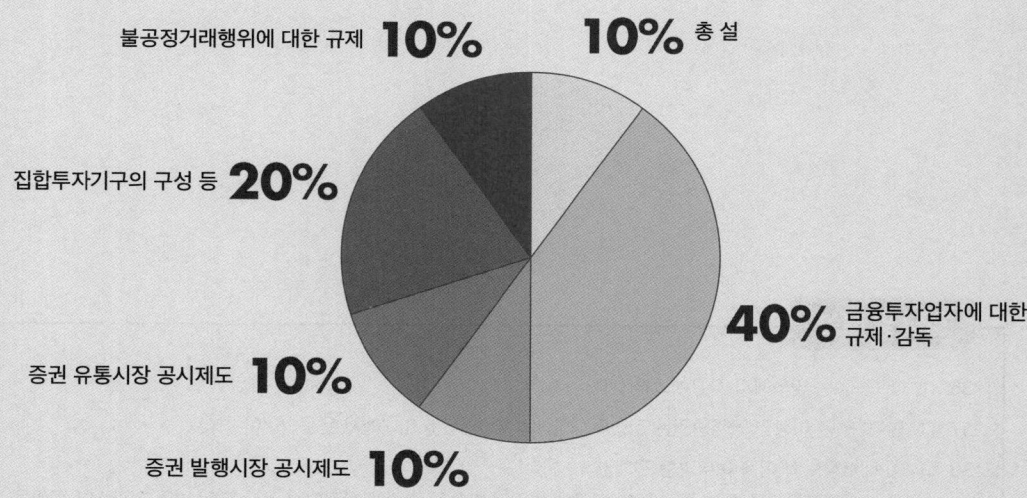

- 불공정거래행위에 대한 규제 10%
- 총설 10%
- 집합투자기구의 구성 등 20%
- 금융투자업자에 대한 규제·감독 40%
- 증권 발행시장 공시제도 10%
- 증권 유통시장 공시제도 10%

출제포인트

구 분	출제포인트	중요도
총 설 (10%)	01 감독기관 및 관계기관	★
금융투자업자에 대한 규제·감독 (40%)	02 금융투자업자에 대한 규제·감독 03 건전성 규제 04 대주주와의 거래제한	★ ★★★ ★★
증권 발행시장 공시제도 (10%)	05 발행신고서관련 세부 규정	★★★
증권 유통시장 공시제도 (10%)	06 유통시장 공시관련 세부 규정	★
집합투자기구의 구성 등 (20%)	07 집합투자기구의 종류 등	★★
불공정거래행위에 대한 규제 (10%)	08 불공정거래행위에 대한 규제	★

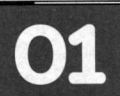

감독기관 및 관계기관 ★

다음 중 금융위원회의 소관사무가 아닌 것은?

① 금융에 관한 정책 및 제도에 관한 사항
② 금융기관 감독 및 검사, 제재에 관한 사항
③ 금융 주요직무 종사자의 등록 및 관리에 관한 사항
④ 금융기관의 설립, 합병, 전환 등의 인허가에 관한 사항

♥ TIP 금융 주요직무 종사자의 등록 및 관리에 관한 사항은 한국금융투자협회의 업무이다.

핵심포인트 해설 금융위원회

(1) 개요 및 소관사무
 ① 개요 : 금융정책, 외국환업무취급 기관의 건전성 감독 및 금융감독에 관한 업무를 수행하게 하기 위하여 국무총리 소속하에 설치된 기구로, 정부조직법에 따른 중앙행정기관임
 ② 소관사무
  ㉠ 금융에 관한 정책 및 제도에 관한 사항
  ㉡ 금융기관 감독 및 검사, 제재에 관한 사항
  ㉢ 금융기관의 설립, 합병, 전환, 경영 등의 인허가에 관한 사항
  ㉣ 자본시장의 관리, 감독 및 감시 등에 관한 사항 등

(2) 금융위원회 규정
 ① 금융투자업규정
 ② 증권의 발행 및 공시 등에 관한 규정
 ③ 자본시장조사 업무규정
 ④ 금융기관 검사 및 제재에 관한 규정 등

정답 ③

금융투자업자에 대한 규제·감독 ★

다음 중 금융투자업의 인가·등록에 대한 내용으로 잘못된 것은?

① 금융투자업자 인가를 받으려는 자는 미리 금융위원회의 예비인가를 거쳐 본인가를 신청할 수 있다.
② 금융투자업자는 금융투자업의 인가를 받아 그 영업을 영위함에 있어서 인가요건을 유지하여야 한다.
③ 금융투자업자의 대주주는 최근 5년간 금융 관련 법령 위반으로 벌금형 이상의 형사처벌을 받은 사실이 없어야 한다.
④ 투자자문업의 경우 타당한 경영전략 등의 사업계획이 마련되어야 한다.

+ 용어 알아두기
사업계획 금융투자업에 관한 전반적인 향후 계획으로 수지전망, 경영건전성기준, 내부통제장치 및 투자자보호 등에 관한 내용을 담게 된다. 자본시장법의 금융투자업자(투자자문업자, 투자일임업자 제외)의 인가요건이다.

♀ TIP 등록에 해당하는 투자자문업, 투자일임업, 온라인소액투자중개업, 전문사모집합투자업은 사업계획요건이 없다.

핵심포인트 해설 금융투자업의 인가·등록 및 승인·보고

(1) 금융투자업의 인가·등록
 ① 인가제 : 투자매매업, 투자중개업, 집합투자업, 신탁업
 ② 등록제 : 투자자문업, 투자일임업, 온라인소액투자중개업, 전문사모집합투자업

(2) 인가를 위한 심사기간   ← 결국 3개월로 동일함
 ① 금융위원회의 금융투자업 인가를 위한 심사기간의 경우 예비인가는 2개월 이내임
 ② 본인가는 3개월 이내이나 예비인가를 받은 경우 본인가는 1개월 이내임

(3) 인가요건   등록제인 투자자문업, 투자일임업, 온라인소액투자중개업, 전문사모집합투자업에서는 사업계획을 요구하지 않음
 ① 사업계획 : 사업계획이 타당하고 건전하여야 함
 ② 대주주의 요건 : 대주주 및 신청인이 충분한 출자능력, 건전한 재무상태 및 사회적 신용을 갖출 것 등
 ③ 이해상충방지체계 : 모든 금융투자업자는 이해상충을 합리적으로 관리할 수 있는 체계를 갖출 것

정답 ④

건전성 규제 ★★★

다음 중 금융투자업자의 건전성 규제에 대한 내용으로 올바르지 않은 것은?

① 자산 및 부채에 대한 건전성을 정상, 요주의, 고정, 회수의문, 추정손실의 5단계로 분류한다.
② 매 분기 말 고정 이하로 분류된 채권에 대하여 적정한 회수예상가액을 산정하여야 한다.
③ 대출채권 등에 대하여 건전성 5단계 중 정상으로 분류된 자산을 제외하고는 건전성에 따라 대손충당금을 적립하여야 한다.
④ 채권중개전문회사 및 다자간매매체결회사는 자산건전성 분류 및 대손충당금 등의 적립기준에 관한 규정을 적용하지 않는다.

⁺용어 알아두기
자산건전성 단계 실무적으로 요주의는 3개월 이상 연체, 고정은 6개월 이상 연체이나 담보가 있는 여신, 회수의문은 6개월 이상 연체이나 담보가 없는 여신, 추정손실은 사실상 손해가 확정된 여신이다.

♀TIP 정상의 경우에도 0.5% 이상의 대손충당금을 적립하여야 한다.

핵심포인트 해설 건전성 규제

(1) 회계처리 적용기준
종속회사와 연결되지 아니한 금융투자업자의 재무제표를 대상으로 함

(2) 자산건전성의 분류 및 대손충당금 적립 → 대손충당금 비율까지는 암기하지 않더라도 재무건전성 유지를 위한 기본구조는 이해할 것
① 자산건전성의 분류 : 자산 및 부채에 대한 건전성을 정상, 요주의, 고정, 회수의문, 추정손실의 5단계로 분류함
② 대손충당금의 적립
  ㉠ 대출채권 등에 대하여 건전성 5단계에 따라 대손충당금을 적립하여야 함
  ㉡ 정상의 경우에도 0.5% 이상의 대손충당금을 적립하여야 하며, 추정손실의 경우에는 100% 적립하여야 함
③ 적용특례 : 채권중개전문회사 및 다자간매매체결회사는 자산건전성 분류 및 대손충당금 등의 적립기준에 관한 규정을 적용하지 않음

정답 ③

04

건전성 규제 ★★★

다음 중 순자본비율의 산정에 대한 설명으로 옳지 않은 것은?

① 자산, 부채, 자본은 연결재무제표에 계상된 장부가액을 기준으로 한다.
② 시장위험과 신용위험을 동시에 내포하는 자산은 둘 중 큰 것을 기준으로 위험액을 산정한다.
③ 영업용순자본 산정 시 차감항목에 대해서는 원칙적으로 위험액을 산정하지 않는다.
④ 부외자산과 부외부채에 대해서도 위험액을 산정하는 것을 원칙으로 한다.

용어 알아두기
부외자산 자산으로 관리할 가치가 있는 자산 중 재무상태표의 자산의 부(富)에 계상되지 않은 자산이다. 소모품, 상각이 끝나고도 사용 중인 것 등이 있다.
부외부채 실제로는 부채이나 재무상태표에 표시되어 있지 않은 장부 외 부채이다. 채무보증과 같은 신용공여, 특정거래와 관련된 우발채무 등이 해당된다.

♥ TIP 시장위험과 신용위험을 동시에 내포하는 자산은 시장위험액과 신용위험액을 모두 산정하여야 한다.

핵심포인트 해설 순자본 규제 (1)

(1) 순자본 규제의 의의
① 영업용순자본 규제의 기본원칙 : 영업용순자본을 총위험액 이상으로 유지할 것
② 금융투자회사의 안전도를 자기자본으로 측정하지 않고 영업용순자본으로 하는 것은 파산을 사전에 예방하고 파산의 상황이 올 때 즉시 채무변제가 가능한지 여부가 중요하기 때문임

(2) 순자본비율의 산정원칙
① 자산, 부채, 자본은 연결재무제표(단독 X)에 계상된 장부가액을 기준으로 함
② 시장위험과 신용위험을 동시에 내포하는 자산은 시장위험액과 신용위험액을 모두 산정하여야 함
③ 영업용순자본 산정 시 차감항목에 대해서는 원칙적으로 위험액을 산정하지 않음
④ 위험회피효과가 있는 경우에는 위험액 산정대상자산의 위험액을 감액할 수 있음
⑤ 부외자산과 부외부채에 대해서도 위험액을 산정하는 것을 원칙으로 함

(3) 영업용순자본의 산정

> 영업용순자본 = 자산 − 부채 − 차감항목 + 가산항목

① 가산항목 : 재무상태표에서 부채로 계상되었으나 실질적인 채무이행 의무가 없거나 실질적으로 자본의 보완적 기능을 하는 항목
  예) 정상 또는 요주의로 분류된 자산에 설정된 대손충당금, 후순위차입금, 금융리스부채, 자산평가이익
② 차감항목 : 자산 중 즉시 현금화가 곤란한 자산

정답 ②

건전성 규제 ★★★

총위험액을 산출하여 계량화하는 경우 어떤 발생요인별 위험을 더해야 하는가?

> 가. 시장위험액 　　　　　　　　　나. 신용위험액
> 다. 운영위험액 　　　　　　　　　라. 파생상품위험액

① 가, 나 　　　　　　　　　② 가, 나, 다
③ 가, 다, 라 　　　　　　　　④ 나, 다, 라

📍 **TIP** 총위험액을 산출하여 계량화하는 경우 시장위험액, 신용위험액, 운영위험액을 더해야 한다.

핵심포인트 해설　순자본 규제 (2)

(1) 총위험액의 산정

① 총위험액은 금융투자업자가 시장상황 악화 등으로 회사가 입을 수 있는 손실규모를 미리 예측하여 계량화한 것임

$$\text{총위험액} = \text{시장위험액} + \text{신용위험액} + \text{운영위험액}$$

② 위험발생요인별 3가지 위험액

시장위험액	시장성 있는 증권 등에서 주가, 이자, 환율 등 시장가격의 변동으로 인하여 발생할 수 있는 잠재적인 손실액
신용위험액	거래상대방의 계약불이행 등으로 인하여 발생할 수 있는 잠재적인 손실액
운영위험액	부적절한 내부의 절차, 인력 및 시스템의 관리부실 또는 외부의 사건 등으로 인하여 발생할 수 있는 잠재적인 손실액

→ 선도, 스왑 등 파생상품은 시장위험액과 신용위험액을 동시에 산정함

(2) 순자본비율의 산정 및 보고

① 순자본비율과 산출내역을 매월 말 기준으로 1개월 이내에 업무보고서를 통해 금융감독원장에게 제출함
② 순자본비율이 100% 미만이 된 경우 지체 없이 금융감독원장에게 보고함

정답 ②

건전성 규제 ★★★

다음 설명에 해당하는 적기시정조치는?

> 순자본비율이 50% 미만인 경우 고위험자산보유제한 및 자산처분, 점포의 폐쇄·통합 또는 신설제한 등의 조치를 이행하도록 요구한다.

① 경영개선권고
② 경영개선요구
③ 경영개선명령
④ 경영개선긴급조치

TIP 경영개선요구에 대한 설명이다.

핵심포인트 해설 경영실태평가 및 적기시정조치

(1) 경영실태평가
① 금융투자업자의 경영 및 재무건전성을 판단하기 위함
② 5단계 등급으로 구분함 : 1등급(우수), 2등급(양호), 3등급(보통), 4등급(취약), 5등급(위험)

(2) 적기시정조치

구 분	요 건	조 치
경영개선권고	순자본비율 100% 미만	인력 및 조직운용의 개선, 점포관리의 효율화 등
경영개선요구	순자본비율 50% 미만 경영실태종합평가등급 4등급 이하	고위험자산보유제한 및 자산처분, 점포의 폐쇄·통합 또는 신설제한 등
경영개선명령	순자본비율 0% 미만	주식의 일부·전부소각, 합병, 영업의 양도 등

(3) 순자본비율

$$순자본비율 = \frac{영업용순자본 - 총위험액}{필요유지자기자본}$$

정답 ②

대주주와의 거래제한 ★★

다음 중 금융투자업자의 대주주와의 거래 제한에 대한 설명으로 틀린 것은?

① 금융투자업자는 대주주가 발행한 증권을 소유할 수 없는 것이 원칙이다.
② 금융투자업자는 대주주가 발행한 증권을 소유할 수 없으나 안정조작 또는 시장조성을 하는 경우 일정 기간 소유할 수 있다.
③ 금융투자업자는 대주주 및 대주주의 특수관계인에 대하여 원칙적으로 신용공여를 할 수 없다.
④ 금융투자업자는 계열회사 발행 증권을 한도 내에서 예외적으로 취득하거나 대주주 및 대주주의 특수관계인에 대하여 예외적으로 신용공여를 하는 경우에는 재적이사 전원의 찬성으로만 가능하다.

TIP 금융투자업자는 계열회사 발행 증권을 한도 내에서 예외적으로 취득하거나 대주주 및 대주주의 특수관계인에 대하여 예외적으로 신용공여를 하는 경우에는 재적이사 전원의 찬성이 원칙이나, 자기자본의 10/10,000과 10억원 중 적은 금액인 경우에는 이사회 결의가 불필요하다.

핵심포인트 해설   대주주와의 거래 제한

(1) 대주주 발행 증권 소유 제한
   ① 원칙 : 금융투자업자는 대주주가 발행한 증권을 소유할 수 없는 것이 원칙
   ② 예외 : 담보권 실행, 안정조작 또는 시장조성 등의 경우 금융위원회가 정하는 기간까지 소유할 수 있음

(2) 계열회사 발행 증권 등 소유 제한
   금융투자업자는 그 계열회사가 발행한 주식, 채권 및 약속어음을 자기자본의 8%를 초과하여 소유할 수 없음

(3) 대주주 신용공여 제한
   ① 원칙 : 금융투자업자는 대주주 및 대주주의 특수관계인에 대하여 신용공여 금지가 원칙
   ② 예외 : 임원에 대한 제한적 신용공여 등

(4) 계열회사 발행 증권 예외 취득
   ① 금융투자업자는 계열회사 발행 증권을 한도 내에서 예외적으로 취득하거나, 대주주 및 대주주의 특수관계인에 대하여 예외적으로 신용공여를 하는 경우 재적이사 전원의 찬성에 의한 의사회 결의를 거침 (원칙)
   ② 예외 : 단일거래금액이 자기자본의 10/10,000과 10억원 중 적은 금액인 경우에는 이사회 결의가 불필요

정답 ④

08

발행신고서관련 세부 규정 ★★★

다음 중 증권의 전매가 가능하다고 보는 기준에 해당하는 경우가 아닌 것은?

① 지분증권의 경우 같은 종류의 증권이 모집 또는 매출된 실적이 있거나 증권시장에 상장된 경우
② 지분증권이 아닌 경우에는 50매 이상으로 발행되거나 발행 후 50매 이상으로 권면분할되어 거래될 수 있는 경우
③ 해외에서 증권을 발행하더라도 국내 환류가능성이 있는 경우
④ 전환권, 신주인수권이 있는 증권을 발행한 후 한국예탁결제원과 1년간 해당 증권을 인출하거나 매각하지 않기로 계약하는 경우

♥ TIP 실질적인 전매제한조치에 해당되므로 1년 이내에 전매가능성이 없다고 본다.

핵심포인트 해설 증권의 전매가능성 판단기준

(1) 증권별 전매가능성 판단기준

지분증권	같은 종류의 증권이 모집 또는 매출된 실적이 있거나 증권시장에 상장된 경우
지분증권 이외의 증권	50매 이상으로 발행되거나 발행 후 50매 이상으로 권면 분할되어 거래될 수 있는 경우
전환권, 신주인수권의 권리가 부여된 증권	전환권, 신주인수권 등 증권에 부여된 권리의 목적이 되는 증권이 다음에 해당하는 경우 • 모집 또는 매출된 실적이 있는 경우 • 50매 이상으로 권면 분할되어 거래될 수 있는 경우
해외발행증권	거주자가 해당 증권의 발행 당시 또는 발행일부터 1년 이내에 취득 가능하여 국내 환류가능성이 있는 경우

(2) 전매제한조치에 해당하는 경우

① 증권을 발행한 후 지체 없이 한국예탁결제원에 예탁(보호예수)하고 1년간 해당 증권을 인출하거나 매각하지 않기로 예탁결제원과 계약을 체결하는 경우 (증권과 관련하여 '투자자 소유의 유가증권을 유통시키지 않고 별도로 분리 보관하는 것'을 말함)
② 50매 미만으로 발행되는 경우에는 증권의 권면에 발행 후 1년 이내 분할금지특약을 기재하는 경우
③ 전환권 등이 부여된 경우에는 권리행사금지기간을 발행 후 1년 이상으로 정하는 경우
④ 국내 환류가능성이 있는 해외발행증권의 경우에는 발행일부터 1년 이내에 해당 증권을 거주자에게 양도할 수 없다는 뜻을 해당 증권의 권면에 기재하는 등 이행을 담보할 수 있는 장치를 강구한 후 발행하는 경우
⑤ 채무증권으로 적격기관투자자 사이에서만 양수도될 경우

정답 ④

발행신고서관련 세부 규정 ★★★

다음 중 증권신고서의 효력발생시기의 특례에 대한 설명으로 적절하지 않은 것은?

① 일괄신고서의 정정신고서는 수리된 날부터 3일이 경과한 날에 그 효력이 발생한다.
② 사채거래수익률 등의 변동으로 인한 발행가액의 변경 또는 발행이자율의 변경을 위하여 정정신고서를 제출하는 경우에는 정정신고서가 수리된 다음 날에 그 효력이 발생한다.
③ 지분증권을 모집, 매출하는 경우로서 당초 증권수의 100분의 120 이하에 해당하는 증권수로 변경하는 경우에는 정정신고서를 수리한 날부터 3일이 경과한 날에 그 효력이 발생한다.
④ 효력발생기간을 계산함에 있어 금융위원회가 신고서를 수리하면 접수된 날에 수리된 것으로 본다.

> **⁺용어 알아두기**
> **증권신고서의 효력** 효력발생의 의미는 서류의 형식과 내용에 문제가 없다는 것이며, 금융위원회가 그 증권신고서의 기재사항이 진실이라는 것이나 그 증권의 가치를 보증하는 것은 아니다.

♀ TIP 100분의 80 이상과 100분의 120 이하에 해당하는 증권수로의 변경은 효력발생기간에 영향을 미치지 않는다.

핵심포인트 해설 증권신고서의 효력발생시기의 특례

(1) 금융위원회가 따로 정한 증권신고서의 효력발생시기
① 일괄신고서의 정정신고서는 수리된 날부터 3일이 경과한 날
② 사채권의 발행을 위하여 신고서를 제출한 자가 사채거래수익률 등의 변동으로 인한 발행가액의 변경 또는 발행이자율의 변경을 위하여 정정신고서를 제출하는 경우에는 정정신고서가 수리된 다음 날

(2) 효력발생기간에 영향을 미치지 않는 정정신고서
① 지분증권을 모집, 매출하는 경우로서 당초에 제출한 신고서의 모집 또는 매출할 증권수의 100분의 80 이상과 100분의 120 이하에 해당하는 증권수로 변경하는 경우
② 채무증권의 모집, 매출하는 경우로서 당초 제출한 신고서의 모집 및 매출가액의 총액의 100분의 80 이상과 100분의 120 이하에 해당하는 금액으로 변경하는 경우

(3) 정정신고서가 수리된 날에 당초 제출한 증권신고서가 수리된 것으로 봄

정답 ③

10 발행신고서관련 세부 규정 ★★★

다음 중 증권분석기관이 될 수 없는 자는?

① 감정평가회사
② 인수업무를 수행하는 자
③ 공인회계사법에 따른 회계법인
④ 신용평가업자

+ 용어 알아두기
신용평가업자 국가 및 채무증권의 신용도를 평가하는 회사이다. 세계 3대 신용평가기관은 피치, 무디스, S&P이며, 이들 기관의 국가신용도 평가가 세계금융시장에 미치는 영향은 매우 크다.

♀ TIP 증권분석이 가능한 자는 감정평가회사가 아니라 채권평가회사이다.

핵심포인트 해설 증권분석기관 및 투자설명서제도

(1) 증권분석기관
모집가액 또는 매출가액의 적정성 등 증권의 가치를 평가하는 기관임
① 인수업무, 모집·사모·매출의 주선업무를 수행하는 자 → 투자매매업자 (O), 투자중개업자 (X)
② 신용평가업자
③ 회계법인
④ 채권평가회사

(2) 증권분석기관의 평가제한
① 증권분석기관과 해당 법인이 3% 이상의 지분을 가지고 있는 경우 및 그 반대의 경우
② 증권분석기관과 해당 법인에 동시에 5% 이상의 지분을 가진 주주가 있는 경우

(3) 투자설명서제도
① 투자설명서는 투자자에게 제공되는 청약의 권유문서로 증권신고의 효력이 발생한 후에 사용함
② 증권신고의 효력이 발생하기 전에는 예비투자설명서를 사용함 → 증권신고서는 투자설명서를 교부하기 위한 심사청구서류이고, 투자자에게 실제로 교부되는 것은 증권신고서가 아니라 투자설명서임
③ 단순한 광고 및 홍보전단으로는 간이투자설명서를 사용함

(4) 투자설명서 교부가 면제되는 자
① 전문투자자
② 수령 거부를 서면 등으로 표시한 자
③ 이미 취득한 집합투자증권을 계속하여 추가로 취득하려는 자

정답 ①

11

유통시장 공시관련 세부 규정 ★

다음 중 금융위원회 규정상 주요사항보고대상에서 제외되는 중요한 자산 양수도에 해당하지 않는 것은?

① 상품, 원재료 또는 재고자산의 매입, 매출 등 일상적인 영업활동으로 인한 자산 양수도
② 상법에 따른 자기주식의 취득 또는 처분
③ 영업활동에 사용되는 설비를 5년 주기로 교체하기 위한 자산의 취득 및 처분
④ 공개매수에 의한 주식 등의 취득

TIP 교체주기가 1년 미만인 경우에 한하여 주요사항보고대상에서 제외한다.

핵심포인트 해설 유통시장 공시관련 세부 규정

(1) 사업보고서 제출대상 법인
  ① 주권상장법인
  ② 주권 외의 지분증권(무보증사채권 등)을 증권시장에 상장한 발행인
  ③ 외부감사대상 법인으로 증권의 소유자가 500인 이상인 발행인

(2) 주요사항보고대상에서 제외되는 중요한 자산 양수도
  ① 상품, 원재료 또는 재고자산의 매입, 매출 등 일상적인 영업활동으로 인한 자산 양수도
  ② 영업활동에 사용되는 기계, 설비의 주기적 교체를 위한 자산의 취득 및 처분(그 교체주기가 1년 미만인 경우에 한함)
  ③ 법 및 상법에 따른 자기주식의 취득 또는 처분
  ④ 자산유동화에 관한 법률에 따른 자산유동화
  ⑤ 공개매수에 의한 주식 등의 매매 등

정답 ③

12 집합투자기구의 종류 등 ★★

다음 중 단기금융집합투자기구에 대한 설명으로 적절하지 않은 것은?

① 집합투자재산 전부를 원화표시 단기금융상품에 투자하는 집합투자기구이다.
② 운용자산 중 CD 및 어음을 포함한 채무증권의 신용등급은 상위 2개 등급이어야 한다.
③ 증권을 대여하거나 차입하는 방법으로 운용하지 않아야 한다.
④ 집합투자재산의 남은 만기의 가중평균된 기간이 90일 이내이어야 한다.

+용어 알아두기
가중평균만기 각 기간마다 발생하는 이자 및 상환원금이 전체 현금흐름에서 차지하는 비중을 계산한 만기로, 채권으로부터 발생하는 모든 현금흐름의 평균회수기간을 말한다.

♀ TIP 집합투자재산의 남은 만기의 가중평균된 기간은 개인 MMF의 경우 75일 이내, 법인 MMF의 경우 60일 혹은 120일 이내이다.

핵심포인트 해설 단기금융집합투자기구(MMF)

(1) 규제특례
① 증권을 대여하거나 차입하는 방법으로 운용하지 않을 것
② 남은 만기가 1년 이상인 국채증권에 집합투자재산의 100분의 5 이내에서 운용할 것
③ 환매조건부매도는 보유증권총액의 100분의 5 이내일 것
④ 집합투자재산의 남은 만기의 가중평균된 기간은 개인 MMF의 경우 75일 이내, 법인 MMF의 경우 60일(5천억원 이상) 혹은 120일(그 밖) 이내일 것

(2) 유동성 규제 → 유동성을 강화하는 방향으로 규제함
① 자산의 10%를 만기 1영업일 이내의 자산으로 운용
② 자산의 30%를 만기 7영업일 이내의 자산으로 운용

(3) 신용등급 규제
운용자산 중 CD 및 어음을 포함한 채무증권의 신용등급이 상위 2개 등급이거나 보증인의 신용평가등급이 상위 2개 등급이어야 함

(4) 이익금 분배유보 불가
집합투자규약에 따라 이익금 분배를 집합투자기구에 유보할 수 있으나 MMF는 제외

정답 ④

13

집합투자기구의 종류 등 ★★

다음 중 환매금지형 집합투자기구 설정 의무대상으로 모두 묶인 것은?

가. 부동산집합투자기구
나. 특별자산집합투자기구
다. 혼합자산집합투자기구
라. 집합투자기구 자산총액의 20%를 초과하여 부동산, 특별자산, 비상장주식 등 시장성 없는 자산에 투자할 수 있는 집합투자기구

① 가, 나   ② 나, 다   ③ 가, 나, 다   ④ 가, 나, 다, 라

TIP '가, 나, 다, 라'처럼 시장성이 낮은 투자안에 투자하는 펀드는 환매금지로 운용해야 안정적인 운용이 가능하므로 의무적으로 환매금지형을 요구한다.

핵심포인트 해설   특수한 형태의 집합투자기구

(1) 환매금지형 집합투자기구
① 폐쇄형 펀드이며 존속기간을 정한 집합투자기구에 한하여 집합투자증권의 환매를 청구할 수 없는 집합투자기구
② 원칙적으로는 집합투자증권의 추가 발행이 불가하나, 다음의 경우에는 추가 발행이 가능함
  ㉠ 이익분배금 범위에서 추가로 발행하는 경우
  ㉡ 기존 투자자 이익을 해할 우려가 없다고 신탁업자의 확인을 받는 경우
  ㉢ 기존 투자자 전원의 동의를 받는 경우
  ㉣ 집합투자증권 보유비율에 따라 추가 발행되는 집합투자증권의 우선 매수기회를 부여하는 경우
③ 환매금지형 집합투자기구 설정 의무대상
  ㉠ 부동산집합투자기구   ㉡ 특별자산집합투자기구   ㉢ 혼합자산집합투자기구
  ㉣ 집합투자기구 자산총액의 20%를 초과하여 부동산, 특별자산, 비상장주식 등 시장성 없는 자산에 투자할 수 있는 집합투자기구

(2) 종류형 집합투자기구
같은 집합투자기구에서 판매보수의 차이로 인하여 기준가격이 다르거나 판매수수료가 다른 여러 종류의 집합투자증권을 발행하는 집합투자기구
→ 예를 들어, 선취수수료와 후취수수료

(3) 전환형 집합투자기구
공통의 집합투자규약에 의하여 복수의 집합투자기구 간에 각 집합투자기구의 투자자가 소유하고 있는 집합투자증권을 다른 집합투자기구의 집합투자증권으로 전환할 수 있는 권리를 투자자에게 부여하는 구조의 집합투자기구

(4) 모자형 집합투자기구
다른 집합투자기구(母)가 발행하는 집합투자증권을 취득하는 구조의 집합투자기구(子)(모자 펀드의 집합투자업자 동일)

(5) 상장지수집합투자기구(ETF) → 인덱스펀드가 상장된 것이라 생각하면 이해하기 쉬움
기초자산의 가격 또는 종류에 따라 다수 종목의 가격 수준을 종합적으로 표시하는 지수 중 시행령으로 정하는 요건을 모두 갖춘 지수의 변화에 연동하여 운용하는 것을 목표로 하는 집합투자기구

정답 ④

14

> 집합투자기구의 종류 등 ★★

다음 중 집합투자증권의 환매에 대한 설명으로 적절하지 않은 것은?

① 환매청구대상은 해당 집합투자증권을 판매한 투자매매·투자중개업자이다.
② 환매가격은 환매청구일에 산정되는 기준가격으로 한다.
③ 시행령으로 정하는 경우를 제외하고는 환매청구일부터 15일 이내에서 집합투자규약에서 정한 환매일에 환매대금을 지급하여야 한다.
④ 판매회사가 환매를 하지 못하는 경우에는 집합투자업자에게 직접 청구할 수 있다.

TIP 환매청구일 후에 산정되는 기준가격으로 환매한다.

핵심포인트 해설   집합투자증권의 환매

(1) 개요
투자자는 환매금지형을 제외하고는 언제든지 집합투자증권의 환매를 청구할 수 있음

(2) 환매절차
① 환매청구대상(원칙) : 판매회사(투자매매·투자중개업자)
② 판매회사가 환매청구에 응할 수 없는 경우에는 집합투자업자에게 직접 청구할 수 있음
③ 집합투자업자가 환매에 응할 수 없는 경우에는 신탁업자에게 청구할 수 있음

(3) 환매방법
시행령으로 정하는 경우를 제외하고는 환매청구일부터 15일 이내에서 집합투자규약에서 정한 환매일에 환매대금을 지급하여야 함
→ MMF는 예외적으로 당일 환매가 가능하며 장부가격 평가도 가능

(4) 환매가격
환매청구일 후에 산정되는 기준가격으로 환매함

(5) 환매수수료
① 집합투자증권의 환매를 청구하는 투자자가 부담하며, 집합투자재산에 귀속됨
② 집합투자규약에서 정한 기간 이내에 환매하는 경우에 부과함

정답 ②

15 불공정거래행위에 대한 규제 ★

다음 중 불공정거래행위에 대한 규제의 설명으로 옳지 않은 것은?

① 내부자거래 규제의 적용대상 법인은 상장법인이 대상이다.
② 내부자거래 규제대상자의 정보수령자는 내부자(준내부자)로부터 미공개 중요정보를 받은 자로, 2차 이상의 다차 정보수령자 모두 규제 대상이다.
③ 내부자의 단기매매차익 반환은 미공개 중요정보를 이용한 경우에 해당된다.
④ 자본시장법은 포괄적으로 부정거래행위를 금지하고 있다.

TIP 내부자의 단기매매차익 반환은 미공개 중요정보의 이용 여부와 관계없다.

핵심포인트 해설 불공정거래행위에 대한 규제

(1) 미공개정보 이용(내부자거래) 규제 : 정보의 비대칭 방지
① 미공개 시장정보의 이용행위 금지
② 공개매수 관련 정보 이용행위 금지
③ 대량취득·처분 관련 정보 이용행위 금지
④ 단기매매차익 반환제도
⑤ 임원 및 주요 주주의 특정 증권 등 소유상황 보고
　　예외 누적변동수량 1,000주 미만, 누적금액이 1천만원 미만인 경우
⑥ 장내파생상품 대량보유 보고제도

(2) 불공정거래행위 금지 위반에 대한 제재
① 형사책임
② 손해배상책임
③ 과징금 : 형사책임에 해당하는 자는 위반행위 실익의 2배까지 위반행위로 실익이 없거나 산정이 어려워도 부과 가능

정답 ③

fn.Hackers.com

출제예상문제

☑ 다시 봐야 할 문제(틀린 문제, 풀지 못한 문제, 헷갈리는 문제 등)는 문제 번호 하단의 네모박스(□)에 체크하여 반복학습 하시기 바랍니다.

01 중요도 ★
다음 중 금융위원회 규정의 법적 성격에 대한 설명으로 옳지 않은 것은?

① 합의제 행정기관인 금융위원회에 의하여 제정된 전형적인 법규명령의 일종이다.
② 금융위원회 규정은 국가와 국민을 구속하는 일반적 구속력을 가지고 있으며 법규명령에 위반하는 행위는 위법성을 띠게 된다.
③ 행정법적 측면에서는 법률종속명령의 성격을 가지며, 위임명령과 집행명령이라는 양자의 특성을 모두 가진다.
④ 증권 관련 금융위원회 규정은 자본시장을 규율하는 법원으로서 작용하나 보통거래약관의 성격을 가지는 것은 아니다.

02 중요도 ★
다음 중 금융법규 유권해석과 비조치의견서에 대한 설명으로 가장 거리가 먼 것은?

① 비조치의견서는 금융회사가 수행하려는 행위에 대해 금융감독원장이 법령에 근거하여 향후 제재 등의 조치를 취할지 여부를 회신하는 문서를 말한다.
② 비조치의견서는 법령 등의 공백이 있거나 법령 제정 당시에는 예상하지 못했던 상황이 발생하여 해당 행위에 적용할 수 있는지 불명확한 경우 적용한다.
③ 금융이용자도 법령해석을 신청할 수 있는 자격이 있다.
④ 법령에 위반되지 않는다는 비조치의견서를 금융감독원장이 회신한 경우 추후 법령이 변경되더라도 비조치의견서의 내용과 다른 법적조치를 취하지 않는다.

03 중요도 ★★★
다음 중 금융위원회 규정상 자산건전성 분류에 대한 설명으로 틀린 것은?

① 금융투자업자는 매 분기마다 자산 및 부채에 대한 건전성을 정상, 요주의, 고정, 회수의문, 추정손실의 5단계로 분류한다.
② 매 분기 말 현재 회수의문 이하로 분류된 채권에 대하여 적정한 회수예상가액을 산정하여야 한다.
③ 금융투자업자는 회수의문 또는 추정손실로 분류된 자산을 조기에 상각하여 자산의 건전성을 확보하여야 한다.
④ 금융투자업자는 자산건전성 분류기준의 설정 및 변경, 동 기준에 따른 자산건전성 분류결과 및 대손충당금 적립 결과를 감독원장에게 보고하여야 한다.

04 중요도 ★★
다음 중 금융투자업자의 대손충당금 적립기준에 대한 설명으로 잘못된 것은?

① 대출채권, 가지급금과 미수금, 미수수익, 대여금 등 금융투자업자가 건전성 분류가 필요하다고 인정하는 자산 중 정상 분류자산의 경우 100분의 0.5를 적립하여야 한다.
② 추정손실 분류자산은 100분의 100 이상의 대손충당금을 적립하여야 한다.
③ 정형화된 거래로 발생하는 미수금과 정상으로 분류된 대출채권 중 콜론(Call Loan), 환매조건부매수에 대하여는 대손충당금을 적립하지 않을 수 있다.
④ 채권중개전문회사 및 다자간매매체결회사에 대하여 자산건전성 분류 및 대손충당금 등의 적립기준에 관한 규정을 적용한다.

05 중요도 ★★
다음 중 금융투자업자의 순자본 규제의 의의 및 대상에 대한 설명으로 틀린 것은?

① 순자본 규제는 재무상태가 악화된 금융투자회사에 대하여 조기경보를 통해 파산을 사전에 예방하고 투자자와 채권자의 재산이 안전하게 변제될 수 있도록 한다.
② 자본시장의 전체적 안정을 도모하기 위한 제도로 금융당국의 주요 감독수단, 금융투자회사의 체계적 위험관리, 개별 자산운용에 대한 차별화 및 전문화로 자율성 제고 등의 기능을 한다.
③ 순자본 규제는 겸영투자업자, 전업 투자자문업자 및 투자일임업자를 포함한 금융투자업자에 적용된다.
④ 금융투자업의 건전성 규제의 적용에는 종속회사와 연결되지 않은 금융투자업자의 재무제표를 대상으로 하지만, 순자본비율의 기초가 되는 금융투자업자의 자산, 부채, 자본은 연결재무제표에 계상된 장부가액을 기준으로 한다.

정답 및 해설

01 ④ 증권 관련 금융위원회 규정은 자본시장을 규율하는 법원으로서 작용하며, 투자자보호를 위한 규제를 하므로 보통거래약관의 성격도 가진다.
02 ④ 관련 법령이 변경된 경우에는 변경된 해당 법에 따라 법적 조치를 취할 수 있으며, 비조치의견서를 회신할 때 사후에 비조치의견서의 회신내용과 다른 법적조치를 취할 수 있음을 명시한다.
03 ② 매 분기 말 현재 고정 이하로 분류된 채권에 대하여 적정한 회수예상가액을 산정하여야 한다.
04 ④ 채권중개전문회사 및 다자간매매체결회사에 대해서는 자산건전성 분류 및 대손충당금 등의 적립기준에 관한 규정을 적용하지 않는다.
05 ③ 순자본 규제는 겸영금융투자업자, 전업 투자자문업자 및 투자일임업자를 제외하고 적용된다.

06 중요도 ★★
다음 중 금융투자업자의 순자본비율에 대한 설명으로 적절하지 않은 것은?

① 자산, 부채, 자본은 연결재무제표에 계상된 장부가액을 기준으로 한다.
② 부외자산과 부외부채에 대해서는 위험액을 산정하지 않는다.
③ 영업용순자본 산정 시 차감항목에 대해서는 원칙적으로 위험액을 산정하지 않는다.
④ 시장위험과 신용위험을 동시에 내포하는 자산에 대해서는 시장위험액과 신용위험액을 모두 산정하여야 한다.

07 중요도 ★★★
다음 중 금융투자업자의 순자본비율 산정에 대한 설명으로 틀린 것은?

① 순재산액은 재무상태표상 자산총액에서 부채총액을 차감한 금액으로 금융투자업자의 연결재무제표를 대상으로 한다.
② 영업용순자본은 '자산 − 부채 − 차감항목 + 가산항목'으로 구한다.
③ 실질적으로 자본의 보완적 기능을 하더라도 재무상태표에 부채로 기록된 경우 가산항목에 포함할 수 없다.
④ 재무상태표에 자산으로 기록되었으나 즉시 현금화하기 곤란한 경우 영업용순자본에서 차감한다.

08 중요도 ★★★
다음 중 경영실태평가 및 적기시정조치에 대한 설명으로 올바른 것은?

① 경영실태평가는 우수, 보통, 위험의 3단계 등급으로 구분한다.
② 경영개선권고는 순자본비율이 150% 미만인 경우 받게 된다.
③ 경영개선요구는 순자본비율이 100% 미만인 경우 받게 된다.
④ 경영개선명령은 순자본비율이 0% 미만인 경우 받게 된다.

09 중요도 ★
다음 중 금융투자회사의 겸영대상 업무에 해당하는 것으로 모두 묶인 것은?

> 가. 보험대리점업무
> 나. 전자자금이체업무
> 다. 기업금융업무 관련 대출업무
> 라. 퇴직연금사업자로서 퇴직연금수급권을 담보로 한 대출업무

① 가
② 가, 나
③ 나, 다, 라
④ 가, 나, 다, 라

10 중요도 ★
다음 중 금융투자업자의 업무위탁에 대한 설명으로 틀린 것은?

① 재위탁은 예외 없이 금지된다.
② 핵심업무는 위탁이 금지된다.
③ 단순 계좌개설 및 실명확인은 위탁이 가능하다.
④ 금융투자업의 본질적 업무를 위탁하는 경우에는 위탁받는 자가 당해 업무 수행에 필요한 인가 및 등록한 자이어야 한다.

정답 및 해설

06 ② 부외자산과 부외부채에 대해서도 위험액을 산정하는 것을 원칙으로 한다.
07 ③ 실질적인 채무이행 의무가 없거나 실질적으로 자본의 보완적 기능을 하는 항목이 재무상태표에 부채로 기록된 경우 가산항목에 포함시켜야 한다.
08 ④ ① 우수, 양호, 보통, 취약, 위험의 5단계 등급으로 구분한다.
② ③ 경영개선권고는 순자본비율 100% 미만, 경영개선요구는 순자본비율 50% 미만인 경우에 해당한다.
09 ④ '가, 나, 다, 라' 모두 겸영대상 업무에 해당하며, 겸영을 시작한 날로부터 2주 이내에 금융위원회에 신고하여야 한다.
10 ① 원칙적으로 재위탁은 금지되나, 단순업무 및 외화자산 운용·보관업무는 위탁자의 동의를 받아 재위탁할 수 있다.

11 중요도 ★★
다음 중 금융투자업자의 본질적 업무에 해당하지 않는 것은?

① 투자매매업자의 단순 위탁계좌 개설업무
② 투자중개업자의 주문접수업무
③ 집합투자업자의 집합투자기구 설정업무
④ 투자자문업자의 투자조언업무

12 중요도 ★
다음 중 금융투자업자의 내부 정보교류 금지에 해당하는 것은?

① 투자자가 예탁한 증권의 총액
② 금융투자업자의 투자상품매매 정보
③ 집합투자재산 및 신탁재산에 관한 정보로 2개월이 지나고 준법감시인의 사전 승인을 받은 정보
④ 투자자가 예탁한 증권의 종류별 총액

13 중요도 ★
다음 중 금융투자업자의 내부 정보교류 금지의 예외로서 충족해야 할 요건으로 적절하지 않은 것은?

① 임원 및 준법감시인의 사후 승인을 받을 것
② 정보를 제공할 상당한 이유가 있을 것
③ 해당 임직원이 제공받은 정보를 업무 외의 목적으로 이용할 수 있는 업무를 담당하지 않을 것
④ 기록을 유지·관리할 것

14 중요도 ★★
다음 중 투자권유를 거부한 투자자에게 투자권유를 할 수 있는 경우가 아닌 것은?

① 1개월 경과 후 투자권유
② 채무증권 상품을 권유한 후 지분증권 상품을 권유하는 경우
③ 신탁계약 상품을 권유한 후 수익증권 상품을 권유하는 경우
④ 신상품에 대한 투자권유

15 중요도 ★
다음 중 투자권유대행인의 금지사항 및 고지사항에 대한 설명으로 틀린 것은?

① 금융투자상품의 가치에 중대한 영향을 미치는 사항을 사전에 알고 있으면서 이를 투자자에게 알리지 않고 당해 금융투자상품의 매매를 권유하는 행위는 금지사항이다.
② 투자자에게 지나치게 빈번히 투자권유를 하는 행위는 금지사항이다.
③ 금융투자상품의 매매, 기타 거래에 관한 정보를 금융투자업자가 관리하고 있다는 사실은 고지사항이다.
④ 투자권유대행인의 금지사항을 미리 알리는 것은 고지사항에 포함되지 않는다.

정답 및 해설

11 ① 투자매매업자의 위탁계좌 개설업무는 은행 등에서도 가능하다. 다만 계좌개설과 함께 금융투자상품의 매매를 하는 것은 금융투자업자의 본질적 업무에 해당하므로 불가하다.
12 ② ①③④는 내부 정보교류 금지의 예외사항에 해당한다.
13 ① 임원 및 준법감시인의 사전 승인을 받아야 한다.
14 ④ 신상품에 대한 투자권유는 자본시장법 시행령에서 제시하는 재권유 사유에 해당되지 않는다.
15 ④ 투자권유대행인의 금지사항은 고지사항이므로 미리 알려야 한다.

16 중요도 ★
다음 중 금융투자업자의 투자광고에 대한 설명으로 틀린 것은?

① 금융투자업자의 경영실태평가 결과와 영업용순자본비율 등을 다른 금융투자업자와 비교하는 경우에는 정확한 근거를 명시하여야 한다.
② 금융투자협회, 금융지주회사는 투자광고를 할 수 있으며, 증권의 발행인 및 매출인은 그 증권의 투자광고를 할 수 있다.
③ 투자광고를 하는 경우에는 준법감시인의 사전 확인을 받는 등 금융위원회가 정하는 방법에 따라야 한다.
④ 광고의 제작 및 내용에 있어서 관련 법령의 준수를 위하여 내부통제기준을 수립·운영하여야 한다.

17 중요도 ★
다음 중 청약권유에서 제외되는 단순 사실의 광고 또는 안내 방법으로 인정받기 위한 요건으로 모두 묶인 것은?

> 가. 인수인의 명칭을 표시하지 않을 것
> 나. 증권의 발행금액 및 발행가액을 확정하여 표시하지 않을 것
> 다. 증권신고의 대상이 되는 증권의 거래를 위한 청약의 권유는 투자설명서, 예비투자설명서 또는 간이투자설명서에 따른다는 뜻을 명시할 것

① 가
② 가, 나
③ 나, 다
④ 가, 나, 다

18 중요도 ★★
다음 중 증권의 발행신고 관련 금융위원회 규정의 전매가능성기준에 해당되는 경우가 아닌 것은?

① 지분증권이 증권시장에 상장된 경우
② 지분증권 이외의 증권이 50매 이상으로 권면 분할되어 거래될 수 있는 경우
③ 해외에서 증권을 발행하고 해당 증권이 발행 당시 국내 환류가능성이 있는 경우
④ 증권을 50매 미만으로 발행하고 증권의 권면에 발행 후 1년 이내 분할금지특약을 기재하는 경우

19 중요도 ★★★
다음 중 금융위원회 규정상 증권을 발행함에 있어 전매기준에 해당되지 않는 것으로 보는 경우가 아닌 것은?

① 발행한 증권을 지체 없이 한국예탁결제원에 예탁하고 그 예탁일부터 1년간 해당 증권을 인출하거나 매각하지 않기로 한 후 그 예탁계약을 이행하는 경우
② 전환권 등이 부여된 경우에는 권리행사금지기간을 발행 후 1년 이상으로 정하는 경우
③ 지분증권으로 같은 종류의 증권이 모집 또는 매출된 실적이 있는 경우
④ 해외발행증권으로 발행 당시 또는 발행일부터 1년 이내에 해당 증권 등을 거주자에게 양도할 수 없다는 뜻을 해당 증권의 권면 등에 기재하고, 국내 환류가능성 배제를 담보할 수 있는 장치를 강구한 후 발행하는 경우

20 중요도 ★
금융위원회 규정상 증권분석기관이 공모를 하려는 법인과 다음의 관계에 있는 경우 평가를 할 수 없다. (   ) 안에 들어갈 숫자를 순서대로 올바르게 나열한 것은?

- 증권분석기관이 해당 법인에 그 자본금의 100분의 (   ) 이상을 출자하고 있는 경우
- 해당 법인이 증권분석기관에 그 자본금의 100분의 (   ) 이상을 출자하고 있는 경우

① 1, 3
② 3, 3
③ 1, 5
④ 3, 5

정답 및 해설

16 ① 금융투자업자의 경영실태평가 결과와 영업용순자본비율 등을 다른 금융투자업자와 비교하는 광고는 금지된다.
17 ④ '가, 나, 다'를 모두 충족해야 단순한 광고로 인정된다.
18 ④ 50매 미만으로 발행되는 경우에는 1년간 분할금지되므로 전매가능성기준에 해당되지 않는다.
19 ③ 지분증권으로 같은 종류의 증권이 모집 또는 매출된 실적이 있는 경우는 전매가능성이 있는 경우이다.
20 ② 상호 간 3% 이상 출자관계에 있는 경우 공정성이 흔들릴 수 있기 때문에 평가를 제한한다.

21 중요도 ★★
다음은 금융위원회가 따로 정하는 발행신고서의 효력발생시기에 대한 설명이다. (   ) 안에 들어갈 내용을 순서대로 올바르게 나열한 것은?

> • 일괄신고서의 정정신고서는 수리된 날부터 (   )이 경과한 날에 그 효력이 발생한다.
> • 사채거래수익률 등의 변동으로 인한 발행가액의 변경 또는 발행이자율의 변경을 위하여 정정신고서를 제출하는 경우 정정신고서가 수리된 (   )에 그 효력이 발생한다.

① 3일, 3영업일 후
② 5일, 다음 날
③ 3일, 다음 날
④ 익일, 3영업일 후

22 중요도 ★★
다음 중 단기금융집합투자기구에 대한 설명으로 적절하지 않은 것은?

① 단기금융집합투자기구 집합투자재산의 남은 만기의 가중평균된 기간이 개인MMF는 90일 이내이어야 한다.
② 단기금융집합투자기구 집합투자재산으로 운용할 수 있는 채무증권은 신용평가등급 상위 2개 등급 이내이어야 한다.
③ 남은 만기가 1년 이상인 국채증권에 집합투자재산의 100분의 5 이내에서 운용하여야 한다.
④ 환매조건부매도의 방법으로 운용하는 경우 단기금융집합투자기구에서 보유하고 있는 증권총액의 100분의 5 이내에서 운용하여야 한다.

23 중요도 ★
다음 중 금융위원회 규정상 집합투자기구에 대한 설명으로 옳지 않은 것은?

① 종류형 집합투자기구의 집합투자증권 투자자가 부담하는 수수료는 판매보수, 판매수수료 및 환매수수료를 제외하고는 각 종류의 집합투자증권별로 같도록 하여야 한다.
② 투자회사는 등록을 위해서 등록신청 당시 자본금이 3억원 이상이어야 한다.
③ 상장지수집합투자기구의 지정참가회사란 상장지수집합투자기구의 집합투자증권이 증권시장에서 원활하게 거래되도록 하고 그 가격이 해당 집합투자증권의 좌수 또는 주수당의 순자산가치에 수렴되도록 하기 위하여 지정참가계약을 체결한 자를 말한다.
④ 등록한 사항의 단순한 자구수정은 집합투자기구의 변경등록 적용의 제외사유에 해당한다.

24 중요도 ★★
다음 중 미공개 중요정보 이용행위 금지에 대한 설명으로 틀린 것은?

① 내부자거래 규제 대상자는 계열사 임직원을 포함한다.
② 내부자거래 규제 대상자는 당해 법인과 계약체결을 교섭 중인 자를 포함한다.
③ 목적성 없이 시세에 영향을 주는 행위도 시장질서 교란행위로 과징금이 부과될 수 있다.
④ 내부자거래 규제의 대상 증권은 당해 법인이 발행한 증권에 한정된다.

정답 및 해설

21 ③ • 일괄신고서의 정정신고서는 수리된 날부터 (3일)이 경과한 날에 그 효력이 발생한다.
　　　• 사채거래수익률 등의 변동으로 인한 발행가액의 변경 또는 발행이자율의 변경을 위하여 정정신고서를 제출하는 경우 정정신고서가 수리된 (다음 날)에 그 효력이 발생한다.
22 ① 집합투자재산의 남은 만기의 가중평균된 기간이 75일 이내이어야 한다.
23 ② 투자회사는 등록을 위해서 등록신청 당시 자본금이 1억원 이상이어야 한다.
24 ④ 내부자거래 규제의 대상 증권은 당해 법인과 관련한 증권을 기초자산으로 하는 금융투자상품이 포함된다.

25 중요도 ★★
금융소비자보호법에서 규정하는 소비자보호장치가 아닌 것은?

① 손해배상금액 추정
② 위법계약해지권
③ 소송중지제도
④ 징벌적 과징금

26 중요도 ★★
금융소비자보호법상 금융상품 구분에 해당하지 않는 것은?

① 투자성
② 예금성
③ 보장성
④ 대부성

27 중요도 ★★
금융소비자보호법에 대한 설명으로 가장 거리가 먼 것은?

① 부당권유행위 금지에 대해 보호받을 수 있는 대상은 일반금융소비자와 전문금융소비자이다.
② 장외파생상품에 대해서도 금융소비자로부터 요청받지 아니하고 방문의 방법으로 계약의 권유를 할 수 있다.
③ 적합성 원칙을 적용받지 않고 권유하기 위해 일반금융소비자로부터 투자권유불원의사를 서명 등으로 받아서는 아니 된다.
④ 투자성 상품에 관한 계약체결을 권유하면서 일반금융소비자가 요청하지 않은 다른 대출성 상품을 안내해서는 아니 된다.

28 금융소비자보호법의 내용으로 적절하지 않은 것은?

중요도 ★★

① 위법계약해지의 효력은 소급 적용하지 않고 장래에 대해서 효력이 있다.
② 청약철회에 대한 특약으로 금융상품소비자에게 불리한 것은 무효이다.
③ 소액사건 조정이탈금지제도의 소액기준은 1천만원 이내이다.
④ 금융상품직접판매업자가 주요 판매원칙을 위반할 경우 징벌적 과징금으로 위반행위로 인한 수입 등의 50%까지 과징금을 부과할 수 있다.

정답 및 해설

25 ① 손해배상금액 추정은 자본시장법에 규정되어 있다.
26 ④ 대부성이 아니라 대출성으로 구분한다.
27 ② 증권 및 장내파생상품에 대해서 금융소비자로부터 요청받지 아니하고 방문, 전화 등의 방법으로 계약의 권유를 할 수 있다.
28 ③ 소액사건 조정이탈금지제도의 소액기준은 2천만원 이내의 분쟁 사건이다.

제4장 한국금융투자협회 규정

학습전략

한국금융투자협회 규정은 제3과목 전체 50문제 중 총 3문제가 출제된다.
한국금융투자협회 규정의 경우 3문제가 출제되지만 실무적인 내용을 다루고 있으므로 어느 정도 암기가 필요하다. 규정 중 금융투자회사의 영업 및 업무에 관한 규정이 가장 중요하다. 특히 실무적인 부분인 핵심설명서, 위험고지, 투자권유대행인, 투자광고, 재산상 이익에 관한 내용이 많이 출제된다.

출제비중

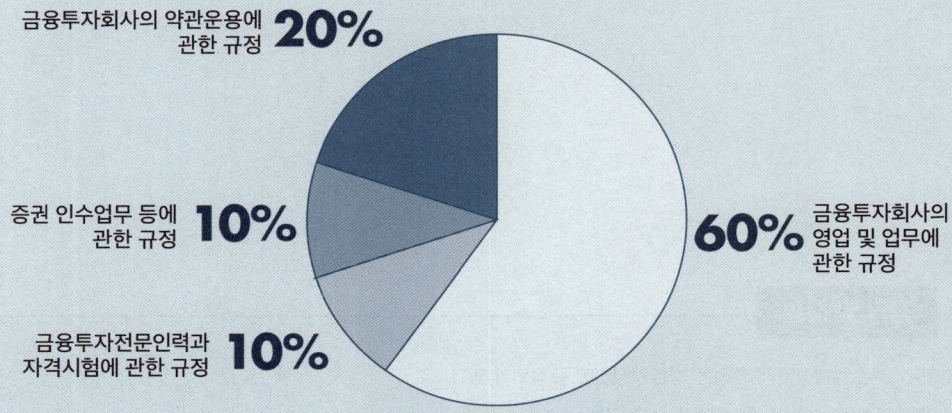

- 금융투자회사의 약관운용에 관한 규정 20%
- 증권 인수업무 등에 관한 규정 10%
- 금융투자전문인력과 자격시험에 관한 규정 10%
- 금융투자회사의 영업 및 업무에 관한 규정 60%

출제포인트

구 분	출제포인트	중요도
금융투자회사의 영업 및 업무에 관한 규정 (60%)	01 투자권유 등 02 조사분석자료 작성 및 공표 03 투자광고 04 재산상 이익의 제공 및 수령 05 직원채용 및 복무 기준과 신상품 보호 06 계좌관리 및 예탁금이용료의 지급 등 07 금융투자전문인력	★★ ★ ★★★ ★★★ ★ ★ ★
금융투자전문인력과 자격시험에 관한 규정 (20%)	08 주요 직무 종사자의 등록	★
증권 인수업무 등에 관한 규정 (10%)	09 주식의 인수	★
금융투자회사의 약관운용에 관한 규정 (10%)	10 금융투자회사의 약관운용	★★

투자권유 등 ★★

다음 중 핵심설명서를 추가로 교부하는 거래가 아닌 것은?

① 고난도 금융투자상품 ② 주식워런트증권
③ 신용거래융자 ④ 유사해외통화선물

+ 용어 알아두기
고난도 금융투자상품 복잡한 구조의 상품으로 20% 초과 손실위험이 있는 상품을 의미한다.

♥ TIP 주식워런트증권(ELW : Equity Linked Warrant)은 위험성이 낮아서가 아니라 별도의 사전 교육을 받기 때문에 핵심설명서를 교부하지 않는다.

핵심포인트 해설 투자권유의 적합성 확보 및 설명의무

(1) 적합성 확보
① 투자자정보 확인 : 고객이 일반투자자인지 전문투자자인지 확인해야 함
② 투자자정보 확인방법
  ㉠ 고객정보 파악은 대면만이 아닌 전화 등 사실상 기록·보관이 가능한 여러 매체를 인정하고 있음
  ㉡ 확인한 투자자정보의 내용은 해당 일반투자자에게 제공하여야 하며 10년간 기록·보관해야 함
③ 투자권유의 적합성 : 일반투자자에게 적합하다고 인정되는 투자권유를 해야 함
④ 파생상품 등에 대한 일반투자자 보호장치
  ㉠ 적합성 원칙에 더하여 적정성 원칙을 준수하도록 함
  ㉡ 주권상장법인은 장외파생상품 거래 시 전문투자자의 대우를 받겠다는 의사를 금융투자회사에 서면으로 통지하여야 전문투자자가 될 수 있음
  ㉢ 금융투자업자는 투자자의 여러 조건을 감안하여 일반투자자 등급별로 차등화된 투자권유준칙을 마련해야 함
  ㉣ 파생상품 등에 대해서는 투자권유대행 위탁을 불허함
  ㉤ 일반투자자가 장외파생상품을 매매하는 경우는 위험회피목적의 거래를 하는 경우로 한정함

(2) 설명의무
① 설명서(투자설명서)
  ㉠ 일반투자자에게 투자권유를 하는 경우에는 금융투자상품의 내용과 위험 등을 투자자가 이해할 수 있도록 설명하고, 이를 일반투자자가 이해하였음을 서명 등의 방법으로 확인받아야 함
  ㉡ 일반투자자가 서명 또는 기명날인의 방법으로 설명서의 수령을 거부하는 경우를 제외하고는 투자설명사항을 명시한 설명서를 교부하여야 함
  ㉢ 집합투자증권을 권유하는 경우 투자자가 투자설명서 교부를 별도로 요청하는 경우 외에는 간이투자설명서 교부가 가능함
② 핵심설명서 → 주식워런트증권(ELW) 및 상장지수증권, 금적립계좌는 제외
  고난도 금융투자상품 매매(신탁, 일임 포함), 공모의 방법으로 발행된 파생결합증권 매매, 신용융자거래, 유사해외통화선물거래를 하고자 하는 경우 핵심설명서를 추가로 교부하고 그 내용을 충분히 설명하여야 함

정답 ②

투자권유 등 ★★

다음 중 파생결합증권에서 만기 전 손실요건이 발생한 경우 일반투자자에게 지체 없이 알려야 하는 사항이 아닌 것은?

① 원금손실조건에 해당되었다는 사실
② 기초자산의 현재 가격 정보
③ 만기 시 예상수익률
④ 중도상환청구 관련 사항

♀TIP 만기 시 예상수익률은 기초자산의 가격에 따라 최종 결정되므로, 예상수익률을 고객에게 함부로 알리는 것은 삼가야 한다.

핵심포인트 해설 설명의무

(1) 파생결합증권 손실요건의 통보

일반투자자에게 만기 전 최초로 원금손실조건에 해당할 시 알려야 하는 사항은 다음과 같다.
① 원금손실조건에 해당되었다는 사실
② 기초자산의 현재 가격 정보
③ 중도상환청구 관련 사항 등 통지

(2) 주식워런트증권(ELW), 상장지수증권(ETN), ETF에 대한 투자자 보호 강화
① 별도 거래신청서 작성
② 사전교육 : ELW, 1배를 초과하는 레버리지 ETN·ETF 매매

(3) 장내파생상품시장 적격개인투자자제도
① 사전지식 및 투자경험 여부 : 사전교육 및 모의거래 이수
② 위험 감수능력 여부 : 기본예탁금 예탁   ← 금융투자협회장 (x)
③ 사전의무교육 및 모의거래 면제 조건 : 자율규제위원장이 인정하는 파생상품 업무경험 1년 이상 + 파생상품 관련 자격시험 합격

정답 ③

제4장 한국금융투자협회 규정

03

투자권유 등 ★★

다음 중 일중매매거래 위험에 대한 고지 대상이 아닌 금융투자상품은?

① 장외파생상품
② 장내파생상품
③ 주 식
④ 주식워런트증권

+ 용어 알아두기
주식워런트증권 개별 주식 또는 주가지수와 연계하여 미리 만기와 가격을 정한 후 약정된 방법에 따라 해당 주식 또는 지수를 사고 팔 수 있는 권리가 주어진 증권이다.

◎ **TIP** 일중매매거래 위험에 대한 고지 대상은 장내파생상품, 주식, 주식워런트증권이다. 장외파생상품은 매매를 빈번하게 성사시키기 어려우므로 대상이 되지 않는다.

핵심포인트 해설 투자권유 등

(1) 일중매매거래(Day Trading)
① 같은 날 동일 종목의 금융투자상품을 매수한 후 매도하거나, 매도한 후 매수하여 일중 가격등락의 차액을 얻을 목적으로 행하는 매매거래
② 해당 금융투자상품 : 장내파생상품, 주식, 주식워런트증권
③ 일중매매거래 위험고지서 교부 : 일반투자자가 일중매매거래를 위한 계좌를 개설하는 경우 일중매매거래 위험고지서를 교부하고 이를 설명한 후 서명 또는 기명날인을 받아야 함

(2) 시스템매매
① 투자자 자신의 판단을 배제하고 사전에 내장된 조건에 의하여 금융투자상품 종목, 매매시점, 매매호가에 대한 의사결정정보를 제공하거나 이에 의하여 자동매매주문을 내는 전산소프트웨어에 의하여 금융투자상품을 매매하는 방법
② 시스템매매 위험고지서 교부
  ㉠ 일반투자자가 시스템매매 프로그램에 의한 매매거래를 신청하는 경우 시스템매매 위험고지서를 교부하고 이를 설명한 후 서명 또는 기명날인을 받아야 함
  ㉡ 아래의 유의사항을 고지하여야 함
    • 시스템매매가 수익을 보장하지 않는다는 내용
    • 시스템매매로 커다란 손실을 입을 수 있다는 내용

(3) 방문판매
① 방문판매 : 사업장 외의 장소로 방문하여 판매하는 방식으로 전화권유판매 및 화상권유판매 포함
② 방문판매인력 요건 : 금융투자회사의 임직원 및 투자권유대행인으로 자격시험 후 등록자
③ 명부관리 : 방문판매인력 명부 유지 관리

정답 ①

투자권유 등 ★★

다음 중 투자권유대행인에 대한 설명으로 적절하지 않은 것은?

① 투자권유대행인은 금융투자회사의 임직원이 아닌 자로서 금융투자회사와의 계약에 의하여 투자권유업무를 위탁받은 개인이다.
② 투자권유대행인이 증권투자를 권유하려면 증권투자권유자문인력, 투자자산운용사, 또는 증권투자권유대행인 시험에 합격하고 협회가 주관하는 증권투자권유자문인력 투자자보호교육 또는 증권투자권유대행인 등록교육을 이수해야 한다.
③ 투자권유대행인은 투자권유대행인이라는 사실을 나타내야 한다.
④ 투자권유대행인은 회사를 대리하여 계약을 체결할 수 있다.

♥TIP 투자권유대행인은 투자권유업무를 대행하는 자이므로 회사를 대리하여 계약을 체결할 수 없다.

핵심포인트 해설 전문투자자 및 투자권유대행인

(1) 전문투자자
① 정의 : 금융투자상품에 관한 전문성 구비 여부, 소유자산규모 등에 비추어 볼 때 투자에 따른 위험감수 능력이 있는 투자자를 말하며, 전문투자자 이외의 투자자는 일반투자자로 봄
② 구 분
  ㉠ 일반투자자로 전환될 수 없는 전문투자자 : 국가, 한국은행, 은행, 보험회사, 금융투자업자 등
  ㉡ 일반투자자로 전환이 가능한 전문투자자 : 주권상장법인, 지방자치단체 등
③ 개인 전문투자자 : 전문투자자로 분류된 이후에는 고난도 금융투자상품(신탁, 일임포함)을 매매하는 경우 적합성 원칙, 적정성 원칙, 설명의무 등이 적용되지 않음을 설명하고 확인
④ 장외파생상품 거래 조건 : 5년 내 1년 이상 주식, 파생상품, 고난도파생결합증권 상품의 월말평균잔고 3억원 이상

(2) 투자권유대행인
① 금융투자회사의 임직원이 아닌 자로서 금융투자회사와의 계약에 의하여 투자권유업무를 위탁받은 개인
② 파생상품 등에 대해서는 투자권유를 위탁할 수 없음
③ 투자권유대행인이라는 사실을 나타내는 표지를 게시하거나 증표를 보여야 함

(3) 투자권유대행인의 구분 및 자격요건
① 펀드투자권유대행인 : 펀드투자권유자문인력 적격성인증시험 또는 펀드투자권유대행인 시험에 합격한 자로서 협회가 주관하는 펀드투자권유자문인력 투자자보호교육 또는 펀드투자권유대행인 등록교육을 이수한 자
② 증권투자권유대행인 : 증권투자권유자문인력 적격성인증시험, 투자자산운용사시험 또는 증권투자권유대행인 시험에 합격한 자로서 협회가 주관하는 증권투자권유자문인력 투자자보호교육 또는 증권투자권유대행인 등록교육을 이수한 자

(4) 투자권유대행인의 금지행위
① 회사를 대리하여 계약을 체결하는 행위
② 고객으로부터 금전, 증권 등을 수취하는 행위
③ 고객을 대리하여 계약을 체결하는 행위
④ 둘 이상의 금융투자회사와 투자권유 위탁계약을 체결하는 행위 등

(5) 투자권유대행인의 등록 및 보수교육
① 금융투자회사를 통하여 협회에 등록 신청하여야 함
② 협회가 실시하는 소정의 보수교육을 2년마다 1회 이상 이수하여야 함

정답 ④

조사분석자료 작성 및 공표 ★

다음 중 조사분석자료를 공표할 때 회사와의 이해관계 고지가 필요한 경우는?

① 금융투자회사 자신이 발행주식총수의 100분의 1 이상의 주식 등을 보유하고 있는 법인인 경우
② 금융투자회사 자신이 발행한 금융투자상품인 경우
③ 금융투자회사 자신이 발행한 주식을 기초자산으로 하는 ELW인 경우
④ 금융투자회사 자신이 합병을 중개하는 법인으로서 합병의 규모가 해당 법인 발행주식총수의 100분의 5를 초과하는 경우

♥ TIP 발행주식총수의 1~5% 미만이면 이해관계 고지 대상이고, 5% 이상이면 조사분석대상법인의 제한 대상이다.

핵심포인트 해설 　조사분석자료 작성 및 공표

(1) 조사분석자료의 정의
　금융투자회사의 명의로 공표 또는 제3자에게 제공되는 것으로 특정 금융투자상품의 가치에 대한 주장이나 예측을 담고 있는 자료(제3자가 작성한 자료를 공표하는 경우 제3자의 명의를 기재하여야 함)

(2) 조사분석업무의 독립성 확보
　① 조사분석 담당부서와 기업금융업무 관련부서 간의 자료교환은 준법감시부서를 통해서 해야 함
　② 조사분석 담당부서와 기업금융업무 관련부서 간의 협의는 준법감시부서 직원의 입회하에 이루어져야 하며, 회의의 주요내용은 서면으로 유지되어야 함
　③ 다만, 불가피한 사유로 준법감시부서의 직원이 입회하지 못한 경우에는 협의내용을 전부 녹음하여 준법감시부에 제출함

(3) 조사분석대상법인의 제한 대상
　① 자신이 발행한 금융투자상품
　② 자신이 발행한 주식을 기초자산으로 하는 주식선물, 주식옵션, 주식워런트증권(ELW)
　③ 다음에 해당하는 법인이 발행한 주식 및 주권 관련 사채권과 해당 주식을 기초자산으로 하는 주식선물, 주식옵션 및 주식워런트증권(단, 코넥스시장 지정자문인으로서 기업현황보고서를 제출하고 공시하면 제외)
　　㉠ 안정조작, 시장조성 업무를 수행하고 있는 증권을 발행한 법인
　　㉡ 인수, 합병에 관여하고 있는 법인(인수, 합병의 규모가 5%를 초과하는 경우)
　　㉢ 발행주식총수의 100분의 5 이상의 주식 등을 보유하고 있는 법인
　　㉣ 최근 사업연도 재무제표에 대한 감사의견이 부적정 또는 의견거절이거나 한정인 법인(투자등급 및 목표가격 하향을 위한 경우에는 조사분석자료 제공 가능)

(4) 회사와의 이해관계 고지
　다음에 해당하는 법인이 발행한 금융투자상품과 해당 법인이 발행한 주식을 기초자산으로 하는 주식선물, 주식옵션, 주식워런트증권에 대해 조사분석자료를 공표하는 경우 회사와의 이해관계를 고지하여야 함
　① 직간접적으로 채무이행을 보장하고 있는 법인
　② 발행주식총수의 100분의 1 이상의 주식 등을 보유하고 있는 법인 등

정답 ①

투자광고 ★★★

다음 중 투자광고에 대한 설명으로 적절하지 않은 것은?

① 자본시장법상 투자광고는 투자권유규제를 적용하지 않는다.
② 금융투자업자는 투자광고를 시행하기 전에 준법감시인의 사전 확인을 거친다.
③ 금융투자업자의 투자광고는 협회의 심사를 받아야 한다.
④ 투자자 보호를 위한 정보제공을 위해 금융투자회사의 영업용순자본비율을 다른 금융투자회사의 영업용순자본비율과 비교하여 표시하는 것은 가능하다.

♥ **TIP** 금융투자회사의 경영실태 평가와 영업용순자본비율 등을 다른 금융투자회사의 그것과 비교하여 표시하는 행위는 금지된다.

핵심포인트 해설 투자광고

(1) 자본시장법상 투자권유와 투자광고

> 투자광고를 투자권유로 보게 되면 적합성 의무 및 설명의무를 적용할 방법이 없어 광고 자체를 할 수 없음

투자권유	• 특정 투자자를 상대로 금융투자상품의 매매 등을 권유하는 행위
투자광고	• 불특정 다수를 대상으로 한다는 점에서 투자권유와 구별됨 • 투자광고를 시행하기 전에 준법감시인의 사전 확인을 거친 후 협회의 심사를 받아야 함

참고 단순한 이미지 광고나 지점 광고는 협회 심사 절차 없이 준법감시인의 사전승인으로 가능

(2) 의무표시사항

일반적 의무표시사항(펀드 제외)	펀드 투자광고 시 의무표시사항
• 회사 명칭 • 상품 내용 • 투자위험 • 회사의 설명의무 • 신중한 투자 권고 • 수수료 • 최소비용을 표기하는 경우 그 최대비용 • 최대수익을 표기하는 경우 그 최소수익 등	• 투자설명서를 읽어볼 것을 권고하는 내용 • 손실이 발생할 수 있으며 손실은 투자자에게 귀속된다는 사실 • 과거의 운용실적이 미래의 수익률을 보장하는 것은 아니라는 내용 • 환매 신청 후 환매금액의 수령 시기 • 환매수수료 • 각종 보수 및 수수료 • 고유한 특성 및 위험성 등에 대한 설명

정답 ④

제4장 한국금융투자협회 규정

 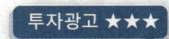

다음 중 펀드 운용실적 표시에 대한 설명으로 적절하지 않은 것은?

① 기준일 현재 펀드가 설정일로부터 1년 이상 지나고 순자산총액이 100억원 이상이어야 한다.
② MMF 운용실적은 기준일로부터 과거 3개월 수익률을 표시하여야 한다.
③ 벤치마크의 누적수익률을 객관적이고 공정하게 계산하여 병기하여야 한다.
④ 운용실적을 비교하는 경우에는 펀드평가회사의 평가자료를 사용하여야 한다.

+ 용어 알아두기

벤치마크 본래의 의미는 '기준이 되는 점'이다. 주식시장에서 벤치마크란 펀드의 수익률을 비교하는 기준수익률을 의미한다. 즉, 투자성과를 비교 측정하기 위한 비교지수이다.

♥ TIP MMF는 단기 상품이므로 MMF 운용실적은 기준일로부터 과거 1개월 수익률을 표시하여야 한다.

핵심포인트 해설 펀드 운용실적 표시

(1) 집합투자기구 운용실적 포함 투자광고 시 준수사항
① 기준일 현재 해당 집합투자기구가 설정일이나 설립일로부터 1년 이상 지나고 순자산총액이 100억원 이상일 것
② 집합투자증권의 가격으로 평가한 운용실적을 사용할 것
③ 기준일로부터 과거 1개월 이상의 수익률을 사용하되, 기준일로부터 과거 6개월 및 1년 수익률을 함께 표시할 것
④ 3년이 경과한 펀드는 기준일로부터 과거 1년 및 3년 수익률과 설정일로부터 기준일까지의 수익률을 함께 표시할 것
⑤ 벤치마크 수익률을 병기하나 MMF, 부동산 펀드 등 벤치마크 선정이 어려운 펀드는 벤치마크 생략 가능
⑥ 방송(TV, 라디오)을 이용하지 않을 것

→ 수익률 표시기간이 강화되었으며, 강화한 이유는 수익률이 좋은 특정 기간만을 제시하지 못하게 하기 위함

(2) MMF(단기금융집합투자기구) 운용실적 표시기준
① 기준일로부터 과거 1개월 수익률을 표시할 것 → MMF는 단기 상품이므로 장기 수익률을 제시하지 않음
② 다른 금융투자회사의 MMF와 운용실적 등에 관한 비교 광고를 하지 않을 것

(3) 운용실적 비교 광고 시 준수사항
① 비교대상이 동일한 유형일 것
② 집합투자기구평가회사(펀드평가회사)의 평가자료를 사용할 것
③ 기준일로부터 과거 1년, 2년 및 3년 수익률과 설정일 또는 설립일로부터 기준일까지의 수익률을 표시하되, 비교대상 내의 백분위 순위를 병기할 것
④ 평가자료의 출처 및 공표일을 표시할 것

(4) 투자광고 심의
① 준법감시인의 사전 승인 후 협회에 심사청구
② 예외 : 단순 이미지 광고, 지점 광고는 준법감시인의 사전 승인으로 광고 가능

정답 ②

재산상 이익의 제공 및 수령 ★★★

다음 중 금융투자회사의 업무와 관련하여 거래상대방에게 재산상 이익을 제공하는 경우 적용되는 기준으로 가장 적절하지 않은 것은?

① 금융투자협회 규정상 재산상 이익의 제공 한도는 1회 20만원, 1년 100만원이다.
② 특정한 거래상대방과의 거래를 목적으로 고액의 편익을 제공하거나 제공받는 행위에 대해서는 공시의무가 부과된다.
③ 3만원 이하의 식사는 가능하다.
④ 재산상 이익의 제공에 대해 현황 및 적정성 점검 등 내부통제기능이 강화되었다.

TIP 재산상 이익의 제공 한도는 폐지되었으며, 위험성이 높은 파생상품과 관련한 재산상 이익의 수령한도는 회사의 규정에 따른다.

핵심포인트 해설   재산상 이익의 범위와 제공 한도

(1) 재산상 이익
① 자본시장법에서는 업무와 관련된 재산상 이익만을 규제함
② 업무와 관련이 없는 일반적 접대비는 세법 혹은 회사의 내부통제기준을 준수하여야 함

(2) 재산상 이익으로 보지 않는 범위
① 금융투자상품에 대한 가치분석, 매매정보 또는 주문의 집행 등을 위하여 자체적으로 개발한 소프트웨어 및 소프트웨어 활용에 필수적인 컴퓨터 등 전산기기
② 조사분석자료   → 현금 (×)
③ 3만원 이하의 물품 또는 식사, 신유형상품권, 거래실적에 연동되어 거래상대방에게 차별없이 지급되는 포인트 및 마일리지
④ 20만원 이하의 경조비 및 조화, 화환
⑤ 불특정 다수를 대상으로 하는 세미나

(3) 재산상 이익의 제공 한도
① 재산상 이익의 제공 한도 규제 폐지 → 1회 20만원, 1년 100만원 한도 폐지
② 위험성이 높은 파생상품에 대해서는 예외적으로 재산상 이익의 제공 한도 규제
③ 재산상 이익의 수령한도 : 협회가 일률적인 금액 기준을 제시하지 않고 회사가 결정

정답 ①

직원채용 및 복무 기준과 신상품 보호 ★

다음 중 금융투자협회 규정에 따른 직원채용 및 복무기준에 대한 설명으로 틀린 것은?

① 금융투자회사는 직원을 채용하기 전에 협회에 제한사유가 있는지 조회하여야 한다.
② 금융투자회사는 금융투자전문인력 자격시험 응시 제한기간 또는 금융투자전문인력 등록거부 기간 경과 여부를 채용 결정 이전에 협회에 조회하여야 한다.
③ 조회의 방법은 비위행위 확인의뢰서의 제출 또는 전자통신 등의 방법으로 할 수 있다.
④ 불가피한 사유가 있는 경우에는 다른 금융투자회사와 근로계약관계가 종료되지 아니한 경우에도 채용이 가능하다.

♥TIP 근로계약이 종료되지 아니한 자는 채용할 수 없다.

핵심포인트 해설 직원채용 및 복무 기준과 신상품 보호

(1) 직원채용 및 복무 기준
　① 채용결정 전 사전 조회
　　금융투자회사는 직원을 채용하고자 하는 경우 채용예정자가 채용제한사유에 해당하는지의 여부와 금융투자전문인력과 자격시험에 관한 규정에 따른 금융투자전문인력 자격시험 응시 제한기간 또는 금융투자전문인력 등록거부기간 경과 여부를 채용 결정 전에 비위행위 확인의뢰서의 제출 또는 전자통신 등의 방법으로 협회에 조회하여야 함
　② 임직원에게 일정 징계처분을 부과한 경우 10영업일 이내 협회에 보고

(2) 신상품 보호
　① 신상품의 정의
　　㉠ 새로운 비즈니스 모델을 적용한 금융투자상품 또는 서비스
　　㉡ 금융공학 등 신금융기법을 이용하여 개발한 금융투자상품 또는 서비스
　　㉢ 독창성이 있는 금융투자상품 또는 서비스
　② 신상품에 대한 배타적 사용권 부여 : 심의위원회는 심의기준에 따라 일정기간 내에서 배타적 사용권을 부여할 수 있음

정답 ④

10

계좌관리 및 예탁금이용료의 지급 등 ★

다음 중 금융투자협회 규정의 계좌관리에 대한 설명으로 옳지 않은 것은?

① 예탁자산의 평가액이 10만원 이하이고 최근 3개월간 매매 및 입출금, 입출고 등이 발생하지 않은 계좌는 통합계좌로 별도 관리할 수 있다.
② 통합계좌로 분류된 계좌의 투자자가 거래 재개 등을 요청하는 경우 통합계좌를 해제한다.
③ 투자자가 계좌의 폐쇄를 요청하는 경우 계좌의 폐쇄가 가능하다.
④ 계좌의 잔액, 잔량이 0이 된 날로부터 6개월이 경과한 경우에는 해당 계좌를 폐쇄할 수 있다.

> **TIP** 예탁자산의 평가액이 10만원 이하이고 최근 6개월간 매매 및 입출금, 입출고 등이 발생하지 않은 계좌는 통합계좌로 별도 관리할 수 있다.

핵심포인트 해설 계좌관리 및 예탁금이용료의 지급 등

(1) 투자자계좌의 통합
① 예탁자산의 평가액이 10만원 이하이고 최근 6개월간 매매 및 입출금, 입출고 등이 발생하지 않은 계좌는 통합계좌로 별도 관리할 수 있음
② 통합계좌로 분류된 계좌의 투자자가 거래 재개 등을 요청하는 경우 통합계좌를 해제함

(2) 투자자계좌의 폐쇄
① 투자자가 계좌의 폐쇄를 요청하거나 계좌의 잔액, 잔량이 0이 된 날로부터 6개월이 경과한 경우에는 해당 계좌를 폐쇄할 수 있음
② 계좌가 폐쇄된 날부터 6개월이 경과한 때에는 해당 계좌의 계좌번호를 새로운 투자자에게 부여할 수 있음

(3) 고객예탁금이용료 지급 대상
① 위탁자예수금
② 집합투자증권투자자예수금
③ 장내파생상품거래예수금(단, 현금예탁필요액은 제외 가능)

정답 ①

11

금융투자전문인력 ★

다음 중 금융투자협회가 관리하는 금융투자전문인력에 해당하지 않는 인력은?

① 위험관리전문인력
② 신용평가전문인력
③ 투자자산운용사
④ 채권평가인력

TIP 채권평가인력은 펀드관계회사인력에 해당한다.

핵심포인트 해설 금융투자전문인력과 자격시험에 관한 규정

(1) 금융투자전문인력
  ① 투자권유자문인력 : 펀드·증권·파생상품투자권유자문인력 → 고난도 금융투자상품(ELS 등) 권유업무 수행 가능
    (고난도 금융투자상품에 해당하는 펀드를 권유하는 경우 펀드투자권유자문인력 및 파생상품투자권유자문인력 등록 요건을 갖춰야 함)
  ② 투자상담관리인력
  ③ 투자자산운용사
  ④ 금융투자분석사
  ⑤ 위험관리전문인력
  ⑥ 신용평가전문인력

(2) 펀드관계회사인력
  ① 집합투자재산계산전문인력(펀드사무관리인력)
  ② 집합투자기구평가전문인력(펀드평가인력)
  ③ 집합투자재산평가전문인력(채권평가인력)

(3) 투자자산운용사
  ① 금융투자상품 투자운용업무 : 증권운용전문인력
  ② 부동산 투자운용업무 등

(4) 금융투자전문인력의 등록, 관리
  금융투자회사는 임직원에게 금융투자전문인력 업무를 수행하게 하려는 경우 협회에 등록을 신청하여야 함

정답 ④

12 주요 직무 종사자의 등록 ★

다음 중 금융투자전문인력의 등록을 거부하는 사유로 적절하지 않은 것은?

① 금융투자회사 등의 임직원이 아닌 경우
② 다른 금융투자회사 등의 인력으로 등록되어 있는 경우
③ 협회의 심사 결과 부적절하다고 판단되는 경우
④ 등록요건을 갖춘 날 또는 최근 업무수행일로부터 3년이 경과한 경우

TIP 자격요건을 갖춘 날 또는 최근 업무수행일로부터 5년이 경과하여 전문성 강화교육이 필요한 경우가 해당한다.

핵심포인트 해설 　주요 직무 종사자의 등록

(1) 등록
금융투자회사 및 신용평가회사에서 금융투자전문인력으로 업무 수행 시 신청

(2) 등록의 거부
① 금융투자회사 등의 임직원이 아닌 경우
② 다른 금융투자회사 등의 인력으로 등록되어 있는 경우
③ 협회의 심사 결과 부적절하다고 판단되는 경우
④ 자격요건을 갖춘 날 또는 최근 업무수행일로부터 5년이 경과하여 전문성 강화교육이 필요한 경우

정답 ④

13

다음 중 주식 공모 주관회사의 제한에 해당하는 경우는?

① 금융투자회사가 기업인수목적회사의 지분의 100분의 5 이상을 보유하는 경우
② 금융투자회사가 발행회사의 주식 등을 100분의 5 이상 보유하는 경우
③ 코스닥 상장주선인의 최소투자의무와 관련하여 주식 등을 보유하는 경우
④ 코넥스시장의 지정자문인제도와 관련하여 주식 등을 보유하는 경우

⁺용어 알아두기

코넥스시장 코스닥시장 상장요건을 충족하지 못한 벤처기업과 중소기업이 상장할 수 있도록 2013년 7월에 개장한 중소기업
(KONEX) 전용 주식시장이다.
인 수 제3자에게 증권을 취득시킬 목적으로 증권의 전부 또는 일부를 취득하거나 취득하는 것을 내용으로 하는 계약을 체결하는 것이다.

♀ TIP ① ③ ④는 특수한 경우이므로 주식 공모 주관회사의 제한 예외에 해당한다.

핵심포인트 해설 주식의 인수

(1) 증권 인수업무
협회의 대표적 자율규제업무 중 하나로 금융투자회사가 증권을 인수함에 있어 필요한 사항을 정함

(2) 공모 가격의 결정
주식의 공모 가격 산정에 대한 협회의 가격평가모형은 제시하지 않고 있으며 수요예측 등을 통해 결정

(3) 주식 주관회사의 제한
① 발행회사 및 발행회사의 이해관계인이 합하여 금융투자회사의 주식 등을 100분의 5 이상 보유하는 경우
② 금융투자회사가 발행회사의 주식 등을 100분의 5 이상 보유하는 경우 등
③ 금융투자회사가 그 이해관계인과 합하여 100분의 10은 넘지 않으나 100분의 5 이상 주식을 보유하고 있는 경우 다른 금융투자회사와 공동 주관업무를 수행

(4) 기업공개 시 우리사주조합원의 주식 배정
① 유가증권시장 상장 시 : 공모주식의 20% 배정
② 코스닥시장 상장 시 : 공모주식의 20% 배정(강제사항 아님)

(5) 초과배정옵션제도
IPO(기업공개) 시 주관회사가 15% 범위 내에서 당초 공모수량을 초과하여 기관투자자 등에게 배정할 수 있는 제도

정답 ②

14

금융투자회사의 약관운용 ★★

다음 중 금융투자회사의 약관운용에 대한 설명으로 가장 적절하지 않은 것은?

① 금융투자회사는 모든 표준약관을 수정하여 사용할 수 있다.
② 금융투자회사는 약관을 제정 또는 변경하는 경우 제정 또는 변경 후 7일 이내에 협회에 보고해야 한다.
③ 금융투자회사는 투자자의 권리·의무에 중대한 영향이 있는 약관을 제정 또는 변경하는 경우 그 약관의 제정 또는 시행예정일 10영업일 전까지 협회에 신고한다.
④ 금융투자협회는 금융투자업 영위와 관련하여 표준이 되는 약관을 정할 수 있다.

📍 **TIP** 외국 집합투자증권 매매거래에 관한 표준약관은 표준약관 그대로 사용하여야 한다.

핵심포인트 해설 　금융투자회사의 약관운용

(1) 표준약관 및 수정약관
　① 금융투자협회는 금융투자업 영위와 관련하여 표준이 되는 약관(표준약관)을 정할 수 있음
　② 표준약관 중 '외국집합투자증권 매매거래에 관한 표준약관'은 수정할 수 없음

(2) 개별약관
　① 금융투자회사가 약관을 제정 또는 변경하는 경우 제정 또는 변경 후 7일 이내에 협회에 보고 　(변경 전 ✗)
　② 금융투자회사는 투자자의 권리·의무에 중대한 영향을 미칠 우려가 있는 약관을 제정·변경하는 경우에는 약관의 제정 또는 변경 시행예정일 10영업일 전까지 협회에 신고(사전신고)

정답 ①

출제예상문제

☑ 다시 봐야 할 문제(틀린 문제, 풀지 못한 문제, 헷갈리는 문제 등)는 문제 번호 하단의 네모박스(□)에 체크하여 반복학습 하시기 바랍니다.

01 중요도 ★★
다음 중 금융투자협회 규정상 투자권유의 적합성 확보에 대한 설명으로 틀린 것은?

① 고객이 일반투자자인지 전문투자자인지 여부를 먼저 확인하여야 한다.
② 투자정보 확인서는 협회가 제정한 표준투자정보 확인서를 사용한다.
③ 고객정보 파악은 대면만이 아닌 전화 등 사실상 기록·보관이 가능한 여러 가지 매체를 인정한다.
④ 확인한 투자자정보의 내용은 해당 일반투자자에게 지체 없이 제공하여야 하며 10년 이상 기록·보관하여야 한다.

02 중요도 ★★
다음 중 금융투자협회 규정상 파생상품 등에 대한 일반투자자 보호장치를 설명한 내용으로 옳지 않은 것은?

① 주권상장법인은 일반적으로 전문투자자로 간주되지만 장외파생상품 거래 시에는 전문투자자의 대우를 받겠다는 의사를 금융투자회사에 서면으로 통지하여야 전문투자자가 될 수 있다.
② 금융투자업자는 파생상품 등의 투자권유 시 투자목적·경험 등을 고려하여 일반투자자 등급별로 차등화된 투자권유준칙을 마련하여야 한다.
③ 파생상품 등에 대해서는 투자권유대행 위탁을 불허한다.
④ 금융투자업자가 일반투자자와 장외파생상품을 매매하는 경우는 일반투자자가 제한된 투자수익을 추구하는 경우로 한정한다.

03 중요도 ★★★
다음 중 핵심설명서를 교부해야 하는 경우가 아닌 것은?

① 사모의 방법으로 발행된 파생결합증권
② 공모의 방법으로 발행된 파생결합증권
③ 신용융자
④ 유사해외통화선물

04 중요도 ★★

금융투자협회 규정상 원금이 보장되지 않는 파생결합증권에서 만기 전에 손실요건이 발생한 경우 투자자에게 알려야 한다. 다음 중 이에 대한 설명으로 올바른 것은?

① 공모 및 사모로 발행된 모든 파생결합증권에 적용된다.
② 주식워런트증권에도 적용된다.
③ 전문투자자에게도 알려야 한다.
④ 투자자가 미리 정한 서신, 전화, 전자우편 등의 방법으로 고지한다.

05 중요도 ★

다음 중 금융투자협회 규정상 주식워런트증권 거래 시 투자자보호에 대한 설명으로 옳지 않은 것은?

① 주식워런트증권 거래 시 계좌개설 절차가 지나치게 용이하고, 위험에 대한 고지가 부족하여 투자자보호를 강화하는 절차를 추가하였다.
② 금융투자회사는 일반투자자가 최초로 주식워런트증권을 매매하고자 하는 경우 기존에 위탁매매거래계좌가 있더라도 별도의 서면신청서를 징구하여야 한다.
③ 금융투자회사는 일반투자자가 주식워런트증권을 매매하고자 하는 경우 주식워런트증권의 투자설명사항 등이 포함되고 협회가 인정하는 교육을 사전에 이수하도록 하고 있다.
④ 주식워런트증권의 사전 교육은 개인뿐만 아니라 법인도 이수하여야 한다.

정답 및 해설

01 ② 금융투자회사가 자율적으로 투자정보 확인서를 제정하여 사용할 수 있도록 제도가 변경되었다.
02 ④ 금융투자업자가 일반투자자와 장외파생상품을 매매하는 경우는 일반투자자가 위험회피목적의 거래를 하는 경우로 한정한다.
03 ① 모든 파생결합증권이 아니라 공모의 방법으로 발행된 파생결합증권에만 핵심설명서를 교부한다.
04 ④ ① 공모로 발행된 파생결합증권에만 적용된다.
     ② 주식워런트증권은 장내에서 실시간 매매되고 가격이 변동되므로 통보대상에서 제외된다.
     ③ 일반투자자만이 고지대상이다.
05 ④ 법인, 단체 또는 외국인의 경우 사전 교육 이수요건이 제외된다.

06 중요도 ★
다음 중 금융투자협회 규정상 위험고지에 대한 설명으로 틀린 것은?

① 일중매매거래는 같은 날 동일 종목의 금융투자상품을 매수한 후 매도하거나, 매도한 후 매수함으로써 해당 금융투자상품의 일중 가격등락의 차액을 얻을 목적으로 행하는 매매거래로 위험고지가 필요한 거래이다.
② 일중매매거래의 위험고지 대상인 금융투자상품은 주식, 주식워런트증권, 장내파생상품, 장외파생상품이다.
③ 시스템매매는 사전에 내장된 일련의 조건에 의하여 금융투자상품 매매종목, 매매시점, 매매호가에 대한 의사결정정보를 제공하거나 이에 의하여 자동으로 매매주문을 내는 전산소프트웨어에 의하여 금융투자상품을 매매하는 방법으로 위험고지의 대상이 된다.
④ 일반투자자가 시스템매매 프로그램에 의한 매매거래를 신청하는 경우 프로그램에 내재된 가격예측이론 및 사용방법 등에 대한 사전 교육 이수 여부를 확인하여야 하며, 별도의 신청서에 의하여 처리하여야 한다.

07 중요도 ★★
다음 중 일반투자자로 전환이 가능한 전문투자자에 해당하는 것은?

① 주권상장법인 ② 농업협동조합중앙회
③ 여신전문금융회사 ④ 기술신용보증기금

08 중요도 ★
다음 중 금융투자분석사의 24시간 매매거래 제한의 예외사항이 아닌 것은?

① 해당 조사분석자료가 이미 공표한 조사분석자료와 비교하여 투자등급을 상향 조정한 경우
② 조사분석자료의 내용이 직접 또는 간접으로 특정 금융투자상품의 매매를 유도하는 것이 아닌 경우
③ 조사분석자료의 공표로 인한 매매유발이나 가격변동을 의도적으로 이용하였다고 볼 수 없는 경우
④ 공표된 조사분석자료의 내용을 이용하여 매매하지 않았음을 증명하는 경우

09 중요도 ★★★
다음 중 금융투자협회 규정상 투자광고 시 금지행위가 아닌 것은?

① 투자자들이 손실보전 또는 이익보장으로 오인할 우려가 있는 표시를 하는 행위
② 사모의 방법으로 발행된 금융투자상품에 관한 내용을 표시하는 행위
③ 수익률이나 운용실적을 표시하면서 세전·세후수익률을 모두 표시하는 행위
④ 금융투자회사의 경영실태평가 결과와 영업용순자본비율 등을 다른 금융투자회사와 비교하여 표시하는 행위

10 중요도 ★★★
다음 중 재산상 이익으로 보지 않는 범위로 적절하지 않은 것은?

① 금융투자회사가 자체적으로 작성한 조사분석자료
② 금융투자상품에 대한 주문의 집행 등을 위하여 자체적으로 개발한 소프트웨어
③ 20만원 이하의 물품 또는 식사
④ 국내에서 불특정 다수를 대상으로 개최되는 세미나 또는 설명회로서 1인당 재산상 이익의 제공금액을 산정하기 곤란한 경우의 그 비용

정답 및 해설

06 ② 빈번한 거래가 어려운 장외파생상품은 제외된다.
07 ① 주권상장법인은 장외파생상품 거래 시 별도의 의사를 표시하지 않으면 일반투자자 대우를 받게 되며, 전문투자자 대우를 받기 위해서는 전문투자자와 같은 대우를 받겠다는 의사를 금융투자업자에게 서면으로 통지하여야 한다.
08 ① 기존의 조사분석자료와 비교하여 새로운 내용을 담고 있다면 매매거래 제한의 예외사항에 해당하지 않는다.
09 ③ 수익률이나 운용실적을 표시하면서 세전과 세후 여부를 누락하는 것이 금지행위에 해당한다.
10 ③ 20만원 이하의 경조비 및 조화, 화환은 재산상 이익으로 보지 않으며, 물품이나 식사는 3만원 이하여야 한다.

11 중요도 ★
다음 중 투자자예탁금이용료를 지급하지 않는 것은?

① 위탁자예수금
② 집합투자증권투자자예수금
③ 장내파생상품거래예수금
④ 장내파생상품거래예수금 중 현금예탁필요액

12 중요도 ★
다음 중 유사해외통화선물거래에 대한 설명으로 적절하지 않은 것은?

① 유사해외통화선물이란 미국선물협회 규정에 따른 장외외국환거래, 일본 상품거래소법에 따른 장외외국환거래 또는 이와 유사한 거래로 이종통화 간 환율 변동을 이용하여 시세차익을 추구하는 거래를 의미한다.
② 금융투자회사는 투자자가 유사해외통화선물거래를 하고자 하는 경우 금융투자회사의 명의와 투자자의 계산으로 유사해외통화선물거래를 하도록 하여야 한다.
③ 금융투자회사는 일반투자자를 상대로 교육이나 설명회를 하는 경우 그 일반투자자가 유사해외통화선물거래에 적합하지 않다고 판단되면 매매거래기법을 다시 설명하고 교육하여야 한다.
④ 일반투자자가 유사해외통화선물거래를 하고자 하는 경우 핵심설명서를 추가로 교부하고 그 내용을 충분히 설명하여야 한다.

13 중요도 ★★★
다음 중 ( ) 안에 들어갈 내용으로 적절한 것을 순서대로 올바르게 나열한 것은?

> 금융투자회사는 금융투자업의 영위와 관련하여 약관을 제정 또는 변경하는 경우에는 약관의 제정 또는 변경 ( ) ( )일 이내에 협회에 ( )해야 한다.

① 전, 7, 신고 ② 전, 10, 신고
③ 후, 7, 보고 ④ 후, 10, 보고

정답 및 해설

11 ④ 현금예탁필요액에 대해서는 투자자예탁금이용료를 지급하지 않으며, 현금예탁필요액을 초과하여 현금으로 예탁한 위탁증거금이 투자자예탁금이용료 지급대상이다.

12 ③ 금융투자회사는 일반투자자에게 유사해외통화선물거래가 적합하지 않다고 판단되면 그 위험과 유사해외통화선물거래가 일반투자자의 투자목적, 재산상황 및 경험에 비추어 적합하지 않다는 사실을 알린 후 서명 등의 방법으로 확인을 받아야 한다.

13 ③ 약관의 제정 또는 변경 후 7일 이내 협회에 보고해야 한다.

제5장 주식투자운용 및 투자전략

학습전략

주식투자운용 및 투자전략은 제3과목 전체 50문제 중 총 6문제가 출제된다.
주식투자운용 및 투자전략의 경우 금융과 관련된 학습 또는 자격증 준비를 해봤다면 한 번쯤은 접해봤을 수 있는 친근한 주제들을 다루고 있다. 기존의 지식을 충분히 활용하고 자산배분전략(전략적·전술적·보험)을 위주로 하여 차분하게 정리한다면 고득점도 가능한 파트이다.

출제비중

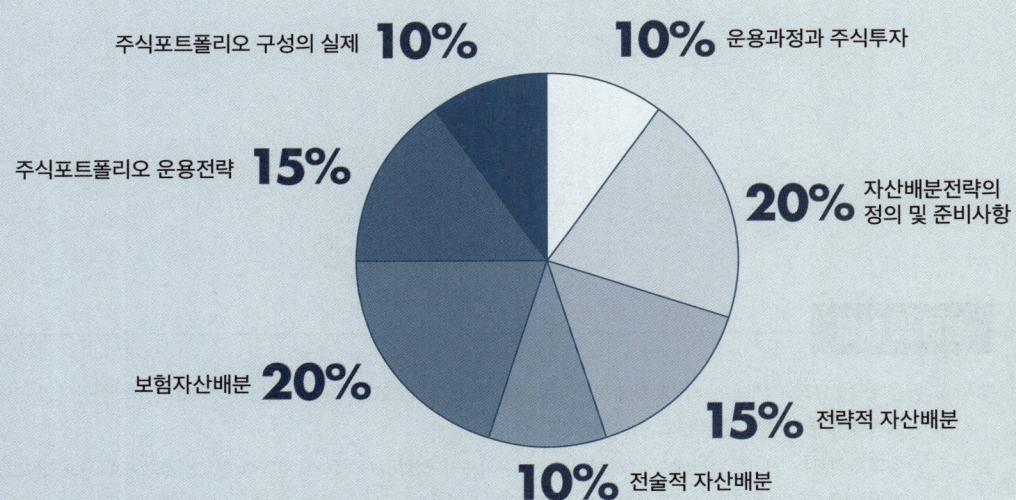

- 주식포트폴리오 구성의 실제 10%
- 운용과정과 주식투자 10%
- 주식포트폴리오 운용전략 15%
- 자산배분전략의 정의 및 준비사항 20%
- 보험자산배분 20%
- 전략적 자산배분 15%
- 전술적 자산배분 10%

출제포인트

구 분	출제포인트	중요도
운용과정과 주식투자 (10%)	01 자산운용과정	★★★
자산배분전략의 정의 및 준비사항 (20%)	02 자산배분전략 03 자산배분전략의 변화 04 자산집단선택	★★★ ★★★ ★★
전략적 자산배분 (15%)	05 전략적 자산배분	★★★
전술적 자산배분 (10%)	06 전술적 자산배분 07 전술적 자산배분의 실행도구와 특성 08 전술적 자산배분과 전략적 자산배분	★★ ★★★ ★★★
보험자산배분 (20%)	09 보험자산배분 10 옵션모형을 이용한 포트폴리오 보험(OBPI) 11 고정비율 포트폴리오 보험전략 12 포트폴리오 보험의 특징	★★★ ★★★ ★★★ ★★★
주식포트폴리오 운용전략 (15%)	13 주식포트폴리오 운용전략 14 패시브 운용 15 액티브 운용 16 준액티브 운용 17 수익·위험구조 변경을 위한 운용	★★★ ★★★ ★★★ ★★ ★★
주식포트폴리오 구성의 실제 (10%)	18 주식포트폴리오 구성과정 19 이상현상 20 포트폴리오 구성 시 고려사항 21 주식포트폴리오 모형과 국내 주식 펀드의 운용 22 ESG 투자	★★★ ★★★ ★★ ★★ ★★★

01

자산운용과정 ★★★

다음 중 자산운용과 주식투자에 대한 설명으로 적절하지 않은 것은?

① 자산운용 단계에서 가장 어렵고 중요한 단계는 투자집행 및 모니터링 단계이다.
② 국내주식과 국내채권의 상관관계가 국내주식과 해외주식의 상관관계보다 낮기 때문에 국내주식과 국내채권을 이용한 포트폴리오 구성이 바람직하다.
③ 시장이 효율적이라면 투자자는 벤치마크를 추종하는 전략을 사용하는 것이 가장 효율적이다.
④ 주식과 채권의 상관관계는 0에 가깝기 때문에 주식과 채권을 혼합한 포트폴리오가 채권으로만 구성된 포트폴리오보다 효율적이다.

⁺용어 알아두기
상관계수 두 자산 간의 움직임을 나타내는 지표로 −1일 때 분산투자 효과가 가장 크고 +1일 때 효과가 없다.

♀TIP 해외주식은 국내주식과의 상관성이 상대적으로 낮기 때문에 효율적인 주식 포트폴리오를 구성하는 전략적 관점에서 중요하다.

핵심포인트 해설 자산운용과정

(1) 자산운용과정
자산운용은 계획(Plan), 실행(Do), 평가(See)의 3단계 의사결정체계

투자 상황의 파악과 전략수립	투자자의 특성을 파악하여 포트폴리오 전략을 수립하는 과정
장기전망	자본시장 예측치를 이용하여 미래 수익률에 영향을 주는 변수 간의 상관관계 분석
투자집행 및 모니터링	자산운용에서 가장 어렵고 중요한 단계로서 자산배분전략으로 알려짐
사후평가 및 피드백	성과평가란 단순히 수익률과 위험의 측정이 아닌, 투자과정 전체의 진단, 목적 달성 여부, 피드백 정보를 산출하는 과정

(2) 주식투자의 중요성

개관	• 전통적으로 주식은 수익과 위험이 가장 높은 자산 • 국내에서 운용되는 펀드는 여전히 액티브 펀드가 주류를 이루고 있지만, 저성장 기조와 안정성의 측면에서 패시브 펀드의 비중이 확대되고 있음
역할	• 국내주식의 변동성은 국내채권의 변동성의 10배에 달함에도 불구하고 수익률 차이는 거의 없음 • 그럼에도 포트폴리오의 관점에서 주식에 투자해야 하는 가장 큰 이유는 국내주식과 국내채권의 상관계수가 0이기 때문 (상관계수가 0인 경우에도 분산투자 효과가 있음) • 해외주식은 국내주식과의 상관성이 상대적으로 낮기 때문에 주식 포트폴리오 구성 시 중요
액티브 운용과 패시브 운용	• Active 운용은 마켓타이밍, 테마선택, 종목선택 전략이 있음 • Passive 운용은 벤치마크를 추종하여 그 정도의 수익률을 얻으려는 전략 (시장이 효율적일 경우 벤치마크를 추종하는 투자전략이 가장 효율적임)

정답 ②

자산배분전략 ★★★

다음 중 자산배분전략에 대한 설명으로 올바르지 못한 것은?

① 자산배분전략에서는 적극적 운용의 결과가 벤치마크 수익률을 초과하지 못함을 보여준다.
② 자산배분전략에서는 자산운용자가 지나치게 단기적으로 주가나 금리의 변화를 예측하면서 운용하는 것은 기금의 장기적인 수익률을 악화시킬 가능성이 높다.
③ 자산배분전략은 적극적 자산배분활동보다는 종목선택활동을 통한 초과수익률을 추구하는 전략이 효과적이다.
④ 자산배분전략에서는 자산운용 전문가들이 시장예측능력은 떨어지나 종목선택능력은 있음을 보여준다.

> **TIP** 자산배분전략은 적극적 자산배분활동이나 종목선택활동보다는 전략적 자산구성을 제대로 수립하는 것이 가장 중요하다.

핵심포인트 해설   자산배분전략의 정의 및 준비사항

(1) 자산배분전략

	전략적 자산배분 / 전술적 자산배분
정 의	• 위험수준이 다양한 자산집단을 대상으로 투자자금을 배분하여 포트폴리오를 구성하는 과정 • 거시적 관점의 장기투자와 미시적 관점의 중·단기투자를 모두 포함하는 용어
중요성	• 적극적 종목선택 활동이 전체 수익률에 미치는 영향이 적고, 시장움직임이 큰 영향을 미침 • 단기적인 주가 예측보다는 장기적인 자산배분과 같은 거시적 활동을 중요시함

(2) 투자활동별 수익률 (손글씨) 위주로 각 사분면의 역할 학습

① 1사분면 : 전략적 자산배분에서 할당한 자산집단별 구성비와 각 자산집단별 시장평균 수익률을 이용하여 계산하며 이는 실제 운용행위에 벤치마크로 이용됨
② 2사분면 : 1사분면에서 2사분면으로의 이동은 전략적 자산배분 추종에서 벗어나 운용자가 자산 가격의 변화 방향을 예상하거나 기본적 분석으로 자산가격의 불균형 발견을 이용해 창출한 부가가치를 의미
③ 3사분면 : 1사분면에서 3사분면으로 이동은 자산 집단별 구성비율을 변경하지 않고 자산 집단 내에서 종목선택 활동만 적극적으로 하여 시장 평균보다 높은 수익률을 추구
④ 4사분면 : 운용자가 실제로 달성한 수익률로 자산집단 구성의 변화와 적극적 종목선택의 결과 모두를 반영

(3) 해석

① 4사분면의 수익률이 1사분면의 수익률보다 낮다는 것은 연기금들이 적극적인 투자행위로 손실을 초래함을 의미하며 이는 적극적 운용의 결과가 벤치마크 수익률을 초과하지 못함을 나타냄
② 2사분면 수익률이 1사분면보다 낮다는 사실은 자산운용 전문가들이 자산 가격을 단기적으로 예측하는 능력을 가지고 있지 못하다는 결과
③ 2사분면에서 4사분면으로의 이동과 1사분면에서 3사분면으로의 이동은 운용자의 시장예측능력은 떨어지나, 종목선택능력은 가지고 있음을 의미
④ 운용수익률의 90% 이상을 전략적 자산배분으로 설명할 수 있으며, 증권선택이나 시장 예측활동이 운용수익률을 설명하는 정도는 10% 미만임

정답 ③

자산배분전략의 변화에 대한 설명으로 적절하지 않은 것은?

① 최근 자산배분전략은 스타일 투자를 통해 각 자산 간의 상관관계의 이용을 극대화시킬 수 있다.
② 과거에는 펀드매니저의 권한이 절대적이었으나 최근에는 일정 수준 이내로 제한되고 있다.
③ 과거 자산배분전략이 고성과 달성에 목표를 두었기 때문에 인덱스 초과수익률 전략을 따르는 최근 전략보다 항상 높은 수익률을 달성할 수 있었다.
④ 과거 자산배분전략은 효율적 시장 가설을 신뢰하지 않는 투자방식을 주로 사용하였다.

TIP 과거 자산배분전략이 고성과 달성에 목표를 두기는 했으나 항상 일정한 수익률을 나타낸 것은 아니다.

핵심포인트 해설　자산배분전략의 변화

(1) 자산배분전략의 변화

최근 운용 전략	• 투자목적에 부합하는 자산구성 비율을 사전에 결정 (운용 도중에 벤치마크를 함부로 변경하지 않음) • 벤치마크 수익률을 상회하는 운용을 지향 • 펀드매니저별로 내세우는 특정 분야에 대한 스타일 투자를 적용
과거 운용 전략	• 목표수익률 달성을 추구함 • 목표수익률 달성을 위해 동적 자산배분전략을 사용 (전술적 자산배분과 보험자산배분을 의미) • 적극적으로 자산구성 비율을 변화시키며, 펀드매니저의 권한이 강함
스타일 투자	• 스타일 투자를 통해 펀드매니저의 전문 분야를 알 수 있음 • 펀드 성과를 사후적으로 명확하게 측정 가능 • 자산 집단 간 분산투자를 효율적으로 달성 • 자산분배과정에 대한 통제권 향상

(2) 과거와 최근 자산배분전략 비교

구 분	최근의 변화	기존의 자산배분전략
투자목표	• (스타일) 인덱스 초과수익률	• 목표수익률
투자전략	• 적극적인 인덱스 투자전략	• 적극적 자산배분전략
펀드매니저 권한	• 정해진 스타일 내에서만 투자	• 목표수익률 달성을 위한 모든 권한
자산배분	• 펀드 밖에서 이루어짐(장기적)	• 펀드 내에서 이루어짐(단기적)
장 점	• 자산배분 권한 투자자에게 있음 • 저성과에 대한 책임이 명확	• 고성과 달성 가능 (항상 그러한 것은 아님)
단 점	• 장기적 투자방법이므로 단기투자자금에 부적합	• 투자자가 위험에 대한 사전적 통제력이 낮음

정답 ③

04

자산집단선택 ★★

자산배분전략의 의사결정 대상이 되는 자산집단에 대한 설명으로 가장 적절한 것은?

① 자산집단이란 '자산군'이라고 불리며 주식, 채권, 대체투자 등으로 구분하는 것이 일반적이다.
② 자산집단 특성 중 포괄성은 자산집단 간 동일 위험 수준에서 수익률을 극대화할 수 있는 모든 자산이 포함되어야 한다는 의미이다.
③ 추세분석법은 과거의 장기간의 수익률을 이용한 분석 방법으로 국내처럼 개인투자자들의 투자가 활성화된 시장에서 적용하기 최적화된 방법이다.
④ 최근 들어서 자산의 위험과 상관관계를 추정하는 방식이 위험을 보다 정교하게 추정하는 방법으로 변화되고 있다.

◉ TIP ① 대체투자는 동질성이 낮아 세부 자산군으로 구분하는 것이 일반적이다.
② 자산집단 내 동일 위험 수준에서 수익률을 높이기 위해 대부분의 자산이 포함되어야 함을 의미한다.
③ 추세분석법은 자본 시장의 기간이 짧은 국내에는 적용하기 어렵다.

핵심포인트 해설 자산집단선택

(1) 자산집단

정 의	• 자산의 종류를 의미하는 자산이 모인 보다 큰 개념의 용어로서 자금운용자는 자산집단에 대한 정의를 명확히 해야 함 (주식과 채권 등을 의미함)
구 분	• 주식 : 기업의 규모와 저평가 정도로 구분 • 채권 : 신용등급과 듀레이션으로 구분 • 대체투자 : 전통적 투자대상과 구분되는 투자대상을 하나의 대체투자로 인식하나 대체투자 자체를 하나의 자산집단으로 보기에는 동질성이 낮음
자산집단의 특성 → 자산집단 내와 자산집단 간을 반드시 구분	• 동질성 : 자산집단 내의 자산들은 상대적으로 동일한 특성을 가져야 함 • 배타성 : 자산집단 간 서로 배타적이어서 겹치는 부분이 없어야 함 • 분산가능성 : 자산집단 간에는 서로 독립적이고 이는 자산집단 간 낮은 상관관계를 이용한 분산투자효과를 의미 • 포괄성 : 자산집단 내에는 동일한 위험 수준에서 수익률을 높이기 위해 대부분의 자산이 포함됨 • 충분성 : 자산집단 내에서는 실제 투자할 대상의 규모와 수가 충분해야 함

(2) 자산집단의 기대수익률 추정방법 → 최근에는 위험을 보다 정교하게 추정하기 위한 방법을 사용함

추세분석법	• 과거의 수익률을 분석하여 미래의 수익률로 사용 • 자본시장의 기간이 짧은 국내의 경우 사용하기 어려움
시나리오 분석법	• 경제변수 간의 상관성을 고려하여 수익률을 추정하는 방법 • 자산집단의 수익률을 정하기 위해 사용되기보다는 발생되는 시나리오에 따른 변화를 분석할 때 주로 사용
근본적 분석방법	• 과거 시계열자료를 바탕으로 분석하는 방법으로 회귀분석, CAPM, APT 등이 있음
시장공통 예측치 사용방법	• 시장참여자들 간에 공통적으로 가지고 있는 미래수익률에 대한 추정치를 이용하는 방법

정답 ④

05

전략적 자산배분 ★★★

다음 중 전략적 자산배분에 대한 설명으로 적절하지 않은 것은?

① 중장기적 의사결정을 하는 전략으로 효율적 시장가설에 바탕을 둔 전략이다.
② 전략적 자산배분을 투자자가 결정한 후 자금운용자에게 맡기면 운용자는 벤치마크와 같은 수익률을 이기기 위해 노력하면 된다.
③ 자산배분을 결정하는 투자자의 단기적 위험허용도가 변경되게 된다면 전략적 자산배분에서는 투자자의 위험선호도를 반영하여야 한다.
④ 자산배분의 실행단계에서 최적자산의 구성은 효율적인 투자기회를 통해 추출한다.

> **+용어 알아두기**
> **효율적 시장가설** 시장이 효율적이라면 어떤 정보를 이용하더라도 시장수익률 이상의 수익을 달성할 수 없다는 이론이다.

♀ TIP 전략적 자산배분에서는 투자자 위험선호도의 단기적 변화를 반영하지 않는다.

핵심포인트 해설 전략적 자산배분

(1) 정의
① 장기적인 기금 내 투자비중과 중기적인 변화비율의 한계에 대한 의사결정으로, 각종 변수들이 크게 변하지 않는다면 자산배분을 변경하지 않는 의사결정
② 단기적 예측과정과 위험허용도를 고려하지 않음 → 중요

(2) 실행단계
① 투자자의 투자목적 및 투자제약조건의 파악
② 자산집단의 선택
③ 자산종류별 기대수익, 위험, 상관관계 추정
④ 최적 자산구성의 선택 → 효율적 투자기회를 통해 추출

(3) 실행과정
① 자본시장의 조건들 : 각 자산집단에 대한 미래수익률과 위험, 상관관계를 추정하는 과정으로 단기적 변화에 대한 예측을 하지 않음
② 투자자의 투자자금, 위험감수 : 순자산의 현재가치는 투자자의 위험에 대한 감수정도를 결정하는 요인으로 투자자들의 위험 선호에 대한 단기적 변화를 반영하지 않음
③ 최적화, 투자자산 구성 : 계량적 기법과 주관적 기법 모두 사용 가능
④ 실현수익률과 피드백 과정

(4) 전략적 자산배분의 결정자
전략적 자산배분은 투자자가 결정하는 것이 원칙이며, 자산운용자는 벤치마크 수익률을 이기기 위해 노력함

정답 ③

전략적 자산배분 ★★★

다음 중 전략적 자산배분의 이론적 배경에 대한 설명으로 적절하지 않은 것은?

① 효율적 투자기회선이란 여러 개의 효율적 포트폴리오를 연속선으로 연결한 것을 의미한다.
② 최적화는 일정한 위험 수준 하에서 최대의 기대수익률을 달성하기 위해 포트폴리오를 구성하는 것을 의미한다.
③ 최적 자산배분은 효율적 투자기회선과 기대수익률 한 단위를 증가시키기 위해 투자자가 감당할 수 있는 위험을 나타내는 곡선이 접하는 점에서 결정된다.
④ 추정한 변수들의 오차가 클수록 효율적 투자기회선의 영역은 더욱 크게 나타난다.

♀TIP 효율적 투자기회선은 변수들의 오차가 없는 것을 가정하고, 변수들의 오차가 존재한다면 이는 퍼지 투자기회선이 된다.

핵심포인트 해설 전략적 자산배분의 이론적 배경

(1) 효율적 투자기회선
여러 개의 효율적 포트폴리오를 수익률과 위험의 공간에서 연속적으로 연결한 것을 의미함

(2) 최적화 방법과 문제점
① 최적화는 일정한 위험 수준 하에서 최대 기대수익률을 달성하도록 하는 포트폴리오를 구성하는 기능
② 문제점 : 대부분 과거의 통계적 추정치로 추정한 것이기 때문에 오류와 추정오차가 내재되어 비효율적인 포트폴리오가 구성되기도 함

(3) 추정 오차를 반영한 효율적 투자기회선
① 오류가 포함된 효율적 투자기회선은 선이 아니라 일종의 영역으로 표시되는데, 이를 실무에서는 퍼지 투자기회선이라고 부름
② 퍼지 투자기회선의 폭의 넓이는 변수 추정의 오류크기에 따라 결정되며, 오류가 클수록 폭이 넓어짐

(4) 최적 자산배분의 선택
① 효율적 투자기회선과 투자자의 무차별곡선이 접하는 점에서 결정
② 무차별곡선은 기대수익률 한 단위를 증가시키기 위해 투자자가 감당할 수 있는 위험의 정도를 의미함

(5) 최적화를 이용한 전략적 자산배분의 문제점
① 불안정한 해
② 최적화 기법의 난해함
③ 최적화를 둘러싼 운용조직의 갈등

정답 ④

전략적 자산배분 ★★★

다음 중 전략적 자산배분의 실행방법에 대한 설명으로 적절하지 않은 것은?

① 시장가치 접근방법은 포트폴리오 내 구성 비중을 각 자산이 시장에서 차지하는 시가총액의 비율과 동일하게 구성하는 방법으로 대형기금에 적합한 방법이다.
② 위험수익 최적화 방법은 최적 포트폴리오를 전략적 자산배분으로 간주하기 때문에 모형을 정확하게 추정한다면 매우 안정적인 특징이 있다.
③ 투자자별 특수상황을 고려하는 방법은 운용기관의 위험, 최소 요구수익률, 다른 자산들과의 잠재적인 결합 등을 고려하여 수립하는 투자전략이다.
④ 다른 기관투자가들이 시장에서 실행하고 있는 자산배분을 모방하는 방법도 사용한다.

♥ TIP 최적화 방법은 항상 불안정한 해를 갖는다는 한계점이 존재한다.

핵심포인트 해설 전략적 자산배분의 실행방법

(1) 시장가치 접근방법
① 포트폴리오 내 구성 비중을 각 자산이 시장에서 차지하는 시가총액의 비율과 동일하게 포트폴리오를 구성하는 방법
② 포트폴리오를 구성하는 데 많은 자금이 소요된다는 한계점이 있음

(2) 위험수익 최적화 방법
① 지배원리를 이용한 효율적 투자기회선과 투자자의 무차별곡선이 접하는 최적 포트폴리오를 전략적 자산배분으로 간주
② 입력변수의 변화에 민감하다는 한계점이 있음

(3) 투자자별 특수상황을 고려하는 방법
운용기관의 위험, 최소 요구수익률, 다른 자산들과의 잠재적인 결합 등을 고려하여 수립하는 투자전략

(4) 다른 유사한 기관투자가의 자산배분을 모방
다른 기관투자가들이 시장에서 실행하고 있는 자산배분을 모방하는 방법

정답 ②

> 전술적 자산배분 ★★

다음 중 전술적 자산배분에 대한 설명으로 적절하지 않은 것은?

① 시장의 비효율성을 이론적 배경으로 내재가치 대비 저평가 매수, 고평가 매도를 통해 초과수익률을 추구하는 전략이다.
② 과잉반응과 평균반전 현상은 자산집단의 가격이 랜덤워크를 따른다고 가정하여 내재가치에서 크게 벗어난 자산들을 매수 또는 매도하는 전략이다.
③ 시장과 역으로 투자하는 것은 결국 위로 볼록한 수익률 곡선을 가지게 된다.
④ 집단적인 사고방식을 따르는 자산운용자들은 역투자전략을 구사하기 어렵다.

+ 용어 알아두기
랜덤워크 미래 자산가격의 움직임을 예측할 수 없음을 의미한다.

♀ TIP 전술적 자산배분은 자산집단의 가격이 랜덤워크를 따르지 않으며, 예측가능하다고 가정한다.

핵심포인트 해설 전술적 자산배분

(1) 전술적 자산배분

정 의	• 시장의 변화 방향을 예상하여 <u>사전적으로</u> 자산구성을 변동시킴 ← 사후적으로 (X) • 저평가 자산 매수, 고평가 자산 매도 ⇨ 투자성과 높임 • 일정 주기마다 자산구성을 변경하는 <u>적극적</u>인 투자전략 ← 소극적 (X)
운용과정	• 전략적 자산배분에 의해 결정된 포트폴리오를 투자 전망에 따라 중단기적으로 변경하는 과정 • 중단기적 가격착오를 적극적으로 활용하여 <u>고수익</u>을 지향하는 운용전략 ← 시장평균수익률이 아닌 초과수익률을 의미
운용상의 권한과 책임	• 자산배분의 변경에 의한 운용성과의 변화는 해당 <u>자산운용자</u>의 책임 ← 투자자 (X)

(2) 전술적 자산배분의 <u>이론적 배경</u> → 전략적 자산배분의 이론적 배경과 반드시 구분할 것

역투자전략	• 시장가격이 내재가치 대비 고평가 시 매도, 저평가 시 매수하는 운용방법 • 내재가치와 시장가격 간의 비교를 통해 실행을 판단 • 일반적으로 내재가치는 시장가격보다 낮은 변동성을 보임
증권시장의 과잉반응	• 새로운 정보에 대한 지나친 낙관이나 비관적인 반응으로 인해 발생 • 평균반전이란 자산집단의 가격이 단기적으로 내재가치를 벗어나지만 장기적으로 내재가치로 수렴하는 현상 • 효율적 시장가설이 성립하면 자산집단의 가격은 랜덤워크를 따름 • 평균반전 현상은 랜덤워크가 아니라 예측가능하며 시장이 비효율적이라는 사실을 의미
리스크 허용도와 TAA	• 시장가격은 항상 내재가치보다 크게 변화함 ⇨ 따라서 자금운용자들은 역투자전략으로 초과수익의 기회가 발생함 • 하지만 현실적으로 자금운용자들도 집단사고를 강하게 따르기 때문에 역투자전략을 따르기 어려움 • 시장과 역으로 투자하는 것은 위로 볼록한 수익률 곡선을 가지게 됨

정답 ②

전술적 자산배분의 실행도구와 특성 ★★★

다음 중 전술적 자산배분에 대한 설명으로 적절하지 않은 것은?

① 전술적 자산배분은 가치평가모형과 고정된 위험허용도를 이용하여 초과수익을 추구한다.
② 포뮬러 플랜은 주가 상승 시 주식 매도와 채권 매수, 주가 하락 시 주식 매수와 채권 매도와 같은 역투자 전략을 지향한다.
③ 자산운용자가 시장상승기에는 높은 위험허용도를, 시장하락기에는 낮은 위험허용도를 갖는 것은 전술적 자산배분을 실행하는 데 있어 중요한 원칙이 된다.
④ 전술적 자산배분의 실행도구로는 현금흐름할인모형, CAPM, 다변량 회귀분석 등의 방법들이 있다.

♀ TIP 자산운용자가 시장 변화와 같은 방향으로 시장수익률을 추적한다면 전술적 자산배분은 불가능하게 된다.

핵심포인트 해설 전술적 자산배분의 실행도구와 특성

(1) 전술적 자산배분의 실행과정

가치평가과정을 통한 예측과정은 매우 중요하나 투자위험 인내과정에서 위험허용도는 포트폴리오 실현 수익률에 영향을 받지 않는다고 가정 → 투자자의 위험허용도를 고정시킴

(2) 전술적 자산배분의 실행도구

가치평가모형 → 주관적 가치 판단을 활용	• 단기적으로 균형가격에서 벗어나고 중장기적으로 균형가격으로 복귀한다는 가정을 이용 • 기본적 분석방법은 주식의 경우 이익·배당·현금흐름할인모형 등이 존재하며, 채권의 경우 기간구조 할인모형을 사용 • 요인모형방식은 CAPM, APT, 다변량 회귀분석 등을 사용
전술적 자산배분과 기술적 분석	• 포뮬러 플랜(Formula Plan) · 역투자전략을 이용하여 고수익을 지향하는 전략 · 주가 상승 시 주식 매도·채권 매수, 주가 하락 시 채권 매도·주식 매수 ⇨ 정액법, 정률법

(3) 전술적 자산배분의 특성

TAA와 운용조직 구조	• 자산운용 의사결정 중에서도 자산배분결정과 증권선택결정을 분리하는 것이 바람직함
TAA와 자금운용자의 위험선호도	• 자금운용자가 고정적인 위험허용한도를 가지고 있다고 가정 • 그러나 실제로 시장상승기에는 낙관적인 투자자세로 높은 위험허용도를, 시장하락기에는 비관적인 투자자세로 낮은 위험허용도를 갖게 되면 전술적 자산배분 불가능
TAA와 가치평가모형	• 시스템적인 운용방법이란 자금운용자의 주관적 가치판단을 배제하기 위해 일정한 투자원칙을 세우는 것

정답 ③

10

전술적 자산배분과 전략적 자산배분 ★★★

다음 중 전술적 자산배분과 전략적 자산배분에 대한 설명으로 적절한 것은?

① 자산가격의 움직임이 랜덤워크를 따른다면 전략적 자산배분은 무의미한 전략이 된다.
② 운용자의 위험허용도가 고정되어 있어야지만 전술적 자산배분을 효과적으로 수행할 수 있다.
③ 전략적 자산배분은 주관적인 가격판단을 활용하여 가치평가모형을 구성한다.
④ 전술적 자산배분의 투자 전략에는 가치투자방법, 시장가치 접근방법, 역투자전략 등이 있다.

♀TIP ① 자산가격의 움직임이 랜덤워크를 따르면 전술적 자산배분을 사용할 수 없다.
③ 전술적 자산배분 자산집단의 균형가격을 규명하기 어렵기 때문에 주관적 가격판단을 활용하는 경우가 많다.
④ 전술적 자산배분의 투자 전략에는 가치투자방법, 기술적 분석, 역투자전략 등이 있다.

핵심포인트 해설   전술적 자산배분과 전략적 자산배분 전략의 구분

구 분	전략적 자산배분	전술적 자산배분
정 의	중장기적 전략으로 변화를 자주 하지 않는 소극적 전략	시장변화에 앞서 사전적으로 비중을 변화하는 적극적 전략
이론적 배경	효율적 시장 가설, 포트폴리오 이론, 효율적 투자기회선	시장의 비효율성을 지지함 (과잉반응과 평균반전이론)
투자방법	시장의 움직임과 동일한 움직임을 지향 예 INDEX 투자, 시장가치 접근방법 등	역투자전략, 가치투자전략, 기술적 분석 등 매매, 예측전략
투자목표	시장수익률 추구	시장수익률을 초과하는 수익률 추구
투자주체	투자자	자산운용자(고정된 위험허용도)
시장수익률 변동	예측불가(랜덤워크)	예측가능(주관적 가격판단 활용)

정답 ②

11 보험자산배분 ★★★

다음 중 보험자산배분 전략에 대한 설명으로 올바르지 못한 것은?

① 자산배분을 초단기적으로 변경하는 전략으로 가능한 한 미래 예측치를 사용하지 않고 시장가격의 변화 추세만을 반영하여 운용하는 적극적 전략이다.
② 보험자산배분은 옵션을 이용하지 않고 보험 포트폴리오의 수익구조를 창출하기 위한 것으로 위험자산과 무위험자산 간의 투자비율을 지속적으로 조정하는 전략이다.
③ 위험자산의 시장가격이 하락하여 최저보장수익을 보장할 수 없을 만큼 치명적인 최저수준에 도달하면 포트폴리오 전체를 무위험자산에 투자하는 전략이다.
④ 최저보장수익률 또는 목표수익률은 반드시 무위험자산수익률 이하로 결정해야 한다.

> ⁺용어 알아두기
> **동적자산배분** 전술적 자산배분과 보험자산배분 모두를 의미한다.

♀ TIP 포트폴리오 보험은 배분을 초단기적으로 변경하는 전략으로 가능한 한 미래 예측치를 사용하지 않고 시장가격의 변화 추세만을 반영하여 운용하는 소극적 전략이다.

핵심포인트 해설 보험자산배분 전략

	손글씨를 중심으로 학습할 것
정 의	• 자산 구성비율을 동적으로 변동시키는 전략 • 예측치를 사용하지 않고 시장가격의 변화추세만을 반영하여 초단기적으로 자산배분을 변경하는 수동적 전략 • 특수목적자금에 적합한 전략
포트폴리오 보험 전략을 선호하는 투자자의 특성	• 포트폴리오 보험 전략을 원하는 투자자란 정상적인 투자자가 아닌 비정상적인 투자자 ← 위험 회피적 투자자를 의미함 • 포트폴리오 보험 전략을 선호하는 사람은 일반적인 투자자보다 하락위험을 더 싫어함
이론적 배경	• 최소 수익률을 보장하면서 주가 상승 시 수익을 획득하는 포트폴리오 보험을 추구 • 보험 포트폴리오는 '주식 투자(매수) + 풋옵션 매수'의 수익구조 • 최저보장수익률은 반드시 무위험자산수익률 이하로 결정 → 방어적 풋(protective put) 전략과 동일함
보험자산배분 전략 실행 메커니즘의 특성	• 위험자산과 무위험자산 간에 투자자금을 할당하는 방식 • 포트폴리오 가치 하락 시 무위험자산 투자 비중 증가, 포트폴리오 가치 상승 시 위험자산 투자 비중 증가 • 위험자산의 시장가격이 하락하여 최저보장수익을 보장할 수 없을 만큼 하락하면 포트폴리오 전체를 무위험자산에 투자

정답 ①

12 옵션모형을 이용한 포트폴리오 보험(OBPI) ★★★

다음 중 옵션모형을 이용한 포트폴리오 보험에 대한 설명으로 적절하지 않은 것은?

- 최초투자금액 : 100억원
- 투자기간 : 1년
- 만기보장금액 : 100억원
- 투자전략 : 옵션모형을 이용한 포트폴리오 보험 전략

주 가	64억	72억	83억	91억	97억
행사가격	100.0	100.0	100.0	100.0	100.0
옵션 프리미엄	62	45	32	9	1
델 타	-0.9	-0.8	-0.7	-0.6	-0.5

① OBPI를 이용한 위험자산의 규모를 결정하는 델타는 -0.6이다.
② 보유해야 할 위험자산의 규모는 91 × (1 - 0.6) = 36.4억원이다.
③ 보유해야 하는 무위험자산의 규모는 63.6억원이다.
④ 보유해야 하는 위험자산인 36.4억원만큼은 풋옵션에 투자해야 한다.

> **+ 용어 알아두기**
> **델타헤징** 옵션 가격변동과 기초자산 가격변동의 비율인 델타를 위험자산 투자비중과 일치시키는 기법이다.

♀ TIP OBPI전략은 옵션에 실질적으로 투자하지 않는다.

핵심포인트 해설 옵션모형을 이용한 포트폴리오 보험(OBPI)

	옵션의 변동성만 이용하는 전략으로 실질적인 옵션의 투자는 하지 않음에 주의
의 의	• 방어적 풋의 성과를 모방하고자 하는 전략 • 옵션의 델타헤징에서 발전된 개념 • 투자비중을 동적으로 조정하는 자산관리 방법
방어적 풋	• 방어적 풋 = 주식 매수 + 풋옵션 매수 • 주식의 가치가 최저보장가치 이하로 하락할 때 풋 행사 이익으로 손실 회복
실행방법	① 포트폴리오 가치 산정(최초투자금액을 의미) ② 주식투자비중과 옵션의 델타를 추정(주가 + 옵션의 프리미엄 = 포트폴리오 가치가 될 때 해당 구간의 　㉠ 주가와 ㉡ 풋옵션의 델타를 선정)　풋옵션의 델타는 항상 (-) 부호임을 기억할 것 ③ 주식과 무위험자산의 규모를 산정(주식투자비중 = ㉠ × (1 + ㉡), 무위험자산 투자비중 = 1 - 주식투자비중) ④ 포트폴리오 조정 ⑤ 만기 시까지 ①~④ 반복
문제점	• 주가의 불연속적인 움직임 및 자산 구성비율과 주가의 움직임 간의 시차 • 주가가 충분히 상승·하락 시 주식 100% 또는 채권 100%의 극단적인 포트폴리오가 구성됨 • 추정해야 하는 풋옵션의 변동성이 과거 모형이기 때문에 오차 가능성이 존재

정답 ④

13 고정비율 포트폴리오 보험전략 ★★★

다음 중 고정비율 포트폴리오 보험전략(CPPI)에 대한 설명으로 적절한 것은?

① CPPI전략이 유효하다면 포트폴리오 가치는 사전적으로 정의된 최저보장가치 이하로 하락하지 않는다.
② 옵션을 이용하지 않는 전략이기 때문에 블랙-숄즈 옵션모형은 필요가 없으나 주식의 변동성은 추정해야 한다.
③ 투자기간이 고정된 경우에만 쿠션은 포트폴리오 평가액에서 최저보장수익의 현가를 차감한 값으로 계산된다.
④ 주식투자금액은 투자자가 주관적으로 내린 승수에 쿠션을 곱해서 계산한다.

♥ TIP
② 옵션을 이용하지 않는 전략이기 때문에 블랙-숄즈 옵션모형이나 변동성 추정이 필요하지 않다.
③ 투자기간과 무관하게 쿠션은 포트폴리오 평가액에서 최저보장수익의 현가를 차감한 값으로 계산된다.
④ 주식투자금액은 자금운용자가 주관적으로 내린 승수에 쿠션을 곱해서 계산한다.

핵심포인트 해설 고정비율 포트폴리오 보험전략

특 성	• 포트폴리오 가치는 사전적으로 정의된 최저보장가치 이하로 하락하지 않음 • 각 시점별 최소보장가치는 만기 시 최저보장가치의 현가 • 각 시점별 최저보장가치는 무위험수익률만큼 매일 증가 → 실제로 문제를 풀 때 최저보장가치는 무위험수익률로 할인해야 함 • 계산이 간단하여 블랙-숄즈 옵션모형이나 변동성 추정이 필요 없음 • 투자기간이 사전에 정해질 필요는 없음
투자공식	• 주식투자금액 = 승수 × (포트폴리오 평가액 - 최저보장수익의 현재가치) • 채권투자금액 = 전체 포트폴리오 평가액 - 주식투자금액 • 승수 : 자금운용자의 경험에 의해 주관적으로 결정 • 쿠션(Cushion) : 포트폴리오 평가액 - 최저보장수익의 현재가치 • 주식투자금액(Exposure) : 쿠션에 승수를 곱한 값

정답 ①

14

> 포트폴리오 보험의 특징 ★★★

다음 중 포트폴리오 보험의 특징에 대한 설명으로 올바르지 못한 것은?

① 포트폴리오 보험은 최소한 달성해야 하는 목표수익률이 존재할 경우 적용할 수 있는 운용전략이다.
② 포트폴리오 보험은 투자기간 말에 주식시장이 급등하면 주가 상승을 제대로 추적하지 못하는 문제점이 있다.
③ 주가지수선물을 이용하여 포트폴리오 보험을 구성할 경우 선물시장의 뛰어난 유동성으로 신속한 거래가 가능하나, 거래비용이 높게 발생할 수 있다는 단점이 있다.
④ 포트폴리오 보험을 재조정하는 방법에는 일정 기간마다 재조정, 시장가격 변화 비율에 따른 조정, 모형에서 요구하는 수준으로부터 벗어날 경우 재조정하는 방법 등이 있다.

♀ TIP 주가지수선물을 이용하여 포트폴리오 보험을 구성할 경우 선물시장의 뛰어난 유동성으로 인해 신속한 거래가 가능하고, 거래비용을 절감할 수 있는 장점이 있다.

핵심포인트 해설 　포트폴리오 보험의 특징

(1) 포트폴리오 보험의 장단점

장 점	단 점
• 최소한 달성해야 하는 목표수익률이 존재할 경우 적용 가능한 운용전략 • 투자자가 복잡한 투자를 원하는 경우	• 위험회피도가 높은 투자자 대상이기 때문에 마케팅 한계 • 거래비용 절감을 위한 금융선물 활용 • 투자기간 말 주가 급등 시 추적 불가능

(2) 포트폴리오 보험의 실행수단

① 현물 직접 거래 시 높은 거래비용과 실행상의 어려움 등이 존재하기에, 주가지수선물을 통해 거래비용 및 유동성 문제를 최소화
② 주가지수 선물을 이용한 포트폴리오 보험 전략의 장단점

장 점	• 거래비용 절감 • 유동성 확보
단 점	• 불리한 방향으로 선물가격이 형성될 위험 • 베이시스 리스크 • 마진콜 대비 현금자산 보유

(3) 포트폴리오 보험의 재조정 방법

① 일정 기간마다 재조정
② 시장가격이 일정 비율 변했을 때 재조정
③ 모형에서 요구하는 값으로부터 일정 수준 이상 벗어나면 재조정

정답 ③

15

주식포트폴리오 운용전략 ★★★

다음 중 주식포트폴리오 운용전략에 대한 설명으로 적절하지 않은 것은?

① 주식포트폴리오 운용에서는 액티브 운용이 전통적으로 우위에 있었으나 최근 벤치마크를 초과하지 못하는 성과에 대한 실증분석으로 인해 패시브 운용이 주를 이루고 있다.
② 액티브 운용과 패시브 운용의 장점을 결합한 것이 준액티브 운용이다.
③ 패시브 운용은 시장이 효율적이고, 시장을 예측하려는 노력은 무의미하다고 가정한다.
④ 액티브 운용은 벤치마크 대비 초과수익을 목표로 운용하는 전략으로 저평가된 자산은 매수하고 고평가된 자산은 매도하는 전략을 사용한다.

♀ TIP 주식포트폴리오 운용에서는 여전히 액티브 운용이 주를 이룬다.

핵심포인트 해설 주식포트폴리오 운용전략

개 관	• 주식투자는 전통적으로 액티브 운용이 주를 이룸 • 액티브 운용의 평균 성과가 벤치마크를 초과하지 못하여 패시브 운용에 관심 • 액티브 운용와 패시브 운용의 장점을 결합한 준액티브 운용 등장
패시브 운용	• 기대수익률이나 위험을 반영하여 주식구성을 변경하지 않음 • 대표적인 패시브 운용방식은 인덱스 펀드 • 벤치마크와 동일한 성과를 내기 위해 노력 → 시장의 효율성, 예측하지 않음, INDEX 등이 핵심 키워드 • 인덱스 운용은 자산배분에서 핵심역할
액티브 운용	• 벤치마크보다 나은 성과를 달성하기 위해 노력 • 벤치마크보다 나은 성과가 예상되는 종목은 매입, 그렇지 못한 종목은 배제 • 액티브 운용방식의 주식투자가 여전히 우위
준액티브 운용	• 인핸스드 인덱스 또는 위험 통제된 액티브 운용으로 불림 • 벤치마크 대비 초과수익을 추구하는 점은 액티브 운용이지만, 일반적인 액티브에 비해 추적오차를 적게 유지하여 포트폴리오를 구성한다는 차이점 존재

↘ 비효율성, 예측, 예상, 역투자전략, 저평가 매수 고평가 매도, 매매 등이 핵심 키워드

정답 ①

16 | 패시브 운용 ★★★

다음 중 패시브 운용에 대한 설명으로 적절하지 않은 것은?

① 패시브 운용은 효율적 시장가설에 영향을 받았기 때문에 시장을 예측하거나 매매를 통한 초과수익을 추구하지 않는다.
② 패시브 운용은 시장수익률을 추종하기 때문에 인덱스 펀드가 가장 대표적인 형태이다.
③ 인덱스 펀드를 구성하는 방법 중 최적화법은 완전복제법에 비해 비용이나 관리적 측면에서는 유리하나 과거 자료를 사용한다는 점에서 잔차가 예상치보다 크게 나타날 수 있는 한계점이 있다.
④ 인덱스 펀드를 구성하는 방법 중 가장 단순하고 직접적인 방법으로 벤치마크를 거의 완벽하게 추종할 수 있는 표본추출법은 대형주는 모두 포함하고 중소형주는 일부만 편입한다.

♥ TIP 벤치마크를 거의 완벽하게 추종하는 방법은 완전복제법이다.

핵심포인트 해설 패시브 운용

특 징	• 대표적인 형태가 인덱스 펀드 • 효율적 시장가설의 영향 • 시장의 움직임을 예측하지 않음 • 벤치마크 수익률을 추종함
주가지수 구성방법	• 주가가중 주가지수는 절대적인 주당가격이 가중치가 됨 　예 다우존스 산업평균, NIKKEI225 • 시가가중 주가지수는 발행주식수에 주가를 곱한 시가총액이 가중치가 됨 　예 KOSPI, KOSPI200 • 동일가중 주가지수는 각 종목의 동일 가중치
인덱스 펀드 구성방법	• 완전복제법은 벤치마크 구성하는 모든 종목을 벤치마크 구성비율대로 사서 보유 　· 한계점 : 대규모 자금이 필요하며, 관리에 어려움이 있음 • 표본추출법은 벤치마크에 포함된 대형주는 모두 포함하되 중소형주들은 일부 종목만 편입 　· 한계점 : 완전복제법보다는 관리가 용이하나 여전히 관리나 비용의 문제점이 존재 • 최적화법은 벤치마크 대비 잔차위험을 위험허용 수준 이하로 만드는 방식 　· 한계점 : 이 모형에서 사용하는 가격정보가 과거 자료라는 점에서 잔차가 크게 나타날 수 있음

정답 ④

17

> 액티브 운용 ★★★

다음 중 액티브 운용에 대한 설명으로 적절하지 않은 것은?

① 액티브 운용은 시장이 비효율적일 수 있다는 가정하에 시장을 예측하여 벤치마크 대비 초과수익을 추구하는 전략이다.
② 가치투자 스타일은 기업의 성장성 측면보다는 현재의 수익이나 자산을 중시하기 때문에 고배당주식에 투자한다.
③ 성장투자 스타일은 기업의 수익성 측면을 중시하기 때문에 PER이 낮은 기업에 투자하여 주가 상승으로 인한 이익을 추구한다.
④ 혼합투자 스타일은 가치주나 성장주와 상관없이 내재가치보다 주가가 낮다고 판단되면 해당 종목을 매수한다.

♥ TIP 저PER에 투자하는 방식은 가치투자 스타일 방식이다.

핵심포인트 해설   액티브 운용

특 징	• 벤치마크보다 높은 초과성과를 추구하는 전략 • 시장의 비효율적 특성이 액티브 운용의 여지를 보여줌 • 시장의 움직임을 사전에 예측하여 저평가된 자산은 매수하고 고평가된 자산은 매도
가치투자 스타일	• 기업의 성장성 측면보다는 현재 수익이나 자산에 관점을 두고 상대적으로 가격이 싼 주식에 투자 • 저PER, 고배당주에 투자, 역행투자 등
성장투자 스타일	• 수익성이 높은 기업에 투자 • 주당순이익이 증가하고, PER이 낮아지지 않는다면 주가는 EPS의 증가율만큼 상승할 것이라고 가정 • 지속적 성장과 이익의 탄력성에 투자
혼합투자 스타일	• 가치투자와 성장투자를 절충한 형태로 시장지향 스타일 • 가치주나 성장주와는 상관없이 내재가치보다 주가가 낮다고 판단되는 종목 매입
시장가치에 의한 투자 스타일	• 시가총액 기준으로 대형, 중형, 소형으로 투자 스타일을 구분
스타일 지수	• 성장주는 주당순이익 증가율이 과거 평균증가율보다 높고, PER이 평균보다 높으며, 배당수익률이 평균보다 낮은 것이 일반적 특성 • 가치주는 PBR·PER이 평균보다 낮고, 배당수익률이 높은 것이 일반적 특성

(성장투자 스타일 주석: PER = 주가/EPS이기 때문에 PER을 고정시키기 위해서는 EPS 증가만큼 주가도 상승해야 한다는 의미)

정답 ③

18

> 준액티브 운용 ★★

다음 중 준액티브 운용의 특징에 대한 설명으로 적절하지 않은 것은?

① 준액티브 운용은 추가적인 위험을 많이 발생시키지 않으면서 벤치마크 대비 초과수익을 획득하는 전략이다.
② 인핸스드 인덱스 펀드는 인덱스 펀드의 특성에 액티브 운용의 특성을 추가한 펀드로 '인덱스 + 알파 펀드'라고 부른다.
③ 인핸스드 인덱스 펀드에는 인덱스 펀드의 전략 중 하나인 매매 신호가 발생하더라도 매매를 유예하여 거래비용을 낮춰 초과수익을 얻는 전략이 있다.
④ 준액티브 운용과 액티브 운용의 가장 큰 차이점은 벤치마크와 괴리될 위험을 통제하는 데 있다.

♥TIP 매매 신호가 발생하더라도 매매를 유예하여 거래비용을 낮추는 전략은 전통적인 인덱스 펀드의 특성과 다른 전략이다.

핵심포인트 해설 준액티브 운용

(1) 특징
① 준액티브 운용은 추가적인 위험을 많이 발생시키지 않으면서 벤치마크에 비해 초과수익을 획득하는 전략
② 액티브 운용과의 가장 큰 차이점은 벤치마크와 괴리될 위험을 통제하는 데 있음

(2) 인핸스드 인덱스 펀드

의 의	• 초과수익을 추구함으로써 안정적으로 인덱스 펀드보다 나은 성과를 달성 • 인덱스 + 알파 펀드
특징 (패시브 운용인 인덱스 펀드의 특성을 주로 이용)	• 낮은 운용비용 • 낮은 회전율 • 분산투자
전략 — 인덱스 구성방법 변경	• 더 나은 성과를 낼 수 있는 지수를 스스로 만듦
전략 — 거래를 통한 초과수익 추구	• 가격 변동 위험 최소화, 시장적인 요소로 인한 낮은 주가 종목의 거래 등으로 초과수익
전략 — 포트폴리오 구성 방식의 조정	• 매매 신호가 발생하더라도 거래에 유예를 둠으로써 거래비용 낮춰 초과수익 발생
전략 — 세부 자산군을 선택하는 전략	• 보다 나은 성과를 보일 것으로 기대되는 세부 자산군에 집중된 스타일 지수를 추적하는 펀드가 사용하는 전략

→ 액티브 운용전략을 추가

정답 ③

수익·위험구조 변경을 위한 운용 ★★

다음 중 수익·위험구조 변경을 위한 운용에 대한 설명으로 적절하지 않은 것은?

① 주식포트폴리오에서 주식과 다른 특성을 갖는 파생상품과 결합함으로써 다양한 수익·위험구조를 갖는 상품 개발이 가능해졌다.
② 파생상품 이용의 한계점은 만기가 다양하지 않으며, 거래비용으로 인한 수익률 하락, 과거 자료 사용으로 인한 차이 등이 있다.
③ 델타헤징은 투자기간에 제한이 없고, 거래로 인한 수수료가 없다는 것이 가장 큰 장점이다.
④ 델타헤징은 파생상품의 이용 시 한계점을 어느 정도 해결할 수 있다.

♀ TIP 델타헤징은 사전에 지불되는 비용이 없을 뿐 매매수수료가 과다 발생할 수 있는 단점이 있다.

핵심포인트 해설 수익·위험구조 변경을 위한 운용

운용방법	• 파생상품을 결합함으로써 더욱 다양한 수익·위험구조를 갖는 상품 개발 가능 • 델타헤징의 대표적인 것이 포트폴리오 인슈런스 전략
파생상품 이용 시 한계점	• 거래 가능한 파생상품의 만기가 다양하지 않음 • 파생상품의 거래비용으로 전반적인 수익률 하락 • 과거의 자료에 의해 추정되기 때문에 미래의 실제 수익률과 차이 존재
델타헤징의 장·단점	• 장 점 → 파생상품 이용 시 문제점 해결 · 투자기간에 제한 없음 · 사전에 지불되는 비용 없음 · 운용기간 동안 실제 시장상황을 반영한 수익·위험구조 결정 · 현물 액티브 운용을 통한 추가적인 수익 기대 • 단 점 · 수익·위험구조가 사전에 확정되지 않고 운용능력에 따라 변화 가능성 존재 · 델타헤징에 따른 매매수수료 과다 발생 가능성 · 실제 모수가 미래의 모수보다 불리하면 수익률 하락

정답 ③

주식포트폴리오 구성과정 ★★★

다음 중 주식포트폴리오 구성에 대한 설명으로 적절하지 않은 것은?

① 주식포트폴리오 구성 시 가장 우선적으로 고려될 사항은 투자자의 목적과 환경에 맞는 목표 설정이다.
② 주식포트폴리오 구성 과정 중 투자 유니버스의 목적은 투자 부적합 종목을 걸러 내기 위해서이다.
③ 투자 유니버스를 대상으로 모델 포트폴리오를 구성하는 목적은 실제 포트폴리오를 구성하기 위한 기준이 되는 포트폴리오를 만들기 위해서이다.
④ 리밸런싱은 주가 변동으로 인해 변화된 포트폴리오를 다시 최적의 포트폴리오로 구성하는 것이다.

◉ TIP 리밸런싱은 주가 변동으로 인해 발생된 차이를 원래 의도대로 복구시키는 과정을 의미한다.

핵심포인트 해설   주식포트폴리오 구성과정

개 요	• 우선적 고려사항은 투자자의 목적과 환경에 대한 분석을 통해 명확한 목표 설정 • 한번 결정된 포트폴리오는 두 가지 요인(목적, 환경)이 크게 변화하지 않는 한 지속적으로 유지
구성과정	• 투자 유니버스(투자가능 종목군)를 만드는 단계 　· 투자 부적합한 종목을 걸러 내는 과정 • 투자 유니버스를 대상으로 모델 포트폴리오를 구성하는 단계 　· 실제 포트폴리오를 구성하기 위한 기준이 되는 포트폴리오를 구성 • 실제 포트폴리오를 구성 　· 모델 포트폴리오를 근간으로 하여 구성 • 트레이딩 단계 　· 펀드매니저의 의도대로 실제 포트폴리오가 구성될 수 있도록 매매 • 실제 포트폴리오와 모델 포트폴리오 간의 성과측정을 통해서 재조정 여부 판단 　· 리밸런싱은 주가 변동으로 인해 발생된 차이를 원래 의도대로 복구시키는 과정 ← 출제포인트 　· 업그레이딩은 주가 변동으로 인해 변화된 포트폴리오를 다시 최적 포트폴리오로 구성 ← 출제포인트

정답 ④

주식포트폴리오 구성과정 ★★★

다음 중 종목선정과정에 대한 설명으로 가장 적절하지 않은 것은?

① 종목선정 시 유의할 점은 포트폴리오의 성격을 충분히 반영해야 하며, 벤치마크를 추종할 수 있어야 한다는 것이다.
② 종목선정보다는 투자 목표에 적합한 자산배분을 강조하는 전략적 자산배분에서는 상향식 방법을 주로 사용한다.
③ 상향식 방법은 시장 전체의 움직임보다 개별종목의 저평가에 더 큰 관심을 기울인다.
④ '돈을 잃기 가장 좋은 방법은 경제에 대한 예측을 하는 것이다'라는 말은 상향식 방법의 중요성을 이야기한다.

TIP 전략적 자산배분에서는 시장 전체의 움직임을 중시하는 하향식 방법을 중요시한다.

핵심포인트 해설 종목선정 시 유의점

① 주식포트폴리오의 성격을 충분히 반영해야 함
② 벤치마크를 추종할 수 있어야 함
③ 주식의 유동성이 충분해야 함
④ 최종 종목선정은 저평가된 종목을 선정하는 상향식이 일반적이나, 거시경제를 가미한 하향식도 이용

하향식 (Top-Down)	• 개별종목보다는 섹터, 산업, 테마선정을 강조 • 개별종목은 선정된 섹터, 산업, 테마에 합당한 종목으로 선정 • 개별종목보다는 시장전체의 움직임을 중시함 • '상승장에서 나쁜 성과의 기업이 하락장의 좋은 성과의 기업보다 주가가 높을 수 있음' • 전략적 자산배분에서 중시되는 종목선정 방법
상향식 (Bottom-Up)	• 유망한 개별종목을 선정하는 것을 중요시함 • 어떤 형식으로든 개별종목의 내재가치를 측정하는 기법을 보유 • 저평가된 종목이 유망한 종목으로 산업이나 섹터는 부차적 요소 • '돈을 잃기 좋은 방법은 경제에 대한 예측을 하는 것', '우리는 미래의 경제상황에 대해 어떤 판단도 하지 않는다'

정답 ②

이상현상 ★★★

다음 중 성격이 같은 이상현상끼리 적절하게 묶인 것은?

> 가. 저PER 효과　　　　　　　　나. 1월 효과
> 다. 저베타(β) 효과　　　　　　라. 소형주 효과
> 마. 저PBR 효과

① 가, 라　　　　　　　　② 가, 마
③ 나, 마　　　　　　　　④ 가, 다, 마

TIP 상대적 저가주 효과 그룹에는 저PER 효과와 저PBR 효과가 있다.

핵심포인트 해설　이상(Anomaly)현상

(1) 의의
시장이 효율적이라면 발생하지 않을 현상이 실제 주식시장에서 나타나는 현상을 의미함

(2) 이상현상의 구분

정보 비효율 그룹	• 수익예상 수정효과 • 수익예상 추세효과 • 무시된 기업효과 • 소형주 효과 • 1월 효과
상대적 저가주 효과 그룹	• 저PER 효과 • 저PBR 효과
수익률 역전 그룹	• 장기 수익률 역전 현상 • 저베타(β) 효과 → 저PER · 저PBR 효과와 저베타(β) 효과는 서로 다른 그룹임 • 잔차수익률 역전현상 • 고유수익률 역전현상

정답 ②

23. 포트폴리오 구성 시 고려사항 ★★

다음 중 포트폴리오 구성 시 고려사항에 대한 설명으로 적절하지 않은 것은?

① 가치 스타일 투자는 매매회전율이 낮으나, 성장 스타일 투자는 매매회전율이 높다.
② 벤치마크는 펀드매니저가 실질적으로 추적하는 것이 가능해야 하며, 실제운용 목표와 부합되는 운용상을 반영하고 있어야 한다.
③ 위험은 투자자가 원하는 기대수익률을 얻기 위해 부담해야 하는 위험의 크기로서 정보비율과 VaR을 통해 판단 가능하다.
④ 투자 가능 종목군 중 정확한 정보를 확인하지 못한 경우 해당 종목은 제외시키는 것이 효율적인 포트폴리오를 구성하는 데 효과적이다.

TIP 투자 가능 종목군을 선정할 때 임의로 확실히 부적당하지 않은 종목을 제외시키지 않아야 한다.

핵심포인트 해설 포트폴리오 구성 시 고려사항

벤치마크	• 구체적인 내용이 운용 이전에 명확하게 정해져야 함 • 벤치마크의 성과를 펀드매니저가 추적하는 것이 가능해야 함 • 실제운용의 목표와 부합되는 운용상을 반영하고 있어야 함

위 험	• 투자자가 원하는 기대수익을 얻기 위해 부담해야 하는 위험의 크기
	• 투자자 입장에서의 리스크 판단 도구
	  · 정보비율 : $\dfrac{\text{펀드수익률} - \text{벤치마크수익률}}{\text{잔차위험}}$
	  · VaR : 주어진 신뢰수준에서 일정기간 동안 발생할 수 있는 최대손실금액

투자 가능 종목군	• 모든 종목에 대하여 판단하고 주의를 기울여야 함 • 임의로 확실히 부적당하지 않은 종목 제외 금지

포트폴리오 편입 종목 수	• 편입 종목 수에 대한 오해
	  · 분산투자 효과를 반감시킬 위험이 있음
	  · 불필요한 위험 보유

매매비용과 매매의 원칙	• 가치 스타일 투자는 매매회전율이 낮으며, 성장 스타일 투자는 매매회전율이 높음

정답 ④

주식포트폴리오 모형과 국내 주식 펀드의 운용 ★★

다음 중 주식포트폴리오 모형에 대한 설명으로 적절하지 않은 것은?

① 포트폴리오 모형은 투자대상의 위험특성에 초점을 맞추기 때문에 리스크 모형이라고 불리기도 한다.
② 다중요인 모형은 위험을 베타, 성장성, 레버리지 등 비체계적 요인으로 구분한다.
③ 2차함수 최적화 모형은 기대수익과 추정위험을 현실적으로 정확히 찾기 어렵기 때문에 제약조건 하에서 최적화하는 방법을 사용하는 것이 일반적이다.
④ 선형계획 모형은 제약조건을 만족시키는 포트폴리오 중에서 기대수익을 최대화하는 것을 찾는 방법을 취한다.

♥ TIP 다중요인 모형은 위험을 여러 가지 체계적 요인으로 구분하는 것이 특징이다.

핵심포인트 해설 주식포트폴리오 모형과 국내 주식 펀드의 운용

주식 포트폴리오 모형	포트폴리오가 가지는 특성을 분석함으로써 투자의사결정에 활용하기 위한 모형 • 다중요인 모형 · 위험을 베타, 규모, 성장성, 레버리지, 해외시장 노출도, 산업 등 여러 가지 체계적 요인으로 구분 • 2차함수 최적화 모형 · 기대수익률과 추정위험 간의 최적의 균형점을 찾는 방법이나, 현실적으로 정확한 값을 찾기 어렵기 때문에 제약조건 하에서 최적화하는 방법을 사용하는 것이 일반적임 • 선형계획 모형 · 2차함수 최적화 모형의 대안으로 일정한 제약조건을 만족시키는 포트폴리오 중에서 기대수익률을 최대화하는 것을 찾는 방법을 취함
국내 주식 펀드의 운용	• 수익률과 총위험 · 변동성과 수익률의 관계를 그래프로 나타내면 패시브 펀드에서는 더 집중되고, 액티브는 폭넓게 분포함 · 주가 상승 시 높은 위험의 펀드가 높은 수익을, 주가 하락 시 높은 위험의 펀드가 낮은 수익을 보임 • 초과수익률과 잔차위험 · 패시브 펀드의 잔차위험은 액티브 펀드의 잔차위험보다 현저히 낮으며, 그래프상 겹치지 않음 · 패시브 펀드들의 수익률은 집중화, 액티브 펀드들의 수익률은 넓게 분포 · 잔차위험이 낮은 패시브 펀드의 초과수익률이 액티브 펀드에 비해 낮지 않음 · 패시브 펀드에서의 잔차위험은 체계적 위험의 변동이 없기에, 잔차위험의 크기와 초과수익률은 관계가 없음 · 액티브 펀드에서의 잔차위험은 체계적 위험의 차이를 반영하고 있기에, 잔차위험이 클수록 초과수익률도 다소 상승

정답 ②

25

ESG 투자 ★★★

ESG 투자에 대한 설명으로 가장 거리가 먼 것은?

① 국제규범 기준 스크리닝은 국제기구 및 주요 NGO 등의 기준에 따라 특정 회사나 국가를 투자에서 제외시키는 전략이다.
② ESG 투자에 대한 평가기준은 글로벌 표준화라기보다는 평가 기준에 따라 서로 다른 등급으로 평가될 수 있다.
③ ESG 통합은 가치평가 단계부터 재무적, 비재무적 분석을 병행하는 투자 방식이다.
④ UN PRI는 비재무공시의 문제점을 보완하기 위해 설립된 이니셔티브이다.

◉ **TIP** SASB에 대한 설명이다. UN PRI는 UN의 주축 하에 지속가능 투자 활성화를 위해 조직된 기관투자자의 네트워크이다.

핵심포인트 해설 ESG 투자에 대한 이해

(1) **ESG와 책임투자의 기본 이해** → 기존의 재무모델로는 평가하기 어려움
　① 배경 : ESG는 금융기관을 중심으로 발전된 개념으로 1900년대 초 유럽시장을 중심으로 발전, 2008년 금융위기 이후 금융자본의 바람직한 역할이 강조, 2021년 파리기후협약 이행기 도래로 환경중심의 ESG 확대
　② ESG 투자방식 : 7가지 방식으로 정의하며 이 중 하나 이상의 투자기준을 적용하고 있는 펀드를 책임투자로 정의
　③ 유럽뿐만 아니라 타 지역에서도 분류체계 수립 및 금융기관의 ESG 상품에 대한 공시 강화로, 분류기준이 명확해짐
　④ 국내의 경우 국민연금이 국내주식 액티브형에 한정되어온 ESG를 국내주식 패시브, 해외주식 채권자산 등으로 확대

(2) **ESG 평가와 주요 이니셔티브** → 전세계적인 표준화 지표는 아님
　① UN PRI : UN의 주축 하에 지속가능 투자 활성화를 위해 조직된 기관투자자의 네트워크
　② UN Global Compact : UN산하 국제기구로 글로벌 최대의 자발적인 기업 지속가능 이니셔티브
　③ UN SDGs : 전세계 빈곤문제를 해결하고 지속가능 발전을 실현하기 위한 이니셔티브
　④ GRI : 지속가능경영 성과 보고에 필요한 가이드라인을 제공하는 이니셔티브
　⑤ TCFD : 지배구조, 경영전략, 리스크관리, 지표 및 목표에 따라 기후변화와 관련된 정보 공시의 틀을 제시
　⑥ SASB : 비재무공시의 문제점을 보완하기 위해 설립
　⑦ CDSB : 기후변화 관련 정보공개에 대한 국제 표준화의 필요성에 따라 조직
　⑧ CDP : 금융기관이 주도하는 기후변화 환경관련 정보의 최대 플랫폼 및 정보공개 이니셔티브

정답 ④

fn.Hackers.com

출제예상문제

☑ 다시 봐야 할 문제(틀린 문제, 풀지 못한 문제, 헷갈리는 문제 등)는 문제 번호 하단의 네모박스(□)에 체크하여 반복학습 하시기 바랍니다.

01 중요도 ★★★
다음 중 주식투자의 중요성에 대한 설명으로 올바르지 못한 것은?

① 주식은 전통적으로 고수익, 고위험 자산에 속한다.
② 주식의 변동성은 채권의 10배 정도로 나타나지만 수익률에는 차이가 거의 없다.
③ 최근 들어 패시브 운용이 주를 이루기 때문에 주식에 투자할 필요가 상대적으로 낮다.
④ 해외주식은 국내주식과 상관성이 매우 낮기 때문에 효율적 포트폴리오를 구성하는 관점에서 매우 중요하다.

02 중요도 ★★
다음 중 패시브 운용과 액티브 운용에 대한 설명으로 올바르지 못한 것은?

① 패시브 운용은 시장예측활동을 통해 초과수익을 얻는 것이 불가능하다고 믿는다.
② 액티브 운용은 효율적 시장가설이 실제 시장에 적용되지 않는다고 생각한다.
③ 국내에서는 패시브 운용방식의 주식펀드 규모가 액티브 운용의 주식펀드 규모보다 더 크다.
④ 액티브 운용은 마켓타이밍, 테마선택, 종목선택 전략을 주로 사용한다.

03 중요도 ★★
다음 중 투자활동별 수익률에 대한 설명으로 올바르지 못한 것은?

① 소극적 자산배분활동과 소극적 증권선택활동이 만나는 1사분면은 실제운용의 벤치마크로 사용된다.
② 자산배분활동과 증권선택활동을 적극적으로 변화시킨 4사분면은 소극적으로 변화시킨 1사분면의 수익률보다 높다.
③ 운용수익률의 90% 이상을 전략적 자산배분으로 설명할 수 있으며, 증권선택이나 시장예측활동은 10% 미만을 설명한다.
④ 자산배분을 하지 않고 증권선택활동만 적극적으로 변화시킨 3사분면의 수익률이 가장 높게 나타난다.

04 중요도 ★★★
다음 중 최근의 자산배분전략에 대한 설명으로 모두 묶인 것은?

> ㉠ 자산배분 권한이 투자자에게 있음
> ㉡ 적극적인 인덱스 투자전략을 사용
> ㉢ 자산배분은 펀드 내에서 이루어짐
> ㉣ 투자자의 위험에 대한 사전 통제력이 낮음

① ㉠, ㉡
② ㉠, ㉣
③ ㉡, ㉢
④ ㉢, ㉣

05 중요도 ★★★
자산집단의 성격 중 각 자산집단은 분산투자를 통해 위험을 줄여서 효율적 포트폴리오를 구성하는 데 기여해야 한다는 특성은 무엇인가?

① 동질성
② 배타성
③ 분산가능성
④ 포괄성

정답 및 해설

01 ③ 주식과 채권의 상관관계는 0이기 때문에 분산투자를 위해서는 여전히 주식에 투자해야 한다.
02 ③ 패시브 운용방식의 주식펀드에 대한 관심은 커지고 있으나 여전히 액티브 운용방식의 펀드 규모가 더 크다.
03 ② 적극적으로 자산배분활동과 증권선택활동을 한 4사분면보다 소극적으로 변화시킨 1사분면의 수익률이 더 높다.
04 ① ㉢ ㉣은 기존의 자산배분전략에 대한 설명이다.
05 ③ 효율적 포트폴리오를 구성하여 위험을 감소시키는 것은 분산가능성에 대한 설명이다.

06 중요도 ★★★
다음 중 자산집단의 기대수익률을 추정하는 방법이 올바르게 연결된 것은?

| 가. 추세분석법 | 나. 시나리오 분석법 |
| 다. 근본적 분석방법 | 라. 시장공통 예측치 사용법 |

ㄱ. 과거 자료를 바탕으로 하되, 미래의 발생상황에 대한 기대치를 추가하여 수익률을 예측하는 방법
ㄴ. 시장참여자들 간에 공통적으로 가지고 있는 미래수익률에 대한 추정치를 이용하는 방법
ㄷ. 여러 가지 경제변수 간의 상관성을 고려하여 시뮬레이션함으로써 수익률 추정의 합리성을 높이는 방법
ㄹ. 과거의 장기간 수익률을 분석하여 미래의 수익률로 사용하는 방법

① 가 - ㄱ, 나 - ㄷ, 다 - ㄹ, 라 - ㄴ
② 가 - ㄴ, 나 - ㄱ, 다 - ㄷ, 라 - ㄹ
③ 가 - ㄹ, 나 - ㄱ, 다 - ㄷ, 라 - ㄴ
④ 가 - ㄹ, 나 - ㄷ, 다 - ㄱ, 라 - ㄴ

07 중요도 ★★
다음 중 새로운 자산집단을 추가함으로써 보다 효율적인 최적 자산배분을 만들 상관계수 값으로 올바른 것은?

- 기존 최적 자산배분의 샤프비율 : 0.5
- 새로운 자산의 샤프비율 : 0.35

① 최적자산배분과 새로운 자산집단의 상관계수가 0.9인 경우
② 최적자산배분과 새로운 자산집단의 상관계수가 0.8인 경우
③ 최적자산배분과 새로운 자산집단의 상관계수가 0.7인 경우
④ 최적자산배분과 새로운 자산집단의 상관계수가 0.6인 경우

08 중요도 ★★★
다음에서 설명하는 자산배분전략으로 올바른 것은?

장기적인 기금 내 자산집단별 투자비중과 중기적으로 각 자산집단이 변화할 수 있는 투자비율의 한계를 결정하는 의사결정

① 전술적 자산배분
② 스타일투자 전략
③ 전략적 자산배분
④ 액티브 운용전략

09 중요도 ★★★
다음 중 전략적 자산배분의 이론적 배경에 대한 설명으로 올바르지 못한 것은?

① 수익률이 동일하다면 위험이 높은, 위험이 동일하다면 수익률이 낮은 자산에 투자하여 효율적 포트폴리오를 구성한다.
② 여러 개의 효율적 포트폴리오를 수익률과 위험의 공간에서 연속선으로 연결한 효율적 투자기회선상에 투자하는 전략이다.
③ 기대수익, 위험, 자산 간의 상관관계를 정확히 추정하기 힘들기 때문에 효율적 투자기회선을 규명하기 힘들다는 한계점이 있다.
④ 만약 효율적 투자기회선상에 오류가 존재한다면 효율적 투자기회선이 선이 아닌 면으로 나타나는데 이를 퍼지 투자기회선이라 부른다.

10 중요도 ★★★
다음 중 전략적 자산배분의 실행방법과 거리가 먼 것은?

① 시장가치 접근 방법
② 위험수익 최적화 방법
③ 투자자별 특수상황을 고려하는 방법
④ 근본적 분석 방법

정답 및 해설

06 ④ ㄱ. 근본적 분석방법
　　　ㄴ. 시장공통 예측치 사용법
　　　ㄷ. 시나리오 분석법
　　　ㄹ. 추세분석법
07 ④ 새로운 자산의 샤프비율 > 기존의 최적 자산배분의 샤프비율 × 상관계수
　　　0.35 > 0.3(= 0.5 × 0.6)
08 ③ 장기적 의사결정으로 투자비율의 한계를 결정하는 의사결정은 전략적 자산배분에 대한 설명이다.
09 ① 동일한 수익률이라면 낮은 위험을, 동일한 위험이라면 높은 수익률을 추구하여 효율적 포트폴리오를 구성한다.
10 ④ 전략적 자산배분의 실행방법에는 시장가치 접근 방법, 위험수익 최적화 방법, 투자자별 특수상황을 고려하는 방법, 다른 유사한 기관투자가의 자산배분을 모방하는 방법 등이 있다.

11 다음 중 전술적 자산배분에 대한 설명으로 잘못된 것은?

① 시장의 변화 방향을 예상하여 사전적으로 자산구성을 변동시키는 전략이다.
② 저평가된 자산을 매수하고, 고평가된 자산을 매도함으로써 시장수익률을 추구하는 전략이다.
③ 연간이나 분기와 같은 일정 주기마다 자산구성을 변경하는 적극적인 투자전략이다.
④ 자산운용자의 책임하에 구성자산에 대한 투자 비중을 적극적으로 조정해 나갈 수 있다.

12 다음 중 전술적 자산배분에서 사용되는 전략의 이론적 배경으로 모두 묶인 것은?

가. 과잉반응	나. 역투자 전략
다. 인덱스 전략	라. 포트폴리오 전략
마. 평균반전 현상	

① 가, 나, 라
② 가, 나, 마
③ 나, 라, 마
④ 다, 라, 마

13 다음 중 전술적 자산배분과 전략적 자산배분에 대한 설명으로 올바르지 못한 것은?

① 전략적 자산배분은 시장을 비효율적으로 보고, 전술적 자산배분은 시장을 효율적으로 본다.
② 전략적 자산배분은 시장을 예측하려 노력하지 않는 반면, 전술적 자산배분은 시장을 예측하기 위해 노력한다.
③ 전략적 자산배분은 소극적 운용을 하는 반면, 전술적 자산배분은 적극적 운용을 한다.
④ 전략적 자산배분은 시장수익률을 추구하는 반면, 전술적 자산배분은 초과수익률을 추구한다.

14 다음에서 설명하는 자산배분 전략으로 올바른 것은?

투자자가 원하는 특정한 투자성과를 만들기 위해 자산배분을 초단기적으로 변경하는 전략으로 가능한 미래 예측치를 사용하지 않고 시장가격의 변화 추세만을 반영하여 운용하는 수동적인 전략

① 액티브 운용 전략
② 보험자산배분 전략
③ 전략적 자산배분 전략
④ 패시브 운용 전략

15 중요도 ★★★
다음 중 포트폴리오 보험에 대한 설명으로 올바르지 못한 것은?

① 보유한 자산 가격의 하락을 막기 위하여 방어적 풋 전략의 성과를 모방한 전략이다.
② 보험자산배분은 위험자산인 옵션과 무위험자산 간의 투자비율을 지속적으로 조정함으로써 목적을 달성한다.
③ 보험자산배분은 주가수익률이 큰 폭으로 하락하는 경우에도 목표수익률 또는 최저보장수익률을 달성할 수 있다.
④ 보험자산배분은 옵션의 가격모형을 이용하는 방법과 고정비율 포트폴리오 보험으로 나눌 수 있다.

16 중요도 ★★★
다음 중 옵션모형을 이용한 포트폴리오 보험(OBPI)에 대한 설명으로 올바르지 못한 것은?

① OBPI전략은 근본적으로 델타헤징에서 발전된 개념으로 옵션의 민감도 지표를 이용하는 전략이다.
② 변동성을 너무 크게 추정하면 위험자산의 가격하락위험이 크게 인식되어 위험자산의 보유비중을 적정수준보다 증가시키는 문제가 발생할 수 있다.
③ 만기일에 주가가 충분하게 상승하거나 하락한 경우에는 극단적으로 포트폴리오가 주식 또는 채권에 100% 투자되는 경우가 자주 발생된다.
④ 포트폴리오 보험에서는 변동성의 정확한 추정 및 예측이 가장 중요한 역할을 하게 된다.

정답 및 해설

11 ② 전술적 자산배분은 저평가된 자산을 매수하고, 고평가된 자산을 매도함으로써 초과수익을 추구하는 전략이다. 시장수익률을 추구하는 전략은 소극적 투자전략의 목표이다.
12 ② 전술적 자산배분의 이론적 배경은 과잉반응, 역투자 전략, 평균반전 현상이다.
13 ① 전략적 자산배분은 시장을 효율적이라고 생각하는 반면, 전술적 자산배분은 시장을 비효율적이라고 생각한다.
14 ② 특수한 목적을 가지고 초단기로 자산배분을 하는 수동적인 전략은 보험자산배분 전략에 대한 설명이다.
15 ② 보험자산배분은 옵션을 이용하지 않는 전략으로 위험자산인 주식과 무위험자산에 투자한다.
16 ② 변동성이 크게 추정되면 가격하락위험을 과대평가하여 위험자산의 규모를 축소시키고, 변동성이 작게 추정되면 가격하락위험을 과소평가하여 위험자산에 과도한 투자를 하게 된다.

17 중요도 ★★

다음 중 (   )에 들어갈 말로 가장 올바른 것은?

> 시장이 상승하여 풋옵션이 (가)으로 끝난 경우에 변동성을 과대예측하면 위험자산에 대하여 (나)하였으므로 시장 상승에 참여하는 정도가 낮게 되어 정상적인 경우보다 낮은 성과를 실현한다.

	가	나		가	나
①	내가격	과대투자	②	외가격	과소투자
③	내가격	과소투자	④	외가격	과대투자

18 중요도 ★★★

다음 중 고정비율 포트폴리오 보험 전략에 대한 설명으로 올바르지 못한 것은?

① 포트폴리오 가치는 각 시점별 최저보장가치 이하로 하락하지 않는다.
② 각 시점별 최저보장가치는 무위험수익률만큼 매일 증가한다.
③ 계산과정이 매우 간단하여 블랙–숄즈 옵션 모형이나 변동성의 추정은 필요하지 않다.
④ 투자기간이 반드시 사전에 정해져야 한다.

19 중요도 ★★★

투자금액 1억원, 투자기간 1년, 만기 시 최저보장가치 9,000만원을 확보하기 위한 CPPI전략 실행 시, 다음 중 올바르지 못한 것은?

① 무위험수익률이 5%인 경우 최저보장가치의 현가는 8,571만원이다.
② ①의 경우 쿠션은 9,000만원에서 8,571만원을 차감한 429만원이다.
③ 쿠션이 429만원인 경우 승수가 2라면 주식투자금액은 858만원이다.
④ 주식에 858만원을 투자한다면 채권에 투자할 금액은 1억원에서 858만원을 차감한 9,142만원이다.

20 중요도 ★★
다음 중 포트폴리오 보험의 장·단점에 대한 설명으로 올바르지 못한 것은?

① 포트폴리오 보험 전략은 일반적인 투자자를 대상으로 하기보다는 위험회피도가 낮은 일부 투자자를 대상으로 한다.
② 포트폴리오 보험을 적용하는 경우 투자기간 말 주식시장이 급등하면 주가 상승을 제대로 추적하지 못하는 문제점이 있다.
③ 최소한 달성해야 하는 목표수익률이 존재하는 경우 적용할 수 있는 운용전략이다.
④ 투자자가 복잡한 투자수익구조를 원하는 경우, 이러한 욕구를 충족시킬 수 있는 전략으로 활용할 수 있다.

21 중요도 ★★★
다음 중 주식포트폴리오 운용전략에 대한 설명으로 올바르지 못한 것은?

① 액티브 운용의 평균적인 성과가 벤치마크를 초과하지 못한다는 실증적인 분석에 따라 패시브 운용이 관심을 끌게 되었다.
② 액티브 운용과 패시브 운용의 장점을 결합한 인핸스드 인덱스 운용은 벤치마크 수익률을 추구하는 전략이다.
③ 패시브 운용은 투자대상에 대한 기대수익률이나 위험을 반영하여 주식구성을 변경시키려 하지 않는다.
④ 액티브 운용은 벤치마크보다 나은 성과를 달성하기 위해 노력하는 운용 방식이다.

정답 및 해설

17 ② 시장이 상승하여 풋옵션이 (외가격)으로 끝난 경우에 변동성을 과대예측하면 위험자산에 대하여 (과소투자)하였으므로 시장 상승에 참여하는 정도가 낮게 되어 정상적인 경우보다 낮은 성과를 실현한다.

18 ④ 투자기간이 반드시 사전에 정해질 필요는 없다.

19 ② 쿠션은 1억원에서 8,571만원을 차감한 1,429만원이다.
쿠션 = 자산가치 − 만기 최저보장수익의 현재가치
= 1억원 − $\frac{9,000만원}{1 + 0.05}$
= 1,429만원

20 ① 포트폴리오 보험 전략은 위험회피도가 높은 일부 투자자를 대상으로 한다.

21 ② 인핸스드 인덱스 운용은 준액티브 운용 또는 위험이 통제된 액티브 운용이라 불리며 이 전략은 초과수익을 추구한다.

22. 중요도 ★★★
다음 중 패시브 운용에서 사용하는 주가지수와 그 설명이 올바르게 연결된 것은?

> 가. 주가가중 주가지수
> 나. 시가가중 주가지수
> 다. 동일가중 주가지수

> ㄱ. 주식분할 또는 합병 시 조정작업이 필요하지 않으나, 새로운 종목이 상장되는 경우 조정이 필요하다.
> ㄴ. 종목별로 1주씩만 보유하면 지수의 성과를 얻을 수 있는 단순함이 장점이다.
> ㄷ. 많은 수를 차지하는 소형기업 주식의 가중치가 높아지는 경향을 보이는 것이 특징이다.

① 가 – ㄱ, 나 – ㄴ, 다 – ㄷ
② 가 – ㄴ, 나 – ㄱ, 다 – ㄷ
③ 가 – ㄴ, 나 – ㄷ, 다 – ㄱ
④ 가 – ㄱ, 나 – ㄷ, 다 – ㄴ

23. 중요도 ★★
다음에서 설명하는 인덱스 펀드의 구성방법으로 올바른 것은?

> • 잔차위험을 허용수준 이하인 포트폴리오를 만든 방식이다.
> • 가격정보가 과거 자료라는 것이 단점이다.
> • 모형이 주식의 속성을 정확하게 반영하지 못한다면 추정된 잔차와 차이가 날 수 있다.

① 완전복제법
② 표본추출법
③ 최적화법
④ 시나리오 분석법

24. 중요도 ★★★
다음 중 액티브 운용에 대한 설명으로 올바르지 못한 것은?

① 액티브 운용은 주어진 위험 범위와 제약조건 내에서 벤치마크의 성과 대비 초과이익을 얻으려는 운용 방식이다.
② 액티브 운용자들은 주식의 가치평가를 통해 초과이익을 얻기 위해 노력한다.
③ 효율적이지 않은 시장의 특성을 많이 발견함으로써 액티브 운용의 여지가 많음을 보여준다.
④ 액티브 운용은 고평가 매도, 저평가 매수 전략과 낮은 회전율을 유지하는 전략으로 초과수익을 추구한다.

25 중요도 ★★
다음 중 액티브 운용 스타일에 대한 설명으로 올바르지 못한 것은?

① 가치투자 스타일은 상대적으로 싼 주식에 투자하는 운용 방식으로 고PER투자, 역행투자, 고배당수익률투자 방식 등이 포함된다.
② 성장투자 스타일은 기업의 주당순이익이 미래에 증가하고 PER이 낮아지지 않는다면 주가는 최소한 주당순이익의 증가율만큼 상승할 것이라고 가정한다.
③ 혼합투자 스타일은 가치투자와 성장투자를 절충한 형태로 시장지향 스타일이라고도 한다.
④ 시장가치에 의한 투자 스타일은 주식의 시장총액을 기준으로 대형, 중형, 소형 등으로 투자 스타일을 구분한다.

26 중요도 ★★★
다음 중 인핸스드 인덱스 펀드에 대한 설명으로 올바르지 못한 것은?

① 인덱스 펀드의 장점을 살리면서 초과수익을 추구하는 전략으로 '인덱스 + 알파펀드'라고 부른다.
② 인핸스드 인덱스 펀드는 더 나은 성과를 낼 수 있는 지수를 스스로 만들어 사용하기도 한다.
③ 매매신호가 발생하면 초과이익을 추구하기 위해 지속적으로 거래를 발생시키는 전략을 사용한다.
④ 시장을 예측하는 액티브 운용의 장점과 낮은 비용 및 원칙을 유지하는 패시브 운용의 장점을 모두 취하려는 전략이다.

정답 및 해설

22 ② ㄱ. 시가가중 주가지수
　　　 ㄴ. 주가가중 주가지수
　　　 ㄷ. 동일가중 주가지수
23 ③ 과거자료를 사용하여 잔차위험을 허용수준 이하로 만드는 방법은 최적화법에 대한 설명이다.
24 ④ 낮은 회전율을 유지하는 전략은 패시브 운용에서 사용하는 전략이다.
25 ① 가치투자 스타일에는 저PER투자, 역행투자, 고배당수익률투자 방식 등이 포함된다.
26 ③ 매매신호가 발생하더라도 일정 기간 유예기간을 줌으로써 회전율을 낮춰 초과수익에 기여한다.

27 중요도 ★★★
다음 중 수익·위험구조 변경을 위한 운용에 대한 설명으로 올바르지 못한 것은?

① 수익·위험구조를 변경한 운용전략은 근본적으로 델타헤징전략을 이용한다.
② 델타헤징을 이용한 대표적인 것이 옵션복제방식에 의한 포트폴리오 인슈런스 전략이다.
③ 델타헤징은 투자기간에 대한 제한이 없고, 현물 운용 시 액티브 운용을 통해 추가적인 수익을 기대할 수 있다는 장점이 있다.
④ 델타헤징으로 인한 사전적인 매매수수료가 과다하게 발생할 수 있다는 단점이 있다.

28 중요도 ★★
다음 중 (   )에 들어갈 말로 가장 올바른 것은?

> (가)은 투자비중을 원래 의도대로 복구시키는 과정으로 모든 가정이 (나)했을 때 행하여지며, (다)은 그 시점에서 다시 최적의 포트폴리오를 구성하는 방법으로 시장상황이 (라)할 때 이루어진다.

	가	나	다	라
①	리밸런싱	변화	업그레이딩	불변
②	리밸런싱	불변	업그레이딩	변화
③	업그레이딩	변화	리밸런싱	불변
④	업그레이딩	불변	리밸런싱	변화

29 중요도 ★★★
다음에서 설명하는 운용방식으로 가장 적절한 것은?

> • 어떤 형식으로든 개별 종목의 내재가치를 측정하는 기법을 가지고 있다.
> • 섹터별 가중치를 고려하지 않는 방법이다.

① 상향식 방법
② 하향식 방법
③ 최적화 방법
④ 계량분석 방법

30 중요도 ★★★
다음 중 이상현상과 종목선정에 대한 설명으로 올바르지 못한 것은?

① 이상현상이란 시장이 효율적이라면 발생하지 않을 상황이 실제 주식시장에서 나타나는 현상을 의미한다.
② 정보비효율 그룹에는 무시된 기업효과, 소형주 효과 등이 있다.
③ 상대적 저가주 효과 그룹에는 저PER, 저PBR, 저베타 효과 등이 있다.
④ 수익률 역전 그룹에는 잔차수익률 역전현상, 고유수익률 역전현상 등이 있다.

31 중요도 ★★★
다음 중 벤치마크의 충족조건에 대한 설명으로 모두 묶인 것은?

> 가. 구체적인 내용은 운용 이전에 명확하게 정해져야 한다.
> 나. 비교 대상 자산과 위험-수익 구조가 동일하여 수익률만 추정할 수 있다면 가상의 포트폴리오도 가능하다.
> 다. 벤치마크의 성과를 펀드매니저가 추적하는 것이 가능해야 한다.
> 라. 실제운용의 목표와 부합되는 운용상을 반영하고 있어야 한다.
> 마. 벤치마크의 자산간 분산가능성이 있어야 한다.

① 가, 나, 다
② 가, 다, 라
③ 가, 다, 마
④ 나, 라, 마

정답 및 해설

27 ④ 델타헤징은 사전적으로 매매수수료가 부과되지 않는 장점이 있으나, 사후적으로 매매수수료가 과다하게 발생할 수 있는 단점이 있다.
28 ② 투자비중을 원래 의도대로 복구시키는 것을 리밸런싱이라 하며 모든 가정이 불변할 때 행하여지고, 해당 시점에 최적의 포트폴리오를 구성하는 방법은 업그레이딩으로 시장상황이 변화할 때 이루어진다.
29 ① 섹터별 가중치를 고려하지 않고 저평가된 종목을 선정하는 데 관점을 두는 방법은 상향식 방법이다.
30 ③ 저베타 효과는 수익률 역전 그룹이다.
31 ② 벤치마크는 운용 이전에 내용이 명확히 정해져야 하며, 벤치마크의 성과를 운용자가 추적할 수 있어야 하고, 실제운용의 목표와 부합되는 운용상을 반영하고 있어야 한다.

32 중요도 ★★★
다음 중 투자자가 펀드매니저의 운용에 따른 리스크를 판단하는 도구로 모두 묶인 것은?

① 표준편차, 베타
② 하락편차, 정보비율
③ 베타, 잔차위험
④ 정보비율, VaR

33 중요도 ★★★
다음 중 포트폴리오 구성 시 고려사항에 대한 설명으로 올바르지 못한 것은?

① 분산투자 효과를 위해서는 포트폴리오는 어느 정도 수준 이상의 종목을 포함하고 있어야 한다.
② 종목 수가 많다고 해서 인덱스 펀드와 동일한 위험을 갖지 않는다.
③ 일반적으로 가치스타일은 매매회전율이 높으며, 성장스타일은 매매회전율이 낮다.
④ 일반적으로 매매비용을 차감한 포트폴리오의 성과가 기존의 포트폴리오를 보유했을 때 얻는 효용보다 높아야 매매활동이 정당성을 얻는다.

34 중요도 ★★★
다음 설명이 가리키는 주식포트폴리오 모형으로 가장 적절한 것은?

> 주식의 리스크를 베타, 규모, 성장성, 레버리지 등 여러 가지 체계적 요인으로 구분한다.

① 2차함수 최적화 모형
② 선형계획 모형
③ 다중요인 모형
④ 분산투자 모형

35 중요도 ★★★
다음 중 운용형태별 수익률과 위험에 대한 설명으로 올바르지 못한 것은?

① 수익률과 위험을 그래프로 나타내면 패시브 펀드는 보다 더 집중되어 나타나고 액티브 펀드는 폭넓게 나타난다.
② 액티브 펀드들의 변동성은 패시브 펀드들의 변동성보다 큰 것과 작은 것이 대등하게 분포하고 있다.
③ 패시브 펀드들의 잔차위험은 액티브 펀드들의 잔차위험에 비해 현저히 작게 나타난다.
④ 주식시장 상승기에 초과수익률 관점에서 잔차위험이 낮았던 패시브 펀드의 초과수익률이 액티브 펀드에 비해 낮게 나타나는 경향이 있다.

정답 및 해설

32 ④ 투자자 입장에서 펀드매니저의 운용에 따른 리스크를 판단하는 도구로는 정보비율과 VaR이 있다.
33 ③ 일반적으로 가치스타일은 매매회전율이 낮으며, 성장스타일은 매매회전율이 높다.
34 ③ 리스크를 여러 가지 요인으로 구분하여 분석한 모형은 다중요인 모형이다.
35 ④ 주식시장 상승기에 초과수익률 관점에서 잔차위험이 낮았던 패시브 펀드의 초과수익률이 액티브 펀드에 비해 낮게 나타나는 경향이 보이지 않는다.

제6장 채권투자운용 및 투자전략

학습전략

채권투자운용 및 투자전략은 제3과목 전체 50문제 중 총 6문제가 출제된다.
채권투자운용 및 투자전략의 경우 주식과 더불어 전통적인 운용의 대상인 채권을 다루고 있는 파트이다. 채권의 본질적인 내용들을 기반으로 하여, 채권시장과 금리체계를 이해하고, 궁극적으로 채권운용전략에 대해서 학습하게 된다. 합성(신종)채권, 말킬의 정리, 듀레이션과 볼록성, 수익률구조, 적극적·소극적 운용전략 등을 중심으로 학습하도록 한다.

출제비중

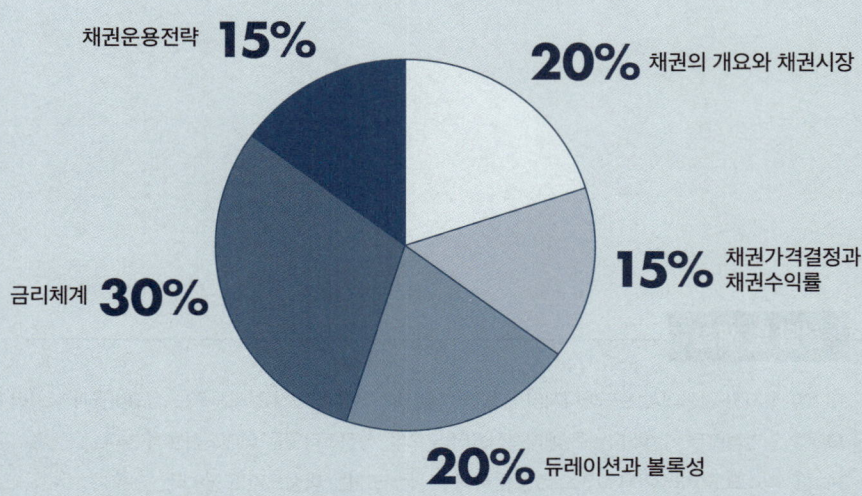

- 채권운용전략 15%
- 채권의 개요와 채권시장 20%
- 채권가격결정과 채권수익률 15%
- 듀레이션과 볼록성 20%
- 금리체계 30%

출제포인트

구분	출제포인트	중요도
채권의 개요와 채권시장 (20%)	01 채권의 개요 02 채권의 분류 03 전환사채 04 신주인수권부사채 05 옵션부사채, 교환사채, 이익참가부사채 06 ABS 07 발행시장 08 유통시장	★★★ ★★ ★★ ★★★ ★★ ★★★ ★★ ★★★
채권가격결정과 채권수익률 (15%)	09 채권가격결정 10 채권수익률과 수익 11 채권가격 변동성	★★★ ★★★ ★★★
듀레이션과 볼록성 (20%)	12 듀레이션 13 수정 듀레이션(Modified Duration : MD) 14 볼록성(Convexity) 15 실효 듀레이션과 실효 볼록성	★★ ★★★ ★★★ ★
금리체계 (30%)	16 수익률 곡선 및 선도이자율 17 기간구조이론 18 수익률의 위험구조	★★ ★★★ ★★
채권운용전략 (15%)	19 투자목표의 설정 20 적극적 채권운용전략 21 소극적 채권운용전략	★★ ★★ ★★★

채권의 개요 ★★★

다음 중 채권에 대한 설명으로 적절하지 않은 것은?

① 채권의 발행 자격은 법률로 규정되어 있기 때문에 자격 취득 후에는 발행이 비교적 용이하다.
② 채권은 발행 시점에 상환 금액과 상환 기간이 정해져서 발행되는 것이 일반적이다.
③ 채권은 주식과는 달리 해당 기간에 기업의 이익이 발생하지 않더라도 이자를 지급해야 하는 특징을 갖는다.
④ 채권의 유동성은 발행자의 신뢰도가 높고, 만기나 잔존기간이 짧을수록 높아진다.

♀ TIP 자격조건 취득 후 발행자별로 별도의 승인이 필요하다.

핵심포인트 해설 채권의 개요

(1) 정 의
정부, 공공기관, 주식회사 등이 장기로 대량자금을 조달하기 위해 발행하는 일종의 차용증서

(2) 채권 발행 관련 특징
① 채권 발행 자격은 법률로 규정
② 채권 자격 취득 후 별도의 승인이 필요(정부는 국회 동의, 주식회사는 금융위원회 등록)
③ 채권은 증권시장에서 자유롭게 거래

(3) 채권 특징 → 주식과의 차이점으로 이해

확정이자부증권	• 발행 시, 발행자가 지급해야 하는 이자와 원금 상환금액이나 기준이 확정 • 발행자의 (원리금 지급능력)이 중요 → 신용등급을 의미
기한부증권	• 원금과 이자의 상환 기간이 사전에 정해짐 예외 영구채권(Console Bond)
이자지급증권	• 채권은 수익발생과 관계없이 이자를 지급 예외 할인채권(Discount Bond)
장기증권	• 채권은 장기증권이므로 유통시장의 존재가 필수

(4) 채권의 장점

수익성	• 채권 보유에 따른 수익을 이자소득과 자본소득으로 구분
안전성	• 채무불이행(비체계적 위험)과 시장위험(체계적 위험)이 존재 • 다른 금융상품에 비해 안정성이 높음
유동성	• 화폐가치의 손실 없이 즉시 채권을 현금으로 전환할 수 있는 정도를 의미함 • 발행자의 신뢰도가 높을수록, 만기가 짧을수록 유동성이 커짐

정답 ①

02

채권의 분류 ★★

다음 중 채권의 분류에 대한 설명으로 적절하지 않은 것은?

① 3개월마다 이자를 지급하는 이표채의 경우 3개월마다 이자지급액은 표면이율을 4로 나누어 지급한다.
② 이표채와 복리채의 만기와 표면이율이 동일하다면 복리채가 이표채보다 더 많은 이자를 지급받는다.
③ 변동금리채권의 가치는 시장 이자율의 변화에 민감하게 반응하지 않는다.
④ 역변동금리채권은 기준금리가 상승하면 현금흐름이 증가하는 것이 일반적이다.

TIP 역변동금리채권의 현금흐름은 '고정금리 – 변동금리채권'이기 때문에 기준금리가 상승하면 변동금리 채권의 수익률이 상승하여 전체적인 현금흐름이 감소하게 된다.

핵심포인트 해설   채권의 분류

(1) 발행주체에 따른 분류
→ 공채와 사채의 성격을 모두 갖추었기 때문에 수익성과 안정성이 높음

구 분	발행주체	종 류
국 채	정 부	국민주택채권 1·2종, 양곡증권
지방채	지방자치단체	지하철공채, 지역개발공채, 도로공채
특수채	법률에 의해 설립된 기관	토지개발채권, 통화안정증권, 예금보험공사채권
회사채	상법상 주식회사	보증사채, 담보부사채, 무보증사채

(2) 이자지급방법에 따른 분류

3개월마다 지급은 $\frac{표면이율}{4}$, 6개월마다 지급은 $\frac{표면이율}{2}$

이표채	• 표면에 이표가 붙어 있어 이자지급기간에 해당 표면이율로 이자지급 • 회사채의 경우 대부분 이표채로 발행
할인채	• 발행 시점에 액면금액을 할인하여 채권 발행 • 만기 이전에 이자지급이 없음
복리채	• 이자를 만기까지 재투자하여 만기에 원금과 이자를 일시에 지급 • 국민주택채권 1·2종 등이 포함

(3) 상환 기간에 따른 분류
① 상환 기간이 1년 이하는 단기채(통화안정증권)   ② 상환 기간이 1~10년 미만은 중기채(국민주택 1종)
③ 상환 기간이 10년 이상은 장기채(국민주택 2종)

(4) 이자금액의 변동 유무에 따른 분류
① 고정금리부채권 : 확정된 표면이자를 지급
② 변동금리부채권

Libor, Prime rate, 91일 CD수익률

변동금리채권(FRN)	• '지급금리 = 기준금리 + 가산금리'로 표시되는 채권 • 시장이자율 변동에 따라 지급이자가 달라지는 형태
역변동금리채권 (Inverse Floater)	• 액면이자율이 기준금리에 연동되지만, 기준금리 상승 시 현금흐름 감소 • 역변동금리채권의 가치 = 고정금리채권의 가치 – 변동금리채권의 가치

정답 ④

전환사채 ★★

다음 중 전환사채에 대한 설명으로 올바르지 못한 것은?

① 채권과 전환권리가 결합된 채권으로 전환권리 행사 시 채권의 권리는 소멸하고 주주로서의 권리를 얻게 된다.
② 투자자의 입장에서는 보통사채보다 낮은 이자율, 약세장으로 인해 전환권을 행사하지 못할 위험이 있다.
③ 전환사채의 경우 전환가치가 채권가치보다 크면 채권으로 거래하고, 전환가치가 채권가치보다 작으면 주식처럼 거래한다.
④ 괴리율은 전환사채의 시장가격에서 패리티가격을 차감한 값을 패리티가격으로 나눈 값에 100을 곱하여 계산한다.

◆ TIP 전환가치가 채권가치보다 크면 주식처럼 거래하고, 전환가치보다 채권가치가 크면 채권으로 거래한다.

핵심포인트 해설 전환사채(Convertible Bond)

(1) 의의 {사채 + 옵션(전환권리)}
① 채권을 발행한 회사의 주식으로 전환할 수 있는 권리를 갖는 채권
② 권리행사 시 사채대금이 주식대금으로 전환(사채권 지위는 소멸)
③ 사채와 주식의 중간 형태

(2) 장단점

구 분	발행회사	투자자
장 점	• 자금조달 비용 감소 • 사채와 주식의 양면성으로 높은 상품성 • 재무구조 개선 효과 → 타인자본(사채)이 자기자본(주식)으로 전환	• 채권의 안정성과 주식의 수익성 추구 → 전환권리만큼 이자를 적게 지급
단 점	• 전환 시 경영권에 영향 • 사무처리가 복잡	• 보통사채보다 낮은 이율 • 약세장 시 전환권 미행사

(3) 전환사채 관련 주요 지표

전환가격	• 보유채권을 주식 1주로 전환할 때의 금액
전환가치와 채권가치	• '전환가치 > 채권가치'일 때 주식처럼 거래 • '전환가치 < 채권가치'일 때 채권으로 거래 • '전환가치 = 채권가치'일 때 복합증권처럼 거래
패리티(Parity)	• 전환가격 대비 주가의 비율로 전환에 따른 수익률 • 패리티(Parity) = (주가/전환가격) × 100%
패리티가격	• 패리티가격(또는 적정 투자가격) = 패리티 × 액면가
괴리율(%)	• 괴리율 = (괴리/패리티가격) × 100% • 괴리(원) = 전환사채 시장가격 − 패리티가격

정답 ③

04

신주인수권부사채 ★★★

다음 중 신주인수권부사채(BW)에 대한 설명으로 올바르지 않은 것은?

① 사채와 신주인수권이 결합된 채권으로, 분리형일 시 신주인수권을 사채권과 독립적으로 거래할 수 있다는 특징이 있다.
② 유상증자와 비슷한 형태로 자금을 조달하나 신주인수권부사채는 약세장에서도 자금을 모집할 수 있다는 장점이 있다.
③ 발행회사 입장에서 채권의 발행이율은 '보통사채 > 신주인수권부사채 > 전환사채'의 순서이나 투자자 입장에서 얻는 채권의 이자율은 '전환사채 > 신주인수권부사채 > 보통사채' 순이다.
④ 전환사채는 권리 행사 시 추가자금이 필요하지 않으나 신주인수권부사채의 경우 추가자금이 필요하다는 차이점이 있다.

♥ TIP 투자자와 발행회사 모두 '보통사채 > 신주인수권부사채 > 전환사채' 순으로 이자율을 부담하고 얻게 된다.

핵심포인트 해설 신주인수권부사채(BW)

(1) 의의 → {사채 + 옵션(신주인수권)}
일정 기간 경과 후 일정한 가격(행사가격)으로 발행회사의 일정수의 신주를 인수할 수 있는 권리가 부여된 사채

(2) 장단점

구 분	발행회사	투자자
장 점	• 자금조달의 촉진 → 유상증자와 비슷하나 신주인수권 때문에 하락장에서도 자금조달 가능함 • 자본조달 비용 감소 • 재무구조개선	• 안정성과 수익성 동시 만족 • 주가 상승으로 인한 이익 • 투자의 융통성(신주인수권 분리 판매가능)
단 점	• 권리행사 후 사채권 존속 • 대주주 지분율 하락 • 자본구조 불확실성	• 약세장 시 인수권 미행사위험 • 행사 후 낮은 이율의 사채 존속

(3) 전환사채와 신주인수권부사채의 비교

구 분	전환사채	신주인수권부사채
사채에 부여된 권리	전환권	신주인수권
권리 행사	권리 행사 후 사채 지위 소멸	권리 행사 후 사채 지위 존속
권리 행사 시 자금 추가소요	신규자금 불필요	신규자금 필요
권리의 이전	사채와 일체	분리형, 비분리형
발행이율	보통사채보다 아주 낮음	보통사채와 전환사채의 중간 수준

→ 보통사채 > 신주인수권부사채 > 전환사채

정답 ③

옵션부사채, 교환사채, 이익참가부사채 ★★

다음 중 합성채권에 대한 설명으로 올바르지 못한 것은?

① 수의상환채권은 채권을 매수할 수 있는 권리를 발행회사가 보유하기 때문에 보통 사채보다 높은 이자를 지급해야 한다.
② 수의상환청구채권은 투자자에게 매도권이 부여된 채권으로서 시장금리가 하락하거나 발행기업의 신용등급이 상승했을 때 행사하는 것이 일반적이다.
③ 교환사채는 권리행사 시 발행회사의 자산과 부채가 동시에 감소하는 특징이 있다.
④ 옵션부사채의 금리는 '콜옵션부사채 > 보통사채 > 풋옵션부사채' 순으로 나타난다.

♀ TIP 수의상환청구채권은 금리 상승 시 투자자가 매도권을 행사하는 것이 일반적이다.

핵심포인트 해설 옵션부사채, 교환사채, 이익참가부사채

(1) **옵션부사채(BO : Bond with Imbedded Option)**

청구의 의미를 풋으로 이해

구 분	수의상환채권(콜옵션부 채권)	수의상환청구채권(풋옵션부 채권)
권리소유와 종류	발행회사의 매수권 보유	채권투자자의 매도권 보유
채권의 가치	일반채권가치 − 콜옵션가치	일반채권가치 + 풋옵션가치
행 사	금리 하락 시, 신용등급 상승 시	금리 상승 시
금 리	일반사채에 비해 높음	일반사채에 비해 낮음
가 격	일반사채에 비해 낮음	일반사채에 비해 높음

→ 옵션매수자가 보다 높은 금리를 부담해야 함

(2) **교환사채(EB)**
발행회사의 소유주식과 교환청구가 가능한 사채로서 교환 시 발행회사의 자산(보유주식)과 부채(교환사채)가 동시에 감소하게 됨

(3) **이익참가부사채(PB)**
주주가 일정 수준 이상의 배당을 받을 때 사채권자도 참가할 수 있는 권리가 부여된 사채

정답 ②

ABS ★★★

다음 중 유동화자산증권에 대한 설명으로 올바른 것은?

① Pass-Through는 유동화자산집합에서 발생된 현금흐름을 이용해 증권화한 후 상환순위가 다른 다단계 채권을 발행하는 방식을 말한다.
② 유동화자산의 동질성이 결여될 경우 해당 자산의 증권화는 불가능하다.
③ ABS는 유동성이 낮은 자산들을 집합화하고 표준화하면서 해당 자산들의 신용을 강화한다.
④ Pay-Through는 자산을 투자자에게 매각하기 때문에 ABS에서 발생하는 금융위험을 투자자에게 전가하는 것이 특징이다.

♀TIP ① Pass-Through는 유동화자산을 매입한 중개기관이 이를 집합화하여 신탁설정 후 신탁에 대해서 주식형태로 발행되는 증권을 의미한다.
② 유동화자산의 동질성 결여 시 신용보강 등에 따른 비용이 증가하기는 하나 발행은 가능하다.
④ Pay-Through는 유동화자산집합에서 발생된 현금흐름을 이용해 증권화한 후 상환순위가 다른 다단계 채권을 발행하는 방식을 말한다.

핵심포인트 해설 ABS

(1) 의의와 특징
① 자산을 표준화하고 특정 조건별로 집합하여 증권을 발행하고 기초 자산의 현금흐름을 상환하는 것을 의미
② 유동화대상자산은 현금흐름의 예측이 가능하고 자산의 동질성이 보장되며 양도가 가능한 것이 좋음
③ 동질성 결여 시 신용보강 및 평가에 따른 비용이 증가

(2) ABS의 종류

현금 수취 방식에 따른 분류	Pass-Through Security (자본 이전형)	• 유동화자산을 유동화 중개기관에 매각하면, 중개기관은 이를 집합화하여 신탁설정 후 이 신탁에 대해서 주식형태로 발행되는 증권 • 자산의 매각으로 인해 자산보유자의 자산에서 해당 유동화자산이 제외 • 금융위험을 투자자에게 전가
	Pay-Through Bond (원리금 지급형)	• 유동화자산집합에서 발생된 현금흐름을 이용해 증권화한 후 단일증권이 아닌 상환 우선순위가 다른 다단계의 채권을 발행하는 방식 • Credit Tranching은 신용위험과 연관된 다단계화(CBO선·후순위채) • Prepayment Tranching은 조기상환위험과 관련된 다단계화(CMO)
기초 자산에 따른 분류		• 주택저당채권, 대출채권, 신용카드 계정, 기업대출, 회사채 등이 일반적으로 자산유동화가 많이 이루어지고 있는 기초 자산 유형

→ 주택저당채권만을 기초자산으로 채권을 발행하는 것이 MBS임

정답 ③

 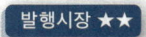

다음 중 채권의 발행형태에 대한 적절한 설명으로 모두 묶인 것은?

㉠ 사모발행방식은 유동성이 낮은 회사채를 발행할 때 주로 이용한다.
㉡ 무보증사채의 발행은 위험부담이 적은 위탁모집 방법을 주로 이용한다.
㉢ 간접발행 시 인수기관의 위험은 '총액인수, 잔액인수, 위탁모집' 순으로 크다.
㉣ 회사채의 경우 매출발행과 공모입찰발행 중 선택하여 발행 가능하다.

① ㉠
② ㉡, ㉢
③ ㉠, ㉢
④ ㉠, ㉡, ㉣

TIP ㉡ 무보증사채의 발행은 주로 위험부담이 적은 총액인수 방법을 주로 이용한다.
㉣ 회사채의 경우 매출발행을 할 수 없다.

핵심포인트 해설 발행시장

(1) 사모발행(Private Placement)
① 소수투자자와 사적교섭으로 채권을 매각하는 방법
② 공모사채보다 이자율이 높고 만기는 짧음, 발행자나 매입자의 특별한 요구를 만족
③ 유동성이 낮은 회사채 발행 시 주로 이용

(2) 공모발행(Public Issues)
불특정 다수의 투자자를 대상으로 채권을 발행하는 방법
① 직접발행

매출발행	• 채권발행액을 미리 정하지 않고 공모하여 매출기준으로 발행총액을 구하는 방식 • 회사채에 대해서는 매출발행 금지(금융채는 가능)
공모입찰발행	• 채권발행조건을 미리 정하지 않고 다수투자자로부터 가격이나 수익률을 입찰시켜 해당 결과를 기준으로 하여 발행

② 간접발행

위탁모집	• 발행회사가 인수인에게 위탁하여 발행하는 방법 • 위험부담은 발행회사가 부담
잔액인수	• 모집 또는 매출이 총액에 미달할 때에는 인수기관이 그 잔액을 책임 인수
총액인수	• 인수기관이 총액을 인수하여 발행 • 무보증사채의 발행 시 주로 사용

→ 판매를 대리하는 기관으로 위험부담이 클수록 수수료를 많이 받음

③ 인수기관의 위험부담(수수료 크기도 동일)
총액인수 > 잔액인수 > 위탁모집 순서로 커짐

정답 ③

08

유통시장 ★★★

다음 중 유통시장에 대한 설명으로 올바르지 못한 것은?

① 국채 전문딜러는 종목별 매월 경쟁입찰 발행물량의 10% 이상을 인수해야 할 의무가 있다.
② 채권거래는 주식거래와 마찬가지로 반대매매가 쉽고, 표준화된 장내거래가 주를 이루고 있다.
③ IDB는 딜러가 보유물량을 원활히 조절할 수 있도록 딜러의 호가 제시를 유도하여 채권중개를 투명하게 수행하는 회사이다.
④ 장외거래는 장내거래에 비하여 규격화되어 있지 않기 때문에 거래시간이나 조건의 제한을 받지 않는다.

♀ TIP 채권은 개인투자자가 소화하기 힘들기 때문에 기관투자가 간의 대량매매, 상대매매방식의 장외거래가 주를 이루고 있다.

핵심포인트 해설 유통시장

(1) 장외시장 종류

국채딜러 간 매매거래시장 IDM(Inter-Dealer Market)	• 국채유통 활성화를 위해 도입 • 국채 전문딜러의 의무 · 국채 인수의무 : 종목별 매월 경쟁입찰 발행물량의 10% 이상 인수 · 유통시장 조성의무 : 호가의무, 유통의무, 보유의무, 매입·교환의무
채권 자기 매매업자 간 중개회사 IDB(Inter-Dealer Broker)	• 딜러가 보유물량을 원활히 조절하도록 딜러의 호가 제시를 유도하여 채권중개를 투명하게 수행하는 회사

(2) 장내거래와 장외거래 차이점

채권의 경우 장외거래가 90% 이상

구 분	장외거래	장내거래
대상채권	• 제한 없음	• 상장채권, 주식 관련 사채
거래장소(매매방법)	• 장외시장 브로커 창구 • IDB회사 창구	• 증권거래소
결제방법	• 익일결제	• 당일결제 및 익일결제
거래비용	• 제한 없음	• 만기별로 수수료율 차등
호가 및 매매수량	• 제한 없음	• 국고채 : 10억원 • 주식 관련 사채 : 10만원 • 소액채권 : 1천원

정답 ②

채권가격결정 ★★★

다음과 같은 조건의 채권에 투자한 투자자가 이자지급 시점마다 수령하는 이자금액으로 올바른 것은?

- 액면가 : 10,000원
- 요구수익률 : 8%
- 만기수익률 : 15%
- 만기일 : 2025년 1월 1일
- 표면이율 : 10%
- 3개월 후급 이표채
- 발행일 : 2022년 1월 1일
- 잔존기간 : 1년 91일

① 125원
② 250원
③ 500원
④ 1,000원

TIP 이표채의 매 기간 지급 이자금액은 표면이자율을 이자지급횟수로 나눠 계산해야 한다.

$\frac{10\%}{4}$ (3개월 후급의 경우 연간 4회의 이자지급) = 2.5%

∴ 2.5% × 10,000원 = 250원

핵심포인트 해설 채권가격결정

(1) 채권가격결정의 특성
① 가격과 수익률은 서로 역의 관계를 가지며 볼록한(Convex) 형태를 가짐
② '이표율 > 수익률'인 경우 액면가보다 비싸게, '이표율 < 수익률'인 경우 액면가보다 싸게 거래됨
③ 시간이 지날수록 즉, 만기에 다가갈수록(잔존기간이 짧을수록) 채권의 가격은 액면가에 수렴

(2) 채권매매의 관행적 방식

$$P = \frac{S}{(1+r)^n \times (1 + r \times \frac{d}{365})}$$

S = 원리금, r = 이자율(할인율), n = 연 단위 기간, d는 잔여일수

(3) 가격결정이론의 주의점
① 만기가격은 표면이율을, 현재가치는 시장이자율과 매매수익률을 사용
② 액면가격이 제시되지 않은 경우, 대부분 할인채의 만기가격은 10,000원
③ 이표채의 지급이자는 반드시 이자지급횟수로 나누어야 함

정답 ②

10 채권수익률과 수익 ★★★

다음 중 채권의 수익률과 수익에 대한 설명으로 올바르지 못한 것은?

① 만기수익률은 채권의 내부수익률로 현금흐름의 현가와 시가를 일치시키는 할인율을 의미한다.
② 1년에 2회 이상 이자를 지급하는 채권의 경우 실효 연수익률은 항상 만기수익률보다 낮다.
③ 이표채의 경우 만기가 길어질수록 이자에 대한 이자에 의존하기 때문에 재투자 위험이 높아진다.
④ 무이표채의 경우 재투자 위험이 존재하지 않는다.

⁺용어 알아두기
실효 연수익률 채권의 등가수익률에 재투자 수익률을 고려하여 계산한 수익률이다.

⊙ TIP 1년에 2회 이상 이자를 지급하는 채권의 경우 실효 연수익률은 만기수익률보다 항상 높게 나타난다.

핵심포인트 해설 채권수익률과 수익

(1) 경상수익률

$\dfrac{연이자\ 지급액}{채권의\ 시장가격}$ 으로 가격 대비 발행자로부터 직접 수령하는 이자의 비율을 의미

(2) 만기수익률(YTM : Yield-To-Maturity)
① 채권의 내부수익률로 현금흐름의 현가와 시가를 일치시키는 할인율
② 계산방법 : 시행착오법, 재무계산기 사용법, 간이법
③ 수익률 연율화의 문제점 : 일 년에 두 번 이상 이자가 지급되는 경우에는 만기수익률이 실효 연수익률보다 더 작게 나타남
  예 6개월 후급 이표, 만기수익률 9%일 경우 반기수익률은 4.5%,
   등가수익률은 4.5% × 2 = 9%이나, → 단리이자의 개념
   실효 연수익률은 (1 + 4.5%)^2 − 1 = 9.2%로 만기수익률인 9%보다 높음 → 복리이자의 개념

(3) 채권투자 수익의 원천
① 기간별 이자지급액
② 자본이득 또는 손실
③ 기간별 이자지급액의 재투자로부터 발생하는 수입

(4) 만기수익률과 재투자 위험
① 이표채의 경우 만기가 길어질수록 이자에 대한 이자에 의존함으로 재투자 위험이 증가함
② 무이표채는 재투자 위험이 존재하지 않음

정답 ②

11 채권가격 변동성 ★★★

다음 중 채권가격 변동성에 대한 설명으로 올바르지 못한 것을 모두 고른 것은?

> 가. 만기가 일정하다면 채권의 수익률 하락 시 가격 상승폭은 같은 폭의 수익률 상승 시 가격하락 폭보다 크다.
> 나. 표면이자율이 높을수록 동일한 수익률 변동에 대한 가격변동률이 작아진다.
> 다. 동일한 기간에 이자를 많이 지급할수록 동일한 수익률 변동에 대한 가격변동률은 커진다.
> 라. 만기(잔존기간)가 짧아질수록 채권의 변동성은 커진다.

① 가, 나
② 가, 다
③ 나, 다
④ 다, 라

♀ TIP 표면이자율이 높을수록, 이자지급주기가 짧을수록, 동일한 기간에 이자지급횟수가 많을수록 수익률 변동에 대한 가격변동률은 작아지고, 만기(잔존기간)가 길수록 변동성은 커진다.

핵심포인트 해설 채권가격 변동성

(1) 말킬(Malkiel)의 채권가격 정리(Bond Price Theorem) → 변동금리채권이나 옵션부채권 등 특수채에 적용되지 않을 수 있음
  ① 수익률과 가격은 역관계 → 눈글씨 중심으로 정리할 것
  ② 다른 조건이 동일할 때 채권 잔존기간이 길수록 동일한 수익률 변동에 대한 가격 변동폭은 커짐
  ③ 채권수익률 변동에 의한 채권가격 변동은 만기가 길어질수록 증가하나 그 증감률(변동률)은 체감
  ④ 만기가 일정할 때 채권수익률 하락 시 채권가격 상승폭이 같은 폭의 채권수익률 상승 시 채권가격 하락폭보다 큼
  ⑤ 표면이자율이 높을수록(이자지급주기가 짧을수록) 동일한 크기의 수익률 변동에 대한 가격변동성은 작음

(2) 채권 변동성의 특성

표면이율(이자지급횟수)	표면이율이 낮을수록 채권의 변동성은 커짐
만기(잔존기간)	만기가 길어질수록 채권의 변동성은 커짐
만기수익률	만기수익률이 낮을수록 채권의 변동성은 커짐

→ 만기수익률이 낮다는 것은 표면금리가 낮다는 것과 동일한 의미

(3) 가격 변동성 정리
  ① 채권의 변동성은 위험의 크기와 동일한 개념
  ② 채권은 주식과는 다르게 장기투자가 리스크 회피적이기보다는 유동성 저하 리스크가 높은 것으로 인식
  ③ 채권가격 결정모형에 의해 분모인 수익률이 커질수록 가격은 낮아지는 특성이 가장 중요함
  ④ 잔존기간, 만기는 동일한 용어로 이해
  ⑤ 표면이율은 듀레이션과 중요한 관계

정답 ④

12

> 듀레이션 ★★

다음 중 듀레이션에 대한 설명으로 올바르지 못한 것은?

① 듀레이션은 채권의 가중평균 잔존만기로 기업들이 수익률 변동위험을 제거할 때 사용하는 중요한 기준점이 된다.
② 1년에 2회 이상 이자를 지급하는 채권의 듀레이션은 해당 채권의 만기보다 항상 짧다.
③ 잔존기간이 3개월 남은 3개월 후급 이표채의 만기와 듀레이션은 동일하다.
④ 할인채의 만기는 항상 듀레이션과 동일하지만, 복리채의 만기는 항상 듀레이션보다 길다.

♀ TIP 무액면금리채권(할인채, 복리채)의 만기와 듀레이션은 동일하다.

핵심포인트 해설 듀레이션

(1) 정의
채권의 각 현금흐름을 회수하는 데 걸리는 가중평균 기간

(2) 산식
각 시점의 현금흐름의 현가가 총현금흐름의 현가에서 차지하는 비율을 가중치로 사용하여 이를 각 현금흐름의 시간단위에 곱하여 산출

$$D = \frac{\sum_{t=1}^{n} \frac{tC}{(1+y)^t} + \frac{nM}{(1+y)^n}}{P}$$

n = 만기, t = 각 시점의 시간단위, C = 이자지급액, y = 만기수익률, M = 채권액면가, P = 채권가격

(3) 의의와 특성
① 손실 없이 원금을 회수할 수 있는 가중평균 회수 기간(면역전략)
② 시점이 다른 현금흐름을 가진 채권을 현금흐름이 한 번만 발생하는 채권으로 등가 전환할 때의 그 채권의 잔존만기에 해당
③ 현재가치들의 무게 중심역할을 하는 균형점
④ <u>무액면금리채권은 만기가 듀레이션</u> → 무액면금리채권은 중간에 이자를 지급하지 않는 채권을 의미
⑤ 액면금리가 낮을수록 듀레이션이 길어짐
⑥ 만기가 길수록 듀레이션이 길어짐
⑦ 이자율이 i%인 영구채권의 듀레이션 = $\frac{1+i}{i}$
⑧ 이표채 듀레이션은 만기보다 짧음

정답 ④

13

수정 듀레이션(Modified Duration : MD) ★★★

> 아래와 같은 정보를 이용하였을 때 다음 보기 중 가장 올바른 것은?
>
> - 만기 : 3년
> - 표면이율 : 6%
> - 6개월 후급 이표채
> - 듀레이션 : 2.5
> - 만기수익률 : 8%

① 해당 채권의 수정듀레이션을 구하기 위해서는 표면이율 6%로 듀레이션을 나누어 계산하면 된다.
② 해당 채권과 만기수익률 8%인 3개월 후급 이표채의 수정듀레이션은 동일하다.
③ 해당 채권의 수정듀레이션은 2.31년으로 원래의 듀레이션보다 짧게 나타난다.
④ 다른 조건이 동일하다면 8%의 표면이율을 갖는 채권의 듀레이션은 2.5년보다 짧다.

TIP 만기는 듀레이션과 정의 관계, 표면이율은 듀레이션과 역의 관계를 가지며, 수정듀레이션을 계산할 때는 만기수익률을 이자지급횟수로 나눈 값으로 듀레이션을 나눠 계산한다. 2.5/(1 + 0.08/2) = 2.4
① 해당 채권의 수정듀레이션을 구하기 위해서는 만기수익률 8%로 듀레이션을 나누어 계산하면 된다.
② 해당 채권과 만기수익률 8%인 3개월 후급 이표채의 수정듀레이션은 다르게 나타난다.
③ 해당 채권의 수정듀레이션은 2.4년으로 원래의 듀레이션보다 짧게 나타난다.

핵심포인트 해설 수정 듀레이션(Modified Duration : MD)

(1) 수정 듀레이션
① 채권의 중간 현금흐름의 재투자 수익률을 고려한 듀레이션으로 듀레이션/1회 지급 수익률로 계산함
② 산 식 → 이표채의 연간 이자지급횟수로 채권수익률 나눠 계산, 이자지급횟수가 클수록 수정 듀레이션은 커짐

$$\text{수정 듀레이션(MD)} = \frac{dP}{P} = -D \times \frac{dy}{(1+y)} = \frac{-D}{(1+y)} \times dy = -MD \times dy$$

(2) 듀레이션 결정요인 → 말킬의 채권가격정리와 연계하여 반드시 정리
① 만기와 듀레이션 : 양(+)의 관계
② 수익률과 듀레이션 : 음(−)의 관계
③ 표면이율과 듀레이션 : 음(−)의 관계

(3) 듀레이션의 용도
① 위험측정 : 듀레이션은 면역전략에 사용, 수정 듀레이션은 위험측정에 사용
② 가법성 : 각 채권 듀레이션의 가중평균으로 간단히 계산
③ 헤지비율 계산 : 채권의 상대적 수익률 민감도를 측정하는 지표 → 주식은 베타, 채권은 듀레이션, 옵션은 델타를 위험도(변동성, 민감도)지표로 사용

(4) 듀레이션 한계
① 수익률의 작은 변화에 한정 : 수익률 변화가 작을 때만 근사값 추정
② 수익률평행이동 : 장기채권과 단기채권의 움직임을 동일하게 봄

정답 ④

14

볼록성(Convexity) ★★★

채권의 가격이 8,507원이고 4.5의 볼록성을 지닌 채권의 만기수익률이 5%에서 6%로 1% 상승했을 때 다음 설명 중 가장 올바르지 못한 것은?

① 볼록성만 고려했을 때 해당 채권의 가격변화폭은 약 1.91원이다.
② 듀레이션까지 고려했을 때 해당 채권의 가격은 위의 채권가격보다 높다.
③ 모든 조건이 동일할 때 볼록성이 5.4인 채권이 위의 채권가격보다 높다.
④ 수정듀레이션이 2.3이라면 듀레이션만 고려한 가격변화폭은 약 195원 감소한다.

♥ TIP 말킬 가격정리에 의하면 채권 가격과 수익률은 반비례 관계에 있기 때문에 수익률이 1% 상승했다면 채권 가격은 하락해야 한다. 수익률 변화에 따른 채권 가격 변화는 듀레이션을 고려한 모형과 볼록성을 고려한 모형으로 구분하며 수익률 변화와 무관하게 볼록성은 항상 채권의 가격을 상승시켜주기 때문에 실질적으로 해당 채권의 가격은 듀레이션의 영향으로 하락한다고 볼 수 있다.
수익률이 상승하면 채권 가격은 하락하기 때문에 만기수익률이 1% 상승했으므로 듀레이션까지 고려한 해당 채권의 가격은 8,507원보다 낮게 나타난다.
{−2.3 × 0.01(듀레이션만 고려한 변화율) + $\frac{1}{2}$ × 4.5 × (0.01)^2(볼록성을 고려한 변화율) × 8,507 = 약 −193.7원

핵심포인트 해설 볼록성(Convexity)

(1) 의의
① 채권의 가격−수익률 곡선이 원점에 대해 볼록하여 듀레이션에 의해 설명될 수 없는 가격변동을 볼록성의 가격이라 함
② 따라서 듀레이션에 의해 측정 불가능한 가격변동률은 볼록성을 고려해 정확히 측정

(2) 채권가격곡선과 힉스듀레이션

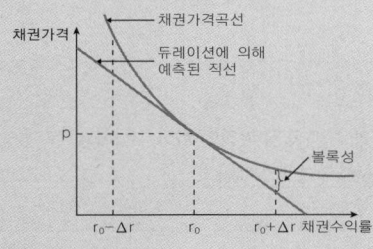

$$\frac{\Delta p}{p} = -MD \times \Delta r + \frac{1}{2}C \times (\Delta r)^2$$

① 좌측 그래프의 직선의 기울기는 $-MD \times \Delta r$로 계산됨 (듀레이션만 고려한 값)
② 채권가격곡선의 기울기를 계산하기 위해서는 $\frac{1}{2}C \times (\Delta r)^2$를 고려해야함 (볼록성만 고려한 값)

(3) 볼록성의 가치
볼록성이 큰 채권을 선호하는 이유는 볼록성이 작은 채권에 비해서 수익률 하락 시 큰 가격 상승, 수익률 상승 시 작은 가격하락을 제공함

(4) 볼록성의 특성
① 동일 듀레이션이면 볼록성이 큰 채권이 수익률 변화에 무관하게 항상 높은 가격을 가짐
② 수익률이 하락할수록 채권의 볼록성은 증가
③ 일정한 수익률과 만기에서 표면이자율이 낮을수록 볼록성은 커짐
④ 볼록성은 듀레이션이 증가함에 따라 가속도로 증가

정답 ②

15

실효 듀레이션과 실효 볼록성 ★

만기수익률이 5%인 채권의 현재가격이 9,500원일 때 만기수익률이 1% 상승하면 채권가격은 9,408원, 1% 하락하면 9,680원이 된다면 이 채권의 실효 듀레이션은?

① 1.43
② 1.62
③ 1.77
④ 2.01

♀ TIP $\dfrac{P_- - P_+}{2 \times (P_0) \times (\Delta r)} = \dfrac{9,680 - 9,408}{2 \times (9,500) \times (0.01)} = 1.43$

핵심포인트 해설 실효 듀레이션과 실효 볼록성

(1) 실효 듀레이션(Effective Duration)
① 의의: 옵션부채권 등과 같이 현금흐름이 변화한다면 실제 채권 가격과 추정 채권 가격의 차이가 나타날 수 있기 때문에 채권가격의 민감도를 추정하기 위해서는 실효 듀레이션을 사용하여 측정해야 함
② 산 식

$$\text{실효 듀레이션} = \dfrac{P_- - P_+}{2 \times (P_0) \times (\Delta r)}$$

(2) 실효 볼록성
① 의의: 일반 채권의 듀레이션에 의한 가격변동추정에 오차는 볼록성으로 보완하는 것처럼 실효 듀레이션의 추정오차를 실효 볼록성으로 추정해야 함
② 산 식

$$\text{실효 볼록성} = \dfrac{P_- + P_+ - 2 \times P_0}{(P_0) \times (\Delta r)^2}$$

정답 ①

16

수익률 곡선 및 선도이자율 ★★

다음 중 수익률 곡선에 대한 설명으로 옳은 것은?

① 우상향형 수익률 곡선은 회복기에 단기채보다 수익률 변동폭이 큰 장기채를 선호할 때 나타난다.
② 우하향형 수익률 곡선은 장기금리가 단기금리보다 높을 때 나타나는 형태이다.
③ 수평형 수익률 곡선은 장·단기채권의 유동성프리미엄 수준과 수익률 하락 예상폭이 동일하여 단기금리와 장기금리가 거의 같은 수준이 되는 형태이다.
④ 낙타형 수익률 곡선은 장기적으로 금리가 하향안정이 기대되거나, 통화확장으로 시장이 확장될 때 나타난다.

♥ TIP ① 우상향형 수익률 곡선은 회복기에 장기채보다 단기채를 선호할 때 나타난다.
② 우하향형 수익률 곡선은 단기금리가 장기금리보다 높을 때 나타나는 형태이다.
④ 낙타형 수익률 곡선은 장기적으로 금리가 하향안정이 기대되거나, 통화긴축으로 시장이 위축될 때 나타난다.

핵심포인트 해설 수익률 곡선의 유형

(1) 수익률 곡선(Yield Curve)
다른 조건이 동일하고 만기만 다른 채권들의 일정 시점에서의 수익률로서 만기까지 기간의 차이에 따라 달라지는 채권수익률의 변동을 나타낸 것

(2) 수익률 곡선의 유형과 의미

유형	설명
우상향형	• 일반적인 수익률의 형태로 장기금리가 높고 단기금리가 낮음 • 회복기에 장기채보다 단기채를 선호 • 유동성 선호 가설 측면에서 유동성을 중시할 경우 정상적인 모양
우하향형	• 단기금리가 장기금리를 상회하는 형태 • 금리 하락이 예상되거나 활황기(경기상승의 정점)에 금리 수준이 높을 때 나타나는 형태 • 수익률 하락폭이 유동성프리미엄을 초과함으로써 단기채권보다 장기채권 투자수익이 높다고 예상되는 경우에 해당되는 형태
수평형	• 장단기 채권의 유동성프리미엄 수준과 수익률 하락폭이 동일하여 장단기 금리가 같은 수준이 되는 형태 • 우상향이나 우하향으로 변화하는 과도기에서 나타나는 형태
낙타형	• 만기가 길어짐에 따라 수익률이 상승하다 일정 시점 이후 체감하는 형태 • 장기적으로 금리가 하향안정이 기대되거나, 통화긴축으로 시장이 위축될 때 나타남

정답 ③

17

수익률 곡선 및 선도이자율 ★★

아래와 같은 정보를 이용하였을 때 다음 보기 중 가장 올바르지 못한 것은?

- 1기간 현물이자율(S_1) = 5%
- 2기간 현물이자율(S_t) = 7%
- 이표이자율 = 8%
- 잔존만기 = 2년

① 위의 정보를 활용하여 계산되어진 선도이자율은 9.04%이다.
② 이자율 상승 기간구조에서 만기이자율은 선도이자율보다 낮게 나타난다.
③ 이자율 하락 기간구조에서 현물이자율은 선도이자율보다 높게 나타난다.
④ 2기간의 현물이자율은 1기간의 현물이자율과 선도이자율의 가중평균으로 계산한다.

♥ TIP 2기간의 현물이자율은 1기간의 현물이자율과 선도이자율의 기하평균으로 계산한다.

$(1 + 0.07)^2 = (1 + 0.05) \times (1 + f)$

$\therefore f = \dfrac{(1 + 0.07)^2}{(1 + 0.05)} - 1 = 0.0904$

핵심포인트 해설 수익률 곡선 및 선도이자율

(1) STRIPS Curve/SPOT Curve
  ① STRIPS Curve : 미래 만기일에 원금 일시 지급을 약속한 채권(할인채)의 수익률을 도면으로 나타낸 것
  ② SPOT Curve : 이표채에 내재된 스트립 수익률 곡선

(2) Forward Curve(선도이자율 곡선)
  ① 선도이자율은 현재시점 n기 후부터 t기까지의 선도이자율을 의미
  ② 산 식

  $(1 + 2$기 현물이자율$)^2 = (1 + 1$기 현물이자율$) \times (1 + $선도이자율$)$

(3) 선도(Foward), 현물(Spot), 그리고 만기(Par, YTM) 수익률 곡선
  ① T기간의 현물이자율은 현물이자율과 선도이자율의 기하평균
  ② 만기이자율은 현물이자율의 가중평균

  ㉠ 이자율 상승 기간구조 : 선도이자율 > 현물이자율 > 만기이자율
  ㉡ 이자율 하락 기간구조 : 만기이자율 > 현물이자율 > 선도이자율

정답 ④

18

기간구조이론 ★★★

다음 중 기간구조이론에 대한 설명으로 올바르지 못한 것은?

① 불편기대이론에 따르면 장기채권의 수익률은 단기채권의 기하평균과 같기 때문에 미래 이자율이 어떻게 예측되더라도 항상 수평형으로 나타난다.
② 유동성프리미엄가설에 따르면 미래 수익률이 일정하더라도 유동성위험에 대한 대가로 인해 우상향곡선이 나타날 수 있다.
③ 편중기대이론은 만기가 길어질수록 처음에는 이자율이 상승하나 최고점에 도달한 후 하락하는 낙타형 수익률 곡선을 가장 잘 설명한다.
④ 시장분할이론에 의하면 시장의 경직성과 투자자들의 다양한 상황에 따라 본인들이 관심을 두고 있는 시장에만 투자하기 때문에 장기채와 단기채의 이자율은 관련이 없다.

♀ TIP 불편기대이론에 의하면 미래 단기이자율이 상승될 것이라 예상하면 우상향, 하락할 것이라 예상하면 우하향 수익률 곡선이 나타난다.

핵심포인트 해설 기간구조이론

(1) 불편기대이론
① 채권수익률은 투자자들이 미래 이자율에 대하여 정확한 동질적 기대에 따라 결정
② 장기채권수익률은 예상되는 단기채권수익률의 기하평균과 같음
③ 미래 단기이자율이 상승할 것이라 예상하면 수익률 곡선은 우상향, 하락할 것이라 예상하면 수익률 곡선은 우하향
④ 가정 : 모든 투자자는 위험중립형, 단기채와 장기채는 완전 대체관계, 미래이자율을 정확히 예상 가능

(2) 유동성프리미엄 이론 → 불편기대이론이 투자자의 성향을 반영하지 못한다는 한계점을 설명
① 투자자는 만기가 길어짐(장기채)에 따라 나타나는 위험에 대한 유동성프리미엄을 요구함
② 미래 이자율이 일정할 것으로 예상한다고 하더라도 수익률 곡선은 유동성프리미엄의 영향으로 우상향

(3) 편중기대이론
① 불편기대이론과 유동성프리미엄이론의 결합으로 수익률 곡선이 어느 시기의 기대선도이자율과 유동성프리미엄을 동시에 반영한다는 이론
② 이 가설에 의해 낙타형 모습의 수익률곡선이 잘 설명됨

(4) 시장분할이론 → 불편기대이론과 극단적 대조를 이룸
① 채권시장의 경직성으로 몇 개의 하위시장으로 세분화되어 있다는 가정
② 각 집단들의 제도적 또는 법률적 여건과 자금의 성격, 운용방식의 차이에 따라 장·단기채에 선호가 다름
③ 즉 금융기관들은 그들의 부채와 만기가 일치하는 자산에만 관심을 두기 때문에 시장은 서로 관련이 없음
④ 또한 각 시장의 수요와 공급에 의해 장·단기채의 이자율이 결정됨

정답 ①

19

> 수익률의 위험구조 ★★

다음 중 수익률 위험구조에 대한 설명으로 올바르지 못한 것은?

① 이자율 변동 위험, 구매력 위험, 재투자 위험은 분산투자를 통해 회피할 수 없는 위험이다.
② 중도상환 위험은 발행회사가 시장수익률 하락으로 기존에 발행한 채권의 중도상환을 요구할 때 투자자에게 발생하는 위험이다.
③ 지급불능 프리미엄이 3%, 무위험수익률이 5%, 위험 프리미엄이 2%일 때 약정수익률은 6%이다.
④ 수익률 스프레드는 지급불능 프리미엄에 위험 프리미엄을 더하여 계산한다.

♥ **TIP** 약정수익률(10%) = 지급불능 프리미엄(3%) + 무위험수익률(5%) + 위험 프리미엄(2%)

핵심포인트 해설 수익률의 위험구조

(1) 채권위험의 종류

체계적 위험 (분산 불가능 위험)	이자율 변동 위험	채권을 만기까지 보유할 투자자는 가격변동에 관심이 없지만, 중간에 매각할 투자자는 이자율 상승 시 가격 하락 위험(투자손실)이 발생 가능
	구매력 위험 (인플레이션 위험)	채권투자의 이익이 구매력 손실(물가 상승)을 보충하지 못할 위험
	재투자 위험	중도에 발생하는 현금을 채권수익률보다 낮은 이자율로 투자했을 때 발생하는 위험
비체계적 위험 (분산 가능 위험)	신용 위험 채무불이행 위험	채권에 명시된 원금·이자를 전부 또는 일부를 받지 못할 위험
	시장·유동성 위험	채권을 현재시장가격 또는 근접한 가격으로 얼마나 쉽게 매각할 수 있는지
	중도상환 위험	만기 이전에 시장수익률 하락으로 발행회사가 기존에 발행한 채권의 중도상환을 요구할 때 발생하는 위험
	환율 위험	환율시세의 변동에 영향을 받는 경우 나타나는 위험

※ 보통 콜옵션부채권에서 발생되는 위험

(2) 약정수익률과 실현수익률

① 약정수익률 : 약정된 이자 및 원금을 모두 회수할 수 있을 경우의 수익률
② 실현수익률 : 실제로 실현되리라고 예상되는 이자 및 원금상환액의 현재가치와 채권의 시장가격을 일치시키는 할인율
③ 채무불이행 위험이 적은 채권은 실현수익률의 확률분포가 약정수익률에 가깝고, 위험이 큰 채권은 기대수익률이 약정수익률보다 작아짐

(3) 수익률 스프레드

① 채권수익률(약정수익률) = 수익률 스프레드 + 무위험수익률
② 수익률 스프레드 = 약정수익률 − 무위험수익률
  = 지급불능 프리미엄(약정수익률 − 기대수익률) + 위험 프리미엄(기대수익률 − 무위험수익률)

정답 ③

투자목표의 설정 ★★

다음 중 채권투자전략에 대한 설명으로 올바르지 못한 것은?

① 시장의 효율성을 중시하는 전략은 대부분 금리를 예측하거나 시장 상황의 변화를 예상하지 않고 시장의 움직임을 따르거나 만기를 일치시키는 전략을 주로 사용한다.
② 채권교체전략, 수익률곡선전략, 현금흐름일치전략은 모두 수익성을 중시하는 투자전략이다.
③ 수익률곡선타기전략과 스프레드 운용전략은 적극적 투자전략으로서 시장이 비효율적이라는 가정하에 사용하는 전략이다.
④ 채권투자 시 유의사항은 경제환경의 변화, 포트폴리오의 투자목표의 변화, 투자목표의 적합성 문제이다.

> **⁺용어 알아두기**
> **면역전략** 투자한 채권의 듀레이션과 투자자의 투자 기간을 일치시킴으로써 투자 기간 중 금리변동에 관계없이 실현수익률과 목표수익률을 일치시키는 전략을 말한다.

◉ TIP 현금흐름일치전략은 소극적 투자전략으로서 안정성, 유동성을 추구한다.

핵심포인트 해설 투자목표의 설정

(1) 채권투자전략 목표설정
① 투자자금의 성격을 명확하게 설정
② 채권 포트폴리오의 유동성, 수익성, 리스크 허용도 등의 기준으로 설정

(2) 채권투자전략 구분

구 분	적극적 투자전략(수익성)	소극적 투자전략(안정성, 유동성 추구)
의 의	시장의 비효율성을 전제로 미래를 예측하여 고수익을 추구하는 전략	시장의 효율성을 바탕으로 예측을 하지 않는 전략
가 정	시장이 비효율적	시장이 효율적
종 류	채권교체전략, 금리예측전략, 수익률곡선타기전략	만기보유전략, 인덱스펀드면역전략, 현금흐름일치전략, 상황적면역전략
방 법	매매전략, 예측전략 등	Index, Buy & Hold전략

(3) 전략 수립 시 유의사항
① 경제환경의 변화
② 포트폴리오 투자목표의 변화
③ 투자목표의 적합성 문제

정답 ②

적극적 채권운용전략 ★★

다음 중 적극적 채권운용전략에 대한 설명으로 올바르지 못한 것은?

① 듀레이션은 길수록, 표면이율은 낮을수록 채권의 변동성이 증가하기 때문에 시장 수익률의 하락이 예상될 때 해당 채권들을 매수하는 것이 바람직하다.
② 잔존만기가 짧은 변동금리 채권을 매수하는 것이 시장수익률 상승예상 시 효과적인 전략이다.
③ 만기수익률이 낮고, 듀레이션이 짧은 고정금리부 채권을 매수하는 것이 수익률 하락예상 시 가장 효과적인 전략이다.
④ Yield Give-Up Swap은 경기 국면이 호황에서 불황으로 전환될 때 현재 보유채권의 만기수익률보다 더 낮은 수익률의 채권으로 교체하는 전략을 의미한다.

♥ TIP 듀레이션이 짧은 채권을 매수하는 것은 수익률 상승예상 시 효과적인 전략이다.

핵심포인트 해설 적극적 채권운용전략

(1) 수익률예측전략 → 반드시 수익률에 대한 지문은 가격으로 바꿔 생각할 것
 ① 듀레이션, 잔존만기, 만기는 길수록 변동성 증가, 짧을수록 변동성 감소
 ② 표면이자 수익률은 낮을수록 변동성 증가, 높을수록 변동성 감소
 ③ 변동금리 수익률 상승 시 상승분 반영, 고정금리는 수익률 하락 시 기존 금리 유지

수익률 하락 예상 시 (수익률 하락 시 가격상승, 변동성 확대전략으로 높은 가격상승)		잔존만기	장기채 매수
		표면이자	표면이율이 낮은 채권 매수
		만기수익률	만기수익률 낮은 채권 매수
		이자지급조건	고정금리부 채권 매수
		듀레이션	듀레이션이 긴 채권 매수
수익률 상승 예상 시 (수익률 상승 시 가격하락, 변동성 감소전략으로 낮은 가격하락)		잔존만기	단기채 매수
		표면이자	표면이율이 높은 채권 매수
		만기수익률	만기수익률 높은 채권 매수
		이자지급조건	변동금리부 채권 매수
		듀레이션	듀레이션이 짧은 채권 매수

(2) 채권 교체 전략 → 저평가 매수 고평가 매도전략
 ① 동종채권 간 : 대체가능한 동종채권 간에 일시적 시장의 불균형이 발생하면 차익거래를 통해 수익 실현
 ② 이종채권 간

Yield Give-Up Swap	호황 ⇨ 불황 Spread 확대	현재 보유 채권의 만기수익률보다 더 낮은 수익률의 채권으로 교체
Yield Pick-Up Swap	불황 ⇨ 호황 Spread 축소	현재 보유 채권의 만기수익률보다 더 높은 수익률의 채권으로 교체

정답 ③

22

적극적 채권운용전략 ★★

다음 중 채권운용전략에 대한 관련한 설명으로 올바르지 않은 것은?

① 스프레드 운용전략은 두 종목 간 스프레드가 시간이 경과함에 따라 다시 정상수준으로 되돌아오는 특성을 이용한 전략이다.
② 장기채권의 잔존기간이 줄어들 때 수익률 하락폭이 극단적으로 커지는 현상을 숄더효과라고 한다.
③ 롤링효과는 우상향의 기울기를 가지는 수익률곡선의 형태가 앞으로 변하지 않을 것이라는 전제조건이 필요하다.
④ Bullet형 채권운용전략은 장·단기채에 비해 중기채 수익률이 상대적으로 덜 오르거나 더 하락할 것으로 예상될 때 사용한다.

TIP 단기채권의 잔존기간이 줄어들 때 수익률 하락폭이 극단적으로 커지는 현상을 숄더효과라고 한다.

핵심포인트 해설 적극적 채권운용전략

(1) 스프레드(Spread) 운용전략
두 종목 간의 수익률 격차가 일시적으로 확대 또는 축소되었다가 다시 정상적인 수준으로 돌아오는 특성을 이용하여 교체매매를 행함으로써 투자효율을 높이는 전략

(2) 수익률곡선타기전략(Yield Curve Riding Strategy) → 우상향 그래프에서 일반적으로 사용

롤링효과 (Rolling Effect)	• 장기채권의 잔존기간이 짧아지면 그만큼 수익률이 하락하여 가격이 상승하는 효과 • 외부적 시장여건에 변화가 없음을 가정 • 금리 상승기에는 롤링효과가 역의 결과를 초래
숄더효과 (Shoulder Effect)	• 만기가 짧은 채권에서 잔존기간이 줄어들 때 수익률 하락폭이 극단적으로 커지는 효과 • 단기채에서 극단적인 수익률 하락폭을 수익률 곡선상의 숄더라고 함

(3) 수익률곡선전략 → 수익률과 가격의 반비례관계를 생각해서 적용

Barbell형 채권운용	• 단기채권과 장기채권만 보유하고 중기채권은 보유하지 않는 전략 • 장·단기채에 비해 중기채 수익률이 상대적으로 더 오르거나 덜 하락할 것으로 예상될 때 사용
Bullet형 채권운용	• 중기채 중심의 포트폴리오 구성 • 장·단기채에 비해 중기채 수익률이 상대적으로 덜 오르거나 더 하락할 것으로 예상될 때 사용

가격이 더 하락하거나 덜 상승할 것으로 예상될 때 사용

정답 ②

소극적 채권운용전략 ★★★

다음 중 소극적 투자전략에 대한 설명으로 올바르지 못한 것은?

① 소극적 투자전략은 미래 금리를 예측하지 않는다는 장점이 있는 반면 유동성이 낮다는 단점이 있다.
② 사다리형 만기전략은 채권별 보유량을 각 잔존기간마다 동일하게 유지하여 가격위험을 평준화시키는 전략이다.
③ 채권면역전략, 현금흐름일치전략, 만기보유전략 등은 소극적 채권운용 전략에 포함된다.
④ 사다리형 만기전략에서 전체 포트폴리오 금액이 10억이고, 투자기간이 5년이라면 잔존기간별로 2억씩 투자하면 된다.

TIP 소극적 투자전략은 미래의 금리를 예측하지 않고 만기까지 보유하거나, Index를 추종하는 전략으로 안정성과 유동성을 중시하는 전략이다.

핵심포인트 해설 소극적 채권운용전략

↳ 안정성, 유동성을 중시

(1) 만기보유전략
① 투자 시점에서 투자 수익을 확정하기 위해 채권을 만기까지 보유하는 전략
② 미래 금리예측이 필요 없음

(2) 사다리형 만기전략
① 채권별 보유량을 각 잔존기간마다 동일하게 유지하여 가격위험을 평준화시키고 수익성도 확보하는 전략
② 장단점

장 점	• 만기 도래 상환자금으로 장기채에 재투자하면 되므로 관리가 용이 • 평균 수익률이 상대적으로 높음 • 금리 예측 불필요 • 유동성 확보 용이
단 점	• 평균 수익률은 높으나, 적극적 채권운용에 비해서 수익이 낮음 • 투자시기와 채권수익률 동향에 집착하면 사다리형 채권투자의 장점을 상실

정답 ①

24

> 소극적 채권운용전략 ★★★

다음 중 소극적 채권운용전략에 대한 설명으로 올바르지 못한 것은?

① 전통적 면역전략은 시장수익률의 변동에 관계없이 최초에 설정한 수익률을 기간 말에 손실 없이 실현하는 전략이다.
② 순자산가치 면역전략은 자산과 부채의 듀레이션 갭을 최소화하여 순자산 가치의 변동성을 최소화하는 방법이다.
③ 금리 상승 시 기업의 자산가치가 부채가치보다 크다면 해당 기업가치는 증가할 것이다.
④ 채권시장 전체의 흐름을 그대로 따르는 포트폴리오를 구성하여 시장수익률을 달성하려는 전략을 채권인덱싱전략이라 한다.

♀ TIP 금리 상승 시 기업의 자산가치가 부채가치보다 크다면 해당 기업가치는 부채가치에 비해 더 크게 감소할 것이다.

핵심포인트 해설 소극적 채권운용전략

(1) 전통적 면역전략
① 의의 : 목표투자기간 중 시장수익률의 변동에 관계없이 최초에 설정한 수익률을 기간 말에 손실 없이 실현하는 전략
② 원리 : 채권 수익률의 상승이 채권가격의 하락을 시키는 정도와 이자수입의 재투자수입이 증가된 정도가 서로 역의 관계로 동일한 점을 이용한 전략
③ 면역방법 : 투자자의 목표 투자기간 = 채권의 듀레이션

(2) 자산 부채의 연계 면역전략(순자산가치 면역전략)
① 자산과 부채의 듀레이션 갭을 최소화하여 순자산 가치의 변동성을 최소화하는 방법
② 자산의 시장가치 가중 듀레이션과 부채의 시장가치 가중 듀레이션을 일치시키는 것
③ 이자율 변화에 따른 자본가치 변화

자산의 듀레이션 × 자산의 시장가치 자산가치 > 부채가치 부채의 듀레이션 × 부채의 시장가치	금리 상승	자산가치 하락폭 > 부채가치 하락폭 ⇨ 기업자본가치 감소
	금리 하락	자산가치 상승폭 > 부채가치 상승폭 ⇨ 기업자본가치 증가
자산가치 < 부채가치	금리 상승	자산가치 하락폭 < 부채가치 하락폭 ⇨ 기업자본가치 증가
	금리 하락	자산가치 상승폭 < 부채가치 상승폭 ⇨ 기업자본가치 감소

(3) 상황대응적 면역전략
상황에 따라 적극적 투자전략과 면역전략을 적절히 혼합하는 투자전략

(4) 채권인덱싱전략
채권시장 전체의 흐름을 그대로 따르는 포트폴리오를 구성하여 채권시장 전체의 수익률을 달성하려는 전략

정답 ③

출제예상문제

✓ 다시 봐야 할 문제(틀린 문제, 풀지 못한 문제, 헷갈리는 문제 등)는 문제 번호 하단의 네모박스(□)에 체크하여 반복학습 하시기 바랍니다.

01 중요도 ★★★
다음 중 채권의 특성에 대한 설명으로 올바르지 못한 것은?

① 채권투자는 안전성이 확보되어 있기 때문에, 채권에서 발행하는 수익성을 가장 중요시한다.
② 채권은 원금과 이자의 상환 기간이 정해져 있는 기한부증권이다.
③ 채권은 주식과는 달리 발행자는 수익의 발생 여부와 관계없이 이자를 지급하여야 한다.
④ 채권은 장기적으로 존속해야 하고 환금성이 부여되어야 하므로 유통시장의 존재가 필수적이다.

02 중요도 ★★
다음 중 ( ) 안에 들어갈 말로 가장 올바른 것은?

(가)은 투자자가 채권을 보유함으로써 얻을 수 있는 수익으로 이자소득과 자본소득으로 구분되며, (나)은 투자자가 돈이 필요할 때 화폐가치의 손실 없이 전환할 수 있는 정도를 의미하며 신뢰도가 (다)수록, 만기가 (라)일수록 커진다.

	가	나	다	라
①	수익성	유동성	낮을	장기
②	수익성	안전성	높을	장기
③	안전성	유동성	낮을	단기
④	수익성	유동성	높을	단기

03 중요도 ★★
다음 중 채권의 분류에 대한 설명으로 올바른 것은?

① 회사채의 대부분이 복리채로 발행되고 있다.
② 이자금액의 변동 유무에 따라 변동금리채권과 역변동금리채권으로 구분한다.
③ 역변동금리채권은 기준금리가 상승하면 현금흐름이 감소하도록 설계된 채권이다.
④ 변동금리채권은 금리하락 시에 고정금리채권에 비해 유리하다.

04 중요도 ★★★
다음 중 전환사채에 대한 설명으로 올바르지 못한 것은?

① 전환사채의 경우 권리행사로 전환되면 사채권의 지위는 소멸된다.
② 발행회사 측면에서는 고정부채가 자기자본이 되므로 재무구조 개선 효과가 있다.
③ 약세장일 경우 낮은 가격으로 전환권을 행사하여 주식의 시세차익을 올릴 수 있다.
④ 패리티는 (주가/전환가격)×100%로 계산된다.

05 중요도 ★★★
다음에서 설명하는 전환사채의 용어로 올바른 것은?

> 주식 측면에서 본 전환사채의 이론가치로서 전환사채에 투자할 경우 가장 중요한 지표이다.

① 전환비율 ② 괴리율
③ 패리티   ④ 전환가격

정답 및 해설

01 ① 채권은 발행시점에 이자가 확정되기 때문에 발행자의 원리금 지급능력인 안전성이 중요시된다.
02 ④ (수익성)은 투자자가 채권을 보유함으로써 얻을 수 있는 수익으로 이자소득과 자본소득으로 구분되며, (유동성)은 투자자가 돈이 필요할 때 화폐가치의 손실 없이 전환할 수 있는 정도를 의미하며 신뢰도가 (높을)수록, 만기가 (단기) 일수록 커진다.
03 ③ ① 회사채의 대부분이 이표채로 발행되고 있다.
② 이자금액의 변동 유무에 따라 변동금리채권과 고정금리채권으로 구분한다.
④ 변동금리채권은 금리하락 시에 고정금리채권에 비해 불리하다.
04 ③ 약세장일 경우 전환권을 행사하지 못하여 낮은 수익을 얻게 되는 단점이 있다.
05 ③ 전환사채에 투자할 때 가장 중요한 지표는 패리티이다. 패리티는 주식 측면에서 본 전환사채의 이론가치로서 현재의 주가가 전환가격을 몇 % 상회하고 있는가를 나타낸다.

06 중요도 ★★★

액면가 10,000원인 전환사채의 전환가격이 20,000원이고, 발행회사의 주가가 16,000원일 때, 다음 중 전환권을 행사하는 전환사채의 시장가격은 얼마인가?

① 13,000원 ② 11,000원
③ 9,000원   ④ 7,000원

07 중요도 ★★

다음 중 신주인수권부사채(BW)에 대한 설명으로 올바르지 않은 것은?

① 사채권에 신주를 인수할 수 있는 옵션이 부여된 채권이다.
② 투자자 입장에서는 신주인수권을 행사하면 낮은 이율의 사채만 남는 단점이 있다.
③ 채권의 발행이율은 '전환사채 < 신주인수권부사채 < 보통사채'의 순서이다.
④ 신주인수권부사채의 경우 전환사채처럼 신주인수권을 사채에서 분리할 수 있다.

08 중요도 ★★★

다음에서 설명하는 합성채권으로 올바른 것은?

> 사채가 가지고 있는 권리를 행사했을 때 자산과 부채가 동시에 감소하는 특징이 있는 채권

① 전환사채   ② 신주인수권부사채
③ 교환사채   ④ 옵션부사채

09 중요도 ★★★
다음 중 옵션부사채에 대한 설명으로 올바르지 못한 것은?

① 수의상환채권은 발행기업이 옵션의 권리를 가지고 있는 채권이다.
② 수의상환사채는 발행기업의 신용등급 상승 시 행사한다.
③ 수의상환청구채권의 가치는 '일반채권가치 – 풋옵션가치'로 나타난다.
④ 수의상환청구채권은 일반사채에 비해서 금리가 낮은 것이 일반적이다.

10 중요도 ★★★
다음 중 자산유동화증권(ABS)에 대한 설명으로 올바른 것은?

① Pass-Through 방식은 유동화 자산집합에서 발생된 현금흐름을 이용해 증권화한 후 상환순위가 다른 다단계 채권을 발행하는 방식을 말한다.
② ABS는 현금수취방식에 따라 Credit Tranching과 Prepayment Tranching으로 나뉜다.
③ Pay-Through 방식은 유동화 자산을 매입한 중개기관이 이를 집합화하여 신탁설정 후 신탁에 대해서 주식 형태로 발행되는 증권을 의미한다.
④ Pass-Through 방식은 자산의 매각으로 인해 금융위험을 투자자에게 전가한다.

정답 및 해설

06 ④ $\frac{16,000}{20,000} \times 10,000원 = 8,000원$이 패리티 가격이 되고 전환사채의 시장가격이 패리티 가격보다 높으면 전환권을 행사하지 않는다.

07 ④ 신주인수권부사채는 신주인수권을 분리하여 유통할 수 있으나, 전환사채는 분리가 불가능하다.

08 ③ 사채가 가지고 있는 교환권을 행사하는 경우 해당 기업이 소유한 다른 기업의 주식으로 교환되기 때문에 사채가 사라짐으로써 부채가 감소함과 동시에 해당 기업의 자산도 감소한다.

09 ③ 수의상환청구채권의 가치는 '일반채권가치 + 풋옵션가치'로 나타난다.

10 ④ ① Pass-Through 방식은 유동화 자산을 매입한 중개기관이 이를 집합화하여 신탁설정 후 신탁에 대해서 주식 형태로 발행되는 증권을 의미한다.
② ABS는 현금수취방식에 따라 Pass-Through와 Pay-Through 방식으로 나뉜다.
③ Pay-Through 방식은 유동화 자산집합에서 발생된 현금흐름을 이용해 증권화한 후 상환순위가 다른 다단계 채권을 발행하는 방식을 말한다.

11 중요도 ★★★
다음 중 채권발행방법에 대한 적절한 설명으로 모두 묶인 것은?

> ㉠ 사모발행방식은 보통 유동성이 매우 낮은 회사채를 발행할 때 주로 이용한다.
> ㉡ 무보증사채의 발행은 위험부담이 적은 위탁모집방법을 주로 이용한다.
> ㉢ 채권발행액을 미정으로 발행하는 방식은 직접발행 중 공모입찰발행 방식이다.
> ㉣ 회사채의 경우 매출발행과 공모입찰발행 중 선택하여 발행 가능하다.

① ㉠
② ㉠, ㉣
③ ㉡, ㉢
④ ㉠, ㉡, ㉣

12 중요도 ★★★
다음 중 유통시장에 대한 설명으로 올바르지 못한 것은?

① 채권시장은 주식시장과 마찬가지로 규격화되어 있고, 상대매매가 쉬우며, 안정화 제도를 갖춘 장내거래가 활성화되어 있다.
② 장외거래의 경우 결제방법은 익일결제를 원칙으로 하고 있다.
③ IDB는 딜러가 보유물량을 원활히 조절할 수 있도록 딜러의 호가 제시를 유도하여 채권 중개를 투명하게 수행하는 회사이다.
④ 장외거래는 장내거래에 비하여 규격화되어 있지 않기 때문에 거래시간이나 조건의 제한을 받지 않는다.

13 중요도 ★★★
다음 중 채권가격결정의 특성에 대한 설명으로 올바르지 못한 것은?

① 채권의 가격과 수익률은 서로 역의 관계에 있다.
② 채권의 가격과 수익률은 볼록한 형태를 가진다.
③ 이표율이 수익률보다 큰 경우 액면가보다 싸게 거래된다.
④ 시간이 지날수록 채권의 가격은 액면가에 수렴하게 된다.

14 중요도 ★★★
다음 중 채권수익률과 수익에 대한 설명으로 올바르지 못한 것은?

① 만기수익률은 채권의 내부수익률을 의미한다.
② 일 년에 두 번 이상 이자를 지급하는 채권의 수익률을 등가수익률로 연율화한다면 실효 연수익률보다 크게 나타난다.
③ 만기가 길어질수록, 이표율이 높을수록 만기수익률을 실현하기 위해서는 재투자 위험이 증가한다.
④ 무이표채의 경우 재투자 위험이 존재하지 않는다.

15 중요도 ★★★
다음 중 채권 가격 변동성에 대한 적절한 설명으로 모두 묶인 것은?

> ㉠ 만기가 일정하다면 채권수익률 상승으로 인한 가격 하락폭이 채권수익률 하락으로 인한 가격 상승폭보다 크다.
> ㉡ 만기가 길어질수록 채권의 변동성은 커진다.
> ㉢ 만기까지 기간이 많이 남아 있을수록 수익률 변동에 대한 가격 변동성은 커진다.
> ㉣ 이자지급주기가 길수록 수익률 변동에 대한 가격 변동성은 작아진다.

① ㉠, ㉡   ② ㉠, ㉣
③ ㉡, ㉢   ④ ㉢, ㉣

정답 및 해설

11 ① ㉡ 무보증사채의 발행은 주로 위험부담이 적은 총액인수방법을 이용한다.
　　㉢ 채권발행액을 미정으로 발행하는 방식은 직접발행 중 매출발행 방식이다.
　　㉣ 회사채의 경우 매출발행을 할 수 없다.
12 ① 채권의 유통시장은 90% 이상 장외거래를 통하여 이루어지고 있다.
13 ③ 이표율이 수익률보다 큰 경우 액면가보다 비싸게 거래된다.
14 ② 일 년에 두 번 이상 이자를 지급하는 채권의 수익률을 등가수익률로 연율화한다면 실효 연수익률보다 낮게 나타나는 문제점이 있다.
15 ③ ㉠ 만기가 일정하다면 채권수익률 하락으로 인한 가격 상승폭이 채권수익률 상승으로 인한 가격 하락폭보다 크다.
　　㉣ 이자지급주기가 길수록 수익률 변동에 대한 가격 변동성은 커진다.

16 중요도 ★★★
다음 중 듀레이션에 대한 설명으로 올바르지 못한 것은?

① 듀레이션은 일련의 현금흐름의 현재가치들의 무게 중심 역할을 하는 균형점이다.
② 듀레이션은 투하자본을 손실 없이 회수하는 데 걸리는 가중평균 잔존만기이다.
③ 액면금리가 낮을수록, 만기가 길수록 듀레이션은 길어진다.
④ 이표채의 듀레이션은 항상 만기보다 짧지만, 할인채의 듀레이션은 항상 만기보다 길다.

17 중요도 ★★
다음 중 (   ) 안에 들어갈 말로 가장 올바른 것은?

> 듀레이션은 만기가 길수록 (가)하고, 시장수익률과는 (나) 관계를 가지며, 표면이자율이 높을수록 (다)진다.

	가	나	다
①	증가	반비례	짧아
②	증가	비례	길어
③	감소	반비례	짧아
④	감소	비례	길어

18 중요도 ★★
듀레이션이 3년이고, 표면이율이 8%인 분기 지급 이표채의 채권수익률이 10%일 때 채권의 가격은 9,876원이다. 이때 수익률이 9%로 하락할 경우 채권가격의 변동폭으로 가장 올바른 것은?

① 269.35원
② -269.35원
③ 289.37원
④ -289.37원

19 중요도 ★★★
다음 중 볼록성의 특성에 대한 설명으로 올바르지 못한 것은?

① 동일한 듀레이션을 갖는 채권의 경우 볼록성이 큰 채권이 낮은 채권보다 항상 높은 가격을 갖는다.
② 수익률이 하락할수록 채권의 볼록성은 증가한다.
③ 만기와 수익률이 동일하다면 표면이자율이 낮을수록 볼록성은 커진다.
④ 채권의 볼록성은 듀레이션이 증가할수록 체감한다.

20 중요도 ★★★
다음에서 설명하는 수익률 곡선으로 가장 올바른 것은?

- 장기채권보다 단기채권을 선호하는 경우 형성되는 형태
- 유동성을 중요시할 경우 나타나는 정상적인 모양
- 금리 안정기에 주로 나타남

① 우상향형 곡선 ② 우하향형 곡선
③ 수평형 곡선 ④ 낙타형 곡선

정답 및 해설

16 ④ 이표채의 듀레이션은 중간 지급이자로 인해 항상 만기보다 짧으나, 할인채의 경우 중간에 현금흐름이 없고 만기에 원금을 상환하기 때문에 듀레이션과 만기가 동일하다.
17 ① 듀레이션은 만기가 길수록 (증가)하고, 시장수익률과는 (반비례) 관계를 가지며, 표면이자율이 높을수록 (짧아)진다.
18 ③ 수정 듀레이션 = 3/(1 + 0.1/4) = 2.93
∴ 채권가격 변화 = −MD × Δr × P = −2.93 × −0.01 × 9,876원 = 289.37원
19 ④ 채권의 볼록성은 듀레이션이 증가할수록 가속도로 증가한다.
20 ① 유동성을 중시하기 때문에 장기채의 이자를 단기채보다 높게 지급해야 하며, 금리 안정기에 자주 나타나는 형태는 우상향형 곡선이다.

21. 중요도 ★★
다음 중 수익률 곡선과 그 설명이 올바르게 연결된 것은?

① 우상향형 수익률 곡선 : 경기활황기의 금리수준이 상당히 높은 수준에 있을 때 나타나는 형태로 일반적으로 경기 상승의 정점 근방에서 볼 수 있다.

② 낙타형 수익률 곡선 : 우하향에서 우상향으로 변화하거나, 우상향에서 우하향으로 변화하는 과도기에 관측되는 형태이다.

③ 우하향형 수익률 곡선 : 수익률의 하락폭이 유동성프리미엄을 초과함으로써 단기채권보다 장기채권 투자수익이 높다고 예상되는 경우에 해당하는 형태이다.

④ 수평형 수익률 곡선 : 장기적으로 금리 하향안정이 기대되나, 갑작스런 통화긴축으로 채권시장이 일시적으로 위축될 경우에 나타난다.

22. 중요도 ★★★
다음 중 이자율 상승 기간구조에서 나타나는 수익률 곡선의 관계로 올바른 것은?

① 선도이자율 > 만기이자율 > 현물이자율
② 현물이자율 > 만기이자율 > 선도이자율
③ 만기이자율 > 선도이자율 > 현물이자율
④ 선도이자율 > 현물이자율 > 만기이자율

23. 중요도 ★★★
다음 중 주어진 정보를 이용하여 선도이자율을 계산한 값으로 올바른 것은?

- 표면이율 = 8%
- 1기간의 현물이자율(S_1) = 7%
- 2기간의 현물이자율(S_2) = 10%

① 12.04%
② 13.08%
③ 14.86%
④ 15.12%

24
중요도 ★★★

다음 중 기간구조이론과 그 설명이 올바르게 연결된 것은?

| 가. 불편기대이론 | 나. 유동성프리미엄이론 |
| 다. 편중기대이론 | 라. 시장분할이론 |

ㄱ. 모든 투자자들은 기본적으로 유동성을 선호하여 만기가 길수록 증가하는 위험에 대한 유동성 프리미엄을 요구한다.
ㄴ. 장기채권수익률은 그 기간 중에 성립될 것으로 예상하는 단기채권수익률의 기하평균과 같다.
ㄷ. 각 시장의 수요와 공급으로 인하여 단기채권의 수익률이 장기채권보다 높을 수도, 낮을 수도 있다.
ㄹ. 낙타형 모습의 수익률 곡선을 잘 설명할 수 있다.

① 가 - ㄱ, 나 - ㄷ, 다 - ㄹ, 라 - ㄴ
② 가 - ㄴ, 나 - ㄱ, 다 - ㄹ, 라 - ㄷ
③ 가 - ㄹ, 나 - ㄷ, 다 - ㄱ, 라 - ㄴ
④ 가 - ㄹ, 나 - ㄱ, 다 - ㄷ, 라 - ㄴ

정답 및 해설

21 ③ ① 우상향형 수익률 곡선 : 유동성을 중시하는 경우, 금리 안정기에 주로 나타나는 형태이다.
② 낙타형 수익률 곡선 : 장기적으로 금리 하향안정이 기대되나, 갑작스런 통화긴축으로 채권시장이 일시적으로 위축될 경우에 나타난다.
④ 수평형 수익률 곡선 : 우하향에서 우상향으로 변화하거나, 우상향에서 우하향으로 변화하는 과도기에 관측되는 형태이다.

22 ④ 이자율 상승 기간구조에서는 '선도이자율 > 현물이자율 > 만기이자율' 관계가 성립한다.

23 ② $(1 + 0.1)^2 = (1 + 0.07) \times (1 + f)$
∴ $f = \frac{1.1^2}{1.07} - 1 = 13.08\%$

24 ② ㄱ. 유동성프리미엄이론
ㄴ. 불편기대이론
ㄷ. 시장분할이론
ㄹ. 편중기대이론

25 중요도 ★★★
다음 중 채권에서 발생하는 위험 중 회피 불가능한 위험으로만 연결된 것은?

① 신용 위험, 이자율 변동 위험
② 유동성 위험, 시장 위험
③ 구매력 위험, 이자율 변동 위험
④ 신용 위험, 중도상환 위험

26 중요도 ★★
무위험수익률 10%, 기대수익률이 16%, 약정수익률 18%일 때, 다음 보기 중 가장 올바른 것은?

① 해당 채권의 지급불능 프리미엄은 6%이다.
② 약정수익률에서 무위험수익률을 차감한 값인 위험 프리미엄은 8%이다.
③ 약정수익률에서 기대수익률을 차감한 값인 수익률 스프레드는 2%이다.
④ 수익률 스프레드는 위험 프리미엄과 지급불능 프리미엄의 합으로 계산된다.

27 중요도 ★★★
다음 채권투자전략 중 나머지 셋과 성격이 다른 전략은?

① 채권교체전략
② 금리예측전략
③ 현금흐름일치전략
④ 수익률곡선전략

28 중요도 ★★★
다음 중 금리 변화 시 발생하는 채권 가격 변동에 영향을 주는 요인으로만 묶인 것은?

① 잔존기간, 표면이율, 만기수익률(유통수익률)
② 만기, 신용등급, 듀레이션
③ 잔존기간, 만기수익률(유통수익률), 무위험수익률
④ 듀레이션, 무위험수익률, 만기수익률(유통수익률)

29 중요도 ★★
다음 중 ( ) 안에 들어갈 말로 가장 올바른 것은?

> 시장수익률 상승 예상 시 (가) 매수, 듀레이션 (나), (다)을 매입하는 전략을 통해 초과수익을 얻을 수 있다.

	가	나	다
①	단기채	증 가	변동금리채권
②	장기채	감 소	고정금리채권
③	단기채	감 소	변동금리채권
④	장기채	증 가	고정금리채권

30 중요도 ★★★
다음과 같은 특성을 갖는 적극적 채권운용전략으로 가장 가까운 것은?

> - 우상향 기울기를 가지는 수익률 곡선일 때만 사용할 수 있는 전략
> - 만기가 긴 채권의 수익률 하락 시 발생하는 높은 변동성을 이용하는 전략

① 숄더효과
② 롤링효과
③ 구축효과
④ 스프레드효과

정답 및 해설

25 ③ 채권에서의 회피 불가능한 체계적 위험에는 구매력 위험과 이자율 변동 위험 등이, 회피 가능한 비체계적 위험에는 신용 위험, 중도상환 위험, 시장 위험, 유동성 위험 등이 있다.

26 ④ ① 지급불능 프리미엄은 '약정수익률(18%) − 기대수익률(16%)'로 2%이다. 위험 프리미엄은 '기대수익률(16%) − 무위험수익률(10%)'로 6%이다.
② 약정수익률에서 무위험수익률을 차감한 값인 수익률 스프레드는 8%이다.
③ 약정수익률에서 기대수익률을 차감한 값인 지급불능 프리미엄은 2%이다.

27 ③ 현금흐름일치전략만 소극적 투자전략이고 나머지는 적극적 투자전략이다.

28 ① 채권 가격에 영향을 주는 요인에는 잔존기간, 표면이율, 만기수익률(유통수익률), 이자지급조건 등이 있다.

29 ③ 시장수익률 상승 예상 시 (단기채) 매수, 듀레이션 (감소), (변동금리채권)을 매입하는 전략을 통해 초과수익을 얻을 수 있다.

30 ② 롤링효과는 만기가 긴 채권이 동일한 수익률 하락 시 만기가 짧은 채권보다 변동성이 크다는 점을 이용한 적극적 투자전략이다.

31 중요도 ★★★
다음 중 장기채권을 사는 경우 장기금리의 상승으로 평가 손실이 발생하거나 단기채권을 사는 경우 단기금리의 하락으로 재투자 수익률이 하락할 것으로 예상되는 경우 가장 유효한 채권운용 전략은?

① 숄더전략
② Barbell형 전략
③ 롤링전략
④ Bullet형 전략

32 중요도 ★★★
다음 중 소극적 채권운용전략에 대한 적절한 설명으로 모두 묶인 것은?

> 가. 채권시장이 효율적이라고 가정하는 경우 유효한 전략이다.
> 나. 채권면역전략에서 가장 중요한 지표는 듀레이션이다.
> 다. 만기보유전략, 사다리형만기전략, 채권면역전략 등이 있다.
> 라. 채권 인덱스를 구성하여 초과수익을 추구하는 전략이다.
> 마. 향후 금리를 효과적으로 예측하여 위험을 회피하는 전략이다.

① 가, 나, 다
② 가, 다, 라
③ 가, 다, 마
④ 나, 라, 마

33 중요도 ★★★
100억의 채권 포트폴리오를 운용 중인 펀드가 사다리형 만기전략을 구축하고자 한다. 채권의 잔존기간이 5년일 경우 매 3년 만기 채권의 투자금액으로 가까운 것은?

① 10억
② 20억
③ 30억
④ 40억

34 중요도 ★★★
다음 중 소극적 채권운용전략에 대한 설명으로 올바르지 못한 것은?

① 만기보유전략은 금리예측이 필요 없다는 장점이 있다.
② 사다리형 만기전략은 평균 수익률이 상대적으로 높다는 장점이 있다.
③ 전통적 면역전략은 우상향 수익률 곡선에서 채권수익률 상승은 채권가격의 하락을 초래하나 재투자 수익률을 상승시켜 하락을 상쇄시키는 전략이다.
④ 채권인덱싱전략은 채권시장 전체의 흐름을 그대로 따르는 포트폴리오를 구성하여 채권시장 전체의 수익률을 달성하려는 전략이다.

35 중요도 ★★★
다음에 주어진 정보를 이용하여 채권의 면역전략을 위한 기간으로 가장 가까운 것은?

- 액면가 : 10,000원
- 표면금리 : 8%
- 할인채
- 만기 : 3년
- 시장수익률 : 10%

① 2.73년 ② 2.77년
③ 3년   ④ 3.12년

36 중요도 ★★★
다음 중 인덱싱전략에 대한 설명으로 올바르지 못한 것은?

① 펀드매니저의 자의적 판단이 제한되는 장점이 있다.
② 미래 수익률에 대한 예측 없이 초과수익을 실현한다는 것이 가장 큰 장점이다.
③ 투자자의 부채구조를 고려한 유동성 및 위험 등의 관리에 활용하기에 부적합하다.
④ 펀드매니저는 좋은 투자기회가 있어도 이를 포기해야 한다.

정답 및 해설

31 ④ 장기채권을 사는 경우 장기금리의 상승으로 평가 손실이 발생하거나 단기채권을 사는 경우 단기금리의 하락으로 재투자 수익률이 하락할 것으로 예상되는 경우 중기채권을 매입하는 Bullet형 전략이 가장 유효한 전략이다.
32 ① 소극적 채권운용전략은 금리 예측을 하지 않으며, 인덱스를 구성하여 시장수익률을 추구하는 전략이다.
33 ② 매 잔존기간별 투자자금을 일정하게 유지하는 사다리형 만기전략이므로 $\frac{100억}{5년}$ = 20억으로 매 기간 투자자금을 분배한다.
34 ③ 전통적 면역전략은 수평의 수익률 곡선에서 채권수익률 상승은 채권가격의 하락을 초래하나 재투자 수익률을 상승시켜 하락을 상쇄시키는 전략이다.
35 ③ 할인채권의 경우 만기와 듀레이션이 일치하기 때문에 이론상 만기까지 보유하면 면역이 가능해진다.
36 ② 인덱싱전략은 소극적 채권운용전략으로 미래에 대한 예측은 하지 않으나, 초과수익을 실현하지 못한다.

제 7 장 파생상품투자운용 및 투자전략

학습전략

파생상품투자운용 및 투자전략은 제3과목 전체 50문제 중 **총 6문제**가 출제된다.

파생상품투자운용 및 투자전략의 경우 파생상품이라고 표현되어 있지만 파생상품 중 선물과 옵션에 대해서만 다루고 있다. 수치적인 부분도 다루고 있지만 그 부분이 핵심은 아니다. 선물에서는 가치평가모형인 보유비용모형, 헤지 및 차익거래 등을, 옵션에서는 콜옵션과 풋옵션의 가치분해(본질가치, 시간가치), 합성전략, 풋-콜 패리티, 민감도 지표 등에 대해서 중점적으로 학습하도록 한다.

출제비중

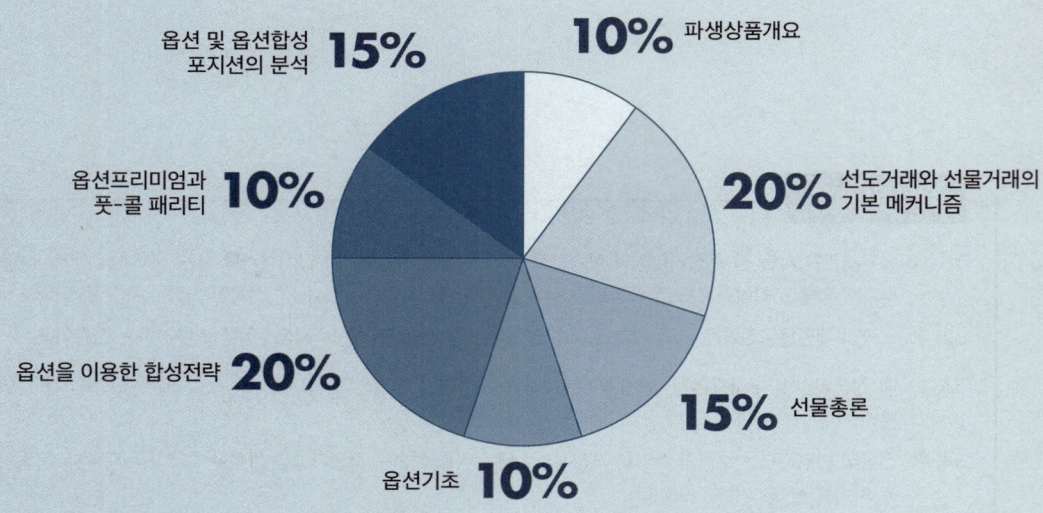

- 옵션 및 옵션합성 포지션의 분석 15%
- 파생상품개요 10%
- 선도거래와 선물거래의 기본 메커니즘 20%
- 선물총론 15%
- 옵션기초 10%
- 옵션을 이용한 합성전략 20%
- 옵션프리미엄과 풋-콜 패리티 10%

합격의 기준, 해커스금융
fn.Hackers.com

출제포인트

구분	출제포인트		중요도
파생상품개요 (10%)	01	파생상품	★★★
선도거래와 선물거래의 기본 메커니즘 (20%)	02 03 04	선도거래 선물거래 선도거래와 선물거래	★★★ ★★★ ★★★
선물총론 (15%)	05 06 07	선물거래의 경제적 기능 선물의 균형가격 거래전략	★★ ★★ ★★★
옵션기초 (10%)	08 09	옵션의 정의 옵션의 발행과 매수	★★ ★★
옵션을 이용한 합성전략 (20%)	10 11	옵션합성전략 옵션투자전략	★★ ★★★
옵션프리미엄과 풋-콜 패리티 (10%)	12 13 14	미국식 옵션과 유럽식 옵션 풋-콜 패리티(put-call parity) 옵션을 이용한 차익거래	★★ ★★ ★★
옵션 및 옵션합성 포지션의 분석 (15%)	15 16 17 18 19	옵션가격결정 모형 델타 감마 쎄타 베가와 로우	★★★ ★★★ ★★ ★★ ★★★

파생상품 ★★★

다음 중 파생상품에 대한 설명으로 적절하지 않은 것은?

① 장내파생상품의 가장 큰 장점은 유동성 확보와 반대매매가 쉽다는 점이다.
② 장외거래는 거래소가 없기 때문에 거래 성사 또는 반대매매, 유동성 확보에 어려움이 있을 수 있다.
③ 스프레드 거래란 자산의 가격차이를 이용하여 상대적으로 낮은 가격의 상품을 매수하고 높은 가격의 상품을 매도하여 수익을 얻는 무위험 거래이다.
④ 파생상품을 이용해 현물의 포지션과 반대의 포지션을 취하여 위험을 제거하는 전략을 헤지라고 한다.

> **⁺용어 알아두기**
> **거래소** 파생시장의 거래소의 주요 기능은 상품을 표준화시키는 역할과 증거금을 통한 계약이행의 강제성 및 유동성 제공에 있다.

♀ TIP 스프레드 거래란 선물시장의 비정상적 가격차이가 발생했을 때 선물의 가격차를 이용한 투자전략으로 위험이 내포되어 있다.

핵심포인트 해설 파생상품

(1) 정의 : 기초자산으로부터 파생된 자산
(2) 종류와 거래기법에 따른 구분 : 선물, 옵션, 스왑, 선도거래로 구분
(3) 거래소 여부에 따른 구분

구 분	장내거래	장외거래
의 의	• 거래소에 상장되어 거래되는 파생상품	• 거래소 이외의 장소에서 거래당사자들 간의 계약을 통해 거래가 일어나는 파생상품
특 징	• 규칙과 규제의 대상 • 계약의 크기나 거래방법이 표준화 또는 규격화됨 • 유동성 확보와 반대매매가 쉬움 • 계약 이행 가능성이 높음	• 거래성사, 반대매매, 유동성 확보의 어려움 • 상품설계의 유연성, 즉 맞춤형 거래가 가능함 • 계약 불이행 가능성이 높음
종 류	• 선물, 옵션	• 선도, 스왑, 일부 옵션

(4) 투자전략

투기적거래	매수 또는 매도포지션만을 취해 고수익-고위험을 추구하는 투자전략
헤지거래	기존의 포지션을 유지한 채 선물시장에서 그 반대의 포지션을 취함으로써 위험을 제거하는 투자전략
차익거래	현물시장과 선물시장 간의 가격차를 이용한 투자전략으로 기본적으로 무위험 거래를 의미함
스프레드거래	선물시장의 비정상적인 가격차이가 발생했을 때 가격차를 이용한 투자전략으로 위험을 내포함

→ 저평가 매수, 고평가 매도를 통한 이익 또는 위험을 회피하는 전략

정답 ③

선도거래 ★★★

다음 중 선도거래에 대한 설명으로 적절하지 않은 것은?

① 선도거래는 가격을 미리 정함으로써 위험회피효과가 있으나 거래상대방의 계약불이행위험이 존재할 수 있다.
② 만기시점에 계약의 원금 교환 없이 계약시점 환율과 만기시점 현물환율 간의 차이만을 지정통화로 결제하는 것을 차액결제선도계약이라 한다.
③ 3개월 전 100만달러를 받기로 계약한 수출업자는 계약 당시 환율이 1,000원/달러이고 현시점 환율이 1,100원/달러라면 달러 당 100원의 이익을 취하게 된다.
④ 선도거래 시 매수인과 매도인 모두 거래 금액에 따로 증거금이 필요하다.

TIP 증거금은 장내 거래인 선물거래 시 매수인과 매도인 쌍방에게 필요하다.

핵심포인트 해설 선도거래

(1) 선도거래의 의의와 특징
① 의의 : 현재시점에 당사자 간에 거래사항을 결정하고 만기시점에 이행하는 거래 → 실물인수도가 발생
② 특징
  ㉠ 가격을 미리 정해 놓음으로써 위험회피효과를 거둘 수 있음
  ㉡ 가격변동으로 인한 기업의 파산위험을 줄여줌
  ㉢ 사후적으로 매수자와 매도자의 손익은 항상 0이 되는 제로섬 게임(expost zero sum game)
  ㉣ 거래 상대방의 계약불이행위험이 존재

(2) 선도거래의 종류
① 선물환거래 : 고객과 은행의 환위험관리 수단으로 주로 이용
② 차액결제선도계약(NDF)
  ㉠ NDF는 일반선물환거래와 달리 만기에 계약원금의 교환 없이 계약시점 환율과 만기시점 현물환율(지정환율) 간의 차이만을 지정통화로 결제
  ㉡ 단순히 차액만을 결제하므로 결제위험이 적음

(3) 선도거래의 손익(만기가격 상승 시 매수자 이익, 만기가격 하락 시 매도자 이익)

매도자 : $F_{t,T} - S_T$, 매수자 : $S_T - F_{t,T}$
($F_{t,T}$ = 현시점(t)에서 미리 정한 거래가격, S_T = 만기시점(T)의 실제가격)

정답 ④

선물거래 ★★★

다음 중 선물거래에 대한 설명으로 적절한 것은?

① 신용위험을 방지하기 위한 대표적인 장치인 일일정산제도는 포지션을 청산하지 않고 다음 날로 넘길 경우 당일 선물종가로 포지션을 청산하여 평가손익을 결정하는 제도이다.
② 추가증거금이란 증거금 수준이 유지증거금 이하로 떨어질 경우 다시 유지증거금 수준까지 납입하는 것을 의미한다.
③ 미결제약정은 일정시점을 기준으로 반대매매를 하지 않고 대기 중인 계약을 의미하며 선물계약에서는 일일정산의 대상이 되는 계약수를 알 수 있게 해준다.
④ 초기 증거금이 1,000만원인 경우 거래를 유지하기 위한 증거금이 750만원일 때 해당 증거금 계좌의 증거금이 600만원이라면 150만원의 추가증거금을 납입해야만 거래가 계속될 수 있다.

TIP ① 일일정산으로 인해 평가손익은 없고 실현손익만 존재한다.
② 추가증거금이란 증거금 수준이 유지증거금 이하로 떨어질 경우 다시 초기증거금 수준까지 납입하는 것을 의미한다.
④ 추가증거금은 유지증거금 수준이 아닌 초기증거금 수준으로 납부해야 하기 때문에 400만원을 납부해야 한다.

핵심포인트 해설 선물거래

(1) 의 의
　기본적으로 만기시점을 정해놓고 만기시점에서 기초자산을 미리 정한 가격에 매도 혹은 매수하기로 하는 거래를 의미

(2) 신용위험 방지 장치
　① 일일정산제도 : 매수나 매도포지션을 취한 후 반대매매를 하지 않고 다음 날로 넘길 경우 당일 선물종가로 정산을 하는 제도(평가손익은 없고 실현손익만 존재함)
　② 증거금제도(매수자, 매도자 모두 납부해야 함)

초기증거금	거래를 개시하기 위해서 필요한 최소한의 증거금
유지증거금	거래를 유지하기 위해서 필요한 증거금
추가증거금	포지션 청산으로 증거금 수준이 유지증거금 이하로 낮아질 경우 초기증거금 수준까지 납입해야 하는 증거금 → 유지증거금이 아님
마진콜	증거금 수준이 유지증거금 이하로 내려갔을 때 추가증거금 납입을 요구

(3) 거래량 : 매수자·매도자가 연결될 때마다 하나씩 증가(주로 누적거래량 개념을 사용)

(4) 미결제약정 : 일정시점을 기준으로 반대매매를 하지 않고 대기 중인 계약

(5) 실물인수도방식과 현금결제방식
　① 실물인수도방식 : 만기시점에 실제가격으로 실물을 인수하는 방식
　② 현금결제방식 : 포지션에서 나타나는 손익만을 결제하는 방식

정답 ③

04 선도거래와 선물거래 ★★★

다음 중 선도거래와 선물거래에 대한 설명으로 적절하지 않은 것은?

① 선도거래는 거래소 이외의 장소에서 주로 거래를 하기 때문에 계약 불이행 가능성이 선물거래에 비해서 상대적으로 높다.
② 선도거래는 가격과 거래에 대한 제한이 없으나 선물거래는 가격과 거래를 제한한다.
③ 선도거래는 표준화되어 있지 않기 때문에 다양한 종류의 상품을 개인별로 맞춰줄 수 있다는 장점이 있다.
④ 선도거래는 당사자들 간의 직접계약이기 때문에 유동성이 선물거래에 비해 상대적으로 높다.

♀ TIP 선도거래는 당사자들 간의 직접계약이기 때문에 유동성이 선물거래에 비해 상대적으로 낮다.

핵심포인트 해설 | 선도거래와 선물거래

→ 선도거래와 선물거래의 가장 큰 차이점은 거래소로 인한 차이와 표준화 여부임

구 분	선도거래	선물거래
거래장소	장외거래 중심	거래소 내 거래 (증거금제도와 일일정산제도)
가격과 거래제한	제한 없음	가격과 거래를 제한함
거래의 표준화	비표준화(맞춤거래 가능)	표준화(상품 대부분의 조건이 규격화되어 있음을 의미)
유동성	직접계약이므로 유동성 낮음	간접계약이므로 유동성 높음
상품의 인도·인수	만기일에 인도·인수됨	만기일 이전에 반대매매됨
결제시점	만기일에 결제됨	일일정산됨
참여거래자	한정된 거래자(개인별 거래 중심)	다수의 거래자

정답 ④

선물거래의 경제적 기능 ★★

다음 중 선물거래의 경제적 기능에 대한 설명으로 적절하지 않은 것은?

① 선물거래는 미래 자산에 대한 가격정보를 제공하며, 거래비용의 절감, 부외거래 등의 경제적 기능을 제공한다.
② 선물가격이 현물가격보다 높거나, 만기가 먼 원월물의 가격이 만기가 가까운 근월물의 가격보다 높은 경우를 콘탱고라고 한다.
③ 선물거래는 선물시장과 현물시장의 가격 불균형이 발생했을 때 저평가 자산을 매수, 고평가 자산을 매도하여 균형가격을 찾아 양 시장을 보다 효율적으로 만든다.
④ 현재 보유하고 있는 자산에 발생할 위험을 회피하기 위해 선물을 매도하는 경우를 매수헤지라고 한다.

TIP 현재 보유하고 있는 자산의 위험을 회피하기 위해 선물을 매수하는 행위를 매수헤지라고 한다.

핵심포인트 해설 선물거래의 경제적 기능

(1) 가격발견 기능
  선물거래는 경제주체들의 미래 자산가격에 대한 예상이 반영되어 가격이 결정되기 때문에 미래자산에 대한 귀중한 정보를 제공함

(2) 콘탱고와 백워데이션 → 선물가격이 현물가격보다 높은 이유는 보유비용 때문임
  ① 콘탱고(정상시장) : 선물가격이 현물가격보다 높거나, 만기가 먼 원월물의 가격이 만기가 가까운 근월물의 가격보다 높은 경우
  ② 백워데이션(역조시장) : 현물가격이 선물가격보다 높거나, 만기가 가까운 근원물의 가격이 만기가 먼 원월물의 가격보다 높은 경우

(3) 위험전가
  ① 매도헤지 : 선물 매도계약을 통해 위험을 헤지하는 경우
  ② 매수헤지 : 선물 매수계약을 통해 위험을 헤지하는 경우

(4) 효율성 증대기능 → 시장의 가격불균형이 없는 상태를 의미
  시장에서 가격 불균형이 발생할 경우 고평가 매도, 저평가 매수를 통해 불균형을 즉시 해소함
  ⇨ 따라서 현물시장만 있는 경우보다 선물시장이 있는 경우 양 시장을 보다 효율적으로 만듦

(5) 거래비용 절약

(6) 부외거래

정답 ④

 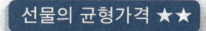

이자율이 연 5.0%, KOSPI200 주가지수가 220.0, 배당률이 2.0%라고 할 때 만기가 6개월 남아있는 KOSPI200 선물가격으로 적절한 것은? (단, 1년은 360일, 6개월은 180일로 가정함)

① 223.30
② 225.25
③ 226.75
④ 230.00

TIP $220.0p \times \{1 + (0.05 - 0.02) \times \frac{180}{360}\} = 223.30$

핵심포인트 해설   선물의 균형가격

(1) 선물가격
  ① 상품선물 = 현물가격 + 순보유비용
  ② 금융선물 = 현물가격 + {현물가격 × (이자율 − 배당률) × $\frac{t}{365}$}

(2) 이론선물가격모형

$$F = S \times [1 + (r - d) \times \frac{t}{365}]$$

F : 선물가격, S : 현물가격, r : 이자율, d : 배당률, t : 잔존기간(잔여만기)

(3) 차익거래
  ① 매수차익거래 : 현물 저평가 + 선물 고평가 ⇨ 저평가된 현물 매수, 고평가된 선물 매도
  ② 매도차익거래 : 현물 고평가 + 선물 저평가 ⇨ 고평가된 현물 매도, 저평가된 선물 매수

(4) 중요점
  ① 콘탱고(선물 > 현물)를 정상, 백워데이션(현물 > 선물)을 비정상이라고 하는 가장 큰 이유는 현물에 보유비용을 더하면 선물이 현물보다 비싸지기 때문
  ② 금융선물은 상품선물과는 다르게 보유 비용만 존재하는 것이 아니라 배당으로 인한 이익도 존재할 수 있기 때문에 배당률을 차감해야 함

정답 ①

07

거래전략 ★★★

다음 중 거래전략에 대한 설명으로 적절하지 않은 것은? (거래승수 : 25만원)

① 현물시장에서 자산가격의 상승이 예상되는 경우 저가매수 후 고가매도 전략을 사용한다.
② 선물시장에서는 자산가격이 상승 예상 시 저가매수 후 고가매도 전략을, 하락 예상 시 고가매도 후 저가매수 전략을 통해 이익을 얻을 수 있다.
③ 선물가격이 100pt, 베타는 2이고 선물계약수가 20계약이라면 헤지 가능한 최대 현물금액은 2.5억원이다.
④ 주식포트폴리오 10억, 베타는 3이고 선물가격이 100pt라면 헤지거래를 위해 필요한 선물거래량은 50계약이다.

> **+ 용어 알아두기**
> **변동성 지표** 주식은 베타, 채권은 듀레이션, 옵션은 델타를 이용한다.

📍 **TIP** 3 × 10억 ÷ (100 × 25만원) = 120계약

핵심포인트 해설 거래전략 (1)

(1) 투기거래
　① 구 분
　　㉠ 현물시장 : 가격의 상승이 예상될 경우 저가매수 후 고가매도 전략을 주로 사용
　　㉡ 선물시장 : 가격의 상승(하락)이 예상될 경우 저가매수(고가매도) 후 고가매도(저가매수) 전략 사용 가능
　② 방향성 베팅 : 자산가격변동의 방향을 예측하고 이를 토대로 한 포지션을 시장에서 취하여 이익을 실현하고자 하는 전략

(2) 헤 징
　① 의 의 (스프레드(현물과 선물의 가격차이)와 혼동주의)
　　현재 보유한 또는 향후 보유할 현물포지션과 반대로 선물포지션을 취함으로써 가치하락 위험을 회피하는 거래
　② 베이시스 : 현물가격과 선물가격의 차이를 의미
　　㉠ 제로베이시스 : 보유현물과 선물포지션을 만기시점에 가서 청산하는 경우
　　㉡ 랜덤베이시스 : 보유현물과 선물포지션을 만기시점 이전에 청산하는 경우
　③ 헤지비율 : 현물포지션의 크기에 대한 선물포지션 크기의 비율

$$N = h \times \frac{S}{F}$$

N = 헤지할 선물계약수, h = 헤지비율(또는 각 자산의 변동성 지표),
S = 헤지대상금액(현물보유금액), F = 선물가격 × 선물단가

정답 ④

거래전략 ★★★

선물 거래전략에 대한 설명으로 적절하지 않은 것은?

① 시장에서 주가지수가 100pt, 이론선물가격이 103pt, 실제시장선물가격이 105pt라면 선물매도, 현물매수를 통한 매수차익거래 기회가 발생한다.
② 만기 또는 종목이 서로 다른 두 개의 선물계약을 대상으로 한쪽 계약은 매수함과 동시에 다른 한쪽 계약은 매도하는 전략을 스프레드거래라고 한다.
③ 강세스프레드의 경우 강세장에서 근월물이 원월물보다 많이 상승하고, 약세장에서 근월물이 원월물보다 많이 하락할 것으로 예측될 경우 구축하는 포지션이다.
④ 약세스프레드의 경우 스프레드 확대 예상 시 원월물 매수, 근월물 매도를 취하여 구축하는 포지션이다.

♥ TIP 강세스프레드의 경우 강세장에서 근월물이 원월물보다 많이 상승하고, 약세장에서 근월물이 원월물보다 적게 하락할 것으로 예측될 경우 구축하는 포지션이다.

핵심포인트 해설 거래전략 (2)

(1) 차익거래
① 정의 : 현물지수와 선물가격의 차이가 이론적인 수준을 벗어날 경우 현물지수와 선물가격의 차이만큼을 이익으로 취하는 거래를 의미
② 유형

(현물 + 보유비용(이자))

구 분	매수차익거래	매도차익거래
상 황	시장선물가격 고평가 (이론선물가격 < 실제선물가격)	시장선물가격 저평가 (이론선물가격 > 실제선물가격)
전 략	현물매수 + 선물매도 + (차입)	현물매도 + 선물매수 + (대출)

(2) 스프레드거래
① 정의 : 만기 또는 종목이 서로 다른 두 개의 선물계약을 대상으로 한쪽 계약은 매수함과 동시에 다른 쪽은 매도하는 전략
② 종류
  ㉠ 시간 스프레드(Calendar Spread)
   • 의의 : 서로 만기가 다른 두 선물계약에 대해 각각 매수와 매도포지션을 동시에 취하는 전략(상품 내 스프레드)
   • 종류 → 강세스프레드는 근월물이, 약세스프레드는 원월물이 우월하다고 생각함

구 분	강세스프레드	약세스프레드
스프레드 예측	• 스프레드 축소 예상	• 스프레드 확대 예상
가격 예측	• 강세장 : 근월물이 원월물보다 많이 상승 • 약세장 : 근월물이 원월물보다 적게 하락	• 강세장 : 원월물이 근월물보다 많이 상승 • 약세장 : 원월물이 근월물보다 적게 하락
전 략	• 근월물 매수, 원월물 매도	• 원월물 매수, 근월물 매도

  ㉡ 상품 간 스프레드(Inter-Commodity Spread)
   기초자산이 서로 다른데도 두 자산가격이 서로 밀접하게 연관되어 움직이는 경우 스프레드거래가 가능

정답 ③

옵션의 정의 ★★

다음 중 옵션에 대한 설명으로 적절하지 않은 것은?

① 콜옵션의 경우 기초자산의 가격이 상승하면 옵션의 내재가치는 상승하고, 풋옵션의 경우 기초자산의 가격이 상승하면 옵션의 내재가치는 하락한다.
② 콜옵션의 경우 행사가격으로 기초자산을 매수할 수 있는 권리가 부여된 옵션으로서 기초자산의 가격이 행사가격보다 높을 때만 권리를 행사한다.
③ 일반적으로 콜옵션 매수자와 풋옵션 매수자는 만기시점의 기초자산의 가격에 따라 추가적인 손실을 입게 될 가능성과 이익을 얻게 될 가능성이 있다.
④ 풋옵션의 경우 행사가격이 기초자산의 가격보다 크다면 내재가치는 행사가격 − 기초자산가격이 된다.

♥ **TIP** 옵션 매수자는 이익만 발생하며 추가적인 손해는 발생하지 않는 것이 일반적이다.

핵심포인트 해설 옵션의 정의

(1) 정의
옵션은 만기시점의 수익구조가 행사가격에 대해 비대칭적 구조를 가지며 다음과 같은 사항에 의해 결정됨
① 기초자산(자산)
② 만기(미래 일정시점)
③ 행사가격(미리 정한 가격)
④ 콜옵션(매수권)·풋옵션(매도권)
⑤ 권리 사용시점이 만기시점에만 한 번(유럽식)/아무 때나 한 번(미국식)

(2) 콜옵션 → 저가매수권
① 콜옵션의 본질(내재)가치 → 본질가치와 옵션의 가치(프리미엄)는 다름

$$Call = Max[0, S_T - X]$$
(S_T = 만기시점의 기초자산가격, X = 행사가격)

② 만기시점의 기초자산가격과 행사가격의 관계
  ㉠ $S_T > X$ ⇨ 권리행사 ⇨ 손익 = $S_T - X$
  ㉡ $S_T < X$ ⇨ 권리포기 ⇨ 손익 = 0

(3) 풋옵션 → 고가매도권
① 풋옵션의 본질(내재)가치

$$Put = Max[0, X - S_T]$$
(S_T = 만기시점의 기초자산가격, X = 행사가격)

② 만기시점의 기초자산가격과 행사가격의 관계
  ㉠ $S_T < X$ ⇨ 권리행사 ⇨ 손익 = $X - S_T$
  ㉡ $S_T > X$ ⇨ 권리포기 ⇨ 손익 = 0

정답 ③

10 옵션의 발행과 매수 ★★

다음 중 옵션에 대한 설명으로 적절하지 않은 것은?

① 콜옵션 매수자의 경우 만기시점의 기초자산이 100이고 행사가격이 90일 때 옵션의 프리미엄이 15라면 콜옵션의 시간가치는 5이다.
② 콜옵션의 시간가치는 항상 양의 값을 갖기 때문에 행사가격이 기초자산 가격보다 큰 경우에도 옵션의 프리미엄은 언제나 양의 값이다.
③ 행사가격이 기초자산의 가격보다 큰 경우 콜옵션은 내가격 상태이고 풋옵션은 외가격 상태가 된다.
④ 콜옵션이 외가격 상태일 경우 옵션의 시간가치가 6이라면 콜옵션의 프리미엄은 6이 된다.

♀ TIP 행사가격이 기초자산의 가격보다 큰 경우 콜옵션은 외가격 상태이고 풋옵션은 내가격 상태가 된다.

핵심포인트 해설 옵션의 발행과 매수

(1) 옵션가격의 결정요인

> 옵션가격(프리미엄) = 내재가치 + 시간가치

① 내재가치(본질가치) : 옵션을 행사함으로 얻을 수 있는 가치
② 시간가치 : 기초자산가격 변화로 옵션가격이 향후 보다 유리하게 진행될 가능성에 대한 기대치
③ 내재가치는 권리 포기 시 0이 될 수 있으며 이때 옵션의 프리미엄은 시간가치와 동일
④ 콜옵션의 시간가치는 항상 양의 값이나, 풋옵션의 시간가치는 음수가 될 수도 있음

(2) 행사가격과 시장가격과의 관계 → 내가격은 내재가치가 양인 경우, 외가격은 내재가치가 음인 경우로 암기

시장상황	콜옵션(Call)	풋옵션(Put)
기초자산가격 > 행사가격	내가격 (In-The-Money : ITM)	외가격 (Out-The-Money : OTM)
기초자산가격 = 행사가격	등가격 (At-The-Money : ATM)	등가격 (At-The-Money : ATM)
기초자산가격 < 행사가격	외가격 (Out-The-Money : OTM)	내가격 (In-The-Money : ITM)

정답 ③

11

옵션합성전략 ★★

다음 중 옵션의 합성전략에 대한 설명으로 적절하지 않은 것은?

① 수직 스프레드는 행사가격이 서로 다른 두 개 이상의 옵션을 이용하는 전략으로, 대표적인 전략으로 불스프레드와 베어스프레드가 있다.
② 콜 불스프레드는 기초자산의 가격이 상승했을 때 이익을 얻으나, 풋 불스프레드는 기초자산의 가격이 하락했을 때 이익을 얻는다.
③ 콜 불스프레드는 낮은 행사가격의 콜옵션을 매수하고 높은 행사가격의 콜옵션을 매도하여 구축하며 프리미엄은 지급한다.
④ 풋 불스프레드는 낮은 행사가격의 풋옵션을 매수하고 높은 행가가격의 풋옵션을 매도하여 구축하며 프리미엄은 수취한다.

♥ TIP 불스프레드는 콜·풋과 무관하게 기초자산이 상승했을 때 이익을 얻는다.

핵심포인트 해설 옵션스프레드와 불스프레드

(1) 옵션스프레드의 종류 → 만기와 행사가격의 차이로 구분

수평스프레드	만기가 서로 다른 두 개의 옵션에 대해 매수 및 매도가 동시에 취해지는 경우
수직스프레드	행사가격이 서로 다른 두 개 이상의 옵션에 대해 매수 및 매도를 동시에 취하는 경우
대각스프레드	만기와 행사가격이 다른 두 개 이상의 옵션을 가지고 스프레드 포지션을 구축한 경우

(2) 불스프레드 전략
① 의의 : 대표적 수직 스프레드로 콜옵션과 풋옵션을 이용하여 구축
② 특징
  ㉠ 제한된 손실과 이익
  ㉡ 기초자산가격 상승 시 이익
  ㉢ 시간가치 감소로부터 상당 부분 자유로움
③ 종류

구 분	콜 불스프레드 (콜옵션만 이용)	풋 불스프레드 (풋옵션만 이용)
포지션	낮은 행사가격 콜옵션 매수(c_1) + 높은 행사가격 콜옵션 매도(c_2)	낮은 행사가격 풋옵션 매수(p_1) + 높은 행사가격 풋옵션 매도(p_2)
구축비용	프리미엄 지급 (콜옵션은 행사가격이 낮을수록 비쌈)	프리미엄 수취
만기순수익	손익+ / 만기순수익구조 (초기투자비용 고려) 80 85 S_T $c_1(80) - c_2(85)$	손익+ / 만기순수익구조 80 85 S_T $p_2(85) - p_1(80)$

정답 ②

12

옵션합성전략 ★★

다음 중 옵션 합성전략에 대한 설명으로 가장 올바른 것은?

① 다른 조건이 동일할 경우 콜옵션과 풋옵션 모두 행사가격과 프리미엄이 비례하여 증가한다.
② 다른 조건이 동일한 경우 둘 다 내가격 상태일 때 C(110) 매수와 P(120) 매도 시 프리미엄은 수취한다.
③ 다른 조건이 동일한 경우 둘 다 내가격 상태일 때 C(100)과 C(110) 중 C(110)이 높은 프리미엄을 갖는다.
④ 다른 조건이 동일한 경우 기초자산의 가격이 행사가격과 동일할 때 C(100)과 P(100)은 같은 프리미엄을 갖는다.

TIP
① 다른 조건이 동일할 경우 콜옵션은 행사가격이 낮을수록 비싸고, 풋옵션은 행사가격이 높을수록 비싸다.
② C(110)와 P(120)의 프리미엄을 알 수 없으므로, 최종적으로 프리미엄을 지급하게 될지 수취하게 될지 알 수 없다.
③ 다른 조건이 동일한 경우 둘 다 내가격 상태일 때 C(100)과 C(110)중 C(100)이 높은 프리미엄을 갖는다.

핵심포인트 해설 옵션의 합성전략 문제풀이 포인트

① 변동성 확대 시 유효한 전략인지, 축소 시 유효한 전략인지 반드시 구분할 것
② 옵션의 프리미엄은 콜옵션의 경우 행사가격이 낮을수록 비싸고, 풋옵션의 경우 행사가격이 높을수록 비싸다.
③ 옵션의 프리미엄은 행사가격의 차이만큼 등가로 차이가 나지 않는다.
    예) Call(90) = 1,000원, Call(100) = 300원, Call(110) = 10원
④ 옵션을 합성하는 이유는 손실과 이익을 제한시키기 위한 목적과 프리미엄을 감소시키기 위한 목적이다.

정답 ④

13

옵션합성전략 ★★

다음 중 스트래들에 대한 설명으로 올바르지 못한 것은?

① 만기와 행사가격이 동일한 콜옵션 1계약과 풋옵션 1계약을 결합하여 구축하는 포지션이다.
② 롱 스트래들은 프리미엄을 지급하고, 숏 스트래들은 프리미엄을 수취한다.
③ 롱 스트래들은 가격이 상승할 때 이익이 발생하고, 숏 스트래들은 가격이 하락할 때 이익이 발생한다.
④ 옵션 이외의 자산으로는 구성이 불가능한 포지션이다.

♥ TIP 롱 스트래들은 변동성 확대가 예상될 때, 숏 스트래들은 변동성 축소가 예상될 때 이익이 발생한다.

핵심포인트 해설 스트래들

(1) 스트래들
만기와 행사가격이 동일한 콜옵션과 풋옵션을 동시 매수하거나 매도하여 구축하는 전략으로 옵션 이외의 자산으로는 구성이 불가능

매수는 '롱'으로, 매도는 '숏'으로 표현하기도 함

(2) 롱 스트래들과 숏 스트래들

구 분	롱 스트래들	숏 스트래들
포지션	동일한 만기와 행사가격을 갖는 콜옵션과 풋옵션을 동시에 매수	동일한 만기와 행사가격을 갖는 콜옵션과 풋옵션을 동시에 매도
구축비용	프리미엄 지급	프리미엄 수취
전략	변동성 확대 예상 시 적절한 전략	변동성이 축소 예상 시 적절한 전략
손익	손실 제한적, 이익 무제한	손실 무제한, 이익 제한
만기 순이익	(그래프: 총손익구조, 순손익구조, c(80) + p(80), 80, S_T)	(그래프: 80, c(80) + p(80), 순손익구조, 총손익구조)

정답 ③

14

옵션합성전략 ★★

다음 중 옵션의 변동성 전략에 대한 설명으로 올바르지 못한 것은?

① 롱 스트랭글은 행사가격이 높은 콜옵션과 행사가격이 낮은 풋옵션을 매수하여 구축한다.
② 숏 스트랭글은 프리미엄을 수취하는 것이 일반적이며, 이때 수취하는 프리미엄의 크기는 숏 스트래들보다 크다.
③ 롱 스트랭글과 롱 스트래들의 가장 큰 차이점은 롱 스트랭글의 경우 초기 구축비용이 절약된다는 것이다.
④ 스트래들과 스트랭글 모두 변동성 전략으로서, 롱 포지션은 확대 시에, 숏 포지션은 축소 시에 이익을 취한다.

> **TIP** 숏 스트랭글은 프리미엄을 수취하는 것이 일반적이며, 이때 수취하는 프리미엄의 크기는 숏 스트래들보다 작고, 이익을 취하는 구간은 더 넓은 것이 특징이다.

핵심포인트 해설 스트랭글

(1) 스트랭글
행사가격이 다른 콜옵션과 풋옵션을 동시에 매수하거나 매도하여 구축하는 전략

(2) 롱 스트랭글과 숏 스트랭글 → 매수는 '롱'으로, 매도는 '숏'으로 표현하기도 함

구 분	롱 스트랭글	숏 스트랭글
포지션	행사가격이 높은 콜옵션 매수 + 행사가격이 낮은 풋옵션 매수	행사가격이 높은 콜옵션 매도 + 행사가격이 낮은 풋옵션 매도
구축비용	프리미엄 지급	프리미엄 수취
전략	변동성 확대 예상 시 적절한 전략	변동성이 축소 예상 시 적절한 전략
손익	손실 제한적, 이익 무제한	손실 무제한, 이익 제한
만기 순이익	손익+ / 총손익구조, 순손익구조, c(85) + p(75), 75, 85, S_T, 손익−	손익+ / 75, 85, c(85) + p(75), 순손익구조, 총손익구조, 손익−

(3) 스트래들과 스트랭글의 차이
① 롱 스트랭글은 롱 스트래들보다 상대적으로 저렴한 프리미엄을 지급하여 구축하므로 초기 비용이 절약됨
② 숏 스트랭글은 숏 스트래들에 비해 이익을 취할 수 있는 구간은 더 넓으나 최대 이익의 크기는 작음

정답 ②

15

옵션투자전략 ★★★

다음 중 변동성 전략에 대한 설명으로 올바르지 못한 것은?

① 향후 시장의 변동성이 증가될 것으로 예상된다면 투자자는 동일한 행사가격을 갖는 풋옵션과 콜옵션을 동시에 매수해야 한다.
② 향후 시장의 변동성이 감소될 것으로 예상된다면 투자자는 상대적으로 높은 행사가격의 콜옵션과 낮은 행사가격의 풋옵션을 매도해야 한다.
③ 변동성이 확대될 것으로 예상된다면 롱 스트랭글, 롱 스트래들, 매수시간 스프레드 전략을 취해야 한다.
④ 콜옵션 매수와 롱 스트래들은 모두 기초자산인 주가가 크게 상승하면 이익을 얻을 수 있다.

♥ TIP 매수시간 스프레드는 변동성 축소 예상 시 사용하는 전략이다.

핵심포인트 해설 수평 스프레드

(1) 매수시간 스프레드
① 포지션 : 만기가 짧은 옵션을 매도 + 동일한 행사가격의 만기가 긴 옵션을 매수
② 변동성이 작을 경우 이익 창출

(2) 매도시간 스프레드
① 포지션 : 만기가 짧은 옵션을 매수 + 동일한 행사가격의 만기가 긴 옵션을 매도
② 변동성이 클 경우 이익 창출

(3) 합성포지션의 손익 구조

구 분	손익구조		
	전 략	이 익	손 실
변동성 확대 예상	스트래들 매수	무제한	제 한
	스트랭글 매수	무제한	제 한
변동성 축소 예상	스트래들 매도	제 한	무제한
	스트랭글 매도	제 한	무제한

정답 ③

16

> 미국식 옵션과 유럽식 옵션 ★★

다음 중 미국식 콜옵션과 유럽식 콜옵션에 대한 설명으로 올바르지 못한 것은?

① 만기 이전에 권리를 행사할 수 있는 미국식 콜옵션이 유럽식 콜옵션에 비해 상대적으로 높은 가치를 갖는다.
② 무배당 주식의 경우 배당락이 없기 때문에 권리 행사 시 얻는 이익과 처분 시 얻는 이익에는 차이가 없다.
③ 미국식 콜옵션의 경우 배당이 존재한다면 배당락으로 인한 옵션가격 하락을 피하기 위해 콜옵션을 행사하는 것이 유리하다.
④ 만기 전 콜옵션의 권리행사는 내재가치만 얻으나 처분은 내재가치와 시간가치를 얻을 수 있기 때문에 권리행사보다 처분이 무조건 유리하다.

♀ TIP 무배당 주식의 경우에도 권리 행사보다는 처분이 유리하다.

핵심포인트 해설 미국식 옵션과 유럽식 옵션

(1) 미국식 콜옵션과 유럽식 콜옵션

구 분	미국식 옵션	유럽식 옵션	기 타
권리행사에 따른 분류	만기시점 이전에 아무 때나 권리 행사 가능	만기시점에서만 권리행사 가능	권리행사 측면에서 상대적으로 자유로운 미국식 옵션이 유럽식 옵션보다 비쌈
배당주식을 기초자산으로 하는 옵션의 비교	배당기준일 전에 콜옵션을 행사하여 옵션가치 하락을 방지할 수 있음	배당기준일 전에 배당락으로 옵션가치 하락	배당이 존재하면 미국식이 유럽식보다 유리하여 가치가 높음

(2) 무배당주식을 기초자산으로 하는 옵션의 비교

만기 전 권리행사와 처분의 비교	• 만기 전 권리행사 시 내재가치만 얻음 • 만기 전 처분 시 내재가치 + 시간가치(프리미엄)를 얻음
옵션가치비교	• 미국식 콜옵션도 권리행사보다는 만기 전 처분이 유리 • 미국식 콜옵션도 배당이 없다면 배당락을 피하기 위해 만기 전 행사할 필요 없음

(3) 미국식 콜옵션과 유럽식 콜옵션의 비교 정리

① 일반적인 경우 미국식이 유럽식에 비해 배당락을 피할 수 있는 기회가 존재하기 때문에 상대적으로 가치가 높게 여겨짐
② 만기 이전에 권리행사로 얻을 수 있는 이익은 내재가치(기초자산가격 - 행사가격)뿐이지만, 처분 시 내재가치 + 시간가치(콜옵션의 시간가치는 항상 양의 값)를 얻기 때문에 처분이 무조건 유리
③ 배당이 없다면 만기 이전에 옵션을 행사할 유인이 없기 때문에 미국식과 유럽식 옵션의 가치는 동일하게 여겨짐

무배당 주식의 경우도 처분으로 얻는 이익이 권리 행사로 얻는 이익보다 큼

정답 ②

17. 풋-콜 패리티(put-call parity) ★★

다음 중 풋-콜 패리티에 대한 설명으로 올바르지 못한 것은?

① 콜옵션의 프리미엄은 기초자산의 현가에서 채권(만기에 행사가격 X만큼을 지급하는 채권)의 현가를 차감한 값보다 크다.
② 콜옵션 매수 + 채권 매수 + 풋옵션 발행의 합은 주식매수와 동일하다.
③ 콜옵션 매도와 주식 매수는 채권 매수와 풋옵션 매도의 가치와 동일하다.
④ 콜옵션 매수 + 주식 매수 + 채권 발행의 합은 풋옵션가치와 동일하다.

♥ **TIP** 콜옵션 매수 + 채권 매수 + 주식대차거래의 합이 풋옵션가치와 동일하다.

핵심포인트 해설 풋-콜 패리티(put-call parity)

(1) 옵션프리미엄 사이에 성립하는 기본 관계식
① 콜옵션의 프리미엄은 기초자산보다 작고, 풋옵션의 프리미엄은 채권(만기에 행사가격 X만큼을 지급하는 채권)의 현가보다 작다.
② 콜옵션의 프리미엄은 기초자산의 현가에서 채권(만기에 행사가격 X만큼을 지급하는 채권)의 현가를 차감한 값보다 크다.
③ 풋옵션의 프리미엄은 채권(만기에 행사가격 X만큼을 지급하는 채권)의 현가에서 기초자산의 현가를 차감한 값보다 크다.

(2) 풋-콜 패리티 조건
만기와 행사가격이 동일한 풋옵션과 콜옵션 가격 사이에는 일정한 등가관계가 성립하는 것을 나타냄

$$p_t + S_t = c_t + B_t$$
풋 매수 + 기초자산 매수 = 콜 매수 + 채권 매수
· 단, 기초자산은 무배당 주식, 만기 시 지급받는 채권의 가치(B) = 행사가격(X) 동일

(3) 포지션 사이의 동등성 → ~표시를 =라고 생각하고 이항한 것으로 이해

$p_t \sim c_t + B_t - S_t$	콜옵션 매수 + 채권 매수 + 주식대차거래	풋옵션가치와 동일
$S_t \sim c_t + B_t - p_t$	콜옵션 매수 + 채권 매수 + 풋옵션 발행	주식매수와 동일
$c_t \sim p_t + S_t - B_t$	풋옵션 매수 + 주식 매수 + 채권 발행	콜옵션가치와 동일
$B_t \sim p_t + S_t - c_t$	풋옵션 매수 + 주식 매수 + 콜옵션 발행	채권가치와 동일
$S_t - c_t \sim B_t - p_t$	콜옵션 매도 + 주식 매수	채권 매수 + 풋옵션 매도와 동일

정답 ④

18 옵션을 이용한 차익거래 ★★

다음 중 옵션을 이용한 차익거래에 대한 설명으로 올바르지 못한 것은?

① 컨버전은 콜옵션이 상대적으로 고평가 되었을 때 사용하는 전략으로 콜 매도 + 풋 매수를 통한 합성 매도포지션을 취한다.
② 컨버전은 일종의 매수차익거래로 풋옵션에 기초자산의 가격을 합한 것보다 콜옵션에 채권가격의 현가를 합한 것이 클 때 주로 사용한다.
③ 리버설에서 취하는 합성 매수포지션은 기초자산의 가격이 상승했을 때 이익을 보는 전략을 취한다.
④ 리버설은 풋옵션의 프리미엄이 상대적으로 고평가 되었을 때 사용하는 전략으로 콜 매수 + 풋 매도 + 현물 매수포지션을 취하는 전략이다.

♀TIP 리버설은 '콜 매수 + 풋 매도'에 현물 매도포지션을 합성하여 수익을 내는 전략이다.

핵심포인트 해설 옵션을 이용한 차익거래

(1) 컨버전(매수차익거래)
① 콜옵션 프리미엄이 상대적으로 고평가 상태에서 사용하는 전략
② $p_t + S_t < c_t + B_t$가 성립할 경우 시행되는 전략
③ 포지션 : 합성 매도포지션(콜 매도 + 풋 매수) + 현물 매수포지션

(2) 리버설(매도차익거래)
① 풋옵션 프리미엄이 상대적으로 고평가 상태에서 사용하는 전략
② $p_t + S_t > c_t + B_t$가 성립할 경우 시행되는 전략
③ 포지션 : 합성 매수포지션(콜 매수 + 풋 매도) + 현물 매도포지션

(3) 옵션을 이용한 차익거래 이해
① 차익거래란 고평가 매도 저평가 매수를 통한 이익을 얻는 거래
② 콜이 고평가된 컨버전의 경우 콜 매도 + 풋 매수로 기초자산 가격 하락 시 이익
③ 풋이 고평가된 리버설의 경우 풋 매도 + 콜 매수로 기초자산 가격 상승 시 이익
④ 현물 포지션은 선물 포지션과 정반대로 포지션 구축

정답 ④

19

옵션을 이용한 차익거래 ★★

다음 중 포트폴리오 보험전략에 대한 설명으로 올바른 것은?

① 방어적 풋 전략은 주가 상승 시 주가 상승으로 인한 이익과 풋옵션 매수에서 오는 손실이 상쇄되도록 구축하는 전략이다.
② 이자추출전략은 기초자산 가격 하락 시 콜옵션 행사로 인한 손실을 채권의 이자로 상쇄시킬 수 있다.
③ 동적 자산배분전략은 옵션을 이용하지 않기 때문에 프리미엄을 지급하지 않아도 되는 장점이 있다.
④ 동적 헤징전략은 채권시장의 유동성 문제를 해결하기 위해 주식매도 + 선물매수인 합성채권 매수전략을 사용한다.

♥ TIP ① 방어적 풋 전략은 주가 하락 위험을 풋옵션 매수에서 오는 이익으로 상쇄시키는 전략이다.
② 이자추출전략은 기초자산 가격 하락 시 콜옵션 권리 행사를 포기하기 때문에 지급한 옵션프리미엄을 채권의 이자로 납부하여 손실을 상쇄시킨다.
④ 동적 헤징전략은 채권시장의 유동성 문제로 인해 주식매수 + 선물매도인 합성채권 매수전략을 사용한다.

핵심포인트 해설 옵션을 이용한 차익거래

(1) 방어적 풋 전략
① 의의 : 주식 포트폴리오를 매입하는 동시에 그 포트폴리오에 대한 풋옵션을 매수
② 손익 : 주가 상승 시 주가 상승은 투자자에 귀속, 주가 하락 시 포트폴리오 하락은 풋옵션 이익으로 상쇄
③ 단점 : 풋옵션 매수로 인한 프리미엄 지급

(2) 이자추출전략
① 의의 : 먼저 대부분의 자금을 채권 매수를 하고 채권에서 발생하는 이자만큼을 콜옵션에 투자하는 전략
② 손익 : 기초자산 가격 상승 시 콜옵션 가치상승으로 이익 획득, 기초자산 가격 하락 시 콜옵션의 권리행사를 포기해도 채권의 이자로 콜옵션 매수 시 지급한 프리미엄을 상쇄
③ ELD 및 ELS가 해당 전략을 주로 사용함

(3) 동적 자산배분전략
① 의의 : 주식과 채권으로 자금을 운용함으로써 주식의 상승 포텐셜과 채권의 하락위험 방어라는 두 가지 목표를 동시에 달성하고자 하는 전략
② 손익 : 초기에는 주식과 채권의 비중을 50 : 50으로 구축 후 주가 상승 시 채권매도 주식 추가 매수, 주가 하락 시 주식 매도 후 채권 매수
③ 특징 : 옵션을 이용하지 않기 때문에 프리미엄을 지급할 필요가 없다는 장점이 있지만, 상황에 따라 편입비율을 조정해야 하며 그 정도를 조정해야 한다는 단점이 존재

(4) 동적 헤징전략
동적 자산배분과 유사한 전략을 사용하지만 채권시장의 유동성 문제를 해결하기 위해 합성채권 매수전략(주식매수 + 선물매도)을 사용

정답 ③

옵션가격결정 모형 ★★★

다음 중 옵션의 가격결정모형에 대한 설명으로 올바르지 못한 것은?

① 블랙-숄즈 옵션 가격결정모형은 차익거래가 존재하지 않는 것을 가정하며, 미국식 옵션에는 적용이 불가능하다.
② 블랙-숄즈 모형에서는 기초자산의 현재가격, 무위험이자율, 잔존기간, 행사가격, 옵션의 프리미엄이 모형을 설명하는 주요 변수이다.
③ 변동성 스마일은 내·외가격 옵션의 내재 변동성이 상대적으로 높을 때 관측되며, 변동성 스머크는 외가격 옵션의 내재 변동성이 내가격 옵션의 변동성보다 높을 때 관측된다.
④ 내재 변동성이란 현재 일어나고 있는 변화를 옵션의 프리미엄에 반영하여 예상한 미래 변동성이다.

+용어 알아두기
커버된 콜옵션 콜옵션 한 계약을 매도하는 동시에 기초자산을 매수하여 일종의 무위험 포지션을 창출하는 전략이다.

♀ TIP 블랙-숄즈 모형에서는 기초자산의 현재가격, 무위험이자율, 잔존기간, 행사가격, 변동성 계수가 모형을 설명하는 주요 변수이다.

핵심포인트 해설 옵션가격결정

(1) 블랙-숄즈 모형 : 객관적인 변수들을 사용하여 옵션의 적정가치를 계산한 모형
　① 가 정
　　㉠ 옵션 만기까지 주식에 대한 배당은 없음
　　㉡ 만기일에만 권리행사가 가능한 유럽형 옵션에만 적용(미국식 옵션에 적용할 수 없는 것이 단점)
　　㉢ 비차익거래균형(차익거래가 없음)
　② 주요 변수 : 기초자산의 현재가격, 무위험이자율, 만기까지 남은기간, 옵션의 행사가격, 변동성 계수

(2) 이항모형
　블랙-숄즈 모형과 동일한 논리를 사용하여 자산가격의 움직임을 두 기간으로 설정한 후 커버된 콜옵션 전략을 사용하여 옵션가격의 결정과정을 쉽게 이해하도록 한 모형

(3) 기초자산의 변동성과 변동성 계수
　① 과거 변동성 : 과거에 실현된 가격자료로부터 구한 변동성 계수
　② 내재 변동성 : 현재 일어나고 있는 변화를 옵션프리미엄에 반영하여 예상한 미래 변동성

(4) 변동성 스마일과 변동성 스머크
　① 변동성 스마일 : 등가격의 내재 변동성이 가장 낮고, 내가격과 외가격의 내재 변동성이 상대적으로 높을 때 관측
　② 변동성 스머크 : 내가격 옵션의 내재 변동성이 가장 낮고, 외가격 옵션의 내재 변동성은 높을 때 관측

정답 ②

21

다음 중 옵션의 델타에 대한 설명으로 올바르지 못한 것은?

① 델타는 기초자산의 가격변화에 대한 옵션프리미엄의 변화 정도를 의미한다.
② 콜옵션의 델타는 0에서 1 사이의 값을, 풋옵션의 델타는 -1에서 0 사이의 값을 갖는다.
③ 델타는 콜옵션이 내가격으로 끝날 확률, 즉 당첨확률을 의미한다.
④ 콜옵션의 델타가 0.5라면 콜옵션을 이용한 헤지비율은 2이다.

♥ TIP 콜옵션이 내가격으로 끝날 확률, 곧 당첨확률을 의미하지 않는다.

핵심포인트 해설 델 타

(1) 정 의

기초자산의 가격이 변화할 때 옵션프리미엄이 얼마나 변하는가 하는 민감도 지표

$$델타 = \frac{옵션가격의 변화분}{기초자산가격의 변화분}$$

(2) 델타의 속성

① 옵션 종류별 델타 특성 → 콜옵션의 델타는 양수, 풋옵션의 델타는 음수임을 기억할 것
  ㉠ 콜옵션의 델타 : 0 < 콜옵션의 델타 < 1, OTM은 0에 가깝고 ITM은 1에 가까움
  ㉡ 풋옵션의 델타 : -1 < 풋옵션의 델타 < 0, ITM은 -1에 가깝고 OTM은 0에 가까움
  ㉢ |콜델타| + |풋델타| = 1
② 옵션의 프리미엄이 기초자산의 변화를 반영하는 속도
③ 델타는 콜옵션이 내가격으로 끝날 확률, 곧 당첨확률을 의미하지 않음

(3) 헤지비율

① 무위험 포지션 : 콜옵션 한 계약 매도 + 주식 델타 계약 수 매수
② 헤지비율 = $\frac{1}{델타}$
③ 옵션헤지비율과 델타중립적 헤지
  ㉠ 매수포지션일 경우 (+), 매도포지션일 경우 (-)
  ㉡ 델타중립 = 포트폴리오 델타를 0으로 하는 포지션
  ㉢ 콜옵션 매도의 델타 + 주식의 델타 개수 매수 = 0
      → (-) 델타   → (+) 델타

정답 ③

22

감마 ★★

다음 중 감마의 속성을 고려했을 때 감마값이 가장 클 것으로 예상되는 것은?

① 잔존기간이 5일이고, 기초자산 가격이 10,000원일 때 행사가격이 12,000원인 풋옵션
② 잔존기간이 5일이고, 기초자산 가격이 10,000원일 때 행사가격이 10,000원인 풋옵션
③ 잔존기간이 10일이고, 기초자산 가격이 10,000원일 때 행사가격이 9,000원인 콜옵션
④ 잔존기간이 10일이고, 기초자산 가격이 10,000원일 때 행사가격이 11,000원인 풋옵션

♥ TIP 감마는 등가격 옵션이면서 잔존기간이 짧을수록 크다.

핵심포인트 해설 감 마

(1) 정 의

기초자산가격의 변화에 대한 델타의 변화 정도

$$감마(\Gamma) = \frac{델타의\ 변화분}{기초자산가격의\ 변화분}$$

(2) 감마의 속성

① 감마가 클수록 기초자산가격 변동에 대하여 더 민감함을 의미
② 감마는 델타의 기울기를 의미하므로 감마는 기울기의 변화속도를 의미
③ 델타는 선형적인 민감도를 표시한 반면, 감마는 옵션 수익구조의 특성인 비선형적인 민감도를 측정하는 지표
④ 옵션매수포지션 : 감마(+), 옵션매도포지션 : 감마(−)
⑤ 감마와 잔여만기 : 잔여만기가 짧을수록 감마는 커짐

정답 ②

23

다음 중 쎄타에 대한 설명으로 올바르지 못한 것은?

① 쎄타는 시간경과에 따른 옵션가치의 변화를 나타내는 지표이다.
② 일반적으로 시간가치는 만기에 접근할수록 증가하며 등가격 옵션의 경우 그 증가폭이 최대가 된다.
③ 감마와 쎄타는 서로 반대부호를 가지나 그 절댓값은 정의 관계에 있다.
④ 옵션의 프리미엄은 내재가치와 시간가치로 구성되며 이때 내재가치가 0인 등가격 옵션의 시간가치가 가장 크다.

TIP 일반적으로 만기가 다가올수록 시간가치는 감소하며 등가격 옵션의 시간가치 감소폭이 가장 크다.

핵심포인트 해설 쎄 타

(1) 정 의

시간의 경과에 따른 옵션가치의 변화를 나타내는 지표

$$쎄타(\theta) = \frac{옵션가격의\ 변화분}{시간의\ 변화분}$$

(2) 쎄타의 속성

① 옵션의 만기일에 접근함에 따라 시간가치가 감소하기 때문에 옵션은 소모성 자산
② 옵션의 시간가치는 만기일에 접근할수록 감소하며 등가격 옵션의 경우 그 감소폭이 가장 큼
③ 감마와 쎄타는 서로 반대부호를 가짐
④ 감마와 쎄타의 절대값은 서로 정의 관계를 가짐

정답 ②

베가와 로우 ★★★

다음 중 옵션프리미엄의 민감도 지표에 대한 설명으로 올바르지 못한 것은?

① 베가는 변동성 계수와 옵션프리미엄의 변화분의 관계를 나타낸 지표이다.
② 변동성은 베가와 양의 관계를 가지나 잔존기간과는 음의 관계를 가진다.
③ 로우는 금리변화에 따른 옵션프리미엄의 변화를 나타낸 지표이다.
④ 베가는 콜옵션 풋옵션에 상관없이 모두 양의 값을 가지는 반면 쎄타는 모두 음의 값을 가진다.

♀ TIP 잔존기간과 변동성은 모두 베가와 양의 관계를 가진다.

핵심포인트 해설 　베가와 로우

(1) 베가의 정의
변동성 계수의 변화에 대한 옵션프리미엄의 변화분을 나타내는 지표

$$베가(V) = \frac{옵션가격의\ 변화분}{변동성의\ 변화분}$$

(2) 베가의 속성
① 일반적으로 시장의 불확실성이 커질수록 변동성이 높아지기 때문에 옵션의 가치는 커짐
② 대상자산의 변동성이 증가하면 옵션의 가치는 커지므로 콜옵션 및 풋옵션 모두 양(+)의 베가값을 가짐
③ 잔존기간과 변동성은 베가와 양의 관계

(3) 로우의 정의
로우(ρ)는 금리의 변화에 따른 옵션프리미엄의 민감도를 나타내는 지표

$$로우(\rho) = \frac{옵션가격의\ 변화분}{금리의\ 변화분}$$

(4) 로우의 속성
콜옵션의 로우값은 양수이고 풋옵션의 로우값은 음수

(5) 옵션의 매수·매도 포지션에 대한 민감도 부호

구 분		델 타	감 마	쎄 타	베 가
Call	매 수	+	+	−	+
	매 도	−	−	+	−
Put	매 수	−	+	−	+
	매 도	+	−	+	−

정답 ②

출제예상문제

☑ 다시 봐야 할 문제(틀린 문제, 풀지 못한 문제, 헷갈리는 문제 등)는 문제 번호 하단의 네모박스(□)에 체크하여 반복학습 하시기 바랍니다.

01 중요도 ★★★
다음 중 파생상품의 분류에 대한 설명으로 올바르지 못한 것은?

① 장내파생상품은 많은 규칙과 규제의 대상이 되는 반면, 장외파생상품은 규제가 거의 없다.
② 장내파생상품은 거래소에서 거래되는 반면 장외파생상품은 거래소 이외의 장소에서 거래가 된다.
③ 장내파생상품은 반대매매가 쉬운 반면, 장외파생상품은 반대매매가 쉽지 않다.
④ 장내파생상품은 유연성이 높고, 장외파생상품은 유동성과 수익성이 높은 것이 특징이다.

02 중요도 ★★
다음 중 보기에서 설명하는 파생상품 투자전략으로 가장 올바른 것은?

> 선물상품 간의 높은 관계성을 이용한 전략으로, 선물시장의 가격차이가 지나치게 벌어지거나 좁혀질 경우 가격차이를 이용하며, 위험이 존재하는 전략이다.

① 투기적거래
② 헤지거래
③ 스프레드거래
④ 차익거래

03 중요도 ★★
다음 중 선도거래에 대한 설명으로 올바르지 못한 것은?

① 특정시점의 거래 당사자 간 계약을 만기에 집행하는 거래이다.
② 사후적으로 매수자와 매도자의 손익의 합은 0이 되기 때문에 제로섬 게임이라고 불린다.
③ 선물환거래는 대표적인 선도거래이다.
④ 선도거래는 당사자 간의 계약이기 때문에 계약불이행 위험이 높아 위험회피효과가 없다.

04 중요도 ★★★
다음 중 선물거래에 대한 설명으로 올바르지 못한 것은?

① 선물거래는 신용위험을 없애고 반대매매를 자유롭게 할 수 있다.
② 신용위험을 없애기 위해서 증거금과 일일정산제도가 도입되었다.
③ 일일정산제도로 인해 당일 선물 종가로 정산을 하기 때문에 평가손익만 존재한다.
④ 선물거래는 정형화된 거래소 내 거래가 일반적이다.

05 중요도 ★★★
다음과 같은 상황에서 거래를 계속하기 위해 납부해야 할 변동증거금 금액으로 가장 적절한 것은?

- 개시증거금 수준 : 2,000만원
- 유지증거금 수준 : 1,400만원
- 현시점 증거금 평가손익 : 개시증거금 대비 700만원 손실

① 100만원 ② 300만원
③ 600만원 ④ 700만원

06 중요도 ★★★
다음 중 선물계약의 특징으로 올바르게 연결한 것은?

ㄱ. 거래조건이 표준화됨   ㄴ. 만기일에 결제됨
ㄷ. 가격과 거래제한이 있음 ㄹ. 유동성이 높음
ㅁ. 다수의 거래자   ㅂ. 장외거래 중심

① ㄱ, ㄴ, ㄷ, ㄹ   ② ㄱ, ㄴ, ㄹ, ㅂ
③ ㄱ, ㄷ, ㄹ, ㅁ   ④ ㄴ, ㄷ, ㅁ, ㅂ

정답 및 해설

01 ④ 장내파생상품은 유동성이 높고 반대매매가 쉽고, 장외파생상품은 유연성이 높다는 것이 장점이다.
02 ③ 스프레드거래는 선물시장의 가격 차이를 이용하는 전략으로 차익거래와 가장 큰 차이점은 위험이 포함되어 있다는 점이다.
03 ④ 선도거래는 기업의 파산위험을 감소시키는 위험회피효과가 있다.
04 ③ 선물거래는 일일정산제도로 인해 반대매매를 하지 않고 포지션을 다음날로 넘길 경우 당일 선물 종가로 정산되기 때문에 평가손익은 없고 실현손익만 존재한다.
05 ④ 현시점 증거금이 2,000만원 − 700만원 = 1,300만원이기 때문에 유지증거금 수준 이하인 마진콜 상황이다. 따라서 투자자는 개시증거금 수준까지 증거금을 추가 납입해야 거래를 지속할 수 있다.
06 ③ 선물계약은 거래조건이 표준화되어 있으며, 대부분 만기일 이전에 반대매매되고, 유동성이 높으며, 다수의 거래자가 제한된 가격과 거래조건으로 거래한다.

07 중요도 ★★
다음 중 선물의 경제적 기능으로 올바르지 못한 것은?

① 가격발견 기능
② 위험전가
③ 초과수익 기회 확대
④ 부외거래

08 중요도 ★★★
다음과 같은 상황일 때 투자자가 취해야 할 전략과 그 수익으로 가장 적절한 것은?

> 주가지수가 100pt에 거래되고, 이론 선물 가격이 101pt이고 실제 거래되는 선물이 103pt일 때 투자자 A는 초과 수익을 얻고자 한다.

① 매수차익거래 2pt
② 매도차익거래 2pt
③ 매수차익거래 3pt
④ 매도차익거래 3pt

09 중요도 ★★★
다음과 같은 상황일 때 주가지수선물의 이론가격과 시장 상황으로 가장 적절한 것은?

> - 현물가격 : 100pt
> - 이자율 : 6%
> - 배당률 : 8%
> - 잔존만기 : 3개월

① 100.5pt, 콘탱고
② 100.5pt, 백워데이션
③ 99.5pt, 콘탱고
④ 99.5pt, 백워데이션

10 중요도 ★★★
다음 중 선물의 거래전략에 대한 설명으로 올바르지 못한 것은?

① 자산가격변동의 방향을 예측하고 이를 토대로 한 포지션을 시장에서 취해 이익을 실현하고자 하는 전략을 투기적 거래라고 한다.
② 현물가격과 선물가격의 가격 차이를 의미하는 용어인 스프레드를 이용하여 위험을 회피하고자 하는 전략은 헤징이다.
③ 현물과 선물의 가격 차이가 이론적인 수준을 벗어난 경우 현물과 선물의 가격 차이만큼 이익을 취하는 거래를 차익거래라고 한다.
④ 만기가 서로 다른 두 개의 선물 계약을 대상으로 한쪽을 매수하는 동시에 한쪽을 매도하는 전략을 스프레드 거래라고 한다.

11
중요도 ★★★

100억의 포트폴리오를 보유한 투자자가 향후 시장의 가격하락에 대비한 헤징을 하고자 한다. 이때 포트폴리오의 베타는 1.5이고 선물지수가 200pt라고 한다면 투자자가 취해야 할 헤지와 계약수로 가장 적절한 것은? (거래승수는 25만)

① 매수 헤지 200계약
② 매도 헤지 200계약
③ 매수 헤지 300계약
④ 매도 헤지 300계약

12
중요도 ★★★

다음 중 보기에서 설명하는 스프레드 거래로 가장 적절한 것은?

> 강세장일 때 원월물이 근월물보다 많이 오르고, 약세장일 때 근월물이 원월물보다 많이 떨어질 것으로 예상될 때 구축하는 전략

① 강세스프레드
② 약세스프레드
③ 시간스프레드
④ 수직스프레드

정답 및 해설

07 ③ 선물은 현물만 존재하는 시장보다 가격 차이로 발생하는 차익거래 기회를 빠르게 해소하여 시장을 효율적으로 만든다.

08 ① 이론가격이 101pt이고 선물이 103pt라면 현시점에서 선물이 고평가 된 상황으로 (선물매도 + 현물매수) 매수차익거래를 통해서 2pt만큼의 초과수익을 실현할 수 있다.

09 ④ $100pt(1 + (0.06 - 0.08) \times \frac{3}{12})$ = 99.5pt, 현물가격이 선물가격보다 비싼 백워데이션 상황이다.

10 ② 현물가격과 선물가격의 가격 차이를 의미하는 용어인 베이시스를 이용하여 위험을 회피하고자 하는 전략은 헤징이다.

11 ④ $\frac{100억 \times 1.5}{200pt \times 25만원}$ = 300계약, 가격하락위험을 회피하기 위한 헤지는 매도 헤지이다.

12 ② 스프레드가 확대될 것으로 예상될 때 구축하는 전략으로 강세장일 때 원월물이 근월물보다 많이 오르고, 약세장일 때 근월물이 원월물보다 많이 떨어질 때 구축하는 전략은 약세스프레드이다.

13. 중요도 ★★
다음 중 ( )에 들어갈 말로 가장 올바른 것은?

> 원유 선물 시장에서 백워데이션이 발생했다면 선물가격과 현물가격 중 (가)이 높은 상황이며, 이때 베이시스를 선물 – 현물로 정의했다면 부호는 (나)인 상태이다.

	가	나		가	나
①	선물	음수	②	선물	양수
③	현물	음수	④	현물	양수

14. 중요도 ★★★
다음 중 옵션의 기초에 대한 설명으로 올바르지 못한 것은?

① 콜옵션은 기초자산을 일정 시점에 미리 정한 가격으로 매수할 수 있는 권리를 말한다.
② 콜옵션 매수자는 기초자산이 14,000원일 때 미리 정한 가격인 12,000원에 매수권을 행사한다면 2,000원의 이익을 보게 된다.
③ 풋옵션은 기초자산을 일정 시점에 미리 정한 가격으로 매도할 수 있는 권리를 말한다.
④ 풋옵션 매도자는 기초자산이 12,000원일 때 미리 정한 가격인 14,000원에 매도권을 행사한다면 2,000원의 이익을 보게 된다.

15. 중요도 ★★★
다음과 같은 상황으로 만기가 된다면 콜옵션 매수자의 손익으로 가장 적절한 것은?

> • 기초자산의 현재가격 : 20,000원
> • 콜옵션의 행사가격 : 15,000원
> • 옵션의 프리미엄 : 8,000원

① 0원
② 3,000원 손실
③ 5,000원 손실
④ 8,000원 손실

16. 중요도 ★★★
다음 옵션 중 가장 가격이 높을 것으로 예상되는 것은? (행사가격)

① 내가격 상태의 call(90)
② 외가격 상태의 put(90)
③ 내가격 상태의 call(100)
④ 외가격 상태의 put(100)

17 중요도 ★★
다음 중 ( )에 들어갈 말로 가장 올바른 것은?

> 옵션의 프리미엄은 (가) 상태일 때 (나)와 시간가치로 구성되며 (다) 상태일 때 옵션의 프리미엄은 (라)로만 구성된다.

	가	나	다	라
①	내가격	내재가치	외가격	시간가치
②	내가격	내재가치	외가격	내재가치
③	외가격	내재가치	내가격	시간가치
④	외가격	내재가치	내가격	내재가치

18 중요도 ★★
다음 중 옵션의 행사가격과 시장가격의 관계에 대한 설명 중 올바른 것은?

① 기초자산이 20,000일 때 행사가격이 22,000인 콜옵션은 내가격 상태이다.
② 기초자산이 19,000일 때 행사가격이 20,000인 풋옵션은 내가격 상태이다.
③ 기초자산이 23,000일 때 행사가격이 22,000인 콜옵션은 외가격 상태이다.
④ 기초자산이 21,000일 때 행사가격이 22,000인 풋옵션은 외가격 상태이다.

정답 및 해설

13 ③ 원유 선물 시장에서 백워데이션이 발생했다면 선물가격과 현물가격 중 (현물)이 높은 상황이며, 이때 베이시스를 선물 – 현물로 정의했다면 부호는 (음수)인 상태이다.
14 ④ 풋옵션 매도자는 권리를 행사할 수 있는 권한이 없으므로, 풋옵션 매수자에게서 수취한 프리미엄에서 풋옵션 매수자에게 지급해야 할 2,000원을 차감한 금액을 손익으로 한다.
15 ② 옵션의 기초자산 가격 20,000원 – 행사가격 15,000원 = 5,000원 이익
5,000원 이익 – 옵션의 프리미엄 8,000원 = 3,000원 손실
16 ① 옵션의 프리미엄은 내재가치 + 시간가치이기 때문에 내가격 상태의 옵션이 비싸고 그중에서 콜옵션은 행사가격이 낮을수록 내재가치가 비싸다.
17 ① 옵션의 프리미엄은 (내가격) 상태일 때 (내재가치)와 시간가치로 구성되며 (외가격) 상태일 때 옵션의 프리미엄은 (시간가치)로만 구성된다.
18 ② 콜옵션은 기초자산이 행사가격보다 클 때 내가격이고, 풋옵션은 행사가격이 기초자산보다 클 때 내가격이다.
콜옵션은 행사가격이 기초자산보다 클 때 외가격이고, 풋옵션은 기초자산이 행사가격보다 클 때 외가격이다.

19 중요도 ★★★
다음 옵션 거래로 발생하는 손익의 합으로 가장 적절한 것은?

- 행사가격이 185원이고 기초자산의 가격이 200원인 콜옵션 매수(옵션프리미엄 10원)
- 행사가격이 200원이고 기초자산이 210원인 콜옵션 매도(옵션프리미엄 15원)

① 5원 손실
② 0원
③ 5원 이익
④ 10원 이익

20 중요도 ★★★
다음 중 옵션에 대한 설명으로 올바르지 못한 것은?

① 콜옵션의 만기수익구조는 Max[0, $S_T - X$]이다.
② 콜옵션 매수자는 구축비용이 필요하지만, 풋옵션 매수자는 구축비용이 필요하지 않다.
③ 콜옵션의 프리미엄은 외가격일 때 시간가치로만 구성되나, 내가격일 때는 내재가치 + 시간가치로 구성된다.
④ 콜옵션은 행사가격이 낮을수록, 풋옵션은 행사가격이 높을수록 비싸게 거래된다.

21 중요도 ★★
다음 중 (   )에 들어갈 말로 가장 올바른 것은?

(가)는 만기가 서로 다른 두 개의 옵션을, (나)는 행사가격이 서로 다른 두 개 이상의 옵션을, (다)는 만기와 행사가격이 다른 두 개 이상의 옵션을 가지고 스프레드 포지션을 구축하는 경우를 의미한다.

	가	나	다
①	수평스프레드	수직스프레드	대각스프레드
②	수평스프레드	대각스프레드	수직스프레드
③	수직스프레드	수평스프레드	대각스프레드
④	수직스프레드	대각스프레드	수평스프레드

22 중요도 ★★
다음 중 불스프레드에 대한 설명으로 올바르지 못한 것은?

① 시장이 상승할 것으로 예상될 때 구축하는 전략이다.
② 행사가격이 서로 다른 콜옵션 또는 풋옵션을 이용하여 구축하는 전략이다.
③ 콜옵션을 이용한 불스프레드는 시장 상승 시 이익을, 풋옵션을 이용한 불스프레드는 시장 하락 시 이익을 얻을 수 있다.
④ 콜 불스프레드는 초기에 구축비용이 필요하다.

23 중요도 ★★★
다음 중 콜옵션(100) 매수와 콜옵션(105) 매도를 통하여 구축하는 스프레드 전략으로 가장 적절한 것은?

① 콜 불스프레드
② 풋 불스프레드
③ 콜 베어스프레드
④ 풋 베어스프레드

24 중요도 ★★★
다른 조건이 동일할 경우, 다음의 옵션 변동성 전략 중 구축비용이 가장 높을 것으로 예상되는 것은?

① 스트래들 매수
② 스트랭글 매수
③ 스트래들 매도
④ 스트랭글 매도

정답 및 해설

19 ④ 콜옵션은 기초자산 - 행사가격 > 0일 경우 행사하며 매수자는 프리미엄을 지급하고 매도자는 프리미엄을 수취한다.
   • 첫 번째 거래 : 200원 - 185원 = 15원 이익이나 옵션프리미엄 10원을 차감하면 총 5원의 이익이 발생한다.
   • 두 번째 거래 : 210원 - 200원 = 10원으로 콜 매수자가 10원 이익이기 때문에 매도자는 그 반대거래인 10원 손실이지만 옵션프리미엄을 15원 수취하였기 때문에 총 손익은 5원 이익이다.
   ∴ 손익의 합은 10원 이익이다.
20 ② 옵션의 매수자는 콜옵션, 풋옵션과 무관하게 구축비용이 필요하다.
21 ① (수평스프레드)는 만기가 서로 다른 두 개의 옵션을, (수직스프레드)는 행사가격이 서로 다른 두 개 이상의 옵션을, (대각스프레드)는 만기와 행사가격이 다른 두 개 이상의 옵션을 가지고 스프레드 포지션을 구축하는 경우를 의미한다.
22 ③ 불스프레드는 콜옵션과 풋옵션 사용과는 무관하게 시장이 상승할 때 이익을 얻는 전략이다.
23 ① 행사가격이 낮은 콜옵션을 매수하고 행사가격이 높은 콜옵션을 매도하여 구축하는 전략은 시장의 가격이 상승할 것으로 예상될 때 구축하는 전략인 콜 불스프레드이다.
24 ① 초기 구축비용이 발생하는 매수 계약 중 행사가격과 만기가 동일하다면 스트래들이 스트랭글에 비해서 항상 높은 구축비용이 발생한다.

25 중요도 ★★
다음 중 스트래들과 스트랭글의 특징에 대한 설명으로 올바른 것은?

① 동일한 만기와 행사가격을 갖는 콜옵션을 매수하는 전략은 스트래들 매수이다.
② 만기가 동일하고 행사가격이 서로 다른 콜옵션을 매수하는 전략은 스트랭글이다.
③ 스트래들 매수는 초기 구축비용이 필요하지만 스트랭글 매수는 초기 구축비용이 필요하지 않다.
④ 스트래들과 스트랭글은 시장의 변동성을 예상하여 구축하는 전략으로 매수는 확대 시, 매도는 축소 예상 시 구축한다.

26 중요도 ★★★
수직 스프레드 전략에 해당하는 것은?

① 스트래들 매수
② 매수시간 스프레드
③ 스트랭글 매수
④ 콜 불 스프레드

27 중요도 ★★★
다음 중 기초자산의 가격이 급락할 것으로 예상될 때 구축해서는 안 되는 전략은?

① 매도시간 스프레드
② 풋 매수
③ 스트래들 매수
④ 스트랭글 매도

28 중요도 ★★
다음 중 미국식 콜옵션과 유럽식 콜옵션에 대한 설명으로 올바르지 못한 것은?

① 미국식 콜옵션은 만기 이전에 행사가 가능하기 때문에 일반적으로 유럽식 콜옵션에 비해서 프리미엄이 비싸다.
② 미국식 콜옵션은 배당이 없거나 행사로 인한 이익이 없다면 유럽식 콜옵션과 동일한 가치를 갖는다.
③ 행사 이전에 매도가 가능하더라도 행사로 인한 배당락을 피할 수 있는 미국식 옵션은 행사를 통한 이익이 크다.
④ 배당 예정일자가 옵션 만기 이전이라면 처분이 불가능한 경우 유럽식 콜옵션은 위험을 회피할 수 없다.

29 중요도 ★★★
다음 중 풋-콜 패리티 사이의 동등성에 대한 설명으로 올바르지 못한 것은?

① $P \sim C + B - S$
② $S \sim C + B - P$
③ $S - C \sim B - P$
④ $C \sim P + B - S$

30 중요도 ★★★
다음 옵션을 이용한 차익거래에 대한 설명으로 올바르지 못한 것은?

① 콜옵션이 고평가되어 있을 때 사용하는 전략은 합성매도+현물매수 전략인 컨버전이다.
② $P + S > C + B$일 때 사용하는 전략은 기초자산의 가격이 상승할 때 이익을 보도록 포지션을 구축한다.
③ 주식매수 + 풋옵션 매수 전략은 기초자산의 가격이 하락할 때 손실을 피하는 전략으로 추가적인 비용이 필요하지 않다.
④ 채권매수 + 콜옵션 매수는 주가상승 이익은 콜옵션으로 챙기고, 하락손실은 채권으로 방어하는 전략이다.

정답 및 해설

25 ④ ① 동일한 만기와 행사가격을 갖는 콜옵션과 풋옵션을 동시에 매수하는 전략은 스트래들 매수이다.
② 만기가 동일하고 행사가격이 서로 다른 콜옵션과 풋옵션을 동시에 매수하는 전략은 스트랭글이다.
③ 스트래들 매수와 스트랭글 매수는 둘 다 초기 구축비용이 필요하다.

26 ④ ① ③ 변동성 전략에 해당한다.
② 수평 스프레드 전략에 해당한다.

27 ④ 스트랭글 매도는 기초자산이 급락할 경우 손실이 발생한다.

28 ③ 옵션의 행사이익은 내재가치만 존재하지만 처분이익은 내재가치와 시간가치 모두를 얻을 수 있기 때문에 처분하는 것이 행사하는 것보다 유리하다.

29 ④ 풋옵션매수 + 주식매수 + 채권발행은 콜옵션과 동일하다. ($C \sim P + S - B$)

30 ③ 방어적 풋 전략은 주가하락 위험을 회피할 수 있으나 풋옵션을 매수하는 데 초기에 구축비용이 필요하다.

31 중요도 ★★★
다음 중 델타에 대한 설명으로 올바르게 연결된 것은?

> 가. 기초자산의 가격변화에 대한 옵션프리미엄의 변화 정도이다.
> 나. 콜옵션의 델타는 내가격일 경우 1에 가까워진다.
> 다. 풋옵션의 델타는 내가격일 경우 0에 가까워진다.
> 라. 콜옵션과 풋옵션 델타의 절대값의 합은 0이다.
> 마. 포트폴리오의 델타를 0으로 만드는 포지션을 델타중립이라 한다.

① 가, 나, 다 ② 가, 나, 마
③ 가, 다, 라 ④ 가, 라, 마

32 중요도 ★★★
다음 (　)에 들어갈 말로 가장 적절한 것으로 연결된 것은?

> 콜옵션 매도 시 델타의 부호는 (가)이고 감마의 부호는 (나)이다.

	가	나		가	나
①	양수	음수	②	양수	양수
③	음수	양수	④	음수	음수

33 중요도 ★★★
다음 중 옵션의 쎄타에 대한 설명으로 올바르지 못한 것은?

① 등가격 옵션의 경우 쎄타가 최댓값을 갖는다.
② 만기일에 근접할수록 등가격 옵션의 시간가치는 내가격 또는 외가격보다 급격히 감소한다.
③ 잔존기간이 짧을수록 쎄타는 작아진다.
④ 만기가 다가올수록 시간가치는 급격히 감소하여 쎄타는 커진다.

34 중요도 ★★★

다음 베가의 특성에 대한 설명 중 올바른 것을 모두 고른 것은?

> 가. 변동성이 클수록 베가는 증가한다.
> 나. 콜옵션의 베가는 양수이고, 풋옵션의 베가는 음수이다.
> 다. 잔존기간이 길수록 베가는 커진다.
> 라. 베가가 크게 나타날수록 옵션의 가치는 감소한다.

① 가, 나
② 가, 다
③ 가, 라
④ 나, 라

35 중요도 ★★★

내년도 주가가 상승할 경우 120, 하락할 경우 105인 주식에 대하여 주가가 상승할 위험중립확률이 30%, 무위험수익률이 5%일 때 행사가격이 110인 콜옵션의 적정가격을 이항모형을 이용하여 계산한 것으로 가장 적절한 것은?

① 5.65
② 4.53
③ 3.24
④ 2.85

정답 및 해설

31 ② 다. 풋옵션의 델타는 내가격일 경우 −1에 가까워진다.
　　　라. 콜옵션과 풋옵션 델타의 절댓값의 합은 1이다.
32 ④ 콜옵션 매수의 델타는 양수이고, 매도의 델타는 음수가 나오며 델타의 변화를 추정한 감마의 부호는 델타와 동일하게 나온다.
33 ③ 잔존기간이 짧을수록 쎄타는 크게 나타난다.
34 ② 변동성이 클수록, 잔존기간이 길수록 베가는 커진다.
　　　나. 콜옵션, 풋옵션과 무관하게 베가는 항상 양의 값을 갖는다.
　　　라. 베가가 크게 나타날수록 옵션의 가치도 증가한다.
35 ④ 콜옵션의 경우 주가 상승 이익은 취하고 주가 하락 위험은 포기하면 되기 때문에 주가 상승 시 기초자산의 가격에서 행사가격을 차감한 10에 위험중립확률 30%를 곱한 3을 무위험수익률 5%로 나눠 계산한다.
　　　(10 × 30% + 0 × 70%)/1.05 = 2.85

제8장 투자운용결과분석

학습전략

투자운용결과분석은 제3과목 전체 50문제 중 총 4문제가 출제된다.

투자운용결과분석의 경우 시험에 나오는 출제포인트가 한정되어 있어 조금만 학습하면 좋은 점수를 받을 수 있으므로 고득점을 얻을 수 있도록 노력해야 한다. 위험조정 성과지표와 성과평가 기초사항을 중심으로 하여 학습하되, 수리적인 부분에 너무 치우치지 않도록 유의한다. 투자운용결과를 분석하고자 하는 목적을 먼저 이해한다면 조금 더 쉽게 다양한 지표와 분석방법에 접근할 수 있다.

출제비중

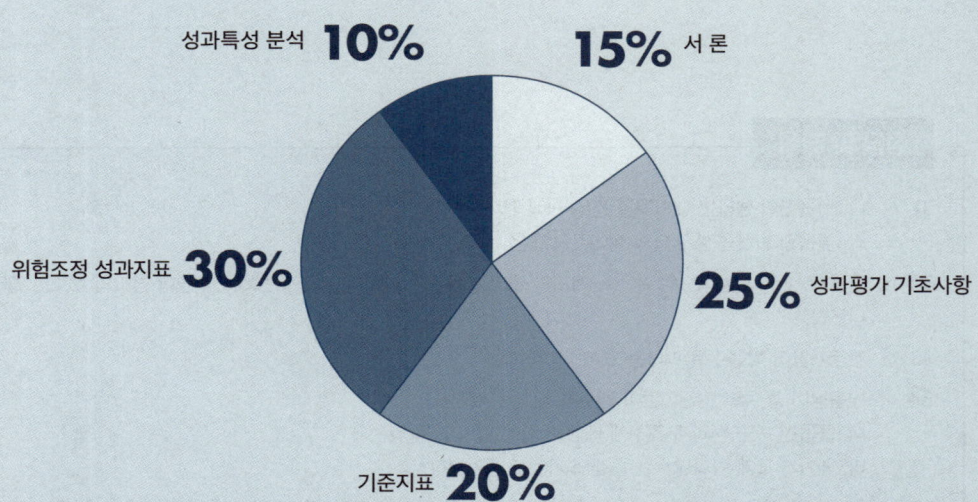

- 성과특성 분석 10%
- 서론 15%
- 성과평가 기초사항 25%
- 기준지표 20%
- 위험조정 성과지표 30%

출제포인트

구 분	출제포인트	중요도
서 론 (15%)	01 성과평가의 정의와 목적 및 평가 프로세스 02 내부성과평가와 외부성과평가	★★ ★★
성과평가 기초사항 (25%)	03 펀드의 회계처리 04 투자수익률 계산 05 투자위험	★★ ★★ ★★★
기준지표 (20%)	06 기준지표	★★★
위험조정 성과지표 (30%)	07 위험조정 성과지표의 유형 08 젠센의 알파 09 샤프비율 10 트레이너비율 11 정보비율	★★★ ★★★ ★★★ ★★★ ★★
성과특성 분석 (10%)	12 성과특성 분석 13 시장예측능력과 종목선정능력 14 자산운용 권한별 성과기여도 분석 15 포트폴리오 및 스타일 분석	★★★ ★★ ★★★ ★★

성과평가의 정의와 목적 및 평가 프로세스 ★★

다음 중 성과평가에 대한 설명으로 올바르지 못한 것은?

① 성과평가란 수익률과 위험뿐만 아니라 운용과정을 함께 고려하여 평가하는 것을 의미한다.
② 투자자산의 가치평가는 시가평가가 원칙이나 시가를 확인하기 힘든 경우 공정가치 평가를 사용하기도 한다.
③ 성과를 비교하기 위해서는 기준지표나 동류그룹(Peer Group)과 비교를 하며, 수익률과 위험을 동시에 고려한 위험조정 성과지표를 사용하여 비교한다.
④ 위험을 측정할 때는 기준지표들과 비교 가능한 상대위험을 측정하는 것이 중요하며, 자산의 특성에 기인한 절대위험은 과대평가되지 않도록 유의해야 한다.

♀ TIP 위험의 측정은 절대위험과 상대위험 모두를 측정해야 하며, 위험이 과대평가되지 않도록 유의해야 한다.

핵심포인트 해설　성과평가의 정의와 목적 및 평가 프로세스

(1) 정 의 (성과와는 다른 의미)
수익률과 위험뿐만 아니라 포트폴리오 구성을 포함한 운용과정을 함께 고려하여 평가하는 것

(2) 성과평가의 목적과 주체별 활용목적
성과평가의 목적은 기술과 실력에 의해 달성된 것을 판명하는 것이며, 평가주체별로 평가의 활용목적도 차이가 존재

(3) 성과평가의 프로세스

1단계	투자자산의 회계처리	• 원칙 : 시가 평가 • 예외 : 공정가치 평가 • 발생주의 방식의 회계처리 적용
2단계	수익률 계산	• 대표적인 수익률 산출방식에는 금액가중수익률과 시간가중수익률이 있음 • 자산배분 전략과 같은 투자설계 수행 시에는 운용자별로 산출된 시간가중수익률이 효과적
3단계	위험 계산	• 수익률을 달성하기 위해 부담한 위험의 크기가 중요 • 절대위험과 상대위험을 모두 측정, 위험을 과대평가하는 것은 유의
4단계	성과의 비교	• 실현된 성과를 기준지표(벤치마크)나 동류그룹(Peer Group)과 비교 • 수익률과 위험을 동시에 고려한 위험조정 성과지표로 비교
5단계	성과 특성 분석	• 포트폴리오 분석을 통해 성과의 과정을 설명 • 성과요인 분석을 추가하여 수익률 달성을 위한 구체적 능력과 원천 파악
6단계	정성평가	• 성과의 지속성이 있는지 운용자의 운용능력이 양호한지를 판단
7단계	성과 발표 및 보고	• 공정하게 성과를 측정하고, 객관성 있는 기준에 따라 보고자료 작성 및 발표

정답 ④

내부성과평가와 외부성과평가 ★★

다음 중 성과평가방법에 대한 설명으로 올바르지 못한 것은?

① 내부성과평가의 기준지표는 운용 개시 전에 설정되나, 외부성과평가는 운용 개시 후 설정된다.
② 내부성과평가의 성과지표는 초과수익률을 사용하는 반면, 외부성과평가는 젠센의 알파를 사용해 계산한다.
③ 내부성과평가는 위험을 기준지표 대비 잔차위험으로 측정하나, 외부성과평가는 사후적 증권특성선상의 잔차위험으로 측정한다.
④ 내부성과평가는 스타일 성과, 시장예측 및 종목선정능력을 분석할 수 있고, 외부성과평가는 단기적 타이밍 및 종목선정능력이 분석 가능하다.

♥ TIP 성과기준지표는 모두 운용 전 설정하는 것이 일반적이다.

핵심포인트 해설　내부성과평가와 외부성과평가

구 분	내부성과평가	외부성과평가
평가의 특징	• 기준지표 등 운용목표 및 전략에 대한 정확한 정보 보유 • 운용전략별 정해진 기준지표 대비 평가	• 개략적인 운용목표 및 전략 보유 • 비슷한 전략별로 동류그룹을 구성하여 상대평가
기준지표	• 운용 개시 전에 정의 • 정상 포트폴리오 또는 맞춤 기준지표 적용	• 운용 개시 후 확인되는 경우가 많음 • 시장 인덱스 또는 사후적 최적 기준지표 적용
성과지표	• 초과수익률 : 실현수익률 – 기준지표 수익률 • 위험 : 기준지표 대비 잔차위험 • 성과지표 : 사전적인 정보비율	• 젠센의 알파(사후적 기준지표 초과수익률) • 사후적 증권특정선상의 잔차위험 • 사후적 분석을 통한 정보비율
스타일 분석방법	• 포트폴리오에 기초 • 자산구성 변화에 따라 민감하게 변화	• 샤프의 방법(수익률 기초) • 사후적으로 평균적인 스타일 확인
성과요인분석	• 기준지표 대비 자산배분 성과분석 가능 • 스타일 성과, 시장예측 및 종목선정능력 분석 가능	• Treynor–Mazuy 모형 등을 활용한 성과분석 • 단기적 타이밍 및 종목선정능력 분석

정답 ①

펀드의 회계처리 ★★

다음 중 펀드의 회계처리 원칙에 대한 설명으로 올바르지 못한 것은?

① 펀드를 현금주의 방식으로 회계처리할 경우 투자자별 손익이 적절히 귀속되지 못하는 한계점이 있다.
② 펀드는 시장가격으로 평가하는 것이 원칙이나 자산의 시가가 없거나 최근 거래가격을 신뢰할 수 없는 경우 이론가격이나 평가위원회의 적정가격으로 평가한다.
③ 펀드의 체결일 기준 회계처리는 주식과 채권의 경우 3영업일에 결제하는 것이 일반적이다.
④ GIPS® 회계처리는 자산가치에서 부채가치를 차감한 순자산가치를 기준으로 거래나 평가를 한다.

♀TIP 펀드의 체결일 기준 회계처리는 주식은 3영업일, 채권은 익영업일에 결제하는 것이 일반적이다.

핵심포인트 해설 펀드의 회계처리

(1) 공정가치 평가
① 시장가격으로 평가하는 것이 원칙
② 평가일 현재 신뢰할 만한 시가가 없는 경우에는 이론가격이나 평가위원회의 적정가격으로 평가

(2) 발생주의 회계
① 현금의 수입이나 지출과 관계없이 그 발생 시점에서 손익을 인식하는 방식
　㉠ 수익인식(실현주의) : 결정적 사건 또는 거래가 발생할 때 수익인식
　㉡ 비용인식(수익-비용 대응의 원칙) : 발생한 원가를 그와 관련된 수익이 인식되는 회계기간에 비용으로 인식
② 현금주의 회계처리는 현금의 수입 시점에 수익으로 인식, 현금의 지출 시점에 비용으로 인식하는 방식
　: 펀드의 경우 각 기간에 해당하는 손익이 투자자에게 적절하게 귀속되지 못하는 단점

(3) 체결일 기준 회계처리
① 거래의 이행이 확실시 되는 경우 체결이 확정되는 날에 회계장부에 기록하고 체결일 이후의 손익을 바로 반영하는 방식
② 주식은 3영업일에 결제, 채권은 익영업일에 결제
　　　주문일 +2일　　　　주문일 +1일

(4) GIPS®의 회계처리 규칙
① 자산가치에서 부채가치를 차감한 순자산가치로 평가
② 국내의 경우 순자산가치를 기준가격이라 표현

정답 ③

투자수익률 계산 ★★

다음 중 투자수익률 계산에 대한 내용으로 올바르지 못한 것은?

① 금액가중수익률은 기간별 현금유입액에서 현금유출액을 차감한 순현금흐름을 할인하여 합산한 값을 0으로 만드는 할인율이다.
② 금액가중수익률은 총운용기간 동안 단 한 번만 계산되기 때문에 각 시점별로 성과와 수익률을 비교하기는 어렵다.
③ 시간가중수익률은 펀드의 수익률을 계산한 후 기하학적으로 연결하여 총수익률을 계산한다.
④ 복잡한 기하학적 연결을 한 시간가중수익률보다는 금액가중수익률이 펀드매니저의 운용능력을 평가하기에 적합한 지표이다.

♥ **TIP** 시간가중수익률은 투자자금의 유출입에 따른 수익률 왜곡을 해결하여 펀드매니저의 운용능력을 측정하는 데 적합한 지표이다.

핵심포인트 해설 투자수익률 계산

(1) 금액가중수익률
① 정의 및 특성 — 자금의 투자와 인출을 의미함
  ㉠ 측정기간 동안 얻은 수익금액을 반영하는 성과지표
  ㉡ 펀드매니저와 투자자의 공동의 노력의 결과로 나타나는 수익률 효과가 혼합되어 있음
  ㉢ 각 기간별 현금유입액에서 현금유출액을 차감한 순현금흐름을 할인하여 합산한 값을 0으로 만드는 할인율
② 수 식

$$\text{금액가중수익률} : \sum_{t=0}^{T} \frac{CF_t}{(1+r)^{t/T}} = 0 \text{을 만족하는 } r$$

③ 펀드매니저 평가의 지표로서 한계점
  ㉠ 현금 유·출입 시점 및 규모를 펀드매니저가 결정할 수 없기 때문에 펀드매니저의 의사결정 이외의 변수에 영향을 받음
  ㉡ 총운용기간 동안 단 한 번만 계산되기 때문에 각 시점별로 성과와 수익률을 비교하기 어려움

(2) 시간가중수익률
① 세부기간별 펀드의 수익률을 계산한 후 기하학적으로 연결하여 총수익률 계산(기간이 짧을수록 왜곡 감소)   ― $(1+R_1) \times (1+R_2)\cdots$
② 투자자금의 유출입에 따른 수익률 왜곡을 해결한 방법으로 펀드매니저 운용능력 측정 가능
③ 수 식

• $\dfrac{\text{기말 자산총액(= 배당 + 기말 가격)}}{\text{기초 투자금액(= 기초 투자액} \times \text{주식 수})} - 1 = \text{매기간 수익률}$

• $(1 + 1\text{기간 수익률}) \times (1 + 2\text{기간 수익률}) - 1 = 2\text{기간 모형의 시간가중수익률}$

정답 ④

투자수익률 계산 ★★

다음 중 수익률의 측정과 운용사 수익률에 대한 설명으로 올바르지 못한 것은?

① 산술평균은 제한적인 목적에, 기하평균은 투자성과평가에 적합한 평균수익률이다.
② 성과 측정 시점에 운용되지 않는 펀드들의 수익률이 현재 운용되고 있는 펀드의 성과를 왜곡시킬 수 있기 때문에 운용되고 있는 펀드만으로 성과를 측정하는 것이 바람직하다.
③ 성과 측정 시 운용사 합병이나 펀드매니저 이직으로 인한 성과 측정의 문제점을 고려해야 한다.
④ 성과를 측정하는 기간에 따라 운용성과는 상당한 편차를 보일 수 있기 때문에 측정 기간에 따른 문제점을 고려해야 한다.

♀ TIP 성과 측정 시점에 운용되고 있는 펀드만으로 성과를 측정하는 경우 성과가 좋지 않은 펀드가 해지되어 운용기록으로만 남아 성과가 더 좋은 것처럼 보일 수 있기 때문에 측정 기간 동안의 모든 펀드를 대상으로 성과를 측정하는 것이 바람직하다.

핵심포인트 해설 투자수익률 계산

(1) 수익률 측정 시 고려사항
　① 평균수익률
　　㉠ 산술평균 : 특정한 1년간의 예상수익률을 추정하는 등의 제한적인 목적에 한하여 사용하는 것이 적합
　　㉡ 기하평균 : 연도별 수익률을 사용하여 연평균 수익률을 산출하거나, 투자성과, 미래성과평가에도 적합
　② 연환산 수익률 : 측정기간이 1년 미만의 수익률을 연간 단위로 환산한 것(수익률 확대 표현될 수 있음)
　　　→ 1개월 수익률이 3%일 때 연환산하면 3% × 12 = 36%

(2) 운용사 수익률
　① 의의 : 가입한 펀드의 사후 평가 시 운용사 수익률은 중요하지 않으나, 신규 투자계획 시 운용사 수익률은 중요함
　② 고려사항 → 대부분 수익률 과대측정 가능성이 있음
　　㉠ 대표펀드의 문제 : 운용사 펀드 중 대표펀드만으로 수익률을 계산할 때 나타나는 문제
　　㉡ 생존계정의 오류 : 성과측정 시점에 운용되고 있는 펀드만으로 수익률 계산할 때 나타나는 문제
　　㉢ 성과 이전 가능성 : 운용사 합병이나 펀드매니저 이직으로 인해 발생하는 문제
　　㉣ 시간에 따른 성과 변동의 문제 : 성과를 측정하는 기간에 따라 운용성과는 상당한 편차를 보임

정답 ②

투자위험 ★★★

다음 중 투자위험에 대한 설명으로 올바르지 못한 것은?

① 자산의 절대적 위험을 나타내는 지표로는 표준편차, 하락편차, 적자위험 등이 있다.
② 목표수익률을 추구하는 전략의 경우 위험은 절대적 위험으로 측정하는 것이 적합하다.
③ 기준지표가 미리 정해진 투자, 장기간의 투자 전략의 경우 베타, 상대VaR, 반편차 등으로 측정하는 것이 적합하다.
④ 운용 목표를 절대적인 수익률의 안정성에 두는 전략의 경우 표준편차로 위험을 인식하는 것이 가장 적합한 방법이다.

TIP 기준지표가 미리 정해진 투자, 자산배분전략에 기초한 장기간의 투자 전략의 경우 베타, 잔차위험, 공분산, 상대VaR 등을 사용하여 측정하는 것이 적합하다.

핵심포인트 해설 투자위험

(1) 위험 종류

투자에서 위험이란 목표수익률이 달성되지 않는 모든 경우를 지칭하며, 동일한 용어로 표준편차(총위험), 베타(체계적 위험), 변동성, 민감도(베타, 듀레이션, 델타) 등을 사용함

종류		지표	사용 용도
절대적 위험	전체 위험	• 표준편차	• 수익률의 안정성을 중시하는 전략
	하락 위험	• 절대VaR, 하락편차, 반편차, 적자위험	• 목표수익률을 추구하는 전략 • 보다 정확한 의미의 위험 측정
상대적 위험	전체 위험	• 베타, 잔차위험, 공분산	• 자산배분전략에 기초한 장기투자전략
	하락 위험	• 상대VaR	• 기준지표가 미리 정해진 투자

① 절대적 위험 : 개별자산자체의 위험을 측정한 것
② 상대적 위험 : 수익률 분포를 비교대상과 비교하여 상대적으로 더 위험한지 덜 위험한지 측정
③ 전체 위험 : 수익률 분포가 평균수익률보다 낮거나 높은 경우 모두 위험으로 인식하여 측정
④ 하락 위험 : 전체 위험 중 평균보다 수익률이 낮은 경우만 위험으로 인식하여 측정

(2) 위험지표 정리

① 투자에서는 수익률만큼이나 위험도 중요한 요소로 인식
② 수익률이 동일하다면 위험은 낮을수록 좋음(지배원리)
③ 총위험(표준편차)은 체계적 위험(베타)과 비체계적 위험으로 구분됨
④ 체계적 위험(베타)은 잘 분산된 포트폴리오의 위험을 측정할 때 적합

정답 ③

07

투자위험 ★★★

다음 중 투자위험에 대한 설명으로 올바르지 못한 것은?

① 표준편차는 운용의 목표를 절대적 수익률의 안정성에 두는 경우에 가장 바람직한 지표이다.
② 표준편차의 수익률 분포가 좌로 편중된 경우 평균보다 높은 수익률이 발생할 가능성이 높다.
③ 베타는 민감도를 나타내는 지표로 1보다 큰 경우 공격적으로 운용한 포트폴리오를, 1보다 작은 경우 방어적으로 운용한 포트폴리오를 의미한다.
④ 초과수익률의 변동성을 의미하는 지표인 잔차위험은 작을수록 상대적으로 위험한 자산으로 인식된다.

📍 **TIP** 잔차위험은 변동성이 큰 지표가 상대적으로 위험한 자산으로 인식된다.

핵심포인트 해설 투자위험

(1) 표준편차(Standard Deviation)
  ① 절대적인 위험수준을 나타내는 척도로 변동성을 의미
  ② 투자수익률이 평균으로부터 얼마나 떨어져 있는가를 나타내는 통계지표(표준편차가 클수록 위험이 높음)
  ③ 운용의 목표를 절대적 수익률의 안정성에 두는 경우에 가장 바람직한 위험지표
  ④ 표준편차를 이용하여 측정한 잠재적 손실확률 및 규모(정규분포 가정)
    1σ = 68.3%, 2σ = 95.5%, 3σ = 99.7%
  ⑤ 수익률 분포의 또 다른 통계적 특성
    ㉠ 왜도 : 좌나 우로 얼마나 기울어져 있는지를 측정하는 지표로 우로 편중된 경우 평균보다 낮은 수익률이, 좌로 편중된 경우 평균보다 높은 수익률이 발생할 가능성이 높음
    ㉡ 첨도 : 봉우리가 얼마나 뾰족한가를 측정하는 지표로 뾰족할수록 평균보다 낮은 수익률이, 완만할수록 평균보다 높은 수익률이 발생할 가능성이 높음
    → 수익률 발생 가능성은 편중된 방향의 반대

(2) 베타(Beta)
  ① 펀드수익률이 기준수익률 변동에 대해 어느 정도 민감도를 가지고 있는가를 나타내는 지표
  ② 베타가 1보다 크면 공격적으로 운용한 포트폴리오, 베타가 1보다 작으면 방어적으로 운용한 포트폴리오

(3) 잔차위험(추적오차)
  ① 펀드수익률에서 기준수익률을 차감한 초과수익률의 변동성을 의미하는 지표
  ② 초과수익률의 변동성이 큰 펀드가 상대적으로 위험한 자산으로 인식

(4) 위험지표의 한계
  ① 과거의 지표를 이용하기 때문에 미래의 투자위험을 측정하지 못함
  ② 따라서 다양한 위험지표를 사용하여야 함

정답 ④

08

기준지표 ★★★

다음 중 기준지표에 대한 설명으로 올바르지 못한 것은?

① 성과평가에서 기준지표는 투자전략을 효과적으로 실행했는지를 판단하는 기준이 되는 독립적인 수익률로 정의된다.
② 기준지표는 지표를 구성하는 종목명과 비중이 정확히 표기되어야 하며, 해당 자산들은 실제로 투자 가능한 자산들이어야 한다.
③ 벤치마크는 평가기간이 시작되기 전에 미리 정하는 것이 원칙이나, 시장상황이 급변하는 경우 사후적으로 설정할 수도 있다.
④ 운용에 특이한 제한이 없는 인덱스를 구성하는 경우 가장 바람직한 기준지표는 시장지수를 이용하는 것이다.

TIP 기준지표는 사전적으로 정해져야 하며, 어떠한 경우에도 사후적으로 설정해서는 안 된다.

핵심포인트 해설 기준지표

(1) 의의
① 운용자, 평가자, 투자자에게 펀드운용 및 투자계획, 실행, 점검하는 데 도움이 되는 중요한 수단
② 성과평가에서 기준지표는 '투자전략을 효과적으로 실행했는지를 판단하는 기준이 되는 독립적인 수익률'로 정의

(2) 기준지표의 바람직한 특성
① 명확성 : 기준지표를 구성하는 종목명과 비중이 정확하게 표기되고, 객관적인 방법으로 구성되어야 함
② 투자가능성 : 실행 가능한 투자대안이어야 함
③ 측정가능성 : 공개된 정보로 계산 가능하며, 원하는 기간마다 기준지표 자체 수익률을 계산할 수 있어야 함
④ 적합성 : 기준지표가 매니저의 운용 스타일이나 성향에 적합해야 함
⑤ 투자의견 반영 : 펀드매니저가 현재 벤치마크를 구성하는 종목에 대한 투자지식 필요
⑥ 사전적으로 결정 : 벤치마크는 평가기간이 시작되기 전에 미리 정해야 함

(3) 기준지표의 종류

종류	설명	사례
시장지수	• 자산유형에 소속된 모든 대상 종목을 포함 • 운용에 특이한 제약이 없다면 적합	• 종합주가지수 • 종합채권지수
섹터·STYLE 지수	• 특정 분야나 특정한 성격을 지니는 대상만 포함 • 특정 분야에 집중 투자하는 경우 적합	• 중소형주, 가치주, 성장주, 국공채, 회사채
합성지수	• 2개 이상의 시장지수나 섹터지수를 합성하여 별도로 계산 • 복수의 자산 유형에 투자하는 경우에 적합	• 혼합형 펀드를 위한 벤치마크
정상 포트폴리오	• 일반적인 상황에서 구성하는 포트폴리오 • 채권형 벤치마크로 많이 사용	• KOBI120 • KOBI30
맞춤 포트폴리오	• 특정 펀드의 운용과 평가를 위한 포트폴리오 • 일반성이 적은 펀드를 평가하기 위함	• 동결포트폴리오 • 보험형 • 펀드평가용

정답 ③

기준지표 ★★★

다음 중 기준지표에 대한 설명으로 올바르지 못한 것은?

① 정상 포트폴리오 수익률은 펀드매니저 능력을 평가할 수 있지만, 투자자 입장에서는 명확성과 측정가능성을 충족시키기 어렵다는 한계점이 있다.
② 시장성이 없거나 유동성이 부족한 경우 시장지수보다는 정상 포트폴리오나 동류집단수익률을 기준지표로 사용하는 것이 바람직하다.
③ 주식 포트폴리오 운용상의 제한조건이 있는 경우 시장지수보다는 동류집단수익률을 이용하여 평가하는 것이 바람직하다.
④ 기준지표가 절대적 지표라면, 동류집단수익률은 상대기준 지표로 상대적 성과 우열을 가릴 수 있다.

TIP 주식 포트폴리오에 운용상 투자제한 조건이 있는 경우 시장지수보다는 정상 포트폴리오를 적용하는 것이 바람직하다.

핵심포인트 해설 정상 포트폴리오와 동류집단수익률

(1) 시장지수의 한계점
① 바람직한 기준지표의 속성 중에서 투자가능성은 시장지수를 기준지표로 사용하기에 부적합함
② 시장성이 없거나 유동성이 부족한 경우 시장지수를 기준지표로 적용하기 어려움
③ 회사채지수는 발행량이 적고 거래량도 적어서 펀드매니저가 시장에서 전혀 투자할 수 없는 채권을 많이 포함하여 산출되므로 기준지표로 적용하기 어려움

(2) 정상 포트폴리오 → 시장지수와의 차이점은 운용 제약조건의 유무
① 일반적인 상황에서 선택하는 종목집단으로 채권 포트폴리오의 경우 사전에 승인한 채권 중 매매가 가능할 정도로 유동성이 확보되는 종목만 투자 가능
② 주식 포트폴리오의 경우 운용상 투자제한 조건이 있는 경우 KOSPI를 적용하기보다는 정상 포트폴리오를 적용하여 평가하는 것이 바람직
③ 정상 포트폴리오 수익률은 펀드매니저 능력을 평가할 수 있지만 투자자 입장에서는 명확성과 측정가능성을 충족시키기 어렵다는 한계를 지님

(3) 동류집단수익률
① 투자목적, 투자자산, 투자전략, 투자스타일, 특징 등이 유사한 펀드끼리 묶어놓은 수익률
② 기준지표는 절대적 지표라면, 동류집단수익률은 상대기준 지표로 상대적 성과우열을 가릴 수 있음
③ 투자대상 자산군이나 투자전략을 반영하는 지수가 없는 경우 유용함
④ 장점과 단점

장 점	단 점
• 투자자들을 위한 투자대안으로서 유효하게 달성할 수 있는 포트폴리오 결과물을 의미 • 거래비용을 감안하여 투자자들이 행한 의사결정 반영	• 실시간 기준지표 정보가 없음 • 감시할 수 있는 절차가 없음 • 일부가 탈락함으로써 생존편의 발생 • 복제하거나 투자 불가능 • 운용자가 중립포지션을 취할 수 없음

정답 ③

10 위험조정 성과지표의 유형 ★★★

다음 중 위험조정 성과지표에 대한 설명으로 올바르지 못한 것은?

① 위험조정 성과지표란 위험과 수익률을 동시에 고려하여 측정하는 것을 의미한다.
② 위험조정 성과지표에서 사용하는 위험의 종류에는 표준편차, 베타, 추적오차 등이 있다.
③ 위험조정 수익률은 수익률에서 위험에 따른 적정수익률을 차감하는 형식으로 대표적인 종류에는 젠센의 알파가 있다.
④ 단위 위험당 초과수익률 지표는 초과수익률을 위험으로 나눈 지표로 비율로 표시되며 대표적인 종류에는 샤프비율, 트레이너비율, 효용함수 등이 있다.

♀TIP 단위 위험당 초과수익률 지표의 종류에는 샤프비율, 트레이너비율, 정보비율 등이 있다.

핵심포인트 해설 위험조정 성과지표의 유형

(1) 단위 위험당 초과수익률
① $\frac{\text{초과수익률}}{\text{위험}}$ 의 형태로 가장 널리 쓰이는 위험조정 성과지표
② 샤프비율, 트레이너비율, 정보비율 등이 이에 포함됨
③ 위험을 측정하는 지표에 따라 성과가 다르게 나타날 수 있음
④ 위험을 측정하는 대표적인 지표는 표준편차(총위험), 베타(체계적 위험), 추적오차(잔차위험) 등이 있음

(2) 위험조정 수익률
① 수익률에서 위험에 따른 적정수익률을 차감하는 형태
② 젠센의 알파, 효용함수 등이 포함됨
③ 단순한 비율이 아닌 수익률 형태를 띠고 있으므로 이해하기 용이함
④ 무위험자산에 대한 차입이나 대출 가능성과 관계없음

(3) 위험조정 성과지표에서 주로 사용하는 위험의 종류와 특징
① 표준편차 : 체계적 위험과 비체계적 위험이 결합된 지표로 총위험이라고도 부름
② 베타 : 체계적 위험으로서 더 이상 분산시킬 수 없는 자산의 위험을 측정하는 지표로 민감도를 의미함
③ 추적오차 : 초과수익률의 변동성을 측정하는 지표로, 동일한 초과수익률을 달성한 경우 추적오차(잔차위험)가 더 큰 펀드가 더 위험이 큰 것을 의미함
④ 비체계적 위험 : 분산투자를 통해서 감소시킬 수 있는 위험으로 비체계적 위험이 포함된 자산은 아직 잘 분산되지 않은 자산으로 간주됨

정답 ④

11

젠센의 알파 ★★★

다음 중 젠센의 알파에 대한 설명으로 올바르지 못한 것은?

① 젠센의 알파는 펀드 성과분석 시 상대성과보다는 위험을 고려한 절대성과분석을 중시한다.
② 젠센의 알파는 절대성과분석을 중시하기 때문에 상대적인 능력을 비교해야 하는 펀드매니저의 능력을 측정하기에는 적합하지 않다.
③ 젠센의 알파는 회귀분석을 진행해야 하기 때문에 1개월 이상의 수익률을 30개 정도 사용하는 것이 적합하다.
④ 젠센의 알파는 CML을 통하여 도출한 수식으로 실현수익률에서 적정수익률을 차감하는 방식으로 계산한다.

TIP 젠센의 알파는 SML을 통하여 도출한 수식으로 실현수익률에서 적정수익률을 차감하는 방식으로 계산한다.

핵심포인트 해설 | 젠센의 알파

(1) 젠센의 알파
① 의의 : 부담한 위험수준에 대해 요구되는 수익률보다 펀드가 얼마나 더 높은 수익률을 달성하였는가를 나타내는 값
② 수식 : 증권시장선(SML)의 원리를 활용 → SML(증권시장선)은 위험의 지표로 체계적 위험(베타) 사용

$$\text{젠센의 알파} = \text{실현수익률} - \text{적정수익률}(\cap M)$$
$$= (R_p - R_f) - \beta_p \times (R_m - R_f)$$
$$R_p = \text{실현수익률},\ R_f = \text{무위험수익률},\ R_m = \text{벤치마크수익률},\ \beta_p = \text{베타}$$

③ 특징
  ㉠ 펀드성과분석에서 상대적인 성과보다는 절대적인 성과분석을 중요시함
  ㉡ 펀드매니저 능력을 측정하는 데 사용
  ㉢ 기준지표와 동일한 수익률을 얻게 될 경우 젠센의 알파는 0

(2) 사용 시 유의사항
① 수익률 추정구간 : 젠센의 알파를 추정하기 위한 회귀분석은 정규분포, 독립성 등의 문제를 해결하기 위해서 월간 이상의 기간에 대한 수익률을 이용해야 함
② 분석기간 : 유의적 결과를 도출하기 위해서는 30개 이상의 변수를 사용해야 함(월간수익률 기준 대략 3년)
③ 무위험수익률 : 파산가능성과 이자율위험이 적은 증권을 의미(미국은 T-Bill, 국내는 CD수익률)
④ 기준포트폴리오 수익률 : 펀드의 투자목적에 부합되는 것을 선택해야 함

(3) 펀드매니저 평가 시 문제점
① 사용하는 기준포트폴리오에 따라 매우 상이한 결과가 나올 수 있으므로 적합한 기준포트폴리오를 선정하는 것이 중요
② 회귀분석을 사용하므로 통계적 유의성이 확보되지 않는 경우 그 값의 크기나 부호를 해석하면 안 됨

정답 ④

12

샤프비율 ★★★

다음 중 샤프비율에 대한 설명으로 올바르지 못한 것은?

① 샤프비율은 총위험 한 단위당 어느 정도의 보상을 받았는가 하는 위험보상률을 의미하며 값이 클수록 투자성과가 우수한 것으로 평가된다.
② 샤프비율은 위험을 시장위험뿐만 아니라 총위험으로 규정함으로써 자본시장선의 원리를 이용하여 포트폴리오 성과를 측정하였다.
③ 샤프비율로 펀드 간 성과를 비교하기 위해서는 동일한 운용기간과 기준포트폴리오를 가지고 있어야 한다.
④ 위험을 효과적으로 분산한 투자자의 성과를 측정하기에는 트레이너비율보다 샤프비율이 적합하다.

♀ TIP 샤프비율은 충분하게 분산투자하지 않는 투자자에게 더 적합한 평가 방법이다.

핵심포인트 해설 샤프비율

(1) 의의
총위험 한 단위당 어느 정도의 보상을 받았는가 하는 위험보상률을 의미

(2) 수식
자본시장선(CML)의 원리를 활용 → CML(자본시장선)은 위험의 지표로 총위험(표준편차) 사용

$$\frac{\overline{R_p} - \overline{R_f}}{\sigma_p}$$

$\overline{R_p}$ = 펀드의 평균수익률, $\overline{R_f}$ = 무위험자산의 평균수익률, σ_p = 펀드의 표준편차(총위험)

(3) 특징
① 샤프는 위험을 시장위험뿐만 아니라 총위험으로 규정함
② 비율이 높을수록 위험조정 후 성과가 높음을 의미

(4) 펀드 간의 성과 비교 시 충족 조건
① 운용기간이 동일한 펀드들만 비교 가능
② 평가대상 펀드들은 모두 동일한 기준포트폴리오를 가지고 있어야 함

(5) 활용 시 유의사항
① 수익률 측정기간, 평가대상기간에 따라 상이한 결과 도출될 가능성이 있음
② 적어도 3년 이상의 기간 동안 월간수익률로 측정해야 함(정규분포의 특성)
③ 충분하게 분산투자하지 않는 투자자에게 샤프비율이 트레이너비율보다 적합한 평가 방법임

정답 ④

13

> 트레이너비율 ★★★

다음 중 트레이너비율에 대한 설명으로 올바르지 못한 것은?

① 트레이너비율은 체계적 위험 한 단위당 실현된 위험 프리미엄을 의미하는 지표이다.
② 샤프비율은 위험의 지표를 총위험으로, 트레이너비율은 체계적 위험으로 사용함에도 불구하고 완전하게 분산투자하고 있다면 두 지표에 의한 평가 결과는 유사해진다.
③ 젠센의 알파와 트레이너비율은 자본시장선의 원리를 활용했으며 위험을 측정하는 지표로 체계적 위험을 사용했다.
④ 젠센의 알파와 트레이너비율은 체계적 위험의 정도가 유사하다면 두 지표에 의한 평가순위는 유사하게 나타난다.

♀ TIP 젠센의 알파와 트레이너비율은 증권시장선의 원리를 활용한 지표이다.

핵심포인트 해설 트레이너비율

(1) 트레이너비율
① 의의 : 체계적 위험 한 단위당 실현된 위험 프리미엄을 의미하는데 그 값이 클수록 성과가 우월함
② 수식 : 증권시장선(SML)의 원리를 활용

$$트레이너비율 = (\overline{R_p} - \overline{R_f})/\beta_p$$

③ 특징
 ㉠ 포트폴리오가 잘 분산되었다면 비체계적 위험은 제거된다는 생각에 근거함
 ㉡ 비율이 높을수록 위험조정 후 성과가 높음을 의미   ㉢ 펀드매니저의 성과를 평가할 수 있음
④ 활용 시 유의사항
 ㉠ 수익률 측정기간 및 평가대상기간에 따라 상이한 결과가 나타날 수 있음
 ㉡ 적어도 3년 이상 월간수익률로 측정해야 함(정규분포 가정)
 ㉢ 충분히 잘 분산된 투자는 트레이너비율에 의한 평가와 샤프비율에 의한 평가가 유사함

(2) 샤프비율과 트레이너비율 비교

구 분	샤프비율	트레이너비율
차이점	총위험(표준편차)	체계적 위험(베타)
특 징	• 소수종목에 투자할 경우 트레이너비율과 샤프비율에서 서로 다른 결과가 나올 수 있음 • 완전하게 분산투자하고 있다면 두 지표에 의한 평가결과가 유사해짐	

(3) 젠센의 알파와 트레이너비율의 비교

구 분	젠센의 알파	트레이너비율
차이점	체계적 위험 부담에 따른 요구수익률과 수익률의 차이 (초과수익률)인 절댓값 평가	체계적 위험에 대한 무위험초과수익률인 상대적 비율 평가
특 징	• 증권시장선의 원리를 활용한 지표 • 체계적 위험의 정도가 유사하다면 두 평가지표에 의한 평가순위는 유사	

정답 ③

14

> 정보비율 ★★

다음 중 위험조정 성과지표에 대한 설명으로 올바르지 못한 것은?

① 초과수익률을 이용한 정보비율은 펀드의 수익률에서 기준지표 수익률을 차감한 값을 잔차위험으로 나누어 계산한다.
② 소티노 비율은 펀드의 평균수익률에서 최소 수용 가능 수익률을 차감한 값을 하락편차로 나누어 계산하는데 이 값이 클수록 커다란 손실이 발생할 가능성이 높다는 의미이다.
③ 소티노 비율과 RAROC는 하락위험이 가지는 장점을 이용한 지표로 각각 하락편차와 VaR을 사용한다.
④ 수익률 분포가 정규분포를 따르지 않는 경우 소티노 비율이 샤프비율보다 더 유용한 지표이다.

♀ TIP 소티노 비율의 값이 클수록 커다란 손실이 발생할 가능성이 낮다는 의미이다.

핵심포인트 해설 정보비율과 하락위험을 이용한 지표

(1) 정보비율
① 의의 : 펀드의 위험조정 후 수익률이 잔차위험 또는 분산 가능한 위험에 대한 노출로 달성된 것인가를 파악
② 형태

  ㉠ 초과수익률 이용한 정보비율 : $\dfrac{\text{펀드수익률} - \text{기준지표 수익률}}{\text{잔차위험}}$

  ㉡ 회귀분석모형을 이용한 정보비율 : $\dfrac{\text{젠센의 알파}}{\text{잔차의 표준편차}}$

(2) 하락위험을 이용한 평가지표
① 소티노 비율 → 높을수록 손실 발생가능성이 낮음
  ㉠ 의의 : 최소 수용 가능 수익률을 초과하는 수익률을 하락위험으로 나눈 비율로 '수익률 대 나쁜 변동성'을 의미
  ㉡ 수식

  $$\dfrac{\text{펀드의 평균수익률} - \text{최소 수용 가능 수익률}}{\text{하락편차}}$$

  ㉢ 특징
    • 샤프비율보다 더 나은 방법으로 위험을 평가하나 하락편차보다는 표준편차가 보다 널리 인지되어 있기 때문에 샤프비율이 더 널리 이용됨
    • 수익률 분포가 정규분포를 따르지 않는 경우 소티노 비율이 샤프비율보다 유용함
② RAROC
  ㉠ 의의 : VaR을 분모로 사용하는 위험지표
  ㉡ 수식

  $$\dfrac{\text{펀드수익률} - \text{무위험이자율}}{\text{VaR}}$$

정답 ②

15

성과특성 분석 ★★★

다음 중 성과특성 분석에 대한 설명으로 올바르지 못한 것은?

① 포트폴리오 수익률은 시장 인덱스수익률, 종목선정효과, 스타일효과를 더한 것으로 성과 분해될 수 있다.
② 종목선정효과는 포트폴리오 수익률에서 기준지표 수익률을 차감한 값으로 펀드매니저의 능력을 확인할 수 있다.
③ 스타일효과는 기준지표 수익률에서 시장인덱스 수익률을 차감한 값으로 별도의 기준 수익률을 택함으로써 나타나는 초과수익률을 확인할 수 있다.
④ 인덱스 펀드의 경우 적극적 운용을 하지 않기 때문에 종목선정효과는 나타나지 않으나, 어떤 스타일로 운용했는가에 따라 스타일효과는 다르게 나타난다.

TIP 인덱스 펀드의 경우 종목선정효과와 스타일효과 모두 나타나지 않는다.

핵심포인트 해설 성과특성 분석

(1) 성과요인 분석
수익률에 영향을 주는 원인이나 요인을 확인하고 달성한 총 수익률을 분해하여 각각의 성과요인별로 할당하는 활동

(2) 기준지표를 이용한 성과분해
① 의의 : 시장지수와 다른 기준지표를 택함으로써 성과에 어떤 영향을 주었는지를 분석

$$P = P - B + B$$
$$= M + (B - M) + (P - B)$$
$$= M + S + A$$

P = 포트폴리오 수익률, B = 기준지표 수익률, M = 시장 인덱스수익률,
A = 펀드매니저의 능력(포트폴리오 수익률 - 기준지표 수익률),
S = 별도의 기준 수익률을 택함으로써 나타나는 초과수익률(기준지표 수익률 - 시장 인덱스수익률)

② 성과분해
  ㉠ A = P - B로서 종목선정효과로 불림
  ㉡ S = B - M으로서 스타일효과로 불림
  ㉢ 인덱스 펀드의 경우 B와 M이 동일한 값을 갖고, 적극적 운용을 하지 않기 때문에 종목선정효과나 스타일효과는 없는 것으로 나타남

정답 ④

16 시장예측능력과 종목선정능력 ★★

다음 중 시장예측능력과 종목선정능력에 대한 설명으로 올바르지 못한 것은?

① 포트폴리오의 성과는 크게 시장을 예측하는 능력과 종목선정능력으로 구분할 수 있다.
② 시장예측능력은 시장의 흐름을 예측하여 적극적인 운용을 취하는 전략으로 저가매수, 고가매도 전략과 강세장에서는 민감도를 높이고, 약세장에서는 민감도를 낮추는 전략을 취한다.
③ 시장예측능력을 평가하는 수리모형에는 Treynor-Mazuy, Henriksson-Merton, 젠센의 알파가 있다.
④ 종목선정능력은 시장의 흐름과 무관하게 우수한 종목을 선정하여 기준지표보다 높은 성과를 얻을 수 있는 능력을 의미한다.

TIP 젠센의 알파는 종목선정능력을 나타내는 지표이다.

핵심포인트 해설 시장예측능력과 종목선정능력

(1) 시장예측능력
① 의의 : 시장의 흐름을 예측하고 적극적인 시장대응으로 초과수익을 창출
② 전략
  ㉠ 저점에 매수하고 고점에 매도하는 전략
  ㉡ 강세장에서는 높은 민감도로 운영, 약세장에서는 낮은 민감도로 운영
  ㉢ 이와 같은 전략으로 지속적인 성과를 거두는 펀드는 소수에 불과
③ 수리모형
  ㉠ Treynor-Mazuy 모형은 주가상승기에는 주식투자비중을 증가(민감도를 높임)시키고, 주가하락기에는 주식투자비중을 감소(민감도를 낮춤)시키는 액티브 전략을 채택
  ㉡ Henriksson-Merton 모형은 시장예측능력이 있는 펀드매니저는 기준수익률이 상승하는 시기의 시장민감도가 기준수익률이 하락하는 시기의 시장민감도보다 높도록 관리

(2) 종목선정능력
① 의의 : 시장의 흐름과 무관하게 우수한 종목선정으로 기준지표보다 좋은 성과를 얻음
② 수리모형
  ㉠ 젠센의 알파는 체계적 위험이 요구하는 수익률을 초과한 정도를 나타내는 지표로 종목선정능력을 나타냄
  ㉡ 젠센의 알파는 순수하게 종목선정활동을 행한 펀드에 대해서만 판단 가능

정답 ③

자산운용 권한별 성과기여도 분석 ★★★

다음 중 성과기여도 분석에 대한 설명으로 올바르지 못한 것은?

① 투자성과는 전략적 자산배분, 전술적 자산배분, 증권선택과 같은 활동별로 평가해야 한다.
② 장기적 의사결정인 전략적 자산배분의 총수익률은 전략적 자산구성 비율에 기준지표 수익률을 곱한 값의 총합으로 계산한다.
③ 펀드매니저의 종목선정능력은 실제수익률에서 기준지표 수익률을 차감한 값에 전술적 자산구성비율을 곱하여 계산한다.
④ 전술적 자산배분수익률은 '(전략적 자산구성비율 − 전술적 자산구성비율) × (기준지표수익률 − 전술적 자산배분 총수익률)'로 계산한다.

♀ TIP 전술적 자산배분수익률은 '(전술적 자산구성비율 − 전략적 자산구성비율) × (기준지표수익률 − 전략적 자산배분 총수익률)'로 계산한다.

핵심포인트 해설 자산운용 권한별 성과기여도 분석

(1) 평가의 기본원칙
① 투자성과는 전략적 자산배분, 전술적 자산배분, 증권선택과 같은 활동별로 공헌도를 구분하여 평가를 해야 함
② 여러 단계의 의사결정을 거치는 경우 주어진 역할에 대해서만 평가해야 함

(2) 자산배분전략에 대한 성과평가
① 전략적 자산배분
  ㉠ 장기적 투자자산의 구성을 결정하는 것이 중요
  ㉡ 성과를 단기적으로 평가할 수는 없음

  - 자산군별 전략적 자산배분수익률 = 전략적 자산구성비율 × 기준지표수익률
  - 전략적 자산배분의 총수익률 = 자산군별 전략적 자산배분수익률의 합

② 전술적 자산배분
  ㉠ 기금운용자는 시장상황의 변화를 적극적으로 활용하여 수익을 제고
  ㉡ 자산집단 간의 상대적인 가치변화를 적극적으로 활용하는 투자행위

  전술적 자산배분수익률 = (전술적 자산구성비율 − 전략적 자산구성비율)
                    × (기준지표수익률 − 전략적 자산배분 총수익률)

③ 실제 포트폴리오
  ㉠ 실무자인 펀드매니저는 자산구성을 변경할 수는 없고 종목선정만 가능
  ㉡ 따라서 펀드매니저는 자산배분의 성과를 제외한 종목선정의 성과만으로 평가해야 함

  자산군별 선택능력에 의한 수익률
  = (실제수익률 × 전술적 자산구성비율) − (기준지표수익률 × 전술적 자산구성비율)
  = (실제수익률 − 기준지표수익률) × 전술적 자산구성비율

정답 ④

18 포트폴리오 및 스타일 분석 ★★

다음 중 포트폴리오 및 스타일 분석에 대한 설명으로 올바르지 못한 것은?

① 포트폴리오 분석은 성과를 분석하기보다는 포트폴리오 자체의 특성을 분석하는 것이다.
② 포트폴리오 분석을 통해 펀드의 특성과 위험은 관리할 수 있지만 성과요인 분석은 스타일 분석을 통해서만 확인할 수 있다.
③ 스타일 분석을 통해 성과의 원인 분석 및 펀드 성격에 대한 추가적인 이해도 가능하다.
④ 주식의 스타일은 일반적으로 안정적 성장과 고배당을 실시하는 가치주와 높은 주가 성장성을 기대하는 성장주로 구분한다.

♀ TIP 성과요인 분석은 포트폴리오 분석 및 스타일 분석 모두에서 가능하다.

핵심포인트 해설 포트폴리오 및 스타일 분석

(1) 포트폴리오 분석
① 의의 : 포트폴리오 분석은 결과물이 아닌 포트폴리오 자체의 특성을 분석하는 것
② 분석 순서
  ㉠ 펀드 내 자산의 배분비율 및 배분비율의 변화추이를 분석하는 것에서부터 시작
  ㉡ 투자자산을 세분화하여 종류별, 업종별 등으로 분석하고 개별 종목별 비중 및 변화추이 등도 분석
③ 분석기법 : 회전율, 운용비용, 시가괴리율, 평균부도율 등을 이용하여 포트폴리오 특성 분석
④ 분석의 활용
  ㉠ 운용전략을 개괄적으로 파악
  ㉡ 펀드의 특성 파악 및 위험관리
  ㉢ 펀드의 성과원인의 구체적 파악

(2) 스타일 분석 → 펀드의 특징과 성과원인을 가장 잘 설명함
① 의의 : 성과에 가장 큰 요인을 주는 변수를 골라내 이를 기준으로 펀드를 분류하는 기법
② 분석의 활용
  ㉠ 자산배분전략 수립을 위한 스타일별 입력변수의 추정
  ㉡ 보유 펀드에 대한 모니터링
  ㉢ 펀드 성격에 대한 추가적인 이해
  ㉣ 성과의 원인분석
  ㉤ 스타일 펀드의 평가
③ 주식스타일
  ㉠ 가치주 : 안정적 성장과 고배당을 실시하는 주식 예 저PER, 저PBR, 고배당주
  ㉡ 성장주 : 높은 주가 성장성이 기대되는 주식 예 고PER, 고PBR

정답 ②

출제예상문제

☑ 다시 봐야 할 문제(틀린 문제, 풀지 못한 문제, 헷갈리는 문제 등)는 문제 번호 하단의 네모박스(□)에 체크하여 반복학습 하시기 바랍니다.

01 중요도 ★★★
다음 중 성과평가 프로세스에 대한 설명으로 올바르지 못한 것은?

① 성과평가는 자산의 수익률뿐만 아니라 운용자의 수익률도 측정할 수 있어야 하며 운용자 단위로 산출된 금액가중수익률을 사용해야 한다.
② 수익률의 변동성은 절대적인 위험뿐만 아니라 기준지표와 비교한 상대적인 위험도 추가로 측정해야 한다.
③ 성과 비교의 대상에는 수익률과 위험의 크기 모두 고려되어야 한다.
④ 수익률을 달성한 구체적인 능력이나 원천을 알기 위해서는 성과요인 분석을 추가적으로 행하여야 한다.

02 중요도 ★★
다음 중 내부성과평가의 특징으로만 올바르게 연결된 것은?

가. 운용 시작 전에 기준지표를 정의
나. 초과수익률은 '실현수익률 − 기준지표수익률'로 측정
다. 사후적 증권특성선상의 잔차위험으로 성과 측정
라. 단기적 타이밍 및 종목선정능력 분석

① 가, 나   ② 가, 다
③ 나, 라   ④ 다, 라

03 중요도 ★★★
다음 중 펀드의 회계처리에 대한 설명으로 올바르지 못한 것은?

① 시가가 없는 경우 펀드의 가치를 평가하는 방법에는 공정가치 평가 방법을 보완적으로 사용한다.
② 펀드의 회계처리는 고객이 계좌에 입금하는 순간 계약이 체결된 것으로 하는 것이 원칙이다.
③ 거래이행이 확실시되는 경우에는 체결이 확정되는 날에 회계장부에 기록하고 체결일 이후의 손익을 반영하는 방식은 체결일 기준 회계처리이다.
④ 자산가치에서 부채가치를 차감한 것을 순자산가치라고 하며, 이를 기준으로 펀드의 성과를 평가한다.

04 중요도 ★★★
다음 펀드의 증감내역을 시간가중수익률로 계산한 것으로 가장 올바른 것은?

시 점	펀드자금의 증감	주당 시장가격	주당배당금	펀드 주식수
0	+50,000	50,000	0	2
1	+60,000	60,000	2,000	2

① 19% ② 20%
③ 22% ④ 24%

05 중요도 ★★★
다음 중 금액가중수익률 대한 설명으로 올바르지 못한 것은?

① 금액가중수익률은 측정기간 동안 얻은 수익금액을 반영하는 성과지표이다.
② 금액가중수익률은 펀드매니저와 투자자의 공동의 노력의 결과로 나타나는 수익률 효과가 혼합되어 있다.
③ 금액가중수익률로 펀드매니저를 평가할 경우 펀드매니저가 자금의 유·출입을 통제할 수 없기 때문에 성과를 측정하는 데 적합하지 않다.
④ 금액가중수익률은 운용기간 도중 각 시점별로 펀드의 성과와 시장수익률을 비교하기에 편리하다.

정답 및 해설

01 ① 운용자별 수익률을 측정하기 위해서는 시간가중수익률을 사용하는 것이 적합하다.
02 ① '다, 라'는 외부성과평가의 특징이다.
03 ② 보기는 현금주의 방식인데, 펀드의 회계처리는 현금의 흐름과는 관계없이 사건이 발생한 순간을 인식하는 발생주의 회계원칙을 따르고 있다.
04 ④ $\dfrac{2,000 \times 2 + 120,000}{100,000} - 1 = 24\%$
05 ④ 금액가중수익률은 운용기간 도중 각 시점별로 펀드의 성과와 시장수익률을 비교하기 어렵다.

06 중요도 ★★
다음 중 대표적인 펀드들만 성과평가 기간 중에 생존함으로써 발생하는 문제점을 표현한 용어로 가장 적절한 것은?

① 대표펀드
② 생존계정의 오류
③ 성과의 이전 가능성
④ 시간에 따른 성과 변동의 문제

07 중요도 ★★★
다음에서 설명하는 위험의 지표로 가장 적절한 것은?

> 전체위험을 설명하는 지표로 수익률의 안정성을 중시하는 전략의 경우 가장 적합한 지표이다.

① 표준편차
② 베타
③ 잔차위험
④ 공분산

08 중요도 ★★★
다음 절대적 위험 중 하락위험을 측정하는 지표로만 올바르게 연결된 것은?

① 표준편차, 반편차
② 절대VaR, 베타
③ 하락편차, 반편차
④ 베타, 잔차위험

09 중요도 ★★★
다음 중 절대적 위험에 대한 설명으로 올바르지 못한 것은?

① 정규분포의 첨도는 3이며, 정규분포보다 뾰족한 높은 봉우리를 가지는 분포의 경우 평균보다 낮은 수익률이 발생할 가능성이 높다는 것을 의미한다.
② 왜도가 음(−)의 값을 가져서 분포가 오른쪽으로 편중된 경우에는 평균보다 낮은 수익률이 발생할 가능성이 높다는 것을 의미한다.
③ 왜도가 음(−)의 값을 가지거나 첨도가 3 이상의 값을 가지는 수익률 분포의 경우 표준편차로 위험을 측정하게 되면 실제보다 과대평가된다.
④ 하락편차는 수익률이 최소수용가능수익률 이하로 하락하는 경우만을 대상으로 표준편차를 계산한 것을 말한다.

10 중요도 ★★★
다음 중 상대적 위험에 대한 설명으로 올바르지 못한 것은?

① 액티브 운용을 하는 포트폴리오는 베타가 1보다 큰 주식들을 주로 편입한다.
② 인덱스 펀드는 베타가 1보다 작은 주식들을 주로 편입한다.
③ 초과수익률의 변동성을 추정하는 지표는 추적오차이다.
④ 펀드와 기준지표와의 통계적인 상관관계를 이용하여 측정하는 지표는 공분산이다.

11 중요도 ★★★
다음 중 기준지표의 특성에 대한 설명으로 올바르지 못한 것은?

① 기준지표를 구성하고 있는 종목명과 비중이 정확하게 표시되어야 한다.
② 공개된 정보로부터 계산할 수 있다면 가상의 지표도 가능하다.
③ 기준지표가 매니저의 운용 스타일이나 성향에 적합하여야 한다.
④ 벤치마크는 평가기간이 시작되기 전에 미리 정해져야 한다.

12 중요도 ★★★
기준지표의 속성 중 '투자가능성'으로 인해 시장지수를 사용할 수 없는 경우 대체 지표로 사용할 수 있는 종목집단으로 가장 적절한 것은?

① 섹터지수 ② 합성지수
③ 정상 포트폴리오 ④ 맞춤 포트폴리오

정답 및 해설

06 ② 성과평가 기간 중 생존한 계정만으로 성과를 평가하여 과대평가되는 문제를 생존계정의 오류라고 한다.
07 ① 수익률의 안정성을 중시하는 전략에서 사용하기에 가장 적합한 위험 측정 지표는 표준편차이다.
08 ③ 절대적 위험 중 하락위험을 측정하는 지표에는 절대VaR, 하락편차, 반편차, 적자위험 등이 있다.
09 ③ 왜도가 음(−)의 값을 가지거나 첨도가 3 이상의 값을 가지는 수익률 분포의 경우 표준편차로 위험을 측정하게 되면 실제보다 과소평가된다.
10 ② 인덱스 펀드는 베타가 1인 주식들을 편입하여 시장의 움직임을 추종한다.
11 ② 기준지표는 실행 가능한 투자대안이어야 한다. 즉, 투자 가능해야 한다.
12 ③ 투자가능성으로 인해 시장지수를 기준지표로 사용하기 힘든 경우 일반적으로 정상 포트폴리오를 구성하여 기준지표를 대체한다.

13 중요도 ★★★
다음 중 동류집단수익률에 대한 설명으로 올바르지 못한 것은?

① 실시간으로 기준지표에 대한 정보를 얻을 수 없다.
② 거래비용을 감안하며 투자자들이 행한 의사결정을 반영한다.
③ 복제하거나 투자하는 것이 가능하다.
④ 중립포지션이 알려져 있지 않아, 운용자가 중립포지션을 취하는 것이 불가능하다.

14 중요도 ★★★
다음 중 단위 위험당 초과수익률로만 올바르게 묶인 것은?

| ㉠ 샤프비율 | ㉡ 젠센의 알파 |
| ㉢ 트레이너비율 | ㉣ 정보비율 |

① ㉡
② ㉠, ㉡
③ ㉠, ㉡, ㉢
④ ㉠, ㉢, ㉣

15 중요도 ★★★
기준지표수익률이 10%, 베타 1.5, 무위험수익률 5%일 때 펀드의 실현수익률이 5%라면 다음 중 올바르게 설명한 것은?

① 적정수익률은 12.5%이다.
② 젠센의 알파에 의하면 위험을 감안하고도 추가적인 수익률을 달성하였다.
③ 젠센의 알파는 7.5%이다.
④ 젠센의 알파는 자본시장선에서 도출되었다.

16 중요도 ★★
다음 중 젠센의 알파에 대한 설명으로 올바르지 못한 것은?

① 젠센의 알파는 위험을 총위험으로 측정한다.
② 젠센의 알파는 정규분포가 충족되어야만 수익률을 추정할 수 있다.
③ 젠센의 알파는 위험조정수익률 지표이다.
④ 젠센의 알파가 높을수록 우수한 펀드로 인식한다.

17 중요도 ★★
다음 중 샤프비율에 대한 설명으로 올바르지 못한 것은?

① 자본시장선을 통하여 도출한 성과지표이다.
② 운용기간이 동일한 경우에만 샤프비율을 통한 비교가 가능하다.
③ 총위험 한 단위당 어느 정도의 보상을 받았는가 하는 위험보상을 의미한다.
④ 충분하게 분산투자한 투자자에게 적합한 평가방법이다.

18 중요도 ★★★
다음 중 위험을 체계적 위험으로 평가한 위험조정 성과지표로만 올바르게 묶인 것은?

① 샤프비율, 젠센의 알파
② 젠센의 알파, 트레이너비율
③ 정보비율, 샤프비율
④ 젠센의 알파, 정보비율

19 중요도 ★★★
다음 ( )에 들어갈 말로 가장 적절한 것은?

> 완전하게 분산투자된 자산의 경우 (가)와/과 (나)에 의한 평가 결과는 큰 차이가 없으며, 부담한 체계적 위험의 정도가 유사하다면 (다)와/과 (라)의 결과 또한 유사하게 나타난다.

	가	나	다	라
①	젠센의 알파	트레이너비율	샤프비율	정보비율
②	샤프비율	젠센의 알파	젠센의 알파	트레이너비율
③	샤프비율	정보비율	젠센의 알파	트레이너비율
④	샤프비율	트레이너비율	젠센의 알파	트레이너비율

정답 및 해설

13 ③ 동류집단수익률은 투자 가능하거나 복제하는 것이 불가능하다는 단점을 갖는다.
14 ④ 젠센의 알파는 위험조정수익률 지표이다.
15 ① 적정수익률은 '5% + (10% − 5%) × 1.5 = 12.5%'이며 이때 펀드의 실현수익률이 5%라면 젠센의 알파는 '5% − 12.5% = −7.5%'로 위험을 감안한 요구수익률보다 낮은 성과를 보였다.
16 ① 젠센의 알파는 위험을 체계적 위험으로 측정한다.
17 ④ 충분하게 분산투자하지 않은 투자자에게는 샤프비율이, 충분하게 분산투자한 투자자에게는 트레이너비율이 적합하다.
18 ② 증권시장선을 통하여 도출한 젠센의 알파와 트레이너비율은 위험을 체계적 위험으로 측정하였다.
19 ④ 완전하게 분산투자된 자산의 경우 (샤프비율)과 (트레이너비율)에 의한 평가 결과는 큰 차이가 없으며, 부담한 체계적 위험의 정도가 유사하다면 (젠센의 알파)와 (트레이너비율)의 결과 또한 유사하게 나타난다.

20 중요도 ★★
다음과 같을 때 펀드에 대한 위험조정성과평가의 설명으로 올바르지 못한 것은?

구 분	A펀드	B펀드	C펀드	D펀드
젠센의 알파	3	2	1.5	4
샤프비율	5	4	2	3
트레이너비율	2	4	1	2

① A펀드와 B펀드의 젠센의 알파와 트레이너비율의 결과 값이 다르게 나타난 것은 서로 부담한 체계적 위험의 크기가 다르기 때문이다.
② 샤프비율에 의하면 A펀드가 가장 우수한 펀드이다.
③ B펀드의 경우 샤프비율과 트레이너비율의 값이 동일한 이유는 완전히 잘 분산된 포트폴리오를 구성하였기 때문이다.
④ 젠센의 알파에 의하면 C펀드가 가장 우수한 펀드이다.

21 중요도 ★★★
다음 중 위험조정 성과지표와 그 위험이 올바르게 연결된 것은?

가. 샤프비율	나. 젠센의 알파
다. 정보비율	라. 소티노 비율
ㄱ. 베타	ㄴ. 표준편차
ㄷ. 잔차위험	ㄹ. 하락편차

① 가 - ㄱ, 나 - ㄷ, 다 - ㄹ, 라 - ㄴ
② 가 - ㄴ, 나 - ㄱ, 다 - ㄷ, 라 - ㄹ
③ 가 - ㄴ, 나 - ㄷ, 다 - ㄱ, 라 - ㄹ
④ 가 - ㄹ, 나 - ㄱ, 다 - ㄷ, 라 - ㄴ

22 중요도 ★★★
다음 중 시장의 움직임을 예측한 결과 상승장이 될 경우 가장 높은 성과를 보일 것으로 예상되는 포트폴리오는?

① 민감도가 낮은 자산위주로 매수한다.
② 민감도가 낮은 자산위주로 매도한다.
③ 민감도가 높은 자산위주로 매수한다.
④ 민감도가 높은 자산위주로 매도한다.

23 중요도 ★★★
다음 중 스타일 분석의 활용방안에 대한 설명으로 올바르지 못한 것은?

① 펀드의 초과수익률 달성 여부를 판단하기 위해
② 펀드 성격에 대한 추가적인 이해를 위해
③ 자산배분 전략 수립을 위한 스타일별 입력 변수를 추정하기 위해
④ 펀드 목적에 부합 여부를 확인하기 위해

정답 및 해설

20 ④ 젠센의 알파에 의하면 D펀드가 가장 우수한 펀드이다. 위험조정 성과지표는 모든 지표가 값이 클수록 우수한 펀드를 의미한다.
21 ② 가. 샤프비율 - ㄴ. 표준편차
    나. 젠센의 알파 - ㄱ. 베타
    다. 정보비율 - ㄷ. 잔차위험
    라. 소티노 비율 - ㄹ. 하락편차
22 ③ 시장이 상승장이 될 경우 포트폴리오의 민감도를 높게 운용하는 것이 가장 적합한 방식이기 때문에 민감도가 높은 자산위주로 매수하여 포트폴리오의 민감도를 높이는 방식이 가장 높은 성과를 얻을 수 있다.
23 ① 스타일 분석은 펀드의 초과수익률 달성 여부를 판단하기 위해서 활용하기보다는 세부 스타일별 성과의 원인을 파악하기 위해 분석해야 한다.

제 9 장 거시경제

학습전략

거시경제는 제3과목 전체 50문제 중 총 **4문제**가 출제된다.

경제모형과 경제정책의 분석(IS-LM)모형에서 비교적 많은 문제가 출제되며 중요한 내용이 많이 포함되어 있다. IS곡선과 LM곡선의 이동과 정책의 효과에 대한 깊은 이해가 필요하며 유동성 함정과 구축효과 및 통화정책의 중간목표에 대해서도 알아두어야 한다.

이자율의 결정변화에서는 이자율의 개념에 대한 많은 이론, 특히 이자율의 기간구조이론에 대해 숙지해야 한다. 이자율의 변동요인분석에서는 경기변동, 물가(기대인플레이션율), 통화량, 환율 등에 따라 이자율이 어떤 영향을 받는지를 학습해야 한다.

경기변동과 경기예측에서는 거시경제의 가장 중요한 핵심인 국민소득과 고용, 실업률에 대해서 묻는 문제가 많이 출제되며, 통화유통속도, 경기순환, 계량적 방법 등에 대해서도 이해하도록 한다.

출제비중

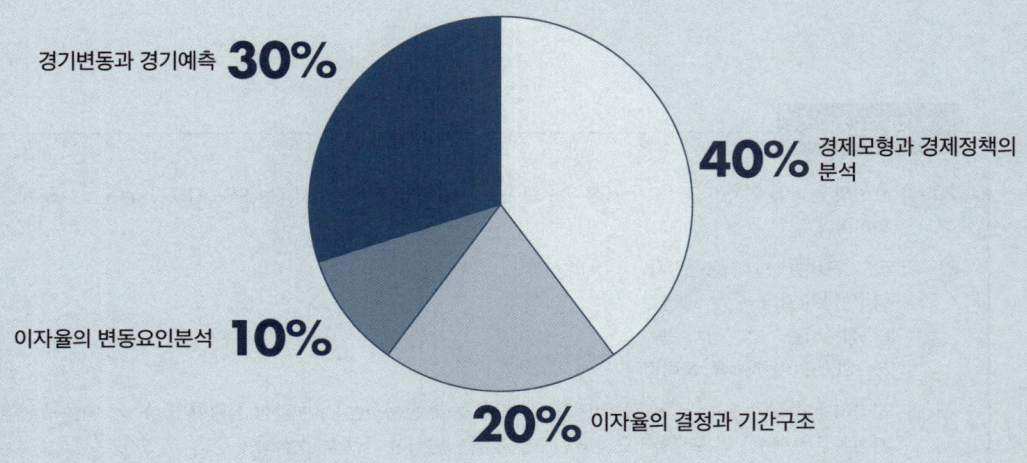

- 경기변동과 경기예측 **30%**
- 경제모형과 경제정책의 분석 **40%**
- 이자율의 결정과 기간구조 **20%**
- 이자율의 변동요인분석 **10%**

출제포인트

구 분	출제포인트	중요도
경제모형과 경제정책의 분석 (40%)	01 경제분석의 방법 02 재화시장의 균형 : IS곡선 03 화폐시장의 균형 : LM곡선 04 거시경제정책의 효과 05 재정정책과 통화정책에 대한 논의 06 통화정책의 중간목표	★ ★★ ★★ ★★★ ★★★ ★★
이자율의 결정과 기간구조 (20%)	07 이자율의 성립 08 이자율의 결정이론 09 이자율의 기간구조이론	★ ★★★ ★★
이자율의 변동요인분석 (10%)	10 이자율의 변동요인분석	★★★
경기변동과 경기예측 (30%)	11 주요경제변수와 계절조정법 12 경기지수, 물가지수 및 통화 관련 지표 13 경기순환 14 경기전망을 위한 계량적 방법	★ ★★ ★★★ ★★★

01 경제분석의 방법 ★

IS-LM모형을 통해 파악할 수 있는 것은 무엇인가?

① 균형국민소득의 크기
② 수요부족경제의 원인
③ 총수요와 총공급의 관계
④ 물가의 변동 요인

♀ TIP IS-LM모형을 통해 균형국민소득의 크기를 파악할 수 있다.

핵심포인트 해설 거시경제시장과 균형분석

(1) 경제시장 분류

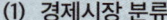

거시경제시장
- ① 노동시장 + 총생산함수 ⇨ 총공급(AS)
- ② 생산물시장 ⇨ IS곡선
- ③ 화폐시장 ⇨ LM곡선 — 총수요(AD)
- ④ 채권(외환)시장 ⇨ 왈라스 법칙(Walras' Law) 적용

⇨ 균형분석

n개의 시장이 있을 때 (n-1)개의 시장이 균형 상태에 있다면 나머지 한 개의 시장은 자동적으로 균형 상태를 이룸

(2) IS-LM모형을 통한 균형국민소득 분석
① 경제에는 상품 및 서비스 거래 시장인 재화시장과 화폐 거래 시장인 화폐시장이 존재
② 재화시장에서 상품과 서비스의 최종거래로 국민소득 형성
③ 총수요는 실물과 화폐 거래의 증가로 좋은 경기 형성
④ 총공급은 노동과 자본의 투입으로 생산되며, 생산함수를 통해 규정
⑤ 재화시장, 화폐시장, 노동시장 등 개별시장은 5단계 경제분석 방법을 통해 분석 가능
⑥ IS곡선과 LM곡선은 재화시장과 화폐시장의 동시균형에서 총수요의 크기 결정
⑦ 총공급의 크기는 노동시장과 생산함수를 통해 결정
⑧ 현대 선진국형 경제에서는 수요부족경제로 균형의 크기는 수요의 크기에 의해 결정
⑨ IS-LM모형을 통해 균형국민소득의 크기 파악 가능
⑩ 물가가 변동하는 경우 총수요-총공급모형을 통해 균형국민소득 분석 가능
⑪ 물가불변 가정하의 선진국 수요부족경제를 대상으로 한 IS-LM모형의 분석에 초점을 둠

정답 ①

재화시장의 균형 : IS곡선 ★★

재화시장의 균형을 이루는 이자율(R)과 국민소득(Y)의 조합인 IS곡선에 대한 설명으로 적절하지 않은 것은?

① 정부지출이 증가하면 IS곡선이 우측으로 이동한다.
② 조세가 감소하면 IS곡선이 좌측으로 이동한다.
③ 투자의 이자율탄력성이 탄력적일수록 IS곡선이 완만해진다.
④ 확대재정정책은 IS곡선을 우측으로 이동시킨다.

♥ TIP IS곡선은 정부지출이 감소하면 좌측으로 이동하고, 조세가 감소하면 우측으로 이동한다.

핵심포인트 해설 　재화시장의 균형 : IS곡선

의 의	• 재화시장의 균형을 이루는 이자율(R)과 국민소득(Y)의 조합
기울기	• 투자의 이자율탄력성이 탄력적일수록 IS곡선 완만(수평) • 투자의 이자율탄력성이 비탄력적일수록 IS곡선 급경사(수직)
균형식	• $Y = C(Y - T) + I(R) + G$ 　(C : 소비(Consumption), Y : 국민소득(Yield), T : 조세(Tax), I : 투자(Investment), R : 이자(Interest Rate), G : 정부지출(Government))
소득(Y)과의 관계	• Y(-)R로부터 기울기가 음인 IS곡선이 그려짐 • Y(+)G로부터 G의 증가는 Y를 증가시키므로 IS곡선 우측 이동 • Y(-)T로부터 T의 증가는 Y를 감소시키므로 IS곡선 좌측 이동
거시정책의 효과	• 확대재정정책(세율 인하, 정부지출 증가) : IS곡선 우측 이동 • 긴축재정정책(세율 인상, 정부지출 감소) : IS곡선 좌측 이동
곡선의 도출과 이동	(그래프: 좌측 - IS(G, T) 우하향 곡선 / 우측 - $G_0 < G_1$, $T_0 < T_1$, IS(G_0, T_1), IS(G_1, T_0), IS(G_0, T_0))

정답 ②

화폐시장의 균형 : LM곡선 ★★

화폐시장의 균형을 이루는 이자율(R)과 국민소득(Y)의 조합인 LM곡선에 대한 설명으로 적절하지 않은 것은?

① 통화량이 증가하면 LM곡선이 우측으로 이동한다.
② 물가(P)가 상승하면 LM곡선은 우측으로 이동한다.
③ 화폐 수요의 이자율탄력성이 비탄력적일수록 LM곡선은 급경사가 된다.
④ 확대통화정책은 LM곡선을 우측으로 이동시킨다.

♥ TIP LM곡선은 명목화폐 공급이 증가하면 오른쪽으로 이동하고, 물가가 상승하면 왼쪽으로 이동한다. 반대로 LM곡선은 화폐 공급이 감소하면 왼쪽으로 이동하고, 물가가 하락하면 오른쪽으로 이동한다.

핵심포인트 해설 화폐시장의 균형 : LM곡선

의 의	• 화폐시장의 균형을 이루는 이자율(R)과 국민소득(Y)의 조합
기울기	• 화폐 수요의 이자율탄력성이 탄력적일수록 LM곡선 완만(수평) 　→ 유동성 함정 : LM곡선이 수평일 때(이자율탄력성이 무한대) 무구축효과 발생 • 화폐 수요의 이자율탄력성이 비탄력적일수록 LM곡선 급경사(수직)
균형식	• $\dfrac{M}{P} = L(Y, R)$ (M : 통화량(Money), P : 물가(Price), $\dfrac{M}{P}$: 실질통화량, Y : 국민소득(Yield), R : 이자(Interest Rate))
소득(Y)과의 관계	• Y(+)R로부터 기울기가 양인 LM곡선이 그려짐 • Y(+)M으로부터 M의 증가는 Y를 증가시키므로 LM곡선 우측 이동 • Y(−)P로부터 P의 상승은 Y를 감소시키므로 LM곡선 좌측 이동
거시정책의 효과	• 확대통화정책(화폐 공급 증대 또는 물가 하락) : LM곡선 우측 이동 • 긴축통화정책(화폐 공급 축소 또는 물가 상승) : LM곡선 좌측 이동
곡선의 도출과 이동	(그래프)

정답 ②

거시경제정책의 효과 ★★★

경기침체 상황에서 세율을 인하했다면 사용한 정책으로 적절한 것은?

① 확대재정정책 ② 긴축재정정책
③ 확대통화정책 ④ 긴축통화정책

TIP 확대재정정책은 세율 인하 또는 정부지출 증가를 통해 경제 활동을 촉진하는 정책으로 경기침체 상황에서 사용된다.

핵심포인트 해설 거시경제정책

(1) 재정정책(IS곡선 영향)

구 분	확대재정정책	긴축재정정책
정 의	• 경기침체 상황에서 사용하는 정책 • 세율 인하 또는 정부지출 증가	• 경기과열 상황에서 사용하는 정책 • 세율 인상 또는 정부지출 감소
효 과	• IS곡선 우측 이동 • 국민소득 증가 • 이자율 상승	• IS곡선 좌측 이동 • 국민소득 감소 • 이자율 하락
그래프	(그래프: IS곡선 우측 이동, $Y_0 \to Y'$, $r_0 \to r'$)	(그래프: IS곡선 좌측 이동, $Y' \leftarrow Y_0$, $r' \leftarrow r_0$)

(2) 통화정책(LM곡선 영향)

구 분	확대통화정책	긴축통화정책
정 의	• 화폐 공급 증대 정책	• 화폐 공급 감소 정책
효 과	• LM곡선 우측 이동 • 국민소득 증가 • 이자율 하락	• LM곡선 좌측 이동 • 국민소득 감소 • 이자율 상승
그래프	(그래프: LM곡선 우측 이동, $Y_0 \to Y'$, $r_0 \to r'$)	(그래프: LM곡선 좌측 이동, $Y' \leftarrow Y_0$, $r' \leftarrow r_0$)

정답 ①

재정정책과 통화정책에 대한 논의 ★★★

IS-LM곡선에 대한 설명으로 적절하지 않은 것은?

① 완전구축효과와 부분구축효과는 재정정책을 옹호하는 입장이다.
② 유동성 함정에 빠지는 경우는 경제가 극심한 불황상태에 있을 때 발생한다.
③ 사전트(Sargent)에 의하면 정부의 화폐충격이 계속되면 생산량이 증가하지 않는다.
④ 합리적 기대학파에 따르면 일시적 세금의 감소는 총수요에 변화를 주지 못한다.

♀ TIP 완전구축효과는 재정정책을 부정하는 입장인 반면에 부분구축효과와 무구축효과는 재정정책에 의한 국민소득의 효과를 기대할 수 있다고 보는 입장이다.

핵심포인트 해설 구축효과(Crowding-out Effect)

(1) 의미
① 확대재정정책의 경우 이자율을 상승시켜 민간투자를 위축시키는 현상
② 구축의 사전적 의미 : 어떤 세력 따위를 몰아서 쫓아냄
③ 정부의 개입을 몰아서 쫓아내는 현상

(2) 내용
① 1단계 : 확대재정정책의 시행 ⇨ IS곡선 우측 이동 ⇨ 소득(Y) 증가, 이자율(R) 상승
② 2단계 : 이자율(R) 상승으로 인해 국민소득항등식 $Y = C(Y-T) + (R) + G$에 의해 투자(I) 감소 ⇨ IS곡선 좌측 이동

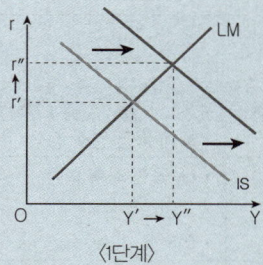

〈1단계〉

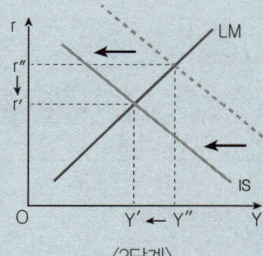

〈2단계〉

③ 확대재정정책을 비판하는 입장에서는 확대재정정책을 시행할 경우 일시적 소득 증가 효과가 있으나, 동시에 이자율(R) 상승을 가져와 민간투자의 위축을 초래하므로 결국 국민소득 증가 효과는 없어진다고 주장

(3) 종류
① 완전구축효과 : 정부지출이 증가한 만큼 민간투자가 감소하므로 국민소득에는 아무런 변화가 없음(재정정책 부정)
② 부분구축효과 : 재정정책에 의한 국민소득의 증가를 어느 정도 기대할 수 있음
③ 무구축효과 : 재정정책에 의한 국민소득의 증가를 기대할 수 있으며, 특히, LM곡선이 수평일 경우 나타남

정답 ①

06

재정정책과 통화정책에 대한 논의 ★★★

유동성 함정(Liquidity Trap)에 대한 설명으로 적절하지 않은 것은?

① 이자율이 임계이자율 이하로 하락할 경우 화폐에 대한 수요가 폭발적으로 증가하는 상태를 말한다.
② 일반적으로 경제가 극심한 불황상태에 있을 때 발생할 가능성이 크다.
③ 유동성 함정하에서 재정정책은 아무런 효과가 없고, 금융정책의 효과는 극대화된다.
④ 더 이상 이자율이 내려가지 않을 것으로 판단하여 화폐 수요의 이자율탄력성이 무한대(LM곡선이 수평)가 된다.

♥ TIP 유동성 함정에 빠지면 화폐 수요의 이자율탄력성이 무한대가 되고, 금융정책의 효과가 없으며, 재정정책의 효과가 극대화되는 것이 일반적이다.

핵심포인트 해설 유동성 함정(Liquidity Trap)

(1) 의 미
① 이자율이 임계이자율(Rc) 이하로 하락하면, 화폐 수요의 폭발적 증가로 인해 화폐 수요의 이자율탄력성이 무한대가 되고, LM곡선이 수평이 되어 화폐정책이 무의미해짐
② 재정정책의 정당성을 역설하는 이론

(2) 내 용
① 이자율이 임계이자율 이하로 하락하면, 사람들은 더 이상 이자율이 내려가지 않을 것으로 판단하여 채권보유를 포기하고 모두 화폐를 보유하려고 함
② 화폐 수요의 폭발적 증가
③ 화폐 수요의 이자율탄력성이 무한대
④ LM곡선이 수평으로 나타나므로 화폐정책을 통해서 LM곡선을 이동시킬 수 없음
⑤ 수평인 LM곡선을 좌우로 이동시켜도 균형 이자율(R)과 소득(Y)이 변하지 않음
⑥ 재정정책의 효과는 최대 즉, 구축효과 없음

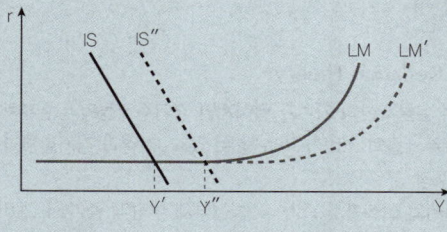

〈유동성 함정 – 재정정책(IS곡선)의 정당성〉

정답 ③

재정정책과 통화정책에 대한 논의 ★★★

경기불황이 심해져 물가가 급속히 하락하면 경제주체들이 보유한 화폐량의 실질가치가 증가해 민간의 부(Wealth)가 증가하고, 이에 따라 소비 및 총수요가 증대되는 현상으로 적절한 것은?

① 구축효과(Crowding-out Effect)
② 피구효과(Pigou Effect) 또는 실질잔고효과(Real Balance Effect)
③ 리카르도 불변정리(Ricardian Equivalence Theorem)
④ 정책무용성 정리(Policy Ineffectiveness Theorem)

♥ TIP 피구효과 또는 실질잔고효과는 케인즈학파의 유동성 함정이론을 역설하는 고전학파의 이론이다.

핵심포인트 해설 경기침체와 물가하락의 영향

(1) 피구효과(Pigou Effect) 또는 실질잔고효과(Real Balance Effect)
   ① 의 미
      ㉠ 극심한 불경기하에서 유동성 함정에 빠졌다고 해도 경기불황으로 물가가 하락하고, 물가 하락으로 인해 실질잔고(민간의 부)가 증가하여 유동성 함정으로부터 탈출 가능한 것
      ㉡ 케인즈학파의 유동성 함정이론을 역설하는 고전학파의 이론

(2) 내 용
   ① 가 정
      ㉠ 물가가 신축적이라고 할 때, 경제주체의 부(Wealth)는 실질잔고(M/P), 채권(B), 자본(K)의 합
      ㉡ 경제주체의 소비함수는 가처분소득(Y)뿐 아니라, 부(W)의 함수로 볼 수 있음(즉, C(Y, W))
   ② 극심한 불황으로 경제가 유동성 함정에 빠졌다고 가정하면, 경기불황이 심화되면 물가가 하락하며, 물가가 하락하면 경제주체들이 보유한 화폐의 실질가치(실질잔고, Real Balance)가 상승하여 민간의 부(Wealth)가 증가함. 따라서 민간 소비가 증가하여 IS곡선을 우측 이동시켜 경제는 유동성 함정으로부터 탈출 가능하며, 결국 재정정책을 취하지 않더라도 실질잔고효과(피구효과)에 의해 유동성 함정을 벗어날 수 있음. 즉, 유동성 함정이 존재해도 물가가 신축적이라면 극심한 불황에서 자동적으로 탈출하여 완전고용을 이룩할 수 있다는 논거가 됨
   ③ 경기불황 ⇨ 물가 하락 ⇨ 화폐의 실질가치 증가 ⇨ 부(Wealth) 증가 ⇨ 소비 및 총수요 증대 ⇨ IS곡선 우측 이동 ⇨ 유동성함정 탈피

(3) 부채-디플레이션이론(Debt-Deflation Theory)
   ① 경기불황 시 물가가 하락하여 실물자산의 가치가 떨어지면 경기주체들의 실질부채 부담액이 증가함
   ② 실질부채 부담액 증가로 경제주체들의 소비가 위축될 수 있고 그 결과 경기불황과 디플레이션이 지속될 수 있음
   ③ 피셔(Fisher) 등의 학자들이 주장
   ④ 경기불황 ⇨ 물가 하락 ⇨ 화폐의 실질가치 증가 ⇨ 실질부채 부담액 증가 ⇨ 소비 위축 ⇨ IS곡선 좌측 이동 ⇨ 경기불황과 디플레이션 지속

정답 ②

재정정책과 통화정책에 대한 논의 ★★★

감세 효과에 대한 설명으로 적절하지 않은 것은?

① 케인즈학파의 절대소득가설에 의하면 감세는 항상 총수요를 증가시킨다.
② 합리적 기대학파에 따르면 정부공채를 부(Wealth)로 간주한다.
③ 통화주의자의 항상소득가설에 의하면 감세가 영구적일 때만 총수요가 증가한다.
④ 합리적 기대학파에 따르면 감세는 총수요에 영향을 미치지 않는다.

♥ TIP 합리적 기대학파는 리카르도 불변정리(RET)를 주장하였다. 합리적 경제주체는 현재 세금의 감소를 미래 세금의 증가로 인식하기 때문에 세금 감소는 민간의 저축을 증가시킬 뿐 총수요는 변화가 없다는 것이다. 즉, 합리적 기대학파는 정부공채를 부(Wealth)로 간주하지 않음으로써 소비가 증가하지 않아 총수요가 변하지 않게 된다고 주장하였다.

핵심포인트 해설 세금(세율)감소효과

(1) 세금(세율)감소효과

① 의미
 ㉠ 세금(세율)을 감소시키는 경우 정부지출의 증가효과와 거의 동일해 보이지만 실제로는 중요한 차이점이 있음
 ㉡ 정부지출의 증가는 총수요에 직접적인 영향을 미치나, 세금감소효과는 간접적이며, 총소비가 증가하는지의 여부가 중요함

② 내용

구분	세금감소효과
케인즈학파 (절대소득가설)	소비는 가처분소득에 의존하므로 세금감면이 일시적이든 영구적이든 총수요에 영향을 줌
통화주의자 (항상소득가설)	소비는 항상소득에만 의존하므로 세금감소가 일시적인지 영구적인지에 따라 효과가 달라짐. 즉, 일시적 세금감소는 항상소득을 변화시키지 못해 소비는 변화가 없으나 영구적 세금 감소는 항상소득을 변화시켜 소비에 영향을 줌
합리적 기대학파 (리카르도 불변정리)	합리적 경제주체는 현재 세금의 감소를 미래 세금의 증가로 인식하므로 세금감소는 민간의 저축을 증가시킬 뿐 총수요에는 변화가 없음. 즉, 정부공채를 부(Wealth)로 간주하지 않음으로써 소비가 증가하지 않아 총수요가 변하지 않음

(2) 통화량증가효과

① 의미 : 정부가 통화량을 증가시키는 정책을 통해서 실질생산량(생산촉진)의 효과를 거둘 수 있는지에 대한 논의
② 내용

구분	통화량 증가효과
케인즈학파	• 이자율이 하락하고 투자가 증가하여 결과적으로 실질산출량을 증가시킬 수 있음
합리적 기대학파 (정책무용성 정리 : 루카스, 사전트, 왈라스 등)	• 정부의 통화정책이 예측된 것인지 또는 예측되지 못한 것인지에 따라 거시정책의 효과가 상이함 • 예측된 화폐 공급 증가는 물가만 상승시킬 뿐 실질산출량에는 영향을 미칠 수 없으며, 예측되지 못한 화폐 공급 증가만이 실질산출량에 영향을 미칠 수 있음

정답 ②

통화정책의 중간목표 ★★

IS-LM모형하에서 경제충격 발생 시 국민소득의 변동을 가능한 한 작게 하는 것을 화폐정책의 목표로 할 경우 화폐정책의 중간목표를 선택하고자 한다. 다음 설명 중 가장 적절하지 않은 것은?

① 실물충격의 경우 이자율목표정책이 통화량목표정책보다 우월하다.
② 이자율목표정책을 시행하면 LM곡선이 수평하게 된다.
③ 실물충격이 발생할 경우 IS곡선을 이동시킨다.
④ 화폐충격이 발생할 경우 LM곡선을 이동시킨다.

📍 **TIP** 실물충격의 경우 통화량목표정책이 이자율목표정책보다 우월하다.

핵심포인트 해설 통화정책의 중간목표

(1) 통화정책의 최종 목표
정부 또는 중앙은행이 통화정책을 통해 달성하려는 궁극적인 목적으로는 물가 안정, 경제 성장 및 고용 확대, 인플레이션 억제, 국제수지 개선, 소득분배 개선 등이 있음

(2) 통화정책의 중간목표
① 최종 목표를 달성하기 위해 정책당국은 이에 직접적으로 영향을 미칠 수 있는 경제변수(통화량 또는 이자율)를 이용
② 이자율목표 : 이자율을 R로 고정하면 LM곡선이 수평으로 나타남
③ 통화량목표 : 통화량을 M으로 고정하면 LM곡선이 양(+)의 기울기를 가짐

(3) 재화시장 및 화폐시장의 교란
① 재화시장과 화폐시장의 안정성 여부에 따라 이자율목표정책과 통화량목표정책의 우월성이 결정됨. 즉, 충격이 어떤 시장에서 발생했는지에 따라 목표정책의 효과가 다름
② 실물충격(IS곡선에 영향을 주는 사건)이 발생한 경우
  ㉠ 통화량목표정책이 우월함
  ㉡ IS곡선이 좌우로 이동 : 이자율목표를 사용하면 목표이자율을 유지하기 위해 산출량(Y)의 변동폭을 크게 허용해야 하고, 통화량목표를 사용하면(LM곡선을 그대로 유지) 작은 변동폭을 허용하게 되며, 안정성 측면에서 통화량목표정책이 우월함
③ 화폐충격(LM곡선에 영향을 주는 사건)이 발생한 경우
  ㉠ 이자율목표정책이 우월함
  ㉡ LM곡선이 좌우로 이동 : 이자율목표를 사용하면 목표이자율을 유지하기 위해 이동된 LM곡선을 원래 위치로 이동시키는 대응정책을 사용해야 하므로 소득이 고정되어 변동폭이 없어지는 반면, 통화량목표정책을 사용하면 교란에 의해 이동된 LM곡선을 그대로 유지하고, 이자율변동을 허용하므로 소득의 변동폭이 큼
④ 결론 : 경제충격의 종류에 따라 적절히 선택해야 함
  ㉠ 실물충격의 경우 통화량목표정책이 적절함
  ㉡ 화폐충격의 경우 이자율목표정책이 적절함

정답 ①

10

이자율의 성립 ★

유동성 선호설(Liquidity Preference Theory)에 따르면 이자는 무엇으로 정당화되는가?

① 자본재의 한계생산성
② 확실한 현재의 희생 대가
③ 생물학적 측면의 인구 증가
④ 현금(유동성) 포기 대가

♀ TIP 유동성 선호설은 현금을 빌려주는 것은 유동성을 포기하는 것이므로 그에 대한 대가를 받아야 한다는 이자의 정당성을 설명한다.

핵심포인트 해설   이자율의 성립과 이자율결정이론

(1) 이자율의 역할
  ① 실질이자율 : 소비, 투자, 노동공급에 영향을 미침
  ② 명목이자율 : 화폐의 수요와 공급에 영향을 미침

(2) 실물적 측면에서의 이자의 정당성
  ① 생산력설(자본의 한계생산성 MPK설) : 생산력을 가진 자본재를 구입하는 데 필요한 자금을 빌려준 이는 그 대가를 받아야 한다는 것
  ② 시간선호설 : 불확실의 미래보다는 현재가 나은데, 현재의 확실함을 희생하는 대가가 이자율이라는 것
  ③ 인구의 증가(생물학적 이론) : 사무엘슨(Samuelson)의 중첩세대모형에 의한 것으로 재화의 저장이 불가능하다고 보며 현재 모두 소비하기보다 미래에 나누어 소비하기 위해 어린이를 키우고 젊은이는 노인을 부양하는데, 인구가 증가하면 노인은 준 것보다 받는 것이 더 많을 것이고 이것이 이자라는 것

(3) 화폐적 측면에서의 이자의 정당성(유동성 선호설)
  현금을 빌려주면 유동성을 포기하는 것이므로 그에 대한 대가를 받아야 한다는 것

정답 ④

11

이자율의 결정이론 ★★★

이자율에 대한 설명으로 적절하지 않은 것은?

① 케인즈학파에 의하면 이자율은 산업적 유통에 의해 결정된다.
② 고전학파는 이자율을 실물적 현상으로 본다.
③ 명목이자율은 실질이자율과 기대인플레이션율의 합계이다.
④ 고전학파에 의하면 이자율은 유량(Flow)변수에 의해 결정된다.

♀ TIP 케인즈학파에 의하면 이자율이란 자금의 산업적 유통 즉, 실물부분에 의해 결정되는 것이 아니라 금융적 유통, 즉 화폐부분에 의해서 결정된다.

핵심포인트 해설 고전적 이자율 결정이론

고전학파	• 사회의 시간적 선호와 자본의 한계생산성에 의해 결정 • 실물적 현상 : 저축과 투자가 일치하는 부분에서 이자율 결정	
빅 셀	• 이자율을 시장이자율과 자연이자율로 구분 · 시장이자율 : 화폐적 이자율(대부시장에서 결정) · 자연이자율 : 실물적 이자율(실물자본의 수요와 공급에 의해 결정) • 시장이자율은 자연이자율을 중심으로 움직임	
케인즈	• 유동성선호설 • 이자율을 화폐적 현상으로 보고 유동성을 포기한 대가를 이자율로 봄 • 화폐의 수요(화폐의 보유 동기) 구분 : 거래적 동기(소득비례), 투기적 동기(금리반비례), 예비적 동기(소득비례)	
비 교	고전학파 이자이론	케인즈 유동성 선호설
	• 유량(Flow)분석 • 채권시장에서 이자율수준 결정 • 이자율은 통화량과 관계없음	• 저량(Stock)분석 • 화폐시장에서 이자율수준 결정 • 이자율은 통화량에 영향 받음

정답 ①

12

> 이자율의 결정이론 ★★★

먼델-토빈 효과에 따르면 인플레이션이 발생하면 경제주체가 취할 행동으로 적절한 것은?

① 소비를 증가시키고 저축을 감소시킨다.
② 소비를 감소시키고 저축을 증가시킨다.
③ 소비와 저축 모두 증가시킨다.
④ 소비와 저축 모두 감소시킨다.

♀ TIP 먼델-토빈 효과에 따르면 인플레이션 발생 시 실질 잔고가 감소하므로 경제주체는 소비를 감소시키고 저축을 증가시키며, 이로 인해 실질 금리가 하락한다.

핵심포인트 해설 현대적 이자율 결정이론

(1) 현대적 대부자금설
① 고전학파의 유량분석과 케인즈의 저량분석을 유량분석으로 종합
② 대부자금의 공급 = 대부자금의 수요

> 저축 + 화폐 공급의 변동 = 투자 + 정부예산적자 + 화폐 수요의 변동

(2) 명목금리결정이론
① 피셔방정식 : 명목이자율 = 실질이자율 + 기대인플레이션
② 완전한 피셔효과 : 기대인플레이션과 명목이자율 간 1:1 관계 성립
③ 완전한 피셔효과 부정
  ㉠ 오 쿤
    • 한 경제가 기대 인플레이션에 적응하는 데는 오랜 기간 소요
    • 장기간 경과할지라도 기대인플레이션에 완전히 적응하지 못함
    • 결론적으로 기대인플레이션이 명목이자율에 전부 반영되지 않음
  ㉡ 섬머스
    • 시장이 불완전하기 때문에 경제주체가 기대인플레이션의 존재로 포트폴리오를 조정할 경우 위험도 및 유동성이 유사한 대체 투자물을 찾기가 어려움
    • 포트폴리오 조정을 위한 자금 조달상의 제약
    • 기대인플레이션과 명목이자율 간 1 : 0.6~0.8 정도의 관계
  ㉢ 먼델-토빈
    • 실질잔액효과로 인해 완전한 피셔효과가 나타나지 않음
    • 인플레이션 발생 ➡ 실질잔고 ↓(실질잔액효과) ➡ 소비 ↓ ➡ 저축 ↑ ➡ 실질금리 ↓

정답 ②

13

이자율의 기간구조이론 ★★

이자율이론에 대한 설명으로 적절하지 않은 것은?

① 기대이론은 장단기채권 간의 완전한 대체관계를 가정한다.
② 시장분할이론은 수익률곡선이 대체로 우상향하는 사실은 잘 설명하나, 장단기금리 간의 연계성이 없어 수익률곡선의 이동을 설명하지 못한다.
③ 유동성 프리미엄이론에 의하면 장기채권의 금리는 만기까지의 예상된 평균단기이자율(기대이론)과 유동성 프리미엄의 합으로 나타낼 수 있다.
④ 특정 시장선호이론은 장단기채권 간의 완전한 대체관계를 가정한다.

♥ TIP 특정 시장선호이론은 장단기채권 간의 불완전한 대체관계를 가정한다.

핵심포인트 해설 이자율의 기간구조이론

(1) (불편)기대이론(Unbiased Expectations Theory)
① 채권수익률이 미래현물이자율(Future Spot Rate)에 대한 투자자들의 예상을 그대로 반영한다는 이론
② 만기가 다른 채권 간 완전대체관계가 존재할 경우 장단기 채권 간 대체적 투자에 따른 수익률이 같아야 함
③ 장단기금리 간 관계 : 기하평균 ⇨ $(1 + R_n)^n = (1 + R_1)(1 + R_2) \cdots (1 + R_n)$

(2) 시장분할이론(Market Segmentation Theory)
① 투자자들의 채권 만기에 따른 선호 대상이 다름
② 채권시장은 만기에 따라 몇 개의 시장으로 분할되고 일정 범위에 속하는 만기의 채권수익률은 그 만기의 채권을 선호하는 투자자에 의해서 결정된다는 이론
③ 채권시장이 기관투자자들 중심으로 구성된 경우 강하게 나타남

(3) 특정시장선호이론(Preferred Habitat Theory)
① 투자자들이 선호하는 특정 만기의 범위가 존재하지만, 다른 만기의 채권에 충분한 프리미엄이 존재한다면 선호 영역을 벗어나 다른 만기의 채권에도 투자할 수 있다는 이론
② 프리미엄이 충분하지 못할 경우 투자자들은 선호 영역 내의 만기를 가진 채권에만 투자할 것이므로 시장은 부분적으로 분할됨(기대이론 + 시장분할이론)

(4) 유동성프리미엄이론(Liquidity Premium Theory)
① 투자자들이 만기가 긴 채권일수록 장기간 투자하는 대가로 예상미래현물이자율 외 유동성 포기에 대한 대가로 추가적 프리미엄을 요구한다는 이론
② 장기채권 금리 = 만기까지의 예상된 평균단기이자율 + 유동성프리미엄
③ 유동성프리미엄이론의 수익률곡선은 기대이론의 수익률곡선보다 항상 유동성프리미엄만큼 높은 수준에서 형성(우상향)

구 분	기대이론	시장분할이론	특정시장선호이론	유동성프리미엄이론
채권 간 대체	• 완전 대체	• 대체관계 없음	• 불완전 대체	• 불완전 대체
우상향의 수익률곡선	• 우상/우하 • 잘 설명 못함(×)	• 우상 • 잘 설명함(○)	• 우상(기간프리미엄) • 설명함(△)	• 우상(유동성프리미엄) • 잘 설명함(○)
수익률곡선의 이동	• 잘 설명함(○)	• 잘 설명 못함(×)	• 잘 설명함(○)	• 잘 설명함(○)

정답 ④

14

이자율의 변동요인분석 ★★★

이자율의 변동요인분석에 대한 설명으로 적절하지 않은 것은?

① 이자율은 일반적으로 경기변동에 후행하며 경기변동과 같은 방향으로 움직인다.
② 물가가 상승하면 이자율도 상승한다.
③ 사회적 불확실성이 증가하면 이자율이 상승한다.
④ 기업의 생산 및 투자가 감소하면 이자율이 상승한다.

TIP 기업의 생산 및 투자가 감소하면 자금 수요가 감소하여 금리(이자율)가 하락한다.

핵심포인트 해설 경기변동국면과 이자율

(1) 기본적 요인
　① 자금의 수요와 공급
　　㉠ 경기상승기 : 기업의 생산 및 투자가 증가함에 따라 자금 수요가 증가하여 금리(이자율) 상승
　　㉡ 경기하락기 : 기업의 생산 및 투자가 감소함에 따라 자금 수요가 감소하여 금리(이자율) 하락
　② 기대인플레이션 : 물가(P)가 상승하면 소비자의 상품구매력이 떨어지고, 화폐보유 기회비용이 증가하여 이자율이 상승
　　함. 피셔효과에서 이자율을 실질이자율과 기대인플레이션율의 합이라 말한 것과 같은 이유로 즉, 물
　　가 상승과 이자율은 같은 방향으로 움직임
　③ 경제 외적 요인 : 선거, 파업 등 정치·사회적 변화 ⇨ 정치·사회적 불확실성 증가 ⇨ 위험프리미엄 상승 ⇨ 이자율 상승

(2) 경기변동
　① 이자율은 일반적으로 경기의 변화에 시차를 두고 반응
　② 경기변동요인과 이자율

경기상승기	• 초기 : 기업매출 증가 ⇨ 기업 현금보유량 증가 ⇨ 외부 자금 수요 감소 ⇨ 금리(이자율) 하락 • 중장기 : 기업투자 증가 ⇨ 외부 자금 수요 점차 증가 ⇨ 금리(이자율) 상승
경기하강기	• 초기 : 기업매출 감소 ⇨ 기업 현금보유량 감소 ⇨ 외부 자금 수요 증가 ⇨ 금리(이자율) 상승 • 중장기 : 기업투자 감소 ⇨ 외부 자금 수요 점차 하락 ⇨ 금리(이자율) 하락

　③ 경기변동요인과 이자율
　　㉠ 소비증가에 기인한 경기확장의 경우(수출증가의 경우와 유사한 결과)
　　　　　　　┌ 기업매출 증가 ⇨ 기업 내부 유보 ↑ ⇨ 외부 자금 수요 ↓ ⇨ 이자율 ↓
　　소비(수출)↑├ 물가 상승 ⇨ 이자율 ↑
　　　　　　　└ 저축 감소 ⇨ 자금공급 축소 ⇨ 이자율 ↑
　　㉡ 투자증가에 기인한 경기확장의 경우
　　　　　┌ 기업투자자금 수요 ↑ ⇨ 이자율 ↑
　　투자 ↑ ┤
　　　　　└ 물가 상승 ⇨ 이자율 ↑

정답 ④

15

이자율의 변동요인분석 ★★★

이자율과 거시경제변수와의 관계에 대한 설명으로 적절하지 않은 것은?

① 경상수지가 흑자이면 이자율이 하락한다.
② 원화 절상기에는 국내금리가 단기적으로 하락한다.
③ 원화가 절상되면 중장기적으로 경상수지가 악화되어 국내금리가 하락한다.
④ 자본수지는 경상수지와 달리 금리에 독립적인 영향이 상대적으로 작다.

TIP 원화 절상기에는 중장기적으로 경상수지가 악화되어 해외로 통화가 유출되므로 국내금리가 상승한다.

핵심포인트 해설 거시경제변수와 이자율

(1) 물가와 이자율
  피셔방정식에 의해 기대인플레이션이 높아질 경우 일정 수준의 실질금리하에서 명목금리 상승

(2) 통화량과 이자율 – 단기(-)의 상관, 장기(+)의 상관
  ① 통화량 증가
    ㉠ 단기 : 시장에 돈이 흔해지므로 명목이자율 하락(유동성 효과)
    ㉡ 중장기 : 이자율 하락으로 투자 증가 ⇨ 국민소득(Y) 증대 ⇨ 화폐 수요 증가 ⇨ 명목이자율 상승(소득효과)
    ㉢ 장 기
      • 기대인플레이션율 상승 ⇨ 물가 상승 ⇨ 명목이자율 상승(피셔효과)
      • 이자율을 조절하기 위한 통화정책은 단기적으로 효과(유동성 효과)가 있으나, 장기적으로는 물가와 명목이자율을 상승시킴(소득효과 + 피셔효과)
      • 피셔방정식 : 명목이자율(i) = 실질이자율(R) + 기대인플레이션(π^e)
      • 깁슨의 역설(Gibson's Paradox)
        · 통화량과 이자율 간 정(+)의 관계가 존재
        · 화폐 공급은 단기적으로 명목이자율을 하락시킬 수 있지만 결국 물가와 명목이자율을 상승시킴

(3) 경상수지와 이자율 – 음(-)의 상관관계
  ① 경상수지 흑자 ⇨ 외화 국내 유입 ⇨ 국내화폐 공급 증가 ⇨ 이자율 하락
  ② 경상수지 적자 ⇨ 외화 국외 유출 ⇨ 국내화폐 공급 감소 ⇨ 이자율 상승

(4) 환율과 이자율 – 원화 절상기

원화절상(환율하락)	원화절하(환율상승)
• 원자재 등 수입가격 ↓ ⇨ 물가 ↓ ⇨ 이자율 ↓	• 원자재 등 수입가격 ↑ ⇨ 물가 ↑ ⇨ 이자율 ↑
• 원화자산의 기대수익률(환차익 발생가능성) ↑ ⇨ 외국자금유입 ↑ ⇨ 원화채권 수요 ↑ ⇨ 원화채권 가격 ↑ ⇨ 원화채권 이자율 ↓	• 원화자산의 기대수익률(환차손 발생가능성) ↓ ⇨ 외국자금유입 ↓ ⇨ 원화채권 수요 ↓ ⇨ 원화채권 가격 ↓ ⇨ 원화채권 이자율 ↑
• 해외부채원리금 상환액 ↓ ⇨ 원화자금 수요 ↓ ⇨ 이자율 ↓	• 해외부채원리금 상환액 ↑ ⇨ 원화자금 수요 ↑ ⇨ 이자율 ↑
• 수출 ↓ ⇨ 경상수지 악화 ⇨ 이자율 ↑	• 수출 ↑ ⇨ 경상수지 개선 ⇨ 이자율 ↓

정답 ③

16

> 주요경제변수와 계절조정법 ★

국내에 거주하는 모든 생산자가 생산한 부가가치 또는 최종 생산물의 총계로서, 국가 간 자본 및 노동 이동과 기술 이전이 활발해진 1990년대부터 국내경기동향의 정확한 파악을 위해 많이 사용되는 지표로 적절한 것은?

① 국민총생산(GNP)
② 국민순생산(NNP)
③ 국내총생산(GDP)
④ 국민소득(NI)

♥ TIP 국내에 거주하는 생산자이므로 국민총생산(GNP)이 아닌 국내총생산(GDP)이다.

핵심포인트 해설 주요경제변수와 계절조정법

(1) 국민소득

국민소득 (NI)	• 한 나라의 경제수준을 나타내는 대표적인 지표 • 한 나라 안에서 가계, 기업, 정부 등의 모든 경제주체가 일정 기간 새로이 생산한 재화와 서비스의 가치를 금액으로 평가하여 합산한 것 • 국민소득 3면 등가의 원칙 : 생산, 분배, 지출국민소득은 동일
국내총생산 (GDP)	• 우리나라는 GDP를 생산의 중심지표로 사용 • 국내생산자가 생산한 부가가치 또는 최종생산물의 총계
국민총소득 (GNI)	• (명목)GNI = (명목)GDP + (명목)국외순수취요소소득 • 한 나라의 국민이 생산활동에 참여한 대가로 받은 소득의 합계

(2) 계절조정법
① 전년동기대비 증감률
② 단순평균법
③ 이동평균법
④ X-12 ARIMA모형

정답 ③

17

주요경제변수와 계절조정법 ★

다음 설명 중 적절하지 않은 것은?

① 경제활동인구란 생산활동가능인구 중 일할 능력과 취업의사를 동시에 갖춘 사람을 말한다.
② 실업률 계산 시 가정주부 또는 학생은 비경제활동인구에 해당하므로 실업자 수에 포함해서는 안 된다.
③ 가족이 소유·경영하는 사업체에서 주당 10시간 근무한 무급 가족종사자도 취업자에 포함된다.
④ 경제활동참가율이란 생산활동가능인구에서 경제활동인구가 차지하는 비중을 말한다.

♀ TIP 본인 또는 가족이 소유·경영하는 농장이나 사업체에서 주당 18시간 이상 일한 무급 가족종사자도 취업자에 포함한다.

핵심포인트 해설 고용지표

(1) 총인구의 구성

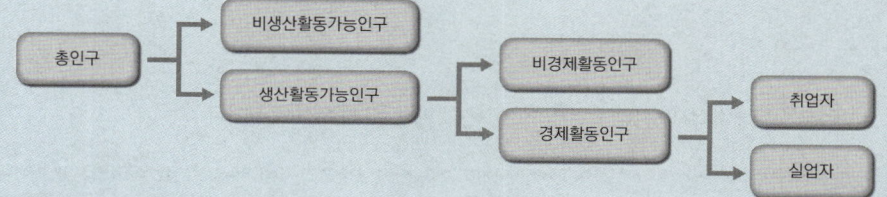

(2) 관련 용어

생산활동가능인구	• 군인과 재소자를 제외한 만 15세 이상 인구
경제활동인구	• 생산활동가능인구 중 일할 능력과 취업의사를 동시에 갖춘 사람
취업자	• 매월 15일이 포함된 1주일 동안 수입을 목적으로 1시간 이상 일한 사람 • 본인 또는 가족이 소유·경영하는 농장이나 사업체에서 주당 18시간 이상 일한 무급 가족종사자 • 그 밖에 일정한 직장이나 사업장은 가지고 있으나 일시적인 질병, 일기불순, 휴가, 노동쟁의 등의 사유로 조사 기간 중 일하지 않는 사람
실업자	• 적극적으로 일자리를 구해 보았으나 매월 15일이 포함된 1주일 동안 1시간 이상 일하지 않은 사람으로서 즉시 취업이 가능한 사람
비경제활동인구	• 일할 능력이 있으나 일하려는 의사가 없는 사람(가정주부, 학생, 연로자, 심신장애자, 구직단념자 등)

(3) 주요 공식

$$\text{경제활동참가율} = \frac{\text{경제활동인구}}{\text{생산활동가능인구}} \times 100$$

$$\text{실업률} = \frac{\text{실업자}}{\text{경제활동인구}} \times 100$$

정답 ③

18

경기지수, 물가지수 및 통화 관련 지표 ★★

경기(종합)지수에 대한 설명으로 적절하지 않은 것은?

① 건설수주액(실질), 수출입물가비율 등은 선행구성지표이다.
② 광공업생산지수, 소매판매액지수 등은 동행구성지표이다.
③ 경기(종합)지수에는 선행지수, 동행지수 및 후행지수 등이 있으며 각 지수는 여러 가지의 경기 관련 지표를 가중평균하여 구한다.
④ CP유통수익률, 재고순환지표는 후행구성지표이다.

TIP CP유통수익률은 후행구성지표이고 재고순환지표는 선행구성지표이다.

핵심포인트 해설 경기종합지수

(1) 경기지수

경기선행지수	재고순환지표, 경제심리지수, 기계류내수출하지수, 건설수주액(실질), 수출입물가비율, 코스피, 장단기금리차
경기동행지수	비농림어업취업자 수, 광공업생산지수, 서비스업생산지수, 소매판매액지수, 내수출하지수, 건설기성액(실질), 수입액(실질)
경기후행지수	취업자 수, 생산자제품재고지수, 소비물가지수변화율(서비스), 소비재수입액(실질), CP유통수익률

(2) 물가지수
① 소비자물가지수(CPI) : 주요 소비지출 대상인 최종소비재 + 서비스 가격변동 측정(통계청)
② 생산자물가지수(PPI) : 기업 상호 간 거래되는 모든 상품(서비스 제외) 가격변동 측정(한국은행)
③ GDP 디플레이터 = $\frac{명목GDP}{실질GDP}$

(3) 통화유통속도(Velocity)
① 명목GDP를 통화량(M)으로 나눈 값으로서 자금흐름 속도를 반영

$$V = \frac{명목GDP}{M} \quad \begin{array}{l}\leftarrow \text{클수록}\\ \leftarrow \text{작을수록 통화의 회전이 빠르다는 뜻}\end{array}$$

② 일정량의 통화량이 일정 기간 동안 몇 번을 회전하여 명목GDP에 해당하는 만큼의 거래를 뒷받침하였는가를 반영
③ 사후적으로만 추계가 가능하므로 경기변화 및 인플레이션 압력 등을 예측하는 데는 유용성이 높지 않음
④ 우리나라 통화유통속도는 장기적으로 하락하는 추세이며 EC방식에 의한 연간통화증가율 목표 설정에 중요한 변수로 사용됨

$$통화 공급증가율 목표(MG) = GDP디플레이터 상승률(PG) + 실질GDP 증가율(YG) - 유통속도변화율(VG)$$

(4) 금리
① 자본의 한계수익률이 저하되면서 실질금리는 하향추세 전망
② 대표적 시장금리 : 국고채 3년, 국고채 5년
③ 한국은행 기준금리 : 7일물 RP금리

정답 ④

19

경기순환 ★★★

경기순환에 대한 설명으로 적절하지 않은 것은?

① 경기순환 발생요인은 실물요인과 금융요인으로 구분한다.
② 우리나라의 경기순환은 경기수축국면이 경기확장국면보다 평균적으로 긴 경기의 비대칭성이다.
③ 경기순환은 회복, 호황, 후퇴, 불황과 같이 네 국면으로 구분하며, 최근에는 확장기와 수축기로만 구분하여 통계를 작성한다.
④ 순환주기는 경기저점에서 다음 경기저점까지의 기간을 의미한다.

♥ TIP 다른 나라와 마찬가지로 우리나라의 경기순환은 평균적으로 확장국면이 수축국면보다 긴 경기의 비대칭성이 나타난다.

핵심포인트 해설 경기순환(Business Cycle)

(1) 의미
① 경기확장, 경기후퇴 및 수축, 경기회복국면이 반복되는 현상
② 순환주기 : "경기저점 ⇨ 경기정점 ⇨ 경기저점"까지의 기간으로, 일정하지 않음

(2) 발생원인
① 실물요인 : 원유가변동, 해외경기변동, 기업의 투자심리변화 등
② 금융요인 : 통화량의 변화, 금리변동 등

(3) 우리나라의 경우
선진국과 달리 장기적 성장추세선을 중심으로 경기의 기복현상이 나타나는 성장순환(Growth Cycles)의 형태로 경기수축기에도 성장률이 마이너스를 기록하는 예가 거의 없고 단지 추세보다 둔화되는 현상을 보임

(4) 경기순환 요인과 특징
① 경기변동 요인 : 계절요인, 불규칙요인, 추세요인, 순환요인 등
② 특징
  ㉠ 다른 나라와 마찬가지로 우리나라의 경기순환도 확장국면과 수축국면 간 비대칭이며 경기상승은 느리고 완만하게, 경기하강은 빠르고 급속하게 진행되는 경향을 보임
  ㉡ 확장국면(저점 ⇨ 정점) 평균 지속 시간은 31개월로, 수축국면(정점 ⇨ 저점) 평균 지속 시간인 17개월의 약 2배임

정답 ②

경기전망을 위한 계량적 방법 ★★★

경제 전반의 경기변동을 미리 예측하기 위한 분석방법으로 가장 적절하지 않은 것은?

① 경기종합지수 등 경기와 관련된 경제통계들의 움직임을 분석하는 방법
② 미래 기술 및 시장의 발전방향을 분석하여 유망제품을 찾아내는 방법
③ 기업실사지수(BSI : Business Survey Index) 등 개별 경제주체들의 미래 계획이나 경기전망 등을 설문조사하는 방법
④ 수리적 경제모형을 설정하여 모형에 관련된 제 변수들을 예측함으로써 경제의 움직임을 전망하는 방법

♀TIP 기술변화의 전망은 단기적인 경기변동을 예측하는 데 그리 유용하지 않지만, 중장기적인 성장잠재력의 변화를 예측하는 데는 중요하다.

핵심포인트 해설 경기전망을 위한 계량적 방법

(1) 경기예측방법의 분류

① 경기지표에 의한 경기예측

경기확산지수 (DI)	• DI > 50% : 경기상승국면, DI = 50% : 경기전환점, DI < 50% : 경기하강국면 • 현재의 경기국면을 판단하거나 전환점을 포착하는 데 유용
경기종합지수 (CI)	• 구성 : 경기선행종합지수, 경기동행종합지수, 경기후행종합지수 • 경기종합지수의 전월 대비 증가율이 양(+)인 경우 : 경기 상승 • 경기종합지수의 전월 대비 증가율이 음(-)인 경우 : 경기 하강 • 경기확산지수와 달리 경기순환변동의 방향이나 진폭 또는 전환점을 동시에 파악할 수 있음

② 설문조사에 의한 경기예측

기업경기실사지수 (BSI)	• BSI = (증가 예상 업체 비율 − 감소 예상 업체 비율) + 100 • BSI > 100 : 확장국면, BSI < 100 : 수축국면 • 전반적인 경기동향 파악, 단기 경기 예측 수단
소비자태도지수 (CSI)	• CSI > 100 : 확장국면, CSI < 100 : 수축국면

③ 경제모형에 의한 경기예측

거시경제계량모형	• 동태적인 연립방정식 모형(경제이론에 근거) • 모형에 사용된 변수 : 내생변수, 외생변수, 시차내생변수 • 경제전망 이외에도 각종 정책효과 분석에 활용
시계열모형	• 과거 변수들의 움직임 파악, 동태적 모형 만든 후 미래 예측 • 종류 : AR(p) 모형, MA(q) 모형, ARIMA(p, 0, q) 모형, VAR(p) 모형 등

정답 ②

출제예상문제

☑ 다시 봐야 할 문제(틀린 문제, 풀지 못한 문제, 헷갈리는 문제 등)는 문제 번호 하단의 네모박스(□)에 체크하여 반복학습 하시기 바랍니다.

01 중요도 ★★
IS-LM모형에서 동일한 크기로 곡선들을 이동시킬 때 국민소득을 증가시키는 확장정책의 가장 큰 효과로 적절한 것은?

① 정부지출의 증가
② 조세의 증가
③ 통화량 증가와 조세의 감소
④ 통화량 감소와 정부지출의 증가

02 중요도 ★★
물가가 불변한다는 가정하에 IS-LM모형에서 국민소득을 가장 크게 증가시키는 정책으로 적절한 것은? (단, IS-LM곡선의 이동률은 일정하다고 가정함)

① 정부지출과 통화량을 늘린다.
② 조세와 통화량을 줄인다.
③ 조세는 늘리고 통화량은 줄인다.
④ 정부지출과 통화량을 줄인다.

03 중요도 ★★★
IS-LM모형에서 화폐 공급량을 증가시킴과 동시에 세금을 감면하는 정책을 실시할 경우로 가장 적절한 것은? (단, IS-LM곡선의 이동폭은 일정하다고 가정함)

① 산출량 증가, 이자율 불변
② 산출량 증가, 이자율 상승
③ 산출량 감소, 이자율 하락
④ 산출량 감소, 이자율 불변

04 중요도 ★
명목임금이 경직적인 케인지언 모형에서 정부지출 증가와 금융혁신으로 인한 화폐 수요 감소가 동시에 발생할 경우, 그 결과로 적절한 것은?

① 이자율은 알 수 없고, 소득은 감소시킨다.
② 이자율은 상승시키고, 소득은 알 수 없다.
③ 이자율은 하락시키고, 소득은 알 수 없다.
④ 이자율은 알 수 없고, 소득은 증가시킨다.

05 중요도 ★★
확대재정정책의 효과로 인해 발생하는 부작용으로 적절한 것은?

① 구축효과　　② 피구효과　　③ 유동성효과　　④ 피셔효과

06 중요도 ★★★
IS-LM모형에서 정부지출 증가의 구축효과(Crowding-out Effect)에 대한 설명으로 적절한 것은?

① 화폐 수요가 이자율에 대해 비탄력적일수록 크게 나타난다.
② 화폐 수요의 소득탄력성에 관계없이 일정하다.
③ 화폐 수요의 이자율탄력성에 관계없이 일정하다.
④ 화폐 수요가 소득에 대해 비탄력적일수록 크게 나타난다.

정답 및 해설

01 ③ 통화량 증가와 조세의 감소 : LM곡선 우측 이동, IS곡선 우측 이동(국민소득 대폭 증가)
　① 정부지출의 증가 : IS곡선 우측 이동(국민소득 증가)
　② 조세의 증가 : IS곡선 좌측 이동(국민소득 감소)
　④ 통화량 감소와 정부지출의 증가 : LM곡선 좌측 이동, IS곡선 우측 이동(국민소득 동일폭 증가(+)/감소(-) = 불변)

02 ① IS곡선 우측 이동, LM곡선 우측 이동(국민소득 대폭 증가)
　② IS곡선 우측 이동, LM곡선 좌측 이동(국민소득 불변)
　③ IS곡선 좌측 이동, LM곡선 좌측 이동(국민소득 대폭 감소)
　④ IS곡선 좌측 이동, LM곡선 좌측 이동(국민소득 대폭 감소)

03 ① IS곡선은 세금이 인하되면 산출량이 증대되고 이자율이 상승하며, LM곡선은 통화량이 증가하면 산출량이 증대되고 이자율이 하락한다. 따라서 IS-LM곡선의 이동폭이 일정하다고 가정하면 산출량만 증대된다.

04 ④ 정부지출 증가는 총수요를 증가시켜 IS 곡선을 우측으로 이동시킨다. 금융혁신으로 인한 화폐 수요 감소는 LM곡선을 우측으로 이동시키는데 이는 화폐수요가 줄어들면서 동일한 이자율에서 더 적은 양의 화폐가 필요하게 되기 때문이다. IS-LM곡선이 모두 우측 이동하므로 소득은 증가한다. 다만 이자율은 LM과 IS 곡선의 상대적 이동 크기에 따라 결정되므로 특정 방향으로 단정할 수 없다.

05 ① 확대재정정책의 효과로 국민소득의 증가와 함께 이자율이 상승하여 투자가 위축되는 현상을 구축효과(Crowding-out Effect)라 한다.

06 ① ・무구축효과 : IS-LM모형에서 화폐 수요가 임계이자율 이하로 하락하면, 화폐 수요의 폭발적 증가로 인해 화폐 수요의 이자율탄력성이 무한대가 되고, LM곡선이 수평이 되며 무구축효과가 생긴다.
　・구축효과 : 화폐 수요가 이자율에 대해 비탄력적이고, 소득에 대해 탄력적일수록 LM곡선의 기울기는 더 가파르게 되므로 이자율(R) 상승으로 인한 투자(I)의 감소폭이 크게 나타나 구축효과가 크게 나타난다.

07 IS-LM곡선에 대한 설명으로 적절하지 않은 것은? 중요도 ★★

① 고전학파에 의하면 통화량의 증가는 물가 상승만 일으키고 소득 증대는 가져오지 못한다.
② 새 고전학파는 모든 임금과 가격은 예상한 물가수준의 변동에 대해 완전히 신축적으로 작용한다고 주장했다.
③ 완전구축효과가 발생할 경우 확대재정정책을 시행하더라도 추가적인 소득증가효과를 기대할 수 없다.
④ 화폐 수요의 이자율탄력성이 무한대가 되는 상황에서는 재정정책의 소득증가효과를 기대할 수 있다.

08 유동성 함정에 대한 설명으로 적절하지 않은 것은? 중요도 ★

① 유동성 함정이 존재할 경우 구축효과가 없다.
② 유동성 함정이 존재할 경우 확장적 화폐 공급정책은 소득 증대 효과가 없다.
③ 유동성 함정이 존재할 경우 확장적 재정정책은 소득 증대 효과가 없다.
④ 유동성 함정에서는 화폐 수요의 이자율탄력성이 무한대가 된다.

09 다음 설명 중 적절하지 않은 것은? 중요도 ★★★

① 확대재정정책에서 이자율을 상승시켜 민간투자를 위축시키는 현상을 구축효과라 한다.
② 피구효과는 케인즈학파의 유동성 함정논리에 대항하기 위해 일부 고전학파가 사용하는 논리이다.
③ 유동성 함정에 빠지면 LM곡선이 수평으로 나타나므로 재정정책의 사용이 무의미해진다.
④ 통화주의자들은 소비가 항상소득에만 의존한다고 가정한다.

10 부채-디플레이션 이론에 따르면 실질부채 부담액이 증가하면 발생하는 결과로 적절한 것은? 중요도 ★

① 소비가 증가한다.
② 소비가 위축되고, 경기불황과 디플레이션이 지속된다.
③ IS곡선이 오른쪽으로 이동한다.
④ 물가가 상승한다.

11 중요도 ★★

리카르도 불변정리(Ricardian Equivalence Theorem)에 의하면 주어진 정부지출에 대하여 현재 조세가 감소하는 경우 현재 저축이 (　　　)한다. 빈칸에 들어갈 내용으로 적절한 것은?

① 증가　　　　② 감소　　　　③ 증가 또는 감소　　　　④ 불변

12 중요도 ★

합리적 기대학파에서 국민소득을 증가시킬 수 있다고 주장한 상황으로 적절한 것은?

① 예상된 화폐 공급 증가
② 예상치 못한 화폐 공급 증가
③ 예상된 화폐 공급 감소
④ 예상치 못한 화폐 공급 감소

정답 및 해설

07　① 고전학파는 통화정책을 옹호하는 입장이다.
　　④ 유동성 함정(LM곡선 수평 = 이자율탄력성 무한대)하에서는 무구축효과를 기대할 수 있으므로 재정정책의 소득 증가효과를 기대할 수 있다.
08　③ 유동성 함정이 존재할 경우 확대재정정책 효과가 극대화된다.
09　③ 유동성 함정에 빠지면 통화정책이 무력해지는 반면에 재정정책을 시행하면 구축효과가 전혀 나타나지 않으므로 큰 효과를 볼 수 있다.
10　② 부채-디플레이션 이론에 따르면, 실질부채 부담액이 증가하면 경제주체들의 소비가 위축되고, 그 결과 경기불황과 디플레이션이 지속될 수 있다.
11　① 주어진 정부지출수준에서 현재 조세의 감소는 미래 조세의 증가를 의미하므로 이를 합리적으로 예상하는 소비자는 현재 저축을 늘린다.
12　② 합리적 기대학파는 정부가 통화정책을 통해 국민소득을 증가시키기 위해서는 사람들의 예상을 벗어나는 화폐 공급의 증가가 필요하다고 주장하였다.

13 중요도 ★★★
우하향하는 IS곡선과 우상향하는 LM곡선이 주어져 있다고 가정하자. 시장에 실물충격이 발생했을 때 경기변동을 완화할 수 있는 통화정책의 중간목표로 가장 적절한 것은?

① 이자율목표 ② 통화량목표 ③ 유통속도목표 ④ 통화승수목표

14 중요도 ★★
이자율과 관련된 설명으로 가장 적절하지 않은 것은?

① 장기채권은 단기채권에 비해 이자율변동에 따른 위험이 크므로 장기채권의 이자율은 단기채권에 비해 높은 것이 일반적이다.
② 일반적으로 선진국일수록 후진국에 비해 이자율이 낮은 경향이 있다.
③ 물가가 상승하면 화폐보유의 기회비용이 높아지므로 이자율이 상승한다.
④ 기업의 투자가 줄어들면 자금 수요가 감소하여 이자율이 상승한다.

15 중요도 ★
1년 만기 채권에 대한 이자율이 올해 4.0%, 내년 4.2%, 2년 후 4.4%일 것으로 예측될 때, 동일한 수입을 얻을 수 있는 3년 만기 채권의 연이자율은 이론적으로 얼마에 가장 가깝겠는가?

① 약 4.4% ② 약 4.2% ③ 약 4.0% ④ 약 3.8%

16 중요도 ★★
불편기대이론에 대한 설명으로 적절하지 않은 것은?

① 장기이자율은 미래의 단기예상이자율의 평균이다.
② 수익률곡선이 대체로 우상향하는 것을 잘 설명한다.
③ 단기채권과 장기채권은 완전대체관계라는 것을 의미한다.
④ 수익률곡선이 시기적으로 이동한다는 것을 잘 설명한다.

17 중요도 ★★★
금리와 다른 요소 간 관계에 대한 설명으로 적절하지 않은 것은?

① 깁슨의 역설은 피셔법칙으로 설명되기 때문에 더 이상 역설이 아니다.
② 피셔에 의하면 명목금리는 기대인플레이션을 반영한다.
③ 경상수지와 금리는 정의 관계를 가진다.
④ 통화량의 증가는 단기적으로 이자율을 하락시키는 효과가 있으나 장기적으로는 단지 물가와 명목이자율을 상승시킨다.

18 중요도 ★★
다음 설명 중 적절하지 않은 것은?

① 국민총소득(GNI)은 국내총생산과 국외수취요소소득의 합으로 나타낼 수 있다.
② 통화유통속도는 명목GDP를 통화량으로 나눈 값으로서 자금흐름의 속도를 반영한다.
③ 통화유통속도는 사후적으로만 추계가 가능하다.
④ 국내총생산(GDP)은 해외로부터 국민이 받은 소득을 제외한다.

정답 및 해설

13 ② 유통속도와 통화승수는 통화정책의 중간목표가 될 수 없다. 실물충격이 오면 IS곡선이 흔들려 이자율목표를 사용하면 같은 방향으로 충격을 더 강화시키므로 적절하지 않다. 예를 들어 음의 실물충격의 경우 이자율이 하락하려고 하고, 이자율을 목표수준에서 유지하려면 이자율을 인상해야 하므로 이에 따른 투자위축으로 소득이 더욱 감소한다. 양의 실물충격의 경우 반대로 경기가 더욱 과열되므로 통화량목표로 중간목표를 결정해야 경기변동이 완화될 수 있다.
14 ④ 기업의 투자가 줄어들면 이자율이 하락하게 된다.
15 ② 투자에 따른 위험을 무시할 경우 이론적으로 장기이자율은 단기이자율들의 기하평균이므로 $1.040 \times 1.042 \times 1.044 = (1+r)^3$에서 r은 약 4.2%이다.
16 ② 불편기대이론은 수익률곡선의 이동은 잘 설명하나 수익률곡선이 대체로 우상향한다는 사실은 잘 설명하지 못한다.
17 ③ 경상수지가 흑자인 경우 국내로 유입된 외화를 원화로 교환하는 과정에서 해외부문을 통한 화폐 공급이 증가하여 금리가 하락한다.
18 ① 해외로부터 국민이 받은 소득과 국외수취요소소득 간의 차이인 국외순수취요소소득을 합해야 한다.

19 중요도 ★★★
경기선행지표가 아닌 것은?

① 코스피지수　　② 경제심리지수　　③ CP유통수익률　　④ 장단기금리차

20 중요도 ★★
경기종합지수에 대한 설명으로 적절하지 않은 것은?

① 기계류내수출하지수, 건설수주액, 코스피지수는 경기선행구성지표이다.
② 광공업생산지수 및 건설기성액은 경기동행구성지표이다.
③ CP유통수익률과 장단기금리차는 경기후행구성지표이다.
④ 경기종합지수를 통해 경기국면의 변화와 속도를 분석할 수 있다.

21 중요도 ★★
올해 통화량이 50억, 실질 GDP가 500억, 명목 GDP가 1,000억일 때 화폐유통속도는?

① 10　　② 20　　③ 30　　④ 40

22 중요도 ★★
통화유통속도에 대한 설명으로 적절하지 않은 것은?

① 통화유통속도는 명목GDP를 통화량으로 나눈 값이다.
② 통화유통속도는 일정량의 통화량이 일정 기간 동안 몇 회전을 하였는지를 설명한다.
③ 통화유통속도는 사전적으로 추계가 가능하여 경기변화를 예측하는 데 유용성이 높다.
④ 우리나라의 통화유통속도는 장기적으로 하락하는 추세이다.

23 중요도 ★★★
GDP디플레이터 상승률이 6%, 실질GDP 증가율이 4%, 유통속도변화율이 2%인 경우 EC방식에 의한 통화 공급증가율의 목표치는?

① 8%   ② 10%   ③ 12%   ④ 14%

24 중요도 ★
다음 기업실사지수(BSI) 그래프의 A점과 동일한 경기상태를 경기확산지수(DI) 그래프에서 찾은 것으로 적절한 것은?

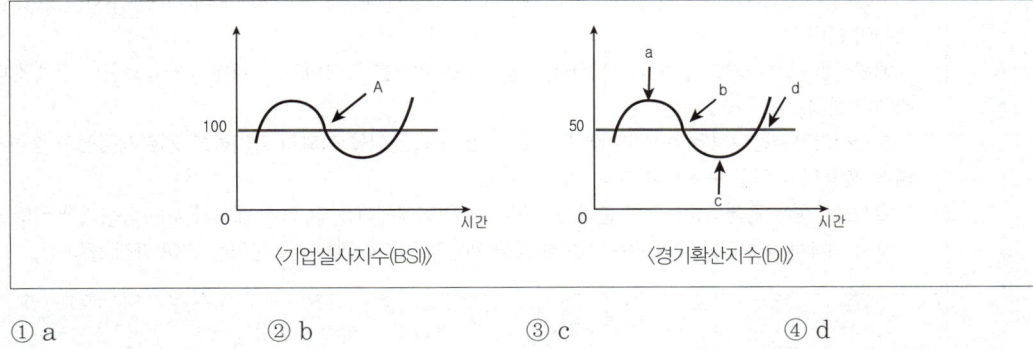

① a   ② b   ③ c   ④ d

정답 및 해설

19 ③ CP유통수익률은 후행지수에 해당한다.
20 ③ 장단기금리차는 경기선행지수요소이다.
21 ② 화폐수량설(MV = Py)에 의하면 통화량(M) = 50, 명목국민소득(Py) = 1,000인 경우 화폐유통속도(V) = 20이 된다.
22 ③ 통화유통속도는 사후적으로 추계가 가능하며 경기변화를 예측하는 데 유용하지 않다.
23 ① 통화 공급증가율의 목표(MG) = GDP디플레이터 상승률(PG) + 실질GDP 증가율(YG) − 유통속도변화율(VG)
= 6%(PG) + 4%(YG) − 2%(VG) = 8%(MG)
24 ② 기업실사지수(BSI) 그래프의 A점은 수준이 100을 나타내는 경기정점으로, 100보다 높은 수준인 경기상승국면에서 100보다 낮은 수준인 경기하강국면으로 진입하고 있는 상태이다. 이에 대응하는 경기확산지수(DI) 그래프의 정점은 경기확산지수(DI)가 50이고, 50보다 큰 상태에서 50을 뚫고 50 이하로 내려오는 b점이다.

제 10장 분산투자기법

학습전략

분산투자기법은 제3과목 전체 50문제 중 총 5문제가 출제된다.

포트폴리오 분석에서는 개별자산의 기대수익과 위험의 관계부터 포트폴리오의 기대수익과 위험까지 정확히 이해해야 한다.

지배원리를 충족시키면서 최적의 자산배분을 이루는 원리를 파악하고, 무차별곡선과 효용의 관계에 대해서도 정리해야 한다.

자본자산가격결정모형은 계산문제에 대비할 수 있도록 공식을 정확히 암기하고, 자본시장선과 증권시장선의 개념 및 활용의 차이를 구분해야 한다.

단일지표모형은 증권특성선의 도출과정과 원리 등을 이해해야 하며, 특히 베타가 갖는 속성과 베타의 크기에 따른 변화를 이해해야 한다. 요인모형은 주요한 틀을 개념적으로 이해하고 접근하는 것이 가장 좋다.

출제비중

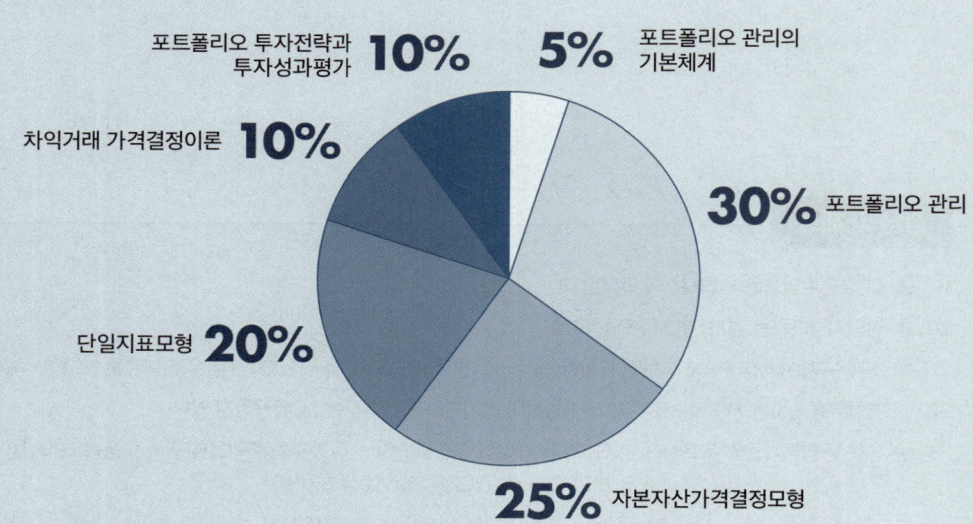

- 포트폴리오 투자전략과 투자성과평가 10%
- 포트폴리오 관리의 기본체계 5%
- 차익거래 가격결정이론 10%
- 포트폴리오 관리 30%
- 단일지표모형 20%
- 자본자산가격결정모형 25%

출제포인트

구 분	출제포인트	중요도
포트폴리오 관리의 기본체계 (5%)	01 통합적 포트폴리오 관리 개요 및 과정	★
포트폴리오 관리 (30%)	02 개별자산의 기대수익과 위험 03 포트폴리오의 기대수익과 위험 04 포트폴리오 위험분산효과 05 증권의 최적 선택 원리 06 효율적 포트폴리오와 최적 자산배분	★★ ★★★ ★★★ ★★★ ★★★
자본자산가격결정모형 (25%)	07 자본자산가격결정모형의 의의와 가정 08 자본시장선 09 증권시장선	★★ ★★★ ★★★
단일지표모형 (20%)	10 단일지표모형 11 증권특성선 12 단일지표모형에 의한 포트폴리오 선택	★★ ★★★ ★★
차익거래 가격결정이론 (10%)	13 차익거래의 의의와 활용 14 차익거래 가격결정이론의 도출	★★ ★★
포트폴리오 투자전략과 투자성과평가 (10%)	15 포트폴리오 투자전략 16 포트폴리오 투자성과평가	★★ ★★

통합적 포트폴리오 관리 개요 및 과정 ★

다음 중 자산배분(Asset Allocation) 결정에 대한 설명으로 가장 적절한 것은?

① 단기자금, 주식, 채권 등 자산군의 투자비중을 결정한다.
② 단기자금, 주식, 채권 등 자산군의 기대수익을 결정한다.
③ 단기자금, 주식, 채권 등 자산군의 산업별 비율을 결정한다.
④ 단기자금, 주식, 채권 등 자산군의 상관계수를 분석한다.

♥ TIP 자산배분(Asset Allocation)이란 설정된 투자목표를 달성하기 위해 거시경제분석과 산업분석에 기초하여 주식, 채권, 파생상품, 부동산, 현금성 자산 등 기대수익과 위험이 질적으로 상이한 각 자산에 대한 투자비중을 결정하는 투자전략 수립과정이다.

핵심포인트 해설 통합적 포트폴리오 관리

투자목표 설정 (PLAN)	• 고려사항
	  · 투자기간 : 투자회수 시점, 투자지속 기간
	  · 세금관계 : 면세, 종합금융소득세 적용 여부
	  · 법적·제도적 제약 : 투자금지, 투자비율상한 제한 고려
	  · 투자자금의 성격 : 장단기자금 여부, 차입자금 여부, 신규자금 여부
	  · 고객의 특별한 요구사항 : 유동성요구액
	• 투자전략 수립을 위한 준비
	  · 거시경제 및 시장 예측
	  · 자산군별 기대수익, 위험 추정

투자실행 (DO)	• 하향식(Top-down) : 자산 배분 ⇨ 증권 선택 ⇨ 시점 선택
	• 자산배분(Asset Allocation) : 자산군별 투자자금 배분
	  · 전략적 자산배분 : 자산군별 투자비중 결정
	  · 전술적 자산배분 : 자산군별 투자비중 조정
	• 증권선택(Security Selection)
	
	| 구 분
		적극적 관리	소극적 관리 |
			|---|---|---|
			| 시장 가정 | 비효율적 | 효율적 |
			| 목 표 | 초과수익 | 시장평균 수익 |
			
			• 시점선택(Market Timing)
			  · 투자규모 고려 : 거액 투자(시장충격 발생) ⇨ 분할 투자
			  · 가격변동 고려 : 상승 예상 ⇨ 투자시점 당김, 하락 예상 ⇨ 투자시점 늦춤

사후통제 (SEE)	• 포트폴리오 수정(리밸런싱, 업그레이딩) • 포트폴리오 투자성과 평가(투자수익률, 위험조정성과)

정답 ①

02 개별자산의 기대수익과 위험 ★★

주식 A 수익률의 확률분포로부터 주식 A의 기대수익률을 계산한 것으로 적절한 것은?

경제상황	확률	예상수익률
불황	0.25	−0.1
정상	0.5	0.1
호황	0.25	0.3

① 0.05　　② 0.1　　③ 0.12　　④ 0.2

♀ TIP 기대수익률 = {0.25 × (−0.1)} + (0.5 × 0.1) + (0.25 × 0.3) = 0.1

핵심포인트 해설　개별자산의 기대수익과 위험

(1) 개별자산의 가치 결정요인

예상되는 기대수익과 위험

$$V(\text{자산의 가치}) = f(\text{기대수익, 위험})$$

(2) 개별자산의 기대수익률 추정

미래 발생 가능한 상황, 발생 확률, 각 상황에서의 예상 수익률을 바탕으로 수익률의 확률분포 작성

$$\text{기대수익률}[E(R)] = \Sigma \text{확률} \times \text{예상수익률}$$

(3) 개별자산의 위험(수익률의 변동성)

① 실제로 실현된 수익률이 기대수익률과 다를 가능성
② 위험의 표현 방법은 분산 또는 표준편차 사용

- 분산 = $\Sigma(\text{예상수익률} - \text{기대수익률})^2 \times \text{확률}$
- 표준편차 = $\sqrt{\text{분산}}$

(4) 평균-분산(MV : Mean-Variance) 기준

평균과 분산 두 가지 모수만을 추정하여 투자자산의 가치를 평가하고 투자 결정의 기준으로 삼음

(5) 주요 공식

- 기대수익률 $E(R) = \sum_{i=1}^{m} P_i \cdot r_i$
- 분산 $Var(R) = \sigma^2 = \sum_{i=1}^{m} [r_i - E(R)]^2 \cdot P_i$
- 표준편차 $\sigma = \sqrt{\sum_{i=1}^{m} [r_i - E(R)]^2 \cdot P_i}$

정답 ②

포트폴리오의 기대수익과 위험 ★★★

다음 자료를 이용하여 두 주식으로 이루어진 포트폴리오의 위험(분산)을 마코위츠(Markowitz)모형으로 계산한 값으로 적절한 것은?

- A주식 : 투자가중치 40%, 표준편차 8%
- B주식 : 투자가중치 60%, 표준편차 3%
- A, B 간의 상관계수 = 0.5

① 0.001924
② 0.003676
③ 0.024176
④ 0.050576

TIP $(0.4)^2(0.08)^2 + (0.6)^2(0.03)^2 + 2(0.4)(0.6)(0.5)(0.08)(0.03) = 0.001924$

핵심포인트 해설 포트폴리오의 기대수익과 위험

(1) 포트폴리오의 기대수익률
① 개별자산의 기대수익률을 투자금액의 비율로 가중평균하여 산출
② 양(+)의 가중치 : 매입(Long Position), 음(−)의 가중치 : 공매(Short Position)

$$E(R_P) = \sum_{j=1}^{m} w_j \cdot E(R_j)$$

$$E(R_P) = w_x \cdot E(R_x) + w_y \cdot E(R_y)$$

(w_j : 개별 증권 j에 대한 투자비율, $E(R_j)$: 개별 증권 j에 대한 기대수익률)

(2) 포트폴리오의 위험(분산)
① 포트폴리오의 발생 가능한 수익률과 포트폴리오 기대수익률과의 차이의 제곱에 발생할 확률을 곱하여 그 합을 구함
② 포트폴리오 분산은 단순히 개별자산의 분산을 가중평균한 것이 아님
③ 포트폴리오의 위험 측정은 개별자산의 위험 측정과는 별개의 고유한 방법이 필요함

$$Var(R_P) = \sigma_P^2 = E[r_P - E(R_P)]^2$$
$$= w_x^2 \sigma_x^2 + w_y^2 \sigma_y^2 + 2w_x w_y \cdot Cov(R_x, R_y)$$
$$= w_x^2 \sigma_x^2 + w_y^2 \sigma_y^2 + 2w_x w_y \cdot \sigma_x \cdot \sigma_y \cdot \rho_{xy}$$

정답 ①

포트폴리오 위험분산효과 ★★★

주식 A와 주식 B의 수익률의 표준편차는 각각 0.1과 0.05이다. 두 주식 수익률의 공분산이 0.003일 때, 상관계수는?

① 0.12
② 0.36
③ 0.60
④ 0

◉ TIP 상관계수 = $\dfrac{\text{공분산}}{\text{표준편차의 곱}} = \dfrac{0.003}{(0.1 \times 0.05)} = 0.60$

핵심포인트 해설 공분산과 상관계수

(1) 공분산(Covariance)

두 증권의 수익률이 변동할 때 같은 방향으로 움직이는지(+), 반대 방향으로 움직이는지(−) 측정

$$\text{Cov}(R_x, R_y) = \sigma_{xy} = E[(r_x - E(R_x))(r_y - E(R_y))]$$

(2) 상관계수(Correlation Coefficient)

① 공분산을 각각의 표준편차의 곱으로 나누어 표준화한 것
② −1 ≤ 상관계수 ≤ +1 사이의 값을 가짐

$$\rho_{xy} = \dfrac{\text{Cov}(R_x, R_y)}{\sigma_x \times \sigma_y} = \dfrac{\text{공분산}}{\text{표준편차의 곱}}$$

(3) 상관관계와 포트폴리오 위험(분산투자효과)

상관관계 완전 양(+) : $\rho_{xy} = +1$	• $\sigma_p = w_x\sigma_x + w_y\sigma_y$ • 투자위험은 감소되지 않음 : 분산투자효과 없음
상관관계 완전 음(−) : $\rho_{xy} = -1$	• $\sigma_p = |w_x\sigma_x - w_y\sigma_y|$ • 포트폴리오 완전 헤지(Perfect Hedge) : 분산투자효과 최대
상관계수 영(0) : $\rho_{xy} = 0$	• $\sigma_p = \sqrt{(w_x^2\sigma_x^2 + w_y^2\sigma_y^2)}$ • 자산 간 상관관계 없음(독립적) : 분산투자효과 일부 있음

① 상관계수와 공분산은 항상 같은 부호를 가짐
② 상관계수가 1이면 분산효과가 나타나지 않음
③ 상관계수가 −1이면 분산효과 극대화(무위험 포트폴리오 창출 가능)
④ 현실적으로 +1이거나 −1인 상관계수는 존재하지 않음
⑤ 상관계수가 0이면 서로 독립적인 관계
⑥ 상관계수가 1보다 작을수록 분산효과가 커짐

정답 ③

05

포트폴리오 위험분산효과 ★★★

포트폴리오 결합선 아래 위험이 최소가 되는 점으로 적절한 것은?

① Investment Opportunities Set
② Minimum Variance Portfolio
③ Market Portfolio
④ Combine Line

♀ TIP 최소분산 포트폴리오(Minimum Variance Portfolio)란 포트폴리오 결합선에서 위험이 최소가 되는 포트폴리오를 말한다.

핵심포인트 해설 최소분산 포트폴리오(MVP : Minimum Variance Portfolio)

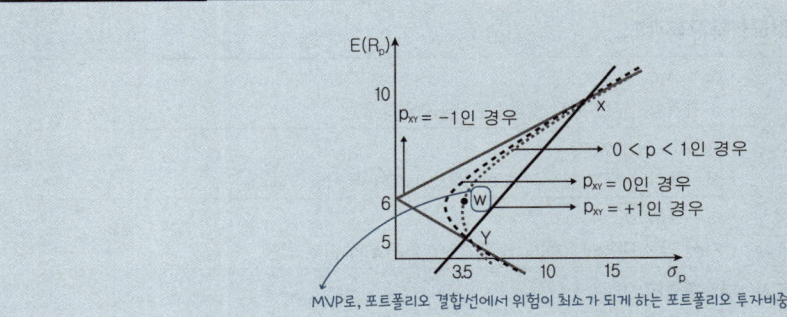

MVP로, 포트폴리오 결합선에서 위험이 최소가 되게 하는 포트폴리오 투자비중

- 상관계수가 −1이 아닌 경우 : $W_x = \dfrac{\sigma_y^2 - \sigma_{xy}}{\sigma_x^2 + \sigma_y^2 - 2\sigma_{xy}} = \dfrac{\sigma_y^2 - \sigma_x \cdot \sigma_y \cdot \rho_{xy}}{\sigma_x^2 + \sigma_y^2 - 2\sigma_x \cdot \sigma_y \cdot \rho_{xy}}$
- 상관계수가 −1인 경우 : $W_x = \dfrac{\sigma_y}{\sigma_x + \sigma_y}$

정답 ②

06 포트폴리오 위험분산효과 ★★★

다음 중 분산투자효과에 대한 설명으로 적절하지 않은 것은?

① 종목 수가 증가함에 따라 개별 증권이 해당 포트폴리오에 미치는 영향은 줄어든다.
② 종목 수가 증가함에 따라 위험은 각 종목의 공분산의 평균에 가까워진다.
③ 종목 수가 증가함에 따라 시장위험이 감소한다.
④ 종목 수가 증가함에 따라 비체계적 위험이 감소한다.

TIP 종목 수가 증가함에 따라 비체계적 위험(고유위험)이 감소하고, 시장위험은 감소하지 않는다.

핵심포인트 해설 포트폴리오의 위험분산

(1) 포트폴리오 위험
① 증권시장 전반의 공통적 요인에 의해서 야기되는 위험으로 체계적 위험(Systematic Risk), 분산 불능 위험(Non-diversifiable Risk), 시장위험(Market Risk)이 있음
② 종목 수가 증가함에 따라 위험이 감소하며 기업고유요인에 의해서 야기되는 위험으로 비체계적 위험(Non-systematic Risk), 분산 가능 위험(Diversifiable Risk), 기업고유위험(Firm-specific Risk)이 있음

체계적 위험	비체계적 위험
• 시장위험 • 분산 불가능(피할 수 없음) • 베타	• 기업고유위험 • 분산 가능(피할 수 있음) • 잔차분산

(2) 투자종목 수와 위험분산효과
① 투자종목 수가 많을수록 포트폴리오 위험 감소
② 투자종목을 무한히 늘려서 제거 가능한 위험을 비체계적 위험이라고 함
③ 투자종목을 무한히 늘려도 제거 불가능한 위험을 체계적 위험이라고 함
④ 종목 수가 증가할수록 개별 증권위험이 전체에 미치는 영향은 줄어듦
⑤ 종목 수가 증가할수록 포트폴리오 위험은 각 종목들 간의 공분산의 평균에 접근함
⑥ 투자위험에 대한 적절한 보상은 분산 불능 위험인 체계적 위험에 한정해야 함
⑦ 특정 증권이 포트폴리오 위험에 미치는 영향은 해당 증권의 분산의 크기가 아니라, 다른 증권과의 공분산(또는 상관계수)에 달려 있음
⑧ 투자종목 수가 증가함에 따라 위험감소효과는 구성종목 간의 상관관계의 크기에 의해서 제약을 받음

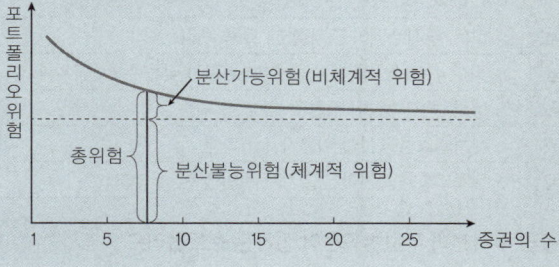

정답 ③

07

> 증권의 최적 선택 원리 ★★★

다음 중 효율적 투자선 사이에 놓일 수 없는 포트폴리오로 적절한 것은?

포트폴리오	기대수익률(%)	표준편차(%)
A	15	36
B	12	15
C	5	7
D	10	25

① A ② B ③ C ④ D

♥ **TIP** 지배원리에 의하면 포트폴리오 D는 B보다 기대수익률이 낮고 표준편차가 크므로 효율적일 수 없다.

핵심포인트 해설 지배원리와 효율적 증권의 선택

(1) 효율적 증권의 선택
① 지배원리를 충족시키는 증권(효율적 증권) 선택
② 지배원리 : 동일 위험에 대하여 높은 수익률, 동일 수익률에 대하여 낮은 위험

(2) 무차별 효용곡선 : 투자자의 위험에 대한 주관적인 만족도인 효용함수의 크기에 따라 선택

효용함수 : $u = E(R) - 0.5C \cdot \sigma^2$

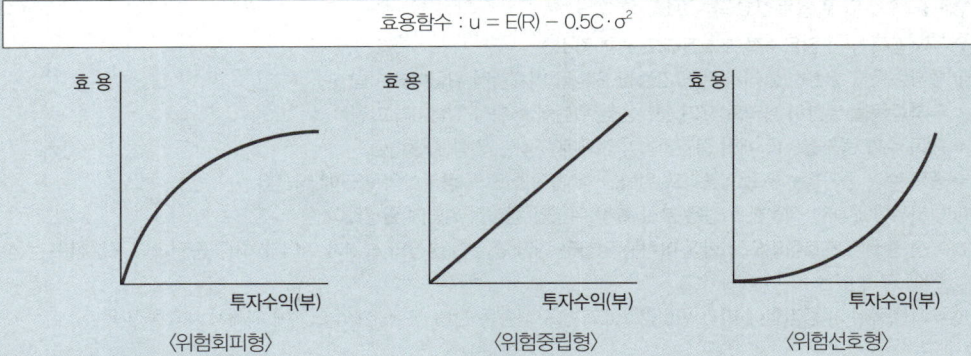

형태	위험회피형	오목, 투자수익이 증가할 때 효용 체감
	위험중립형	직선, 기대수익률이 높을수록, 위험이 낮을수록 증가
	위험선호형	볼록, 투자수익이 증가할 때 효용 체증
기울기	보수적 투자자	무차별효용곡선의 기울기가 가파름
	공격적 투자자	무차별효용곡선의 기울기가 완만함

(3) 최적 포트폴리오 : 효율적 투자선과 무차별곡선이 접하는 포트폴리오

정답 ④

효율적 포트폴리오와 최적 자산배분 ★★★

위험포트폴리오와 무위험자산으로 구성된 다수의 포트폴리오 결합선으로 적절한 것은?

① 증권시장선(Security Market Line)
② 자본시장선(Capital Market Line)
③ 증권특성선(Security Characteristic Line)
④ 자본배분선(Capital Allocation Line)

📍 **TIP** 위험포트폴리오와 무위험자산으로 구성된 새로운 포트폴리오 결합선은 자본배분선(CAL)이다.

핵심포인트 해설 포트폴리오 최적선택 원리

(1) 기대수익률

$$E(R_p) = R_f + w \cdot [E(R_A) - R_f]$$

(2) 분산과 표준편차

- 분산 $\sigma_p^2 = w^2 \cdot \sigma_A^2$
- 표준편차 $\sigma_p = w \cdot \sigma_A$

(3) 최적 포트폴리오의 선택

① 효율적 투자선과 무차별곡선의 접점
② 위험자산 투자비율 = $\dfrac{E(R_A) - R_f}{C(\text{위험회피계수}) \times \sigma_A^2}$

(4) 자본배분선(CAL : Capital Allocation Line)

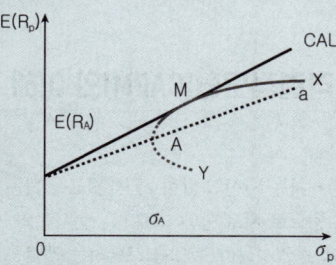

① 무위험자산이 존재하지 않을 경우 효율적 경계선(Efficient Frontier)은 최소분산포트폴리오(MVP)에서 시작하는 타원형으로 나타남
② 타원형의 효율적 경계선상에 놓이는 위험자산 즉, 위험포트폴리오와 무위험자산으로 구성된 새로운 포트폴리오 결합선이 자본배분선(CAL)임
③ 자본배분선의 기울기를 위험보상률 또는 변동성보상비율(RVAR : Reward to Variability Ratio)이라고 함

$$\text{변동성보상비율(위험보상률)} = \frac{\text{포트폴리오 기대수익률} - \text{무위험이자율}}{\text{포트폴리오 표준편차}}$$

④ 주어진 자본배분선의 RVAR은 투자비율에 상관없이 항상 일정

정답 ④

자본자산가격결정모형의 의의와 가정 ★★

자본자산가격결정모형(CAPM)에 대한 가정으로 적절하지 않은 것은?

① 투자자는 기대수익(평균)과 분산기준에 의해서만 투자 결정한다.
② 모든 투자자는 동일한 단일 투자기간을 갖고 있다.
③ 무위험이자율 수준으로 얼마든지 차입 및 대여 가능하다.
④ 모든 투자자는 상이한 방법으로 증권을 분석하고 시장을 예측한다.

TIP 모든 투자자는 동일한 방법으로 증권 분석 및 시장 예측한다. 즉, 모든 투자자는 미래증권수익률의 확률분포에 대해 동질적으로 예측한다. 이것이 자본자산가격결정모형(CAPM)의 동질적 미래예측의 가정이다.

핵심포인트 해설 자본자산가격결정모형(CAPM)의 이해

(1) 정 의
　① 자본시장의 균형하에서 위험이 존재하는 자산의 균형수익률을 도출하는 모형
　② 마코위츠의 포트폴리오 이론을 바탕으로 샤프 등에 의해 무위험자산의 가정을 포함하여 발전
　③ 넓은 의미로는 자본시장선(CML)과 증권시장선(SML)을 포함하는 개념
　④ 보통 CAPM이라 하면 증권시장선을 의미하는 경우가 많음

(2) 가 정
　① 평균분산기준의 가정
　② 동일한 투자기간의 가정
　③ 완전시장의 가정
　④ 무위험자산의 존재 가정
　⑤ 균형시장(수요와 공급 일치) 가정
　⑥ 동질적 미래 예측 가정

정답 ④

10 자본시장선 ★★★

무위험자산과 위험자산으로 이루어지는 포트폴리오의 결합선에 대한 설명으로 적절하지 않은 것은?

① 무위험자산은 수익률의 표준편차가 영(Zero)인 자산이다.
② 포트폴리오의 위험은 위험자산의 위험과 위험자산에 대한 투자가중치로 표시된다.
③ 결합선은 무위험자산과 위험자산을 연결하는 직선이다.
④ 투자자금을 무위험자산과 위험자산에 분배하여 투자하는 포트폴리오 즉, 투자가중치가 양수가 되게 투자하는 포트폴리오를 차입 포트폴리오(Borrowing Portfolio)라고 한다.

♥ TIP 투자가중치가 양수가 되게 투자하는 포트폴리오는 대출 포트폴리오이며, 무위험자산의 수익률로 차입하여 위험자산에 추가적으로 더 투자하는 포트폴리오를 차입 포트폴리오라고 한다.

핵심포인트 해설 자본시장선(CML)

(1) 자본시장선(CML : Capital Market Line)

자본배분선	위험자산과 무위험자산을 결합한 선으로 무수히 많음
자본시장선	자본배분선 중 시장 포트폴리오(M)과 접하는 하나의 선

① $E(R_p) = R_f + \dfrac{[E(R_m) - R_f]}{\sigma_m} \times \sigma_p$

② 자본배분의 기울기 즉, RVAR가 가장 큰 자본배분선이 자본시장선(CML : Capital Market Line)으로, 무위험자산이 존재하는 경우 효율적 경계선(Efficient Flontier)은 자본시장선(CML)으로 나타나는 직선이 됨
③ 즉, 자본시장선은 효율적 경계선으로서 무위험자산(Rf)에서 시장 포트폴리오(Rm : Market Portfolio) 점을 연결하는 직선
④ 대출 포트폴리오 : 투자자금 일부를 포트폴리오 M에 투자하고, 나머지 투자자금은 무위험자산에 투자(투자가중치가 양수)
⑤ 차입 포트폴리오 : 무위험자산의 이자율로 자금을 차입하여 차입자금과 본래의 투자자금을 합하여 투자(투자가중치가 음수)
⑥ 시장 포트폴리오(M) : 위험선호도에 관계없이 이루어지므로 위험자산인 포트폴리오로는 동일하게 시장 포트폴리오 M을 선택(토빈의 분리정리)

(2) 시장 포트폴리오(M)

① CAPM모형에서 변동성보상비율(RVAR)이 가장 큰 포트폴리오

$$\text{변동성보상비율(위험보상률)} = \dfrac{\text{포트폴리오 기대수익률} - \text{무위험이자율}}{\text{포트폴리오 표준편차}}$$

② 시장 포트폴리오의 변동성은 오직 체계적 위험만을 나타냄
③ 토빈의 분리정리
　㉠ 모든 투자자는 위험선호도에 상관없이 시장 포트폴리오 M을 선택
　㉡ 투자자의 위험선호도에 따라 무위험자산과 시장 포트폴리오 M에 대한 투자비중을 결정하여 최적 포트폴리오를 만듦
　㉢ 시장 포트폴리오를 가장 잘 나타내는 것으로 종합주가지수가 있음

정답 ④

11 증권시장선 ★★★

증권시장선(SML)이 나타내는 관계에 대한 설명으로 가장 적절한 것은?

① 시장 포트폴리오와 위험자산과의 조합들에 대한 균형수익률
② 최적 포트폴리오로서 시장 포트폴리오의 균형수익률
③ 증권의 수익률과 시장 포트폴리오 수익률과의 관계
④ 체계적 위험의 함수로서 개별 증권의 요구수익률

♥ TIP 증권시장선은 투자위험 가운데 체계적 위험의 함수로서 체계적 위험의 척도인 β의 크기에 따라 위험증권의 요구수익률을 결정한다.

핵심포인트 해설 증권시장선(SML)

(1) 증권시장선(SML : Security Market Line)
① $E(R_i) = R_f + [E(R_m) - R_f] \times \beta_i$
② 개별 증권뿐만 아니라 비효율적인 포트폴리오도 투자대상에 포함
③ 기대수익률($E(R)$)과 체계적 위험(β)의 관계
④ 시장 포트폴리오와 무위험자산과의 조합들에 대한 균형수익률(CAPM의 균형가격)
⑤ CAPM의 투자결정 이용

(2) 자본시장선과 증권시장선
① 자본시장선(CML) : 자본시장균형에서의 효율적 포트폴리오들의 기대수익률 $E(R_p)$와 표준편차(σ_p)로 측정된 위험의 관계 규명
② 증권시장선(SML) : 효율적 포트폴리오, 비효율적 포트폴리오, 개별 증권을 포함한 모든 자산의 자본시장균형에서의 기대수익률과 베타계수로 측정한 위험의 관계 규명
③ 자본자산가격결정모형(CAPM)에서는 자본시장선(CML)과 증권시장선(SML)을 모두 포함하지만, 투자론에서 CAPM은 일반적으로 증권시장선(SML)을 지칭하며, CAPM과 SML을 구별하지 않고 동일한 용어로 사용하는 경우가 많음

구 분	자본시장선(CML)	증권시장선(SML)
정 의	기대수익률과 위험(σ)	기대수익률과 위험(β)
대상자산	효율적 자산(위험 + 무위험)	효율적 + 비효율적 자산 및 개별 증권
개별 자산(비효율)	CML선 아래 표시	SML선상 위치 가능
공 식	$E(R_p) = R_f + \dfrac{[E(R_m) - R_f]}{\sigma_m} \times \sigma_p$	$E(R_i) = R_f + [E(R_m) - R_f] \times \beta_i$
그래프	(CML 그래프)	(SML 그래프)

정답 ④

12 증권시장선 ★★★

다음 자료를 활용하여 CAPM에 의한 주식 A의 요구수익률을 계산한 것으로 적절한 것은?

- 무위험이자율 : 8%
- 시장 포트폴리오의 기대수익률 : 18%
- 주식 A와 시장 포트폴리오의 공분산 : 0.03
- 시장 포트폴리오의 분산 : 0.02

① 0.147
② 0.18
③ 0.2
④ 0.23

TIP $E(R_i) = R_f + [E(R_m) - R_f]\beta_i$
$= 0.08 + (0.18 - 0.08)\beta_i$ ($\beta = \dfrac{0.03}{0.02} = 1.5$)
$= 0.23$

핵심포인트 해설 증권시장선 SML의 활용

(1) CAPM의 투자결정 이용

① 요구수익률의 추정과 증권의 과대, 과소평가

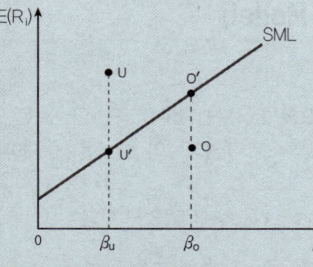

- SML 위쪽(U) : 과소평가, 매수
- SML 아래쪽(O) : 과대평가, 매도(공매)

② 자기자본비용의 추정(SML 식 이용) : $E(R_i) = R_f + [E(R_m) - R_f] \times \beta_i$

③ 주식의 내재가치추정 : 주식의 이익, 배당흐름이 매년 g%만큼 계속 성장할 경우 주식의 이론적 가치

$$P_0 = \dfrac{d_1}{k_e - g} = \dfrac{d_0(1+g)}{k_e - g}$$

④ 자본예산결정 : 신규사업의 내부수익률(IRR)이 CAPM의 요구수익률보다 높으면 투자안을 채택
⑤ 공공요금의 결정
⑥ 투자성과의 평가

정답 ②

13

> 단일지표모형 ★★

단일지표모형을 이용하여 포트폴리오의 위험을 측정할 때 필요한 계산량을 표시한 것으로 적절하지 않은 것은?

① 개별 주식의 베타계수 : n개
② 개별 주식의 잔차분산 : n개
③ 시장수익률의 분산 : 1개
④ 주식수익률 간의 공분산 : $n(n-1)/2$개

♀ TIP 단일지표모형에 의하면 주식수익률 간의 공분산 측정이 필요 없다.

핵심포인트 해설 단일지표모형(Single Index Model)

(1) 의의
① 개별주식과 시장 전체의 움직임을 나타내는 단일시장지표와의 공분산만을 고려한 단순화된 모형
② 마코위츠모형은 이론적으로 가장 완벽한 방법이지만 현실적으로 투입정보의 계산량이 방대하여 이 문제점을 해결하고자 한 것이 샤프 단일지표모형임
③ 단순시장모형(Simplified Market Model) 또는 시장모형(Market Model)이라고도 부름

(2) n개 주식 포트폴리오 계산에 필요한 정보량

마코위츠의 완전공분산모형	단일지표모형
• 개별주식의 기대수익률 : n개 • 개별주식의 분산 : n개 • 개별주식 간 공분산 : $\frac{n(n-1)}{2}$개 • 총 $2n + \frac{n(n-1)}{2}$개	• 개별주식의 기대수익률 : n개 • 개별주식의 베타(β) : n개 • 개별주식의 잔차분산 : n개 • 시장수익률의 분산 : 1개 • 총 3n + 1개

정답 ④

14

증권특성선 ★★★

베타에 대한 설명으로 적절하지 않은 것은?

① 베타는 시장수익률변동에 대한 특정 증권 또는 포트폴리오 수익률의 평균적인 민감도를 나타낸다.
② 단일지표모형에서 베타는 자본시장선의 기울기로 추정한다.
③ 특정 증권의 베타계수는 시장수익률의 변동분에 대한 특정 증권수익률의 변동분의 비율을 표시한다.
④ 베타계수가 0.5인 증권보다 베타계수가 1인 증권이 시장수익률의 변동에 더 민감하게 반응한다.

TIP 베타는 증권특성선의 기울기로 추정한다.

핵심포인트 해설 증권특성선(SCL : Security Characteristic Line)

(1) 증권특성선(SCL) 개요
① 시장 전체 개별 요인과 개별 기업 고유요인을 증권의 수익률과 시장수익률 간의 선형적인 관계로 나타냄

$$R_{jt} = \alpha_j + \beta_j \times R_{mt} + \varepsilon_{jt}$$

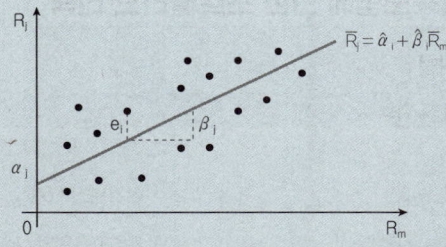

② 베타 : 증권특성선의 기울기로, 시장수익률의 변동분에 대한 특정 증권수익률의 민감도
③ 잔차 : 시장변동에 기인하지 않은 특정 기업의 미시적 사건에 영향을 받는 수익률의 변동을 측정
④ 단일지표모형에서는 시장수익률 및 잔차의 공분산과 두 주식의 잔차 간의 공분산을 0으로 가정

(2) 베타계수
① 개별 주식의 베타 : $\beta_i = \dfrac{\sigma_{im}}{\sigma_m^2} = \dfrac{\sigma_i \cdot \rho_{im}}{\sigma_m}$ (단, $\sigma_{im} = \sigma_i \cdot \sigma_m \cdot \rho_{im}$)

② 포트폴리오 베타 : $\beta_p = \sum\limits_{i=1}^{n} w_i \beta_i$

③ 시장 포트폴리오의 수익률변동에 대한 개별 주식수익률변동의 민감도
④ 체계적 위험(상대적 위험)의 대용치
⑤ 위험의 척도
⑥ 증권특성선(SCL)의 기울기
⑦ 증권시장선(SML)의 X축
⑧ β가 1이 되게 하는 펀드를 지수펀드라고 함
⑨ β > 1 : 공격적 증권, β = 1 : 시장평균적 위험을 갖는 주식, β < 1 : 방어적 증권

정답 ②

15

단일지표모형에 의한 포트폴리오 선택 ★★

단일지표모형에서 증권투자수익의 변동성은 기본적으로 개별 기업의 고유요인에 의하여 발생된 부분과 시장 전체 공통요인에 연관된 부분 두 원천에 의해 초래되는 것을 전제로 한다. 다음 중 시장 공통요인으로 적절하지 않은 것은?

① 기대하지 못했던 일
② 정국의 불안정
③ 석유와 같은 원자재가격
④ 특정 기업의 신제품개발

♥ TIP 특정 기업의 신제품개발은 개별 기업 고유요인에 해당한다.

핵심포인트 해설 단일지표모형에 의한 포트폴리오 선택

(1) 체계적 위험과 비체계적 위험

체계적 위험	비체계적 위험
• $\sigma^2(R_i) = \beta_i^2 \sigma^2(R_m) + \sigma^2(\varepsilon_i)$	• $\sigma^2(R_i) = \beta_i^2 \sigma^2(R_m) + \sigma^2(\varepsilon_i)$
• 포트폴리오 베타 : $\beta_p = \sum_{j=1}^{n} w_j \beta_j$	• 잔차분산 : $\sigma^2(\varepsilon_p) = \sum_{j=1}^{n} w_j^2 \sigma^2(\varepsilon_j)$
• 시장(공통)위험, 분산 불가능 위험	• 기업고유위험, 개별 위험, 분산 가능 위험
• 개별 주식수익률의 총변동 중 증권특성선상을 따라 움직이는 수익률 변동분	• 개별 주식수익률의 총변동 중 증권특성선으로부터 편차의 크기로 측정되는 수익률 변동분

(2) 단일지표모형과 마코위츠모형

구 분	샤프의 단일지표모형	마코위츠모형
기대수익률	$E(R_i) = \alpha_i + \beta_i E(R_m)$	$E(R_i) = \sum p_i r_i$
개별 증권의 분산	$\sigma^2(R_i) = \beta_i^2 \sigma^2(R_m) + \sigma^2(\varepsilon_i)$	$\sigma^2(R_i) = E[R_i - E(R_i)]^2$
증권 i와 j 간 공분산	$Cov(R_i, R_j) = \beta_i \beta_j \sigma^2(R_m)$	$Cov(R_i, R_j) = \rho_{ij} \sigma_i \sigma_j$
포트폴리오의 분산	$\sigma_p^2 = \beta_i^2 \sigma^2(R_m) + \sigma^2(\varepsilon_i)$ $= [\Sigma w_i \beta_i]^2 \sigma^2(R_m) + \Sigma w_i^2 \sigma^2(\varepsilon_i)$	$\sigma_p^2 = \sum_{i=1}^{n} \sum_{j=1}^{n} w_i w_j \sigma_{ij}$ $= \sum_{i=1}^{n} w_i^2 \sigma_i^2 \sum_{i=1}^{n} \sum_{j=1}^{n} w_i w_j \sigma_{ij}$
포트폴리오의 잔차분산	$\sigma^2(\varepsilon_p) = \Sigma w_i^2 \sigma^2(\varepsilon_i)$ $\varepsilon_{it} = R_{it} - (\alpha_i + \beta_i R_{mt})$	$\sigma^2(\varepsilon_p) = \Sigma w_i^2 \sigma^2(\varepsilon_i) + \sum_{i=1}^{n} \sum_{j=1}^{n} w_i w_j cov(\varepsilon_i, \varepsilon_j)$

정답 ④

16 차익거래의 의의와 활용 ★★

2요인 APT에 요인1과 요인2의 위험프리미엄이 각각 5%와 3%이고, 한성㈜의 요인1에 대한 베타계수가 1.2, 요인2에 대한 베타계수가 0.5라고 한다. 한성㈜의 기대수익률이 14%일 때, 차익거래의 기회가 존재하지 않기 위한 무위험수익률은?

① 6.0%
② 6.5%
③ 7.5%
④ 8.0%

♀ TIP 14% = R_f + 1.2(5%) + 0.5(3%), R_f = 6.5%

핵심포인트 해설 차익거래의 의의와 활용

(1) APT(Arbitrage Pricing Theory)의 이론적 배경
① CAPM은 현실의 자산가격 움직임을 충분히 설명하지 못한다는 비판 대두
② APT는 자산의 수익률이 공통요인의 영향을 받아 변동한다는 직관적 통찰에 기초
③ APT는 CAPM보다 더 일반성 있음

(2) 차익거래의 의의와 활용
① 균형 : 더 이상 차익거래가 일어나지 않는 상태
② 차익거래 해소의 조건(No-arbitrage Condition) : 균형의 조건

(3) 단일요인모형(Single-Factor Model)
① 가장 단순한 요인모형으로서 자산수익률에 영향을 미치는 공통요인이 1개인 경우

$$R_i = E(R_i) + \beta_{iF}F + \varepsilon_i$$
(F : 공통요인, 거시변수의 기대 밖의 변동, β_i : 민감도, ε_i : 오차항, 자산 i의 고유요인)

② 차익거래 해소조건

- 1단위의 체계적 위험(β)에 대한 위험프리미엄이 동일한 상태
- $\dfrac{E(R_P) - R_f}{\beta_P} = \dfrac{E(R_Q) - R_f}{\beta_Q} = \lambda \Rightarrow E(R_P) = R_f + \lambda\beta_P$

(4) 다요인모형
① 자산의 수익률이 GNP 성장률, 이자율, 인플레이션, 통화량 등 몇 가지 중요한 공통요인의 영향으로 변동한다고 봄
② 공통요인이 서로 독립적인 것을 가정하여 공통요인 간의 공분산이 0이라고 가정

- 자산 등의 수익률변동에 영향을 미치는 요인이 2개인 모형 : $R_i = E(R_i) + \beta_{i1}F_1 + \beta_{i2}F_2 + \varepsilon_i$
- 자산 등의 수익률변동에 영향을 미치는 요인이 k개인 모형 : $R_i = E(R_i) + \beta_{i1}F_1 + \cdots + \beta_{ik}F_k + \varepsilon_i$

정답 ②

17 차익거래 가격결정이론의 도출 ★★

단일요인 APT가 성립한다고 가정하자. 포트폴리오 A의 베타는 1.2, 기대수익률은 19%이고, 포트폴리오 B의 베타는 0.6, 기대수익률은 15%이다. 무위험수익률은 5%일 때, 차익거래 방법으로 적절한 것은?

	주식 A	주식 B	무위험자산
①	1억원 매수	2억원 매도	1억원 대출
②	1억원 매도	2억원 매수	1억원 차입
③	2억원 매도	1억원 매수	1억원 대출
④	2억원 매도	2억원 매수	없 음

♀TIP 두 자산의 위험 1단위당 프리미엄을 비교하면, 주식 A : (19 − 5)/1.2 < 주식 B : (15 − 5)/0.6이다. 주식 A 매도, 주식 B 매수. 주식 A의 체계적 위험이 B의 두 배이므로 거래 단위는 주식 B가 A의 두 배, 부족자금은 무위험수익률로 차입한다.

핵심포인트 해설 포트폴리오를 이용한 차익거래 − 단일요인

(1) 베타가 동일한 경우(예시)

포트폴리오 A의 매입		$(0.21 + 1.5F) \times$ 1억원	⇐ 기대수익률이 높은 증권
포트폴리오 B의 매도	−	$(0.19 + 1.5F) \times$ 1억원	⇐ 기대수익률이 낮은 증권
차익거래 이윤		$(0.02 + 0.0F) \times$ 1억원 = 200만원	⇐ 기대수익률의 차이 × 투자금액

(2) 베타(민감도)가 상이한 경우

1단계	• 매입/매도 종목 결정 　• 베타(체계적 위험) 1단위당 위험프리미엄 비교 　• 큰 것 매입, 작은 것 매도
2단계	• 투자비율(금액) 결정 　• 투자금액 : 베타에 반비례 　• 베타(A) : 2, 베타(B) : 1 ⇨ A : B 투자비율은 1 : 2
3단계	• 투자손익의 계산 　• 이익 − 손실 ± 차입 또는 대출이자

정답 ②

18

> 포트폴리오 투자전략 ★★

적극적 투자관리 방법으로 가장 적절하지 않은 것은?

① 포뮬러 플랜
② 시장 투자적기 포착법
③ 변동비율법
④ 지수펀드전략

♀ TIP 단순 매입·보유 전략(Buy & Hold 전략), 지수펀드전략, 평균분할투자전략은 소극적 투자관리 방법에 해당한다.

핵심포인트 해설 포트폴리오 투자전략

(1) 포트폴리오 투자전략

구 분	적극적(Active) 투자전략	소극적(Passive) 투자전략
시장가정	• 비효율적	• 효율적
수 익	• 초과수익 추구 시장	• 평균수익 추구
비 용	• 정보비용, 거래비용 많음	• 정보비용, 거래비용 적음
종 류	• 자산배분 · 시장 투자적기 포착법 · 포뮬러 플랜 : 일정한 규칙에 따라 기계적으로 자산배분하는 기법(불변금액법/불변비율법/변동비율법) • 증권선택 · 내재가치의 추정 · 변동성보상비율의 이용 · 베타계수의 이용 · 트레이너-블랙모형 : 초과수익 획득 + 비체계적 위험 감소 위해 최적화 추구	• 단순 매입·보유 전략(Buy & Hold 전략) • 지수펀드전략 • 평균분할투자전략

(2) 자산배분전략 수정

① 리밸런싱
 ㉠ 상황변화가 있으면 자산 포트폴리오가 갖는 원래의 특성을 그대로 유지하고자 하는 것
 ㉡ 자산집단의 상대가격변동에 따른 투자비율의 변화를 원래의 비율로 환원시키는 것
② 업그레이딩
 ㉠ 위험에 비해 상대적으로 높은 기대수익을 얻으려고 하거나 기대수익에 비해 상대적으로 낮은 위험을 부담하도록 포트폴리오 구성을 수정하는 것
 ㉡ 리밸런싱보다 큰 폭의 조정 발생

정답 ④

19

포트폴리오 투자성과평가 ★★

연도별 수익률이 다음과 같을 때 기하평균수익률은?

연 도	94	95	96	97	98
수익률	30%	10%	18%	0	−8%

① 8.8%
② 9.2%
③ 10%
④ 11.3%

♀ TIP $\sqrt[5]{(1.3)(1.1)(1.18)(1)(0.92)} - 1 = 0.092$
∴ 9.2%

핵심포인트 해설 운용투자수익률의 측정

$$단일기간수익률 = \frac{총투자수익}{기초투자액} = \frac{배당\ 또는\ 이자 + 시세차익(차손)}{기초투자액}$$

(1) **산술평균수익률(ARR : Arithmetic Average Rate of Return)**
   기간별 투자금액을 감안하지 않은 시간가중평균수익률

(2) **내부수익률(IRR : Internal Rate of Return)**
   ① 화폐의 시간적 가치가 고려된 평균투자수익률
   ② 현금유출액의 현재가치와 현금유입액의 현재가치를 일치시켜주는 할인율

(3) **기하평균수익률(GRR : Geometric Average Rate of Return)**
   중도투자수익이 재투자되어 증식되는 것을 감안한 수익률

   - $GRR = \sqrt[n]{(1 + {}_0r_1)(1 + {}_1r_2) \cdots (1 + {}_{n-1}r_n)} - 1$
   - 기초부(W_0)와 n년 후 기말부(W_n)만 알고 있을 경우 : $GRR = \sqrt[n]{\frac{W_n}{W_0}} - 1$

정답 ②

포트폴리오 투자성과평가 ★★

다음 중 자본시장선(CML)을 이용하여 성과를 평가하는 방식으로 적절한 것은?

① 샤프지수
② 트레이너지수
③ 젠센지수
④ 정보비율

♀ TIP 성과 평가 시 샤프지수는 CML을 이용하고, 트레이너지수와 젠센지수는 SML을 이용한다.

핵심포인트 해설 성과평정을 위한 투자위험의 조정방법

(1) 샤프지수(Sharpe Index)
 ① 자본시장선(CML) 이용
 ② 총위험을 고려, 총위험 한 단위당 위험프리미엄
 ③ 투자수익 대 변동성 비율(RVAR)

$$\text{샤프지수(RVAR)} = \frac{\overline{R_p} - \overline{R_f}}{\sigma_p}$$

(2) 트레이너지수
 ① 증권시장선(SML) 이용
 ② 베타계수를 고려(체계적 위험), 체계적 위험 한 단위당 위험프리미엄
 ③ 투자수익 대 민감도비율

$$\text{트레이너지수(RVOL)} = \frac{\overline{R_p} - \overline{R_f}}{\beta_p}$$

(3) 젠센지수(Jensen Index)
 ① 증권시장선(SML) 이용
 ② 젠센알파 = 실현수익률 − 증권시장선 이용 적정수익률
 ③ 젠센의 알파(α_p)는 양수의 큰 값으로 나타날 때 바람직함
 ④ 젠센지수가 양수이면 성과요인에 대하여 종목선택능력에 기인한 것으로 해석

$$\alpha_p = \overline{R_p} - [\overline{R_f} + \beta_p(\overline{R_m} - \overline{R_f})]$$
$$= [\overline{R_p} - \overline{R_f}] - [\overline{R_m} - \overline{R_f}]\beta_p$$
$$= \text{특정포트폴리오 초과수익률} - \beta \times \text{시장포트폴리오 초과수익률}$$

(4) 평가비율

$$\text{평가비율} = \frac{\text{포트폴리오의 젠센알파}}{\text{잔차의 표준편차(비체계적 위험)}}$$

정답 ①

출제예상문제

☑ 다시 봐야 할 문제(틀린 문제, 풀지 못한 문제, 헷갈리는 문제 등)는 문제 번호 하단의 네모박스(□)에 체크하여 반복학습 하시기 바랍니다.

01 중요도 ★★★

포트폴리오 A자산에 대해 60%, B자산에 대해 40%를 투자하고 있다고 하자. 경기상황과 기대수익률이 아래와 같을 때, 포트폴리오의 예상수익률은?

경기상황	확 률	A자산의 수익률	B자산의 수익률
불경기	0.25	0.1	0.1
불 변	0.5	0.1	0.05
호경기	0.25	0.3	0

① 0.05　　② 0.07　　③ 0.08　　④ 0.11

02 중요도 ★★

주식 X와 Y의 기대수익률과 표준편차가 아래와 같다고 가정하자. 두 주식 간의 상관계수는 0.6이며, 총투자자금 1억원을 주식 X와 Y에 분산투자하려고 한다. 이때 기대투자수익률이 16%가 되게 하기 위해 주식 X에 투자해야 하는 투자금액은?

주 식	기대수익률	표준편차
X	10%	10%
Y	20%	20%

① 3,000만원　　② 4,000만원　　③ 5,000만원　　④ 6,000만원

03 중요도 ★

㈜해커스의 주식은 현재 한 주당 10,000원에 거래되고 있다. 증권분석사들은 연말까지 두 가지 가정하에서 ㈜해커스의 주가와 배당을 다음과 같이 예상하고 있다. 연말까지 보유 시 기대수익률과 표준편차를 차례로 나열한 것은?

경기상황	확 률	주 가	배 당
호 전	0.3	12,000	1,000
불 변	0.7	10,000	500

① 9.5%, 10.5%　　② 12.5%, 11.5%　　③ 15%, 13.5%　　④ 18%, 14.5%

04 중요도 ★★

무위험자산 F와 위험자산 A로 이루어진 포트폴리오의 위험(분산)을 마코위츠모형에 의하여 바르게 계산한 것은? (W은 가중치)

① $w_A \sigma_A$ ② $w_A \sigma_A^2$ ③ $w_A^2 \sigma_A$ ④ $w_A^2 \sigma_A^2$

05 중요도 ★

AB의 상관계수가 +1일 때, AB 두 자산으로 구성되는 포트폴리오 분산을 0으로 만들 수 있는 가중치의 범위로 적절한 것은?

구 분	R_i	표준편차
A	14%	6%
B	18%	3%

① $w_A > 1$, $w_B < 1$
② $0 < w_A < 1$, $0 < w_B < 1$
③ $w_A < 0$, $w_B < 0$
④ $w_A < 0$, $w_B > 1$

정답 및 해설

01 ④ · $E(R_A) = (0.25 \times 0.1) + (0.5 \times 0.1) + (0.25 \times 0.3) = 0.15$
· $E(R_B) = (0.25 \times 0.1) + (0.5 \times 0.05) + (0.25 \times 0) = 0.05$
· $E(R_P) = w_A E(R_A) + w_B E(R_B) = 0.6 \times 0.15 + 0.4 \times 0.05 = 0.11$

02 ② $E(R_P) = w_X E(R_X) + (1 - w_X) E(R_Y)$
$0.16 = w_X(0.1) + (1 - w_X)(0.2)$
$w_X = 0.4$
∴ 1억 × 0.4 = 4,000만원

03 ② · 기대수익률 : $0.3 \times 30\% + 0.7 \times 5\% = 12.5\%$
· 표준편차 : $\sqrt{0.3 \times (30\% - 12.5\%)^2 + 0.7 \times (5\% - 12.5\%)^2} = 11.5\%$

04 ④ 포트폴리오 분산은 $w_A^2 \sigma_A^2 + w_B^2 \sigma_B^2 + 2w_A \cdot w_B \cdot \sigma_A \cdot \sigma_B \cdot \rho_{AB}$이고, 무위험자산 F의 분산 및 표준편차는 0이므로 식에 대입하면 $w_A^2 \sigma_A^2$만 남게 된다.

05 ④ 상관계수가 +1일 때 $\sigma_P^2 = (w_A \sigma_A + w_B \sigma_B)^2$이고, 포트폴리오 분산은 0이므로 $(w_A \sigma_A + w_B \sigma_B)^2 = 0$
$w_A \times 0.06 + (1 - w_A) \times 0.03 = 0$ ∴ $w_A = -1$
$(1 - w_B) \times 0.06 + w_B \times 0.03 = 0$ ∴ $w_B = 2$
즉, A자산을 공매도하여 B자산의 레버리지를 높인다.

06 중요도 ★★★
공분산과 상관계수에 대한 설명으로 적절하지 않은 것은?

① 공분산은 수익률이 변동할 때 같은 방향으로 움직이는지 반대 방향으로 움직이는지를 측정하는 값이다.
② 수익률 움직임이 같으면 양의 공분산 값이다.
③ 수익률의 움직임을 공분산으로 측정하면 구해지는 값의 범위는 무한하다.
④ 공분산은 상관계수를 각각의 표준편차의 곱으로 나누어 표준화한다.

07 중요도 ★★★
분산투자효과 중 포트폴리오에 포함되는 종목 수가 증가할수록 감소하는 위험이 아닌 것은?

① 기업고유위험   ② 비체계적 위험   ③ 분산 가능 위험   ④ 시장위험

08 중요도 ★★
분산투자를 통한 포트폴리오의 위험에 대한 설명으로 적절한 것은?

① 분산투자를 통하여 포트폴리오의 체계적 위험을 줄일 수 있다.
② 분산투자는 포트폴리오의 위험을 줄이므로 기대수익률 또한 반드시 낮아진다.
③ 포트폴리오에 편입되는 주식수가 늘어나면 포트폴리오의 위험이 기하급수적으로 줄어든다.
④ 포트폴리오의 위험은 분산투자를 하여도 줄일 수 없는 부분이 있다.

09 중요도 ★★★
분산투자이론에 대한 설명 중 가장 적절하지 않은 것은?

① 두 자산의 상관계수가 증가함에 따라 분산투자효과는 증대된다.
② 두 자산의 상관계수가 1인 경우, 분산투자효과는 존재하지 않는다.
③ 두 자산의 상관계수가 −1인 경우, 두 자산을 결합하여 무위험자산을 창출할 수 있다.
④ 두 자산의 상관계수가 0인 경우에도 체계적 위험이 존재한다.

10 중요도 ★★
포트폴리오 분석에 대한 설명으로 적절하지 않은 것은?

① 표준편차가 작은 증권들로 구성된 포트폴리오는 표준편차가 큰 증권들로 구성된 포트폴리오보다 수익률의 변동성이 낮다.
② 상관계수가 1인 경우, 포트폴리오 수익률의 표준편차는 개별 증권수익률의 표준편차를 가중평균한 것이 된다.
③ 상관계수가 1보다 작은 경우, 포트폴리오 수익률의 표준편차는 개별 증권수익률의 표준편차를 가중평균한 값보다 작아진다.
④ 편입되는 주식수가 많아질수록 위험분산효과가 더 커진다.

11 중요도 ★★
분산투자에 대한 설명으로 적절하지 않은 것은?

① 포트폴리오를 구성하는 개별 자산 간의 상관관계가 완전 양의 관계에 있지 않으면 분산투자를 통하여 투자위험을 줄일 수 있다.
② 포트폴리오에 포함하는 개별 자산의 위험은 개별 자산 자체의 위험보다는 다른 자산과의 상관계수에 비추어 평가해야 한다.
③ 포트폴리오에 포함하는 종목 수가 계속 증가할 때 개별 증권의 위험이 포트폴리오 전체 위험에 미치는 영향은 변화가 없다.
④ 종목 수가 증가할 때 포트폴리오의 위험은 각 종목 간 수익률 간의 공분산의 평균에 접근해 간다.

정답 및 해설

06 ④ 상관계수는 공분산을 각각의 표준편차의 곱으로 나누어 표준화한다.
07 ④ 증권시장 전반의 공통적 요인에 의해서 야기되는 위험 중 체계적 위험(Systematic Risk), 분산불능위험(Non-diversifiable Risk), 시장위험(Market Risk)은 종목 수가 증가해도 감소하지 않는 위험이다.
08 ④ 체계적 위험은 분산투자를 하여도 줄일 수 없다.
　① 분산투자를 통하여 포트폴리오의 체계적 위험을 줄일 수 없다.
　② 분산투자 시 체계적 위험은 수익률과 비례하나, 비체계적 위험이 수익률과 비례하지는 않으므로 반드시 기대수익률이 낮아진다고 보기는 어렵다.
　③ 포트폴리오에 편입되는 주식수가 늘어나면 포트폴리오의 위험은 줄어들지만 일정 수준 이상이 되면 더 이상 위험이 줄어지지 않는다.
09 ① 두 자산의 상관계수가 감소함에 따라 분산투자효과는 증대된다.
10 ① 특정 증권이 포트폴리오 위험에 미치는 영향은 해당 증권의 분산의 크기가 아니라, 다른 증권과의 공분산(또는 상관계수)에 달려 있다.
11 ③ 투자종목 수가 증가함에 따라 위험감소효과는 구성종목 간 상관관계의 크기에 의해서 제약을 받는다.

12 중요도 ★★
두 증권 A와 B의 상관계수가 −1일 때, 포트폴리오 위험을 영(Zero)으로 만드는 A주식의 가중치는?

① $\sigma_B/(\sigma_A + \sigma_B)$
② $\sigma_A/(\sigma_A + \sigma_B)$
③ $-\sigma_B/(\sigma_A - \sigma_B)$
④ $\sigma_A/(\sigma_A - \sigma_B)$

13 중요도 ★★★
$U = E(R) - \frac{1}{2}C\sigma^2$과 같은 효용함수에 대하여, C = 2일 때, 다음 중 동일한 수준의 효용을 가져오는 무차별곡선상에 위치하지 않는 기대수익률과 표준편차의 조합으로 적절한 것은?

① $E(R) = 7\%$, $\sigma = 10\%$
② $E(R) = 10\%$, $\sigma = 20\%$
③ $E(R) = 12\%$, $\sigma = 25\%$
④ $E(R) = 15\%$, $\sigma = 30\%$

14 중요도 ★★
투자에 대한 투자자의 효용함수가 $U = E(R) - 0.5C\sigma^2$이고, 투자자가 위험중립적일 때 선택할 투자안으로 적절한 것은? (U = 효율의 크기, C = 위험회피계수, E(R) = 기대수익률, σ^2 = 분산)

투자안	기대수익률	분산
주식 A	12%	1%
주식 B	14%	3%
주식 C	15%	4%
주식 D	17%	5%

① 주식 A
② 주식 B
③ 주식 C
④ 주식 D

15 중요도 ★★★
자본시장선에서의 효율적 포트폴리오에 대한 설명으로 적절하지 않은 것은?

① 투자자들은 자신의 위험선호도와는 관계없이 위험자산의 포트폴리오로는 동일하게 시장 포트폴리오 M을 선택한다.
② 시장 포트폴리오 M은 투자보수 대 변동성 비율(RVAR)이 극대화된 포트폴리오이다.
③ 자본시장선상에 있는 포트폴리오 위험은 체계적 위험만으로 구성되어 있다.
④ 자본시장선은 효율적 포트폴리오의 기대수익률과 위험 간의 관계를 잘 설명한다는 장점이 있다.

16 중요도 ★

다음 국공채펀드 A와 주식펀드 B, C에 대한 설명으로 적절하지 않은 것은?

구 분	기대수익률	표준편차
국공채펀드 A	10%	0%
주식펀드 B	30%	40%
주식펀드 C	15%	20%

① 포트폴리오 구성 시 국공채펀드 A를 편입시키는 경우의 투자성과가 항상 우월하다.
② 펀드 A와 C의 결합, 펀드 A와 B의 결합에서 투자비율을 증가시키면 투자보수 대 변동성 비율(RVAR)이 증가한다.
③ 10% 이자율 수준의 차입이 가능하다면 기대수익률이 40%인 포트폴리오 구성도 가능하다.
④ 펀드 B와 C의 체계적 위험을 비교하면 펀드 B의 체계적 위험이 낮을 수 있다.

17 중요도 ★★

주식펀드 X(기대수익률 E(R) = 10%, 표준편차 σ = 15%)와 이자율이 5%인 국공채펀드(무위험자산) Y에 각각 60:40으로 투자자금을 나누어 포트폴리오를 구성하고자 한다. 다음 설명 중 적절하지 않은 것은?

① 포트폴리오 기대수익률은 8%이다.
② 포트폴리오 위험(표준편차)은 9%이다.
③ 주식펀드에 대한 투자비율을 증가시키면 투자보수 대 변동성 비율(RVAR)은 변하지 않는다.
④ 어떤 상황이든 포트폴리오 기대수익률을 10% 이상 높일 수 없다.

정답 및 해설

12 ① $W_X = \dfrac{\sigma_Y^2 - \sigma_{XY}}{\sigma_X^2 + \sigma_Y^2 - 2\sigma_{XY}}$, 완전헤지 ⇨ $\dfrac{\sigma_Y}{\sigma_X + \sigma_Y}$

13 ③ 효용의 크기 : $0.12 - 0.5 \times 2 \times (0.25)^2 = 0.0575$
    ① ② ④ 효용의 크기 : 0.06

14 ④ 위험중립형 투자자는 위험회피계수가 0이므로 기대수익률이 가장 큰 주식 D를 선택한다.

15 ③ 자본시장선상에 있는 포트폴리오의 위험은 총위험을 고려하여 구성된다.

16 ② 주식펀드와 국공채펀드(무위험자산)에 나누어 분산투자하는 경우, 투자위험 증가에 대한 위험보상률의 비율(RVAR)이 항상 일정하다.

17 ④ 공매나 차입이 제한 없이 허용되는 상황이면 포트폴리오 기대수익률은 10% 높일 수 있다. 주식 포트폴리오와 무위험자산이 결합될 때는 RVAR 비율이 변하지 않는다.

18 중요도 ★★★
CML(자본시장선)에 대한 설명으로 적절하지 않은 것은?

① 자본시장선의 기울기인 위험보상비율은 시장위험 1단위당 위험보상비율을 나타내는 것으로 투자자에 따라 위험보상률에 차이가 있다.
② 이성적 투자자라면 자신들의 위험선호도와 관계없이 모두 동일하게 시장 포트폴리오를 선택하게 된다.
③ 효율적 포트폴리오만이 CML선상에 위치하고, 개별 증권은 CML선상 오른쪽 아래에 위치한다.
④ 자본시장선은 효율적 포트폴리오의 기대수익률과 위험의 관계를 규명한다.

19 중요도 ★★★
자본시장선(CML)과 증권시장선(SML)에 대한 설명으로 적절하지 않은 것은?

① CML은 E(R), β공간에 표시되고 SML은 E(R), σ공간에 표시된다는 점에서 차이가 있다.
② CML은 시장 포트폴리오 M과 무위험자산의 결합으로 이루어지는 효율적 투자선이다.
③ SML상에 오는 것은 효율적이든 비효율적이든 모든 포트폴리오뿐만 아니라 개별 주식도 표시된다.
④ 비효율적인 개별 증권은 CML선상에 위치하지 않지만 SML선상에는 위치할 수 있다.

20 중요도 ★★
CAPM 모형에서 시장 포트폴리오 M과 최적 포트폴리오의 결정에 대한 설명으로 적절하지 않은 것은?

① 위험자산들의 효율적 결합은 개별 투자자들의 위험선호도와 관계없이 이루어진다.
② 시장 포트폴리오 M은 무위험자산을 포함시킬 때 위험자산 포트폴리오 중에서 유일하게 투자대상에 포함되는 효율적 포트폴리오이다.
③ 시장 포트폴리오는 시가총액의 구성비율대로 구성되는 포트폴리오이다.
④ 투자자들은 위험선호도와 관계없이 무위험자산과 시장 포트폴리오에 대한 투자비율을 결정하여 최적 포트폴리오를 구성한다.

21 중요도 ★★

포트폴리오 A의 기대수익률은 10%, 표준편차는 19%이고, 포트폴리오 B의 기대수익률은 12%, 표준편차는 17%일 때, 합리적 투자자가 취해야 할 전략으로 적절한 것은?

① 무위험이자율로 차입하여 포트폴리오 A에 투자한다.
② 포트폴리오 A를 공매하고 그 자금으로 포트폴리오 B에 투자한다.
③ 포트폴리오 B를 공매하고 그 자금으로 포트폴리오 A에 투자한다.
④ 무위험이자율로 차입하여 포트폴리오 B에 투자한다.

22 중요도 ★★★

시장 포트폴리오의 수익률은 10%, 이자율은 4%이고, 증권 A의 기대수익률은 12%, 베타계수는 1.5일 때, 다음 설명 중 적절한 것은?

① 과대평가되어 있으므로 매수해야 한다.
② 과소평가되어 있으므로 매수해야 한다.
③ 과대평가되어 매도(공매도)해야 한다.
④ 과소평가되어 매도(공매도)해야 한다.

23 중요도 ★★★

베타가 0.8인 어떤 주식이 오늘 주당 10,000원에 거래되며, 연말에 주당 300원을 배당할 계획이라고 한다. 연간 시장위험 프리미엄이 12.5%이고, 무위험 수익률이 6%라고 가정했을 때, 투자자들은 1년 후 이 주식이 얼마에 팔릴 것이라고 예상할 수 있는가?

① 10,800원   ② 11,100원   ③ 11,300원   ④ 11,500원

정답 및 해설

18 ① 자본시장선의 기울기인 위험보상비율은 시장위험 1단위당 위험보상비율을 나타내는 것으로 어느 투자자들에게나 동일하다.
19 ① CML은 E(R), σ공간에 표시되고, SML은 E(R), β공간에 표시된다.
20 ④ 투자자들은 각자의 위험선호에 따라 무위험자산과 시장 포트폴리오에 대한 투자비율을 결정하여 최적 포트폴리오를 구성하게 된다.
21 ② 상대적으로 고평가된 A를 공매하여 저평가된 B에 투자한다.
22 ③ CAPM에 의한 균형수익률이 13%이므로 기대수익률이 12%인 A증권은 가격이 과대평가되어 있으므로 매도해야 한다.
23 ③ CAPM 균형수익률 = 0.8(12.5%) + 6% = 16%
    16% = (X − 10,000 + 300)/10,000   ∴ X = 11,300원

24 중요도 ★★★
증권특성선 $R_i = 0.05 + 1.2R_m$이고, 표준편차는 0.9, 상관계수는 0.2일 때, 시장수익률의 표준편차는?

① 0.9　　　② 0.81　　　③ 0.15　　　④ 0.05

25 중요도 ★
600만원을 베타가 1.2인 증권에 투자하고, 400만원을 베타가 -0.2인 증권에 투자했을 때, 두 증권으로 구성되는 포트폴리오의 베타는?

① 1.40　　　② 1.00　　　③ 0.64　　　④ 0.36

26 중요도 ★★
베타(β)에 대한 설명으로 적절하지 않은 것은?

① 증권특성선의 기울기로 추정한다.
② 특정 증권의 β는 시장수익률의 변동에 대한 특정 증권의 수익률의 평균적인 민감도를 나타낸다.
③ β = 0이라는 것은 시장의 평균적인 위험을 가지고 있다는 것을 의미한다.
④ 포트폴리오의 β는 포트폴리오를 구성하는 개별 주식의 β를 그 주식에 대한 투자비율에 따라 가중평균한다.

27 중요도 ★
증권의 수익률이 다음 단일지표모형을 따를 때, A주식의 체계적 위험과 B주식의 총위험을 올바르게 나열한 것은?

- $R_A = 3\% + 0.7R_m + \varepsilon_A$
- $R_B = 5\% + 1.2R_m + \varepsilon_B$
  ($\sigma_m = 30\%$, $\sigma(\varepsilon_A) = 10\%$, $\sigma(\varepsilon_B) = 15\%$)

① 0.044, 0.152　　　② 0.210, 0.360
③ 0.490, 0.510　　　④ 0.310, 0.720

28
중요도 ★

다음 자료를 활용하여 주식 A의 비체계적 위험(잔차분산)을 계산한 것으로 적절한 것은? (단, 시장(M)지수의 표준편차는 0.1)

주식	시장(M)과의 상관계수	표준편차
A	0.5	0.2

① 0.01　　② 0.02　　③ 0.03　　④ 0.04

29
중요도 ★★

단일지표모형에서는 포트폴리오 위험을 체계적 위험과 비체계적 위험의 합으로 표시한다. 다음 자료를 바탕으로 단일지표모형의 가정하에 증권 A와 B에 각각 50% 투자한 포트폴리오의 체계적 위험을 계산한 것으로 적절한 것은?

증권	베타	잔차분산	분산
A	0.5	0.04	0.0625
B	1.5	0.08	0.2825

① 0.045　　② 0.09　　③ 0.1725　　④ 0.2275

정답 및 해설

24　③　$\beta = 1.2 = \dfrac{\sigma_m \sigma \rho_{mj}}{\sigma_m^2} = \dfrac{\sigma \rho_{mj}}{\sigma_m} = \dfrac{0.9 \times 0.2}{\sigma_m} = 1.2$　∴ $\sigma_m = 0.15$

25　③　$1.2 \times 0.6 + (-0.2) \times 0.4 = 0.64$

26　③　시장의 평균적 위험을 가진 경우 $\beta = 1$의 값을 가진다.

27　①　$\beta^2 \sigma_m^2 = (0.7)^2 (0.3)^2 = 0.044$
　　　　$\sigma^2(R_B)$(총위험) $= \beta_B^2 \sigma_m^2$(체계적 위험) $+ \sigma^2(\varepsilon_B)$(비체계적 위험) $= (1.2)^2 (0.3)^2 + (0.15)^2 = 0.152$

28　③　$\sigma^2(R_A)$(총위험) $= \beta_B^2 \sigma_m^2$(체계적 위험) $+ \sigma^2(\varepsilon_A)$(비체계적 위험)이고, $\beta_A = \dfrac{\sigma_m \sigma_A \rho_{mA}}{\sigma_m^2} = \dfrac{0.1 \times 0.2 \times 0.5}{0.1^2} = 1$
　　　　$\sigma^2(\varepsilon_A) = 0.2^2 - (1^2 \times 0.1^2) = 0.03$

29　②　증권 A에서 $0.0625 = 0.5^2 \times \sigma_m^2 + 0.04$　∴ $\sigma_m = 0.3$
　　　　$\beta_P = 0.5 \times 0.5 + 0.5 \times 1.5 = 1$
　　　　체계적 위험 $\beta_P^2 \sigma_m^2 = 1^2 \times 0.3^2 = 0.09$

30 중요도 ★

다음 자료를 이용하여 마코위츠모형 가정하의 주식 A와 B의 공분산 값과 단일지표모형 가정하의 주식 A와 B의 공분산 값의 합을 계산한 것으로 적절한 것은? (단, 주식 A와 B의 상관계수는 0.5이고, 시장(M)지수의 표준편차는 0.1)

주식	시장(M)과의 상관계수	표준편차	가중치
A	0	0.1	0.4
B	0.5	0.2	0.6

① 0 ② 0.01 ③ 0.05 ④ 0.1

31 중요도 ★★

단일요인 APT에 충분히 분산된 포트폴리오의 표준편차는 20%, 요인 포트폴리오의 표준편차는 16%일 때, 충분히 분산된 포트폴리오의 베타계수는?

① 0.90 ② 1.05 ③ 1.25 ④ 1.32

32 중요도 ★

다요인모형이 성립하기 위한 가정 또는 통계적 사실로 적절하지 않은 것은?

① 잔차 간의 공분산은 영(Zero)이다.
② 잔차와 공통요인 간의 공분산은 영(Zero)이다.
③ 공통요인 간의 공분산은 영(Zero)이다.
④ 잔차의 기대값은 1이다.

33 중요도 ★★★

단일요인 APT가 성립한다고 가정하자. 포트폴리오 A의 베타는 0.7, 기대수익률은 18%이고, 포트폴리오 B의 베타는 1.4, 기대수익률은 21%이다. 무위험수익률이 4%일 때, 차익거래 방법으로 적절한 것은?

	주식 A	주식 B	무위험자산
①	1억원 매수	2억원 매도	1억원 대출
②	1억원 매도	2억원 매수	1억원 차입
③	2억원 매수	1억원 매도	1억원 차입
④	1억원 매도	2억원 매수	1억원 대출

34 중요도 ★★★
다음 자료를 이용하여 포트폴리오 A의 젠센지수(Jensen Index)를 계산한 것으로 적절한 것은?

- 시장 포트폴리오의 수익률 : 10%
- 포트폴리오 A의 수익률 : 12%
- 무위험이자율 : 5%
- 포트폴리오의 베타 : 1.5

① −0.005 ② −0.025 ③ −0.125 ④ 0.125

35 중요도 ★★★
다음 자료로 포트폴리오의 트레이너지수를 계산할 때 가장 우수한 운용성과를 보여주는 포트폴리오로 적절한 것은?

구 분	A	B	C
초과수익률($R_P - R_F$)	2.8%	4.5%	3.2%
포트폴리오 표준편차	3.4%	10.5%	6.8%
포트폴리오 베타	1.5	1.2	1

① A ② B ③ A와 B ④ 없음

36 중요도 ★
포트폴리오의 초과수익률을 잔차분산으로 나눈 지표로 적절한 것은?

① 샤프지수 ② 트레이너지수 ③ 젠센지수 ④ 평가비율

정답 및 해설

30 ② • 마코위츠 $\sigma_{AB} = \rho_{AB} \times \sigma_A \times \sigma_B = 0.5 \times 0.1 \times 0.2 = 0.01$
　　　• 샤프모형 $\sigma_{AB} = \beta_A \times \beta_B \times \sigma_m^2 = 0 \times \beta_B \times \sigma_m^2 = 0$
　　　$\beta_A = \frac{\sigma_{Am}}{\sigma_m^2} = \frac{\sigma_A \times p_{Am}}{\sigma_m} = \frac{0.1 \times 0}{0.1} = 0$　∴ $0.01 + 0 = 0.01$

31 ③ $\sigma_p = \beta_p \times \sigma_F$, $0.2 = \beta_p \times 0.16$, $\beta_p = 1.25$

32 ④ 잔차의 기대값, $E(\varepsilon)$은 영(Zero)이다.

33 ③ 두 자산의 위험 1단위당 프리미엄을 비교하면, 주식 A : (18 − 4)/0.7 > 주식 B : (21 − 4)/1.40이다. 주식 A 매수, 주식 B 매도, 주식 B의 체계적 위험이 A의 두 배이므로 거래단위는 주식 A가 B의 두 배. 부족자금은 무위험수익률로 차입한다.

34 ① 증권시장선에 의한 수익률 $0.05 + (0.1 - 0.05) \times 1.5 = 0.125$　∴ $0.12 - 0.125 = -0.005$

35 ② 트레이너지수는 초과수익률을 베타로 나눈 값이므로 시장보다 양호한 투자성과를 나타내는 주식은 B이다.
　　$A = \frac{0.028}{1.5} = 0.0187$, $B = \frac{0.045}{1.2} = 0.0375$, $C = 0.032$

36 ④ 평가비율은 포트폴리오의 초과수익률을 잔차분산으로 나눈 지표이다.

금융·자격증 전문 교육기관 해커스금융
fn.Hackers.com

필수
암기공식

투자자산운용사 시험에서 자주 출제되는 핵심공식과 관련 문제를 수록하였습니다.
잘 외워지지 않거나 이해되지 않는 공식은 각 공식의 옆에 위치한 네모박스(□)에 체크하여 반복해서 학습하시기 바랍니다.

1 소득접근법에 의한 부동산 투자가치의 측정

- 소득접근법에 의한 부동산의 가치(V) = $\dfrac{\text{순영업소득(NOI)}}{\text{환원이율(R)}}$
- 순영업수익(NOI) 산정
  · 유효총수익(EGI) = 가능총수익(PGI) − 공실 및 대손충당금 + 기타소득(주차장 수입 등)
  · 순영업수익(NOI) = 유효총수익(EGI) − 영업경비(OE)

기본문제

1) 상가 A의 순영업수익은 1,000만원이고, 상가 A와 유사한 상가의 환원이율이 8%일 때, 소득접근법에 의해 산정한 상가 A의 가치는 얼마인가?

① 1억원　　　　　　　　　② 1억 2,500만원
③ 1억 5,000만원　　　　　④ 1억 7,500만원

1) ②
부동산의 가치 = $\dfrac{\text{순영업수익}}{\text{환원이율}}$
= $\dfrac{1{,}000만원}{0.08}$
= 1억 2,500만원

응용문제

2) 다음은 구매를 고려 중인 부동산 관련 정보이다. 소득접근법에 의한 부동산의 가치는 얼마인가?

- 가능총소득 : 1,000만원
- 공실 및 대손충당금 : 가능총수익의 10%
- 주차장 수입 : 200만원
- 영업경비 : 100만원
- 환원이율 : 10%

① 1억원　　　　　　　　② 1억 2,000만원
③ 1억 5,000만원　　　　④ 2억원

2) ①
- 유효총소득
  = 1,000만원 − 100만원 + 200만원 = 1,100만원
- 순영업소득
  = 1,100만원 − 100만원
  = 1,000만원
- 부동산의 가치 = $\dfrac{1{,}000만원}{0.1}$
  = 1억원

2 비율을 사용한 부동산 투자성과 측정

- 수익환원율(Cap Rate) = $\dfrac{\text{초년도 NOI}}{\text{매도 호가}}$

- Equity 배당률 = $\dfrac{\text{초년도 세전 현금흐름}}{\text{최초 Equity 투자액}}$

- 부채부담능력비율(DCR) = $\dfrac{\text{초년도 NOI}}{\text{차입금 상환액}}$

기본문제

1) A부동산의 매도 호가가 100억원이고 초년도 NOI가 10억원인 경우 수익환원율은 얼마인가?
   ① 10%   ② 11%
   ③ 12%   ④ 22%

1) ①
수익환원율 = $\dfrac{10}{100} \times 100$
= 10%

응용문제

2) A부동산의 매도 호가가 100억원이고 수익환원율이 10%라고 가정하자. 차입금 상환액이 5억원인 경우 부채부담능력비율은 얼마인가?
   ① 1   ② 2
   ③ 3   ④ 4

2) ②
$10\% = \dfrac{\text{초년도 NO}}{100} \times 100$
⇒ 초년도 NOI = 10억원
∴ 부채부담능력비율 = $\dfrac{10}{5}$ = 2

3) 건물 매입가격이 100억원, 초년도 NOI가 8억원, 부채부담능력비율이 1.6일 때 차입상환액은 얼마인가?
   ① 4억원   ② 5억원
   ③ 6억원   ④ 7억원

3) ②
$1.6 = \dfrac{8}{\text{차입상환액}}$
∴ 차입상환액 = 5억원

3 현금흐름예측에 의한 부동산 투자성과 측정

- 순현재가치(NPV) = 현금유입의 현재가치 − 현금유출의 현재가치(Equity 투자액)
- 수익성지수(PI) = $\dfrac{\text{현금유입의 현재가치}}{\text{최초 Equity 투자액}}$
- 내부수익률(IRR) : 최초 Equity 투자액과 미래현금유입액의 현재가치를 같게 하는 할인율
- 조정된 내부수익률 = $\dfrac{\text{IRR} + \text{재투자수익률}}{2}$

기본문제

1) A부동산의 내부수익률이 10%이고 재투자수익률을 12%로 가정하면 조정된 내부수익률은 얼마인가?

① 10% ② 11%
③ 12% ④ 22%

1) ②
조정된 내부수익률
= $\dfrac{10 + 12}{2}$ = 11%

응용문제

2) 내부수익률이 5%이고 조정된 내부수익률이 6%이면 재투자수익률은 얼마로 가정하고 있는가?

① 5% ② 6%
③ 7% ④ 8%

2) ③
6% = $\dfrac{5\% + \text{재투자수익률}}{2}$
∴ 재투자수익률 = 7%

3) 순현재가치가 10억원이고 미래현금유입의 현재가치가 50억원인 경우 수익성지수는 얼마인가?

① 1 ② 1.25
③ 1.5 ④ 1.75

3) ②
10억원 = 50억원 − Equity 투자액
⇨ Equity 투자액 = 40억원
∴ 수익성지수 = $\dfrac{50}{40}$ = 1.25

4. Long/Short Equity 전략

- Net Market Exposure = $\dfrac{\text{Long Exposure} - \text{Short Exposure}}{\text{Capital}}$
- Long/Short Ratio = $\dfrac{\text{Long Exposure}}{\text{Short Exposure}}$
- Gross Exposure = $\dfrac{\text{Long Exposure} + \text{Short Exposure}}{\text{Long Exposure} - \text{Short Exposure}}$

기본문제

1) 100억원 규모의 포트폴리오에서 50억원을 차입하여 Long Position에 150억원, Short Position에 100억원을 보유한다면 Net Market Exposure는 얼마인가?

　① 30%　　　　　　　　　② 50%
　③ 70%　　　　　　　　　④ 90%

1) ②
Net Market Exposure
= $\dfrac{150 - 100}{100} \times 100 = 50\%$

응용문제

2) 100억원 규모의 포트폴리오에서 50억원을 차입하여 Long Position에 150억원, Short Position에 100억원을 보유한다면 Long/Short Ratio는 얼마인가?

　① 0.5　　　　　　　　　② 1.0
　③ 1.5　　　　　　　　　④ 2.0

2) ③
Long/Short Ratio = $\dfrac{150}{100} = 1.5$

3) 200억원 규모의 포트폴리오에서 100억원을 차입하여 Long Position에 300억원, Short Position에 200억원을 보유한다면 Gross Exposure는 얼마인가?

　① 2　　　　　　　　　② 3
　③ 4　　　　　　　　　④ 5

3) ④
Gross Exposure
= $\dfrac{300 + 200}{300 - 200} = 5$

5 국제분산투자 시 요구수익률

- **한국 투자자가 한국 주식에 투자할 경우의 요구수익률**
  - $E(R_K) = R_F^K + \beta_K \times (R_M^K - R_F^K)$
  - R_F^K: 한국 시장의 무위험수익률
  - β_K: 한국 투자자가 한국 주식에 투자할 경우의 체계적 위험
  - R_M^K: 한국 시장 포트폴리오의 수익률

- **미국 투자자가 한국 주식에 투자할 경우의 요구수익률**
  - $E(R_K^{US}) = R_F^{US} + \beta_K^{US} \times (R_M^{US} - R_F^{US})$
  - R_F^{US}: 미국 시장의 무위험수익률
  - β_K^{US}: 미국 투자자가 한국 주식에 투자할 경우의 체계적 위험
  - R_M^{US}: 미국 시장 포트폴리오의 수익률

- **한국 투자자가 미국 주식에 투자할 경우의 요구수익률**
  - $E(R_{US}^K) = R_F^K + \beta_{US}^K \times (R_M^K - R_F^K)$
  - R_F^K: 한국 시장의 무위험수익률
  - β_{US}^K: 한국 투자자가 미국 주식에 투자할 경우의 체계적 위험
  - R_M^K: 한국 시장 포트폴리오의 수익률

기본문제

1) 한국 투자자가 미국 주식에 투자할 경우의 요구수익률을 계산하는 식에서 옳지 않은 부분은?

$$E(R_{US}^K) = \underbrace{R_F^K}_{①} + \underbrace{\beta_K^{US}}_{②} \times (\underbrace{R_M^K}_{③} - \underbrace{R_F^K}_{④})$$

① R_F^K ② β_K^{US} ③ R_M^K ④ R_F^K

1) ②
한국 투자자가 미국 주식에 투자할 경우의 요구수익률은 한국 시장 포트폴리오와 미국 주식 간의 체계적 위험(β_{US}^K)에 의해 결정된다.

응용문제

2) 다음 설명에서 빈칸에 들어갈 내용으로 옳은 것은?

미국 투자자가 한국 주식에 투자할 경우, ( ) 간의 상관관계로 요구수익률에 대한 체계적 위험을 인식한다.

① 미국 시장 포트폴리오와 미국 주식
② 미국 시장 포트폴리오와 한국 주식
③ 한국 시장 포트폴리오와 미국 주식
④ 한국 시장 포트폴리오와 한국 주식

2) ②
미국 투자자가 한국 주식에 투자할 경우의 요구수익률은 미국 시장 포트폴리오와 한국 주식 간의 체계적 위험(β_{US}^K)에 의해 결정된다.

6 자국통화로 표시한 국제투자의 수익률

$$R_{id} = (1 + R_{if}) \times (1 + e_i) - 1$$
$$\fallingdotseq R_{if} + e_i$$

- R_{id} : 자국통화로 표시된 투자수익률
- R_{if} : i국 통화로 표시된 투자수익률
- e_i : 두 나라 통화 간의 환율변동률

기본문제

1) 한국 투자자가 미국 주식에 투자하는 경우 미국 주식의 달러표시 기대수익률은 10%이다. 달러 현물환율이 현재 1,000원에서 1년 후 1,020원으로 변화할 것으로 예상된다면 이 투자자의 원화표시 기대수익률은 얼마인가?

① 10.2% ② 12.2%
③ 14.2% ④ 16.2%

1) ②
- 환율변동률
= $\dfrac{1,020 - 1,000}{1,000} \times 100$
= 2%(달러강세)
- 원화표시 기대수익률
= (1 + 0.1)(1 + 0.02) − 1
= 12.2%

응용문제

2) 한국 투자자가 미국 주식에 투자하는 경우 미국 주식의 달러표시 기대수익률은 10%이고, 원화표시 기대수익률은 4.5%이다. 1년간 달러환율 변동률은 얼마인가?

① 5% 약세 ② 5% 강세
③ 7% 약세 ④ 7% 강세

2) ①
4.5%
= (1 + 0.1)(1 + 달러환율 변동률) − 1
∴ 달러환율 변동률 = −5%
(달러 약세)

3) 한국 투자자가 미국 주식에 투자하는 경우 미국 주식의 달러표시 기대수익률은 10%이고, 원화표시 기대수익률은 15.5%이다. 투자시점의 달러환율이 1,000원이었다면 1년 후 달러환율은 얼마인가?

① 1,050원 ② 1,000원
③ 950원   ④ 970원

3) ①
15.5%
= (1 + 0.1)(1 + 달러환율 변동률) − 1
⇨ 달러환율 변동률
  = 5%(달러 강세)
5% = $\dfrac{\text{1년 후 환율} - 1,000}{1,000} \times 100$
∴ 1년 후 환율 = 1,050원

7 자국통화로 표시한 국제투자의 수익률 분산(위험)

- $Var(R_{id}) = Var(R_{if} + e_i)$
  $= Var(R_{if}) + Var(e_i) + 2Cov(R_{if}, e_i)$
- $Cov(R_{if}, e_i) = \rho(R_{if}, e_i) \times \sigma R_{if} \times \sigma e_i$

$Var(R_{if})$: i국 통화로 표시된 투자수익률의 분산
$Var(e_i)$: 두 나라 통화 간의 환율변동률의 분산
$Cov(R_{if}, e_i)$: i국 통화로 표시된 투자수익률과 환율변동률 간의 공분산
$\rho(R_{if}, e_i)$: i국 통화로 표시된 투자수익률과 환율변동률 간의 상관계수

기본문제

1) A투자자가 미국 회사의 주식에 투자하고자 한다. 투자 내용이 다음과 같은 경우 원화표시 투자수익률의 분산은 얼마인가?

- 달러표시 투자수익률의 분산 : 0.01
- 환율변동률의 분산 : 0.025
- 달러수익률과 환율변동률의 공분산 : −0.001

① 1.3%   ② 2.3%
③ 3.3%   ④ 4.3%

1) ③
원화표시 투자수익률의 분산
= 0.01 + 0.025 + 2 × (-0.001)
= 3.3%

응용문제

2) A투자자가 미국 회사의 주식에 투자하였다. 미국 달러표시 투자수익률의 표준편차는 0.1이고, 환율변동률의 표준편차는 0.5이며, 달러수익률과 환율변동률의 상관계수가 -0.2인 경우 원화표시 투자수익률의 분산은 얼마인가?

① 12%   ② 16%
③ 20%   ④ 24%

2) ④
원화표시 투자수익률의 분산
= $0.1^2 + 0.5^2 + 2 \times (-0.2) \times 0.1 \times 0.5$
= 24%

8 화폐의 시간적 가치

- 일시불의 미래가치 $(FV_n)^w = PV \times (1 + \frac{i}{m})^{n \times m}$ (n = 기간, m = 이자지급횟수)

- 일시불의 현재가치 $(PV_n)^w = \dfrac{FV}{(1 + \frac{i}{m})^{n \times m}}$

- 유효이자율 $= (1 + \frac{i}{m})^{n \times m} - 1$

기본문제

1) 1년 만기 정기예금 금리는 10%이고 이자가 연 2회 지급되는 경우, 정기예금의 유효이자율은 얼마인가?
   ① 9.75%
   ② 10.0%
   ③ 10.25%
   ④ 10.50%

1) ③
유효이자율
$= (1 + \frac{0.10}{2})^{1 \times 2} - 1 = 0.1025$

응용문제

2) 현재 A원을 은행에 예금하면 연 10%로 이자를 붙여서 2년 후 2,420,000원으로 지급받을 경우, A값을 계산한 것으로 옳은 것은?
   ① 180만원
   ② 200만원
   ③ 220만원
   ④ 240만원

2) ②
$A(PV) = \dfrac{2,420,000(FV)}{(1 + 0.1)^2}$
$= 2,000,000$

3) 투자액 1,000만원에 대해 연 10% 이자를 1년마다 복리로 지급하는 경우 2년 후 미래가치를 계산한 것으로 옳은 것은?
   ① 1,100만원
   ② 1,150만원
   ③ 1,210만원
   ④ 1,400만원

3) ③
$1,000 \times (1 + 0.1)^2 = 1,210$

9 고든의 항상성장모형

- 보통주 가치$(P_0) = \dfrac{D_0 \times (1 + g)}{k - g}$
- 요구수익률(k) = 무위험이자율 + (시장수익률 − 무위험이자율) × 베타
- 배당성장률(g) = 내부유보율 × 자기자본이익률(ROE)
- 내부유보율 = 1 − 배당성향

기본문제

1) A기업의 올해 주당 배당금은 500원이었다. 이 기업의 이익과 배당금은 과거 매년 10%씩 성장하였으며 향후에도 지속적으로 성장할 것으로 가정한다. 투자자의 요구수익률이 15%일 경우 내년도 이 기업의 보통주 1주당 가치는 얼마인가?

① 10,000원 ② 11,000원
③ 12,000원 ④ 13,000원

1) ②
보통주 가치
$= \dfrac{500(1 + 0.1)}{0.15 - 0.1} = 11,000원$

응용문제

2) A기업의 올해 주당 배당금은 400원이었다. 이 기업의 배당성향은 60%이고 자기자본이익률은 12.5%라고 가정하자. 이 기업의 성장률이 당분간 지속된다고 할 때, 투자자의 요구수익률이 10%일 경우 내년도 이 기업의 보통주 1주당 가치는 얼마인가?

① 8,000원 ② 8,400원
③ 9,200원 ④ 9,600원

2) ②
- 성장률(g) = (1 − 0.6) × 0.125 = 0.05
- 보통주 가치
$= \dfrac{400(1 + 0.05)}{0.1 - 0.05} = 8,400원$

3) B기업의 올해 주당 배당금은 300원이었다. 투자자의 요구수익률이 8%이고 이 기업의 내년도 보통주 1주당 가치가 10,500원으로 예상되는 경우 이 기업의 이익과 배당금은 향후 얼마만큼 성장할 것으로 예상되는가? (항상성장모형 가정)

① 4% ② 5%
③ 6% ④ 7%

3) ②
$10,500 = \dfrac{300(1 + g)}{0.08 - g}$
∴ 성장률(g) = 5%

10 활동성지표

- **재고자산회전율(Inventory Turnover)**
  - 재고자산회전율 = $\dfrac{\text{매출원가(또는 순매출)}}{\text{재고자산}}$

- **매출채권회전율(Account Receivable Turnover)**
  - 매출채권회전율 = $\dfrac{\text{순매출}}{\text{순매출채권}}$

- **총자산회전율(Total Asset Turnover)**
  - 총자산회전율 = $\dfrac{\text{순매출}}{\text{총자산}}$

- **비유동자산회전율(Noncurrent Asset Turnover)**
  - 비유동자산회전율 = $\dfrac{\text{순매출}}{\text{비유동자산}}$

기본문제

1) 20×1년 A기업의 자본이 300억원, 부채가 200억원, 순매출액이 1,000억원이라고 가정할 경우 총자산회전율은 얼마인가?

   ① 2　　　　　　　　② 4
   ③ 6　　　　　　　　④ 8

1) ①
- 평균총자산
  = 부채 + 자본 = 200억 + 300억
  = 500억원
- 총자산회전율
  = $\dfrac{\text{순매출액}}{\text{총자산}}$ = $\dfrac{1{,}000억}{500억}$ = 2

응용문제

2) 매출원가가 70,000, 재고자산이 10,000이라고 가정할 경우 재고자산회전율은 얼마인가?

   ① 4　　　　　　　　② 5
   ③ 6　　　　　　　　④ 7

2) ④
재고자산회전율
= $\dfrac{\text{매출원가}}{\text{재고자산}}$ = $\dfrac{70{,}000}{10{,}000}$ = 7

3) 20×1년 말 매출채권 3억원이고, 20×2년 말 연간 매출액이 12억원이라고 가정할 경우 매출채권회전율은 얼마인가?

   ① 2　　　　　　　　② 4
   ③ 6　　　　　　　　④ 8

3) ②
매출채권 회전율
= $\dfrac{\text{순매출액}}{\text{순매출채권}}$ = $\dfrac{12억}{3억}$ = 4

11 수익성지표

- 총자산이익률(ROA) = $\dfrac{당기순이익}{총자산}$ = $\dfrac{당기순이익}{순매출액} \times \dfrac{매출액}{총자산}$

  = 매출액순이익률 × 총자산회전율

- 자기자본이익률(ROE) = $\dfrac{당기순이익}{자기자본}$ = $\dfrac{당기순이익}{매출액} \times \dfrac{매출액}{총자산} \times \dfrac{총자산}{자기자본}$

  = 매출액순이익률 × 총자산회전율 × 레버리지도

  = 총자산이익률(ROA) × $\dfrac{1}{자기자본비율}$

  = 총자산이익률(ROA) × $\dfrac{1}{\left(1 - \dfrac{부채}{총자산}\right)}$

기본문제

1) A기업은 매출액순이익률이 2%이고, 총자산회전율이 1.5인 경우 총자산이익률(ROA)은 얼마인가?

   ① 1%   ② 2%
   ③ 3%   ④ 4%

1) ③
ROA = 매출액순이익률 × 총자산회전율
= 2% × 1.5 = 3%

응용문제

2) A기업의 총자산수익률(ROA)이 10%이고 자기자본 대비 부채의 비율이 200%인 경우 자기자본이익률은 얼마인가?

   ① 10%   ② 20%
   ③ 30%   ④ 40%

2) ③
ROE = ROA × $\dfrac{1}{1 - \dfrac{부채}{총자산}}$
= 10% × $\dfrac{1}{1 - \dfrac{2}{3}}$
= 30%

3) A기업은 총자산이익률이 6%이고, 자기자본이익률은 12%이다. 이 기업의 자기자본비율(= 자기자본/총자산)은 얼마인가?

   ① 20%   ② 50%
   ③ 100% ④ 200%

3) ②
ROE = ROA × $\dfrac{1}{자기자본비율}$
12% = 6% × $\dfrac{1}{자기자본비율}$
∴ 자기자본비율 = 50%

12 레버리지 분석

□ **영업레버리지도(DOL : Degree of Operating Leverage)**

- $DOL = \dfrac{\text{영업이익의 변화율}}{\text{판매량의 변화율}} = \dfrac{\Delta \text{영업이익}/\text{영업이익}}{\Delta \text{판매량}/\text{판매량}}$

- $DOL = \dfrac{\text{공헌이익}}{\text{영업이익}} = \dfrac{\text{매출액} - \text{변동비}}{\text{매출액} - \text{변동비} - \text{고정비}}$

□ **재무레버리지도(DFL : Degree of Financial Leverage)**

- $DFL = \dfrac{\text{주당이익의 변화율}}{\text{영업이익의 변화율}} = \dfrac{\Delta \text{주당이익}/\text{주당이익}}{\Delta \text{영업이익}/\text{영업이익}}$

- $DFL = \dfrac{\text{영업이익}}{\text{영업이익} - \text{이자비용}} = \dfrac{\text{매출액} - \text{변동비} - \text{고정비}}{\text{매출액} - \text{변동비} - \text{고정비} - \text{이자비용}}$

□ **결합레버리지도(DCL : Degree of Combined Leverage)**

- $DCL = DOL \times DFL$

- $DCL = \dfrac{\text{공헌이익}}{\text{순이익}} = \dfrac{\text{매출액} - \text{변동비}}{\text{매출액} - \text{변동비} - \text{고정비} - \text{이자비용}}$

기본문제

1) A기업은 컴퓨터를 제조하여 판매하고 있다. 20X1년에 1,000대를 매출하여 10억원의 영업이익을 시현하였고, 20X2년에는 1,100대를 매출하여 12억원의 영업이익을 시현하였다면 이 기업의 영업레버리지도는 얼마인가?

① 1.5배 ② 2.0배
③ 2.5배 ④ 3.0배

1) ②

$DOL = \dfrac{(12-10)/10}{(1,100-1,000)/1,000} = 2배$

응용문제

2) B기업의 재무자료가 다음과 같다. 이 기업이 부담할 수 있는 이자비용의 최대금액은 얼마인가?

- 영업레버리지도(DOL) : 5
- 영업이익 : 100억원
- 기업이 수용할 수 있는 최대 결합레버리지도(DCL) : 20

① 25억원 ② 50억원
③ 75억원 ④ 90억원

2) ③

$20 = 5 \times DFL \Rightarrow DFL = 4$

$4 = \dfrac{100}{100 - \text{이자비용}}$

∴ 이자비용 = 75억원

13 주가수익비율(PER)

- 주가수익비율(PER) = $\dfrac{\text{주가}}{\text{EPS}}$

- 주가수익비율(PER) = $\dfrac{P_0}{EPS_1} = \dfrac{1-b}{k-g} = \dfrac{1-b}{k-(b \times ROE)}$

- PEGR = $\dfrac{PER}{\text{연평균 EPS 성장률}}$

기본문제

1) A주식의 요구수익률이 14%, 내부유보율이 40%, 배당성장률이 6%인 경우 주가수익비율은 얼마인가?
   ① 7.5 ② 8.0
   ③ 8.5 ④ 9.0

2) A기업의 주가는 2만원에 거래되고 있으며 1주당순이익(EPS)은 1,000원이다. 연평균 기대성장률이 5%일 때 이 기업의 PEGR은 얼마인가?
   ① 100 ② 200
   ③ 300 ④ 400

응용문제

3) A주식의 요구수익률이 14%, 자기자본이익률(ROE)이 20%, 내부유보율이 50%인 경우 주가수익비율은 얼마인가?
   ① 12.5 ② 13.5
   ③ 14.5 ④ 15.5

---

1) ①
주가수익비율(PER)
= $\dfrac{1-0.4}{0.14-0.06}$ = 7.5

2) ④
· PER = $\dfrac{20,000}{1,000}$ = 20
· PEGR = $\dfrac{20}{0.05}$ = 400

3) ①
· 배당성장률 = 0.2 × 0.5 = 0.1
· 주가수익비율(PER)
= $\dfrac{0.5}{0.14-0.1}$ = 12.5

14. 주가순자산비율(PBR)

- 주가순자산비율(PBR) = $\dfrac{\text{주가}}{\text{1주당 순자산(BPS)}}$

  = $\dfrac{\text{ROE} - \text{배당성장률}}{\text{요구수익률} - \text{배당성장률}}$

- 주가순자산비율(PBR) = ROE × PER

  = $\dfrac{\text{순이익}}{\text{매출액}} \times \dfrac{\text{매출액}}{\text{총자산}} \times \dfrac{\text{총자산}}{\text{자기자본}} \times \text{PER}$

  = 마진 × 활동성 × 자기자본비율의 역수 × PER

기본문제

1) 자산총액 100억원, 부채총액 30억원, 자본금 50억원, 액면가 10,000원인 기업의 현재 주가가 28,000원일 때 주가순자산비율(PBR)은 얼마인가?

① 1.0 ② 1.5
③ 2.0 ④ 2.5

1) ③

- 1주당 순자산(BPS)
  = $\dfrac{\text{순자산 총액}}{\text{발행주식수}}$
  = $\dfrac{(100억원 - 30억원)}{\dfrac{50억원}{10,000원}}$
  = 14,000

- 주가순자산비율(PBR)
  = $\dfrac{28,000}{14,000}$ = 2

응용문제

2) A기업의 ROE가 15%이고 PER이 8인 경우 이 기업의 PBR은 얼마인가?

① 1.0 ② 1.2
③ 1.5 ④ 1.8

2) ②
PBR = 0.15 × 8 = 1.2

3) A기업의 현재 주가는 2만원에 거래되고 있다. 연도 말 당기순이익이 200억원, 보통주식의 유통주식수가 1,000만주이다. 이 기업의 PBR이 2라면 자기자본이익률(ROE)은 얼마인가?

① 8% ② 9%
③ 11% ④ 20%

3) ④

- EPS = $\dfrac{\text{순이익} - \text{우선주 배당금}}{\text{보통주 총 발행주식수}}$
  = $\dfrac{200억원 - 0}{1,000만주}$ = 2,000원

- PER = $\dfrac{20,000}{2,000}$ = 10배

⇒ 2 = 10 × ROE

∴ ROE = 20%

15 경제적 부가가치(EVA)

□ · 경제적 부가가치(EVA) = 세후 순영업이익 − 자본비용
  = 세후 순영업이익 − 영업용투하자본 × WACC
  = (투하자본이익률 − WACC) × 영업용투하자본
  = 초과수익률 × 영업용투하자본

· 가중평균자본비용(WACC) = $\dfrac{부채}{총자산}$ × 타인자본비용 × (1 − t) + $\dfrac{자기자본}{총자산}$ × 자기자본비용 (t : 법인세율)

기본문제

1) 무부채기업인 A기업의 영업용투하자본은 100억원, 투하자본이익률은 12%, 가중평균자기자본비용은 10%일 때 이 기업의 EVA는 얼마인가?
□
  ① 1억원   ② 2억원
  ③ 3억원   ④ 5억원

1) ②
EVA = (12% − 10%) × 100억원
    = 2억원

응용문제

2) A기업의 재무자료가 다음과 같을 때 EVA는 얼마인가?
□
  · 세전 영업이익 : 200만원
  · 자기자본비용 : 12%
  · 세전 타인자본비용 : 10%
  · 법인세율 : 30%
  · 자기자본비율 : 40%
  · 평균투하자본 : 100만원

  ① 1,110,000원
  ② 1,210,000원
  ③ 1,310,000원
  ④ 1,410,000원

2) ③
· WACC = 0.6 × 10%(1 − 0.3) + 0.4 × 12% = 9%
· EVA = 200만원 × (1 − 0.3) − 100만원 × 9% = 1,310,000원

16 기업가치 계산

- **부채가 없는 기업**
  - 투하자본 = 자기자본
  - 기업가치 = 자기자본 + 시장부가가치(MVA = $\frac{EVA}{WACC}$)
- **부채가 있는 기업**
  - 투하자본 = 자기자본 + 타인자본(부채)
  - 기업가치 = 투하자본 + 시장부가가치
  - 주주가치 = 기업가치 - 타인자본
- **재평가 시 기업가치** = 재평가 후 영업용투하자본 + 시장부가가치 + 비사업자산가치

기본문제

1) 투하자본 100억원을 자기자본만으로 조달하고 있는 무부채기업이 있다. 이 기업은 세후 영업이익으로 매년 15억원을 영구적으로 벌어들일 것으로 예상한다. 자본비용이 20%일 때 이 기업의 가치는 얼마인가?

① 70억원   ② 75억원
③ 80억원   ④ 85억원

1) ②
기업가치
= 100억원
  $+ \frac{15억원 - 100억원 \times 0.2}{0.2}$
= 75억원

응용문제

2) 세후 영업이익이 14억원, 자기자본 50억원, 타인자본 50억원인 기업이 있다. 이 기업의 자기자본비용은 14%, 세후 타인자본비용은 6%이다. 이 기업의 기업가치와 주주가치는 얼마인가?

	기업가치	주주가치		기업가치	주주가치
①	110억원	60억원	②	120억원	70억원
③	130억원	80억원	④	140억원	90억원

2) ④
- WACC
  = 0.5 × 14% + 0.5 × 6% = 10%
- 기업가치
  = (50억원 + 50억원)
   $+ \frac{14억원 - 100억원 \times 0.1}{0.1}$
  = 140억원
- 주주가치
  = 140억원 - 50억원 = 90억원

3) 세후 영업이익이 15억원, 자기자본 100억원, 자기자본비용 10%인 무부채기업이 있다. 이 기업이 연도말 자산재평가를 통해 장부가액 80억원인 사업자산을 120억원으로 재평가한 경우 이 기업의 가치는 얼마인가?

① 140억원   ② 150억원
③ 160억원   ④ 170억원

3) ④
기업가치
= 120억원
  $+ \frac{15억원 - 120억원 \times 0.1}{0.1}$
  + (100억원 - 80억원)
= 170억원

17 시장경쟁강도 측정방법

- 집중률(CR : Concentration Ratio)
  - $CR_k = \sum_{i=1}^{k} S_i$

- 허핀달 지수(HHI : Herfindahl-Hirschman Index)
  - $HHI = \sum_{i=1}^{n} (\text{기업 } i \text{의 시장점유율})^2$

기본문제

1) 자동차 산업에서 기업의 시장점유율이 각각 40%, 30%, 20%, 10%이다. 집중률(CR_3)은 얼마인가?
   ① 80%
   ② 85%
   ③ 90%
   ④ 95%

2) 자동차 산업에서 기업의 시장점유율이 각각 40%, 30%, 20%, 10%이다. 허핀달 지수는 얼마인가?
   ① 0.1
   ② 0.2
   ③ 0.3
   ④ 0.4

응용문제

3) 전자 산업에서 기업의 시장점유율이 각각 30%, 25%, 20%, 15%, 10%이다. 동등규모의 기업수는?
   ① 2.4개
   ② 3.4개
   ③ 4.4개
   ④ 5.4개

---

1) ③
집중률(CR_3)
= 40% + 30% + 20%
= 90%

2) ③
허핀달 지수
= $0.4^2 + 0.3^2 + 0.2^2 + 0.1^2$
= 0.3

3) ③
- 허핀달 지수
  = $0.3^2 + 0.25^2 + 0.2^2 + 0.15^2 + 0.10^2$
  = 0.225
- 동등규모 기업수
  = $\dfrac{1}{0.225}$ = 4.4개

18 개별 VaR

- 주식의 VaR = $V_{주식} \times Z\alpha \times \sigma \times \beta(베타) \times \sqrt{T}$
- 채권의 VaR = $V_{채권} \times Z\alpha \times \sigma \times MD(수정\ 듀레이션) \times \sqrt{T}$
- 옵션의 VaR = $V_{기초자산} \times Z\alpha \times \sigma \times \triangle(델타) \times \sqrt{T}$

(V_i = 위험노출금액, $Z\alpha$ = 신뢰수준에 상응하는 Z값, σ = 1일 변동성, T = VaR 추정기간)

기본문제

1) 주식을 100억원 보유하고 있는 경우 신뢰구간 99%에서 10일 VaR의 측정값은 얼마인가? (주가수익률의 1일 변동성은 2%임)

① 약 10억원   ② 약 12억원
③ 약 15억원   ④ 약 18억원

1) ③
100억원 × 2.33 × 2% × √10
= 14.74억원

응용문제

2) 투자자 A는 3년 만기 채권 100억원을 보유하고 있다. 채권수익률 변화의 표준편차가 0.3%이고 신뢰수준이 99%일 때, 채권 VaR이 1.398억원이면 이 채권의 수정 듀레이션은? (VaR 추정기간은 1일임)

① 1.0년   ② 1.5년
③ 2.0년   ④ 2.5년

2) ③
1.398억원 = 100억원 × 2.33 × 0.3% × 수정 듀레이션 × √1
∴ 수정 듀레이션 = 2년

3) 주가지수 옵션의 가격이 7포인트인 경우, 코스피200이 150포인트이고 주가지수 수익률의 1일 기준 표준편차가 2.5%, 옵션의 델타가 0.4라면, 99% 신뢰수준에서의 1일 VaR은?

① 0.495포인트   ② 1.495포인트
③ 2.495포인트   ④ 3.495포인트

3) ④
150 × 2.33 × 2.5% × 0.4 × √1
= 3.495포인트

19 포트폴리오 VaR

> • 포트폴리오 VaR = $\sqrt{VaR_A^2 + VaR_B^2 + 2 \times 상관계수 \times VaR_A \times VaR_B}$

기본문제

1) 주식 A와 주식 B의 투자금액은 동일하며, VaR도 50으로 동일하다. 두 주식 간의 상관계수가 -0.5인 경우 두 주식의 포트폴리오 VaR은 얼마인가?

　① 40　　　　　　　　　② 50
　③ 60　　　　　　　　　④ 70

1) ②
포트폴리오 VaR
= $\sqrt{50^2 + 50^2 + 2 \times (-0.5) \times 50 \times 50}$
= 50

2) A주식의 VaR은 30이고, B주식의 개별 VaR은 40이다. 두 주식 간의 상관관계가 -0.7이라면 두 주식의 포트폴리오 VaR은 얼마인가?

　① 24.5　　　　　　　　② 28.6
　③ 32.4　　　　　　　　④ 36.2

2) ②
포트폴리오 VaR
= $\sqrt{30^2 + 40^2 + 2 \times -0.7 \times 30 \times 40}$
= 28.6

응용문제

3) 자산 A, B의 개별 VaR과 포트폴리오 VaR이 아래와 같다면 자산 A, B의 상관계수는 얼마인가?

- 자산 A의 VaR = 20억원
- 자산 B의 VaR = 50억원
- 포트폴리오 VaR = 60.83억원

　① 0.4　　　　　　　　② 0.5
　③ 0.6　　　　　　　　④ 0.7

3) ①
60.83억원
= $\sqrt{20억원^2 + 50억원^2 + 2 \times 상관계수 \times 20억원 \times 50억원}$
∴ 상관계수 = 0.4

20 포트폴리오 VaR과 분산효과

> - 분산효과 = |VaR$_A$| + |VaR$_B$| − 포트폴리오 VaR
> - 상관계수에 따른 분산투자 효과
>   - 상관계수가 1인 경우: VaR$_A$ + VaR$_B$ ⇨ 분산효과 없음
>   - 상관계수가 0인 경우: $\sqrt{VaR_A^2 + VaR_B^2}$
>   - 상관계수가 −1인 경우: VaR$_A$ − VaR$_B$ ⇨ 분산효과 최대

기본문제

1) 주식 A의 VaR이 80이고 주식 B의 VaR이 150이다. 두 주식 간의 상관계수가 −0.5인 경우 포트폴리오 구성 시 기대되는 분산효과는?

   ① 90　　　　　　　　　② 100
   ③ 110　　　　　　　　　④ 120

1) ②
- 포트폴리오 VaR
  = $\sqrt{80^2 + 150^2 + 2 \times (-0.5) \times 80 \times 150}$
  = 130
- 분산효과
  = (80 + 150) − 130 = 100

응용문제

2) A주식과 B주식을 매입하여 구성한 포트폴리오의 분산효과가 극대화되려면 두 주식 간 상관계수가 얼마이어야 하는가?

   ① −1　　　　　　　　　② 0
   ③ 0.5　　　　　　　　　④ 1

2) ①
두 자산의 상관계수가 −1일 때 분산효과가 극대화된다.

3) 주식 A의 VaR은 200이고, 주식 B의 VaR은 100이다. 두 주식 포트폴리오의 VaR이 100인 경우 두 주식 간의 상관계수는 얼마인가?

   ① −1　　　　　　　　　② 0
   ③ 0.5　　　　　　　　　④ 1

3) ①
분산효과가 최대로 나타나므로 두 주식 간의 상관계수는 −1이다.

21 VaR의 전환

- 기간 변경 시 = 변경 전 VaR × $\dfrac{\sqrt{\text{신 기간}}}{\sqrt{\text{구 기간}}}$

- 신뢰수준 변경 시 = 변경 전 VaR × $\dfrac{\text{신 신뢰수준}}{\text{구 신뢰수준}}$

- 기간과 신뢰수준 변경 시 = 변경 전 VaR × $\dfrac{\sqrt{\text{신 기간}}}{\sqrt{\text{구 기간}}} × \dfrac{\text{신 신뢰수준}}{\text{구 신뢰수준}}$

기본문제

1) 95% 신뢰도 10일 VaR이 10억원이다. 이를 95% 신뢰도 1일 VaR로 전환했을 때 가장 가까운 것은?

　① 2.46억원　　　　② 2.96억원
　③ 3.16억원　　　　④ 3.36억원

1) ③
10억원 × $\dfrac{\sqrt{1}}{\sqrt{10}}$ = 3.16억원

2) 95% 신뢰도 10일 VaR이 20억원이다. 이를 99% 신뢰도 10일 VaR로 전환했을 때 가장 가까운 것은?

　① 22.24억원　　　② 24.24억원
　③ 26.24억원　　　④ 28.24억원

2) ④
20억원 × $\dfrac{2.33}{1.65}$ = 28.24억원

응용문제

3) 95% 신뢰수준에서 1일 기준으로 모수적 방법으로 추정한 VaR이 10억원이면 99% 신뢰수준에서 25일 기준으로 추정한 VaR은 대략 얼마인가?

　① 71억원　　　　② 84억원
　③ 89억원　　　　④ 93억원

3) ①
10억원 × $\dfrac{\sqrt{25}}{\sqrt{1}}$ × $\dfrac{2.33}{1.65}$
= 70.61억원

22 부도거리

- 부도거리 = $\dfrac{\text{미래시점의 자산가치} - \text{부채가치}}{\text{표준편차}}$
- 부도발생 확률(기대채무불이행빈도)
  - 부도거리 2 = 2표준편차 ⇨ 95% 포함 확률 ⇨ 단측 검정 2.5% 부도확률
  - 부도거리 3 = 3표준편차 ⇨ 99% 포함 확률 ⇨ 단측 검정 0.5% 부도확률

기본문제

1) A기업의 1년 후 기대 기업가치가 10억원이고 표준편차는 4억원이다. 이 기업의 1년 후 기업가치는 정규분포를 이룬다. 그리고 이 기업의 부채가치는 2억원이다. 부도거리는 얼마인가?

① 2표준편차
② 3표준편차
③ 4표준편차
④ 5표준편차

1) ①
부도거리 = $\dfrac{10억원 - 2억원}{4억원}$
= 2표준편차

응용문제

2) B기업의 현재 기업가치가 100억원이고, 1년 후 부채가치는 80억원이며, 표준편차는 10억원이다. 이 기업의 연간 기대성장률이 10%이고 기업가치가 정규분포를 이룬다고 가정할 때 KMV 모델에 의한 부도거리는 얼마인가?

① 1표준편차
② 2표준편차
③ 3표준편차
④ 4표준편차

2) ③
부도거리
= $\dfrac{\text{미래시점의 자산가치} - \text{부채가치}}{\text{표준편차}}$
= $\dfrac{100 \times (1 + 0.1) - 80}{10}$
= 3표준편차

23 예상손실과 예상손실의 변동성

> - 예상 손실 = EAD(리스크노출금액) × PD(부도율) × LGD(채무불이행 시 손실률)
>   - LGD = 1 - 회수율
> - 예상손실의 변동성 = EAD × $\sqrt{PD \times (1 - PD)}$ × LGD

기본문제

1) 대출금액이 100억원, 부도율이 3%, 부도 시 회수율은 40%일 때 기대손실은 대략 얼마인가?

① 1.4억원 ② 1.6억원
③ 1.8억원 ④ 2.0억원

1) ③
100억원 × 3% × (1 - 0.4)
= 1.8억원

응용문제

2) A은행의 대출금액은 50억원이다. 예상손실이 1.75억원이고 손실률이 70%일 때 대출의 부도율은 얼마인가?

① 2% ② 3%
③ 4% ④ 5%

2) ④
1.75억원
= 50억원 × 부도율 × 0.7
∴ 부도율 = 5%

3) B은행의 대출금액은 100억원이며, 예상손실이 1.05억원이고 부도율이 3%이다. 대출의 회수율은 얼마인가?

① 60% ② 65%
③ 70% ④ 75%

3) ②
1.05억원
= 100억원 × 3% × (1 - 회수율)
∴ 회수율 = 65%

24. CPPI전략의 투자공식

- 주식투자금액(익스포저) = 승수 × (포트폴리오 평가액 - 최저보장수익의 현재가치)
- 채권투자금액 = 전체포트폴리오 평가액 - 주식투자금액
- 쿠션 = 포트폴리오 평가액 - 최저보장수익의 현재가치

기본문제

1) 투자기간 1년 후에 최초 투자금액의 100%를 보장받고 싶은 경우, CPPI전략을 통하여 최초 투자시점에 주식에 투자되어야 할 금액은?

- 투자금액 : 1,000만원
- 무위험수익률 : 연 5%
- 승수 : 2

① 47.62만원   ② 52.47만원
③ 95.24만원   ④ 104.94만원

1) ③

- 최저보장수익의 현재가치
$= \dfrac{1{,}000만원}{(1+0.05)} = 952.38만원$

- 주식투자금액
= 승수 × (포트폴리오 평가액 - 최저보장수익의 현재가치)
= 2 × (1,000만원 - 952.38만원)
= 95.24만원

응용문제

2) 상기의 <기본문제>에서 채권에 투자될 금액은?

① 895.06만원   ② 904.76만원
③ 947.53만원   ④ 952.38만원

2) ②

채권투자금액
= 전체포트폴리오 평가액 - 주식투자금액
= 1,000만원 - 95.24만원
= 904.76만원

3) 투자를 수행한 결과 6개월 뒤에 주식에서 30%의 수익을 얻었다고 한다면 주식을 매수하고, 채권을 매도해야 하는 금액은? (단, 일자계산은 월할 계산함)

① 27.35만원   ② 35.41만원
③ 44.24만원   ④ 48.52만원

3) ①

- 6개월 후 PF평가액
$= 95.24 \times 1.3 + 904.76 \times (1 + 0.05 \times \dfrac{6}{12})$
= 1,051.19

- 6개월 후 주식투자금액
$= 2 \times \left\{ 1{,}051.19 - \dfrac{1{,}000}{(1+0.05 \times \dfrac{6}{12})} \right\}$
= 151.16

- PF조정금액
= 151.16 - (95.24 × 1.3)
= 27.35

25 전환사채

- 패리티 = $\dfrac{주가}{전환가격} \times 100(\%)$
- 패리티가격(적정투자가격) = 패리티 × 액면가
- 괴리(원) = 전환사채의 시장가격 - 패리티가격
- 괴리율 = $\dfrac{괴리}{패리티가격} \times 100(\%)$

기본문제

1) 액면금액이 10,000원인 전환사채의 현재 시장가격은 12,000원이다. 전환가격이 20,000원이고, 전환사채발행 기업의 주가가 15,000원이라면 패리티는?
   ① 65% ② 70%
   ③ 75% ④ 80%

1) ③
패리티 = $\dfrac{주가}{전환가격} \times 100$
= $\dfrac{15,000}{20,000} \times 100$
= 75%

응용문제

2) 액면금액이 10,000원인 전환사채의 시장가격이 13,000원이다. 현재 전환사채 발행기업의 주가가 15,000원이고, 전환가격이 12,000원이라면 이 전환사채의 괴리율은?
   ① 3% ② 4%
   ③ 5% ④ 6%

2) ②
괴리율
= $\dfrac{(전환사채의 시장가격 - 패리티가격)}{패리티가격} \times 100$
∴ 괴리율 = $\dfrac{(13,000 - 12,500)}{12,500} \times 100$
= 4%

3) 괴리율이 10%인 전환사채의 패리티가격이 7,000원이라고 한다면 현재 전환사채의 시장가격은?
   ① 5,600원 ② 6,300원
   ③ 7,700원 ④ 8,400원

3) ③
$0.1 = \dfrac{(전환사채의 시장가격 - 7,000)}{7,000}$
∴ 전환사채의 시장가격 = 7,700원

26 채권의 단가계산(관행적 방식)

$$P = \frac{S}{(1+r)^n \times (1 + r \times \frac{d}{365})}$$

(S = 원리금, r = 이자율, n = 연단위 기간, d = 연단위 기간을 제외한 나머지 잔여일수)

기본문제

1) 만기 3년, 액면가 10,000원, 매매수익률 4%인 할인채권의 현재가치는?
   ① 7,635.47원
   ② 7,919.12원
   ③ 8,234.23원
   ④ 8,889.96원

1) ④

$$\frac{10,000}{(1+0.04)^3} = 8,889.96원$$

응용문제

2) 상기의 <기본문제>에서 채권발행일로부터 1년 35일 경과된 시점의 채권가치는? (단, 다른 조건은 변동없음)
   ① 9,002.33원
   ② 9,105.24원
   ③ 9,279.79원
   ④ 9,367.86원

2) ③

$$\frac{10,000}{\{(1+0.04) \times (1 + 0.04 \times \frac{330}{365})\}}$$
= 9,279.79원

3) 매매일 현재 복리채의 액면금액 10,000원당 단가를 산정하면?

   • 발행일: 20×1년 7월 31일
   • 표면이율: 4%
   • 만기: 3년(연 단위복리)
   • 매매일: 20×1년 11월 8일(발행일로부터 100일 경과)
   • 매매수익률: 6%

   ① 9,593.35원
   ② 9,724.14원
   ③ 9,898.25원
   ④ 10,106.49원

3) ①
• 만기수령액
= $10,000 \times (1+0.04)^3$
= 11,248.64원
• 채권단가
= $\frac{11,248.64}{\{(1+0.06)^2 \times (1 + 0.06 \times \frac{265}{365})\}}$
= 9,593.35원

27 듀레이션 및 볼록성과 채권가격변동

- $\dfrac{dP}{P} = -MD \times dy + \dfrac{1}{2} \times C \times (\Delta y)^2$
- $dP = -MD \times dy \times P + \dfrac{1}{2} \times C \times (\Delta y)^2 \times P$
- 수정 듀레이션으로 인한 가격변동 $= -MD \times dy \times P$
- 볼록성으로 인한 가격변동 $= \dfrac{1}{2} \times C \times (\Delta y)^2 \times P$

(P = 채권가격, MD = 수정 듀레이션, y = 이자율, C = 볼록성)

기본문제

1) 채권가격이 8,320원, 수정 듀레이션이 4.2일 때 시장이자율이 1% 상승하면 채권가격의 변동폭은?

① 342.12원 하락　　② 349.44원 하락
③ 351.58원 하락　　④ 356.76원 하락

1) ②
듀레이션으로 인한 채권가격 변동
$= -MD \times dy \times P$
$= -4.2 \times 0.01 \times 8{,}320$
$= -349.44$원

응용문제

2) 표면이자 연 6%, 액면가 10,000원인 3년 만기채권(1년 단위 후급이표채)의 현재 채권수익률이 8%인 경우, 이 채권의 가격은 9,484.58원이며 듀레이션 2.82년이 된다. 만약 채권수익률이 1% 하락한다면 이 채권의 가격변동률은 얼마인지 듀레이션을 이용하여 산정하면?

① 2.0% 상승　　② 2.2% 상승
③ 2.4% 상승　　④ 2.6% 상승

2) ④
- $MD = \dfrac{D}{\left(1 + \dfrac{YTM}{\text{이자지급횟수}}\right)}$
  $= \dfrac{2.82}{\left(1 + \dfrac{0.08}{1}\right)} = 2.61$
- 채권가격변동률
  $= -MD \times dy$
  $= -2.61 \times (-0.01)$
  $= 0.026\,(2.6\%\ 상승)$

3) 듀레이션과 볼록성을 이용하여 채권가격의 변동치를 산정하면?

- 만기 : 3년
- 맥컬레이 듀레이션 : 2.5
- 볼록성 : 4.2
- 채권가격 : 10,000원(이표이자율 4%인 3개월 지급 이표채)
- 시장이자율 변동 : 8%에서 6%로 2% 하락

① 490.19원 상승　　② 494.38원 상승
③ 498.59원 상승　　④ 504.08원 상승

3) ③
- $dP = -MD \times dy \times P + \dfrac{1}{2} \times C \times dy^2 \times P$
- $MD = \left\{ \dfrac{-2.5}{\left(1 + \dfrac{0.08}{4}\right)} \times (-0.02) \right.$
  $\left. + \dfrac{1}{2} \times 4.2 \times (-0.02)^2 \right\}$
  $\times 10{,}000$
  $= 498.59$원

28 선도이자율과 현물이자율

- $S_T = [(1 + S_1)(1 + {}_1f_1)(1 + {}_2f_1) \cdots (1 + {}_{T-1}f_1)]^{1/T} - 1$
- $(1 + S_T)^T = (1 + S_1)(1 + {}_1f_1)(1 + {}_2f_1) \cdots (1 + {}_{T-1}f_1)$

(S = 현물이자율, f = 선도이자율)

기본문제

1) 1년 만기 채권수익률이 6%이고, 2년 만기 채권수익률이 7%라고 한다면 1년 후 예상되는 선도이자율은?

① 7.5% ② 7.7%
③ 8.0% ④ 8.4%

1) ③
$(1 + S_2)^2 = (1 + S_1) \times (1 + {}_1f_1)$
$\Rightarrow (1 + 0.07)^2 = (1 + 0.06) \times (1 + {}_1f_1)$
$\therefore {}_1f_1 = \frac{1.07^2}{1.06} - 1$
$= 1.08 - 1$
$= 0.08(8\%)$

응용문제

2) 1기간의 현물이자율이 8.8%이고, 1기간 후 1기간 동안의 선도이자율(${}_1f_1$)이 12%라고 한다면 2기간의 현물이자율은?

① 9.82% ② 10.39%
③ 10.97% ④ 11.54%

2) ②
$S_2 = [(1 + S_1) \times (1 + {}_1f_1)]^{\frac{1}{2}} - 1$
$= [(1 + 0.088) \times (1 + 0.12)]^{\frac{1}{2}} - 1$
$= 0.1039(10.39\%)$

3) 현재 시장에서 순수할인채권이 다음과 같이 거래되고 있을 때, 1기간 후 1기간의 내재선도이자율을 구하면?

액면가격	만 기	채권 시장가격
10,000	1년	9,345.79
10,000	2년	8,573.38

① 8.0% ② 8.3%
③ 8.7% ④ 9.0%

3) ④
- $\frac{10,000}{(1 + S_1)} = 9,345.79$
$\Rightarrow S_1 = \frac{10,000}{9,345.79} - 1$
$= 0.07(7\%)$
- $\frac{10,000}{(1 + S_2)^2} = 8,573.38$
$\Rightarrow S_2 = \left(\frac{10,000}{8,573.38}\right)^{\frac{1}{2}} - 1$
$= 0.08(8\%)$
$\therefore {}_1f_1 = \frac{1.08^2}{1.07} - 1 = 0.09(9\%)$

29 기간구조이론

- **불편기대이론**
  - $(1 + R_{0,n})^n = (1 + E(r_{0,1}))(1 + E(r_{1,2})) \cdots (1 + E(r_{n-1,n}))$
  - ($R_{0,n}$: n년 만기의 장기채권수익률, $E(r_{0,1})E(r_{1,2})\cdots$: 각 연도의 단기채권수익률(기대현물이자율))

- **유동성프리미엄이론**
  - $R_{0,n} = \sqrt[n]{(1 + r_{0,1})(1 + E(r_{1,2}) + L_1) \cdots (1 + E(r_{n-1,n}) + L_{n-1})} - 1$
  - (단, $L_1 < L_2 < L_3 < \cdots < L_n$)

기본문제

1) 1년 만기 현물이자율이 1%, 1년 후 1년 만기 선도이자율이 3%라고 한다면 2년 만기 채권수익률은 얼마인가?

   ① 1% ② 2%
   ③ 3% ④ 4%

1) ②
$(1 + R_{0,2})^2 = (1 + E(r_{0,1}))$
$\quad\quad\quad\quad\quad (1 + E(r_{1,2}))$
$\quad\quad\quad = (1 + 0.01)(1 + 0.03)$
$\quad\quad\quad = 1.04$
$\therefore R_{0,2} = \sqrt{1.04} - 1 = 0.02$

응용문제

2) 예상되는 단기채권수익률이 다음과 같다고 가정할 경우, 불편기대이론에 의한 2년 만기 채권수익률은 얼마인가?

   - $E(r_{0,1}) = 5\%$
   - $E(r_{1,2}) = 6\%$

   ① 4.5% ② 5.0%
   ③ 5.5% ④ 6.0%

2) ③
$(1 + R_{0,2})^2 = (1 + E(r_{0,1}))$
$\quad\quad\quad\quad\quad (1 + E(r_{1,2}))$
$\quad\quad\quad = (1 + 0.05)(1 + 0.06)$
$\quad\quad\quad = 1.113$
$\therefore R_{0,2} = \sqrt{1.113} - 1 = 0.055$

3) 예상되는 단기채권수익률이 다음과 같고 투자자들이 1년 후의 유동성에 대해 0.5%의 유동성프리미엄을 요구한다고 가정할 경우, 유동성프리미엄이론에 의한 2년 만기 채권수익률은 얼마인가?

   - $E(r_{0,1}) = 4\%$
   - $E(r_{1,2}) = 6\%$

   ① 3.8% ② 4.5%
   ③ 5.2% ④ 6.0%

3) ③
$R_{0,2} = \sqrt{(1 + E(r_{0,1}))(1 + E(r_{1,2}) + L_1)}$
$\quad\quad - 1$
$\quad = \sqrt{(1 + 0.04)(1 + 0.06 + 0.005)}$
$\quad\quad - 1$
$\quad = 0.052$

30 선물의 균형가격(보유비용모형)과 헤지비율

- **보유비용모형**

  $F = S \times [1 + (r - d) \times \dfrac{t}{365}]$

  (F: 선물가격, S: 현물가격, r: 이자율, d: 배당률, t: 잔존기간)

- **헤지비율**

  $N = h \times \dfrac{S}{F}$

  (N: 선물계약 수, h: 헤지비율(또는 베타), S: 헤지대상금액, F: 선물가격 × 선물단가)

기본문제

1) 주어진 정보를 통하여 주가지수선물의 이론가격을 산출하면?

   - 현물가격: 100
   - 배당률: 연 2%
   - 이자율: 연 6%
   - 잔여만기: 2개월(단, 월기준 일자계산)

   ① 99.24　　② 100.17
   ③ 100.66　　④ 101.37

1) ③

$F = 100 \times [1 + (0.06 - 0.02) \times \dfrac{2}{12}]$
$= 100.66$

응용문제

2) 현재 KOSPI200 현물지수는 250포인트, CD금리는 4%, KOSPI200 선물의 잔존기간은 60일, 가격은 260포인트라고 한다면 선물 1계약을 이용한 이론상의 차익거래 이익은? (단, 배당은 없다고 가정하고 KOSPI 선물 1포인트는 25만원임)

   ① 1,910,000원　　② 2,090,000원
   ③ 2,160,000원　　④ 2,280,000원

3) 주식포트폴리오 보유금액이 10억원, 베타는 0.8이고, KOSPI 선물가격이 200포인트라고 한다면 헤지거래를 위해 필요한 선물거래는? (단, KOSPI 선물 1포인트는 25만원임)

   ① 8계약 매수　　② 8계약 매도
   ③ 16계약 매수　　④ 16계약 매도

2) ②

- 이론선물가격
  $= 250 \times [1 + 0.04 \times \dfrac{60}{360}]$
  $= 251.64$ 포인트

- 차익거래 이익
  $= (260 - 251.64) \times 1$계약
  $\times 250,000$원
  $= 2,090,000$원

3) ④

$N = h \times \dfrac{S}{F}$
$= 0.8 \times \dfrac{10억원}{200포인트 \times 25만원}$
$= 16$계약

∴ 현물포지션의 가격하락위험을 회피하기 위해서는 KOSPI 선물을 16계약 매도하여야 한다.

31 고용지표

- 경제활동참가율 = $\dfrac{\text{경제활동인구}(= 취업자 + 실업자)}{\text{생산활동가능인구}} \times 100$

- 실업률 = $\dfrac{\text{실업자}}{\text{경제활동인구}} \times 100$

기본문제

1) 현재 총인구는 1,000만명이고 생산활동가능인구가 700만명, 비경제활동인구가 200만명, 취업자가 400만명일 때 실업률은 얼마인가?

① 10% ② 20%
③ 30% ④ 40%

1) ②
- 생산활동가능인구
  = 경제활동인구 + 비경제활동인구
- 실업률 = $\dfrac{500 - 400(만명)}{700 - 200(만명)} \times 100$
  = 20%

응용문제

2) 경제활동인구는 2,000만명, 취업자는 1,800만명, 경제활동에 참여하지 않는 생산활동가능인구는 500만명이다. 이 경우 경제활동참가율은?

① 70% ② 75%
③ 80% ④ 85%

2) ③
경제활동참가율
= $\dfrac{\text{경제활동인구}}{\text{생산활동가능인구}}$
= $\dfrac{2,000}{2,000 + 500} \times 100 = 80\%$

32 화폐수량설

- 화폐유통속도 = $\dfrac{\text{명목GDP}}{\text{통화량}} = \dfrac{\text{GDP 디플레이터} \times \text{실질GDP}}{\text{통화량}}$
- EC 방식에 따른 통화증가율 산정
  - △통화증가율 + △유통속도 변화율 = △GDP 디플레이터 상승률 + △실질GDP 성장률

기본문제

1) 올해 통화량이 100억원, 실질GDP가 1,500억원, 명목GDP가 2,000억원이라고 할 때 화폐의 유통속도는 얼마인가?
   - ① 10
   - ② 20
   - ③ 30
   - ④ 40

2) 통화관련 지표가 다음과 같다고 할 때 EC 방식에 의한 통화증가율 목표는 얼마인가?

   - GDP 디플레이터 상승률 : 6%
   - 실질GDP 증가율 : 4%
   - 유통속도 변화율 : 2%

   - ① 6%
   - ② 8%
   - ③ 9%
   - ④ 10%

---

1) ②
화폐유통속도 = $\dfrac{2{,}000}{100}$ = 20

2) ②
△통화증가율 + △유통속도 변화율
= △GDP 디플레이터 상승률 + △실질GDP 성장률
⇒ △통화증가율 + 2% = 6% + 4%
∴ △통화증가율 = 8%

33 경기예측지표

- 경기확산지수(DI) = $\dfrac{\text{전월대비 증가지표의 수} + 0.5 \times \text{보합지표의 수}}{\text{구성지표의 수}} \times 100$

- 경기실사지수(BSI) = $\dfrac{\text{긍정적 응답업체 수} - \text{부정적 응답업체 수}}{\text{전체 응답업체 수}} \times 100 + 100$

기본문제

1) 경기지표의 구성항목이 총 100개이고 전월대비 증가지표의 수가 60이며 보합지표의 수가 20인 경우 경기확산지수는 얼마인가?
   ① 60
   ② 70
   ③ 80
   ④ 90

2) 장래의 경기를 낙관적으로 보는 기업이 20%이고 비관적으로 보는 기업이 80%라면 기업의 경기실사지수(BSI)는 얼마인가?
   ① 40
   ② 50
   ③ 60
   ④ 70

1) ②
경기확산지수(DI)
= $\dfrac{60 + 0.5 \times 20}{100} \times 100$
= 70

2) ①
경기실사지수(BSI)
= (20 - 80) + 100
= 40

34. 포트폴리오의 기대수익과 위험

- 기대수익률(R_P) = $w_x R_x + w_y R_y$ (단, $w_x + w_y = 1$)
- 분산(σ^2_P) = $w_x^2 \sigma^2_x + w_y^2 \sigma^2_y + 2w_x w_y \sigma_{xy}$
  = $w_x^2 \sigma^2_x + w_y^2 \sigma^2_y + 2w_x w_y \rho_{xy} \sigma_x \sigma_y$
- 상관계수(ρ_{xy}) = $\dfrac{공분산(Cov)}{\sigma_x \times \sigma_y}$
- 공분산(σ_{xy}) = $\rho_{xy} \times \sigma_x \times \sigma_y$

기본문제

1) 주식 A와 주식 B의 수익률의 표준편차는 각각 0.1과 0.05이다. 두 주식 수익률의 공분산이 0.003이라면 상관계수는 얼마인가?
   ① 0.4 ② 0.5
   ③ 0.6 ④ 0.7

1) ③
상관계수 = $\dfrac{0.003}{0.1 \times 0.05}$
= 0.6

응용문제

2) 주식 A와 주식 B의 기대수익률과 표준편차가 다음과 같다. 두 주식 간의 상관계수는 0.5이며, 총 투자자금 100억원을 A와 B에 분산투자하려고 한다. 기대수익률이 14%가 되게 하기 위해 주식 A에 투자해야 하는 금액은 얼마인가?

구 분	기대수익률	표준편차
주식 A	10%	5%
주식 B	20%	10%

① 40억원 ② 60억원
③ 70억원 ④ 80억원

2) ②
- 0.14 = W_A × 0.1 + (1 − W_A) × 0.2
  ⇨ W_A = 0.6
- 주식 A에 투자해야 하는 금액
  = 100억원 × 0.6
  = 60억원

35 최소분산 포트폴리오

- x주식의 투자비율(W_x)
  - $W_x = \dfrac{(\sigma^2_y - \sigma_{xy})}{(\sigma^2_x + \sigma^2_y - 2\sigma_{xy})}$
  - $W_x = \dfrac{(\sigma^2_y - \sigma_x \sigma_y \rho_{xy})}{(\sigma^2_x + \sigma^2_y - 2\sigma_x \sigma_y \rho_{xy})}$

- y주식의 투자비율(W_y)
  - $W_y = 1 - W_x$
  - $W_y = \dfrac{(\sigma^2_x - \sigma_{xy})}{(\sigma^2_x + \sigma^2_y - 2\sigma_{xy})}$
  - $W_y = \dfrac{(\sigma^2_x - \sigma_x \sigma_y \rho_{xy})}{(\sigma^2_x + \sigma^2_y - 2\sigma_x \sigma_y \rho_{xy})}$

기본문제

1) 주식 A와 주식 B로 포트폴리오를 구성하고자 한다. 위험이 최소가 되는 포트폴리오를 만들려고 할 때 주식 B의 투자비율로 올바른 것은?

- 주식 A의 분산 : 0.006
- 주식 B의 분산 : 0.0055
- 주식 A와 주식 B의 공분산 : −0.0045

① 0.4522
② 0.4822
③ 0.5122
④ 0.5322

1) ③
주식 B의 투자비율
$= \dfrac{0.006 - (-0.0045)}{0.006 + 0.0055 - 2 \times (-0.0045)}$
$= \dfrac{0.0105}{0.0205}$
$= 0.5122$

응용문제

2) 다음과 같이 x와 y 두 개의 주식으로 구성된 포트폴리오에서 x의 표준편차는 0.5이고 y의 표준편차는 0.6이다. 위험이 최소가 되는 y주식의 투자비율이 0.4545일 때 두 주식 간의 상관계수는 얼마인가?

① −1
② −0.3
③ 0
④ +1

2) ①
- y주식의 투자비율 = 0.4545
$= \dfrac{0.25 - \text{공분산}}{0.25 + 0.36 - 2 \times \text{공분산}}$
⇒ 공분산 = −0.3

- 상관계수 $= \dfrac{-0.3}{0.5 \times 0.6}$
$= -1$

36 CAPM과 기대수익률

- CAPM모형 = 무위험이자율 + (시장수익률 − 무위험이자율) × 베타
  = 무위험이자율 + 시장위험프리미엄 × 베타
  = 무위험이자율 + 시장위험프리미엄 × $\dfrac{\text{주식과 시장포트폴리오의 공분산}}{\text{시장포트폴리오의 분산}}$

- 고든모형 = $\dfrac{\text{예상 배당금}}{\text{보통주 가격}}$ + 배당성장률 = 배당수익률 + 배당성장률
  = 배당수익률 + 자본이익률(시세차익) = 배당수익률 + $\dfrac{\text{미래가격} - \text{현재가격}}{\text{현재가격}}$

- 시장포트폴리오 수익률 = (평균)배당수익률 + $\dfrac{\text{기말 종합주가지수} - \text{기초 종합주가지수}}{\text{기초 종합주가지수}}$

기본문제

1) 포트폴리오 A는 CAPM모형에 의해 자산의 가격이 결정된다고 할 때 포트폴리오의 베타가 1.5이다. 시장포트폴리오의 기대수익률이 15%이고 무위험이자율이 5%인 경우 포트폴리오 A의 기대수익률은 얼마인가?

① 12% ② 13%
③ 15% ④ 20%

> 1) ④
> 포트폴리오 A의 기대수익률
> = 5% + (15% − 5%) × 1.5
> = 20%

응용문제

2) 다음 자료를 활용하여 CAPM에 의한 주식 A의 요구수익률을 계산하면 얼마인가?

- 무위험이자율 : 6%
- 시장포트폴리오의 기대수익률 : 10%
- 주식 A와 시장포트폴리오의 공분산 : 0.04
- 시장포트폴리오의 분산 : 0.02

① 12% ② 13%
③ 14% ④ 15%

> 2) ③
> 주식 A의 요구수익률
> = 6% + (10% − 6%) × $\dfrac{0.04}{0.02}$
> = 14%

37 필요 정보량 비교

완전공분산모형	단일지표모형
☐ · 개별주식의 기대수익률 : n개 ☐ · 개별주식의 분산 : n개 ☐ · 개별주식 간의 공분산 : $\frac{n(n-1)}{2}$개	☐ · 개별주식의 기대수익률 : n개 ☐ · 개별주식의 베타계수 : n개 ☐ · 개별주식의 잔차분산 : n개 ☐ · 시장수익률의 분산 : 1개
☐ · 총 정보량 : $2n + \frac{n(n-1)}{2}$개 ☐ · 위험 정보량 : $n + \frac{n(n-1)}{2}$개	☐ · 총 정보량 : 3n + 1개 ☐ · 위험 정보량 : 2n + 1개

기본문제

1) 단일지표모형을 이용하여 포트폴리오 위험을 측정할 때 필요한 정보량으로 틀린 것은?
☐
   ① 개별주식의 기대수익률 : n개
   ② 개별주식의 잔차분산 : n개
   ③ 시장수익률의 분산 : 1개
   ④ 주식 수익률 간의 공분산 : n(n − 1)/2개

> 1) ④
> 주식 수익률 간의 공분산은 필요하지 않다.

응용문제

2) 투자자가 100종목으로 분산투자하여 포트폴리오를 구성한다고 할 때 단일지표모형을 이용하여 위험을 측정하는 경우 필요한 정보량은?
☐
   ① 101개   ② 103개
   ③ 201개   ④ 203개

> 2) ③
> 2 × 100 + 1 = 201개

3) 투자자가 100종목으로 분산투자하여 포트폴리오를 구성한다고 할 때 완전공분산모형을 이용하여 위험을 측정하는 경우 필요한 정보량은?
☐
   ① 4,225개   ② 4,525개
   ③ 4,705개   ④ 5,050개

> 3) ④
> $100 + \frac{100(100-1)}{2}$
> = 5,050개

38 단일지표모형에 의한 체계적 위험과 비체계적 위험 측정

□ **개별증권의 분산(위험)**

- $\sigma^2(R_j) = \beta_j^2 \sigma^2(R_m) + \sigma^2(\varepsilon_j)$
- 총위험$[2\sigma^2(R_j)]$ = 체계적 위험$[\beta_j^2 \sigma^2(R_m)]$ + 비체계적 위험$[\sigma^2(\varepsilon_j)]$
- 베타$(\beta_j) = \dfrac{\sigma_{jm}}{\sigma_m^2} = \dfrac{\sigma_j \times \sigma_m \times \rho_{jm}}{\sigma_m^2} = \dfrac{\sigma_j \times \rho_{jm}}{\sigma_m^2}$
- 무위험자산의 베타 = 0, 시장의 베타 = 1

□ **포트폴리오의 분산(위험)**

- $\sigma^2(R_p) = \beta_p^2 \sigma^2(R_m) + \sigma^2(\varepsilon_p)$
- 포트폴리오 베타$(\beta_p) = \sum_{j=1}^{n} w_j \beta_j = \sum$ 투자비중 × 개별주식의 베타
- 포트폴리오 잔차분산$[\sigma^2(\varepsilon_p)] = \sum_{j=1}^{n} w_j^2 \sigma^2(\varepsilon_j)$

기본문제

1) 시장수익률의 표준편차가 0.3이고 증권의 수익률이 다음과 같은 단일지표모형을 따른다고 가정할 경우 A주식의 체계적 위험과 B주식의 총위험으로 올바른 것은?

구 분	증권특성선	잔차분산
A 주식	$6\% + 0.5R_m + \varepsilon_A$	0.02
B 주식	$3\% + 1.5R_m + \varepsilon_B$	0.04

	A주식의 체계적 위험	B주식의 총위험
①	0.0205	0.2225
②	0.0215	0.2325
③	0.0225	0.2425
④	0.0235	0.2525

1) ③
- A주식의 체계적 위험
 = $\beta_A^2 \sigma^2(R_m)$
 = $0.5^2 \times 0.3^2$
 = 0.0225
- B주식의 총위험
 = $\beta_B^2 \sigma^2(R_m) + \sigma^2(\varepsilon_B)$
 = $1.5^2 \times 0.3^2 + 0.04$
 = 0.2425

응용문제

2) 상기의 <기본문제>에서 A주식에 60%, B주식에 40%의 비율로 포트폴리오를 구성할 때 포트폴리오 베타는 얼마인가?

① 0.6 ② 0.7
③ 0.8 ④ 0.9

2) ④
포트폴리오 베타
= 0.6 × 0.5 + 0.4 × 1.5
= 0.9

39 젠센의 알파와 샤프비율

- 젠센의 알파 = 실현수익률 − 증권시장선 이용 적정수익률
  $= R_P - [R_f + \beta_P(R_m - R_f)] = (R_P - R_f) - \beta_P(R_m - R_f)$
  = 특정포트폴리오 초과수익률 − 베타 × 시장포트폴리오 초과수익률

- 샤프비율 = $\dfrac{\text{포트폴리오 실현수익률} - \text{무위험이자율의 평균}}{\text{포트폴리오 수익률의 표준편차}}$

기본문제

1) 시장평균수익률이 8%, 무위험평균이자율이 4%일 때, 베타가 1.2인 자산이 15%의 수익을 실현하였다면 젠센의 알파는?

① 4.8% ② 5.2%
③ 6.2% ④ 8.3%

1) ③
적정수익률
$= R_f + (R_m - R_f) \times \beta_P$
$= 0.04 + (0.08 - 0.04) \times 1.2$
$= 0.088(8.8\%)$
∴ 젠센의 알파
$= 0.15 - 0.088$
$= 0.062(6.2\%)$

응용문제

2) 과거 1년간 세 개의 포트폴리오를 운영한 결과 다음과 같은 성과를 얻었다면, 샤프비율을 기준으로 성과가 우수한 포트폴리오를 순서대로 나열하면? (단, 시장수익률은 10%, 무위험수익률은 5%임)

구 분	수익률	표준편차	베 타
포트폴리오 A	9%	6%	0.7
포트폴리오 B	11%	4%	1.3
포트폴리오 C	13%	8%	1.0

① A > B > C ② B > A > C
③ B > C > A ④ C > A > B

2) ③
- A = $\dfrac{0.09 - 0.05}{0.06} = 0.67$
- B = $\dfrac{0.11 - 0.05}{0.04} = 1.5$
- C = $\dfrac{0.13 - 0.05}{0.08} = 1$

40 트레이너비율과 평가비율

- 트레이너비율 = $\dfrac{\text{포트폴리오 실현수익률 - 무위험이자율의 평균}}{\text{포트폴리오의 베타계수}}$

- 평가비율 = $\dfrac{\text{포트폴리오의 젠센지수}}{\text{잔차의 표준편차}}$

기본문제

1) 다음 자료로 포트폴리오의 트레이너비율을 계산할 때 가장 우수한 운용성과를 보여주는 포트폴리오는?

구 분	A	B	C	D
초과수익률($R_p - R_f$)	3.5%	2.8%	3.0%	2.4%
포트폴리오 표준편차	2.5%	3.2%	5.2%	3.6%
포트폴리오 베타	0.7	0.4	1.0	0.6

① A ② B
③ C ④ D

1) ②
- A = $\dfrac{0.035}{0.7}$ = 0.05
- B = $\dfrac{0.028}{0.4}$ = 0.07
- C = $\dfrac{0.03}{1.0}$ = 0.03
- D = $\dfrac{0.024}{0.6}$ = 0.04

응용문제

2) 다음 자료를 이용하여 트레이너비율을 계산하면 얼마인가?

- 샤프지수 : 0.45
- 포트폴리오 수익률의 표준편차 : 6.17%
- 포트폴리오 수익률의 베타계수 : 0.69

① 0.01 ② 0.02
③ 0.03 ④ 0.04

2) ④
$0.45 = \dfrac{\text{초과수익률}}{6.17}$

⇒ 초과수익률 = 2.78%

∴ 트레이너비율 = $\dfrac{2.78\%}{0.69}$
= 0.04

해커스 한국사능력검정시험 교재 시리즈

한국사능력검정시험 1위* 해커스!

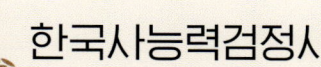

* 주간동아 선정 2022 올해의 교육 브랜드 파워 온·오프라인 한국사능력검정시험 부문 1위

빈출 개념과 기출 분석으로 기초부터 문제 해결력까지 꽉 잡는 기본서

해커스 한국사능력검정시험
심화 [1·2·3급]

스토리와 마인드맵으로 개념잡고! 기출문제로 점수잡고!

해커스 한국사능력검정시험
2주 합격 **심화 [1·2·3급]** **기본 [4·5·6급]**

시대별/회차별 기출문제로 한 번에 합격 달성!

해커스 한국사능력검정시험
시대별/회차별 기출문제집 **심화 [1·2·3급]**

개념 정리부터 실전까지! 한권완성 기출문제집

해커스 한국사능력검정시험
한권완성 기출 500제 **기본 [4·5·6급]**

빈출 개념과 기출 선택지로 빠르게 합격 달성!

해커스 한국사능력검정시험
초단기 5일 합격 **심화 [1·2·3급]**
기선제압 막판 3일 합격 **심화 [1·2·3급]**

금융자격증 1위* 해커스금융
무료 바로 채점&성적 분석 서비스

*[금융자격증 1위] 주간동아 선정 2022 올해의 교육 브랜드 파워 온·오프라인 금융자격증 부문 1위

한 눈에 보는 서비스 사용법

Step 1.
교재에 있는 모의고사를 풀고 바로 채점 서비스 확인!

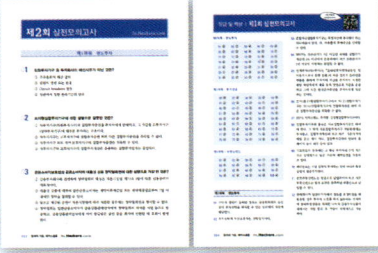

Step 2.
[교재명 입력]란에 해당 교재명 입력!

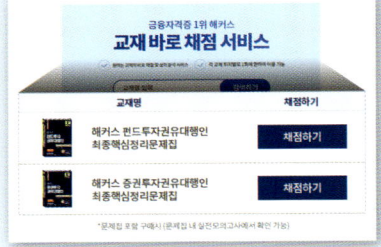

Step 3.
교재 내 표시한 정답 바로 채점 서비스에 입력!

Step 4.
채점 후 나의 석차, 점수, 성적분석 결과 확인!

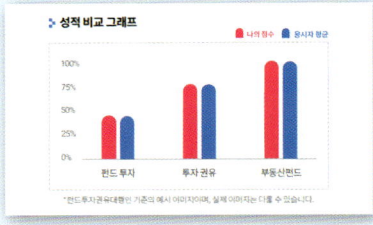

 실시간 성적 분석 결과 확인

 개인별 맞춤형 학습진단

 실력 최종 점검 후 탄탄하게 마무리

합격의 기준, 해커스금융 fn.Hackers.com

바로 이용하기 ▶

2025 최신개정판

해커스
투자자산운용사
한권합격 핵심개념+적중문제

적중 실전모의고사

실전모의고사 + 정답 및 해설
(OMR 카드 수록)

해커스금융

해커스
투자자산운용사
한권합격 핵심개념+적중문제

적중 실전모의고사

제1회 적중 실전모의고사

> 자본시장과 금융투자업에 관한 법률은 이하 자본시장법이라 하겠다.

□ **제1과목. 금융상품 및 세제(20문제)**

01 금융소득종합과세에 대한 설명으로 가장 적절한 것은?

① 부부의 금융소득을 합산하여 2천만원이 넘을 경우 종합소득신고를 해야 한다.
② 금융소득은 다른 종합소득금액과 달리 필요경비를 인정하지 않으며 유형별 포괄주의를 채택하고 있다.
③ 자녀 명의의 금융소득은 원칙적으로 부모의 금융소득과 합산하여 과세된다.
④ 법원에 납부한 경락대금에서 발생하는 이자소득이 2천만원을 초과하는 경우 종합소득세율을 적용한다.

02 〈보기〉에 대한 설명으로 가장 적절한 것은?

> 〈보기〉
> 과세표준신고서를 법정신고기한 내에 제출한 A씨는 환급세액을 과소신고하여 이를 정정하고자 한다. 이를 정정할 수 있는 절차는 법정신고기한이 지난 후 5년 이내에 관할 세무서장에서 청구할 수 있다.

① 경정청구   ② 수정신고
③ 이의신청   ④ 기한 후 신고

03 양도소득세에 대한 설명으로 가장 거리가 먼 것은?

① 양도란 자산에 대한 등기 또는 등록에 관계없이 그 자산이 유상으로 사실상 이전되는 것으로, 소득세법에서는 원칙적으로 자산의 대금청산일을 양도시기로 한다.
② 장내파생상품은 연 250만원의 기본공제를 적용 받는다.
③ 자산의 양도가액은 원칙적으로 실지거래가액으로 하지만, 실지거래가액을 확인할 수 없는 경우 매매사례가액, 감정가액, 환산가액, 기준시가의 순으로 적용한다.
④ 부동산과 주식은 3년 이상 보유할 경우 장기보유특별공제가 적용된다.

04 〈보기〉의 소득 중 종합소득금액을 계산한 것은?

> 〈보기〉
> • 외국법인으로부터의 배당소득 : 3,000만원
> • 5년 만기 저축성 보험의 보험차익 : 1,200만원
> • 직장공제회 초과반환금 : 1,200만원
> • 비실명거래로 인한 이자소득 : 500만원
> • 근로소득 : 3,600만원

① 7,100만원   ② 7,800만원
③ 8,300만원   ④ 9,500만원

05 소득세법상 비거주자에 대한 설명으로 가장 적절한 것은?

① 국내에 183일 동안 거소를 둔 개인은 비거주자에 해당하며, 원천징수대상이 되는 소득은 원천징수로써 과세를 종결한다.
② 비거주자의 퇴직소득과 양도소득은 분리과세된다.
③ 국내 사업장이나 부동산 임대사업소득이 없는 경우 비거주자의 소득은 종합과세된다.
④ 비거주자의 국내 원천소득 중 유가증권 양도소득에 대해서는 유가증권의 종류와 거래 주체에 따라 과세유형을 달리하고 있으나, 장내파생상품을 통한 소득은 과세대상 국내 원천소득으로 보지 않는다.

06 증권거래세와 관련된 설명으로 가장 적절한 것은?

① 자본시장법상의 발행업무에 따라 주권을 매출하거나 국가가 주권을 양도하는 경우에는 증권거래세를 부과하지 않는다.
② 특수관계자에게 시가액보다 낮은 가액으로 양도한 것으로 인정되는 경우에는 그 양도한 가액을 과세표준으로 한다.
③ 뉴욕 증권거래소에 상장된 주권을 양도하는 경우에는 해당 주권의 양도에 대해 증권거래세를 부과한다.
④ 비거주자인 외국인투자자가 코스닥시장에서 상장된 주권을 양도한다면 증권거래세를 부과하지 않는다.

07 〈보기〉 중 배당소득에 해당하는 것으로만 모두 묶인 것은?

―〈보기〉―
㉠ 출자공동사업자의 손익분배금
㉡ 채권의 환매조건부 매매차익
㉢ 해외 집합투자기구로부터의 이익
㉣ 직장공제회 초과반환금

① ㉠, ㉢   ② ㉡, ㉣
③ ㉠, ㉡, ㉢ ④ ㉡, ㉢, ㉣

08 요구불예금에 대한 설명으로 가장 거리가 먼 것은?

① 예금은 소비임치계약에 해당한다.
② 예금주의 환급청구가 있을 경우 언제든 조건 없이 지급해야 하는 상품으로, 가입자 입장에서는 인출이 자유롭다.
③ 금융회사가 보통예금을 이용하여 자금을 조달할 경우 비교적 많은 비용이 든다.
④ 가계당좌예금은 전 금융회사를 통해 1인 1계좌만 예금 가입할 수 있다.

09 〈보기〉 중 주식워런트증권(ELW)에 대한 적절한 설명은 모두 몇 개인가?

―〈보기〉―
㉠ 매매수량단위는 10증권이며 지정가호가와 조건부지정가가 가능하다.
㉡ 코스피200 지수, 코스닥150지수, 니케이225 지수, 항셍지수 모두 주가지수ELW의 기초자산이 될 수 있다.
㉢ 높은 가격 변동성을 고려하여 가격제한폭의 적용을 배제하고 있다.

① 1개   ② 2개
③ 3개   ④ 없음

10 주택저당증권(MBS)에 대한 설명으로 가장 거리가 먼 것은?

① 자산이 담보되어 있고 보통 별도의 신용보완이 이루어지므로 회사채보다 높은 신용등급의 채권을 발행한다.
② 조기상환에 의해 수익이 변동한다.
③ 채권구조가 복잡하고 현금흐름이 불확실하기 때문에 국채나 회사채보다 수익률이 높다.
④ 주택저당대출 만기와 대응하므로 통상 단기로 발행하는 특징이 있다.

11 〈보기〉 중 손해보험으로만 모두 묶인 것은?

―〈보기〉―
㉠ 자동차보험
㉡ 특종보험
㉢ 양로보험

① ㉠, ㉡   ② ㉠, ㉢
③ ㉡, ㉢   ④ ㉠, ㉡, ㉢

12 비과세종합저축에 대한 설명으로 가장 거리가 먼 것은?

① 1인당 5,000만원까지 불입할 수 있다.
② 65세 이상 거주자는 비과세종합저축에 가입할 수 있다.
③ 이자소득에 대해서만 비과세를 적용한다.
④ 26세의 장애인인 자는 비과세종합저축에 가입할 수 있다.

13 개인종합자산관리계좌(ISA)에 대한 설명으로 가장 거리가 먼 것은?

① 중개형 ISA는 예금 상품에 투자할 수 없지만, 국내의 상장주식에는 투자할 수 있다.
② 서민형과 농어민형 ISA는 3년의 의무가입 기간이 있으며, 비과세 한도 초과분에 대해서는 9.9% 세율의 분리과세가 적용된다.
③ 한 사람이 하나의 계좌만 개설할 수 있으므로 가입자는 중개형, 신탁형, 일임형 중 하나를 선택해서 가입해야 한다.
④ ISA의 당해연도 미불입 납입한도를 다음해로 이월하는 것은 불가능하다.

14 자산유동화증권(ABS)에 대한 설명으로 가장 거리가 먼 것은?

① 자산유동화증권은 현금수취방식에 따라 지분이전증권(pass-through securities)과 원리금이체채권(pay-through bond)으로 구분된다.
② 지분이전증권은 자산이 매각되는 형태이므로 자산보유자에게 부외효과(off-balance)가 발생한다.
③ 임대료, 부실대출, 무형자산, 리스채권 등은 자산유동화증권의 기초자산이 될 수 없다.
④ 자산의 집합(pooling)이 가능하고 자산의 특성상 동질성을 지니고 있는 자산이 주로 유동화된다.

15 퇴직연금제도에 대한 설명으로 가장 적절한 것은?

① 확정기여(DC)형은 운용손익이 사용자인 기업에게 귀속된다.
② 확정급여(DB)형은 미래 퇴직급여 계산을 위한 연금계리가 필요하지 않다.
③ 확정급여(DB)형과 확정기여(DC)형은 모두 개인형 IRP를 통해 추가 납입할 수 있다.
④ 확정급여(DB)형과 확정기여(DC)형은 모두 기업이 부담할 부담금 수준이 사전에 확정되어 있다.

16 〈보기〉의 부동산 경기변동에 대한 설명 중 빈칸에 들어갈 내용이 순서대로 나열된 것은?

〈보기〉
( )에서는 과거 사례 가격이 새로운 거래 가격의 상한선이 되며 매수자가 우위인 시장이 형성되고, ( )에서는 과거 사례 가격이 새로운 거래 가격의 하한선이 되며 매도자가 우위인 시장이 형성된다.

① 회복시장, 후퇴시장
② 후퇴시장, 회복시장
③ 상향시장, 하향시장
④ 하향시장, 상향시장

17 부동산투자 시 사업타당성 및 리스크관리 분석에 활용되는 지표에 대한 설명으로 가장 적절한 것은?

① 순소득승수는 순운용소득을 총투자액으로 나눈 값이다.
② 수익성지수는 최초의 부동산 투자액을 투자로부터 얻어지게 될 장래 현금흐름의 미래가치로 나눈 값이다.
③ 부채상환비율은 운용에 의한 현금흐름을 산출하기 위해 사용되며 부채상환액을 순운용소득으로 나눈 값이다.
④ Cash On Cash 수익률은 해당 기의 순현금흐름을 자기자본으로 나누어 계산하며, 화폐의 시간가치를 고려하지 않는 것이 특징이다.

18 부동산 감정평가 3방식 중 원가방식(원가법)에 대한 설명으로 가장 거리가 먼 것은?

① 기술이 진보할수록 재조달원가나 감가상각액의 파악이 힘들다.
② 건축물, 구조물 등에 대해서 관찰로만 확인이 불가능한 부분이 많다.
③ 비수익성, 비시장성 부동산에 대한 평가에 유용하다.
④ 토지와 같이 재생산이 불가능한 자산에 적용하기 유용하다.

19 PF(Project Financing) 사업의 대표적인 안정성 확보 방안인 저당제도에 대한 설명으로 가장 적절한 것은?

① 신탁설정에 비해 목적물 관리의 안정성 및 효율성, 채권실행의 편리성 등의 장점이 있다.
② 신탁회사가 담보물을 직접 관리하여 부동산 가격 변동, 임대차 등 변동 여부를 점검한다.
③ 신규임대차와 후순위권리의 설정을 배제할 수 없다.
④ 채권회수가 요구될 경우 일반공개시장에서 공매함으로써 적극적인 매각활동을 한다.

20 국토의 계획 및 이용에 관한 법률상 도시지역의 용적률 상한 크기를 가장 적절하게 비교한 것은?

① 주거지역 > 상업지역 > 공업지역 > 녹지지역
② 주거지역 > 상업지역 > 녹지지역 > 공업지역
③ 상업지역 > 주거지역 > 공업지역 > 녹지지역
④ 상업지역 > 주거지역 > 녹지지역 > 공업지역

□ **제2과목. 투자운용 및 전략 II/투자분석(30문제)**

21 대안투자상품의 특징에 대한 설명으로 가장 적절한 것은?

① 일반적으로 대안투자상품은 전통투자상품과 높은 상관관계를 가진다.
② 거래 자산 대부분이 장내시장에서 거래된다.
③ 거래방식은 주로 매수 중심(long only)을 취한다.
④ 전통투자에 비해 운용자의 능력이 중요하기 때문에 그 보수율도 높은 수준이다.

22 〈보기〉에서 설명하는 헤지펀드 운용전략에 해당하는 것은?

〈보기〉
- 기업의 합병, 사업 개편, 청산 및 파산 등 기업상황에 영향이 큰 사건을 예측하고 이에 따라 발생하는 가격 변동으로 수익을 창출하는 전략이다.
- 부실채권투자와 위험차익/합병차익거래로 구분된다.
- 적극적으로 위험을 취하고, 경우에 따라 공매도와 차입을 사용한다.

① 차익거래전략
② Event Driven 전략
③ Global macro 전략
④ Fund of hedge funds 전략

23 〈보기〉 중 PEF의 투자회수(Exit) 전략으로만 모두 묶인 것은?

〈보기〉
㉠ 일반기업 또는 다른 PEF에 매각
㉡ 상장
㉢ 유상감자 및 배당
㉣ 증자

① ㉠, ㉡, ㉢　　② ㉠, ㉡, ㉣
③ ㉠, ㉢, ㉣　　④ ㉡, ㉢, ㉣

24 신용파생상품에 대한 설명으로 가장 거리가 먼 것은?

① TRS는 신용위험뿐만 아니라 시장위험도 거래상대방에게 전가시킨다.
② CDS는 보장 프리미엄과 손실보전금액을 교환하는 계약으로, 보장매도자가 보장매입자에게 프리미엄을 지급한다.
③ 보장매입자 입장에서 준거자산 각각에 대해 따로 CDS계약을 맺는 것보다 Basket Default Swap을 이용하면 더욱 저렴한 비용으로 위험을 전가할 수 있다.
④ 합성 CDO는 보장매입자가 준거자산을 양도하지 않고 신용파생상품을 이용해 자산에 내재된 신용위험을 SPC에 이전하는 유동화 방식이다.

25 CDO의 트랜치(tranche)에 대한 일반적인 설명으로 가장 거리가 먼 것은?

① Equity 트랜치는 가장 위험이 높고 수익이 높은 트랜치이다.
② Mezzanine 트랜치는 두 번째 손실을 입는 트랜치로서, 잔여 이익에 대한 참여권이 있다.
③ Senior 트랜치는 mark-to-market 위험이 있다.
④ 투자자는 Super Senior 트랜치 투자 시 신용평가사의 신용등급 없이 투자하게 된다.

26 환위험 관리 전략에 대한 설명으로 가장 거리가 먼 것은?

① 통화파생상품을 이용하는 전략의 경우 통화파생상품시장이 존재하더라도 충분한 유동성이 없다면 헤지수단으로서 유용하지 않다.
② 내재적 헤지는 주가와 통화가치 간의 상관관계에 의해 환노출이 낮아지는 전략으로 별도의 헤지비용이 추가된다.
③ 롤링헤지는 장기헤지에 비해 유동성 높은 헤지수단을 탄력적으로 이용할 수 있어 비용을 낮출 수 있다.
④ 장기적으로 헤지를 하는 전략이 비용만 초래하는 결과를 가져올 수 있으므로, 헤지를 하지 않는 환노출 관리도 고려할 필요가 있다.

27 〈보기〉의 미국 국채에 대한 설명 중 빈칸에 들어갈 내용이 순서대로 나열된 것은?

〈보기〉
미국 재무부채권 중 (　　)은(는) 이표채로 발행되며, (　　)은(는) 할인채로 발행된다.

① T-bill, T-note　　② T-bill, T-bond
③ T-note, T-bill　　④ T-note, T-bond

28 국제 주식시장의 규모에 대한 설명으로 가장 거리가 먼 것은?

① 각국의 거래소 규모는 그 기준을 시가총액으로 하는지, 거래량으로 하는지에 따라 시장 규모의 순위가 크게 차이 날 수 있다.
② 경제규모 대비 주식시장 규모가 작은 국가는 금융시장의 역할이 상대적으로 작고 낙후된 국가라고 볼 수 있다.
③ 각국 주식시장 거래규모는 시가총액뿐만 아니라 투자자의 거래행태와 주식 보유 동기, 분포도 영향을 미친다.
④ 단기매매차익을 목표로 하는 투자자 비중이 큰 시장에서는 매매회전율이 높아지는데, 이 경우 시가총액 기준에 따른 시장 규모 순위가 높아질 수 있다.

29 해외 포트폴리오의 자산배분 결정 시 사용되는 하향식 접근방법(Top-down approach)에 대한 설명으로 가장 거리가 먼 것은?

① 투자대상국의 거시경제지표 변화를 예측하고 낙관적으로 전망되는 국가의 투자비중을 높인다.
② 특정 시점에서 거시경제의 상황이 균형에서 괴리될 경우 투자국의 거시경제변수를 면밀히 분석함으로써 초과수익을 얻을 수도 있다.
③ 국가별 경제전망이 서로 달라짐에 따라 벤치마크 포트폴리오와의 괴리가 발생하면 벤치마크 지수의 수익률과도 크게 달라질 수 있다.
④ 각국 경제의 통합이 진전됨에 따라 세계경제를 글로벌화된 산업의 집합체로 본다.

30 해외자금조달 수단인 국제 채권은 유로채와 외국채로 구분된다. 유로채와 외국채에 대한 설명으로 가장 거리가 먼 것은?

① 양키본드, 사무라이본드는 채권표시 통화의 본국 외에서 발행하는 채권에 해당한다.
② 유로본드는 발행과 관련된 당국의 규제가 없기 때문에 역외채권(offshore bond)에 해당한다.
③ 외국채는 기명식으로 발행되고, 유로채는 무기명식으로 발행된다.
④ 외국채는 이자소득세에 대한 부담이 있지만, 유로채는 이자소득세에 대한 부담이 없다.

31 통계자료의 분포 특성을 설명하는 기준에는 중심위치, 산포 경향 등이 있다. 〈보기〉 중 산포 경향을 나타내는 지표로만 모두 묶인 것은?

─〈보기〉─
㉠ 범위
㉡ 분산
㉢ 평균편차
㉣ 최빈값

① ㉠
② ㉠, ㉡
③ ㉠, ㉡, ㉢
④ ㉠, ㉡, ㉢, ㉣

32 ROE가 ROA의 4배이고, 총자산이 200억원이라면 총부채는 얼마인가?

① 20억원
② 50억원
③ 100억원
④ 150억원

33 재무제표 분석 중 재무비율을 해석한 내용으로 가장 적절한 것은?

① 재고자산회전율이나 매출채권회전율이 급격하게 하락하는 것은 부실 징후가 될 수 있지만, 급격하게 상승하는 것은 기업의 매출이 증가하고 있다는 긍정적인 신호이다.
② 고정비용보상비율이 높다는 것은 현재 과다한 레버리지를 사용하면서 매우 저돌적인 경영전략을 구사하고 있다고 볼 수 있다.
③ 부채-자기자본비율이 낮을수록 기업의 위험이 더욱 커지며 주주들의 기대수익률도 더욱 높아지게 된다.
④ 유동비율은 높고 당좌비율은 낮게 나타난다면 재고자산이나 선급금이 많다고 짐작할 수 있다.

34 영업고정비와 이자비용의 조합이 다음과 같을 때, 다음 중 결합레버리지도(DCL)가 가장 작게 나타나는 것은? (단, 나머지 조건은 모두 동일하다고 가정함)

조합	영업고정비	이자비용
A	250	200
B	200	150
C	180	200
D	180	150

① A
② B
③ C
④ D

35 기업의 영업성과 파악을 위한 측정수단으로서의 당기순이익과 EVA에 대한 설명으로 가장 적절한 것은?

① 손익계산서상의 당기순이익은 기업이 일정기간 동안 경영활동에 투입한 자기자본에 따른 비용이 반영된다.
② EVA를 영업성과 측정도구로 사용할 경우, 기업투자의 목표치는 자기자본비용 이상의 이익을 실현하는 것으로 설정한다.
③ EVA는 주주자본비용의 기회비용적 성격을 명확하게 설정할 수 있다.
④ 당기순이익은 회계관습과 발생주의 회계원칙의 결과로 산출된 회계이익이 경제적 이익을 반영하도록 수정하는 대체적 회계처리 방법을 사용한다.

36 〈보기〉에 따라 고든의 항상성장모형을 이용하여 계산한 주식의 PER은 얼마인가?

〈보기〉
- 자기자본이익률 : 5%
- 배당성향 : 60%
- 주주의 요구수익률 : 14%

① 2 ② 5
③ 7 ④ 10

37 Tobin's Q에 대한 설명으로 가장 거리가 먼 것은?

① '자본의 시장가치/자산의 대체원가'로 산출한다.
② 자산의 대체원가를 장부가가 아닌 현재가치에 기반한다는 점에서 PBR의 문제점을 보완했다.
③ Q비율이 낮다면 투자에 따른 수익성이 좋지 않고 경영이 비효율적이라고 해석할 수 있다.
④ Q비율이 높을수록 적대적 M&A의 대상이 되기 쉽다.

38 주가 흐름 패턴에 대한 설명으로 가장 거리가 먼 것은?

① 헤드 앤 숄더형의 경우 거래량은 '왼쪽 어깨 > 머리 부분 > 오른쪽 어깨'의 순으로 나타난다.
② 이중 바닥형은 두 번째 바닥이 첫 번째 바닥보다 더 완만하고, 더 높게 형성된다.
③ 원형 바닥형은 주가의 상승추세가 완만한 곡선을 그리면서 서서히 하락추세로 전환되는 패턴이다.
④ 직사각형은 최소한 2개 이상의 산과 골이 있어야 형성될 수 있다.

39 〈보기〉 중 현금흐름표 작성 시 간접법에 따라 당기순이익에 가산하는 항목으로만 모두 묶인 것은?

〈보기〉
㉠ 매출 채권의 감소
㉡ 유가증권의 처분손실
㉢ 감가상각비
㉣ 매입 채무의 감소

① ㉠   ② ㉠, ㉡
③ ㉠, ㉡, ㉢   ④ ㉠, ㉡, ㉢, ㉣

40 추세 분석에 대한 설명으로 가장 거리가 먼 것은?

① 저항선과 지지선은 최근에 형성된 것일수록 신뢰도가 높다.
② 저항선과 지지선은 현재 주가의 최소·최대 목표치를 설정하는 데 유용하며, 매매 전략에 이용할 수도 있다.
③ 추세선의 길이가 짧고 기울기가 가파를수록 신뢰도가 크다.
④ 추세선이 상승 추세를 나타낼 때 기울기가 커지는 경우가 있는데 이는 상승 추세의 강화를 나타낸다.

41〈보기〉의 시장 경쟁강도의 측정방법에 대한 설명 중 빈칸에 들어갈 내용으로 가장 적절한 것은?

〈보기〉
한 시장의 허핀달지수(HHI)가 ( )(이)라면, 이 시장의 집중 상태는 동등 규모의 기업이 10개 존재하는 것과 동일하다.

① 0.05　　② 0.1
③ 0.5　　　④ 1.0

42 산업구조 변화 이론에 대한 설명으로 가장 거리가 먼 것은?

① Petty의 법칙은 경제발전에 따라 산업구조가 1차 산업에서 2차 산업으로, 그리고 3차 산업 중심으로 변화한다는 법칙을 말한다.
② 헥셔—올린 모형은 생산요소의 상대적 부존도에서의 차이가 무역패턴을 결정한다는 것으로, 노동이 상대적으로 풍부한 국가는 자본집약적 산업 중심이 된다.
③ 신무역이론에서는 규모의 경제와 불완전경쟁 등 시장실패를 상정하여 산업 내 무역과 정부 개입이 필요하다.
④ 내생적 성장이론에서는 경제성장을 인적자본 등 요소의 내생적 축적에 의해서 이루어진다고 보며, 산업구조의 변화에서 요소부존보다 요소 창출이 더욱 중요하다.

43 개별 자산의 1일 VaR이 신뢰구간 95%에서 10억 원이라면, 이것이 의미하는 바로 가장 적절한 것은? (단, 개별 자산의 리스크 요인은 정규분포를 한다고 가정함)

① 1일 동안 10억원을 초과하여 손실이 발생할 확률은 5%이다.
② 1일 동안 10억원을 초과하여 손실이 발생할 확률은 95%이다.
③ 1일 동안 10억원 이하의 손실이 발생할 확률은 5%이다.
④ 1일 동안 10억원을 초과하여 손실이 발생하는 사건은 확률적으로 10일에 1번 정도 발생할 수 있다.

44 VaR의 측정방법 중 역사적 시뮬레이션 방법에 대한 설명으로 가장 거리가 먼 것은?

① 과거 일정기간 동안의 위험요인의 변동을 향후에 나타날 변동으로 가정하여 현재 보유하고 있는 포지션의 가치 변동분을 측정한 후 그 분포로부터 VaR을 계산한다.
② 위험요인이 변동할 때 포지션의 가치 변동을 측정하기 위한 가치평가모형이 필요하다.
③ 수익률이 정규분포를 따른다는 가정이 필요하다.
④ 자료가 존재하지 않는 자산에 대한 추정이 어렵고 자료의 수가 적을 경우 추정치의 정확도가 떨어진다.

45 A자산의 VaR은 7억, B자산의 VaR은 15억이며, 두 자산수익률의 상관계수가 +1이라고 할 때, A자산과 B자산으로 구성된 포트폴리오의 VaR을 계산한 것은? (단, VaR은 델타—노말분석법에 의해 측정한다고 가정함)

① 7억　　　② 8억
③ 15억　　 ④ 22억

46 3년 만기 국채 100억을 보유한 경우, 이 채권의 만기수익률 증감(Δy)의 1일 표준편차가 5%이고, 수정듀레이션은 2년이라면, 95% 신뢰도 1일 VaR은 얼마인가? (단, 95% 신뢰상수 z = 1.65)

① 8.25억　　② 16.5억
③ 24.75억　 ④ 33억

47 95% 신뢰도 4일 VaR이 20억일 때, 동일한 신뢰도 하의 1일 VaR은 얼마인가?

① 40억　　② 20억
③ 10억　　④ 5억

48 투자자는 기존 포트폴리오에 다음 중 하나의 투자대안을 편입하고자 한다. 투자자가 선택할 우월한 대안과 해당 대안을 추가했을 때의 추가되는 위험(Marginal VaR)이 순서대로 나열된 것은? (단, 기존 포트폴리오 VaR은 100억이라고 가정함)

투자대안	A	B
기대수익률	15%	15%
VaR	90억	80억
편입 후 포트폴리오 VaR	130억	160억

① 투자대안 A, 30억
② 투자대안 A, 40억
③ 투자대안 B, 60억
④ 투자대안 B, 80억

49 VaR에 대한 설명으로 가장 거리가 먼 것은?

① 설정하는 보유기간에 따라서 VaR 산출값이 달라지게 된다.
② 옵션과 같은 비선형상품의 VaR은 델타분석법과 몬테카를로 시뮬레이션법에 의해 측정한 값이 동일하게 산출된다.
③ VaR 측정에 필요한 자료 접근에 제한이 있는 경우 잠재적 손실에 대한 계량화가 어려울 수 있다.
④ 과거에 발생하지 않았던 예기치 못한 구조적 변화가 발생하면 과거 자료에 의해 얻어지는 VaR은 오차가 발생할 수 있다.

50 부도모형(Default Mode)에 따른 신용리스크 측정에 대한 설명으로 가장 거리가 먼 것은?

① 부도모형에서 신용리스크는 예상손실(EL)의 불확실성으로 측정된다.
② 부도 발생뿐만 아니라 신용등급 변화도 신용손실로 인정한다.
③ 부도율은 베르누이 분포를 한다.
④ 손실률은 특정 포지션에 부도가 발생할 경우 입을 수 있는 경제적 손실을 의미하며, '1 - 회수율'로 계산한다.

□ **제3과목. 직무윤리 및 법규/투자운용 및 전략 I 등(50문제)**

51 금융투자회사 표준윤리준칙 제12조(위반행위의 보고)에 대한 설명으로 가장 거리가 먼 것은?

① 내부제보제도에는 회사에 중대한 영향을 미칠 수 있는 위법 행위를 인지하고도 회사에 제보하지 않는 미제보자에 대한 불이익 부과에 관한 규정을 포함하지 않을 수 있다.
② 제보자가 다른 임직원에 대한 무고, 음해, 비방 등 악의적인 목적으로 제보한 경우 비밀보장 및 근무조건 차별금지 등을 보호받을 수 없다.
③ 제보의 내용이 회사의 재산상 손실을 방지하는 데 기여했다면 준법감시인은 포상을 추천할 수 있다.
④ 제보자가 신분상의 불이익을 당한 경우 준법감시인에 대하여 당해 불이익처분에 대한 원상회복, 전직 등 신분보장 조치를 요구할 수 있다.

52 〈보기〉 중 금융회사의 내부통제위원회에 대한 적절한 설명으로만 모두 묶인 것은?

〈보기〉
㉠ 금융회사는 내부통제기준의 운영에 관하여 준법감시인을 위원장으로 하는 내부통제위원회를 두어야 한다.
㉡ 내부통제위원회는 매년 1회 이상 회의를 개최해야 하며, 회의 내용을 기재한 의사록을 작성 및 보관해야 한다.
㉢ 최근 사업연도말 현재 자산총액이 7천억원 미만인 상호저축은행은 내부통제위원회를 두지 않을 수 있다.

① ㉠
② ㉢
③ ㉠, ㉡
④ ㉡, ㉢

53 영업점별 영업관리자에 대한 설명으로 가장 거리가 먼 것은?

① 영업점별 영업관리자는 원칙적으로 책임자급이어야 하며, 임기는 1년 이상으로 해야 한다.
② 영업점별 영업관리자에게 업무수행의 결과에 따른 보상을 지급할 수 없다.
③ 영업점별 영업관리자는 영업점에서 1년 이상 근무한 경력이 있는 자로서 당해 영업점에 상근하고 있어야 한다.
④ 준법감시인은 영업점별 영업관리자에 대하여 연간 1회 이상 법규 및 윤리 관련 교육을 실시해야 한다.

54 금융소비자보호법 제21조(부당권유 행위 금지)에 대한 설명으로 가장 거리가 먼 것은?

① 부당권유 행위가 발생한 경우 금융회사에 대해 해당 금융상품의 계약으로 얻는 수입의 최대 50% 이내에서 과징금을 부과할 수 있다.
② 투자권유를 받은 금융소비자가 이를 거부하는 취지의 의사를 표시한 후 1개월 이내에 동일한 상품을 재권유하는 행위는 금지된다.
③ 투자성 상품에 관한 계약의 체결을 권유하면서 일반금융소비자가 요청하지 않은 다른 대출성 상품을 안내하거나 관련 정보를 제공하는 행위는 금지된다.
④ 금융소비자로부터 아무런 요청이 없음에도 해당 금융소비자의 자택이나 직장을 방문하여 장내파생상품을 권유하는 것은 금지된다.

55 금융투자회사의 표준윤리준칙 제6조(정보보호)에 대한 설명으로 가장 거리가 먼 것은?

① 회사의 경영전략이나 새로운 상품 및 비즈니스 등에 관한 정보는 비밀정보로 본다.
② 임직원은 회사가 요구하는 업무를 수행하기 위한 목적 이외에 어떠한 경우라도 자신 또는 제3자를 위하여 비밀정보를 이용해서는 안 된다.
③ 비밀정보가 다뤄지는 회의는 다른 임직원의 업무장소와 분리되어 정보노출이 차단된 장소에서 이루어져야 한다.
④ 특정한 정보가 비밀정보인지 불명확한 경우 그 정보를 이용한 후에 준법감시인의 사후 확인을 받아야 한다.

56 적기시정조치 중 경영개선명령 조치에 해당하는 사항으로 가장 적절한 것은?

① 조직의 축소
② 경비절감
③ 영업의 전부 양도
④ 신규업무 진출의 제한

57 집합투자기구 이익금의 분배에 관한 설명으로 가장 거리가 먼 것은?

① 집합투자업자는 집합투자기구의 집합투자재산 운용에 따라 발생한 이익금을 투자자에게 금전 또는 새로 발행하는 집합투자증권으로 분배해야 한다.
② 투자회사는 이익금 전액을 새로 발행하는 주식으로 분배하려는 경우 정관에서 정하는 주식발행에 필요한 사항에 관하여 이사회의 결의를 거쳐야 한다.
③ MMF를 제외한 집합투자기구의 경우 집합투자규약이 정하는 바에 따라 이익금의 분배를 집합투자기구에 유보할 수 있다.
④ 집합투자업자 또는 투자회사는 이익금을 초과하여 분배할 수 없다.

58 〈보기〉 중 금융투자업의 적용배제에 대한 적절한 설명으로만 모두 묶인 것은?

〈보기〉
㉠ 역외영업 특례 적용에 해당하는 역외 투자자문업은 투자자문업에 해당하지 않는다.
㉡ 협회가 장외 주식중개시장(K-OTC)을 개설·운영하는 경우는 투자중개업에 해당하지 않는다.
㉢ 종합금융회사 어음관리계좌(CMA)는 집합투자업에 해당한다.

① ㉠
② ㉢
③ ㉠, ㉡
④ ㉡, ㉢

59 증권 발행 시 전매제한조치가 시행되는 경우로 가장 적절한 것은?

① 기업어음증권이 50매 이상으로 발행되는 경우
② 전환권이 부여된 증권의 권리행사금지기간을 발행 후 1년 이상으로 정한 경우
③ 지분증권의 경우 같은 종류의 증권이 모집된 실적이 있거나 증권시장(코넥스시장 제외)에 상장된 경우
④ 기업어음의 만기가 1년 이상인 기업어음증권

60 집합투자에 대한 설명으로 가장 거리가 먼 것은?

① 집합투자는 49인 이상의 투자자로부터 모은 자금을 투자자의 일상적인 운용지시를 받아 투자재산을 운용하고, 그 결과를 투자자에게 배분하여 귀속시키는 것을 의미한다.
② 종합금융투자사업자가 종합투자계좌 업무를 하는 경우는 집합투자에서 제외한다.
③ 예탁결제원이 투자자예탁금을 예치 또는 신탁받아 운용하는 경우는 집합투자에서 제외한다.
④ 투자자로부터 모은 금전 등을 투자자 전원의 합의에 따라 운용·배분하는 경우는 집합투자에서 제외한다.

61 자본시장조사 업무규정에 대한 설명으로 가장 거리가 먼 것은?

① 금융위원회 및 금융감독원의 업무와 관련하여 위법행위의 혐의사실을 발견한 경우 조사를 실시할 수 있다.
② 위법행위가 발견된 상장법인 및 피검사기관에 대한 조치로서 1년 이내의 범위에서 임원에 대한 해임권고를 할 수 있다.
③ 조사결과에 대한 조치로서 과태료 또는 과징금을 부과할 수 있다.
④ 당해 위법행위에 대한 충분한 증거가 확보되어 있고 다른 위법행위의 혐의가 발견되지 않은 경우에도 조사를 실시해야 한다.

62 〈보기〉 중 수익증권에 대한 적절한 설명으로만 모두 묶인 것은?

〈보기〉
㉠ 투자신탁을 설정한 집합투자업자는 수익증권에 집합투자업자 및 신탁업자의 상호, 수익자의 성명 등을 기재하고, 그 집합투자업자 및 그 투자신탁재산을 보관·관리하는 신탁업자의 대표이사가 서명해야 한다.
㉡ 투자신탁을 설정한 집합투자업자는 수익자명부의 작성에 관한 업무를 직접 수행해야 한다.
㉢ 수익증권은 무액면·익명식으로 발행한다.

① ㉠
② ㉠, ㉡
③ ㉡, ㉢
④ ㉠, ㉡, ㉢

63 금융투자회사의 위험관리체제 구축에 대한 설명으로 가장 거리가 먼 것은?

① 금융투자업자는 효율적인 위험관리를 위해 부서별, 거래별 또는 상품별로 적절한 위험부담한도와 거래한도 등을 설정하여 운영해야 한다.
② 위험관리지침의 제정에 관한 사항은 주주총회에서 심의·의결한다.
③ 금융투자업자는 주요 위험 변동 상황을 자회사와 연결하여 종합적으로 인식하고 감시해야 한다.
④ 금융투자업자는 순자본비율 및 자산부채비율의 수준, 운용자산의 내용과 위험의 정도 등을 정한 위험관리지침을 마련하고 이를 준수해야 한다.

64 집합투자재산의 평가에 대한 설명으로 가장 거리가 먼 것은?

① 집합투자업자는 평가위원회가 집합투자재산을 평가한 경우 그 평가명세를 지체없이 해당 집합투자재산을 보관·관리하는 신탁업자에게 통보해야 한다.
② 단기금융 집합투자기구의 공고된 기준 가격이 잘못 계산되어 그 오차가 0.05%를 초과할 경우 지체없이 기준 가격을 변경한 후에 다시 공고·게시해야 한다.
③ 기준 가격을 변경하려는 때에는 집합투자기구 평가회사의 확인을 받아야 한다.
④ 기준 가격을 변경한 때에는 금융위원회가 정하여 고시하는 바에 따라 그 사실을 금융위원회에 보고해야 한다.

65 〈보기〉의 등록요건을 요구하는 집합투자기구 관계회사로 가장 적절한 것은?

〈보기〉
- 주식회사
- 투자매매·중개업자 또는 집합투자업자와 그 계열회사가 아닐 것
- 자기자본 : 5억원
- 전문인력 : 집합투자기구 평가전문인력 3인 이상

① 일반사무관리회사
② 집합투자기구 평가회사
③ 채권평가회사
④ 신탁회사

66 미공개 중요정보 이용행위 규제대상자에 대한 설명으로 가장 거리가 먼 것은?

① 해당 법인의 대리인으로서 그 직무와 관련하여 미공개 중요정보를 알게 된 자는 준내부자에 해당한다.
② 해당 법인과 계약을 체결하고 있는 자로서 그 계약을 이행하는 과정에서 미공개 중요정보를 알게 된 자는 준내부자에 해당한다.
③ 해당 법인의 임원으로부터 미공개 중요정보를 받은 자는 정보수령자에 해당한다.
④ 해당 법인의 주요 주주로서 그 권리를 행사하는 과정에서 미공개 중요정보를 알게 된 자는 내부자에 해당한다.

67 금융투자전문인력에 대한 내용으로 가장 거리가 먼 것은?

① 신용평가전문인력은 신용평가회사에서 신용평가 업무를 수행하거나 그 결과를 심사·승인하는 업무를 수행한다.
② 투자자산운용사는 집합투자재산이나 투자일임재산을 운용하는 업무를 수행하며, 신탁재산은 제외된다.
③ 금융투자상품 투자운용업무의 요건을 갖춘 투자자산운용사는 해외자원개발 투자운용업무를 수행할 수 있다.
④ 투자권유자문인력은 투자자를 상대로 금융투자상품의 투자권유 또는 금융투자상품 등의 투자자문 업무를 수행하는 인력이다.

68 〈보기〉 중 펀드(집합투자증권) 판매 시 금지되는 행위로 모두 묶인 것은?

―〈보기〉―
㉠ 투자자로부터 집합투자증권의 취득자금 수취와 관련하여 판매대금을 분할 납부하도록 하는 행위
㉡ 정당한 사유 없이 공모로 발행되는 집합투자증권의 판매를 거부하는 행위
㉢ 일반투자자에게 계열사인 집합투자회사가 운용하는 펀드의 집합투자증권만을 투자권유하는 행위

① ㉠
② ㉡
③ ㉡, ㉢
④ ㉠, ㉡, ㉢

69 〈보기〉 중 재산상 이익의 제공 및 수령에 대한 적절한 설명으로만 모두 묶인 것은?

―〈보기〉―
㉠ 경제적 가치가 10만원 이하인 물품, 식사 또는 신유형 상품권은 재산상 이익으로 보지 않는다.
㉡ 금융투자회사가 거래상대방에게 재산상 이익을 제공하거나 제공받은 경우 제공목적, 제공내용, 제공일자 등을 5년 이상 기록·보관하여야 한다.
㉢ 금융투자회사는 재산상 이익의 제공현황 및 적정성 점검 결과 등을 매년 이사회에 보고해야 한다.

① ㉠
② ㉡
③ ㉠, ㉢
④ ㉡, ㉢

70 주식포트폴리오 모형에 대한 설명으로 가장 거리가 먼 것은?

① 투자수익률은 위험을 부담한 것에 대한 보상의 결과로 나타나기 때문에 포트폴리오 모형은 리스크 모형이라고도 불린다.
② 다중 요인 모형은 가장 대표적인 리스크 모델로서 주식의 리스크를 베타, 규모, 성장성 등 여러 가지 비체계적인 요인으로 구분하여 리스크의 특성을 분석한다.
③ 2차함수 최적화 모형은 기대수익률과 추정 위험 간 최적의 균형점을 찾을 수 있도록 한다.
④ 선형계획 모형에서는 일정한 제약조건을 만족시키는 포트폴리오 중에서 기대수익률을 최대화하는 포트폴리오를 찾는다.

71 전략적 자산배분의 실행단계를 순서대로 나열한 것은?

① 자산집단의 선택 ⇨ 최적 자산구성의 선택 ⇨ 투자자의 투자목적 및 투자제약조건의 파악 ⇨ 자산종류별 기대수익, 위험, 상관관계의 추정
② 자산종류별 기대수익, 위험, 상관관계의 추정 ⇨ 자산집단의 선택 ⇨ 최적 자산구성의 선택 ⇨ 투자자의 투자목적 및 투자제약조건의 파악
③ 자산종류별 기대수익, 위험, 상관관계의 추정 ⇨ 최적 자산구성의 선택 ⇨ 투자자의 투자목적 및 투자제약조건의 파악 ⇨ 자산집단의 선택
④ 투자자의 투자목적 및 투자제약조건의 파악 ⇨ 자산집단의 선택 ⇨ 자산종류별 기대수익, 위험, 상관관계의 추정 ⇨ 최적 자산구성의 선택

72 다음의 포트폴리오들 중 인덱스 방식으로 운용되는 포트폴리오로 가장 성공적인 것은?

포트폴리오	A	B	C	D
추적오차	10%	1.8%	1.5%	0.5%
초과수익률	3%	1.5%	1.0%	0%
정보비율	0.30	0.83	0.67	0

① A
② B
③ C
④ D

73 〈보기〉 중 자산배분 전략을 수행하기 위한 자산집단의 기대수익률을 추정하는 방법으로만 모두 묶인 것은?

---〈보기〉---
㉠ 추세분석법
㉡ GARCH
㉢ 시장공통 예측치 사용방법

① ㉠　　　　　　② ㉠, ㉡
③ ㉠, ㉢　　　　④ ㉠, ㉡, ㉢

74 자산집단이 가져야 할 5가지 기본적 성격에 대한 설명으로 가장 거리가 먼 것은?

① 자산집단 내의 자산들은 경제적 또는 자본시장의 관점에서의 속성이 비슷해야 한다.
② 자산집단 간 서로 겹치는 부분이 없어야 한다.
③ 자산집단 간 상관계수는 높아야 한다.
④ 개별 자산집단의 규모는 투자활동에 따른 유동성의 문제가 발생하지 않을 정도로 커야 한다.

75 〈보기〉의 정보를 참고하여 고정비율 포트폴리오 보험전략(CPPI)을 통해 계산한 주식투자금액으로 가장 적절한 것은?

---〈보기〉---
• 펀드전체금액 : 120억원
• 투자기간 : 1년
• 최저보장수익 : 100억원
• 무위험수익률 : 3%
• 승수 : 3

① 11.48억원　　② 29.41억원
③ 53.88억원　　④ 68.73억원

76 이자지급 방법에 따라 채권을 분류한 것에 해당하지 않는 것은?

① 특수채　　② 복리채
③ 할인채　　④ 이표채

77 맥컬레이 듀레이션에 대한 설명으로 가장 거리가 먼 것은?

① 이자율이 20%인 영구채권의 듀레이션은 6년이다.
② 이표채권의 경우 액면금리가 낮을수록 듀레이션은 길어진다.
③ 일반적으로 만기가 길수록 듀레이션은 길어진다.
④ 이표채의 듀레이션은 항상 만기보다 길다.

78 합성채권에 대한 설명으로 가장 거리가 먼 것은?

① 전환사채는 주식으로의 전환 시 자본이 증가하고 부채가 감소한다.
② 신주인수권부 사채의 신주인수권을 행사하면 자본과 자산이 동시에 증가한다.
③ 교환사채는 교환 시 발행사의 자산이 증가하며 부채는 감소한다.
④ 수의상환채권은 시장이자율이 하락하면 수의상환권을 행사할 가능성이 높아진다.

79 〈보기〉를 참고하여 관행적 방식으로 계산한 통화안정증권 A의 매매가격으로 가장 적절한 것은?
(단, 원 미만은 절사함)

---〈보기〉---
• 잔존기간 : 121일
• 표면이율 : 3%
• 액면가격 : 10,000원
• 만기수익률 : 4%

① 9,869원　　② 11,538원
③ 29,628원　　④ 40,109원

80 〈보기〉의 빈칸에 들어갈 내용으로 가장 적절한 것은?

―――〈보기〉―――
금리 수준이 일정하더라도 잔존기간이 짧아지면 그만큼 수익률이 하락하여 채권가격이 상승하게 되는데 이것을 ( )(이)라고 한다.

① 채권 교체 전략
② 스프레드 운용전략
③ 롤링효과
④ 숄더효과

81 소극적 채권운용전략에 대한 설명으로 가장 거리가 먼 것은?

① 목표투자기간 중 시장수익률의 변동에 관계없이 채권 매입 당시에 설정하였던 최선의 수익률을 목표기간 말에 큰 차이 없이 실현하도록 하는 기법은 전통적 면역 전략이다.
② 자산과 부채의 듀레이션 갭을 최소화하여 순자산 가치의 변동성을 최소화하고자 하는 방법은 상황대응적 면역 전략이다.
③ 채권시장 전체의 흐름을 그대로 따르는 포트폴리오를 구성하여 채권시장 전체의 수익률을 달성하려는 전략은 채권 인덱싱 전략이다.
④ 채권별 보유량을 각 잔존기간마다 동일하게 유지하여 시세변동의 위험을 평준화하고 적정 수준의 수익성도 확보하려는 전략은 사다리형 만기 전략이다.

82 〈보기〉의 선물거래에 대한 설명 중 빈칸에 들어갈 내용이 순서대로 나열된 것은?

―――〈보기〉―――
• 선물시장에서 선물의 가격이 현물의 가격보다 더 큰 경우를 ( )(이)라고 표현한다.
• 반대로 현물의 가격이 선물의 가격보다 높은 경우를 ( )(이)라고 표현한다.

① 콘탱고 상태, 정상시장
② 정상시장, 역조시장
③ 백워데이션 상태, 콘탱고 상태
④ 역조시장, 백워데이션 상태

83 〈보기〉의 옵션 차익거래에 대한 설명 중 빈칸에 들어갈 내용이 순서대로 나열된 것은?

―――〈보기〉―――
컨버전 전략은 합성 ( ) 포지션과 현물 ( ) 포지션을 병행하는 전략이며, 리버설 전략은 주가지수 ( )차익거래에 해당한다.

① 매수, 매수, 매수
② 매수, 매도, 매도
③ 매도, 매수, 매도
④ 매도, 매도, 매수

84 옵션의 내재가치에 대한 설명으로 가장 적절한 것은?

① A전자 주식 1주를 1개월 뒤 30만원으로 매도할 수 있는 권리는 콜옵션에 해당한다.
② 콜옵션의 내재가치가 양의 값을 지니는 경우 기초자산 가격은 행사가격보다 크다.
③ 옵션의 사용 시점을 만기 시점에 한 번으로 제한한 경우는 미국식 옵션이라고 한다.
④ 콜옵션과 풋옵션에서 내재가치가 양의 값을 보이는 상태를 외가격이라고 한다.

85 〈보기〉의 옵션 프리미엄의 민감도 지표에 대한 설명 중 빈칸에 들어갈 내용이 순서대로 나열된 것은?

―――〈보기〉―――
( )는 기초자산의 가격이 변화할 때 옵션 프리미엄이 얼마나 변하는가 하는 민감도를 보여주는 지표이며, ( )는 시간의 경과에 따른 옵션 가치의 변화분을 나타내는 지표이다.

① 델타, 감마   ② 델타, 쎄타
③ 쎄타, 베가   ④ 감마, 로우

86. ⟨보기⟩의 스프레드 전략에 대한 설명 중 빈칸에 들어갈 내용이 순서대로 나열된 것은?

⟨보기⟩
KOSPI200 선물 9월물이 200pt이고, 12월물은 205pt이며 향후 두 월물 간의 스프레드가 축소될 것으로 예상된다면, 9월물을 ( )하고, 12월물을 ( )하는 ( ) 스프레드 전략이 가장 적절하다.

① 매수, 매도, 강세
② 매도, 매수, 약세
③ 매수, 매수, 강세
④ 매도, 매도, 약세

87. 포트폴리오 보험전략에 대한 설명으로 가장 거리가 먼 것은?
① 방어적 풋 전략은 기초자산인 주식포트폴리오를 매입하는 동시에 해당 포트폴리오에 대한 풋옵션을 매수하는 전략이다.
② 이자추출전략은 채권을 매입하고 해당 채권의 이자금액만큼 콜옵션을 매도하는 전략이다.
③ 동적자산배분전략은 주식과 채권으로 자금을 운용함으로써 상승포텐셜과 하락위험방어라는 두 가지 목표를 동시에 달성하고자 하는 전략이다.
④ 합성 채권 매수전략은 주가지수선물을 균형 가격 수준에서 매도하는 동시에 현물주식을 매수하여 선물 만기시점까지의 금리 수준에 해당하는 이익을 챙기는 전략이다.

88. 기준 지표의 바람직한 특성으로 가장 거리가 먼 것은?
① 기준 지표는 실행 가능한 투자대안이어야 한다.
② 벤치마크는 평가기간이 시작되기 전에 사전적으로 정해져야 한다.
③ 기준 지표는 투자가 가능한 지표가 아니더라도 일반에게 공개된 정보로부터 측정 가능해야 한다.
④ 원하는 기간마다 기준 지표 자체의 수익률을 계산할 수 있어야 한다.

89. 펀드매니저가 통제할 수 없는 투자자금의 유출입에 따른 수익률 왜곡현상을 해결한 방법으로, 펀드매니저의 운용능력을 측정하기 위하여 사용되는 투자수익률로 가장 적절한 것은?
① 금액가중 수익률
② 시간가중 수익률
③ 산술평균 수익률
④ 연환산 수익률

90. ⟨보기⟩ 중 특정대상과 비교하여 위험을 측정하는 지표로만 모두 묶인 것은?

⟨보기⟩
㉠ 표준편차
㉡ 적자위험
㉢ 베타
㉣ 잔차위험

① ㉠, ㉡
② ㉡, ㉢
③ ㉡, ㉣
④ ㉢, ㉣

91. ⟨보기⟩의 정보를 참고하여 계산한 젠센의 알파 값은 얼마인가?

⟨보기⟩
• 포트폴리오 수익률 : 7%
• 무위험수익률 : 3%
• 기준 지표 수익률 : 4%
• 포트폴리오 베타 : 1.3
• 표준편차 : 8%

① 2.7%
② 3.8%
③ 4.1%
④ 5%

92 〈보기〉 중 이자율의 기간구조이론에 대한 적절한 설명으로만 모두 묶인 것은?

〈보기〉
㉠ 불편기대 이론은 장단기 채권 간 완전한 대체관계가 있음을 가정할 때 장기채권과 단기채권의 예상 투자수익률이 동일해야 한다는 이론이다.
㉡ 시장분할 이론은 장단기금리 간의 높은 연계성이 평균식에 의해 확보되기 때문에 수익률 곡선의 이동을 잘 설명한다.
㉢ 특정 시장 선호 이론에 따르면 장기채권의 금리를 만기까지의 예상된 평균 단기이자율과 유동성 프리미엄의 합으로 나타낼 수 있다.

① ㉠
② ㉠, ㉡
③ ㉡, ㉢
④ ㉠, ㉡, ㉢

93 선행 종합지수의 구성지표로 가장 적절한 것은?

① 광공업생산지수
② 내수출하지수
③ 소비재수입액
④ 장단기금리차

94 〈보기〉 중 IS–LM모형에 대한 적절한 설명으로만 모두 묶인 것은?

〈보기〉
㉠ 조세가 증가하면 IS곡선은 좌측이동한다.
㉡ 통화량이 증가하면 LM곡선은 우측이동한다.
㉢ LM곡선이 수평이면 완전구축효과가 발생한다.

① ㉠
② ㉠, ㉡
③ ㉡, ㉢
④ ㉠, ㉡, ㉢

95 경기예측방법에 대한 설명으로 가장 적절한 것은?

① 기업경기실사지수(BSI)가 80이라면 경기가 확장국면인 것으로 판단한다.
② 소비자태도지수(CSI)는 경기수축기에 있어서 기업실사지수에 일정기간 선행하는 경향을 보인다.
③ 경기확산지수는 경기변동의 진폭과 속도를 측정한다.
④ 유통속도는 통화량을 명목GDP로 나눈 값이다.

96 자본자산 가격결정 모형(CAPM)의 가정에 대한 설명으로 가장 거리가 먼 것은?

① 투자자는 투자 결정 시 평균과 분산만 가지고 결정하며, 자산 선택시 평균은 상대적으로 높은 것을 선택하고 분산은 상대적으로 낮은 것을 선택한다.
② 투자자들은 전부 동일한 단일 투자기간을 가지며 이 기간 이후에 발생하는 결과는 고려하지 않는다.
③ 개인투자자는 자본시장에서 가격 순응자이고, 거래비용과 세금이 존재하지 않아 자본과 정보의 흐름에 아무런 마찰이 없다.
④ 모든 투자자는 개별적으로 증권을 분석하여 경제상황에 대한 예측이 모두 다르다.

97 〈보기〉의 투자수익률의 측정에 대한 설명 중 빈칸에 들어갈 내용으로 가장 적절한 것은?

―〈보기〉―
포트폴리오의 투자성과를 평가하기 위해서는 과거 일정 기간 동안의 투자수익률을 어떻게 측정할 것인가가 검토되어야 한다. 그 중 (   )은 서로 상이한 시점에서 발생하는 현금흐름의 크기와 화폐의 시간적 가치가 고려된 평균 투자수익률 개념으로서 현금유출액의 현재가치와 현금유입액의 현재가치를 일치시켜주는 할인율로 계산한다.

① 단일기간 수익률
② 산술평균 수익률
③ 기하평균 수익률
④ 내부수익률

98 〈보기〉에서 설명하는 포트폴리오 수정 전략으로 가장 적절한 것은?

―〈보기〉―
상황 변화가 있는 경우 포트폴리오가 갖는 원래의 특성을 그대로 유지하면서, 구성종목의 상대 가격의 변동에 따른 투자비율의 변화를 원래대로의 비율로 환원시킨다.

① 지수펀드전략
② 불변금액법
③ 포트폴리오 리밸런싱
④ 포트폴리오 업그레이딩

99 〈보기〉를 참고하여 포트폴리오에 자산 A와 무위험자산을 각각 50%씩 편입한 경우, 포트폴리오의 변동성 보상비율은 얼마인가? (단, 소수점 셋째 자리에서 반올림함)

―〈보기〉―
• 자산 A의 기대수익률 : 10%
• 표준편차 : 7%
• 무위험수익률 : 2%

① 0.43
② 0.60
③ 1.14
④ 1.50

100 포트폴리오 A와 B의 조건이 〈보기〉와 같을 때, 단일요인 차익거래 가격결정이론에 따라 포트폴리오 A와 B가 균형 상태를 이루기 위한 포트폴리오 B의 베타는 얼마인가?

―〈보기〉―
• 포트폴리오 A의 기대수익률 : 6%
• 포트폴리오 A의 베타 : 0.5
• 포트폴리오 B의 기대수익률 : 7%
• 무위험수익률 : 2%

① 0.57
② 0.625
③ 0.8
④ 0.825

제2회 적중 실전모의고사

> 자본시장과 금융투자업에 관한 법률은 이하 자본시장법이라 하겠다.

☐ 제1과목. 금융상품 및 세제(20문제)

01 〈보기〉 중 양도소득의 과세대상 자산에 해당하는 것은 모두 몇 개인가?

〈보기〉
- ㉠ 미등기된 부동산 임차권
- ㉡ 상장채권
- ㉢ 사업용 고정자산과 함께 양도하지 않는 영업권

① 1개 ② 2개
③ 3개 ④ 없음

02 소득세법상 납세의무자에 대한 설명으로 가장 적절한 것은?

① 국내 항공기 승무원인 자는 근무기간 외에 주로 뉴욕에서 체재하여도 거주자로 본다.
② 국내에 183일 동안 거소를 둔 자가 사망한 경우 과세기간은 1월 1일부터 사망하기 전 날까지이다.
③ 국내 사업장이나 부동산 임대사업소득이 없는 비거주자의 국내원천소득은 원칙적으로 분리과세한다.
④ 거주자와 비거주자의 원천징수세액은 그 징수일이 속하는 달의 10일까지 정부에 납부해야 한다.

03 국세기본법상 이의신청, 심사청구, 심판청구 제도에 대한 설명으로 가장 거리가 먼 것은?

① 이의신청, 심사청구, 심판청구 제도는 국세기본법 또는 세법에 따른 처분으로서 부당한 처분을 받거나 필요한 처분을 받지 못해 권리나 이익을 침해 당한 경우를 위한 사법적 구제제도이다.
② 심사청구는 국세청 또는 감사원에 제기하는 불복으로서, 처분청의 처분을 안 날부터 90일 이내에 제기해야 한다.
③ 이의신청 절차는 취소소송의 전제 요건이 되어 있어 본 절차를 거치지 않고는 취소소송을 제기할 수 없다.
④ 청구인은 선택에 따라 심사청구와 심판청구 중 하나를 선택해야 한다.

04 국세기본법상 납세의무의 소멸과 승계에 대한 설명으로 가장 거리가 먼 것은?

① 국세의 부과제척기간은 국가가 납세의무자에게 국세를 부과할 수 있는 법정기간으로, 그 기간이 끝난 날 후에는 국세부과권의 소멸로 인해 납세의무도 소멸한다.
② 8억원의 국채는 10년간 행사하지 아니하면 소멸시효가 완성하고 이로 인해 납세의무도 소멸한다.
③ 국세부과의 제척기간이 끝나거나 납부고지·독촉의 경우에는 납세의무가 소멸한다.
④ 상속이 개시된 때에 상속인은 피상속인에게 부과되거나 납부할 국세 및 강제징수비를 상속받은 재산을 한도로 납부해야 한다.

05 다음 중 반드시 종합소득세 확정신고를 신고해야 하는 자로 가장 적절한 것은?

① 근로소득만 4,000만원이 있는 A
② 근로소득 3,500만원과 채권의 환매조건부 매매차익 400만원이 있는 B
③ 직장공제회 초과반환금 3,000만원만 있는 C
④ 외국법인으로부터 받은 배당소득 1,400만원만 있는 D

06 〈보기〉의 증권거래세법상 납세의무자에 대한 설명 중 빈칸에 들어갈 내용으로 가장 적절한 것은?

〈보기〉
비거주자이면서 국내에 사업장을 가지고 있지 않은 자가 금융투자업자를 통하지 않고 주권을 양도하였다. 이 경우 주권의 양도에 대해 납세의무를 지는 자는 (　　　)(이)다.

① 주권의 양도인　　② 주권의 양수인
③ 금융투자업자　　④ 예탁결제원

07 성년이 아닌 자녀에게 10년의 기간 동안 증여하고자 한다. 증여재산공제 적용을 통해 증여세를 내지 않고자 할 때, 다음 중 10년간 증여할 수 있는 금액으로 가장 적절한 것은?

① 1,500만원　　② 2,500만원
③ 3,000만원　　④ 5,000만원

08 〈보기〉에서 설명하는 주가연계증권(ELS)의 수익구조로 가장 적절한 것은?

〈보기〉
투자기간 중 사전에 정해둔 주가 수준에 도달하면 확정된 수익으로 조기상환되며, 그 외의 경우에는 만기 시 주가에 따라 수익이 정해지는 구조이다. 투자기간 중 기초자산이 한 번이라도 사전에 일정주가 이상 초과(장중 포함) 상승하는 경우 만기 시 주가지수와 상관없이 최종 수익률은 리베이트 수익률로 확정된다.

① Digital형　　② Step-down형
③ Knock-out형　　④ Bull Spread형

09 다음 중 단기금융 집합투자기구(MMF)에서 편입할 수 있는 상품과 가장 거리가 먼 것은?

① 남은 만기가 10개월인 사모사채
② 남은 만기가 2년인 국채증권
③ 남은 만기가 8개월인 기업어음증권
④ 남은 만기가 3개월인 양도성예금증서

10 신탁에 대한 설명으로 가장 거리가 먼 것은?

① 신탁의 위탁자는 수탁자에 대해 지시할 수 있으며 스스로 신탁재산상의 권리를 행사할 수 있다.
② 수탁자는 원칙적으로 수익자 및 위탁자의 지위를 동시에 겸할 수 없다.
③ 특정금전신탁은 위탁자가 운용대상, 운용방법, 운용조건 등을 지정하는 금전신탁이다.
④ 금전신탁의 계약관계인은 위탁자, 수탁자, 수익자 등 3면 관계이다.

11 자산유동화증권(ABS)에 대한 설명으로 가장 거리가 먼 것은?

① 신용카드는 단기의 자산이라는 특징을 가지고 있으며, 이러한 단기채권의 유동화를 위해 리볼빙(revolving) 구조가 이용되기도 한다.
② 자산의 수익률과 발행증권의 수익률 차이에 따른 초과 스프레드, 예치금, 신용공여 등은 내부 신용보강에 해당한다.
③ 자산유동화증권은 자산의 신용도와 신용보강의 효과로 자산보유자의 신용등급보다 높은 신용등급의 증권을 발행할 수 있다.
④ 자산유동화증권은 투자자의 선호에 의해 증권을 설계하여 일반적으로 다계층증권이 발행된다.

12 퇴직연금제도에 대한 설명으로 가장 적절한 것은?

① 확정급여(DB)형 제도는 기업이 부담해야 할 부담금 수준이 사전에 확정된다.
② 확정기여(DC)형 제도의 적립금 운용주체는 근로자로 운용손익이 근로자에게 귀속된다.
③ 개인형 IRP는 확정급여(DB)형 및 확정기여(DC)형 제도와 달리 퇴직 후 일시금으로 수령할 수 없으며, 55세 이후 연금으로 수령할 수 있다.
④ 확정급여(DB)형 제도와 확정기여(DC)형 제도는 모두 IRP에 추가로 납입할 수 없다.

13 생명보험상품에 대한 설명으로 가장 거리가 먼 것은?

① 정기보험은 일정한 기간 내에 피보험자가 사망할 경우 보장하는 보험이다.
② 체증식보험은 기간이 경과함에 따라 보험금이 점점 증가하는 보험이다.
③ 연생보험은 2인 이상을 피보험자로 하며, 2연생 교육보험, 3연생 교육보험, 다연생보험 등이 있다.
④ 양로보험은 종신보험과 생존보험이 결합된 것이다.

14 개인종합자산관리계좌(ISA)에 대한 설명으로 가장 적절한 것은?

① 신탁형 ISA는 리츠, 펀드, 국내상장주식 등에 투자할 수 있다.
② 중개형 ISA는 금융회사가 가입자의 위험성향과 자금운용목표를 고려하여 제시하는 모델 포트폴리오 중 하나를 선택하여 투자하는 방식이다.
③ ISA는 한 사람당 하나의 계좌만 개설할 수 있으며, 중개형, 신탁형, 일임형 중 하나를 선택해서 가입해야 한다.
④ 근로소득이 없는 만 19세 이상의 거주자라면 서민형 ISA에 가입할 수 있다.

15 역모기지(Reverse Mortgage)에 대한 설명으로 가장 적절한 것은?

① 금융기관은 가입자 부부가 사망한 후 연금수령액 등이 집값을 초과할 경우 상속인에게 청구할 수 있다.
② 역모기지계약이 체결될 경우 대출자는 중도상환의 의무를 부담해야만 한다.
③ 금융기관은 대출자의 종신 시점까지 상환청구권을 행사할 수 없다.
④ 역모기지는 대출신청자의 신용상태 및 상환능력에 근거하여 대출금액이 결정된다.

16 〈보기〉의 부동산 투자회사법상 부동산 투자회사(REITs)의 종류에 대한 설명 중 빈칸에 들어갈 내용으로 가장 적절한 것은?

〈보기〉
부동산 투자회사는 자산을 부동산에 투자하여 운용하는 것을 주된 목적으로 설립된 회사이다. 이때, 자산운용 전문인력을 포함한 임직원을 상근으로 두고, 자산의 투자와 운용을 직접 수행하는 부동산 투자회사는 (   )이다.

① 개발전문 부동산 투자회사
② 기업구조조정 부동산 투자회사
③ 위탁관리 부동산 투자회사
④ 자기관리 부동산 투자회사

17 부동산 감정평가 3방식 중 비교방식(거래사례비교법)에 대한 설명으로 가장 거리가 먼 것은?

① 토지평가에 있어 다른 방식들보다 중추적인 역할을 수행한다.
② 극단적인 호황이나 불황에는 적용이 곤란하다는 단점이 있다.
③ 대상물건이 장래 산출할 것으로 기대되는 순수익이나 미래의 현금흐름을 환원하거나 할인하여 대상물건의 가액을 산정한다.
④ 대체의 원칙에 이론적 근거를 두고 있어 현실적이고 실증적이기 때문에 설득력이 있다.

18 용도지역 중 도시지역에 해당하지 않는 지역은?

① 주거지역 ② 녹지지역
③ 공업지역 ④ 농림지역

19 〈보기〉 중 용익물권에 해당하는 것으로만 모두 묶인 것은?

―〈보기〉―
㉠ 지상권
㉡ 지역권
㉢ 저당권
㉣ 전세권

① ㉠, ㉡, ㉢ ② ㉠, ㉡, ㉣
③ ㉠, ㉢, ㉣ ④ ㉡, ㉢, ㉣

20 부동산 포트폴리오에 대한 설명으로 가장 거리가 먼 것은?

① 부동산 포트폴리오의 위험은 두 부동산의 분산을 가중평균한 값과 두 자산 간의 공분산을 고려하여 계산한다.
② 부동산 포트폴리오의 수익률은 개별 부동산의 수익률에 포트폴리오 전체에서 해당하는 자산이 차지하는 비중을 곱한 것을 더한 값이다.
③ 포트폴리오의 투자안들을 늘리면 비체계적 위험이 감소하여 포트폴리오의 위험이 줄어든다.
④ 체계적 위험이란 투자대상 부동산의 고유한 특성에 의해서 발생하는 위험이다.

□ **제2과목. 투자운용 및 전략 Ⅱ/투자분석(30문제)**

21 부동산금융에 대한 설명으로 가장 거리가 먼 것은?

① 부동산금융은 주택금융과 수익형 부동산금융으로 구분되며, 주택금융은 PF(Project Financing)가 대표적인 형태이다.
② REITs는 부동산투자회사법에 의해 설립되는 회사로서, 다수의 투자자로부터 받은 자금을 부동산 및 관련 사업에 투자한 후 투자자에게 배당을 통해 이익을 분배한다.
③ REITs는 일반투자자들도 소액의 자금으로 부동산 투자가 가능하다.
④ ABS(자산담보부증권) 발행을 통해 자산보유자는 자산을 증권화함으로써 유동성을 높일 수 있다.

22 헤지펀드 운용전략 중 하나인 방향성 전략은 증권이나 시장의 방향성에 따라 매매 기회를 포착하는 전략이다. 다음 중 방향성 전략에 대한 설명으로 가장 적절한 것은?

① 이머징마켓 헤지펀드 전략은 주로 신흥시장에서 거래되는 모든 증권에 대해 포지션을 취하며, 일반적으로 이머징마켓 국가는 공매도를 허용하지 않기 때문에 주로 매수 전략을 사용한다.
② 글로벌 매크로 전략은 투자 결정 시 경제상황을 Bottom-up 방식을 사용하여 분석한다.
③ 주식의 롱숏 전략은 대표적 차익거래 전략이므로 방향성 전략으로는 활용이 어렵다.
④ 매도전문펀드 전략은 매도 포지션을 취함으로써 주식 가격이 상승하면 이익이 발생하지만, 주식 가격이 하락하면 손실이 발생한다.

23 〈보기〉에서 설명하는 CDO의 유형으로 가장 적절한 것은?

―〈보기〉―
- 기초자산의 수익률과 유동화증권의 수익률 간의 차이에서 발생하는 차익을 얻을 목적으로 발행된다.
- SPC는 신용도가 높은 선순위 CDO 트랜치를 발행함으로써 낮은 이자비용을 발생시키고, 기초자산으로부터 얻는 높은 수익과의 차익을 남긴다.
- 기초자산으로 주로 수익률이 높은 자산을 구성한다.

① Arbitrage CDO
② Balance Sheet CDO
③ Cash Flow CDO
④ Synthetic CDO

24 〈보기〉 중 CDO의 트랜치에 대한 적절한 설명으로만 모두 묶인 것은?

―〈보기〉―
㉠ Equity 트랜치 투자자의 수익은 up-front 방식으로 초기에 한 번에 받고, 만기에 남아있는 담보자산의 원금을 받는다.
㉡ Mezzanine 트랜치는 Senior 트랜치와 Equity 트랜치의 중간에 위치하며, 잔여 이익에 대한 참여권이 없다.
㉢ Senior 트랜치 투자는 재보험사에게 기존 보유 위험을 헤지할 수 있는 분산투자의 도구로서 인식된다.
㉣ 투자자는 신용평가사의 신용등급을 확인하고 Super Senior 트랜치에 투자할 수 있다.

① ㉠, ㉡
② ㉠, ㉢
③ ㉡, ㉣
④ ㉢, ㉣

25 PEF 투자회수(Exit)에 대한 설명으로 가장 거리가 먼 것은?

① 인수기업의 가치를 상승시킨 후 PEF가 보유한 모든 지분을 일반기업(대상 기업과 동종업종이거나 사업 다양화를 지향하는 전략적 투자자)에게 매각하는 것이 가장 고전적인 방법이다.
② PEF가 인수한 기업을 다른 PEF에 매각하여 현금화하는 것은 비정상적인 매각이므로 법적으로 불가능하다.
③ 유상감자 및 배당을 통해 투자자금을 회수하는 경우 해당 기업의 수명 단축, 장기 성장성 저해 등의 부작용이 초래될 수 있다는 점에 유의해야 한다.
④ PEF가 인수한 기업을 상장하는 전략은 인수기업에 대해 계속해서 일정 지분을 보유할 수 있어 지속적으로 영향력을 행사하고 추가적으로 자금 회수도 가능하다.

26 〈보기〉 중 해외 주식발행(DR)에 대한 적절한 설명으로만 모두 묶인 것은?

―〈보기〉―
㉠ 해당 기업이 미국 시장의 상장을 원하지 않는 경우라도 미국 투자자들의 관심이 높을 때는 미국 증권회사가 비용을 부담하며 DR을 발행·상장할 수 있는데, 이를 Sponsored DR이라 한다.
㉡ 일반적으로 우리나라 기업의 해외 상장의 경우에는 DR의 형태로 상장되고 거래된다.
㉢ 달러화 표시 해외 DR 발행이 미국과 미국 이외의 시장에서 동시에 이루어지는 경우 GDR이 된다.

① ㉡
② ㉠, ㉢
③ ㉡, ㉢
④ ㉠, ㉡, ㉢

27 해외 투자 시 환위험 관리 전략에 대한 설명으로 가장 적절한 것은?

① 통화파생상품을 이용하는 헤징 전략은 그 유용성이 높아 현실적으로도 가장 많이 이용되는 전략이다.
② 투자대상 증권과 환율 간의 상관관계를 이용하는 헤징전략을 롤링헤지(rolling hedge)라고 한다.
③ 내재적 헤지의 경우 별도의 비용이 들지 않는다.
④ 환율 변동은 위험요인이기 때문에 환위험은 적극적으로 헤지해야 하는 대상이며, 장기적으로 환노출보다는 환위험을 헤지했을 때 항상 우수한 성과를 가져온다.

28 해외 포트폴리오 자산배분 결정을 위한 접근방법에는 상향식(Bottom-up) 접근법과 하향식(Top-down) 접근법이 있다. 〈보기〉 중 상향식 접근법에 대한 적절한 설명으로만 모두 묶인 것은?

―〈보기〉―
㉠ 각국의 거시경제 변수를 보고 국가 비중을 우선적으로 결정한다.
㉡ 세계경제는 완전히 통합된 것이 아니라, 분리된 각국 경제의 결합체라고 본다.
㉢ 산업 및 기업분석이 연구의 중심이 되며, 그 결과로 국가의 비중이 결정된다.
㉣ 각국 경제가 통합되어 세계 경제는 글로벌화된 산업들의 집합체라고 본다.

① ㉠, ㉡
② ㉠, ㉣
③ ㉡, ㉢
④ ㉢, ㉣

29 유로채와 외국채에 대한 설명으로 가장 적절한 것은?

① 외국채는 기명식으로 발행된다.
② 외국채를 발행하는 경우 공시, 신용등급평가 등에 대한 규제가 미미하다.
③ 양키본드는 채권표시 통화의 본국 외에서 발행되는 채권에 해당한다.
④ 딤섬본드는 중국에서 위안화로 발행되는 채권이다.

30 〈보기〉 중 미국 재무부채권 투자 시 고려되어야 하는 사항으로만 모두 묶인 것은?

―〈보기〉―
㉠ 수익률 곡선(Yield Curve) 분석
㉡ 달러 움직임
㉢ 미국의 물가, GDP, 실업률
㉣ 위험도에 따른 가산금리

① ㉠
② ㉠, ㉡
③ ㉠, ㉡, ㉢
④ ㉠, ㉡, ㉢, ㉣

31 다음 중 재무상태표와 손익계산서를 동시에 활용하여 산출하는 재무비율이 아닌 것은?

① 이자보상비율
② 총자산회전율
③ 총자산이익률
④ 자기자본이익률

32 〈보기〉에 따라 고든의 항상성장모형을 이용해 계산한 주식의 PER은 얼마인가?

―〈보기〉―
• 투자자의 요구수익률 : 12%
• 배당성향 : 20%
• 자기자본이익률 : 10%

① 5
② 10
③ 15
④ 20

33 PER은 당기순이익을 기준으로 평가하는 모형이라는 점에서 한계점이 있다. 다음 중 PER의 한계점을 보완하고 기업의 자본구조를 감안하여 평가하는 지표는 무엇인가?

① PBR
② Tobin's Q
③ EV/EBITDA
④ PEGR

34 ROE가 ROA의 2배이고, 총자산이 200억원인 경우, 자기자본을 계산하면 얼마인가?

① 100억원　② 200억원
③ 300억원　④ 350억원

35 A기업의 현재 영업이익은 100억원, 이자 20억원, 세후순이익 40억원(세전이익 80억원, 법인세 40억원)이다. 내년도에 영업이익이 140억원, 세후순이익이 60억원(세전이익 120억원, 법인세 60억원)으로 증가한다고 예상될 때, A기업의 재무레버리지도(DFL)는 얼마인가?

① 1.5　② 1.25
③ 1.2　④ 0.8

36 주가 예측이 가능하다는 전제 하에 시장을 접근하는 방식에는 기본적 분석과 기술적 분석이 있다. 다음 중 기술적 분석에 대한 설명으로 가장 거리가 먼 것은?

① 증권의 시장가치는 수요와 공급에 의해서만 결정된다고 가정한다.
② 수요와 공급의 분석을 통해서 시장이 변화하는 원인을 분석할 수 있다.
③ 계량화하기 어려운 심리적 요인을 반영하지 못하는 기본적 분석의 한계점을 보완할 수 있다.
④ 과거의 주가 추세나 패턴이 미래에도 반복해서 나타난다고 가정하는 것은 비현실적이라는 한계가 있다.

37 OBV선 분석에 대한 설명으로 가장 거리가 먼 것은?

① OBV선은 주가가 뚜렷한 등락을 보이지 않고 정체되어 있을 때 거래량 동향에 의하여 시장이 매집단계인지 분산단계인지를 확인할 수 있는 지표이다.
② OBV선이 상승함에도 불구하고 주가가 하락한다면 조만간 주가 하락이 예상된다.
③ 주가지수 OBV의 경우 저가주들의 대량거래가 시장 전체의 거래량을 왜곡하는 경우가 있기 때문에 유의해야 한다.
④ 활황장세에서 기산일을 잡을 경우 주가가 하락으로 돌아설 때 매매신호가 뒤늦게 발생되어 정확한 분석이 어려울 수 있다.

38 엘리어트 파동이론에 대한 설명으로 가장 거리가 먼 것은?

① 엘리어트 파동이론에 따르면 주가는 상승 5파와 하락 3파에 의해 끝없이 순환한다.
② 상승 5파 중 2번, 4번 파동은 조정 파동에 해당하며, 주가의 진행 방향과 반대 방향으로 움직인다.
③ 일반적으로 상승 5파 중에서 2번 파동이 가장 길게 나타난다.
④ 충격 파동 중에서 3번 파동은 항상 제일 짧은 파동이 될 수 없다.

39 주가 패턴에 대한 설명으로 가장 거리가 먼 것은?

① 지속형 패턴은 이전까지의 주가 움직임이 일시적으로 정지한 상태에서 진행하므로, 반전형 패턴에 비해 그 형성 기간이 비교적 짧고 영향력도 일시적이다.
② 깃발형과 페넌트형은 주가가 거의 수직에 가까운 빠른 속도로 움직인 이후 기존 주가 움직임에 일시적으로 반발하여 나타나는 패턴으로, 반전형 패턴에 해당한다.
③ 상승 쐐기형은 하락추세 이후 반등과정에서 쐐기형이 만들어진 후 재차 하락하는 하락추세 지속 패턴이다.
④ 직사각형은 주가가 수주일에서 수개월에 걸쳐 장기간 매수·매도 세력이 서로 균형을 이루면서 횡보하는 형태로, 저항선과 지지선이 수평으로 평행하다.

40 라이프사이클의 단계별 특징에 대한 설명으로 가장 적절한 것은?

① 도입기에는 늘어나는 수요에 맞추어 공급능력을 대폭 확충하면서 매출액이 급증하고, 시장경쟁도 약하여 수익성이 높아지게 된다.
② 성장기에는 매출증가율이 낮으며, 이익은 과도한 고정비와 판매비 그리고 시장 선점 경쟁 등으로 적자를 보이거나 저조한 것이 일반적이다.
③ 성숙기는 산업 내 기업들이 안정적으로 시장점유율을 유지하면서 매출은 완만하게 늘어나는 단계이다.
④ 쇠퇴기에는 시장경쟁이 격화되어 이익률이 정점에 도달한 이후 차츰 하락하게 된다.

41 〈보기〉의 산업연관표 관련 주요 지수에 대한 설명 중 빈칸에 들어갈 내용이 순서대로 나열된 것은?

─〈보기〉─
• ( )는 각 산업 생산물 1단위 생산에 필요한 중간재와 생산요소의 투입비중을 나타내어 산업별 또는 상품별 생산기술 구조를 파악할 수 있다.
• ( )는 최종 수요가 1단위 증가할 때 각 산업에서 직·간접적으로 유발되는 산출물의 단위를 나타내며, 각 산업 간의 상호의존관계를 분석할 때 이용된다.

① 투입계수, 생산유발계수
② 투입계수, 부가가치유발계수
③ 생산유발계수, 부가가치유발계수
④ 생산유발계수, 투입계수

42 허핀달지수(HII)에 대한 설명으로 가장 거리가 먼 것은?

① 시장점유율을 소수점으로 측정할 경우 허핀달지수(HII)의 최댓값은 1이 된다.
② 산업 내 기업의 수가 일정할 경우 허핀달지수(HII)가 커질수록 기업규모의 불균등도가 더 커진다.
③ 한 시장 내에 모든 기업의 시장점유율이 같은 경우 허핀달지수(HII)의 역수는 시장 내 기업체 수를 의미한다.
④ 대기업의 규모가 변화한 경우, 상위 k개 기업의 집중률지수(CR)가 변동이 없다면 허핀달지수(HII)도 변동하지 않는다.

43 〈보기〉는 리스크 관리의 실패 사례인 메탈게젤샤프트사 파산 사건 내용의 일부이다. 이 사례에 대한 설명으로 가장 거리가 먼 것은?

───〈보기〉───
- 메탈게젤샤프트 정유 및 판매회사는 미국 내 석유 구매업자에게 향후 10년간 고정가격으로 160만 배럴의 석유제품을 공급한다는 장기 선도 공급계약을 체결했다.
- 원유 가격 상승 시 장기 선도 공급계약에 따른 손해를 방지하기 위해 메탈게젤샤프트사는 단기 선물계약과 스왑을 정기적으로 갱신하는 롤링헤지 방법을 채택하고, 리스크 헤지비율은 1 대 1을 유지했다.

① 영업 전략상의 문제로 회사규모에 비해 과도한 장기공급계약을 체결하여 일관성 있는 전략을 유지할 수 없었다.
② 메탈게젤샤프트사의 헤지 전략은 롤오버리스크(갱신리스크), 자금조달리스크, 신용리스크가 내포되어 있다.
③ 과거 자료를 이용한 통계분석 결과에 지나치게 의존하여 단기 선물 가격에 비해 장기 선물 가격이 높을 가능성에 대한 대비가 부족했다.
④ 불법적인 거래를 사전에 방지하기 위한 내부관리통제제도와 감독당국의 적절한 감독이 부재했다.

44 KOSPI200 주가지수 옵션 가격이 100pt, KOSPI200이 300pt이고 주가지수 수익률의 1일 기준 표준편차가 8%, 옵션의 델타가 0.25인 경우, 95% 신뢰도 1일 VaR은 얼마인가? (단, 95% 신뢰수준 $z = 1.65$)

① 3.3pt   ② 9.9pt
③ 330pt   ④ 990pt

45 A자산의 VaR은 12억이고, B자산의 VaR은 5억이다. 〈보기〉에서 두 자산의 포트폴리오 VaR 계산에 대한 설명 중 빈칸에 들어갈 수를 모두 합한 값은 얼마인가? (단, VaR은 델타-노말분석법에 의해 측정한다고 가정함)

───〈보기〉───
A자산과 B자산의 상관계수에 따라서 포트폴리오 VaR의 계산값은 달라진다. 두 자산의 상관계수가 -1인 경우에는 (　)억, 상관계수가 0인 경우에는 (　)억, 상관계수가 +1인 경우에는 (　)억이 된다.

① 13   ② 20
③ 30   ④ 37

46 〈보기〉 중 몬테카를로 분석법에 따른 VaR 측정 방법에 대한 적절한 설명으로만 모두 묶인 것은?

───〈보기〉───
㉠ 완전가치 평가와 부분가치 평가를 모두 이용하여 VaR을 측정한다.
㉡ 주가의 움직임에 대한 확률 모형으로 가장 많이 사용되는 것은 기하학적 브라운운동 모형이다.
㉢ 비선형 포지션이 포함된 경우에도 왜곡 없이 VaR의 측정이 가능하다.
㉣ 위험요인의 변동분을 과거 실제 일어났던 자료로부터 얻은 후, 포지션의 가치변동의 분포로부터 VaR을 측정한다.

① ㉠, ㉣   ② ㉡, ㉢
③ ㉢, ㉣   ④ ㉠, ㉡, ㉢

47 VaR 측정방법 중 스트레스 검증법에 대한 설명으로 가장 적절한 것은?

① 주로 포트폴리오의 주요 변수에 큰 변화가 발생했을 때 포트폴리오의 가치 변화 정도 측정을 위해 사용된다.
② 과거 데이터가 있어야만 사용할 수 있다는 단점이 있다.
③ 다른 VaR 측정법을 대체할 수 있다는 점에서 유용하다.
④ 변수 간 상관관계를 잘 반영하고 설명한다.

48 95% 신뢰도 1일 VaR이 20억일 때, 동일한 신뢰도 하의 4일 VaR은 얼마인가?

① 80억 ② 40억
③ 20억 ④ 10억

49 〈보기〉는 A은행의 대출 관련 정보이다. 부도모형(Default Mode)에 따라 대출의 부도율을 계산하면 얼마인가? (단, 부도율은 베르누이 분포하고, 부도율은 양수라고 가정함)

〈보기〉
- 대출 중인 금액 : 10억원
- 대출의 손실률 : 3%
- 예상손실금액(EL)과 EL의 변동성(σ_{EL})이 동일함

① 30% ② 50%
③ 70% ④ 90%

50 다음 중 KMV의 EDF모형에 의해 측정한 부도거리가 가장 작은 기업과 부도율이 가장 높은 기업이 순서대로 나열된 것은?

기업	A	B	C
기업기대가치	200억	300억	500억
부채금액	170억	220억	350억
표준편차	30억	40억	50억

① A, A ② A, C
③ C, A ④ C, C

□ **제3과목. 직무윤리 및 법규/투자운용 및 전략 Ⅰ등(50문제)**

51 금융투자회사의 표준윤리준칙 제16조(대외활동)에 대한 설명으로 가장 거리가 먼 것은?

① 대외활동 시 회사의 공식의견이 아닌 사견을 밝히는 것은 금지된다.
② 외부강연, 연설과 언론매체 접촉활동, 회사가 운영하지 않는 블로그나 인터넷 카페활동 등은 모두 대외활동에 포함된다.
③ 임직원과 고객 간의 이메일은 사용장소에 관계없이 표준내부통제기준 및 관계법령 등의 적용을 받는다.
④ 불확실한 사항을 단정적으로 표현하거나 오해를 유발할 수 있는 주장이 담긴 내용을 제공하는 행위는 금지된다.

52 〈보기〉 중 금융투자회사의 재산상 이익 수령 및 제공이 가능한 경우로만 모두 묶인 것은?

〈보기〉
㉠ 경제적 가치가 5만원인 기프티콘
㉡ 도서·음반 구입으로 한정된 상품권
㉢ 거래상대방만 참석한 오락활동에 수반되는 비용의 제공
㉣ 10만원 상당의 화환

① ㉠, ㉡ ② ㉡, ㉢
③ ㉡, ㉣ ④ ㉠, ㉢, ㉣

53 금융투자업자와 금융소비자 사이에서 발생하는 대표적인 이해상충의 사례로서 과당매매를 판단하는 기준으로 가장 거리가 먼 것은?

① 일반투자자가 부담하는 수수료의 총액
② 개별 매매거래 시 권유내용의 타당성 여부
③ 일반투자자의 수익률 등 해당 거래에 따른 금전적 결과
④ 일반투자자의 재산상태 및 투자목적의 적합성

54 〈보기〉는 내부통제기준 위반 시 과태료 부과에 대한 설명이다. 빈칸에 들어갈 내용이 순서대로 나열된 것은?

〈보기〉
- 준법감시인의 임면 사실을 금융위원회에 보고하지 않은 경우 (   ) 이하의 과태료를 부과한다.
- 준법감시인이 자산 운용에 관한 업무를 겸직한 경우 (   ) 이하의 과태료를 부과한다.
- 내부통제기준을 마련하지 않은 경우 (   ) 이하의 과태료를 부과한다.

① 2천만원, 3천만원, 1억원
② 2천만원, 1억원, 3천만원
③ 3천만원, 2천만원, 1억원
④ 1억원, 3천만원, 2천만원

55 상품 판매 이후 단계의 금융소비자보호 조치 중 자료열람요구권에 대한 설명으로 가장 거리가 먼 것은?

① 자료열람요구권은 금융소비자에게 부여된 권리로서 금융회사가 기록 및 유지·관리하는 자료에 대해 열람, 제공, 청취를 요구할 수 있다.
② 금융상품판매업자는 열람을 요구받은 경우 해당 자료의 유형에 따라 요구받은 날부터 6영업일 이내에 금융소비자가 해당 자료를 열람할 수 있도록 해야 한다.
③ 금융소비자가 권리구제를 위한 목적으로 자료 열람을 요구할 경우 금융상품판매업자는 이유를 불문하고 열람하게 해야 한다.
④ 금융상품판매업자는 금융소비자의 자료열람권 행사로 발생한 수수료를 금융소비자에게 청구할 수 있다.

56 〈보기〉 중 순자본비율 산정 시 총위험액에 포함되는 위험액으로만 모두 묶인 것은?

〈보기〉
㉠ 운영위험액   ㉡ 법적위험액
㉢ 유동성위험액 ㉣ 시장위험액
㉤ 신용위험액

① ㉠, ㉤
② ㉡, ㉢
③ ㉠, ㉣, ㉤
④ ㉡, ㉢, ㉣

57 특수한 형태의 집합투자기구에 대한 설명으로 가장 거리가 먼 것은?

① 모자형 집합투자기구는 자집합투자기구가 발행하는 집합투자증권을 모집합투자기구가 취득하는 구조이다.
② 환매금지형 집합투자기구는 원칙상 집합투자증권을 추가로 발행할 수 없다.
③ 집합투자기구 자산총액의 20%를 초과하여 시장성이 없는 자산에 투자할 수 있는 집합투자기구는 환매금지형 집합투자기구로 설립해야 한다.
④ 같은 집합투자기구에서 판매보수의 차이로 인해 기준 가격이 다르거나, 판매수수료가 다른 여러 종류의 집합투자증권을 발행하는 집합투자기구는 종류형 집합투자기구이다.

58 집합투자업자의 의결권 행사 및 공시 규정에 대한 설명으로 가장 거리가 먼 것은?

① 집합투자업자는 투자자의 이익 보호를 위해 집합투자재산에 속하는 주식의 의결권을 충실하게 행사해야 한다.
② 집합투자업자는 제3자와의 계약에 의해 의결권을 교차하여 행사할 수 있다.
③ 금융위원회는 집합투자업자가 의결권 행사 제한 규정을 위반하여 의결권을 행사할 경우 6개월 이내의 기간을 정하여 그 주식의 처분을 명할 수 있다.
④ 동일종목, 동일법인 발행증권, 계열사 발행증권 투자한도 규정을 위반하여 취득한 주식에 대해서는 의결권을 행사할 수 없다.

59 투자회사의 위탁을 받아 투자회사 주식의 발행 및 명의개서, 투자회사재산의 계산 등에 관한 업무를 영위하는 자로 가장 적절한 것은?

① 일반사무관리회사
② 채권평가회사
③ 집합투자기구 평가회사
④ 신용평가업자

60 〈보기〉 중 집합투자재산의 평가에 대한 적절한 설명으로만 모두 묶인 것은?

〈보기〉
㉠ 집합투자재산은 공정가액으로 평가하는 것을 원칙으로 한다.
㉡ 기관전용사모집합투자기구가 지배목적으로 취득한 주식은 취득가격으로 평가할 수 있다.
㉢ MMF는 장부가격으로 평가한 가격과 시가·공정가액으로 평가한 가격과의 차이가 0.1%를 초과할 경우 집합투자규약에서 정하는 바에 따라 필요한 조치를 취해야 한다.

① ㉠
② ㉡
③ ㉠, ㉢
④ ㉡, ㉢

61 〈보기〉의 금융투자상품에 대한 설명에서 빈칸에 들어갈 내용이 순서대로 나열된 것은?

〈보기〉
· (　　)은 특정 투자자가 그 투자자와 타인 간의 공동사업에 금전 등을 투자하고 주로 타인이 수행한 공동사업의 결과에 따른 손익을 귀속 받는 계약상의 권리가 표시된 증권을 말한다.
· 주가연계증권(ELS), 주가연계워런트(ELW), 신용연계증권(CLN)은 (　　)에 해당한다.

① 지분증권, 파생결합증권
② 지분증권, 증권예탁증권
③ 투자계약증권, 파생결합증권
④ 투자계약증권, 증권예탁증권

62 〈보기〉 중 금융기관 검사 및 제재규정에 대한 적절한 내용으로만 모두 묶인 것은?

〈보기〉
㉠ 금융감독원의 장은 제재에 관한 사항을 심의하기 위해 제재심의위원회를 설치·운영해야 하나, 금융감독원의 장이 필요하다고 인정하는 때에는 심의회의 심의를 생략할 수 있다.
㉡ 제재를 받은 금융기관이 당해 조치요구가 위법·부당하다고 인정하는 경우에는 금융감독원의 장에게 이의신청이 가능하며, 이의신청 처리결과에 대해서는 1회에 한하여 다시 이의신청이 가능하다.
㉢ 금융기관의 이의신청에 대하여 이의신청이 이유 없다고 인정할 명백한 사유가 있는 경우에는 제재심의위원회의 심의를 거친 후에 금융감독원의 장이 이의신청을 기각할 수 있다.

① ㉠
② ㉠, ㉢
③ ㉡, ㉢
④ ㉠, ㉡, ㉢

63 집합투자증권의 환매에 관한 설명으로 가장 적절한 것은?

① 투자자가 집합투자증권의 환매를 청구하고자 하는 경우에는 일반적으로 해당 집합투자재산을 보관·관리하는 신탁업자에게 청구해야 한다.
② 집합투자업자는 투자자 2/3 이상의 동의를 얻은 경우 집합투자재산으로 환매대금을 지급할 수 있다.
③ 집합투자업자는 일반적으로 환매청구일부터 10일 이내에서 집합투자규약에서 정한 환매일에 환매대금을 지급해야 한다.
④ 환매수수료는 집합투자규약에서 정한 기간 이내에 환매하는 경우에 부과하며, 환매금액 또는 이익금을 기준으로 부과할 수 있다.

64 자본시장법상 금융투자상품에 대한 설명으로 가장 거리가 먼 것은?

① 투자금액 산정 시 투자자가 지급하는 판매수수료 및 보수, 보험계약에 따른 사업비, 위험보험료는 투자금액에 포함하지 않는다.
② 원화로 표시된 양도성예금증서(CD)와 수탁자에게 신탁재산의 처분권한이 부여되지 않은 관리형신탁의 수익권은 금융투자상품에 해당하지 않는다.
③ 취득 이후에 추가적인 지급의무를 부담할 수 있는 금융투자상품은 파생상품이다.
④ 증권의 정의는 '금융상품의 권리를 취득하기 위해 지급했거나 지급해야 할 금전 등의 총액이 그 권리로부터 회수했거나 회수할 수 있는 금전 등의 총액을 초과하게 될 위험'이다.

65 〈보기〉는 투자일임업자의 금지행위에 대한 설명이다. 빈칸에 들어갈 내용이 순서대로 나열된 것은?

―〈보기〉―
- 투자일임재산으로 투자일임업자 또는 그 이해관계인의 고유재산과 거래하는 행위는 금지되지만, 이해관계인이 되기 (   ) 이전에 체결한 계약에 따른 거래의 경우는 허용된다.
- 자기 또는 관계인수인이 인수한 증권을 투자일임재산으로 매수하는 행위는 금지되지만, 인수일로부터 (   )이 지난 후에 매수하는 경우는 허용된다.

① 3개월, 3개월
② 3개월, 6개월
③ 6개월, 3개월
④ 6개월, 6개월

66 집합투자재산의 운용상 금전차입과 대여 등의 제한에 대한 설명으로 가장 거리가 먼 것은?

① 집합투자재산으로 해당 집합투자기구 외의 자를 위한 채무보증이나 담보제공은 금지된다.
② 부동산 개발사업을 영위하는 법인에 대해서는 집합투자기구 순자산총액의 200% 이내로 금전대여가 가능하다.
③ 대량 환매청구 또는 대량 매수청구 발생 시 예외적으로 금전차입이 가능하며, 차입한도는 차입 당시 순자산총액의 10%를 초과할 수 없다.
④ 기타 집합투자기구의 금전차입은 부동산에 운용하는 방법으로만 사용해야 하며, 차입한도는 부동산가액의 70% 이내로 한다.

67 집합투자기구 명칭의 사용에 대한 설명으로 가장 거리가 먼 것은?

① 운용전문인력의 이름은 집합투자기구의 명칭으로 사용할 수 없다.
② 사모집합투자기구의 경우 '사모'를 포함한 집합투자기구 명칭을 사용하지 않아도 된다.
③ 집합투자기구의 명칭에 증권, 부동산, 특별자산 등 집합투자기구의 종류를 표시하는 문자를 사용해야 한다.
④ 집합투자회사는 집합투자재산 총액의 60% 이상을 특정 종류의 증권에 투자하는 경우 원칙상 그 사실을 집합투자기구의 명칭에 포함할 수 있다.

68 〈보기〉 중 신상품 보호 관련 규정에 대한 적절한 설명으로만 모두 묶인 것은?

〈보기〉
㉠ 신상품은 금융투자상품 또는 이에 준하는 서비스로서 국내외에서 이미 공지되었거나 판매된 적이 없어야 한다.
㉡ 심의위원회 위원장은 배타적 사용권 침해배제 신청 접수일로부터 14영업일 이내에 심의위원회를 소집하여 신청에 대해 심의해야 한다.
㉢ 기존의 금융투자상품과 구별되는 독창적인 금융투자상품은 신상품에 해당한다.

① ㉡
② ㉠, ㉢
③ ㉡, ㉢
④ ㉠, ㉡, ㉢

69 〈보기〉는 투자광고 시 주요 매체별 위험고지 표시기준에 대한 설명이다. 빈칸에 들어갈 내용이 순서대로 나열된 것은?

〈보기〉
인터넷 배너를 이용한 투자광고의 경우 위험고지 내용이 (   ) 이상 보일 수 있도록 해야 하며, 파생상품과 같은 투자위험성이 큰 거래에 관한 내용을 포함하는 경우 해당 위험고지내용이 (   ) 이상 보일 수 있도록 해야 한다.

① 3초, 5초
② 5초, 7초
③ 7초, 9초
④ 9초, 11초

70 〈보기〉 중 효율적 시장가설에 대한 적절한 설명으로만 모두 묶인 것은?

〈보기〉
㉠ 효율적 시장가설은 패시브 운용을 반대하는 논거로 이용된다.
㉡ 약형의 효율적 시장가설에 의하면 기술적 분석은 아무런 가치가 없다.
㉢ 준강형의 효율적 시장가설에 의하면 어떤 형태의 액티브 운용도 시도할 필요가 없다.
㉣ 강형의 효율적 시장가설에 의하면 기업에 대해 알려진 정보는 주식의 분석에 도움이 되지 않는다.

① ㉠, ㉢
② ㉠, ㉣
③ ㉡, ㉢
④ ㉡, ㉣

71 ESG에 대한 설명으로 가장 거리가 먼 것은?

① ESG는 Environment, Society, Government를 줄인 말이다.
② ESG 워싱 논란이 확대됨에 따라 각국은 기업의 지속가능정보 공시에 대한 규정을 강화하고 있다.
③ 유럽에서는 금융기관 대상 상품과 정책에 대한 포괄적인 공시 기준인 지속가능금융공시 규제(SFDR)를 시행하고 있다.
④ TCFD는 4개 금융산업의 보충지침 중 관련 자산의 탄소배출량 등에 대한 공시 규정을 세분화해 제시하였다.

72 〈보기〉 중 패시브 운용을 위한 인덱스 구성 방법에 대한 적절한 설명으로만 모두 묶인 것은?

─〈보기〉─
㉠ 최적화법은 주어진 벤치마크에 대비한 잔차위험이 허용수준보다 낮아지도록 포트폴리오 모형을 활용하여 인덱스를 구성하는 방식이다.
㉡ 표본추출법은 관리비용과 거래비용을 낮추면서도 벤치마크의 성과와 상당히 유사한 성과를 얻을 수 있다.
㉢ 완전복제법은 벤치마크에 포함된 대형주는 모두 포함하되 중소형주들은 펀드의 성격이 벤치마크와 유사하게 되도록 일부만을 포함하여 인덱스를 구성하는 방식이다.

① ㉠
② ㉠, ㉡
③ ㉡, ㉢
④ ㉠, ㉡, ㉢

73 보험자산배분전략에 대한 설명으로 가장 거리가 먼 것은?

① 포트폴리오 보험에서는 투자기간 동안 자산의 기대수익, 위험, 상관관계가 변화하지 않는다고 가정한다.
② 포트폴리오 보험 전략을 원하는 투자자는 일반적인 투자자들보다 하락 위험을 더 싫어하는 특성을 가진다.
③ 옵션을 이용하지 않고 보험 포트폴리오의 수익구조를 창출하기 위한 전략으로, 포트폴리오 가치가 하락하면 위험자산에 대한 투자비중을 증가시킨다.
④ 초단기적으로 자산배분을 변경하는 전략으로, 가능한한 미래 예측치를 사용하지 않고 시장 가격의 변화 추세만을 반영하여 운용하는 수동적인 전략이다.

74 성장투자 스타일에 대한 설명으로 가장 거리가 먼 것은?

① 기업의 주당순이익이 미래에 증가하고 PER은 낮아지지 않는다면 주가는 최소한 주당순이익의 증가율만큼 상승할 것이라고 가정한다.
② 성장 모멘텀 투자자들은 성장률이 높은 기업에 대해 시장 PER보다 낮은 가격을 지불한다.
③ 성장 모멘텀 투자의 위험은 예측했던 EPS 증가율이 예상대로 실현되지 않는 것이다.
④ 성장투자 스타일 중 이익의 탄력성에 투자하는 방식은 높은 성장 잠재력을 가지고 있지만 지속성이 떨어진다.

75 전술적 자산배분에 대한 설명으로 가장 거리가 먼 것은?

① 자산집단의 가격이 평균반전현상을 따른다고 가정한다.
② 장기적으로는 자산집단별 투자비중, 중기적으로는 각 자산집단이 변화할 수 있는 투자비율의 한계를 결정하는 의사결정이다.
③ 저평가된 자산을 매수하고 고평가된 자산을 매도하는 운용방법을 이용한다.
④ 자본시장이 과잉반응하는 비효율적인 시장상황을 활용하는 전략이다.

76 적극적인 채권운용전략으로 가장 적절한 것은?

① 채권 인덱싱 전략
② 채권교체 전략
③ 현금흐름 일치 전략
④ 만기보유 전략

77 채권의 종류에 대한 설명으로 가장 거리가 먼 것은?

① 통상 통화안정증권은 할인채로 발행하고, 국고채는 이표채로 발행한다.
② 할인채는 이표채 다음으로 국내 발행비중이 높으며 거래가 활발하다.
③ 이표채의 경우 재투자위험에서 자유롭다.
④ 복리채는 만기일 이전에 현금흐름이 발생하지 않는다.

78 채권 가격 변동성에 대한 설명으로 가장 거리가 먼 것은?

① 만기가 일정할 때 채권수익률 하락으로 가격이 상승하는 폭이 동일한 폭의 채권수익률 상승으로 인해 가격이 하락하는 폭보다 크다.
② 채권 가격은 채권수익률과 서로 반대방향으로 움직인다.
③ 표면이자율이 높아지면 동일한 크기의 수익률 변동에 대한 가격 변동률이 커진다.
④ 채권의 잔존기간이 길수록 수익률 변동에 대한 가격 변동폭이 커진다.

79 합성채권에 대한 설명으로 가장 적절한 것은?

① 수의상환채권은 시장이자율이 하락하면 채권자에게 불리하므로 일반적으로 일반채권에 비해 높은 액면이자율로 발행한다.
② 수의상환청구채권은 채권수익률이 하락하면 중도상환 위험이 높아진다.
③ 수의상환채권은 행사 기간의 제한 없이 언제든지 행사할 수 있다.
④ 수의상환채권의 가치는 일반채권의 가치에 풋옵션 가치를 더하여 나타낸다.

80 〈보기〉와 같은 할인채가 현재 시장에서 거래되고 있을 때, 현재 시점 1년 후부터 1년 간의 내재선도이자율로 가장 적절한 것은?

─〈보기〉─
- 액면가격 : 10,000원
- 만기 1년의 채권 시장가격 : 9,345.79
- 만기 2년의 채권 시장가격 : 8,573.38

① 8.0% ② 8.3%
③ 8.7% ④ 9.0%

81 〈보기〉에 제시된 채권들을 듀레이션이 큰 순서대로 적절하게 나열한 것은?

─〈보기〉─
㉠ 잔존만기 4년, 표면이율 8%, 만기수익률 5%
㉡ 잔존만기 5년, 표면이율 7%, 만기수익률 4%
㉢ 잔존만기 5년, 표면이율 8%, 만기수익률 4%
㉣ 잔존만기 5년, 표면이율 8%, 만기수익률 5%

① ㉠ > ㉡ > ㉢ > ㉣
② ㉠ > ㉣ > ㉢ > ㉡
③ ㉡ > ㉢ > ㉠ > ㉣
④ ㉡ > ㉢ > ㉣ > ㉠

82 〈보기〉 중 매수차익거래에 대한 적절한 설명으로만 모두 묶인 것은?

─〈보기〉─
㉠ 현물을 매도하고 선물을 매수하는 포지션이다.
㉡ 시장베이시스가 양수인 경우에 매수차익거래가 가능하다.
㉢ 선물의 시장가격이 선물의 이론가격보다 큰 경우 매수차익거래가 가능하다.

① ㉠ ② ㉠, ㉡
③ ㉡, ㉢ ④ ㉠, ㉡, ㉢

83 만기가 동일하고 행사가격이 80인 콜옵션과 풋옵션의 옵션프리미엄이 각각 2포인트와 6포인트이다. 이 두 개의 옵션을 동시에 매도하였을 때, 수익이 발생하는 기초자산가격으로 가장 거리가 먼 것은? (단, 단위는 point)

① 74　　② 76
③ 82　　④ 90

84 〈보기〉 중 블랙-숄즈 모형의 주요 변수에 해당하는 항목으로만 모두 묶인 것은?

―〈보기〉―
㉠ 기초자산의 현재가격
㉡ 무위험이자율
㉢ 기초자산의 기대수익률
㉣ 배당금

① ㉠, ㉡　　② ㉡, ㉢
③ ㉡, ㉣　　④ ㉢, ㉣

85 〈보기〉의 빈칸에 들어갈 내용이 순서대로 나열된 것은?

―〈보기〉―
풋-콜 패리티가 성립하는 경우 기초자산을 매수하는 것과 동일한 효과를 내기 위해서 콜옵션을 (　　)하고, 풋옵션을 (　　)하는 옵션포지션을 취할 수 있다.

① 매수, 매수　　② 매수, 매도
③ 매도, 매수　　④ 매도, 매도

86 〈보기〉 중 장외파생상품 거래에 대한 적절한 설명으로만 모두 묶인 것은?

―〈보기〉―
㉠ 시장조성자와 고객 간의 일대일 계약 형태로 일어나는 거래가 대부분이다.
㉡ 거래상대방끼리만 동의하면 어떠한 조건도 삽입이 가능하다.
㉢ 거래대상은 주로 선물과 옵션이다.

① ㉠　　② ㉠, ㉡
③ ㉡, ㉢　　④ ㉠, ㉡, ㉢

87 〈보기〉의 정보를 참고했을 때, 선물거래를 지속하기 위해 투자자가 추가로 납입해야 하는 증거금은 얼마인가?

―〈보기〉―
• 초기증거금 : 115억원
• 유지증거금 : 100억원
• 일일정산 후 증거금 : 50억원

① 50억원　　② 55억원
③ 65억원　　④ 85억원

88 〈보기〉의 자료를 참고했을 때, 금액가중수익률과 시간가중수익률이 가장 적절하게 나열된 것은? (단, 시간가중수익률은 기하평균으로 구함)

―〈보기〉―
• 첫해 A주식 1만주를 주당 8,000원에 매수했다.
• 둘째 해 A주식 1만주를 주당 7,000원에 매수했다.
• 셋째 해 A주식 2만주를 주당 10,000원에 매도했다.

① 10%, 12%　　② 10%, 25%
③ 20%, 12%　　④ 20%, 25%

89 〈보기〉의 빈칸에 들어갈 내용이 순서대로 나열된 것은?

〈보기〉
- ( )는 수익률 분포가 좌나 우로 기울어진 정도를 측정하는 통계량이며, 이것이 양수라면 평균에 비해 ( ) 수익률이 발생할 확률이 높음을 의미한다.
- ( )는 수익률 분포 중 가운데 봉우리가 얼마나 뾰족한가를 측정하는 지표이다.

① 왜도, 낮은, 첨도
② 첨도, 낮은, 왜도
③ 왜도, 높은, 첨도
④ 첨도, 높은, 왜도

90 〈보기〉를 참고하였을 때, 회귀분석을 통해 계산한 정보비율로 가장 적절한 것은? (단, 정보비율은 연율로 표기함)

〈보기〉
- 젠센의 알파 : 0.87
- 베타 : 0.83
- 잔차위험 : 2.59

① 0.38　　② 1.16
③ 1.73　　④ 3.02

91 펀드의 회계처리에 대한 설명으로 가장 적절한 것은?

① 소유권의 이전이나 거래대금과 유가증권의 교환은 체결일을 기준으로 발생한다.
② 이자나 배당 등은 지급 발생이 확실하더라도 실제 지급일 이후에 회계처리한다.
③ 시가가 형성되지 않은 채권은 운용회사에서 자체적으로 자산 가격을 결정한다.
④ 공정가치 평가방법이란 투자대상 유가증권을 장부가로 평가하는 원가주의 방식을 말한다.

92 화폐시장의 균형에 대한 설명으로 가장 적절한 것은?

① 명목화폐공급과 국민소득은 음의 관계이다.
② 이자율과 국민소득은 음의 관계이다.
③ 물가와 국민소득은 양의 관계이다.
④ 화폐수요의 균형식에서 국민소득과 이자율은 내생변수, 명목화폐공급은 외생변수이다.

93 고용지표에 대한 설명으로 가장 거리가 먼 것은?

① 가정주부와 학생은 비경제활동인구로 분류한다.
② 경제활동참가율은 생산활동 가능 인구에 대한 경제활동인구의 비율을 말한다.
③ 군인은 경제활동인구는 아니지만 생산활동 가능 인구에 해당한다.
④ 실업률은 경제활동인구 중 실업자가 차지하는 비율을 말한다.

94 국민소득 지표에 대한 설명으로 가장 거리가 먼 것은?

① 실질 GNI는 실질 GDP와 교역조건 변화에 따른 실질 무역손익, 실질 국외순수취 요소소득의 합과 같다.
② 국민총소득은 해외로부터 국민이 받은 소득과 국내총생산 중 외국인에게 지급한 소득을 포함하여 계산하며 이는 한 국가의 국민이 생산활동에 참여하고 대가로 받은 소득의 합과 같다.
③ 우리나라는 국외순수취 요소소득이 음수이며 이는 곧 국민총소득이 국내총생산보다 작다는 것을 의미한다.
④ 국내총생산은 국내 생산자가 생산한 부가가치 또는 최종생산물을 모두 합한 총계이다.

95 〈보기〉의 빈칸에 들어갈 내용으로 가장 적절한 것은?

〈보기〉
( )(은)는 경기불황이 심해짐에 따라 물가가 급속히 하락하고 경제주체들이 보유한 화폐량의 실질가치가 증가하여 민간의 부가 증가하고 소비 및 총수요가 증대되는 것으로 실질 잔액 효과라고도 한다.

① 화폐충격 ② 유동성 함정
③ 피구효과 ④ 구축효과

96 다음 중 지배원리를 충족시키는 가장 효율적인 포트폴리오는?

구분	기대수익률	표준편차
투자안 I	3%	3%
투자안 II	3%	9%
투자안 III	9%	3%
투자안 IV	9%	9%

① 투자안 I ② 투자안 II
③ 투자안 III ④ 투자안 IV

97 다음 자료는 A ~ C자산 간 상관계수를 나타낸 표이다. 다음 중 분산투자효과가 가장 높은 포트폴리오 구성은? (단, A ~ C자산의 기대수익률과 위험은 각각 동일함)

구분	A자산	B자산	C자산
A자산	1.0	0.2	0.5
B자산	0.2	1.0	-0.2
C자산	0.5	-0.2	1.0

① A자산을 100% 편입한다.
② A를 50%, B를 50% 편입한다.
③ B를 50%, C를 50% 편입한다.
④ C를 50%, A를 50% 편입한다.

98 〈보기〉의 정보를 참고하였을 때, 채권형펀드 A를 30%, 무위험자산을 70%로 하는 포트폴리오의 위험은 얼마인가?

〈보기〉
• 채권형펀드 A의 기대수익률 : 5%
• 채권형펀드 A의 표준편차 : 2%
• 무위험수익률 : 4%

① 0.6% ② 0.9%
③ 1.4% ④ 2.0%

99 자본자산 가격결정 모형(CAPM)에 대한 설명으로 가장 거리가 먼 것은?

① 이성적 투자자라면 자신들의 위험선호도와 관계없이 모두 동일하게 시장 포트폴리오를 선택한다.
② 자본시장선은 개별 증권의 기대수익과 위험의 관계를 나타낸 것이다.
③ 증권시장선에 따르면 베타와 기대수익률 사이에는 완전한 선형관계가 성립한다.
④ 모든 투자자는 동일한 무위험이자율 수준으로 얼마든지 자금을 차입하거나 빌려줄 수 있다.

100 〈보기〉와 같은 주식 A와 주식 B로 포트폴리오를 구성하고자 한다. 위험이 최소가 되는 포트폴리오를 만들려고 할 때 주식 A의 투자비율로 가장 적절한 것은?

〈보기〉
• 주식 A의 표준편차 : 0.2
• 주식 B의 표준편차 : 0.3
• 주식 A와 주식 B의 상관계수 : 0

① 0.15 ② 0.21
③ 0.46 ④ 0.69

fn.Hackers.com

제3회 적중 실전모의고사

> 자본시장과 금융투자업에 관한 법률은 이하 자본시장법이라 하겠다.

▢ 제1과목. 금융상품 및 세제(20문제)

01 국세기본법에 대한 설명으로 가장 적절한 것은?
① 우편으로 서류를 제출하는 경우에는 서류가 도달하는 날에 신고된 것으로 본다.
② 2회 이상 교부송달하였으나 수취인이 부재한 경우 공시송달이 가능하다.
③ 과세 처분청이 필요하다고 판단하는 경우에는 정보통신망을 이용한 송달이 가능하다.
④ 세법에서 규정하는 기한이 공휴일인 경우 그 전 날을 기한으로 한다.

02 다음 중 납세의무의 소멸사유에 해당하지 않는 것은?
① 납부·충당되거나 부과가 취소된 때
② 국세 부과의 제척기간이 끝난 때
③ 납부고지·독촉된 때
④ 국세징수권의 소멸시효가 완성된 때

03 〈보기〉 중 국세에 해당하는 항목으로만 모두 묶인 것은?

〈보기〉
㉠ 재산세
㉡ 상속세
㉢ 자동차세
㉣ 농어촌특별세

① ㉠, ㉡　　② ㉠, ㉣
③ ㉡, ㉢　　④ ㉡, ㉣

04 증권거래세에 대한 설명으로 가장 적절한 것은?
① 국내 사업장을 가지고 있지 않은 비거주자가 주권 등을 금융투자업자를 통하지 않고 양도하는 경우에는 증권거래세를 부과하지 않는다.
② 코넥스시장에서 양도되는 주권에 대해서는 증권거래세를 부과하지 않는다.
③ 국가재정법에 따른 기금이 주권을 양도하거나 주권을 목적물로 하는 소비대차의 경우 증권거래세를 부과하지 않는다.
④ 외국 증권시장에서 상장된 주권의 양도나 동 외국 증권시장에 주권을 상장하기 위해 인수인에게 주권을 양도하는 경우 증권거래세를 부과하지 않는다.

05 양도소득세의 과세에 대한 설명으로 가장 거리가 먼 것은?
① 비상장주식을 거래할 때 발생하는 증권거래세는 양도소득세 과세 시 필요경비로 인정된다.
② 대주주가 아닌 자가 거래소의 유가증권시장에서 거래되는 주권상장법인의 주식을 양도하는 경우 양도소득세가 과세되지 않는다.
③ 부동산, 주식 및 출자지분, 파생상품 등의 양도소득금액을 합산한 금액에 연 250만원의 기본공제를 적용한다.
④ 양도란 자산에 대한 등기나 등록에 관계없이 매도·교환·현물출자 등으로 인하여 그 자산이 유상으로 사실상 이전되는 것을 말한다.

06 소득세법상 집합투자기구에 대한 설명으로 가장 적절한 것은?

① 증권시장에 상장된 증권과 집합투자재산으로 운용한 채권의 매매차익은 집합투자기구로부터의 이익으로 보지 않는다.
② 수입시기는 원칙적으로 집합투자기구로부터의 이익을 지급받은 날로 한다.
③ 집합투자기구로부터의 이익은 이자소득으로 과세하고, 집합투자기구 이외의 신탁의 이익은 재산권에서 발생하는 소득의 내용별로 소득을 구분과세한다.
④ 집합투자증권 및 외국 집합투자증권을 계좌간 이체하거나, 계좌의 명의변경으로 거래하여 발생하는 이익은 집합투자기구로부터의 이익으로 보지 않는다.

07 소득세법상 거주자와 비거주자에 대한 설명으로 가장 거리가 먼 것은?

① 외국을 항해하는 선박의 승무원의 경우 그 승무원과 생계를 같이하는 가족이 거주하는 장소 또는 그 승무원이 근무기간 외의 기간 중 통상 체재하는 장소를 주소로 본다.
② 국내에서 190일 동안 거소를 두고 있는 외국인이 분리과세 근로소득만 있는 경우 원천징수로써 과세를 종결할 수 있다.
③ 국외에서 근무하는 공무원이나 내국법인의 국외 사업장에 파견된 직원은 거주자로 본다.
④ 국내에 주소를 두고 있던 개인이 출국하는 경우에는 1월 1일부터 출국일 전날까지를 과세기간으로 한다.

08 단기금융 집합투자기구(MMF)에 대한 설명으로 가장 거리가 먼 것은?

① 증권을 대여하거나 차입하는 방법으로 운용할 수 없다.
② 환매조건부매도는 집합투자기구에서 보유하고 있는 증권총액의 5% 이내여야 한다.
③ 남은 만기가 3년인 환매조건부매수의 지방채증권에 투자할 수 없다.
④ 개인 단기금융 집합투자기구 집합투자재산은 남은 만기의 가중평균된 기간이 75일 이내여야 한다.

09 신탁에 대한 설명으로 가장 적절한 것은?

① 위탁자는 수익자의 지위를 동시에 겸할 수 없다.
② 신탁재산은 수탁자의 고유재산, 상속재산 및 파산재산으로부터 독립되어 있다.
③ 신탁재산을 관리 및 처분한 결과로 생긴 제3자와의 권리와 의무는 수익자에게 귀속된다.
④ 신탁은 수탁자가 사망 또는 사임할 경우 종료된다.

10 주식워런트증권(ELW)에 대한 설명으로 가장 거리가 먼 것은?

① 증권 및 장외파생금융상품을 대상으로 하는 투자매매업자(영업용순자본이 총위험액의 3배 이상)만이 발행할 수 있다.
② 매매수량단위는 10증권이며 호가는 지정가호가로 한다.
③ 높은 가격 변동성을 고려하여 가격제한폭의 적용을 배제하고 있다.
④ 신용거래가 가능하며 만기가 없다.

11 주가연계증권(ELS)에 대한 설명으로 가장 적절한 것은?

① ELS는 파생결합증권으로 분류된다.
② ELS는 은행에서 모집하는 주가연계상품이다.
③ ELS는 공모형과 원금보장형으로만 발행할 수 있다.
④ 지수형 상품, 개별 주식형 상품, 혼합형 상품 중 개별 주식형 상품이 대부분을 차지하고 있다.

12 〈보기〉 중 예금자보호법상 예금자보호대상 상품으로만 모두 묶인 것은?

〈보기〉
㉠ 주택청약저축
㉡ 외화예금
㉢ 환매조건부채권(RP)
㉣ 종금형 CMA

① ㉠, ㉡
② ㉠, ㉢
③ ㉡, ㉢
④ ㉡, ㉣

13 집합투자재산의 기준 가격 산정에 대한 설명으로 가장 거리가 먼 것은?

① 기준 가격이란 집합투자증권의 거래 단위당 순자산가치로서 실현된 투자성과를 나타내는 척도가 되며 통상 1,000좌 단위로 표시한다.
② 공고일 전일의 대차대조표상에 계상된 순자산 총액을 공고일 전일의 수익증권 총좌수 또는 투자회사의 발행주식 총수로 나누어 산정한다.
③ 주식 등 매매 및 평가손실이 큰 경우에는 실질적인 수익이 없으므로 세액상당액을 원천징수할 수 없다.
④ 집합투자재산을 외화자산에 투자하여 매일 공고·게시가 곤란할 경우 집합투자규약에서 기준가격의 공고·게시 주기를 15일 이내의 범위에서 별도로 정할 수 있다.

14 주택저당증권(MBS)의 특성에 대한 설명으로 가장 거리가 먼 것은?

① 조기상환에 의해 수익이 변동한다.
② 국채나 회사채보다 수익률이 높은 편이다.
③ 채권상환과정에서 각종 수수료가 발생한다.
④ 주택저당대출 만기와 대응하여 통상 단기로 발행한다.

15 보험상품에 대한 설명으로 가장 거리가 먼 것은?

① 종신보험은 일정기간 내에 사망할 경우 보험금을 지급한다.
② 생사혼합보험은 피보험자가 일정기간 동안 사망하거나 중도 또는 만기 생존 시 보험금이 지급된다.
③ 생명보험의 가격은 예정위험률(예정사망률), 예정이율, 예정사업비율에 의해 결정된다.
④ 책임보험은 손해보험에 해당한다.

16 부동산의 총수익과 총비용이 6억원과 2.4억원이고, 환원이율은 12%이다. 해당 부동산의 가치를 수익환원법을 통해 확인하고자 할 때, 부동산의 수익가격을 계산한 것은?

① 20억원
② 30억원
③ 40억원
④ 50억원

17 PF(Project Financing) 사업의 대표적인 안정성 확보 방안인 담보신탁제도에 대한 설명으로 가장 거리가 먼 것은?

① 담보물의 부동산 가격 변동, 임대차 등 변동 여부 점검 등의 관리를 신탁회사가 직접 한다.
② 채권회수가 요구될 경우 법원을 통해 경매한다.
③ 수익권증서 금액의 0.4% 이하의 신탁보수 비용이 소요된다.
④ 채권실행비용이 현저히 절감되며 비교적 짧은 시일 내에 정리될 수 있다.

18 부동산 현황 확인 관련 서류에 대한 설명으로 가장 적절한 것은?

① 토지대장과 등기부등본을 비교했을 때 토지의 면적이 다르면 토지대장을, 소유자가 다르면 등기부등본을 기준으로 한다.
② 소유권과 제한물권에 대한 확인은 지적도를 통해 가능하다.
③ 공법상 이용제한은 건축물대장을 통해 확인할 수 있다.
④ 토지이용계획확인서를 통해 토지의 형상을 확인할 수 있다.

19 〈보기〉의 부동산 관련 용어에 대한 설명 중 빈칸에 들어갈 내용이 순서대로 나열된 것은?

―〈보기〉―
기존 건축물의 전부 또는 일부를 철거하고 그 대지 안에 종전과 동일한 규모의 범위 안에서 다시 축조하는 것을 (　)이라고 하며, 대지면적에 대한 건축물 지상층 연면적의 비율은 (　)이라고 한다.

① 개축, 건폐율
② 개축, 용적률
③ 증축, 건폐율
④ 증축, 용적률

20 부동산투자 시 사업타당성 및 리스크관리 분석에 활용되는 지표에 대한 설명으로 가장 거리가 먼 것은?

① Cash on Cash 수익률은 화폐의 시간가치를 고려하지 않는다.
② 수익성지수(PI)는 투자로부터 얻어지는 편익을 비용으로 나눈 비율로, 편익/비용비율이라고도 한다.
③ 대출비율(LTV)은 부동산 투자의 자본구조를 나타내는 중요한 비율로, 대출자 입장에서 대출비율이 크다는 것은 채무불이행위험이 작다는 것을 의미한다.
④ 부채상환비율(DSCR)은 사업의 현금흐름을 감안하여 원리금상환 가능성을 평가하는 지표로, 순운용소득을 부채상환액으로 나누어 구한다.

□ **제2과목. 투자운용 및 전략 Ⅱ/투자분석(30문제)**

21 부동산금융에 대한 설명으로 가장 거리가 먼 것은?

① 담보대출은 수익형 부동산금융의 대표적인 예이다.
② MBS는 ABS의 일종으로, 주택자금으로부터 발생하는 채권과 채권의 변제를 위해 담보로 확보하는 저당권을 기초자산으로 발행한다.
③ MBS는 주택저당채권을 전문으로 유동화하는 유동화 중개기관이 있다는 점에서 ABS와 차이가 있다.
④ PF(프로젝트 금융)는 사업자와 법적으로 독립된 프로젝트에서 발생하는 미래 현금흐름을 상환재원으로 하여 자금을 조달한다.

22 투자상품은 투자대상 자산군에 따라 전통투자대상과 대안투자대상으로 분류할 수 있다. 〈보기〉 중 대안투자대상으로만 모두 묶인 것은?

―〈보기〉―
㉠ 인프라스트럭처(사회간접시설 등)
㉡ 부동산
㉢ MMF
㉣ 주식

① ㉠, ㉡
② ㉠, ㉣
③ ㉡, ㉢
④ ㉢, ㉣

23 글로벌 매크로 전략에 대한 설명으로 가장 거리가 먼 것은?

① 금리, 경제정책, 인플레이션 등 전 세계 경제 추세를 예측하여 포트폴리오를 구성한다.
② 개별 기업의 증권가치보다는 전체 자산가치의 변화로부터 투자수익을 추구하는 전략이다.
③ 헤지를 하지 않고 경제 추세나 특정한 사건에 영향을 받는 시장 방향에 대한 예측을 근거로 시장 방향성에 투자한다.
④ 투자 결정을 위한 경제상황 분석 방법으로 Bottom-up 방식을 사용한다.

24 신용파생상품에 대한 설명으로 가장 거리가 먼 것은?

① TRS는 총수익 매도자 입장에서 준거자산에 대한 신용위험과 시장위험에 대한 노출을 동시에 헤지할 수 있다.
② CLN의 경우 보장매입자는 준거자산의 신용위험을 CLN 발행자에게 전가하고, 발행자는 이를 다시 채권 형태로 변형하여 발행함으로써 투자자에게 위험을 전가한다.
③ 합성 CDO는 CDO의 특수한 형태로서, 보장매입자가 준거자산을 양도한다.
④ CDS는 보장 프리미엄과 손실보전금액을 서로 교환하는 계약이다.

25 PEF는 1인 이상의 무한책임사원과 1인 이상의 유한책임사원으로 구성된다. PEF에 대한 설명으로 가장 거리가 먼 것은?

① 유한책임사원은 PEF에 투자한 금액의 범위 내에서만 책임을 진다.
② 유한책임사원은 일반적으로 연기금, 은행, 보험사가 주종을 차지한다.
③ 무한책임사원과 유한책임사원의 내역은 PEF의 등기·등록의 대상으로 규정하고 있다.
④ PEF의 투자에 따른 운용수익은 무한책임사원과 유한책임사원의 투자비율에 따라 분배한다.

26 〈보기〉에서 투자자 A씨가 사용한 환위험 관리 전략으로 가장 적절한 것은?

―〈보기〉―
미국 투자자 A씨는 달러화의 가치와 높은 양(+)의 상관관계를 가지는 주식에 투자함으로써 환손실과 주가에서의 환율요인을 상쇄시켜 투자의 환노출을 낮추었다. 결과적으로 투자자 A씨는 별도의 헤지 비용 없이 효과적으로 환위험을 헤지할 수 있었다.

① 롤링헤지
② 내재적 헤지
③ 통화의 분산 전략
④ 아무런 헤지도 하지 않음

27 〈보기〉 중 MSCI 지수에 대한 적절한 설명으로만 모두 묶인 것은?

―〈보기〉―
㉠ MSCI 지수는 전세계 49개 국가를 선진국시장, 준선진국시장, 신흥시장으로 분류하고 있다.
㉡ MSCI EM 지수의 경우 주가 등락과 환율 변동에 따라 각 국가별 편입비중도 매일 변동한다.
㉢ 현재 우리나라는 MSCI 지수에서 신흥시장으로 분류되어 있다.
㉣ MSCI 지수의 산출기준은 유동주식 방식으로, 시장에서 유통되기 어려운 주식은 제외하고 실제 유동주식을 기준으로 비중을 계산한다.

① ㉠, ㉡, ㉢
② ㉠, ㉡, ㉣
③ ㉠, ㉢, ㉣
④ ㉡, ㉢, ㉣

28 〈보기〉의 미국 국채에 대한 설명 중 빈칸에 들어갈 내용이 순서대로 나열된 것은?

―〈보기〉―
T-bill은 발행 시 만기에 따라 (   )로 분류되며, 이자가 없고 최저거래단위는 (   )이다.

① 단기채, 1천달러
② 단기채, 1만달러
③ 중기채, 1천달러
④ 중기채, 1만달러

29 DR에 대한 설명으로 가장 적절한 것은?

① 미국 증시에 상장되기를 원하는 기업이 발행·상장 관련 비용을 직접 부담하는 경우 Unsponsored DR이라고 한다.
② 외국 주식을 DR의 형태가 아닌 원주 그대로 증권시장에 상장시키는 것도 가능하다.
③ 달러화 표시 해외 DR 발행이 미국과 미국 이외의 시장에서 동시에 이루어지면 이는 EDR이라고 한다.
④ 기업의 본국시장에 상장되지 않은 기업이 해외 주식시장에 상장한 사례는 없다.

30 〈보기〉 중 기업의 복수상장 시의 이점으로만 모두 묶인 것은?

〈보기〉
㉠ 새로운 자금조달원으로서 외화자금의 조달
㉡ 기업 정보에 대한 투명성 제고
㉢ 글로벌 기업으로서의 이미지 인식 및 홍보효과
㉣ 국내외 동시상장을 통한 상장비용의 절감

① ㉠
② ㉠, ㉡
③ ㉠, ㉡, ㉢
④ ㉠, ㉡, ㉢, ㉣

31 현금흐름 추정의 기본원칙에 대한 설명으로 가장 적절한 것은?

① 현금흐름은 증분 기준으로 추정되어야 한다.
② 감가상각비는 현금유출을 수반하지 않는 비용이므로 현금흐름의 고려대상이 아니다.
③ 회계상 이익은 실제 현금유출입과 그 시점이 항상 동일하다.
④ 현금흐름을 추정할 때 기회비용은 고려 대상이 아니지만, 매몰원가는 고려 대상이다.

32 항상성장모형에 따라서 계산한 주식 A의 현재 주가는 2만 1천원이다. 당기 주당순이익은 1만원, 배당성향은 20%, 배당성장률은 5%로 예상될 때, 투자자의 요구수익률은 얼마인가?

① 5%
② 10%
③ 15%
④ 20%

33 레버리지도에 대한 설명으로 가장 거리가 먼 것은?

① 영업이익의 변화율을 판매량의 변화율로 나누면 영업레버리지도가 계산된다.
② 재무레버리지도는 타인자본 의존도가 낮을수록, 영업이익이 커질수록 높아진다.
③ 영업레버리지도와 재무레버리지도를 곱하면 결합레버리지도가 계산된다.
④ 영업고정비와 이자비용이 존재한다면 결합레버리지는 항상 1보다 크다.

34 총자산회전율이 2회이고, 매출액순이익률이 30%라고 할 때 총자산이익률(ROA)은 얼마인가?

① 20%
② 40%
③ 60%
④ 80%

35 〈보기〉의 A기업 정보를 참고하여 계산한 A기업의 주당가치는 얼마인가?

〈보기〉
• 유사기업의 EV/EBITDA : 20배
• A기업의 EBITDA : 5억원
• 채권자가치 : 10억원
• 발행주식수 : 10만주

① 9만원
② 7만원
③ 5만원
④ 3만원

36 〈보기〉의 기업에 대한 정보를 참고했을 때, 다음 중 기업의 EVA를 최적으로 만들 수 있는 자본의 비율로 가장 적절한 것은?

〈보기〉
• 세후순영업이익 : 100억원
• 투하자본 : 250억원
• 자기자본 기회비용 : 10%
• 타인자본 조달비용 : 10%
• 법인세율 : 20%

① 자기자본비율 80%, 타인자본비율 20%
② 자기자본비율 60%, 타인자본비율 40%
③ 자기자본비율 40%, 타인자본비율 60%
④ 자기자본비율 20%, 타인자본비율 80%

37 〈보기〉에서 설명하는 다우 이론의 장기추세 국면으로 가장 적절한 것은?

〈보기〉
- 전반적으로 경제 여건이나 기업의 영업수익이 호전되어 일반투자자들의 관심이 고조되고 주가 상승과 거래량 증가가 나타난다.
- 신고가 갱신일이 많아지며, 경기 상승과 기업이익에 대한 기대감이 주가에 반영된다.
- 기술적 분석을 통해 주식투자를 하는 투자자들이 가장 많은 수익을 낼 수 있다.
- 마크업국면(Mark-up phase)이라고도 한다.

① 강세 2국면
② 강세 3국면
③ 약세 1국면
④ 약세 2국면

38 패턴 분석에는 크게 반전형 패턴과 지속형 패턴이 있다. 다음 중 반전형 패턴에 해당하는 것은?
① 쐐기형
② 깃발형
③ 페넌트형
④ 헤드 앤 숄더형

39 이동평균선 분석은 추세 분석의 중심이 되는 방법이다. 다음 중 이동평균선의 특징에 대한 설명으로 가장 적절한 것은?
① 이동평균 분석기간이 길수록 이동평균선은 완만해지고, 짧을수록 가팔라진다.
② 주가와 이동평균선의 괴리가 상당히 큰 경우 그 괴리는 유지 또는 더욱 확대되는 경향이 있다.
③ 약세국면에서 주가가 이동평균선 아래에서 움직일 경우 추세는 조만간 상승 반전할 가능성이 높다.
④ 특정 시점에 위에서부터 '현재 주가 > 단기 이동평균선 > 중기 이동평균선 > 장기 이동평균선'의 순서로 배열된 상태를 역배열이라고 한다.

40 스토캐스틱(Stochastics)에 대한 설명으로 가장 거리가 먼 것은?
① 일정기간 동안의 주가 변동폭 중 금일 종가의 위치를 백분율로 나타내는 지표이다.
② 주가가 상승 중이라면 주가 변동폭의 최고가 부근에서 금일 종가가 형성된다.
③ %K는 주요선, %D는 %K의 이동평균선을 의미하며, %K선이 %D선을 상향 돌파하여 상승하면 매수 신호라고 볼 수 있다.
④ 75% 수준이면 경계신호로 상한선을 나타내며, 강세장이 지속되어 상향 돌파할 때는 매도전략을 세워야 한다.

41 〈보기〉 중 산업정책의 특징에 대한 적절한 설명으로만 모두 묶인 것은?

〈보기〉
㉠ 산업정책은 수요지향적 정책이다.
㉡ 산업정책은 잠재적 생산 수준 자체를 확충하는 것을 목표로 한다.
㉢ 국민경제의 성장잠재력이 훼손되는 상황에서도 강조된다.

① ㉢
② ㉠, ㉡
③ ㉡, ㉢
④ ㉠, ㉡, ㉢

42 산업연관표에 대한 설명으로 가장 적절한 것은?
① 소득순환과 함께 중간생산물의 산업 간 거래관계까지 고려한 분석을 원한다면 산업연관표보다는 국민소득 통계를 활용해야 한다.
② 산업 간의 상호의존관계의 정도를 파악할 수 있는 분석계수는 투입계수이다.
③ 특정 산업제품에 대한 최종 수요 1단위의 증가가 모든 산업의 생산에 미치는 영향을 전방 연쇄효과라고 한다.
④ 산업연관표를 활용해 장래 특정 연도에 대한 경제 전체의 공급과 수요를 산업별로 세분화하여 예측할 수 있다.

43 〈보기〉의 재무위험(Financial risk)에 대한 설명 중 빈칸에 들어갈 내용으로 가장 적절한 것은?

〈보기〉
재무위험(Financial risk)이란 금융시장에서의 손실 가능성과 관련된 위험으로서 그 종류를 크게 5가지로 구분할 수 있다. 그 중에서 (　)은 부적절한 내부시스템, 관리 실패, 잘못된 통제, 사기, 인간의 오류 등으로 인해 발생하는 손실에 대한 리스크를 의미한다.

① 신용위험　　② 유동성위험
③ 운영위험　　④ 법적위험

44 VaR 측정방법 중 델타-노말분석법에 대한 설명으로 가장 거리가 먼 것은?

① 델타-노말분석법은 부분가치 평가법에 해당한다.
② 리스크 요인의 분포는 정규분포를 가정한다.
③ 각 자산의 가치를 평가하는 가격 모형이 필요하다.
④ 포트폴리오에 옵션과 같은 비선형 수익구조를 가진 상품이 포함된 경우 측정 값의 오차가 커질 수 있다.

45 델타-노말분석법으로 옵션의 VaR을 측정하는 경우 다음 중 필요하지 않은 요소는 무엇인가?

① 기초자산의 가격　　② 무위험이자율
③ 표준편차　　　　　④ 민감도

46 A자산의 VaR은 7억, B자산의 VaR은 15억이며, 두 자산수익률의 상관계수가 -1이라고 할 때, A자산과 B자산으로 구성된 포트폴리오의 VaR을 계산한 것은? (단, VaR은 델타-노말분석법에 의해 측정한다고 가정함)

① 7억　　② 8억
③ 15억　　④ 22억

47 다음 투자 포트폴리오를 RAROC로 평가했을 때 성과가 가장 우수한 것은? (단, Risk의 값은 VaR이며, 투자금액은 동일한 것으로 가정함)

포트폴리오	A	B	C	D
순수익률	8%	7%	6%	5%
VaR	8억	8억	3억	3억

① 포트폴리오 A　　② 포트폴리오 B
③ 포트폴리오 C　　④ 포트폴리오 D

48 〈보기〉의 VaR 계산에 관한 설명 중 빈칸에 들어갈 내용으로 가장 적절한 것은?

〈보기〉
95% 신뢰도 1일 VaR이 10억일 때, 동일한 신뢰도 25일 VaR은 (　)이다.

① 10억　　② 20억
③ 25억　　④ 50억

49 신용리스크와 신용손실 분포의 특징으로 가장 적절한 것은?

① 신용리스크는 신용손실 분포로부터의 예상손실(EL)로서 정의된다.
② 신용수익률은 비대칭성이 강하여 한쪽으로 두꺼우면서 긴 꼬리를 가진 형태로 분포한다.
③ 평균과 분산만으로도 신용수익률의 분포를 정확하게 얻을 수 있다.
④ 신용리스크는 모수적 방법으로 리스크를 측정한다.

50 A은행은 100억의 대출을 하고 있다. 부도율은 10%이고, 회수율은 70%라고 할 때, 부도모형에 따라 계산한 기대손실(EL)은 얼마인가? (단, 부도율은 베르누이 분포하는 것으로 가정함)

① 3억　　② 5억
③ 7억　　④ 10억

□ 제3과목. 직무윤리 및 법규/투자운용 및 전략
  I 등(50문제)

51 자본시장법 시행령 및 금융투자업규정의 내용 중 재산상 이익의 제공 및 수령에 대한 설명으로 가장 적절한 것은?

① 10만원 상당의 경조비는 재산상 이익에 해당한다.
② 투자중개회사 및 그 임직원과 투자권유대행인에게 공연 관람권을 제공하는 것은 허용된다.
③ 투자자문계약 또는 신탁계약의 체결 등의 방법을 통해 재산상 이익을 제공하는 것은 허용된다.
④ 거래상대방만 참석한 여가 및 오락활동에 수반되는 비용을 제공하는 것은 허용된다.

52 〈보기〉 중 자기계약(자기거래)의 금지에 대한 적절한 설명으로만 모두 묶인 것은?

―〈보기〉―
㉠ 투자매매업자가 다자간매매체결회사를 통하여 매매가 이루어지도록 한 경우 자기거래는 금지된다.
㉡ 투자중개업자가 자기가 판매하는 집합투자증권을 매수하는 경우 자기거래가 가능하다.
㉢ 금융투자업 종사자는 금융소비자가 동의한 경우 금융소비자와의 거래 당사자가 될 수 있다.

① ㉠, ㉡ ② ㉠, ㉢
③ ㉡, ㉢ ④ ㉠, ㉡, ㉢

53 준법감시인에 대한 설명으로 가장 적절한 것은?

① 금융투자회사는 준법감시인에 대하여 회사의 재무적 성과와 연동한 보수지급 및 평가 기준을 마련하여 운영해야 한다.
② 준법감시인은 준법감시업무 중 일부를 준법감시업무를 담당하는 임직원에게 위임할 수 없다.
③ 준법감시인을 임면하는 경우에는 이사회의 의결을 거쳐야 하나, 해임하는 경우에는 이사회의 의결을 거치지 않을 수 있다.
④ 법에 따라 금융투자회사는 대표이사를 위원장으로 하는 내부통제위원회를 두어야 한다.

54 금융소비자보호 총괄책임자(CCO)가 수행하는 직무로 가장 거리가 먼 것은?

① 민원접수 및 처리에 관한 관리·감독 업무
② 임직원의 위법 행위와 관련하여 이사회, 대표이사, 감사위원회에 대한 보고 및 시정 요구
③ 금융소비자보호 총괄기관의 업무
④ 대내외 금융소비자보호 관련 교육 프로그램 개발 및 운영 업무 총괄

55 금융투자회사 표준준칙 제6조(정보보호)에 대한 내용으로 가장 거리가 먼 것은?

① 고객에 관한 신상정보는 기록 형태나 기록 유무와 관계없이 비밀정보로 본다.
② 임직원은 회사가 요구하는 업무를 수행하기 위한 목적 이외에 어떠한 경우라도 자신 또는 제3자를 위해 비밀정보를 이용해서는 안 된다.
③ 특정 정보가 비밀정보인지 불명확한 경우에는 해당 정보를 이용한 후에 사후승인을 받아야 한다.
④ 비밀정보가 포함된 서류는 필요 이상의 복사본을 만들거나 안전이 보장되지 않는 장소에 보관해서는 안 된다.

56 〈보기〉 중 금융위원회가 재무건전성 규제상 긴급조치를 발동할 수 있는 사유로만 모두 묶인 것은?

―〈보기〉―
㉠ 휴업 또는 영업의 중지 등으로 정상적인 영업이 불가능한 경우
㉡ 순자본비율이 0% 미만인 경우
㉢ 유동성이 일시적으로 급격히 악화되어 투자자예탁금 등의 지급불능사태에 이른 경우

① ㉠, ㉡ ② ㉠, ㉢
③ ㉡, ㉢ ④ ㉠, ㉡, ㉢

57 ⟨보기⟩는 자본시장법에 따른 투자일임업의 금지행위에 대한 설명이다. 빈칸에 들어갈 내용으로 가장 거리가 먼 것은?

⟨보기⟩
투자일임업자는 투자일임재산을 운용함에 있어서 자기 또는 관계인수인이 인수한 증권을 투자일임재산으로 매수하는 행위는 금지된다. 단, 투자자 보호 및 건전한 거래 질서를 해할 우려가 없는 경우로서 (　)을(를) 매수하는 경우에는 가능하다.

① 주권 관련 사채권　② 통안채
③ 특수채　　　　　　④ 국채

58 기초자산의 가격·이자율·지표단위 또는 이를 기초로 하는 지수 등의 변동과 연계하여 미리 정해진 방법에 따라 지급금액이 결정되는 권리가 표시된 증권은?

① 투자계약증권
② 파생결합증권
③ 수익증권
④ 증권예탁증권

59 환매금지형 집합투자기구에 대한 설명으로 가장 거리가 먼 것은?

① 기존 투자자 전원의 동의를 받은 경우 환매금지형 집합투자기구는 집합투자증권을 추가로 발행할 수 있다.
② 특별자산 집합투자기구는 환매금지형 집합투자기구로 설립해야 한다.
③ 집합투자기구 자산총액의 10%를 초과하여 시장성 없는 자산에 투자할 수 있는 집합투자기구는 환매금지형 집합투자기구로 설립해야 한다.
④ 환매금지형 집합투자기구의 경우 금융위원회의 투자회사 등의 기준 가격 산정업무 일반사무관리회사 위탁 명령 조항의 적용이 배제된다.

60 ⟨보기⟩는 집합투자재산의 평가에 대한 내용이다. 빈칸에 들어갈 내용이 순서대로 나열된 것은?

⟨보기⟩
집합투자재산은 원칙상 (　)(으)로 평가하되, 원칙을 적용하기 어려울 경우 (　)(으)로 평가하며, MMF의 경우에는 (　)(으)로 평가할 수 있다.

① 공정가액, 시가, 장부가격
② 시가, 장부가격, 공정가액
③ 시가, 공정가액, 장부가격
④ 장부가격, 시가, 공정가액

61 순자본비율 규제에 관한 설명으로 가장 거리가 먼 것은?

① 필요 유지 자기자본은 금융투자업자가 영위하는 인가업무 또는 등록업무 단위별로 요구되는 자기자본을 합계한 금액이다.
② 순자본비율은 영업용 순자본을 필요 유지 자기자본으로 나누어 구한다.
③ 영업용 순자본 계산 시 차감항목은 재무상태표상 자산 중 즉시 현금화하기 곤란한 자산을 의미한다.
④ 영업용 순자본의 계산은 재무상태표상 순재산액을 기본으로 한다.

62 ⟨보기⟩ 중 집합투자증권의 환매에 대한 적절한 설명으로만 모두 묶인 것은?

⟨보기⟩
㉠ 투자자가 집합투자증권의 환매를 청구하고자 하는 경우에는 원칙상 신탁업자에게 청구해야 한다.
㉡ 환매수수료는 해당 집합투자기구가 부담해야 한다.
㉢ 집합투자업자는 일반적으로 환매청구일로부터 15일 이내에 집합투자규약에서 정한 환매일에 환매대금을 지급해야 한다.

① ㉠　　　　　　② ㉢
③ ㉡, ㉢　　　　④ ㉠, ㉡, ㉢

63 투자설명서의 작성 및 공시에 대한 설명으로 거리가 먼 것은?

① 군사기밀에 해당하는 것으로서 금융위원회의 확인을 받은 사항에 대해서는 투자설명서에 그 기재를 생략할 수 있다.
② 집합투자증권의 경우 간이투자설명서만을 가지고 사용할 수 있다.
③ 일반투자자가 전화로 투자설명서의 교부를 거부한다는 의사를 표시하더라도 투자설명서를 교부해야 한다.
④ 개방형 집합투자증권의 발행인은 투자설명서 제출한 후 1년마다 1회 이상 다시 고친 투자설명서를 제출해야 한다.

64 〈보기〉의 혼합형 펀드 운용손익을 통해 알 수 있는 기준 가격과 과세기준 가격 간의 관계로 가장 적절한 것은?

―――〈보기〉―――
• 금융상품으로부터 발생한 이자소득 : (+)200만원
• 상장채권에 대한 매매손익 : (−)100만원
• 상장주식으로부터 발생한 배당소득 : (+)400만원
• 상장주식에 대한 매매손익 : (+)300만원

① 기준 가격은 과세기준 가격보다 낮다.
② 기준 가격은 과세기준 가격보다 높다.
③ 기준 가격은 과세기준 가격과 동일하다.
④ 해당 정보만으로 기준 가격과 과세기준 가격 간의 관계를 알 수 없다.

65 〈보기〉는 집합투자기구의 금전차입·대여의 특례에 관한 설명이다. 빈칸에 들어갈 내용이 순서대로 나열된 것은?

―――〈보기〉―――
• 금전차입 특례에 따라 집합투자재산으로 부동산을 취득하는 경우 집합투자기구의 계산으로 금전차입이 예외적으로 허용되며, 부동산 집합투자기구는 (   )를 한도로 하여 차입이 가능하다.
• 금전대여 특례에 따라 부동산 개발사업을 영위하는 법인에 대해 집합투자기구 (   )를 한도로 대여가 가능하다.

① 순자산의 100%, 순자산총액의 100%
② 순자산의 100%, 순자산총액의 150%
③ 순자산의 200%, 순자산총액의 100%
④ 순자산의 200%, 순자산총액의 150%

66 전매제한조치를 위해 보호예수된 증권에 대하여 예외적으로 인출이 가능한 사유로 가장 거리가 먼 것은?

① 통일규격증권으로 교환하기 위한 경우
② 전환형 조건부자본증권을 주식으로 전환하기 위한 경우
③ 액면의 분할 또는 병합에 따라 새로운 증권으로 교환하기 위한 경우
④ 공개매수신청에 대해 응모를 하기 위한 경우

67 〈보기〉는 조사분석자료의 작성 및 공표에 관한 내용이다. 빈칸에 들어갈 내용이 순서대로 나열된 것은?

─〈보기〉─
- 금융투자회사는 발행주식 총수의 ( ) 이상의 주식을 보유한 경우 법인이 발행한 금융투자상품과 주식을 기초자산으로 하는 주식선물에 대한 조사분석자료 공표 시 회사와의 이해관계를 조사분석자료에 명시해야 한다.
- 금융투자회사는 증권시장에 주권을 최초로 상장하기 위해 대표주관업무를 수행한 경우 해당 법인에 대하여 최초 거래일로부터 1년 간 ( ) 이상의 조사분석자료를 무료로 공표해야 한다.

① 1%, 2회 ② 1%, 3회
③ 5%, 2회 ④ 5%, 3회

68 신상품 보호에 관한 협회 규정의 내용으로 가장 거리가 먼 것은?

① 신상품 보호는 금융투자회사의 신상품 개발에 따른 선발이익을 보호하고, 금융투자회사 간 신상품의 개발을 촉진시켜 금융산업발전에 기여함을 목적으로 한다.
② 배타적 사용권이란 신상품을 개발한 금융투자회사가 일정기간 동안 독점적으로 신상품을 판매할 수 있는 권리를 말한다.
③ 금융투자회사의 임직원이 심의위원회에 제출하는 자료를 고의적으로 조작한 경우 협회는 위반내용을 인터넷 홈페이지 등에 공시해야 한다.
④ 심의위원회 위원장은 침해배제 신청 접수일로부터 14영업일 이내에 심의위원회를 소집하여 배타적 사용권 침해배제 신청에 대하여 심의해야 한다.

69 〈보기〉 중 금융투자회사의 약관운용에 관한 적절한 내용으로만 모두 묶인 것은?

─〈보기〉─
㉠ 외국집합투자증권 매매거래에 관한 표준약관은 수정할 수 없다.
㉡ 금융투자회사는 금융투자업의 영위와 관련하여 약관을 변경하는 경우에는 원칙적으로 약관의 변경 후 10일 이내에 협회에 보고해야 한다.
㉢ 금융투자회사는 업무와 관련하여 협회가 정한 표준약관을 수정하여 사용할 수 없다.

① ㉠ ② ㉡
③ ㉠, ㉢ ④ ㉡, ㉢

70 가치투자 스타일에 대한 설명으로 가장 거리가 먼 것은?

① 기업의 수익은 평균으로 회귀하는 경향을 가진다는 점을 논거로 제시한다.
② 단기간에 호평을 받을 것으로 예상되는 스타일을 찾아서 스타일을 변경시키는 투자방식을 포함한다.
③ 가치투자 스타일에는 저PER투자, 역행투자, 고 배당수익률 투자 방식 등이 있다.
④ 진입장벽이 높고 이익의 swing factor가 적은 방어주들이 선택되는 경우가 많다.

71 주가지수 구성방법에 대한 설명으로 가장 거리가 먼 것은?

① DJIA는 주가가중방식으로 주가지수를 산출한다.
② KOSPI200은 유동시가가중방식을 채택한다.
③ Nikkei225는 시가가중방식으로 주가지수를 구한다.
④ 시가가중방식은 시가총액이 큰 종목의 가격 변화를 잘 반영한다.

72 전술적 자산배분에 대한 설명으로 가장 적절한 것은?

① 내재가치는 시장 가격보다 매우 높은 변동성을 보이므로 역투자전략의 수행을 어렵게 만든다.
② 펀드 운용자가 투자자산의 과대 또는 과소 평가 여부를 판단할 수 없다면 전술적 자산배분을 활용하지 않는다.
③ 장기적인 가격 착오를 적극적으로 활용하여 고수익을 지향하는 운용전략이다.
④ 시장 가격이 내재가치 대비 고평가되면 매수하며, 내재가치 대비 저평가되면 매도한다.

73 ESG 투자에 대한 설명으로 가장 적절한 것은?

① 기존의 재무정보에 포함되어 있지 않으나 기업의 중장기 지속가능성에 영향을 미칠 수 있는 요인들을 환경, 사회, 지배구조로 나누어 체계화한 기준이다.
② TCFD 금융산업 보충지침에 따르면 은행은 상업 부동산 및 특별 사업의 가중평균 탄소집약도에 대한 공시를 해야 한다.
③ SFDR 2단계가 적용되면 정해진 기준에 따라 공시하던 주요한 부정적 영향을 자율적인 방식으로 설명할 수 있다.
④ 유럽의 경우 금융기관의 ESG 전략 및 반영 방식, ESG 투자 규모 등의 공시를 자율화했다.

74 인덱스펀드의 구성방법에 대한 설명으로 가장 거리가 먼 것은?

① 완전복제법은 벤치마크를 구성하는 모든 종목을 벤치마크의 구성비율대로 매수하는 방법이다.
② 표본추출법은 벤치마크에 포함된 대형주는 모두 포함하되 중소형주들은 펀드의 성격이 벤치마크와 유사하게 되도록 일부 종목만을 포함하는 방식이다.
③ 최적화법은 포트폴리오 모형을 이용하여 벤치마크에 대비한 잔차위험이 허용 수준 이상이 되도록 포트폴리오를 만드는 방식이다.
④ 인덱스펀드를 구성하거나 인덱스펀드의 수익률을 높이기 위해 주가지수선물이 이용되기도 한다.

75 〈보기〉의 포트폴리오 보험 전략에 대한 설명 중 빈칸에 들어갈 내용이 순서대로 나열된 것은?

─〈보기〉─
( )은 포트폴리오 보험전략의 가장 고전적인 기법이며, 주식과 채권 사이의 투자비율을 동적으로 조정함으로써 마치 ( )과 같이 위험자산과 풋옵션을 함께 보유한 것과 동일한 결과를 모방해 내고자 하는 전략이다.

① 합성 콜옵션 전략, 이자 추출 전략
② CPPI 전략, 이자 추출 전략
③ 동적 헤징전략, 방어적 풋 전략
④ 합성 풋옵션 전략, 방어적 풋 전략

76 〈보기〉 중 경상수익률에 대한 적절한 설명으로만 모두 묶인 것은?

─〈보기〉─
㉠ 채권가격이 상승하면 채권의 경상수익률도 상승한다.
㉡ 주식의 배당수익률처럼 가격 대비 발행자로부터 직접 수령하는 이자의 비율을 의미한다.
㉢ 할인 채권 매입자에 대한 잠재적 이익과 할증 채권 매입자에 대한 자본손실을 고려하지 못한다.

① ㉠
② ㉠, ㉢
③ ㉡, ㉢
④ ㉠, ㉡, ㉢

77 국채전문딜러에 대한 설명으로 가장 거리가 먼 것은?

① 자본시장법에 따른 국채에 대한 투자매매업의 인가를 받고, 일정 수준의 재무건전성과 경력, 실적 등을 충족하여야 PD 또는 PPD로 지정받을 수 있다.
② 지표종목별로 매월 경쟁입찰 발행물량의 10% 이상을 인수해야 한다는 국고채 인수의무를 수행해야 한다.
③ 호가의무를 수행하기 위해 국채전문유통시장에서 각 지표종목에 대하여 매수·매도 호가를 각 10개 이상씩 장내시장 개장 시간 동안 제출해야 한다.
④ 원금이자분리채권은 은행·증권사별 평균 거래량의 110% 이상을 거래해야 한다는 보유의무를 이행해야 한다.

78 수정듀레이션이 3.06이고 만기수익률이 2%에서 4%로 상승한 경우, 수정듀레이션으로 측정한 채권가격의 변동률과 이와 비교한 실제채권가격 변동폭에 대한 평가를 적절하게 연결한 것은?

① +6.12%, 과소평가
② -6.12%, 과대평가
③ +12.24%, 과소평가
④ -12.24%, 과대평가

79 전통적 면역 전략에 대한 설명으로 가장 거리가 먼 것은?

① 채권매입 당시 설정했던 최선의 수익률을 목표투자기간 중의 시장수익률 변동 상황과 관계없이 목표투자기간 말에 실현하도록 하는 기법이다.
② 채권 가격 변동에 의한 매매이익과 재투자수익을 동시에 추구하는 전략이다.
③ 현실적으로 면역전략을 수행하기 어려운 경우 여러 종목의 채권들에 분산 투자하여 목표투자기간과 일치하는 가중 듀레이션을 구하는 방법을 사용한다.
④ 면역 전략에 의해 구성된 채권 포트폴리오도 상황의 변화에 따른 리밸런싱의 필요가 있다.

80 〈보기〉 중 채권시장이 비효율적이라는 가정 하에 미래 금리 예측 등을 통해 기대수익률을 추구하는 채권의 적극적 운용전략으로만 모두 묶인 것은?

〈보기〉
㉠ 현금흐름 일치 전략
㉡ 채권 교체 전략
㉢ 수익률 곡선 전략

① ㉠
② ㉠, ㉡
③ ㉡, ㉢
④ ㉠, ㉡, ㉢

81 주식적 측면에서 본 전환사채의 이론가치로서 현재의 주가가 전환 가격을 몇 % 상회하고 있는가를 나타내는 지표로 가장 적절한 것은?

① 전환 가치
② 패리티
③ 괴리율
④ 전환비율

82 〈보기〉와 같은 콜옵션의 내재가치는 얼마인가?
(단, 단위는 point)

〈보기〉
• 행사가격 : 385
• 옵션프리미엄 : 7
• 기초자산가격 : 390

① 2
② 5
③ 7
④ 12

83 옵션민감도 지표 중 기초자산에 대한 2차 미분치에 해당하는 것은?

① 델타
② 베가
③ 감마
④ 컨벡시티

84 선도거래의 특징에 대한 설명으로 가장 적절한 것은?

① 거래조건이 표준화되었다.
② 당사자 간 직접계약이므로 유동성이 높다.
③ 가격과 거래제한이 없다.
④ 증거금의 추가 조치가 발동할 수 있다.

85 풋-콜 패리티가 성립하는 경우 콜옵션 매수 포지션과 동일한 것은?

① 풋옵션 매수 + 기초자산 매수 + 채권 발행
② 풋옵션 매수 + 기초자산 매도 + 콜옵션 발행
③ 풋옵션 매도 + 주식대차거래 + 채권 발행
④ 풋옵션 매도 + 주식대차거래 + 채권 매수

86 〈보기〉와 같은 1기간 이항모형에서 콜옵션의 가격으로 가장 적절한 것은? (단, 단위는 point)

〈보기〉
- 주식의 현재가격 : 140
- 1기 후의 주식가격 : 150 또는 130
- 콜옵션의 행사가격 : 140
- 위험중립확률 : 60%
- 무위험수익률 : 2%

① 3.70
② 5.88
③ 9.47
④ 15.35

87 〈보기〉의 옵션민감도에 대한 설명 중 빈칸에 들어갈 내용이 순서대로 나열된 것은?

〈보기〉
기초자산가격이 100에서 110으로 상승하고 옵션의 가격이 10에서 5로 하락한 경우, ( )의 델타가 ( )의 값을 가지게 된다.

① 콜옵션, +0.5
② 콜옵션, -0.5
③ 풋옵션, +0.5
④ 풋옵션, -0.5

88 〈보기〉는 베타계수에 대한 설명이다. 다음 중 빈칸에 들어갈 내용으로 가장 적절한 것은? (단, 다른 조건은 모두 동일함)

〈보기〉
시장수익률 하락 시 포지션의 수익률이 가장 높아지는 포지션베타는 ( )이다.

① -1.0
② +1.0
③ -0.5
④ +0.5

89 〈보기〉의 빈칸에 들어갈 내용이 순서대로 나열된 것은?

〈보기〉
( )는 자산운용의 지침이나 제약조건이 될 수 있는 최소한의 기준 역할을 하며, 평가기간이 ( )에 정해져야 한다.

① 지수, 사전
② 지수, 사후
③ 기준 지표, 사전
④ 기준 지표, 사후

90 〈보기〉를 참고했을 때, 다음 중 금액가중수익률과 시간가중수익률의 크기를 비교한 것으로 가장 적절한 것은? (단, 시간가중수익률은 기하평균으로 구함)

〈보기〉
- 첫해 A주식 5천주를 주당 20,000원에 매수했다.
- 둘째 해 A주식 2만 5천주를 주당 4,000원에 매수했다.
- 셋째 해 A주식 3만주를 주당 10,000원에 매도했다.

① 금액가중수익률 < 시간가중수익률
② 시간가중수익률 < 금액가중수익률
③ 금액가중수익률 < 0
④ 시간가중수익률 > 0

91 동일 기간에 운용된 주식형 펀드의 성과를 평가하고자 한다. 샤프비율로 비교했을 때와 트레이너비율로 비교했을 때 성과가 가장 우수한 펀드를 순서대로 나열한 것은? (단, 시장 포트폴리오 수익률은 15%, 무위험수익률은 3%로 가정함)

구분	A	B	C	D
펀드수익률	18%	21%	24%	25%
표준편차	20%	25%	30%	35%
베타	1.2	1.4	1.6	1.8

① 샤프비율 A, 트레이너비율 A
② 샤프비율 A, 트레이너비율 C
③ 샤프비율 B, 트레이너비율 C
④ 샤프비율 B, 트레이너비율 D

92 IS-LM모형에 대한 설명으로 가장 거리가 먼 것은?
① LM곡선에서 화폐수요는 소득과 이자율의 감소함수이다.
② 재정정책이 IS곡선을 이동시킨다면, 통화정책은 LM곡선을 이동시킨다.
③ IS곡선에서 정부지출과 조세는 외생변수로 규정할 수 있다.
④ IS곡선은 재화시장의 균형을 이루는 이자율과 국민소득의 조합이며, LM곡선은 화폐시장의 균형을 이루는 이자율과 국민소득의 조합이다.

93 〈보기〉의 BSI 지수에 대한 설명 중 빈칸에 들어갈 내용이 순서대로 나열된 것은?

─〈보기〉─
전체 응답자 수가 100, 증가를 예상한 업체수의 비율이 70, 감소를 예상한 업체수의 비율이 30인 경우, BSI 지수는 (   )이며, (   )국면으로 판단한다.

① 40, 확장
② 40, 수축
③ 140, 확장
④ 140, 수축

94 〈보기〉 중 거시경제정책에 대한 적절한 설명으로만 모두 묶인 것은?

─〈보기〉─
㉠ 확대재정정책이 이자율을 상승시켜 민간투자를 위축시키는 현상을 구축효과라고 한다.
㉡ 유동성 함정 구간에서는 LM곡선이 수평이 되므로 재정정책이 효과가 없게 된다.
㉢ 유동성 함정 구간을 탈출할 수 있는 고전학파의 이론은 피구효과이다.

① ㉠
② ㉠, ㉢
③ ㉡, ㉢
④ ㉠, ㉡, ㉢

95 〈보기〉를 참고하여 유동성프리미엄이론을 통해 계산한 유동성 프리미엄은? (단, 소수점 둘째자리에서 반올림함)

─〈보기〉─
• 올해 단기이자율 : 5%
• 내년 단기 예상 이자율 : 7%
• 내후년 단기 예상 이자율 : 6%
• 3년 만기 장기채권이자율 : 7.5%

① 0.3%
② 0.5%
③ 1.0%
④ 1.5%

96 자본시장선(CML)과 증권시장선(SML)에 대한 설명으로 가장 거리가 먼 것은?
① 자본시장선은 효율적 포트폴리오의 기대수익률과 위험의 관계를 나타낸다.
② 증권시장선은 개별증권의 기대수익과 위험의 관계를 나타낸다.
③ 개별 투자자들이 자본시장에서 얻게 되는 완전 분산 투자된 효율적 포트폴리오만이 자본시장선상에 온다.
④ 증권시장선은 체계적 위험뿐만 아니라 비체계적 위험을 고려하므로 개별증권은 증권시장선에 위치한다.

97 〈보기〉를 참고하여 계산한 증권시장선상의 주식 J의 요구수익률은 얼마인가?

―〈보기〉―
- 무위험수익률 : 3%
- 시장기대수익률 : 10%
- 시장기대수익률의 표준편차 : 40%
- 주식 A와 시장기대수익률 간의 공분산 : 20%

① 3.75% ② 6.5%
③ 8.75% ④ 11.75%

98 A주식과 B주식을 각각 50%씩 편입한 포트폴리오의 기대수익률은?

경제상황	확률	예상수익률	
		A주식	B주식
호황	25%	-10%	-20%
정상	50%	5%	5%
불황	25%	20%	-10%

① 2.5% ② 3%
③ 3.5% ④ 5%

99 A ~ D주식에 대한 정보가 다음과 같을 때, 지배원리를 통해 투자대상을 선별하고자 한다. 다음 중 가장 효율적인 증권은?

구분	A주식	B주식	C주식	D주식
기대수익률	8%	8%	5%	7%
표준편차	10%	5%	5%	10%

① A주식 ② B주식
③ C주식 ④ D주식

100 A주식과 B주식의 자료가 다음과 같고, 무위험 이자율은 3%, 시장포트폴리오의 기대수익률은 6%일 때, 증권시장선(SML)에 따른 A주식과 B주식의 평가로 가장 적절한 것은?

구분	기대수익률	베타
A주식	5%	0.5
B주식	6%	1.5

① A주식과 B주식 모두 과대평가되었다.
② A주식은 과대평가, B주식은 과소평가되었다.
③ A주식은 과소평가, B주식은 과대평가되었다.
④ A주식과 B주식 모두 과소평가되었다.

fn.Hackers.com

제1회 적중 실전모의고사

정답

제1과목 | 금융상품 및 세제

01	02	03	04	05	06	07	08	09	10
②	①	④	②	④	①	①	③	②	④
11	12	13	14	15	16	17	18	19	20
①	③	④	③	③	④	④	④	③	③

제2과목 | 투자운용 및 전략 Ⅱ/투자분석

21	22	23	24	25	26	27	28	29	30
④	②	①	②	②	②	③	④	④	①
31	32	33	34	35	36	37	38	39	40
③	④	④	④	③	②	④	③	③	③
41	42	43	44	45	46	47	48	49	50
②	②	①	③	④	②	③	①	②	②

제3과목 | 직무윤리 및 법규/투자운용 및 전략 Ⅰ등

51	52	53	54	55	56	57	58	59	60
①	②	②	④	④	③	④	③	②	①
61	62	63	64	65	66	67	68	69	70
④	①	②	③	②	①	②	④	④	②
71	72	73	74	75	76	77	78	79	80
④	④	③	③	④	①	④	③	①	③
81	82	83	84	85	86	87	88	89	90
②	②	③	②	②	①	②	③	②	④
91	92	93	94	95	96	97	98	99	100
①	①	④	②	②	④	④	③	③	②

취약 과목 분석표

맞힌 개수, 틀린 문제 번호와 풀지 못한 문제 번호를 적어 보고, 맞힌 개수에 따라 자신의 학습상태를 점검할 수 있습니다. 틀린 문제와 풀지 못한 문제는 해설의 출제포인트를 확인하여 관련 이론을 꼭 복습하세요.

	세부과목	맞힌 개수	틀린 문제 번호	풀지 못한 문제 번호
제1과목 금융상품 및 세제	세제관련 법규 및 세무전략			
	금융상품			
	부동산관련 상품			
	TOTAL		/20	

*20문제 중 8개 미만 과락

	세부과목	맞힌 개수	틀린 문제 번호	풀지 못한 문제 번호
제2과목 투자운용 및 전략 II /투자분석	대안투자운용 및 투자전략			
	해외증권투자운용 및 투자전략			
	투자분석기법			
	리스크 관리			
	TOTAL		/30	

*30문제 중 12개 미만 과락

	세부과목	맞힌 개수	틀린 문제 번호	풀지 못한 문제 번호
제3과목 직무윤리 및 법규/ 투자운용 및 전략 I 등	직무윤리			
	자본시장 관련 법규			
	한국금융투자협회 규정			
	주식투자운용 및 투자전략			
	채권투자운용 및 투자전략			
	파생상품투자운용 및 투자전략			
	투자운용결과분석			
	거시경제			
	분산투자기법			
	TOTAL		/50	

*50문제 중 20개 미만 과락

해설

제1과목 | 금융상품 및 세제

[01~07] 세제관련 법규 및 세무전략

01 정답 ②

출제포인트 종합소득세의 신고납부

금융소득은 필요경비가 인정되지 않고, 원칙적으로 열거주의지만 유형별 포괄주의를 채택하고 있다.
① 우리나라 소득세법은 개인단위주의로 과세하고 있으므로 부부의 금융소득을 합산하지 않는다.
③ 자녀 명의의 금융소득은 부모의 금융소득과 합산되지 않는다. 다만, 미성년인 자녀가 금융자산을 많이 소유한 경우에는 자금출처 조사대상이 되며 차명계좌로 간주되어 고율추징을 당하거나 증여세가 부과될 수 있다.
④ 법원에 납부한 경락대금에서 발생하는 이자소득은 무조건 분리과세대상 소득이다.

02 정답 ①

출제포인트 경정청구

경정청구는 과세표준신고서를 법정신고기한 내에 제출한 자가 과세표준 및 세액을 과다신고하거나 결손금 또는 환급세액을 과소신고한 때에 최초 신고 및 수정신고한 국세의 과세표준 및 세액의 결정 또는 경정을 법정신고기한이 지난 후 5년 이내에 관할 세무서장에게 청구할 수 있다.

03 정답 ④

출제포인트 양도소득세

주식은 장기보유특별공제를 적용하지 않으며, 부동산은 3년 이상 보유할 경우 장기보유특별공제를 적용한다.
② 양도소득이 있는 거주자에 대하여 당해연도의 양도소득금액에서 다음 호별 자산별로 각각 연 250만원을 공제한다.
 • 제1호 : 토지·건물 및 부동산에 관한 권리, 기타자산(미등기 양도자산 제외)
 • 제2호 : 주식 및 출자지분
 • 제3호 : 파생상품 등
③ 실지거래가액을 확인할 수 없는 경우 매매사례가액, 감정가액, 환산가액, 기준시가의 순서대로 추계방법을 적용한다.

04 정답 ②

출제포인트 종합소득세의 신고납부 – 금융소득

종합소득금액 = 3,000만원(외국법인으로부터의 배당소득)
 + 1,200만원(5년 만기 저축성 보험의 보험차익) + 3,600만원(근로소득)
 = 7,800만원

무조건 분리과세대상 금융소득을 제외한 종합과세대상 금융소득인 '외국법인으로부터의 배당소득'과 '5년 만기 저축성 보험의 보험차익'의 합계가 기준금액(2,000만원)을 초과하므로 종합소득금액에 포함한다.
'직장공제회 초과반환금'과 '비실명거래로 인한 이자소득'은 무조건 분리과세대상 금융소득이므로 종합소득금액에 포함되지 않는다.

05 정답 ④

출제포인트 납세의무자 – 비거주자

소득세법은 비거주자 등에 대한 국내 원천소득 중 유가증권의 양도소득은 그 유가증권의 종류와 거래주체에 따라 과세유형을 달리한다. 단, 장내파생상품을 통한 소득과 위험회피 목적 거래의 장외파생상품을 통한 소득은 과세대상 국내 원천소득으로 보지 않는다.
① 국내에 183일 동안 거소를 둔 개인은 거주자이다.
② 퇴직소득과 양도소득은 분류과세대상 소득이다.
③ 국내 사업장이나 부동산 임대사업소득이 없는 경우 비거주자의 소득은 분리과세된다.

06 정답 ①

출제포인트 증권거래세

증권거래세를 부과하지 않는 경우는 아래와 같다.
• 국가 또는 지방자치단체가 주권 등을 양도하는 경우(국가재정법에 따른 기금이 주권을 양도하는 경우 및 우정사업총괄기관이 주권을 양도하는 경우 제외)
• 자본시장법상의 발행업무에 따라 주권을 매출하는 경우
• 주권을 목적물로 하는 소비대차의 경우
② 특수관계자에게 시가액보다 낮은 가액으로 양도한 것으로 인정되는 경우에는 시가액을 과세표준으로 한다.
③ 외국 증권시장에 상장된 주권의 양도나 동 외국 증권시장에 주권을 상장하기 위하여 인수인에게 주권을 양도하는 경우, 자본시장법에 따라 채무인수를 한 거래소가 주권을 양도하는 경우에는 증권거래세를 부과하지 않는다.

④ 거주자와 비거주자 모두 코스닥시장에서 상장된 주권을 양도할 경우 0.15%의 세율로 증권거래세가 부과된다.

07 정답 ①

✓ 출제포인트   금융소득 - 배당소득

'㉠ 출자공동사업자의 손익분배금, ㉢ 해외 집합투자기구로부터의 이익'은 배당소득에 해당한다.
㉡ ㉣ '채권의 환매조건부 매매차익'과 '직장공제회 초과반환금'은 이자소득에 해당한다.

[08~15] 금융상품

08 정답 ③

✓ 출제포인트   요구불예금

이자율이 낮기 때문에 금융회사가 보통예금을 이용하면 적은 비용으로 자금을 조달할 수 있다.
① 물건을 보관하는 자가 보관한 물건을 자유롭게 사용할 수 있고, 반환 시에는 동일액의 금전을 환급하면 된다는 점에서 소비임치계약이라 한다.

09 정답 ②

✓ 출제포인트   주식워런트증권(ELW)

'㉡, ㉢'은 주식워런트증권(ELW)에 대한 적절한 설명이다.
㉠ 매매수량단위는 10증권이며 지정가호가만 가능하다.

10 정답 ④

✓ 출제포인트   주택저당증권(MBS)

주택저당대출 만기와 대응하므로 통상 장기로 발행한다.

11 정답 ①

✓ 출제포인트   손해보험의 종류

'㉠ 자동차 보험, ㉡ 특종보험'은 손해보험에 해당한다.
㉢ 양로보험(생사혼합보험)은 생명보험에 해당한다.

12 정답 ③

✓ 출제포인트   비과세종합저축

비과세종합저축은 이자소득과 배당소득에 대해서 비과세를 적용한다.

13 정답 ④

✓ 출제포인트   개인종합자산관리계좌(ISA)

ISA의 당해 연도 미불입 납입한도는 다음해로 이월할 수 있다.
① 중개형과 신탁형 ISA는 모두 펀드, 사채, 파생결합증권 등에 투자할 수 있지만 국내상장주식은 중개형 ISA만 투자할 수 있다.
② ISA는 모두 3년의 의무가입기간이 있으며, 비과세 한도 초과분에 대해 9.9% 세율의 분리과세가 적용된다.

14 정답 ③

✓ 출제포인트   자산유동화증권(ABS)

자산유동화증권의 기초자산으로는 임대료, 부실대출, 무형자산, 리스채권 등의 다양한 유형이 있다.

15 정답 ③

✓ 출제포인트   퇴직연금제도

확정급여(DB)형과 확정기여(DC)형은 모두 연간 1,800만원 한도 내에서 개인형 IRP를 통해 추가 납입할 수 있다.
① 운용손익이 사용자인 기업에게 귀속되는 것은 확정급여(DB)형이며, 운용손익이 근로자에게 귀속되는 것은 확정기여(DC)형이다.
② 미래 퇴직급여 계산을 위한 연금계리가 필요하지 않은 것은 확정기여(DC)형이며, 연금계리가 필요한 것은 확정급여(DB)형이다.
④ 기업이 부담할 부담금 수준이 사전에 확정되어 있는 것은 확정기여(DC)형이며, 근로자가 수령할 퇴직금 수준이 사전에 확정되어 있는 것은 확정급여(DB)형이다.

[16~20] 부동산관련 상품

16 정답 ④

✓ 출제포인트   부동산의 경기변동

(하향시장)에서는 과거 사례 가격이 새로운 거래 가격의 상한선이 되며 매수자가 우위인 시장이 형성되고, (상향시장)에서는 과거 사례 가격이 새로운 거래 가격의 하한선이 되며 매도자가 우위인 시장이 형성된다.

17 정답 ④

출제포인트 부동산투자의 분석

Cash On Cash 수익률은 해당 기의 순현금흐름을 자기자본으로 나눈 것을 말하며, 내부수익률과 다르게 화폐의 시간적 가치를 고려하지 않는다.
① 순소득승수는 총투자액을 순운용소득으로 나눈 값이다. 순운용소득을 총투자액으로 나눈 값은 투자이율이다.
② 수익성지수는 부동산투자로부터 얻어지게 될 장래 현금흐름의 현재가치를 최초의 투자액으로 나눈 값이다.
③ 부채상환비율은 순운용소득을 부채상환액으로 나눈 값이다.

18 정답 ④

출제포인트 부동산 감정평가 - 원가방식(원가법)

원가방식(원가법)은 토지와 같이 재생산이 불가능한 자산에 적용할 수 없고, 토지는 비교방식(거래사례비교법)으로 평가하는 것이 적절하다.

19 정답 ③

출제포인트 PF 사업의 안정성 확보 수단 - 저당제도

저당제도는 신규임대차와 후순위권리의 설정을 배제할 수 없다.
① 목적물 관리의 안정성 및 효율성, 채권실행의 편리성 등의 장점이 있는 것은 담보신탁제도이다.
② 저당제도에서 담보물은 채권기관에서 관리하며, 담보신탁제도에서는 신탁회사가 담보물을 직접 관리한다.
④ 채권회수가 요구될 경우 저당제도에서는 폐쇄시장에서 경매하고 매각활동이 전무하며, 담보신탁제도에서는 일반시장에서 공매함으로써 적극적인 매각활동을 한다.

20 정답 ③

출제포인트 용도지역 - 용적률의 상한

도시지역의 용적률 상한 크기는 '상업지역(1,500%) > 주거지역(500%) > 공업지역(400%) > 녹지지역(100%)' 순이다.

제2과목 | 투자운용 및 전략 II/투자분석

[21~25] 대안투자운용 및 투자전략

21 정답 ④

출제포인트 대안투자상품

전통투자에 비해 운용자의 스킬이 중요시되고 이로 인해 보수율이 높은 수준이며, 경우에 따라 성공보수가 징구되기도 한다.
① 일반적으로 대안투자상품은 전통투자상품과 낮은 상관관계를 가진다. 따라서 전통투자와 포트폴리오를 구성하면 효율적인 포트폴리오 구성이 가능하다.
② 거래 자산 대부분이 장외시장에서 거래된다. 따라서 환금성이 떨어지고 이로 인해 환매금지기간이 존재하며 투자기간이 긴 편이다.
③ 전통투자의 거래방식이 주로 매수 중심(long only)인 것에 비해, 대안투자는 차입, 공매도의 사용 및 파생상품 활용이 높다. 따라서 대안투자는 전통투자에 비해 위험관리가 중요한 이슈이다.

22 정답 ②

출제포인트 헤지펀드 운용전략 - Event Driven 전략

Event Driven 전략에 대한 설명이다.

23 정답 ①

출제포인트 PEF 투자회수(Exit)

'㉠, ㉡, ㉢'은 PEF의 투자회수(Exit) 전략에 해당한다.
㉠ 매각(sale)은 가장 고전적인 투자회수 전략으로서, 일반기업이나 다른 PEF에게 매각할 수 있다.
㉡ 상장은 PEF가 인수한 회사를 다시 IPO(공모절차)를 통해 증권시장에서 지분을 매각하는 전략이다. 절차가 다소 복잡하다는 점에서 직접 매각(trade sale)보다 후순위 전략으로 분류된다.
㉢ PEF가 차입조달자금으로 유상감자 혹은 배당을 통해 투자자금을 회수할 수 있으며, 이 경우 해당 기업의 수명 단축, 장기 성장성 저해 등의 부작용 초래가 있을 수 있다.
㉣ PEF의 투자회수 전략에는 '매각, 상장, 유상감자 및 배당, PEF 자체 상장'이 있으며, '증자'는 투자자금 회수 전략으로는 거리가 멀다.

24 정답 ②

출제포인트 신용파생상품

CDS는 준거자산의 신용위험을 분리하여 보장매입자가 보장매도자에게 이전하고, 그 대가로서 보장매도자는 프리미엄을 지급받는다.

① TRS는 기존 자산 보유자(총수익 매도자)가 준거자산의 모든 현금흐름을 총수익 매입자에게 지급하고, 총수익 매입자는 금리(시장 기준금리 + 스프레드)를 지급하는 계약이다. 그리고 만기일의 준거자산의 가치와 최초 계약일의 준거자산의 가치가 다를 경우 그 차액을 거래상대방 간에 지급해야 한다.

25 정답 ②

출제포인트 CDO의 투자

Mezzanine 트랜치는 잔여 이익에 대한 참여권이 없다.
① 일반적으로 CDO 트랜치는 Senior-Mezzanine-Equity로 구성된다. 이 중에서 Equity 트랜치는 가장 위험이 높고 수익이 높은 반면, Senior 트랜치는 가장 위험이 낮은 대신 낮은 수익을 가진다.
③ 일반적으로 Senior 트랜치에서 실제 현금 손실이 발생하기는 어렵지만, Senior 트랜치는 mark-to-market 위험이 있다.
④ 신용평가기관에서는 Super Senior 트랜치에 대한 신용평가를 하지 않기 때문에 투자자 입장에서는 신용평가사의 신용등급 없이 투자하게 된다.

[26~30] 해외증권투자운용 및 투자전략

26 정답 ②

출제포인트 환위험 관리 전략

내재적 헤지는 주가와 통화가치 간의 상관관계에 의해 환노출이 낮아지는 전략으로, 별도의 헤지비용 없이 환위험을 헤지할 수 있다.
③ 투자기간을 고려한 헤지 방법에는 투자기간의 전체 기간을 일시에 헤지하는 '장기헤지'와 몇 개의 단기간으로 나누어 하나의 기간이 만기가 되면 또다른 헤지를 이어서 하는 '롤링헤지'가 있다.
장기헤지와 같이 헤지기간을 길게 잡으면 합당한 파생상품의 헤지수단을 얻기 쉽지 않고, 헤지수단이 있다고 하더라도 비용이 높고 유동성이 낮아 탄력적인 전략을 사용하기 어렵다.

반면, 롤링헤지와 같이 짧은 헤지기간을 연결하는 경우에는 유동성 높은 헤지수단을 이용할 수 있어 비용을 낮출 수 있다.

27 정답 ③

출제포인트 미국 국채

미국 재무부채권 중 (T-note 또는 T-bond)은(는) 이표채로 발행되며, (T-bill)은(는) 할인채로 발행된다.

28 정답 ④

출제포인트 국제 주식시장의 규모

단기매매차익을 목표로 하는 투자자의 비중이 큰 시장의 경우 매매회전율 즉, 시가총액 대비 거래량의 비율이 높아지게 된다. 다시 말해, 매매회전율이 높아진다는 것은 거래량이 높아진다는 의미이다.
따라서 매매회전율이 높아지는 경우, 시가총액 기준이 아닌 '거래량 기준'에 따른 시장규모 순위가 높아질 수 있다.

29 정답 ④

출제포인트 해외 포트폴리오의 자산배분

하향식 접근방법(Top-down approach)에서는 세계경제를 완전히 통합되지 않고 분리된 각국 경제의 결합체로 본다.
반면, 상향식 접근방법(Bottom-up approach)에서는 세계경제를 글로벌화된 산업의 집합체로 본다.

30 정답 ①

출제포인트 유로채와 외국채

채권표시 통화의 본국 외에서 발행되는 채권을 '유로채'라고 하며, 채권표시 통화의 본국에서 발행되는 채권을 '외국채'라고 한다. 양키본드는 미국에서 발행되는 외국채이고, 사무라이본드는 일본에서 발행되는 외국채이다.
③ ④ 기명식 채권(외국채)은 이자소득세에 대한 부담이 있지만, 무기명식 채권(유로채)은 이자소득세에 대한 부담이 없다.

[31~42] 투자분석기법

31 정답 ③

출제포인트 증권분석을 위한 통계 - 산포 경향 지표

'㉠ 범위, ㉡ 분산, ㉢ 평균편차'는 산포 경향을 나타내는 지표에 해당한다. '범위, 평균편차, 분산, 표준편차' 등은 자료가 중심위치로부터 어느 정도 흩어져 있는가(산포 경향)를 나타내는 지표이다.

㉣ '최빈값, 산술평균, 중앙값'은 중심위치를 나타내는 지표로서, 자료가 어떤 값을 중심으로 분포하는가를 나타낸다.

32 정답 ④

출제포인트 기업분석(재무제표 분석) - ROE, ROA

- ROE = 순이익/자기자본
  $= \dfrac{순이익}{총자산} \times \dfrac{총자산}{자기자본}$
  $= ROA \times \dfrac{총자산}{자기자본}$

위 식에 'ROE = 4ROA, 총자산 = 200억'을 대입하면,

$4ROA = ROA \times \dfrac{200억}{자기자본}$

$4 = \dfrac{200억}{자기자본}$

∴ 자기자본 $= \dfrac{200억}{4} = 50억$

'총자산 = 자기자본 + 총부채'이므로,
∴ 총부채 = 200억(총자산) − 50억(자기자본) = 150억

33 정답 ④

출제포인트 기업분석(재무제표 분석) - 재무비율 해석

유동비율이 높고 당좌비율이 낮다는 것은, 유동비율 계산식의 분자(유동자산)가 높고, 당좌비율 계산식의 분자(유동자산 − 재고자산 − 선급금)가 낮다는 의미이다. 따라서 재고자산과 선급금이 많을 때 '유동자산 − 재고자산 − 선급금'이 낮아짐을 알 수 있다.

- 유동비율 $= \dfrac{유동자산}{유동부채}$

- 당좌비율 $= \dfrac{유동자산 - 재고자산 - 선급금}{유동부채}$

① 재고자산회전율이나 매출채권회전율이 급격하게 하락하는 경우뿐만 아니라, 급격하게 상승하는 경우도 부실 징후가 될 수 있다. 현금흐름에 어려움을 겪는 기업이 재고를 덤핑으로 처분하거나 매출채권을 높은 할인율로 현금화했을 가능성이 있기 때문이다.

- 재고자산회전율 $= \dfrac{순매출(또는 매출원가)}{재고자산}$

- 매출채권회전율 $= \dfrac{순매출}{순매출채권}$

② 고정비용보상비율이 높다는 것은 해당 기업이 부채의 레버리지 효과를 충분히 활용하고 있지 않다는 것을 나타내며, 그 결과 주주들의 부를 극대화 시키지 못한다는 것을 의미한다.

반대로, 이 비율이 낮다면 해당 기업이 현재 과다한 레버리지를 사용하면서 매우 저돌적인 경영전략을 구사하고 있거나, 차입한 부채 규모에 비해 충분한 수익을 내지 못한다는 것을 의미한다.

- 고정비용보상비율 $= \dfrac{고정비용 \text{ 및 } 법인세 \text{ 차감 전 } 이익}{고정비용}$

③ 부채-자기자본비율이 낮을수록 기업의 이익은 더욱 안정적이고, 주주들의 기대수익률도 더 낮아지게 된다.

반대로, 이 비율이 높을수록 기업의 위험이 더욱 커지며 주주들의 기대수익률도 더욱 높아지게 된다.

- 부채-자기자본비율 $= \dfrac{총부채}{자기자본}$

34 정답 ④

출제포인트 레버리지 분석 - 결합레버리지도(DCL)

조합	영업고정비	이자비용	합계
A	250	200	450
B	200	150	350
C	180	200	380
D	180	150	330

하단의 식에서 영업고정비(FC)와 이자비용(I)의 합이 작을수록 분모가 커져, 결과적으로 결합레버리지도(DCL)가 작아지게 된다.

따라서 ④가 영업고정비(180)와 이자비용(150) 모두 가장 작기 때문에 그 합도 가장 작고, 결합레버리지도 또한 가장 작게 나타난다.

- 결합레버리지도(DCL) $= \dfrac{PQ - VQ}{PQ - VQ - FC - I}$
  $= \dfrac{PQ - VQ}{PQ - VQ - (FC + I)}$

35 정답 ③

출제포인트 EVA 모형 - EVA와 당기순이익의 비교

EVA는 주주자본비용의 기회비용적 성격을 명확히 설정할 수 있다. 또한, 세후순영업이익에서 자본비용을 차감한 잔여이익은 주주에게 귀속시킴으로써 주주의 부 극대화로 이어진다.

① 당기순이익은 기업이 일정기간 동안 경영활동에 투입한 자기자본에 따른 비용이 반영되지 않는다.
② EVA를 영업성과 측정도구로 사용할 경우, 투자자들이 제공한 총자본비용(타인자본비용＋자기자본비용) 이상의 이익을 실현하는 것을 기업투자의 목표로 설정하게 된다.
④ 회계관습과 발생주의 회계원칙의 결과로 산출된 회계이익이 경제적 이익을 반영하도록 수정하는 대체적 회계처리 방법을 사용하는 것은 'EVA'이다.

36 정답 ②

출제포인트 PER

$$PER = \frac{P_0}{E_1} = \frac{1-b}{k-g}$$

$$= \frac{1-b}{k - b \times ROE}$$

$$= \frac{0.6}{0.14 - 0.4 \times 0.05} = 5$$

37 정답 ④

출제포인트 Tobin's Q 비율

Q비율이 낮을수록 적대적 M&A의 대상이 되기 쉽다.
② Tobin's Q는 대체원가가 장부가가 아닌 자산의 현재가치에 기반을 두기 때문에 장부가와 시가의 괴리문제를 보완한다. PBR은 장부가를 사용하기 때문에 시간성의 차이가 있다는 문제점이 있다.

38 정답 ③

출제포인트 패턴 분석

주가의 상승추세가 완만한 곡선을 그리면서 서서히 하락추세로 전환되는 패턴은 '원형 천장형'이다. 이에 비해 '원형 바닥형'은 하락추세가 상승추세로 전환되는 과정이다.
① 헤드 앤 숄더형의 경우 왼쪽 어깨가 형성되는 과정에서 거래량이 가장 많은 편이고, 머리 부분은 상승 과정에서 거래량이 많이 나타나기는 하지만 전체 거래량은 왼쪽 어깨보다 많지 않다. 또한, 왼쪽 어깨 및 머리 부분과는 달리 오른쪽 어깨는 상승 과정에서 거래량이 현저하게 줄어든다.
④ 직사각형이 형성되기 위해서는 위 저항선을 그을 수 있는 최소 2개 이상의 산과 아래 지지선을 그을 수 있는 최소 2개 이상의 골이 형성되어 4번 이상 주가 등락이 있어야 한다.

39 정답 ③

출제포인트 현금흐름표 작성
 － 당기순이익 가산항목

'㉠, ㉡, ㉢'은 당기순이익에 가산하는 항목에 해당한다.
㉣ '매입 채무의 감소'는 당기순이익에서 차감하는 항목에 해당한다.
  반대로, '매입 채무의 증가'는 당기순이익에 가산하는 항목에 해당한다.

40 정답 ③

출제포인트 추세 분석 － 지지선, 저항선, 추세선

추세선의 신뢰도는 추세선의 길이가 길고 기울기가 완만할수록 크다. 추세선의 길이가 길다는 것은 그 추세가 명확하여 주가 움직임이 일관성을 가지고 있다는 의미이다. 또한, 기울기가 완만하다는 것은 추세의 변화가 금방 나타나지 않는다는 것을 의미한다.
① 저항선과 지지선은 장기간에 걸쳐 형성되거나 최근에 형성된 것일수록 신뢰도가 높다.
④ 추세선이 상승 추세를 나타낼 때 기울기가 커지는 경우가 있는데 이는 상승 추세의 강화를 나타내며, 반대로 기울기가 작아지면 상승 추세의 약화를 예상할 수 있다.

41 정답 ②

출제포인트 시장 경쟁강도의 측정방법
 － 허핀달지수(HHI)

한 시장의 허핀달지수(HHI)가 (0.1)(이)라면, 이 시장의 집중 상태는 동등 규모의 기업이 10개 존재하는 것과 동일하다.
HHI지수의 역수는 그 HHI지수의 값을 가질 수 있는 가상적인 동등 규모의 기업체 수를 나타낸다.
∴ HHI지수 = 1/동등 규모의 기업체 수 = 1/10 = 0.1

42 정답 ②

출제포인트 산업구조 변화에 대한 경제이론

헥셔－올린 모형은 생산요소의 상대적 부존도에서의 차이가 무역패턴을 결정한다는 것으로, 노동이 상대적으로 풍부한 국가는 노동의 상대가격이 싸므로 노동집약적인 제품에서 비교우위를 갖게 노동집약적인 산업 중심이 된다. 그리고 국가의 경제가 발전함에 따라 자본의 상대적인 부존도가 상승하게 되면 산업구조도 노동집약적인 산업 중심에서 자본집약적인 산업 중심으로 변화하게 된다.

[43~50] 리스크 관리

43 정답 ①

출제포인트 VaR의 정의

개별 자산의 1일 VaR이 신뢰구간 95%에서 10억원이라는 것은 이를 보유함으로써 향후 1일 동안 10억원을 초과하여 손실이 발생할 확률은 5%, 10억원 이하의 손실이 발생할 확률은 95%라는 의미이다.
④ 1일 동안 10억원을 초과하여 손실이 발생할 확률은 5%이므로, 이 사건은 확률적으로 20일에 1번(1/20 = 0.05) 정도 발생할 수 있다.

44 정답 ③

출제포인트 VaR의 측정방법 - 역사적 시뮬레이션 방법

역사적 시뮬레이션 방법은 수익률의 정규분포와 같은 가정이 필요 없고, 분산·공분산 등과 같은 모수에 대한 추정도 요구되지 않는다.
② 역사적 시뮬레이션 방법은 완전가치 평가방법이기 때문에 위험요인이 변동할 때 포지션의 가치 변동을 측정하기 위한 가치평가모형이 필요하다.

45 정답 ④

출제포인트 포트폴리오의 VaR 계산

포트폴리오의 VaR $= \sqrt{VaR_A^2 + VaR_B^2 + 2 \cdot \rho \cdot VaR_A \cdot VaR_B}$
$= \sqrt{7억^2 + 15억^2 + 2 \cdot 1 \cdot 7억 \cdot 15억}$
$= \sqrt{(7억 + 15억)^2} = 22억$

또는, 포트폴리오의 VaR $= VaR_A + VaR_B = 7억 + 15억 = 22억$

46 정답 ②

출제포인트 개별 자산(채권)의 VaR 계산

채권의 VaR $= B \cdot \sigma(\Delta y) \cdot z \cdot D^*$
$= 100억 \times 0.05 \times 1.65 \times 2 = 16.5억$

47 정답 ③

출제포인트 VaR의 전환

4일 VaR = 1일 VaR $\times \sqrt{4}$
∴ 1일 VaR = 4일 VaR $\div \sqrt{4}$ = 20억 ÷ 2 = 10억

48 정답 ①

출제포인트 Marginal VaR

투자대안	A	B
기대수익	15%	15%
VaR	90억	80억
편입 후 포트폴리오 VaR	130억	160억
Marginal VaR (포트폴리오 편입 후 추가된 위험)	130억 − 100억 = 30억	160억 − 100억 = 60억

투자대안 자체로만 비교했을 때, 두 대안의 기대수익률은 동일하지만 투자대안 B가 A보다 VaR이 낮기 때문에 B가 우월한 투자대안이 된다. 그러나 기존에 가지고 있는 포트폴리오를 감안한다면 투자대안 A를 편입한 경우의 VaR이 더 낮기 때문에 결과적으로 투자대안 A가 더 우월한 대안이다. 이는 투자대안 A가 B보다 기존 포트폴리오와의 분산효과가 더 크게 나타났기 때문이다.
또한, 기존의 포트폴리오에 편입시킴에 따라 추가되는 위험인 Marginal VaR이 투자대안 A가 B보다 더 낮기 때문에 A가 우월한 대안이 된다.

49 정답 ②

출제포인트 VaR의 한계

옵션과 같은 비선형상품의 VaR은 델타분석법과 몬테카를로 시뮬레이션법에 의해 측정한 값이 다르게 산출된다. 델타분석법은 부분가치 평가방법으로, 델타 리스크를 제외한 모든 종류의 리스크를 고려하지 않기 때문에 델타분석법으로 측정한 비선형상품의 VaR은 신뢰성이 떨어진다.

50 정답 ②

출제포인트 부도모형(Default Mode)

부도모형(Default Mode)은 부도가 발생한 경우에만 신용손실이 발생한 것으로 간주한다. 반면, MTM 모형의 경우에는 부도 발생뿐만 아니라 신용등급의 변화에 따른 손실 리스크까지도 신용리스크에 포함시킨다.
① 부도모형에서 신용리스크는 예상손실(EL)의 불확실성 즉, EL의 변동성으로 측정된다.

제3과목 | 직무윤리 및 법규/투자운용 및 전략 | 등

[51~55] 직무윤리

51 정답 ①

출제포인트 내부제보제도

내부제보제도에는 회사에 중대한 영향을 미칠 수 있는 위법행위를 인지하고도 회사에 제보하지 않는 미제보자에 대한 불이익 부과에 관한 규정을 반드시 포함해야 한다.

52 정답 ②

출제포인트 내부통제위원회

'ⓒ'은 금융회사의 내부통제위원회에 대한 적절한 설명이다.
㉠ 금융회사는 내부통제기준의 운영과 관련하여 대표이사를 위원장으로 하는 내부통제위원회를 두어야 한다.
㉡ 내부통제위원회는 매 반기별 1회 이상 회의를 개최해야 하며, 회의에 출석한 위원, 논의안건 및 회의결과 등 회의 내용을 기재한 의사록을 작성 및 보관해야 한다.

53 정답 ②

출제포인트 영업점별 영업관리자

영업점별 영업관리자에게 업무수행의 결과에 따른 보상을 지급할 수 있다.

54 정답 ④

출제포인트 부당권유 행위 금지

금융소비자로부터 아무런 요청이 없음에도 해당 금융소비자의 자택이나 직장을 방문하여 장외파생상품을 권유하는 것은 금지되나, 투자자 보호 및 건전한 거래질서를 해할 우려가 없는 행위로서 증권과 장내파생상품의 투자를 권유하는 경우에는 이를 금지하지 않는다.

55 정답 ④

출제포인트 정보보호

특정 정보가 비밀정보인지 불명확한 경우 그 정보를 이용하기 전 준법감시인의 사전 확인을 받아야 하며, 준법감시인의 사전 확인을 받기 전까지 당해 정보는 표준내부통제기준이 정하는 바에 따라 비밀정보로 분류·관리되어야 한다.

[56~66] 자본시장 관련 법규

56 정답 ③

출제포인트 적기시정조치

'영업의 전부 또는 일부의 양도'는 적기시정조치 중 경영개선명령 조치에 해당한다.
① 적기시정조치 중 경영개선요구 조치에 해당한다.
② ④ 적기시정조치 중 경영개선권고 조치에 해당한다.

57 정답 ④

출제포인트 집합투자기구 이익금의 분배

집합투자업자 또는 투자회사는 집합투자기구의 특성에 따라 이익금을 초과하여 분배할 필요가 있는 경우에는 이익금을 초과하여 분배할 수 있다.

58 정답 ③

출제포인트 금융투자업

'㉠, ㉡'은 금융투자업의 적용배제에 대한 적절한 설명이다.
㉢ 종합금융회사 어음관리계좌(CMA)는 집합투자업에 해당하지 않는다.

59 정답 ②

출제포인트 간주모집

'전환권이 부여된 증권의 권리행사금지기간을 발행 후 1년 이상으로 정한 경우'는 전매제한조치에 해당하므로 간주모집이 인정되지 않는다.
① ③ ④ 전매 가능성 기준에 해당하여 간주모집이 인정된다.

60 정답 ①

출제포인트 집합투자의 개념

집합투자는 2인 이상의 투자자로부터 모은 자금을 투자자의 일상적인 운용지시를 받지 않고 투자자산을 운용하여 그 결과를 투자자에게 배분하여 귀속시키는 것을 의미한다.

61 정답 ④

출제포인트 자본시장조사 업무규정

당해 위법행위에 대한 충분한 증거가 확보되어 있고 다른 위법행위의 혐의가 발견되지 않은 경우에는 조사대상에 해당할지라도 조사를 실시하지 않을 수 있다.

62 정답 ①

> 출제포인트 **수익증권**

'㉠'은 수익증권에 대한 적절한 설명이다.
㉡ 수익자명부의 작성에 관한 업무는 투자신탁을 설정한 집합투자업자가 전자등록기관에 위탁해야 한다.
㉢ 수익증권은 무액면·기명식으로 발행한다.

63 정답 ②

> 출제포인트 **위험관리체제**

'위험관리지침의 제정에 관한 사항'은 금융투자업자의 이사회에서 심의·의결한다.

64 정답 ③

> 출제포인트 **집합투자재산의 평가**

기준 가격을 변경하려는 때에는 집합투자업자의 준법감시인과 신탁업자의 확인을 받아야 한다.

65 정답 ②

> 출제포인트 **집합투자기구 관계회사**

〈보기〉는 '집합투자기구 평가회사'의 등록요건이다.

66 정답 ①

> 출제포인트 **미공개 중요정보 이용행위 금지**

'해당 법인의 대리인으로서 그 직무와 관련하여 미공개 중요정보를 알게 된 자'는 내부자에 해당한다.

[67~69] 한국금융투자협회 규정

67 정답 ②

> 출제포인트 **금융투자전문인력**

투자자산운용사는 집합투자재산, 신탁재산 또는 투자일임재산을 운용하는 업무를 수행하는 인력이다.

68 정답 ④

> 출제포인트 **펀드(집합투자증권) 판매 시 금지행위**

'㉠, ㉡, ㉢' 모두 펀드(집합투자증권) 판매 시 금지행위에 해당한다.

69 정답 ④

> 출제포인트 **부당한 재산상 이익의 제공 및 수령 금지**

'㉡, ㉢'은 재산상 이익의 제공 및 수령에 대한 적절한 설명이다.
㉠ 경제적 가치가 3만원 이상인 물품, 식사 또는 신유형 상품권은 재산상 이익에 해당한다.

[70~75] 주식투자운용 및 투자전략

70 정답 ②

> 출제포인트 **포트폴리오 모형의 종류**

다중 요인 모형은 주식의 리스크를 비체계적인 요인이 아니라 베타, 규모, 성장성, 레버리지, 해외시장 노출도, 산업 등의 여러 가지 체계적인 요인으로 구분한다.

71 정답 ④

> 출제포인트 **전략적 자산배분의 실행 단계**

투자자의 투자목적 및 투자제약조건의 파악 ⇨ 자산집단 선택 ⇨ 자산종류별 기대수익, 위험, 상관관계의 추정 ⇨ 최적 자산구성의 선택

72 정답 ④

> 출제포인트 **주식 포트폴리오 운용전략 - 운용방식별 특성**

패시브운용에 속하는 인덱스 방식은 초과수익률 0%, 추적오차 < 1%, 정보비율 0의 특성을 보이므로 D가 가장 성공적이다.
① 초과수익률 2% 이상, 추적오차 4% 이상인 액티브운용에 속한다.
② ③ 초과수익률과 추적오차가 1 ~ 2%인 준액티브 운용에 속한다.

73 정답 ③

> 출제포인트 **자산집단의 기대수익률 추정**

'㉠, ㉢'은 자산집단의 기대수익률을 추정하는 방법에 해당한다.
㉡ GARCH는 자산집단의 위험을 추정하는 방법으로 자산집단의 기대수익률을 추정하는 방법이 아니다.

74   정답 ③

출제포인트 자산집단의 기본적 성격

자산집단 간 상관계수는 낮을수록 좋다.
① 동질성에 대한 설명이다.
② 배타성에 대한 설명이다.
④ 충분성에 대한 설명이다.

75   정답 ④

출제포인트 고정비율 포트폴리오 보험전략(CPPI)

주식투자금액 = 승수 × (포트폴리오 평가액 − 최저보장수익
               의 현재가치)
           = 3 × {120억원 − 100억원/(1 + 0.03)}
           = 3 × (120억원 − 97.09억원) = 68.73억원

[76~81] 채권투자운용 및 투자전략

76   정답 ①

출제포인트 채권의 분류

특수채는 발행주체에 따라 분류한 채권에 해당한다.

77   정답 ④

출제포인트 맥컬레이 듀레이션의 의의와 특성

이표채의 듀레이션은 항상 만기보다 짧다.
① 영구채권의 듀레이션은 (1 + i)/i이다.
    (1 + 0.2)/0.2 = 6

78   정답 ③

출제포인트 합성채권

교환사채를 행사하는 경우 발행사의 자산과 부채가 동시에 감소한다.

79   정답 ①

출제포인트 채권 종류별 단가계산 − 할인채

잔존기간이 1년 미만이므로 단리로 계산한다.

$$P = \frac{S}{1 + r \times \frac{d}{365}}$$

= 10,000/(1 + 0.04 × 121/365) = 9869.13

할인채의 매매가격 계산 시 표면이율은 사용하지 않는다.

80   정답 ③

출제포인트 적극적 채권운용전략

금리 수준이 일정하더라도 잔존기간이 짧아지면 그만큼 수익률이 하락하여 채권가격이 상승하게 되는데 이것을 (롤링효과)라고 한다.

81   정답 ②

출제포인트 소극적 채권운용전략

순자산가치 면역 전략에 대한 설명이다.

[82~87] 파생상품투자운용 및 투자전략

82   정답 ②

출제포인트 콘탱고와 백워데이션

• 선물시장에서 선물의 가격이 현물의 가격보다 더 큰 경우를 (콘탱고 상태 또는 정상시장)이라고 표현한다.
• 반대로 현물의 가격이 선물의 가격보다 높은 경우를 (백워데이션 상태 또는 역조시장)이라고 표현한다.

83   정답 ③

출제포인트 옵션을 이용한 차익거래

컨버전 전략은 합성 (매도) 포지션과 현물 (매수) 포지션을 병행하는 전략이며, 리버설 전략은 주가지수 (매도)차익거래에 해당한다.

84 정답 ②

> ✓ 출제포인트 **옵션의 정의**

콜옵션의 경우 기초자산가격이 행사가격보다 큰 내가격일 때 내재가치가 존재한다.
① 콜옵션이 아닌 풋옵션에 해당하는 설명이다. 주어진 자산을 미래의 일정 시점에서 미리 정한 가격에 매도할 수 있는 권리는 풋옵션이다.
③ 옵션의 사용 시점을 만기 시점에 한 번으로 제한한 경우는 '유럽식 옵션'이라고 한다.
④ 옵션의 내재가치가 양의 값을 보인다면 내가격 상태에 해당한다.

85 정답 ②

> ✓ 출제포인트 **옵션 프리미엄의 민감도 지표**

(델타)는 기초자산의 가격이 변화할 때 옵션 프리미엄이 얼마나 변하는가 하는 민감도를 보여주는 지표이며, (쎄타)는 시간의 경과에 따른 옵션 가치의 변화분을 나타내는 지표이다.

86 정답 ①

> ✓ 출제포인트 **스프레드 거래**

KOSPI200 선물 9월물이 200pt이고, 12월물은 205pt이며 향후 두 월물 간의 스프레드가 축소될 것으로 예상된다면, 9월물을 (매수)하고, 12월물을 (매도)하는 (강세) 스프레드 전략이 가장 적절하다.

87 정답 ②

> ✓ 출제포인트 **포트폴리오 보험과의 연결**

이자추출전략은 채권 매수와 동시에 콜옵션을 '매수'하는 전략이다.

[88~91] 투자운용결과분석

88 정답 ③

> ✓ 출제포인트 **기준 지표의 바람직한 특성**

기준 지표는 실행 가능한 투자대안, 즉 투자가 가능한 지표여야 한다.
① '투자 가능성(Investable)'에 대한 설명이다.
② '사전적으로 결정(Specified in advance)'에 대한 설명이다.
④ '측정 가능성(Measurable)'에 대한 설명이다.

89 정답 ②

> ✓ 출제포인트 **투자수익률 계산 - 시간가중 수익률**

시간가중 수익률에 대한 설명이다.
① 금액가중 수익률은 펀드매니저와 투자자의 공동의 노력의 결과로 나타나는 수익률 효과가 혼합되어 펀드매니저만의 성과를 측정할 수 없다.
③ 산술평균 수익률은 동일한 기간에 대해 측정한 T개의 수익률을 기초로 연도별 예상 수익률을 추정할 때 사용한다.
④ 연환산 수익률은 연간 단위로 환산한 수익률을 말한다.

90 정답 ④

> ✓ 출제포인트 **투자위험**

'ⓒ, ⓔ'은 특정대상과 비교하여 위험을 측정하는 지표에 해당한다.
특정대상과 비교하여 위험을 측정하는 지표, 즉 상대적 위험의 지표에는 베타, 잔차 위험, 추적오차, 상대 VaR이 있다.
㉠ 표준편차는 절대적 위험 중 전체위험에 해당한다.
㉡ 적자위험은 절대적 위험 중 하락위험에 해당한다.

91 정답 ①

> ✓ 출제포인트 **젠센의 알파**

젠센의 알파 = (포트폴리오 수익률 − 무위험수익률) − 베타 × (기준 지표 수익률 − 무위험수익률)
= (7 − 3) − 1.3 × (4 − 3) = 2.7
표준편차는 젠센의 알파 값을 구할 때 사용하지 않는다.

[92~95] 거시경제

92 정답 ①

출제포인트 이자율의 기간구조이론

'㉠'은 이자율의 기간구조이론에 대한 적절한 설명이다.
㉡ 시장분할 이론은 장단기금리 간의 대체관계가 없다고 가정하므로 장단기금리 간 연계성이 없게 되어 수익률 곡선의 이동을 잘 설명하지 못한다.
㉢ 유동성 프리미엄 이론에 대한 설명이다. 특정 시장 선호이론은 유동성 프리미엄이 아닌 기간 프리미엄을 사용한다.

93 정답 ④

출제포인트 경기지수

장단기금리차는 선행 종합지수의 구성지표이다.
① ② 광공업생산지수, 내수출하지수는 동행 종합지수의 구성지표이다.
③ 소비재수입액은 후행 종합지수의 구성지표이다.

94 정답 ②

출제포인트 IS-LM모형

'㉠, ㉡'은 IS-LM모형에 대한 적절한 설명이다.
㉢ LM곡선이 수평이면 무 구축효과가 나타난다.

95 정답 ②

출제포인트 경기예측방법

소비자태도지수(CSI)는 경기수축기에 있어서 기업실사지수보다 일정 기간 선행하는 경향을 보이고 있어 경기국면 변화 예측에 유용하다.
① 기업경기실사지수(BSI)가 80이라면 경기가 '수축국면'인 것으로 판단한다. 100 이상이면 확장국면, 100 이하이면 수축국면으로 판단한다.
③ 경기확산지수는 경기변동의 진폭과 속도는 측정하지 않고 경기변동의 변화 방향과 전환점을 식별하기 위한 경기지표이다.
④ 유통속도는 명목GDP를 통화량으로 나눈 값이다.

[96~100] 분산투자기법

96 정답 ④

출제포인트 자본자산 가격결정 모형의 의의와 가정

모든 투자자는 동일한 방법으로 증권을 분석하고 경제상황에 대한 예측도 동일하므로 미래증권 수익률의 확률분포에 대하여 동질적으로 예측한다.

97 정답 ④

출제포인트 운용 투자수익률의 측정

내부수익률에 대한 설명이다.

98 정답 ③

출제포인트 포트폴리오 투자전략

포트폴리오 리밸런싱에 대한 설명이다.
① 지수펀드전략은 포트폴리오 수정 전략이 아닌 포트폴리오 투자전략 중 소극적 투자전략에 해당한다.
② 불변금액법은 포트폴리오 수정 전략이 아닌 적극적 투자전략 중 포뮬러플랜의 한 종류에 해당한다.
④ 포트폴리오 업그레이딩은 수익을 얻거나 낮은 위험만을 부담하기 위해 포트폴리오의 구성을 수정하는 전략이다.

99 정답 ③

출제포인트 변동성 보상비율

$$\text{변동성 보상비율} = \frac{E(R_A) - R_f}{\sigma_A} = \frac{0.1 - 0.02}{0.07} = 1.14$$

투자위험이 한 단위 증가할 때 얻게 되는 위험 보상률의 증가인 변동성 보상비율은 투자금액의 비율에 관계없이 일정하다.

100 정답 ②

출제포인트 차익거래 가격결정이론 - 단일요인 모형

단일요인 차익거래 가격결정이론에서의 차익거래 해소 조건

$$\frac{E(R_B) - R_f}{\beta_B} = \frac{E(R_A) - R_f}{\beta_A}$$

$$\Rightarrow \frac{0.07 - 0.02}{\beta_B} = \frac{0.06 - 0.02}{0.5}$$

$$\therefore \beta_B = 0.625$$

제2회 적중 실전모의고사

정답

제1과목 | 금융상품 및 세제

01	02	03	04	05	06	07	08	09	10
④	③	③	③	④	②	①	③	①	①
11	12	13	14	15	16	17	18	19	20
②	②	④	③	③	④	③	④	④	④

제2과목 | 투자운용 및 전략 II/투자분석

21	22	23	24	25	26	27	28	29	30
①	①	①	①	②	③	③	④	①	③
31	32	33	34	35	36	37	38	39	40
①	①	③	①	②	②	②	③	②	③
41	42	43	44	45	46	47	48	49	50
①	④	④	②	④	②	①	②	②	①

제3과목 | 직무윤리 및 법규/투자운용 및 전략 I 등

51	52	53	54	55	56	57	58	59	60
①	③	③	①	③	③	①	②	①	②
61	62	63	64	65	66	67	68	69	70
③	①	④	④	③	②	②	②	①	④
71	72	73	74	75	76	77	78	79	80
①	②	③	②	②	②	③	③	①	④
81	82	83	84	85	86	87	88	89	90
④	③	④	①	②	②	③	④	③	②
91	92	93	94	95	96	97	98	99	100
①	④	③	②	③	③	③	①	②	④

취약 과목 분석표

맞힌 개수, 틀린 문제 번호와 풀지 못한 문제 번호를 적어 보고, 맞힌 개수에 따라 자신의 학습상태를 점검할 수 있습니다. 틀린 문제와 풀지 못한 문제는 해설의 출제포인트를 확인하여 관련 이론을 꼭 복습하세요.

	세부과목	맞힌 개수	틀린 문제 번호	풀지 못한 문제 번호
제1과목 **금융상품 및 세제**	세제관련 법규 및 세무전략			
	금융상품			
	부동산관련 상품			
	TOTAL	/20		

*20문제 중 8개 미만 과락

	세부과목	맞힌 개수	틀린 문제 번호	풀지 못한 문제 번호
제2과목 **투자운용 및 전략 II** **/투자분석**	대안투자운용 및 투자전략			
	해외증권투자운용 및 투자전략			
	투자분석기법			
	리스크 관리			
	TOTAL	/30		

*30문제 중 12개 미만 과락

	세부과목	맞힌 개수	틀린 문제 번호	풀지 못한 문제 번호
제3과목 **직무윤리 및 법규/** **투자운용 및 전략** **I 등**	직무윤리			
	자본시장 관련 법규			
	한국금융투자협회 규정			
	주식투자운용 및 투자전략			
	채권투자운용 및 투자전략			
	파생상품투자운용 및 투자전략			
	투자운용결과분석			
	거시경제			
	분산투자기법			
	TOTAL	/50		

*50문제 중 20개 미만 과락

해설

제1과목 | 금융상품 및 세제

[01~07] 세제관련 법규 및 세무전략

01 정답 ④

> **출제포인트** 양도소득세 – 과세대상

'㉠ 미등기된 부동산 임차권, ㉡ 상장채권, ㉢ 사업용 고정자산과 함께 양도하지 않는 영업권'은 모두 양도소득의 과세대상 자산에 해당하지 않는다.
㉠ 부동산 임차권은 등기된 것에 한하여 양도소득의 과세대상 자산이 되므로, 등기되지 않은 부동산 임차권은 양도소득의 과세대상 자산이 되지 않는다.
㉡ 채권은 상장여부에 관계없이 양도소득의 과세대상 자산이 되지 않는다.
㉢ 사업용 고정자산과 함께 양도하는 영업권은 양도소득의 과세대상 자산이 되지만, 사업용 고정자산과 별도로 양도하는 영업권은 기타소득으로 분류한다.

02 정답 ③

> **출제포인트** 납세의무자 – 거주자와 비거주자

국내 사업장이나 부동산 임대사업소득이 없는 비거주자의 국내원천소득은 분리과세하며, 국내 사업장이나 부동산 임대사업이 있는 경우의 국내원천소득은 종합과세한다.
① 항공기의 승무원은 그 승무원이 근무기간 외의 기간 중 통상 체재하는 장소로 주소를 판정하므로 뉴욕에 주소가 있는 것으로 보아 비거주자에 해당한다.
② 국내에 183일 동안 거소를 둔 자는 거주자이며, 거주자가 사망한 경우 과세기간은 1월 1일부터 사망한 날까지이다.
④ 거주자와 비거주자의 원천징수세액은 그 징수일이 속하는 달의 다음 달 10일까지 정부에 납부해야 한다.

03 정답 ③

> **출제포인트** 심사와 심판

이의신청은 청구인의 선택에 따라 본 절차를 생략할 수 있으며, 심사청구·심판청구 절차는 취소소송의 전제 요건이 되어 있어 본 절차를 거치지 않고는 취소소송을 제기할 수 없다.

04 정답 ③

> **출제포인트** 납세의무 – 소멸과 승계

납부고지·독촉의 경우에는 이미 경과한 시효기간의 효력이 중단된다.
② 5억원 이상의 국채는 10년간 행사하지 아니하면 소멸시효가 완성하고 이로 인해 납세의무도 소멸한다.

05 정답 ④

> **출제포인트** 종합소득세의 신고납부

외국법인으로부터 발생하는 배당소득은 무조건 종합과세대상이므로, 2,000만원 이하여도 반드시 종합소득세 확정신고를 해야 한다.
① 근로소득만 있는 경우, 근로소득에 대한 세금납부는 연말정산으로 끝난다.
② 근로소득과 2,000만원 이하의 종합과세대상 금융소득이 있는 경우, 근로소득에 대한 세금납부는 연말정산으로 끝나며 금융소득은 분리과세되므로 종합소득세를 신고할 필요가 없다.
③ 무조건 분리과세소득은 소득세를 원천징수하여 납부함으로써 과세를 종결하므로 종합소득세를 신고하지 않아도 된다.

06 정답 ②

> **출제포인트** 증권거래세 – 납세의무자

비거주자이면서 국내에 사업장을 가지고 있지 않은 자가 금융투자업자를 통하지 않고 주권을 양도하였다. 이 경우 주권의 양도에 대해 납세의무를 지는 자는 (주권의 양수인)이다.

07 정답 ①

> **출제포인트** 증여세 – 증여재산공제

성년이 아닌 자녀(미성년자)에게 10년의 기간 동안 2,000만원 이내로 증여할 경우 증여재산공제가 적용된다. 따라서 2,000만원 이내의 금액인 1,500만원을 10년간 증여한다면, 증여재산공제가 적용되어 증여세를 내지 않게 된다.

[08~15] 금융상품

08 정답 ③

> ✓출제포인트 주식연계증권(ELS) - 수익구조

Knock-out형에 대한 설명이다.

09 정답 ①

> ✓출제포인트 단기금융 집합투자기구(MMF)

남은 만기가 1년 이내인 사채권은 단기금융 집합투자기구(MMF)의 편입대상자산에 속하지만, 사모사채는 제외한다.
② 남은 만기가 5년 이내인 국채증권은 편입이 가능하다.
③ 남은 만기가 1년 이내인 기업어음증권은 편입이 가능하다.
④ 남은 만기가 6개월 이내인 양도성예금증서는 편입이 가능하다.

10 정답 ①

> ✓출제포인트 신탁상품 - 특징

신탁의 위탁자는 수탁자에 대해 지시할 수 있으나, 스스로 신탁재산상의 권리를 행사할 수 없다.

11 정답 ②

> ✓출제포인트 자산유동화증권(ABS)

신용공여는 외부 신용보강에 해당한다.

12 정답 ②

> ✓출제포인트 퇴직연금제도

확정기여(DC)형 제도는 근로자가 운용의 주체가 되어 적립금을 운용한 후 그 손익에 따라 근로자의 퇴직급여가 변동된다.
① 확정급여(DB)형 제도는 근로자가 수령할 퇴직금 수준이 사전에 확정되어 있는 제도이며, 기업이 부담해야 할 부담금 수준이 사전에 확정되는 것은 확정기여(DC)형 제도에 대한 설명이다.
③ 개인형 IRP는 퇴직 후 일시금으로 수령할 수 있다.
④ 확정급여(DB)형 제도와 확정기여(DC)형 제도는 모두 IRP에 추가로 납입할 수 있다.

13 정답 ④

> ✓출제포인트 생명보험의 종류

양로보험은 정기보험과 생존보험이 결합된 것이다.

14 정답 ③

> ✓출제포인트 개인종합자산관리계좌(ISA)

ISA는 중개형, 신탁형, 일임형이 있으며, 이 중 한 사람당 하나의 계좌만 개설할 수 있다.
① 국내상장주식 등에 투자할 수 있는 것은 중개형 ISA이다.
② 금융회사가 가입자의 위험성향과 자금운용목표를 고려하여 제시하는 모델 포트폴리오 중 하나를 선택하여 투자하는 방식은 일임형 ISA에 대한 설명이다.
④ 서민형 ISA에 가입하기 위해서는 총급여 5,000만원 또는 종합소득 3,800만원 이하의 거주자여야 한다.

15 정답 ③

> ✓출제포인트 주택저당증권(MBS) - 역모기지

역모기지계약이 체결될 경우 금융기관은 종신 시점까지 상환청구권을 행사할 수 없다.
① 금융기관은 가입자 부부가 사망한 후 연금수령액 등이 집값을 초과하여도 상속인에게 청구할 수 없다. 또한, 가입자 부부 사망 후 집값이 남으면 상속인에게 잔액을 지급한다.
② 대출자는 중도상환 의무를 부담하지 않고 연금을 수령한다.
④ 역모기지는 대출신청자의 신용상태 및 상환능력이 아닌 미래의 특정 시점에 예상되는 주택가치에 근거하여 대출금액이 결정된다.

[16~20] 부동산관련 상품

16 정답 ④

> ✓출제포인트 부동산 투자회사(REITs)

부동산 투자회사는 자산을 부동산에 투자하여 운용하는 것을 주된 목적으로 설립된 회사이다. 이때, 자산운용 전문인력을 포함한 임직원을 상근으로 두고, 자산의 투자와 운용을 직접 수행하는 부동산 투자회사는 (자기관리 부동산 투자회사)이다.
① '개발전문 부동산 투자회사'는 2015년 법이 개정되어 현재 폐지되었다.

17 정답 ③

> ✓출제포인트 부동산 감정평가
> \- 비교방식(거래사례비교법)

수익방식(수익환원법)에 대한 설명이다. 비교방식(거래사례비교법)은 대상부동산과 동일성 또는 유사성이 있는 부동산의 거래사례와 비교하여 대상부동산 현황에 맞게 사정보정, 시점수정을 가하여 부동산의 가격을 산정하는 방식이다.

18 정답 ④

출제포인트 용도지역

농림지역은 도시지역에 포함되지 않는다.

19 정답 ②

출제포인트 부동산 물권 – 용익물권

'㉠ 지상권, ㉡ 지역권, ㉣ 전세권'은 용익물권에 해당한다.
㉢ 저당권은 담보물권에 해당하며, 용익물권과 구분된다.

20 정답 ④

출제포인트 부동산 포트폴리오

투자대상 부동산의 고유한 특성에 의해서 발생하는 위험은 비체계적 위험이다.
② 부동산 포트폴리오의 수익률은 개별 부동산의 수익률을 가중평균한 값이다.

제2과목 | 투자운용 및 전략 II/투자분석

[21~25] 대안투자운용 및 투자전략

21 정답 ①

출제포인트 부동산금융

PF(Project Financing)는 부동산 개발금융으로, 대표적인 수익형 부동산금융에 해당한다. 한편, 주택금융은 담보대출이 대표적이다.

22 정답 ①

출제포인트 헤지펀드 운용전략 – 방향성 전략

이머징마켓 헤지펀드는 주로 신흥시장에서 거래되는 모든 증권에 대해서 포지션을 취한다. 신흥시장의 경우 선진국 시장보다 비효율적이고 유동성이 낮다. 이머징마켓 국가는 일반적으로 공매도를 허용하지 않으므로 주로 매수 전략을 사용한다.
② 글로벌 매크로 전략은 투자 결정 시 경제상황을 Top-down 방식을 사용하여 분석한다.
③ 주식의 롱숏 전략은 대표적 차익거래 전략이지만, 개별 주식의 방향성을 기대하며 롱숏의 배분 비율을 달리해 방향성의 전략으로도 사용된다.
④ 매도전문펀드는 주식 가격이 하락하면 이익이 발생하고, 주식 가격이 상승하면 손실이 발생한다.

23 정답 ①

출제포인트 CDO의 구분

Arbitrage CDO에 대한 설명이다.
② Balance Sheet CDO : 위험 전가 목적으로 거래하고, 거래를 통해 대차대조표에서 신용위험 자산이 감소하여 재무비율이 개선되는 효과가 있다.

24 정답 ①

출제포인트 CDO의 투자

'㉠, ㉡'은 CDO의 트랜치에 대한 적절한 설명이다.
㉢ 재보험사에게 기존 보유 위험을 헤지할 수 있는 분산투자의 도구로서 인식되는 트랜치는 'Super Senior 트랜치'이다.
㉣ Super Senior 트랜치는 신용평가기관에서 신용평가를 하지 않기 때문에 투자자 입장에서는 신용평가사의 신용등급 없이 투자하게 된다.

25 정답 ②

출제포인트 PEF 투자회수(Exit)

매각 상대방은 주로 일반기업이지만 다른 PEF가 될 수도 있다. 주로 일반기업 매각 및 상장 등을 통한 투자회수가 여의치 않거나 빠른 투자회수를 원하는 LP 투자자들의 요구 등에 따라 다른 PEF에 매각하여 현금화하기도 한다.

[26~30] 해외증권투자운용 및 투자전략

26 정답 ③

출제포인트 해외 주식발행(DR)

'㉡, ㉢'은 해외 주식발행(DR)에 대한 적절한 설명이다.
㉠ 해당 기업이 미국 시장의 상장을 원하지 않는 경우라도 미국 투자자들의 관심이 높을 때는 미국 증권회사가 비용을 부담하며 DR을 발행·상장하는 경우가 있는데, 이는 'Unsponsored DR'이다.
반면, 해당 기업이 미국 증시에 상장되기를 원하여 DR 발행 및 상장 관련 비용을 직접 부담하는 경우를 'Sponsored DR'이라고 한다.
㉡ 우리나라 원화가 국제 통화가 아니기 때문에, 일반적으로 우리나라 기업의 해외 상장의 경우에는 DR의 형태로 상장되고 거래된다.

ⓒ 달러화 표시 해외 DR 발행이 미국과 미국 이외의 시장에서 동시에 이루어지는 경우 GDR이 된다. 한편, 달러화 표시 DR이 미국 이외의 거래소에 상장되면 EDR이 된다.

27 정답 ③

✓출제포인트 **환위험 관리 전략**

내재적 헤지는 별도의 헤지비용 없는 환위험 헤지 전략이다.
① 통화파생상품을 이용하는 헤징 전략은 그 유용성이 높지만, 주요 통화 이외에는 파생상품 시장의 유동성이 적어 현실적으로 이용하기 어렵다.
② 투자대상 증권과 환율 간의 상관관계를 이용하는 방법은 '내재적 헤지(implicit hedge)'라고 한다. '롤링헤지(rolling hedge)'는 짧은 헤지기간을 연결해서 전체 투자기간을 헤지하는 전략을 말한다.
④ 환율 변동은 위험요인인 동시에 수익의 요인도 되기 때문에 면밀한 환율 분석을 통해 적극적으로 환율에 노출을 가짐으로써 높은 초과수익을 얻을 수 있다. 또한, 장기적인 관점에서 특정한 헤지방법은 헤지 비용을 수반하기 때문에 오히려 헤지를 하지 않는 것이 좋은 전략이 될 수도 있다.

28 정답 ④

✓출제포인트 **해외 포트폴리오의 자산배분**

'ⓒ, ⓔ'은 상향식(Bottom-up) 접근법에 대한 설명이다.
ⓐ ⓑ 하향식(Top-down) 접근법에 대한 설명이다.

29 정답 ①

✓출제포인트 **유로채와 외국채**

외국채는 기명식으로 발행되는 반면에, 유로채는 무기명식으로 발행된다.
② 외국채를 발행하는 경우 공시, 신용등급평가 등에 대한 규제가 엄격하다. 특히, 미국에서 외국채를 발행하는 경우 SEC의 공시규정이 적용되며, 공인된 신용평가기관으로부터 신용등급평가를 받아야 한다.
③ 양키본드는 미국에서 달러로 발행되는 채권으로, 채권표시 통화의 본국에서 발행되는 외국채에 해당한다.
④ 중국에서 위안화로 발행되는 채권은 '판다본드(외국채)'이다. '딤섬본드'는 홍콩에서 위안화로 발행되는 유로채이다.

30 정답 ③

✓출제포인트 **미국 국채 투자**

'ⓐ, ⓑ, ⓒ'은 미국 재무부채권 투자 시 고려되어야 하는 사항에 해당한다.

ⓓ 미국 재무부채권은 미국 국채로 위험성 없는 채권(안전자산)으로 보아 가산금리가 붙지 않는다. 따라서 미국 재무부채권 투자 시 가산금리는 고려대상이 아니다. 한편, 기타 국가의 채권은 미국 재무부채권 금리에 위험도에 따른 가산금리가 붙게 된다.

[31~42] 투자분석기법

31 정답 ①

✓출제포인트 **기업분석(재무제표 분석)**

이자보상비율은 재무상태표 활용 없이 손익계산서만을 활용하여 산출하는 비율이다.
- 이자보상비율
$$= \frac{\text{이자 및 법인세 차감 전 이익(또는 영업이익)}}{\text{이자비용}}$$

32 정답 ①

✓출제포인트 **PER**

$$\text{PER} = \frac{P_0}{E_1} = \frac{1-b}{k-g}$$
$$= \frac{1-b}{k-b \times \text{ROE}} = \frac{0.2}{0.12 - 0.8 \times 0.1} = \frac{0.2}{0.04} = 5$$

33 정답 ③

✓출제포인트 **EV/EBITDA**

'EV/EBITDA' 방식에 의한 가치 추정은 당기순이익을 기준으로 평가하는 PER 모형의 한계점을 보완하고, 기업 자본구조를 감안한 평가방식이라는 점에서 유용성이 있다.

34 정답 ①

✓출제포인트 **기업분석(재무제표 분석) - ROE, ROA**

- ROE = 순이익/자기자본
$$= \frac{\text{순이익}}{\text{총자산}} \times \frac{\text{총자산}}{\text{자기자본}}$$
$$= \text{ROA} \times \frac{\text{총자산}}{\text{자기자본}}$$

위 식에 'ROE = 2ROA, 총자산 = 200억'을 대입하면,
$$2\text{ROA} = \text{ROA} \times \frac{\text{총자산}}{\text{자기자본}}$$
$$2 = \frac{200억}{\text{자기자본}}$$
$$\therefore \text{자기자본} = \frac{200억}{2} = 100억$$

35 정답 ②

> ✓ 출제포인트 레버리지 분석 – 재무레버리지도(DFL)

재무레버리지도(DFL) = $\dfrac{\text{주당순이익의 변화율}}{\text{영업이익의 변화율}}$

$= \dfrac{(60-40)/40}{(140-100)/100}$

$= \dfrac{0.5}{0.4} = 1.25$

36 정답 ②

> ✓ 출제포인트 기술적 분석

기술적 분석은 투자가치를 무시하고 시장의 변동에만 집중하기 때문에 시장이 변화하는 근본원인을 분석할 수 없다는 한계점을 가지고 있다.

37 정답 ②

> ✓ 출제포인트 거래량 지표(OBV)

OBV선이 상승함에도 불구하고 주가가 하락하면 조만간 주가 상승이 예상되며, 반대로 OBV선이 하락함에도 불구하고 주가가 상승하면 조만간 주가 하락이 예상된다.

38 정답 ③

> ✓ 출제포인트 엘리어트 파동이론

일반적으로 상승 5파 중에서 가장 길게 나타나는 것은 '3번 파동'이다.
② 상승 5파 중에서 1번, 3번, 5번 파동은 주가의 진행 방향과 같은 방향으로 움직이는 충격 파동이며, 2번, 4번 파동은 주가의 진행 방향과 반대 방향으로 움직이는 조정 파동이다.
④ 절대불가침 법칙에 의해 충격 파동(1번, 3번, 5번 파동) 중에서 3번 파동은 제일 짧은 파동이 될 수 없다.

39 정답 ②

> ✓ 출제포인트 패턴 분석

깃발형과 페넌트형은 '지속형' 패턴으로서, 주가가 거의 수직에 가까운 빠른 속도로 움직인 이후 기존 주가 움직임에 일시적으로 반발하여 잠시 횡보 국면을 보이는 과정에서 나타난다.

40 정답 ③

> ✓ 출제포인트 라이프사이클 분석

성숙기는 산업 내 기업들이 안정적인 시장점유율을 유지하면서 매출은 완만하게 늘어난다. 이익률은 시장점유율 유지를 위한 가격 경쟁과 판촉 경쟁 등으로 인해 하락하고, 기업별로 경영능력에 따른 영업실적의 차이가 크게 나타난다.
① 늘어나는 수요에 맞추어 공급능력을 대폭 확충하면서 매출액이 급증하고, 시장경쟁도 약하여 수익성이 높아지는 시기는 '성장기'이다.
② 매출증가율이 낮으며, 이익은 과도한 고정비와 판매비, 시장 선점 경쟁 등으로 적자를 보이거나 저조한 것이 일반적인 시기는 '도입기'이다.
④ 시장경쟁이 격화되어 이익률이 정점에 도달한 이후 차츰 하락하게 되는 시기는 '성장기(후반)'이다.

41 정답 ①

> ✓ 출제포인트 산업연관표와 주요 지수

- (투입계수)는 각 산업 생산물 1단위 생산에 필요한 중간재와 생산요소의 투입비중을 나타내어 산업별 또는 상품별 생산기술 구조를 파악할 수 있다.
- (생산유발계수)는 최종 수요가 1단위 증가할 때 각 산업에서 직·간접적으로 유발되는 산출물의 단위를 나타내며, 각 산업 간의 상호의존관계를 분석할 때 이용된다.

부가가치유발계수는 어떤 산업의 최종 수요가 1단위 증가할 경우 각 산업에서 직·간접적으로 유발되는 부가가치 단위를 나타낸다.

42 정답 ④

> ✓ 출제포인트 시장 경쟁강도의 측정방법
> – 허핀달지수(HHI)

대기업의 규모가 변화하면 상위 k개 기업 간의 점유율 분포도 달라지게 된다. 허핀달지수는 각 기업 시장점유율 제곱의 합으로 계산하기 때문에 시장점유율 분포가 달라지면 허핀달지수도 변동한다.
① 산업이 순수 독점인 경우 허핀달지수는 최대가 된다. 이때 해당 독점 기업의 시장점유율(S_1)은 1이 되고, 다음 공식에 따라 HHI는 1이 된다.
- HHI = $\sum_{i=1}^{n} S_i^2 = \sum_{i=1}^{1} S_i^2 = S_1^2 = 1$

③ 허핀달지수의 역수는 가상적인 동등 규모의 기업체 수를 나타낸다. 따라서 한 시장 내에 모든 기업의 시장점유율이 같다면, 허핀달지수의 역수는 곧 시장 내 기업체 수를 의미한다.

[43~50] 리스크 관리

43 정답 ④

출제포인트 리스크 관리 실패 사례
– 메탈게젤샤프트사의 파산 사건

메탈게젤샤프트 사건의 경우 불법 거래로 인해 발생한 사건이 아니고, 헤지 전략의 실패 등으로 인해 발생한 파산 사건이다. 불법 거래에 따른 막대한 손실로 인해 파산한 사건은 '베어링은행 파산 사건'이다.
메탈게젤샤프트사의 헤지 전략은 다음의 리스크를 내포하고 있다.

- 롤오버리스크(갱신리스크) : 선물계약 갱신 시 손해가 발생할 가능성
- 자금조달리스크 : 선물계약의 추가 증거금 납부에 소요되는 자금조달에 따른 리스크
- 신용리스크 : 현물 가격 하락 시 현물 장기공급계약의 거래상대방이 계약을 이행하지 않을 가능성

44 정답 ②

출제포인트 개별 자산(옵션)의 VaR 계산

옵션의 VaR = $S \cdot \sigma(\Delta S/S) \cdot z \cdot f'$
= $300pt \times 0.08 \times 1.65 \times 0.25 = 9.9pt$

옵션의 VaR은 '기초자산의 가격(S), 표준편차(σ), 신뢰상수(z), 옵션의 델타(f')'의 곱으로 계산된다. 옵션의 VaR 계산에서 '옵션의 가격'은 필요하지 않은 요소이지만, 해당 문제와 같이 기초자산의 가격과 옵션의 가격 정보를 모두 줌으로써 기초자산의 가격 대신 옵션의 가격을 사용하도록 계산을 유도할 수 있으므로 주의해야 한다.

45 정답 ④

출제포인트 포트폴리오의 VaR 계산

- 상관계수가 −1인 경우(분산효과 최대) : 12 − 5 = 7
- 상관계수가 0인 경우 : $\sqrt{12^2 + 5^2} = 13$
- 상관계수가 +1인 경우(분산효과 없음) : 12 + 5 = 17

따라서 정답은 7 + 13 + 17 = 37이 된다.

46 정답 ②

출제포인트 VaR 측정방법
– 구조화된 몬테카를로 분석법

'ⓒ, ⓔ'은 몬테카를로 분석법에 대한 적절한 설명이다.
㉠ 완전가치 평가로 측정하며, 가치평가모형이 필요하다.

㉣ 위험요인의 변동분을 과거 실제 일어났던 자료로부터 얻는 것은 '역사적 시뮬레이션법'이다. 몬테카를로 분석법에서는 위험요인의 확률 모형으로부터 얻는다.

47 정답 ①

출제포인트 VaR 측정방법 – 스트레스 검증법

스트레스 검증법은 주로 포트폴리오의 주요 변수에 큰 변화가 발생했을 때 포트폴리오의 가치 변화 정도를 측정하기 위해 사용되며, 시나리오 분석법이라고도 한다.
② 스트레스 검증법은 과거 데이터가 없는 경우에도 사용할 수 있다는 장점이 있다.
③ 스트레스 검증법은 시나리오를 주관적으로 가정하기 때문에, 다른 방법과 같이 과학적으로 VaR을 계산하지 못한다. 또한, 포트폴리오 리스크의 기본적인 구성요소인 상관관계를 제대로 계산해내지 못한다는 단점이 있다. 따라서 다른 VaR 측정법을 대체하기 보다는 보완적인 방법으로 최악의 경우의 변화를 측정하는 데 유용하다.
④ 스트레스 검증법은 항상 일부 변수의 경우만 설명하며 변수 간 상관관계는 무시한다는 단점이 있다.

48 정답 ②

출제포인트 VaR의 전환

4일 VaR = 1일 VaR × $\sqrt{4}$ = 20억 × $\sqrt{4}$ = 40억

49 정답 ②

출제포인트 부도모형(Default Mode)

- EL = EAD × 부도율(p) × LGD
  = 10억 × p × 0.03
- $\sigma_{EL} = \sqrt{p \cdot (1-p)} \times EAD \times LGD$
  = $\sqrt{p \cdot (1-p)} \times 10억 \times 0.03$

여기서 EL과 σ_{EL}가 동일하다고 했으므로,
10억 × p × 0.03 = $\sqrt{p \cdot (1-p)} \times 10억 \times 0.03$
$p = \sqrt{p \cdot (1-p)}$
$p^2 = p \cdot (1-p)$
$p = 1 - p$
$2p = 1$
∴ $p = 0.5$

50   정답 ①

> ✅ 출제포인트   KMV의 EDF모형(부도율 측정모형)

기업	A	B	C
기대기업가치	200억	300억	500억
부채금액	170억	220억	350억
표준편차	30억	40억	50억
부도거리 ($=\frac{A-D}{\sigma}$)	$\frac{200억-170억}{30억}=1$	$\frac{300억-220억}{40억}=2$	$\frac{500억-350억}{50억}=3$
부도율	1σ 이상일 확률 (16%)	2σ 이상일 확률 (2.5%)	3σ 이상일 확률 (0.5%)

따라서 A기업이 부도거리가 1표준편차로 가장 작은 기업이다. 또한, 부도거리가 작을수록 부도율이 높게 나타나기 때문에 부도율이 가장 높은 기업도 A기업이 된다.

제3과목 | 직무윤리 및 법규/투자운용 및 전략 Ⅰ 등

[51~55] 직무윤리

51   정답 ①

> ✅ 출제포인트   대외활동

대외활동 시 사견을 밝힐 수 있으며, 회사의 공식의견이 아닌 경우 사견임을 명백히 표현해야 한다.

52   정답 ③

> ✅ 출제포인트   부당한 재산상 이익의 제공 및 수령 금지

'ⓒ, ⓔ'은 재산상 이익으로 보지 않으므로 제공 및 수령이 가능한 경우에 해당한다.
ⓐ 경제적 가치가 3만원 이상인 신유형 상품권은 재산상 이익으로 보아 '경제적 가치가 5만원인 기프티콘'은 제공이 불가능하다.
ⓑ '도서·음반 구입으로 한정된 상품권'은 재산상 이익으로 보지 않으므로 제공이 가능하다.
ⓒ '거래상대방만 참석한 여가 및 오락활동 등에 수반되는 비용의 제공'은 재산상 이익으로 보아 제공이 불가능하다.
ⓓ 20만원 이하의 경조비 및 조화·화환은 재산상 이익으로 보지 않으므로 '10만원 상당의 화환'은 제공이 가능하다.

53   정답 ③

> ✅ 출제포인트   과당매매

'일반투자자의 수익률 등 해당 거래에 따른 금전적 결과'는 과당매매를 판단하는 기준에 해당하지 않는다.

54   정답 ①

> ✅ 출제포인트   내부통제기준 위반 시 회사에 대한 조치

- 준법감시인이 임면 사실을 금융위원회에 보고하지 않은 경우 (2천만원) 이하의 과태료를 부과한다.
- 준법감시인이 자산 운용에 관한 업무를 겸직한 경우 (3천만원) 이하의 과태료를 부과한다.
- 내부통제기준을 마련하지 않은 경우 (1억원) 이하의 과태료를 부과한다.

55   정답 ③

> ✅ 출제포인트   상품 판매 이후 금융소비자보호
>   - 자료열람요구권

금융소비자가 권리구제를 위한 목적으로 자료열람을 요구할 경우 금융상품판매업자는 지체없이 열람을 승인해야 하나, 금융상품판매업자는 열람으로 인해 해당 금융회사의 영업비밀이 현저히 침해되는 등 열람하기 부적절한 경우에는 금융소비자에게 그 사유를 알리고 열람을 제한하거나 거절할 수 있다.

[56~66] 자본시장 관련 법규

56   정답 ③

> ✅ 출제포인트   순자본비율 규제

'㉠ 운영위험액, ㉣ 시장위험액, ㉤ 신용위험액'은 순자본비율 산정 시 총위험액에 포함된다.
'㉡ 법적위험액, ㉢ 유동성위험액'은 순자본비율 산정 시 총위험액에 포함되지 않는다.

57   정답 ①

> ✅ 출제포인트   특수한 형태의 집합투자기구

모자형 집합투자기구는 모집합투자기구가 발행하는 집합투자증권을 자집합투자기구가 취득하는 구조이다.

58 정답 ②

출제포인트 집합투자업자의 의결권 행사 및 공시

집합투자업자는 제3자와의 계약에 의해 의결권을 교차하여 행사할 수 없다.

59 정답 ①

출제포인트 집합투자기구 관계회사

투자회사의 위탁을 받아 투자회사 주식의 발행 및 명의개서, 투자회사 재산의 계산 등에 관한 업무를 영위하는 자는 '일반사무관리회사'이다.
② 채권평가회사 : 집합투자재산에 속하는 채권 등 자산의 가격을 평가하고 이를 집합투자기구에게 제공하는 업무를 영위하려는 자
③ 집합투자기구 평가회사 : 집합투자기구를 평가하고 이를 투자자에게 제공하는 업무를 영위하려는 자
④ 신용평가업자 : 국가 및 채무증권의 신용도를 평가하는 회사

60 정답 ②

출제포인트 집합투자재산의 평가

'ⓒ'은 집합투자재산의 평가에 대한 적절한 설명이다.
㉠ 집합투자재산은 시가로 평가하는 것을 원칙으로 하며, 원칙의 적용이 어려울 경우에는 공정가액으로 평가한다.
ⓒ MMF는 장부가격으로 평가한 가격과 시가·공정가액으로 평가한 가격과의 차이가 0.5%를 초과하거나 초과할 우려가 있는 경우 집합투자규약에서 정하는 바에 따라 필요한 조치를 취해야 한다.

61 정답 ③

출제포인트 금융투자상품의 종류 - 증권

- (투자계약증권)은 특정투자자가 그 투자자와 타인 간의 공동사업에 금전 등을 투자하고 주로 타인이 수행한 공동사업의 결과에 따른 손익을 귀속 받는 계약상의 권리가 표시된 증권을 말한다.
- 주가연계증권(ELS), 주가연계워런트(ELW), 신용연계증권(CLN)은 (파생결합증권)에 해당한다.

62 정답 ①

출제포인트 금융기관 검사 및 제재에 관한 규정

'㉠'은 금융기관 검사 및 제재 규정에 대한 적절한 설명이다.

ⓒ 제재를 받은 금융기관이 당해 조치요구가 위법·부당하다고 인정하는 경우에는 금융감독원의 장에게 이의신청이 가능하며, 이의신청 처리결과에 대해서는 다시 이의신청을 할 수 없다.
ⓒ 금융기관의 이의신청에 대하여 이의신청이 이유 없다고 인정할 명백한 사유가 있는 경우에는 금융감독원의 장의 직권으로 이의신청을 기각할 수 있다.

63 정답 ④

출제포인트 집합투자증권의 환매

환매수수료는 집합투자규약에서 정한 기간 이내에 환매하는 경우에 부과하며, 환매금액 또는 이익금 등을 기준으로 부과할 수 있다.
① 투자자가 집합투자증권의 환매를 청구하고자 하는 경우에는 일반적으로 그 집합투자증권을 판매한 투자매매업자 또는 투자중개업자에게 청구해야 한다.
② 집합투자업자 또는 투자회사 등은 투자자 전원의 동의를 얻은 경우 집합투자재산으로 환매대금을 지급할 수 있다.
③ 집합투자업자 또는 투자회사 등은 일반적으로 환매청구일부터 15일 이내에서 집합투자규약에서 정한 환매일에 환매대금을 지급해야 한다.

64 정답 ④

출제포인트 금융투자상품

'금융상품의 권리를 취득하기 위해 지급해야 할 금전 등의 총액이 그 권리로부터 회수할 수 있는 금전 등의 총액을 초과하게 될 위험'은 투자성에 대한 정의이다. 증권은 취득과 동시에 어떤 명목으로든 추가적인 지급의무를 부담하지 아니하는 금융투자상품을 말한다.

65 정답 ③

출제포인트 투자일임업자의 금지행위

- 투자일임재산으로 투자일임업자 또는 그 이해관계인의 고유재산과 거래하는 행위는 금지되지만, 이해관계인이 되기 (6개월) 이전에 체결한 계약에 따른 거래의 경우는 허용된다.
- 자기 또는 관계인수인이 인수한 증권을 투자일임재산으로 매수하는 행위는 금지되지만, 인수일로부터 (3개월)이 지난 후에 매수하는 경우는 허용된다.

66 정답 ②

출제포인트 집합투자업자의 금전차입, 대여 등의 제한

부동산 개발사업을 영위하는 법인에 대해서는 집합투자기구 순자산총액의 100% 이내로 금전대여가 가능하다.

[67~69] 한국금융투자협회 규정

67 정답 ②

출제포인트 집합투자기구의 명칭

사모집합투자기구의 경우 집합투자기구 명칭에 '사모'를 포함해야 한다.
④ 집합투자회사는 집합투자재산 총액의 60% 이상을 특정 종류의 증권 또는 특정 국가·지역에 투자하는 경우 원칙상 그 사실을 집합투자기구의 명칭에 포함할 수 있다. 다만, 그 이외의 자산이 집중투자자산(60%)의 성격에 큰 영향을 미치거나 부합하지 않는 경우에는 포함할 수 없다.

68 정답 ②

출제포인트 신상품 보호

'㉠, ㉢'은 신상품 보호 관련 규정에 대한 적절한 설명이다.
㉡ 심의위원회 위원장은 침해배제 신청 접수일로부터 7영업일 이내에 심의위원회를 소집하여 배타적 사용권 침해배제 신청에 대해 심의해야 한다.

69 정답 ①

출제포인트 투자광고 시 주요 매체별 위험고지 표시기준

인터넷 배너를 이용한 투자광고의 경우 위험고지내용이 (3초) 이상 보일 수 있도록 해야 하며, 파생상품과 같은 투자위험성이 큰 거래에 관한 내용을 포함하는 경우 해당 위험고지내용이 (5초) 이상 보일 수 있도록 해야 한다.

[70~75] 주식투자운용 및 투자전략

70 정답 ④

출제포인트 효율적 시장가설과 포트폴리오 관리 방식

'㉡, ㉣'은 효율적 시장가설에 대한 적절한 설명이다.
㉠ 효율적 시장가설은 '액티브 운용'을 반대하는 논거로 이용된다.
㉢ 약형이나 준강형의 효율적 시장가설을 신뢰한다면 액티브 운용을 배제할 필요는 없고, 강형의 효율적 시장가설을 신뢰하는 경우에만 어떤 형태의 액티브 운용도 시도할 필요가 없다고 본다.

71 정답 ①

출제포인트 ESG 투자에 대한 이해

ESG는 Environment(환경), Social(사회), Governance(지배구조)를 줄인 말이다.

72 정답 ②

출제포인트 인덱스펀드 구성 방법

'㉠, ㉡'은 인덱스펀드 구성 방법에 대한 적절한 설명이다.
㉢ 표본추출법에 대한 설명이다.

73 정답 ③

출제포인트 보험자산배분

보험자산배분전략이란 옵션을 이용하지 않고 보험 포트폴리오의 수익 구조를 창출하기 위한 전략으로, 포트폴리오 가치가 하락하면 무위험자산에 대한 투자비중을 증가시키고 포트폴리오 가치가 상승하면 위험자산에 대한 투자비중을 증가시키는 자산배분 원칙을 가진다.

74 정답 ②

출제포인트 액티브 운용 - 운용스타일

성장 모멘텀 투자자들은 성장률이 높은 기업에 대해 시장 PER보다 '높은' 가격을 지불하며, 성장률이 높은 산업에 투자하는 경향을 가진다.

75 정답 ②

출제포인트 전술적 자산배분의 이론적 배경

전략적 자산배분에 대한 설명이다.

[76~81] 채권투자운용 및 투자전략

76 정답 ②

출제포인트 적극적 채권운용전략

채권교체 전략은 적극적인 채권운용전략에 해당한다.
① ③ ④ 소극적인 채권운용전략에 해당한다.

77 정답 ③

✓출제포인트 채권의 분류

이표채는 재투자위험이 있다. 재투자위험은 만기일 이전에 발생하는 현금에 대한 재투자수익률의 불확실성을 말한다. 이표채는 만기일 이전에 이자를 지급하여 이를 재투자하므로 이표채는 재투자위험이 있다.

78 정답 ③

✓출제포인트 말킬의 채권가격 정리

표면이자율이 높아지면 동일한 크기의 수익률 변동에 대한 가격 변동률은 '작아진다'. 이자지급주기가 짧아지는 경우에도 가격 변동률은 작아진다.

79 정답 ①

✓출제포인트 합성채권 - 수의상환채권

수의상환채권은 시장이자율이 하락하면 수의 상환권을 채권발행기업이 행사하여 채권을 콜행사 가격으로 매입하고 낮은 이자율로 채권을 재발행할 수 있다. 따라서 채권자에게는 수의상환채권이 불리하므로 일반사채보다 액면이자율과 만기수익률이 높은 것이 일반적이다.
② 채권수익률이 하락하면 중도상환위험이 높아지는 것은 수의상환채권의 단점이다.
③ 수의상환채권은 대체로 처음 일정기간 동안에 수의 상환권을 행사할 수 없도록 규정한다.
④ 수의상환채권의 가치는 일반채권의 가치에서 콜옵션 가치를 차감하여 나타내며, 일반채권의 가치에 풋옵션 가치를 더한 것은 수의상환청구채권의 가치이다.

80 정답 ④

✓출제포인트 선도 이자율

1) 각 기간의 현물이자율 S_1과 S_2를 구한다.
- $S = \left(\dfrac{\text{액면가격}}{\text{시장가격}}\right)^{1/n} - 1$

⇒ $S_1 = \dfrac{10,000}{9,345.79} - 1 ≒ 7\%$

⇒ $S_2 = \sqrt{\dfrac{10,000}{8,573.88}} - 1 ≒ 8\%$

2) 현재 시점 1년 후 1년 간의 선도 이자율

$_1f_1 = \dfrac{(1+S_2)^2}{1+S_1} - 1 = \dfrac{1.08^2}{1.07} - 1 ≒ 9\%$

81 정답 ④

✓출제포인트 듀레이션의 결정요인

듀레이션은 잔존만기가 길수록, 표면이율이 작을수록, 만기수익률이 작을수록 크다.
잔존만기, 표면이율, 만기수익률 중 두 항목이 일치하고 한 항목만 다른 것끼리 먼저 비교하면 빠르게 구할 수 있다.
- ㉠은 ㉣보다 잔존만기가 짧으므로 듀레이션이 작다. (㉣ > ㉠)
- ㉢은 ㉣보다 만기수익률이 작으므로 듀레이션이 크다. (㉢ > ㉣)
- ㉡은 ㉢보다 표면이율이 작으므로 듀레이션이 크다. (㉡ > ㉢)

∴ ㉡ > ㉢ > ㉣ > ㉠

[82~87] 파생상품투자운용 및 투자전략

82 정답 ③

✓출제포인트 차익거래

'㉡, ㉢'은 매수차익거래에 대한 적절한 설명이다.
㉠ 매도차익거래에 대한 설명이다.

83 정답 ④

✓출제포인트 스트래들

만기와 행사가격이 동일한 풋옵션과 콜옵션을 동시에 매도하는 것은 숏 스트래들이며, 콜옵션과 풋옵션의 옵션프리미엄의 합 이상으로 기초자산 가격이 상승 또는 하락하지 않으면 수익이 발생한다.
'72 < 기초자산가격 < 88'의 범위 내에 있어야 수익이 발생하므로 90은 수익이 발생하는 기초자산가격에 해당하지 않는다.

84 정답 ①

✓출제포인트 블랙-숄즈 공식의 변수 설명

'㉠, ㉡'은 블랙-숄즈 모형의 주요 변수이다.
블랙-숄즈 모형의 변수에는 기초자산의 현재가격, 옵션의 행사가격, 무위험이자율, 잔존만기, 변동성 계수 등이 있다.
㉣ 블랙-숄즈 공식은 무배당주식의 가정을 하므로 배당금은 블랙-숄즈 모형의 변수에 해당하지 않는다.

85
정답 ②

출제포인트 포지션 사이의 동등성

풋 – 콜 패리티 조건을 기초자산 S를 기준으로 정리하면(S = c + B – p) 기초자산과 콜옵션은 정(+)의 관계, 풋옵션은 부(–)의 관계에 있으므로 기초자산을 매수하는 것은 콜옵션을 '매수'하고 풋옵션을 '매도'하는 옵션포지션을 취하는 것과 동일한 효과를 낸다.

86
정답 ②

출제포인트 장외파생상품

'㉠, ㉡'은 장외파생상품 거래에 대한 적절한 설명이다.
㉢ 선물과 옵션은 장내파생상품의 거래대상이며, 장외파생상품의 주요 거래대상은 선도와 스왑이다.

87
정답 ③

출제포인트 증거금

일일정산을 실시하는 과정에서 증거금 수준이 유지 증거금 이하로 하락하는 경우 초기 증거금 수준으로 회복시켜야 한다. 따라서 추가로 부담해야 하는 변동 증거금은 65억원(= 115억원 – 50억원)이다.

[88~91] 투자운용결과분석

88
정답 ③

출제포인트 투자수익률 계산

1) 금액가중수익률은 $0.8억원 + \frac{0.7억원}{1+r} = \frac{2억원}{(1+r)^2}$ 을 만족하는 r이다. 따라서 시행착오법을 통해 계산하면 다음과 같다.
   - r = 0.1인 경우

     $0.8억원 + \frac{0.7억원}{1+0.1} = 1.44$

     $\frac{2억원}{(1+0.1)^2} = 1.65$

   - r = 0.2인 경우

     $0.8억원 + \frac{0.7억원}{1+0.2} = 1.38$

     $\frac{2억원}{(1+0.2)^2} = 1.39$

   ∴ 금액가중수익률 ≒ 20%

2) 시간가중수익률
   = $\sqrt{(1 + 1기간\ 수익률) \times (1 + 2기간\ 수익률)} - 1$
   = $\sqrt{(1 - 0.125)(1 + 0.429)} - 1 ≒ 0.12$

   - 1기간 수익률 = $\frac{1기말\ 자산총액}{1기초\ 투자금액} - 1 = \frac{7,000}{8,000} - 1$
     = –12.5%
   - 2기간 수익률 = $\frac{2기말\ 자산총액}{2기초\ 투자금액} - 1 = \frac{10,000}{7,000} - 1$
     = 42.9%

   ∴ 시간가중수익률 ≒ 12%

89
정답 ③

출제포인트 투자위험

- (왜도)는 수익률 분포가 좌나 우로 기울어진 정도를 측정하는 통계량이며, 이것이 양수라면 평균에 비해 (높은) 수익률이 발생할 확률이 높음을 의미한다.
- (첨도)는 수익률 분포 중 가운데 봉우리가 얼마나 뾰족한가를 측정하는 지표이다.

90
정답 ②

출제포인트 정보비율

회귀분석을 통해 계산한 연율화된 정보비율
= 젠센의 알파/잔차의 표준편차 × $\sqrt{12}$
= $0.87/2.59 \times \sqrt{12} ≒ 1.16$
베타는 정보비율 계산 시 사용하지 않는다.

91
정답 ①

출제포인트 펀드의 회계처리

소유권의 이전이나 거래대금과 유가증권의 교환은 체결일을 기준으로 발생한다는 체결일 기준 회계처리방식에 의한다.
② 이자나 배당 등이 실제로 지급되지 않았더라도 발생할 것이 확실한 경우 수익으로 인식한다.
③ 시가가 형성되지 않은 채권은 운용회사에서 자체적으로 자산 가격을 결정하지 않고 채권평가회사와 같은 외부의 전문기관이 공급한 가격을 사용한다.
④ 공정가치 평가방법이란 투자대상 유가증권을 시장 가격을 적용하여 평가하고, 신뢰할 만한 시장 가격이 없는 경우에는 이론 가격이나 평가위원회가 평가하는 적정 가격 등으로 평가하는 것을 말한다.

[92~95] 거시경제

92 정답 ④

출제포인트 화폐시장의 균형 – LM곡선

화폐수요의 균형식에서 국민소득과 이자율은 경제활동의 결과로서 그 크기가 정해지므로 내생변수이고, 명목화폐공급은 모형 밖에서 중앙은행이 독자적으로 그 크기를 정하므로 외생변수이다.
① 명목화폐공급과 국민소득은 양의 관계이다.
② 이자율과 국민소득은 양의 관계이다.
③ 물가와 국민소득은 음의 관계이다.

93 정답 ③

출제포인트 주요 경제변수 – 고용지표

군인과 재소자는 생산활동 가능 인구에서 제외된다.

94 정답 ②

출제포인트 주요 경제변수 – 국민소득

국민총소득은 해외로부터 국민이 받은 소득은 포함하지만 국내총생산 중에서 외국인에게 지급한 소득은 제외한다.

95 정답 ③

출제포인트 피구효과

(피구효과)는 경기불황이 심해짐에 따라 물가가 급속히 하락하고 경제주체들이 보유한 화폐량의 실질가치가 증가하여 민간의 부가 증가하고 소비 및 총수요가 증대되는 것으로 실질 잔액 효과라고도 한다.

[96~100] 분산투자기법

96 정답 ③

출제포인트 지배원리와 효율적 증권의 선택

- 표준편차로 측정된 위험 수준이 같은 경우 기대수익률이 높은 포트폴리오가 우월하므로 투자안 Ⅲ는 투자안 Ⅰ를 지배한다.
- 기대수익률이 같은 경우 위험 수준이 낮은 포트폴리오가 우월하므로 투자안 Ⅲ는 투자안 Ⅳ를 지배한다.
∴ 투자안 Ⅲ가 가장 효율적인 포트폴리오다.

97 정답 ③

출제포인트 포트폴리오 위험분산 효과

분산투자의 효과를 높이려면 상관계수의 값이 작은 증권을 선택해야 하는데, B자산과 C자산의 상관계수의 조합이 가장 작으므로 B와 C를 50%씩 조합하여 구성한 포트폴리오의 분산투자효과가 가장 높다.

98 정답 ①

출제포인트 무위험자산이 포함될 때 포트폴리오의 위험

무위험자산이 포함될 때 포트폴리오의 위험
= 위험자산의 비중 × 위험자산의 표준편차
= 30% × 2% = 0.6%

99 정답 ②

출제포인트 자본자산 가격결정 모형의 의의와 가정

개별 증권의 기대수익과 위험의 관계를 나타낸 것은 증권시장선이다. 자본시장선은 효율적 포트폴리오의 기대수익률과 위험과의 선형적 관계를 나타낸다.

100 정답 ④

출제포인트 최소분산 포트폴리오

위험이 최소가 되는 포트폴리오를 최소분산 포트폴리오라고 한다.

$$\text{주식 A의 투자비율} = \frac{\sigma_B^2 - \sigma_{AB}}{\sigma_A^2 + \sigma_B^2 - 2\sigma_{AB}}$$

$$= \frac{\sigma_B^2 - \sigma_A \sigma_B \sigma_{AB}}{\sigma_A^2 + \sigma_B^2 - 2\sigma_A \sigma_B \sigma_{AB}}$$

$$= \frac{0.3^2 - 0.2 \times 0.3 \times 0}{0.2^2 + 0.3^2 - 2 \times 0.2 \times 0.3 \times 0}$$

$$= 0.69$$

제3회 적중 실전모의고사

정답

제1과목 | 금융상품 및 세제

01	02	03	04	05	06	07	08	09	10
②	③	④	④	③	②	④	③	②	④
11	12	13	14	15	16	17	18	19	20
①	④	③	④	①	②	②	①	②	③

제2과목 | 투자운용 및 전략 II / 투자분석

21	22	23	24	25	26	27	28	29	30
①	①	④	③	③	②	④	②	②	③
31	32	33	34	35	36	37	38	39	40
①	③	②	③	①	④	①	④	①	④
41	42	43	44	45	46	47	48	49	50
③	④	③	③	②	②	③	④	②	①

제3과목 | 직무윤리 및 법규/투자운용 및 전략 I 등

51	52	53	54	55	56	57	58	59	60
②	③	④	②	③	②	①	②	③	③
61	62	63	64	65	66	67	68	69	70
②	②	③	②	③	④	①	④	①	②
71	72	73	74	75	76	77	78	79	80
③	②	①	③	④	③	④	②	②	③
81	82	83	84	85	86	87	88	89	90
②	②	③	③	①	②	④	①	③	②
91	92	93	94	95	96	97	98	99	100
②	①	③	②	④	④	④	④	②	③

취약 과목 분석표

맞힌 개수, 틀린 문제 번호와 풀지 못한 문제 번호를 적어 보고, 맞힌 개수에 따라 자신의 학습상태를 점검할 수 있습니다. 틀린 문제와 풀지 못한 문제는 해설의 출제포인트를 확인하여 관련 이론을 꼭 복습하세요.

	세부과목	맞힌 개수	틀린 문제 번호	풀지 못한 문제 번호
제1과목 금융상품 및 세제	세제관련 법규 및 세무전략			
	금융상품			
	부동산관련 상품			
	TOTAL		/20	

*20문제 중 8개 미만 과락

	세부과목	맞힌 개수	틀린 문제 번호	풀지 못한 문제 번호
제2과목 투자운용 및 전략 II /투자분석	대안투자운용 및 투자전략			
	해외증권투자운용 및 투자전략			
	투자분석기법			
	리스크 관리			
	TOTAL		/30	

*30문제 중 12개 미만 과락

	세부과목	맞힌 개수	틀린 문제 번호	풀지 못한 문제 번호
제3과목 직무윤리 및 법규/ 투자운용 및 전략 I 등	직무윤리			
	자본시장 관련 법규			
	한국금융투자협회 규정			
	주식투자운용 및 투자전략			
	채권투자운용 및 투자전략			
	파생상품투자운용 및 투자전략			
	투자운용결과분석			
	거시경제			
	분산투자기법			
	TOTAL		/50	

*50문제 중 20개 미만 과락

해설

제1과목 | 금융상품 및 세제

[01~07] 세제관련 법규 및 세무전략

01 정답 ②

> ✓출제포인트 **국세기본법**

등기송달 또는 2회 이상 교부송달하였으나 수취인 부재로 확인되어 납부기한 내에 송달이 곤란한 경우에는 공시송달이 가능하다.
① 우편으로 서류를 제출하는 경우에는 통신날짜 도장이 찍힌 날에 신고된 것으로 본다.
③ 정보통신망을 이용한 송달은 서류의 송달을 받아야 할 자가 신청하는 경우에만 가능하다.
④ 세법에서 규정하는 기한이 공휴일인 경우 그 다음 날을 기한으로 한다.

02 정답 ③

> ✓출제포인트 **납세의무 - 소멸**

납부고지·독촉된 때는 이미 경과한 시효기간의 효력이 중단되는 사유이며, 납세의무의 소멸사유에 해당하지 않는다.

03 정답 ④

> ✓출제포인트 **조세의 분류**

'ⓒ 상속세, ⓔ 농어촌특별세'는 국세에 해당한다.
㉠ ⓒ 재산세와 자동차세는 지방세에 해당한다.

04 정답 ④

> ✓출제포인트 **증권거래세**

외국 증권시장에 상장된 주권의 양도나 동 외국 증권시장에 주권을 상장하기 위하여 인수인에게 주권을 양도하는 경우, 자본시장법에 따라 채무인수를 한 거래소가 주권을 양도하는 경우에는 증권거래세를 부과하지 않는다.
① 국내 사업장을 가지고 있지 않은 비거주자가 주권 등을 금융투자업자를 통하지 않고 양도하는 경우에도 증권거래세가 부과되며, 당해 주권의 양수인이 납세의무자가 된다.
② 코넥스시장에서 양도되는 주권에 대해서는 0.10%의 증권거래세를 부과한다.
③ 주권을 목적물로 하는 소비대차의 경우 증권거래세를 부과하지 않으나, 국가재정법에 따른 기금이 주권을 양도하는 경우에는 증권거래세를 부과한다.

05 정답 ③

> ✓출제포인트 **양도소득세**

양도소득 기본공제는 ㉠ 토지·건물 및 부동산에 관한 권리, 기타자산(미등기 제외), ⓒ 주식 및 출자지분, ⓒ 파생상품 등과 같은 호별 자산별로 각각 연 250만원을 공제한다.
① 상장주식과 비상장주식의 증권거래세는 모두 양도소득세 과세 시 필요경비로 인정된다.
② 거래소의 유가증권시장에서 거래되는 주권상장법인의 주식은 대주주가 양도하는 것에 한해 양도소득세가 과세된다.

06 정답 ②

> ✓출제포인트 **소득세법상 집합투자기구**

집합투자기구로부터의 이익의 수입시기는 원칙적으로 집합투자기구로부터의 이익을 지급받은 날로 하며, 원본 전입 특약이 있는 경우 그 특약에 의한 원본 전입일로 한다.
① 증권시장에 상장된 증권은 집합투자기구로부터의 이익으로 보지 않지만, 집합투자재산으로 운용한 채권의 매매차익은 집합투자기구로부터의 이익으로 본다.
③ 집합투자기구로부터의 이익은 배당소득으로 과세한다.
④ 집합투자증권 및 외국 집합투자증권을 계좌간 이체, 계좌의 명의변경, 집합투자증권의 실물양도의 방법으로 거래하여 발생하는 이익은 집합투자기구로부터의 이익으로 본다.

07 정답 ④

> ✓출제포인트 **납세의무자 - 거주자와 비거주자**

국내에 주소를 두고 있던 개인은 거주자에 해당하며, 거주자가 출국하는 경우에는 1월 1일부터 출국일까지를 과세기간으로 한다.
② 국내에 183일 이상 거소를 둔 자는 거주자로 본다. 따라서 국내에 190일 동안 거소를 두고 있는 외국인은 거주자에 해당하며, 거주자의 분리과세 근로소득은 원천징수로써 과세를 종결할 수 있다.

[08~15] 금융상품

08 정답 ③

> 출제포인트 **단기금융 집합투자기구(MMF)**

지방채증권은 남은 만기가 1년 이내인 경우에 투자할 수 있지만, 환매조건부매수의 경우에는 남은 만기의 제한을 받지 않고 투자할 수 있다.

09 정답 ②

> 출제포인트 **신탁상품 - 특징**

신탁재산은 법률적으로 수탁자에게 귀속되지만 수익자를 위한 재산이므로 수탁자 및 위탁자의 고유재산으로부터 독립되어 있으며, 수탁자의 상속재산 및 파산재산에 속하지 않는다.
① 위탁자는 수익자의 지위를 동시에 겸할 수 있다.(자익신탁)
③ 신탁재산을 관리 및 처분한 결과로 생긴 제3자와의 권리와 의무는 수탁자에게 귀속되며, 위탁자 또는 수익자에게 귀속되지 않는다.
④ 신탁은 수탁자가 사망 또는 사임할 경우에도 그대로 존속한다.

10 정답 ④

> 출제포인트 **주식워런트증권(ELW)**

주식워런트증권(ELW)은 신용거래를 적용하지 않고 현금거래만 가능하며, 만기가 있다.

11 정답 ①

> 출제포인트 **주가연계증권(ELS)**

주가연계증권(ELS)은 파생상품의 성격을 갖기 때문에 법적으로 파생결합증권의 형태에 해당한다.
② ELS는 장외파생상품 겸영업무 인가를 획득한 증권사가 발행한다.
③ ELS는 사모형과 공모형, 원금보장형과 원금비보장형 모두 발행할 수 있다.
④ 지수형 상품, 개별 주식형 상품, 혼합형 상품 중 지수형 상품이 대부분을 차지하고 있다.

12 정답 ④

> 출제포인트 **금융회사별 및 상품별 예금자보호**

'ⓒ 외화예금, ⓐ 종금형 CMA'는 예금자보호법상 예금자보호대상 상품이다.

㉠ '주택청약예금'과 '주택청약부금'은 예금자보호대상 상품이지만, '주택청약저축'과 '주택청약종합저축' 등은 예금자비보호대상 상품이다.
ⓒ '환매조건부채권(RP)'은 예금자비보호대상 상품이다.

13 정답 ③

> 출제포인트 **집합투자재산의 평가**

주식 등 매매 및 평가손실이 큰 경우에는 실질적인 수익이 없음에도 불구하고 세액상당액이 원천징수될 수 있다.

14 정답 ④

> 출제포인트 **주택저당증권(MBS)**

주택저당대출 만기와 대응하여 통상 장기로 발행한다.

15 정답 ①

> 출제포인트 **생명보험의 종류**

종신보험은 일생을 보험기간으로 하여 사망 시 보험금을 지급한다. 일정기간 내에 사망 시 보험금을 지급하는 것은 정기보험이다.

[16~20] 부동산관련 상품

16 정답 ②

> 출제포인트 **부동산 감정평가 - 수익방식(수익환원법)**

$$\text{부동산의 수익가격} = \frac{\text{총수익} - \text{총비용}}{\text{환원이율}}$$

$$= \frac{6억원 - 2.4억원}{12\%} = 30억원$$

17 정답 ②

> 출제포인트 **PF 사업의 안정성 확보 수단 - 담보신탁제도**

채권회수가 요구될 경우 신탁회사가 직접 공매한다.

18 정답 ①

> ✓ 출제포인트 부동산의 조사·확인

토지대장·임야대장·건축물대장과 등기부등본상 면적이 다를 경우에는 대장의 면적을 기준으로 한다. 또한, 지적공부(토지대장 등)와 등기부등본상 소유자가 다를 경우에는 등기부등본을 기준으로 한다.
② 소유권과 제한물권에 대한 확인은 등기사항증명서를 통해 가능하다.
③ 공법상 이용제한은 토지이용계획확인서를 통해 확인할 수 있다.
④ 토지의 형상은 지적도를 통해 확인할 수 있다.

19 정답 ②

> ✓ 출제포인트 부동산 관련 용어

기본 건축물의 전부 또는 일부를 철거하고 그 대지 안에 종전과 동일한 규모의 범위 안에서 다시 축조하는 것을 (개축)이라고 하며, 대지면적에 대한 건축물 지상층 연면적의 비율은 (용적률)이라고 한다.
- 증축 : 기존 건축물이 있는 대지 안에서 건축물의 건축면적·연면적·층수 또는 높이를 증가시키는 것
- 건폐율 : 대지면적에 대한 건축면적의 비율

20 정답 ③

> ✓ 출제포인트 부동산투자의 분석

대출자 입장에서 대출비율이 크다는 것은 채무불이행위험이 크다는 것을 의미한다.

제2과목 | 투자운용 및 전략 II/투자분석

[21~25] 대안투자운용 및 투자전략

21 정답 ①

> ✓ 출제포인트 부동산금융

담보대출은 주택금융의 대표적인 예이다.

22 정답 ①

> ✓ 출제포인트 대안투자상품

'㉠ 인프라스트럭처(사회간접시설 등), ㉡ 부동산'은 대안투자대상에 해당한다.
㉢ ㉣ MMF, 주식은 전통투자대상에 해당한다. 특히, MMF를 구분하는 문제의 출제 빈도가 높으므로 주의해야 한다.

23 정답 ④

> ✓ 출제포인트 헤지펀드 운용전략 - 글로벌 매크로 전략

경제상황 분석 방법으로 전형적인 Top-down 방식을 사용한다.

24 정답 ③

> ✓ 출제포인트 신용파생상품

합성 CDO는 CDO의 특수한 형태로서, 보장매입자가 준거자산을 양도하는 것이 아니라, 신용파생상품을 이용하여 자산에 내재된 신용위험을 SPC에 이전하는 유동화 방식이다.

25 정답 ③

> ✓ 출제포인트 PEF

무한책임사원은 업무집행을 수행하는 PEF의 실질 운용자로서 대외적인 책임을 지기 때문에 등기·등록의 대상으로 규정하고 있지만, 유한책임사원의 내역은 등기·등록의 대상에서 제외하고 있다.
② 무한책임사원은 PEF 전문운용사, 은행계 자회사 등이 있으며, 유한책임사원은 연기금, 은행, 보험사가 주종을 차지한다.

[26~30] 해외증권투자운용 및 투자전략

26 정답 ②

> ✓ 출제포인트 환위험 관리 전략 - 내재적 헤지

투자대상 증권과 환율 간의 상관관계를 이용하는 환위험 전략은 '내재적 헤지'이다.

27 정답 ④

> ✓ 출제포인트 국제 주가지수 - MSCI 지수

'㉡, ㉢, ㉣'은 MSCI 지수에 대한 적절한 설명이다.

㉠ 전세계 49개 국가를 선진국시장, 준선진국시장, 신흥시장으로 분류하는 것은 'FTSE 지수'이다. MSCI 지수는 크게 선진국 중심의 세계지수와 아시아, 중남미 등의 신흥시장 지수로 나눈다.
㉢ 현재 우리나라는 MSCI 지수에서 신흥시장으로 분류되어 있다. 한편, FTSE 지수에서는 선진국시장으로 분류되어 있다.
㉣ MSCI 지수의 산출기준은 유동주식 방식으로, 시장에서 유통되기 어려운 주식은 제외하고 실제 유동주식을 기준으로 비중을 계산한다. 한편, 시가총액 방식은 시장에서 유통되지 않는 주식까지 포함하여 계산해 실제 공개시장에 대한 영향력을 정확히 반영하지 못한다는 단점이 있다.

28 정답 ②

출제포인트 미국 국채 – T-bill

T-bill은 발행 시 만기에 따라 (단기채)로 분류되며, 이자가 없고 최저 거래단위는 (1만달러)이다.

29 정답 ②

출제포인트 해외 주식발행(DR)

외국 주식을 DR의 형태가 아닌 원주 그대로 증권시장에 상장시키는 것도 가능하며, 이러한 형태를 '원주상장 방식'이라고 한다. 이 경우 거래소 내 외국 주식거래를 위한 별도의 시장 소속부에서 거래되며, 주식의 표시통화도 현지의 통화나 본국의 통화를 그대로 사용하여 투자자들이 환전 비용을 최소화할 수 있다는 장점이 있다.
① 미국 증시에 상장되기를 원하는 기업이 발행 및 상장 관련 비용을 직접 부담하는 경우는 'Sponsored DR'이라고 한다. 반면, 해당 기업이 미국시장의 상장을 원하지 않지만 미국 투자자들의 관심이 높아 미국 증권회사가 비용을 부담하며 DR을 발행하는 경우를 'Unsponsored DR'이라고 한다.
③ 달러화 표시 해외 DR 발행이 미국과 미국 이외의 시장에서 동시에 이루어지는 것은 'GDR'이라고 한다.
④ 최근 다양한 해외 상장 형태가 등장하면서, 기업의 본국시장에 상장되지 않은 기업의 해외 주식시장 상장 사례가 나타나고 있다.

30 정답 ③

출제포인트 복수상장의 효과

'㉠, ㉡, ㉢'은 기업의 복수상장 시의 이점에 해당한다.
㉣ 동시상장을 하는 경우 상장비용이 절감되는 것은 아니며, 오히려 추가 상장에 따라 상장과 관련한 비용이 추가될 수 있다.

[31~42] 투자분석기법

31 정답 ①

출제포인트 현금흐름 추정원칙

어느 기업이 어떤 투자안을 채택하였을 때 기업 전체의 현금흐름이 어떻게 영향을 받는지의 관점에서 현금흐름이 추정되어야 한다.
② 감가상각비는 현금유출을 수반하지 않는 비용이지만, 과세대상 이익에 영향을 미쳐 법인세가 달라지므로 감가상각비의 절세효과는 고려되어야 한다.
③ 회계상 이익과 실제 현금유출입 시점은 다를 수 있다. 따라서 현금흐름을 추정할 때에는 현금유출입의 시점을 정확히 추정해야 한다.
④ 현금흐름을 추정할 때 매몰원가는 고려 대상이 아니지만, 기회비용은 고려 대상이다.

32 정답 ③

출제포인트 고든의 항상성장모형

- $P = \dfrac{D_1}{k-g}$

$21{,}000 = \dfrac{(10{,}000 \times 0.20) \times 1.05}{k - 0.05}$

$k - 0.05 = \dfrac{(10{,}000 \times 0.20) \times 1.05}{21{,}000} = 0.10$

∴ $k = 0.10 + 0.05 = 0.15$

33 정답 ②

출제포인트 레버리지 분석

재무레버리지도는 타인자본 의존도(I)가 높을수록, 영업이익(EBIT)이 작을수록 높아진다.
- 재무레버리지도(DFL) = $\dfrac{EBIT}{EBIT - I}$

③ 결합레버리지도는 영업레버리지도(DOL)와 재무레버리지도(DFL)의 곱으로 얻어진다.

- 결합레버리지도(DCL) = DOL × DFL
$= \dfrac{PQ - VQ}{PQ - VQ - FC} \times \dfrac{EBIT}{EBIT - I}$
$= \dfrac{PQ - VQ}{EBIT - I}$
$= \dfrac{PQ - VQ}{PQ - VQ - FC - I}$

④ 영업고정비(FC)와 이자비용(I)이 존재하면, 위 식에서 분자(PQ − VQ)가 분모(PQ − VQ − FC − I)보다 커지기 때문에 결합레버리지는 항상 1보다 크다.

34 정답 ③

출제포인트 기업분석(재무제표 분석) - ROA

총자산이익률(ROA) = 매출액순이익률 × 총자산회전율
= 0.3 × 2 = 0.6

35 정답 ①

출제포인트 EV/EBITDA

유사기업의 EV/EBITDA에 A기업의 EBITDA를 곱하여 A기업의 EV를 추정한다.
A기업의 EV = 유사기업의 EV/EBITDA × A기업의 EBITDA
= 20 × 5억
= 100억
'EV = 주주가치(시가총액) + 채권자가치'이므로
100억 = 주주가치(시가총액) + 10억
주주가치(시가총액) = 100억 - 10억 = 90억
∴ 주당가치 = $\frac{시가총액}{발행주식수}$ = $\frac{90억}{10만}$ = 9만

36 정답 ④

출제포인트 EVA 모형

EVA = 세후순영업이익 - (WACC × 영업용 투하자본)
= 100억 - (WACC × 250억)
→ EVA가 최적이 되려면(가장 커지려면), WACC가 낮아져야 한다.
WACC = {타인자본비율 × 타인자본비용 × (1 - 법인세율)}
+ {자기자본비율 × 자기자본비용}
= {타인자본비율 × 0.10 × (1 - 0.20)}
+ {자기자본비율 × 0.10}
= {타인자본비율 × 0.08} + {자기자본비율 × 0.10}
위 식에 '타인자본비율 = 1 - 자기자본비율'을 대입하면,
WACC = {(1 - 자기자본비율) × 0.08}
+ {자기자본비율 × 0.10}
= {0.08 - (자기자본비율 × 0.08)}
+ {자기자본비율 × 0.10}
= 0.08 + 자기자본비율 × 0.02
→ WACC가 낮아지려면, 자기자본비율이 낮아져야 한다. (즉, 타인자본비율은 높아져야 한다.) 따라서 자기자본비율이 가장 낮고 타인자본비율이 가장 높은 보기 ④이 정답이다.

37 정답 ①

출제포인트 다우 이론의 장기추세 국면

강세 2국면에 대한 설명이다. 강세 2국면은 마크업국면이라고도 하며, 상승국면 또는 기술적 추세 추종단계(기술적 분석을 통해 주식투자를 하는 투자자들이 가장 많은 수익을 낼 수 있기 때문)라고도 한다.

38 정답 ④

출제포인트 패턴 분석

헤드 앤 숄더형은 반전형 패턴에 해당한다.
① ② ③ 쐐기형, 깃발형, 페넌트형은 모두 지속형 패턴에 해당한다.

39 정답 ①

출제포인트 이동평균선

이동평균선은 주가의 분석기간을 이동하면서 평균한 값이다. 이때 이동평균을 하는 분석기간이 길면 이동평균선은 완만해지며, 반대로 분석기간이 짧으면 이동평균선이 가팔라지는 경향이 있다.
② 주가와 이동평균선의 괴리가 상당히 큰 경우에는 일반적으로 주가가 이동평균선으로 회귀하려는 성향이 있으므로 괴리가 작아진다.
③ 약세국면에서 주가가 이동평균선 아래에서 움직일 경우 하락세가 지속될 가능성이 높다.
④ 특정 시점에 위에서부터 '현재 주가 > 단기 이동평균선 > 중기 이동평균선 > 장기 이동평균선'의 순서로 수직 배열된 상태를 '정배열'이라고 하며, 그 반대의 경우를 '역배열'이라고 한다.

40 정답 ④

출제포인트 추세 분석 - 스토캐스틱(Stochastics)

RSI에 대한 설명이다.
스토캐스틱은 과열권인 일정 수준(70%) 이상으로 올라갔다가 다시 재하락하게 되는 경우에 매도 신호로 보고 매도전략을 세워야 한다.
② 상승 중일 때에는 금일 종가가 주가 변동폭의 최고가 부근에서 형성되고, 하락 중일 때에는 금일 종가가 주가 변동폭의 최저가 부근에서 형성된다.
③ 스토캐스틱은 %K와 %D 두 지표로 나타내며, %K는 주요선, %D는 %K의 이동평균선을 의미한다. %K선이 %D선을 상향 돌파하여 상승하면 매수 신호이고, 반대로 %K선이 %D선을 하향 돌파하여 하락하면 매도 신호라고 볼 수 있다.

41 정답 ③

출제포인트 산업정책

'ⓒ, ⓒ'은 산업정책의 특징에 대한 적절한 설명이다.
㉠ 산업정책은 경제성장을 직접적인 목적으로 하고 총공급관리에 초점을 맞추는 '공급지향적' 정책이다.
ⓒ 총수요관리정책은 국민경제의 실제 생산 수준을 잠재적 생산 수준에 근접시켜 실업의 해소, 인플레이션 압력 완화를 목표로 하는 정책이다. 총수요관리정책이 잠재적 생산 수준을 주어진 제약조건으로 파악하는 것에 비해, 산업정책은 잠재적 생산 수준 자체의 확충을 목표로 한다는 점에서 차이가 있다.
ⓒ 산업정책은 역사적으로 경제발전이 뒤떨어진 후발국에서 강조되었으며, 어떤 이유에서든 국민경제의 성장잠재력이 훼손되는 상황에서도 강조되는 경향이 있다.

42 정답 ④

출제포인트 산업연관표

장래 특정 연도에 대한 총공급과 총수요를 산업별로 세분화하여 예측하고, 중장기 경제개발계획 수립에 기초가 되는 자료를 제공하는 것은 산업연관표의 가장 중요한 용도 중 하나이다.
① 국민소득 통계는 소득순환만을 대상으로 하는 반면, 산업연관표는 소득순환과 함께 중간생산물의 산업 간 거래관계까지 포함한다. 따라서 중간생산물의 산업 간 거래관계까지 고려한 분석을 원한다면 산업연관표를 활용하는 것이 적절하다.
② 산업 간의 상호의존관계의 정도를 파악할 수 있는 분석 계수는 '생산유발계수'이다. 이 생산유발계수는 투입계수를 기초로 산출된다.
③ 특정 산업제품에 대한 최종 수요 1단위의 증가가 모든 산업의 생산에 미치는 영향을 '후방 연쇄효과'라고 한다. '전방 연쇄효과'는 모든 산업제품에 대한 최종 수요가 각각 1단위씩 증가하는 경우 특정 산업의 생산에 미치는 영향을 의미한다.

[43~50] 리스크 관리

43 정답 ③

출제포인트 재무위험(Financial risk)의 종류

(운영위험)은 부적절한 내부시스템, 관리 실패, 잘못된 통제, 사기, 인간의 오류 등으로 인해 발생하는 손실에 대한 리스크를 의미한다.

44 정답 ③

출제포인트 VaR의 측정방법 - 델타-노말분석법

델타-노말분석법은 각 자산의 가치를 평가하는 가치평가모형이 필요없다는 장점이 있다.
④ 델타에 의존하여 시장 리스크를 측정하기 때문에, 포트폴리오에 옵션과 같은 비선형 수익구조를 가진 상품이 포함된 경우 시장리스크 측정 값의 오차가 커질 수 있다.

45 정답 ②

출제포인트 개별 자산(옵션)의 VaR 계산

옵션의 VaR을 측정할 때에는 '기초자산의 가격(S), 표준편차(σ), 민감도(옵션의 델타, f′)'가 필요하다.
- 옵션의 VaR = $S \cdot \sigma (\Delta S/S) \cdot z \cdot f'$

이외에 옵션의 가격, 옵션의 행사가격, 옵션의 만기, 무위험이자율 등은 옵션의 VaR 측정에 필요한 요소가 아니다.

46 정답 ②

출제포인트 포트폴리오의 VaR 계산

포트폴리오의 VaR = $\sqrt{VaR_A^2 + VaR_B^2 + 2 \cdot \rho \cdot VaR_A \cdot VaR_B}$
= $\sqrt{7억^2 + 15억^2 + 2 \cdot (-1) \cdot 7억 \cdot 15억}$
= $\sqrt{(7억 - 15억)^2}$
= 8억

또는, 포트폴리오의 VaR = $|VaR_A - VaR_B|$
= |7억 - 15억| = 8억

47 정답 ③

출제포인트 RAROC(위험조정 수익률)

RAROC가 높을수록 성과가 우수하기 때문에 포트폴리오 C가 가장 우수하다.

포트폴리오	A	B	C	D
순수익률	8%	7%	6%	5%
VaR	8억원	8억원	3억원	3억원
RAROC (= 순수익/VaR)	$\frac{8}{8} = 1$	$\frac{7}{8} = 0.875$	$\frac{6}{3} = 2$	$\frac{5}{3} = 1.67$

48 정답 ④

출제포인트 VaR의 전환

25일 VaR = 1일 VaR × $\sqrt{25}$ = 10억 × $\sqrt{25}$ = 50억

49 정답 ②

출제포인트 신용리스크와 신용손실 분포

시장수익률은 대체로 대칭적인 반면, 신용수익률은 시장수익률에 비해 비대칭성이 강하고 한쪽으로 두꺼우면서 긴 꼬리를 가진 형태로 분포한다.
① 신용리스크는 신용손실 분포로부터의 예상외 손실(UL)로서 정의된다. 일반적으로 예상손실(EL)은 대손충당금 등으로 대비하고 있어 리스크가 아닌 비용으로 인식한다. 따라서 신용리스크의 측정치는 신용리스크에 따른 손실의 불확실성, 즉 신용손실 분포에 의해 결정된다.
③ ④ 신용수익률은 비대칭성이 강하고 한쪽으로 두꺼우면서도 긴 꼬리를 가진 형태로 분포한다. 대칭적인 정규분포를 하는 경우에는 평균과 분산을 이용한 모수적 방법을 이용하지만, 비대칭적인 분포의 경우에는 퍼센타일(percentile)을 이용하여 비모수적 방법으로 신용리스크를 측정한다.

50 정답 ①

출제포인트 부도모형(Default Mode)

기대손실(EL) = EAD × 부도율 × LGD
= 100억 × 0.10 × (1 − 0.70) = 3억

제3과목 | 직무윤리 및 법규/투자운용 및 전략 I 등

[51~55] 직무윤리

51 정답 ②

출제포인트 부당한 재산상 이익의 제공 및 수령 금지

거래상대방에게 금전, 상품권, 금융투자상품을 제공해서는 안되지만, 사용범위가 공연·운동경기 관람, 도서·음반 구입 등 문화활동으로 한정된 상품권을 제공하는 것은 허용된다.
① 20만원을 초과하는 경조비 및 조화·화환이 재산상 이익에 해당하므로 '10만원 상당의 경조비'는 재산상 이익에 해당하지 않는다.
③ 투자자문계약 또는 신탁계약의 체결 등의 방법을 통해 재산상 이익을 제공하는 것은 금지된다.
④ 거래상대방만 참석한 여가 및 오락활동에 수반되는 비용을 제공하는 것은 금지된다.

52 정답 ③

출제포인트 자기계약의 금지

'ⓒ, ⓔ'은 자기계약(자기거래)의 금지에 대한 적절한 설명이다.
㉠ 투자매매업자가 다자간매매체결회사를 통하여 거래가 이루어지도록 한 경우 자기거래가 가능하다.

53 정답 ④

출제포인트 준법감시인

법에 따라 금융투자회사는 대표이사를 위원장으로 하는 내부통제위원회를 두어야 한다.
① 금융투자회사는 준법감시인에 대하여 회사의 재무적 성과와 연동하지 않는 별도의 보수지급 및 평가 기준을 마련·운영해야 한다.
② 준법감시인은 위임의 범위와 책임의 한계 등이 명확히 구분된 경우 준법감시업무 중 일부를 준법감시업무를 담당하는 임직원에게 위임할 수 있다.
③ 준법감시인을 임면 또는 해임하는 경우 이사회의 의결을 거쳐야 하며, 해임할 경우에는 이사 총수의 3분의 2 이상의 찬성으로 의결한다.

54 정답 ②

출제포인트 금융소비자보호 총괄책임자(CCO)의 수행 업무

'임직원의 위법·부당행위 등과 관련하여 이사회, 대표이사, 감사위원회에 대한 보고 및 시정 요구'는 준법감시인의 업무이다.

55 정답 ③

출제포인트 정보보호

특정 정보가 비밀정보인지 불명확한 경우에는 해당 정보를 이용하기 전에 준법감시인의 사전 확인을 받아야 하며, 준법감시인의 사전 확인을 받기 전까지 당해 정보는 표준내부통제기준이 정하는 바에 따라 비밀정보로 분류·관리되어야 한다.

[56~66] 자본시장 관련 법규

56 정답 ②

출제포인트 긴급조치

'㉠, ㉢'은 금융위원회가 재무건전성 규제상 긴급조치를 발동할 수 있는 경우에 해당한다.
㉡ 금융위원회가 경영개선명령의 적기시정조치를 발동할 수 있는 경우에 해당한다.

57 정답 ①

출제포인트 투자일임업자의 금지행위

사채권을 매수하는 경우는 예외적으로 허용되나, 주권 관련 사채권 및 상각형 조건부자본증권을 매수하는 것은 금지된다.

58 정답 ②

출제포인트 금융투자상품 – 증권

파생결합증권은 기초자산의 가격·이자율·지표단위 또는 이를 기초로 하는 지수 등의 변동과 연계하여 미리 정해진 방법에 따라 지급금액 또는 회수금액이 결정되는 권리가 표시된 증권이다.
① 투자계약증권 : 특정 투자자가 그 투자자와 타인 간의 공동사업에 금전 등을 투자하고 주로 타인이 수행한 공동사업의 결과에 따른 손익을 귀속받는 계약상의 권리가 표시된 증권
③ 수익증권 : 금전신탁의 수익증권, 투자신탁의 수익증권, 그 밖에 이와 유사한 것으로서 신탁의 수익권이 표시된 증권
④ 증권예탁증권 : 채무증권, 지분증권, 수익증권, 투자계약증권, 파생결합증권을 예탁받은 자가 그 증권이 발행된 국가 외의 국가에서 발행한 증권

59 정답 ③

출제포인트 환매금지형 집합투자기구

집합투자기구 자산총액의 20%를 초과하여 시장성 없는 자산에 투자할 수 있는 집합투자기구는 환매금지형 집합투자기구로 설립해야 한다.

60 정답 ③

출제포인트 집합투자재산의 평가

집합투자재산은 원칙상 (시가)로 평가하되, 원칙을 적용하기 어려울 경우 (공정가액)으로 평가하며, MMF의 경우 (장부가격)으로 평가할 수 있다.

61 정답 ②

출제포인트 순자본비율 규제

순자본비율은 영업용순자본에서 총위험액을 차감한 금액을 필요 유지 자기자본으로 나누어 구한다.
④ 영업용 순자본의 계산은 순재산액(자산 – 부채)을 기본으로 한다.

62 정답 ②

출제포인트 집합투자증권의 환매

'㉢'은 집합투자증권의 환매에 대한 적절한 설명이다.
㉠ 투자자는 집합투자증권의 환매를 청구하고자 하는 경우 그 집합투자증권을 판매한 투자매매업자 또는 투자중개업자에게 청구하는 것이 원칙이나, 환매청구를 받은 집합투자업자가 해산으로 인해 환매에 응할 수 없는 경우에는 예외적으로 해당 집합투자재산을 보관·관리하는 신탁업자에게 청구가 가능하다.
㉡ 환매수수료는 집합투자증권의 환매를 청구하는 투자자가 부담하며, 해당 환매수수료는 집합투자재산에 귀속된다.

63 정답 ③

출제포인트 투자설명서의 작성 및 공시

일반투자자가 투자설명서의 교부를 거부한다는 의사를 서면, 전화, 우편 등의 방법으로 표시할 경우 투자설명서를 교부하지 않을 수 있다.
② 집합투자증권의 경우 간이투자설명서만을 가지고 사용할 수 있으나, 투자자가 관련법에 따른 투자설명서의 사용을 별도로 요청하는 경우에는 그러지 아니한다.

64 정답 ②

출제포인트 기준 가격과 과세기준 가격

상장채권에 대한 매매손익 (−)100만원과 상장주식에 대한 매매손익 (+)300만원을 합한 값이 (+)200만원이므로 기준 가격이 과세기준 가격보다 높다.

65 정답 ③

> ✅ 출제포인트 집합투자업자의 금전차입, 대여 등의 제한

- 금전차입 특례에 따라 집합투자재산으로 부동산을 취득하는 경우 집합투자기구의 계산으로 금전차입이 예외적으로 허용되며, 부동산 집합투자기구는 (순자산의 200%)를 한도로 하여 차입이 가능하다.
- 금전대여 특례에 따라 부동산 개발사업을 영위하는 법인에 대해 집합투자기구 (순자산총액의 100%)를 한도로 대여가 가능하다.

66 정답 ④

> ✅ 출제포인트 보호예수된 증권의 인출사유

공개매수신청에 응모하기 위해 인출하는 것은 보호예수의 예외적 인출사유에 해당하지 않는다.

[67~69] 한국금융투자협회 규정

67 정답 ①

> ✅ 출제포인트 조사분석자료 작성 및 공표

- 금융투자회사는 발행주식 총수의 (1%) 이상의 주식을 보유한 경우 법인이 발행한 금융투자상품과 주식을 기초자산으로 하는 주식선물에 대한 조사분석자료 공표 시 회사와의 이해관계를 조사분석자료에 명시해야 한다.
- 금융투자회사는 증권시장에 주권을 최초로 상장하기 위해 대표주관업무를 수행한 경우 해당 법인에 대하여 최초 거래일로부터 1년간 (2회) 이상의 조사분석자료를 무료로 공표해야 한다.

68 정답 ④

> ✅ 출제포인트 신상품 보호

심의위원회 위원장은 침해배제 신청 접수일로부터 7영업일 이내에 심의위원회를 소집하여 배타적 사용권 침해배제 신청에 대하여 심의하여야 한다.

69 정답 ①

> ✅ 출제포인트 금융투자회사의 약관운용에 관한 규정

'㉠'은 금융투자회사의 약관운용에 관한 적절한 내용이다.
㉡ 금융투자회사는 금융투자업의 영위와 관련하여 약관을 제정 또는 변경하는 경우에는 원칙적으로 약관의 제정 또는 변경 후 7일 이내에 협회에 보고해야 한다.
㉢ 금융투자회사는 업무와 관련하여 금융투자협회가 정한 표준약관을 사용하거나 이를 수정하여 사용할 수 있다.

[70~75] 주식투자운용 및 투자전략

70 정답 ②

> ✅ 출제포인트 액티브 운용 - 가치투자 스타일

단기간에 호평을 받을 것으로 예상되는 스타일을 찾아서 스타일을 변경시키는 투자방식은 혼합투자 스타일 중 스타일 선택형 투자에 해당한다.

71 정답 ③

> ✅ 출제포인트 주가지수

Nikkei225는 주가가중방식을 취한다.

72 정답 ②

> ✅ 출제포인트 전술적 자산배분

펀드 운용자가 투자자산의 과대 또는 과소 평가 여부를 판단할 수 없다면 자산 구성을 변동시키지 않고 최초 수립된 투자전략, 즉 전략적 자산배분에 따른 자산 구성을 유지한다.
① 내재가치는 시장 가격보다 매우 낮은 변동성을 보이므로 역투자전략의 수행을 용이하게 만든다.
③ '중단기'적인 가격 착오를 적극적으로 활용하여 고수익을 지향하는 운용전략이다.
④ 시장 가격이 내재가치 대비 고평가되면 매도하며, 내재가치 대비 저평가되면 매수한다.

73 정답 ①

✓출제포인트　ESG투자에 대한 이해

ESG는 재무정보에 포함되어 있지 않으나 기업의 중장기 지속가능성에 영향을 미칠 수 있는 요인들을 환경, 사회, 지배구조로 나누어 체계화한 기준으로 자본시장에서 기업을 평가하는 새로운 프레임워크로 발전되었으며, 금융의 관점에서 이를 반영한 투자를 ESG투자 혹은 책임투자라고 말한다.
② 상업 부동산 및 특별 사업의 가중평균 탄소집약도에 대한 공시를 해야 하는 산업은 보험이다.
③ SFDR 2단계가 적용되면 자율적인 방식으로 설명하던 주요한 부정적 영향을 정해진 기준에 따른 18개 항목으로 나누어 공시해야 한다.
④ EU는 SFDR을 통해 금융기관의 ESG전략 및 반영 방식, ESG투자 규모 등의 공시를 의무화했다.

74 정답 ③

✓출제포인트　인덱스펀드 구성 방법

최적화법은 포트폴리오 모형을 이용하여 벤치마크에 대비한 잔차위험이 허용 수준 '이하'가 되도록 포트폴리오를 만드는 방식이다.

75 정답 ④

✓출제포인트　옵션모형을 이용한 포트폴리오 보험

(합성 풋옵션 전략)은 포트폴리오 보험전략의 가장 고전적인 기법이며, 주식과 채권 사이의 투자비율을 동적으로 조정함으로써 마치 (방어적 풋 전략)과 같이 위험자산과 풋옵션을 함께 보유한 것과 동일한 결과를 모방해 내고자 하는 전략이다.

[76~81] 채권투자운용 및 투자전략

76 정답 ③

✓출제포인트　경상수익률

'ⓒ, ⓔ'은 경상수익률에 대한 적절한 설명이다.
㉠ 채권가격이 상승하면 채권의 경상수익률은 하락한다.

77 정답 ④

✓출제포인트　유통시장의 구조 - 국채전문딜러 제도

원금이자분리채권을 은행·증권사별 평균 거래량의 110% 이상으로 거래해야 하는 것은 국채전문딜러의 '유통 의무'에 해당하며, 보유의무는 매 분기별 자기매매용 국고채 보유 평균잔액을 1조원 이상으로 유지해야 한다는 의무이다.

78 정답 ②

✓출제포인트　듀레이션 - 채권 가격의 변동성과 볼록성

- dP/P(채권가격 변동분) = −MD × dy
  = (−)3.06 × (+)2 = −6.12
- 수익률이 상승하여 채권가격이 하락한 경우, 채권 가격의 볼록성에 따라 수정듀레이션으로 측정한 채권가격의 변동폭은 실제 채권가격의 변동폭을 과대평가한다.

79 정답 ②

✓출제포인트　채권 면역 전략 - 전통적 면역 전략

전통적 면역 전략은 채권 가격 변동에 의한 매매손익과 재투자수익의 상충적 성격을 이용하여 일정 수준 이상의 투자수익률을 유지하는 전략이므로 매매이익과 재투자수익을 동시에 추구할 수 없다.

80 정답 ③

✓출제포인트　채권투자전략의 수립

'ⓒ, ⓔ'은 적극적 채권운용전략에 해당한다.
㉠ 현금흐름 일치 전략은 소극적 채권운용전략에 해당한다.

81 정답 ②

✓출제포인트　합성채권 - 패리티

패리티에 대한 설명이다.

[82~87] 파생상품투자운용 및 투자전략

82 정답 ②

출제포인트 옵션의 정의 – 옵션의 내재가치

콜옵션 내재가치 = 기초자산가격(390pt) – 행사가격(385pt)
= 5pt
옵션프리미엄은 내재가치와 시간가치의 합이므로 이 문제에서는 사용하지 않는다.

83 정답 ③

출제포인트 옵션 프리미엄의 민감도 지표

감마는 옵션 프리미엄의 기초자산 가격에 대한 2차 미분치이다.
① 델타는 기초자산의 가격이 변화할 때 옵션 프리미엄이 얼마나 변하는가 하는 민감도이며 1차 미분치인 기울기로 나타낸다.
② 베가는 변동성 계수의 변화에 따른 옵션 프리미엄의 변화분을 나타내는 지표이다.
④ 컨벡시티(볼록성)는 채권의 듀레이션 변동성을 설명하는 제2차 미분값에서 유도된다.

84 정답 ③

출제포인트 선도거래와 선물거래

선도거래는 가격과 거래제한이 없다.
① ④ 선물거래의 특징이다.
② 당사자 간 직접계약이므로 표준화된 거래보다 유동성이 낮다.

85 정답 ①

출제포인트 풋-콜 패리티와 그 응용

p + S = c + B 는 p + S − B = c로 변형할 수 있으므로 콜옵션 매수 포지션은 '풋옵션 매수 + 기초자산 매수 + 채권 발행'과 동일하다.

86 정답 ②

출제포인트 이항모형과 위험중립확률

주식가격이 150인 경우 콜옵션 행사에 따라 10의 이익이 발생하고, 주식가격이 130인 경우 콜옵션을 행사하지 않아 손익은 0이다.

- 옵션 프리미엄 = $\dfrac{\text{옵션 행사 시 이익} \times p + 0 \times (1-P)}{1+r}$

  $= \dfrac{10 \times 0.6 + 0 \times (1-0.6)}{1+0.02} = 5.88$

(p : 주식 상승 확률, 1 − p : 주식 하락 확률, r : 무위험이자율)

87 정답 ④

출제포인트 옵션 프리미엄의 민감도 지표

기초자산가격이 100에서 110으로 상승하고 옵션의 가격이 10에서 5로 하락한 경우, (풋옵션)의 델타가 (−0.5)의 값을 가지게 된다.
- 델타 = −옵션가격의 변화분/기초자산가격의 변화분
  = (10 − 5)/(110 − 100) = −0.5
- 풋옵션은 기초자산가격이 하락하면 하락하기 전 가격으로 매도하는 방법으로 이익을 본다. 기초자산가격이 상승할수록 옵션 가격이 하락하는 것은 풋옵션이며, 이 때 기초자산 가격과 옵션 가격이 반대로 움직이기 때문에 풋옵션의 델타는 부호가 (−)이다.

[88~91] 투자운용결과분석

88 정답 ①

출제포인트 상대적 위험 – 베타

시장수익률 하락 시 수익률이 가장 높아지는 포지션베타는 (−1.0)이다. 시장수익률이 마이너스일 경우 포지션베타는 음수여야 포지션의 수익률이 양수가 된다.

89 정답 ③

출제포인트 기준 지표의 바람직한 특성

(기준 지표)는 자산운용의 지침이나 제약조건이 될 수 있는 최소한의 기준 역할을 하며, 평가기간이 (사전)에 정해져야 한다.

90 정답 ②

출제포인트 투자수익률 계산

금액가중수익률(≒ 30%)은 시간가중수익률(≒ −29.2%)보다 크다.

1) 금액가중수익률은 1억원 + $\frac{1억원}{1+r}$ = $\frac{3억원}{(1+r)^2}$ 을 만족하는 r이다. 따라서 시행착오법으로 계산하면 다음과 같다.
   - r = 0.1인 경우

     1억원 + $\frac{1억원}{1+0.1}$ = 1.91

     $\frac{3억원}{(1+0.1)^2}$ = 2.48
   - r = 0.2인 경우

     1억원 + $\frac{1억원}{1+0.2}$ = 1.83

     $\frac{3억원}{(1+0.2)^2}$ = 2.08
   - r = 0.3인 경우

     1억원 + $\frac{1억원}{1+0.3}$ = 1.77

     $\frac{3억원}{(1+0.3)^2}$ = 1.78

   ∴ 금액가중수익률 ≒ 30%

2) 시간가중수익률 = $\sqrt{(1+1기간\ 수익률) \times (1+2기간\ 수익률)} - 1$
   = $\sqrt{(1-0.8)(1+1.5)} - 1$ = −29.29%
   - 1기간 수익률 = $\frac{1기말\ 자산총액}{1기초\ 투자금액} - 1$ = $\frac{4,000}{20,000} - 1$
     = −80%
   - 2기간 수익률 = $\frac{2기말\ 자산총액}{2기초\ 투자금액} - 1$ = $\frac{10,000}{4,000} - 1$
     = 150%

∴ 시간가중수익률 ≒ −29.29%

91 정답 ②

출제포인트 샤프비율과 트레이너비율

샤프비율로 비교했을 때 A펀드가 0.75로 가장 우수하고, 트레이너비율로 비교했을 때 C펀드가 13.125로 가장 우수하다.
- A펀드 샤프비율 = (펀드수익률 − 무위험수익률)/표준편차
  = (18% − 3%)/20% = 0.75
- C펀드 트레이너비율 = (펀드수익률 − 무위험수익률)/베타
  = (24% − 3%)/1.6 = 13.125

[92~95] 거시경제

92 정답 ①

출제포인트 IS−LM모형

LM곡선에서 화폐수요는 소득의 증가함수이고 이자율의 감소함수이다.

93 정답 ③

출제포인트 경기예측방법 − 기업경기실사지수(BSI)

- 기업경기실사지수(BSI)
  = (경기를 낙관적으로 본 기업 수 − 경기를 비관적으로 본 기업 수) + 100
  = (70 − 30) + 100 = 140
- BSI가 100 이상이면 확장국면으로 판단한다.

94 정답 ②

출제포인트 재정정책과 통화정책에 대한 논의

'㉠, ㉢'은 거시경제정책에 대한 적절한 설명이다.
㉡ 유동성 함정 구간에서는 LM곡선이 수평이 되므로 재정정책의 효과가 극대화되고 통화정책이 효과가 없게 된다.

95 정답 ④

출제포인트 이자율의 기간구조이론

장기채권의 금리
= 만기까지 예상된 평균 단기 이자율 + 유동성 프리미엄 수익률
= $\frac{5+7+6}{3}$ + 유동성프리미엄 = 7.5

∴ 유동성 프리미엄 = 1.5%

[96~100] 분산투자기법

96 정답 ④

출제포인트 자본시장선과 증권시장선

비체계적 위험을 지니는 개별증권이 증권시장선에 위치할 수 있는 이유는 증권시장선이 개별 증권의 체계적 위험만을 고려하기 때문이다.

97 정답 ④

✓출제포인트 개별증권의 위험과 균형 기대수익률
- 요구수익률

$$E(R_i) = R_f + [E(R_m) - R_f] \times \frac{\sigma_{jm}}{\sigma_m^2}$$
$$= 0.03 + (0.1 - 0.03) \times 0.2/0.4^2 = 11.75\%$$

98 정답 ④

✓출제포인트 개별자산의 기대수익률과 위험의 측정

- 경제상황별 기대수익률
  호황 : (50% × −10%) + (50% × 20%) = 5%
  정상 : (50% × 5%) + (50% × 5%) = 5%
  불황 : (50% × 20%) + (50% × −10%) = 5%
- 포트폴리오의 기대수익률
  = (25% × 5%) + (50% × 5%) + (25% × 5%)
  = 5%

99 정답 ②

✓출제포인트 지배원리와 효율적 증권의 선택

- 표준편차로 측정된 위험 수준이 같은 경우 기대수익률이 가장 높은 증권을 선택한다.
  − A와 D : A는 D를 지배하므로 D를 제외한다.
  − B와 C : B는 C를 지배하므로 C를 제외한다.
- 기대수익률이 같은 경우 위험 수준이 가장 낮은 증권을 선택한다.
  − A와 B : B는 A를 지배하므로 A를 제외한다.
  ∴ B가 가장 효율적인 증권이다.

100 정답 ③

✓출제포인트 균형 가격의 형성과 SML의
투자 결정에의 이용 − 과대·과소평가

- 요구수익률(k_j) = RRR_j = R_f + β_j × $[E(R_m) - R_f]$
  − A주식의 요구수익률 = 3% + 0.5 × (6% − 3%) = 4.5%
  − B주식의 요구수익률 = 3% + 1.5 × (6% − 3%) = 7.5%

A주식은 기대수익률이 요구수익률보다 크므로 과소평가, B주식은 기대수익률이 요구수익률보다 작으므로 과대평가되었다.

fn.Hackers.com

해커스금융

제1회 실전모의고사 OMR 답안지

이름

생년월일

실시일자

수험번호

감독관 확인란

해커스금융

제2회 실전모의고사 OMR 답안지

1	① ② ③ ④	21	① ② ③ ④	41	① ② ③ ④	61	① ② ③ ④	81	① ② ③ ④
2	① ② ③ ④	22	① ② ③ ④	42	① ② ③ ④	62	① ② ③ ④	82	① ② ③ ④
3	① ② ③ ④	23	① ② ③ ④	43	① ② ③ ④	63	① ② ③ ④	83	① ② ③ ④
4	① ② ③ ④	24	① ② ③ ④	44	① ② ③ ④	64	① ② ③ ④	84	① ② ③ ④
5	① ② ③ ④	25	① ② ③ ④	45	① ② ③ ④	65	① ② ③ ④	85	① ② ③ ④
6	① ② ③ ④	26	① ② ③ ④	46	① ② ③ ④	66	① ② ③ ④	86	① ② ③ ④
7	① ② ③ ④	27	① ② ③ ④	47	① ② ③ ④	67	① ② ③ ④	87	① ② ③ ④
8	① ② ③ ④	28	① ② ③ ④	48	① ② ③ ④	68	① ② ③ ④	88	① ② ③ ④
9	① ② ③ ④	29	① ② ③ ④	49	① ② ③ ④	69	① ② ③ ④	89	① ② ③ ④
10	① ② ③ ④	30	① ② ③ ④	50	① ② ③ ④	70	① ② ③ ④	90	① ② ③ ④
11	① ② ③ ④	31	① ② ③ ④	51	① ② ③ ④	71	① ② ③ ④	91	① ② ③ ④
12	① ② ③ ④	32	① ② ③ ④	52	① ② ③ ④	72	① ② ③ ④	92	① ② ③ ④
13	① ② ③ ④	33	① ② ③ ④	53	① ② ③ ④	73	① ② ③ ④	93	① ② ③ ④
14	① ② ③ ④	34	① ② ③ ④	54	① ② ③ ④	74	① ② ③ ④	94	① ② ③ ④
15	① ② ③ ④	35	① ② ③ ④	55	① ② ③ ④	75	① ② ③ ④	95	① ② ③ ④
16	① ② ③ ④	36	① ② ③ ④	56	① ② ③ ④	76	① ② ③ ④	96	① ② ③ ④
17	① ② ③ ④	37	① ② ③ ④	57	① ② ③ ④	77	① ② ③ ④	97	① ② ③ ④
18	① ② ③ ④	38	① ② ③ ④	58	① ② ③ ④	78	① ② ③ ④	98	① ② ③ ④
19	① ② ③ ④	39	① ② ③ ④	59	① ② ③ ④	79	① ② ③ ④	99	① ② ③ ④
20	① ② ③ ④	40	① ② ③ ④	60	① ② ③ ④	80	① ② ③ ④	100	① ② ③ ④

이름

생년월일

실시일자

수험번호

| ⓪ ① ② ③ ④ ⑤ ⑥ ⑦ ⑧ ⑨ |
| ⓪ ① ② ③ ④ ⑤ ⑥ ⑦ ⑧ ⑨ |
| ⓪ ① ② ③ ④ ⑤ ⑥ ⑦ ⑧ ⑨ |
| ⓪ ① ② ③ ④ ⑤ ⑥ ⑦ ⑧ ⑨ |
| ⓪ ① ② ③ ④ ⑤ ⑥ ⑦ ⑧ ⑨ |
| ⓪ ① ② ③ ④ ⑤ ⑥ ⑦ ⑧ ⑨ |
| ⓪ ① ② ③ ④ ⑤ ⑥ ⑦ ⑧ ⑨ |

감독관 확인란

인

제3회 실전모의고사 OMR 답안지

해커스금융 | fn.Hackers.com

본 교재 인강 ·이론정리+문제풀이 무료 특강 ·
무료 바로 채점 및 성적 분석 서비스 · 하루 10분 개념완성 자료집

20년 연속 베스트셀러 1위*
대한민국 영어강자 해커스!

"1분 레벨테스트"로
바로 확인하는 내 토익 레벨! ▶

토익 교재 시리즈

유형+문제

~450점 왕기초	450~550점 입문	550~650점 기본	650~750점 중급	750~900점 이상 정규

현재 점수에 맞는 교재를 선택하세요!   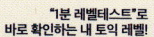 : 교재별 학습 가능 점수대

- 해커스 토익 왕기초 리딩
- 해커스 토익 왕기초 리스닝
- 해커스 첫토익 LC+RC+VOCA
- 해커스 토익 스타트 리딩
- 해커스 토익 스타트 리스닝
- 해커스 토익 700+ [LC+RC+VOCA]
- 해커스 토익 750+ RC
- 해커스 토익 750+ LC
- 해커스 토익 리딩
- 해커스 토익 리스닝
- 해커스 토익 Part 7 집중공략 777

실전모의고사

- 해커스 토익 실전 LC+RC 1
- 해커스 토익 실전 LC+RC 2
- 해커스 토익 실전 LC+RC 3
- 해커스 토익 실전 1200제 리딩
- 해커스 토익 실전 1200제 리스닝
- 해커스 토익 실전 1000제 1 리딩/리스닝 (문제집 + 해설집)
- 해커스 토익 실전 1000제 2 리딩/리스닝 (문제집 + 해설집)
- 해커스 토익 실전 1000제 3 리딩/리스닝 (문제집 + 해설집)

보카

해커스 토익 기출 보카

문법·독해

- 그래머 게이트웨이 베이직
- 그래머 게이트웨이 베이직 Light Version
- 그래머 게이트웨이 인터미디엇
- 해커스 그래머 스타트
- 해커스 구문독해 100

토익스피킹 교재 시리즈

- 해커스 토익스피킹 스타트
- 만능 템플릿과 위기탈출 표현으로 해커스 토익스피킹 5일 완성
- 해커스 토익스피킹
- 해커스 토익스피킹 실전모의고사 15회

오픽 교재 시리즈

- 해커스 오픽 스타트 [Intermediate 공략]
- 서베이부터 실전까지 해커스 오픽 매뉴얼
- 해커스 오픽 [Advanced 공략]

* [해커스 어학연구소] 교보문고 종합 베스트셀러 토익/토플 분야 1위
(2005~2024 연간 베스트셀러 기준, 해커스 토익 보카 12회/ 해커스 토익 리딩 8회)

해커스잡·해커스공기업 누적 수강건수 700만 선택

취업교육 1위 해커스

합격생들이 소개하는 단기합격 비법

삼성 그룹 최종 합격!
오*은 합격생

정말 큰 도움 받았습니다!
삼성 취업 3단계 중 많은 취준생이 좌절하는 GSAT에서
해커스 덕분에 합격할 수 있었다고 생각합니다.

국민건강보험공단 최종 합격!
신*규 합격생

모든 과정에서 선생님들이 최고라고 느꼈습니다!
취업 준비를 하면서 모르는 것이 생겨 답답할 때마다, 강의를 찾아보며 그 부분을
해결할 수 있어 너무 든든했기 때문에 모든 선생님께 감사드리고 싶습니다.

해커스 대기업/공기업 대표 교재

GSAT 베스트셀러
279주 1위

7년간 베스트셀러
1위 326회

[279주 베스트셀러 1위] YES24 수험서 자격증 베스트셀러 삼성 GSAT 분야 1위(2014년 4월 3주부터, 1판부터 20판까지 주별 베스트 1위 통산)
[326회] YES24/알라딘/반디앤루니스 취업/상식/적성 분야, 공사 공단 NCS 분야, 공사 공단 수험서 분야, 대기업/공기업/면접 분야 베스트셀러 1위 횟수 합계
(2016.02.~2023.10/1~14판 통산 주별 베스트/주간 베스트/주간집계 기준)
[취업교육 1위] 주간동아 2024 한국고객만족도 교육(온·오프라인 취업) 1위
[700만] 해커스 온/오프라인 취업강의(특강) 누적신청건수(중복수강/무료 강의 포함/2015.06~2024.11.28)

대기업	공기업

최종합격자가 수강한 강의는? 지금 확인하기!

해커스잡 ejob.Hackers.com